Allgemeines Verwaltungsrecht

Allgemeines Verwaltungsrecht

Verwaltungsorganisation und Behördenaufbau
Rechtsquellen des Verwaltungsrechts
Das subjektive öffentliche Recht
Unbestimmter Rechtsbegriff, Beurteilungsspielraum und
planerische Abwägungsentscheidungen
Verwaltungsermessen
Handlungsformen der Verwaltung
Staatshaftungsrecht

von

Prof. Dr. jur. Rolf Schmidt

Hochschule für Angewandte Wissenschaften
Hamburg

17. Auflage 2014

Schmidt, Rolf: Allgemeines Verwaltungsrecht

17. völlig neu bearbeitete und aktualisierte Auflage – Grasberg bei Bremen 2014

ISBN 978-3-86651-124-8; Preis 21,50 EUR

Autor: Prof. Dr. Rolf Schmidt c/o Verlag Dr. Rolf Schmidt GmbH

Druck: Pinkvoss GmbH, 30519 Hannover

Verlag: Dr. Rolf Schmidt GmbH, Wörpedorfer Ring 40, 28879 Grasberg bei Bremen

                   Tel. (04208) 895 299; Fax (04208) 895 308; www.verlag-rolf-schmidt.de

                   E-Mail: info@verlag-rolf-schmidt.de

Für Verbraucher erfolgt der deutschlandweite Bezug über den Verlag versandkostenfrei.

Vorwort

Anliegen dieses nunmehr in der 17. Auflage vorgelegten Buches ist es, die Grundstrukturen des Allgemeinen Verwaltungsrechts in einer verständlichen Sprache zu vermitteln, ohne die Komplexität der Materie zu verschleiern oder prüfungsrelevante Detailfragen auszuklammern. Dementsprechend hat sich auch die Neuauflage zum Ziel gesetzt, Schwieriges nicht auf ein unzulässiges Maß zu reduzieren, sondern den Stoff mit Bezug auf den Aufbau von Klausuren so aufzubereiten, dass der Leser einen realistischen Einblick in die Erwartungen und Bewertungen hinsichtlich Übungs- und Examensarbeiten erhält. Im Mittelpunkt stehen dabei die Vermittlung von Grundlagenwissen und die Methodik der Falllösung. Der Leser wird nicht nur systematisch durch alle prüfungsrelevanten Inhalte des Allgemeinen Verwaltungsrechts mit Bezügen zum Besonderen Verwaltungsrecht und zum Verwaltungsprozessrecht geführt, sondern er lernt durch die konsequenten Hinweise auf den jeweils in Betracht kommenden Rechtsschutz auch die strukturelle Einordnung der Materie in den Klausuraufbau.

Der Konkretisierung und Veranschaulichung dienen zahlreiche Beispielsfälle mit Lösungsvorschlägen. Zudem werden durch Zusammenfassungen, Prüfungsschemata, hervorgehobene Lerndefinitionen und Klausurhinweise das Lernen und die Examensvorbereitung deutlich erleichtert.

Mein Mitarbeiter, Herr Marc Bieber, hat zuverlässig Korrektur gelesen. Dafür danke ich ihm sehr herzlich.

Kritik und Verbesserungsvorschläge sind weiterhin willkommen und werden unter *rs@jura-institut.de* erbeten.

Hamburg, im März 2014   *Prof. Dr. jur. Rolf Schmidt*

Inhaltsverzeichnis

10. Kapitel - Handlungsformen der Verwaltung 129

Abkürzungsverzeichnis

a.A.	andere Ansicht; andere Auffassung
a.a.O.	am angegebenen Ort
abl.	ablehnend(-e, -er)
Abl.	Amtsblatt
Abs.	Absatz
AEUV	Vertrag über die Arbeitsweise der EU
a.F.	alte(r) Fassung
AFG	Arbeitsförderungsgesetz
AG	Aktiengesellschaft; Ausführungsgesetz
AGG	Allgemeines Gleichbehandlungsgesetz
AGVwGO	Ausführungsgesetz zur Verwaltungsgerichtsordnung
AktG	Aktiengesetz
AL	Ad Legendum (Zeitschrift)
ALG	Arbeitslosengeld
allg.	allgemein(-e, -er)
Alt.	Alternative
Anm.	Anmerkung
AO	Abgabenordnung
AöR	Archiv des öffentlichen Rechts (zitiert nach Bänden und Jahrgang)
ApproÄ	Approbationsordnung für Ärzte
Art.	Artikel
ASOG	Allgemeines Sicherheits- und Ordnungsgesetz
AsylVfG	Asylverfahrensgesetz
AtomG	Atomgesetz
AufenthG	Aufenthaltsgesetz (früher: AuslG)
Aufl.	Auflage
BAföG	Bundesausbildungsförderungsgesetz
BAG	Bundesarbeitsgericht
BauGB	Baugesetzbuch
BauGBMaßnG	Maßnahmengesetz zum Baugesetzbuch
BauNVO	Baunutzungsverordnung
BauO	Bauordnung (eines Bundeslandes)
BauR	Baurecht; Zeitschrift für das gesamte öffentliche und private Baurecht
BaWü	Baden-Württemberg, baden-württembergisch
Bay	Bayern
BayObLG	Bayerisches Oberstes Landesgericht
BayVBl	Bayerische Verwaltungsblätter
BayVerfGH	Bayerischer Verfassungsgerichtshof
BayVGH	Bayerischer Verwaltungsgerichtshof
BB	Der Betriebs-Berater (Zeitschrift)
BBergG	Bundesberggesetz
BBesG	Bundesbesoldungsgesetz
BBG	Bundesbeamtengesetz
Bbg.	Brandenburg, brandenburgisch
Bd.	Band
BDSG	Bundesdatenschutzgesetz
BeamtStG	Beamtenstatusgesetz
BeamtVG	Beamtenversorgungsgesetz
Berl	Berlin
BFH	Bundesfinanzhof
BFHE	Sammlung der Entscheidungen des Bundesfinanzhofes
BGB	Bürgerliches Gesetzbuch
BGBl	Bundesgesetzblatt Teil I-III
BGH	Bundesgerichtshof
BGHZ	Entscheidungen des Bundesgerichtshofes in Zivilsachen
BHO	Bundeshaushaltsordnung
BImSchG	Bundesimmissionsschutzgesetz
BJagdG	Bundesjagdgesetz
BNatSchG	Bundesnaturschutzgesetz
BNotO	Bundesnotarordnung
BR	Bundesrat
Brand	Brandenburg, brandenburgisch
BRAO	Bundesrechtsanwaltsordnung

Brem	Bremen, bremisch
BremNatG	Bremisches Gesetz über Naturschutz und Landschaftspflege
BRHG	Bundesrechnungshofgesetz
BRRG	Beamtenrechtsrahmengesetz
BSE	Bovine Spongiforme Enzephalopathie („Rinderwahnsinn")
BSG	Bundessozialgericht
BSHG	Bundessozialhilfegesetz (abgelöst durch SGB II und XII)
bspw.	beispielsweise
BT-Drs.	Drucksache des Deutschen Bundestages (Wahlperiode und Nummer)
BtMG	Betäubungsmittelgesetz
BundesPolG	Bundespolizeigesetz
BVerfG	Bundesverfassungsgericht
BVerfGE	Entscheidungssammlung des Bundesverfassungsgerichts
BVerfGG	Gesetz über das Bundesverfassungsgericht
BVerfSchG	Bundesverfassungsschutzgesetz
BVerwG	Bundesverwaltungsgericht
BVerwGE	Entscheidungssammlung des Bundesverwaltungsgerichts
BW	Baden-Württemberg, baden-württembergisch
BWahlG	Bundeswahlgesetz
DAR	Deutsches Autorecht (Zeitschrift)
DB	Der Betrieb (Zeitschrift)
ders.	derselbe
DÖV	Die Öffentliche Verwaltung (Zeitschrift)
DRiG	Deutsches Richtergesetz
Drs.	Drucksache
DV	Die Verwaltung (Zeitschrift)
DVBl	Deutsches Verwaltungsblatt (Zeitschrift)
EGGVG	Einführungsgesetz zum Gerichtsverfassungsgesetz
EGMR	Europäischer Gerichtshof für Menschenrechte
EinlPrALR	Einleitung des Preußischen Allgemeinen Landrechts
EMRK	Europäische Menschenrechtskonvention
EnWG	Energiewirtschaftsgesetz
ET	Energiewirtschaftliche Tagesfragen (Zeitschrift)
EU	Europäische Union
EuGH	Gerichtshof der Europäischen Gemeinschaften (vgl. jetzt: Gerichtshof der Europäischen Union)
EuGRZ	Europäische Grundrechtszeitung
EUV	Vertrag über die Europäische Union
EuZW	Europäische Zeitschrift für Wirtschaftsrecht
EV	Vertrag zwischen der Bundesrepublik Deutschland und der Deutschen Demokratischen Republik über die Herstellung der Einheit Deutschlands – Einigungsvertrag
EWG	Europäische Wirtschaftsgemeinschaft
f.	folgende(r/s)
FeV	Fahrerlaubnis-Verordnung
ff.	fortfolgende
FFG	Filmförderungsgesetz
FGO	Finanzgerichtsordnung
FMStErgG	Finanzmarktstabilisierungsergänzungsgesetz
Fn.	Fußnote
Fs/Fs.	Festschrift
FStrG	Bundesfernstraßengesetz
G	Gesetz
GastG	Gaststättengesetz
GemO	Gemeindeordnung
GentechnikG	Gentechnikgesetz
GewArch	Gewerbearchiv
GewO	Gewerbeordnung
GewStG	Gewerbesteuergesetz
GG	Grundgesetz
GjS	Gesetz über die Verbreitung jugendgefährdender Schriften
GmbH	Gesellschaft mit beschränkter Haftung
GmbHG	Gesetz betreffend die Gesellschaft mit beschränkter Haftung

GMBl	Gemeinsames Ministerialblatt
GPSG	Geräte- und Produktsicherheitsgesetz (jetzt: ProdSG)
GVG	Gerichtsverfassungsgesetz
GWB	Gesetz gegen Wettbewerbsbeschränkungen
HaftpflG	Haftpflichtgesetz
Hamb.	Freie und Hansestadt Hamburg, hamburgisch
HandwO	Handwerksordnung
HbgDeichO	Hamburger Deichordnung
HdbStR	Handbuch des Staatsrechts, herausgegeben von Isensee/Kirchhof
Hess	Hessen, hessisch
HessStGH	Hessischer Staatsgerichtshof
HGB	Handelsgesetzbuch
h.L.	herrschende Lehre
h.M.	herrschende Meinung
HRG	Hochschulrahmengesetz
Hrsg.	Herausgeber
Hs.	Halbsatz
i.d.F.	in der Fassung
IFG	Informationsfreiheitsgesetz
IHKG	Gesetz zur vorläufigen Regelung des Rechts der Industrie- und Handelskammern
InfSchG	Infektionsschutzgesetz
i.S.e.	im Sinne eine (r) oder (s)
i.V.m.	in Verbindung mit
JA	Juristische Arbeitsblätter (Zeitschrift)
JöR	Jahrbuch des Öffentlichen Rechts der Gegenwart
JR	Juristische Rundschau (Zeitschrift)
Jura	Juristische Ausbildung (Zeitschrift)
JuS	Juristische Schulung (Zeitschrift)
JuSchG	Jugendschutzgesetz
JZ	Juristenzeitung (Zeitschrift)
KAG	Kommunalabgabengesetz
KDVG	Kriegsdienstverweigerungsgesetz
KrWG	Kreislaufwirtschaftsgesetz
KUG	Kunsturhebergesetz
KWG	Kreditwesengesetz
LBO	Landesbauordnung
LFGB	Lebensmittel-, Bedarfsgegenstände- und Futtermittelgesetzbuch
lit.	Buchstabe
Lit.	Literatur
LKRZ	Zeitschrift für Landes- und Kommunalrecht
LKV	Zeitschrift für Landes- und Kommunalverwaltung
LMBG	Lebensmittel- und Bedarfsgegenständegesetz
LS/Ls.	Leitsatz
LStrG	Landesstraßengesetz
LuftSiG	Luftsicherheitsgesetz
LuftVG	Luftverkehrsgesetz
LuftVO	Luftverkehrsordnung
LVwG	Landesverwaltungsgesetz
LVwVG	Landesvollstreckungsgesetz
m.E.	meines Erachtens
MeckVor	Mecklenburg-Vorpommern, mecklenburg-vorpommerisch
MEPolG	Musterentwurf eines einheitlichen Polizeigesetzes des Bundes und der Länder
MüKo	Münchener Kommentar
MVKommVerf	Kommunalverfassung von Mecklenburg-Vorpommern
m.w.N.	mit weiteren Nachweisen
Nds	Niedersachsen, niedersächsisch
n.F.	neue Fassung/neue Folge
NJ	Neue Justiz (Zeitschrift)
NJW	Neue Juristische Wochenschrift (Zeitschrift)

NKVwGO	Nomos-Kommentar zur VwGO (herausgegeben von Sodan/Ziekow), Losebl.
NRW	Nordrhein-Westfalen, nordrhein-westfälisch
NuR	Natur und Recht (Zeitschrift)
NVwZ	Neue Zeitschrift für Verwaltungsrecht
NVwZ-RR	NVwZ-Rechtsprechungs-Report
NWVBl	Nordrhein-Westfälische Verwaltungsblätter (Zeitschrift)
NZV	Neue Zeitschrift für Verkehrsrecht
OBG	Ordnungsbehördengesetz
OLG	Oberlandesgericht
ÖPNV	Öffentlicher Personennahverkehr
OVG	Oberverwaltungsgericht
OVGE	Rechtsprechungssammlung der Oberverwaltungsgerichte Münster und Lüneburg
OWiG	Gesetz über Ordnungswidrigkeiten
PAG	Polizeiaufgabengesetz
PartG	Parteiengesetz
PBefG	Personenbeförderungsgesetz
POG	Polizeiorganisationsgesetz
PolG	Polizeigesetz
POR	Polizei- und Ordnungsrecht
PostG	Postgesetz
Preuß.	Preußen, preußisch
ProdHaftG	Produkthaftungsgesetz
ProdSG	Produktsicherheitsgesetz
PUAG	Gesetz über Parlamentarische Untersuchungsausschüsse
RBHG	Gesetz über die Haftung des Reichs für seine Beamten
RettungsG	Rettungsübernahmegesetz
RGL	Rechtsgrundlage
RhlPfl	Rheinland-Pfalz, rheinland-pfälzisch
Rn	Randnummer
ROG	Raumordnungsgesetz
Rspr.	Rechtsprechung
S.	Satz oder Seite
s.	siehe
Saarl.	Saarland, saarländisch
Sachs	Freistaat Sachsen
Sächs	sächsisch
SachsAnh	Sachsen-Anhalt
SchlHolst	Schleswig-Holstein, schleswig-holsteinisch
SeeArbG	Seearbeitsgesetz
SG	Sozialgericht
SGB	Sozialgesetzbuch (die römischen Ziffern bezeichnen das jeweilige Buch)
SGG	Sozialgerichtsgesetz
s.o./u.	siehe oben/unten
SOG	Gesetz über die öffentliche Sicherheit und Ordnung
SoldatenG	Soldatengesetz
Sp.	Spalte
st. Rspr.	ständige Rechtsprechung
StGB	Strafgesetzbuch
StGH	Staatsgerichtshof
StrG	Straßengesetz
StVG	Straßenverkehrsgesetz
StVO	Straßenverkehrsordnung
StVZO	Straßenverkehrs-Zulassungsordnung
TA	Technische Anleitung (Luft, Lärm)
TEHG	Treibhausgas-Emissionshandelsgesetz
TKG	Telekommunikationsgesetz
TÜV	Technischer Überwachungsverein
TVG	Tarifvertragsgesetz
UIG	Umweltinformationsgesetz
UmwHaftG	Umwelthaftungsgesetz
UVPG	Gesetz über die Umweltverträglichkeitsprüfung

UWG	Gesetz gegen den unlauteren Wettbewerb
UZwG	Gesetz über den unmittelbaren Zwang bei Ausübung öffentlicher Gewalt durch Vollzugsbeamte des Bundes
UZwGBw	Gesetz über die Anwendung unmittelbaren Zwangs und die Ausübung besonderer Befugnisse durch Soldaten der Bundeswehr und zivile Wachpersonen
VBlBW	Verwaltungsblätter für Baden-Württemberg
VereinsG	Gesetz zur Regelung des öffentlichen Vereinsrechts
VerfGH	Verfassungsgerichtshof
Verh	Verhandlungen
VermG	Vermögensgesetz
VersG	Versammlungsgesetz
VersR	Versicherungsrecht (Zeitschrift)
VerwArch	Verwaltungsarchiv (zitiert nach Bänden und Jahrgang)
VerwR	Verwaltungsrecht
VG	Verwaltungsgericht
VGH	Verwaltungsgerichtshof
vgl.	vergleiche
VIG	Verbraucherinformationsgesetz
VR	Verwaltungsrundschau (Zeitschrift)
VVDStRL	Veröffentlichungen der Vereinigung der Deutschen Staatsrechtslehrer
VVG	Gesetz über den Versicherungsvertrag
VwGO	Verwaltungsgerichtsordnung
VwVfÄndG	Gesetz zur Änderung verwaltungsverfahrensrechtlicher Vorschriften
VwVfG	Verwaltungsverfahrensgesetz
VwVG	Verwaltungsvollstreckungsgesetz
VwZG	Verwaltungszustellungsgesetz
WaffG	Waffengesetz
WaStrG	Bundeswasserstraßengesetz
WeinG	Weingesetz
WeinVO	Weinverordnung
WHG	Wasserhaushaltsgesetz
WPflG	Wehrpflichtgesetz
WRV	Weimarer Reichsverfassung
z.B.	zum Beispiel
ZBR	Zeitschrift für Beamtenrecht
ZDG	Zivildienstgesetz
ZfBR	Zeitschrift für deutsches und internationales Baurecht
ZG	Zeitschrift für Gesetzgebung
ZPO	Zivilprozessordnung
zust.	zustimmend(-e, -er)

Lehrbücher, Grundrisse und Kommentare

Battis, Ulrich: Allgemeines Verwaltungsrecht, 3. Auflage 2002

Bull, Hans Peter/Mehde, Veith: Allgemeines Verwaltungsrecht, 8. Auflage 2009

Detterbeck, Steffen: Allgemeines Verwaltungsrecht, 11. Auflage 2013

Erbguth, Wilfried: Allgemeines Verwaltungsrecht, 6. Auflage 2014

Erichsen, Uwe/Ehlers, Dirk (Hrsg.): Allgemeines Verwaltungsrecht, 14. Auflage 2010

Herdegen, Matthias: Europarecht, 15. Auflage 2013

Ipsen, Jörn: Allgemeines Verwaltungsrecht, 8. Auflage 2012

Jarass, Hans D./Pieroth, Bodo: Grundgesetz für die Bundesrepublik Deutschland. Kommentar, 12. Auflage 2012

Knack, Hans Joachim/Henneke, Hans-Günter: Verwaltungsverfahrensgesetz. Kommentar, 9. Auflage 2010

Kopp, Ferdinand O./Ramsauer, Ulrich: Verwaltungsverfahrensgesetz. Kommentar, 14. Auflage 2013

Kopp, Ferdinand O./Schenke, Wolf-Rüdiger: Verwaltungsgerichtsordnung. Kommentar, 19. Auflage 2013

Maurer, Hartmut: Allgemeines Verwaltungsrecht, 18. Auflage 2011

Palandt, Otto (Hrsg.): Bürgerliches Gesetzbuch. Kommentar, 73. Auflage 2014

Peine, Franz-Joseph: Allgemeines Verwaltungsrecht, 10. Auflage 2011

Sachs, Michael (Hrsg.): Grundgesetz. Kommentar, 6. Auflage 2011

Schenke, Wolf-Rüdiger: Polizei- und Ordnungsrecht, 8. Auflage 2013; Verwaltungsprozessrecht, 13. Auflage 2012

Schmidt, Rolf: Baurecht, 15. Auflage 2014; Fälle zum Polizei- und Ordnungsrecht, 5. Auflage 2013; Grundrechte, 16. Auflage 2014; Polizei- und Ordnungsrecht, 15. Auflage 2014; Staatsorganisationsrecht, 14. Auflage 2014; Verwaltungsprozessrecht, 16. Auflage 2014

Streinz, Rudolf: Europarecht, 9. Auflage 2012

Wolff, Hans J./Bachof, Otto/Stober, Rolf/Kluth, Winfried: Verwaltungsrecht, Band 1, 12. Auflage 2007

Wolff, Hans J./Bachof, Otto/Stober, Rolf/Kluth, Winfried: Verwaltungsrecht, Band 2, 7. Auflage 2010

Weitere Literatur, insbesondere Aufsatzliteratur, ist in den Fußnoten angegeben

1. Kapitel

Die Ausführung der Gesetze durch die Verwaltung

A. Verfassungsrechtliche Vorgaben/Begriff der Verwaltung

Die **Funktion der Verwaltung** im Staatsgefüge lässt sich nur dann verstehen, wenn **1** man das **Prinzip der Gewaltenteilung**, wie es Art. 20 II S. 2 u. III GG vorsieht, verdeutlicht. Nach diesem Prinzip wird die Staatsgewalt durch besondere Organe der Gesetzgebung, der vollziehenden Gewalt und der Rechtsprechung ausgeübt.[1]

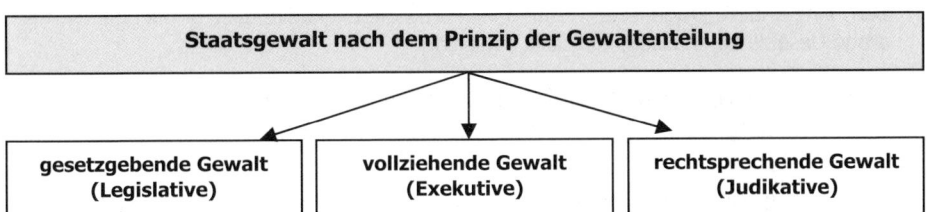

Ansätze einer Gewaltenteilung lassen sich bereits bei Aristoteles (384-322 v. Chr.) **2** finden. In der Staatsphilosophie wurde die Gewaltenteilung insbesondere von John Locke (1632-1704) und Charles de Montesquieu (1689-1755) und dem Liberalismus als Maßnahme gegen den Missbrauch staatlicher Gewalt im Absolutismus gefordert. Die ersten Kodifizierungen finden sich in den „Bill of Rights of Virginia" von 1776 und in der französischen „Erklärung der Menschen- und Bürgerrechte" von 1789. In Deutschland lassen sich erste Ausprägungen des Gewaltenteilungsprinzips in der Paulskirchenverfassung von 1848/49 und in der Reichsverfassung von 1871 finden, jedoch wurde die Gewaltenteilung in der heutigen Form erst im Grundgesetz von 1949 verankert. Der Zweck der Gewaltenteilung liegt darin, Staatsgewalt zu **begrenzen** und zu **kontrollieren** und somit einem Machtmissbrauch entgegenzutreten. Man spricht von einer **gegenseitigen Hemmung** und **Kontrolle** der Machtausübung der verschiedenen Staatsgewalten (nach John Locke: *checks and balances*).

In der Bundesrepublik Deutschland wird die Gewaltenteilung jedoch nicht als strikte **3** Gewalten*trennung* verstanden. Vielmehr besteht eine Gewalten*verschränkung*.[2] Das bedeutet, dass ein Eingriff in den Funktionsbereich einer anderen Gewalt nicht schlechthin unzulässig ist. Das Prinzip der Gewaltenteilung ist lediglich dann verletzt, wenn ein Eingriff in den Kernbereich einer anderen Gewalt vorliegt.[3] Das Grundgesetz definiert zwar die jeweiligen Funktionsbereiche nicht positiv, es enthält aber etliche Vorschriften, die einige Zuständigkeiten der drei Staatsgewalten näher beschreiben.

- So beschreiben die Art. 30, 70 ff. GG einige Zuständigkeiten der **gesetzgeben-** **4**
  den Gewalt.

  In einem freiheitlich-demokratischen System, das der Gewaltenteilung folgt, fällt der Legislative die Aufgabe der Normsetzung zu. In *formeller Hinsicht* bedeutet Normsetzung die Schaffung einer staatlichen Anordnung, die von den für die Gesetzgebung zuständigen Organen im von der Verfassung hierfür vorgesehenen Verfahren und in der

---

[1] Graphik nach *R. Schmidt*, Staatsorganisationsrecht, 2. Aufl. 2001, S. 63. Im Übrigen sollten die nachfolgend dargestellten Inhalte aus dem staatsorganisationsrechtlichen Studium bekannt sein; aufgrund der grundlegenden Bedeutung für das Verständnis des Verwaltungsrechts werden sie jedoch wiederholend zusammengefasst. Sie basieren auf *R. Schmidt*, Staatsorganisationsrecht, Rn 65 ff. (Bundesstaat) und Rn 160 ff. (Rechtsstaat und Gewaltenteilung).
[2] Vgl. BVerfGE 9, 268, 279 f.; 95, 1, 15; 96, 375, 394; 109, 190, 252; BVerfG NJW 2011, 669, 670.
[3] Zur Frage, unter welchen Umständen ein Eingriff in den Kernbereich einer anderen Gewalt vorliegt, vgl. *R. Schmidt*, Staatsorganisationsrecht, Rn 169 ff.

hierfür vorgesehenen Form erlassen wird. In *materieller Hinsicht* bedeutet Normsetzung die Schaffung von in erster Linie abstrakt-generellen Rechtssätzen, d.h. von Rechtssätzen, die für eine Vielzahl von Lebenssachverhalten geschaffen wurden und gegenüber jedermann verbindlich sind. Aber auch Gesetze, die den Einzelfall regeln, sind möglich. Vgl. dazu Art. 19 I S. 1 GG, der sie nur für einen bestimmten Bereich grundrechtsbeschränkender Gesetze ausschließt. Es lässt sich also sagen, dass es sich bei den allgemein-verbindlichen Rechtsnormen, die von einem Parlament erlassen werden, um **formell-materielle Gesetze** handelt.

Nicht um Gesetzgebung im Sinne einer parlamentarischen Gesetzgebung handelt es sich bei den Rechtsnormen, die von der Exekutive erlassen werden (Rechtsverordnungen und i.d.R. auch Satzungen). Man spricht insoweit von **nur-materiellen Gesetzen**. Eine andere Frage ist es, ob und inwieweit die Exekutive dazu ermächtigt ist, derartige Gesetze zu erlassen, vgl. dazu sogleich.

5 ■ Aufgaben der **vollziehenden Gewalt**, d.h. der Regierung (der Gubernative) und der Verwaltung i.e.S. (der Administrative), sind in den Art. 62 ff. und 83 ff. GG niedergelegt.

Die Art. 62 ff. GG sagen nichts über den genauen Funktionsbereich der **Regierung**. Zu den Aufgaben einer Regierung gehört jedenfalls die Leitung des Staatsganzen. Darüber hinaus hat sie ein Initiativrecht bei Gesetzesvorlagen (vgl. Art. 76 GG) und ein Zustimmungsrecht bei bestimmten Staatsausgaben (vgl. Art. 113 I GG). Auch der Erlass von Rechtsverordnungen, also von nur-materiellen Gesetzen, gehört genauso zu ihrem Aufgabenbereich (vgl. Art. 80 GG) wie die Weisung eines Bundesministers an einen Landesminister im Bereich der Bundesauftragsverwaltung nach Art. 85 III GG (dazu Rn 8). Zu beachten ist jedoch, dass nicht jede Regierungstätigkeit verwaltungsrechtlicher Natur ist, für die im Streitfall die Verwaltungsgerichte zuständig sind. Vielmehr handelt es sich bei der Regierung gerade um ein Verfassungsorgan. Für verfassungsrechtliche Streitigkeiten ist (auf Bundesebene) das BVerfG zuständig. Es ist also in jedem Einzelfall danach zu fragen, ob die Regierung verfassungsrechtlich oder verwaltungsrechtlich tätig ist.

Beispiel: Weil die Bundesregierung der Meinung ist, die Ziele einer bestimmten Jugendsekte seien jugendgefährdend oder bestimmte Weine seien gesundheitsschädlich, warnt sie die Öffentlichkeit. Der Vorstand der Jugendsekte und die Winzer der betroffenen Weine wollen gerichtlich klären lassen, ob die Warnungen rechtmäßig waren.[4]

Handelt es sich bei den Warnungen um Verwaltungstätigkeit, sind die Verwaltungsgerichte zuständig, bei verfassungsrechtlicher Natur entscheidet das BVerfG.

Das BVerfG steht auf dem Standpunkt, dass in den genannten Fällen die Bundesregierung zwar staatsleitend und damit in ihrer Funktion als Verfassungsorgan tätig geworden sei, jedoch habe es sich bei den Warnungen um Verwaltungstätigkeit gehandelt, über die zunächst die Verwaltungsgerichte hätten entscheiden müssen. Diese Rechtsauffassung ist zutreffend, weil die Bundesregierung sowohl als Verfassungsorgan verfassungsrechtlich tätig sein als auch als Exekutivspitze Aufgaben der Verwaltung wahrnehmen kann. Dass sie die fraglichen Warnungen (in Ermangelung von gesetzlichen Ermächtigungsgrundlagen) auf ihre Befugnis zur Staatsleitung und damit auf ihre verfassungsrechtliche Organstellung gestützt hat und gleichzeitig von einer verwaltungsrechtlichen Tätigkeit ausgegangen ist, ist im Ergebnis unschädlich. Denn das eine schließt das andere nicht aus.[5]

---

[4] Vgl. dazu BVerfGE 105, 252 ff. (Glykolwein), 105, 279 ff. (Sektenwarnung) sowie ausführlich Rn 893 ff.
[5] Zur Frage, nach welchen Kriterien sich die Einstufung eines Streits als verfassungsrechtlich oder verwaltungsrechtlich richtet, vgl. Rn 23 ff.

Typische Aufgabe der **Verwaltung i.e.S.** (der Administrative) ist der **Vollzug der Gesetze** (vgl. Art. 83 ff. GG). Man spricht insoweit von **gesetzesakzessorischer Verwaltung**.

Beispiel: Untersagung der Fortführung eines Gewerbes auf Grundlage der Gewerbeordnung (vgl. § 35 I GewO).

Doch beschränkt sich die Verwaltungstätigkeit nicht hierauf. So kann die Verwaltung – wie sich aus Art. 30 GG ergibt – auch außerhalb des Gesetzesvollzugs tätig werden. Man spricht dann von **nicht-gesetzesakzessorischer Verwaltung**.

Beispiel: Zur-Verfügung-Stellung von öffentlichen Einrichtungen (Stadthallen[6] etc.)

Bei allen Tätigkeiten wird das Verwaltungshandeln jedoch durch die Prinzipien vom *Vorrang* und (für den Bereich der Eingriffsverwaltung) *Vorbehalt* des Gesetzes (dazu Rn 196 ff.) bestimmt.

Fazit: Insgesamt lässt sich sagen, dass sich der Funktionsbereich der Exekutive aufgrund der Vielfältigkeit exekutiver Funktionen nicht positiv bestimmen lässt. Daher ist mit einer Negativdefinition zu arbeiten:

Verwaltung ist die Tätigkeit des Staates oder eines sonstigen Trägers öffentlicher Gewalt außerhalb von formeller Rechtsetzung und Rechtsprechung.[7]

■ Die **rechtsprechende Gewalt** erhält ihren Aufgabenbereich durch die Art. 92 ff. GG (i.V.m. dem DRiG).   **6**

Die rechtsprechende Gewalt ist organisatorisch und funktional strikt von den beiden anderen Gewalten zu unterscheiden: Gem. Art. 92 GG ist die rechtsprechende Gewalt den **Richtern** anvertraut. Sie wird durch das BVerfG, die anderen im Grundgesetz genannten Bundesgerichte (vgl. Art. 95 GG) sowie die Gerichte der Länder ausgeübt. Dabei sind die Richter sachlich und persönlich unabhängig und nur den Gesetzen unterworfen (vgl. Art. 97 GG).[8] Dem Bereich der Rechtsprechung sind jedenfalls die in Art. 95 GG aufgeführten Sachgebiete der bürgerlichen Streitigkeiten, der Strafsachen und der Verwaltungsstreitigkeiten zuzurechnen.

B. Kompetenzabgrenzung zwischen Gesetzgebung und Verwaltung

Von dem Prinzip der Gewaltenteilung im dargestellten Sinne (sog. **horizontale Gewaltenteilung**) ist die **organisatorische Gewaltenteilung** zu unterscheiden, wie   **7** das etwa bei der Aufgabenzuteilung zwischen Bundestag und Bundesrat der Fall ist. Auch die **vertikale Gewaltenteilung** betrifft eine andere Gewaltenteilung, nämlich diejenige zwischen den Verbänden Bund und Ländern einerseits und zwischen Bund/Ländern und Gemeinden andererseits. Diese vertikale Gewaltenteilung ist dem Föderalismus, wie er in der Bundesrepublik Deutschland besteht, eigen. Sie verfolgt das Ziel, dass nicht nur die Gesetzgebungskompetenzen, sondern auch die Verwaltungskompetenzen einer Verbandszuständigkeitsregelung unterfallen müssen. Denn der Vollzug eines Gesetzes bringt einen großen Auslegungs- und Handhabungsspielraum mit sich, sodass dem Gesetzesanwender (hier: der Verwaltung) eine erhebliche Machtposition zukommt. Würden also die Bundesgesetze ausschließlich und ohne Ausführungsbeschränkung durch die Landesbehörden ausgeführt, hätte dies eine Ausweitung der Machtposition der Länder zur Folge. Würden umgekehrt die Bundes-

---

[6] Vgl. dazu OVG Bautzen NVwZ 2002, 615 (Parteitag in Stadthalle) und ausführlich Rn 1022 ff.
[7] Vgl. *Kloepfer*, VerfR I, § 22 Rn 1 ff.
[8] Vgl. BVerfGE 27, 312, 322; 60, 253, 296; 67, 65, 68; 103, 111, 136 ff.

gesetze in erster Linie durch Bundesbehörden ausgeführt, hätte dies eine Unitarisierung des Bundesstaates zur Folge. Aus Gründen der Machtbalance hat der Verfassungsgeber daher in den Art. 83 ff. GG ein ausgewogenes, dem Bundesstaat verpflichtetes System entwickelt. Zugrunde gelegt wird dabei der Umstand, dass die Länder (und Gemeinden) bereits eigene Verwaltungsbehörden besitzen, die die Landesgesetze ausführen (hinzukommt, dass die Gemeinden die Gemeindegesetze ausführen). Der Bund kann sich diese Behörden also zunutze machen. Es wäre unökonomisch, wenn der Bund für alle Bereiche eigene Behörden schaffen würde. Art. 83 GG bestimmt daher, dass – soweit das Grundgesetz nichts anderes bestimmt oder zulässt – die Länder (neben ihren Gesetzen) die Bundesgesetze als **eigene Angelegenheiten** ausführen. Es besteht, wie in den Art. 30, 70 I GG bezüglich der Gesetzgebung, eine Zuständigkeitsvermutung zugunsten der Länder. Daher ist es selbstverständlich, dass die Länder die Einrichtung der Behörden und das Verwaltungsverfahren selbst regeln. **Art. 84 I S. 1 GG** garantiert dies verfassungsrechtlich.[9]

> **Beispiel:** Der Vollzug der Gewerbeordnung (= Bundesgesetz) obliegt gem. Art. 83 GG den Ländern. Diese müssen daher eigene Behörden einrichten, die (auch) für den Vollzug dieses Bundesgesetzes zuständig sind. Für diesen Vollzug müssen die Länder auch eigene Verwaltungsverfahrensgesetze (VwVfGe) erlassen. Handelt also eine Landesbehörde in Ausübung eines Bundesgesetzes (Beispiel: Untersagung eines Gewerbes gem. § 35 I GewO), kommt nicht das VwVfG des Bundes zur Anwendung, sondern das VwVfG des Landes (insoweit – wegen Art. 83 GG – nur klarstellend § 1 III Bundes-VwVfG). Es wäre also ein Fehler, in der Fallbearbeitung das VwVfG des Bundes zu zitieren, auch wenn die betreffende Landesbehörde in Ausübung von Bundesrecht gehandelt hat. Das gilt auch dann, wenn (wie üblicherweise) das betreffende LandesVwVfG mit dem BundesVwVfG inhaltlich übereinstimmt. Aus Gründen der Einfachheit wird im Folgenden jedoch lediglich von „VwVfG" gesprochen. Vgl. dazu im Übrigen Rn 216 ff.

8   Eine Ausnahmebestimmung zu Art. 83 GG ist in **Art. 85 GG** zu finden. Dort wird von **Bundesauftragsverwaltung** gesprochen. Die Gegenstände der Auftragsverwaltung sind im Grundgesetz erschöpfend aufgezählt.[10] Mit Bundesauftragsverwaltung ist gemeint, dass es sich um eine Angelegenheit des Bundes handelt, der Bund aber, anstatt eigene Behörden zu errichten, die Landesbehörden heranzieht. Die Länder führen die Bundesgesetze hier also nicht als eigene Angelegenheiten aus, sondern im Auftrag des Bundes. Das hat zur Folge, dass der Bund nicht nur eine Rechtmäßigkeitskontrolle (sog. Rechtsaufsicht), sondern auch eine volle Zweckmäßigkeitskontrolle ausüben darf. Er darf gegenüber den obersten Landesbehörden (Landesministerien) gem. Art. 85 III GG **Weisungen** erteilen. Man spricht von **Fachaufsicht**. Hierin besteht der entscheidende Unterschied zur Ausführung der Gesetze als eigene Angelegenheiten.

9   Ferner kann im Bereich der Bundesauftragsverwaltung die Bundesregierung mit Zustimmung des Bundesrates **allgemeine Verwaltungsvorschriften** erlassen (Art. 85 II S. 1 GG). Mit „Bundesregierung" ist die Bundesregierung als Kollegialorgan gemeint. Der Erlass von allgemeinen Verwaltungsvorschriften durch einen *einzelnen Bundesminister* kommt also – auch sofern dieser zuvor dazu ermächtigt wurde – nicht in Betracht.[11]

---

[9] Vgl. dazu BVerwG NJW 2000, 3150.
[10] Vgl. Art. 87b II S. 2, Art. 87c, Art. 87d II, Art. 89 II sowie Art. 90 II GG; eine Erweiterungsmöglichkeit bietet Art. 104a III S. 2 GG.
[11] So ausdrücklich BVerfGE 100, 249, 259, 261 unter Aufgabe der bisherigen Rspr. (vgl. BVerfGE 26, 338, 339).

Von der Ausführung der Bundesgesetze durch die Länder ist die Ausführung der **10** Bundesgesetze durch **bundeseigene Verwaltung** zu unterscheiden. Diese ist nach der Regelungstechnik der Art. 83 ff. GG nur zulässig, wenn das Grundgesetz sie ausdrücklich vorsieht oder zulässt, Art. 86 f. GG. Das resultiert aus dem bereits erwähnten Erfordernis der Machtbalance zwischen Bund und Ländern. Außerdem vollziehen die Länder ohnehin neben ihren eigenen Gesetzen grundsätzlich auch die Bundesgesetze (als eigene Angelegenheiten oder im Auftrage, vgl. Art. 83-85 GG) und verfügen über entsprechend gegliederte Verwaltungsbehörden, die sich der Bund zunutze machen kann. Folgerichtig ist die Ausdehnung des zentralstaatlichen Verwaltungsapparats (Bundesverwaltung) besonders beschränkt worden (Art. 87 I bis 89 II GG). Daher existieren relativ wenige Bundesbehörden (siehe Rn 66 ff.).

Insgesamt ergibt sich daraus, dass das Grundgesetz zwischen drei Modellen der Gesetzesausführung unterscheidet:

- Vollzug der Bundesgesetze durch die Länder „als eigene Angelegenheit" (Art. 83, 84 GG - **Landeseigenverwaltung**)
- Vollzug der Bundesgesetze durch die Länder „im Auftrag des Bundes" (Art. 85 GG - **Bundesauftragsverwaltung**)
- Vollzug der Bundesgesetze durch durch Bundesbehörden oder durch rechtlich selbstständige, aber dem Bund zugeordnete Verwaltungsträger, insbesondere rechtsfähige Körperschaften und Anstalten des öffentlichen Rechts (Art. 86 GG - **Bundeseigenverwaltung**)

Die Ausführung der Gesetze wird aber nicht nur von Bundes- und Landesbehörden, **11** sondern auch von Kommunalbehörden vorgenommen. Das hat den Hintergrund, dass die Gemeinden und Landkreise nicht nur „ihre" Angelegenheiten zu verwalten haben, sondern darüber hinaus die ihnen durch Gesetz übertragenen *staatlichen* Aufgaben im Wege der mittelbaren Staatsverwaltung (**„Kommunalisierung der unteren Staatsverwaltung"**, vgl. Rn 84 ff.). Es wäre ineffizient, wenn sich der Staat nicht die vorhandenen Kommunalbehörden zunutze machte. Man spricht von Auftragsangelegenheiten. Zu beachten ist jedoch, dass Gemeinden und Gemeindeverbänden Aufgaben durch Bundesgesetz nicht übertragen werden dürfen (Art. 85 I S. 2 GG).

Auftragsangelegenheiten sind also staatliche Aufgaben, die den Gemeinden zur Erledigung übertragen worden sind. Zu den Auftragsangelegenheiten gehören beispielsweise das Pass- und Meldewesen, das Personenstandswesen, die Bauaufsicht und die Wehrerfassung. Generell lässt sich sagen, dass die obrigkeitlichen Aufgaben Staatsaufgaben sind, während die Daseinsvorsorge sowie die Wirtschaftsförderung in erster Linie Aufgabe der kommunalen Selbstverwaltung sind. Es bleibt aber bei dem Grundsatz, dass Kommunalbehörden Behörden der kommunalen Selbstverwaltungsträger (Gemeinden, Landkreise) sind.

Soweit Kommunalbehörden jedoch als untere **Staatsbehörde** (untere Verwaltungs- **12** behörde) mit der Wahrnehmung unmittelbarer staatlicher Aufgaben betraut sind, sind sie *staatliche* Behörden (**Doppelfunktion in der Verwaltung**).[12] Es findet eine **Organleihe** statt: Das Land „leiht" sich Kommunalbehörden. Das sind je nach Bundesland das Landratsamt (und der Oberbürgermeister), der Landrat oder der Oberkreisdirektor (näher Rn 84 ff.).

Die Verknüpfung von Staatsverwaltung und Kommunalverwaltung (Kreisverwaltung) gewährleistet eine effektive Verwaltung, weil sie zugleich staatliche und kommunale Aufgaben und Interessen miteinander verbindet. Der Landrat ist kommunaler Wahlbeamter, d.h.

---

[12] Vgl. dazu ausführlich Rn 66 ff.

Beamter, der von den Bürgern des Landkreises (oder von dem Kreistag[13]) gewählt wird. Will das Bundesland staatliche Verwaltungsaufgaben durch den Landrat wahrnehmen, „leiht" es sich diesen von dem Landkreis. Er fungiert dann als untere Verwaltungsbehörde des Landes. Zur Rechtsfigur der Organleihe vgl. Rn 86.

13 Auf den Vollzug des **Rechts der Europäischen Union** sind die Art. 83 ff. GG nicht direkt anwendbar, da sich diese Vorschriften nur auf den Vollzug des nationalen Rechts und die Kompetenzverteilung zwischen Bund und Ländern beziehen. Gleichwohl bestehen keine Bedenken, die Art. 83 ff. GG analog anzuwenden. Eine andere Lösung macht auch keinen Sinn. Es bleibt also auch in diesem Zusammenhang bei dem Grundsatz der Länderexekutive. Das Unionsrecht ist also grundsätzlich von den Ländern auszuführen. Der Bund hat aber im Bereich der Art. 84 f. GG Aufsichts- und Einwirkungsrechte. Des Weiteren kann und muss er im Rahmen seiner Zuständigkeit gem. Art. 87 ff., 108 I S. 1 GG selbst den Vollzug übernehmen.

Hiervon zu unterscheiden ist der Fall, in dem nationales Recht vollzogen wird, das aufgrund von EU-Recht, insbesondere aufgrund von Richtlinien gem. Art. 288 III AEUV, ergangen ist. Hier sind die Art. 83 ff. GG wiederum unmittelbar anwendbar.[14]

---

[13] Nur in Baden-Württemberg, Brandenburg und Schleswig-Holstein.
[14] Zum EU-Recht vgl. Rn 165 ff.

C. Arten der Verwaltung

Nach ihren möglichen Rechtswirkungen und ihrer Rechtsbindung lässt sich die Verwaltungstätigkeit im Wesentlichen in drei Gruppen einteilen: Eingriffsverwaltung, Leistungsverwaltung und Gewährleistungsverwaltung. Quer zu dieser Einteilung liegt die Einteilung in gesetzesakzessorischer und nicht gesetzesakzessorischer Verwaltung.

14

I. Eingriffsverwaltung

Greift die Verwaltung in Rechte von Bürgern ein, indem sie etwa Verbote ausspricht, Verpflichtungen oder sonstige Belastungen auferlegt, spricht man von **Eingriffsverwaltung**.

15

> **Beispiele:** Versammlungsverbote, Bauabrissverfügungen, Gewerbeuntersagungen, polizeiliche Platzverweise, Zahlungsbescheide

Aufgrund der damit verbundenen Grundrechtsbeeinträchtigung gilt für diesen Bereich des administrativen Handelns die Gesetzmäßigkeit der Verwaltung – d.h. **Vorrang und Vorbehalt des Gesetzes** (Art. 20 III GG) – **uneingeschränkt**. Die Verwaltung darf nur tätig werden, soweit sie dazu durch Gesetz ermächtigt ist.

16

> **Beispiele:** So richten sich Versammlungsverbote nach § 15 I VersG[15], Bauabrissverfügungen nach den Eingriffsbefugnissen der Bauordnungen, Gewerbeuntersagungen nach § 35 GewO (bzw. nach Spezialnormen), polizeiliche Platzverweise nach den Polizeigesetzen, Zahlungsbescheide nach den einschlägigen Fachgesetzen (etwa Bußgeldbescheide nach §§ 65 ff. OWiG) etc.

Auch die Rücknahme und der Widerruf einer zuvor erteilten Erlaubnis stellen eine Belastung dar, auch wenn die ursprüngliche Erlaubnis eine Begünstigung bedeutete und damit der Leistungsverwaltung unterfiel.

17

> **Beispiel:** Gastronom G wird eine Gaststättenerlaubnis erteilt (vgl. §§ 2 ff. GastG). Drei Wochen später stellt sich heraus, dass G die Erlaubnis nicht hätte erteilt werden dürfen, da er nicht die erforderliche Zuverlässigkeit besitzt (vgl. § 4 I GastG). Daraufhin hebt die Gaststättenbehörde die Erlaubnis gem. § 15 I GastG auf.[16]

II. Leistungsverwaltung

Greift die Verwaltung nicht freiheitsverkürzend in Rechte von Bürgern ein, sondern steht diesen gewährend gegenüber, indem sie etwa Leistungen oder (andere) Vergünstigungen gewährt, spricht man von **Leistungsverwaltung**. Der Leistungsverwaltung werden zugeordnet:

18

---

[15] Zu beachten ist, dass im Zuge der Föderalismusreform 2006 der verfassungsändernde Gesetzgeber das früher unter Art. 74 I GG gefasste Versammlungsrecht, Ladenschlussrecht, Gaststättenrecht, Spielhallenrecht sowie das Recht der Schaustellung von Personen, der Messen, der Ausstellungen und der Märkte in die Gesetzgebungskompetenz der Länder überführt hat. Damit sind diese Materien des sog. besonderen Gefahrenabwehrrechts nicht mehr bundesgesetzlich regelbar. Allerdings ist hier wiederum zu beachten, dass bisherige Bundesgesetze in Ländern, die noch keine eigenen Regelungen erlassen haben, fortgelten (vgl. Art. 125a I GG). Das betrifft in erster Linie das Versammlungsgesetz, da noch nicht alle Länder eigene Versammlungsgesetze erlassen haben. Wenn also in den folgenden Beispielen das VersG genannt wird, ist damit das des Bundes gemeint, das, das gem. Art. 125a I GG fortgilt. Hinsichtlich des Gaststättenrechts haben zwar mittlerweile alle Bundesländer eigene Landesgaststättengesetze erlassen, dennoch wird in den in diesem Buch genannten Beispielen aus Gründen der Übersichtlichkeit das GastG des Bundes zugrunde gelegt. Das früher auf die Rahmengesetzgebung des Bundes gestützte Beamtenrechtsrahmengesetz (BRRG) ist zum 1.4.2009 durch das für Landesbeamte geltende Beamtenstatusgesetz (BeamtStG) weitgehend ersetzt worden. Für das juristische Studium wohl wichtigste Vorschrift ist § 54 BeamtStG, die im Wesentlichen § 126 BRRG (Verwaltungsrechtsweg, Widerspruchsverfahren) nachempfunden ist. Für Bundesbeamte gilt § 126 BBG.
[16] Zu Rücknahme und Widerruf von Verwaltungsakten vgl. eingehend Rn 644 ff.

■ die **Sozialverwaltung**, d.h. die Ausführung der Sozialleistungsgesetze wie das SGB II und XII, bei denen sich der Rechtsschutz nach dem Sozialgerichtsgesetz (vgl. § 51 SGG) richtet,

■ die **Förderungsverwaltung** („Leistung durch Zuwendung") wie Subventionen für Wirtschaft und Bergbau, Förderungen von Kunst, Wissenschaft oder Wirtschaft, Vermögensbildung, Ausbildungsförderung (BAföG),

■ die **Vorsorgeverwaltung** („Leistung durch Bereitstellung öffentlicher Einrichtungen sowie Überlassung öffentlicher Sachen zwecks Nutzung") wie die Bereitstellung von Stadthallen o.ä., Straßen- und Verkehrswegen, Verkehrs- und Beförderungseinrichtungen, Versorgungsenergien, Entsorgungseinrichtungen, Kultureinrichtungen, Friedhöfen, Wasserschleusen etc.,

■ die **Genehmigungen von Vorhaben** wie die Erteilung einer Baugenehmigung, einer immissionsschutzrechtlichen Genehmigung, einer Gaststättengenehmigung etc. (präventives Verbot mit Erlaubnisvorbehalt und Ausnahmebewilligung).

19   Die Vorsorgeverwaltung wird auch als **Daseinsvorsorge** bezeichnet, weil ihre ursprüngliche Funktion insbesondere in der Versorgung der Bevölkerung mit lebensnotwendigen Leistungen und Gütern wie Strom, Gas, Wasser, Wohnraum, Kanalisation etc. sowie in der Bereitstellung einer Infrastruktur wie dem Betreiben des öffentlichen Personennahverkehrs oder des Straßenbaus bestand. Heute wird der Begriff der Daseinsvorsorge weiter verstanden; von ihm werden z.B. auch die Erteilung von Informationen sowie die Bereitstellung von Bildungseinrichtungen und Infrastruktur erfasst.

III. Gewährleistungsverwaltung

20   Heute wird der Sektor der Daseinsvorsorge kaum noch vom Staat oder von den Gemeinden selbst wahrgenommen. Vielmehr ist die öffentliche Hand dazu übergegangen, Einrichtungen, die der Daseinsvorsorge dienen, zu privatisieren.[17]

> **Beispiele:**
> **(1)** Die Stadt oder die Gemeinde versorgt ihre Einwohner mit Wasser und Strom (Versorgungsenergien) über die von ihr beherrschten privatrechtlich organisierten Energieversorgungsunternehmen (AG oder GmbH). Diese schließen mit den Einwohnern privatrechtliche Energielieferungsverträge ab.
>
> **(2)** Die Stadt oder die Gemeinde nimmt den öffentlichen Personennahverkehr durch eine AG wahr, deren Aktien sich ausschließlich oder überwiegend (zumeist über 90%) in ihrer Hand befinden. Die AG schließt mit den Fahrgästen privatrechtliche Beförderungsverträge ab.[18]

21   Erfüllt die Körperschaft – wie in beiden Beispielen verdeutlicht – Aufgaben der Daseinsvorsorge in Privatrechtsform, spricht man von **Verwaltungsprivatrecht** bzw. von einer **formellen Privatisierung**. Kennzeichen ist, dass der Staat eine öffentliche Einrichtung (Regiebetrieb, Eigenbetrieb etc.) in ein Unternehmen in privater Rechtsform (GmbH, AG etc.) umwandelt, dabei jedoch die Unternehmensmehrheit behält. Als Beispiel kann die **Deutsche Bahn AG** genannt werden, die früher als **Bundessondervermögen Bundesbahn** geführt wurde, deren Unternehmensanteile sich aber nach wie vor im Eigentum des Bundes befinden (vgl. Art. 87e, 143a GG). Findet jedoch eine echte Aufgabenverlagerung statt (mit Übertragung der überwiegenden Unternehmensanteile auf Private, meist über die Börse), liegt eine **materielle Priva-**

---

[17] Zu den Gründen siehe Rn 21 ff. und 1008 ff.
[18] Vgl. dazu auch *Kämmerer*, NVwZ 2004, 28 ff.

tisierung vor: Der Staat zieht sich ganz zurück und überlässt die Erledigung bestimmter, bisher von ihm wahrgenommener Aufgaben der Marktwirtschaft und damit dem Wettbewerb. Die bekanntesten Beispiele dürften die **Deutsche Telekom AG** und die **Deutsche Post AG** sein, die früher als **Bundessondervermögen Bundespost** geführt wurden. Diese Unternehmen sind seit einiger Zeit privatisiert und bestehen als Post AG, Telekom AG und Postbank AG fort (vgl. Art. 87f, 143b GG).

Insgesamt sind mit der Privatisierung zahlreiche Probleme verbunden. Zwar ist es dem Staat nicht generell verwehrt, Aufgaben der Leistungsverwaltung in Privatrechtsform wahrzunehmen bzw. auf Privatrechtssubjekte zu übertragen, er muss aber durch geeignete Maßnahmen – insbesondere aufsichtsrechtlicher Art – gewährleisten, dass eine ordnungsgemäße Aufgabenerfüllung stattfindet (daher auch der Begriff „Gewährleistungsverwaltung"). Problematisch ist auch die Frage nach der **Grundrechtsbindung** der privatisierten Einrichtungen. Da die Behandlung dieser Fragenkomplexe jedoch den Rahmen dieser Einführung sprengen würde, wird auf die Darstellung bei Rn 118 ff. und 1008 ff. verwiesen. **22**

IV. Gesetzesakzessorische Verwaltung

Vollzieht die Verwaltung Gesetze, etwa indem sie auf der Grundlage eines Gesetzes ein Verbot erteilt, ein bestimmtes Verhalten verlangt oder eine Leistung gewährt, spricht man von gesetzesakzessorischer Verwaltung. **22a**

V. Nicht gesetzesakzessorische Verwaltung

Wird die Verwaltung ohne gesetzliche Grundlage tätig, spricht man von nicht gesetzesakzessorischer Verwaltung. Aufgrund des Vorbehalts des Gesetzes (Art. 20 III GG) ist aber klar, dass eine gesetzesfreie Verwaltung überhaupt nur dann in Betracht kommen kann, wenn keine Grundrechte beeinträchtigt werden. So kann z.B. eine Subventionsvergabe, die an sich nur Vorteile mit sich bringt, eine gesetzliche Grundlage erforderlich machen, wenn dadurch andere Bürger benachteiligt werden (vgl. dazu im Einzelnen Rn 206 ff.). **22b**

2. Kapitel

Abgrenzung zum Privatrecht und Verfassungsrecht

A. Abgrenzung Verwaltungsrecht – Privatrecht

I. Hoheitliche und privatrechtliche Handlungsmöglichkeit

23 In der Regel ist die Verwaltung in Ausführung der Gesetze – also **hoheitlich** – tätig. Das betrifft insbesondere die **Eingriffsverwaltung**.

> **Beispiel:** B hat ein nicht genehmigtes und auch nicht genehmigungsfähiges Haus gebaut. Als die Bauordnungsbehörde davon erfährt, erlässt sie eine Baubeseitigungsverfügung (= Abrissverfügung) mit dem Inhalt, dass B den Bau innerhalb eines Monats zu beseitigen habe.
>
> Hier tritt die Behörde dem B in Ausführung der Landesbauordnung gegenüber. Sie ist hoheitlich tätig. Sollte B mit der Verfügung nicht einverstanden sein, liegt ein verwaltungsrechtlicher Streit vor, der gem. § 40 I S. 1 VwGO vor dem Verwaltungsgericht auszutragen ist.

24 In bestimmten Fällen ist es dem Staat nicht verwehrt, auch auf dem Gebiet des **Privatrechts** tätig zu sein. In diesem Zusammenhang ist zwischen dem <u>Verwaltungsprivatrecht</u> und der <u>Fiskalverwaltung</u> zu unterscheiden.

> **Beispiel zum Verwaltungsprivatrecht:** Der Staat subventioniert Landwirte, die eine ökologische Tierhaltung betreiben, durch Zuschüsse oder zinsgünstige Darlehen, um der Vogelgrippe entgegenzutreten.
>
> **Beispiele zur Fiskalverwaltung:** Eine Behörde kauft Büromaterial, Dienstfahrzeuge, Grundstücke etc., um überhaupt hoheitlich tätig zu werden (Beschaffungswesen); sie verkauft Grundstücke bzw. Wohnungen, um Einnahmen zu erzielen (Veräußerungswesen)[19]; sie schließt Verträge mit Baufirmen über den Bau von Straßen, Schulen, Regierungsgebäuden etc. (öffentliches Auftragswesen); sie vermietet/verpachtet Kellerräume, damit der Mieter/Pächter dort eine Gaststätte betreibt („Ratskeller"); eine Gemeinde betätigt sich wirtschaftlich, um Gewinne zu erzielen (etwa durch Unterhalten eines Gartenbaubetriebs, der sich kommerziell am Markt betätigt).
>
> In Fällen dieser Art ist stets danach zu fragen, ob die Behörde **öffentlich-rechtlich** oder **privatrechtlich** gehandelt hat.

II. Erfordernis der Abgrenzung

25 Insbesondere mit Blick auf den zulässigen **Rechtsweg**, aber auch hinsichtlich der Annahme eines **Verwaltungsakts** bzw. **verwaltungsrechtlichen Vertrags**, der Anwendung des **Verwaltungsverfahrensgesetzes** und des **Verwaltungsvollstreckungsgesetzes** sowie hinsichtlich der **Haftung** für rechtswidriges Handeln kann die Frage, ob die Behörde **öffentlich-rechtlich** oder **privatrechtlich** handelt, nicht dahinstehen.

- Hinsichtlich des **Rechtswegs** ist die Abgrenzung deshalb wichtig, weil nur bei öffentlich-rechtlichen Streitigkeiten nichtverfassungsrechtlicher Art grds. der Verwaltungsrechtsweg eröffnet ist (§ 40 I S. 1 VwGO). Dagegen sind für bürgerlich-rechtliche (d.h. privatrechtliche) Streitigkeiten die ordentlichen Gerichte zuständig (§ 13 GVG).

- Da nur bei öffentlich-rechtlicher Verwaltungstätigkeit die **Verwaltungsverfahrensgesetze** anwendbar sind (vgl. auf Bundesebene § 1 I VwVfG) und bei privatrechtlichen

---

[19] Vgl. dazu OVG Münster NJW 2001, 698 ff.

Streitigkeiten die Verfahrensregeln in den zivilrechtlichen Gesetzen (BGB, HGB etc.) Anwendung finden, ist auch diesbezüglich eine Abgrenzung erforderlich.

- Da der **Verwaltungsakt** gem. § 35 VwVfG eine Regelung auf dem Gebiet des öffentlichen Rechts voraussetzt und Entsprechendes für den **verwaltungsrechtlichen Vertrag** gilt (vgl. § 54 VwVfG: „auf dem Gebiet des öffentlichen Rechts"), ist auch hier stets eine Abgrenzung zum Privatrecht vorzunehmen.

- Da die **Verwaltungsvollstreckung** ausschließlich der Durchsetzung öffentlich-rechtlicher Forderungen und Verpflichtungen dient (vgl. auf Bundesebene §§ 1, 6 VwVG) und für privatrechtliche Forderungen und Verpflichtungen zunächst ein gerichtlicher Vollstreckungstitel (vor den Zivilgerichten) erwirkt werden muss, ist auch wegen dieser Besonderheit eine Abgrenzung vorzunehmen.

- Schließlich ist das öffentliche Recht vom Privatrecht abzugrenzen, wenn es um die **Haftungsfrage** geht. Da Art. 34 GG von „Ausübung eines Amtes" spricht, steht dem Bürger für Amtshaftungsansprüche der **Amtshaftungsanspruch** gem. § 839 BGB i.V.m. Art. 34 GG zur Verfügung. Dieser Anspruch schließt einen Anspruch gegen den handelnden Amtswalter nach § 823 BGB aus (§ 839 BGB ist lex specialis zu § 823 BGB). Ein Anspruch gem. § 823 BGB gegen den Amtswalter persönlich kommt daher nur dann in Betracht, wenn dieser *nicht* in Ausübung eines Amtes, sondern privatrechtlich gehandelt hat. Daher ist auch hier stets eine Abgrenzung vorzunehmen.

Im Rahmen von Prüfungsarbeiten (Hausarbeiten und Klausuren) ist die Abgrenzung von öffentlichem Recht und Privatrecht insbesondere dann relevant, wenn es um die Frage nach den **Erfolgsaussichten eines Rechtsbehelfs** (Widerspruch oder Klage) geht und damit auch die **Rechtswegfrage** beantwortet werden muss. **26**

> **Beispiel:** Bauherr B hat, ohne zuvor eine Baugenehmigung eingeholt zu haben, an sein Wohnhaus eine Garage angebaut. Nachdem die Baubehörde von einem Nachbarn über das Objekt in Kenntnis gesetzt wird, erlässt sie gegenüber B eine Abrissverfügung (= Verwaltungsakt) mit dem Argument, der Anbau widerspreche dem materiellen Baurecht und sei nicht genehmigungsfähig.
>
> In Fällen dieser Art ist der Bearbeitervermerk der Prüfungsarbeit oftmals dergestalt formuliert, dass der Betroffene die staatliche Maßnahme nicht gelten lassen möchte und nach den Erfolgsaussichten eines Rechtsbehelfs fragt.

Zur Beantwortung der Frage nach den Erfolgsaussichten eines Rechtsbehelfs ist zunächst die Rechtswegfrage zu klären. Es leuchtet ein, dass ein Widerspruch gegen einen Verwaltungsakt nicht nur dann erfolgreich sein kann, wenn eine Rechtsverletzung vorliegt, sondern auch nur dann, wenn eine öffentlich-rechtliche, d.h. verwaltungsrechtliche Streitigkeit vorliegt. Denn als verwaltungsrechtlicher Rechtsbehelf setzt der Widerspruch eine verwaltungsrechtliche Streitigkeit voraus. Läge eine privatrechtliche Streitigkeit vor, wäre der Zivilrechtsweg gegeben; ein Widerspruch wäre unzulässig. **27**

III. Abgrenzungstheorien

Die streitentscheidenden Normen müssen dem öffentlichen Recht zuzuordnen sein. Das ist der Fall, wenn das Verwaltungshandeln bzw. die diesbezüglich maßgebliche Norm in einem engen *Sachzusammenhang* mit eindeutig öffentlich-rechtlicher Aufgabenwahrnehmung steht. Anderenfalls unterfällt die Streitigkeit dem bürgerlichen Recht. Kriterien der Abgrenzung zum bürgerlichen Recht bieten folgende Theorien[20]: **28**

---

[20] Vgl. *Wolff/Bachof/Stober/Kluth*, AllgVerwR I, § 22 Rn 13 ff.; kritisch *Leisner*, JZ 2006, 869 ff.

1. Modifizierte Subjektstheorie (Sonderrechtstheorie; Zuordnungs-theorie)

29   Nach der von Wolff[21] begründeten und heute von der herrschenden Meinung[22] vertre-tenen modifizierten Subjektstheorie (Sonderrechtstheorie, Zuordnungstheorie) liegt eine öffentlich-rechtliche Streitigkeit vor, wenn die den Streit entscheidende Norm öffentlich-rechtlicher Natur ist, d.h. wenn sie (in allen denkbaren Anwendungsfällen) **allein einen Hoheitsträger** besonders **berechtigt oder verpflichtet** und damit dem öffentlichen Recht **zugeordnet ist**.

30   Wie aus der Definition hervorgeht, basiert die modifizierte Subjektstheorie auf drei Denkschritten: Zunächst muss der Streitgegenstand bestimmt werden. Sodann ist eine Vorschrift (Norm) zu ermitteln, die den Streit entscheidet. Schließlich ist die ermittelte Norm einem Rechtsgebiet zuzuordnen. Ist dieses Rechtsgebiet Teil des öffentlichen Rechts, ist der Streit öffentlich-rechtlich.[23]

> **Beispiel:** R randaliert auf einem Straßenfest. Nachdem Polizeimeister P ihn mehrmals erfolglos aufgefordert hat, das ungebührliche Verhalten einzustellen, erteilt er ihm schließlich einen Platzverweis. R ist der Meinung, dass der Platzverweis rechtswidrig sei.
>
> In diesem Fall ist die streitentscheidende Norm dem Landespolizeigesetz zu entneh-men.[24] Das Polizeirecht berechtigt allein den Hoheitsträger, gegen den Bürger vorzuge-hen. Der Platzverweis ist mithin dem öffentlichen Recht zuzuordnen. Nach erfolgloser Durchführung eines Widerspruchsverfahrens könnte R daher vor dem Verwaltungs-gericht klagen (§ 40 I S. 1 VwGO).

31   Generell sind Normen des BauGB, der GewO, des GastG, des BImSchG, des AufenthG, des SGB, der Beamtengesetze sowie der Polizeigesetze öffentlich-rechtlich. Sie verlei-hen der Verwaltung besondere Befugnisse (oder statuieren Pflichten) und ordnen damit den Streit dem öffentlichen Recht zu.

32   Trotz der vermeintlich klar geschaffenen Möglichkeit der Zuordnung des Streits ent-weder zum öffentlichen Recht oder zum Privatrecht versagt die modifizierte Subjekts-theorie aber in Fällen, in denen nicht eindeutig ist, welche Rechtsvorschriften den Streit entscheiden. Denn hinsichtlich der Frage, welche Rechtsvorschriften den Streit entscheiden, hält die modifizierte Subjektstheorie keine Antwort bereit. Erst recht ist sie in Fällen untunlich, in denen das behördliche Handeln schon nicht durch einen Rechtssatz bestimmt ist, beispielsweise bei der – im öffentlichen Interesse liegenden – Wirtschaftsförderung (dazu näher Rn 48 ff.). Im zuletzt genannten Fall kann aber das öffentliche Interesse an der Förderung als **Indiz** für den öffentlichen Charakter der Streitigkeit herangezogen werden.

2. Interessentheorie

33   Nach der Interessentheorie[25] liegt eine öffentlich-rechtliche Streitigkeit vor, wenn die dem Streit zugrunde liegenden Normen überwiegend dem **öffentlichen Interesse**,

---

[21] *Wolff*, AöR 76 (1950/51), 205 ff.
[22] Vgl. nur OVG Münster NJW 2001, 698; *Czybulka/Biermann*, JuS 2000, 353, 355; *Kopp/Schenke*, VwGO, § 40 Rn 11; *Ehlers*, in: Schoch/Schneider/Bier, VwGO, § 40 Rn 225 ff.
[23] Vgl. zu den einzelnen Denkschritten näher *R. Schmidt*, VerwProzR, Rn 25 ff.
[24] Bund: § 38 BundesPolG; BaWü: § 27a PolG; Bay: Art. 16 PAG; Berl: § 29 I ASOG; Brand: § 16 PolG; Brem: § 14 I PolG; Hamb: § 12a SOG; Hess: § 31 SOG; MeckVor: § 52 SOG; Nds: § 17 I SOG; NRW: § 34 PolG, § 24 OBG; RhlPfl: § 13 POG; Saar: § 12 PolG; Sachs: § 21 I PolG; SachsAnh: § 36 I SOG; SchlHolst: § 201 LVwG; Thür: Art. 18 PAG, § 17 OBG.
[25] Von dieser Theorie wird angenommen, dass sie von dem römischen Juristen *Ulpian* (170-228 n. Chr.) stamme.

dem Allgemeininteresse, dienen. Dagegen soll eine privatrechtliche Streitigkeit vorliegen bei einer Regelung, die überwiegend Individualinteressen zu dienen bestimmt ist.

Auch die Interessentheorie ist nicht frei von Kritik. Denn dadurch, dass auch zahlreiche privatrechtliche Normen im öffentlichen Interesse liegen (so z.B. die familienrechtlichen Unterhaltsvorschriften des BGB) und öffentliche Normen im Privatinteresse (wie beispielsweise das Baunachbarrecht), vermag die Interessentheorie keine klare Abgrenzung zu bieten und sollte im Rahmen einer Fallbearbeitung – wenn überhaupt – nur hilfsweise herangezogen werden. **34**

3. Subordinationstheorie

Nach der Subordinationstheorie (Subjektionstheorie) ist eine Streitigkeit öffentlich-rechtlich, wenn zwischen den Streitparteien ein Verhältnis der **Über- und Unterordnung** besteht. Besteht dagegen ein Verhältnis der Gleichordnung, soll eine privatrechtliche Streitigkeit vorliegen.[26] **35**

> **Beispiel:** Untersagt die Gewerbebehörde einem Gewerbetreibenden die weitere Ausübung des Gewerbes mit dem Argument, er sei unzuverlässig (vgl. § 35 I GewO), liegt ein Verhältnis der Über- bzw. Unterordnung vor. Die Streitigkeit ist **öffentlich-rechtlich**.
>
> **Gegenbeispiel:** Will die Gemeindeverwaltung beim lokalen Büroausstatter Computer für ihre Mitarbeiter beschaffen, kann sie dies nicht mit hoheitlichen Mitteln, insbesondere nicht mit Hilfe eines Verwaltungsakts, den sie – ohne dass es eines gerichtlichen Vollstreckungstitels bedürfte – selbst vollstrecken könnte, durchsetzen. Denn das öffentliche Recht, d.h. die Gesetze, geben ihr diese Befugnis nicht. Vielmehr muss sie sich auf die Ebene der Gleichordnung mit dem Bürger begeben und die Computer mit Mitteln des **Privatrechts** beschaffen, d.h. gem. § 433 BGB kaufen.

Letztlich kann auch die Subordinationstheorie nicht ohne Kritik bleiben. Zwar bietet sie im Rahmen der Eingriffsverwaltung einerseits (Beispiel) und des reinen Vertragsrechts andererseits (Gegenbeispiel) eine klare Qualifikation entweder zugunsten des öffentlichen Rechts oder des Privatrechts, sie versagt aber zum einen dort, wo sich mehrere gleichrangige Träger öffentlicher Gewalt gegenüberstehen (Beispiel: Gemeinde X schließt mit Gemeinde Y ein Abkommen über den Empfang von Leistungen des in Y ansässigen gemeindeeigenen Entsorgungsbetriebs), und zum anderen in jenen Fällen, in denen die Verwaltung trotz Bestehens eines Über- bzw. Unterordnungsverhältnisses *koordinations*rechtlich gegenüber dem Bürger auftritt (Beispiel: Verwaltungsvertragsverhältnis gem. §§ 54 ff. VwVfG). **36**

4. Bedeutung der Theorien für die Fallbearbeitung

Wie die vorstehende Kritik zu den einzelnen Theorien gezeigt hat, vermag keine der Theorien bei isolierter Betrachtung eine verlässliche Abgrenzung zwischen dem privaten und dem öffentlichen Recht zu bieten. Darum vertritt auch die Rechtsprechung keine konkrete Theorie, sondern bedient sich im Bemühen um eine im Einzelfall sachgerechte Zuordnung einer **Kombination aus modifizierter Subjektstheorie und Subordinationstheorie**.[27] **37**

> **Hinweis für die Fallbearbeitung:** Sofern sich aus der Kombination der beiden Theorien befriedigende Ergebnisse erzielen lassen, sollte man sich auch in der Fallbe- **38**

---

[26] Vgl. *Forsthoff*, LB des VerwR I, 1950, § 6; BGHZ 14, 222, 227; 97, 312, 314; *Redeker/von Oertzen*, VwGO, § 40 Rn 8; *Thiel/Garcia-Scholz*, JA 2001, 957, 958.
[27] GemS OBG BGHZ 97, 312, 313 f.; BGHZ 102, 280, 287; 108, 284, 286; 129, 126, 128; BVerwGE 96, 71, 73; BVerwG NJW 2007, 2275, 2276.

arbeitung darauf beschränken. Zu beachten ist allerdings, dass es völlig verfehlt wäre, etwa den öffentlich-rechtlichen Charakter einer Streitigkeit, die ihre Grundlage im BauGB, im GastG, in der GewO, in einer Landesbauordnung, einem Landespolizeigesetz oder einer Gemeindeordnung hat, zu erörtern. In diesen Fällen reicht ein knapper Hinweis etwa dergestalt aus, „dass die die Hauptfrage streitentscheidende Norm anerkannt öffentlich-rechtlicher Natur ist, d.h. sie allein einen Hoheitsträger besonders berechtigt oder verpflichtet, diesem also zugeordnet ist". Dabei kann es durchaus vorkommen, dass einem Klagebegehren mehrere Gesetze, denen streitentscheidende Normen entnommen werden können, zuzuordnen sind. Das betrifft insbesondere das Gefahrenabwehrrecht, weil sich die Rechtsgrundlage für eine Maßnahme sowohl aus einem Spezialgesetz (GastG, GewO, VersG) als auch aus dem allgemeinen Polizei- und Ordnungsrecht ergeben kann. Sind alle in Betracht kommenden Gesetze solche des öffentlichen Rechts, kann bei der Prüfung des Verwaltungsrechtswegs (nicht bei der Prüfung der materiellen Rechtmäßigkeit der Maßnahme!) die Zuordnung des Streitgegenstands zu einer dieser Normen dahinstehen.

Kein Indiz für den öffentlich-rechtlichen Charakter einer Streitigkeit ist die **Grundrechtsbelastung** auf Seiten des Rechtsschutzsuchenden. Zwar sind Grundrechte Teil des öffentlichen Rechts, wollte man jedoch allein aus der Grundrechtsbelastung den öffentlich-rechtlichen Charakter einer Streitigkeit herleiten, hätte dies zur Folge, dass jede belastende behördliche Maßnahme öffentlich-rechtlich wäre. Dass dies nicht so sein kann, beweist schon der Umstand, dass in bestimmten Fällen die Verwaltung privatrechtlich tätig sein kann und dabei (wegen Art. 1 III GG) an die Grundrechte gebunden ist. Würde also die Grundrechtsbindung der Verwaltung den öffentlich-rechtlichen Charakter der Maßnahme begründen, gäbe es das Verwaltungsprivatrecht und die Fiskalverwaltung (vgl. dazu Rn 42 ff. und 48 ff.) nicht.

Schließlich ist zu beachten: Bestehen für ein und denselben prozessualen Anspruch zwei Rechtswege nebeneinander, richtet sich der zulässige Rechtsweg danach, auf welchen Klagegrund das Begehren gestützt wird.[28] Das angerufene Gericht prüft den Streit dann unter allen in Betracht kommenden rechtlichen Gesichtspunkten (§ 17 II S. 1 GVG).

5. Fallgruppen mit unklarer Zuordnung

39 In Einzelfällen kann es vorkommen, dass selbst mit der Kombination aus modifizierter Subjektstheorie und Subordinationstheorie nicht eindeutig der öffentlich-rechtliche Charakter einer Streitigkeit bestimmt werden kann. Das ist der Fall, wenn **keine Rechtsnorm existiert**, die den Streit einem Rechtsgebiet zuordnen könnte, insbesondere wenn rein **tatsächliches** Handeln der Verwaltung in Rede steht. Das trifft etwa zu auf Ansprüche aus (verwaltungsrechtlichen) Verträgen, auf das Aussprechen von Warnungen vor (Jugend-)Sekten, vor Lebensmitteln oder elektromagnetischen Strahlen („Handys", o.ä.), auf ehrverletzende, rufschädigende oder rufgefährdende Äußerungen, auf Emissionen[29] (etwa von kommunalen Kläranlagen, gemeindlichen Grillplätzen, Kinderspielplätzen, Sportplatzanlagen[30], Altglascontainern[31] oder Skater-Anlagen[32]) sowie auf andere rein tatsächliche Handlungen. In diesen Fällen ist die Streitigkeit nur dann öffentlich-rechtlich (und vor den Verwaltungsgerichten auszutragen), wenn das fragliche Verhalten in einem **Funktions- bzw. Sachzusammenhang** mit der Wahrnehmung hoheitlicher Aufgaben steht (sog. **Akzessorietätstheorie**).

---

[28] OVG Lüneburg NVwZ-RR 1998, 695.
[29] Zum Unterschied vgl. Rn 54.
[30] VG Arnsberg NVwZ 1999, 450.
[31] VG Osnabrück NVwZ 2003, 1010 ff.
[32] OVG Koblenz NVwZ 2000, 1190.

Besteht zwischen der konkreten behördlichen Handlung und einer öffentlich-recht- **40** lichen Aufgabenwahrnehmung ein **Funktions- bzw. Sachzusammenhang**, ist die konkrete Handlung dem öffentlichen Recht zuzuordnen.

> **Beispiel:** Verursacht die Polizei während der Fahrt zum Einsatzort mit ihrem Dienst-wagen einen Verkehrsunfall, wird der Geschädigte regelmäßig Schadensersatz verlan-gen. In Betracht kommt ein Amtshaftungsanspruch. Voraussetzung ist, dass die Poli-zeibeamten in Ausübung eines ihnen anvertrauten öffentlichen Amtes gehandelt und eine Amtspflicht verletzt haben.[33]

⇨ Hätten die Beamten bei der Fahrt Sonderrechte gebraucht, d.h. gem. §§ 35 I, 38 I StVO Martinshorn und Blaulicht eingesetzt, wäre der öffentlich-rechtliche Charakter unter Zugrundelegung der Kombination aus modifizierter Subjektstheorie und Sub-ordinationstheorie unstreitig zu bejahen. Dass §§ 35 I, 38 I StVO allein einen Ho-heitsträger berechtigen, unterliegt keinem vernünftigen Zweifel.

⇨ Geht man indes davon aus, dass die Beamten ohne Gebrauch von Sonderrechten zum Einsatzort fuhren, existiert keine Rechtsvorschrift, die den Streit entscheiden könnte. In diesem Fall ist darauf abzustellen, ob die Fahrt in einem Funktions- bzw. Sachzusammenhang mit der Erfüllung einer öffentlich-rechtlichen Aufgabe stand. Das war vorliegend der Fall: Im Rahmen der Diensterfüllung handelt die Polizei grundsätzlich hoheitlich, d.h. öffentlich-rechtlich. Deshalb ist auch die Teilnahme am Straßenverkehr im Rahmen der polizeilichen Aufgabenerfüllung öffentlich-rechtlich. Etwas anderes würde z.B. gelten, wenn die Polizei aus privaten Gründen eine andere Wegstrecke führe, etwa um private Einkäufe etc. zu verrichten.

Falsch wäre es jedenfalls, in Prüfungsarbeiten den öffentlich-rechtlichen Charakter **41** der Streitigkeit schlicht mit der Tatsache zu begründen, dass ein Träger öffentlicher Gewalt gehandelt habe. Denn diese Aussage verkennt, dass Träger der öffentlichen Gewalt zwar in den meisten Fällen, nicht aber stets öffentlich-rechtlich handeln. Das wird am Beispiel der privatrechtlichen Betätigung der Verwaltung (Fiskalver-waltung und Verwaltungsprivatrecht) besonders deutlich.

a. Privatrechtliche Betätigung der Verwaltung

aa. Fiskalverwaltung

Tätigt die öffentliche Verwaltung Geschäfte zur Bedarfsdeckung (fiskalische Hilfsge- **42** schäfte), betätigt sie sich erwerbswirtschaftlich oder verwaltet sie ihre Vermögensge-genstände, spricht man von **Fiskalverwaltung**. Hier tritt die Verwaltung als Privat-rechtssubjekt auf und nimmt wie jeder andere am Wirtschaftsleben teil. Das Verhält-nis zwischen ihr und dem Bürger kann in diesem Bereich also ausschließlich privat-rechtlich sein und nur der Regelung des § 13 GVG unterfallen. Die teilweise noch verbleibende Grundrechtsbindung wird von den **ordentlichen Gerichten** beachtet (§ 17 II S. 1 GVG).[34] Im Einzelnen sind zu unterscheiden:

Fiskalische Hilfsgeschäfte: Darunter sind zum einen das Beschaffungswesen bzw. **43** Veräußerungswesen und zum anderen das öffentliche Auftragswesen zu verstehen.

---

[33] Zwar sind für die Entscheidung über einen Amtshaftungsanspruch die Landgerichte in erster Instanz zuständig (vgl. Art. 34 S. 3 GG, § 71 II Nr. 2 GVG), jedoch handelt es sich trotz dieser Rechtswegzuweisung an die Zivilgerichte beim Amtshaftungsanspruch um eine öffentlich-rechtliche Streitigkeit, weil gem. Art. 34 S. 1 GG, § 839 BGB der Schädiger in Ausübung eines öffentlichen Amtes gehandelt haben muss. Vorliegend muss demnach die Frage geklärt werden, ob die Beamten in Ausübung eines öffentlichen Amtes, mithin öffentlich-rechtlich, gehandelt haben.
[34] Vgl. BGHZ 150, 343 ff.; BGH NVwZ 2003, 246; *Antweiler*, NVwZ 2003, 1466 ff.; *Meyer*, NVwZ 2002, 1075 ff.; *Thiel/Garcia-Scholz*, JA 2001, 957, 958.

Beispiele: Kauf von Büroausstattung, Dienstfahrzeugen, Grundstücken etc. (Beschaffungswesen); Verkauf von Grundstücken oder Wohnungen (Veräußerungswesen)[35]; Abschluss von Verträgen mit Baufirmen über den Bau von Straßen, Schulen, Regierungsgebäuden etc. (öffentliches Auftragswesen). Zur Grundrechtsbindung der öffentlichen Hand in diesem Bereich vgl. Rn 1008 ff. Zur (möglichen) Anwendung der für das Verwaltungsprivatrecht entwickelten **Zwei-Stufen-Theorie** auf fiskalische Hilfsgeschäfte vgl. Rn 51.

44   **Erwerbswirtschaftliche Betätigung**: Der Hoheitsträger wird erwerbswirtschaftlich tätig, wenn er in unternehmerischer Weise am Wirtschaftsverkehr teilnimmt bzw. sich an einem privaten Unternehmen (Handelsgesellschaft oder juristische Person des Privatrechts) beteiligt.

Beispiele:

(1) Den paradigmatischen Fall einer erwerbswirtschaftlichen Betätigung des Staates bildet die Beteiligung des Landes Niedersachsen an der Volkswagen AG.

(2) Außerhalb von Handelsgesellschaften unternehmerisch tätig wird der Verwaltungsträger bspw. bei der Bewirtschaftung eines Weinguts mit staatlichen Bediensteten.

(3) Auch wenn eine Gemeinde über ihren Eigenbetrieb etwa im Bereich des Garten- und Landschaftsbaus Aufträge privater Auftraggeber ausführt, wird sie erwerbswirtschaftlich tätig (und tritt gleichsam in Konkurrenz zu privaten Anbietern).[36] Weitere Betätigungen wie der Partyservice durch eine städtische Kantine, der Betrieb eines Nagelstudios, Instandsetzungsarbeiten, Elektroinstallationsarbeiten[37], Gebäudeunterhaltung, Umzugsservice etc. stellen nur die Spitze des Eisbergs dar.[38]

45   Die Teilnahme der öffentlichen Verwaltung am wirtschaftlichen Wettbewerb („Staat als Unternehmer" bzw. als „Aktionär") ist zwar grundsätzlich, aber keineswegs uneingeschränkt zulässig. Verfassungsrechtlich ist es schwierig, den damit verbundenen Eingriff in die Wettbewerbsfreiheit, d.h. in die individuellen Interessen privater Wettbewerber zu legitimieren. Insbesondere bestehen für die **Gemeinden** rechtliche Grenzen, die sich nach der jeweiligen Gemeindeordnung bestimmen. Die damit verbundenen Probleme gewinnen verwaltungsprozessual in erster Linie in einer Anfechtungssituation bzw. bei Nichtvorliegen eines Verwaltungsakts auch bei einem Unterlassungsbegehren an Bedeutung. Hier ist nach der (zivilrechtlichen oder öffentlich-rechtlichen) Rechtsgrundlage zu suchen, die dem betroffenen Bürger einen Unterlassungsanspruch einräumt. Siehe dazu Rn 1046 ff.

46   Einen Unterfall der erwerbswirtschaftlichen Betätigung stellt die **Verwaltung eigener Vermögensgegenstände** dar: Die Träger öffentlicher Verwaltung sind auch privatrechtliche Eigentümer von Vermögensgegenständen (Fahrzeugen, Grundstücken etc.). Soweit die Gegenstände nicht der Erfüllung hoheitlicher Aufgaben dienen (etwa weil sie nicht durch Widmungsakt dem öffentlichen Recht unterstellt werden - modifiziertes Privateigentum[39]), kommt eine privatwirtschaftliche Nutzung in Betracht.

Beispiele: Vermietung der Kellerräume des Rathauses an einen Gastronom („Ratskeller") oder Zur-Verfügung-Stellen der Außenflächen von Bussen und Straßenbahnen gegen Entgelt für Werbezwecke. Zur diesbezüglichen Grundrechtsbindung vgl. Rn 1008 ff.

---

[35] Vgl. dazu OVG Münster NJW 2001, 698 ff.
[36] Vgl. OLG Karlsruhe NVwZ 2001, 712 ff.
[37] Vgl. BGH NVwZ 2002, 1141 ff.
[38] Weitere Beispiele bei *Schink*, NVwZ 2002, 129 f. Vgl. auch *Schlacke*, JA 2002, 48 ff. und *Meyer*, NVwZ 2002, 1075 ff.
[39] Vgl. dazu OLG Schleswig NJW 2001, 1073 (hier: Meeresstrand).

Im Bereich der Fiskalverwaltung ist insbesondere die **öffentliche Auftragsvergabe** 47
von Interesse: Diese ist (sofern ein bestimmter Schwellenwert überschritten wird, vgl.
§ 100 GWB) in den **§§ 97 ff. GWB** geregelt und somit dem **Zivilrecht** zugeordnet;
der Verwaltungsrechtsweg ist gesperrt.

Nach der Legaldefinition in § 99 I GWB sind öffentliche Aufträge entgeltliche Verträge
zwischen öffentlichen Auftraggebern und Unternehmen, die Liefer-, Bau- oder Dienstleistungen zum Gegenstand haben, und Auslobungsverfahren, die zu Dienstleistungsaufträgen
führen sollen. Ausführliche materiell-rechtliche und verfahrensrechtliche Bestimmungen
über die Vergabe von öffentlichen Aufträgen befinden sich in §§ 98 ff. GWB. Maßgebliche
Auswahlkriterien sind Fachkunde, Leistungsfähigkeit und Zuverlässigkeit der Bewerber und
die Wirtschaftlichkeit ihres Angebots. Die Unternehmen (zu denen auch – m.E. in bedenkli-
cher Weise – ein Eigenbetrieb gehören kann[40]) haben gem. § 97 VII GWB einen Anspruch
auf Einhaltung der Vergaberegelungen. In den §§ 102 ff. GWB ist ein Rechtsschutzverfah-
ren ausgestaltet: Zunächst sind gem. §§ 107 I, 104 GWB die Vergabekammern anzurufen.
Die Vergabekammern sind sachlich unabhängige Verwaltungsbehörden, die durch Verwaltungsakt entscheiden (§ 114 GWB). Antragsbefugt ist jedes Unternehmen, das ein Interesse am Auftrag und eine Verletzung subjektiver vergaberechtlicher Rechtspositionen geltend
macht (§ 107 II GWB). Gegen eine Entscheidung der angerufenen Vergabekammer ist die
sofortige Beschwerde beim OLG zulässig, das endgültig entscheidet (§§ 116 ff. GWB). Für
den Rechtsschutz bedeutsam ist der Umstand, dass die Rechtsmittel aufschiebende Wirkung entfalten (§§ 115 I, 118 I S. 1 GWB). Der Zuschlag an einen anderen darf also erst
nach Abschluss des Rechtsschutzverfahrens erteilt werden.[41]

bb. Verwaltungsprivatrecht
Die klausurrelevantesten Probleme in dieser Beziehung ergeben sich bei der Vergabe 48
von **Subventionen**, bei der Zulassung zur Benutzung von **öffentlichen Einrichtungen** und bei der **Versorgungs- und Entsorgungstätigkeit** des Staates oder
der Gemeinden. Ferner sei der **öffentliche Personennahverkehr** genannt.

Beispiele:
(1) Das Land L möchte den Mittelstand fördern und vergibt **(a)** zinsgünstige Darlehen
bzw. gewährt **(b)** für bestimmte Vorhaben nicht zurückzuzahlende Zuschüsse.
Hinsichtlich der Darlehensvergabe bzw. der Auszahlung schaltet es eine Privatbank
ein, die die Abwicklung des Darlehens übernimmt.

(2) Die Gemeinde G versorgt ihre Einwohner mit Wasser und Strom (Versorgungsenergien) **(a)** über ihre öffentlich-rechtlich organisierten Eigen- oder Regiebetriebe
oder **(b)** über die von ihr beherrschten privatrechtlich organisierten Energieversorgungsunternehmen (AG oder GmbH). In beiden Konstellationen schließt sie mit
den Einwohnern privatrechtliche Energielieferungsverträge.

(3) Die Stadt S nimmt den öffentlichen Personennahverkehr (ÖPNV) durch eine AG
wahr, deren Aktien sich ausschließlich oder überwiegend in ihrer Hand befinden.
Hier schließt sie mit den Fahrgästen privatrechtliche Beförderungsverträge ab.

(4) Die Stadt S stellt der Öffentlichkeit eine Stadthalle zur Verfügung. Betrieben wird
die Stadthalle **(a)** durch einen Regie- oder Eigenbetrieb der Stadt oder **(b)** durch
eine Betreiber-GmbH („Stadthallen-GmbH"), deren Geschäftsanteile sich im Eigentum der Stadt befinden. In beiden Fällen werden mit den Nutzern privatrechtliche
Mietverträge geschlossen.

---

[40] Vgl. Vergabekammer Düsseldorf NZBau 2001, 46 mit Stellungnahme von *Jaeger*, NZBau 2001, 6.
[41] Die Vergabeverordnung ist im BGBl I 2001, 110 ff. veröffentlicht. Zur Rechtswegfrage vgl. auch BVerwG NVwZ 2007,
2275; *Ennuschat/Ulrich*, NJW 2007, 2224; *Burgi*, NVwZ 2007, 737; *Druschel*, JA 2008, 514.

49 Bei der Frage nach dem öffentlich-rechtlichen Charakter derartiger Maßnahmen ist in Prüfungsarbeiten auf die sog. **Zwei-Stufen-Theorie**[42] einzugehen: Geht es um die Frage des „Ob" der Gewährung, *ob* also z.B. ein Versorgungsvertrag geschlossen, eine Subvention oder die Zulassung zur Nutzung einer öffentlichen Einrichtung gewährt werden sollen, ist von einem öffentlich-rechtlichen Charakter der Entscheidung auszugehen. Zugleich ist der *Verwaltungsrechtsweg* eröffnet (**1. Stufe**). Für die Abwicklung (also das **„Wie"**) stellt indes das Privatrecht Vertragstypen bereit, die im öffentlichen Recht eigenständig nicht entwickelt wurden. Das führt zu der Einsicht, dass ein öffentlich-rechtliches Rechtsverhältnis in seiner weiteren Durchführung privatrechtlich (wie bspw. nach §§ 535 ff. oder 488 ff. BGB) ausgestaltet sein kann (**2. Stufe**).

Zu den Beispielen:

(1) Geht es um die Gewährung eines **Subventionsdarlehens** (Konstellation a), wird auf der 1. Stufe entschieden, ob das (beantragte) Darlehen gewährt wird. Diese Entscheidung begründet das „Grundverhältnis" zwischen dem Staat und dem Antragstelle, ist öffentlich-rechtlich und erfolgt rechtstechnisch durch Verwaltungsakt. Erst wenn diese Entscheidung getroffen wurde, erfolgt auf der 2. Stufe die Abwicklung. Diese ist (bei Anwendung der Zwei-Stufen-Theorie) stets privatrechtlich ausgestaltet, und zwar in Form eines Darlehensvertrags gem. §§ 488 ff. BGB. Dabei spielt es keine Rolle, ob dieser Darlehensvertrag zwischen dem Darlehensnehmer und der öffentlichen Hand oder einem von dieser beauftragten privaten Kreditinstitut geschlossen wird. Das bedeutet für den Rechtsweg: Streitigkeiten über das „Ob" der Gewährung sind öffentlich-rechtlich und vor den Verwaltungsgerichten auszutragen. Meinungsverschiedenheiten, die die 2. Stufe betreffen (also Streitigkeiten im „Abwicklungsverhältnis"), sind bürgerlich-rechtlich und vor den Zivilgerichten auszutragen.

Besteht die Leistungsgewährung indes in einem (nicht zurückzuzahlenden und damit „verlorenen") **Zuschuss** (Konstellation b), ist für die Zwei-Stufen-Theorie kein Raum. Denn die Auszahlung ist lediglich der Vollzugsakt des Bewilligungsbescheids und somit wie dieser öffentlich-rechtlich. Das gilt auch dann, wenn die Auszahlung des Zuschusses durch ein privates Kreditinstitut erfolgt. In diesem Fall fungiert die Privatbank nur als „Zahlstelle" der Behörde.[43]

(2) Geht es um den Anschluss an das öffentliche **Versorgungs- oder Entsorgungsnetz**, steht die Frage des „Ob" im Mittelpunkt. Hier ist wegen Vorliegens einer öffentlich-rechtlichen Streitigkeit der Verwaltungsrechtsweg eröffnet. Streiten sich die Parteien dagegen etwa über die Höhe der Versorgungskosten (das „Wie"), ist zu differenzieren: In Konstellation **(a)** kann die Verwaltung – anders als in Bsp. **(1)** – das Benutzungsverhältnis sowohl hoheitlich als auch privatrechtlich ausgestalten. Sie hat die Formenwahlfreiheit. Sie ist frei in ihrer Entscheidung, ob sie das Benutzungsverhältnis öffentlich-rechtlich *oder* privatrechtlich ausgestaltet. Das hat Konsequenzen für den Rechtsweg: Je nach Ausgestaltung ist der Verwaltungsrechtsweg oder der Zivilrechtsweg eröffnet. In Konstellation **(b)** hat sie indes durch die Privatisierung der Einrichtung ihre Formenwahlfreiheit verloren. Eine juristische Person des Privatrechts kann (von dem hier nicht einschlägigen Fall der Beleihung einmal abgesehen) ausschließlich privatrechtlich handeln. Über die Frage des „Wie" kann dann nur das Zivilgericht entscheiden.

(3) Auch beim **ÖPNV** entscheidet über das „Ob" der Benutzung das Verwaltungsgericht. Würde es demgegenüber um Fragen der Benutzung gehen, etwa um den Erlass eines Rauchverbots auf den Bahnsteigen oder in der Bahn selbst, wäre eine

---

[42] Die Zwei-Stufen-Theorie geht auf *H.P. Ipsen* zurück (vgl. *H.P. Ipsen*, DVBl 1956, 461 unter Bezugnahme auf ein von ihm verfasstes Rechtsgutachten aus dem Jahre 1951 zur Ausfallbürgschaft des Staates bei der Filmförderung).
[43] Vgl. dazu näher Rn 1008 ff.

Klage vor den ordentlichen Gerichten zu erheben, da die Beförderungsverträge wegen der Rechtsformenwahl zugunsten einer AG ausschließlich privatrechtlich ausgestaltet sein können.

(4) Schließlich gilt auch für die Benutzung kommunaler oder städtischer **öffentlicher Einrichtungen**, dass die Entscheidung über die Zulassung zur Benutzung stets öffentlich-rechtlich durch Verwaltungsakt erfolgt (1. Stufe). Das Benutzungsverhältnis, bei dem es um die Modalitäten der Nutzung geht (Dauer der Nutzung, Höhe des Entgelts, Verhaltenspflichten etc.) ist der 2. Stufe zuzuordnen. Hier wiederum gilt dasselbe wie in Beispiel **(2)**. Betreibt die öffentliche Hand die Einrichtung in Eigenregie bzw. durch einen Eigenbetrieb (Konstellation **(a)**), hat sie die Formenwahlfreiheit: Sie ist frei in ihrer Entscheidung, ob sie das Benutzungsverhältnis öffentlich-rechtlich *oder* privatrechtlich ausgestaltet. Gestaltet sie das Benutzungsverhältnis öffentlich-rechtlich aus (etwa durch Benutzungssatzung, Benutzungsgebühr oder Hinweis auf öffentlich-rechtliche Rechtsbehelfe), sind bei Streitigkeiten die Verwaltungsgerichte anzurufen. Handelt es sich indes um eine privatrechtliche Ausformung des Benutzungsverhältnisses (was i.d.R. anzunehmen ist, wenn die Benutzungsregeln durch AGB statt durch Satzung festgelegt werden oder wenn von einem Benutzungsentgelt statt von einer Benutzungsgebühr die Rede ist), entscheiden stets die Zivilgerichte. In Konstellation **(b)** kommt von vornherein nur eine privatrechtliche Ausgestaltung des Benutzungsverhältnisses in Betracht.[44]

Die Unternehmen, die der Staat zur Erledigung von Aufgaben der Daseinsvorsorge   **50** einsetzt, sind der **mittelbaren Staatsverwaltung im weiteren Sinne** zuzurechnen, auch wenn die Unternehmen in Privatrechtsform handeln. Selbstverständlich besteht die (theoretische) Möglichkeit, dass der Staat ihnen bestimmte Verwaltungsaufgaben im Wege der **Beleihung** überträgt. Dann gehören sie in ihrer Eigenschaft als Beliehene der mittelbaren Staatsverwaltung im engeren Sinne an mit der Folge, dass sie die Formenwahlfreiheit behalten.[45]

b. Hausverbot

Wird ein Bürger eines öffentlichen Gebäudes (Rathaus etc.) verwiesen bzw. wird ihm   **51** der Zugang verwehrt, stellt sich ebenfalls die Frage nach dem öffentlich-rechtlichen Charakter der Maßnahme. Abgesehen von den gesetzlich geregelten Fällen (vgl. etwa Art. 40 II S. 1 GG, §§ 171a, 172, 176 ff. GVG, § 37 III S. 1 NdsHochschG[46], Vorschriften der Gemeindeordnungen, etwa § 20 I HessGO, der einen Zulassungsanspruch der Gemeindebürger normiert), ist die rechtliche Qualifikation eines Hausverbots, wie es beispielsweise gegenüber Bewerbern um Staatsaufträge oder Störern in öffentlichen Gebäuden erlassen wird, strittig. Ausgangspunkt des Streits ist der duale Status von öffentlichen Sachen: Diese unterstehen einerseits der einheitlichen Eigentumsordnung des BGB. Andererseits lastet aufgrund der Widmung für einen öffentlichen Zweck auf dem Privateigentum ein beschränkt-dingliches Recht. Es verleiht dem widmenden öffentlichen Sachherrn bestimmte öffentlich-rechtliche Nutzungsbefugnisse (Theorie des modifizierten Privateigentums). Daher ist denkbar, ein Hausverbot sowohl öffentlich-rechtlich als auch privatrechtlich zu qualifizieren.

■   Die herrschende Linie in der Rechtsprechung[47] qualifiziert das Hausverbot entsprechend dem **Zweck des Besuchs**. Hindere das Hausverbot aus der Sicht des Bürgers

---

[44] Vgl. dazu näher Rn 1008 ff.
[45] Zur Beleihung allgemein vgl. Rn 110 ff.; speziell zur Formenwahlfreiheit von Beliehenen und der Frage der Abgrenzung zwischen öffentlich-rechtlichem und privatrechtlichem Handeln vgl. Rn 392a.
[46] Vgl. dazu OVG Lüneburg NVwZ 2010, 2905, 2906 und VG Göttingen 20.9.2012 – 4 A 258/09 (jeweils Hausverbot des Präsidiums einer Universität gegenüber einem kommerziellen juristischen Repetitorium).
[47] BGHZ 33, 230, 231 f. (Fotograf im Standesamt); BVerwGE 35, 103, 106 (Vergabe von Entwicklungs- und Forschungsaufträgen durch das Bundesverteidigungsministerium); VG Berlin NVwZ-RR 2002, 33, 34 (Hausverbot gegenüber einem

diesen daran, zum Zweck der Erledigung eigener Verwaltungstätigkeiten ein Dienstgebäude zu betreten (etwa um einen Bauantrag einzureichen), sei es - als Annex zu dem von ihm verfolgten Interesse - eine Maßnahme auf dem Gebiet des öffentlichen Rechts. Wolle der zurückgewiesene Bürger dagegen lediglich in eine privatrechtliche Beziehung mit der Behörde treten (etwa um der Behörde ein Angebot zum Kauf von Computern für die Büros zu unterbreiten), sei auch das Hausverbot privatrechtlich zu entscheiden.

■ In der Literatur[48] und dem anderen Teil der Rechtsprechung[49] wird teilweise auf den **Zweck der Einrichtung bzw. des Hausverbots** abgestellt. Danach ist das Hausverbot immer als öffentlich-rechtlich zu qualifizieren, wenn es der Sicherung der Erfüllung der öffentlichen Aufgaben im Verwaltungsgebäude dient. Unabhängig von dem Grund, aus dem der Besucher das öffentliche Gebäude betreten hat, wird auf die Beeinträchtigung der Erfüllung öffentlicher Aufgaben durch die Behörde abgestellt.

52

> **Hinweis für die Fallbearbeitung:** In Fällen, in denen das Hausverbot beispielsweise deshalb als zivilrechtlich qualifiziert wird, weil der Besucher das Verwaltungsgebäude betritt, um mit der Behörde ausschließlich zivilrechtlich in Verbindung zu treten, aber der Amtswalter durch die Störung in seiner öffentlich-rechtlichen Tätigkeit beeinträchtigt wird, das Hausverbots also öffentlich-rechtlichen Charakter besitzt, muss der Streit entschieden werden.
> Nach der hier vertretenen Auffassung muss die störungsabwehrende Reaktion aufgrund der widmungsgemäßen Überlagerung des Privatrechts durch das öffentliche Recht einheitlich öffentlich-rechtlich erfolgen. Anderenfalls hinge die Rechtswegbestimmung von der Äußerung bzw. Intention des Besuchers ab, aus welchem Grund er das Dienstgebäude aufsucht.

53 Fraglich ist weiterhin, ob es sich bei dem Hausverbot um einen Verwaltungsakt handelt und ob eine Rechtsgrundlage erforderlich ist. Richtigerweise handelt es sich bei dem Hausverbot um einen Verwaltungsakt. Denn durch das Hausverbot wird dem Betroffenen ein bestimmtes Verhalten, nämlich das künftige Betreten des Dienstgebäudes, verboten. Damit kommt dem Verbot sowohl eine Regelung als auch eine unmittelbare Rechtswirkung nach außen zu. Bei der Frage nach der Rechtsgrundlage ist der Gedanke zugrunde zu legen, dass der Behördenleiter eine gesetzlich geregelte öffentlich-rechtliche Sachkompetenz besitzt, für einen störungsfreien Dienstbetrieb innerhalb des räumlichen Verwaltungsgebäudes zu sorgen. Diese Sachkompetenz impliziert die Befugnis, den „Störer" vom Betreten des Dienstgebäudes abzuhalten.

c. Öffentlich-rechtliche Emissionen

54 Auch in den sog. Emissionsfällen (Mülldeponie, Kinder- und Behindertenspielplatz, Kläranlage, Grillplatz, Sportplatzanlage, Skater-Anlage[50], Bahnanlage[51] usw.), in denen die Emissionen/Immissionen[52] von Lärm, Geruch oder gesundheitsschädlichen Stoffen Streitgegenstand sind, bestimmt sich die Zuordnung eines Abwehr- oder Unterlassungsanspruchs nach der Rechtsnatur des Eingriffs: Stehen die Emissionen in einem engen **Planungs- und Funktionszusammenhang** mit der Wahrnehmung **hoheitlicher Aufgaben** oder ist die emittierende Einrichtung der **öffentlichen Daseinsvorsorge** zuzuordnen, ist die Streitigkeit öffentlich-rechtlich (und vor dem

---

Schüler, der in der Schule Kleidung trägt, die als Kennzeichen neonazistischer Gesinnung gilt): jeweils privatrechtlich. OVG Münster NJW 2011, 2379; OVG Hamburg 17.10.2013 – 3 So 119/13 (jew. Jobcenter): jeweils öffentlich-rechtlich.
[48] *Maurer*, AllgVerwR, § 3 Rn 24; *Schenke*, VerwProzR, Rn 119; *Hufen*, VerwProzR, § 11 Rn 38; *Brüning*, DÖV 2003, 389 ff.; *Jutzi*, LKRZ 2009, 16, 17 f.
[49] VG Gießen LKRZ 2012, 51.
[50] OVG Koblenz NVwZ 2000, 1190.
[51] Vgl. *Roth*, NVwZ 2001, 34 ff.
[52] Der Unterschied zwischen Emissionen und Immissionen besteht darin, dass man von Emissionen spricht, wenn Luftverunreinigungen von einem bestimmten Verursacher (einer Anlage) ausgehen, während der Begriff der Immissionen die Einwirkung von Umwelteinflüssen auf bestimmte Rechtsgüter (z.B. Pflanzen) erfasst, vgl. § 3 II, III BImSchG.

Verwaltungsgericht auszutragen).[53] Statthaft ist regelmäßig die allgemeine Leistungsklage. Nur wenn das Handeln eindeutig im Bereich der privatrechtlichen Eigentümerbefugnis und außerhalb des öffentlichen Zwecks liegt, kann eine privatrechtliche Streitigkeit angenommen werden.

> **Beispiel:** Die Gemeinde G betreibt auf einem als Wohngebiet ausgewiesenen gemeindeeigenen Grundstück einen öffentlichen Grillplatz. Nachbar N, dessen Wohnhaus unmittelbar an den Grillplatz grenzt, fühlt sich durch die ständige Lärm- und Geruchsbelästigung in den sommerlichen Abendstunden in seinen Rechten verletzt. Welcher Rechtsweg ist eröffnet?
>
> Der Verwaltungsrechtsweg ist eröffnet, wenn es sich um eine öffentlich-rechtliche Streitigkeit nichtverfassungsrechtlicher Art handelt, § 40 I VwGO. Öffentlich-rechtlich ist die Streitigkeit, wenn die streitentscheidenden Normen dem öffentlich Recht zuzuordnen sind. Vorliegend könnte sich der Streit nach Maßgabe der §§ 823, 1004 BGB entscheiden. Dann wäre gem. § 13 GVG der Zivilrechtsweg eröffnet. Der Streit könnte sich aber auch nach dem öffentlichen Recht entscheiden, denn das Betreiben eines gemeindlichen Grillplatzes kann durchaus der Daseinsvorsorge zugerechnet werden. Die Daseinsvorsorge ist – zumindest was die Frage des „Ob" betrifft – öffentlich-rechtlicher Natur. Es muss daher auf den Sachzusammenhang abgestellt werden. Wegen des Sachzusammenhangs mit der Erfüllung von Aufgaben der Daseinsvorsorge wurzelt der Unterlassungsanspruch des N im öffentlichen Recht. Es besteht ein öffentlich-rechtlicher Unterlassungsanspruch, für den der Verwaltungsrechtsweg eröffnet ist. Statthaft ist die allgemeine Leistungs(unterlassungs)klage.

d. Ehrverletzende und rufschädigende amtliche Äußerungen

Unsicherheiten bestehen auch hinsichtlich des öffentlich-rechtlichen Charakters einer Maßnahme, wenn es um die Abwehr von ehrverletzenden und rufschädigenden Äußerungen geht. Jedenfalls muss gegen ehrverletzende oder rufschädigende Äußerungen zivilgerichtlich vorgegangen werden, wenn sie der Amtswalter als Privatperson, beispielsweise während einer privaten Veranstaltung, getätigt hat. Denn hier fehlt jeder Bezug zum öffentlichen Recht. **55**

> **Beispiel:** Bauunternehmer B begehrt die Unterlassung einer aus seiner Sicht ehrenrührigen Äußerung eines Bürgermeisters, die dieser im Zusammenhang mit der Abwicklung privatrechtlicher Verträge zwischen der Gemeinde und dem Bauunternehmer abgegeben hat. In diesem Fall steht die Äußerung in einem privatrechtlichen Sachzusammenhang. Daher kann sich ein Unterlassungs- oder Widerrufsanspruch nur nach dem Privatrecht ergeben.[54]

Schwierig ist dagegen die Rechtswegfrage zu beantworten, wenn der Amtswalter die Äußerung im Rahmen der Erfüllung von öffentlichen Aufgaben getätigt hat. In Parallele zu den Immissionsfällen sollte die Streitigkeit dann als öffentlich-rechtlich qualifiziert werden, wenn die umstrittene Äußerung in einem **engen Funktions- bzw. Sachzusammenhang** mit dem Bereich hoheitlicher Betätigung des Amtswalters steht (sog. **Akzessorietätstheorie**). **56**

> **Beispiel[55]:** P ist amerikanischer Jazz-Pianist. In der Vergangenheit ist er mehrmals bei kulturellen Veranstaltungen in Baden-Württemberg aufgetreten. Die Veranstaltungen wurden teilweise von der Landesregierung finanziell unterstützt. Auch bei einer demnächst stattfindenden, ebenfalls vom Land zu finanzierenden Kulturveranstaltung soll P auftreten. Doch bevor die Landesregierung einen entsprechenden Vertrag mit P

---

[53] OVG Koblenz NVwZ 2000, 1190; VG Arnsberg NVwZ 1999, 450.
[54] VGH Mannheim NVwZ-RR 1998, 413 L; anders OLG Dresden NVwZ-RR 1998, 343: öffentlich-rechtlich.
[55] Vgl. BVerfG NJW 2002, 3458 ff. (Offenlegung einer Scientology-Mitgliedschaft).

schließt, erfährt sie, dass dieser Mitglied der Scientology-Organisation ist. Sie bricht sofort die Vertragsverhandlungen ab. In einer anschließenden Stellungnahme gegenüber dem Landtag, der wissen will, inwieweit die Landesregierung durch Förderung von Künstlern auch die Scientologen unterstützt, berichtet sie, dass die finanzielle Förderung von Künstlern am Prinzip der Liberalität ausgerichtet sei. Deshalb werde auf die Inhalte kein Einfluss ausgeübt. Das Prinzip der Liberalität stoße aber dann an die Grenze des Hinnehmbaren, wenn letztlich mit Mitteln des Landes geförderte Künstler ihren Auftritt nachweislich in der Absicht absolvierten, für die Interessen von Gruppierungen oder Ideen zu werben, die von der Landesregierung für bekämpfenswert erachtet würden. Weiterhin berichtet sie, dass weder ihr noch dem zuständigen Ministerium bisher die Verbundenheit von P zur Scientology-Organisation bekannt gewesen sei. Zukünftig werde eine staatliche Förderung nicht (mehr) stattfinden. Daher habe die Landesregierung auch von einer Beauftragung des P anlässlich der demnächst stattfindenden Kulturveranstaltung abgesehen.

Als P von der Erklärung hört, klagt er auf Unterlassung weiterer solcher Erklärungen und auf Widerruf der erfolgten Erklärung durch die Landesregierung. Er ist der Meinung, dass die Äußerung sein allgemeines Persönlichkeitsrecht verletze.

Hier steht die Äußerung der Landesregierung in einem engen Funktionszusammenhang mit der Wahrnehmung hoheitlicher Pflichten (Informationspflicht gegenüber dem Parlament) und ist öffentlich-rechtlich. Zugleich ist der Verwaltungsrechtsweg eröffnet. Statthaft ist zum einen die Leistungsunterlassungsklage (Unterlassen weiterer Äußerungen) und zum anderen die Leistungsvornahmeklage (Folgenbeseitigung in Form des Widerrufs der Äußerung), die P mit einer Klage verfolgen kann (vgl. § 44 VwGO).

e. Öffentliche Warnungen

57 Unter einer öffentlichen (d.h. behördlichen) Warnung versteht man Erklärungen von Behörden oder Regierungsorganen, die an die Bevölkerung gerichtet sind und diese vor bestimmten gewerblichen oder landwirtschaftlichen Produkten, aber auch vor bestimmten Institutionen warnen.[56]

Beispiele: Warnung vor Jugendsekten oder anderen Glaubensgemeinschaften[57], Veröffentlichung von Arzneimitteltransparenzlisten[58], Veröffentlichung von Warentests durch Behörden[59], Empfehlung, in Karton verpackte Getränke zu meiden[60], Hinweis eines Landrats auf verunreinigtes Trinkwasser[61], Veröffentlichung einer Liste glykolhaltiger und damit gesundheitsschädlicher Weine[62], Warnung vor angeblich verdorbenen Teigwaren[63], „Warnung" vor E-Zigaretten[64] etc.

58 Es liegt auf der Hand, dass insbesondere Warnungen vor bestimmten Produkten oder Institutionen für die Betroffenen zum Teil erhebliche Nachteile wie z.B. Imageverlust oder Umsatzeinbußen nach sich ziehen. Denn wenn z.B. eine Warnung vor einem bestimmten Lebensmittel ausgesprochen und von der Bevölkerung ernst genommen wird, dann wird das Produkt eben nicht mehr gekauft. Darüber hinaus ist es möglich, dass die Verbraucher dann das ganze Sortiment des Herstellers meiden, weil man sich ja nie sicher sein kann, ob nicht auch andere Produkte mangelhaft sind. Damit sind

---

[56] Vgl. dazu ausführlich BVerfGE 105, 252 ff. (Glykolwein); 105, 279 ff. (Jugendsekte); BVerfG NJW 2002, 3458 ff. (Scientology-Mitgliedschaft).
[57] Vgl. BVerfGE 105, 279 ff.; BVerwGE 90, 112, 116; 82, 60, 76; BVerfG NJW 1989, 3269; OVG Hamburg NVwZ 1995, 498; VGH München NVwZ 1995, 793; OVG Münster NJW 1996, 2114; OVG Münster NJW 1996, 2115; BVerwG NVwZ 1994, 162, 163; *Beaucamp*, JA 2002, 398 ff.
[58] BVerwGE 71, 183.
[59] BVerwG DVBl 1996, 807 (Warentests von Futtermitteln).
[60] VGH Kassel NVwZ 1995, 611.
[61] LG Göttingen NVwZ 1992, 98.
[62] BVerfGE 105, 252 ff.; BVerwGE 87, 37 ff.; OVG Münster NJW 1986, 2783; OVG Münster GewArch 1988, 11.
[63] OLG Stuttgart NJW 1990, 2690 („Birkel").
[64] VG Düsseldorf MPR 2012, 67 ff.

Grundrechtseingriffe evident. Die öffentlichen Warnungen werfen daher eine Reihe von Fragen auf. So ist bei der Rechtswegfrage v.a. der öffentlich-rechtliche Charakter der Äußerung zu thematisieren. Steht die Äußerung der Regierung in einem engen Funktionszusammenhang mit der Wahrnehmung hoheitlicher Pflichten (Information der Öffentlichkeit; Schutz der Bevölkerung), ist sie öffentlich-rechtlich; der Verwaltungsrechtsweg ist eröffnet. Statthaft ist zum einen die Leistungsunterlassungsklage (Unterlassen weiterer Äußerungen) und zum anderen die Leistungsvornahmeklage (Folgenbeseitigung in Form des Widerrufs der Äußerung), die der Betroffene mit einer Klage verfolgen kann (vgl. § 44 VwGO). Im Rahmen der Rechtmäßigkeitsprüfung ist zunächst danach zu fragen, ob die handelnde Behörde überhaupt zuständig war. Dies betrifft insbesondere die Warnungen, die von der Bundesregierung ausgesprochen werden. Des Weiteren muss wegen des mit der Warnung möglicherweise verbundenen Eingriffs in Grundrechte (Art. 14 I, 12 I GG bei Warnungen vor gewerblichen oder landwirtschaftlichen Produkten, Art. 4 I GG bei Warnungen vor (Jugend-)Sekten, Art. 2 I GG bei geschäftsschädigenden und ehrverletzenden Äußerungen, Art. 3 I GG bei Verletzung der Wettbewerbsneutralität) der Gesetzesvorbehalt beachtet werden. Dies führt ggf. zum Erfordernis einer gesetzlichen Rechtsgrundlage. Soweit eine Gefahr für die öffentliche Sicherheit oder Ordnung vorliegt und keine abschließende Spezialermächtigung greift, sind die Landesbehörden aufgrund der **landespolizeilichen Befugnisgeneralklausel**[65] berechtigt, adäquate Maßnahmen, zu denen auch die Warnungen gehören, zu treffen. Der Rückgriff auf die landesrechtliche Befugnisgeneralklausel ist aber ausgeschlossen, wenn keine Gefahr vorliegt bzw. wenn die Warnung von einer Bundesbehörde (i.d.R. von der **Bundesregierung**) ausgeht. Im Einzelnen ist vieles sehr strittig, weshalb auf die zusammenhängende Darstellung bei Rn 893 ff. verwiesen wird.

f. Sonstige Fallgruppen

59

Die bisher behandelten Fallgruppen sind für das Examen besonders relevant; es können aber auch Streitigkeiten hinsichtlich des Ausschlusses eines Mitglieds aus einer **politischen Partei** bzw. Fraktion, die Frage, ob sich eine **Gemeinde wirtschaftlich betätigen** und damit in Konkurrenz zu Privatunternehmen treten darf und auch **kirchenrechtliche** und **rundfunkrechtliche** Streitigkeiten Thema einer Prüfungsarbeit werden. Da diese Bereiche jedoch auch und gerade im Rahmen der Rechtswegeröffnung eine Rolle spielen und sie daher bei *R. Schmidt*, VerwProzR, Rn 25 ff. ausführlich behandelt werden, wird insoweit darauf verwiesen. Zur **Beleihung** vgl. Rn 110 ff., zum **öffentlich-rechtlichen Vertrag** vgl. Rn 924 ff. und zu den **eigentumsrechtlichen** Ansprüchen, die ebenfalls stets auch nach dem öffentlich-rechtlichen Charakter zu untersuchen sind, vgl. Rn 1127 ff.

6. Zusammenfassung

60

Die Unterscheidung zwischen öffentlichem Recht und Privatrecht richtet sich nach den **streitentscheidenden Normen** und danach, ob das Verwaltungshandeln in einem **Funktions- bzw. Sachzusammenhang** mit eindeutig öffentlich-rechtlicher Aufgabenwahrnehmung steht oder dem Bürgerlichen Recht unterfällt. Einzelheiten sind den jeweiligen Ausführungen zu entnehmen.

---

[65] Vgl. Bund (§ 14 BundesPolG); Bay (Art. 11 I PAG); Brand (§ 10 PolG); Berl (§ 17 I ASOG); Brem (§ 10 PolG); Hamb (§ 3 I SOG); Hess (§ 11 SOG); MeckVor (§ 13 SOG); Nds (§ 11 SOG); NRW (§ 8 I PolG); RhlPfl (§ 9 I POG); Saarl (§ 8 I PolG); Sachs (§ 3 I PolG); SachsAnh (§ 13 SOG); SchlHolst (§§ 174, 176 LVwG); Thür (§ 12 I PAG).

B. Abgrenzung Verwaltungsrecht – Verfassungsrecht

61 Da auch verfassungsrechtliche Streitigkeiten öffentlich-rechtliche Streitigkeiten darstellen, jedoch ausschließlich vor den Verfassungsgerichten auszutragen sind, muss auch in diesem Zusammenhang eine Abgrenzung vorgenommen werden. § 40 I S. 1 VwGO stellt diese Notwendigkeit klar, indem er formuliert, dass der Verwaltungsrechtsweg „in allen öffentlich-rechtlichen Streitigkeiten nichtverfassungsrechtlicher Art" eröffnet ist. Verfassungsrechtlich sind zunächst diejenigen Streitigkeiten, die von dem Zuständigkeitskatalog des Art. 93 GG und des § 13 BVerfGG umfasst sind. Jenseits dieser enumerativ aufgelisteten Streitigkeiten ist nach der **Rechtsprechung** des BVerwG[66] eine Streitigkeit verfassungsrechtlich, wenn das streitige Rechtsverhältnis **„entscheidend vom Verfassungsrecht geprägt** wird".

Entscheidend ist nach dieser Rechtsprechung, ob das Verfassungsrechtssubjekt gerade als solches in Anspruch genommen wird, ob also der **Streitgegenstand dem Verfassungsrecht zuzuordnen ist**. Dass bei dem Rechtsstreit auf beiden Seiten ein Verfassungsorgan beteiligt ist, ist demzufolge nicht ausschlaggebend. Daher kann auch eine Streitigkeit zwischen Staat und Bürger verfassungsrechtlicher Natur sein. So liegt eine verfassungsrechtliche Streitigkeit etwa vor, wenn der Bürger auf Erlass eines förmlichen Gesetzes klagt[67] oder (prinzipal) die Gültigkeit (d.h. die Verfassungsmäßigkeit) eines förmlichen Gesetzes anzweifelt.[68] Gleiches gilt für Streitigkeiten, an denen das Volk als Verfassungsorgan beteiligt ist, wie bspw. beim Streit über die Zulässigkeit eines Volksbegehrens, die Eintragung bei Volksbegehren oder die Gültigkeit einer Verordnung zur Volksabstimmung.[69]

62 Jedenfalls **nicht um eine verfassungsrechtliche**, sondern um eine verwaltungsrechtliche Streitigkeit handelt es sich, wenn der Klagegegner eine Verwaltungsbehörde darstellt und der Streitgegenstand am Maßstab von **Grundrechten** zu messen ist (arg. § 90 II S. 1 BVerfGG).

> **Beispiel:** Die rechtsradikale Gruppe G meldet eine Demonstration an. Da die Innenbehörde Gewalttätigkeiten befürchtet, verbietet sie die Demonstration gem. § 15 I VersG.
>
> Bei einer Klage würde das Gericht die Vereinbarkeit des Verbots und/oder des § 15 VersG mit Art. 8 I GG messen. Art. 8 I GG ist als Grundrecht Bestandteil der Verfassung. Es könnte daher angenommen werden, es handele sich um eine verfassungsrechtliche Streitigkeit, da der Streitgegenstand (hier: die Vereinbarkeit des Verbots und/oder des § 15 I VersG mit Art. 8 I GG) Verfassungsbezug hat. Gleichwohl handelt es sich um eine typische verwaltungsrechtliche Streitigkeit, da es gerade Aufgabe der Verwaltung ist, über die Zulässigkeit eines Vorhabens zu entscheiden und ggf. ein Verbot auszusprechen.

63 Der (noch) herrschenden **Literatur**[70] ist das materielle Kriterium der Rechtsprechung zu unsicher. Sie versucht, die Frage über ein (zusätzliches) formelles Kriterium zu

---

[66] BVerwG NVwZ 2002, 1127, 1128; NVwZ 2002, 1505; NVwZ 1998, 500; BVerwGE 24, 272, 279; 36, 218, 228; 50, 124, 130; 60, 162, 172; 96, 45, 48; 109, 258, 259; zustimmend *Rennert*, in: Eyermann, VwGO, § 40 Rn 21; *Kopp/Schenke*, VwGO, § 40 Rn 32a; *Sodan*, NVwZ 2000, 601, 607; *Bethge*, JuS 2001, 1100; *Schliesky*, JA 2001, 777, 779.

[67] Vgl. den Umkehrschluss BVerwG NVwZ 2002, 1505.

[68] BVerfGE 31, 364, 368; 45, 297, 334; BVerwGE 75, 330, 334; 80, 355, 358; zustimmend *Rennert*, in: Eyermann, VwGO, § 40 Rn 21, 27; *Thiel/Garcia-Scholz*, JA 2001, 957, 960.

[69] Vgl. BremStGH NVwZ-RR 2001, 1 ff.; BayVerfGH NVwZ-RR 2000, 401, 402; ThürVerfGH LKV 2002, 83, 90; VGH München NVwZ 1991, 386; OVG Berlin DVBl 1999, 994; VGH Kassel NVwZ 1991, 1098; *Schweiger*, NVwZ 2002, 1471 ff.; *Thiel/Garcia-Scholz*, JA 2001, 957, 960. Zu beachten ist jedoch, dass auf Kommunalebene etwas anderes gilt, da hier im Kern nicht um Verfassungsrecht im dargelegten Sinne gestritten wird. Vielmehr handelt es sich um verwaltungsrechtliche Streitigkeiten, da sich die streitentscheidenden Normen in den Gemeinde- bzw. Kreisordnungen finden (dazu *Meyer*, NVwZ 2003, 183).

[70] *Zilkens*, JuS 2001, 368, 369; *Gross/Meister*, JA 2004, 313, 316; vgl. auch *Heselhaus/Weiss*, JA 2005, 122, 123 (jeweils unter Nichterwähnung der entgegenstehenden Rspr.); *Hufen*, VerwProzR, § 11 Rn 49; *Stern/Blanke*, VerwProzR in der Klausur, Rn 116; *Stern*, Staatsrecht II, § 35 V 4; *Schmitt Glaeser/Horn*, VerwProzR, Rn 56; *Klenke*, NVwZ 1995, 644, 648; *Frenz*, JA 2011, 433, 434; *Redeker/von Oertzen*, VwGO, § 40 Rn 3; *Löwer*, in: HdbStR II, § 56 Rn 6. Ein-

lösen, indem sie die Streitbeteiligten als Verfassungs- oder Verwaltungsrechtssubjekte definieren. Danach ist eine Streitigkeit verfassungsrechtlich, wenn zwei unmittelbar am Verfassungsleben beteiligte Verfassungsorgane unmittelbar über spezifisches Verfassungsrecht streiten (sog. **doppelte Verfassungsunmittelbarkeit**). **Verfassungsrechtssubjekte** im vorstehenden Sinne sind Gebietskörperschaften mit Staatsqualität (Bund, Länder), deren Verfassungsorgane (Bundes- oder Landesregierung, gesetzgebende Körperschaften) sowie andere am Verfassungsleben beteiligte Stellen wie Fraktionen, Ausschüsse und politische Parteien in ihrer organkreativen Funktion.[71] *Keine* Verfassungsrechtssubjekte sind Verwaltungsbehörden einschließlich der Ministerien in dieser Funktion und Teile derselben.

> **Stellungnahme und Hinweis für die Fallbearbeitung:** Das Kriterium der doppelten Verfassungsunmittelbarkeit ist zwar grundsätzlich begrüßenswert, kann aber nicht konsequent durchgehalten werden. Denn auch nach der Literatur wird bspw. die Klage eines Bürgers auf Erlass eines Parlamentsgesetzes nicht vor den Verwaltungsgerichten zu erheben sein. Da solche Fälle aber eher die Ausnahme darstellen, sollte in der Fallbearbeitung in unproblematischen Fällen folgende kurze Formulierung genügen: „Die Streitigkeit ist nichtverfassungsrechtlicher Natur. Weder streiten Beteiligte des Verfassungsrechtskreises im Kern über Verfassungsrecht noch steht eine prinzipale Rechtssatzkontrolle des formellen Gesetzgebers in Rede. Auch andere Gründe, die den Streit zum Verfassungsrechtsstreit machen könnten, liegen nicht vor. Die Tatsache, dass sich die Klage auf Grundrechte stützt, macht den Streit nicht zum Verfassungsrechtsstreit (vgl. § 90 II S. 1 BVerfGG)."

64

Beispiel für nichtverfassungsrechtliche Streitigkeit: Streitigkeiten zwischen einem Bürger und einem **Parlamentarischen Untersuchungsausschuss** sind nichtverfassungsrechtlicher Art. Zwar ist der Parlamentarische Untersuchungsausschuss dem Verfassungsrecht zuzuordnen (vgl. Art. 44 GG). Er tritt jedoch gegenüber den Bürgern mit verwaltungsbehördlichen Kompetenzen (gleich der Staatsanwaltschaft) auf, sodass der Untersuchungsausschuss in dieser Funktion nicht verfassungsrechtlich, sondern rein verwaltungsrechtlich tätig wird.[72] Das bedeutet aber noch nicht zwangsläufig, dass der Verwaltungsrechtsweg offensteht, denn gem. der Formulierung in § 40 I S. 1 VwGO „(...) soweit die Streitigkeiten nicht durch Bundesgesetz einem anderen Gericht ausdrücklich zugewiesen sind" können auch verwaltungsrechtliche Streitigkeiten anderen Gerichtszweigen zugeordnet sein. Für den Fall einer Streitigkeit zwischen einem Bürger und einem Parlamentarischen Untersuchungsausschuss steht gem. § 36 PUAG der **Rechtsweg zum BGH** offen. Der Verwaltungsrechtsweg ist wegen dieser Sondervorschrift gesperrt. Zu weiteren Beispielen vgl. *R. Schmidt*, VerwProzR, Rn 25 ff.

65

---

schränkend *Ehlers*, in: Schoch/Schneider/Bier, VwGO, § 40 Rn 149 ff., wonach ein Verfassungsrechtsstreit dann vorliegt, wenn zumindest der Rechtsschutzgegner ein Verfassungsrechtssubjekt ist, das als solches verpflichtet werden soll. Kritisch auch *Kopp/Schenke*, VwGO, § 40 Rn 32a.
[71] Vgl. dazu *R. Schmidt*, Staatsorganisationsrecht, Rn 622 ff.
[72] Vgl. hierzu näher *Rennert*, in: Eyermann, VwGO, § 40 Rn 29.

3. Kapitel

Verwaltungsorganisation und Behördenaufbau

66 Aus den im 1. Kapitel vorgestellten verfassungsrechtlichen Vorgaben erklären sich die bestehende Verwaltungsorganisation und der Behördenaufbau in der Bundesrepublik Deutschland. Im Folgenden soll lediglich ein der Fallbearbeitung im Verwaltungsrecht genügender Grundriss aufgezeigt werden.

> **Hinweis für die Fallbearbeitung:** Grundkenntnisse über den Behördenaufbau, insbesondere über den der Länder, sind für die richtige Bestimmung der **nächsthöheren Behörde als Widerspruchsbehörde** (§ 73 I VwGO), der **Behördenzuständigkeit bei der formellen Rechtmäßigkeitsprüfung** (eines Verwaltungsakts) sowie bei der **Bestimmung des richtigen Klagegegners** nach § 78 VwGO unabdingbar. Einzelheiten sind den jeweiligen, im Band *Verwaltungsprozessrecht* dargestellten, Klage- und Verfahrensarten zu entnehmen.

67 Nach der Legaldefinition des § 1 IV BundesVwVfG ist eine Behörde jede Stelle, die Aufgaben der öffentlichen Verwaltung wahrnimmt. Dazu zählen alle juristischen Personen des öffentlichen Rechts, wobei zwischen *unmittelbarer* und *mittelbarer* Staatsverwaltung unterschieden werden muss. **Unmittelbare** Staatsverwaltung des Bundes bzw. der Länder findet durch eigene, nicht rechtsfähige und in eine Weisungshierarchie eingebundene Behörden dieser Körperschaften statt (Rn 68 ff.). **Mittelbare** Staatsverwaltung liegt demgegenüber vor, wenn sich der Staat für den Gesetzesvollzug ausgegliederter und damit selbstständiger Verwaltungsträger bedient (Rn 82 ff.). Solche ausgegliederten Verwaltungsträger sind Verwaltungseinheiten mit eigener Rechtspersönlichkeit und werden (wie Bund und Länder) als **juristische Personen des öffentlichen Rechts** bezeichnet. Dazu zählen die Körperschaften (außer Bund und Länder, s.o.), die rechtsfähigen Anstalten und die Stiftungen des öffentlichen Rechts. Ferner können öffentliche Aufgaben durch Beliehene und u.U. auch durch privatrechtlich organisierte Verwaltungsträger wahrgenommen werden.

Struktur der Staatsverwaltung

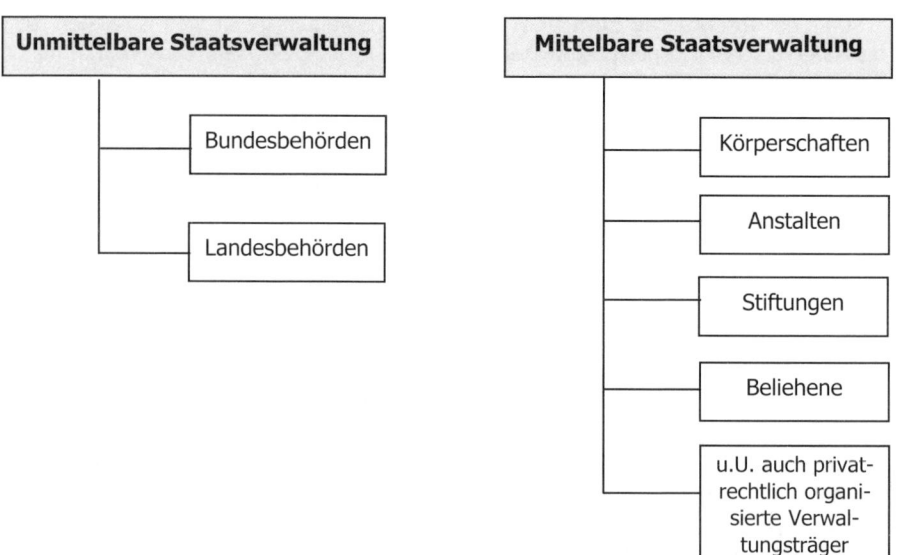

A. Unmittelbare Staatsverwaltung

Unmittelbare Staatsverwaltung liegt vor, wenn sich der Staat (Bund oder Länder) eigener Behörden bedient, um die Gesetze auszuführen. In diesem Fall sind die Behörden, da sie in eine Weisungshierarchie eingebunden sind, unselbstständige Verwaltungseinheiten. Rechtsträger der Behörden sind entweder der Bund oder die Länder.

68

Dass Rechtsträger der Behörde entweder der Bund oder die Länder sind, gewinnt vor allem für die Bestimmung der **Widerspruchsbehörde** und des **Klagegegners** an Bedeutung. Denn dadurch, dass gem. § 78 I Nr. 1 VwGO die Klage gegen den Rechtsträger der Behörde zu richten ist[73], kann im Rahmen der unmittelbaren Staatsverwaltung der Rechtsbehelf niemals gegen die Behörde selbst gerichtet werden; Klagegegner ist stets der Rechtsträger.

69

> **Beispiel:** Ist ein Bürger der Auffassung, infolge eines Einsatzes der Bundespolizei eine Rechtseinbuße erlitten zu haben, ist Gegner der Klage die Bundesrepublik Deutschland, vertreten durch den Bundesinnenminister. Keinesfalls kann die Klage gegen die Bundespolizei gerichtet werden, auch wenn deren Verhalten gerügt wird. Denn als Behörde der unmittelbaren Staatsverwaltung fehlt ihr die eigene Rechtspersönlichkeit, um Gegner von Ansprüchen zu sein. Ihr Verhalten wird dem Rechtsträger, der die erforderliche Rechtspersönlichkeit besitzt, unmittelbar zugerechnet.

I. Bundesverwaltung

Soweit die Ausführung der Bundesgesetze durch Bundesbehörden (Bundesverwaltung) zulässig ist, gliedert sich die Verwaltung in **unmittelbare Bundesverwaltung**, die im Grundgesetz als bundeseigene Verwaltung bezeichnet wird, sowie in **mittelbare Bundesverwaltung**, die aus den bundesunmittelbaren Körperschaften, Anstalten und Stiftungen des öffentlichen Rechts (vgl. Art. 86 f. GG und Rn 82 ff.)[74] besteht. Die *unmittelbare* Bundesverwaltung weist die Besonderheit auf, dass sie nur in wenigen Bereichen mehrstufig aufgebaut ist. Es fehlt weitgehend an einem Verwaltungsunterbau (d.h. an Behörden der Mittel- und Unterstufe). Das hat den Hintergrund, dass der Verband *Bund* – wie bereits erläutert – aus Gründen der Machtbalance sich nicht in die grundsätzlich den Ländern obliegende Verwaltungtätigkeit einmischen soll. Die Ausführung der Gesetze obliegt grundsätzlich den Ländern (Art. 30, 83 ff. GG). Unter Beachtung dieser Vorgaben verfügt der Verband *Bund* dennoch grds. über einen dreistufigen Behördenaufbau, untergliedert in die Zentral-, Mittel- und Unterstufe.

70

1. Zentralstufe

Zu den Behörden der Zentralstufe gehören zunächst die **Obersten Bundesbehörden**. Das sind Behörden, denen keine anderen Behörden übergeordnet sind. Sie sind für das gesamte Bundesgebiet zuständig.

71

> **Beispiele:** Bundeskanzler (bzw. Bundeskanzleramt), Bundesministerien, Bundesregierung (also der Bundeskanzler und die Bundesminister, vgl. Art. 62 GG), Bundesrechnungshof (vgl. Art. 114 II GG, § 1 BRHG)

---

[73] Zwar bezieht sich § 78 VwGO systematisch nur auf die Anfechtungs- und Verpflichtungsklage, das dieser Vorschrift zugrunde liegende Rechtsträgerprinzip gilt aber für alle Klage- und Verfahrensarten.
[74] Die für sie tätigen Beamten sind (mittelbare, vgl. § 2 BBG) Bundesbeamte, weil diesen juristischen Personen die Dienstherrenfähigkeit fehlt. Die Verwaltungsvorschriften werden von der Bundesregierung erlassen, soweit gesetzlich nichts anderes bestimmt ist (Art. 86 S. 1 GG).

72 Soweit Behörden unterhalb der Ministerialinstanz sachlich beschränkt und räumlich für die gesamte Bundesrepublik zuständig sind, aber keine Rechtsfähigkeit besitzen, spricht man von **Bundesoberbehörden** und von (ebenfalls nicht rechtsfähigen) **Bundesanstalten**. Bundesoberbehörden vermeiden die unerwünschte und unökonomische Parallelität der Verwaltungsbehörden von Bund und Ländern und sind unter vereinfachten Voraussetzungen zulässig (vgl. Art. 87 III S. 1 GG). Bundesoberbehörden sind unmittelbar einem Bundesministerium nachgeordnet, haben selbst aber – mit einer Ausnahme (dem Bundesamt für Wehrverwaltung) – keine unter ihnen stehenden Behörden.

> **Beispiele:** Bundesamt für Justiz, Bundesamt für Bauwesen und Raumordnung, Bundesamt für Finanzen, Bundesumweltamt, Bundesamt für Güterverkehr, Bundeskartellamt, Bundesaufsichtsamt für das Finanzwesen, Luftfahrt- und Kraftfahrt-Bundesamt, Statistisches Bundesamt, Bundeskriminalamt, Bundespolizeipräsidium, Bundesamt für Verfassungsschutz, Bundesamt für Strahlenschutz[75], Bundesarchiv, Bundesnetzagentur, Bundesprüfstelle für jugendgefährdende Schriften, Deutsches Patentamt

2. Mittelstufe

73 Der Mittelstufe sind die **Bundesmittelbehörden** zugeordnet. Diese stehen zwischen den Bundesministerien und der unteren Verwaltungsebene. Sie sind nicht nur sachlich auf einen bestimmten Aufgabenbereich beschränkt, sondern auch örtlich nur für einen Teil des Bundesgebiets zuständig. Wegen der bereits erwähnten restriktiven Zulässigkeit sind sie nur in Ausnahmefällen vorhanden (Art. 87 I S. 1, Art. 87b I S. 1 GG).

> **Beispiele:** Bundesfinanzdirektionen, Wasser- und Schifffahrtsdirektionen, Wehrbereichsverwaltungen

3. Unterstufe

74 **Bundesunterbehörden** sind den Mittelbehörden nachgeordnet. Sie sind räumlich beschränkt nur für einen bestimmten Teil des Verwaltungsgebiets zuständig. Auch sie sind wegen der restriktiven Zulässigkeit nur in Ausnahmefällen vorhanden.

> **Beispiele:** Zoll-, Kreiswehrersatz-, Wasser- und Schifffahrtsämter, Arbeitsagenturen, Bundeswehrverwaltungen, Bundespolizeidirektionen

Zu unterscheiden sind die Bundesunterbehörden von den Behörden der Kommunen. Zwar nehmen auch Kommunalbehörden die Gesetze des Bundes als Auftragsangelegenheit wahr, gleichwohl bleiben sie aber Behörden der Kommunen (vgl. Rn 86 f.).

II. Landesebene

1. Flächenstaaten

75 Die **unmittelbare** Landesverwaltung ist unterschiedlich organisiert. In den meisten Flächenstaaten ist der Behördenaufbau ebenfalls dreistufig[76], im Übrigen zweistufig[77] gegliedert. Der dreigliedrige Aufbau besteht aus der Zentral-, Mittel- und Unterstufe. Bei zweigliedrigem Aufbau entfällt die Mittelstufe.

---

[75] Vgl. dazu BVerfG NVwZ 2009, 171.
[76] Bspw. in BW, Bay, Hess, NRW, RhlPfl, Sachs, SachsAnh.
[77] Brand, MeckVor, Nds, SchlHolst, Saarl.

a. Zentralstufe

Zur Zentralstufe zählen zunächst die **Obersten Landesbehörden**.

76

> **Beispiele:** Landesregierungen mit den Ministerpräsidenten (und deren Staatskanzleien), Landesministerien, Landesrechnungshöfe

Auch die **Landesoberbehörden** gehören der Zentralstufe an. Sie sind den Staatskanzleien und den Landesministerien unmittelbar untergeordnet und für die Erledigung von *sachlich* bestimmten Verwaltungsaufgaben und *örtlich* für das gesamte Landesgebiet zuständig. Landesoberbehörden sollen die Ministerien von bestimmten Verwaltungsaufgaben, deren Erledigung eine besondere Infrastruktur und Fachkenntnis erfordert, entlasten. Sie haben (außer in Schleswig-Holstein) keinen nachgeordneten Verwaltungsunterbau.

> **Beispiele:** Landeskriminalämter, Landesämter für Verfassungsschutz, Statistische Landesämter

b. Mittelstufe

Die Mittelstufe rekrutiert sich aus den Landesmittelbehörden. Diese unterstehen unmittelbar den Obersten Landesbehörden, sind für ein bestimmtes Gebiet des Landes zuständig und verfügen über einen Verwaltungsunterbau. Ihre Zuständigkeit umfasst sowohl die Erledigung verschiedener Verwaltungsaufgaben in der ersten Verwaltungsinstanz als auch die Aufsicht über die Unterbehörden. In der letzteren Funktion ist sie also nicht nur Aufsichts-, sondern auch **Widerspruchsbehörde i.S.d. § 73 I Nr. 1 VwGO und zuständig für Widerspruchsbescheide**, die gegen Verwaltungsakte der Unterbehörden als erste Instanz eingelegt wurden.[78]

77

> **Beispiele:** Landesmittelbehörden sind z.B. – je nach Landesrecht (einige Länder wie z.B. Nds haben die Mittelstufe abgeschafft) – die Bezirksregierungen (sog. höhere Verwaltungsbehörde), das Regierungspräsidium, die Regierungsdirektionen o.ä.

An der Spitze der Mittelbehörden steht der Regierungspräsident. Behörden der Mittelstufe sind zuständig für alle Verwaltungsangelegenheiten ihres Bezirks, soweit nicht Sonderbehörden (z.B. Ober- oder Bezirksfinanzdirektionen, Forst- oder Oberforstdirektionen) geschaffen sind. Sie unterstehen der allgemeinen (Rechts-)Aufsicht der Innenministerien und der Fachaufsicht der betreffenden Fachministerien.

78

c. Unterstufe

Untere Landesbehörden sind entweder den mittleren Landesbehörden nachgeordnet (dreistufiger Verwaltungsaufbau) oder unterstehen direkt einer Obersten (in Schleswig-Holstein auch einer oberen) Landesbehörde (zweistufiger Verwaltungsaufbau). Behörden der Unterstufe sind räumlich beschränkt nur für einen bestimmten Teil des Verwaltungsgebiets zuständig. Die Unterstufe wird i.d.R. von den **Kreis- und Gemeindebehörden** gebildet. Das hat folgenden Hintergrund: Die Gemeinden und Landkreise haben das Recht, die (*nichtstaatlichen*) Verwaltungsangelegenheiten der örtlichen Gemeinschaft eigenverantwortlich zu regeln und zu erledigen. Dieses Recht auf kommunale Selbstverwaltung ist durch Art. 28 II GG verfassungsrechtlich garantiert.[79] Die Gemeinden und Landkreise haben aber nicht nur „ihre" Angelegenheiten

79

---

[78] Vgl. dazu sowie zum weitgehenden Ausschluss des Vorverfahrens auf Landesebene *R. Schmidt*, VerwProzR, Rn 210 ff.

[79] Vgl. dazu *Kühling*, NJW 2001, 177 ff.

zu verwalten (sog. eigener Wirkungskreis[80]), sondern darüber hinaus die ihnen durch Gesetz übertragenen *staatlichen* Aufgaben im Wege der **mittelbaren Staatsverwaltung** wahrzunehmen (übertragener Wirkungskreis = „**Kommunalisierung der unteren Staatsverwaltung**"). Vgl. dazu im Einzelnen Rn 86 f.

80   Von der Kommunalisierung der Unterstufe einmal abgesehen, sind als Untere Landesbehörden z.B. Finanz-, Gewerbeaufsichts- und Schulämter zu nennen. Sie unterstehen i.d.R. der Aufsicht der Behörden der Mittelstufe.

2. Stadtstaaten

81   In den Stadtstaaten entfällt die Mittelstufe. Es handelt sich somit um eine zweigliedrige Verwaltungsorganisation. Im Land *Berlin* sind Oberste Landesbehörde der Senat (Regierender Bürgermeister, Bürgermeister und Senatoren) und der Landesrechnungshof. Den Senatoren unterstehen unmittelbar verschiedene Landesoberbehörden (z.B. Landesamt für Verfassungsschutz, Justizprüfungsamt, Gewerbeaufsichtsamt usw.). Die Verwaltung in der unteren Stufe wird von Bezirken wahrgenommen. Das sind nichtrechtsfähige Verwaltungseinheiten mit Selbstverwaltungsrecht in eigenen Angelegenheiten. In der Freien Hansestadt *Bremen* sind Oberste Landesbehörde der Senat (Präsident und Senatoren) und der Landesrechnungshof. Landesoberbehörde ist z.B. das Landesamt für Verfassungsschutz. Die Verwaltung der unteren Stufe wird von den Ortsämtern wahrgenommen (Dezentralisierung). In der Freien und Hansestadt *Hamburg* sind Oberste Landesbehörde der Senat (zwei Bürgermeister, Senatoren, Fachbehörden) und der Landesrechnungshof, obere Landesbehörden z.B. das Seemannsamt (Hamburg Port Authority) und das Landeskriminalamt. Die untere Stufe wird von Bezirksämtern gebildet (Dekonzentration).

B. Mittelbare Staatsverwaltung

82   **Mittelbare Staatsverwaltung** liegt vor, wenn sich der Staat (Bund oder Länder) für den Gesetzesvollzug ausgegliederter Verwaltungsträger mit **eigener Rechtspersönlichkeit** bedient.

Zu diesen ausgegliederten Verwaltungsträgern gehören zum einen die **juristischen Personen des öffentlichen Rechts** (Körperschaften, rechtsfähige Anstalten und Stiftungen des öffentlichen Rechts; nicht Bund und Länder, s.o.) und zum anderen die **Beliehenen**. Sie sind gem. § 1 I Nr. 1 oder 2 BundesVwVfG Behörden i.S.v. § 1 IV BundesVwVfG. Schließlich gibt es auch privatrechtlich organisierte Verwaltungsträger, d.h. juristische Personen des Privatrechts, die Verwaltungsaufgaben wahrnehmen, aber im Gegensatz zu den Beliehenen keine hoheitlichen Befugnisse haben. Da für sie nicht die Regelungen für die öffentlichen rechtlichen Verwaltungsträger gelten, werden sie im folgenden Abschnitt nicht weiter behandelt.

I. Körperschaften des öffentlichen Rechts

83   **Körperschaften des öffentlichen Rechts** (KöR) sind durch staatlichen Hoheitsakt geschaffene, (teil-)rechtsfähige, mitgliedschaftlich verfasste, jedoch vom Wechsel der Mitglieder unabhängige Organisationen des öffentlichen Rechts, die öffentliche Aufgaben unter staatlicher Aufsicht in Selbstverwaltung wahrnehmen.[81]

---

[80] Eigener Wirkungskreis ist bei Gemeinden das Recht auf Selbstverwaltung, vgl. Art. 28 II 1 GG: Aufgaben-, Organisations-, Personal-, Gebiets-, Planungs- und Finanzhoheit (Universalitätsprinzip). Zu Art und Umfang dieses Prinzips vgl. die einzelnen Landesverfassungen und Gemeindeordnungen.
[81] Vgl. etwa BVerfG NVwZ 2002, 851 ff.

Es werden Gebiets-, Personal-, Real- und Verbandskörperschaften unterschieden, wobei gewisse Überschneidungen zwischen den Kategorien möglich sind.

1. Gebietskörperschaften

Gebietskörperschaften sind zunächst der Bund und die Länder, die allesamt Staats-qualität haben und daher im Rahmen der hier behandelten mittelbaren Staatsverwaltung nicht weiter zu untersuchen sind. In Bezug auf die mittelbare Staatsverwaltung zu nennen sind aber beispielsweise Landkreise, Gemeinden und Gemeindeverbände[82]. Maßgebend für die Mitgliedschaft einer Person sind ihr Wohnsitz oder (bei Unternehmen) ihr Geschäftssitz.

84

a. Kommunen als Träger mittelbarer Staatsverwaltung

Wie bereits erläutert, bedient sich der Staat (Bund und Länder) auf der Unterstufe der Verwaltungshierarchie der Kommunalbehörden, um durch sie (mittelbar) seine Gesetze (Bundesgesetze, Landesgesetze) ausführen zu lassen. Es wäre ineffizient, wenn der Staat sich nicht die vorhandenen Kommunalbehörden zunutze machen würde. Man spricht in diesem Zusammenhang von **kommunalisierter unterer Staatsverwaltung**: Die Kommunalbehörden führen nicht nur die Gesetze (kommunale Satzungen) ihrer Kommunen aus, sondern auch (im Auftrag) die Gesetze des Staates. Im ersten Fall spricht man von **Selbstverwaltungsangelegenheiten** (Angelegenheiten im eigenen Wirkungskreis), im zweiten Fall von **Auftragsangelegenheiten** (Angelegenheiten im übertragenen Wirkungskreis). Zu beachten ist aber, dass die Gemeindebehörden – auch wenn sie Aufgaben des Staates wahrnehmen – niemals zu staatlichen Behörden werden. Es findet auch – anders als beim Landkreis, s.u. – keine Organleihe statt. Diese Kenntnis ist wichtig für die Bestimmung der **Widerspruchsbehörde** und des **Klagegegners**, vgl. dazu den Hinweis für die Fallbearbeitung bei Rn 88.

85

Soweit Kommunalbehörden auf *Kreisebene* jedoch als untere **Staatsbehörde** (untere Verwaltungsbehörde) mit der Wahrnehmung unmittelbarer staatlicher Aufgaben betraut sind, sind sie *staatliche* Behörden (**Doppelfunktion in der Verwaltung**). Es findet (jedenfalls in den meisten Ländern) eine **Organleihe** statt: Das Land „leiht" sich die Kommunalbehörde.[83] Das sind je nach Bundesland das Landratsamt (und der Oberbürgermeister), der Landrat oder der Oberkreisdirektor.

86

Die Verknüpfung von Staatsverwaltung und Kommunalverwaltung (Kreisverwaltung) gewährleistet eine effektive Verwaltung, weil sie zugleich staatliche und kommunale Aufgaben und Interessen miteinander verbindet. Der Landrat ist kommunaler Wahlbeamter, d.h. ein Beamter, der von den Bürgern des Landkreises (oder vom Kreistag[84]) gewählt wird. Will das Bundesland staatliche Verwaltungsaufgaben durch den Landrat wahrnehmen, „leiht" es sich diesen vom Landkreis. Er fungiert dann als untere Verwaltungsbehörde des Landes und ist Staatsbehörde.

87

> **Beispiel:** Die Baugenehmigung wird i.d.R. vom Landkreis (Kreisverwaltung) erteilt. Da es sich bei der Erteilung einer Baugenehmigung um eine staatliche Aufgabe handelt, „leiht" sich das Land den Landrat, der dann in der Funktion als Staatsbehörde tätig wird.

---

[82] Gemeindeverbände (auch Kommunalverbände genannt) stehen oberhalb der Gemeinde und erhalten ihre Grundlage als Körperschaften des öffentlichen Rechts aus Art. 28 II S. 2 GG i.V.m. den Vorschriften der Gemeindeordnungen. Im Gegensatz zum früheren Recht handelt es sich aber nicht nur um Zusammenschlüsse der Gemeinden zu einer neuen Rechtspersönlichkeit, sondern zum Teil um eigenständige Körperschaften, in denen eine unmittelbar gewählte Volksvertretung besteht. Wichtigste Form des Kommunalverbandes ist der Landkreis.

[83] Vgl. *Krüger*, LKV 2000, 189 f. und *Zilkens*, JuS 2001, 785 ff. In Nds z.B. findet keine Organleihe statt.

[84] Nur in Baden-Württemberg, Brandenburg und Schleswig-Holstein.

88

> **Hinweis für die Fallbearbeitung:** Wie bereits erwähnt, sind Kenntnisse über die Verwaltungsorganisation wichtig für die **Bestimmung der Widerspruchsbehörde** (sofern ein Widerspruchsverfahren überhaupt noch vorgesehen ist[85]) und des **Klagegegners**. Dadurch, dass die Gemeindebehörde sowohl in Selbstverwaltungs- als auch in Auftragsangelegenheiten niemals staatliche Behörde ist, sondern immer nur Kommunalbehörde, ist die Gemeinde auch in Auftragsangelegenheiten Klagegegner (vgl. § 73 I Nr. 3, § 78 I Nr. 1 VwGO).[86] Wer Widerspruchsbehörde ist, richtet sich nach dem einschlägigen materiellen Recht. Soweit Kommunalbehörden auf *Kreisebene* (Landrat, Oberkreisdirektor) jedoch als untere Staatsbehörde (untere Verwaltungsbehörde) mit der Wahrnehmung staatlicher Aufgaben betraut sind, sind sie staatliche Behörden (Doppelfunktion in der Verwaltung). In diesem Fall sind Widerspruchsbehörde der Regierungspräsident und Klagegegner das Bundesland.

b. Staatsaufsicht über die Gebietskörperschaften des öffentlichen Rechts

89

Ausgangspunkt der Überlegung ist, dass juristische Personen des öffentlichen Rechts, soweit sie in der mittelbaren Staatsverwaltung öffentliche Verwaltungsaufgaben wahrnehmen, der staatlichen Aufsicht unterstehen. Grund dafür ist, dass nur das Parlament unmittelbar demokratisch legitimiert ist und dass jede abgeleitete hoheitliche Gewalt auf das Parlament zurückzuführen sein muss (Demokratieprinzip).[87] Zum anderen sind die in die mittelbare Staatsverwaltung eingebundenen juristischen Personen trotz eigenverantwortlicher Aufgabenerfüllung an das Gesetz gebunden (sog. Prinzip vom Vorrang des Gesetzes). Die Einhaltung dieser Gesetzesbindung wird durch die **staatliche Aufsicht** gewährleistet und erforderlichenfalls durchgesetzt. Ist die juristische Person des öffentlichen Rechts in Selbstverwaltungsangelegenheiten (also im **eigenen Wirkungskreis**) und somit als selbstständiges Rechtssubjekt betroffen, beschränkt sich die Staatsaufsicht (des Bundeslandes) auf die Gesetzmäßigkeit der Verwaltungstätigkeit. Man spricht hier von *Rechtsaufsicht*. In Auftragsangelegenheiten (**übertragener Wirkungskreis**) erstreckt sie sich *auch* auf die Handhabung des Ermessens, die Zweckmäßigkeit (sog. *Fachaufsicht*), da die handelnde Körperschaft hier nur als verlängerter Arm des Staates tätig wird.[88] Da die Staatsaufsicht stets Fragen nach dem Rechtsschutz in sich birgt und diese Fragen ausführlich bei Rn 441 ff. behandelt werden, wird dorthin verwiesen.

2. Personal- bzw. Realkörperschaften

a. Allgemeines

90

Neben den Kommunalkörperschaften gibt es noch eine Reihe weiterer Körperschaften des öffentlichen Rechts, die ihre Angelegenheiten selbst verwalten. Im Rahmen der mittelbaren Staatsverwaltung können aber auch diese in die Verwaltungsstruktur eingebunden werden. Insgesamt soll durch ihre Einbindung die unmittelbare Staatsverwaltung entlastet werden (Prinzipien der Selbstverwaltung und der Dezentralisation). Maßgebend für die Mitgliedschaft in einer **Personalkörperschaft** sind entweder der *freiwillige* Beitritt oder die durch die Zugehörigkeit zu einer bestimmten Gruppe, insbesondere zu einem bestimmten Beruf, *erzwungene* Mitgliedschaft (sog. **Verkammerung**).[89] Bei der **Realkörperschaft** knüpft die Mitgliedschaft an bestimmte realwirt-

---

[85] Vgl. dazu *R. Schmidt*, VerwProzR, Rn 224.
[86] So auch *Kopp/Schenke*, VwGO, § 78 Rn 7.
[87] Vgl. dazu BVerfGE 95, 1, 16 (Südumfahrung Stendal).
[88] Zur Vertiefung vgl. *Stober*, KommunalR, § 9 III.
[89] Zur Verfassungsmäßigkeit der Zwangszugehörigkeit siehe Rn 92.

schaftliche (sachenrechtliche) Tatsachen an wie etwa den Grundbesitz bzw. aus einer damit verknüpften Berechtigung oder Verpflichtung.

Beispiele: Rechtsanwaltskammern[90]; staatliche Hochschulen (Art. 5 III S. 1 GG, § 58 I HRG)[91]; Landesärztekammern[92]; Handwerksinnungen und -kammern (§§ 53, 90 HandwO); Industrie- und Handelskammern (§ 3 I IHKG – dazu Rn 92); Träger der Sozial- und Rentenversicherung (z.B. AOK[93] oder Deutsche Rentenversicherung Bund[94]); Kassenärztliche Vereinigung nach §§ 77 ff. SGB V; Jagdgenossenschaften (§ 9 BJagdG); Wasser-, Deich- und Bodenverbände; Landwirtschaftskammern; staatliche Studierendenschaften; Religionsgesellschaften, soweit sie den Status als Körperschaften des öffentlichen Rechts verliehen bekommen haben (vgl. Art. 140 GG i.V.m. Art. 137 V S. 2 WRV)[95]

Die **Aufgabe einer Körperschaft** ergibt sich der Sache nach aus dem Zweck, der **91** durch ihre Errichtung verfolgt wird. So haben z.B. die Gemeinden (freilich als Gebietskörperschaften) die örtlichen Angelegenheiten, die Bundesrechtsanwaltskammer und die Landesärztekammern die Berufs- und Standesangelegenheiten ihrer Mitglieder und die Hochschulen Forschung und Lehre zu betreiben. Die Industrie- und Handelskammern haben, soweit nicht die Zuständigkeit der Organisationen des Handwerks nach Maßgabe der Handwerksordnung gegeben ist, die Aufgabe, das Gesamtinteresse der ihnen zugehörigen Gewerbetreibenden ihres Bezirkes wahrzunehmen, für die Förderung der gewerblichen Wirtschaft zu wirken und dabei die wirtschaftlichen Interessen einzelner Gewerbezweige oder Betriebe abwägend und ausgleichend zu berücksichtigen; dabei obliegt es ihnen insbesondere, durch Vorschläge, Gutachten und Berichte die Behörden zu unterstützen und zu beraten sowie für Wahrung von Anstand und Sitte des ehrbaren Kaufmanns zu wirken (§ 1 I IHKG).[96]

Zur Erfüllung ihrer Aufgaben können die Körperschaften Rechtsnormen (d.h. Satzungen) beschließen, Verwaltungsakte erlassen und diese auch selbst durchsetzen, insbesondere vollstrecken. Darüber hinaus können sie gegenüber ihren Mitgliedern Bei-

---

[90] Vgl. § 60 I S. 1 BRAO für die Rechtsanwaltskammern. Diese sind Personalkörperschaften, da ihre Mitglieder die Rechtsanwälte des betreffenden OLG-Bezirks sind. Davon zu unterscheiden ist die Bundesrechtsanwaltskammer. Diese ist eine Verbandskörperschaft (des Bundes), da die Mitglieder nicht die einzelnen Rechtsanwälte sind, sondern die Rechtsanwaltskammern (vgl. Art. 74 I Nr. 1 GG, § 176 I BRAO).

[91] Vgl. auch die entsprechenden Vorschriften der Landeshochschulgesetze, die bestimmen, dass es sich bei den Hochschulen um Körperschaften des öffentlichen Rechts handelt. *Allgemeinbildende Schulen* werden dagegen als (nicht rechtsfähige) Anstalten angesehen. Insbesondere können sie sich nicht auf Art. 5 III S. 1 GG berufen. Bei den Hochschulen ist jedoch zu beachten, dass diese auch als Stiftungen organisiert sein können (vgl. etwa die Universität Göttingen). Im Übrigen ist zu beachten, dass durch die Föderalismusreform 2006 die Gesetzgebungskompetenz des Bundes für die Rahmengesetzgebung gem. Art. 75 GG gestrichen worden ist. Die dort ehemals enthaltenen Materien sind auszugweise in die konkurrierende Gesetzgebungszuständigkeit des Bundes gem. Art. 74 Nr. 27-33 GG überführt worden; die Materien des Art. 75 GG a.F. stehen nun den Ländern zu. Allerdings bleiben die bisherigen Rahmengesetze (und damit Teile des HRG) des Bundes so lange bestehen, bis die Länder abweichende Regelungen erlassen (vgl. Art. 125a I GG sowie ausführlich *R. Schmidt*, Staatsorganisationsrecht, Rn 832k).

[92] Die *Bundes*ärztekammer dagegen ist privatrechtlich organisiert. Der Verband „Bund" hätte schon gar keine Gesetzgebungskompetenz, eine unmittelbare bundeseigene Körperschaft des öffentlichen Rechts in Form einer Bundesärztekammer zu gründen. Insbesondere erteilt Art. 74 I Nr. 19 GG die Gesetzgebungskompetenz nur für die *Zulassung* zu ärztlichen Heilberufen. Daher bleibt es bei dem Grundsatz aus Art. 30, 70, 83 GG. Etwas anderes gilt für die Bundesrechtsanwaltskammer. Diese ist eine Verbandskörperschaft, vgl. Rn 95-97.

[93] Die Aufgaben der Sozialversicherung (Unfall-, Kranken- und Altersversicherung) übernimmt der Staat nicht selbst, sondern er hat sie den Körperschaften des öffentlichen Rechts übertragen, vgl. z.B. §§ 29 ff. SGB IV. § 29 I SGB IV bestimmt, dass Träger der Sozialversicherung Körperschaften des öffentlichen Rechts sind.

[94] Vgl. dazu §§ 125 ff. SGB VI. Zur Bundesagentur für Arbeit (§ 367 SGB III) vgl. Rn 101.

[95] Zur Verleihung von Körperschaftsrechten an Religionsgemeinschaften vgl. BVerfGE 102, 370 ff. (Zeugen Jehovas); BVerwG NVwZ 2013, 943 ff. (Baha′i) mit Bespr. *Löhning/Preisner*, NVwZ 2013, 945 f. Vgl. ferner BVerfG NVwZ 2009, 389 f.; *Quaas*, NVwZ 2009, 1400 ff.; *Weber*, NVwZ 2009, 503 ff.; *Zacharias*, NVwZ 2007, 1257; *Jochum*, JuS 2003, 370. Speziell zur Grundrechtsberechtigung von Religionsgemeinschaften (bzgl. Art. 4 GG) vgl. BVerfG NVwZ 2010, 570 ff. Zu beachten ist aber, dass die Religionsgesellschaften, auch wenn sie den Status als Körperschaften des öffentlichen Rechts verliehen bekommen haben, grds. keine Organe der öffentlichen Gewalt sind. Vgl. näher *R. Schmidt*, Grundrechte, Rn 394.

[96] Vgl. dazu BVerwG GewArch 2010, 400, 401 f. (mit Bespr. v. *Waldhoff*, JuS 2011, 670); VGH München NVwZ 2013, 236 f.

träge und Gebühren erheben. Schließlich können sie auch verwaltungsprivatrechtliche Aufgaben (siehe Rn 1008 ff.) erledigen.

91a Analysiert man die bei Rn 83 gegebene Definition der Körperschaft öffentlichen Rechts, gelten insbesondere bzgl. der Personalkörperschaft folgende Einzelheiten:

- **Errichtung durch staatlichen Hoheitsakt** bedeutet, dass die Körperschaft durch Gesetz oder aufgrund eines Gesetzes (also auch durch Verwaltungsakt auf der Grundlage eines Gesetzes) geschaffen worden sein muss. Nur so lässt sie sich demokratisch legitimieren. Daher ist es auch selbstverständlich, dass der Gesetzgeber die wesentlichen Grundzüge der Körperschaft selbst regeln muss. Einzelheiten können dann der Körperschaft überlassen werden (Wesentlichkeitstheorie). Freilich ist bei Körperschaften mit ausgeprägter Grundrechtsposition (wie dies namentlich bei Hochschulen oder Religionsgemeinschaften der Fall ist) das Maß der Eigenständigkeit erhöht.

- **Rechtsfähigkeit** bedeutet, dass die Körperschaft selbst Zurechnungssubjekt von Rechten und Pflichten ist. Auch dieses Kriterium versteht sich von selbst, da anderenfalls die Selbstverwaltung nicht möglich wäre. Die Rechtsfähigkeit wird in aller Regel mit der Qualifikation als Körperschaft des öffentlichen Rechts verliehen. Zu beachten ist aber, dass mit der Qualifikation eines Gebildes als Körperschaft die Verleihung der Rechtsfähigkeit nicht notwendigerweise einhergehen muss. So sind die parlamentarischen Körperschaften wie z.B. der Bundestag lediglich teilrechtsfähig, weil sie nur organisatorische Grundeinheiten eines Verbandes (hier: Bund) sind. Für den Bundestag folgt dies aus Art. 38 ff. GG. Fraktionen sind als organisatorische Grundeinheiten des Bundestags teilrechtsfähig, weil sie durch die GO BT und das AbgG (vgl. § 46) mit eigenen Rechten ausgestattet sind.[97] Auch die Fachbereiche (Fakultäten) der meisten Hochschulen sind (nur) teilrechtsfähig, weil sie ebenfalls lediglich organisatorische Grundeinheiten (hier: einer Hochschule, vgl. § 64 I S. 1 HRG) sind. So haben z.B. die rechtswissenschaftlichen Fachbereiche das Recht und die Pflicht, die Aufgaben der Universität für den Bereich Rechtswissenschaft nach eigener Beurteilung zu erfüllen, was die Teilrechtsfähigkeit ausmacht. Dagegen sind Studierendenschaften zwar auch Teile der Körperschaft Hochschule, jedoch fehlt ihnen selbst eine Teilrechtsfähigkeit; Rechtsträger ist die übergeordnete Verwaltungseinheit (z.B. die Fakultät oder in Ermangelung einer solchen die Hochschule).

- **Mitgliedschaftlich** verfasst bedeutet, dass sich die Körperschaft aus Mitgliedern rekrutiert. Dabei genügt es nicht, dass überhaupt Mitglieder existieren. Vielmehr ist es gerade Sinn und Zweck der Körperschaft, dass die selbst zu verwaltenden Belange durch die Mitglieder wahrgenommen werden. Kennzeichen der Körperschaft ist daher, dass – im Gegensatz zur Anstalt (s.u.) – eine **verbandsinterne Demokratie** besteht: Alle wesentlichen verbandsinternen Belange müssen durch demokratisch legitimierte Organe der Körperschaft, die sich wiederum von Mitgliedern rekrutieren, wahrgenommen werden. Das BVerfG verkennt diesen Grundpfeiler, was sich daran zeigt, dass es in Bezug auf die Hochschulen seit den 1970er Jahren die gerichtliche Kontrolldichte deutlich zurückgenommen und den immer aktiveren Hochschulgesetzgebern weitgehende Gestaltungsfreiheit gelassen hat. Es hat gegenüber der immer deutlicheren Hierarchisierung und Ökonomisierung der Hochschulen durch den Gesetzgeber kaum noch Einwände erhoben.[98] So hat es weder die gesetzlich angeordnete Schließung eines Fachbereichs noch einen monokratisch „regierenden" Dekan noch ein Aufsichtsgremium über Universitätskliniken ohne jede Beteiligung der wissenschaftlich verantwortlichen Hochschullehrer beanstandet.[99] Im Urteil zum brandenburgischen Hochschulgesetz hat das BVerfG es gebilligt, dass der Gesetzgeber monokratische Leitungsorgane, externe Hochschulräte mit Entscheidungskompetenzen und externe Evaluatio-

---

[97] BVerfGE 1, 351, 359; 67, 100, 124; 68, 1, 63; 70, 324, 350; 90, 286, 336; 103, 81, 86; 126, 55 ff.
[98] *Hufen*, JuS 2008, 639.
[99] *Hufen*, JuS 2008, 639.

nen von Hochschullehrern einführt. Und im Beschluss zum nordrhein-westfälischen Hochschulgesetz hat das BVerfG die landesrechtliche Regelung, wonach die Hochschulen des Landes verpflichtet sind, die traditionellen Diplomstudiengänge durch „Bachelor"- und „Master"-Studiengänge zu ersetzen, bestätigt.[100] Bei allen genannten Maßnahmen hat das BVerfG den großen Gestaltungsspielraum des Gesetzgebers betont und selbst gravierende organisatorische Eingriffe in die Wissenschaftsfreiheit toleriert mit dem Argument, dass der Kernbereich der Wissenschaftsfreiheit nicht berührt sei.[101] Mit der Selbstverwaltungsautonomie einer Körperschaft ist die von der Rspr. des BVerfG gebilligte Hochschulgesetzgebung der Länder nicht vereinbar. Möchte der Staat derart weit reichenden Einfluss nehmen, kommt er nicht umhin, die Hochschulen auch terminologisch als Anstalten des öffentlichen Rechts auszuformen, was freilich wiederum mit Blick auf Art. 5 III S. 1 Var. 2 GG (Wissenschafts- und Lehrfreiheit) problematisch wäre.

■ Unbeschadet dieser Problematik ergeben sich die öffentlichen **Aufgaben** der Körperschaft aus dem Zweck der Errichtung und der gesetzlichen Festlegung. So hat die Gemeinde aufgrund ihrer „Allzuständigkeit" (Art. 28 II S. 1 GG) sämtliche Aufgaben der Selbstverwaltungskörperschaft „Kommune" zu erledigen. Die übrigen Körperschaften dürfen dagegen nur diejenigen Aufgaben wahrnehmen, die ihnen durch Gesetz oder den gesetzlichen Gründungsakt übertragen worden sind.[102] So besitzt die Studierendenschaft einer Universität kein allgemeinpolitisches Mandat. Sie darf nur die ihr übertragenen Aufgaben der Interessenvertretung der Studierenden wahrnehmen. Anders lässt sich die Zwangsmitgliedschaft der Studierenden nicht rechtfertigen. Auch andere Körperschaften, bei denen eine Verkammerung stattfindet, haben ausschließlich die Interessen ihrer Mitglieder zu vertreten.[103] Ist der Körperschaft eine Verwaltungsaktbefugnis eingeräumt, darf sie die ihr zugewiesenen Aufgaben durch Verwaltungsakt wahrnehmen (vgl. z.B. §§ 1 und 2 IHKG).

■ Die **Staatsaufsicht** ist erforderlich, damit der Staat die Einhaltung der gesetzlichen Vorgaben und die Einhaltung der übertragenen Aufgaben überwachen kann. Soweit die Körperschaft Selbstverwaltungsaufgaben wahrnimmt, beschränkt sich die Staatsaufsicht auf eine Rechtmäßigkeitskontrolle (Rechtsaufsicht, vgl. z.B. § 11 IHKG). Wenn aber die Körperschaft im Rahmen des übertragenen Wirkungskreises tätig ist, also in den hierarchischen Staatsaufbau integriert ist, erstreckt sich die Staatsaufsicht auch auf eine Zweckmäßigkeitskontrolle (Fachaufsicht, z.B. ggü den universitären Studierendenschaften).

■ Handelt es sich bei der Körperschaft um eine Selbstverwaltungskörperschaft, d.h. um eine rechtsfähige Körperschaft des öffentlichen Rechts, und ist diese Körperschaft im Bereich der Selbstverwaltung tätig, ist diese selbst **Adressat eines Widerspruchs** und Gegner einer Klage (vgl. § 73 I Nr. 3, § 78 I Nr. 1 VwGO). Bei einer nichtrechtsfähigen Körperschaft sind die Rechtsbehelfe grundsätzlich an die übergeordnete Verwaltungseinheit zu richten.

Bei einigen Körperschaften des öffentlichen Rechts (etwa zur IHK) bestehen eine **92 Zwangszugehörigkeit** bestimmter Berufs- bzw. Personengruppen und eine damit verbundene Beitragspflicht, was die Frage nach der Verfassungsmäßigkeit aufwirft. Insbesondere kommt ein Verstoß gegen die Grundrechte der Betroffenen in Betracht. Nach der h.M. ist nicht Art. 9 I GG (hier: negative Vereinigungsfreiheit), sondern Art.

---

[100] BVerfG-K NVwZ-RR 2008, 33.
[101] *Hufen*, JuS 2010, 85 ff. mit Bezugnahme auf BVerfG NVwZ 2003, 600, 603 (Schaffung eines Leitungsgremiums ohne Beteiligung des wissenschaftlichen Einflusses); BVerfG NVwZ-RR 2001, 587 (Zurückdrängung des wissenschaftlichen Einflusses auf die Wahl der Hochschulleitung); BVerfG NVwZ-RR 2005, 442 (Schließung eines Fachbereichs); BVerfGE 111, 333 ff. (Einführung monokratischer Leitungsorgane und externer Hochschulräte mit Entscheidungskompetenzen); BayVerfGH NVwZ 2009, 177 (Zusammensetzung des Hochschulrats und Wahl des Hochschulpräsidenten).
[102] Klarstellend BVerwG GewArch 2010, 400, 401 f.
[103] Vgl. z.B. BVerwG GewArch 2010, 400, 401 f.; OVG Koblenz LKRZ 2010, 477 f.; VGH München NVwZ 2013, 236 f.

2 I GG einschlägig.[104] Danach braucht der Bürger nur solche Regelungen hinzunehmen, die mit der verfassungsmäßigen Ordnung in Einklang stehen. Bei der im Rahmen des Art. 2 I GG vorzunehmenden Prüfung des Übermaßverbots ist nach der Rechtsprechung entscheidend, dass die öffentlich-rechtliche Körperschaft gerade öffentliche Aufgaben wahrnimmt und diese auch den verkammerten Unternehmen zugutekommen.[105] So sieht die Rechtsprechung (in nicht überzeugender Weise) die Zwangsmitgliedschaft als mit den Grundrechten der Betroffenen vereinbar, soweit erhobene Zwangsbeiträge für „legitime öffentliche Aufgaben" verwendet werden.[106] Verlässt die Körperschaft allerdings den ihr gesetzlich zugewiesenen Aufgabenbereich (indem sie etwa allgemeine öffentliche Interessen wahrnimmt), legitimiert sich die Zwangszugehörigkeit nicht. Die Körperschaft handelt in einem solchen Fall nicht nur rechtswidrig, sondern verletzt auch gleichzeitig die Grundrechte ihrer Mitglieder, weil ihre Tätigkeit nicht mehr durch die verfassungsmäßige Ordnung des Grundgesetzes gedeckt ist. Die Mitglieder haben daher einen aus Art. 2 I GG begründeten Anspruch gegen die Körperschaft auf Vornahme der gesetzlich vorgesehenen Aufgaben und auf Einhaltung der gesetzlich vorgeschriebenen Aufgaben. Verlässt die Körperschaft ihren Aufgabenbereich, können die Mitglieder eine **Unterlassungsklage** erheben (freilich ohne dadurch von ihrer Beitragspflicht entbunden zu sein).[107]

> **Beispiele:** Äußert sich die **Studierendenschaft** nicht nur zu hochschulpolitischen Themen, sondern tätigt auch allgemeinpolitische Äußerungen, die mit der Hochschulpolitik nicht in Verbindung stehen, kann der einzelne, zwangsweise zugehörige Studierende (gegen den Fachbereich) auf Unterlassung klagen.[108]
>
> Das Gleiche gilt für Kammerzugehörige hinsichtlich der **IHK**, sofern diese ihren Aufgabenbereich verlässt.[109] Allerdings hat das BVerwG klargestellt, dass sich die IHK zu allen Sachverhalten äußern darf, solange diese eine nachvollziehbare Auswirkung auf die gewerbliche Wirtschaft im IHK-Bezirk haben. Verbotene Themen oder eine eingeschränkte Kompetenz in Randbereichen gebe es nicht. Die Äußerungen der IHK müssten sachbezogen sein, die Formulierungen dem abgewogenen und ausgleichenden Charakter des ermittelten Gesamtinteresses entsprechen („höchstmögliches Maß an Objektivität"). Positionen, die sich die einzelne IHK zurechnen lassen wolle und müsse, seien jedoch vor Veröffentlichung im durch die Satzung der IHK vorgegebenen Verfahren zu legitimieren. Für Grundsatzpositionen sei primär die Vollversammlung der IHK zuständig.[110]
>
> Die Einführung eines aus den Beiträgen der Studierenden finanzierten sog. **Semestertickets** ist jedenfalls verfassungsgemäß.[111]

---

[104] Vgl. BVerfG NVwZ 2007, 808, 809 ff.; NJW 2002, 335; NJW 2001, 190, 191; BVerfGE 10, 89, 102; 15, 235, 239 f.; 38, 281, 297 f.; 39, 100, 102; 59, 231, 236; 64, 115, 117; BVerwG NVwZ 2005, 700 ff.; BVerwGE 107, 169, 172; BVerwG GewArch 2001, 161 ff.; VG Darmstadt NVwZ 2002, 1398 f.; VGH München NVwZ 2013, 236 f. Vgl. auch *R. Schmidt*, Grundrechte, Rn 680. Demgegenüber bemisst sich die Zwangsmitgliedschaft in einer juristischen Person des Privatrechts am Maßstab des Art. 9 I GG (vgl. BVerfG NVwZ 2007, 808, 809 ff.).
[105] BVerfG NVwZ 2002, 335, 336 f.; VGH München NVwZ 2013, 236 f. (IHK).
[106] Vgl. BVerfG NJW 2002, 335; BVerfGE 10, 89, 102; 15, 235, 241; BVerwG GewArch 2010, 400, 401 f. (mit Bespr. v. *Waldhoff*, JuS 2011, 670); BVerwGE 107, 169, 173; VGH Mannheim NVwZ 2000, 1313; OVG Münster NVwZ-RR 2000, 424; OVG Koblenz LKRZ 2010, 477 f.
[107] Vgl. BVerwG GewArch 2001, 161; VGH München NVwZ 2013, 236 f. Nach dem EuGH (NJW 2009, 1325) verstoßen nationale Pflichtmitgliedschaften auch nicht gegen **EU-Recht**. Vgl. dazu auch BVerwG GewArch 2010, 400 ff., OVG Koblenz LKRZ 2010, 477 f. sowie VGH München NVwZ 2013, 236 f. sowohl zu den verfassungsrechtlichen als auch unionsrechtlichen (Art. 18, 49 AEUV) Anforderungen an die Zwangsmitgliedschaft. Insbesondere das Diskriminierungsverbot des Art. 18 AEUV sei nicht verletzt, da Unternehmer anderer EU-Staaten auch nicht die Leistungen der IHK in Anspruch nehmen könnten (VGH München NVwZ 2013, 236 f.).
[108] Vgl. dazu VG Bremen NVwZ-RR 2002, 35 ff.; VG Düsseldorf NVwZ-RR 2002, 38 f.
[109] Vgl. dazu BVerfG NVwZ 2002, 335; BVerwG NVwZ 2005, 700 ff.; BVerwG GewArch 2001, 161 ff.; BVerwG GewArch 2010, 400, 401 f.; VG Darmstadt NVwZ 2002, 1398 f.; OVG Koblenz LKRZ 2010, 477 f.
[110] BVerwG GewArch 2010, 400, 401 f.
[111] BVerfG-K NVwZ 2001, 190.

b. Staatsaufsicht über die Personalkörperschaften

Wie bereits im Rahmen der Gebietskörperschaften (Kommunen) dargestellt, unterstehen juristische Personen des öffentlichen Rechts, soweit sie in der mittelbaren Staatsverwaltung öffentliche Verwaltungsaufgaben wahrnehmen, der staatlichen Aufsicht. Das hat zum einen den Hintergrund, dass nur das Parlament unmittelbar demokratisch legitimiert ist und dass jede abgeleitete hoheitliche Gewalt auf das Parlament zurückzuführen sein muss.[112] Zum anderen sind die in die mittelbare Staatsverwaltung eingebundenen juristischen Personen trotz eigenverantwortlicher Aufgabenerfüllung an das Gesetz gebunden (sog. Prinzip vom Vorrang des Gesetzes). Die Einhaltung dieser Gesetzesbindung wird durch die staatliche Aufsicht gewährleistet und erforderlichenfalls durchgesetzt. Ist die juristische Person des öffentlichen Rechts in Selbstverwaltungsangelegenheiten (also im **eigenen Wirkungskreis**) und somit als selbstständiges Rechtssubjekt betroffen, beschränkt sich die Staatsaufsicht auf die Gesetzmäßigkeit der Verwaltungstätigkeit. Man spricht hier von **Rechtsaufsicht**. In Auftragsangelegenheiten (**übertragener Wirkungskreis**) erstreckt sie sich *auch* auf die Handhabung des Ermessens und der Beurteilung der Zweckmäßigkeit (sog. *Fachaufsicht*), da die handelnde Körperschaft hier nur als verlängerter Arm des Staates tätig wird. Die Personalkörperschaften unterliegen i.d.R. einer **Rechtsaufsicht**. Eine Fachaufsicht ist dagegen nur dann gegeben, wenn ein entsprechendes Aufsichtsrecht besteht. Ob ein solches besteht, ist den Kammergesetzen zu entnehmen. Im Übrigen wird auf die Ausführungen zur Kommunalaufsicht bei Rn 441 ff. verwiesen, da die Staatsaufsicht im Bereich der Personalkörperschaften im Wesentlichen der über die Gebietskörperschaften entspricht.

93

c. Rechtsschutz in Bezug auf die Personalkörperschaften

Rechtsstreitigkeiten zwischen den Mitgliedern und der Körperschaft sind **öffentlich-rechtlicher Natur** und gem. § 40 I S. 1 VwGO vor den Verwaltungsgerichten auszutragen. Gleiches gilt für Rechtsstreitigkeiten zwischen der Körperschaft und dem Staatsaufsichtsorgan. Bei Maßnahmen der Rechtsaufsicht ist daher – da es sich bei diesen um Verwaltungsakte handelt – die **Anfechtungsklage** statthaft. Diese ist begründet, wenn die betreffende Maßnahme das Selbstverwaltungsrecht verletzt. Bei Maßnahmen der Fachaufsicht liegen i.d.R. keine Außenwirkung und damit kein Verwaltungsakt vor. Statthaft sind hier überwiegend die **allgemeine Leistungsklage** oder subsidiär die **Feststellungsklage**. Vgl. hierzu die Ausführungen zum Verwaltungsakt bei Rn 346 ff.

94

3. Verbandskörperschaften

Eine Verbandskörperschaft ist dadurch gekennzeichnet, dass ihre Mitglieder ausschließlich aus juristischen Personen des öffentlichen Rechts bestehen: Mehrere juristische Personen des öffentlichen Rechts schließen sich einem Verband zusammen, der seinerseits gerade durch den Zusammenschluss eine eigene juristische Person des öffentlichen Rechts wird. Verbandskörperschaften sind beispielsweise die gemeindlichen Zweckverbände. Ein gemeindlicher Zweckverband ist ein freiwilliger oder gesetzlich vorgeschriebener Zusammenschluss von Gemeinden oder Landkreisen zur gemeinsamen Erfüllung einzelner Verwaltungsaufgaben.

95 -97

> **Beispiele:** Zusammenschluss mehrerer benachbarter Gemeinden zur Errichtung eines gemeinsamen Versorgungsbetriebs (z.B. eines Energieversorgungsunternehmens) oder eines gemeinsamen ÖPNV (öffentlichen Personennahverkehrs) oder zum Bau eines ge-

---

[112] Vgl. dazu BVerfGE 95, 1, 16 (Südumfahrung Stendal).

meinsamen Freibades. Man spricht von kommunalen Zweckverbänden. Auch die Bundesrechtsanwaltskammer ist eine Verbandskörperschaft.[113]

4. Zusammenfassung zu den Körperschaften des öffentlichen Rechts

98 Körperschaften des öffentlichen Rechts sind (1) durch staatlichen Hoheitsakt geschaffene, (2) (teil-)rechtsfähige, (3) mitgliedschaftlich verfasste Organisationen des öffentlichen Rechts, die (4) öffentliche Aufgaben mit i.d.R. hoheitlichen Mitteln (5) unter staatlicher Aufsicht in Selbstverwaltung wahrnehmen. Sie unterfallen dem Behördenbegriff i.S.d. § 1 IV BundesVwVfG.

Handelt es sich bei der Körperschaft um eine Selbstverwaltungskörperschaft, d.h. um eine rechtsfähige Körperschaft des öffentlichen Rechts und ist diese Körperschaft im Bereich der Selbstverwaltung tätig, ist diese selbst Adressat eines Widerspruchs und Gegner einer Klage (vgl. § 73 I Nr. 3, § 78 I Nr. 1 VwGO). Bei einer nichtrechtsfähigen Körperschaft sind die Rechtsbehelfe grds. an die übergeordnete Verwaltungseinheit zu richten.

II. Anstalten des öffentlichen Rechts

99 Eine **öffentliche Anstalt** ist eine Zusammenfassung personeller und sächlicher Mittel in der Hand eines Trägers öffentlicher Verwaltung, die einem besonderen öffentlichen Zweck dauernd zu dienen bestimmt ist.

100 Die öffentliche Anstalt ist im Gegensatz zu den Körperschaften des öffentlichen Rechts *nicht* mitgliedschaftlich organisiert, sondern steht zu den Bürgern (hierarchisch) in einem Anbieter-Benutzer-Verhältnis. Es werden **rechtsfähige** und **nichtrechtsfähige** Anstalten unterschieden.

1. Rechtsfähige Anstalten

101 **Rechtsfähige Anstalten** sind juristische Personen des öffentlichen Rechts, die rechtlich verselbstständigte Einheiten der mittelbaren Staatsverwaltung darstellen.

Beispiele: ZVS; Öffentliche Sparkassen[114]; Filmförderungsanstalt (§ 1 FFG)[115]; öffentlich-rechtliche Rundfunkanstalten (Art. 5 I S. 2 GG)[116] und damit auch Beitragsservice der 9 Landesrundfunkanstalten, dem ZDF und dem Deutschlandradio; Deutsche Bibliothek (Gesetz, BGBl I 1969, 265); Bundesagentur für Arbeit

102 Die rechtsfähige Anstalt ist aufgrund ihres Status berechtigt und verpflichtet, die ihr obliegenden Aufgaben eigenverantwortlich wahrzunehmen. Sie selbst ist also Träger von Rechten und Pflichten und somit **Behörde** i.S.d. § 1 IV VwVfG. Auch sind **Widerspruch** und **Klage** direkt an sie zu richten und nicht an die Aufsichtsbehörde. Wie auch die rechtsfähige Körperschaft muss die rechtsfähige Anstalt durch Gesetz oder aufgrund eines Gesetzes geschaffen werden. Denn wegen der rechtlichen Selbstständigkeit und der Möglichkeit, Verwaltungsakte zu erlassen, ist das Demokratieprinzip nur dadurch gewahrt, dass die Grundzüge der Schaffung der Anstalt aus-

---

[113] Vgl. § 176 I BRAO. Die Bundesrechtsanwaltskammer ist eine Verbandskörperschaft (des Bundes, vgl. Art. 74 I Nr. 1 GG), da Mitglieder nicht die einzelnen Rechtsanwälte sind, sondern die Rechtsanwaltskammern (die wiederum gem. §§ 60 ff. BRAO Personalkörperschaften sind). Die Bundesärztekammer ist hingegen keine Körperschaft des öffentlichen Rechts; sie ist ein nicht eingetragener Verein.

[114] BVerfGE 75, 192, 198; BGH DVBl 2003, 942. Nicht zu den öffentlichen Sparkassen im dargelegten Sinne gehören die „freien" Sparkassen, die zumeist wirtschaftliche Vereine sind (Beispiele: Hamburger Sparkasse, Sparkasse Bremen, Frankfurter Sparkasse, Württembergische Landessparkasse).

[115] Vgl. dazu BVerfG 28.1.2014 – 2 BvR 1561/12.

[116] Vgl. auch *Stober*, KommunalR, § 22 III 2a; AG Köln NVwZ-RR 2001, 166; VGH Mannheim NVwZ-RR 1999, 580 mit Bespr. v. *Dörr*, JuS 2000, 491 f.; *Renck*, JuS 2000, 1001 ff.

schließlich dem Parlament obliegen. Zugleich folgt daraus, dass der die Anstalt errichtende Verwaltungsträger (= Anstaltsträger) auch die Organisation und die Aufgabe der Anstalt festlegen muss, soweit dies nicht schon durch Gesetz festgelegt ist. Selbstverständlich ist es daher auch, dass der Anstaltsträger darüber hinaus die Rechtsaufsicht über die Anstalt hat. Die der Anstalt zugrunde liegenden gesetzlichen Vorschriften können aber auch weitergehende Einwirkungsmöglichkeiten enthalten wie z.B. Weisungsbefugnisse (also eine Fachaufsicht), Genehmigungsvorbehalte, Mitwirkung bei der Besetzung der Anstaltsorgane oder das Recht zur Entsendung von Vertretern in diese Organe.

Die Organisation der Anstalt und ihre Rechtsbeziehung zu ihrem Anstaltsträger sind **103** stets öffentlich-rechtlich. Hiervon zu unterscheiden ist das Verhältnis zum Benutzer: Ist die Anstalt im Bereich der Eingriffsverwaltung tätig, ist auch das Benutzerverhältnis zwingend öffentlich-rechtlich. Etwas anderes gilt für den Bereich der Leistungsverwaltung, also für die Darbietung von Leistungen. Hier kann die Anstalt auch privatrechtlich tätig werden. Zur Wahlfreiheit siehe sogleich.

> **Beispiel:** Die öffentlichen Sparkassen sind zwar rechtsfähige Anstalten des öffentlichen Rechts, sie wickeln ihre Bankgeschäfte aber – wie die Privatbanken – privatrechtlich ab.

2. Nichtrechtsfähige Anstalten

Nichtrechtsfähige Anstalten bilden allenfalls organisatorisch, *nicht* jedoch rechtlich **104** selbstständige Einheiten[117] (sog. kommunale **Eigenbetriebe** bzw. **Regiebetriebe**, siehe sogleich). Sie sind dem Bereich der <u>un</u>mittelbaren Staatsverwaltung zuzuordnen.

> **Beispiele:** kommunale Schulen, Museen, Krankenhäuser, Schwimmbäder, staatliche Wasserschleusen, Stadthallen, kommunale Versorgungsbetriebe (soweit diese nicht privatisiert sind[118]), Bundesanstalt für Materialprüfung, Justizvollzugsanstalt eines Bundeslandes, Durchführung von Bildungsveranstaltungen durch die VHS etc.

Rechtlich bleibt der dahinter stehende Gründer (Bund, Land oder Gemeinde) Träger **105** von Rechten und Pflichten, die aus den Geschäften der Eigen- bzw. Regiebetriebe folgen. Abzugrenzen ist der Eigenbetrieb von dem Regiebetrieb, der darüber hinaus auch organisatorisch unselbstständig ist und von den Bediensteten mit hoheitlichem Funktionsbereich mitverwaltet wird. Es handelt sich dann um einen Bruttobetrieb, weil sämtliche Einnahmen und Ausgaben im Haushalt des Trägers erscheinen.

> **Beispiel:** Verkauf von Bestattungsartikeln durch das Friedhofsamt

Sowohl bei den Eigenbetrieben als auch bei den Regiebetrieben bezieht sich der **106** Begriff der Behörde grundsätzlich auf die übergeordnete Verwaltungseinheit, den Träger der Anstalt. Wenn also gegen eine Maßnahme des Eigen- oder Regiebetriebs geklagt wird, ist **Klagegegner** i.S.d. § 78 VwGO grundsätzlich der *Träger* der nichtrechtsfähigen Anstalt.

Eine Ausnahme soll aber dort gelten, wo die nichtrechtsfähigen Anstalten mit einer gewissen **107** Selbstständigkeit ausgestattet sind.[119] In derartigen Fällen kann der Behördencharakter durchaus bejaht werden. Wenn aber der Eigenbetrieb in einer kaufmännischen Unterneh-

---

[117] *Stober*, KommunalR, § 16 II 2.
[118] So werden die Stadthalle oder die Versorgungsbetriebe nicht selten als GmbH oder als AG betrieben, wobei die Anteilsmehrheit bei der öffentlichen Hand verbleibt. Zur Zugangsberechtigung und zum diesbezüglichen Rechtsschutz vgl. Rn 1022 ff.
[119] *Rudolf*, in: Erichsen/Ehlers, AllgVerwR, § 53 Rn 41.

mensform betrieben wird, ist der Behördencharakter jedenfalls zu verneinen. Im Übrigen sind diese (selbstständigen und unselbstständigen) öffentlich-rechtlichen Organisationsformen nicht mit den privatrechtlichen Organisationsformen (AG, GmbH) zu verwechseln, die keine Anstalten darstellen und derer sich der Träger öffentlicher Gewalt zur Erfüllung von Verwaltungsaufgaben bedient (Verwaltungsprivatrecht). Vgl. dazu Rn 1008 ff.

III. Stiftungen des öffentlichen Rechts

108 **Stiftungen des öffentlichen Rechts** sind organisatorisch verselbstständigte, rechtsfähige Institutionen mit dem Zweck der Verwaltung eines Bestands an öffentlichem Vermögen.

109 Wesen der Stiftung des öffentlichen Rechts ist, dass der Stifter Vermögenswerte (i.d.R. Kapital; aber auch Sachwerte wie Immobilien, Kunstwerke, Medienbestände, Liegenschaften usw. sind nicht ausgeschlossen) zweckgebunden zur Erfüllung bestimmter öffentlicher Aufgaben übertragen hat. Die Errichtung erfolgt durch Hoheitsakt (Gesetz oder aufgrund eines Gesetzes) oder durch Rechtsgeschäft, das der staatlichen Genehmigung bedarf. Die Nutznießer der Stiftung werden als Destinatäre bezeichnet. Im Unterschied zur Körperschaft existieren keine Mitglieder und im Unterschied zur Anstalt keine Benutzer.

> **Beispiele:** Stiftung Preußischer Kulturbesitz; Bundesstiftung Umwelt; Stiftung Denkmal für die ermordeten Juden Europas; Stiftung Hilfswerk für behinderte Kinder; Bundeskanzler Willy-Brandt-Stiftung; Stiftung zur Akkreditierung von Studiengängen in Deutschland; Fachhochschule Osnabrück

Da die Sachwerte, die den Stiftungen übertragen wurden, i.d.R. keine Erträge wie Zinsen, Mieten oder Pachten erbringen, bleiben die Stiftungen dauerhaft auf staatliche Zuwendungen angewiesen. Da der Haushalt jährlich vom Parlament beschlossen werden muss, besteht für viele öffentlich-rechtliche Stiftungen daher keine Existenzsicherheit. Öffentlich-rechtliche Stiftungen können zudem jederzeit durch Gesetz oder aufgrund eines Gesetzes wieder aufgehoben werden.

IV. Beliehene

110 Der Behördenbegriff i.S.d. mittelbaren Staatsverwaltung umfasst weiterhin die **Beliehenen**, soweit sie in Ausübung der ihnen übertragenen *hoheitlichen Kompetenzen* tätig werden.

111 **Beliehene** sind natürliche oder juristische Personen des Privatrechts, denen der Staat durch Gesetz oder aufgrund eines Gesetzes die Kompetenz zur selbstständigen Wahrnehmung einzelner hoheitlicher Aufgaben übertragen hat.[120]

> **Beispiele:** Notare hinsichtlich öffentlicher Beurkundungen und Beglaubigungen (§ 1 BNotO); Seeschiffs- und Flugkapitäne (vgl. §§ 79 I, 50 III, 121 II SeeArbG, § 12 LuftSiG); Luftsicherheitsassistenten (§ 5 V LuftSiG); Jagdaufseher (§ 25 II BJagdG); Deutsche FlugsicherungsGmbH (DFS)[121]; Bezirksschornsteinfegermeister hinsichtlich der technischen Brandsicherheit; Sachverständige (z.B. des TÜV, der DEKRA oder der KÜS) für die Untersuchungen bzw. Abnahmen nach §§ 19, 21 ff., 29 StVZO (vgl. § 6

---

[120] Vgl. BVerfG NJW 2012, 1563, 1564 ff.; BVerwG DVBl 1970, 735; NVwZ-RR 1991, 330; NVwZ 2011, 368, 369 f.; BremStGH NVwZ 2003, 81, 82 f.; BGHZ 161, 6, 11 ff.; *Waldhoff*, JuS 2011, 191 f.; *Muckel*, JA 2011, 559 und JA 2012, 396, 397.

[121] Die DFS ist vom Bundesministerium für Verkehr, Bau und Stadtentwicklung durch Rechtsverordnung mit der Wahrnehmung hoheitlicher Aufgaben zur Flugsicherung beliehen. Diese Aufgaben, die einen Sonderpolizeicharakter haben, sind in § 27c LuftVG aufgezählt.

StVG i.V.m. Anlage VIIIb zur StVZO), aber auch andere beliehene Sachverständige[122]; privatrechtlich organisierte Einrichtungen des Rettungsdienstes (etwa Malteser-Hilfsdienst, vgl. BGH NJW 1998, 2109); Private (etwa „Stadtwerke-GmbH"), die aufgrund der Regelungen der Kommunalabgabengesetze (KAG) der Länder beauftragt sind, Abgaben für die Abwasserbeseitigung zu berechnen und Gebührenbescheide zu erlassen[123]; Agenturen zur Akkreditierung von Studiengängen in Deutschland[124]

Grund der Beleihung ist, dass sich der Staat die besondere Fachkunde bestimmter Personen zunutze macht und gleichzeitig den Verwaltungsapparat (kostenmäßig) entlastet.[125] Während die Hinzuziehung von Sachverstand grundsätzlich begrüßenswert ist, darf – wie noch zu sehen sein wird – indes bezweifelt werden, ob eine fiskalisch motivierte Entlastung des Verwaltungsapparats mit Blick auf das Demokratieprinzip (Art. 20 I, II GG) und den Funktionsvorbehalt zugunsten von Beamten (Art. 33 IV GG) in allen Bereichen legitim ist.

112

Durch die o.g. Definition wird jedenfalls deutlich, dass die Beliehenen auch bei der Ausübung von hoheitlichen Kompetenzen statusrechtlich Privatrechtssubjekte bleiben. Nur funktionell sind sie – im Rahmen der Ausübung der ihnen übertragenen Aufgaben – als Behörde i.S.d. mittelbaren Staatsverwaltung („verselbstständigte Verwaltungseinheiten") tätig und können als Behörde i.S.d. § 1 IV VwVfG im Rahmen ihres Kompetenzbereichs **Verwaltungsakte** erlassen und sonstige **belastende Maßnahmen** treffen. Und genau hieran knüpfen Bedenken an der Zulässigkeit der Beleihung an. Denn das Demokratieprinzip (Art. 20 I, II GG) fordert, dass staatliches Handeln mit Entscheidungscharakter der **demokratischen Legitimation** bedarf. Dabei ist zwischen personeller und sachlich-inhaltlicher Legitimation zu unterscheiden: In personeller Hinsicht ist eine hoheitliche Entscheidung legitimiert, wenn sich die Bestellung desjenigen, der sie trifft, durch eine **ununterbrochene Legitimationskette** auf das Staatsvolk zurückführen lässt: Unmittelbar demokratisch legitimiert ist das Parlament aufgrund von Wahlen (vgl. Art. 38 GG). Der Kanzler als Exekutivspitze ist mittelbar demokratisch legitimiert, indem er vom Bundestag gewählt wird (Art. 63 GG) und diesem gegenüber verantwortlich ist. Die einzelnen Minister sind demokratisch legitimiert, weil sie vom Bundespräsidenten auf Vorschlag des Kanzlers ernannt und entlassen werden (Art. 64 I GG). Schließlich sind die nachgeordneten Behörden demokratisch legitimiert, weil sie gegenüber der Regierung/dem Minister weisungsgebunden sind.[126] Daraus ergibt sich die personelle demokratische Legitimation der behördlichen Entscheidungen gegenüber dem Bürger. Die sachlich-inhaltliche Legitimation wird durch Gesetzesbindung (Art. 20 III GG) und Bindung an Aufträge und Weisungen der Regierung vermittelt.[127] Personelle und sachlich-inhaltliche Legitimation stehen in einem wechselbezüglichen Verhältnis derart, dass eine verminderte Legitimation über den einen Strang durch verstärkte Legitimation über den anderen ausgeglichen werden kann, sofern insgesamt ein bestimmtes Legitimationsniveau

113

---

[122] Dagegen ist strittig, ob Prüfingenieure für Baustatik Beliehene sind: ablehnend *Peine*, AllgVerwR, § 17 Rn 403; bejahend BVerwGE 57, 55, 58 und *Maurer*, AllgVerwR, § 23 Rn 56.

[123] Vgl. etwa § 2 III S. 1 KAG BaWü, wonach die Kommunen ermächtigt sind, Satzungen zu erlassen, in denen sie Dritte (etwa eine „Stadtwerke-GmbH") beauftragen können, die genannten Aufgaben durchzuführen. Diese „Dritten" sind dann Beliehene. Vgl. dazu VGH Mannheim DVBl 2010, 196, 197.

[124] Das deutsche Akkreditierungssystem ist dadurch gekennzeichnet, dass die Akkreditierung von Studiengängen durch Akkreditierungsagenturen erfolgt, die ihrerseits wiederum von der Stiftung zur Akkreditierung von Studiengängen in Deutschland (Rn 109) akkreditiert worden sind. Mithin sind die Agenturen beliehen worden. Das VG Arnsberg ist davon überzeugt, dass die gesetzliche Grundlage zur Beleihung zu unbestimmt und daher rechtswidrig sei (Beschl. v. 16.4.2010 – 12 K 2689/08). Es hat das Verfahren daher ausgesetzt und wegen Verletzung des Art. 5 III GG gem. Art. 100 I GG dem BVerfG vorgelegt.

[125] Gerade mit Blick auf die hohen Pensionslasten der öffentlichen Haushalte hat sich der Privatisierungsdruck in den letzten Jahren spürbar erhöht. Daher dürfte die folgende Diskussion in der Zukunft eher an Brisanz gewinnen.

[126] Vgl. BVerfGE 83, 60, 72; BVerfG NJW 2012, 1563, 1564 ff.

[127] BVerfGE 93, 37, 67 f.; 107, 59, 87 f.; BVerfG NJW 2012, 1563, 1564 ff.

erreicht wird.[128] Bei einer Beleihung sind also Abstriche in der personellen Legitimation möglich, solange dies nur durch eine verstärkte sachlich-inhaltliche Legitimation ausgeglichen wird. Ein Mindestmaß an Legitimationsniveau muss aber gewahrt werden. Es muss umso höher sein, je intensiver die in Betracht kommenden Entscheidungen der Beliehenen die Grundrechte berühren.[129] Auf keinen Fall darf die Übertragung hoheitlicher Befugnisse auf Private zu einer Flucht aus der staatlichen Verantwortung für die Wahrnehmung hoheitlicher Aufgaben führen.

114 Um daher die demokratische Legitimation einer Beleihung zu wahren, bedarf sie zunächst einer **parlamentarischen Rechtsgrundlage**.[130] In dem Gesetz müssen Art und Umfang der übertragenen Befugnisse geregelt sein.[131] Da Beliehene Verwaltungsträger i.w.S. sind und belastende Maßnahmen treffen dürfen, sind sie auch bei der Ausübung ihrer hoheitlichen Tätigkeit an die **Grundrechte** gebunden; Art. 1 III GG legt mit der Bezugnahme auf das Dreigewaltenprinzip eine lückenlose Grundrechtsbindung aller Staatsgewalten fest. Dieses Verfassungsgebot würde unterlaufen, wenn sich der Staat durch das Institut der Beleihung grundrechtsfreie Räume schaffen könnte.[132] Verletzt ein Beliehener in Ausübung seiner hoheitlichen Tätigkeit Grundrechte, ist die betreffende Maßnahme rechtswidrig. Zur Kontrolle der Einhaltung der eingeräumten Rechte und Pflichten[133] besteht zudem die Pflicht zur umfassenden **Rechts-** und ggf. auch **Fachaufsicht** seitens der Aufsichtsbehörden.[134]

115 Daran gemessen ist die Beleihung in Bereichen der Leistungsverwaltung (Daseinsvorsorge; Fürsorgeverwaltung) relativ unproblematisch (vgl. dazu Rn 118 ff.). Virulent wird die Frage nach der Zulässigkeit der Beleihung aber dann, wenn es um die Übertragung von Hoheitsrechten auf dem Gebiet der Eingriffsverwaltung (insbesondere Polizeirecht, Strafvollzugsrecht, Maßregelvollzugsrecht) geht. Hinsichtlich des hessischen Maßregelvollzugsgesetzes (§§ 2, 5 III HessMVollzG), auf dessen Grundlage eine Maßregelvollzugsklinik formell privatisiert (Umwandlung in eine gemeinnützige GmbH, an der der Staat aber sämtliche Geschäftsanteile hält) und ihr durch Beleihungsvertrag die Befugnis zur Ausübung hoheitlicher Maßnahmen nach dem Maßregelvollzugsgesetz übertragen wurde, hat das BVerfG die Vereinbarkeit der gesetzlichen Beleihungsmöglichkeit mit dem Demokratieprinzip angenommen. So fordere das Gesetz, dass sich die Geschäftsanteile vollständig im Eigentum des Staates (hier: Wohlfahrtsverbände) befinden. Zudem regele das Gesetz die Voraussetzungen der Übertragung von Hoheitsrechten, indem es vorschreibe, dass der Beleihungsvertrag insbesondere gewährleisten müsse, dass in der Einrichtung jederzeit die zur ordnungsgemäßen Durchführung des Maßregelvollzugs erforderlichen personellen, sachlichen, baulichen und organisatorischen Voraussetzungen gegeben seien. In sachlich-inhaltlicher Sicht sei die Arbeit des privaten Trägers durch dessen Gesetzesbindung sowie umfassende Weisungsbefugnisse des Landeswohlfahrtsverbandes und des hessischen Sozialministeriums gewährleistet. Insgesamt bestehe danach ein hinreichendes Legitimationsniveau.[135]

116 Stellungnahme: Zumindest das Argument der Gesetzesbindung überzeugt nicht. Denn auch in der Privatwirtschaft sind die Parteien an die vertraglichen Vereinbarungen gebunden, was Vertragsbruch jedoch nie ausschließt. Das Argument des BVerfG, die Beliehenen seien an Recht und Gesetz gebunden, was eine ordnungsgemäße Aufgabenerfüllung gewährleiste, ist daher sehr optimistisch. Dennoch kann die Beleihung gerechtfertigt sein, wenn

---

[128] BVerfGE 83, 60, 72; 93, 37, 66 f.; 107, 59, 87 f.; BVerfG NJW 2012, 1563, 1564 ff.
[129] BVerfGE 93, 37, 73; BVerfG NJW 2012, 1563, 1564 ff.
[130] So ausdrücklich BVerwG NVwZ 2011, 368, 370. Vgl. ferner *Kiefer*, NVwZ 2011, 1300 f.
[131] Vgl. BVerfG NJW 2012, 1563, 1564 ff.; BVerwG NVwZ 2011, 368, 370; BGH DVBl 1999, 918, 919; *Burgi*, FS Maurer, 2001, S. 588 f.; *Barthel/Lepczyk*, JA 2008, 436, 437; *Waldhoff*, JuS 2011, 191 f.; *Muckel*, JA 2012, 396, 397 f.
[132] *Schnapp/Kaltenborn*, JuS 2000, 937, 938.
[133] Zur Frage, ob Beliehenen ein **Streikrecht** zusteht, vgl. *Stober*, NVwZ 2013, 539 ff.
[134] Vgl. dazu ausführlich BremStGH NVwZ 2003, 81, 82 f. und nun auch *Wolff*, JA 2006, 749, 750.
[135] BVerfG NJW 2012, 1563, 1564 ff.; vgl. auch *Muckel*, JA 2012, 396, 398.

eine umfassende staatliche Aufsicht besteht, die die ordnungsgemäße Aufgabenerfüllung überwacht und damit garantiert.

Mag damit die Möglichkeit der Beleihung im Maßregelvollzug mit dem Demokratieprinzip vereinbar sein, wird man jedenfalls hoheitliche Aufgaben mit (noch) erheblicherer Grundrechtsrelevanz (insb. Polizeiaufgaben mit Eingriffscharakter) nicht auf Private delegieren dürfen. Denn hier sind Grundrechtseingriffe mitunter von so großer Intensität, dass das erforderliche Legitimationsniveau nicht durch den Einsatz von Beliehenen erreicht werden kann. Das gilt nach der hier vertretenen Auffassung auch für Kernaufgaben des Strafvollzugs. Randbereiche (Hausmanagement, Catering, Reinigung, soziale und pädagogische Beratungsdienste; Maßnahmen zur schulischen und beruflichen Bildung von Inhaftierten etc.) unterliegen der Möglichkeit der Beleihung bzw. sind ganz privatisierungsfähig.

117

Bedenken an der Zulässigkeit einer Beleihung bestehen auch mit Blick auf den sog. **Funktionsvorbehalt aus Art. 33 IV GG** jedenfalls dann, wenn sich der Staat ungezügelt Privatpersonen bedient, um durch sie die ihm obliegenden hoheitlichen Aufgaben zu erfüllen. Zwar spricht Art. 33 IV GG von „in der Regel", lässt also durchaus Ausnahmen zu, allerdings ist stets darauf zu achten, dass die Ausnahme nicht zur Regel wird. Abweichungen vom Grundsatz des Funktionsvorbehalts bedürfen demgemäß (qualitativ) der Rechtfertigung durch einen besonderen sachlichen Grund; zudem sichert Art. 33 IV GG (qualitativ und quantitativ) dem Berufsbeamtentum einen Mindesteinsatzbereich institutionell zu.[136]

117a

So sind Ausnahmen vom Funktionsvorbehalt selbst innerhalb des Kernbereichs hoheitlicher Tätigkeit zulässig, aber umso eher, wenn Aufgaben nicht schwerpunktmäßig hoheitlich ausgeübt werden müssen, etwa bei Lehrern[137], Professoren oder in den genannten Randbereichen (Rn 117). Hilfreich bei der Frage nach der Vereinbarkeit einer Beleihung mit Art. 33 IV GG ist auch, wenn das Gesetz, das die Beleihung zulässt, Vorkehrungen trifft, dass die Aufgaben auch von Nichtbeamten ordnungsgemäß ausgeübt werden. So hat das BVerfG hinsichtlich des hessischen Maßregelvollzugsgesetzes (vgl. dazu bereits Rn 115 ff.) entschieden, dass die gesetzlich zugelassene Beleihung nicht nur mit dem Demokratieprinzip, sondern auch mit dem Funktionsvorbehalt vereinbar sei, weil ein Rückgriff auf Beamte im hessischen Maßregelvollzug schon lange vor dem Privatisierungsprozess nicht mehr üblich gewesen sei und die erfolgte Privatisierung zudem eine rein formelle sei, die gem. § 2 S. 3 HessMVollzG gewährleiste, dass die der Rechtsform nach privaten Träger der Maßregelvollzugskliniken unmittelbar oder mittelbar vollständig in der Hand eines öffentlichen Trägers blieben (§ 2 S. 3 HessMVollzG). Zudem werde der Beleihungsvertrag (BV) den weiteren Anforderungen des HessMVollzG gerecht. Er stelle sicher, dass in den Maßregelvollzugseinrichtungen jederzeit die zur ordnungsgemäßen Durchführung des Maßregelvollzugs erforderlichen personellen, sachlichen, baulichen und organisatorischen Voraussetzungen gegeben seien. Ein rechts- und insbesondere grundrechtskonformer Vollzug sei daher mit den privatisierten Trägern der Maßregelvollzugseinrichtungen in gleicher Weise gewährleistet, wie das bei einem Betrieb der Einrichtung in unmittelbar öffentlicher Regie der Fall wäre.[138]

117b

Stellungnahme: Letztlich findet sich hier dieselbe Argumentation, die das BVerfG auch bei der Frage nach der Vereinbarkeit mit dem Demokratieprinzip anführt. Nach der hier vertretenen Auffassung wäre eine stärkere Einbeziehung des Zwecks des Funktionsvorbehalts notwendig gewesen, nämlich ein Abstellen darauf, ob eine qualifizierte Wahrnehmung hoheitlicher Aufgaben durch die in einem besonderen Amts- und Pflichtenverhältnis stehenden Beamten im Kernbereich der Staatlichkeit zum Schutz der Bürger gewährleistet ist. Wegen der Grundrechtsrelevanz der von den Beschäftigten der Maßregelvollzugsanstalt

117c

---

[136] Vgl. BVerfG NJW 2012, 1563, 1564 ff.
[137] BVerfGE 119, 247, 267; BVerfG NJW 2012, 1563, 1564 ff.
[138] BVerfG NJW 2012, 1563, 1564 ff.; vgl. auch *Muckel*, JA 2012, 396, 398.

ausgeübten hoheitsrechtlichen Befugnisse kann man daher durchaus auch anderer Meinung sein.

Aktuell wird auch diskutiert, das **Gerichtsvollzieherwesen** zu privatisieren. Um Kosten zu sparen, sollen mit Hilfe der Beleihung Zwangsvollstreckungsaufgaben auf Privatpersonen übertragen werden. Das ist verfassungsrechtlich nicht minder bedenklich, handelt es sich doch (wie Polizeiaufgaben und Aufgaben im Strafvollzug) um eine besonders grundrechtssensible Materie, die der unmittelbaren Staatsverwaltung vorbehalten bleiben sollte.

117d Ist unter den genannten Voraussetzungen also eine Beleihung möglich, stellt sich die weiterführende Frage, ob denn auch staatliche Überwachungsaufgaben durch Beleihung auf Private übertragen werden dürfen.

> **Beispiel**[139]: Die Abfallentsorgung ist weitestgehend privatisiert, d.h. privatrechtlichen Unternehmern überlassen. Da die Abfallentsorgung andererseits eine klassische Aufgabe der (kommunalen) Daseinsvorsorge darstellt und im Übrigen den besonderen Vorschriften des Kreislaufwirtschafts- und Abfallrechts unterfällt, unterliegt sie – wenn man sie schon privatisiert – wenigstens der staatlichen Aufsicht, damit die Einhaltung dieser besonderen Vorschriften des Abfallrechts (insbesondere der Vorschriften über die Behandlung von Sonderabfällen) überprüft und damit gewährleistet ist. Fraglich kann allein sein, ob der Staat Privatpersonen beleihen darf, damit diese die Staatsaufsicht über die privaten Abfallentsorgungsunternehmen durchführen. Dagegen spricht, dass es sich bei den Vorschriften des Abfallrechts um besonderes Gefahrenabwehrrecht handelt und es daher zu weit ginge, auch noch die Kontrolle der Einhaltung dieser Materie auf Private zu übertragen. Es könnte insoweit ein Verstoß gegen den Funktionsvorbehalt für Beamte (Art. 33 IV GG) bestehen, der die Ausübung der Staatsaufsicht grundsätzlich durch Beamte fordert. Diese Auffassung teilt das BVerwG jedoch nicht. Zwar stellt das Gericht klar, dass die Übertragung von hoheitlichen Aufgaben auf Private im Wege der Beleihung die Ausnahme bleiben müsse, jedoch sei die Übertragung hoheitlicher Aufgaben auf Private durch Gesetz oder aufgrund eines Gesetzes möglich. Es sei Sache des Gesetzgebers zu bestimmen, ob hoheitliche Aufgaben von Nichtbeamten wahrgenommen werden dürften. Er habe lediglich das verfassungsrechtlich gebotene Regel-Ausnahme-Verhältnis als eine Art „Wesensgehaltsgarantie" für den Aufgabenbereich der Beamten zu beachten. Die funktionale Privatisierung von Hoheitsaufgaben müsse deshalb (lediglich) durch sachliche Gründe gerechtfertigt sein, die das Regel-Ausnahme-Verhältnis nicht in Frage stellten. Ob eine gesetzlich normierte Übertragung von Hoheitsaufgaben auf Private diesem Erfordernis genüge, sei entsprechend dem Zweck des Art. 33 IV GG im Wege der verhältnismäßigen Zuordnung des die Privatisierung rechtfertigenden Sachgrunds und der Intensität der damit verbundenen Beeinträchtigung des verfassungsrechtlich vorgegebenen Strukturprinzips zu beurteilen.
>
> Die Übertragung der Staatsaufsicht auf Private im Wege der Beleihung auf dem Gebiet des Kreislaufwirtschaftsrechts erfasse einen eng begrenzten Ausschnitt aus den Vollzugsaufgaben nach dem Kreislaufwirtschaftsgesetz. Die Aufgaben beträfen im Wesentlichen die Kontrolle der in der Nachweisverordnung vorgeschriebenen Führung von Entsorgungsnachweisen und seien damit im Vergleich zu sonstigen hoheitlichen Tätigkeiten von eher untergeordneter Bedeutung. Die ordnungsgemäße Überwachung der Nachweisführung begründe keinen verstärkten Eingriff in grundrechtlich geschützte Positionen der mit der Abfallentsorgung beauftragten Unternehmer, da das Handeln des Beliehenen durch die Nachweisverordnung strikt gebunden sei. Unter diesem Blickwinkel mache es deshalb keinen erheblichen Unterschied, ob die Kontrollaufgaben durch staatliche Behörden oder in der Form materiell-öffentlicher Verwaltung durch Private erfüllt würden. Angesichts dessen könne keine Rede davon sein, dass die

---

[139] Vgl. BVerwG NVwZ 2006, 829 f.

funktionale Privatisierung dieser Aufgaben dem verfassungsrechtlich bestimmten Regel-Ausnahme-Verhältnis widerspreche.[140]

Stellungnahme: Wenn das BVerwG ausführt, die Übertragung staatlicher Überwachungsmaßnahmen auf eine Privatperson im Wege der Beleihung sei gerechtfertigt, weil die beliehene Privatperson an die Nachweisverordnung (und damit an Recht und Gesetz) gebunden sei, überzeugt dies nicht. Denn dadurch, dass auch die mit der Abfallentsorgung beauftragte Privatperson an die Vorschriften des Kreislaufwirtschafts-gesetzes gebunden ist, könnte man mit derselben Argumentation die staatliche Aufsicht ganz abschaffen. Richtigerweise ist zu fordern: Wenn schon der Staat Aufgaben der Daseinsvorsorge privatisiert, muss er wenigstens die Aufsicht über die privatisierten Aufgaben durch seine Beamten durchführen und darf nicht auch noch die Staatsaufsicht auf Private übertragen.

Hinweis für die Fallbearbeitung: Verwaltungsgerichtliche Rechtsbehelfe (hier: **Klagen**) sind **gegen den Beliehenen** selbst zu richten.

Beispiel: Bei Versagung der **Prüfplakette** nach § 29 StVZO durch den Sachverständigen kommt es darauf an, ob *er* oder die *Organisation* (TÜV, DEKRA, KÜS etc.), der er angehört, beliehen ist. Richtiger Klagegegner ist stets der Beliehene.[141]

Problematisch ist allerdings, wer **Widerspruchsbehörde** ist. Vertretbar ist es, die Aufsichtsbehörde als Widerspruchsbehörde anzunehmen, sofern sie nicht oberste Bundes- oder Landesbehörde ist (§ 73 I Nr. 1 und 2 VwGO). Es könnte jedoch auch § 73 I Nr. 3 VwGO (analog) herangezogen werden. Dann wäre der Beliehene selbst Widerspruchsbehörde. Beide Möglichkeiten sind gleichermaßen vertretbar. Wird die Aufsichtsbehörde als Widerspruchsbehörde angesehen, ist zu beachten, dass diese den Widerspruch nur so weit prüfen darf, wie ihr Aufsichtsrecht reicht. Da sie i.d.R. nur Rechtsaufsicht hat, kann sie den Verwaltungsakt nur auf seine Rechtmäßigkeit, nicht auf seine Zweckmäßigkeit hin überprüfen.

Amtshaftungsansprüche (§ 839 BGB i.V.m. Art. 34 GG) sind dagegen stets an die „beleihende Körperschaft" zu richten, also an denjenigen Verwaltungsträger, der die Befugnisse auf den Beliehenen übertragen hat.[142] Es wäre mit dem Rechtsstaats- und Demokratieprinzip nicht vereinbar, wenn der geschädigte Bürger auf die Zahlungsfähigkeit des Beliehenen angewiesen wäre.

Beispiel: So haften bei Handlungen eines TÜV-Sachverständigen nicht etwa dieser oder gar der TÜV, der ihn angestellt hat, sondern das Land als diejenige öffentlich-rechtliche Körperschaft, die den TÜV und seine Sachverständigen mit der Ausübung hoheitlicher Befugnisse beliehen hat.[143]

117e

Keine Beliehenen sind die (in diesem Sinne nicht rechtsfähigen) **Verwaltungshelfer** und **Erfüllungsgehilfen**, die – anders als die Beliehenen – nicht über die Berechtigung zu einer selbstständigen Ausübung von Hoheitsrechten verfügen, sondern den Hoheitsträger bei dessen hoheitlicher Tätigkeit lediglich unterstützen und ohne eigene Entscheidungsmacht nur als „verlängerter Arm" der Verwaltungsbehörden tätig sind (sog. Werkzeugtheorie).[144] Daher bedarf es für den Einsatz von Verwaltungshelfern und Erfüllungsgehilfen auch keiner formell-gesetzlichen Grundlage. Als Verwaltungshelfer bzw. Erfüllungsgehilfen zählen z.B. private **Unternehmer**, die von der Verwaltung durch privatrechtlichen Vertrag zur Erfüllung öffentlicher Aufgaben herangezogen werden, etwa beim Straßenbau oder beim Abschleppen von verkehrs-

117f

---

[140] BVerwG NVwZ 2006, 829 f.
[141] Vgl. bereits die 1. Aufl. 1997; wie hier nun auch *Wolff*, JA 2006, 749, 750.
[142] BGHZ 122, 85, 87 ff.; OLG Saarbrücken NVwZ 2000, 1211, 1212 und nun auch *Wolff*, JA 2006, 749, 750.
[143] BGHZ 49, 108, 115; vgl. auch BGHZ 122, 85, 87 u. 93.
[144] Vgl. BVerwGE 32, 283; BGHZ 48, 98, 103; *Kopp/Ramsauer*, VwVfG, § 1 Rn 59. Vgl. dazu auch *Sellmann*, NVwZ 2008, 817 ff.

widrig abgestellten Fahrzeugen (siehe dazu *R. Schmidt*, POR, Rn 1025 ff.). **Keine Beliehenen** sind auch die bereits genannten **Einrichtungen der Daseinsvorsorge** („Stadthallen-GmbH" oder „Straßenbahn-AG"), die der Staat in Privatrechtsform betreibt (vgl. Rn 21, 24, 48). Diese sind der **mittelbaren Staatsverwaltung im weiteren Sinne** zuzurechnen, auch wenn sie in Privatrechtsform handeln. Selbstverständlich besteht die (theoretische) Möglichkeit, dass der Staat ihnen bestimmte Verwaltungsaufgaben im Wege der Beleihung überträgt (s.o., aber auch Rn 392a). Dann gehören sie in ihrer Eigenschaft als Beliehene der mittelbaren Staatsverwaltung im engeren Sinne an mit der Folge, dass ihnen die Formenwahlfreiheit verbleibt.

V. (Weitere) Probleme bei der Privatisierung

118   Wie soeben, aber auch bereits bei Rn 48 ff. beschrieben und noch bei Rn 1008 ff. näher ausgeführt wird, ist der Staat zunehmend dazu übergegangen, viele Bereiche der öffentlichen Verwaltung zu privatisieren. Quantitativ betroffen sind in erster Linie wichtige Gebiete der kommunalen Daseinsvorsorge.

Ausgangspunkt der Überlegung ist der Umstand, dass die Gemeinden nicht nur die ihnen durch Gesetz übertragenen Pflichtaufgaben (Aufgaben des übertragenen Wirkungskreises, siehe Rn 83 ff.) erledigen müssen, sondern auch Aufgaben erledigen können bzw. müssen, die ihnen kraft der verfassungsrechtlich verbürgten Selbstverwaltungsgarantie (Art. 28 II S. 1 GG) zugewiesen sind (Aufgaben des eigenen Wirkungskreises oder Selbstverwaltungsaufgaben). Zu diesen Aufgaben zählen alle Bedürfnisse und Interessen, die das Zusammenleben und -wohnen der Menschen in der (politischen) Gemeinde betreffen; mithin auch die Daseinsvorsorge. Zu dieser zählen etwa die Vergabe von Subventionen, das Zur-Verfügung-Stellen von öffentlichen Sachen (insbesondere die Bereitstellung von öffentlichen Einrichtungen), aber auch die **Versorgungs- und Entsorgungstätigkeit** des Staates oder der Gemeinden und der **öffentliche Personennahverkehr**.

> **Beispiele:**
> **(1)** Die Stadt oder die Gemeinde versorgt ihre Einwohner mit Wasser und Strom (Versorgungsenergien) über die von ihr beherrschten privatrechtlich organisierten Energieversorgungsunternehmen (AG oder GmbH). Diese schließen mit den Einwohnern privatrechtliche Energielieferungsverträge ab.
>
> **(2)** Die Stadt oder die Gemeinde nimmt den öffentlichen Personennahverkehr durch eine AG wahr, deren Aktien sich ausschließlich oder überwiegend (zumeist über 90%) in ihrer Hand befinden. Die AG schließt mit den Fahrgästen privatrechtliche Beförderungsverträge ab.

119   Die öffentliche Hand erledigt aus verschiedenen Gründen ihre Aufgaben der Daseinsvorsorge, aber auch ihre sonstigen Leistungsaufgaben, durch Einschaltung von privatrechtlich organisierten Betrieben, die von ihr errichtet oder übernommen worden sind:

- Zunächst möchte sie sich die größere Flexibilität des Privatrechts zunutze machen.
- Ein weiterer Vorteil liegt in der Befreiung der öffentlichen Hand von haushaltsrechtlichen und besoldungsrechtlichen Bindungen.
- Des Weiteren können weitere Gesellschafter und damit Kapitalgeber eingebunden werden.
- Schließlich ist die Möglichkeit der Haftungsbegrenzung ausgeprägter als bei öffentlich-rechtlichen Erscheinungsformen.

Freilich dürfen diese Vorteile nicht darüber hinwegtäuschen, dass die Privatisierung **120** auch problematisch sein kann, etwa wenn die öffentlichen Hand sich durch die privatrechtliche Rechtsformenwahl der **Grundrechtsbindung zu entledigen** versucht.

> **Beispiel:** Bürger B fährt täglich mit der Straßenbahn zu seinem Arbeitsplatz. In den Bahnen, die von der Straßenbahn AG, einer 99%igen Tochter der Gemeinde G, betrieben werden, sind Videokameras angebracht, die – aus Gründen der Gefahrenabwehr, aber auch um Straftaten aufzuklären – in und an den Bahnen installiert wurden. Durch sie werden nicht nur die Innenräume der Straßenbahnen videoüberwacht, sondern auch die Bereiche der Straßenbahnhaltestellen. Sämtliche Informationen werden zudem an das Lagezentrum übertragen und dort aufgezeichnet. B beschwert sich bei der Kommune darüber, dass er durch die „ständige Beobachtung" in seinem Grundrecht auf informationelle Selbstbestimmung (Art. 1 I i.V.m. 2 I GG) verletzt sei. Der Gemeindevorstand antwortet darauf lapidar, dass das, was in den Straßenbahnen geschehe, Sache der Straßenbahn AG, einer juristischen Person des Privatrechts, sei. Der Staat sei nicht gehalten, sich in die Rechtsverhältnisse der Privaten einzumischen.

Ansichten dieser Art sind in den Kommunen leider weit verbreitet. Sie verkennen **121** aber, dass die öffentliche Hand hoheitliche Aufgaben – wozu die Daseinsvorsorge nach wie vor gehört (vgl. Art. 28 II GG) – in Privatrechtsform erfüllt und sich dabei nicht ihrer grundgesetzlichen Verpflichtungen entledigen darf. Vielmehr muss sie wegen Art. 1 III und 20 III GG die **Grundrechte**, insbesondere den **Gleichheitssatz**, und die allgemeinen **Grundsätze rechtsstaatlichen Handelns** (Grundsatz der Verhältnismäßigkeit) beachten[145] (**„keine Flucht ins Privatrecht"**). Allein der Grundsatz vom **Vorbehalt des Gesetzes**, der letztlich im **Demokratieprinzip** wurzelt, verhindert, dass sich der Staat Zuständigkeiten begibt, die ihm Kraft Verfassungsrecht zugewiesen sind.[146] Jedoch kann der Hoheitsträger die Beachtung der verfassungsrechtlichen Vorgaben z.B. über den Aufsichtsrat, §§ 95 ff. AktG, oder über die Hauptversammlung, §§ 118 ff. AktG, durchsetzen. Wegen des Anwendungsvorrangs des EU-Rechts kann er sich darüber hinaus auch nicht durch die Wahl der Privatrechtsform den unionsrechtlichen Bindungen entziehen.[147]

> Im obigen **Beispiel** ist zwar die Straßenbahn AG nicht grundrechtsverpflichtet, da sie eine juristische Person des Privatrechts darstellt, allerdings darf sich die Gemeinde nicht ihrer öffentlichen Aufgabe der Daseinsvorsorge entledigen. Wählt sie bei der Wahrnehmung öffentlicher Aufgaben eine Rechtsform des Privatrechts, hat sie über die Schaffung entsprechender Einwirkungsmöglichkeiten dafür Sorge zu tragen, dass der Bürger denselben Grundrechtsschutz erhält, den er erhalten würde, wenn es sich bei dem Betrieb um eine öffentlich-rechtliche Organisationsform handelte. Solche Einwirkungsmöglichkeiten bestehen durch entsprechende Mehrheiten bei den Gesellschaftsanteilen (z.B. Einflussnahme über den Aufsichtsrat, §§ 95 ff. AktG, oder über die Hauptversammlung, §§ 118 ff. AktG). In der Regel räumt sich die Kommune auch im Gesellschaftsvertrag (= Satzung) Entscheidungskompetenzen ein, die sie dazu nutzen muss, den erforderlichen Grundrechtsstandard zu gewährleisten.

> Auch im vorliegenden Fall muss die Gemeinde die Anforderungen an die Rechtmäßigkeit einer öffentlichen Videoüberwachung beachten. Die Maßnahme bedarf also einer verfassungsrechtlichen Rechtfertigung. Zwar wird man keine gesetzliche Rechtsgrundlage fordern müssen, weil die Gemeinde weder selbst noch gezielt vorgeht (a.A. vertretbar)[148], allerdings bedarf die Videoüberwachung eines sachlichen Grundes. Außer-

---

[145] BGH NJW 1992, 171, 173; *Peine*, AllgVerwR, § 11 Rn 315.
[146] Vgl. dazu auch *Sellmann*, NVwZ 2008, 817 ff. und nunmehr auch *Kaiser*, JA 2010, 893, 898.
[147] EuGH NJW 1991, 3086 ff.
[148] Forderte man eine Rechtsgrundlage, käme i.d.R. jedoch nicht die polizei- und ordnungsrechtliche Befugnisnorm über die Videoüberwachung in Betracht, weil diese nur von den Polizei- und Ordnungsbehörden angewendet werden darf (vgl. dazu im Einzelnen die Ausführungen zum Gefahrenabwehrrecht bei *R. Schmidt*, POR, Rn 144 ff.). Für die

dem muss die Gemeinde auf den Straßenbahnbetreiber derart einwirken, dass dieser den Grundsatz der Verhältnismäßigkeit beachtet. Zur Konkretisierung dieser Zulässigkeitsvoraussetzungen dient § 6b I Nr. 3 BDSG, wonach die Videoüberwachung zur Wahrnehmung berechtigter Interessen für konkret festgelegte Zwecke zulässig ist, wenn sie erforderlich ist und keine Anhaltspunkte bestehen, dass schutzwürdige Interessen der Betroffenen überwiegen. Das mag im vorliegenden Fall bezweifelt werden. Zwar wird man hinsichtlich der Videoüberwachung innerhalb der Straßenbahn zur Rechtmäßigkeit gelangen müssen, soweit der Zweck der Maßnahme in der Verhinderung und Aufklärung von Sachbeschädigungen liegt, allerdings ist hinsichtlich der Videoüberwachung der Bahnsteige nicht erkennbar, dass die Straßenbahn-AG die Bahnsteige videoüberwachen muss, etwa um Sachbeschädigungen an Bahnanlagen zu verhindern.

Ergebnis: Zwar ist die Videoüberwachung innerhalb der Straßenbahn rechtmäßig, nicht aber diejenige der Bahnsteige. Insoweit hat B gegenüber der Gemeinde einen Einwirkungsanspruch. Diese ist verpflichtet, auf den Vorstand der Straßenbahn-AG derart einzuwirken, dass dieser die Videoüberwachung der Bahnsteige einstellt.

122 Von der geschilderten **formellen** Privatisierung, bei der die wahrgenommene Aufgabe also auch weiterhin in der Verantwortlichkeit des Staates verbleibt und lediglich in Privatrechtsform wahrgenommen wird, wobei das Eigentum an der privatrechtlichen Organisationsform weiterhin beim Staat besteht, ist die **materielle** Privatisierung („Aufgabenprivatisierung") zu unterscheiden. Diese ist dadurch gekennzeichnet, dass sich der Staat nicht bei der Wahrnehmung öffentlicher Aufgaben privatrechtlicher Organisationsformen bedient, sondern dass eine echte Aufgabenverlagerung stattfindet. Der Staat zieht sich ganz zurück und überlässt die Erledigung bestimmter, bisher von ihm wahrgenommener Aufgaben der Marktwirtschaft und damit dem Wettbewerb.[149] Kommunalrechtlich ist der materiellen Privatisierung durch Art. 28 II S. 1 GG Grenzen gesetzt. Denn die institutionelle Garantie zur eigenverantwortlichen Durchführung aller Aufgaben der örtlichen Gemeinschaft und der damit verbunden Geschäfte verpflichtet die Gemeinde gleichsam als Kehrseite auch zur Aufrechterhaltung und Sicherung des eigenen Aufgabenbereichs. Das führt nach Auffassung des BVerwG etwa dazu, dass eine Gemeinde nicht frei darüber entscheiden darf, sich einer einmal übernommenen Aufgabe, auch außerhalb der Daseinsvorsorge, wieder entledigen zu wollen. So kann eine öffentliche Einrichtung mit kulturellem, sozialem und traditionellem Hintergrund (wozu auch ein Weihnachtsmarkt gehören kann), die über lange Zeit in kommunaler Verantwortung betrieben wurde, nicht vollständig auf einen privaten Dritten übertragen werden.[150]

122a Außerhalb der kommunalen Selbstverwaltung dürften die bekanntesten Beispiele die **Deutsche Telekom AG** und die **Deutsche Post AG** sein, die früher als **Bundessondervermögen Bundespost** geführt wurden. Diese Unternehmen sind seit einiger Zeit privatisiert und bestehen als Post AG, Telekom AG und Postbank AG fort, vgl. Art. 87f, 143b GG für die Post AG. Weil der Staat aber schon frühzeitig erkannt hat, dass seine (ehemaligen) Bediensteten am freien Markt kaum eine Überlebenschance gehabt hätten und dass eine flächendeckende Versorgung bei wirtschaftlicher Unlukrativität nicht zu gewährleisten gewesen wäre, hat er mit Hilfe der Verabschiedung verschiedener Gesetze Sicherheitsmechanismen geschaffen

---

Videoüberwachung innerhalb der Straßenbahn käme aber als ungeschriebene Rechtsgrundlage das *Hausrecht* des Bahnbetreibers in Betracht. Doch diese Rechtsgrundlage würde bei der Videoüberwachung hinsichtlich der Bahnsteige nicht weiterhelfen, sofern diese nicht im Eigentum des Bahnbetreibers stünden. Hier wäre die Videoüberwachung nur unter denselben Voraussetzungen möglich wie die Videoüberwachung öffentlicher Plätze und Räume (vgl. dazu ebenfalls *R. Schmidt*, POR, Rn 144 ff.). Zu fordern wäre also eine gesetzliche Rechtsgrundlage.

[149] Ganz ähnlich nun auch *Donhauser*, NVwZ 2010, 931, 933.
[150] BVerwG NVwZ 2009, 1305, 1306 f.

- So ist es Zweck des **Postgesetzes** (PostG), „durch Regulierung im Bereich des Postwesens den Wettbewerb zu fördern und flächendeckend angemessene und ausreichende Dienstleistungen zu gewährleisten" (§ 1 PostG).

- Zweck des **Telekommunikationsgesetzes** (TKG) ist es, durch Regulierung im Bereich der Telekommunikation den Wettbewerb zu fördern und flächendeckend angemessene und ausreichende Dienstleistungen zu gewährleisten sowie eine Frequenzordnung festzulegen (vgl. § 1 TKG). Zur Regulierung hat der Gesetzgeber gem. § 2 I TKG eine staatliche Regulierungsbehörde errichtet.

Ein besonderes Problem stellt die Grundrechtsbindung der ehemaligen Bundessondervermögen dar. Denn durch die Privatisierung haben die Grundrechte in ihrer Funktion als Abwehrrechte an Bedeutung verloren, da die privaten Nachfolgeunternehmen der staatlichen Post und Bahn nach überzeugender Auffassung gerade wegen der Privatisierung außerhalb der Daseinsvorsorge nicht originär Grundrechtsverpflichtete sein können.[151] Bezüglich der Nachfolgeunternehmen Post AG, Postbank AG und Telekom AG besteht dann aber eine Grundrechtsverpflichtung über die Figur der **Fiskalgeltung der Grundrechte**. Der leitende und bereits im Rahmen der formellen Privatisierung dargestellte Gedanke dabei ist, dass es dem Staat verwehrt sein soll, sich durch die Privatisierung seiner grundrechtlichen Verantwortung zu entledigen. Die Schutzgebote der Grundrechte bleiben also – freilich in veränderter Form – auch nach der Umwandlung der öffentlichen Unternehmen der ehemaligen Deutschen Bundespost und Bundesbahn in solche privater Rechtsformen von aktueller Bedeutung. Solange der Staat noch die Mehrheitsanteile (Aktien) an den Nachfolgeunternehmen (Post AG, Telekom AG, Bahn AG) hielt, konnte er seiner Schutzverpflichtung dadurch nachkommen, dass er auf die Gesellschaften entsprechend einwirkte (z.B. über den Aufsichtsrat, §§ 95 ff. AktG, oder über die Hauptversammlung, §§ 118 ff. AktG). Bei zunehmendem Übergang der Anteile vom Staat auf Private nahm diese Möglichkeit der Einflussnahme aber ab. Heute wird die Wirkung der Grundrechte über die Schutzverpflichtung des Staates – zumindest mittelbar – dadurch gewährleistet, dass die privaten Unternehmen das Postgeheimnis (§ 39 PostG) bzw. das Fernmeldegeheimnis (§§ 88, 89 TKG) zu beachten haben. Außerhalb dieser gesetzlichen Bestimmungen ist – was insbesondere für die Postbank AG zutrifft – eine Grundrechtsbindung abzulehnen. Verfassungsrechtliche Bedenken dagegen bestehen nicht, weil der Staat gerade keine Daseinsvorsorge (mehr) betreibt und die privatisierten Unternehmen im Wettbewerb mit anderen Unternehmen stehen. Bei der Postbank AG entfällt sogar jegliche Grundrechtsbindung, auch hinsichtlich Art. 3 I GG, da der Staat über keine aktienrechtlichen Einflussmöglichkeiten mehr verfügt.

123

Man kann also sagen, dass aus der ursprünglichen Leistungsverwaltung eine **Gewährleistungsverwaltung** geworden ist. Mit zunehmendem Verlust an Einwirkungsmöglichkeiten schwindet auch die Grundrechtsbindung des Staates. Dennoch ist der Bürger nicht schutzlos. Denn dadurch, dass das Verfassungsrecht auch das Privatrecht durchsetzt, kommt in derartigen Fällen eine mittelbare Drittwirkung der Grundrechte in Betracht. Diese kommt deswegen in Betracht, weil das Grundgesetz keine wertneutrale Ordnung darstellt, sondern als verfassungsrechtliche Grundentscheidung zugleich auch objektive Prinzipien für die Ordnung des politischen Gemeinwesens gibt. Insofern sind die Grundrechte nicht nur Abwehrrechte des Bürgers gegen Eingriffe des Staates, sondern zugleich Ausdruck einer hinter den Abwehrrechten stehenden **objektiven Wertordnung**. Sie gelten daher für alle

124

---

[151] *Löwer*, in: v. Münch/Kunig, GG, Art. 10 Rn 9; *Hermes*, in: Dreier, GG, Art. 10 Rn 43; *Krüger*, in: Sachs, GG, Art. 10 Rn 20. Anders BVerwGE 108, 203, 211 für die Post AG (für die Telekom AG könne nichts anderes gelten): Die Nachfolgeunternehmen seien so lange an die Grundrechte gebunden und Grundrechtsadressaten, wie der Bund über die Kapitalmehrheit an diesen Unternehmen verfüge. Liegt allerdings eine Beleihung vor (vgl. Art. 143b III 2 GG, § 33 I PostG für die Post AG, Art. 143a I S. 3 GG für die Bahn AG), sind die Nachfolgeunternehmen im Rahmen der Beleihung auf jeden Fall Grundrechtsadressaten.

Bereiche des Rechts, auch des Zivilrechts, als Richtlinie und Impuls. „Einfallstore" der Grundrechte in das Zivilrecht sind unbestimmte Rechtsbegriffe und Generalklauseln wie Sittenwidrigkeit in § 138 BGB, Treu und Glauben in § 242 BGB, sittenwidrige vorsätzliche Schädigung in § 826 BGB, Widerrechtlichkeit der Verletzung eines sonstigen Rechts (Recht am eingerichteten und ausgeübten Gewerbebetrieb; allgemeines Persönlichkeitsrecht) in § 823 I BGB, Unlauterkeit in § 3 I UWG, demokratische Grundsätze in Art. 21 I S. 3 GG, Eigenbedarf bzw. berechtigtes Interesse bzw. wichtiger Grund im Rahmen einer Wohnraumkündigung in §§ 543, 569, 573 BGB, billiges Ermessen in § 315 BGB und berechtigtes Interesse in § 23 II KUG.

Beispiel: Kündigt die Postbank AG das Girokonto der Republikaner mit dem Argument, keine Geschäftsbeziehungen zu verfassungsfeindlichen Organisationen unterhalten zu wollen, ist zu differenzieren:

Solange der Staat über genügend aktienrechtliche Einflussmöglichkeiten verfügt, gelten die Grundsätze über die Fiskalgeltung der Grundrechte. Dann scheint es sachgerecht, zumindest den allgemeinen **Gleichheitssatz** und das **Willkürverbot** (Art. 3 I GG) uneingeschränkt anzuwenden.[152] Der Staat wäre verpflichtet, über deren Einhaltung zu wachen und bei Verletzung dieser Rechte auf die Gesellschaft einzuwirken. Die Republikaner könnten diesen sog. **Einwirkungsanspruch** verwaltungsgerichtlich mit Hilfe der allgemeinen Leistungsklage durchsetzen. Begründet wäre diese, wenn die Kontokündigung ohne sachlichen Grund erfolgte. Jedenfalls stellt es keinen sachlichen Grund dar, das Konto der Republikaner wegen ihrer politischen Zielsetzung zu kündigen. Denn solange eine politische Partei nicht vom BVerfG verboten wird (vgl. Art. 21 II GG), darf sie nicht anders behandelt werden als andere Parteien. Zusätzlich könnten die Republikaner zivilrechtlich vorgehen wegen Verstoßes der Kündigung gegen ein Verbotsgesetz (das Willkürverbot, aber auch das AGG, stellen ein Verbotsgesetz i.S.d. § 134 BGB dar; auch liegt eine Sittenwidrigkeit gem. § 138 BGB vor). Es bestünde ein zivilrechtlicher Anspruch gegen die Postbank AG auf Fortsetzung des Girovertrags.

Verfügt der Staat mit zunehmendem Privatisierungsgrad nicht mehr über aktienrechtliche Einflussmöglichkeiten, kann auch kein öffentlich-rechtlicher Einwirkungsanspruch geltend gemacht werden. In diesem Fall besteht ausschließlich die Möglichkeit eines zivilrechtlichen Anspruchs gegen die Postbank AG auf Fortsetzung des Girovertrags aus o.g. Gründen.

---

[152] Der BGH (BGHZ 36, 91, 95; 97, 312, 316) verneint in diesem Bereich die Geltung der Grundrechte. Insbesondere soll nicht durch Art. 3 I GG die Wahl des Geschäftspartners eingeschränkt sein. Aber auch der BGH kommt nicht umhin, zumindest das Willkürverbot anzuwenden (vgl. BGH NJW 2004, 1031).

4. Kapitel

Rechtsquellen des Verwaltungsrechts

Die Ausführung der Gesetze (i.S.d. Art. 83 ff. GG) bedeutet die Anwendung der vom Gesetzgeber erlassenen Rechtsnormen auf den Einzelfall. Solche Rechtsnormen sind den geschriebenen Rechtsquellen **Verfassung**, **formelle Gesetze**, **Rechtsverordnungen** und **Satzungen** zu entnehmen. Je nachdem, von welchem Verband die Rechtsquelle stammt, spricht man von Bundesrecht, Landesrecht oder Kommunalrecht. Hinzu treten das durch langjährige Praktizierung anerkannte ungeschriebene **Gewohnheitsrecht**, das lokal geltende Gewohnheitsrecht (die **Observanz**), das **Richterrecht** sowie das **Völkerrecht** und das **Recht der Europäischen Union**. Die Rechtsquellenlehre soll Ordnung in diese Vielfalt bringen.

125

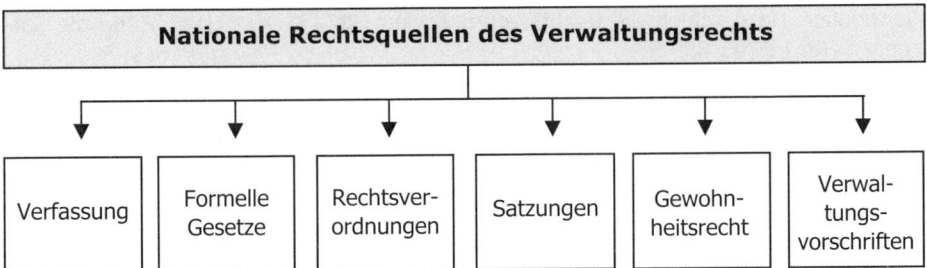

Zwischen diesen nationalen Rechtsquellen besteht folgende Rangordnung: Verfassung ⇨ einfaches Gesetz ⇨ untergesetzliches Regelwerk. Dabei ist zu beachten, dass in einem Bundesstaat die genannte Rangordnung nur innerhalb der Rechtsordnung des jeweiligen Verbandes gilt. Kollidiert das Bundesrecht mit dem Landesrecht, ist der Geltungsvorrang des Bundesrechts zu beachten (Art. 31 GG). So setzt sich sämtliches Bundesrecht – auch Verordnungsrecht des Bundes – im Kollisionsfall gegenüber dem Landesrecht einschließlich des Landesverfassungsrechts durch. Vgl. dazu Rn 149 ff. Zum Völkerrecht und zum EU-Recht vgl. Rn 165 ff.

126

A. Verfassung

Die Verfassung wird von einer eigens dafür einberufenen verfassungsgebenden Versammlung erlassen. In der Bundesrepublik Deutschland ist 1949 das Grundgesetz vom Parlamentarischen Rat beschlossen und durch die Volksvertretungen der deutschen Länder angenommen worden. Zwar sind die Artikel des Grundgesetzes keine Normen, die es von der Verwaltung auszuführen gilt. Das Grundgesetz ist aber Grundlage allen Verwaltungshandelns und enthält nicht selten Regelungen, die unmittelbar die Verwaltung betreffen.[153] Ein Beispiel dafür ist die Gesetzmäßigkeit der Verwaltung (Art. 20 III GG); vgl. dazu ausführlich Rn 196 ff.

127

B. Formelles Gesetz

Das formelle Gesetz ist nicht nur Ausdruck des Rechtsstaatsprinzips, sondern auch des Demokratieprinzips, weil ausschließlich der unmittelbar demokratisch legitimierte Gesetzgeber, das Parlament, zu dessen Erlass berufen ist. Rechtmäßig ist das formelle Gesetz, wenn es von einem verfassungsrechtlich vorgesehenen demokratisch legitimierten Gesetzgebungsorgan in einem verfassungsrechtlich vorgesehenen Gesetzgebungsverfahren unter Wahrung auch des materiellen Verfassungsrechts (insbeson-

128

---

[153] Zum Unterschied zwischen formellem und materiellem Verfassungsrecht vgl. *R. Schmidt*, Staatsorganisationsrecht, Rn 1 ff.

dere des Verhältnismäßigkeitsgrundsatzes) erlassen wurde. So werden Bundesgesetze unter Mitwirkung des Bundesrates vom Deutschen Bundestag verabschiedet (vgl. Art. 76 ff. GG). Landesgesetze werden (ggf. unter Mitwirkung weiterer Gesetzgebungsorgane) von den Landtagen beschlossen. Nach Ausfertigung werden die Gesetze in den Gesetzblättern verkündet.

129 Beschränkt sich das formelle Gesetz auf den Innenbereich des Hoheitsträgers, spricht man von einem **nur-formellen** Gesetz. Enthält das formelle Gesetz dagegen Regelungen im Außenverhältnis, d.h. gegenüber den Bürgern, die eine bestimmte Handlungs- oder Unterlassungspflicht mit sich bringen, spricht man von einem **formell-materiellen** Gesetz. Die nur-formellen und die formell-materiellen Gesetze sind von den **nur-materiellen** Gesetzen zu unterscheiden. Diese sind dadurch gekennzeichnet, dass sie nicht von einem Parlament, sondern von der Exekutive erlassen wurden. Sie unterscheiden sich von dem formell-materiellen Gesetz also nur in Bezug auf den Normgeber. Dazu zählen die Rechtsverordnungen (Rn 131 ff., 931 ff.) und die Satzungen (Rn 135 ff., 859 ff.).

> **Beispiele:** Zu den *nur-formellen* Gesetzen gehören die Zustimmung zu bestimmten völkerrechtlichen Verträgen (vgl. Art. 59 II GG), die Feststellung des Haushaltsplans (vgl. Art. 110 II S. 1 GG) und weiterer Pläne. *Formell-materielle* Gesetze sind bspw. das Versammlungsgesetz, das Vereinsgesetz oder das Strafgesetzbuch. *Nur-materielle* Gesetze sind bspw. die Straßenverkehrsordnung (= Rechtsverordnung) oder ein Bebauungsplan (= Satzung).

Nur-formelle Gesetze

Eigenschaften

- vom Parlament erlassene Gesetze
- ohne Allgemeinverbindlichkeit
- z.B.: Haushaltsplan

Nur-materielle Gesetze

Eigenschaften

- von der Exekutive erlassene Gesetze
- mit Allgemeinverbindlichkeit
- z.B.: StVO, StVZO, FeV, FZV

formelle Gesetze — materielle Gesetze

Formell-materielle Gesetze

Eigenschaften

- vom Parlament erlassene Gesetze
- mit Allgemeinverbindlichkeit
- z.B.: StVG, StGB, BGB, VersG, GastG

130 **Hinweis für die Fallbearbeitung:** Wegen des Charakters als zentrales Ordnungsinstrument ist das formelle Gesetz nicht selten Gegenstand einer Fallbearbeitung. Insbesondere bei einem neueren oder fiktiven Gesetz liegt die Möglichkeit nahe, dass mindestens *ein* Verstoß gegen die Verfassung vorliegt. Auf jeden Fall ist eine vertiefte Auseinandersetzung mit ihm erforderlich. Eine ausführliche Darstellung nebst Prüfungsschema befindet sich bei *R. Schmidt*, Staatsorganisationsrecht, Rn 182 ff.

C. Rechtsverordnung

Rechtsverordnungen sind (nur-materielle) Rechtsnormen, die von der Exekutive, d.h.   **131**
von einer Regierung, von Ministern oder von Verwaltungsbehörden erlassen wurden.
Wie bereits erläutert, unterscheiden sie sich von den formell-materiellen Normen nur
in Bezug auf den Normgeber. Da aber der Erlass von Rechtsnormen originäre Aufgabe der Legislative ist, bedeutet die Befugnis der Exekutive zum Normenerlass eine
Durchbrechung des Gewaltenteilungsprinzips. Dennoch bestehen verfassungsrechtlich
keine Bedenken, weil die Exekutive nicht kraft eigenen Rechts, sondern nur aufgrund
einer Ermächtigung der Legislative und unter Beachtung des dreifachen Delegations-
filters (gem. Art. 80 I S. 2 GG müssen Inhalt, Zweck und Ausmaß der Ermächtigung in
der Ermächtigungsnorm bestimmt sein) tätig werden darf.[154] Darüber hinaus sind in
der Rechtsverordnung die Rechtsgrundlage, d.h. die Ermächtigungsnorm sowie der
Verordnungsadressat (Bundesregierung, Bundesminister oder Landesregierung),
anzugeben (Art. 80 I S. 1 u. S. 3 GG). Der dreifache Delegationsfilter und das Zitiergebot gewährleisten, dass das Parlament alle wesentlichen Entscheidungen selbst
trifft. Darüber hinaus ist die **Wesentlichkeitstheorie** des BVerfG zu beachten: Der
parlamentarische Gesetzgeber ist verpflichtet, in grundlegenden normativen Bereichen alle wesentlichen Regelungen selbst zu treffen und nicht über mehr oder minder
globale Ermächtigungen an die Exekutive zu delegieren. Es muss **vorhersehbar** sein,
„in welchen Fällen und mit welcher Tendenz von der Ermächtigung Gebrauch gemacht werden und welchen Inhalt die zu erlassende Rechtsverordnung haben
kann".[155] Durch diese Vorgaben wird gewährleistet, dass das Parlament seine Aufgabe, zu der es berufen ist, nicht veräußert.

> **Beispiel:** Durch das Gesetz zur Änderung des Straßenverkehrsgesetzes und anderer
> straßenverkehrsrechtlicher Vorschriften vom 19.3.2001 wurde durch Anfügung eines
> Buchstabens i in die Nr. 3 des § 6 I StVG der Bundesminister für Verkehr zum Erlass
> eines Verbots ermächtigt, das die Verwendung technischer Einrichtungen am oder im
> Fahrzeug untersagt, die dazu bestimmt sind, die Verkehrsüberwachung zu beeinträch-
> tigen. Gedacht ist hierbei vor allem an die sog. Radarwarngeräte, deren Benutzung zu-
> vor nicht verboten war. Da in § 6 I StVG die Voraussetzungen der Ermächtigung, d.h.
> Inhalt, Zweck und Ausmaß, hinreichend genannt werden, wird der Vorgabe in Art. 80 I
> S. 2 GG Rechnung getragen. Sowohl das Demokratieprinzip als auch das Gewaltentei-
> lungsprinzip sind gewahrt. Die Aufnahme einer die Benutzung von Radarwarngeräten
> und ähnlichen Einrichtungen verbietenden Vorschrift in die StVO ist am 14.12.2001 er-
> folgt (vgl. § 23 Ib StVO).[156]

Die Rechtsverordnung ist in einer modernen Demokratie unentbehrlich. Der parla-   **132**
mentarische Gesetzgeber wäre überfordert, wenn er sämtliche Detailfragen selbst
behandeln müsste. Dazu ist die Exekutive durch ihre Fachministerien und die Ministe-
rialinstanzen besser imstande. Dennoch darf der dadurch entstandene Machtzuwachs
der Exekutive nicht übersehen werden, denn allzu oft wird das Grundsätzliche erst im
Detail virulent.[157] **Daher darf in der Fallbearbeitung die Vereinbarkeit einer
Rechtsverordnung mit Art. 80 I S. 2 GG i.d.R. nicht unterstellt werden**. Es ist
grds. danach zu fragen, ob die Ermächtigungsgrundlage mit den Vorgaben des

---

[154] Vgl. VG Düsseldorf NVwZ 2002, 1269, 1271; OVG Berlin NVwZ-RR 2002, 720.
[155] Vgl. nur BVerfGE 1, 13, 60; 47, 46, 79; 49, 89, 126; 58, 257, 268; 88, 103, 116; BVerwG DVBl 2002, 479, 480;
BVerwG NVwZ 2002, 858; BVerwGE 112, 194, 200; VG Düsseldorf NVwZ 2002, 1269, 1271; OVG Berlin NVwZ-RR 2002,
720 (st. Rspr.) und *Böckenförde*, NJW 1999, 1235.
[156] Geplant ist, das Verbot zu lockern und etwa Smartphones, bei denen man mittels eines „Apps" Standorte von
stationären Radarmesseinrichtungen angezeigt bekommt, aus dem Tatbestand herauszunehmen. Das Mitführen von
betriebsbereiten reinen Radarwarngeräten, die über den Empfang von Radarstrahlen auch mobile Radareinrichtungen
erkennen, sollen aber weiterhin verboten bleiben.
[157] *Maurer*, AllgVerwR, § 4 Rn 18.

Art. 80 I GG vereinbar ist und ob sich die Rechtsverordnung an die Vorgaben der Ermächtigungsgrundlage hält.

> **Beispiel:** Bei den sog. Kampfhundeverordnungen, die als Rechtsverordnungen auf Grundlage der Polizeigesetze ergingen, war fraglich, ob sowohl der parlamentarische Gesetzgeber als auch der Rechtsverordnungsgeber das Demokratie- und Gewaltenteilungsprinzip beachtet hatten. Nachdem einige Gerichte Kampfhundeverordnungen wegen zu großer Unbestimmtheit und wegen Verstoßes gegen den Verhältnismäßigkeitsgrundsatz für rechtswidrig erklärt haben, sind die Länderparlamente dazu übergegangen, diese Materie in Form von formellen Landesgesetzen zu regeln.

133 Wie bei den formellen Gesetzen ist auch bei den Rechtsverordnungen kategorisch zwischen Bundes- und Landesrecht zu unterscheiden. **Bundesrechtsverordnungen** werden von einer Einheit der Exekutive des Bundes erlassen. Als renommiertestes Beispiel dürfte die StVO gelten, die vom Bundesverkehrsminister auf Grundlage des § 6 I StVG erlassen wurde. Demgegenüber liegen **Landesrechtsverordnungen** vor, wenn der Verordnungsgeber der Exekutive des Landes angehört. Dabei spielt es für die Einstufung als Landesrechtsverordnung keine Rolle, ob die Ermächtigungsgrundlage ein Bundesgesetz oder ein Landesgesetz ist.

134 Auf der (rechtmäßigen) Rechtsverordnung aufbauend, wird dann in der Regel eine **Einzelmaßnahme** (Verwaltungsakt) erlassen.

> **Beispiel:** Gegen den in verkehrsgefährdender Weise überholenden Autofahrer wird aufgrund der § 24 StVG, § 49 I Nr. 5 i.V.m. § 5 StVO ein Bußgeldbescheid erlassen.

> **Hinweis für die Fallbearbeitung:** Es ist also eine Stufenfolge feststellbar: Aufgrund eines Parlamentsgesetzes (= Ermächtigungsgrundlage) ergeht eine Rechtsverordnung. Diese ist wiederum Grundlage für den Erlass einer grundrechtseinschränkenden Einzelmaßnahme. Gegenstand der Untersuchung ist daher regelmäßig die dem Bürger gegenüber erlassene Einzelmaßnahme. Daraus ergibt sich folgende Überlegung bezüglich der Prüfungsreihenfolge: Die Einzelmaßnahme kann nur dann rechtmäßig sein, wenn ihre Rechtsgrundlage (hier die Rechtsverordnung) ihrerseits rechtmäßig ist. Die Rechtsverordnung selbst ist nur dann rechtmäßig, wenn ihre Ermächtigungsgrundlage, das Parlamentsgesetz, rechtmäßig ist. Daraus folgt, dass in der Fallbearbeitung in einem dreistufigen Verfahren zunächst das Parlamentsgesetz (sofern der Sachverhalt überhaupt Anlass zur Prüfung bietet), dann die Rechtsverordnung und schließlich die Einzelmaßnahme zu prüfen sind. Die Grundrechtsschranke bildet dabei die Rechtsverordnung, da nur sie, nicht das Parlamentsgesetz, sich im Einzelfall anwenden lässt. Zur Frage, unter welchen Voraussetzungen eine Rechtsverordnung **rechtswidrig** ist und welche Folgen mit der Rechtswidrigkeit verbunden sind, vgl. ausführlich Rn 831 ff. Dort befindet sich auch ein Prüfungsschema.

D. Satzung

Bestimmte gesellschaftliche Gruppen (im Bereich des öffentlichen Rechts Körperschaf- **135**
ten, Stiftungen und Anstalten des öffentlichen Rechts)[158] können **zur Regelung
ihrer Angelegenheiten eigenes Recht setzen**, sog. **Satzungsrecht**. Durch das
Institut der Satzung werden die Aufgaben des Autonomieträgers, seine Verwaltung
und die Rechtsbeziehungen zu den Mitgliedern normiert.[159]

> **Beispiele:** Bebauungspläne[160]; bauordnungsrechtliche Gestaltungssatzungen und -ver-
> ordnungen; Bettelverbotssatzungen[161]; Taubenfütterungsverbotssatzungen[162]; Satzun-
> gen von Verbänden, Universitäten, Berufskammern (z.B. Ärztekammer), Anstalten und
> Stiftungen des öffentlichen Rechts; Geschäftsordnungen eines kommunalen Vertre-
> tungsorgans (z.B. des Gemeinderats) oder andere kommunale Satzungen außerhalb
> des BauGB (z.B. aus dem Kommunalabgabenrecht[163]); Satzungen über Anschluss- und
> Benutzungszwang[164]; Hundesteuersatzungen[165]; Kreislaufwirtschafts- und Gebühren-
> satzungen[166]

Das Recht zum Erlass von Satzungen ist Ausfluss des Selbstverwaltungsrechts (Auto- **136**
nomie; daher auch der überkommene Begriff der *autonomen* Satzung). Der Gedanke
der Satzungsautonomie bezweckt, durch Partizipation gesellschaftlicher Gruppen an
der Verwaltung ihrer eigenen Angelegenheiten den Abstand zwischen Staat und Bürger zu verringern.[167] Zu beachten ist aber, dass die Satzungsautonomie gesetzlich
verliehen sein muss.[168] Für die **Gemeinden** beispielsweise ergibt sich die Satzungsautonomie nach umstrittener Auffassung nicht unmittelbar aus Art. 28 II S. 1 GG.
Diese Vorschrift garantiert zwar die Satzungsautonomie, verleiht sie aber nicht. Die
Verleihung findet richtigerweise durch die Gemeindeordnungen der Länder statt.[169]
Auch haben die Länder in den sog. Kammergesetzen den **Landesärztekammern** -
Körperschaften des öffentlichen Rechts - das Recht verliehen, die Berufspflichten der
Ärzte in einer Berufsordnung (Satzung) zu regeln.[170] Entsprechendes gilt auf Bundes-
ebene für die Rechtsanwaltskammern.

Was die **Grenzen der Satzungsautonomie** betrifft, ist zu beachten, dass Art. 80 I **137**
GG direkt nur für Rechtsverordnungen (des Bundes) gilt. Allerdings haben der **Parlamentsvorbehalt** und die **Wesentlichkeitstheorie** des BVerfG auch Auswirkungen auf die Zulässigkeit der Satzungsgebung. Nach dem **Facharztbeschluss** des
BVerfG[171], der insoweit eine Leitentscheidung darstellt, bleibt auch im Rahmen einer

---

[158] Auf die von den öffentlich-rechtlichen Satzungen strikt zu unterscheidenden privatrechtlichen Satzungen wie
Gesellschafterverträge von Kapitalgesellschaften oder wie Vereinssatzungen wird im vorliegenden Kontext nicht weiter
eingegangen.
[159] Grundlegend BVerfGE 33, 125 ff. (Facharzt).
[160] Vgl. dazu *R. Schmidt*, BauR, Rn 14 ff.
[161] Vgl. dazu *R. Schmidt*, BremPolG, Kommentar, 2006, Anhang VII, Rn 2 f.; ferner VGH Mannheim NVwZ 1999, 560 zu
einer Polizeiverordnung, die das Betteln auf öffentlichen Straßen und in öffentlichen Anlagen schlechthin untersagt.
[162] Vgl. hierzu OVG Lüneburg NuR 1997, 610; VGH München BayVBl 1998, 311; *Jahn*, JuS 1999, 1004.
[163] Vgl. dazu BVerwG NVwZ 2002, 1123 ff.
[164] Vgl. dazu OVG Magdeburg NVwZ-RR 2008, 810 (mit Bespr. v. *Waldhoff*, JuS 2009, 265 ff.).
[165] Vgl. dazu BVerwG NVwZ 2005, 1325 ff.
[166] Vgl. VGH München NVwZ 2001, 704.
[167] Vgl. BVerfG NVwZ 2002, 851 ff.
[168] Vgl. dazu BVerfGE 102, 370 ff. (Zeugen Jehovas); BVerfG NVwZ 2002, 851 ff. (Grenzen der Satzungsautonomie);
OVG Berlin NVwZ 2005, 1450 f. (Zeugen Jehovas) - bestätigt von BVerwG NJW 2006, 3156, 3157; VG Potsdam LKV
2001, 236 - allesamt zurückgehend auf BVerfGE 33, 125 ff. (Facharzt). Aus der Lit. vgl. etwa *Gehm*, NVwZ 2002, 1475;
Jahn, JuS 2001, 485, 489.
[169] Wie hier nun auch *Funke/Papp*, JuS 2010, 395, 398; a.A. *Wehr*, JuS 1997, 419, 423, und *Becker/Sichert*, JuS 2000,
144, 147, die davon ausgehen, dass sich die Satzungsautonomie der Gemeinden unmittelbar aus Art. 28 II S. 1 GG
ergebe. Danach hätten die Gemeindeordnungen, die den Gemeinden das Recht zur Satzungsautonomie einräumen,
also lediglich deklaratorischen Charakter. Soweit eine Gemeindesatzung Steuerpflichten auferlegt (somit in Art. 14 I GG
eingreift), kann auch das Kommunalabgabengesetz eine Ermächtigungsgrundlage darstellen; vgl. dazu *Jahn*, JuS 2001,
485, 489.
[170] Vgl. dazu BVerfG NVwZ 2002, 851 ff. (Grenzen der Satzungsautonomie).
[171] BVerfGE 33, 125 ff.

an sich zulässigen Autonomiegewährung der Grundsatz bestehen, dass sich der parlamentarische Gesetzgeber seiner Rechtsetzungsbefugnis nicht völlig entäußern und seinen Einfluss auf den Inhalt der von den körperschaftlichen Organen zu erlassenden Normen nicht gänzlich preisgeben darf. Er darf seine Aufgabe nicht anderen Stellen innerhalb oder außerhalb der Staatsorganisation überlassen, sondern hat sie in den Grundzügen durch ein **förmliches Gesetz** festzulegen.[172] Lediglich die dann noch erforderlichen ergänzenden Regelungen können nach Ermessen des Gesetzgebers dem Satzungsrecht der öffentlich-rechtlichen Körperschaften überlassen werden.[173]

> **Beispiel:** Um die natürlichen Lebensgrundlagen zu schützen und zu erhalten, erlässt die Gemeinde G eine Satzung, wonach Bauherren verpflichtet werden, solarthermische Anlagen zu errichten und zu betreiben. Bauherr B ist der Meinung, diese Bestimmung verletze ihn in seiner Eigentumsfreiheit aus Art. 14 I GG und sei daher rechtswidrig.
>
> Grundsätzlich genügt die allgemeine kommunalrechtliche Satzungsautonomie für den Erlass von kommunalen Satzungen. Doch greift eine Satzung in Grundrechte ein, fordern der Parlamentsvorbehalt und die Wesentlichkeitstheorie eine parlamentarische Rechtsgrundlage für den Erlass der Satzung, die die Voraussetzungen für den Grundrechtseingriff beschreibt. Vorliegend greift die Satzung in die Eigentumsfreiheit des B ein. Sie bedurfte daher einer parlamentarischen Rechtsgrundlage, die eine hinreichende Regelungsdichte aufweist, um dem Parlamentsvorbehalt, dem Bestimmtheitsgrundsatz und der Wesentlichkeitstheorie gerecht zu werden.

138

> **Fazit:** Mit der Verleihung der Satzungskompetenz wird den juristischen Personen des öffentlichen Rechts ein Bereich eigener Rechtsetzungskompetenz übertragen, der sich grundsätzlich durch die demokratische Begründung des satzungsgebenden Organs und zugleich aus sich selbst heraus legitimiert. Die Verleihung von Satzungsautonomie ist dabei nicht auf (mitgliedschaftlich organisierte) **Körperschaften** (z.B. Gemeinden, Hochschulen, Berufskammern), in denen gleichgerichtete Interessen gebündelt werden, beschränkt. Vielmehr kommen auch (hierarchisch organisierte) **Anstalten des öffentlichen Rechts** (z.B. ZVS, öffentlich-rechtliche Rundfunkanstalten, öffentliche Sparkassen) in Betracht, sofern der Gedanke der Betroffenen-Partizipation bei der Ausgestaltung der Entscheidungsgremien wenigstens durch *Beteiligung* der relevanten Gruppen seinen Niederschlag findet.[174] In diesem Fall muss aber als Ausgleich für die fehlende demokratische Legitimation der Entscheidungsträger eine Normsetzungsermächtigung in einem Parlamentsgesetz festgelegt sein, das den inhaltlichen Anforderungen des Art. 80 I S. 2 GG (Inhalt, Zweck und Ausmaß) entspricht. Zudem ist eine ausreichende **Einwirkungs- und Überwachungsmöglichkeit** der dem demokratischen Gesetzgeber verantwortlichen staatlichen Exekutive erforderlich.[175]
>
> Zur Frage, unter welchen Voraussetzungen eine Satzung **rechtswidrig** ist und welche **Folgen mit der Rechtswidrigkeit** verbunden sind, vgl. ausführlich Rn 859 ff.

---

[172] BVerfGE 33, 125, 158. Das förmliche Gesetz stellt also die Rechtsgrundlage für den Erlass der Satzung dar.
[173] BVerfGE 33, 125, 163.
[174] BVerfGE 37, 1, 27 („Stabilisierungsfonds für Wein").
[175] BVerfGE a.a.O.

E. Gewohnheitsrecht und Richterrecht

Gewohnheitsrecht ist eine Rechtsquelle, die im Unterschied zum gesetzlichen Recht   **139**
nicht im Wege eines formalisierten Rechtsetzungsverfahrens, besonders der Gesetzgebung, entsteht, sondern durch längere, von Rechtsüberzeugung getragene Übung
der Beteiligten.[176] Normgeber sind also die Betroffenen selbst. Dadurch, dass das
Gewohnheitsrecht – etwa in einem Rechtsbuch wie dem Sachsenspiegel – aufge-
zeichnet oder durch die Gerichte wie im englischen „common law" anerkannt wird,
verliert es seine besonderen Eigenschaften als „ungeschriebenes" Recht nicht. Im
Staats- und Verwaltungsrecht der Bundesrepublik Deutschland – und somit im Examen – ist das Gewohnheitsrecht jedoch von untergeordneter Bedeutung, da hier das
politische Gestaltungsinteresse vorherrscht und der Gesetzgeber nahezu jeden erdenklichen Lebenssachverhalt verrechtlicht hat. Außerdem wird man es mit Blick auf
Art. 20 III GG nur dann anerkennen dürfen, wenn Vertrauensgesichtspunkte die
Fortgeltung fordern.

Eine nur örtlich geltende (ungeschriebene) Norm des Gewohnheitsrechts wird als **Obser-**   **140**
vanz bezeichnet. Als Beispiel sei die Rechtslage an einer älteren Straße genannt.

Vom Gesetzesrecht ebenfalls zu unterscheiden ist das **Richterrecht**: Während das   **141**
Gesetzesrecht sich dadurch auszeichnet, dass es vom Gesetzgeber in einem förmlichen Verfahren geschaffen wird, in Gesetzesbüchern kodifiziert ist und aus sich heraus normative Bindungswirkung entfaltet, ist das Richterrecht dadurch gekennzeichnet, dass es lediglich durch Rechtsprechung geschaffen wird. Richterrecht besitzt –
bis auf bestimmte verfassungsrechtliche Entscheidungen (vgl. § 31 II BVerfGG) –
keine normative, sondern nur faktische Wirkung. Auch kommt ihm grds. keine Allgemeinverbindlichkeit zu, da es sich grds. nur auf den zu entscheidenden Einzelfall
bezieht. Aufgrund der fehlenden normativen Wirkung ist es (jedenfalls unter der
Geltung des Grundgesetzes) auch nicht als Rechtsquelle anerkannt. Rechtsquelle ist
nur das Gesetzesrecht (und das rechtmäßig entstandene Gewohnheitsrecht). In der
Spruchpraxis haben jedoch die den Urteilen der Bundesgerichte beigegebenen Leit-
sätze eine faktisch fast gleichbedeutende Wirkung erlangt, zumal die Abweichungs-
möglichkeiten der Untergerichte durch das Prozessrecht stark eingeschränkt werden
(vgl. nur § 130 III oder § 144 VI VwGO). Verfassungsrechtlich ist das Richterrecht
nicht unproblematisch, wenn es in gewisser Weise gesetzesvertretend oder gar geset-
zeskorrigierend wirkt und damit eine Kompetenzverlagerung von der Legislative auf
die Judikative bedingt. Vgl. dazu ausführlich *R. Schmidt*, Staatsorganisationsrecht, Rn
220 ff.

---

[176] *Maurer*, AllgVerwR, § 4 Rn 25.

F. Verwaltungsvorschriften

142 Gesetze haben einen abstrakt-generellen Charakter: Sie gelten für eine unbestimmte Zahl von Menschen und für eine unbestimmte Zahl von Sachverhalten. Um diesen Charakter zu unterstreichen, sind sie in aller Regel mit unbestimmten Rechtsbegriffen[177] und in den meisten Fällen auch mit einer Ermessensermächtigung[178] versehen. Ein Gesetz muss daher, um im Einzelfall angewendet werden zu können, ausgelegt, d.h. konkretisiert werden. Da aber die Ausführung der Gesetze von einer Vielzahl von Behörden und Sachwaltern vorgenommen wird, wären eine einheitliche Rechtsanwendung und damit eine Rechtssicherheit und Gleichbehandlung nicht möglich, wenn die auszuführenden Gesetze nicht mit Auslegungs- oder Ermessensrichtlinien begleitet wären. Solche Auslegungs- oder Ermessensrichtlinien werden als Verwaltungsvorschriften bezeichnet.

143 **Verwaltungsvorschriften** sind Regelungen, die innerhalb der Organisation der öffentlichen Verwaltung von übergeordneten Behörden oder von Vorgesetzten an nachgeordnete Behörden oder Bedienstete ergehen. Sie dienen dazu, die Tätigkeit der Verwaltung näher zu bestimmen und einheitlich zu gestalten.

144 Die Erscheinungsformen der Verwaltungsvorschriften sind vielfältig und die Terminologie ist uneinheitlich. So ergehen *ministerielle* Verwaltungsvorschriften und Einzelanweisungen zumeist als „Erlasse", „Allgemeine Verwaltungsvorschriften" oder als „Richtlinien". Interne Regelungen *anderer* (übergeordneter) Behörden heißen „Verfügungen", „Anordnungen", „Richtlinien" oder „Dienstanweisungen". Inhaltlich können die Verwaltungsvorschriften und Einzelanweisungen sämtliche Tätigkeiten und Funktionen der Verwaltung betreffen. Zu den universitären Schwerpunktbereichsprüfungsordnungen vgl. bereits Rn 135.

145 Neben der Organisation und dem Verfahren steuern Verwaltungsvorschriften insbesondere die Gesetzesauslegung (s.o.). In diesem Fall spricht man von **gesetzesauslegenden** oder **norminterpretierenden** Verwaltungsvorschriften. Sie geben den nachgeordneten Behörden (verbindliche) Hilfestellungen bei der Auslegung von unbestimmten Rechtsbegriffen. Bezieht sich ihr Regelungsgehalt demgegenüber auf die Ausübung des der Verwaltung eingeräumten Ermessens, spricht man von **ermessenslenkenden** Verwaltungsvorschriften („durch Verwaltungsvorschrift antizipiertes Ermessen").[179] Diesen Erscheinungsformen ist gemeinsam, dass sie rechtsdogmatisch Geltung nur innerhalb der Verwaltung entfalten (sog. **Innenrecht der Verwaltung**); gegenüber den Bürgern begründen sie **keine unmittelbaren Rechte und Pflichten**. Das ist folgerichtig, wenn man bedenkt, dass ihnen die demokratische Legitimation fehlt, um Grundrechtseingriffe auf Seiten der Bürger zu rechtfertigen.

146 Trotz der grundsätzlichen Beschränkung der Bindungswirkung von Verwaltungsvorschriften auf (i.d.R. nachgeordnete) Behörden und der fehlenden demokratischen Legitimation einer Verbindlichkeit im Außenverhältnis ist anerkannt, dass eine **mittelbare** Bindungswirkung über eine stehende (durch Verwaltungsvorschrift vereinheitlichte) Verwaltungspraxis ggf. i.V.m. Art. 3 I GG („**Selbstbindung der Verwaltung**") bestehen kann. So kann sich ein Anspruch gegenüber der Verwaltung auf ermessensfehlerfreie Entscheidung faktisch zu einem konkreten Leistungsanspruch verdichten, wenn (1) die Verwaltung gleichartige Fälle bislang i.S.d. Anspruchstellers entschieden hat und (2) kein sachlicher Grund für eine andere Entscheidung vorliegt.[180] Wichtig ist aber, dass der Bürger seinen Anspruch nicht unmittelbar auf die

---

[177] Zum Begriff und zur gutachtlichen Handhabung des unbestimmten Rechtsbegriffs siehe Rn 259 ff.
[178] Zum Verwaltungsermessen vgl. ausführlich S. 295 ff.
[179] Vgl. Rn 864 ff.
[180] Vgl. Rn 332, 864 ff.

Verwaltungsvorschrift stützt (diese ist ja gerade nicht außenrechtsverbindlich), sondern auf die ihn betreffende konkrete behördliche Einzelfallentscheidung.

Beispiel: Die Gemeinde G vermietet ihre Stadthalle seit Jahren an politische Parteien zwecks Abhaltung von Parteitagen. Als die rechtsextreme, aber nicht verbotene P-Partei die Stadthalle zum o.g. Zweck anmieten möchte, versagt ihr G den Zugang mit der Begründung, dass bereits eine Demonstration von links angemeldet worden sei und dass Ausschreitungen befürchtet würden. Gegen diesen Versagungsbescheid legt P Rechtsmittel ein mit der Begründung, dass G aufgrund der bisherigen Vergabepraxis sich selbst gebunden habe und dass kein sachlicher Grund vorliege für eine entgegenstehende Entscheidung zulasten von P.

Hier ist G aufgrund der langen und gleichmäßigen Übung grundsätzlich verpflichtet, die P-Partei gleich zu behandeln (vgl. Art. 3 I und 21 GG, § 5 I PartG sowie die gemeinderechtlichen Anspruchsgrundlagen auf Zulassung zu den öffentlichen Einrichtungen). Der Gleichbehandlungsanspruch würde somit faktisch zu einem Zulassungsanspruch führen. Ein sachlicher Grund für eine Versagung der Zulassung könnte aber in den befürchteten Ausschreitungen gesehen werden. Dies ist eine Sachverhaltsfrage und hängt davon ab, ob die P-Partei als Nichtstörer in Anspruch genommen werden könnte.

> **Hinweis für die Fallbearbeitung:** Im Grundsatz gilt daher: Die fehlende Bindungswirkung im Außenverhältnis hat zur Folge, dass Verwaltungsvorschriften auch in einem gerichtlichen Verfahren (und somit in der Fallbearbeitung) zwar Gegenstand, nicht aber Maßstab richterlicher Kontrolle sind.[181] **Prüfungsmaßstab ist das Außenrecht** (Rechtsverordnungen, Satzungen, einfache Gesetze, Grundgesetz, EU-Recht). Wenn also eine Behörde von einem Bürger eine größere Leistung fordert als durch Verwaltungsvorschrift vorgesehen, kann sich der betroffene Bürger nicht auf die Verwaltungsvorschrift berufen. Er muss die Verletzung eines Außenrechtssatzes, der seinen Anspruch begründet, geltend machen. Umgekehrt kann sich die Behörde vor Gericht nicht darauf berufen, sie habe lediglich die Verwaltungsvorschrift angewendet, denn die Verwaltungsvorschrift soll ja gerade keine Bindungswirkung im Außenverhältnis entfalten. Auch das Gericht ist in seiner Urteilsfindung an die Rechtsquellenlehre gebunden. So kann es seine Entscheidung ausschließlich mit einem Außenrechtssatz, nicht mit einer Verwaltungsvorschrift begründen.

147

Von den gesetzesauslegenden bzw. norminterpretierenden und den ermessenslenkenden Verwaltungsvorschriften zu unterscheiden sind die **normkonkretisierenden** Verwaltungsvorschriften, denen – soweit man sie überhaupt anerkennt – teilweise eine beschränkte Außenwirkung beigemessen wird. Im Einzelnen ist vieles strittig; eine Darstellung würde den Rahmen dieses Kapitels über die Rechtsquellenlehre sprengen. Daher wird auf die ausführliche Darstellung bei Rn 864 ff. verwiesen.

148

---

[181] Vgl. BVerfGE 78, 214, 227; *Bock*, JA 2000, 390, 393.

G. Rangordnung der nationalen Rechtsquellen

I. Normenhierarchie; Geltungsvorrang und Anwendungsvorrang

149 Die Verfassungen von Bund und Ländern gehen – im Rahmen ihres Geltungsbereichs – allem einfachen Recht vor. Das ist selbstverständlich, da die Verfassungen den Ursprung jeden Rechts darstellen müssen. Des Weiteren gehen formelle Gesetze (= Parlamentsgesetze) den nur-materiellen Gesetzen (Rechtsverordnungen und Satzungen) vor. Bundesrecht geht gleichgültig welchen Rangs den (entgegenstehenden!) Landesgesetzen einschließlich der Landesverfassungen vor. Auf das Rechtssystem der Bundesrepublik Deutschland beschränkt, ergibt sich folgende Normenhierarchie:

> **Grundgesetz**
> > formelle Bundesgesetze
> > > Bundesrechtsverordnungen
> > > > bundesrechtliche Satzungen
> **Landesverfassungsrecht**
> > formelle Landesgesetze
> > > Landesrechtsverordnungen
> > > > landesrechtliche Satzungen

150 Besteht zwischen den Rechtsnormen ein Widerspruch, spricht man von **Normenkollision**. Innerhalb des Rechts der Bundesrepublik Deutschland geht das ranghöhere Recht dem kollidierenden rangniedrigeren Recht nicht nur vor, sondern es beseitigt sogar dessen Gültigkeit. Man spricht von **Geltungsvorrang**. Für das Verhältnis zwischen Bundesrecht und Landesrecht ergibt sich dies unmittelbar aus Art. 31 GG.[182] Innerhalb eines Blocks folgt der Geltungsvorrang des ranghöheren Rechts aus dem Grundsatz vom Vorrang des Gesetzes (Art. 20 III GG) und damit letztlich aus dem Rechtsstaatsprinzip. Es kann nicht sein, dass eine rangniedrigere Norm bei einer Kollision mit einer ranghöheren Geltung beansprucht. Eine Kollision von Rechtsverordnung und Satzung desselben Blocks (= ranggleiches Recht) kann es dagegen rechtslogisch nicht geben. Denn liegt ein Fall vor, bei dem man eine Kollision annehmen wollte, verstößt die fragliche Norm bereits gegen die Vorgaben ihrer Ermächtigungsgrundlage. In diesem Fall ist sie wegen Verstoßes gegen den Grundsatz vom Vorbehalt des Gesetzes (Art. 20 III GG) nichtig und ungültig. Kollidieren formelle Gesetze desselben Blocks, gilt der Lex-posterior-Grundsatz: Jüngeres Recht geht dem älteren vor (lex posterior derogat legi priori). Die Gültigkeit des älteren Rechts bleibt nur dann erhalten, wenn das kollidierende jüngere Recht eine entsprechende Anordnung trifft (etwa in Form von Übergangsbestimmungen).[183]

151 Kein Fall einer Kollision liegt vor, wenn ein Gesetz im Verhältnis zu einem anderen **speziell** ist (Beispiel: Vorschriften des besonderen Gefahrenabwehrrechts vs. Vorschriften des allgemeinen Polizeirechts). Hier ist im Anwendungsbereich des speziellen Gesetzes lediglich der Rückgriff auf das allgemeine Gesetz verwehrt, und zwar auch dann, wenn die Tatbestandsvoraussetzungen des speziellen Gesetzes nicht vorliegen. Die Gültigkeit des allgemeinen Gesetzes wird nicht berührt; es ist lediglich nicht anwendbar, sog. **Anwendungsvorrang** des Spezialgesetzes (lex specialis derogat legi generali). Zwar kein Spezialfall, aber dennoch ein Fall des Anwendungsvorrangs liegt vor, wenn eine nationale Norm mit einer Norm des **EU-Rechts** kollidiert. Vgl. dazu Rn 173 ff.

---

[182] Vgl. dazu *Klein/Haratsch*, JuS 2000, 209, 210 f.; *Discher*, NVwZ-Beil. II/2001, 45 ff.; *R. Schmidt*, Staatsorganisationsrecht, Rn 70. Zu beachten ist auch die spezielle Kollisionsregel des Art. 73 III S. 3 GG (dazu *R. Schmidt*, Staatsorganisationsrecht, Rn 822).
[183] Vgl. dazu ausführlich *Schöbener*, JA 2011, 885 ff.

Die dargestellten Kollisionsregeln greifen aber nur dann ein, wenn das übergeordnete Recht gültig ist. So kann etwa ein Bundesgesetz, das unter Missachtung der Gesetzgebungskompetenz (Art. 70 ff. GG) formell rechtswidrig zustande gekommen, also nichtig ist, kein untergeordnetes Landesrecht suspendieren. **152**

Die Rechtsfolge, dass rechtswidrige Normen grundsätzlich nichtig sind, folgt aus der dem Rechtsstaatprinzip zugrunde liegenden **Nichtigkeitstheorie**. Eine (nachträgliche) normverwerfende gerichtliche Entscheidung hat lediglich deklaratorische Bedeutung. Die vereinzelt vertretene **Vernichtbarkeitstheorie**[184], der zufolge eine rechtswidrige Norm so lange wirksam ist, bis ein zuständiges Gericht sie verwirft (und die gerichtliche Entscheidung somit konstitutive Wirkung hätte), ist abzulehnen. Es wäre mit dem Rechtsstaats- und dem Demokratieprinzip unvereinbar, wenn rechtswidrige Staatsakte – wenn auch nur vorübergehend – belastende Rechtswirkungen entfalteten. Allerdings ist zu beachten, dass auch unter Zugrundelegung der Nichtigkeitstheorie bestimmten rechtswidrigen Staatsakten dennoch eine Verbindlichkeit zukommen kann, wenn dadurch das Rechtsstaats- und Demokratieprinzip gewahrt bleiben. So hat der formelle Gesetzgeber bestimmt, dass rechtswidrige Verwaltungsakte grundsätzlich wirksam sind, vgl. § 43 II VwVfG. Nur ein nichtiger Verwaltungsakt ist unwirksam, § 43 III VwVfG. Die Nichtigkeit bestimmt sich nach § 44 VwVfG.[185] **153**

Auch für Satzungen gilt der Grundsatz der Nichtigkeit nur eingeschränkt. Nach § 214 BauGB sind bestimmte – in erster Linie formelle – Fehler von Bebauungsplänen (§ 10 BauGB) und sonstigen baurechtlichen Satzungen (Veränderungssperren gem. §§ 14 ff. BauGB) entweder von vornherein unbeachtlich (absolute Unbeachtlichkeit) oder dann unbeachtlich, wenn sie nicht innerhalb einer bestimmten Frist nach Erlass der Satzung gegenüber der Gemeinde gerügt werden (relative Unbeachtlichkeit). Die mit einem unbeachtlichen Fehler oder mit nicht innerhalb der Frist gerügten Fehlern behaftete Satzung ist demnach rechtswirksam. Vgl. dazu *R. Schmidt*, BauR, Rn 18 ff. Außerhalb dieser Unbeachtlichkeitsregelungen bleibt es jedoch bei dem Grundsatz der Nichtigkeit.

> **Zusammenfassung: Geltungsvorrang** bedeutet, dass das rangniedrigere Recht bei einer Kollision mit ranghöherem Recht seine Gültigkeit verliert; es ist rechtsunwirksam, also nichtig. So ist das Landesrecht bei einer Kollision mit Bundesrecht rechtsunwirksam, Art. 31 GG. Demgegenüber liegt **Anwendungsvorrang** vor, wenn das rangniedrigere Recht bei einer Kollision mit ranghöherem Recht lediglich seine Anwendbarkeit verliert (im Übrigen aber gültig bleibt). So ist das nationale Recht einschließlich des Verfassungsrechts bei einer Kollision mit **EU-Recht** nur in seiner Anwendung gesperrt. **154**

II. Verwerfungs- und Nichtanwendungskompetenz der Verwaltung

Der Streit um das Nichtigkeitsdogma setzt sich fort bei der Frage, ob ein Beamter (oder ein sonstiger Amtswalter) eine in seinen Augen rechtswidrige Vorschrift anwenden und auf ihrer Grundlage etwa einen den Bürger belastenden Verwaltungsakt erlassen darf bzw. muss. **155**

Unstreitig ist, dass ein Beamter das *Recht* hat, eine von ihm anzuwendende Norm zu prüfen (sog. **Prüfungskompetenz**). Denn wie wollte er seine Bindung an Recht und Gesetz (Art. 1 III GG, 20 III GG) beachten, wenn er eine von ihm anzuwendende Norm nicht prüfen dürfte, sofern er Zweifel an deren Rechtmäßigkeit hat. Hinzu kommt, dass er sogar eine von Verfassungs wegen bestehende Amtspflicht (vgl. Art. 34 GG) verletzen würde, wenn er pflichtwidrig eine rechtswidrige Norm anwendete. **156**

---

[184] *Moench*, Verfassungswidriges Gesetz und Normenkontrolle, 1977, S. 144 ff.; *Lippold*, Der Staat 29 (1990), 185, 204 ff.; *Heckmann*, Geltungskraft und Geltungsverlust von Rechtsnormen, 1997, S. 44 ff.
[185] Vgl. hierzu näher *Schnapp/Cordewener*, JuS 1999, 39, 40 f.

157   Eine andere Frage ist es, ob ein Beamter eine in seinen Augen rechtswidrige Norm anwenden muss (er also eine **Anwendungspflicht** hat) oder ob er sie nicht anwenden muss bzw. ob er sie verwerfen darf (er also eine **Nichtanwendungskompetenz** bzw. eine **Verwerfungskopetenz** hat). Die in der Literatur angebotenen Lösungsansätze reichen von der Anwendungspflicht über die Nichtanwendungspflicht bis hin zur **Aussetzungs- und Vorlagepflicht** des Beamten.[186]

158   Gegen eine Anwendungspflicht spricht, dass diese kaum mit Art. 20 III GG vereinbar ist. Denn wendet ein Beamter eine rechtswidrige Norm an, verstößt er gegen die bereits genannte, in Art. 20 III GG festgelegte Bindung an das Gesetz. Als Gesetz in diesem Sinne gilt selbstverständlich auch das Grundgesetz, gegen das die rechtswidrige Norm verstößt.[187] Dieselben Bedenken bestehen auch hinsichtlich des entgegengesetzten Ansatzes, der Nichtanwendungspflicht. Denn wendet ein Beamter ein Gesetz nicht an, weil er es für rechtswidrig hält, es aber in Wahrheit rechtmäßig ist, verstößt er ebenfalls gegen seine in Art. 20 III GG festgelegte Bindung an das Gesetz und gegen seine hieraus folgende Pflicht zum Vollzug rechtmäßiger Gesetze. Da jedoch die Rechtswidrigkeit einer Norm in aller Regel nicht offenkundig ist, läuft ein Beamter, der mit dem Vollzug eines in seinen Augen rechtswidrigen Gesetzes befasst ist, immer Gefahr, gegen Art. 20 III GG zu verstoßen, gleichgültig, ob er das Gesetz anwendet oder nicht.

159   Dieses Dilemma scheint der Ansatz von der Aussetzungs- und Vorlagepflicht zu vermeiden. Ausgangspunkt der Überlegung ist § 63 I BBG bzw. § 36 I BeamtStG i.V.m. der landesrechtlichen Regelung, wonach der Beamte für die Rechtmäßigkeit seiner Amtshandlungen persönlich verantwortlich ist. Zwar könnte diese Regelung auf den ersten Blick bedeuten, dass der Beamte die in seinen Augen rechtswidrige Rechtsvorschrift nicht anwenden darf. Allerdings ist auch § 63 II BBG bzw. § 36 II BeamtStG zu beachten. Danach hat der Beamte Bedenken gegen die Rechtmäßigkeit einer dienstlichen Anordnung seinem Vorgesetzten gegenüber zu erheben (**Remonstration**). Bestätigt dieser die Anordnung, muss der Beamte diese rechtswidrige Anordnung ausführen. Etwas anderes gilt nur, wenn das ihm aufgetragene Verhalten strafbar oder ordnungswidrig wäre oder die Menschenwürde verletzte.

160   Da selbstverständlich auch der Vorgesetzte an Recht und Gesetz gebunden ist, muss er seinerseits das Remonstrationsrecht ausüben. Dies führt über den Dienstweg bis hin zur Exekutivspitze, die dann – wenn sie die Rechtsnorm ebenfalls für rechtswidrig hält – diese entweder aufheben (so bei Rechtsverordnungen und ggf. bei Satzungen) oder das LVerfG oder das BVerfG (gem. Art. 93 I Nr. 2 GG) anrufen kann bzw. muss (so bei formellen Gesetzen).[188]

161   Demnach ist lediglich fraglich, ob als Anordnung im vorgenannten Sinne auch die Beachtung von Rechtsvorschriften zu verstehen ist. Zwar spricht § 62 I S. 2 BBG bzw. § 35 S. 2 BeamtStG von „Anordnungen" und „allgemeinen Richtlinien" und nicht von „Gesetzen", „Verordnungen", „Satzungen" und „Verwaltungsvorschriften". Allerdings ist Aufgabe der Exekutive gerade die Ausführung der Gesetze. Daher ist es folgerichtig, dass die Beachtung von Rechtsvorschriften mindestens denselben Status haben muss wie die Beachtung dienstlicher Anordnungen.

---

[186] Vgl. zum Streitstand ausführlich *Baumeister/Ruthig*, JZ 1999, 118 ff.; *Nonnenmacher/Feickert*, VBlBW 2007, 337 f.
[187] Vgl. BVerfG DVBl 1995, 193.
[188] Vgl. bereits die 6. Aufl. 2002; ganz ähnlich nun auch *Nonnenmacher/Feickert*, VBlBW 2007, 337 f. Im Übrigen ist zu beachten: Bei landesrechtlichen Rechtsverordnungen und Satzungen, über deren Gültigkeit das OVG nach § 47 VwGO entscheiden kann, ist § 47 II S. 1 VwGO zu beachten. Danach kann auch die gesetzesvollziehende Behörde das OVG in Bezug auf die für rechtswidrig erachtete Rechtsnorm anrufen.

Freilich stößt der Ansatz von der Aussetzungs- und Vorlagepflicht an seine Grenzen, **162** wenn der Beamte **sofort handeln muss**, er also keine Zeit hat, das Verwaltungsverfahren auszusetzen und eine Entscheidung des oder der Vorgesetzten abzuwarten. Virulent wird dieser Fall vor allem, wenn es um **Gefahrenabwehr** geht. Hier kann die Schutzpflicht des Staates u.U. zu spät kommen, wenn der Beamte, statt zu handeln, zunächst einmal den hierarchischen Dienstweg beschreitet, um eine Anordnung des oder der Vorgesetzten abzuwarten. Freilich trägt er aber das Risiko der Fehlentscheidung, wenn er von seinem Remonstrationsrecht keinen Gebrauch macht: Wendet er z.B. das Gesetz an, weil er von seiner Rechtmäßigkeit überzeugt ist, stellt sich später jedoch die Rechtswidrigkeit des Gesetzes heraus, liegt eine Amtspflichtverletzung vor. Wendet er umgekehrt das Gesetz nicht an, weil er von seiner Rechtswidrigkeit überzeugt ist, stellt sich später jedoch die Rechtmäßigkeit des Gesetzes heraus, liegt ebenso eine Amtspflichtverletzung vor. Freilich führt eine Fehlentscheidung nicht zwangsläufig zu einer Sanktionierung. Denn gerade der Amtshaftungsanspruch setzt neben einer (objektiven) Amtspflichtverletzung ein (subjektives) Verschulden des Amtswalters voraus. Bestanden also keine Anhaltspunkte für die Rechtswidrigkeit der Norm, kann dem normanwendenden Beamten – zumindest in Eilfällen – kein Schuldvorwurf gemacht werden. Das gilt jedenfalls dann, wenn der normanwendende Beamte nach sorgfältiger Prüfung zu einer vertretbaren Rechtsansicht gelangt ist.

Da es aber trotz subjektiver Vorwerfbarkeit beim objektiven Vorliegen staatlichen **163** Unrechts bleibt, ist die Rechtslage insgesamt unbefriedigend. Der Gesetzgeber ist aufgefordert, Abhilfe zu schaffen und klare Entscheidungshilfen zu normieren, wie die Beamten in den geschilderten Fällen zu verfahren haben.

Zusammenfassung: Auf der Grundlage des derzeit wohl praktikabelsten Ansatzes **163a** lässt sich sagen, dass ein Beamter eine Rechtsvorschrift, die er für rechtswidrig hält, nicht einfach unberücksichtigt lassen darf. Zwar darf er sie zunächst nicht anwenden, er muss aber von seinem Remonstrationsrecht Gebrauch machen. Verpflichtet ihn sein Vorgesetzter trotz vorgetragener Bedenken zur Anwendung der Verwaltungsvorschrift, besteht für ihn unter den o.g. Voraussetzungen so lange eine Anwendungspflicht, bis die Rechtsvorschrift von der dafür zuständigen staatlichen Stelle aufgehoben wird. Zum Sonderfall, dass die Rechtmäßigkeit einer Norm des **EU-Rechts** in Frage steht, vgl. Rn 165 ff.

H. Völkerrecht

164   Die **allgemeinen Regeln des Völkerrechts** sind gem. Art. 25 GG Bestandteil des Bundesrechts, gehen den Gesetzen, d.h. dem einfachen Bundesrecht und dem gesamten Landesrecht einschließlich dessen Verfassungen vor und erzeugen unmittelbar Rechte und Pflichten für die Bewohner des Bundesgebiets.[189] Sie stehen also im Rang unter dem Grundgesetz, aber über den Landesverfassungen und dem einfachen Bundesrecht. Man spricht von **Zwischenrecht**. Unter *allgemeinen Regeln* des Völkerrechts sind solche Regeln zu verstehen, die von einer weitaus größeren Zahl der Staaten – nicht notwendigerweise von der Bundesrepublik Deutschland – anerkannt werden.[190] **Andere Regeln des Völkerrechts** bedürfen dagegen einer speziellen Transformation, um innerstaatliche Geltung zu erlangen. Soweit es sich um völkerrechtliche Verträge handelt, die die politischen Beziehungen des Bundes regeln oder sich auf Gegenstände der Bundesgesetzgebung beziehen, geschieht dies durch die in Art. 59 II GG vorgeschriebene Zustimmung der gesetzgebenden Körperschaften (Bundestag und Bundesrat).[191] Die Europäische Menschenrechtskonvention **EMRK**, die 1950 als multilateraler Vertrag im Rahmen des Europarats geschlossen wurde und den Zweck verfolgt, auf dem Vertragsgebiet die Einhaltung der Menschenrechte zu gewährleisten, ist ein solcher völkerrechtlicher Vertrag. Kraft gesetzlicher Übernahme kommt ihr formal der innerstaatliche Rang eines **einfachen Bundesgesetzes** zu.[192] Vgl. dazu sowie zur Einflussnahme des EGMR (Europäischer Gerichtshof für Menschenrechte) auf die nationale Rechtsordnung, *R. Schmidt*, Grundrechte, Rn 4 ff.

Im Vorgriff auf die nachstehenden Ausführungen sei darauf hingewiesen, dass gem. Art. 6 II S. 1 EUV die **Europäische Union** der EMRK beitritt. Ein solcher Beitritt ist aber noch nicht erfolgt. Sollte ein Beitritt erfolgen, würde die EMRK entgegen dem soeben Gesagten zur unmittelbar geltenden Rechtsquelle erhoben (vgl. Art. 216 II AEUV), die normenhierarchisch zwischen dem EU-Primär- und dem Sekundärrecht anzusiedeln wäre.

---

[189] Vgl. *Hesse*, Grundzüge des Verfassungsrechts, Rn 101; BFH NJW 2001, 2199.

[190] BVerfGE 46, 342, 367 ff.

[191] Durch das Erfordernis der Zustimmung der gesetzgebenden Körperschaften soll gewährleistet werden, dass die Exekutive die Legislative nicht durch völkerrechtliche Verträge in ihren Zuständigkeiten beschneidet (vgl. dazu BVerfGE 68, 1, 88; 90, 286, 357).

[192] BVerfG NJW 2011, 1931, 1935; BVerfGE 111, 307, 316 f.; 82, 106, 114; 74, 358, 370.

I. Recht der Europäischen Union

Gemäß Art. 23 I S. 1 GG wirkt die Bundesrepublik Deutschland bei der Entwicklung der Europäischen Union „zur Verwirklichung eines vereinten Europas" mit. Diese **Staatszielbestimmung,** die schon in der Präambel des Grundgesetzes niedergelegt ist („gleichberechtigtes Glied in einem vereinten Europa"), richtet sich auf eine **fortschreitende Integration** der Staaten Europas. Daher leuchtet es ein, dass Grundkenntnisse des Rechts der Europäischen Union auch für das Verständnis des deutschen Verwaltungsrechts unabdingbar sind. Zu diesen Grundkenntnissen gehört das Wissen über die historische Entwicklung der heutigen Europäischen Union, deren Rechtssubjektqualität, die Organe der Union, das Verhältnis zwischen europäischem Recht und nationalem Recht und den auf dem EU-Gipfel vom 13.12.2007 in Lissabon verabschiedete **Vertrag von Lissabon**, der nach Schwierigkeiten bei der Ratifikation in einigen Mitgliedstaaten am 1.12.2009 in Kraft treten konnte. Da die Grundzüge des EU-Rechts aber bereits ausführlich bei *R. Schmidt*, Grundrechte, Rn 9-9f, und Staatsorganisationsrecht, Rn 327 ff. behandelt sind, wird insoweit darauf verwiesen. Im vorliegenden Zusammenhang sollen daher lediglich die Grundzüge des primären und sekundären EU-Rechts sowie die Rechtslage bei einer Kollision von EU-Recht und nationalem Recht aufgezeigt werden.

165

Zum Europäischen **Primärrecht** gehören im Wesentlichen die Gründungsverträge sowie die Änderungsverträge von Maastricht, Amsterdam, Nizza und Lissabon. Diese Verträge sind völkerrechtliche Verträge zwischen den Mitgliedstaaten und bilden die Grundlage der Europäischen Union. Hinzu kommen etliche Protokolle, etwa das Protokoll über die Rolle der nationalen Parlamente, das Subsidiaritätsprotokoll und das Protokoll über die reduzierte Bindung Großbritanniens, Polens und Tschechiens an die Grundrechte-Charta (GRC). Der GRC kommt kraft Rechtsverbindlichkeitserklärung (vgl. Art. 6 I EUV, wonach die GRC die EU sowie alle Mitgliedstaaten bei der Durchführung von EU-Recht bindet) ebenfalls der Status von EU-Primärrecht zu.[193] Dagegen gehört die EMRK nicht zum EU-Primärrecht. Jedoch bestimmt Art. 6 II S. 1 EUV, dass die EU der EMRK beitritt (s.o.).

166

Die Bestimmungen des Primärrechts begründen, soweit sie an natürliche und juristische Personen adressiert sind, unmittelbar geltende Rechte und Pflichten. Dies gilt insbesondere für die **Grundfreiheiten**, d.h. die Warenverkehrsfreiheit (Art. 28 ff. AEUV), die Arbeitnehmerfreizügigkeit (Art. 45 ff. AEUV), die Dienstleistungsfreiheit (Art. 56 ff. AEUV), die Kapitalverkehrsfreiheit (Art. 63 ff. AEUV) und das nach Art. 18 AEUV statuierte Diskriminierungsverbot, das den EU-Mitgliedstaaten jede Diskriminierung von Unionsbürgern (d.h. von Bürgern eines anderen EU-Staates) aufgrund der Staatsangehörigkeit verbietet.

Die von den Organen der Europäischen Union aufgrund der Gründungs- und Änderungsverträge erlassenen Rechtsakte stellen das sog. **Sekundärrecht** dar. Das Sekundärrecht ist also kein unmittelbares Völkervertragsrecht, sondern derivatives Völkervertragsrecht.

167

Zum Sekundärrecht zählen die Verordnungen, Richtlinien und Beschlüsse gem. Art. 288 AEUV (siehe sogleich).[194] Zu beachten ist, dass keinem Organ der EU allgemeine Rechtsetzungskompetenzen zugewiesen sind; es besteht das Prinzip der **begrenzten Handlungsermächtigung**.[195] Von besonderer Bedeutung sind **Richtlinien**. Darunter sind gem. Art. 288 III AEUV Rechtsakte zu verstehen, die grundsätzlich nur an die

168

---

[193] Wie hier auch *Ritter*, NJW 2010, 1110, 1114.

[194] Hinzu treten die (rechtlich nicht verbindlichen) Empfehlungen und Stellungnahmen gem. Art. 288 V AEUV, auf die im Folgenden aber nicht weiter eingegangen wird.

[195] Art. 5 EUV - vgl. dazu *R. Schmidt*, Staatsorganisationsrecht, Rn 339.

Mitgliedstaaten adressiert sind und verbindliche Ziele der Union festlegen, die innerhalb einer vorgegebenen Frist umzusetzen sind.

> **Beispiel:** Die Richtlinie des Europäischen Parlaments vom 15.1.2008 (2008/1/EG) regelt die integrierte Vermeidung und Verminderung der Umweltverschmutzung – **IVU-Richtlinie**. Die Mitgliedstaaten trifft die Pflicht, die in der Richtlinie genannten Ziele EU-rechtskonform in nationales Recht umzusetzen.

169   Anders als die Verordnungen entfalten Richtlinien grds. **keine unmittelbare Geltung gegenüber den Unionsbürgern**; diese werden grds. nicht unmittelbar berechtigt oder verpflichtet. Dies geschieht vielmehr erst durch den nationalen Umsetzungsakt. Bei der Wahl der Form und der Mittel der Umsetzung haben die entsprechenden staatlichen Stellen der Mitgliedstaaten jedoch einen gewissen Gestaltungsspielraum, solange sie die Richtlinie nur klar und eindeutig umsetzen.[196] Aufgrund der Bedeutung der Umsetzung erfolgt diese i.d.R. aber durch Parlamentsgesetz.

170   Unter bestimmten Voraussetzungen können nach der Rechtsprechung des EuGH einzelne Bestimmungen einer EU-Richtlinie gleichwohl unmittelbare innerstaatliche Wirkung entfalten (**unmittelbare Anwendbarkeit von Richtlinien**).[197] Eine unmittelbare Wirkung setzt voraus, dass die betreffende Richtlinie

- nicht ordnungsgemäß oder nicht fristgerecht umgesetzt wurde,
- *„inhaltlich unbedingt"*
- und *„hinreichend genau"* bestimmt ist und damit ohne weitere Zwischenakte für den Rechtsanwender subsumtionsfähig sein muss.[198]

171   Kommt demnach die unmittelbare Wirkung einer Richtlinie in Betracht, ist des Weiteren zu untersuchen, wie die unmittelbare Wirkung in concreto aussieht. Hierzu sind folgende Fallgruppen anerkannt.[199]

- **Vertikale Wirkung** von Richtlinienbestimmungen („**Verhältnis Bürger-Staat**")

  Die vertikale Wirkung von Richtlinienbestimmungen betrifft das Verhältnis Bürger-Staat. Soweit eine Richtlinie subjektive Rechte des Einzelnen begründet, gilt sie unter den o.g. Voraussetzungen unmittelbar zugunsten des Bürgers. Dieser kann sich also vor nationalen Stellen (Behörden und Gerichte) auf die Regelung der Richtlinie berufen und seinen Anspruch durchsetzen. Anspruchsgrundlage ist demnach die betreffende Richtlinienbestimmung. Als Beispiel sei die Umwelt-Informations-Richtlinie 90/313/EWG genannt. Diese Richtlinie hätte bis zum 31.12.1992 umgesetzt werden müssen (Art. 9 I S. 1 der Richtlinie). Tatsächlich ist die Umsetzung durch das Inkrafttreten des Umweltinformationsgesetzes am 16.7.1994 erfolgt. In der Zwischenzeit konnten betroffene Bürger den freien Zugang zu Informationen über die Umwelt verlangen und sich dabei auf die Richtlinie 90/313/EWG stützen.[200]

---

[196] EuGH EuZW 2001, 437. Vgl. aber die Richtlinie 2006/24 EG zur Vorratsdatenspeicherung, wo ganz konkrete Vorgaben gemacht werden.

[197] Die Rechtsprechung des EuGH reicht von dem grundlegenden Großkrotzenburg-Urteil vom 11.8.1995 (EuGH Slg I 1995, 2189 ff. mit Anm. v. *Callies*, NVwZ 1996, 339) bis zu den aus jüngerer Zeit stammenden Urteilen zum Flughafen Bozen vom 16.9.1999 (DVBl 2000, 214), dem sog. „Irland-Urteil" vom 21.9.1999 (EuGH Slg 1999, 5901 ff.), der „Olivenöl-Entscheidung" vom 26.9.2000 (EuZW 2001, 153), der Rettungsassistenten-Entscheidung vom 5.10.2004 (NJW 2004, 3547 ff.), der Entscheidung Navarro/Fogasa (EuZW 2008, 185) und der Trianel-Entscheidung (NVwZ 2011, 801 ff.). Das BVerwG und andere deutsche Gerichte haben die Rechtsprechung ausdrücklich bestätigt (BVerwG NVwZ 1999, 528; BVerwG NVwZ 1998, 616; VGH München ZUR 1999, 153). Vgl. dazu auch *Hirsch*, NVwZ 1998, 907, 908; *Streinz*, JuS 2000, 78; *Staupe*, NVwZ 2000, 508, 510 f.; *Otto*, NVwZ 2000, 531, 533 f.; *Schmidt-Preuß*, NVwZ 2000, 252 ff.; *Gundel*, EuZW 2001, 143 ff.; *Böhm*, JA 2008, 838, 844.

[198] Vgl. EuGH NJW 2004, 3548; *Winter*, DVBl 1991, 657, 660.

[199] Vgl. *Staupe*, NVwZ 2000, 508, 511; kritisch *Kühling/Röckinghausen*, DVBl 1999, 1614, 1616.

[200] Vgl. dazu EuGH DVBl 2000, 214 und allgemein *Gundel*, EuZW 2001, 143 ff. Zur unmittelbaren Wirkung der sog. Arbeitszeitgestaltungs-Richtlinie vgl. EuGH NJW 2004, 3547 ff.; *Streinz*, JuS 2005, 357 ff.

- **Horizontale Wirkung** von Richtlinienbestimmungen („**Verhältnis Bürger-Bürger**")

Die horizontale Wirkung von Richtlinienbestimmungen betrifft das Verhältnis Bürger-Bürger. Der EuGH hatte sie früher stets ausgeschlossen.[201] Folgt man dieser Rechtsprechung, kann eine unmittelbar anwendbare zivilrechtliche Richtlinie keine unmittelbaren Ansprüche eines Privatrechtssubjekts gegen ein anderes Privatrechtssubjekt begründen. Es kommt aber eine **richtlinienkonforme Auslegung** des nationalen Rechts in Betracht (vgl. dazu Rn 276). Ist auch diese nicht möglich (etwa weil die einer Auslegung gesetzten Grenzen überschritten würden), bleibt nur die Möglichkeit eines Staatshaftungsanspruchs.

Nun hatte der EuGH erneut über die Direktwirkung nicht umgesetzter Richtlinien zwischen Privaten zu entscheiden.[202] In dem italienischen Ausgangsrechtsstreit ging es um die richtige Etikettierung von Olivenöl. Dem Streit lag folgender Sachverhalt zugrunde:

Ein Lieferant (L) hatte in Widerspruch zum nationalen Gesetz, das eine **Etikettierungspflicht** für Olivenöl vorsah, nicht etikettiertes Olivenöl an einen Käufer (K) geliefert. Dieser verweigerte jedoch die Zahlung mit der Begründung, das Öl sei wegen der Nichtetikettierung nicht in vertragsgemäßem Zustand geliefert worden. L klagte daraufhin gegen K auf Zahlung des Kaufpreises und berief sich dabei auf die EG-Richtlinie 79/112/EWG (vgl. nunmehr Richtlinie 2000/13/EG), nach der eine staatlich angeordnete Etikettierungspflicht unzulässig ist. Folge dieser Richtlinie sei, dass das entgegenstehende nationale Gesetz nicht anwendbar und daher die Einrede des K unbeachtlich sei.

Der EuGH machte zwar deutlich, dass die gefestigte Rechtsprechung zum grundsätzlichen Ausschluss der horizontalen Direktwirkung nicht aufgegeben werden solle, im vorliegenden Fall entschied er aber auch, dass wenn eine nicht oder nicht fristgemäß umgesetzte Richtlinie dem anderen Bürger keine subjektive Rechtsposition nehme, die ihm nach nationalem Recht zustehe, eine unmittelbare Wirkung zwischen Privaten in Betracht komme.

Im vorliegenden Fall bejahte der EuGH die unmittelbare Wirkung der o.g. Richtlinie, weil sie K keine subjektiven Rechte genommen habe, die ihm nach nationalem Recht zustanden. Das der Richtlinie widersprechende nationale Gesetz über die Etikettierungspflicht bezwecke nicht den Schutz der Kaufleute im Handelsverkehr und räume daher auch K keine Rechte ein, die von der Richtlinie hätten genommen werden können. Deshalb habe sich L gegenüber K unmittelbar auf die Richtlinie berufen können mit der Folge, dass das der Richtlinie widersprechende nationale Gesetz über die Etikettierungspflicht nicht habe angewendet werden dürfen. Die Nichtetikettierung sei mithin unbeachtlich gewesen.[203]

> **Fazit:** Nach der aktuellen Rechtsprechung des EuGH besteht eine horizontale Wirkung von Richtlinien (d.h. deren unmittelbare Wirkung zwischen Bürgern), wenn die betreffende Richtlinie
>
> - nicht oder nicht fristgerecht umgesetzt wurde,
> - sie inhaltlich unbedingt
> - und hinreichend genau bestimmt ist
> - und wenn durch die unmittelbare Wirkung dem anderen Bürger keine subjektiven Rechte genommen werden, die diesem nach nationalem Recht zustünden.
>
> Dagegen ist es nicht erforderlich, dass die Richtlinie selbst dem Bürger subjektive Rechte einräumt; insoweit genügt eine objektive Wirkung der Richtlinie.

---

[201] Vgl. aus jüngerer Zeit EuGH EuZW 2000, 671 Rn 15.
[202] EuGH EuZW 2001, 153, 156. Vgl. auch EuGH NJW 2004, 3548, 3549.
[203] Vgl. aber auch EuGH EuZW 2007, 337 Rn 40, wo das Gericht die unmittelbare Wirkung zwischen Bürgern wiederum ablehnt.

- **Umgekehrt vertikale Wirkung** von Richtlinienbestimmungen („**Verhältnis Staat-Bürger**")

  Die umgekehrt vertikale Wirkung von Richtlinienbestimmungen betrifft das Verhältnis Staat-Bürger, also die Konstellation, in der die Richtlinie den Mitgliedstaaten Eingriffsbefugnisse gegenüber ihren Bürgern verleiht oder den Bürgern bestimmte Rechtspflichten auferlegt. Anders als bei der horizontalen Wirkung erkennt der EuGH hier ausnahmslos keine unmittelbare Wirkung an.[204] Dahinter steht der Gedanke, dass sich der Staat eine Richtlinie, die ihn zu Eingriffen ermächtigt, gefälligst durch Umsetzung zu eigen machen soll. Folgt man auch dieser Auffassung, darf sich ein Staat also nicht zulasten seiner Bürger auf eine von ihm noch nicht oder nicht hinreichend umgesetzte Richtlinie berufen.

- **Objektive Wirkung** von Richtlinienbestimmungen

  Von einer objektiven Wirkung von Richtlinienbestimmungen spricht man, wenn die betreffende Bestimmung den Mitgliedstaat objektiv verpflichtet. Das ist insbesondere dann der Fall, wenn die Richtlinie Verfahrensregelungen für das Verwaltungsverfahren beinhaltet. Derartige Richtlinienbestimmungen gelten unmittelbar.

- Richtlinienbestimmungen mit **Dritt- und Doppelwirkung**

  Von einer Richtlinienbestimmung mit Dritt- und Doppelwirkung spricht man, wenn die betreffende Richtlinienbestimmung für einige Bürger begünstigend, für andere Bürger belastend wirkt. Der EuGH hat sich diesbezüglich noch nicht geäußert. In der Literatur werden verschiedene Meinungen vertreten, auf deren Referierung jedoch verzichtet werden muss.[205]

172 Von der unmittelbaren Wirkung von Richtlinien zu unterscheiden ist die **richtlinienkonforme Auslegung**. Vgl. dazu Rn 276 f.

173 Schließlich muss das **Verhältnis** zwischen dem **Recht der EU** und dem **deutschen Recht** geklärt werden. Da weder in den Verträgen noch im Grundgesetz eine explizite Kollisionsregel vorhanden ist[206], stellt sich die Frage, welchem Rechtskreis bei einer Kollision der Vorrang gebührt. Kollidiert eine Norm des EU-Rechts (primäres Unionsrecht, aber auch sekundäres Unionsrecht wie Verordnung, Richtlinie) mit nationalem einfachem Recht, geht die ganz herrschende Meinung von einem **Anwendungsvorrang** des EU-Rechts aus.[207] Anwendungsvorrang bedeutet, dass das mit höherrangigem Recht kollidierende niederrangige Recht zwar **nicht ungültig** ist, allerdings in seiner **Anwendung gesperrt wird**.[208] Das Prinzip des Anwendungsvorrangs ergibt sich aus europäischer Sicht aus den Gründungsverträgen, den Verträgen von Maastricht (EUV), Amsterdam, Nizza und Lissabon („Änderungsverträge") sowie aus dem sich aus den Verträgen ergebenden Prinzip der Sicherung und Funktionsfähigkeit der Union, dem *Effet-utile*-Prinzip, das beeinträchtigt würde, wenn nationale Bestimmungen im Kollisionsfalle dem Europäischen Recht vorgingen.

174 Zu beachten ist, dass nationale **Verwaltungsakte**, die mit EU-Recht unvereinbar sind, zwar rechtswidrig, aber nicht allein wegen der Unvereinbarkeit mit EU-Recht unanwendbar

---

[204] Vgl. nur EuGH Slg 1996, 4705 und *Gundel*, EuZW 2001, 143.

[205] Vgl. dazu *Kühling/Röckinghausen*, DVBl 1999, 1614, 1617.

[206] Lediglich in der Erklärung Nr. 17 zur Schlussakte des Vertrags von Lissabon wird vom „Vorrang vor dem Recht der Mitgliedstaaten gesprochen".

[207] Vgl. nur BVerfGE 121, 1, 15 ff.; BVerfG NJW 2010, 833, 835; NJW 2001, 1267; BVerwG NVwZ 2000, 1039; *Schöbener*, JA 2011, 885, 997 f.; *Polzin*, JuS 2012, 1 f.; *Jarass/Beljin*, NVwZ 2004, 1 ff.; *Ost*, NVwZ 2001, 399, 400; *Köster/Schröder*, NJW 2001, 273, 274; *Schmid*, NVwZ 2001, 249 f.; *Nickel*, JZ 2001, 625 ff.

[208] Im Gegensatz dazu steht Art. 31 GG, der im Falle einer Kollision des Landesrechts mit Bundesrecht einen Geltungsvorrang des Bundesrechts anordnet. Zu Art. 72 III S. 3 GG, der wiederum von einem Anwendungsvorrang (des später erlassenen Gesetzes gleich welchen Rangs) ausgeht, vgl. *R. Schmidt*, Staatsorganisationsrecht, Rn 819 f.

oder nichtig sind.[209] Sie bedürfen daher i.d.R. eines Aufhebungsverfahrens (nach § 42 I VwGO oder nach § 48 VwVfG).

Schwierig wird es, wenn dem Unionsrecht nicht nationales einfaches Recht, sondern **Verfassungsrecht** entgegensteht. Das betrifft im Kern die Kollision des EU-Rechts mit den Grundrechten des Grundgesetzes. Der EuGH geht seit der Costa/Enel-Entscheidung[210] vom **Vorrang des EU-Rechts** vor jeglichem nationalen Recht (also auch vor nationalem Verfassungsrecht) aus und beansprucht gleichzeitig für sich eine ausschließliche Prüfungskompetenz. Auch das BVerfG erkennt den diesbezüglichen Anwendungsvorrang des EU-Rechts im Grundsatz an, begründet ihn aber nicht mit den Gründungsverträgen, sondern zum einen mit dem Anwendungsbefehl, der aus den Zustimmungsgesetzen zu den Verträgen folgt (vgl. Art. 59 II GG), und zum anderen mit der Integrationsermächtigung des Art. 24 I GG a.F. bzw. des Art. 23 I GG i.d.F. von 1992.[211] Freilich besteht hier die Möglichkeit für das BVerfG, die Vereinbarkeit des Gesetzes, das der Übertragung von Hoheitsrechten auf die EU zustimmt („Zustimmungsgesetz"), mit dem Grundgesetz zu überprüfen und das Zustimmungsgesetz für mit dem Grundgesetz unvereinbar zu erklären, falls es z.B. ein Demokratiedefizit erblickt. Hinsichtlich verschiedener Zustimmungsgesetze kam es auch zur Überprüfung (vgl. etwa das sog. Lissabon-Urteil[212], die Mangold-Entscheidung[213] und das Urteil zum ESM[214]). In allen diesen Entscheidungen hat das BVerfG zwar Grenzen bei der Übertragung von Hoheitsrechten auf die EU aufgezeigt und die Integrationsverantwortung des Bundestags angemahnt, jedoch die europäische Integration, den Anwendungsvorrang sowie die Rechtsprechung des EuGH, der dazu tendiert, den Anwendungsbereich des Unionsrechts sehr weit auszulegen, grds. gebilligt.[215]

175 - 183

Der genannte Anwendungsvorrang greift nach der Rechtsprechung des BVerfG aber nicht, wenn eine Handlung eines Organs oder einer Einrichtung der EU

184

⇨ ersichtlich auf einer erheblich ins Gewicht fallenden **Kompetenzüberschreitung** beruht (sog. „Ultra-vires-Akt")

⇨ oder sie den nicht übertragbaren Bereich der durch Art. 79 III GG geschützten **Verfassungsidentität** des Grundgesetzes betrifft.

Zur Bejahung eines Ultra-vires-Akts bzw. einer Missachtung der Verfassungsidentität ist aber nach der Honeywell-Entscheidung des BVerfG (BVerfGE 126, 286) ein **hinreichend qualifizierter Verstoß** erforderlich. Dieser setzt voraus, dass das kompetenzwidrige Handeln der Unionsgewalt **offensichtlich** ist und der angegriffene Akt im Kompetenzgefüge zu einer **strukturell bedeutsamen** Verschiebung zulasten der Mitgliedstaaten führt. In einem solchen Fall wird das BVerfG tätig und prüft Rechtsakte von Organen der EU am Maßstab des Grundgesetzes im Rahmen einer **„Ultra-vires-Kontrolle"** bzw. **„Identitätskontrolle"**.[216]

185

---

[209] Insofern klarstellend BVerwGE 138, 322 ff.

[210] EuGH Slg. 1964, 1251 ff.; vgl. auch EuGH Slg 1970, 1125 ff. (Internationale Handelsgesellschaft).

[211] BVerfGE 89, 155 ff. (Maastricht); bestätigt in BVerfGE 102, 147 ff. (Bananenmarktordnung) und in BVerfGE 126, 286, 302 (Honeywell bzw. Mangold).

[212] BVerfGE 123, 267 ff.

[213] BVerfGE 126, 286 ff.

[214] BVerfG NJW 2012, 3145 ff.

[215] Vgl. aber BVerfG NJW 2013, 1499, 1500 f. (Antiterrordatei), wo das BVerfG überaus deutlich macht, dass es die vom EuGH in seiner Akerberg-Fransson-Entscheidung (EuGH NJW 2013, 1415, 1416) zugrunde gelegte weite Interpretation hinsichtlich des Anwendungsbereichs der GRC nicht trägt. Vgl. dazu *R. Schmidt*, Grundrechte, Rn 9b.

[216] BVerfGE 126, 286, 304 („Ultra-vires-Kontrolle") und 321 („Kompetenzkontrolle"). Vgl. dazu insgesamt *R. Schmidt*, Staatsorganisationsrecht, Rn 343 ff. Zur **verwaltungsprozessualen** Seite des Einflusses des EU-Rechts auf die nationale Rechtsordnung vgl. *R. Schmidt*, VerwProzR, Rn 104, 188 ff., 299 und 649 ff./660 ff.

5. Kapitel

Prinzip der Gesetzmäßigkeit der Verwaltung

186 Aus Art. 1 III, 20 III, 83 und 86 GG ergibt sich, dass die Verwaltung die Gesetze ausführt und dabei an Recht und Gesetz gebunden ist. Die Verwaltung darf also die Voraussetzungen ihres Eingreifens nicht selbst festlegen. Das darf aufgrund des Demokratieprinzips nur die unmittelbar demokratisch legitimierte Legislative, das Parlament. Das bedeutet, dass ein Eingriff (seitens der Exekutive) in die Rechtssphäre des Betroffenen nur dann gerechtfertigt ist, wenn er im ordnungsgemäßen Vollzug eines rechtmäßigen Gesetzes erfolgt. Erste Voraussetzung für die Rechtmäßigkeit einer belastenden Verwaltungsmaßnahme ist also das Vorliegen einer gesetzlichen Rechtsgrundlage.[217] Man spricht insoweit vom **Vorbehalt des Gesetzes** (Merksatz: *„Nicht ohne das Gesetz"*). Unabhängig von dem Erfordernis einer Rechtsgrundlage gilt, dass die Verwaltung nicht gegen bestehende Gesetze verstoßen darf. Hier spricht man vom **Vorrang des Gesetzes** (Merksatz: *„Nicht gegen das Gesetz"*). Vorrang und Vorbehalt des Gesetzes werden zusammengefasst als **Prinzip der Gesetzmäßigkeit der Verwaltung** bezeichnet.

A. Vorrang des Gesetzes

187 Das Prinzip vom „**Vorrang des Gesetzes**" gilt **ausnahmslos**, d.h. für jegliche Verwaltungstätigkeit, und verbietet - negativ wirkend - jeden Verstoß gegen bestehende Gesetze (Art. 20 III GG).

> **Beispiel:** Wenn keiner der Versagungsgründe des § 4 GastG[218] vorliegt, *ist* dem Antragsteller die Gaststättenerlaubnis von der zuständigen Verwaltungsbehörde zu erteilen. Das folgt aus der grundrechtlich gewährten Gewerbefreiheit (vgl. § 1 GewO i.V.m. Art. 12 I GG).[219] Beachtet die Behörde diese Vorgabe nicht, verstößt sie gegen den Vorrang des Gesetzes.

188 Die *Bindung an die Grundrechte* ist allerdings bei **privatrechtlichem Handeln** der Verwaltung differenziert zu betrachten. Da die damit verbundene Problematik ausführlich bei Rn 1008 ff. dargestellt wird, wird auf die dortige Darstellung verwiesen.

189 Fraglich sind die **Rechtsfolgen**, die mit einem **Verstoß gegen das Vorrangprinzip** verbunden sind. Erlässt die Verwaltung gegen höherrangige Gesetze verstoßende **Rechtsverordnungen**, sind diese nichtig. Entsprechendes gilt grundsätzlich auch für **Satzungen**. Allerdings sind dort in Betracht kommende Heilungs- bzw. Unbeachtlichkeitsregelungen zu beachten. So sind gem. § 214 BauGB bestimmte Fehler im Bebauungsplan unbeachtlich bzw. behebbar.[220] Gegen Gesetze verstoßende **Verwaltungsakte** sind demgegenüber grundsätzlich wirksam (vgl. §§ 43 II/III, 44 VwVfG). Sie sind aber anfechtbar und aufhebbar (vgl. § 113 I S. 1 VwGO).[221] Für **Verwaltungsverträge** gilt § 59 VwVfG.[222]

---

[217] Die Terminologie ist uneinheitlich. Verbreitet wird der Begriff „Ermächtigungsgrundlage" verwandt, obwohl dieser Begriff bereits durch das formell-gesetzliche Ermächtigungsverfahren, namentlich eine oberste Bundes- oder Landesbehörde zum Erlass von (abstrakt-generellen) Rechtsverordnungen zu ermächtigen (Art. 80 I GG), besetzt ist. Es empfiehlt sich deshalb, den neutralen Begriff „Rechtsgrundlage" zu verwenden. Bei Maßnahmen der an dieser Stelle zu erörternden Eingriffsverwaltung kann auch mit dem Begriff „Eingriffsermächtigung" gearbeitet werden.

[218] Zum GastG nach der Föderalismusreform 2006 vgl. bereits Fußnote 15.

[219] Man spricht von einem präventiven Verbot mit Erlaubnisvorbehalt: Das grundrechtliche Erlaubte wird präventiv zur Rechtskontrolle eingeschränkt. Ist das Vorhaben unbedenklich (d.h. bewegt sich der Anspruchsteller im Rahmen des grundrechtlich Erlaubten), ist die „Präventionssperre" aufzuheben und die Erlaubnis zu erteilen.

[220] Vgl. ausführlich *R. Schmidt*, BauR, Rn 18 ff.

[221] Vgl. ausführlich *R. Schmidt*, VerwProzR, Rn 627 ff.

[222] Vgl. ausführlich Rn 924 ff.

B. Vorbehalt des Gesetzes

In einer parlamentarischen Demokratie, wie sie das Grundgesetz kennt, ist ausschließlich das Parlament unmittelbar demokratisch legitimiert. Nur das Parlament darf daher die Voraussetzungen von freiheitsverkürzenden Maßnahmen (Eingriffen) festlegen. Maßnahmen der Verwaltung, die mit Rechtseingriffen verbunden sind, dürfen somit nur dann ergehen, wenn sie sich auf eine parlamentarische Rechtsgrundlage stützen lassen.

190

Aus einer Gesamtschau aus dem Rechtsstaatsprinzip, dem Demokratieprinzip und den Grundrechten ergibt sich die Definition des Vorbehalts des Gesetzes:

Der aus dem Rechtsstaatsprinzip, dem Demokratieprinzip und den Grundrechten abgeleitete – positiv wirkende – **Vorbehalt des Gesetzes** besagt, dass Verwaltungsmaßnahmen nur auf einer formell-gesetzlichen Grundlage ergehen dürfen.

191

Mit dem Vorbehalt des Gesetzes nicht gleichzusetzen sind die Wesentlichkeitstheorie und der Parlamentsvorbehalt.

I. Wesentlichkeitstheorie

Die vom BVerfG geprägte **Wesentlichkeitstheorie** besagt, dass der parlamentarische Gesetzgeber in grundlegenden normativen Bereichen alle wesentlichen Regelungen selbst treffen muss und sie nicht über mehr oder minder globale Ermächtigungen an die Exekutive delegieren darf.[223]

192

Grundlegend normativ ist ein Bereich v.a. dann, wenn es um die **Beschränkung von Grundrechten** geht. Greift also eine staatliche Maßnahme in Grundrechte ein, handelt es sich um eine wesentliche Maßnahme, sodass stets eine formell-gesetzliche Rechtsgrundlage erforderlich ist, in der die Reichweite des zulässigen Grundrechtseingriffs geregelt ist. Da sich dies aber bereits aus den grundrechtlichen Gesetzesvorbehalten (vgl. etwa Art. 12 I S. 2 GG, wonach die Berufsausübung durch Gesetz oder aufgrund eines Gesetzes geregelt werden darf) oder jedenfalls aus dem allgemeinen Gesetzesvorbehalt ergibt, bestehen insoweit keine Besonderheiten.

193

Eigenständige Bedeutung erlangt die Wesentlichkeitstheorie aber dann, wenn ein staatliches Verhalten (sei es ein Handeln oder Unterlassen) – unabhängig von einem etwaigen Grundrechtseingriff – **wesentlich für die Verwirklichung der Grundrechte** ist.

194

Beispiele:

(1) Da die Begriffe der „wesentlichen Umwelteinwirkungen", der „Immissionen", der „Emissionen" und der „Luftverunreinigungen" für zahlreiche (umwelt-)behördliche Eingriffsbefugnisse relevant sind und diese wiederum weit reichende Konsequenzen für die betroffenen Betriebe mit sich bringen, muss der parlamentarische Gesetzgeber selbst die genannten Begriffe in einem formellen Gesetz definieren. Dies hat er mit § 3 BImSchG getan.

(2) Zwar ist der Staat aufgrund seines Erziehungsauftrags und Bildungsauftrags (Art. 7 I GG) berechtigt, Sexualerziehung in der Schule durchzuführen, da andererseits aber die (individuelle) Sexualerziehung der Kinder in erster Linie Teil des Erziehungsrechts der Eltern i.S.d. Art. 6 II GG ist, verpflichtet der Vorbehalt des Gesetzes den Gesetzgeber, die Entscheidung über die Einführung einer Sexualerziehung

---

[223] Vgl. nur BVerfGE 33, 125, 158 (Facharzt); 84, 212, 226 (Aussperrung).

in den Schulen selbst zu treffen. Er darf die Entscheidung über die Einführung einer Sexualerziehung in Schulen nicht der Schulbehörde überlassen.[224]

(3) Pressesubventionen sind für die Begünstigten zwar vordergründig vorteilhaft, dennoch darf nicht übersehen werden, dass dadurch gewisse Lenkungseffekte erzielt und Verzerrungen des publizistischen Wettbewerbs verursacht werden. Eine Presse ohne staatliche Einflussnahme ist aber für eine funktionierende Demokratie unabdingbar, zumal der Staat auch eine Neutralitätspflicht innehat. Daher ist die Entscheidung über eine Pressesubventionierung in einem förmlichen Gesetz zu treffen. Lediglich die nähere Ausgestaltung kann der Verwaltung überlassen werden.[225]

195 Soweit in den genannten Beispielen ohnehin Grundrechtseingriffe durch die Exekutive vorliegen, bedarf es bereits aufgrund des Vorbehalts des Gesetzes einer formellen Gesetzesgrundlage. Insoweit stellt sich die Frage, warum das BVerfG noch eine „Wesentlichkeitstheorie" ins Spiel bringt. Dieser Umstand kann nur damit erklärt werden, dass das BVerfG offenbar davon ausgeht, der Vorbehalt des Gesetzes verlange überhaupt nur eine formell-gesetzliche Grundlage, soweit Grundrechtseingriffe vorliegen. Ob auch eine Gesetzesgrundlage erforderlich ist, die die Eingriffsvoraussetzungen im Einzelnen beschreibt, richtet sich dann nach der Bedeutung für das Staat-Bürger-Verhältnis: Je bedeutender das staatliche Verhalten für den Bürger ist, desto detaillierter muss die gesetzliche Regelung sein. Insoweit lässt sich der Befund aufstellen, dass die Wesentlichkeitstheorie enger ist als der allgemeine Gesetzesvorbehalt. Es kann also vorkommen, dass gemäß dem Vorbehalt des Gesetzes zwar eine formell-gesetzliche Rechtsgrundlage erforderlich ist, die Bedeutung der geregelten Materie für die Verwirklichung der Grundrechte aber nicht so wesentlich ist, dass sämtliche Detailfragen im Gesetz geregelt werden müssten.

Beispiele:

(1) Das BVerfG hat entschieden, dass die gegenüber einem Beamten vorgenommene Zuweisung eines neuen Dienstpostens (Umsetzung) an einem anderen Dienstort zwar in die Berufsfreiheit des Beamten aus Art. 12 I GG eingreife und daher gemäß dem Vorbehalt des Gesetzes (hier: Art. 12 I S. 2 GG) einer formell-gesetzlichen Rechtsgrundlage bedürfe. Da aber die Frage, *unter welchen Voraussetzungen* eine derartige Umsetzung erfolgen darf, nicht wesentlich sei, erfordere die Umsetzung keine gesetzliche Regelung der einzelnen Voraussetzungen einer Umsetzung. Vielmehr genüge die gesetzlich geregelte allgemeine beamtenrechtliche Gehorsamspflicht (vgl. etwa § 62 I S. 2 BBG, § 35 S. 2 BeamtStG).[226]

(2) Auch für die Einführung der von der Kultusministerkonferenz am 30.11./1.12.1995 beschlossenen Neuregelung der deutschen Rechtschreibung an Schulen bedurfte es nach Auffassung des BVerfG keiner besonderen, über die allgemeinen Lernzielbestimmungen des Schulgesetzes hinausgehenden gesetzlichen Grundlage.[227]

196

Fazit: Während also der Vorbehalt des Gesetzes nur verlangt, dass in bestimmten Fällen und unter bestimmten Voraussetzungen überhaupt eine formell-gesetzliche Rechtsgrundlage besteht, fordert die Wesentlichkeitstheorie, dass bei zunehmender Bedeutung des in Rede stehenden staatlichen Verhaltens für die Verwirklichung der Grundrechte ein formelles Gesetz existieren muss, das detailliert und genau die Befugnisse der Verwaltung regelt.

---

[224] BVerfGE 47, 46, 69 ff. (Sexualkundeunterricht).
[225] BVerfGE 80, 124, 131 ff. (Postzeitungsdienst; Pressesubventionen).
[226] BVerwG NVwZ 2012, 1481, 1482; NVwZ-RR 2008, 547, 548 (jeweils Umsetzung eines Beamten).
[227] BVerfGE 98, 218, 252 ff. (Rechtschreibreform).

II. Parlamentsvorbehalt

Parlamentsvorbehalt bedeutet, dass bestimmte Angelegenheiten einer Entscheidung des Parlaments bedürfen.

197

Wenn auch der Parlamentsvorbehalt mit dem Vorbehalt des Gesetzes und der Wesentlichkeitstheorie viele Berührungspunkte hat, darf er mit diesen Prinzipien dennoch nicht gleichgesetzt werden.[228] Denn er sagt lediglich, dass bestimmte Angelegenheiten einer Entscheidung des Parlaments bedürfen.

198

Mit „Parlament" sind dabei ausschließlich die Gesetzgebungskörperschaften von Bund und Ländern gemeint (also der Bundestag und die Landtage), nicht dagegen sonstige Vertretungskörperschaften wie z.B. Gemeindevertretungen oder Studierendenvertretungen, die landläufig als „Gemeindeparlament" und „Studierendenparlament" bezeichnet werden.

199

Der Parlamentsvorbehalt ist unmittelbarer Ausfluss aus dem Demokratieprinzip. Er verbietet, dass Entscheidungen, die von substantiellem Gewicht für das Gemeinwesen sind, ohne parlamentarische Zustimmung getroffen werden. Das leuchtet ein, wenn man bedenkt, dass allein das Parlament unmittelbar demokratisch legitimiert ist und sich die Exekutive nur mittelbar über das Parlament legitimiert.

200

Keine Rolle spielt es, in welcher Form die Entscheidung des Parlaments ergeht. Sie kann, muss aber nicht in der Form eines Gesetzes ergehen; auch ein schlichter Parlamentsbeschluss wird dem Parlamentsvorbehalt gerecht. Wichtig ist nur, dass überhaupt das Parlament entscheidet.

201

> **Beispiel:** Der Einsatz bewaffneter Streitkräfte der Bundeswehr im Ausland ist von solchem Gewicht für das Gemeinwesen, dass das Parlament (hier: der Bundestag) über jeden einzelnen Einsatz entscheiden muss. Ein Gesetz, das generell den bewaffneten Einsatz der Bundeswehr zuließe, entspräche auch dann nicht dem Parlamentsvorbehalt, wenn es die Voraussetzungen für bewaffnete Bundeswehreinsätze enthielte.[229] Das Parlamentsbeteiligungsgesetz vom 18.3.2005 regelt die Voraussetzungen sowie Form und Ausmaß der parlamentarischen Beteiligung.

Der Parlamentsvorbehalt kann aber nicht weiter reichen als die Zuständigkeit der Legislative, die wiederum durch das Gewaltenteilungsprinzip begrenzt ist. Das Parlament kann also nicht Entscheidungen, die nach der Verfassung der Exekutive zustehen, unter Berufung auf den Parlamentsvorbehalt an sich ziehen. Ein solcher Kompetenzübergriff wäre verfassungswidrig und ihm könnte mit einem Organstreitverfahren (Art. 93 I Nr. 1 GG) begegnet werden.

201a

III. Reichweite des Gesetzesvorbehalts

Im Gegensatz zum *Vorrang des Gesetzes* gilt der *Vorbehalt des Gesetzes* **nicht uneingeschränkt**. Es muss kategorisch zwischen der Ordnungsverwaltung (hier: Eingriffsverwaltung) und den sonstigen Arten der Verwaltungstätigkeit (hier: Leistungsverwaltung) unterschieden werden:

202

1. Eingriffsverwaltung

Unstreitig gilt der Vorbehalt des Gesetzes bei (gezielten) Eingriffen in Freiheit und Eigentum der Bürger (sog. **Eingriffsverwaltung**). Folgerichtig ist im besonderen

203

---

[228] So aber BVerfGE 108, 282, 311 f. (Kopftuch).
[229] BVerfGE 90, 286, 381 ff. (Bundeswehreinsatz).

Gefahrenabwehrrecht (Gewerberecht, Gaststättenrecht, Bauordnungsrecht, Wasserhaushaltsrecht etc.) sowie im allgemeinen Gefahrenabwehrrecht (**Polizei- und Ordnungsrecht**) stets eine formell-gesetzliche Grundlage erforderlich, d.h. eine **Rechtsgrundlage**, die die Voraussetzungen für den administrativen Rechtseingriff normiert.

> **Beispiel:** G betreibt in der Innenstadt von S eine Kneipe und lässt dort den Handel mit Drogen zu. Nachdem ihn die Behörde bereits mehrmals aufgefordert hat, dies zu unterbinden, entzieht sie ihm wegen Unzuverlässigkeit die Gaststättenerlaubnis.
>
> Der Entzug der Gaststättenerlaubnis ist ein belastender Verwaltungsakt und Instrument der Eingriffsverwaltung. Das behördliche Handeln bedarf somit einer Rechtsgrundlage. Eine solche stellt § 15 II GastG i.V.m. § 4 I S. 1 Nr. 1 GastG dar. Erfüllt G die dort normierten Voraussetzungen, ist der Widerruf der Erlaubnis gerechtfertigt.

204 Die spezialgesetzlichen Rechtsgrundlagen sind in den die jeweils betreffende Rechtsmaterie regelnden Normkomplexen (bereichsspezifisches Normgefüge) enthalten. Insbesondere das VersG, das VereinsG, das WaffG, das GastG, die GewO, die Beamtengesetze und die Verwaltungsverfahrensgesetze (vgl. etwa §§ 48, 49 VwVfG) enthalten eine Vielzahl prüfungsrelevanter Rechtsgrundlagen. Aufgrund der Regelungsdichte des öffentlichen Rechts ist aber davon abzuraten, möglichst viele Rechts- oder Anspruchsgrundlagen auswendig zu lernen. Es genügt, eine Rechtsgrundlage an dem jeweiligen Modalverb „muss", „darf", „kann" oder „ist befugt", das der Behörde eine entsprechende Befugnis erteilt, erkennen zu können.

205 Zum Vorbehalt des Gesetzes bei der Übertragung von hoheitlichen Befugnissen auf Private (sog. „**Beleihung**") vgl. Rn 110 ff.; zur **Privatisierung** vgl. Rn 121; zu den **behördlichen Warnungen**, bei denen es insbesondere um **mittelbare Eingriffe** geht, vgl. Rn 893 ff.; zum sog. **Sonderrechtsverhältnis** vgl. Rn 457 ff.

2. Leistungsverwaltung

206 In der **Leistungsverwaltung** (dazu Rn 18 ff.) besteht die Besonderheit, dass die Verwaltung nicht freiheitsverkürzend in die Rechtssphäre des Bürgers eingreift, sondern ihm gegenüber gewährend auftritt, also dessen Rechtssphäre erweitert. Sollte eine Leistungsgewährung nicht schon gesetzlich geregelt sein (vgl. etwa § 31 SGB I i.V.m. den Anspruchsgrundlagen z.B. aus dem SGB II, III oder VI) lässt insbesondere die Rechtsprechung es daher (bezüglich der Subventionsvergabe) genügen, wenn im **Haushaltsplan** (= nur-formelles Gesetz) des Bundes[230] oder des betreffenden Landes Mittel mit entsprechender Zweckbestimmung bereitgestellt sind und die Vergabe durch **Richtlinien** (i.S.v. Verwaltungsvorschriften) geordnet ist. Seien Fördermittel im Haushaltsplan (z.B. § 23 BHO) für einen bestimmten Förderungszweck bereitgestellt, sei trotz des auch in der Leistungsverwaltung zu beachtenden **Rechtsstaats**-[231] und **Demokratieprinzips** dem Vorbehalt des Gesetzes *grundsätzlich* Genüge getan (sog. **Etatlegitimierung**).[232]

---

[230] Vgl. Art. 110 I S. 1, II GG i.V.m. der Bundeshaushaltsordnung (BHO).

[231] Das Rechtsstaatsprinzip wird zum einen dadurch gewährleistet, dass die Behörden an – dem Gesetzgeber im Allgemeinen bekannten – Richtlinien über die Subventionsvergabe sowie an ihre Subventionspraxis (sog. Selbstbindung der Verwaltung) gebunden sind und der Bürger einen formell-rechtlichen Anspruch auf ermessensfehlerfreie Entscheidung hat. Zum anderen besteht für den Bürger die Möglichkeit der verwaltungsgerichtlichen Überprüfung.

[232] BVerwGE 6, 282, 287; 18, 352, 353; 90, 112, 126; 104, 220, 222 f.; VGH München NVwZ 2000, 830; OVG Weimar GewArch 2002, 326 (st. Rspr.). Vgl. auch *Wolff/Bachof/Stober/Kluth*, AllgVerwR I § 18 Rn 13 f.; *Hölscheidt*, JA 2001, 409, 412. Unberührt bleiben aber Spezialgesetze mit Subventionscharakter, da diese spezielle Rechtsgrundlagen für die Subventionsgewährung darstellen (Beispiel: Privatschulgesetze der Länder, FilmförderungsG, InvestitionszulagenG). Auch stellen die Gesetze der Gemeinschaftsaufgaben (Art. 91a GG) eine ausreichende Rechtsgrundlage für die Gewährung von Finanzhilfen dar (Beispiel: Gesetz über die Gemeinschaftsaufgabe Verbesserung der regionalen Wirtschaftsstruktur). Zu beachten ist weiterhin, dass gem. § 39 I BHO für Bürgschaftszusagen, die zu Ausgaben in künftigen Haushaltsjahren führen können, eine Ermächtigung durch förmliches Bundesgesetz erforderlich ist.

Danach wird die Verwaltung unter folgenden Voraussetzungen zur haushaltsrechtlichen Subventionsvergabe legitimiert:

1. Der Haushaltsplan muss entsprechende Mittelansätze enthalten.
2. Der Haushaltsplan umreißt die Zweckbestimmung dieser Mittel.
3. Die Subventionsvergabe gehört zu den verfassungsrechtlichen Aufgaben der betreffenden Verwaltungsbehörde (Aufgabennorm).
4. Die Vergabevoraussetzungen sind durch Richtlinien i.S.v. Verwaltungsvorschriften geordnet (Vergaberichtlinien).

Beispiel: Im **Haushaltsplan** des Landes X sind Mittel zur Bekämpfung der Vogelgrippe und zur Förderung der ökologischen Viehzucht bereitgestellt. Ein entsprechender ministerieller Runderlass (= Verwaltungsvorschrift) beschreibt die näheren Voraussetzungen, unter denen die Gelder vergeben werden.

⇨ Hier ist die Förderung der Viehzüchter mit keinerlei Rechtsbeeinträchtigung verbunden, sodass unter Zugrundelegung der st. Rspr. die Bereitstellung von Mitteln im Haushaltsplan i.V.m. dem Runderlass dem Rechtsstaats- und Demokratieprinzip genügt.

Von Teilen der Literatur wird gegen den o.g. Standpunkt vorgebracht, dass die Subventionsvergabe generell für die Allgemeinheit so wesentlich sei, dass sie nur durch ein entsprechendes (formell-materielles) Subventionsgesetz erfolgen dürfe. In diesem Gesetz müssten die Art der Subventionierung und die wichtigsten Vergabevoraussetzungen bestimmt werden. Dabei gelte, je bedeutender die Subventionsvergabe für die Allgemeinheit sei, desto detaillierter müsse die Regelung sein.[233] Diese Auffassung läuft praktisch auf einen **Totalvorbehalt** auch in der Leistungsverwaltung hinaus, auch wenn die inhaltliche Bestimmtheit des Gesetzes vom Grad der Bedeutung der Subventionsvergabe für die Allgemeinheit abhängt. **207**

Wieder andere favorisieren einen **abgeschwächten Gesetzesvorbehalt**. Sie lassen zwar grundsätzlich die Etatlegitimierung genügen, fordern jedoch eine formell-gesetzliche Rechtsgrundlage für den Fall, dass die Subventionsvergabe nach der Terminologie der Wesentlichkeitstheorie (vgl. Rn 131 ff.) „**wesentlich**" ist. Sei nach der Wesentlichkeitstheorie eine gesetzliche Grundlage erforderlich, richte sich der Grad der inhaltlichen Bestimmtheit nach Art und Umfang der Bedeutung für die Allgemeinheit.[234] Insoweit besteht also eine Übereinstimmung zum Totalvorbehalt. **208**

Auf den ersten Blick scheint die zuletzt genannte Auffassung vorzugswürdig zu sein. Denn sie fordert nur dann eine materiell-gesetzliche Rechtsgrundlage, wenn auch die Wesentlichkeitstheorie eine solche verlangt. Dies genügt dem Gesetzesvorbehalt. Jedoch übersieht sie, dass letztlich auch die Rechtsprechung dort ein formell-materielles Gesetz fordert, wo Grundrechte wesentlich betroffen sind. Dieser Umstand nivelliert den vermeintlichen Unterschied. **209**

Anknüpfungspunkt der Überlegung ist der Umstand, dass die Zweckbestimmung im Haushaltsplan nur generell bestimmt ist und die Frage, unter welchen Umständen und in welcher Höhe und unter welchen Bedingungen die generell bereitgestellten Mittel verteilt werden, noch der Regelung bedarf. Fehlt eine solche Regelung in Form eines Parlamentsgesetzes, besteht die Gefahr, dass die Überlassung dieser Regelung an die Exekutive in rechtsstaatlicher Hinsicht dem Parlamentsvorbehalt nicht gerecht wird. Daher ist ein formelles Gesetz erforderlich, sofern die staatliche Leistungsvergabe in besonders grundrechtssensiblen Bereichen erfolgt bzw. als zurechenbarer **Eingriff in Grundrechte Dritter** zu bewerten ist[235] (s.u.). So kann ein nicht begünstigter **Konkurrent** des Subventionsempfängers im wirtschaftlichen Wettbewerb benachteiligt werden. Eingriffsqualität haben solche Beeinträchtigungen jedenfalls in Fällen, in denen der Staat zielgerichtet (d.h. **210**

---

[233] *Maurer*, AllgVerwR, § 6 Rn 14; *Sommermann*, in: v. Mangoldt/Klein/Starck, GG, Bd. II, Art. 20 Rn 272.

[234] *Huber*, Konkurrenzschutz im Verwaltungsrecht, 1991, S. 498.

[235] BVerwGE 90, 112, 126. Vgl. auch *Hölscheidt*, JA 2001, 409, 412.

final) die Rahmenbedingungen zulasten bestimmter Unternehmen verändert.[236] In diesen Fällen benötigt die Verwaltung eine spezielle formell-gesetzliche Grundlage für die Subventionsvergabe. Greift der Staat indes nicht zielgerichtet, sondern nur mittelbar, d.h. **faktisch**, in die Rechtssphäre des (Dritt-)Betroffenen ein, ist dagegen fraglich, ob es einer Rechtsgrundlage bedarf. Bei schwerer Grundrechtsbeeinträchtigung (etwa durch **grobe Verzerrung des Wettbewerbs**) wird man aber auch für diesen Fall eine Rechtsgrundlage fordern müssen.[237]

> **Beispiel**[238]: Im Haushalt des Landes X ist ein Posten „Finanzhilfen für existenzgefährdete Wirtschaftsunternehmen" bereitgestellt. Der zuständige Regierungspräsident weist dem wirtschaftlich stark angeschlagenen Unternehmer A nach Maßgabe der vom Wirtschaftsminister erlassenen Vergaberichtlinien eine Subvention i.H.v. 1.000.000,- € zu. Ein Subventionsgesetz besteht nicht.[239] B, ein Konkurrent des A, hält die Subventionierung für mit dem Grundsatz der Gesetzmäßigkeit der Verwaltung nicht vereinbar. Zu Recht?

Das Vorrangprinzip ist nicht betroffen, da ein Gesetz gerade nicht besteht. Möglicherweise ist aber der Vorbehalt des Gesetzes verletzt. Jedoch besteht eine gezielte Rechtsbeeinträchtigung des B nicht. Dem Regierungspräsidenten ging es nur um die Subventionierung des A. Folgt man der Rechtsprechung, ist eine gesetzliche Rechtsgrundlage grundsätzlich nicht erforderlich. Es genügt vielmehr die etatmäßige Bereitstellung von Mitteln i.V.m. Vergaberichtlinien. Etwas anderes würde aber nach der Rechtsprechung gelten, wenn mit der Subventionierung des A eine Verzerrung des Wettbewerbs verbunden wäre und die unternehmerische Existenz des B gefährdet würde. Das ist eine Sachverhaltsfrage.

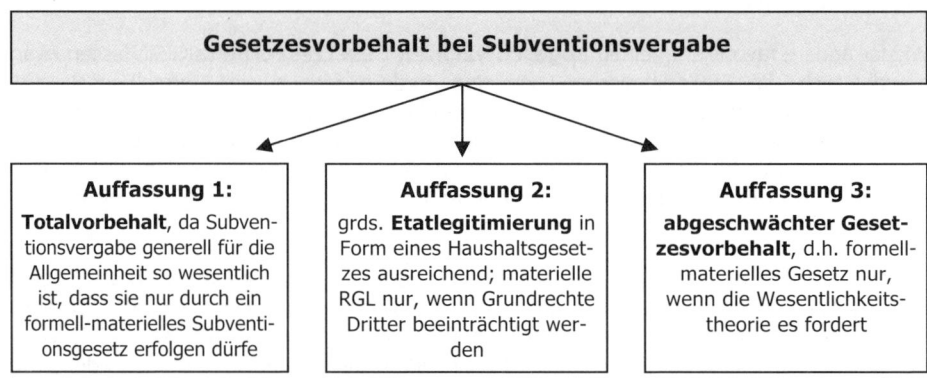

Gesetzesvorbehalt bei Subventionsvergabe		
Auffassung 1:	**Auffassung 2:**	**Auffassung 3:**
Totalvorbehalt, da Subventionsvergabe generell für die Allgemeinheit so wesentlich ist, dass sie nur durch ein formell-materielles Subventionsgesetz erfolgen dürfe	grds. **Etatlegitimierung** in Form eines Haushaltsgesetzes ausreichend; materielle RGL nur, wenn Grundrechte Dritter beeinträchtigt werden	**abgeschwächter Gesetzesvorbehalt**, d.h. formell-materielles Gesetz nur, wenn die Wesentlichkeitstheorie es fordert

211   Ein weiterer problematischer Fall ist die Förderung eines privaten Vereins, der religiöse **Sekten** (die sich auf Art. 4 I, II i.V.m. Art. 19 III GG berufen können) kritisch hinterfragt. Hier muss die Förderung auf ausdrücklicher gesetzlicher Grundlage beruhen. Die Beeinträchtigung der Religions- und Weltanschauungsfreiheit ist dem Staat als Eingriff (in den Grundrechtsbereich) zuzurechnen. Daher stellt die Bereitstellung von Mitteln im Haushaltsplan hier keine ausreichende Rechtsgrundlage dar.[240]

212   Einer gesetzlichen Grundlage bedarf auch die selektive **Pressesubvention**. Ausgangspunkt der Überlegung ist, dass Einschränkungen der Pressefreiheit (Art. 5 I S. 2 GG schützt jedenfalls in seiner Abwehrfunktion vor staatlichen *Beschränkungen* der Pressetätigkeit) nur durch *allgemeine* Gesetze (Art. 5 II GG) zulässig sind. Es handelt sich somit um einen

[236] BVerwGE 71, 183, 194.
[237] Vgl. auch BVerwG NVwZ 2001, 322 ff.; BVerwGE 71, 183, 191; 90, 112, 126.
[238] Vgl. *Maurer*, AllgVerwR, § 6 Rn 3.
[239] Zur Rechtslage bei Vorliegen eines Subventionsgesetzes vgl. BVerwG NVwZ 2008, 1355 ff.
[240] BVerwGE 90, 112, 126. Zu den *direkten* Warnungen (Informationseingriffen) vgl. Rn 893 ff.

verfassungsrechtlich angeordneten Gesetzesvorbehalt. Aber auch im Vorfeld der eigentlichen Pressetätigkeit darf es keine staatlichen Lenkungen geben. Der Verfassungsgarantie des Art. 5 I S. 2 GG würde es zuwiderlaufen, wenn die Presse ganz oder teilweise steuerbar wäre. Die selektive Förderung von Presseunternehmen verschlechtert die Wettbewerbsstellung eines übergangenen Presseunternehmens. Daher liegt ein Eingriff in die grundrechtlich geschützte Pressefreiheit des nicht geförderten Unternehmens vor. Soweit der nicht subventionierte Konkurrent einen **grundrechtsrelevanten Eingriff** in die Pressefreiheit erleidet, muss schon deshalb eine gesetzliche Rechtsgrundlage (Art. 5 II GG) vorhanden sein. Darüber hinaus enthält das Grundrecht aus Art. 5 I S. 2 GG neben seiner Funktion als Abwehrrecht die Garantiefunktion der staatlichen Unabhängigkeit (Institutsgarantie). Wenn der Staat durch selektive Förderung lenkend und gestaltend in das Pressewesen eingreift, besteht die Gefahr, dass die geförderten Presseunternehmen ihre Neutralität gegenüber dem Staat ablegen, um ihre Aussichten auf künftige Förderungen nicht zu verschlechtern. Auch aus diesem Grund ist eine über die Etatlegitimierung hinausgehende Rechtsgrundlage zu fordern (vgl. bereits Rn 194).

Als *gesetzlich* geregelte Ausnahmen von dem grundsätzlich nicht geltenden Gesetzesvorbehalt in der Leistungsverwaltung sind – wie bereits erwähnt – ferner in der **Sozialverwaltung** die §§ 2 I, 31 SGB I (Allg. Teil) zu beachten. Danach ist die Begründung von Rechten in den Sozialleistungsbereichen „dieses Gesetzbuches" unter den Vorbehalt ausdrücklich gesetzlicher Regelungen oder Zulassungen gestellt. Würde die (Sozial-)Verwaltung die Regelung des § 31 SGB I missachten, also Sozialleistungen ohne gesetzliche Grundlage gewähren, läge darin auch bereits ein Verstoß gegen das Vorrangprinzip. **213**

> **Hinweis für die Fallbearbeitung:** Bei einer Anfechtung wird die Problematik des Gesetzesvorbehalts in der Leistungsverwaltung in zwei Konstellationen relevant: **214**
>
> ■ Zunächst ist es möglich, dass die Behörde eine zuvor gewährte Leistung **zurückfordert**, weil die Voraussetzungen der Mittelvergabe nicht (mehr) vorlägen. Die Rückforderung der Mittel beinhaltet zugleich regelmäßig die Aufhebung des ursprünglichen Bewilligungsbescheids. Dieser Aufhebungsakt stellt einen belastenden Verwaltungsakt dar, der einer gesetzlichen Rechtsgrundlage bedarf. Soweit keine spezielle Rechtsgrundlage besteht, kommen §§ 48 f. VwVfG in Betracht. Bei der Frage, ob § 48 VwVfG oder § 49 VwVfG einschlägig ist, kommt es darauf an, ob der ursprüngliche Bewilligungsbescheid rechtmäßig (dann § 49 VwVfG) oder rechtswidrig (dann § 48 VwVfG) war. Bei der Prüfung der Rechtmäßigkeit des ursprünglichen Bewilligungsbescheids ist dann auf das (nicht vorhandene) Erfordernis der Rechtsgrundlage einzugehen. Sollte sich auch aus keinem sonstigen Grund die Rechtswidrigkeit des Bewilligungsbescheids ergeben, ist für den Aufhebungsakt § 49 VwVfG einschlägig.
>
> ■ Die Problematik des Gesetzesvorbehalts in der Leistungsverwaltung wird auch immer dann relevant, wenn eine Leistung an einen Konkurrenten des Klägers vergeben wurde und der Kläger diese Begünstigung angreift („**Konkurrentenabwehrklage**"). Hier macht der Kläger regelmäßig geltend, die Leistungsvergabe an den Konkurrenten sei rechtswidrig, weil sie ohne erforderliche Rechtsgrundlage erfolgt sei. Der Klausurbearbeiter muss dann darlegen, dass im Rahmen der Leistungsgewährung grundsätzlich von dem abgeschwächten Gesetzesvorbehalt (bei Subventionen von einer Etatlegitimierung) auszugehen ist und nur in Ausnahmefällen (**gezielter Eingriff in Grundrechte Dritter; grobe Wettbewerbsverzerrung**) über die Etatlegitimierung hinaus ein formell-materielles Gesetz zu fordern ist. Liegt kein solcher Ausnahmefall vor, ist die Konkurrentenabwehrklage erfolglos.

215

> **Fazit:** Das Prinzip vom **Vorrang des Gesetzes** besagt, dass die Verwaltung umfassend und ausnahmslos an das Gesetz gebunden ist, Art. 20 III GG (Stichwort: „nicht gegen das Gesetz").
>
> Aussage des Prinzips vom **Vorbehalt des Gesetzes** ist, dass die Verwaltung nur dann handeln darf, wenn ihr das durch den Gesetzgeber gestattet worden ist, Art. 20 III GG (Stichwort: „nicht ohne Gesetz").
>
> ■ Das Prinzip vom Vorbehalt des Gesetzes gilt jedenfalls für den Bereich der **Eingriffsverwaltung**.
>
> ■ Im Bereich der **Leistungsverwaltung** besteht der Grundsatz vom Vorbehalt des Gesetzes indes grundsätzlich nicht.
>
> ⇨ Vielmehr genügt grundsätzlich eine Bereitstellung von Mitteln im Haushaltsplan (Etatlegitimierung).
>
> ⇨ Werden mit der Leistungsvergabe allerdings Rechte Dritter beeinträchtigt oder Interessen der Allgemeinheit wesentlich betroffen, bedarf es auch in der Leistungsverwaltung einer gesetzlichen Rechtsgrundlage.
>
> ■ Schließlich gilt der Vorbehalt des Gesetzes auch im Bereich der Sonderrechtsverhältnisse, sofern es nicht lediglich um Maßnahmen interner Organisationsgewalt geht.

6. Kapitel

Die Verwaltungsverfahrensgesetze

A. Begrenzung des Verfahrensrechts auf bestimmte Handlungsformen der Verwaltung

Das Verwaltungsverfahrensrecht stellt einen Grundpfeiler des (allgemeinen) Verwaltungsrechts dar. Dies wird besonders deutlich, wenn man bedenkt, dass das wichtigste Handlungsinstrument der Verwaltung, der Verwaltungsakt, vor dem Rechtsstaats- und dem Demokratieprinzip nur dann Bestand haben kann, wenn die Verwaltungsbehörden vereinheitlichte Verfahrensbestimmungen einhalten. Denn anderenfalls wären eine einheitliche Rechtsanwendung und eine Gleichbehandlung der Bürger nicht denkbar. Das Verwaltungsverfahrensrecht soll dies gewährleisten. So normieren die Verwaltungsverfahrensgesetze wichtige Grundsätze des allgemeinen Verwaltungsrechts, insbesondere definieren sie den Verwaltungsakt, enthalten Regelungen über die Wirksamkeit und Nichtigkeit eines Verwaltungsakts, dessen Rücknahme und Widerruf und sie normieren die Voraussetzungen für ein Wiederaufgreifen des Verfahrens. Nicht zuletzt enthalten sie Regelungen über den öffentlich-rechtlichen Vertrag. *Nicht* erfasst werden dagegen das Verfahren zum Erlass von Rechtsverordnungen und Satzungen, das schlicht-hoheitliche Handeln der Verwaltung mit seinen vielfältigen Erscheinungsformen (sog. Realakte) und das gesamte Handeln der Behörden auf dem Gebiet des Privatrechts (Letzteres ergibt sich unmittelbar aus § 1 I BundesVwVfG und den entsprechenden Bestimmungen der Landesverwaltungsverfahrensgesetze). Damit wird an die für das gesamte Verwaltungsrecht geltende grundlegende Unterscheidung von öffentlichem Recht und Privatrecht angeknüpft und das Vorliegen einer öffentlich-rechtlichen Streitigkeit zum Kriterium der Anwendbarkeit des VwVfG gemacht. Zur analogen Anwendung einer Vorschrift des VwVfG auf Realakte und privatrechtliche Tätigkeit, wenn das Rechtsstaatsprinzip dies fordert, vgl. Rn 893 ff.

216

B. Vorrang der Verwaltungsverfahrensgesetze der Länder

Kategorisch ist zwischen dem **Verwaltungsverfahrensgesetz des Bundes** und den **Verwaltungsverfahrensgesetzen der Länder** zu unterscheiden. Das Verwaltungsverfahrensgesetz des Bundes (BundesVwVfG) gilt für die Verwaltung durch Behörden des Bundes (§ 1 BundesVwVfG), und auch nur dann, wenn kein Ausnahmebereich nach § 2 BundesVwVfG vorliegt. Auf die Verwaltung von Behörden der Länder bei der Anwendung von Landesrecht ist es auf keinen Fall anwendbar, weil gemäß der Systematik der Art. 30, 83 ff. GG die Länder ihre Gesetze nicht nur selbst ausführen, sondern zu diesem Zweck auch das Verwaltungsverfahren selbst regeln und dazu eigene Verwaltungsverfahrensgesetze erlassen. Dementsprechend kommt eine Anwendung des BundesVwVfG auf die Verwaltung durch Landes- und Kommunalbehörden[241] überhaupt nur in Betracht, wenn diese die Bundesgesetze ausführen. Art. 84 I GG und 85 I GG lassen dies ausdrücklich zu, fordern aber ein Bundesgesetz, das dies bestimmt. Das BundesVwVfG ist ein solches Gesetz. Führen die Länder (und Kommunen) also auch die Bundesgesetze aus, ist das BundesVwVfG prinzipiell anwendbar. **§ 1 I Nr. 2, II BundesVwVfG** stellt dies klar. Die insoweit vorgesehene Geltung des BundesVwVfG auch für die Behörden der Länder und Kommunen bei der Ausführung von Bundesrecht hat aber keine praktische Bedeutung, weil **sämtliche**

217

---

[241] Zwar sind im staatsrechtlichen Sinn Kommunalbehörden keine Landesbehörden. Dadurch, dass die Länder ihre Gesetze jedoch größtenteils von Kommunalbehörden ausführen lassen, gelten die Verwaltungsverfahrensgesetze der Länder auch für Kommunalbehörden (zur Verwaltungsorganisation vgl. Rn 66 ff.).

Länder eigene Verwaltungsverfahrensgesetze erlassen haben[242], die gem. **§ 1 III BundesVwVfG** auch bei der Ausführung von Bundesrecht durch Landesbehörden **dem BundesVwVfG vorgehen**.

218 Alle Länder haben eigene Regelungen auf dem Gebiet des Verwaltungsverfahrens getroffen. Größtenteils haben sie eigenständige Verwaltungsverfahrensgesetze erlassen[243], teilweise haben sie durch Verweisungsgesetz die Bestimmungen des BundesVwVfG in Landesrecht übertragen.[244]

Da ein einheitliches Verfahrensrecht durch eine bundesrechtliche Regelung nicht zu erreichen gewesen war, fassten die Innenminister der Länder im Jahre 1976 den (formlosen) Beschluss, nach Erlass des BundesVwVfG im selben Jahr auf den Erlass inhaltsgleicher Landesverwaltungsverfahrensgesetze hinzuwirken (**Beschluss der Simultangesetzgebung**). Diesem Beschluss entsprechend ist seitdem auch stets verfahren worden. Dadurch konnte eine weitgehende Vereinheitlichung des Verwaltungsverfahrensrechts im gesamten Bundesgebiet erreicht werden, was die Eröffnung der Revision vor dem BVerwG ermöglicht für den Fall, dass eine Vorschrift des VwVfG eines Landes, die mit der des BundesVwVfG übereinstimmt, verletzt wird (vgl. § 137 I Nr. 2 VwGO).[245]

C. Subsidiarität der Verwaltungsverfahrensgesetze

219 Unbeschadet der soeben behandelten Abgrenzung zwischen Bundesverfahrensrecht und Landesverfahrensrecht enthalten alle Verwaltungsverfahrensgesetze Vorrangregeln. Gemäß **§ 1 I Nr. 2, II BundesVwVfG** (und den entsprechenden Regelungen der Landesverwaltungsverfahrensgesetze) gilt der **Vorrang inhaltsgleicher oder abweichender Bestimmungen**. Gemeint ist: Enthalten andere Rechtsvorschriften[246] Verfahrensregelungen, gelten diese und nicht diejenigen des VwVfG. Man kann also sagen, dass die Regelungen des VwVfG immer dann (und nur dann) zur Anwendung kommen, wenn spezielle Regelungen desselben Verbands unvollständig sind, fehlen oder wenn in diesen speziellen Regelungen ergänzend auf das VwVfG verwiesen wird. Vgl. dazu Rn 646, 585 (zu § 46 VwVfG).

D. Einschränkungen des Anwendungsbereichs

220 Verwaltungsverfahren werden nicht nur im VwVfG, sondern – für den Bereich der Finanzverwaltung – auch in der **Abgabenordnung** (**AO**) und – für den Bereich der Sozialverwaltung – im **Sozialgesetzbuch** geregelt. Das führt ggf. zur Notwendigkeit der Abgrenzung des Anwendungsbereichs von VwVfG, AO und SGB, welche von **§ 2 VwVfG** (vgl. auch die entsprechenden LandesVwVfGe) vorgenommen wird.[247] Danach sind verschiedene Rechtsgebiete, die nach § 1 VwVfG an sich erfasst würden, ganz oder teilweise von der Anwendung des VwVfG ausgenommen.

- Die Abgrenzung zur **AO** wird durch § 2 II Nr. 1 VwVfG geregelt. Nach dieser Bestimmung ist die Anwendbarkeit des VwVfG ausgeschlossen „für Verfahren der Bundes- oder Landesfinanzbehörden nach der AO". Nach § 1 AO gilt die AO für alle Steuern, die durch Bundesrecht oder EU-Recht geregelt sind, soweit sie durch Bundes- oder Lan-

---

[242] Das gilt selbstverständlich auch dann, wenn lediglich ein Verweisungsgesetz erlassen wurde, das das BundesVwVfG als Landesrecht übernommen hat (dazu sogleich).

[243] Vgl. BW, Bay, Brand, Brem, Hamb, Hess, MeckVor, NRW, Saarl, SachsAnh, SchlHolst und Thür.

[244] Vgl. Berl, Nds, RhlPfl und Sachs. Bis auf Nds besteht in diesen Ländern ein Verweisungsgesetz mit dynamischer Anwendungserklärung des BundesVwVfG: Das BundesVwVfG gilt in seiner jeweils geltenden Fassung auch für die Landesverwaltung. In Nds werden dagegen einzelne (vom BundesVwVfG abweichende) Regelungen selbst getroffen und es wird lediglich im Übrigen auf das BundesVwVfG in seiner jeweils geltenden Fassung verwiesen.

[245] Eine Besonderheit besteht lediglich in Schleswig-Holstein.

[246] Freilich sind nur Rechtsvorschriften (formelle Gesetze und Rechtsverordnungen, nicht aber Satzungen) desselben Verbands gemeint. Ein Spezialgesetz eines Landes kann z.B. nicht das BundesVwVfG ausschließen, wenn es um Verwaltungstätigkeit einer Bundesbehörde geht.

[247] Vgl. näher *Bonk*, NVwZ 2001, 636 ff.

desfinanzbehörden verwaltet werden. Auf Landesebene richtet sich zumeist auch die Erhebung von Kommunalabgaben nach der AO (vgl. etwa § 4 HessKAG, § 12 NRW-KAG), was zur Nichtanwendbarkeit des LVwVfG führt.

Beispiel: Bauherr B wurde von der Gemeinde G zur Zahlung von Erschließungsbeiträgen herangezogen. Auf den Widerspruch des B wird der Bescheid aufgehoben. B verlangt nunmehr Ersatz seiner notwendigen Aufwendungen im Widerspruchsverfahren.

Als Anspruchsgrundlage kommt § 80 VwVfG in Betracht. Diese Vorschrift ist jedoch nicht anwendbar, wenn sie eine steuerrechtliche Verfahrensregelung darstellt (§ 2 II Nr. 1 VwVfG). Obwohl die AO keine Regelung über die Kostenerstattung kennt und es daher zu keiner Kollision von Vorschriften des VwVfG und der AO kommen kann, versteht das BVerwG die Ausschlussregelung des § 2 II Nr. 1 VwVfG in einem weiten Sinne, sodass das VwVfG insgesamt (und damit auch § 80 VwVfG) nicht anwendbar ist.[248]

- Das Verhältnis zum **SGB** bestimmt § 2 II Nr. 4 VwVfG. Verfahren nach dem Sozialgesetzbuch sind bspw. Verfahren nach dem BAföG, SGB II/XII (Sozialhilfe und Grundsicherung für Arbeitssuchende – Arbeitslosengeld II), SGB III (Arbeitsförderung), SGB IV-VII (Sozialversicherungsrecht, z.B. gesetzliche Kranken-, Renten- und Unfallversicherung), SGB VIII (Kinder- und Jugendhilfe), SGB IX (Rehabilitation und Teilhabe behinderter Menschen).

- Einen **partiellen Ausschluss** des VwVfG regelt § 2 III VwVfG. Zu nennen ist insbesondere § 2 III Nr. 2 VwVfG, wonach das VwVfG nicht anwendbar ist bei Leistungs-, Eignungs- und ähnlichen Prüfungen (also insb. im Bereich der Schulen und Hochschulen). Vor allem gilt in diesem Bereich nicht die Anhörungs- und Begründungspflicht (§§ 28, 39 VwVfG).[249]

- Im Übrigen gilt gem. § 1 I VwVfG das **Subsidiaritätsprinzip**, wonach das VwVfG nicht gilt (d.h. nicht anwendbar ist), soweit sich in einem anderen Gesetz inhaltsgleiche oder entgegenstehende Bestimmungen finden.

- Schließlich sind die Verfahrensvorschriften des VwVfG nur dann zu beachten, wenn überhaupt ein **Verwaltungsverfahren i.e.S.** (dazu sogleich) vorliegt, d.h. ein Verfahren, das auf den **Erlass eines Verwaltungsakts oder Abschluss eines öffentlich-rechtlichen Vertrags** gerichtet ist (§ 9 VwVfG). Das VwVfG ist daher nicht (zumindest nicht direkt) anwendbar bei Erlass einer Rechtsnorm oder bei schlichtem Verwaltungshandeln.

221

Der Ausschluss bestimmter Materien aus dem Anwendungsbereich des VwVfG bedeutet – anders als im Fall der unter C. genannten Subsidiarität gem. § 1 VwVfG – dass die Anwendbarkeit des VwVfG jedenfalls im Grundsatz auch dann ausgeschlossen ist, wenn in dem ausgenommenen Bereich lückenhafte oder gar keine Regelungen vorhanden sind. Die Anwendbarkeit des VwVfG in den in § 2 VwVfG genannten Bereichen ist also nicht subsidiär, sondern grundsätzlich gar nicht möglich. Insbesondere kommt keine analoge Anwendung in Betracht, weil der Gesetzgeber den Anwendungsbereich willentlich und explizit ausgeschlossen hat. Etwaige Lücken müssen daher mit allgemeinen rechtsstaatlichen Verfahrensgrundsätzen geschlossen werden.[250] Das schließt freilich nicht aus, dennoch einzelne Bestimmungen des VwVfG

---

[248] BVerwG NVwZ 1992, 669, 670; zust. VGH Mannheim NVwZ 1992, 584; a.A. OVG Saarlouis NVwZ 1987, 508; VGH München BayVBl 1984, 542; *Maurer*, AllgVerwR § 5 Rn 23, die die Ausschlussklauseln einschränkend auslegen. Zu beachten ist jedoch, dass einige LandesVwVfGe eine Kostenerstattung ausdrücklich vorsehen (so z.B. in Bay, BW, MV, Nds).
[249] Vgl. aber BVerwG DVBl 1996, 436; DVBl 1993, 503, 504; OVG Münster DVBl 1995, 1370.
[250] BVerwGE 75, 62, 64 ff.

heranzuziehen, sofern sie eben solche allgemeinen rechtstaatlichen Verfahrensgrundsätze darstellen.[251]

E. Unmittelbare und analoge Anwendung des Verfahrensrechts

222 Unmittelbar anwendbar sind die Bestimmungen der Verwaltungsverfahrensgesetze, wenn ein auf den **Erlass eines Verwaltungsakts** oder den **Abschluss eines Verwaltungsvertrags** gerichtetes Verfahren vorliegt (vgl. § 9 BundesVwVfG und die gleichlautenden Regelungen der LandesVwVfGe). Da die Bestimmungen der VwVfGe jedoch einfachgesetzlicher Ausdruck der Menschenwürde, des Rechtsstaatsprinzips, der Rechtsverteidigung, des rechtlichen Gehörs, der Rechtssicherheit, des Gleichheitsgrundsatzes, des Vertrauensschutzes und der Rechtsweggarantie sind, müssen dort, wo diese Prinzipien auch durch anderweitiges Verwaltungshandeln beeinträchtigt werden, zumindest die betreffenden verfahrensrechtlichen Vorschriften analog angewendet werden. Das trifft vor allem auf das schlichthoheitliche Handeln der Verwaltung (die Realakte), aber auch auf die privatrechtliche Tätigkeit der Verwaltung zu.

I. Analoge Anwendung auf schlichtes Verwaltungshandeln

223 Sind die o.g. Verfassungsprinzipien berührt, kommt eine analoge Anwendung einzelner Vorschriften des VwVfG auch über deren unmittelbaren Anwendungsbereich hinaus in Betracht. Denn für den Bürger kann es keinen Unterschied machen, welcher Rechtsform das belastende Verwaltungshandeln zuzuordnen ist. Soweit eine Bestimmung Ausdruck eines allgemeinen Rechtsgedankens ist, kommt eine analoge Anwendung in Betracht, wenn der jeweilige Verwaltungsbereich Regelungslücken aufweist und eine vergleichbare Interessen- bzw. Konfliktlage besteht. Bei Realakten ist eine analoge Anwendung vor allem der §§ 21, 24 und 28 VwVfG sachgerecht, wenn es um **öffentliche Warnungen** geht.

224 **Beispiel:** Die Warnung der Bevölkerung vor den Machenschaften einer Sekte stellt trotz Grundrechtsbetroffenheit keinen Verwaltungsakt, sondern einen Realakt dar, weil es an dem für das Vorliegen eines Verwaltungsakts konstitutiven Regelungselement fehlt.[252] **§ 28 I VwVfG**, der von der Behörde, die durch den Erlass eines Verwaltungsakts in die Rechte von Bürgern eingreifen möchte, verlangt, dass dieser zuvor angehört werden müsse, ist dementsprechend nicht (zumindest nicht unmittelbar) anwendbar. Bliebe es dabei, bräuchte die die Warnung aussprechende staatliche Stelle (i.d.R. die Bundesregierung) die Sekte auch nicht gem. § 28 I VwVfG zuvor anzuhören. Ob dieses Ergebnis jedoch sachgerecht ist, muss bezweifelt werden. Denn der Sinn der Anhörung besteht in der Wahrung der Parteiöffentlichkeit des Verfahrens und des Vertrauensverhältnisses zwischen Bürger und Behörde. Darüber hinaus ist die Anhörung eine Folge des Rechtsstaatsprinzips und der Menschenwürde, die es verbietet, den Menschen zu einem Objekt staatlichen Handelns zu machen. Sie ist aber auch ein wichtiges Mittel zur Aufklärung des Sachverhalts gem. **§ 24 VwVfG**. Dies gilt insbesondere für Ermessensentscheidungen, da eine ordnungsgemäße Ermessensausübung die Kenntnis aller relevanten Umstände erfordert.

Daher sind die Maßstäbe des § 28 I VwVfG auf öffentliche Warnungen analog anzuwenden. Dadurch, dass der erwähnte Sinn und Zweck des Anhörungsrechts darin besteht, dem Beteiligten frühzeitig die Möglichkeit zu eröffnen, seine Rechte wahrzunehmen, kann nach der hier vertretenen Auffassung die Pflicht zur vorherigen Anhörung nicht auf das Verwaltungsverfahren im Sinne des VwVfG beschränkt sein. Vielmehr ist jede Verwaltungsmaßnahme erfasst, die in den Rechtskreis des Bürgers eingreift, unabhängig von der gewählten Rechtsform. Auch das BVerfG hat in seinem Mülheim-

---

[251] BVerwGE 91, 270, 272 ff.
[252] Zu den öffentlichen Warnungen vgl. auch Rn 893 ff.

Kärlich-Beschluss die grundrechtsschützende Bedeutung von Verfahrensregeln unter dem Aspekt des vorverlagerten Grundrechtsschutzes sowie des vorbeugenden Rechtsschutzes hervorgehoben.[253] Zu diesen Verfahrensregeln ist auch der Grundsatz des rechtlichen Gehörs gerade im Falle staatlicher Informationstätigkeit zu zählen.[254] Die Informationstätigkeit bzw. die Warnung lösen Wirkungen aus, die nicht rückgängig zu machen sind und fortwirken, ohne dass dies durch Gegenerklärungen oder Widerrufe wirksam verhindert werden könnte.[255] Ein effektiver Rechtsschutz und damit einhergehend ein lückenloser Grundrechtsschutz können nur dann erreicht werden, wenn dem betroffenen Grundrechtsträger vor Verlautbarung einer grundrechtseingreifenden Warnung grundsätzlich die Möglichkeit eröffnet wird, zu der beabsichtigten staatlichen Informationsmaßnahme Stellung zu nehmen. Dies gilt auch für die aufklärende Information, die bei Zugrundelegung typischer Kausalverläufe zu grundrechtsrelevanten Wirkungen führen kann. Die vorherige Anhörung bietet die Gelegenheit, Missverständnisse auszuräumen und a priori einvernehmliche Lösungen zu finden, die staatliche Eingriffe durch die Informationstätigkeit unter Umständen entbehrlich machen. § 28 I VwVfG ist in Fällen öffentlicher Warnungen analog anzuwenden.

Dieses Ergebnis ist auch nicht deshalb unbillig, weil wegen Vorliegens einer Gefahr sofort gehandelt werden muss und keine Zeit verbleibt, eine vorherige Anhörung durchzuführen. Denn gerade für diesen Fall enthält § 28 II Nr. 1 VwVfG (Gefahr im Verzug bzw. öffentliches Interesse) eine Entbehrlichkeitsregelung.

Das gleiche Prinzip würde gelten, wenn es um die Befangenheit des Amtswalters ginge, wenn dieser z.B. deshalb vor einer Sekte oder einem Produkt warnte, weil er persönliche Interessen verfolgte. Die Befangenheitsregelung des **§ 21 VwVfG** kann nicht deshalb unangewendet bleiben, weil der Amtswalter nicht das Instrument des Verwaltungsakts gewählt hat.

II. Analoge Anwendung auf verwaltungsprivatrechtliches Handeln

Unter Verwaltungsprivatrecht werden solche privatrechtlichen Maßnahmen und Entscheidungen verstanden, die der Erfüllung öffentlicher Aufgaben in den Rechtsformen des Privatrechts dienen (vgl. Rn 21, 24 aber auch 1008 ff.). Von dem rein fiskalischen Handeln der Verwaltung unterscheiden sich diese Maßnahmen dadurch, dass sie der Erfüllung öffentlicher Aufgaben dienen, also solcher Aufgaben, die auch in öffentlich-rechtlicher Form erfüllt werden könnten. Dieser Umstand hat jedenfalls zur Folge, dass eine Bindung an die Grundrechte und die allgemeinen Grundsätze der öffentlichen Verwaltung besteht. Demgegenüber ist unklar, ob eine Bindung an die Bestimmungen des Verwaltungsverfahrensrechts besteht. Der Wortlaut des § 1 VwVfG, der von *öffentlich-rechtlicher* Tätigkeit spricht, lässt eine unmittelbare Geltung nicht zu. Dies bedeutet aber nicht, dass eine analoge Anwendung einzelner Bestimmungen des VwVfG ausgeschlossen wäre. Gerade aus den öffentlich-rechtlichen Bindungen des Verwaltungsprivatrechts folgt (wie bei den Realakten), dass auch die **Geltung bestimmter öffentlich-rechtlicher Verfahrensgrundsätze** in Betracht zu ziehen ist. Dabei geht es um solche Regeln, deren Bedeutung sich nicht in der Steuerung öffentlich-rechtlicher Vorgänge erschöpft, sondern von ihrem Schutzzweck her unabhängig davon Geltung beanspruchen können, soweit es um öffentlich-rechtliche Aufgabenerfüllung geht. Es muss deshalb jeweils geprüft werden, ob die Bestimmungen als Ausdruck auch solcher allgemeiner Rechtsgrundsätze angesehen werden können, die auch für die Aufgabenerfüllung in privatrechtlicher Form beachtlich sein müssen, um

225

---

[253] BVerfGE 53, 30, 65 ff.
[254] Vgl. *Kopp/Ramsauer*, VwVfG, § 28 Rn 4; *Ossenbühl*, Umweltpflege durch behördliche Warnungen und Empfehlungen, 1986, S. 69-70; *Engel*, Staatliche Informationstätigkeit, 2000, S. 232.
[255] Das sieht auch der VGH München (NVwZ 2003, 998, 999) so.

den gebotenen Schutz für die Betroffenen zu gewährleisten.[256] In Anlehnung an das zu den Realakten Gesagte werden daher zumindest die Regelungen der §§ 21, 24 und 28 VwVfG analog heranzuziehen sein. Darüber hinaus wird man gerade wegen des Umstands, dass die Verwaltung im Bereich des Verwaltungsprivatrechts auch in öffentlich-rechtlicher Form tätig werden und die Handlungsform eines Verwaltungsakts oder Verwaltungsvertrags wählen könnte, die §§ 20, 23, 25, 29 und 30 VwVfG analog heranziehen müssen, damit der Grundsatz: „keine Flucht ins Privatrecht" auch eine verfahrensrechtliche Dimension erhält.

F. Folgen für Prüfungsarbeiten

226   Für die Bearbeitung von Prüfungsarbeiten genügt in aller Regel folgende Kenntnis:

- Für das öffentlich-rechtliche Verwaltungshandeln der Verwaltungsbehörden des **Bundes** gilt (vorbehaltlich der Regelung in § 2 BundesVwVfG) das **BundesVwVfG**.

- Für die öffentlich-rechtliche Tätigkeit der **Landes- und Kommunalbehörden** gilt (vorbehaltlich der Regelung in § 2 des jeweiligen LandesVwVfG) das jeweilige **LandesVwVfG**, auch wenn es um die Ausführung von Bundesrecht geht. Denn auf die Frage, ob Bundes- oder Landesrecht ausgeführt wird, kommt es nicht an. Entscheidend ist ausschließlich, welche Behörde gehandelt hat.

- Kommt es zu einer **verwaltungsgerichtlichen Klage**, ist im Rahmen der statthaften Klageart, wenn es um die Frage nach dem Verwaltungsakt-Charakter der Maßnahme geht, § 35 des **BundesVwVfG** anwendbar. Denn dadurch, dass der Begriff des Verwaltungsakts der bundesrechtlichen Regelung des § 42 VwGO ein bundesrechtlicher ist, muss er korrekterweise auch anhand des § 35 des BundesVwVfG bestimmt werden. Das gilt selbst dann, wenn es um die Qualifikation des Handelns von Landesbehörden geht, für die im Bereich des Verwaltungsverfahrensrechts § 35 des LandesVwVfG einschlägig ist.[257]

> **Hinweis für die Fallbearbeitung:** Die Heranziehung des falschen Gesetzes stellt einen schweren methodischen Fehler dar, auch wenn die Vorschriften des Bundes- und LandesVwVfG inhaltsgleich sind. Gleichwohl kann es erlaubt sein, bei der erstmaligen Bezugnahme auf eine Bestimmung des LandesVwVfG festzustellen, dass mit der Bezeichnung „VwVfG" das „VwVfG des Landes" gemeint sei.

227   Auch im Rahmen der vorliegenden Bearbeitung wird stets von **VwVfG** gesprochen, auch wenn in den weit überwiegenden Fällen **Landesrecht** gilt.

---

[256] *Kopp/Ramsauer*, VwVfG, Einführung, Rn 51a; *Ehlers*, DVBl 1983, 422, 427; *Gusy*, Jura 1985, 578; *Zezschwitz*, NJW 1983, 1873, 1881; *Röhl*, VerwArch 1995, 531, 559.
[257] *Kopp/Schenke*, Anh § 42 Rn 2.

7. Kapitel

Das subjektive öffentliche Recht

A. Begriff des subjektiven öffentlichen Rechts

Während bislang von der (objektiven) Rechtsbindung der Verwaltung die Rede war, **228** ist nunmehr danach zu fragen, ob und inwieweit der Bürger das (subjektive) Recht hat, seine Position gegenüber der Verwaltung durchzusetzen. Das subjektive öffentliche Recht ist eine Rechtsfigur der allgemeinen Rechtslehre und dient dazu, von einem Hoheitsträger ein bestimmtes Tun, Dulden oder Unterlassen zu fordern. Allgemein anerkannt ist folgende Definition:

Das **subjektive öffentliche Recht** ist die dem Einzelnen kraft öffentlichen Rechts **229** verliehene Rechtsmacht, vom Staat zur Verfolgung eigener Interessen ein bestimmtes Verhalten verlangen zu können.[258]

Zu beachten ist, dass der Begriff des subjektiven öffentlichen Rechts nicht auf das **230** Verhältnis Bürger-Staat beschränkt ist (wobei unter „Bürger" auch juristische Personen des Privatrechts fallen, soweit ein Rechtsanspruch möglich ist[259]). Vielmehr gibt es Fälle, in denen auch einem Träger öffentlicher Gewalt eine subjektive und damit wehrfähige Rechtsposition gegenüber anderen Hoheitsträgern eingeräumt ist.

> **Beispiel:** Eine Hochschule ist in der Regel eine Körperschaft des öffentlichen Rechts und zugleich eine staatliche Einrichtung (vgl. § 58 I HRG). Gleichwohl kann sie sich auf das Grundrecht der Wissenschaftsfreiheit (Art. 5 III S. 1 GG) berufen. Wird sie durch einen anderen Hoheitsträger in diesem Grundrecht verletzt, steht ihr ein subjektives öffentliches (Abwehr-)Recht aus Art. 5 III S. 1 GG zu.

B. Bedeutung des subjektiven öffentlichen Rechts

Da der Staat ohnehin an bestehendes Recht gebunden (vgl. § 1 III, 20 III GG) und **231** schon von daher verpflichtet ist, Rechte der Bürger zu wahren, scheint die Bedeutung des subjektiven öffentlichen Rechts auf den ersten Blick fraglich. Gleichwohl erhält das subjektive öffentliche Recht eine eigenständige Bedeutung, wenn man bedenkt, dass auch der Staat nicht unfehlbar ist, insbesondere die Verwaltung den Grundsatz der Gesetzmäßigkeit nicht stets beachtet.[260] Der Einzelne muss daher die Rechtsposition verliehen bekommen, seine Rechte vor den Verwaltungsgerichten geltend zu machen. Da er jedoch nicht Rechte Fremder geltend machen oder gar solche Rechtssätze angreifen soll, die mit seiner eigenen Rechtsposition überhaupt nichts zu tun haben, ist seine Klagebefugnis grundsätzlich auf die Geltendmachung *seiner* Rechte beschränkt. Der Einzelne soll sich nicht zum Sachwalter der Allgemeinheit machen. Verfassungsrechtlich ist dieser Grundsatz in Art. 19 IV S. 1 GG verankert, wonach jedem, der durch die öffentliche Gewalt in seinen (subjektiven) Rechten verletzt ist, der Rechtsweg offensteht. Im öffentlichen Recht wird diese verfassungsrechtliche Rechtsschutzgarantie u.a. durch die Verfahrensarten der VwGO konkretisiert und realisiert: Um verwaltungsprozessual **klagebefugt** zu sein, muss der Kläger gemäß § 42 II VwGO – soweit gesetzlich nichts anderes bestimmt ist – geltend machen, in *seinen* (also subjektiven) Rechten verletzt zu sein.[261] Die prozessuale Beschränkung

---

[258] *Maurer*, AllgVerwR, § 8 Rn 2. Vgl. auch OLG Karlsruhe NVwZ 2001, 712 ff.; OVG Koblenz *Konrad*, JA 2002, 967 ff.; *Spiegels*, NVwZ 2003, 1091 ff.

[259] Vgl. dazu ausführlich *R. Schmidt*, Grundrechte, Rn 57 ff.

[260] Dass die Verwaltung nicht stets rechtstreu handelt, wird allein schon durch die Existenz der Verwaltungsgerichtsbarkeit deutlich.

[261] Die §§ 42 II, 113 VwGO gelten ihrem Wortlaut nach zwar nur für die (verwaltungsaktbezogenen) Anfechtungs- und Verpflichtungsklagen, sind aber auch auf die allgemeine Leistungsklage entsprechend anzuwenden (vgl. nur BVerwGE

auf die Geltendmachung der Verletzung *eigener* Rechte hat den Hintergrund, dass der VwGO ein Individualschutzcharakter zugrunde liegt und daher Verbandsklagen und Popularklagen grundsätzlich ausgeschlossen werden sollen.[262] Liegt daher ein Individualrechtsschutzbegehren vor, darf nach der für die Bejahung der Klagebefugnis herrschenden **Möglichkeitstheorie** die geltend gemachte Rechtsverletzung lediglich nicht ausgeschlossen sein.[263] Erst bei der Begründetheit des Rechtsbehelfs ist dann zu prüfen, ob die geltend gemachte Rechtsverletzung tatsächlich besteht (§ 113 I S. 1 VwGO ggf. i.V.m. § 113 V VwGO). Dabei ist stets zu beachten, dass das mögliche subjektive Recht zunächst im einfachen Recht zu suchen ist. Erst die betreffende einfachgesetzliche Norm keinen Individualschutz gewährt, ist danach zu fragen, ob der übergeordnete Verfassungskreis (d.h. das thematisch einschlägige Grundrecht) Individualinteressen schützt (dazu ausführlich Rn 240 ff.).

> **Beispiel:** Bauherr B begehrt den Bau eines Einfamilienhauses im Außenbereich (§ 35 BauGB). Nachdem ein entsprechender Antrag von der Behörde ablehnend beschieden wurde und auch ein nachfolgender Widerspruch (§ 68 VwGO) zu keinem anderen Ergebnis führte, möchte B nun die Behörde durch Richterspruch verpflichten (vgl. § 113 I S. 1 i.V.m. V S. 1 VwGO), ihm die begehrte Baugenehmigung zu erteilen.
>
> Hier ist B nicht Adressat eines ihn belastenden Verwaltungsakts, sondern Verpflichtungskläger, da bei der Bestimmung der statthaften Klageart auf das Klagebegehren abgestellt werden muss und somit eine Verpflichtungsklage statthaft ist (B begehrt den Erlass eines ihn begünstigenden Verwaltungsakts). Hinsichtlich der Klagebefugnis muss B geltend machen, durch die Ablehnung seines Bauantrags in seinen Rechten verletzt zu sein, und diese geltend gemachte Verletzung darf nach der **Möglichkeitstheorie** lediglich nicht ausgeschlossen sein. Möglicherweise verletzt die Versagung der Bauerlaubnis den B in seinem Recht auf Baufreiheit, die einfachgesetzlich durch die Baugenehmigungsnorm der Landesbauordnung und (subsidiär) durch Art. 14 I GG gewährleistet ist. B ist daher klagebefugt. Begründet ist die Klage, wenn die Ablehnung des Baugesuchs rechtswidrig und B dadurch in seinen Rechten verletzt, B also einen Anspruch auf die begehrte Baugenehmigung hat, § 113 I S. 1 i.V.m. V VwGO.

232 In einigen Fällen ist das subjektive öffentliche Recht positivrechtlich (d.h. gesetzlich) ausgestaltet bzw. gewährleistet.

> **Beispiel:** Das **Informationsfreiheitsgesetz** des Bundes (BGBl I 2005, S. 2722) gewährt ein Individualrecht auf Information gegenüber Behörden des Bundes (§ 1 IFG). Zweck des Gesetzes ist die Gewährung individueller Information des Bürgers, um seine Rechtsstellung in der modernen Informationsgesellschaft zu stärken. Demzufolge besteht der Anspruch auf Information ohne Voraussetzungen und kann durch formlosen Antrag geltend gemacht werden. Insbesondere bedarf es einer Betroffenheit des Antragstellers in subjektiv-öffentlichen Rechten i.S.v. § 42 II VwGO nicht.[264] Antragsberechtigt ist jede natürliche und juristische Person des Privatrechts.[265] Gegenstand des Anspruchs sind amtliche Informationen i.S.d. § 2 Nr. 1 IFG und damit grds. alle Informationen, über die die Behörde verfügt. Jedoch wird man eine Begrenzung des weiten Auskunftsrechts fordern müssen, wenn übergeordnete öffentliche oder private Rechte entgegenstehen. Es kann nicht sein, dass Informationen erteilt werden müssen,

---

100, 262 ff.). Ob eine entsprechende Anwendung des § 42 II VwGO auch auf die Feststellungsklage geboten ist, wird unterschiedlich gesehen (vgl. *R. Schmidt*, VerwProzR, Rn 496 ff.). *Begründet* ist die jeweilige Klage, wenn die Rechtsverletzung tatsächlich besteht, § 113 I S. 1 VwGO.

[262] BVerfG NVwZ 2009, 1426 f.; *Kopp/Schenke*, VwGO, § 42 Rn 59; *Schoch*, NVwZ 1999, 457 f.; *Selmer*, JuS 2010, 662, 663; *Stern/Blanke*, VerwProzR in der Klausur, Rn 338. Zu den Systemausnahmen i.S.d. § 42 II 1. HS VwGO ggü Naturschutzvereinen und Handwerkskammern vgl. *R. Schmidt*, VerwProzR, Rn 175 ff./208 f.

[263] Vgl. BVerwGE 132, 64, 76 ff.; BVerwG NVwZ 2000, 1296; DVBl 2000, 1614; OVG Bautzen NVwZ 2002, 110, 111.

[264] Wie hier *Schmitz/Jastrow*, NVwZ 2005, 984, 896; *Kugelmann*, NJW 2005, 3609, 3610; *Sittard/Ulbrich*, JA 2008, 205, 207.

[265] *Kloepfer/Lewinski*, DVBl 2005, 1277, 1279.

wenn durch die Offenlegung die Funktionsfähigkeit der Behörde beeinträchtigt wird. Gründe, die gegen die Auskunftspflicht aus privaten Gründen sprechen, sind z.B. Betriebs- oder Geschäftsgeheimnisse, insbesondere aber Persönlichkeitsrechte Dritter (vgl. §§ 3, 4 und IFG).[266] Weitere Informationsgesetze, die subjektive Rechte enthalten, sind das **Umweltinformationsgesetz** (UIG – dazu Rn 254, 387 und 573c) sowie das **Verbraucherinformationsgesetz** (VIG - dazu Rn 387 und 573c).[267]

Darüber hinaus wird die Frage nach dem subjektiven öffentlichen Recht problematisch, wenn ein Nicht-Adressat, also ein **Dritter**, gegen eine Verwaltungsentscheidung vorgehen möchte. Typische Konstellationen sind die Anfechtung einer Baugenehmigung durch den Nachbarn, die Anfechtung einer immissionsrechtlichen Genehmigung, das Vorgehen eines Nachbarn gegen eine gaststättenrechtliche Betriebserlaubnis bzw. Sperrzeitenverlängerung, die Anfechtung einer Genehmigung zum Transport von Atommüll sowie die wirtschaftliche und beamtenrechtliche Konkurrentenklage. Auch in Fällen dieser Art muss anhand der **Möglichkeitstheorie** untersucht werden, ob der Dritte überhaupt in eigenen Rechten verletzt sein kann. Dabei ist zu beachten, dass die Norm, die der Dritte als verletzt rügt, **drittschützende Wirkung** haben muss.

233

Drittschutz bedeutet, dass der in Frage stehende Rechtssatz **nicht nur Interessen der Allgemeinheit dienen, sondern – zumindest auch – Individualinteressen des Klägers schützen soll** (sog. **Schutznormtheorie**).[268]

234

> **Beispiel:** B wird eine Baugenehmigung erteilt. Nachbar N fühlt sich dadurch in seinen Eigentümerrechten verletzt und möchte gegen die Baugenehmigung vorgehen.
>
> Hier ist N Kläger und greift einen an einen Dritten, hier an den B, gerichteten und diesen begünstigenden Verwaltungsakt an. Um klagebefugt zu sein, muss N geltend machen, in drittschützenden, d.h. vorliegend in nachbarschützenden Rechten verletzt zu sein. Zum Drittschutz im Baunachbarrecht vgl. *R. Schmidt*, BauR, Rn 427 ff.

Handelt es sich bei der in Frage kommenden Vorschrift indes um eine rein objektiv-rechtliche Norm und ergibt sich der Schutz des Bürgers nur rein tatsächlich aus einer Nebenwirkung, handelt es sich bei den Vorteilen, die er aus der behördlichen Anwendung der Norm zieht, um bloße **Rechtsreflexe**, um rein faktische Vergünstigungen, aus der eine Klagebefugnis nicht hergeleitet werden kann.[269]

235

> **Beispiel:** Bürger B möchte die Rechtsaufsichtsbehörde verpflichten, gegen ein in seinen Augen rechtswidriges Handeln seiner Gemeinde einzuschreiten.[270]
>
> Hier ist B schon deshalb nicht klagebefugt, weil es sich bei der Rechtsaufsicht grundsätzlich um ein rein objektives Rechtskontrollverfahren handelt.[271] Soweit sich durch das Einschreiten der Aufsichtsbehörde ein Vorteil für B ergeben sollte, beruht er auf einem Rechtsreflex. Eine Verpflichtungsklage wäre mangels Klagebefugnis unzulässig. Möglich, aber ohne einen bestimmten Bescheidungsanspruch, wäre eine an die der Kommunalaufsichtsbehörde übergeordnete Behörde gerichtete Aufsichtsbeschwerde (Anspruch auf informatorischen Bescheid).

Methodisch ist die Frage, ob die im konkreten Fall einschlägige Norm ein subjektives öffentliches Recht enthält bzw. Drittschutz entfaltet, unter **Anwendung der aner-**

236

---

[266] Zum IFG vgl. auch Rn 284, 387 und 573c. Zur prozessualen Seite vgl. *R. Schmidt*, VerwProzR, Rn 336.

[267] Zum Recht der Verbraucherinformation vgl. *Schoch*, NVwZ 2012, 1497 ff.

[268] BVerwGE 132, 64, 76 ff.; 107, 215, 220; VGH Kassel NVwZ 2001, 112; OVG Münster NVwZ 2000, 336, 337; *Konrad*, JA 2002, 967 ff.; *Rinke*, NVwZ 2002, 1180 ff. Zur historischen Begründung und zur Entwicklung vgl. *Schoch*, NVwZ 1999, 457 ff. und *Ramsauer*, JuS 2012, 769, 777 f.

[269] St. Rspr. BVerwG 39, 235, 237; 52, 122, 128; 55, 280, 285; 65, 167, 170; 72, 226, 229; vgl. auch *Schmitt Glaeser/Horn*, VerwProzR, Rn 158; *Kopp/Schenke*, VwGO, § 42 Rn 87; *Muckel*, JuS 2000, 132 f.

[270] Zur Kommunalaufsicht vgl. Rn 89, 93, 441 ff.

[271] Vgl. *Dörr*, JuS 2000, 491 mit den Besonderheiten des Rundfunkwesens.

kannten Auslegungsmethoden[272] durch **Interpretation** zu beantworten.[273] Auszugehen ist dabei stets vom Wortlaut der Norm (**grammatikalische Auslegung**). Ist dieser danach eindeutig ein subjektives öffentliches Recht zu entnehmen (z.B. § 17 i.V.m. §§ 19 ff. SGB XII oder § 5 I Nr. 1 BImSchG), kann auf die übrigen Auslegungsmethoden verzichtet werden. Entsprechendes gilt grundsätzlich, wenn der Wortlaut einen Drittschutz ausdrücklich verneint (vgl. etwa § 1 III S. 2 BauGB, ferner § 123 III BauGB oder § 29 I S. 2 VwVfG). Zu beachten ist jedoch, dass in dem Fall, dass der Verwaltungsakt (übergeordnete) verfassungsrechtliche Positionen berührt, ein subjektives öffentliches Recht auch bei entgegenstehendem Wortlaut angenommen werden kann (**verfassungskonforme Auslegung**, siehe sogleich).

237 Lässt sich dem Wortlaut der Norm keine eindeutige Aussage entnehmen, ist diese als Nächstes **systematisch** und **teleologisch** auszulegen. Ergibt sich aus dem Zweck der Norm und/oder ihrer systematischen Stellung im bereichsspezifischen Normengefüge, dass *auch* Individualinteressen geschützt werden sollen, kann ein subjektives öffentliches Recht nicht schon dann verneint werden, wenn der Wortlaut der Norm auf „öffentliche Sicherheit", „öffentliche Belange" oder „öffentliche Interessen" abstellt.

Beispiele:

(1) § 123 BauGB bestimmt die allgemeine gemeindliche Erschließungspflicht und verneint ausdrücklich einen Rechtsanspruch auf Erschließung. Bei Vorliegen bestimmter Voraussetzungen kann sich aber diese im Allgemeininteresse liegende Pflicht zu einem individuellen Anspruch verdichten.[274]

(2) Nach § 6 II Justizausbildungsprüfungsordnung (JAPO) des Landes Rheinland Pfalz bestimmt der Präsident des Prüfungsamts u.a. die Termine, die Reihenfolge der Aufsichtsarbeiten und die zulässigen Hilfsmittel. Seit Jahrzehnten ist es dabei Praxis, dass im Zivilrecht der BGB-Kommentar „Palandt" aus dem B-Verlag zugelassen ist. Der K-Verlag, ebenfalls ein Fachverlag für juristische Fachliteratur, gibt seit 2006 einen Kommentar zum BGB heraus. Er beantragt nunmehr beim Präsidenten des Prüfungsamts die Zulassung (auch) des von ihm herausgegebenen BGB-Kommentars als Hilfsmittel bei der Aufsichtsarbeit im Zivilrecht. Der Präsident des Prüfungsamts lehnt den Antrag jedoch ab mit der Begründung, dass er *den* Kommentar zulasse, der den unangefochtenen Spitzenplatz bei der Verbreitung in der Praxis innehabe, weil auch das Referendariat schwerpunktmäßig auf die spätere Berufspraxis vorbereite. Außerdem sei in allen Bundesländern der „Palandt" als einziger Kommentar zugelassen, was den Austausch von Klausuren zwischen den Ländern ermögliche.[275] ⇨ Hier stellt sich die Frage, ob § 6 II JAPO ein subjektives Recht verleiht. Der Wortlaut der Norm spricht ebenso dagegen wie die systematische und teleologische Auslegung. § 6 II JAPO regelt allein ein ordnungsgemäßes Prüfungsverfahren und begründet keine subjektiven Rechte. Somit ist auf den übergeordneten Verfassungskreis zurückzugreifen am Maßstab des Art. 12 I GG zu prüfen, ob danach dem K-Verlag der geltend gemachte Anspruch zusteht. Auch dies hat das OVG Koblenz verneint mit der Begründung, dass die für einen Eingriff in Art. 12 I GG erforderliche objektiv berufsregelnde Tendenz nicht bestehe. Es möge zwar sein, dass durch die Wahl zugunsten des „Palandt" verhindert werde, dass der Kommentar des K-Verlags Marktanteile gewinne. Allerdings habe der K-Verlag mit der Einführung seines BGB Kommentars im Jahre 2006 ohnehin nicht darauf vertrauen dürfen, die Zulassung zu erhalten. Art. 12 I GG gewähre kein Recht auf Erfolgsaussichten im Wettbewerb. Schließlich sei auch Art. 3 I GG

---

[272] Vgl. dazu ausführlich Rn 269 ff.
[273] Vgl. BVerwGE 107, 215, 220.
[274] BVerwGE 64, 186, 189 f.
[275] Vgl. OVG Koblenz DVBl 2012, 695 ff.

nicht verletzt. Denn es sei nicht erkennbar, dass der Präsident des Prüfungsamts willkürlich die Interessen des K-Verlags verletzt habe. Die Entscheidung, nur einen Kommentar zuzulassen, diene der Effektivität des Prüfungsverfahrens und der Begrenzung des Arbeitsaufwands des Prüfungsamts. Außerdem seien die Prüflinge dadurch nicht gezwungen, einen zweiten Kommentar zu kaufen.

Die vom OVG angeführte Begründung ist nicht zwingend. Hinsichtlich Art. 12 I GG könnte man sich durchaus auf den Standpunkt stellen, dass durch die Nichtzulassungsentscheidung einem anderen (jüngeren) Verlag praktisch auf Dauer jede Chance genommen wird, sich auch nur annähernd am Markt zu behaupten. Auch sonst geht man allgemein von der Einschlägigkeit des Art. 12 I GG aus, wenn der Staat auch nur faktisch die wirtschaftliche Betätigung des betroffenen Unternehmens im Verhältnis zu anderen empfindlich beeinträchtigt.[276] Nach der hier vertretenen Auffassung hätte das OVG die berufsregelnde Tendenz und damit den Eingriff in Art. 12 I GG bejahen müssen. Sodann hätte es im Rahmen der Prüfung der verfassungsrechtlichen Rechtfertigung Alternativen zur Nichtzulassung des Kommentars aufzeigen müssen. So könnte man einen Kommentar z.B. nur für 3 oder 4 Jahre zulassen und dann neu entscheiden, damit jeder Kommentar, der abstrakt als Hilfsmittel geeignet ist, eine Zulassungschance bekommt.

Die Notwendigkeit einer systematischen und teleologischen Auslegung folgt daraus, dass die Berücksichtigung von Individualinteressen i.d.R. auch einen wesentlichen Teil der staatlichen Aufgabe zur Wahrung des Gemeinwohls darstellt. Öffentliche Interessen und Individualinteressen schließen sich nicht notwendigerweise aus.[277] Entscheidend ist allein, dass sich aus individualisierenden Tatbestandsmerkmalen der Norm ein Personenkreis entnehmen lässt, der sich von der Allgemeinheit unterscheidet.[278]

238

Zusammenfassung: Während das objektive Recht durch die Summe aller Rechtssätze gebildet wird, ist das subjektive Recht dadurch gekennzeichnet, dass es dem Einzelnen gegenüber dem Staat durchsetzbare Ansprüche gewährt. Ob eine Rechtsvorschrift des objektiven Rechts dem Einzelnen subjektive Rechte, d.h. Ansprüche, gewährt, ist durch Auslegung zu ermitteln. Nach der herrschenden **Schutznormtheorie** ist ein subjektives öffentliches Recht gegeben, wenn

- ein zwingender Rechtssatz des objektiven Rechts
- zumindest auch den Schutz individueller Interessen bezweckt
- und dem Begünstigten die Rechtsmacht zur Durchsetzung der geschützten Interessen gegenüber dem Verpflichteten einräumt.

239

C. Subjektive Rechte und Grundrechte

I. Grundrechte als Abwehrrechte und Leistungsrechte

Die klassische Funktion der Grundrechte besteht darin, als Abwehrrechte gegen staatliche Maßnahmen zu fungieren. Das könnte zu der (vorschnellen) Annahme führen, die Grundrechte seinen maßgeblich oder vorrangig bei der Frage nach der Klagebefugnis heranzuziehen. Jedoch ist zu beachten, dass die in den Grundrechten garantierten Rechtspositionen in den überwiegenden Fällen der einfachgesetzlichen Ausgestaltung und Konkretisierung bedürfen. Es ist somit in erster Linie Aufgabe des einfachen Gesetzgebers, subjektive Rechte zu gewähren. Auch darf insbesondere bei *öffentlich-rechtlichen Konkurrenzverhältnissen* (siehe sogleich) nicht verkannt werden,

240

---

[276] BVerwG NVwZ 2001, 322 ff.
[277] BVerwGE 77, 70, 74; *Schmitt Glaeser/Horn*, VerwProzR, Rn 167.
[278] Vgl. BVerwGE 94, 151, 158; *Kopp/Schenke*, VwGO, § 42 Rn 84. Zur Frage nach der drittschützenden Wirkung des § 50 BImSchG vgl. *Rinke*, NVwZ 2002, 1180 ff. Zur Klagebefugnis bei der Abwehr wirtschaftlicher Betätigung von Kommunen vgl. Rn 1046 ff.

dass die einschlägigen Grundrechte häufig sowohl für den Begünstigten als auch für den Belasteten streiten.

Beispiel: Art. 14 GG garantiert einerseits die Baufreiheit des Bauherrn, schützt andererseits aber auch den Nachbarn vor Beeinträchtigungen seines Grundstücks.

241 Daraus resultiert ein genereller **Anwendungsvorrang** unterverfassungsrechtlicher Normen und Ansprüche gegenüber den Grundrechten.[279] Es müssen also zunächst einfachgesetzliche Normen auf subjektive Rechte (insb. auf Drittschutz) hin untersucht werden. Soweit die betreffende einfachgesetzliche Norm keinen ausdrücklichen Individualschutz gewährt, ist danach zu fragen, ob die Norm nur Allgemeininteressen oder auch Individualinteressen schützt. Bei dieser Auslegung sind jedoch die Grundrechte maßgeblich heranzuziehen (**norminterne Wirkung der Grundrechte**). Im Zweifel spricht eine grundrechtskonforme Auslegung in Verbindung mit der Rechtsschutzgarantie aus Art. 19 IV GG für die Annahme eines Individualschutzes.[280]

Beispiel[281]**:** Der Transport von Atommüll bedarf der Genehmigung (§ 4 AtomG). K wohnt acht Meter von der Bahnstrecke entfernt, auf der regelmäßig Castor-Behälter mit Kernbrennstoffen zum Zwischenlager Gorleben transportiert werden. Er ist der Meinung, derartige Transporte seien mit beträchtlichen Risiken für Leben, Gesundheit und Eigentum der Streckenanlieger verbunden. Insbesondere bei Unfällen (und Anschlägen) sei mit gravierenden Folgen (Tote, Verseuchung des Erdreichs) zu rechnen.

Bei der Anfechtung einer atomrechtlichen Genehmigung zum Transport von Atommüll könnte sich die Klagebefugnis aus § 4 AtomG ergeben. Dazu müsste diese Vorschrift drittschützend sein. Ausdrücklich verleiht die Vorschrift keinen Drittschutz. Dieser kann sich jedoch durch Auslegung ergeben. Hierbei sind maßgeblich die Grundrechte heranzuziehen. Vorliegend sind das Recht auf Leben und körperliche Unversehrtheit (Art. 2 II S. 1 GG) sowie die Eigentumsgarantie (Art. 14 I GG) einschlägig, jeweils in Verbindung mit der Rechtsschutzgarantie aus Art. 19 IV GG.

242 Fehlen einfachgesetzliche Regelungen, ist von vornherein auf den übergeordneten Verfassungskreis zurückzugreifen. Dann ist zu prüfen, ob die Wertentscheidungen der Grundrechte die Anerkennung eines Abwehr- bzw. Leistungsrechts fordern (**normexterne Wirkung der Grundrechte**).[282] So sind bei der beamtenrechtlichen Konkurrentenklage stets Art. 33 II, III GG zu beachten[283], bei wirtschaftlichen Konkurrentenklagen Art. 12 und 14 GG[284] usw.

243

> **Hinweis für die Fallbearbeitung:** Bei der Frage, ob die geltend gemachte Rechtsverletzung bzw. der geltend gemachte Anspruch besteht, bedeuten diese Grundsätze, dass zunächst **öffentlich-rechtliche Sonderverbindungen** (z.B. öffentlich-rechtlicher Vertrag, Ansprüche aus einem Verwaltungsakt oder Zusicherung), **einfachgesetzliche Normen** (formell-materielle Gesetze) und **untergesetzliches Regelwerk** (Rechtsverordnungen, Satzungen) herangezogen und daraufhin untersucht werden müssen (ggf. in verfassungskonformer Auslegung und unter Berücksichtigung der norminternen Wirkung der Grundrechte), ob sie einen Anspruch gewähren.

---

[279] Auch das BVerfG und das BVerwG bestätigen konsequent ihre Abneigung, subjektiv-rechtliche Positionen unter Vernachlässigung des einfachen Rechts sogleich unmittelbar aus den Grundrechten abzuleiten (vgl. etwa BVerfG NVwZ 2001, 1148, 1149 f.; BVerwG DVBl 2000, 1614; vgl. auch *Ortloff*, NVwZ 2005, 1381, 1384 f.; *Frenz*, JA 2011, 433, 438). Dagegen prüft das VG Sigmaringen (NJW 2001, 628, 630) die Grundrechte vorrangig vor dem einfachen Recht.
[280] Vgl. *Wallerath*, NJW 2001, 781, 785; *Winter*, NVwZ 1999, 467, 468.
[281] Vgl. BVerfG NVwZ 2009, 515, 516 f. (mit Bespr. v. *Muckel*, JA 2009, 553).
[282] Vgl. ausführlich *Wahl/Schütz*, in: Schoch/Schneider/Bier, VwGO, § 42 Abs. 2 Rn 56 ff.
[283] Der Beamte hat ein subjektives Recht auf fehlerfreie Anwendung des Art. 33 II GG (sowie der nachgebildeten Vorschriften des Bundes- und Landesrechts), vgl. VG Stuttgart NVwZ 2000, 959; VG Lüneburg NJW 2001, 767; BVerwG 2002, 3344 ff., dazu auch BVerfGE 108, 282, 294 ff.
[284] Vgl. dazu BVerwGE 32, 173, 178 f.; 50, 282, 287 f.

Beispiele: Ob A einen Anspruch auf Erteilung der begehrten Baugenehmigung hat, ergibt sich in erster Linie aus der Vorschrift der Landesbauordnung über die Baugenehmigung. Ob B einen Anspruch auf Erteilung einer straßenrechtlichen Sondernutzungserlaubnis hat, ergibt sich in erster Linie aus der Vorschrift des Landesstraßengesetzes über die Sondernutzung. Ob C einen Anspruch auf Erteilung der begehrten Gaststättenerlaubnis hat, ergibt sich in erster Linie aus der Vorschrift des Landesgaststättengesetzes (oder des Gaststättengesetzes des Bundes) über die Gaststättenerlaubnis.

Erst wenn aus einfachgesetzlichem Regelwerk kein Anspruch hergeleitet werden kann, ist zu prüfen, ob sich der Kläger unmittelbar auf **Grundrechte** stützen kann (normexterne Wirkung der Grundrechte). Im Bereich der Baugenehmigung wäre dies Art. 14 I GG, im Bereich der straßenrechtlichen Sondernutzungserlaubnis Art. 12 I GG (sofern beruflich veranlasst, sonst Art. 2 I GG) und im Bereich der Gaststättenerlaubnis Art. 12 I GG.

II. Vorbehalt des Möglichen

Die bei Rn 240 f. genannte Zurückhaltung des Grundgesetzes hinsichtlich der Gewährung von sozialen Grundrechten (zumeist in Verbindung mit dem Sozialstaatsprinzip) hat den Hintergrund, dass Leistungsansprüche zu erheblichen finanziellen Belastungen des Staates führen können, die Budgethoheit aber dem Parlament unterliegt. Gäbe es z.B. ein grundgesetzlich garantiertes Recht auf Arbeit, müsste der Staat sämtliche Vorkehrungen treffen, um jedem Einzelnen einen Arbeitsplatz zu garantieren. Dies wäre mit erheblichen finanziellen Aufwendungen verbunden, was eine Zurückdrängung anderer Aufgaben zur Folge hätte.[285] Um den freiheitlichen Charakter der Verfassung zu wahren, lassen sich deshalb – bis auf die genannten Beispiele – subjektive Leistungsrechte aus den Grundrechten grundsätzlich nicht ableiten.[286]

244

Beispiele:

(1) K begehrt vom Bundesland L die Erstattung von Schulkosten, die sie aufbringen musste, um ihrer blinden Tochter den Besuch eines staatlich anerkannten privaten Aufbaugymnasiums für Blinde zu ermöglichen. Die zuständige Behörde hat zwar einen Anspruch auf Ersatz der Kosten der Heimunterbringung zugesprochen. Einen weitergehenden Anspruch gestützt auf das **Sozialstaatsprinzip** bzw. auf **soziale Grundrechte** hat sie aber abgelehnt. Nach Erschöpfung des Verwaltungsrechtswegs erhebt K Verfassungsbeschwerde vor dem BVerfG. Hat die Beschwerde Aussicht auf Erfolg? Von der Zulässigkeit ist auszugehen.

Für das Leistungsbegehren der K müsste eine Anspruchsgrundlage gegeben sein. In Betracht kommt das in Art. 20 I, 28 I S. 1 GG u.a. normierte Sozialstaatsprinzip i.V.m. den sozialen Grundrechten. Allerdings ist zu beachten, dass das Sozialstaatsprinzip in erster Linie eine verfassungsgestaltende Grundentscheidung im Sinne einer Staatszielbestimmung, eine Auslegungsregel für sonstige Rechtsnormen und in bestimmten Grenzen eine nur objektiv-rechtliche Verpflichtung des Staates und seiner Organe bzw. Untergliederungen darstellt. Zwar verpflichtet das Sozialstaatsprinzip den Staat, für eine gerechte Sozialordnung zu sorgen[287] und eine Fürsorgeeinrichtung für Hilfsbedürftige zu schaffen[288]. Das Sozialstaatsprinzip begründet aber für sich betrachtet grundsätzlich noch keine unmittelbaren subjektiven An-

---

[285] Ein anderer Weg, dem Recht auf Arbeit nachzukommen, bestünde etwa darin, dass sich der Staat die Verfügungsbefugnis über die Arbeitsplätze verschaffte. Dies würde aber faktisch zur Abschaffung des Art. 12 I GG führen.
[286] Vgl. BVerfGE 33, 303, 331 (Numerus clausus); *Wernsmann*, Jura 2001, 106, 111. Sofern in den *Landes*verfassungen weitergehende soziale Grundrechte anzutreffen sind (etwa ein Recht auf Arbeit), stellen diese keine einklagbaren Rechte dar, sondern lediglich Staatszielbestimmungen. Zum Begriff und zur Funktion von Staatszielbestimmungen vgl. *R. Schmidt*, Staatsorganisationsrecht, Rn 314.
[287] BVerfGE 22, 180, 204.
[288] BVerfGE 40, 121, 133.

sprüche. Die nähere Ausgestaltung des Sozialstaatsprinzips obliegt im Wesentlichen dem Gesetzgeber.[289] Nur dann, wenn der Gesetzgeber seine verfassungsrechtliche Pflicht zu sozialer Aktivität willkürlich verletzt, kann dem Einzelnen hieraus ein verfolgbarer Anspruch erwachsen.

Vorliegend ist eine willkürliche Verletzung der verfassungsrechtlichen Pflicht zu sozialer Aktivität nicht zu erkennen. Eine Verpflichtung des Landes auf Erstattung weitergehender Schulkosten ist daher zu verneinen.

(2) Die im Bundesland X ansässigen A-Automobilwerke befinden sich in wirtschaftlichen Schwierigkeiten. Um die Arbeitsplätze in der Region zu sichern, beantragen sie eine Subvention. Fraglich ist, ob sie einen Anspruch auf Leistungsgewährung haben. Wenn man unterstellt, dass für den vorliegenden Fall kein Subventionsgesetz existiert, aus dem ein Anspruch hergeleitet werden könnte, kommen als Anspruchsgrundlage nur noch Grundrechte in Betracht. Die Herleitung von Leistungsansprüchen unmittelbar aus Grundrechten ist aber insofern problematisch, als Leistungsrechte nur im Rahmen des Möglichen und nach umfassender Abwägung mit öffentlichen (Finanzen) und privaten Interessen (Belastungen Dritter) gewährleistet werden und daher grundsätzlich der Konkretisierung und Aktualisierung durch den einfachen Gesetzgeber bedürfen (sog. Vorbehalt des Möglichen bzw. Kapazitätsvorbehalt).[290] Für den vorliegenden Fall kommt es demnach zunächst darauf an, ob im Haushaltsplan Mittel für diese Zwecke bereitgestellt sind. Da dem Haushaltsplan aber keine Außenwirkung entnommen werden kann, lässt sich aus ihm unmittelbar auch kein subjektives öffentliches Recht ableiten. Wenn sich also – wie regelmäßig im Fall des Erst-Beantragenden – kein Gleichbehandlungsanspruch aus Art. 3 I GG herleiten lässt (siehe dazu sogleich), besteht für die A-Werke kein Anspruch auf Leistungsgewährung.

III. Derivative Leistungsrechte

245   Etwas anderes gilt für den Fall, dass der Staat Leistungen *bereits anderen gewährt hat*. Dann ist er nach Art. 3 I GG zur Gleichbehandlung verpflichtet und darf ohne sachlichen Grund Dritte nicht von der Leistungsgewährung ausschließen (**derivatives Leistungsrecht bzw. Teilhaberecht**).

Beispiel: Die im Bundesland X ansässigen A-Werke befinden sich in wirtschaftlichen Schwierigkeiten. Um die Arbeitsplätze in der Region zu sichern, gewährt X ihnen – in Übereinstimmung mit dem Haushaltsplan – eine Beihilfe. Die ebenfalls in X ansässigen und sich in einer ebenso schwierigen Lage befindenden B-Automobilwerke wollen aus Gründen der Gleichbehandlung ebenfalls subventioniert werden.

In diesem Beispiel findet sich die Konstellation der Partizipationserzwingungsklage in Form der Konkurrentengleichstellungsklage. Wenn man unterstellt, dass die an die A-Werke gewährte Subvention unter Kapazitätsvorbehalt (Vorbehalt des Möglichen) stand und das Kontingent bereits erschöpft ist, wird eine auf Art. 12 I i.V.m. 3 I GG gestützte Klage mit dem Ziel, ebenfalls in den Genuss der Begünstigung zu kommen, mangels Klagebefugnis unzulässig sein, da es nichts mehr zu verteilen gibt.[291] Die Klagebefugnis entfällt aber auch bei einem noch nicht erschöpften Kontingent, wenn die B-Werke selbst die Förderungsvoraussetzungen nicht erfüllen. Erfüllen sie diese allerdings, ist eine Verpflichtungsklage unter dem Aspekt der Ermessensreduzierung auf Null (aus Art. 3 I GG abgeleitete Selbstbindung der Verwaltung[292]) zulässig und möglicherweise auch begründet. Die Begründetheit hängt davon ab, ob eine Selbstbindung der Verwaltung tatsächlich besteht und der Kläger auf den Fortbestand der Leistungsgewährung

---

[289] BVerfGE 1, 97, 105; 8, 274, 329; 36, 73, 84.
[290] Vgl. BVerfGE 33, 303, 333.
[291] Vgl. BVerwGE 30, 191, 197.
[292] Vgl. dazu sehr anschaulich BVerwG NVwZ 1998, 273; VGH Mannheim NVwZ 1991, 1199.

vertrauen durfte. Dies wird - mit Blick auf das Haushaltsrecht der Legislative – jedoch nur in Ausnahmefällen anzunehmen sein.[293]

IV. Präventives Verbot mit Erlaubnisvorbehalt

Mitunter kann ein Grundrecht auch ein Leistungsrecht sein, obwohl es in seiner Rechtsfolge eigentlich eine Abwehrfunktion darstellt. Das hat folgenden Hintergrund: Die Grundrechte in ihrer Funktion als Freiheitsrechte gewähren dem Bürger einen (speziellen oder allgemeinen) Anspruch auf freie Entfaltung seiner Persönlichkeit. Der Gesetzgeber kann dem Bürger ein Tätigwerden daher nur innerhalb der ihm von den Grundrechten vorgesehenen Möglichkeit materiell-rechtlich verbieten. Er darf allerdings ein Tätigwerden vorweg darauf hin kontrollieren, ob es dem materiellen Recht entspricht. Bei Einhaltung dieser Voraussetzung kann dann das präventive Verbot nicht aufrechterhalten werden. Der Bürger hat aus dem Abwehrrecht einen Anspruch auf Genehmigung eines Vorhabens. Ist die Genehmigung *formell* ein begünstigender Verwaltungsakt, stellt sie *materiell* lediglich wieder her, was dem Bürger grundrechtlich erlaubt ist. Umgekehrt stellt die Versagung einen Eingriff in die subjektiven Rechte des Bürgers dar. Die Kontrollerlaubnis ist also ein **(präventives) Verbot mit Erlaubnisvorbehalt.** Dieser Erlaubnisvorbehalt ermöglicht der Behörde die rechtzeitige Nachprüfung, ob sich die beabsichtigte Tätigkeit *materiell* im Bereich des gesetzlich Erlaubten oder Verbotenen hält.

246

> **Beispiel 1:** Art. 12 I GG gewährt die Gewerbefreiheit. Allerdings steht dieses Grundrecht im Interesse der Allgemeinheit unter einem Schrankenvorbehalt (vgl. Art. 12 I S. 2 GG). Eine solche Schrankenregelung stellt z.B. § 2 GastG[294] dar. Hier kann der Gesetzgeber (präventiv) die Tätigkeit darauf hin kontrollieren, ob die Schranken einschlägig sind, d.h. ob der Gewerbetreibende zuverlässig ist. Diese Prüfung erfolgt anhand von § 4 GastG. Zeigt das Prüfungsverfahren, dass die Voraussetzungen für das bestimmte Gaststättengewerbe vorliegen, hat der Anspruchsteller einen Anspruch auf die Genehmigung (§§ 2, 3 GastG). Der Genehmigungsvorbehalt soll gewährleisten, dass von den Vorhaben keine Gefahren für die Allgemeinheit ausgehen. Die rechtstechnische Einkleidung macht aus dem Abwehrrecht ein Leistungsrecht.

> **Beispiel 2[295]:** Cannabis gehört zu den Betäubungsmitteln, deren Anbau nach dem Betäubungsmittelgesetz erlaubnispflichtig und die nur unter den gesetzlich beschriebenen Voraussetzungen verkehrsfähig sind (vgl. §§ 3, 5 I BtMG). Beantragt nun bspw. der A beim Bundesinstitut für Arzneimittel und Medizinprodukte die Erlaubnis zum Anbau von indischem Hanf in kleinen Mengen und trägt dazu vor, er bekenne sich zum Glauben der jamaikanischen Rastas, für die das Rauchen von Marihuana eine kultische Handlung darstelle, und dass der Anbau von Hanf deshalb von seinem Grundrecht auf ungestörte Religionsausübung geschützt sei, ist fraglich, ob Art. 4 I, II GG zur Annahme eines Ausnahmetatbestands zwingt.

> Das Grundrecht des A auf ungestörte Religionsausübung könnte bei der Auslegung der Ausnahmebestimmungen der §§ 3, 5 I BtMG dazu führen, dass ein anderer, im öffentlichen Interesse liegender Zweck anzunehmen und daher dem A die Genehmigung zu erteilen ist. Dem steht aber wiederum die durch Art. 2 II GG geschützte Volksgesundheit entgegen, die ohne Zweifel ebenfalls Verfassungsrang genießt. Die Entscheidung des Bundesinstituts für Arzneimittel und Medizinprodukte wäre also nur dann rechtmäßig, wenn der Schutz der Volksgesundheit Vorrang vor der ungestörten Religionsausübung genösse.

---

[293] BVerwG NVwZ 1998, 273, 274 f.; VGH Mannheim NVwZ 1991, 1119.
[294] Zum GastG nach der Föderalismusreform 2006 vgl. bereits Fußnote 15.
[295] Nach BVerwGE 112, 314 ff.

Wenn man bedenkt, dass die Nachhaltigkeit der physischen und psychischen Schäden bei Marihuana-Konsum nach wie vor wissenschaftlich nicht abschließend erforscht und auch bisher kein Beweis einer generellen Unbedenklichkeit des Genusses von Cannabis-Produkten erbracht ist, stellt das generelle Verbot des In-Verkehr-Bringens von Cannabis-Produkten zum Schutz von Gesundheit und Wohl der Menschen vor ernstlichen Gefahren einen der ungestörten Religionsausübung übergeordneten Belang dar. Dieser Befund entspricht auch der Auffassung des weit überwiegenden Anteils der Bevölkerung und korrespondiert mit einer von der Bundesrepublik Deutschland völkerrechtlich übernommenen Verpflichtung.[296] Darüber hinaus ist die Belastung durch das Fehlen einer Erlaubnis auch äußerst gering, da nach der Rechtsprechung des BVerfG[297] eine Gefahr der Bestrafung wegen Verletzung des Anbauverbots (vgl. § 29 I S. 1 Nr. 1 BtMG) praktisch nicht gegeben ist. Es kann A also nur darum gehen, seinen Cannabiskonsum offiziell legalisieren zu lassen. Schließlich ist die Signalwirkung, die die Erteilung einer Erlaubnis an A mit sich brächte, in die Abwägung mit einzubringen. Insbesondere labile Jugendliche könnten dadurch verführt werden, die mit dem Verbrauch von Cannabis-Produkten verbundenen Risiken zu unterschätzen und sich zu schädigen. Außerdem würde die Möglichkeit einer Erlaubniserteilung aus religiösen Gründen der Gefahr eines Missbrauchs Tür und Tor öffnen.

Es ist festzustellen, dass die Volksgesundheit, die praktisch nicht gegebene Gefahr einer Strafverfolgung sowie der Jugendschutz gegenüber der ungestörten Religionsausübung übergeordnete Belange darstellen. Die Entscheidung des Bundesinstituts für Arzneimittel und Medizinprodukte ist daher rechtlich nicht zu beanstanden.

Weitere **Beispiele** von präventiven Verboten mit Erlaubnisvorbehalten sind die **Baugenehmigung** und die **Anlagengenehmigung**. Vgl. dazu ausführlich Rn 358.

246a Aber auch bei einem **repressiven Verbot mit Befreiungsvorbehalt** („Ausnahmebewilligung") können die Grundrechte (insbesondere Art. 12 I GG) zu einem Zulassungsanspruch führen, wenn der Zulassung keine vernünftigen Gemeinwohlerwägungen entgegenstehen und die Ablehnung im Übrigen unverhältnismäßig wäre. Das gilt auch für die Zulassung zur Nutzung öffentlicher Einrichtungen.[298]

V. Anspruch auf schützendes Tätigwerden

247 Aus einigen Grundrechten (insbesondere Art. 2 II S. 1 GG) ergibt sich auch die Pflicht des Staates, die grundrechtlich geschützten Rechtsgüter vor Beeinträchtigungen durch private Dritte, durch nichtdeutsche staatliche Stellen oder durch Naturgewalten zu wahren.[299] Insbesondere die Pflicht des Staates, sich **schützend und fördernd vor jedes menschliche Leben** zu stellen, d.h. vor allem, es auch vor rechtswidrigen Eingriffen Dritter zu bewahren, steht diesbezüglich im Vordergrund. Einfachgesetzlich lässt sich ein Anspruch auf Tätigwerden insbesondere den Vorschriften des Polizeirechts entnehmen, wenn es darum geht, dass eine in Not geratene oder sonst gefährdete Person Schutz verlangt. Da eine Auseinandersetzung mit den hiermit verbundenen Fragen jedoch den Rahmen dieser Bearbeitung sprengen würde, muss auf die Darstellungen bei *R. Schmidt*, Grundrechte, Rn 310 ff. und *R. Schmidt*, POR, Rn 712, 726 und 727 verwiesen werden.

---

[296] Vgl. Art. 3 I des Suchtstoffübereinkommens, BGBl II 1993, S. 1137.
[297] BVerfGE 90, 145 ff. (Straflosigkeit bei gelegentlich in geringen Mengen konsumiertem Cannabis).
[298] Vgl. dazu VGH Mannheim GewArch 2008, 126, 127.
[299] BVerfGE 39, 1 ff. (Schwangerschaftsabbruch I); *v. Münch*, in: v. Münch/Kunig, GG, Vorb. Art. 1-19 Rn 22. Vgl. auch BVerwG NVwZ 1999, 1234 ff.

VI. Anspruch auf ermessensfehlerfreie Entscheidung

Enthält die Anspruchsgrundlage auf ihrer Rechtsfolgeseite ein Ermessen, besteht nur ein Anspruch auf ermessensfehlerfreie Entscheidung. Ein solcher Anspruch kann aber von vornherein nur dann gegeben sein, wenn die einschlägige Norm die Ermessensbetätigung nicht nur kraft objektiven Rechts anordnet, sondern dem Anspruchsteller auch ein subjektives Recht einräumt.[300] Dazu muss sie - zumindest auch - seinem Interesse dienen. Besteht die Ermessensnorm im Individualinteresse des Antragstellers, müssen weiterhin formell und materiell die Voraussetzungen vorliegen, unter denen die Behörde überhaupt ein Ermessen ausüben darf. Erst wenn diese vorliegen, hat der Bürger einen Anspruch auf fehlerfreie Ermessensausübung für die Entscheidung, *ob* nun die an sich mögliche Leistung gewährt werden soll oder nicht. Prozessual ergeht hier ein **Bescheidungsurteil** (§ 113 V S. 2 VwGO): Die Behörde wird verpflichtet, den Kläger unter Beachtung der Rechtsauffassung des Gerichts neu zu bescheiden.

248

Ein direkter Anspruch auf Vornahme der gewünschten Handlung (z.B. Erlass des begehrten Verwaltungsakts) kann trotz Vorliegens einer Ermessensnorm dann bestehen, wenn das Ermessen „**auf Null reduziert**" ist. Ein Ermessen ist „auf Null reduziert", wenn jede andere als die begehrte Entscheidung ermessensfehlerhaft und damit rechtswidrig wäre. Unter welchen Voraussetzungen dies angenommen werden kann, ist im Rahmen der Bearbeitung zum Ermessen bei Rn 295 ff. erklärt.

249

VII. Subjektives öffentliches Recht und EU-Recht

Der Einfluss des EU-Rechts auf das nationale subjektive öffentliche Recht spielt in erster Linie bei der **Klagebefugnis** eine Rolle. Da die damit verbundenen Rechtsfragen ausführlich bei *R. Schmidt*, VerwProzR, Rn 188 ff. behandelt sind, wird insoweit darauf verwiesen.

250 -258

---

[300] BVerwG NVwZ 1998, 395.

8. Kapitel

Unbestimmter Rechtsbegriff, Beurteilungsspielraum und planerische Abwägungsentscheidungen

A. Vorbemerkung

259 Bereits im 1. Kapitel wurde erläutert, dass die Gesetze von den Verwaltungsbehörden ausgeführt, d.h. angewendet werden. Die Anwendung von Rechtsnormen steht im Mittelpunkt der Verwaltungstätigkeit und der nachfolgenden Darstellung.

260 Ausgangspunkt der Überlegung ist die Struktur der Rechtsnormen. Diese sind überwiegend nach einem „Wenn-dann-Schema", also konditional gefasst: Wenn ein konkreter Sachverhalt den Tatbestand einer Norm erfüllt, kann, soll oder muss die im Tatbestand genannte Rechtsfolge eintreten. Rechtstechnisch ist also zwischen dem **Tatbestand** und der **Rechtsfolge** zu unterscheiden.

> **Beispiel:** *Wenn* keine in § 4 GastG[301] genannten Versagungsgründe vorliegen (= Tatbestand), *ist* dem Antragsteller die Erlaubnis zum Betrieb einer genehmigungspflichtigen Gaststätte gem. §§ 2 I und 3 GastG zu erteilen (= Rechtsfolge).

261
> **Hinweis für die Fallbearbeitung:** Es findet folgender Prüfungsprozess statt:
> - Zunächst ist der Sachverhalt zu ermitteln.
> - Sodann ist der Inhalt des gesetzlichen Tatbestands auszulegen und festzustellen.
> - Als Drittes erfolgt die Subsumtion des Sachverhalts unter den Tatbestand der Norm.
> - Schließlich ist die Rechtsfolge der Norm festzustellen.

> **Beispiel:** Gastwirt G duldet den Drogenhandel in seinen Gastronomieräumen, woraufhin die Behörde die Gaststättenerlaubnis entzieht (= **Sachverhalt**).
>
> Gem. § 15 II GastG ist die Erlaubnis zum Betrieb einer Gaststätte zu widerrufen, wenn einer der Versagungsgründe des § 4 GastG vorliegt. Ein solcher Versagungsgrund ist die in § 4 I S. 1 Nr. 1 GastG genannte „Unzuverlässigkeit" (= **Tatbestand**).
>
> Das Dulden von Drogenhandel führt dazu, dass die für den Betrieb einer Gaststätte erforderliche Zuverlässigkeit i.S.d. §§ 4, 15 GastG nicht vorliegt (= **Subsumtion**).
>
> Das Nichtvorliegen der Zuverlässigkeit führt zur Aufhebung der Gaststättenerlaubnis (= **Rechtsfolge**).

262 Aus dem Rechtsstaatsprinzip (Art. 20 III GG) und der Rechtsschutzgarantie (Art. 19 IV S. 1 GG) ergibt sich, dass die Rechtsanwendung gerichtlich grundsätzlich voll überprüfbar sein muss. Die Gerichte sind verpflichtet, angefochtene Verwaltungsakte in rechtlicher und tatsächlicher Hinsicht vollständig nachzuprüfen. Dies gilt auch, wenn die angefochtene Verwaltungsentscheidung auf der Anwendung unbestimmter Rechtsbegriffe beruht.[302] Deren Konkretisierung ist grundsätzlich Sache der Gerichte. Denn wie das zuletzt genannte Beispiel zeigt, kann es hinsichtlich der Frage, ob G unzuverlässig ist, nur eine richtige Antwort geben. Entweder ist G unzuverlässig oder nicht. Daraus folgt die gerichtliche Überprüfbarkeit des angegriffenen Hoheitsaktes im konkreten Fall, worauf der betroffene Bürger einen Anspruch hat.

---

[301] Zum GastG nach der Föderalismusreform 2006 vgl. bereits Fußnote 15.
[302] Insoweit klarstellend BVerfG NVwZ 2011, 1062 f.

Im obigen **Beispiel** muss das angerufene Verwaltungsgericht also überprüfen, ob das Dulden von Drogenhandel tatsächlich zur „Unzuverlässigkeit" führt. Gelangt das Gericht zu dem Ergebnis, dass die Rechtsanwendung der Behörde fehlerhaft war, etwa weil der Sachverhalt unzutreffend ermittelt oder ein Tatbestandsmerkmal (hier: Zuverlässigkeit) falsch ausgelegt wurden, muss es selbst den erforderlichen Rechtsanwendungsakt vornehmen und die rechtliche Entscheidung treffen. Verwaltungsprozessual ausgedrückt hebt es die behördliche Entscheidung (vorliegend den einen Verwaltungsakt darstellenden Widerruf) wegen Rechtswidrigkeit auf, § 113 I S. 1 VwGO.

Eine Abweichung von der grundsätzlich gegebenen vollen gerichtlichen Überprüfbarkeit von Rechtsanwendungsakten besteht allerdings dort, wo der Verwaltung durch Einräumung eines **Beurteilungsspielraums** oder von **Ermessen** Handlungsspielräume verbleiben. Dogmatisch ist zwischen diesen beiden Lockerungen allerdings strikt zu unterscheiden: Während der Beurteilungsspielraum einen gerichtlich nicht weiter überprüfbaren Handlungsspielraum auf der **Tatbestandsseite** einer Norm darstellt und somit dogmatisch den unbestimmten Rechtsbegriffen zuzuordnen ist, eröffnet das Ermessen der Verwaltung einen Handlungsspielraum auf der **Rechtsfolgeseite** der Norm. Das Ermessen ist dahingehend zu überprüfen, ob die Ermessensgrenzen eingehalten worden sind. **263**

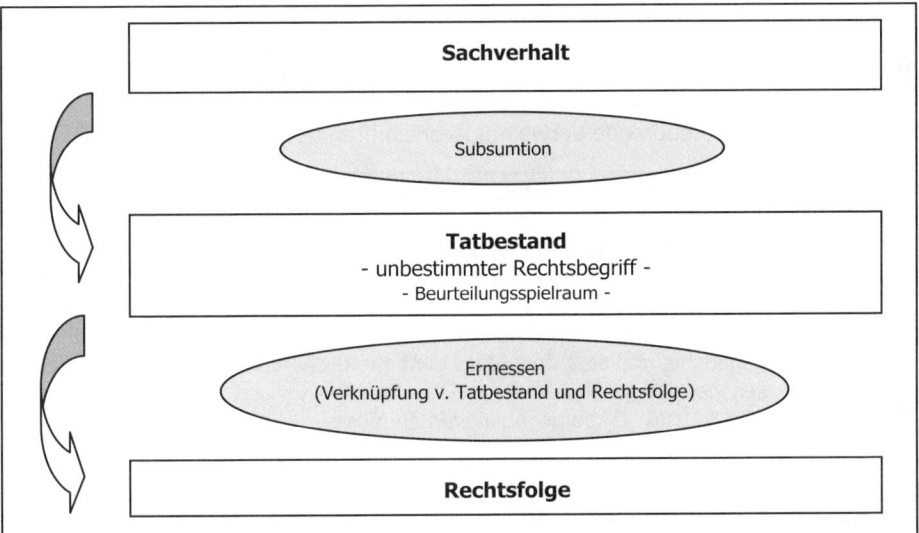

Die unbestimmten Rechtsbegriffe und der Beurteilungsspielraum sollen Gegenstand der folgenden Darstellung sein. Das Verwaltungsermessen, das systematisch der Rechtsfolge zuzuordnen ist und daher den unbestimmten Rechtsbegriffen nachfolgt, wird bei Rn 295 ff. und 601 dargestellt. **264**

B. Unbestimmte Rechtsbegriffe

I. Grundsatz der vollen gerichtlichen Überprüfbarkeit

Der Gesetzgeber kann nicht alle erdenklichen Lebenssachverhalte antizipiert in den Normen aufnehmen. Dafür bietet das Leben zu viele Besonderheiten und Verschiedenartigkeiten. Daher muss der Wortlaut einer Norm – freilich unter Beachtung des Bestimmtheitsgrundsatzes – ein bestimmtes Maß an Abstraktheit aufweisen. Darüber hinaus muss es der Verwaltung möglich sein, auch auf atypische, unvorhersehbare Situationen zu reagieren. Aus diesem Grund enthalten Normen regelmäßig generalklauselartige Formulierungen, sog. unbestimmte Rechtsbegriffe. **265**

266   **Unbestimmte Rechtsbegriffe** sind Gesetzesbegriffe, die auf der Tatbestandsseite einer Norm stehen und bei der Rechtsanwendung des einschlägigen Tatbestands im Einzelfall einer Auslegung bedürfen.

> **Beispiele:** *Unzuverlässigkeit* in § 35 I GewO oder in § 4 I S. 1 Nr. 1 GastG; *Ungeeignetheit* in § 3 I StVG i.V.m. §§ 3 I, 11 III FeV[303]; *öffentliche Sicherheit* z.B. in §§ 3 I HambSOG, 11 HessSOG oder 11 NdsSOG (polizeiliche Befugnisgeneralklausel); *öffentliches Interesse* in § 80 II S. 1 Nr. 4 VwGO; *Gemeinwohl* in Art. 14 III S. 1 GG; *Einfügen* in § 34 BauGB; *öffentliche Belange* in § 35 II/III BauGB etc.

267   Sofern der Verwaltung kein Beurteilungsspielraum[304] eingeräumt wurde, ist die Auslegung unbestimmter Rechtsbegriffe **gerichtlich voll überprüfbar**, da es sich um Rechtsanwendung handelt und derartige Akte wegen der Rechtsschutzgarantie des Art. 19 IV S. 1 GG einer gerichtlichen Kontrolle zugänglich sein müssen (s.o.). Außerdem kann es keine Bandbreite möglicher Entscheidungen geben: Entweder ist z.B. der Straßenverkehrsteilnehmer gem. § 3 I StVG i.V.m. §§ 3 I, 11 III FeV ungeeignet oder er ist es nicht. Daraus folgt die gerichtliche Überprüfbarkeit im konkreten Fall. Gestützt wird dieses Ergebnis durch das Prinzip vom *Vorbehalt des Gesetzes* bzw. generell durch das verfassungsrechtliche Bestimmtheitsgebot, das besagt, dass Eingriffe in Rechte des Bürgers nur aufgrund einer inhaltlich hinreichend bestimmten Eingriffsnorm zulässig sind. Das Bestimmtheitsgebot ist einerseits gewahrt, wenn durch Auslegung eine hinreichend sichere Grundlage für die Anwendung der Norm vorliegt, andererseits, wenn es durch Konkretisierung in der Rechtsprechung und durch gesetzesinterpretierende Verwaltungsvorschriften beachtet wird.

268   > **Hinweis für die Fallbearbeitung:** Ist also die behördliche Entscheidung (i.d.R. ein Verwaltungsakt) durch die Gerichte **uneingeschränkt überprüfbar**, gilt das auch für den Bearbeiter einer Prüfungsarbeit: Gelangt er nach einer entsprechenden Prüfung, ob die Voraussetzungen des unbestimmten Rechtsbegriffs vorliegen, zu einem anderen Ergebnis als die Behörde, stellt er die Rechtswidrigkeit der behördlichen Entscheidung fest. Verwaltungsprozessual begibt er sich in die Rolle des Verwaltungsgerichts und stellt fest, dass die behördliche Entscheidung rechtswidrig gewesen sei, den Kläger dadurch in seinen Rechten verletzt habe und sie daher (gem. § 113 I S. 1 VwGO) aufgehoben werden müsse.
>
> Anders liegt der Fall, wenn der Behörde ein **Beurteilungsspielraum** eingeräumt wurde. Denn räumt der Gesetzgeber der Verwaltung mit Blick auf Anwendung und Auslegung von unbestimmten Rechtsbegriffen eine Bandbreite möglicher richtiger Entscheidungen ein, können mehrere Entscheidungen richtig und damit rechtmäßig sein. Folgerichtig darf in solchen Fällen nur eine **eingeschränkte gerichtliche Kontrolle** erfolgen. Die Gerichte dürfen lediglich überprüfen, ob sich die behördliche Entscheidung im Rahmen des eingeräumten Beurteilungsspielraums bewegt oder ob die Behörde die Bandbreite möglicher Entscheidungen verlassen hat. Entsprechendes gilt für Prüfungsarbeiten: Eine uneingeschränkte Überprüfung der Verwaltungsentscheidung darf nur erfolgen, wenn der „Normalfall" des unbestimmten Rechtsbegriffs vorliegt. Nur in diesem Fall darf der Bearbeiter prüfen, ob die Behörde den unbestimmten Rechtsbegriff rechtmäßig ausgelegt und angewendet hat. Hat der Gesetzgeber der Behörde einen Beurteilungsspielraum eingeräumt, darf der Bearbeiter einer Prüfungsarbeit lediglich prüfen, ob die Behörde die Bandbreite möglicher Entscheidungen verlassen hat (s.o).

---

[303] Vgl. dazu OVG Lüneburg NJW 2001, 459.
[304] Vgl. dazu Rn 283 ff. und 599.

II. Auslegung von unbestimmten Rechtsbegriffen

1. Die Auslegungsmethoden

Verwendet der Gesetzgeber unbestimmte Rechtsbegriffe, die einer Auslegung (d.h. Konkretisierung) durch den Rechtsanwender bedürfen, liegt es auf der Hand, dass die (abstrakte) Auslegung und vor allem deren Anwendung im konkreten Fall erhebliche Schwierigkeiten bereiten können. So ist z.B. fraglich, was unter „Unzuverlässigkeit" i.S.d. § 35 GewO zu verstehen ist. Ist die Zuverlässigkeit im konkreten Fall offensichtlich entweder gegeben oder nicht gegeben, bereitet die Handhabung dieses Begriffs keine Schwierigkeiten. Dazwischen liegt aber ein Bereich, der unklar und regelmäßig unter den Beteiligten streitig ist.

269

Damit eine Entscheidung in der Sache möglich ist, kann es nur eine (richtige) Antwort geben: Entweder ist der Antragsteller beispielsweise gem. § 4 I S. 1 Nr. 1 GastG zuverlässig oder er ist es nicht. Das Problem des unbestimmten Rechtsbegriffs liegt damit im Bereich der Erkenntnis. Hierzu sind die anerkannten Auslegungsmethoden heranzuziehen:

270

a. Grammatikalische Auslegung

Am Anfang der Auslegung steht die sprachlich-grammatikalische (philologische) Auslegung. Das leuchtet ein, weil die sprachliche Formulierung als unmittelbare Äußerung des Gesetzgebers Ausgangspunkt aller Überlegungen sein muss. Die grammatikalische Auslegung geht also von der Ausdrucksweise des Gesetzgebers aus und sucht den Inhalt einer Norm aus ihrer sprachlichen Fassung, d.h. dem Wortlaut (Semantik) und dem Satzbau (Syntax) zu erkennen. Fraglich kann allein sein, inwieweit dieser Auslegungsmethode eine Begrenzungsfunktion beizumessen ist. Was nicht dem Wortlaut zu entnehmen ist, könnte *per se* über die Norm hinausgehen. Es ist zu differenzieren: Im Strafrecht ist aufgrund des Analogieverbots zulasten des Beschuldigten (Art. 103 II GG, § 1 StGB) klar, dass der Wortlaut einer Norm gleichzeitig die Grenze der Auslegung bildet. Im bürgerlichen Recht (und auch im öffentlichen Recht) braucht der Richter am Wortlaut einer Norm indes nicht grundsätzlich Halt zu machen. Seine Bindung an das Gesetz (Art. 20 III, Art. 97 I GG) bedeutet nicht Bindung an dessen Buchstaben mit dem Zwang zur wörtlichen Auslegung, sondern Gebundensein an Sinn und Zweck des Gesetzes.[305] Hier bildet also nicht der Wortlaut, sondern der mögliche Wortsinn die Grenze der Auslegung. Überschreitet der Rechtsanwender aber den möglichen Wortsinn, legt er nicht mehr aus[306], sondern bildet das Recht fort. Die Rechtsfortbildung unterliegt anderen Kriterien.[307]

271

b. Systematische Auslegung

Lässt sich der mögliche Wortsinn eines Begriffs nicht eindeutig bestimmen, was insbesondere bei Generalklauseln und unbestimmten Rechtsbegriffen der Fall ist, sind zur Auslegung weitere Methoden heranzuziehen. So geht die systematische Auslegung von der Stellung der Vorschrift im bereichsspezifischen Normengefüge und der des Gesetzes innerhalb der Rechtsordnung aus („sachlicher Zusammenhang"). Diese Auslegungsmethode geht also von der Prämisse aus, dass die auszulegende Norm Teil des Gesamtsystems ist und in Wechselwirkung mit anderen Normen steht.

272

---

[305] BVerfGE 35, 263 ff.
[306] Vgl. etwa BGHZ 46, 74, 76.
[307] Vgl. dazu *R. Schmidt*, Staatsorganisationsrecht, Rn 224.

c. Teleologische Auslegung

273 Mit Hilfe dieser Auslegungsmethode wird der Sinngehalt einer Norm aus ihrem Sinn und Zweck („*Ratio* der Norm") ermittelt. Gefragt wird, welches Ziel mit der betreffenden Norm verfolgt wird bzw. erreicht werden soll. Maßgebend sind die in der Norm zum Ausdruck kommende Interessenbewertung und die Aufgabe, die dieser Norm sinnvollerweise im Gesamtzusammenhang der Rechtsordnung zukommen kann. Insoweit können sich Überschneidungen mit der systematischen Auslegungsmethode ergeben. Daher werden beide Auslegungsmethoden oftmals unter dem Oberbegriff **„logische Interpretation"** zusammengefasst. Unter diesen Gesichtspunkten kann sich herausstellen, dass der Wortlaut nicht maßgeblich sein kann. Danach kann man bspw. zu dem Ergebnis kommen, dass der Gesetzgeber sinngemäß statt „soll" „muss" hätte setzen müssen. Die logische Interpretation kann somit zu einer teleologischen Ausdehnung (Extension) oder zu einer Einschränkung (Restriktion) des Tatbestands führen, je nachdem, ob das Gesetz zu weit oder zu eng gefasst ist. Allerdings ist zu beachten, dass gerade die teleologische Extension nicht gegen zwingendes Recht verstoßen und damit nicht den Rahmen zulässiger Gesetzesauslegung überschreiten darf.

> **Beispiel:** Vor Erhebung der Anfechtungsklage sind Rechtmäßigkeit und Zweckmäßigkeit des Verwaltungsakts in einem Vorverfahren nachzuprüfen (§ 68 I S. 1 VwGO). Einer solchen Nachprüfung bedarf es nicht, wenn ein Gesetz dies bestimmt (§ 68 I S. 2 VwGO). Über diesen gesetzlich geregelten Ausnahmefall hinaus hält das BVerwG die Durchführung des Vorverfahrens für entbehrlich, wenn der Zweck des Widerspruchsverfahrens offensichtlich nicht mehr erreicht werden kann, etwa, wenn die Rechtsaufsichtsbehörde zuvor ihre Rechtsposition klargemacht hat und ein Vorverfahren daher sowieso keinen Erfolg haben wird[308]. Das ist mit Blick auf das Gewaltenteilungsprinzip sehr bedenklich, weil sich das BVerwG über den Wortlaut des § 68 VwGO, der die Ausnahmegründe abschließend regelt, hinwegsetzt und damit in den Bereich unzulässigen gesetzesvertretenden (oder gesetzeskorrigierenden) Richterrechts vordringt.[309]

d. Historische und genetische Auslegung

274 Hilfsmittel der logischen Interpretation sind (1) die historische Methode, die von der geschichtlichen Entwicklung des Rechtssatzes ausgeht und insbesondere frühere ähnliche Gesetze und deren Änderungen berücksichtigt, und (2) die genetische Methode, die sich auf die Entstehungsgeschichte des Gesetzes stützt und zu diesem Zweck Reformvorschläge und Gesetzesmaterialien (Gesetzesvorlagen, Protokolle des Parlaments und seiner Ausschüsse etc.) heranzieht. Mittels der genetischen Auslegung soll also der Wille des Gesetzgebers erkundet werden.

e. Verfassungskonforme Auslegung

275 Ausgangspunkt dieser Auslegungsmethode ist, dass alle Gesetze mit der Verfassung vereinbar sein müssen. Ist eine Norm ihrem Wortlaut nach unter verfassungsrechtlichen Gesichtspunkten bedenklich, lässt aber auch eine Auslegung i.S.d. Verfassung zu, ist sie nur mit *dieser* Auslegung verfassungsmäßig und gültig (Grundsatz der Normerhaltung – favor legis).[310] Von mehreren Auslegungsmöglichkeiten ist also diejenige zu wählen, die den Wertentscheidungen des Grundgesetzes entspricht und sie optimal fördert.

---

[308] BVerwGE 64, 325, 330; BVerwG NVwZ 2011, 501, 502 ff. Vgl. auch *Schübel-Pfister*, JuS 2011, 420, 421.

[309] Kritisch auch *Hufen*, JuS 2012, 276, 278; *Schoch*, NVwZ 2011, 506 f. Zum (gesetzesvertretenden und gesetzeskorrigierenden) Richterrecht vgl. *R. Schmidt*, Staatsorganisationsrecht, Rn 224.

[310] Vgl. nur BVerfG NJW 2004, 2663; BVerfGE 59, 336, 350 f.; zurückgehend auf BVerfGE 2, 266, 282.

Beispiel: § 15 I VersG[311] ermächtigt die Behörde, bei einer Gefahr für die öffentliche Sicherheit oder Ordnung eine öffentliche Versammlung im Freien zu verbieten. Erlässt die Behörde daraufhin ein Versammlungsverbot, liegt ein Eingriff in die Versammlungsfreiheit des Art. 8 I GG vor. Ein Verbot ist somit nur dann rechtmäßig, wenn es im ordnungsgemäßen Vollzug des § 15 I VersG stattgefunden hat und § 15 I VersG seinerseits mit Art. 8 I GG vereinbar ist. Aufgrund des hohen Schutzgutes „Versammlungsfreiheit" kann nicht jede Gefährdung von Schutzgütern der öffentlichen Sicherheit zu einem mit Art. 8 I GG zu vereinbarenden Verbot führen. Vielmehr kommen nur solche Güter in Betracht, die im Einzelfall gegenüber Art. 8 I GG Vorrang genießen. Dazu gehören beispielsweise Leib, Leben und Gesundheit von Menschen sowie die freiheitliche demokratische Grundordnung. § 15 I VersG ist also nur dann mit Art. 8 I GG vereinbar, wenn er verfassungskonform auf die Weise ausgelegt wird, dass ein Verbot nur bei einer Gefährdung der genannten Schutzgüter erlassen werden darf.[312]

f. Europarechtskonforme Auslegung

Das EU-Recht genießt gegenüber nationalem Recht Anwendungsvorrang (dazu bereits Rn 173 ff.). Widerspricht also eine Vorschrift des nationalen Rechts trotz Bemühung, sie europarechtskonform auszulegen, dem EU-Recht, ist sie schlicht nicht anwendbar. Lässt eine Vorschrift des EU-Rechts dem nationalen Gesetzgeber aber einen Spielraum, gewinnt die europarechtskonforme Auslegung große Bedeutung; die vom nationalen Gesetzgeber erlassene Norm ist europarechtskonform auszulegen. Namentlich sind nationale Vorschriften, die im Vollzug einer EU-Richtlinie erlassen wurden, richtlinienkonform auszulegen, d.h. im Zweifel der EU-Richtlinie entsprechend.

276

Beispiel: K ist Hersteller von Wurstwaren, unter anderem auch einer „Diätwurst", bei der eine Fettreduzierung und ein Austausch tierischer Fette gegen pflanzliche Fette vorgenommen werden. Die zuständige Behörde ist der Ansicht, dieses Produkt sei nur als Diäterzeugnis verkehrsfähig, nicht aber als Wurst, da ansonsten eine Irreführung der Verbraucher i.S.d. § 13 IV Nr. 1 c) LFGB vorläge. Sie untersagt daraufhin den weiteren Vertrieb.

Fraglich ist die Rechtmäßigkeit der Untersagungsverfügung. Dem § 13 LFGB liegt die (nach der Rechtsprechung des EuGH rechtmäßige) Etikettierungsrichtlinie 79/112/EWG (vgl. nunmehr Richtlinie 2000/13/EG) zugrunde, die gem. Art. 249 III EG (jetzt Art. 288 III AEUV) in nationales Recht umzusetzen war und bereits mit § 17 LMBG (jetzt § 13 LFGB) umgesetzt wurde. Nach dieser Richtlinie dürfen Produkte der o.g. Art als Diätwurst deklariert werden. Bei der Auslegung des Tatbestandsmerkmals „Irreführung" ist daher das EU-Recht heranzuziehen. Im Wege der richtlinienkonformen Auslegung des § 13 LFBG ist eine Irreführung der Verbraucher durch die Bezeichnung „Wurst" daher zu verneinen. Die Untersagungsverfügung ist mit dem EU-Recht unvereinbar und somit rechtswidrig. Eine Klage des K wäre begründet.

Ist eine EU-Richtlinie **nicht fristgerecht** oder **nicht der Richtlinie entsprechend in nationales Recht umgesetzt worden**, muss eine nationale Rechtsvorschrift, die von der Umsetzung der Richtlinie beeinflusst worden wäre, von den nationalen Behörden und Gerichten so ausgelegt und angewendet werden, dass sie dem Inhalt der Richtlinie entspricht.[313] Freilich wird in derartigen Fällen i.d.R. bereits eine unmittelbare Wirkung der Richtlinie vorliegen, die den entgegenstehenden nationalen Vorschriften vorgeht (vgl. dazu Rn 171 ff.).[314]

277

---

[311] Zum VersG nach der Föderalismusreform 2006 vgl. bereits Fußnote 15.

[312] Vgl. BVerfGE 69, 315 ff. (Brokdorf).

[313] Vgl. auch EuGH NJW 2006, 2465, 2466 ff.; NVwZ 2011, 801 ff. mit Anm. v. *Schlacke*, NVwZ 2011, 804.

[314] Sollte man das Institut der unmittelbaren Wirkung (insb. die unmittelbare Wirkung zwischen Privaten) ablehnen, führt jedenfalls die richtlinienkonforme Auslegung dazu, dass der Inhalt der Richtlinie auch im Rechtsverhältnis zwischen Privaten zu beachten ist.

278 **Vor Ablauf der Umsetzungspflicht** besteht eine Pflicht zur richtlinienkonformen Auslegung und Anwendung des nationalen Rechts nicht. Allerdings ist es nicht rechtsfehlerhaft, wenn nationale Behörden und Gerichte bei der Auslegung und Anwendung des nationalen Rechts die Ziele der Richtlinie bereits vor Ablauf der Umsetzungsfrist berücksichtigen. Insoweit besteht eine Berücksichtigungsbefugnis, nicht aber eine Berücksichtigungspflicht.[315] Davon unabhängig gilt aber, dass nationale Behörden und Gerichte auch vor Ablauf der Umsetzungsfrist verpflichtet sind, solche Maßnahmen zu **unterlassen**, die den **Inhalten der Richtlinie widersprechen**.[316]

279 Schließlich kommt eine europarechtskonforme Auslegung in Betracht, wenn eine **nationale Vorschrift**, die zwar nicht der Umsetzung eines Akts der EU dient, aber dennoch bei ihrer Rechtsanwendung mit höherrangigem Unionsrecht in Konflikt gerät. In diesem Fall spielt der Anwendungsvorrang des EU-Rechts eine entscheidende Rolle.

> **Beispiel:** Gemäß § 48 I S. 1 VwVfG liegt die **Rücknahme** rechtswidrig gewährter Subventionen im Ermessen der Behörde. Gemäß Art. 108 II AEUV entscheidet die Kommission aber, dass der betreffende Staat sie aufzuheben oder umzugestalten *hat*. Darüber hinaus *darf* ein rechtswidriger begünstigender Verwaltungsakt, der eine einmalige oder laufende Geldleistung oder teilbare Sachleistung gewährt oder hierfür Voraussetzung ist, nur unter den Voraussetzungen des § 48 II-IV VwVfG zurückgenommen werden (vgl. § 48 I S. 2 VwVfG). Da es bei den Subventionen um Geld- bzw. Sachleistungen geht, ist § 48 II VwVfG zugrunde zu legen. Nach § 48 II S. 1 VwVfG *darf* ein rechtswidriger begünstigender Verwaltungsakt nicht zurückgenommen werden, soweit der Begünstigte auf den Bestand vertraut hat <u>und</u> sein Vertrauen unter Abwägung mit den öffentlichen Interessen schutzwürdig ist. Problematisch ist die Schutzwürdigkeit des Vertrauens: Besteht im konkreten Fall ein Konfliktverhältnis zwischen der Entscheidung der Kommission, dass der betreffende Staat die Beihilfe aufzuheben oder umzugestalten *hat*, und dem Rücknahmeermessen der deutschen Behörde, **sind die Belange der EU in die Rücknahmeentscheidung mit Vorrang einzubeziehen,** da die Sanktionen der Art. 107 ff. AEUV weitgehend leerliefen, wenn der Begünstigte die Beihilfe (wie im Regelfall) irreversibel verbraucht hat und so die Regel des schutzwürdigen Vertrauens (vgl. § 48 II S. 2 VwVfG) griffe. Aus diesem Grund sind die Belange der EU als öffentliches Interesse i.S.d. § 48 II S. 1 letzter Hs. VwVfG zu qualifizieren. § 48 VwVfG ist somit **europarechtskonform** anzuwenden, was bedeutet, dass nicht nur der unbestimmte Rechtsbegriff des „öffentlichen Interesses" europarechtskonform ausgelegt werden muss, sondern auch, dass das der Behörde eingeräumte Rücknahmeermessen durch eine negative Kommissionsentscheidung dahingehend auf null reduziert ist. Anderenfalls wäre eine gleichmäßige und effektive Durchsetzung des EU-Rechts nicht gewährleistet.[317] Entsprechendes gilt für die Rücknahmefrist des § 48 IV VwVfG.

> **Hinweis für die Fallbearbeitung:** Bei Prüfungsarbeiten ist es auch denkbar, dass sich ein Unionsbürger unmittelbar vor nationalen Behörden und Gerichten auf EU-Richtlinien beruft. Wendet sich z.B. ein Nachbar gegen die Errichtung einer immissionsrechtlich relevanten Industrieanlage, bei der zwar die nationalen Grenzwerte (in der Bundesrepublik Deutschland diejenigen der TA-Luft) eingehalten werden, nicht aber die in der entsprechenden EU-Richtlinie genannten, kann er sich mit Erfolg auf die strengeren Grenzwerte der EU-Richtlinie berufen, wenn diese durch Behörde

---

[315] Wie hier BGHZ 138, 55, 59 f.; a.A. OLG Brandenburg NVwZ 1999, 1142, 1144 (Berücksichtigungspflicht).
[316] EuGH Slg I 1997, 7411, 7449; zustimmend BVerwGE 107, 1, 22; 110, 302, 308; 112, 140, 156 f.; vgl. auch BGHZ 138, 55, 62.
[317] Klargestellt durch EuGH NVwZ 1998, 45 ff. Zur Aufhebung eines belastenden, unionsrechtswidrigen Verwaltungsakts vgl. EuGH NVwZ 2004, 459 ff. (dazu ausführlich Rn 691 ff.).

und Gericht anzuwenden ist. Zur verwaltungsgerichtlichen Klagebefugnis in diesem Zusammenhang vgl. *R. Schmidt*, VerwProzR, Rn 347 ff.

2. Das Zusammenspiel der Auslegungsmethoden

In einer öffentlich-rechtlichen Fallbearbeitung wird eine isolierte Behandlung einzelner Auslegungsmethoden oft nicht zum gewünschten Ergebnis führen. Vielmehr bieten die einzelnen Methoden jeweils nur einzelne Argumente, die in einer Gesamtschau zueinander in Beziehung gesetzt und gewichtet werden müssen. Zu beachten ist aber, dass es **nach erfolgter Auslegung nur eine Entscheidung** geben kann. So ist z.B. der Gewerbetreibende gemäß § 35 GewO entweder unzuverlässig oder er ist es nicht. Daraus folgt die grundsätzliche volle gerichtliche Überprüfbarkeit der Auslegung von unbestimmten Rechtsbegriffen. Eine **Vertretbarkeitsprüfung** wie bei einer behördlichen Ermessensentscheidung (siehe dazu Rn 295 ff. und 601) **findet nicht statt.**

280

III. Konkretisierung von unbestimmten Rechtsbegriffen

Die Anwendung von unbestimmten Rechtsbegriffen im Einzelfall erfordert eine Wertung und eine Prognose. Dies wiederum ist nur möglich, wenn z.T. sehr unterschiedliche Gesichtspunkte berücksichtigt, bewertet und gegeneinander abgewogen werden (s.o.). Die allgemeinen Auslegungsmethoden helfen hier nicht unbedingt weiter. So herrscht weitgehender Konsens darüber, dass unbestimmte Rechtsbegriffe auch mit Hilfe von

281

(1) (Legal-)Definitionen[318]
(2) Rechtsverordnungen (untergesetzliches Regelwerk)
(3) professionellem Diskurs (Rechtsprechung und Literatur)
(4) Verwaltungsvorschriften
(5) außerrechtlichen Normen bzw. Regelwerken (DIN, EN, VDI[319])

ausgelegt werden können. Schwierigkeiten bestehen insbesondere dort, wo zur Konkretisierung **Verwaltungsvorschriften** herangezogen werden. Es stellt sich die Frage, inwieweit die Verwaltungsgerichtsbarkeit bei einer *ex-post*-Überprüfung an diese (das formelle Gesetz) konkretisierenden Verwaltungsvorschriften gebunden ist. Da die Verwaltungsvorschriften jedoch ausführlich im Rahmen der Darstellung der Handlungsformen der Verwaltung erläutert werden, wird insoweit auf Rn 142 ff., aber auch auf Rn 864 ff. verwiesen.

Auch sog. **Technische Regelwerke** (etwa VDI-Richtlinien und DIN-Normen) können als Orientierungshilfe bei der Auslegung von unbestimmten Rechtsbegriffen dienen. Das trifft insbesondere auf den Bereich der bau- und immissionsrechtlich relevanten Anlagenerrichtung (Tiermast etc.) zu, von der belästigende oder störende Emissionen ausgehen. Hier ist die Grenze dessen, was (für den Anlagenbetreiber einerseits, den Nachbarn andererseits) zumutbar ist, in jedem Einzelfall durch tatrichterliche Feststellung zu bestimmen. Eine nähere Auseinandersetzung mit diesem Problemkreis würde den Rahmen der vorliegenden Darstellung überschreiten. Daher wird auf die Darstellung bei *R. Schmidt*, BauR, Rn 461 f. verwiesen.

282

---

[318] So kann der unbestimmte Rechtsbegriff „Gefahr für die öffentliche Sicherheit" aus der polizeilichen Befugnisgeneralklausel (vgl. nur § 10 I S. 1 BremPolG) mit Hilfe der Legaldefinitionen (vgl. § 2 BremPolG) ausgelegt werden. Aber auch Legaldefinitionen aus Vorschriften anderer Regelungsgebiete können bei der Auslegung hilfeleistend herangezogen werden.
[319] Deutsches Institut für Normung e.V., Europanorm, Verband deutscher Ingenieure.

IV. Beurteilungsspielräume

283 Zwar fordern das Rechtsstaatsprinzip und die Rechtsschutzgarantie grundsätzlich die volle richterliche Kontrolle von Verwaltungsentscheidungen (s.o.), eine Ausnahme von diesem Postulat ist aber dort zu machen, wo die richterliche Kontrolle aufgrund atypischer Sachumstände **außergewöhnlichen Schwierigkeiten** begegnet und einem **besonders prädestinierten Entscheidungsträger** eine **spezifische Sachkompetenz** zukommt.[320] Eine besondere Bedeutung haben dabei sog. *„prognostische Entscheidungen"*. Dies sind Entscheidungen, bei denen die Subsumtion unter einen unbestimmten Rechtsbegriff von zukunftsgerichteten **komplexen Wertungen** und/oder von **komplexen Diagnosen** abhängt.[321] Voraussetzung für die Anerkennung eines solchen gerichtlich nicht näher überprüfbaren Beurteilungsspielraums ist aber gerade wegen Art. 20 III GG eine entsprechende **gesetzliche Ermächtigung**, d.h. jedenfalls die Verwendung von unbestimmten Rechtsbegriffen, die durch **Auslegung** zu einem Beurteilungsspielraum führen.

> **Beispiel:** Gemäß Art. 7 V GG ist eine private Volksschule nur dann zuzulassen, wenn u.a. die Unterrichtsverwaltung ein besonderes pädagogisches Interesse anerkennt.
>
> In diesem Fall räumt der Grundgesetzgeber der Unterrichtsverwaltung die Kompetenz ein, über das besondere pädagogische Interesse zu befinden. Da es in diesem Fall also nicht um die Eignung der konkreten Bewerberschule geht, sondern vielmehr um ein übergeordnetes Allgemeininteresse, ist die Annahme des BVerwG[322], es handele sich bei der Ermächtigung der Unterrichtsverwaltung zur Anerkennung eines besonderen pädagogischen Interesses um einen gerichtlich nur eingeschränkt überprüfbaren Beurteilungsspielraum, nicht zu beanstanden.

284 Auch wenn eine ausdrückliche gesetzliche Einräumung eines Beurteilungsspielraums fehlt, sind der Verwaltung von der Rechtsprechung trotz des Art. 19 IV S. 1 GG Beurteilungsspielräume kraft gesetzlicher „Beurteilungsermächtigung" in folgenden Fällen eingeräumt worden[323]:

- **prüfungsähnliche Entscheidungen**, insbesondere im Schulbereich. Beispiel: Versetzung in die nächsthöhere Klasse[324]

- **dienstrechtliche Einstellungsentscheidungen** und **Beurteilungen** (von Beamten, Soldaten): **„Unvertretbare persönliche Werturteile"** wie bspw. die **Verfassungstreue** des Bewerbers.[325]

- Prognoseentscheidung über die **künftige Verfassungstreue** eines Einbürgerungsbewerbers nach § 8 StAG[326]

---

[320] Vgl. BVerwG NVwZ 2010, 321, 322 f.; NVwZ 2008, 1359, 1360; BVerwGE 79, 208, 213; VGH Mannheim NVwZ 2001, 937; *Maurer*, AllgVerwR, § 7 Rn 31 ff.; *Beaucamp*, JA 2002, 314, 315. Allesamt zurückgehend auf die von *Bachof* (JZ 1955, 97 ff.) entwickelte Lehre vom Beurteilungsspielraum.

[321] Vgl. BVerwG NVwZ 2008, 1359, 1360; NVwZ-RR 2002, 49; BVerfGE 88, 40, 60; BVerwGE 62, 330, 340; VGH Mannheim NVwZ 2001, 1434; *Beaucamp*, JA 2002, 314, 319.

[322] BVerwGE 75, 275, 277. Das BVerfG (E 88, 40, 47 ff.) hat diese Auffassung zumindest im Grundsatz bestätigt, den Beurteilungsspielraum der Genehmigungsbehörde aber enger gezogen. Vgl. auch BVerwG NJW 2000, 1280, 1281 f.

[323] Zur Aufstellung vgl. auch *Maurer*, AllgVerwR, § 7 Rn 37 ff.; *Beaucamp*, JA 2002, 314, 316; *Faßbender*, JuS 2012, 332, 335.

[324] BVerwGE 8, 272 (Versetzung in die nächsthöhere Klasse).

[325] BVerfG NVwZ 2002, 1368 f.; BVerwG NVwZ 2001, 200, 201; NVwZ-RR 2002, 47, 48; NJW 2002, 3344 ff.; NVwZ 2013, 80 f.; BVerwGE 21, 127; 60, 245; 97, 61, 176, 185 f.; 80, 224, 225 f.; 92, 147, 149; 106, 263, 266 ff.; 128, 129.

[326] VGH Mannheim NVwZ 2001, 1434. Zwar ist die Verfassungstreue nicht im Tatbestand des § 8 StAG enthalten, da aber der demokratische Rechtsstaat von seinen Bürgern eine Verteidigung seiner freiheitlichen Grundordnung erwarten darf, stellt es eine sachgerechte und zweckentsprechende Erwägung dar, wenn die Verleihung der deutschen Staatsbürgerschaft mit der Begründung abgelehnt wird, der Bewerber bekenne sich nicht zur freiheitlichen demokratischen Grundordnung der Bundesrepublik Deutschland.

- Festlegung, was unter **„nachteiligen Auswirkungen auf die internationalen Beziehungen"** im Rahmen des Informationsanspruchs nach § 3 Nr. 1 lit. a IFG zu verstehen ist[327]

- Entscheidungen wertender Art durch weisungsfreie, mit Sachverständigen und/oder Interessenvertretern besetzte Ausschüsse bzw. **pluralistisch besetzte Gremien**[328] sowie Prognoseentscheidungen und Risikobewertungen vor allem im Bereich des Umwelt-, Technik- und Wirtschaftsrechts [wertende Prognoseentscheidungen mit **politischem, wissenschaftlichem, technischem oder wirtschaftlichem** Einschlag („Einschätzungsprärogative")][329]. So indiziert nach Ansicht des BVerwG die Verwendung des Begriffs „Stand von Wissenschaft und Technik" in §§ 6 II, 16 I GentechnikG einen Beurteilungsspielraum.[330] Das Gleiche gelte bei der im Rahmen der §§ 10 und 11 TKG von der Bundesnetzagentur durchzuführenden Marktdefinition und Marktanalyse[331] sowie der nach § 20 WeinG i.V.m § 25 WeinVO von der Landesstelle zu treffenden Entscheidung über die Zuerkennung des Prädikats „Auslese"[332]. Zu den Entscheidungen der Bundesprüfstelle für jugendgefährdende Medien (§§ 17 ff. JuSchG) vgl. Rn 287.

- Eine besondere Problematik besteht bei (staatlichen) **Prüfungsentscheidungen**, insbesondere hinsichtlich Berufszugangsprüfungen. Es ist zwischen fachspezifischen Bewertungen und prüfungsspezifischen Wertungen zu unterscheiden: Geht es um eine **fachspezifische Bewertung** durch den Prüfer, ist diesem nur ein eingeschränkter Beurteilungsspielraum eingeräumt. Denn in diesem Fall geht es nicht um prüfungsspezifische Wertungen wie bspw. die Frage, wie die einzelnen Prüfungsteile zu gewichten sind, welchen Schwierigkeitsgrad die Aufgabenstellung aufweist oder wie schwerwiegend bestimmte Fehler zu bewerten sind. Vielmehr geht es bei fachwissenschaftlichen Bewertungen um Fragen fachspezifischen Wissens, das losgelöst von der nicht oder nur begrenzt rekonstruierbaren Prüfungssituation (notfalls durch Heranziehung von Sachverständigen) von den Gerichten ermittelt werden kann.

Beispiel[333]: Werden in einer fachlich umstrittenen Frage in der Rechtsprechung und in der rechtswissenschaftlichen Literatur verschiedene Theorien vertreten und folgt der Prüfling mit entsprechender Begründung einer dieser Auffassungen, kann der Prüfer, auch wenn er dieser Meinung nicht folgt, eine solche Prüfungsleistung nicht als unrichtig bewerten. Vertritt der Prüfling allerdings eine Mindermeinung, kann er sich nach Auffassung des OVG Koblenz nur dann darauf berufen, wenn er sie „problemorientiert" entwickelt hat.[334] In diesem Fall darf eine mit **gewichtigen Argumenten folgerichtig begründete Lösung nicht als falsch gewertet werden**.[335] Vielmehr ist dem Prüfling insoweit ein **Beantwortungsspielraum** zuzubilligen. Allerdings genügt es nach Auffassung des OVG Koblenz nicht, wenn sein Ergebnis mehr oder weniger zufällig mit dem übereinstimmt, was im wissenschaftlichen Meinungsstreit ebenfalls als Resultat vertreten werden könnte.[336] Hat der Prüfling aber vertretbar argumentiert und ist zu einem vertretbaren Ergebnis gelangt, darf dieses Ergebnis vom Prüfer nicht als falsch bewertet werden. Vertritt der Prüfling demzufolge eine vertretbare Auffassung, darf dies nicht beanstandet werden. Allerdings führt eine fehlende hinreichende Aus-

---

[327] BVerwG NVwZ 2010, 321, 322 f. Vgl. auch *Waldhoff*, JuS 2010, 843. Zum IFG vgl. bereits Rn 232.
[328] BVerwGE 12, 20 (Personalgutachterausschuss); 59, 213 (Prüfung der Befähigung zum Architekten durch unabhängigen Sachverständigenausschuss); 62, 330, 337 f. (Bewertung von Weizensorten durch unabhängigen Sachverständigenausschuss); 72, 195 (Zulassung zur Börse durch Börsenausschuss); 91, 211, 215 f. (Indizierung jugendgefährdenden Schriften durch die Bundesprüfstelle gem. §§ 1, 6 GjS (heute: §§ 17 ff. JuSchG – vgl. dazu sogleich); 99, 371, 377 f. (Richterwahlausschüsse); *Beaucamp*, JA 2002, 314, 318.
[329] Vgl. BVerwG NVwZ 2008, 1359, 1360; BVerwGE 72, 300, 316; 79, 208, 213 ff.; 81, 185, 190; 82, 295, 299 ff. sowie weitere Nachweise bei *Wahl*, NVwZ 1991, 409, 413 f.
[330] BVerwG NVwZ 1999, 1232 ff. Auch schon früher wurde Ähnliches vom BVerfG für das Atomrecht (§ 7 II Nr. 3 AtomG) vertreten, vgl. BVerfGE 72, 300, 316 f.
[331] BVerwG NVwZ 2008, 1359 ff.
[332] BVerwGE 129, 27, 35. Vgl. dazu die Fallbearbeitung von *Faßbender*, JuS 2012, 332 ff.
[333] Vgl. *Schenke*, VerwProzR, Rn 766 f. und BVerfG NVwZ 2011, 486 (mit Bespr. v. *Hufen*, JuS 2012, 187).
[334] OVG Koblenz 6.6.1997 – 2 A 12866/96.
[335] BVerfGE 84, 34, 50 ff.
[336] OVG Koblenz 6.6.1997 – 2 A 12866/96. Vgl. auch *Barton*, NVwZ 2013, 555, 557.

einandersetzung mit den Gegenargumenten regelmäßig zur Abwertung der Klausur, was gerichtlich nicht zu beanstanden ist.[337]

Können demnach die Vertretbarkeit einer Antwort bzw. die Fehlerhaftigkeit einer Prüfungsleistung noch einigermaßen gesichert (durch das überprüfende Gericht) festgestellt werden, verhält es sich bei „einmaligen, nicht rekonstruierbaren Prüfungssituationen" anders. Hier wird dem Prüfer ein Beurteilungsspielraum zugebilligt, wenn komplexe **prüfungsspezifische Wertungen** – z.B. bei der Gewichtung verschiedener Aufgaben untereinander, bei der Einordnung des Schwierigkeitsgrads der Aufgabenstellung oder bei der Würdigung der Qualität der Darstellung – im Gesamtzusammenhang des Prüfungsverfahrens getroffen werden müssen und sich nicht ohne weiteres im nachfolgenden Verwaltungsstreitverfahren nachvollziehen lassen.[338] In diesen Fällen der „prüfungsspezifischen Wertung" räumt die Rechtsprechung dem Prüfer auch deshalb einen weitergehenden Beurteilungsspielraum ein, da der Eindruck, den der Prüfer bei der Korrektur einer Prüfung gewinne, auf persönlichen Erfahrungen beruhe, die nicht von einem nachprüfenden Gericht ersetzt werden könnten.[339] Denn es leuchtet ein, dass das angerufene Verwaltungsgericht eine Prüfungsentscheidung (Beispiele: juristische und medizinische Promotions- oder Habilitationsprüfungen[340], Staatsprüfungen, Abitur[341]) grds. nicht allein mit dem Argument aufheben kann, die Fragen der Prüfer seien zu schwierig gewesen bzw. der Prüfer habe bei der Bewertung zu strenge Maßstäbe angelegt.[342] So stehen nach Auffassung des BVerwG auch einzelne positive Elemente einer juristischen Staatsprüfung der Bewertung der Prüfungsleistung als „ungenügend" nicht entgegen, wenn sie nur geringfügige Bedeutung aufweisen und hierdurch der (von einem Beurteilungsspielraum umfassten) Annahme nicht entgegenstehen, die Prüfungsleistung sei dem Gesamteindruck nach eine völlig unbrauchbare Leistung.[343] Freilich eine andere Frage ist es, ob der Prüfer bei der Wahl des Schwierigkeitsgrads bzw. der Heranziehung (zu) strenger Bewertungsmaßstäbe seinen Beurteilungsspielraum verlassen hat. Vgl. dazu Rn 286.

Fazit: Da es insbesondere bei juristischen Prüfungen nicht um das Abfragen von auswendig gelerntem Fachwissen geht, sondern darum, festzustellen, ob theoretische Fertigkeiten und Systemkenntnisse vorhanden sind, sowie, ob die juristische Methodik beherrscht wird, darf der Prüfer eine Prüfungsleistung nicht als falsch bewerten, wenn der Prüfling nachvollziehbar argumentiert hat und zu einem vertretbaren Ergebnis gelangt ist. Ist der Prüfungsaufgabe allerdings ein Beantwortungsspielraum immanent, muss der Prüfling diesen auch nutzen, indem er die Problematik aufwirft und sich auch mit den die Gegenauffassung tragenden Argumenten auseinandersetzt.

Darüber hinaus ergeben sich Anforderungen bezüglich der sachgerechten Auswahl der Prüfer, ihrer Zahl und ihres Verhältnisses zueinander, insbesondere bei Bewertungsdifferenzen. Der Betroffene hat einen Anspruch auf eine fehlerfreie und verfahrensmäßige Leistungsbewertung durch sachkundige Personen und auf eine neutrale und objektive Bewertung seiner Prüfungsleistung (verfahrensrechtliche Dimension der Grundrechte).

Missachtet die Prüfungskommission diese Grundsätze, liegt eine Verletzung der Grundrechte (insbesondere des Art. 12 I GG) auf Seiten des Prüflings vor, die gem. Art. 19 IV S. 1 GG zur Anfechtbarkeit der Prüfungsentscheidung führt.

---

[337] Vgl. auch *Zimmerling/Brehm*, NVwZ 2009, 358, 365.
[338] Vgl. dazu BVerfG NVwZ 2002, 1368 f.; BVerwG NVwZ-RR 2013, 44; NJW 2000, 1055; NVwZ 1998, 738.
[339] Vgl. bereits BVerfGE 84, 34, 45 ff. Vgl. auch *Barton*, NVwZ 2013, 555, 557.
[340] Vgl. dazu VGH Mannheim NVwZ 2001, 937; BVerfG NVwZ 2011, 486 (mit Bespr. v. *Hufen*, JuS 2012, 187).
[341] BVerwG NJW 2000, 1055; BVerwGE 99, 74; 104, 203 (juristische bzw. medizinische Staatsprüfung); vgl. auch BVerfGE 84, 34, 45 und VGH Mannheim NVwZ 2002, 235.
[342] Vgl. auch *Zimmerling/Brehm*, NVwZ 2009, 358, 364; *Barton*, NVwZ 2013, 555, 557.
[343] BVerwG NJW 2012, 2054, 2055 f.

Die Begründung für die Anerkennung eines (gerichtsfreien) Beurteilungsspielraums in diesen Fällen besteht darin, dass „naturgemäß" die Entscheidungsfindung nicht nachvollzogen werden kann. Die eingeschränkte Kontrolldichte findet ihre Legitimation also letztlich in der **fehlenden Reproduzierbarkeit von Prüfungsentscheidungen** und damit in dem Gebot der Chancengleichheit.

285

Die genannten Fälle sind aber durch das Gericht dahingehend **überprüfbar**, ob der gesetzliche **Rahmen**, der dem Gesetzesanwender eingeräumt wurde, **überschritten wurde**, ob also **Beurteilungsfehler** gemacht wurden (Einhaltung der rechtlichen Grenzen der Beurteilungsermächtigung; bei prognostischen Entscheidungen kommt die gerichtliche Prüfungsmöglichkeit hinzu, ob der Rechtsanwender den möglichen Verlauf der wirtschaftlichen Entwicklung erkennbar verfehlt hat). Als **beurteilungsfehlerhaft** gilt es, wenn[344]

286

- besondere **Verfahrensvorschriften** missachtet wurden (Beispiele: fehlende, aber vorgeschriebene Protokollierung einer mündlichen Prüfung[345]; fehlende Qualifikation des Prüfers[346]),

- von einem **unzutreffenden Sachverhalt** ausgegangen wurde[347],

- ein **Tatbestandsmerkmal falsch ausgelegt** wurde (Beispiel: Die Note „befriedigend" wird als weit über dem Durchschnitt liegend angesehen),

- **allgemein anerkannte Bewertungs- bzw. Wertmaßstäbe missachtet** wurden[348] (Beispiele: Befangenheit des Prüfers[349]; zeitweises Einnicken des Prüfers während einer mündlichen Prüfung; Nichtlesen aller Klausurseiten); des Weiteren greift diese Fallgruppe, wenn bei der Bewertung einer juristischen Examensarbeit eine Meinung als abwegig bezeichnet wird, obwohl sie im Schrifttum vertreten wird[350] (s.o.), oder wenn zutreffende Antworten und brauchbare Lösungen als falsch bewertet werden oder wenn eine richtige Behandlung einer Rechtsnorm als „eher zufällig" bewertet wird[351]; wird hingegen bei einer Beamtenbewerberin allein deswegen ein Eignungsmangel angenommen, weil diese im Dienst aus religiösen Gründen ein Kopftuch tragen möchte, soll nach Auffassung des BVerwG der Beurteilungsspielraum nicht überschritten sein[352].

- **sachfremde Erwägungen herangezogen** wurden (Beispiel: hohe Misserfolgsquote im Staatsexamen zwecks Reduzierung der Juristenzahl),

- der Prüfungsinhalt den von der Prüfungsordnung vorgegebenen Rahmen verlässt[353], d.h. **Prüfungsrecht nicht fehlerfrei anwendet**

- oder die **Chancengleichheit** (Art. 3 I GG) missachtet wurde[354] (etwa durch Gewährung ungleich langer Vorbereitungs- oder Prüfungszeit oder durch Missachtung des Fairnessgebots).

---

[344] Vgl. BVerfG NVwZ 2002, 1368 f.; BVerwG NVwZ-RR 2002, 49; *Beaucamp*, JA 2002, 314, 319; JA 2012, 193, 195; *Birnbaum*, NVwZ 2006, 286 ff.

[345] Nach Auffassung des VG Koblenz (4.7.2013 – 6 K 52/13 KO) ist das Nichterstellen eines Wort- oder Inhaltsprotokolls über den Verlauf der mündlichen Prüfung unschädlich, wenn das Führen eines Prüfungsprotokolls nach der Prüfungsordnung nicht erforderlich ist. Dann genüge es, wenn die schriftliche Mitteilung über das Nichtbestehen der Prüfung in ausreichender Weise begründet ist.

[346] Vgl. dazu VGH Mannheim NVwZ 2001, 937 und VGH Mannheim NVwZ 2002, 235.

[347] BVerfG NVwZ 2002, 1368 f.; BVerwGE 105, 328, 332.

[348] BVerfG NVwZ 2002, 1368 f.

[349] Vgl. dazu VGH Mannheim NVwZ 2002, 235.

[350] BVerwG NJW 2000, 1055 (zweite juristische Staatsprüfung).

[351] OVG Saarlouis NVwZ 2001, 942.

[352] BVerwG NJW 2002, 3344 ff.; anders VG Lüneburg NJW 2001, 767, 768.

[353] BVerwG NJW 1998, 323, 327 f.

[354] VGH Mannheim NVwZ 2002, 235 f. (Fairnessgebot in der mündlichen Prüfung). Vgl. auch OVG Berlin-Brandenburg NJW 2010, 1015 (Rechtswidrigkeit der Bewertung einer Prüfung wegen Nichterscheinens des Prüflings als nicht bestanden, obwohl die Mutter des Prüflings zuvor verstorben war und der Prüfling sich deshalb für nicht prüfungsfähig ansah), dazu *Hufen*, JuS 2010, 749.

287 Einen Beurteilungsspielraum **verneint** hat die Rechtsprechung dagegen beispielsweise in folgenden Fällen fachspezifischer Wertungen[355]:

- Entscheidung, ob im konkreten Fall **„Gefahr im Verzug"** vorliegt[356]

- Bewertung einer Heilpraktikerprüfung[357]

- „Fehlzeiten" eines Helfers im Katastrophenschutz[358]

- Hinsichtlich der Entscheidung der Bundesprüfstelle für **jugendgefährdende** Medien gem. §§ 17 ff. JuSchG ist zu unterscheiden: Zwar kommt der Bundesprüfstelle bzgl. der Frage, ob eine Schrift (bspw. der angeblich pornographische Roman *Josefine Mutzenbacher*) jugendgefährdend ist, ein Beurteilungsspielraum zu. Geht es aber darum, ob bei der Entscheidungsfindung die Grundrechte des Autors bzw. Verlags (aus Art. 5 I und 5 III GG) einzubeziehen sind, ist ein Beurteilungsspielraum zu verneinen. Denn es steht außer Frage, dass auch die Bundesprüfstelle die Grundrechte der Beteiligten berücksichtigen muss. Unterlässt sie dies, ist die Entscheidung schon deshalb rechtswidrig. Auf den im Rahmen der Abwägung zwischen den Grundrechten des Autors bzw. Verlegers einerseits und dem Jugendschutz andererseits eingeräumten Beurteilungsspielraum kommt es dann nicht mehr an.[359]

- Die Zuordnung von Betrieben zum verarbeitenden Gewerbe[360]

  Beispiel: Betriebe, die dem verarbeitenden Gewerbe zugeordnet werden, erhalten unter bestimmten Voraussetzungen vom Finanzamt eine Zulage nach dem Investitionszulagengesetz. Für einen Betrieb ist es bei der Frage nach der Gewährung einer Zulage also entscheidend, ob er dem verarbeitenden Gewerbe zugeordnet ist. Das im konkreten Fall über die Gewährung einer Zulage entscheidende Finanzamt hat hinsichtlich der Zuordnung des Betriebes zum verarbeitenden Gewerbe die Einteilung durch das Statistische Bundesamt für maßgeblich erachtet. Danach war der Betrieb des Antragstellers und späteren Klägers (K) nicht dem verarbeitenden Gewerbe zugeordnet. Der Antrag des K wurde daraufhin abgelehnt. Dagegen erhob K Klage vor dem Finanzgericht. In letzter Instanz bestätigte der BFH die Auffassung des Finanzamts. Mangels gesetzlicher Begriffsbestimmung seien die vom Statistischen Bundesamt herausgegebenen Verzeichnisse der Wirtschaftszweige heranzuziehen. Halte das Statistische Landes- oder Bundesamt danach die Einordnung eines Betriebs in einen bestimmten Wirtschaftszweig für zutreffend, sei diese Zuordnung nach ständiger Rechtsprechung des BFH von den Finanzämtern in aller Regel bei der Entscheidung über die Gewährung der Investitionszulage zu übernehmen, soweit sie nicht zu einem offensichtlich falschen Ergebnis führe. Letzteres sei hier nicht der Fall.

  Dagegen erhob K Verfassungsbeschwerde. Das BVerfG hat entschieden, dass zur Auslegung des unbestimmten Rechtsbegriffs des verarbeitenden Gewerbes die Zuordnung des Statistischen Bundesamts für die Entscheidungsbehörde und die Fachgerichte nicht bindend sei. Bei der Überprüfung der Behördenentscheidung müsse das Fachgericht die Kriterien, die zur Zuordnung/Nichtzuordnung des Betriebs zum verarbeitenden Gewerbe führen, vollumfänglich überprüfen. Die auf eine Offensichtlichkeitskontrolle beschränkte Prüfung des BFH sei mit der Rechtsschutzgarantie des Art. 19 IV S. 1 GG nicht vereinbar, weil es bereits an der erforderlichen gesetzlichen Grundlage für diese Beschränkung fehle. Weder im Investitionszulagengesetz noch in den Gesetzesmaterialien fänden sich tragfähige Hinweise auf eine Finanzbehörden und Finanzgerichte bindende Einbeziehung der Statistikbehörden in die Investitionszulagenentscheidung oder auch nur auf ein insoweit dem Finanzamt selbst einzuräumendes Letztentscheidungs-

---

[355] Vgl. *Maurer*, AllgVerwR, § 7 Rn 35.
[356] Vgl. BVerfGE 103, 142, 153 ff. Vgl. auch BVerfG NJW 2002, 1333 und *R. Schmidt*, POR, Rn 674 ff.
[357] BVerwGE 100, 221.
[358] BVerwGE 107, 245, 253 f.
[359] Vgl. BVerwGE 91, 211, 215 f. (Indizierung jugendgefährdender Schriften durch die Bundesprüfstelle; offengelassen in BVerfGE 83, 130, 148). Vgl. auch *Beaukamp*, JA 2002, 314, 318.
[360] BVerfG NVwZ 2011, 1062 f.

recht. Daher verletze die Entscheidung des BFH den Beschwerdeführer K in seinem grundrechtsgleichen Recht aus Art. 19 IV S. 1 GG.[361]

Fazit: Mit dieser Entscheidung macht das BVerfG in begrüßenswerter Weise deutlich, dass eine Reduzierung der gerichtlichen Kontrolldichte auf eine Evidenzkontrolle nur dann zulässig ist, wenn der Gesetzgeber dies vorsieht oder dies aufgrund einer Gesetzesauslegung methodisch vertretbar ist. Ansonsten bleibt es bei der vollen gerichtlichen Überprüfung von unbestimmten Rechtsbegriffen.

Zusammenfassung: Schematisch dargestellt ergibt sich folgender Überblick: **288**

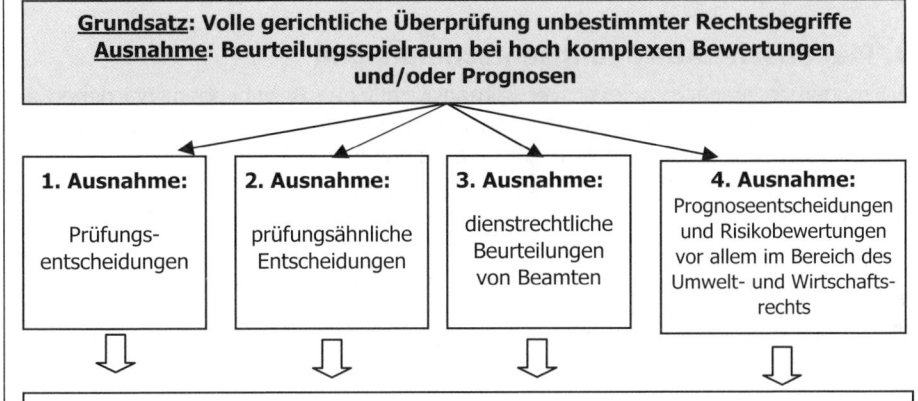

Eine Klage gegen eine Verwaltungsentscheidung mit Beurteilungsspielraum ist aber nur dann erfolgreich, wenn sich nicht nur ein Beurteilungsfehler ergibt, sondern sich dieser Beurteilungsfehler auch auf das **Gesamtergebnis ausgewirkt hat**!   **289**

Diese Unterscheidung zwischen Beurteilungsvorgang und Beurteilungsergebnis ist auch aus dem (**Bau-)Planungsrecht** bekannt. Auch dort prüft das Gericht (theoretisch) nicht das Ergebnis der Abwägung, sondern nur, ob der **Abwägungsvorgang** Fehler enthält (Abwägungsausfall, Abwägungsdefizit, Abwägungsdisproportionalität, vgl. dazu *R. Schmidt*, BauR, Rn 18 ff.).   **290**

> **Hinweis für die Fallbearbeitung:** Kommt in der Fallbearbeitung ein Beurteilungsspielraum in Betracht, sollte bei der Subsumtion der Tatbestandsvoraussetzungen zunächst dargelegt werden, dass es sich bei den Beurteilungsspielräumen dogmatisch um **unbestimmte Rechtsbegriffe** handelt, die grundsätzlich - da es sich um Rechtsanwendung handelt - gerichtlich voll überprüfbar sind. Sodann ist auf die Ausnahme im Bereich der Beurteilungsspielräume einzugehen, also auf Verwaltungsentscheidungen, die auf komplexen Bewertungen und Prognosen basieren, mit der Folge der nur beschränkten gerichtlichen Überprüfbarkeit. Im Anschluss daran erfolgt die Prüfung der Grenze der Zulässigkeit von Beurteilungsspiel-

---

[361] BVerfG NVwZ 2011, 1062 f.

> räumen. Die Grenze liegt dort, wo die Verwaltung die Bandbreite möglicher Entscheidungen verlassen hat.

291 Auch dem **EU-Recht** ist die Einräumung eines gerichtlich nur beschränkt überprüfbaren Beurteilungsspielraums nicht fremd. So hat der EuGH der Kommission bei der Frage, ob im konkreten Fall eine Begünstigung i.S.v. Art. 107 AEUV (EU-Beihilferecht) vorliegt, einen gerichtlich nur beschränkt überprüfbaren Beurteilungsspielraum zugestanden. Die Kontrolle durch die europäischen Gerichte sei auf die Einhaltung von Verfahrensvorschriften, die zutreffende Feststellung des Sachverhalts, eine ordnungsgemäße Begründung und die Kontrolle von Ermessensmissbräuchen beschränkt.[362]

V. Planerische Abwägungsentscheidungen

292 Bei modernen, hoch komplexen verwaltungsrechtlichen Beziehungen, bei denen sich die Rechtsbeziehung nicht auf das Verhältnis zwischen der Verwaltung und einer Privatperson beschränkt, sondern auf eine Mehrzahl von Personen erstreckt und bei denen sich das Verhältnis untereinander regelmäßig durch eine Interessendivergenz und -verschränkung kennzeichnet, spricht man von **polygonalen Rechtsbeziehungen**. Hauptanwendungsbereich einer derartigen Einbeziehung Dritter ist das moderne Planungsrecht des **Bau-, Umwelt- und Verkehrsrechts**. Dort wird deutlich, dass eine Norm nicht mehr wie herkömmlich die Rechtsfolge durch ein „Wenn-dann-Schema", also **konditional**, bestimmen kann, sondern das Ziel festlegen, also **final** ausgerichtet sein muss.

> **Beispiel:** § 1 VII BauGB bestimmt, dass bei der Aufstellung der Bauleitpläne die öffentlichen und privaten Belange gegeneinander und untereinander gerecht abzuwägen sind. Dabei ist insbesondere die **Umweltverträglichkeit** eines Bauvorhabens zu berücksichtigen (vgl. § 1 VI Nr. 7 i.V.m. § 1a BauGB).[363]

293 Das Maß der gerichtlichen Überprüfbarkeit bestimmt sich nach der Rechtsnatur dieser Normstruktur. Da es weniger um unbestimmte Rechtsbegriffe oder Ermessensgesichtspunkte als um eine Optimierung und Konfliktbewältigung zwischen privaten und öffentlichen Belangen geht, handelt es sich bei den planerischen Abwägungsnormen rechtsdogmatisch weder um unbestimmte Rechtsbegriffe noch um Ermessensermächtigungen. Man kann von einer **planerischen Gestaltungsfreiheit** sprechen, bei der es grundsätzlich bei der vollen Überprüfbarkeit durch die Verwaltungsgerichte bleibt. Zu beachten ist jedoch: Würde das Gericht einzelne Belange herausheben und isoliert überprüfen, würde das gesamte aufeinander abgestimmte System ausformulierter Ziele und Belange im Nachhinein in Frage gestellt. Aus diesem Grund konzentriert sich die gerichtliche Kontrolle auf bestimmte Fehlertypen: Zunächst ist zu prüfen, ob das geplante Vorhaben überhaupt erforderlich ist. Der Sache nach geht es um eine **Planrechtfertigung**. Sodann sind Planungsentscheidungen auf mögliche **Abwägungsfehler** sowohl im engeren als auch im weiteren Sinn hin zu untersuchen. Hierzu hat sich eine bestimmte **Fehlertypik** entwickelt (vgl. dazu *R. Schmidt*, BauR, Rn 18 ff.).

---

[362] Vgl. EuG Slg II 1998, 3437, Rn 81; EuG Slg II 1999, 17 Rn 106; *Bartosch*, NJW 2001, 921, 922.

[363] Die Überprüfung des Abwägungsgebots i.S.d. § 1 VII BauGB findet vornehmlich bei der Überprüfung eines Bebauungsplans statt, vgl. hierzu ausführlich *R. Schmidt*, BauR, Rn 18 ff. Zum drittschützenden Charakter des § 1 VII BauGB vgl. BVerwGE 107, 215, 220 ff., bestätigt von BVerwG NVwZ 2000, 1187 und VGH Mannheim NVwZ 2000, 1187; OVG Lüneburg
NVwZ 2002, 109. Zum drittschützenden Charakter des § 50 BImSchG vgl. *Rinke*, NVwZ 2002, 1180 ff. Zur Umweltverträglichkeitsprüfung vgl. *Battis/Krautzberger/Löhr*, NVwZ 2001, 961 ff. und *R. Schmidt*, BauR, Rn 81 ff.

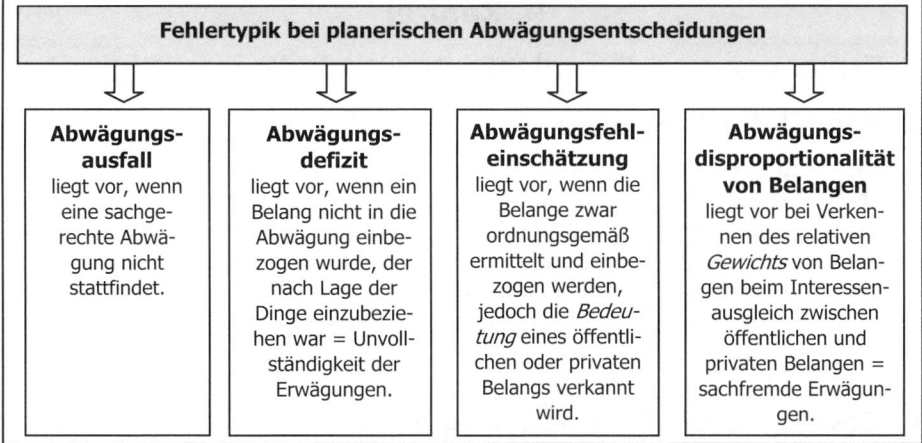

Fehlertypik bei planerischen Abwägungsentscheidungen

Abwägungs-ausfall	Abwägungs-defizit	Abwägungsfehl-einschätzung	Abwägungs-disproportionalität von Belangen
liegt vor, wenn eine sachge-rechte Abwä-gung nicht stattfindet.	liegt vor, wenn ein Belang nicht in die Abwägung einbe-zogen wurde, der nach Lage der Dinge einzubezie-hen war = Unvoll-ständigkeit der Erwägungen.	liegt vor, wenn die Belange zwar ordnungsgemäß ermittelt und einbe-zogen werden, jedoch die *Bedeu-tung* eines öffentli-chen oder privaten Belangs verkannt wird.	liegt vor bei Verken-nen des relativen *Gewichts* von Belan-gen beim Interessen-ausgleich zwischen öffentlichen und privaten Belangen = sachfremde Erwägun-gen.

Hinweis für die Fallbearbeitung: Die Überprüfung von planerischen Abwä-gungsentscheidungen kommt zum einen dann in Betracht, wenn ein Bürger einen ihn belastenden Verwaltungsakt angreift (Anfechtungsklage). Rechtsgrundlage für den Erlass des fraglichen Verwaltungsakts ist dann der Plan (z.B. ein Bebauungs-plan nach § 10 BauGB). Bei der Frage, ob die Voraussetzungen der Rechtsgrundla-ge erfüllt wurden, ist dann auf das Abwägungsgebot (z.B. desjenigen gem. § 1 VII BauGB) einzugehen. Es findet also eine inzidente Prüfung des Plans statt mit dem Ziel festzustellen, ob ein Abwägungsfehler vorliegt.
Aber auch im Rahmen einer Prinzipalkontrolle (§ 47 VwGO) kommt die Überprüfung von planerischen Abwägungsentscheidungen in Betracht, z.B. wenn ein Bürger ge-gen einen Bebauungsplan klagt.

Auf Einzelheiten kann im Rahmen dieser Darstellung nicht eingegangen werden. **294** Insoweit wird auf *R. Schmidt*, BauR, Rn 95 ff. verwiesen. In Bezug auf die Überprü-fung eines (Bebauungs-)Plans wird insbesondere auf die ausführliche Darstellung zum **Normenkontrollverfahren** bei *R. Schmidt*, VerwProzR, Rn 512 ff./831 ff. ver-wiesen.

9. Kapitel

Ermessen und Grundsatz der Verhältnismäßigkeit

A. Begriff des Ermessens

295 Um der Vielgestaltigkeit und Dynamik der Lebenssachverhalte gerecht zu werden, räumt der Gesetzgeber der Verwaltung Handlungsspielräume nicht nur auf Tatbestandsseite (unbestimmte Rechtsbegriffe, Beurteilungsspielräume, planerische Abwägungsentscheidungen), sondern auch auf Rechtsfolgeseite ein. Bei Letzterem handelt es sich um Verwaltungsermessen. Mit dem Verwaltungsermessen verleiht der Gesetzgeber der Verwaltung das Recht, zwischen verschiedenen Handlungsmöglichkeiten (Rechtsfolgen) zu wählen.

B. Gesetzgeberische Abstufungen

I. Gebundene Verwaltung/Ermessensverwaltung/gebundenes Ermessen

1. Rechtlich gebundene Verwaltung

296 Die Einräumung von Ermessen ist aber nicht stets der Fall. Hält der Gesetzgeber bei gegebenen tatbestandlichen Voraussetzungen eine bestimmte Rechtsfolge für zwingend, ordnet er den Eintritt der im Gesetz normierten Rechtsfolge an (rechtlich gebundene Verwaltung). Die Verwaltung hat also gerade kein Ermessen. Diese Konstellation erkennt man aufgrund von Formulierungen wie: „die Behörde *muss*..."; „...*ist* zu erteilen" usw. (sog. **Muss-Vorschriften**).

> **Beispiel:** Nach §§ 2 ff. GastG[364] ist die Gaststättengenehmigung zu erteilen, wenn kein in § 4 GastG genannter Versagungsgrund vorliegt. Das folgt aus dem Charakter der Gaststättenerlaubnis als „präventives Verbot mit Erlaubnisvorbehalt" und fußt letztlich auf der Gewerbefreiheit gem. § 1 GewO i.V.m. Art. 12 I S. 1 GG: Das grundrechtlich Erlaubte wird präventiv zur Rechtskontrolle eingeschränkt.[365]

2. Ermessensverwaltung

297 Ob der Gesetzgeber der Verwaltung das Recht verliehen hat, zwischen verschiedenen Handlungsmöglichkeiten (Rechtsfolgen) zu wählen, lässt sich auf verschiedene Weise erkennen.

- Zunächst kann das Gesetz ein Ermessen **ausdrücklich anordnen**.

> **Beispiel:** Gemäß § 17 II S. 1 SGB XII entscheidet die Behörde über Art und Maß der Leistungserbringung nach pflichtgemäßem Ermessen, soweit das Ermessen nicht ausgeschlossen ist.

- Dann kann sich das Vorliegen von Ermessen **aufgrund gesetzlicher Umschreibung** ergeben (Verwendung bestimmter Modalverben wie „kann", „darf", oder der Formulierung: „ist befugt" usw. – sog. **Kann-Vorschriften**).

> **Beispiel:** Gemäß § 48 I S. 1 VwVfG kann die Behörde einen rechtswidrigen Verwaltungsakt auch nach Eintritt der Bestandskraft ganz oder teilweise zurücknehmen.

---

[364] Zum GastG nach der Föderalismusreform 2006 vgl. bereits Fußnote 15.
[365] Vgl. näher Rn 246 und 358.

- Schließlich kann sich das Vorliegen von Ermessen **aus dem gesetzlichen Zusammenhang** ergeben.

  Beispiel: Wer Verkehrsvorschriften nicht beachtet, *ist* gem. § 48 StVO auf Vorladung der Straßenverkehrsbehörde oder der von ihr beauftragten Beamten verpflichtet, an einem Unterricht über das Verhalten im Straßenverkehr teilzunehmen.

  Die Formulierung „ist ... verpflichtet" könnte zwar darauf schließen lassen, der Betroffene *müsse* teilnehmen und die Behörde *habe* daher zu laden. Jedoch ergibt sich aus dem Gesamtzusammenhang der Vorschrift, dass der Betroffene nur dann teilzunehmen hat, *wenn* die Behörde ihn lädt, d.h. die Maßnahme anordnet. Ob die Behörde die Maßnahme anordnet, steht in ihrem Ermessen. Ein anderes Auslegungsergebnis widerspräche dem im Straßenverkehrsrecht dominierenden Opportunitätsprinzip und führte im Übrigen zu einer Lähmung des öffentlichen Lebens, da wohl kaum jemand von sich behaupten kann, niemals gegen Verkehrsvorschriften zu verstoßen, und daher nahezu jeder Verkehrsteilnehmer nicht selten verpflichtet wäre, an einem Unterricht über das Verhalten im Straßenverkehr teilzunehmen.

Ist der Behörde ein Ermessen eingeräumt, hat sie die Rechtsfolge nach pflichtgemäßem Ermessen festzusetzen.[366] Dabei hat sie mindestens ein Entschließungsermessen, d.h. ein Ermessen, ob sie einschreitet oder nicht. Nicht selten hat die Behörde auch ein Auswahlermessen, d.h. ein Ermessen, welche der möglichen und rechtlich zulässigen Maßnahmen sie im konkreten Fall treffen möchte (dazu Rn 303 ff.). **298**

Mithin lässt sich für das Verwaltungsermessen folgende Definition aufstellen:

Ermessen ist ein der Verwaltung auf der Rechtsfolgeseite einer Norm hinsichtlich des „Ob" (Entschließungsermessen) und/oder des „Wie" (Auswahlermessen) eingeräumter Entscheidungsspielraum, der gerichtlich beschränkt (im Rahmen des § 114 VwGO) überprüfbar ist. **299**

Der **Vorteil** von Gesetzen, die der Verwaltung Ermessensspielräume einräumen, liegt darin, dass der Gesetzgeber nicht selbst alle erdenklichen Details in den Gesetzen festlegen muss. Hierzu wäre er auch kaum in der Lage. Zudem würde die Regelung aller erdenklichen Lebenssachverhalte eine noch größere Gesetzesflut mit sich bringen. Ein weiterer Vorteil der Gesetze mit Ermessensspielräumen liegt darin, dass die Verwaltung gerade nicht gezwungen wird, eine bestimmte Rechtsfolge einleiten zu müssen. Die Ratio des Ermessens liegt gerade in der Freistellung der Wahl der Rechtsfolge eines gesetzlichen Tatbestands, um die Verwaltung in die Lage zu versetzen, von **unnötigen Eingriffen abzusehen** und somit dem **Übermaßverbot Rechnung zu tragen**. In Bezug auf die Vereinbarkeit mit dem Grundsatz der Verhältnismäßigkeit zweifelhafte Gesetze sind somit eher „zu retten". Rechtstechnisch stellt das Ermessen die **Verknüpfung von Tatbestand und Rechtsfolge** dar. **300**

  Beispiel: Nach § 31 II BauGB <u>kann</u> (unter den in der Vorschrift genannten Voraussetzungen) das Bauvorhaben von den Festsetzungen des Bebauungsplans befreit werden (sog. Dispens). Liegen die in der Vorschrift genannten Voraussetzungen also vor, heißt das noch nicht, dass der Dispens erteilt werden müsste. Vielmehr bedeutet das Modalverb „kann", dass die Baubehörde bei der Entscheidung, ob sie den Dispens erteilt, ein Ermessen hat.

Die Einräumung von Ermessen hat aber auch **Nachteile**. Der größte Nachteil besteht in dem **Verlust von Rechtssicherheit**. Der Bürger kann allein aufgrund der Geset- **301**

---

[366] Unzutreffend wäre es, von einem „freien" Ermessen zu sprechen, weil in einem demokratischen Rechtsstaat eine Verwaltungsbehörde in ihrer Entscheidung niemals „frei" sein kann, sondern stets zur pflichtgemäßen Aufgabenerfüllung berufen ist.

zeslektüre i.d.R. nicht einschätzen, wie die Behörde entscheiden wird. Gleichwohl wird dieser Nachteil dadurch gemildert, dass dem betroffenen Bürger Rechtsbehelfe zur Verfügung stehen und dieser somit die behördliche Entscheidung im Widerspruchsverfahren (sofern dessen Durchführung nicht gesetzlich ausgeschlossen ist) bzw. im Gerichtsverfahren überprüfen lassen kann (§ 114 VwGO).

3. Rechtlich gebundenes Ermessen

302 Eine Zwischenstellung zwischen der gebundenen Verwaltung und der Ermessensverwaltung nimmt das rechtlich gebundene Ermessen ein: Im Grundsatz muss die Entscheidung zwar in der vorgesehenen Weise getroffen werden, jedoch darf die Behörde in Ausnahmefällen (atypische Situationen) von der im Gesetz genannten Rechtsfolge abrücken.[367] Die Behörde ist dann, weil sie von einem „Abweichungsermessen" Gebrauch macht, nach § 39 I S. 3 VwVfG verpflichtet, die Abweichung besonders zu begründen. Es handelt sich dabei um die Umsetzung einer **Soll-Vorschrift** („die Behörde *soll*"; *„grundsätzlich ist*").

> **Beispiele:**
> **(1)** Nach § 5 I S. 1 PartG <u>sollen</u> alle Parteien bei der Zur-Verfügung-Stellung von öffentlichen Einrichtungen gleich behandelt werden.
> **(2)** Demgegenüber <u>ist</u> zwar gem. § 48 I S. 1 SGB X der eine Sozialleistung gewährende Verwaltungsakt mit Wirkung für die Zukunft aufzuheben, soweit in den tatsächlichen oder rechtlichen Verhältnissen, die beim Erlass eines Verwaltungsaktes mit Dauerwirkung vorgelegen haben, eine wesentliche Änderung eintritt (= rechtlich gebundene Entscheidung). Ist aber z.B. der Betroffene einer durch Rechtsvorschrift vorgeschriebenen Pflicht zur Mitteilung wesentlicher für ihn nachteiliger Änderungen der Verhältnisse vorsätzlich oder grob fahrlässig nicht nachgekommen, <u>soll</u> nach § 48 I S. 2 Nr. 2 SGB X der leistungsgewährende Verwaltungsakt mit Wirkung vom Zeitpunkt der Änderung der Verhältnisse aufgehoben werden (= rechtlich gebundenes Ermessen).

4. Übersicht

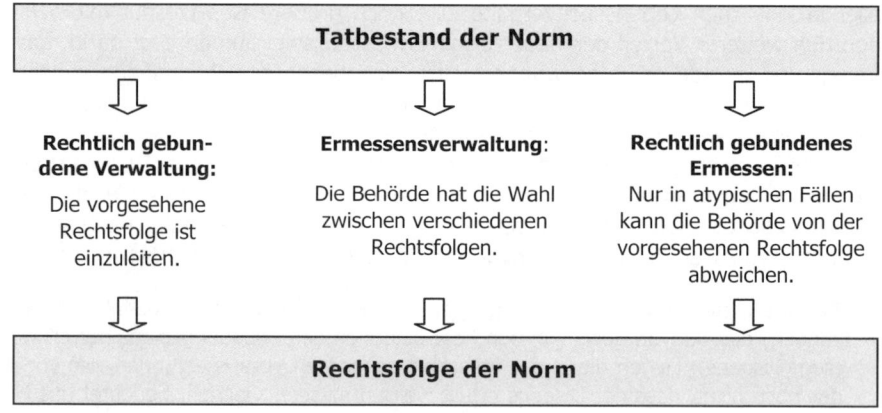

II. Entschließungsermessen/Auswahlermessen

303 Das Ermessen kann sich zunächst darauf beziehen, ob die Verwaltung eine zulässige Maßnahme überhaupt treffen will. In diesem Fall spricht man von Entschließungsermessen. Das Ermessen kann sich aber auch darauf beziehen, welche von mehreren

---

[367] Vgl. auch BVerwGE 90, 88, 93; BVerwG 3.12.2009 - 9 B 79.09.

zulässigen Maßnahmen sie im Fall des Tätigwerdens ergreifen will. Dies ist das Auswahlermessen. Beide Ermessensarten unterliegen denselben rechtlichen Bindungen (§ 40 VwVfG), deren Einhaltung gerichtlich beschränkt kontrolliert werden kann (§ 114 S. 1 VwGO). Im Einzelnen gilt:

1. Entschließungsermessen

Im Rahmen des Entschließungsermessens muss die Behörde darüber befinden, *ob* sie überhaupt tätig werden will (Opportunitätsprinzip).

304

Insbesondere im Polizei- und Ordnungsrecht gilt für den Bereich der Prävention das Opportunitätsprinzip, denn nur so lässt sich eine bestehende Gefahrenlage adäquat lösen. Darüber hinaus würde eine ständige Pflicht zum Einschreiten zu einem permanenten Vollzugsdefizit führen.

2. Auswahlermessen

Innerhalb des Auswahlermessens obliegt es der zuständigen Behörde, die rechtmäßige sowie sachgerechte und zweckmäßige Auswahl von verschiedenen möglichen Maßnahmen zu treffen.

305

> Eine bedeutende spezialgesetzliche Regelung findet sich ebenfalls in den Polizeigesetzen. Das Auswahlermessen bezieht sich dort auf die richtige Auswahl des Verantwortlichen (Störer) und die richtige Wahl des Mittels.[368]

> **Beispiel:** Nach der Befugnisgeneralklausel des Landespolizeigesetzes *kann* die Polizei bei Vorliegen einer Gefahr für die öffentliche Sicherheit (oder Ordnung) die erforderlichen Maßnahmen ergreifen.

> Hier ist die Behörde also nicht nur berechtigt, zu entschieden, *ob* sie einschreitet, sondern auch, mit welchen Mitteln, auf welche Art und gegen wen sie einschreitet.

III. Intendiertes Ermessen

Das sog. intendierte Ermessen von der Rechtsprechung entwickelt worden.[369] Vereinfacht gesagt, werden durch dieses Institut Kann-Vorschriften in Soll-Vorschriften „umgedeutet". Diejenigen Kann-Vorschriften, bei denen die Rechtsprechung unterstellt, der Gesetzgeber habe trotz der Verwendung des Modalverbs „kann" ein bestimmtes Ergebnis ansteuern wollen, deutet sie – dem unterstellten impliziten Resultat entsprechend – in Soll-Vorschriften um. Folge ist, dass die Verwaltung die bei Kann-Vorschriften bestehenden strengen Anforderungen an die Ermittlung, Abwägung und Begründung pflichtgemäßer Ermessensentscheidungen nicht einzuhalten braucht; diese werden nur für atypische Fälle relevant.[370] Da das sog. intendierte Ermessen aber die Grenzen zwischen Soll- und Kann-Vorschriften verwischt und die an die Kann-Vorschriften gestellten Anforderungen (s.o.) untergräbt, ist es verfassungsrechtlichen Bedenken ausgesetzt.[371]

306

Als eine Vorschrift, die eine Ermessenslenkung i.S. eines intendierten Ermessens enthält, hat das BVerwG z.B. § 48 II S. 4 VwVfG angesehen. Diese Vorschrift sieht für die Fälle des § 48 II S. 3 VwVfG die Rücknahme eines Verwaltungsakts als Regelfall vor. Nur dann, wenn der Behörde außergewöhnliche Umstände des Falls bekannt geworden oder erkennbar seien, die eine andere Entscheidung möglich erscheinen ließen, könne die Behörde

---

[368] Bay: Art. 5 PAG; BW: § 3 PolG; Berl: § 12 ASOG; Brand: § 5 PolG, § 16 OBG; Brem: § 4 PolG; Hamb: § 4 SOG; Hess: § 5 SOG; MeckVor: §§ 13, 14 SOG; Nds: § 5 SOG; NW: § 3 PolG, § 16 OBG; RhlPfl: § 3 PolG; Saarl: § 3 PolG; Sachs: § 3 PolG; SachsAnh: § 6 SOG; SchlHolst: § 174 LVwG; Thür: § 7 OBG.
[369] BVerwGE 72, 1, 6; 91, 82, 90.
[370] Vgl. auch *Beaucamp*, JA 2005, 74, 76.
[371] Vgl. auch *Voßkuhle*, JuS 2008, 117.

anders entscheiden. In diesem Fall liege sogar ein rechtfehlerhafter Gebrauch des Ermessens vor, wenn diese Umstände von der Behörde nicht erwogen worden seien.[372]

IV. Abgrenzung Ermessen zu unbestimmten Rechtsbegriffen

307 Nach den bisherigen Ausführungen können Ermessenserwägungen nur angestellt werden, wenn die tatbestandlichen Voraussetzungen der Norm vorliegen. Es kann aber auch vorkommen, dass eine Norm sowohl auf ihrer Tatbestandsseite unbestimmte Rechtsbegriffe enthält als auch auf ihrer Rechtsfolgeseite Ermessen anordnet (sog. **Koppelungsvorschriften** oder **Mischtatbestände**). In diesem Fall ist jede Seite grundsätzlich nach ihren Regeln zu beurteilen.

Beispiele:

(1) Ist ein Beamtenbewerber geeignet, befähigt und erbringt die fachliche Leistung, *kann* eine Behörde ihn einstellen (vgl. Art. 33 II GG, § 9 BeamtStG, § 9 BBG).

Die Begriffe *Eignung*, *Befähigung* und *Leistung* sind unbestimmte Rechtsbegriffe, die der Auslegung bedürfen. Allerdings steht der Behörde ein **Beurteilungsspielraum** zu.[373] Hat die Behörde unter den Bewerbern auf diese Weise den Geeignetsten, Befähigsten und Leistungsfähigsten bestimmt, bringt diese Entscheidung grds. noch keine Ermessensreduzierung (ggf. auf Null) mit sich. Vielmehr bleibt die Behörde in ihrer Rechtsfolgeentscheidung i.d.R. weiterhin frei und kann etwa einen nächsten Einstellungstermin abwarten und auf insgesamt qualifiziertere Bewerber hoffen.[374]

(2) Nach § 48 I S. 2 VwVfG *darf* ein begünstigender Verwaltungsakt (unter bestimmten Voraussetzungen) zurückgenommen werden, wenn der Empfänger der Leistung nicht auf den Bestand des Verwaltungsakts vertraut hat bzw. vertrauen durfte oder sein Vertrauen nicht schutzwürdig ist.

Bei der Rücknahme eines begünstigenden Verwaltungsakts (vgl. § 48 I S. 2 VwVfG) schließt die nicht vorhandene Schutzwürdigkeit des Vertrauens, die durch die Abwägung in § 48 II VwVfG ermittelt worden ist, das Rücknahmeermessen der Behörde nicht aus. Eine Ermessensentscheidung ist auch dann notwendig, wenn das Vertrauen nicht schutzwürdig ist.[375]

> **Hinweis für die Fallbearbeitung:** In der Fallbearbeitung erkennt man diese Konstellation daran, dass neben dem erarbeiteten Argumentationshaushalt, der zur Auslegung und Konkretisierung der unbestimmten Rechtsbegriffe herangezogen wurde, noch ein *eigener* Argumentationshaushalt im Rahmen der Ermessensausübung verbleibt.

308 Schwierig wird es, wenn bei der Ermessensbetätigung *dieselben* Erwägungen herangezogen werden müssen, die schon der Auslegung der unbestimmten Rechtsbegriffe zugrunde gelegen haben (**Identität des Argumentationshaushalts**). In einem solchen Fall soll nur noch eine einzige rechtsfehlerfreie Ermessensentscheidung möglich sein. Die Ermessensreduzierung auf Null macht im Einzelfall aus der Kann-Vorschrift *faktisch* eine Muss-Vorschrift.

---

[372] BVerwG BayVBl 1998, 27; VGH München BayVBl 2003, 530.

[373] Vgl. dazu ausführlich Rn 283 ff.

[374] Aus Art. 33 II GG folgt aber das Recht des Bewerbers um eine Beamtenstelle auf pflichtgemäße und vor allem sachgerechte Beurteilung und Entscheidung des gestellten Antrags. Sollte sich dabei herausstellen, dass keine sachlichen Gründe gegen eine Einstellung sprechen, verdichtet sich dieses Recht zum Recht auf den Erhalt des (in Rede stehenden) Amtes.

[375] *Kopp/Ramsauer*, VwVfG, § 48 Rn 112. Beachte aber die Besonderheiten bei unionsrechtswidrigen Subventionen.

Beispiele:

(1) Nach 35 II BauGB *können* sonstige Vorhaben im Einzelfall zugelassen werden, wenn ihre Ausführung oder Benutzung *öffentliche Belange* nicht beeinträchtigt und ihre *Erschließung gesichert* ist.

Hier könnte nach dem Wortlaut „können" angenommen werden, dass der Verwaltung, auch wenn ein Sachverhalt die unbestimmten Rechtsbegriffe *„öffentliche Belange"* und *„Erschließung gesichert"* ausfüllt, noch ein Ermessen bei der Festlegung der Rechtsfolge (Zulassung) eingeräumt sei. Wenn aber die Ausführung oder die Benutzung öffentliche Belange nicht beeinträchtigt sind und die Erschließung gesichert ist, sind keine Ermessenserwägungen mehr denkbar, die über die bereits auf der Tatbestandsseite angestellten Erwägungen hinausgehen. Das folgt schon aus der in Art. 14 GG garantierten Baufreiheit, die lediglich zur Rechtskontrolle präventiv eingeschränkt wurde.[376] Beeinträchtigen also die Ausführung oder die Benutzung öffentliche Belange nicht und ist die Erschließung gesichert, *sind* sonstige Vorhaben zuzulassen. Es tritt somit ein Ermessensschwund ein.[377]

(2) Gemäß § 34 I BBG, § 23 III BeamtStG *kann* ein Beamter auf Probe entlassen werden, wenn mindestens ein dort genannter Grund vorliegt.

Auch hier handelt es sich um Koppelungsvorschriften oder Mischtatbestände, bei denen bei der Ermessensbetätigung grds. nur *dieselben* Erwägungen herangezogen werden müssen, die schon der Auslegung der unbestimmten Rechtsbegriffe zugrunde gelegen haben. Daher soll auch hier nur noch eine einzige rechtsfehlerfreie Ermessensentscheidung möglich sein. Führt die Auslegung einer der unbestimmten Rechtsbegriffe zu dem Ergebnis, dass das Festhalten an dem Beamtenverhältnis unzumutbar ist, bleibt für weitere Ermessenserwägungen kein Raum. Der Beamte auf Probe *ist* zu entlassen.[378]

Auch ist die (in Klausur und Praxis selten vorkommende und deshalb hier nicht zu erörternde) umgekehrte Konstellation denkbar, in der bei gewissen Rechtsnormen der auf der Tatbestandsseite formulierte unbestimmte Rechtsbegriff in Wirklichkeit dem Ermessen zuzurechnen ist, weil er in Umfang und Inhalt das Ermessen bestimmt. Der unbestimmte Rechtsbegriff wird demnach vom Ermessen „aufgesogen"[379]. **309**

V. Abgrenzung Ermessen/planerische Abwägungsentscheidungen

Die bisherigen Überlegungen zur Abgrenzung der Ermessensermächtigung von den unbestimmten Rechtsbegriffen stoßen auf ihre Grenzen beim sog. Planungsermessen (planerische Abwägungsentscheidungen, Rn 292 f., 995), bspw. beim Erlass von Bauleitplänen nach § 1 BauGB oder von raumbezogenen Fachplänen nach den Fachplanungsgesetzen wie § 17 FStrG für Bundesstraßen, §§ 30 ff. KrWG für die Kreislaufwirtschaftsplanung oder § 8 LuftVG für Flugplätze. Nach der hier vertretenen Auffassung lassen sich planerische Abwägungsentscheidungen weder den unbestimmten Rechtsbegriffen noch dem Ermessen zuordnen. Folgerichtig verliert in dieser „planerischen Gestaltungsfreiheit" die Unterscheidung unbestimmter Rechtsbegriff - Ermessensermächtigung ihren Sinn. Die Verwaltung hat für die in diesem Bereich bestehenden Plangesetze mit Zielvorgaben und Abwägungsgrundsätzen im Rahmen des ihr gesetzlich vermittelten Auftrags selbstständig tätig zu werden. Sie muss allerdings dabei ihre gesetzlichen Bindungen und Grenzen, insbesondere das Abwägungsgebot, beachten, deren Einhaltung von den Verwaltungsgerichten überprüft werden kann. Dieses Abwägungsgebot kann aus verschiedenen Gründen fehlerhaft sein. Vgl. dazu Rn 292 und 995. **310**

---

[376] Zum präventiven Verbot mit Erlaubnisvorbehalt (Kontrollerlaubnis) vgl. Rn 246, 358.
[377] So BVerwGE 18, 247, 250.
[378] BVerwG NJW 1999, 2536, 2538.
[379] So der *Gemeinsame Senat der obersten Gerichtshöfe* (GemSOBG BVerwGE 39, 355, 363 ff.).

VI. Ermessensgrenzen und Ermessensfehler

311 Die allgemeinen Anforderungen an das Ermessen ergeben sich aus **§ 40 VwVfG**. Diese Vorschrift bestimmt, dass die Behörde ihr Ermessen entsprechend dem Zweck der Ermächtigung auszuüben und die **gesetzlichen Grenzen des Ermessens einzuhalten hat**. **§ 114 S. 1 VwGO** greift diese Regelung auf und beschränkt die **Kontrollbefugnis der Gerichte** auf die Überprüfung, ob die Behörde die Vorgaben des § 40 VwVfG beachtet, d.h. ihr Ermessen rechtsfehlerfrei ausgeübt hat. Damit ist klar, dass eine Überschreitung der gesetzlichen Grenzen des Ermessens die Rechtswidrigkeit jedes Ermessensverwaltungsakts bedingt. Jedoch enthält § 40 VwVfG keine Aussage darüber, worin die gesetzlichen Grenzen bestehen könnten. Der Vorschrift lässt sich lediglich entnehmen, dass es **kein freies oder beliebiges Ermessen** gibt. Daher waren Rechtsprechung und Literatur schon frühzeitig bemüht, Fallgruppen zu bilden. Als mögliche **Ermessensfehler** kommen danach in Betracht:

1. Ermessensmangel (Ermessensnichtgebrauch, Ermessensunterschreitung, Ermessensausfall)

312 Das Recht zur Ermessensausübung beinhaltet die Pflicht zur Ermessensbetätigung. Das geht zwar nicht unmittelbar aus § 40 VwVfG hervor (dort ist wie gesagt nur von „Ermessensgrenzen" die Rede), ist aber rechtslogisch, denn anderenfalls wäre im Gesetz eine rechtlich gebundene Verwaltungsentscheidung angeordnet. Verkennt die Behörde die Pflicht zur Ermessensbetätigung, spricht man von Ermessensmangel. Allgemein anerkannt ist folgende Definition:

313 Stellt die Behörde keinerlei Ermessenserwägungen an, obwohl ihr das Gesetz ein Ermessen einräumt, liegt ein **Ermessensmangel** vor.[380]

314 Ein Ermessensmangel kommt regelmäßig in zwei Konstellationen in Betracht: Die Behörde bleibt untätig, weil sie meint, nicht einschreiten zu dürfen, obwohl dies nach der gesetzlichen Lage möglich wäre, oder sie schreitet ein, weil sie rechtsirrig meint, einschreiten zu müssen, obwohl ihr das Gesetz tatsächlich eine Entscheidungsfreiheit einräumt.

> **Beispiel:** Im Landesgesetz zur Bekämpfung gefährlicher Hunde ist für bestimmte, im Gesetz näher bezeichnete Hunderassen ein Maulkorb- und Leinenzwang vorgeschrieben. Polizeibeamter P, der sich auf einem Streifengang in einer verrufenen Gegend der Stadt befindet, bemerkt, wie ein offenbar dem Rotlichtmilieu zuzuordnender Mann seinen Hund frei herumlaufen lässt. Dennoch schreitet P nicht ein, weil er sich über die Rasse des Hundes irrt bzw. nicht weiß, dass sich das Gesetz zur Bekämpfung gefährlicher Hunde auch auf diese Hunderasse erstreckt. Tatsächlich handelt es sich bei dem Hund um einen Mastino Espanol, der auf der Liste gefährlicher Hunde weit oben steht.
>
> Hier liegt ein Fall des Ermessensnichtgebrauchs bzw. der Ermessensunterschreitung vor, weil P fälschlicherweise davon ausgegangen ist, dass der Tatbestand des Gesetzes zur Bekämpfung gefährlicher Hunde nicht erfüllt sei und er deshalb nicht einschreiten dürfe.
>
> Auch im umgekehrten Fall, wenn es sich bei dem Hund um einen Golden Retriever gehandelt hätte, P aber der Meinung gewesen wäre, bei dem Tier habe es sich um einen Kampfhund gehandelt, hätte ein Ermessensnichtgebrauch bzw. eine Ermessensunterschreitung vorgelegen, wenn P dem Hundehalter aufgegeben hätte, dem Tier einen Maulkorb anzulegen. Denn ein Ermessensfehler der beschriebenen Art liegt auch dann vor, wenn der Beamte glaubt, zum Einschreiten verpflichtet zu sein, obwohl ihm ein Ermessensspielraum zusteht. Freilich liegt in dieser Konstellation bereits ein Verstoß gegen den Vorbehalt des Gesetzes.

---

[380] St. Rspr. seit BVerwGE 15, 196, 199.

Ein Ermessensmangel liegt auch dann vor, wenn die Behörde zwar erkennt, dass sie hinsichtlich der Frage, *ob* sie einschreitet, ein Ermessen hat, dann aber hinsichtlich der Frage, *wie* sie einschreitet, nicht alle Aspekte des Falls berücksichtigt.

Ferner ist zu beachten, dass die Pflicht zur Ermessensausübung eine Bindung durch Verwaltungsvorschrift nicht ausschließt. Die Behörde hat dann ihr Ermessen gleichsam generalisierend betätigt. Die Ermessensausübung ist in die Erarbeitung der Verwaltungsvorschriften eingeflossen (**antizipiertes Ermessen durch Verwaltungsvorschrift**).[381]

315

> **Hinweis für die Fallbearbeitung:** Ist im Sachverhalt nicht ausgeführt, dass die Behörde Pro und Contra abgewogen hat (§ 40 VwVfG), spricht dies für einen Ermessensausfall. Dann ist zu erörtern, ob die Ermessenshandhabung zulässigerweise später (im Widerspruchsverfahren) nachgeholt wurde. Denn zum einen prüft auch die Widerspruchsbehörde die Zweckmäßigkeit (§ 68 I S. 1 VwGO)[382], und zum anderen kommt es grds. bei der Beurteilung der Sach- und Rechtslage auf die letzte Behördenentscheidung an. Und dies ist i.d.R. die Entscheidung der Widerspruchsbehörde.

2. Ermessensüberschreitung/Grundsatz der Verhältnismäßigkeit

Bei ihrer Ermessensausübung muss die Behörde die gesetzlichen **Grenzen** des Ermessens einhalten (vgl. § 40 Var. 2 VwVfG, § 114 S. 1 Var. 1 VwGO). Diese ergeben sich aus der Verfassung (Freiheitsgrundrechte, Gleichheitsgrundrechte, Beachtung des Vertrauensschutzes und der Verhältnismäßigkeit als Elemente des Rechtsstaatsprinzips sowie Beachtung des Sozialstaatsprinzips) und den sog. einfachen Gesetzen (Spezialgesetze, Gesetze zum allgemeinen Polizei- und Ordnungsrecht). Im Falle der Missachtung dieser Vorgaben ist das gesetzlich erlaubte Ermessen überschritten, d.h., die gesetzte Rechtsfolge ist von der Norm nicht gedeckt bzw. ist unverhältnismäßig.

316

Beispiel: Eine Gebührenordnung sieht vor, dass die Behörde eine Verwaltungsgebühr von bis zu 40,- € verlangen kann. Setzt die Verwaltung eine Gebühr von 50,- € fest, überschreitet sie das ihr eingeräumte Ermessen.

Ein Fall der Ermessensüberschreitung liegt ebenfalls vor, wenn die Behörde den **Grundsatz des Vertrauensschutzes** oder den **Grundsatz der Verhältnismäßigkeit** missachtet oder gegen **Grundrechte** verstößt. Denn liegt ein solcher Verstoß vor, handelt die Behörde gleichzeitig außerhalb ihres Ermessensspielraums.[383]

---

[381] Vgl. BVerwGE 31, 212; BVerwG NVwZ 1998, 273 ff. Vgl. dazu auch Rn 142/864. Im Gefahrenabwehrrecht kann wegen der dort gebotenen Einzelfallentscheidung aber anders zu entscheiden sein, vgl. *R. Schmidt*, VerwProzR, Rn 421 sowie *R. Schmidt*, POR, Rn 721a.

[382] Sie darf bei Ermessensausfall der Ausgangsbehörde im Widerspruchsbescheid zum ersten Mal das Ermessen ausüben. Denn Streitgegenstand der Klage ist der Ausgangsbescheid in der Gestalt des Widerspruchsbescheids (§ 79 I Nr. 1 VwGO). Hat die Widerspruchsbehörde das Ermessen ordnungsgemäß ausgeübt, ist der Verwaltungsakt bzgl. der Ermessensausübung rechtmäßig. Etwas anderes gilt aber für den Bereich der Rechtsaufsicht, wenn die Rechtsaufsichtsbehörde den Widerspruchsbescheid im *eigenen* Wirkungskreis der Körperschaft, der die Ausgangsbehörde angehört (i.d.R. die Gemeinde), erlässt. Abwägung von Pro und Contra stehen hier nicht der Rechtsaufsichtsbehörde, sondern ausschließlich der Gemeinde zu (vgl. die einschlägigen Bestimmungen der Gemeindeordnungen, etwa Art. 119 Nr. 1 BayGO). In diesem Fall kann die erforderliche Ermessensausübung nur im ersten Teil des Widerspruchsverfahrens, dem Abhilfeverfahren (§ 72 VwGO), nachgeholt werden. Im *übertragenen* Wirkungskreis gilt diese Beschränkung nicht; hier darf die Widerspruchsbehörde (die i.d.R. auch die Fachaufsichtsbehörde ist) anstelle der Gemeinde zum ersten Mal Pro und Contra abwägen (zumal in Selbstverwaltungsangelegenheiten die Gemeinde i.d.R. ohnehin schon nach § 73 I S. 2 Nr. 3 VwGO Widerspruchsbehörde ist).

[383] Das ist die vom Verfasser seit der 1. Aufl. 1997 vertretene Auffassung; wie hier nun auch *Hufen*, VerwProzR, § 25 Rn 25 a.E.; *Schenke*, POR, Rn 97; *Voßkuhle*, JuS 2008, 117, 118; *Jötten/Tams*, JuS 2008, 436, 441. Sofern teilweise vertreten wird, den Grundsatz der Verhältnismäßigkeit aufbautechnisch *nach* dem Ermessen zu prüfen, ist dies abzulehnen. Denn überschreitet die Verwaltung das ihr eingeräumte Ermessen, verstößt sie nach richtiger Auffassung zugleich gegen Grundrechte, gegen allgemeine Grundsätze des Verwaltungsrechts und/oder gegen den Grundsatz der Verhältnismäßigkeit. Für eine separate Prüfung der Verhältnismäßigkeit ist somit kein Raum mehr. Insbesondere ist eine „freischwebende" Verhältnismäßigkeitsprüfung abzulehnen. Etwas anderes gilt freilich für die gebundene Verwaltungsentscheidung. Hier kann die Verhältnismäßigkeitsprüfung selbstverständlich nicht im Rahmen der Ermessensüberschreitung erfolgen. Die Verhältnismäßigkeit ist bei der Auslegung der unbestimmten Rechtsbegriffe zu beachten.

Daraus ergibt sich folgende Definition der Ermessensüberschreitung:

317 Eine **Ermessensüberschreitung** liegt vor, wenn die Behörde eine andere Rechtsfolge wählt, als vom Gesetz vorgesehen, oder wenn sie den Grundsatz des Vertrauensschutzes oder den Grundsatz der Verhältnismäßigkeit missachtet oder gegen Grundrechte verstößt.

> **Hinweis für die Fallbearbeitung:** In einer Klausur muss also, um dogmatisch korrekt vorzugehen, die Verhältnismäßigkeitsprüfung hinsichtlich eines angefochtenen Verwaltungsakts im Rahmen der Ermessensüberschreitung erfolgen (s.o.). Der Grundsatz der Verhältnismäßigkeit besagt, dass die Freiheit des Einzelnen nur so weit eingeschränkt werden darf, als es im Interesse des Gemeinwohls unabdingbar ist.[384] Eine staatliche Maßnahme, die in Grundrechte eingreift, ist nach allgemeiner Auffassung nur dann verhältnismäßig,
>
> - wenn der vom Staat verfolgte **Zweck legitim** ist, also als solcher verfolgt werden darf,
> - der Einsatz des Mittels zur Erreichung des Ziels **geeignet**,
> - **erforderlich**
> - und **angemessen** ist.
>
> Aufgrund der herausragenden Bedeutung des Verhältnismäßigkeitsgrundsatzes hängt der Wert einer Fallbearbeitung zu einem wesentlichen Teil davon ab, dass die Argumentationsstrukturen dieses Grundsatzes erkannt und umgesetzt werden. Dabei ist zu beachten, dass der jeweilige Schritt konstitutiv für den nächsten ist. Ist die zu untersuchende Maßnahme also z.B. mangels Erforderlichkeit rechtswidrig, bedarf es zu der Angemessenheit keiner Ausführungen mehr.

In der Fallbearbeitung könnte folgendermaßen formuliert werden:

„Fraglich ist, ob die ... (konkrete Maßnahme) mit dem materiellen Recht vereinbar ist. § ... (Rechtsgrundlage) gibt der ... (Behörde) ein Ermessen bei der Ausführung des Gesetzes. Diese ist befugt, über den konkreten Sachverhalt zu entscheiden. Daher ist gem. § 114 S. 1 VwGO zu prüfen, ob die ... (Behörde) bei Erlass der ... (konkrete Maßnahme) ihr Ermessen pflichtgemäß ausgeübt hat. Der Ermessensgebrauch ist fehlerhaft und damit der Verwaltungsakt rechtswidrig, wenn entweder die gesetzlichen Grenzen der Ermessenseinräumung überschritten worden sind (Ermessensüberschreitung, § 40 Var. 2 VwVfG, § 114 S. 1 Var. 1 VwGO) oder wenn sich die Ermessensentscheidung nicht am Zweck der Ermächtigung orientiert (Ermessensfehlgebrauch oder Ermessensmissbrauch, § 40 Var. 1 VwVfG, § 114 S. 1 Var. 2 VwGO). Die ... (Behörde) könnte das ihr eingeräumte Ermessen überschritten haben. Das ist insbesondere der Fall, wenn die von ihr gesetzte Rechtsfolge gegen den **Grundsatz der Verhältnismäßigkeit** verstößt. Dieser aus dem Rechtsstaatsprinzip abgeleitete Grundsatz verlangt die Verfolgung eines legitimen Zwecks sowie die Einhaltung der Geeignetheit, Erforderlichkeit und der Verhältnismäßigkeit i.e.S. (Angemessenheit) der angefochtenen Verwaltungsmaßnahme.

318 **Zweck** der Maßnahme ist ... ."

Vollzieht die Behörde ein Gesetz, darf sie nur die dem Gesetz zugrunde liegenden Zwecke verfolgen. Verfolgt sie einen anderen Zweck, ist die Maßnahme schon deshalb rechtswidrig[385]; einer weiteren Prüfung der Verhältnismäßigkeit bedarf es dann nicht (allerdings wird dieser Fall in Prüfungsarbeiten eher selten anzutreffen sein).

---

[384] BVerfGE 19, 343, 348; 30, 292, 316; 67, 157, 173; 69, 135, 138 f.; 70, 278, 286.
[385] Wäre die Verhältnismäßigkeit eines Gesetzes zu prüfen, ergäben sich einige Unterschiede, vgl. *R. Schmidt*, Staatsorganisationsrecht, Rn 271 ff.

Ist die Maßnahme zweckdienlich, ist sodann auf die Geeignetheit einzugehen.

Geeignet ist eine staatliche Maßnahme, wenn mit ihrer Hilfe das angestrebte Ziel gefördert werden kann.

319

Da bereits eine Teileignung genügt („Schritt in die richtige Richtung"), lässt sich diese erste Hürde der Verhältnismäßigkeitsprüfung relativ leicht überwinden. In der Fallbearbeitung genügen daher eine kurze Subsumtion und die Feststellung, dass mit der konkreten behördlichen Maßnahme das angestrebte Ziel gefördert werden könne, sie also geeignet gewesen sei.

> **Beispiel:** Untersagt die Fahrerlaubnisbehörde das Führen von Kraftfahrzeugen, weil sich der Betroffene als ungeeignet zum Führen von Fahrzeugen erweist (vgl. 3 I FeV), ist diese Verfügung geeignet, weil damit der Gefahr, die von einem zum Führen von Kraftfahrzeugen ungeeigneten Fahrzeugführer ausgeht, begegnet werden kann.

War die Maßnahme geeignet, könnte die Prüfung wie folgt fortgesetzt werden:

Erforderlich ist eine staatliche Maßnahme, wenn es kein milderes Mittel gibt, welches den gleichen Erfolg mit der gleichen Sicherheit und einem vergleichbaren Aufwand herbeiführen würde (Prinzip des sog. Interventionsminimums).

320

> **Beispiel:** Die gegenüber einem zum Führen von Kraftfahrzeugen ungeeigneten Fahrzeugführer erlassene Untersagung, ein Kraftfahrzeug im Straßenverkehr zu führen, um Straßenverkehrsgefährdungen zu begegnen, ist nur dann erforderlich, wenn die Anordnung von Auflagen (Hör- oder Sehhilfe; Nachtfahrverbot etc.) nicht ausreicht.

> **Hinweis für die Fallbearbeitung:** Milder ist ein Mittel, wenn es weniger intensiv in ein Grundrecht eingreift oder wenn schwächere (z.B. Art. 2 I GG statt eines speziellen Freiheitsgrundrechts) Schutzbereiche eröffnet würden. Daher ist ggf. schon hier die Intensität des konkreten Eingriffs zu gewichten, was sonst der Angemessenheit vorbehalten ist.[386] Klausurtechnisch kann an dieser Stelle hervorragend die Fähigkeit zu juristischer Argumentation und Rhetorik demonstriert werden. Es können Argumente vorgetragen werden, welche Nachteile die zu prüfende Maßnahme für den Betroffenen hat und wie diese Maßnahme beispielsweise eingeschränkt werden könnte, damit der Zweck (hier die Erforderlichkeit) trotzdem erreicht wird. Anschließend können Maßnahmenalternativen herangezogen werden, die ebenso geeignet sind, aber weniger intensiv in die Rechtssphäre des Betroffenen eingreifen. Ob das mildere Mittel angemessen ist, spielt für die Verfassungsmäßigkeit der zu prüfenden Maßnahme keine Rolle. Ist das mildere Mittel nicht angemessen ist, wird die zu prüfende Maßnahme erst recht nicht angemessen sein. Falls doch, ist das „mildere" Mittel in Wahrheit gerade kein solches.
> Wird im Ergebnis aber festgestellt, dass kein milderes, ebenso wirksames Mittel besteht (d.h., dass die betreffende Maßnahme also erforderlich war), muss zuletzt die Verhältnismäßigkeit i.e.S. (Angemessenheit) der Maßnahme geprüft werden:

321

Angemessen ist eine staatliche Maßnahme, wenn das mit ihr verfolgte Ziel in seiner Wertigkeit nicht außer Verhältnis zur Intensität des Eingriffs steht (Zumutbarkeit der Maßnahme = Übermaßverbot i.e.S.).

322

In diesem Prüfungsschritt muss eine Abwägung stattfinden zwischen der Intensität des Eingriffs in das grundrechtlich geschützte Rechtsgut und der Wertigkeit des verfolgten Zwecks der Maßnahme. Zu beachten ist aber, dass der Grundsatz der Verhältnismäßigkeit nicht schon bei einem geringen Übergewicht des Nachteils gegenüber

323

---

[386] *Michael*, JuS 2001, 148, 149.

dem Erfolg der Maßnahme verletzt ist. Beachtlich ist nur ein **erkennbares Missverhältnis von einigem Gewicht**. Daher ist dieser Abwägungsprozess anhand der Umstände des konkreten Falls mitunter sehr schwierig.

> **Beispiel:** Die Untersagung, im Straßenverkehr Kraftfahrzeuge zu führen, verstößt nur dann nicht gegen das Übermaßverbot, wenn die Beeinträchtigung für den Betroffenen nicht in einem groben Missverhältnis zum Erfolg, nämlich zur Verhinderung von Straßenverkehrsgefährdungen oder gar Unfällen steht. Freilich ist die Wertigkeit der Gefahrenabwehr (Art. 2 II S. 1 GG) nicht unterzubewerten.

324 In der Regel findet also eine echte Güterabwägung statt. Es ist zu prüfen, ob eine Ausübung des Grundrechts nahezu völlig unmöglich oder ob nur eine bestimmte Modalität beschnitten wird, die durch funktional gleichwertige Grundrechtsbetätigungen ersetzbar ist.

325 Insbesondere im studien- und examensrelevanten **Polizeirecht** hat die Abwägung das bedrohte Schutzgut auf der einen Seite sowie die Schwere des drohenden Schadens (Umfang, Gewicht, Ausmaß des Nachteils für den Betroffenen, finanzielle Folgen, Zerstörung von Werten) und die Wahrscheinlichkeit des Schadenseintritts auf der anderen Seite zu berücksichtigen (vgl. dazu *R. Schmidt*, POR, Rn 1 ff.).

> **Hinweis für die Fallbearbeitung:** Im Sachverhalt werden zumeist von den beteiligten Personen Argumente vorgebracht, die dem Bearbeiter die Angemessenheitsprüfung erleichtern. Diese muss der Bearbeiter aufgreifen und gegeneinander abwägen. Da aber eine Abwägung durchgängig von (subjektiven) Wertungen beeinflusst ist, empfiehlt es sich bei erheblichen Bedenken hinsichtlich der Akzeptanz der vertretenen Meinung, die staatliche Maßnahme erneut darauf hin zu prüfen, ob sie nicht eher an der Erforderlichkeit scheitert. Das gilt umso mehr, als auch das BVerfG dem Prüfungspunkt der Angemessenheit nur eine geringe Bedeutung beimisst und die Probleme des Falls bereits weitgehend im Rahmen der Erforderlichkeit behandelt. Nur für den Fall, dass die Problematik dort nicht sachadäquat gelöst werden kann, sollte die Diskussion auf der Ebene der Angemessenheit erfolgen.[387]

3. Ermessensfehlgebrauch (Ermessensmissbrauch)

Schließlich muss die Behörde das Ermessen entsprechend dem Zweck der Ermächtigung ausüben (§ 40 Var. 1 VwVfG, § 114 S. 1 Var. 2 VwGO).

326 Ein **Ermessensfehlgebrauch** liegt vor, wenn zwar eine abstrakt zulässige Rechtsfolge gewählt wurde, diese Rechtsfolge jedoch „vom Zweck der Ermächtigung" nicht gedeckt ist.

327 In der Regel liegt ein Fall des Ermessensfehlgebrauchs vor, wenn die Behörde mit ihrer Entscheidung erkennbar

- den Zweck der gesetzlichen Ermessenseinräumung verfehlt,
- nicht alle Umstände des Falls in ihre Entscheidungsfindung einbezieht, die nach Lage der Dinge und nach Maß der gesetzlichen Vorgaben aber zu berücksichtigen waren (wobei dann auch schon eine Ermessensunterschreitung vorliegt),
- von unzutreffenden Sachverhaltsfeststellungen ausgeht,
- wesentliche bekannte Umstände nicht berücksichtigt (wobei dann ebenfalls schon eine Ermessensunterschreitung vorliegt),
- sachwidrige Erwägungen anstellt

---

[387] *Pieroth/Schlink/Kingreen/Poscher*, Grundrechte, Rn 294.

- oder bei ihrer Ermessensausübung aus persönlichen Gründen oder aus politischem Opportunismus handelt.

Beispiel: Weil es in einem Wohngebiet erneut zu einer nächtlichen Ruhestörung durch alkoholisierte Jugendliche gekommen ist, wendet sich die aufgebrachte Nachbarin N gegen 0.45 Uhr an die Polizei. Nachdem Polizeihauptwachtmeister P vor Ort eingetroffen ist, schildert N ihm ihre Beobachtungen. P ist hocherfreut, denn er erkennt in einem der Jugendlichen D, von dem sein Sohn ständig in der Schule und in der Freizeit drangsaliert wird. Er entschließt sich daher, es D mal so richtig „heimzuzahlen", und verspricht der N, sich der Sache persönlich anzunehmen. So geschieht es. P nimmt D umgehend über Nacht in Polizeigewahrsam.

In diesem Fall ist die Maßnahme formell rechtswidrig. P handelte aus persönlichen Gründen und war befangen i.S.v. § 21 I S. 1 VwVfG. Eine Heilung gem. § 45 VwVfG kommt nicht in Betracht, weil ein Verstoß gegen § 21 VwVfG nicht vom Katalog des § 45 VwVfG erfasst ist. Ob eine Unbeachtlichkeit gem. § 46 VwVfG in Betracht kommt, hängt davon ab, ob in der Sache (k)eine andere Entscheidung hätte ergehen können (tatsächliche Alternativlosigkeit). Das wiederum hängt von der materiellen Rechtmäßigkeit der Maßnahme ab. Stehen dem handelnden Beamten mehrere (gleichermaßen zur Gefahrenabwehr geeignete) Mittel zur Verfügung, wählt er aber dasjenige, das den Betroffenen in größerem Maße in den (Grund-)Rechten beeinträchtigt, ist die Mittelauswahl wegen Verstoßes gegen den Verhältnismäßigkeitsgrundsatz materiell rechtswidrig.

Demzufolge war der Polizeigewahrsam über Nacht unverhältnismäßig. Es war schon kein legitimer Zweck erkennbar, D überhaupt in Gewahrsam zu nehmen. Eine Ingewahrsamnahme wäre lediglich dann in Betracht gekommen, wenn D sich trotz entsprechender Aufforderung, die Lärmbelästigung zu unterlassen und nach Hause zu gehen, nicht einsichtig gezeigt hätte und auch ein Nachhausebringen des D durch P nicht möglich gewesen wäre. Doch dazu enthält der Sachverhalt keine Angaben.

Da der Polizeigewahrsam offensichtlich unverhältnismäßig war, hätte eine andere Entscheidung nicht nur ergehen können, sondern auch ergehen müssen. Er war daher materiell und auch formell rechtswidrig.

Insgesamt lässt sich sagen, dass der Fehler auf der *Art und Weise* beruht, wie die Behörde zu ihrer Entscheidung gekommen ist. Es handelt sich um eine Verletzung der Ermessensnorm, die in aller Regel auch gleichzeitig einen Verstoß gegen den **Grundsatz der Verhältnismäßigkeit** impliziert. **328**

Hinweis für die Fallbearbeitung: Daraus folgt, dass der Grundsatz der Verhältnismäßigkeit auch im Rahmen des Ermessensfehlgebrauchs relevant werden kann. Liegt also im zu prüfenden Fall ein Ermessensfehlgebrauch vor, wird die behördliche Entscheidung in aller Regel (wegen Ungeeignetheit bzw. nicht gegebener Erforderlichkeit) auch gegen den Grundsatz der Verhältnismäßigkeit verstoßen. Daraus folgt – in Übereinstimmung zu dem zur Ermessensüberschreitung Gesagten –, dass aufbautechnisch der Grundsatz der Verhältnismäßigkeit auch im Rahmen des Ermessensfehlgebrauchs geprüft werden muss. Das bedeutet freilich nicht, dass der Grundsatz der Verhältnismäßigkeit zweimal zu prüfen wäre. Denn ein und dieselbe behördliche Entscheidung kann nicht gleichzeitig wegen Ermessensüberschreitung und wegen Ermessensfehlgebrauch rechtswidrig sein. Diese beiden Ermessensfehlerarten schließen sich gegenseitig aus. Der Grundsatz der Verhältnismäßigkeit ist also nur einmal zu prüfen, und zwar bei der Ermessensfehlerart, die vorliegt. Im Übrigen ist bei der Fallbearbeitung darauf zu achten, dass bei einem festgestellten Ermessensfehler die Rechtswidrigkeit des VA nicht bloß mit dem Vorliegen eines Ermessensfehlers begründet wird, sondern mit dem Verstoß gegen § 40 VwVfG. **329**

VII. Ermessensreduzierung auf Null

330 Aufgrund der bereits beschriebenen Funktion der Grundrechte als Vorgabe für die Wirksamkeit bzw. für die Auslegung und Anwendung einfachen Rechts haben die Grundrechte für die Exekutive nicht nur im Rahmen der Verhältnismäßigkeit besondere Bedeutung, sondern auch bei der Ermessensausübung. Dies kann im Einzelfall dazu führen, dass nur *eine* Entscheidung der Verwaltung nicht gegen Grundrechte verstößt. Aus der Ermessensentscheidung wird *faktisch* (nicht rechtlich) eine gebundene Entscheidung. Das ist der Fall, wenn

- keine Gesichtspunkte ersichtlich sind, die gegen die begehrte Entscheidung sprechen,

- oder wenn Gegengründe so geringes Gewicht haben, dass es offensichtlich verfehlt wäre (= Ermessensfehlgebrauch oder Verstoß gegen den Grundsatz der Verhältnismäßigkeit), auf sie abzustellen (und somit den Antrag abzulehnen).

- Im Übrigen kann eine Ermessensreduzierung nur dann vorliegen, wenn die Behörde eine Zusicherung (i.S.d. § 38 I VwVfG) gemacht hat oder

- sie durch ihre Verwaltungspraxis (oder über ermessenslenkende Verwaltungsvorschriften = antizipierte Ermessensausübung) über **Art. 3 I GG** festgelegt ist (sog. **Selbstbindung der Verwaltung**).

331 Ist das Ermessen auf Null reduziert, spricht das Gericht wie bei einer gebundenen Entscheidung die **Verpflichtung** der Behörde zur Vornahme der gebotenen Handlung aus (§ 113 V S. 1 VwGO – ggf. analog).

Beispiele:

(1) Das Ermessen bei Erteilung und Verlängerung einer Aufenthaltserlaubnis (vgl. § 1 I S. 2 i.V.m. § 4 I S. 2 Nr. 2 i.V.m. §§ 7, 8 AufenthG) kann wegen Art. 6 I GG bei einem verheirateten Ausländer mit Familie u.U. dahin reduziert sein, dass nur noch die Entscheidung, die Aufenthaltserlaubnis zu erteilen oder zu verlängern, verfassungskonform ist.

(2) Das Ermessen, für Straßenkünstler eine Sondernutzungserlaubnis gemäß den Vorschriften des Landesstraßengesetzes zu erteilen, kann wegen Art. 5 III Var. 1 GG dahingehend reduziert sein, dass nur noch die Entscheidung, die Sondernutzung zumindest befristet zu erteilen, rechtmäßig ist. Das Gleiche gilt hinsichtlich des Straßenverkaufs von Zeitungen. Hier kann die Pressefreiheit (Art. 5 I S. 2 GG) das Ermessen der Behörde dahingehend reduzieren, dass diese eine Sondernutzungserlaubnis erteilen muss.[388]

(3) Im Gefahrenabwehrrecht kann bei Vorliegen einer schweren Gefahrenlage für Leben oder Gesundheit das Einschreitermessen wegen Art. 2 II S. 1 GG dahingehend reduziert sein, dass die Polizei einschreiten muss. Beobachten z.B. Polizeibeamte, wie jemand von einer Schlägerbande malträtiert wird, müssen sie einschreiten. Jede andere Entscheidung wäre ermessensfehlerhaft und würde im Übrigen auch die staatliche Schutzpflicht, die eben aus Art. 2 II S. 1 GG hergeleitet wird, verletzen. Freilich verbleibt den Beamten noch die Wahl der zu treffenden Maßnahmen und der einzusetzenden Mittel (das sog. Auswahlermessen), ob sie also z.B. den Schlagstock oder gar die Schusswaffe einsetzen.

332 Eine Ermessensreduzierung auf Null kommt insbesondere über **Art. 3 I GG** in Betracht. In solchen Fällen hat sich die Verwaltung i.d.R. durch längere gleichmäßige Verwaltungsübung oder durch Verwaltungsvorschriften (antizipierter Ermessensge-

---

[388] Vgl. BVerfG NVwZ 2007, 1306 ff. (dazu ausführlich *R. Schmidt*, BauR, Rn 858).

brauch)[389] in ihrer Ermessensausübung festgelegt (**Selbstbindung der Verwaltung**, s.o.).

> **Beispiel:** Wenn die Gemeinde ihre Stadthalle bislang immer an die politischen Parteien A, B und C zwecks Abhaltung von Parteitagen überlassen hat, darf sie die politisch unerwünschte Partei D grundsätzlich nicht vom Zugang ausschließen. Eine Abweichung von der bisherigen Verwaltungspraxis ist nur dann zulässig, wenn sich Sachgründe finden lassen, warum künftig anders verfahren werden soll. Unter Umständen können dann eine Härtefallregelung und/oder eine Übergangsregelung erforderlich werden.

Etwas anderes gilt hinsichtlich der Selbstbindung der Verwaltung nur dann, wenn die anzuwendende Norm – wie beispielsweise § 48 I S. 2, II VwVfG – gerade eine Einzelfallabwägung erfordert. In diesem Fall darf eine individuelle Ermessensbetätigung nicht durch abstrakt formulierte Richtlinien ersetzt werden. Ein Verweis auf eine durch Verwaltungsvorschrift antizipierte Ermessensausübung oder auf die bisherige Verwaltungspraxis darf die Behörde nicht von ihrer Verpflichtung der Ermessensausübung im Einzelfall entheben. **333**

Eine Ermessensreduzierung auf Null kommt vornehmlich beim Entschließungsermessen in Betracht. Denn steht fest, dass eingeschritten werden muss, stehen der Verwaltung oftmals immer noch mehrere Handlungsalternativen zur Verfügung (siehe das obige Beispiel 3 bei Rn 331). **334**

Voraussetzung für eine Selbstbindung der Verwaltung aufgrund des Gleichheitssatzes ist jedoch, dass sich die bisherige Verwaltungspraxis als *rechtmäßig* erweist. War sie rechtswidrig, wird die Verwaltung durch Art. 3 GG nicht daran gehindert, „auf den Boden des Rechts zurückzukehren". Es gibt keinen Anspruch auf behördliche Fehlerwiederholung. Vielmehr gilt der Grundsatz „**keine Gleichheit im Unrecht**". Dieser Grundsatz ist mit dem Prinzip der Gesetzmäßigkeit der Verwaltung zu begründen. Zu beachten ist jedoch, dass auch das Gleichbehandlungsgebot des Art. 3 GG Verfassungsrang besitzt. Die Auffassung, den Grundsatz „keine Gleichheit im Unrecht" daher aufzulockern, hat sich allerdings (noch) nicht durchsetzen können.

VIII. (Gerichtliche) Überprüfbarkeit von Ermessensentscheidungen

Die gerichtliche Überprüfung des der Verwaltung durch Gesetz eingeräumten Ermessens erschöpft sich gemäß § 114 S. 1 VwGO darin, ob die Verwaltung ihr Ermessen im Rahmen des § 40 VwVfG pflichtgemäß ausgeübt hat. Es erfolgt also (innerhalb einer Vertretbarkeitsprüfung) eine Überprüfung der Rechtmäßigkeit, **nicht** der Zweckmäßigkeit.[390] Auf keinen Fall darf das Gericht – und damit der Klausurbearbeiter – Ermessenserwägungen anstelle der Behörde ausüben. **335**

> **Hinweis für die Fallbearbeitung:** Damit wird noch einmal der grundlegende Unterschied zu den unbestimmten Rechtsbegriffen (mit Ausnahme der Beurteilungsspielräume) deutlich: Während es dort nach entsprechender Auslegung nur ein Ergebnis geben kann (Beispiel: Entweder ist der Gewerbetreibende nach § 35 GewO unzuverlässig oder er ist es nicht), findet im Rahmen der Ermessensüberprüfung nur eine Vertretbarkeitsprüfung statt. Für eine fehlerfreie Ermessensausübung im Rahmen der Klausur wird es häufig ausreichen, die wesentlichen Tatsachen am Verhält-

---

[389] Mit Hilfe der Figur des *antizipierten Ermessensgebrauchs durch Verwaltungsvorschrift* kann also nicht nur das Ermessen vorweggenommen, sondern auch reduziert werden, vgl. BVerwG NVwZ 1998, 273 ff.
[390] So aber im Widerspruchsverfahren durch die Widerspruchsbehörde, vgl. dazu die Ausführungen bei *R. Schmidt*, VerwProzR, Rn 1063 ff. (Widerspruchsverfahren).

> nismäßigkeitsgrundsatz zu messen. Der Zweck der Ermächtigung wird im Rahmen der Geeignetheit und Erforderlichkeit beachtet. Die Prüfung der Angemessenheit bietet, falls notwendig, Gelegenheit, tangierte Grundrechte gegeneinander abzuwägen. Insoweit werden die sich aus den Grundrechten ergebenden Grenzen des Ermessens berücksichtigt, sodass § 40 VwVfG insgesamt Rechnung getragen wird.

336 Leidet die behördliche Entscheidung (i.d.R. in Form eines Verwaltungsakts) an einem **Ermessensfehler**, ist sie **grundsätzlich rechtswidrig** und wird, sofern sie nicht nur objektiv rechtswidrig ist, sondern auch den Widerspruchsführer bzw. den Kläger in seinen Rechten verletzt, von der Widerspruchsbehörde bzw. dem Verwaltungsgericht aufgehoben (vgl. § 113 I S. 1 VwGO). Allerdings können trotz Vorliegens eines Ermessensfehlers die Rechtswidrigkeit und damit der Aufhebungsanspruch ausgeschlossen sein. Das ist der Fall, wenn die Behörde nach dem anzuwendenden materiellen Recht in der Sache **so entscheiden musste, wie sie entschieden hat**, wenn also ein Fall der **Ermessensreduzierung auf Null** vorliegt. Dann ist der Verwaltungsakt auch rechtmäßig, wenn die Behörde sachfremde Erwägungen angestellt oder solche Umstände nicht berücksichtigt hat, die ansonsten in die Erwägung hätten miteinbezogen werden müssen.

> **Beispiel:** Behördenleiter L der Stadt S ist ein heimlicher Sympathisant der am äußersten rechten Rand der politischen Landschaft stehenden R-Partei. Als diese eines Tages einen Zulassungsantrag auf Benutzung der Stadthalle zwecks Abhaltung eines Parteitages stellt, genehmigt L sofort und ohne Prüfung.
>
> Besteht keine spezialgesetzliche Vorschrift, die dem Antragsteller einen Zulassungsanspruch gewährt, kommt in aller Regel nur ein Anspruch auf Gleichbehandlung bzw. ermessensfehlerfreie Entscheidung in Betracht. Wenn daher S ihre Stadthalle bislang stets an politische Parteien zwecks Abhaltung von Parteitagen überlassen hat, hat sie sich in ihrer Vergabepraxis gebunden; dann lag vorliegend eine Ermessensreduzierung auf Null vor, sodass L die R-Partei ohnehin grundsätzlich nicht vom Zugang hätte ausschließen können. Dann waren die sachfremden Erwägungen, die ihn zur Genehmigung des Antrags bewogen haben, im Ergebnis ohne Einfluss. Etwas anderes hätte nur dann gegolten, wenn eine Abweichung von der bisherigen Verwaltungspraxis zulässig oder sogar geboten gewesen wäre, wenn sich also Sachgründe (Begehung von Straftaten, schwere Ausschreitungen etc.) hätten finden lassen, warum im vorliegenden Fall anders zu verfahren gewesen wäre.

337 Ein ermessensfehlerhaft ergangener Verwaltungsakt ist auch dann rechtmäßig, wenn die Entscheidung des Beamten im Ergebnis **innerhalb des behördlichen Ermessensspielraums** lag oder wenn objektiv und ohne jeden Zweifel feststeht, dass der Beamte auch ohne den Ermessensfehler so entschieden hätte. Denn dann war ebenfalls die sachwidrige Erwägung im Ergebnis ohne Einfluss.

> **Beispiel:** Verfügt ein Beamter der Bauordnungsbehörde gegenüber einem Bauherrn eine Abrissverfügung, weil er mit diesem noch eine persönliche Sache offen hat, liegt ebenfalls ein Fall des Ermessensfehlgebrauchs vor (bei einer Bauabrissverfügung nach der Landesbauordnung handelt es sich um eine Ermessensentscheidung). Gleichwohl führt dieser Ermessensfehler nicht zur Rechtswidrigkeit der Entscheidung, sofern der Bau tatsächlich materiell baurechtswidrig ist und baurechtmäßige Zustände auch nicht hergestellt werden können. Denn in einem solchen Fall hätte ohnehin eine Abrissverfügung ergehen müssen.

338 > **Weiterführender Hinweis:** Letztlich geht es in den o.g. Fällen um eine **tatsächliche Alternativlosigkeit**, die – in Ermangelung einer gesetzlichen Regelung – im Rahmen der Ermessensfehlerlehre gewürdigt wird. Davon zu unterscheiden ist der Fall der tatsächlichen Alternativlosigkeit im Zusammenhang mit **Verfahrens- und Formfehlern**.

Hier hat der Gesetzgeber in **§ 46 VwVfG** eine entsprechende ausdrückliche Regelung getroffen: Hat die Behörde im Rahmen einer Ermessensentscheidung gegen Verfahrens- oder Formvorschriften oder gegen Vorschriften über die örtliche Zuständigkeit verstoßen, ist dieser Verstoß unbeachtlich, wenn offensichtlich ist, dass sich dieser Rechtsverstoß nicht auf das (materiell-rechtliche) Ergebnis ausgewirkt hat. „Offensichtlich" meint, dass die fehlende Kausalität zwischen dem formellen Fehler und dem (richtigen) materiell-rechtlichen Ergebnis klar erkennbar ist, gleichsam „ins Auge springt". Bleiben daher auch nur geringe Zweifel daran, dass es ohne den Verstoß gegen formelles Recht zu derselben Entscheidung gekommen wäre, fehlt es an der erforderlichen Offensichtlichkeit. Obwohl also der Anwendungsbereich des § 46 VwVfG auf Verfahrens-, Form- und bestimmte Zuständigkeitsvorschriften beschränkt ist, gilt für materielle Ermessensfehler im Ergebnis nichts anderes, wenn das in § 46 VwVfG genannte Kriterium der Offensichtlichkeit auch auf den Ermessensfehlgebrauch angewendet wird. Zu § 46 VwVfG vgl. im Übrigen Rn 564/585.

Nicht selten kommt es vor, dass die Behörde ihre Entscheidung auf **mehrere Erwägungen** stützt, von denen **eine ermessensfehlerhaft** ist, die anderen aber rechtmäßig sind. Nach der Rechtsprechung des BVerwG ist der Ermessensfehler unbeachtlich, wenn eindeutig feststeht, dass die Behörde die Entscheidung auch ohne den Ermessensfehler in dieser Form getroffen hätte. Darüber hinaus hat das BVerwG entschieden, dass eine Ermessensentscheidung, zu deren Erlass die Behörde mehrere Gründe anführt, schon dann rechtmäßig sei, wenn ein selbstständig tragender Grund rechtlich fehlerfrei sei, wenn also die behördliche Entscheidung ohne die ermessensfehlerhafte Erwägung im Ergebnis rechtmäßig wäre.[391] Dem ist zuzustimmen. Denn ist eine behördliche Entscheidung im Ergebnis rechtmäßig, ist die falsche Begründung im Ergebnis ohne Einfluss. Zudem besteht kein sachlicher Grund, diesen Fall anders zu entscheiden als die oben genannten Fälle. Zu weit ginge es aber, eine Ermessensentscheidung als rechtmäßig anzusehen und die Anfechtungsklage deshalb als unbegründet abzuweisen, wenn der Verwaltungsakt aus anderen Erwägungen, die die Behörde aber gar nicht angestellt hat, im Ergebnis aufrechterhalten werden könnte.[392]   **339**

Geht es dem Rechtsschutzsuchenden nicht um die Anfechtung eines ihn belastenden Verwaltungsakts, sondern um den Erlass eines ihn begünstigenden Verwaltungsakts, liegt verwaltungsprozessual die Situation einer **Verpflichtungsklage** vor. Der „Normalfall" der Verpflichtungsklage ist die sog. Versagungsgegenklage: Der Bürger beantragt bei der Behörde den Erlass eines ihn begünstigenden Verwaltungsakts (i.d.R. eine Genehmigung). Die Behörde lehnt diesen Antrag jedoch ab. Gegen diese Ablehnungsentscheidung kann der Bürger sodann Versagungswiderspruch bzw. Versagungsgegenklage erheben. Fraglich ist lediglich, wie das Gericht entscheiden muss. Hier sind verschiedene Konstellationen zu unterscheiden: **340**

- Handelt es sich bei der ablehnenden Entscheidung der Behörde um eine **Ermessensentscheidung**, darf das Gericht die Behörde grundsätzlich nicht zum Erlass des beantragten Verwaltungsakts verpflichten. Denn das Gericht muss den der Behörde zustehenden Ermessensspielraum beachten. Immerhin ist es möglich, dass die Behörde den Erlass des beantragten Verwaltungsakts auch in rechtmäßiger Art und Weise ablehnen kann. Ließe man ein gerichtliches Urteil zu, das die Behörde verpflichtete, den begehrten Verwaltungsakt zu erlassen, nivellierte man den Gewaltenteilungsgrundsatz; das Gericht würde anstelle der Behörde entscheiden. Daher hat der Gesetzgeber vorgesehen, dass das Gericht die Behörde grundsätzlich nur verurteilen darf, über den Antrag des Klägers auf Erlass des begehrten Verwaltungsakts **nochmals zu entscheiden**, allerdings unter Beachtung der Rechtsauffassung des Gerichts (sog. **Beschei-**   **341**

---

[391] BVerwGE 62, 215, 222; BVerwG NJW 2001, 1878, 1879 ff.
[392] Wie hier *Kopp/Schenke*, VwGO, § 114 Rn 4.

dungsurteil, § 113 V S. 2 VwGO). Letztlich ergeht also eine Verpflichtung der Behörde, erneut – und diesmal ermessensfehlerfrei – zu entscheiden.

342 ■ Lediglich, wenn das Gericht zu dem Ergebnis kommt, dass trotz Bestehens eines behördlichen Ermessensspielraums nur eine Entscheidung ermessensfehlerfrei ist (wenn also ein Fall der **Ermessensreduzierung auf Null** vorliegt), verpflichtet es die Behörde, den Kläger im Sinne dieser einzigen möglichen Entscheidung zu bescheiden (sog. **Vornahmeurteil**, § 113 V S. 1 VwGO). Letztlich ergeht also eine Verpflichtung der Behörde zum Erlass des gewünschten Verwaltungsakts.

343 ■ Von vornherein kommt nur ein Vornahmeurteil in Betracht, wenn der Gesetzgeber der Behörde kein Ermessen eingeräumt hat, wenn es sich bei der Entscheidung also um eine **gebundene Verwaltungsentscheidung** handelt. Hier spricht das Gericht in jedem Fall bei Vorliegen der Tatbestandsvoraussetzungen der anspruchsbegründenden Rechtsnorm die Verpflichtung zum Erlass des begehrten Verwaltungsakts aus.

Vgl. zu diesem gesamten Komplex Rn 295 ff. sowie *R. Schmidt*, VerwProzR, Rn 711 ff.

IX. Bedeutung der Verhältnismäßigkeit für gebundene Verwaltungsakte

344 Aus den Darlegungen zu den Ermessensentscheidungen wird deutlich, dass bei den rechtlich gebundenen Verwaltungsakten der Grundsatz der Verhältnismäßigkeit bzw. die Vereinbarkeit des Verwaltungshandelns mit Grundrechten *nicht* im Rahmen einer Ermessensprüfung geprüft werden kann. Ein Ermessen ist dort gerade nicht eingeräumt. Auch eine separate Prüfung der Verhältnismäßigkeit der Einzelmaßnahme ist nach der hier vertretenen Auffassung nicht erforderlich und auch nicht möglich. Vielmehr sind auf der Tatbestandsebene die unbestimmten Rechtsbegriffe so auszulegen, dass den betroffenen Grundrechten eine maximale Geltung verschafft und letztlich eine verhältnismäßige Maßnahme getroffen werden kann. Dabei kann es vorkommen, dass die Norm nur mit **einer bestimmten Auslegung** verfassungsrechtlich unbedenklich ist. Jede andere Auslegung und damit jedes andere Ergebnis würden zur Verfassungswidrigkeit führen (**verfassungskonforme Auslegung** - dazu Rn 275). Zur „Abmahnung" als Alternativmittel vgl. Rn 916 ff.

10. Kapitel

Handlungsformen der Verwaltung

Die Handlungsformen der Verwaltung sind so vielgestaltig wie die Verwaltung selbst. **345**
Einen Katalog der möglichen und zulässigen Handlungsformen kennt das Verwaltungsrecht nicht. Neben den bereits ausführlich behandelten Maßnahmen im Innenverhältnis tritt die Verwaltung primär gegenüber den Bürgern, also im Außenverhältnis auf. Dort kann sie zum einen tatsächlich, zum anderen aber auch rechtsfolgengerichtet tätig werden. Im ersten Fall spricht man von einem Realakt, im zweiten Fall – soweit sich das Handeln auf den Einzelfall beschränkt – von einem Verwaltungsakt und einem Verwaltungsvertrag. Der Verwaltungsakt ist das klassische Handlungsinstrument und soll Gegenstand der folgenden Bearbeitung sein. Der Realakt und der Verwaltungsvertrag werden bei Rn 387/891 ff. und 924 ff., die Rechtsverordnung und die Satzung bei Rn 131/831 ff. und 135/859 ff. behandelt. Plan und Planung finden sich bei Rn 993 ff. und das privatrechtliche Handeln bei Rn 1008 ff.

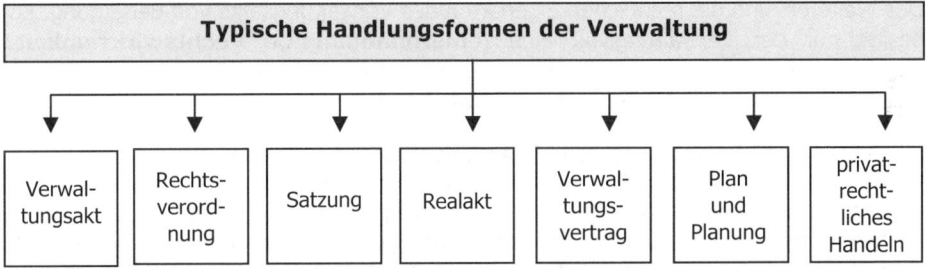

Hinweis für die Fallbearbeitung: Jede Handlungsform unterliegt eigenen Rechtmäßigkeitsvoraussetzungen, Rechtswirkungen und Fehlerfolgen, weshalb i.d.R. eine Unterscheidung nicht dahinstehen kann. In der überwiegenden Zahl von Aufgabenstellungen sieht sich der Bearbeiter mit der Frage nach der Fehlerhaftigkeit bzw. Rechtswidrigkeit von Verwaltungsakten konfrontiert. Dies bestätigt nicht nur die Feststellung *Otto Mayers*, dass der Verwaltungsakt „im öffentlichen Recht steckt wie die Made im Speck", sondern auch die praktische und prüfungstechnische Relevanz dieser Art des Verwaltungshandelns. Daher ist der sichere Umgang mit dem Verwaltungsakt für eine gute Fallbearbeitung unerlässlich.

A. Der Verwaltungsakt

I. Bedeutung des Verwaltungsakts

Der Verwaltungsakt stellt die Schnittstelle zwischen dem materiellen Verwaltungs- **346**
recht, dem (allgemeinen) Verwaltungsverfahrensrecht und dem Verwaltungsprozessrecht dar. Daher ist es unerlässlich, den Verwaltungsakt nicht isoliert als Teil des materiellen Verwaltungsrechts darzustellen, sondern ihn immer im Kontext mit dem Verfahrensrecht und dem Prozessrecht zu erläutern.

- Der Verwaltungsakt ist Bestandteil des **materiellen Verwaltungsrechts**, da er eine einseitig verbindliche Rechtsfolge gegenüber dem Außenrechtssubjekt (Bürger, Kapitalgesellschaft etc.) anordnet (vgl. § 35 VwVfG).

- Der Verwaltungsakt ist dem **allgemeinen Verwaltungsverfahrensrecht** zuzurechnen, da dieses unter anderem auf den Erlass eines Verwaltungsakts gerichtet ist (vgl. §§ 9 ff. VwVfG).

- Der Verwaltungsakt ist dem **Verwaltungsprozessrecht** zuzuordnen, da nur bei Vorliegen eines Verwaltungsakts bestimmte Klagearten (Anfechtungsklage, Verpflichtungsklage) statthaft sind, für die besondere Sachurteilsvoraussetzungen gelten (Vorverfahren gem. § 68 VwGO, Frist gem. §§ 70, 74 VwGO). Die übrigen Klagearten setzen nicht die Existenz eines Verwaltungsakts voraus, sondern sind auch bei Vorliegen eines schlicht-hoheitlichen Handelns einschlägig. Die genannten strengen Sachurteilsvoraussetzungen gelten (bis auf einige wenige Sonderfälle wie z.B. § 126 II BBG bzw. § 54 II BeamtStG) nicht.

Beispiel: Die Erteilung einer Baugenehmigung (= Verwaltungsakt) ist Bestandteil des materiellen Verwaltungsrechts (hier: des öffentlichen Baurechts bzw. sonstigen öffentlichen Rechts). Sie enthält die Regelung, dass ein bestimmtes baurechtliches Vorhaben auf einem bestimmten Grundstück errichtet werden darf. Verwaltungsverfahrensrechtlich sind die besonderen, normenbereichsspezifischen, aber auch die allgemeinen Verfahrensvorschriften der §§ 9 ff. VwVfG zu beachten. So sind bspw. die Betroffenen (insb. die Nachbarn) zuvor anzuhören. Verwaltungsprozessual ist die Qualifikation als Verwaltungsakt bedeutsam, um als statthaften Rechtsbehelf (bspw. eines Nachbarn) gegen die Baugenehmigung die Anfechtungsklage zu bestimmen.

347 Des Weiteren sind die rechtlichen Eigenarten des Verwaltungsakts von Bedeutung. So besitzt nur der Verwaltungsakt eine **fehlerunabhängige Rechtswirksamkeit**. Darüber hinaus gewinnt er nach Ablauf der Rechtsbehelfsfristen **Bestandskraft** und kann Grundlage von verwaltungseigener **Vollstreckung** sein.[393]

348 - **Fehlerunabhängige Rechtswirksamkeit** bedeutet, dass der Verwaltungsakt mit seiner Bekanntgabe an den Betroffenen (§§ 41, 43 I VwVfG) rechtswirksam wird, und zwar grds. ohne Rücksicht auf seine Rechtmäßigkeit. Das folgt aus §§ 43 I, III, 44 VwVfG, wonach nur der nichtige, nicht jedoch der bloß rechtswidrige Verwaltungsakt rechtsunwirksam ist. Unter welchen Umständen ein Verwaltungsakt nichtig ist, ist § 44 VwVfG zu entnehmen.

> **Hinweis für die Fallbearbeitung:** Der rechtswidrige, aber nicht nichtige Verwaltungsakt ist somit rechtswirksam, muss von jedermann beachtet werden und kann sogar Grundlage von Vollstreckungsmaßnahmen sein.[394] Er ist aber anfechtbar und aufhebbar. Statthaft ist die Anfechtungsklage (§ 42 I Var. 1 VwGO). Nur wenn der Verwaltungsakt an einem besonders schweren Fehler leidet, ist er nichtig. Hier ist die Nichtigkeitsfeststellungsklage (§ 43 I Var. 2 VwGO) statthaft. Diese Klageart hat aber den Nachteil, dass die Behörde den Verwaltungsakt weiterhin (d.h. bis zur Urteilsverkündung) zur Grundlage einer Verwaltungsvollstreckung machen kann, da mit der Nichtigkeitsfeststellungsklage keine aufschiebende Wirkung verbunden ist. **Der Betroffene kann daher auch einen nichtigen Verwaltungsakt anfechten.**[395] Die Anfechtung hat wegen der mit der Anfechtungsklage verbundenen aufschiebenden Wirkung (§ 80 I VwGO) zur Folge, dass der Verwaltungsakt zunächst – jedenfalls im Regelfall – nicht vollzogen bzw. vollstreckt werden darf.

349 - **Bestandskraft** bedeutet, dass auch ein rechtswidriger (aber nicht rechtsunwirksamer) Verwaltungsakt dauerhaft rechtswirksam wird, wenn er nicht fristgemäß (vgl. §§ 70, 74 VwGO) oder erfolglos angefochten wurde. Die Bestandskraft verleiht eine Rechtssicherheit und einen Rechtsfrieden. Gleichwohl ist dieser Zustand nicht unumstößlich. So kann ein Verwaltungsakt auch nach Eintritt der Bestandskraft unter engen Voraussetzungen in Frage gestellt werden. Dies kann zum einen durch einen Antrag gem. § 51 VwVfG auf Wiederaufgreifen des Verfahrens (vgl. ausführlich Rn 758 ff.) oder

---

[393] Ganz ähnlich nun auch *Waldhoff*, JuS 2010, 471.
[394] Vgl. dazu im Einzelnen *R. Schmidt*, POR, Rn 934.
[395] Vgl. dazu eingehend *R. Schmidt*, VerwProzR, Rn 111 ff.

durch einen Antrag auf Ausübung des Aufhebungsermessens (§ 48 VwVfG, vgl. ausführlich Rn 644 ff.) geschehen.

■ **Verwaltungseigene Vollstreckung** bedeutet, dass die Verwaltung zur Durchsetzung ihrer Forderung keines gerichtlichen Vollstreckungstitels bedarf. Die Vollstreckbarkeit ist vielmehr bereits im Verwaltungsakt angelegt (Titelfunktion des Verwaltungsakts). Gleichwohl ist der Bürger der Verwaltung nicht schutzlos ausgeliefert. So kann er Anfechtungsklage erheben. Die mit der Anfechtungsklage grds. verbundene aufschiebende Wirkung (vgl. § 80 I VwGO) hat zur Folge, dass die Behörde den Verwaltungsakt vorerst (d.h. einstweilen) nicht vollziehen darf. Aus diesem Grund wird die Behörde nicht selten in Erwägung ziehen, den Verwaltungsakt für sofort vollziehbar zu erklären (vgl. § 80 II S. 1 Nr. 4 VwGO). Ordnet sie die sofortige Vollziehung an, verbleibt dem Bürger nur die Möglichkeit, einen Antrag auf Wiederherstellung der aufschiebenden Wirkung (bei der Behörde gem. § 80 IV VwGO oder bei Gericht gem. § 80 V VwGO) zu stellen.[396]

350

II. Klassifizierungen des Verwaltungsakts

Im Allgemeinen werden entsprechend dem Regelungsgehalt eines Verwaltungsakts folgende (sich durchaus überschneidende) Unterscheidungen vorgenommen[397]:

351

1. Befehlende, rechtsgestaltende und feststellende Verwaltungsakte

Bei den **befehlenden** Verwaltungsakten sind Regelungsinhalt *Gebote* und *Verbote*. Sie verpflichten zu einem bestimmten Verhalten (Tun, Dulden oder Unterlassen). Kommt der Verpflichtete diesem Gebot oder Verbot nicht nach, kann die Behörde den Verwaltungsakt zwangsweise durchsetzen, d.h. vollstrecken (Grundsatz der Selbstvollstreckung). Befehlende Verwaltungsakte können also Grundlage einer **Verwaltungsvollstreckung** sein.

352

> **Beispiele:** Polizeiverfügungen, Bauabrissverfügungen, Verkehrszeichen des Polizisten gem. § 36 StVO, Gebührenbescheide, Versammlungsverbote gem. § 15 I VersG[398], Prüfungen und Besichtigungen gem. § 29 GewO zum Zweck der Gewerbeüberwachung, Gewerbeuntersagungen gem. § 35 GewO, „Auflagen" gem. § 5 I GastG[399] etc.
>
> Dem **Rechtsschutz** gegen belastende Verwaltungsakte dienen insbesondere der **Widerspruch** und die **Anfechtungsklage**.

Rechtsgestaltende Verwaltungsakte begründen, verändern oder beseitigen ein konkretes Rechtsverhältnis. Sie können auch privatrechtsgestaltend sein (vgl. nur das gemeindliche Vorkaufsrecht nach §§ 24, 28 II BauGB). In Ermangelung eines befehlenden Charakters können rechtsgestaltende Verwaltungsakte **nicht** Grundlage einer **Verwaltungsvollstreckung** sein (ihnen fehlt der vollstreckbare Titel).

353

> **Beispiele:** Einbürgerungen, Beamtenernennungen, Immatrikulationen (auch Erlaubnisse und Ausnahmebewilligungen, vgl. dazu sogleich). Auch fallen anspruchsbegründende Verwaltungsakte wie Leistungsbescheide (Beihilfen, Subventionen, Stipendien usw.) hierunter.

---

[396] Zur aufschiebenden Wirkung und zum (sonstigen) einstweiligen Rechtsschutz vgl. eingehend *R. Schmidt*, VerwProzR, Rn 883 ff.; zur Verwaltungsvollstreckung *ders.*, POR, Rn 902 ff.
[397] Vgl. nur *Maurer*, AllgVerwR, § 9 Rn 44 ff.; *Bull/Mehde*, AllgVerwR, § 10 Rn 541 ff. Im Übrigen ist zu beachten, dass bestimmte Ausführungen Kenntnisse über die Definitionsmerkmale eines Verwaltungsakts voraussetzen, dem Verfasser aber eine andere Reihenfolge der Darstellung wenig sinnvoll erschien. Bei Bedarf sei auf die entsprechenden Ausführungen zu den Definitionsmerkmalen eines Verwaltungsakts (Rn 380 ff.) verwiesen.
[398] Zum VersG nach der Föderalismusreform 2006 vgl. bereits Fußnote 15.
[399] Zum GastG nach der Föderalismusreform 2006 vgl. bereits Fußnote 15.

Bezüglich des Anspruchs auf Erlass von rechtsgestaltenden Verwaltungsakten kommen als statthafte Rechtsbehelfe insbesondere **Widerspruch** und **Verpflichtungsklage** in Betracht.

354 Im Unterschied zu den *rechtsgestaltenden* Verwaltungsakten zielen die **feststellenden** Verwaltungsakte gerade nicht auf eine Änderung der materiellen Rechtslage hin, sondern stellen die im Gesetz abstrakt formulierte Rechtslage für den Einzelfall verbindlich fest.

> **Beispiele: (1)** Anerkennung der deutschen Staatsangehörigkeit nach §§ 3 ff. StAG; **(2)** Anerkennung des Wahlrechts nach §§ 12 ff. BWahlG; **(3)** Anerkennung als Kriegsdienstverweigerer nach §§ 5 ff. KDVG; **(4)** Anerkennung des Status als Körperschaft des öffentlichen Rechts (Verleihung der Körperschaftsrechte)[400]; **(5)** Feststellung von Mitgliedschafts- und Statusverhältnissen zu öffentlich-rechtlichen Verbänden (Körperschaften, Anstalten oder Stiftungen); **(6)** Entscheidung über die Genehmigungsbedürftigkeit/-freiheit einer Tätigkeit[401]; **(7)** Feststellung der Vertragspflichten eines verwaltungsrechtlichen Vertrags; **(8)** Feststellung der Anwendbarkeit einer vom Kläger für verfassungswidrig gehaltenen Rechtsverordnung, bis über die Verfassungsmäßigkeit gerichtlich entschieden ist[402]. Bezüglich der Feststellung von Rechten oder rechtserheblichen Eigenschaften kommt als statthafter Rechtsbehelf insbesondere die **Feststellungsklage** in Betracht (die vorherige erfolglose Durchführung eines Widerspruchsverfahrens ist grds. nicht erforderlich – vgl. aber z.B. § 126 II BBG bzw. § 54 II S. 1 und 2 BeamtStG).

355 Sofern die Feststellung eine Rechtsbeeinträchtigung mit sich bringt, bedarf der feststellende Verwaltungsakt schon allein wegen des Grundsatzes vom Vorbehalt des Gesetzes einer Rechtsgrundlage. Stellt umgekehrt die behördliche Äußerung lediglich einen **bloßen Hinweis auf die Rechtslage** dar, ohne dass eine eigene Regelung getroffen wird, ist noch nicht einmal von einem (feststellenden) Verwaltungsakt auszugehen (vgl. dazu auch Rn 790).

> **Hinweis für die Fallbearbeitung:** Die Unterscheidung zwischen befehlenden, rechtsgestaltenden und feststellenden Verwaltungsakten ist nicht nur für die Frage bedeutsam, welche Klageart in Betracht kommt, sondern auch im Hinblick auf die **Vollstreckbarkeit** und den **vorläufigen Rechtsschutz**. Rechtsgestaltenden und feststellenden Verwaltungsakten fehlt der vollstreckungsfähige Inhalt, da vom Adressaten kein Tun, Dulden oder Unterlassen verlangt wird. Zur Verwaltungsvollstreckung vgl. ausführlich *R. Schmidt*, POR, Rn 902 ff., zum einstweiligen Rechtsschutz *R. Schmidt*, VerwProzR, Rn 883 ff.

2. Begünstigende und belastende Verwaltungsakte

356 **Begünstigende** Verwaltungsakte begründen oder bestätigen ein Recht oder einen rechtlich erheblichen Vorteil (vgl. die Legaldefinition in § 48 I S. 2 VwVfG).

> **Beispiele:** Baugenehmigung; Genehmigung einer Anlage nach § 4 i.V.m. § 6 BImSchG; Erlaubniserteilung i.S.d. §§ 30 ff. GewO; Subventionsbewilligung

Erhält der Bürger das Recht oder den rechtlich erheblichen Vorteil wie gewünscht, ist er nicht beschwert, sodass ein Rechtsschutz nicht in Betracht kommt. Fallen aber das Recht oder der rechtlich erhebliche Vorteil geringer aus als gewünscht (Beispiel: Der

---

[400] Vgl. BVerfGE 102, 370 ff.; OVG Berlin NVwZ 2005, 1450 f. (Zeugen Jehovas) – bestätigt von BVerwG NJW 2006, 3156, 3157.
[401] Vgl. nur § 14 i.V.m. §§ 30 ff. GewO. Vgl. auch BVerwG NJW 1988, 1534 (Streit um die Genehmigungsfreiheit von Tierversuchen); BVerwGE 16, 92, 93 (Eintragung in die Handwerksrolle).
[402] BVerwG NVwZ 2000, 1168.

Bauherr bekommt nur 2 Stockwerke genehmigt, hatte aber 3 beantragt), liegt eine **Belastung** vor, sodass der Betroffene beschwert ist und Rechtschutz begehren kann. Vgl. dazu und zum Rechtsschutz sogleich.

Belastende Verwaltungsakte lehnen (freiheitsverkürzend) eine begehrte Leistung ab oder greifen (freiheitsverkürzend) durch Verbote, Gebote, Aufhebungen von Begünstigungen oder Duldungen in die Rechte des Betroffenen ein; insoweit besteht regelmäßig eine Überschneidung zur Kategorie *Befehlende Verwaltungsakte* (Rn 352).

357

> **Beispiele von Verboten, Geboten etc.:** Baubeseitigungsverfügung nach der Landesbauordnung (= Gebot); Rücknahme einer zuvor erteilten Gaststättenerlaubnis nach § 15 GastG (= Aufhebung einer Begünstigung); Prüfung und Besichtigung eines Gewerbes nach § 29 GewO (= Gebot, die Maßnahme zu dulden oder Unterlagen herauszugeben etc.); Gewerbeuntersagung nach § 35 I GewO (= Verbot der weiteren Gewerbeausübung); „Auflagen" gem. § 5 I GastG (= Gebot, der Anordnung Folge zu leisten)

Rechtsschutz bieten **Widerspruch** und **Anfechtungsklage**. Sollte jemand den Erlass eines an einen Dritten gerichteten, diesen belastenden Verwaltungsakt begehren (Beispiel: Nachbar begehrt eine an den Bauherrn gerichtete Baubeseitigungsverfügung), liegt wiederum eine Verpflichtungssituation vor mit der Folge, dass **(Verpflichtungs-) Widerspruch** und **Verpflichtungsklage** statthaft sind.

> **Beispiele von versagter Leistung:** Ablehnung (= Versagung) einer gewünschten Gaststättenerlaubnis oder der angestrebten Baugenehmigung nach der Landesbauordnung; insbesondere ist der Versagungsbescheid deshalb ein belastender Verwaltungsakt, weil er gerade für den Bürger belastend wirkt, auch wenn er regelmäßig mit der Verpflichtungsklage angegriffen wird.

Weigert sich die Behörde, den begünstigenden Verwaltungsakt wie beantragt zu erlassen, kann der Betroffene **Widerspruch** und **Verpflichtungsklage** erheben. Möglich ist auch eine Anfechtung des Versagungsbescheids, weil dieser – wie gesehen – einen belastenden Verwaltungsakt darstellt. Zwar wird in der Praxis zumeist die Erhebung der Verpflichtungsklage das rechtsschutzintensivere Verfahren sein, das ändert aber nichts daran, dass die Anfechtungsklage statthaft ist, wenn der Kläger z.B. vorerst den Eintritt der Bestandskraft verhindern möchte.

Beispiel: B hat die Erteilung einer Baugenehmigung beantragt. Doch die Behörde lehnt das Baugesuch ab, indem sie einen Versagungsbescheid erlässt.

An sich wäre hier die Verpflichtungsklage einschlägig, weil B mit einer Anfechtungsklage nicht geholfen wäre. Denn bei Erfolg seiner Anfechtungsklage würde zwar der Versagungsbescheid aufgehoben, damit erhält er aber noch nicht automatisch die erwünschte Baugenehmigung. B müsste also des Weiteren eine Verpflichtungsklage erheben. Daher kann er sogleich dem Versagungsbescheid mit einer Verpflichtungsklage begegnen. Im Erfolgsfall verpflichtet das Gericht die Behörde nicht nur zum Erlass der Baugenehmigung, sondern hebt uno actu auch den Versagungsbescheid auf.

Etwas anderes kann aber gelten, wenn B nach Erhalt des Versagungsbescheids z.B. erfährt, dass bzgl. des Baugebiets ein Bebauungszwang besteht für den Fall, dass eine Baugenehmigung erteilt wird. Möchte B also vermeiden, nun das Bauvorhaben realisieren zu müssen (etwa aus Liquiditätsgründen), andererseits aber die Bestandskraft des Versagungsbescheids verhindern, kann er Anfechtungsklage gegen diesen Versagungsbescheid erheben (sog. Isolierte Anfechtungsklage gegen den Versagungsbescheid[403]).

Möchte ein Dritter (etwa ein Nachbar oder ein Konkurrent) die Begünstigung nicht gelten lassen (Beispiel: Nachbar möchte die dem Bauherrn erteilte Baugenehmigung nicht hinnehmen), kann er **(Dritt-)Widerspruch** und **(Dritt-)Anfechtungsklage** erheben.

---

[403] Vgl. dazu ausführlich *R. Schmidt*, VerwProzR, Rn 127.

> **Hinweis für die Fallbearbeitung:** Die Unterscheidung zwischen begünstigenden und belastenden Verwaltungsakten ist nicht nur für die Bestimmung der statthaften Klageart, nämlich für die Frage entscheidend, ob dem Klägerbegehren durch Erhebung einer Verpflichtungs- oder einer Anfechtungsklage abgeholfen werden kann, sondern auch bezüglich der Frage, ob der Erlass eines Verwaltungsakts einer gesetzlichen Rechtsgrundlage bedarf (Grundsatz vom Vorbehalt des Gesetzes); vgl. dazu Rn 200 ff.

3. Kontrollerlaubnis und Ausnahmebewilligung

358 **Kontrollerlaubnis:** Die Grundrechte in ihrer Funktion als Freiheitsrechte gewähren dem Bürger einen Anspruch auf freie Entfaltung seiner Persönlichkeit. Der Gesetzgeber kann dem Bürger ein Tätigwerden daher nur innerhalb der von den Grundrechten vorgesehenen Möglichkeiten materiell-rechtlich verbieten. Er darf allerdings ein Tätigwerden vorweg darauf hin kontrollieren, ob es dem (drittschützenden) materiellen Recht entspricht. Bei Einhaltung dieser Voraussetzung besteht ein Anspruch auf Genehmigung eines Vorhabens. Die Genehmigung ist zwar *formell* ein begünstigender Verwaltungsakt, stellt aber *materiell* lediglich wieder her, was dem Bürger grundrechtlich erlaubt ist. Umgekehrt stellt die Versagung einen Eingriff in die subjektiven Rechte des Bürgers dar. Die Kontrollerlaubnis ist also ein **(präventives) Verbot mit Erlaubnisvorbehalt**. Dieser Erlaubnisvorbehalt ermöglicht der Behörde die rechtzeitige Nachprüfung, ob sich die beabsichtigte Tätigkeit *materiell* im Bereich des gesetzlich Erlaubten oder Verbotenen hält.

Beispiele: Baugenehmigung; Gewerbeerlaubnis; Anlagengenehmigung; Zulassung von Versammlungen im befriedeten Bezirk von bestimmten Verfassungsorganen[404]. Sollte sich die Behörde weigern, die beantragte Genehmigung zu erteilen, ist nicht etwa die Anfechtungsklage gegen den Versagungsbescheid statthaft, sondern die **Verpflichtungsklage** auf Erteilung der Genehmigung.

> **Hinweis für die Fallbearbeitung:** Bedeutsam ist diese Kenntnis beispielsweise bei der Beseitigung von Schwarzbauten. Nach den jeweiligen Vorschriften der Landesbauordnungen kann die Behörde anordnen, formell und materiell rechtswidrig errichtete bauliche Anlagen beseitigen zu lassen (Bauabrissverfügung). Entspricht der Schwarzbau allerdings dem materiellen Baurecht, ist die formelle Rechtmäßigkeit durch nachträglichen Antrag herzustellen (vgl. die Bauordnungen: „wenn nicht auf andere Weise"). Dadurch wird der grundrechtlich (Art. 14 I GG) geschützten Baufreiheit, die zur Überwachung der Einhaltung der materiellen Rechtslage präventiv eingeschränkt wurde, Rechnung getragen.

359 Die **Ausnahmebewilligung**, auch **Dispens** oder **Befreiung** genannt, ist ein **(repressives) Verbot mit Befreiungsvorbehalt**. Während die Kontrollerlaubnis die allgemeine Handlungsfreiheit, die im Interesse einer Präventivkontrolle vorläufig eingeschränkt war, wiederherstellt (= Unbedenklichkeitsbescheinigung für das grundsätzlich erlaubte Verhalten, s.o.), erweitert die Ausnahmebewilligung den Rechtskreis des Bürgers, indem sie eine Betätigung, die an sich gesetzlich nicht vorgesehen ist, in Ausnahmefällen für zulässig erklärt, um besonderen Härten gerecht zu werden. Die Ausnahmebewilligung stellt somit nicht nur formell, sondern auch materiell einen begünstigenden Verwaltungsakt dar, da sie den Rechtskreis des Bürgers erweitert.

---

[404] Vgl. das Gesetz über befriedete Bezirke für Verfassungsorgane des Bundes (BefBezG). In § 3 I dieses Gesetzes ist dem Bürger ein Rechtsanspruch auf Erteilung einer Ausnahmebewilligung vom abstrakten Verbot des § 16 I VersG eingeräumt worden. Voraussetzung ist nur, dass keine Beeinträchtigung der Tätigkeit des Deutschen Bundestages und seiner Fraktionen, des Bundesrates und des BVerfG sowie ihrer Organe und Gremien und eine Behinderung des freien Zugangs zu ihren in dem befriedeten Bezirk gelegenen Gebäuden zu befürchten ist (vgl. § 3 I S. 1 BefBezG: „sind zuzulassen", wenn ...).

Beispiel: Wegen Art. 14 I GG (hier: Baufreiheit) hat der Antragsteller einen Anspruch darauf, sein Grundstück im Rahmen der Inhalts- und Schrankenbestimmung des Art. 14 I S. 2 GG zu nutzen. Daraus resultiert der Anspruch auf Erteilung der Baugenehmigung (vgl. die Genehmigungsnormen der Landesbauordnungen: „Die Baugenehmigung *ist* zu erteilen, wenn das Vorhaben den öffentlich-rechtlichen Vorschriften entspricht", insbesondere den §§ 29 ff. BauGB). Dies ist die Kernaussage des präventiven Verbots mit Erlaubnisvorbehalt. Darüber hinausgehende Begehren *können* nur durch eine Ausnahmegenehmigung (z.B. § 31 II BauGB) verwirklicht werden, deren Verbescheidung im Ermessen der Bauaufsichtsbehörde liegt. Der Antragsteller hat also im Bereich der Ausnahmebewilligung grds. keinen Rechtsanspruch auf Erlaubniserteilung, sondern nur einen Anspruch auf ermessensfehlerfreie Entscheidung. Wenn also bspw. der Bebauungsplan nur den Bau von maximal 5-stöckigen Wohnhäusern zulässt, eine wirtschaftliche Nutzung des Grundstücks des Antragstellers aber nur beim Bau eines 6-stöckigen Hauses sinnvoll ist, kann die Behörde gem. § 31 II Nr. 3 BauGB ausnahmsweise eine Genehmigung erteilen. Eine Versagung ist aber grds. rechtmäßig, solange die Behörde nur ihr Ermessen fehlerfrei ausübt. Eine ermessensfehlerhafte Ausübung kommt insbesondere in Betracht, wenn sie gegen den Gleichheitsgrundsatz verstößt (wenn sie also bei anderen vergleichbaren Vorhaben eine Ausnahmebewilligung erteilt). In diesem Fall besteht ein Gleichbehandlungsanspruch aus Art. 3 I GG, der – da die Erteilung einer Baugenehmigung erstrebt wird – mit der **Verpflichtungsklage** geltend gemacht werden kann.

4. Verwaltungsakt mit Doppelwirkung i.S.e. Misch- oder Drittwirkung

Einem Verwaltungsakt kommt eine Doppelwirkung i.S.e. **Mischwirkung** zu, wenn er für *dieselbe Person* zugleich begünstigend und belastend wirkt („gemischter Verwaltungsakt").

360

Beispiele:

(1) Die Ernennung zum Beamten ist ein Verwaltungsakt (vgl. §§ 10 ff. BBG; §§ 8 ff. BeamtStG i.V.m. den Vorschriften der Landesbeamtengesetze)[405], der einerseits Besoldungs- und Versorgungsansprüche gewährt (Begünstigung), andererseits aber auch mit der Pflicht des Ernannten verbunden ist, seine Arbeitskraft in den Dienst der Anstellungskörperschaft zu stellen (Belastung).

(2) Die Erteilung einer Gaststättenerlaubnis ist eine Begünstigung. Sie birgt aber auch eine Belastung in sich, wenn sie mit einer belastenden Nebenbestimmung versehen ist (§§ 2-5 GastG). Ist dem Betroffenen ein begünstigender Verwaltungsakt mit einer gleichzeitig belastenden Wirkung erteilt worden, sind entweder die **Verpflichtungsklage** auf Erteilung eines begünstigenden Verwaltungsakts ohne gleichzeitige Belastung statthaft oder die (isolierte) **Anfechtungsklage** gegen die Belastung, sodass lediglich die Begünstigung erhalten bleibt.

Eine Mischwirkung liegt auch vor, wenn eine begehrte Leistung nur teilweise zugesprochen wird.

361

Beispiel: In Abweichung zu der beantragten Baugenehmigung zum Bau eines 5-stöckigen Mietshauses wird nur die Erlaubnis zum Bau eines 3-stöckigen Hauses erteilt. Dieser Verwaltungsakt stellt zum einen eine Begünstigung dar, nämlich überhaupt bauen zu dürfen, zum anderen aber auch eine Belastung, nämlich dass die oberen beiden Etagen nicht errichtet werden dürfen.

> **Hinweis für die Fallbearbeitung:** Die rechtliche Behandlung (verwaltungsprozessual) richtet sich nach dem Klagebegehren (§ 88 VwGO). Der Bauherr möchte seinen Bauantrag uneingeschränkt bewilligt haben. Eine Anfechtungsklage gegen

---

[405] Klarstellend OVG Lüneburg NVwZ 2011, 891 ff. mit Bezugnahme auf BVerwG NVwZ 2011, 358 ff.

die erteilte Baugenehmigung würde diesem Begehren nicht entsprechen. Daher muss er eine **Verpflichtungsklage** (ggf. nach erfolgloser Durchführung eines Verpflichtungswiderspruchsverfahrens, § 68 II i.V.m. I VwGO) erheben, die darauf gerichtet ist, die Behörde zu verpflichten, die Baugenehmigung wie beantragt zu erteilen. Wo es um die *Aufhebung* von „gemischten Verwaltungsakten" geht, richtet sich die rechtliche Behandlung nach den Vorschriften, welche die Unterscheidung nach begünstigenden und belastenden Verwaltungsakten vornehmen. Bei der Aufhebung eines rechtswidrigen „gemischten Verwaltungsakts" (Rücknahme nach § 48 VwVfG, wenn keine Spezialregelung greift) ist beispielsweise entscheidend, ob die Begünstigung oder die Belastung überwiegt. Überwiegt die Belastung, richtet sich die rechtliche Behandlung nach § 48 I S. 1 VwVfG. Bei Überwiegen der Begünstigung ist zusätzlich § 48 I S. 2 i.V.m. II-IV VwVfG einschlägig. Je nach Fallgestaltung kommen also entweder eine **Anfechtungs-** oder eine **Verpflichtungsklage** in Betracht.

362 Verwaltungsakte mit Doppelwirkung i.S.e. **Drittwirkung** entfalten ihre Wirkung nicht nur gegenüber dem Adressaten, sondern auch gegenüber Dritten. Im Unterschied zu den Verwaltungsakten mit Mischwirkung tritt hier die rechtliche Wirkung (Belastung und Begünstigung) also bei *verschiedenen Personen* auf. In den meisten zu prüfenden Klausurfällen bestehen die Begünstigung gegenüber dem Empfänger und die Belastung gegenüber einem Dritten (sog. *begünstigender Verwaltungsakt mit belastender Drittwirkung*). Hier ist der Anwendungsbereich der **(Dritt-)Anfechtungsklage** eröffnet.

Beispiel: Bauherr B bekommt die Genehmigung zur Errichtung eines 5-stöckigen Mietshauses erteilt, wodurch dem Nachbarn N der Meerblick versperrt wird. Nach dem Bebauungsplan sind nur 4 Geschosse zulässig. Die Behörde hatte aber einen Dispens nach § 31 II Nr. 3 BauGB erteilt, weil nur so eine sinnvolle wirtschaftliche Nutzung des Grundstücks gewährleistet sei. N fühlt sich in seinem Eigentumsrecht (Art. 14 GG) verletzt und strebt eine (Dritt-)Anfechtung der Baugenehmigung an. Sein Begehren wird aber nur dann Erfolg haben, wenn er die Verletzung einer drittschützenden Norm geltend machen kann.

Auch die Ernennung des in einem Stellenbesetzungsverfahren erfolgreichen Bewerbers zum Beamten ist ein Verwaltungsakt mit Drittwirkung, da sie zum einen den Ernannten begünstigt und zum anderen die unterlegenen Mitbewerber belastet (Eingriff in die Rechte aus Art. 33 II GG).[406]

363 Umgekehrt liegt ein *belastender Verwaltungsakt mit begünstigender Drittwirkung* vor.

Beispiel: Bauherr B wird die erstrebte Bauerlaubnis versagt, weil in seinem Antrag die baunachbarrechtlichen Schutzvorschriften nicht beachtet wurden. Hier ist der Nachbar der durch den Verwaltungsakt Begünstigte. Der Bauherr muss in der Regel eine **Verpflichtungsklage** erheben mit dem Ziel, dass ihm die gewünschte Baugenehmigung erteilt wird.

364 Zur **prozessualen Geltendmachung** der Rechte Dritter vgl. *R. Schmidt*, VerwProzR, Kap. 2.

5. Einseitiger und mitwirkungsbedürftiger Verwaltungsakt

365 Das materielle Recht kennt Verwaltungsakte, die zu ihrer Wirksamkeit der Mitwirkung des Adressaten bedürfen. Die erforderliche Mitwirkung kann in der Stellung eines Antrags auf Erlass eines begehrten Verwaltungsakts oder in der Zustimmung des Betroffenen liegen.

---

[406] Vgl. nur BVerwG NVwZ 2011, 358 ff.

Beispiele:
(1) Die Erteilung einer Gaststättengenehmigung gem. §§ 2 ff. GastG ist nur dann wirksam, wenn der Betroffene zuvor einen Antrag auf Erteilung einer solchen gestellt hat.

(2) Die Beamtenernennung gem. §§ 10 ff. BBG, 8 ff. BeamtStG (auf Landesebene existieren entsprechende Vorschriften) oder die Einbürgerung gem. § 16 StAG sind nur dann wirksam, wenn der Betroffene zustimmt.

In Prüfungsarbeiten können mitwirkungsbedürftige Verwaltungsakte vor allem dann zu thematisieren sein, wenn es um die Abgrenzung zum **öffentlich-rechtlichen Vertrag** gem. §§ 54 ff. VwVfG geht. Denn hier wie dort ist die Mitwirkung des Bürgers konstitutiv (zur Abgrenzung vgl. Rn 924 ff.).   **366**

6. Einstufiger und mehrstufiger Verwaltungsakt

Während ein einstufiger Verwaltungsakt vorliegt, wenn allein die den Verwaltungsakt erlassende Behörde entscheidet, spricht man von einem mehrstufigen Verwaltungsakt, wenn dieser gegenüber dem Adressaten erst dann erlassen werden darf, wenn die den Verwaltungsakt erlassende Behörde zuvor eine andere Behörde beteiligt hat.   **367**

Beispiele:
(1) Möchte die oberste Landesstraßenbaubehörde im Rahmen des Baus einer Bundesfernstraße eine Ortsdurchfahrt festsetzen, darf sie dies gem. § 5 IV S. 4 FStrG nur im *Benehmen* mit der höheren Verwaltungsbehörde.

(2) Eine Baugenehmigung, die vom Landkreis (und nicht von der Gemeinde selbst) erteilt wird, setzt gem. § 36 I BauGB voraus, dass die Gemeinde ihr *Einvernehmen* erklärt.[407]

Weitere Beispiele von konsentierten Entscheidungen stellen die auf Grundlage des § 35 IV GewO oder des § 9 II FStrG ergangenen Verwaltungsakte dar. Die Beteiligung anderer Behörden („Drittbehörden") soll gewährleisten, dass der Verwaltungsakt nicht dadurch rechtswidrig ist, dass er gegen eine Rechtsmaterie verstößt, die sich außerhalb des Zuständigkeitsbereichs der Ausgangsbehörde befindet. In Prüfungsarbeiten geht es zumeist um die Frage, ob Beteiligungsakte von Drittbehörden, die dem Bürger nicht unmittelbar handelnd gegenübertreten, selbstständig anfechtbare Verwaltungsakte darstellen oder ob es ihnen an der Außenwirkung fehlt, sodass gegen diese Mitwirkungs- bzw. Zustimmungsakte allenfalls die Feststellungsklage oder die allgemeine Leistungsklage in Betracht kommen. Die Behandlung dieser Fragestellung ist Gegenstand der Ausführung bei Rn 433 ff.   **368**

7. Personenbezogener und dinglicher Verwaltungsakt

Sind Regelungsgegenstand eines Verwaltungsakts die persönlichen Eigenschaften des Adressaten, liegt ein personenbezogener Verwaltungsakt vor. Demgegenüber spricht man von einem dinglichen oder sachbezogenen Verwaltungsakt, wenn die Eigenschaften einer Sache rechtlich qualifiziert oder gestaltet werden sollen.   **369**

Beispiele:
(1) Die Gaststättenerlaubnis gem. §§ 2 ff. GastG enthält die Regelung, dass der Inhaber der Erlaubnis die erforderliche persönliche Eignung („Zuverlässigkeit") zum Betrieb einer Gaststätte besitzt (= personenbezogener Verwaltungsakt).

---

[407] Zur wichtigen Unterscheidung der Begriffe Benehmen und Einvernehmen vgl. Rn 434, 435.

(2) Demgegenüber dient die Bauerlaubnis nach den Landesbauordnungen der Gewährleistung, dass der Bau den öffentlich-rechtlichen Vorschriften entspricht (= sachbezogener bzw. dinglicher Verwaltungsakt).

370 Die Unterscheidung zwischen personenbezogenen und dinglichen Verwaltungsakten ist nicht nur terminologischer Natur, sondern übt Einfluss auf die **Rechtsnachfolge** aus. Es leuchtet ein, dass z.B. beim Ableben eines Gastwirtes dessen Gaststättenkonzession nicht einfach auf die Erben übergehen kann. Der Rechtsnachfolge zugänglich können nach h.M. lediglich dingliche Verwaltungsakte sein.[408]

8. Vorbereitungsakt, Vorbescheid und Teilgenehmigung

371 **Vorbereitungsakte** sind keine Verwaltungsakte, weil sie nur der Vorbereitung eines später zu erlassenden Verwaltungsakts dienen oder erst zusammen mit anderen Maßnahmen eine Regelung darstellen. Als Beispiel sei die Bewertung einer einzelnen Examensklausur/Modulklausur genannt, die der Vorbereitung der Examens- bzw. Bachelornote dient. Sie kann daher grds. nicht separat angefochten werden.[409]

Die Nennung der Vorbereitungsakte an dieser Stelle ist notwendig, weil sie von den **Vorbescheiden** abgegrenzt werden müssen.[410] Diese betreffen zwar ebenso wie die Vorbereitungsakte nur einzelne Vorfragen (Genehmigungsvoraussetzungen) eines Projekts, treffen diesbezüglich aber eine abschließende und verbindliche Regelung über einzelne Punkte.[411]

> **Beispiele:** Entscheidung (im Vorfeld der Baugenehmigung) nach den einschlägigen Bestimmungen der Landesbauordnungen über die bauordnungsrechtliche Bebaubarkeit eines Grundstücks[412]; Vorbescheide nach § 9 I BImSchG, §§ 7a, 7b AtomG über einzelne Genehmigungsvoraussetzungen etc.

372 Dem Vorbescheid kommt Verwaltungsaktqualität zu. Denn er nennt das Ergebnis einer kurze Zeit später erfolgenden verbindlichen Entscheidung und enthält daher selbst eine endgültige Regelung. Darüber hinaus darf die Genehmigungsbehörde nach Bestandskraft des Vorbescheids die dort entschiedenen Teilfragen nachträglich nicht mehr anders beurteilen. Auch hieraus lässt sich der Regelungscharakter ableiten.

373 In Abgrenzung zum Vorbescheid, der über *einen Teil* der Genehmigungsvoraussetzungen für das *gesamte* Vorhaben entscheidet, entscheidet eine **Teilgenehmigung** abschließend über *alle* Genehmigungsvoraussetzungen *eines Teils* des gesamten Vorhabens und trifft damit ebenso eine Regelung. Auch sie ist daher ein Verwaltungsakt.[413]

> **Beispiel:** Nach § 8 BImSchG kann unter den dort näher bezeichneten Voraussetzungen eine Teilerrichtungsgenehmigung für den Bau einer Anlage erteilt werden. Eine solche Erteilung kann für den Betreiber von Interesse sein, wenn die Bauausführung eines Teils der Anlage noch einer weiteren Klärung bedarf, aber bereits jetzt schon mit der Errichtung der unstreitigen Anlagenbereiche begonnen werden soll. Die Teilgenehmigung ist ein wichtiges Instrument, um Teilbereiche eines förmlichen Genehmigungsverfahrens bzw. eines Planfeststellungsverfahrens abschließend zu entscheiden.

---

[408] Zur Rechtsnachfolge im öffentlichen Recht vgl. *R. Schmidt*, POR, Rn 875 ff.
[409] Etwas anderes kann sich aber ergeben, wenn die konkrete Prüfungsordnung davon ausgeht, dass auch Einzelleistungen Verwaltungsaktqualität haben sollen (dazu BVerwG NJW 2012 sowie oben Rn 391 Bsp. 1).
[410] Zu den Vorbereitungsakten siehe näher Rn 391 ff.
[411] *Maurer*, AllgVerwR, § 9 Rn 63; *Bull/Mehde*, AllgVerwR, § 8 Rn 468.
[412] Vgl. dazu etwa OVG Münster NVwZ-RR 2005, 388 sowie näher vgl. *R. Schmidt*, BauR, Rn 392 ff.
[413] *Bull/Mehde*, AllgVerwR, § 8 Rn 468; *Maurer*, AllgVerwR, § 9 Rn 63a; *Peine*, AllgVerwR, § 7 Rn 121.

Nicht zu verwechseln ist die Teilgenehmigung mit der im Zuge der Baurechtsnovelle **374** 2004 weggefallenen Teilungsgenehmigung nach den §§ 20 ff. BauGB a.F.! Die baurechtliche Teilungsgenehmigung betraf die Frage, welche Voraussetzungen und Folgen an die Teilung eines Grundstücks im Baurecht zu stellen waren (nach der nunmehr geltenden Rechtslage ist die Teilung eines Grundstücks nur noch mitzuteilen, § 19 I BauGB).

9. Vorläufiger und vorsorglicher Verwaltungsakt

Von dem (endgültigen) Verwaltungsakt und dem Vorbescheid ist der **vorläufige** **375** **Verwaltungsakt** zu unterscheiden, der im Bereich des Wirtschaftsüberwachungsrechts als „Zulassung vorzeitigen Beginns" bezeichnet wird.

> **Beispiele:** § 37 KrWG; § 17 WHG; § 11 GastG

Der vorläufige Verwaltungsakt ist ein Verwaltungsakt i.S.d. § 35 VwVfG. Seine Beson- **376** derheit liegt nicht in seiner Art oder Form, sondern allein in seinem Regelungsgehalt, der auf Vorläufigkeit ausgerichtet ist. Daher ist es eigentlich unzutreffend, von einem „vorläufigen Verwaltungsakt" zu sprechen. Genauer müsste es heißen: „Verwaltungsakt, der eine vorläufige Regelung trifft"[414]. Unbeschadet dieser terminologischen Ungenauigkeit liegt ein Verwaltungsakt mit vorläufiger Regelung vor bei einer auf einer summarischen Prüfung beruhenden behördlichen Regelung eines noch nicht vollständig ermittelten Sachverhalts unter dem Vorbehalt einer neuen Entscheidung auf Basis des vollständig ermittelten Sachverhalts. Der vorläufige Verwaltungsakt ist nur für Einzelbereiche normiert.

> **Beispiele:** Vorläufige Steuerfestsetzung gem. §§ 164, 165 AO; Vorbehalt der abschließenden Entscheidung im Planfeststellungsbeschluss gem. § 74 III VwVfG; Regelung gem. § 16 VIII HandwO, wonach die Behörde bei Gefahr im Verzug die Fortsetzung des Gewerbes vorläufig untersagen kann[415]

Bis auf wenige ausdrückliche Regelungen ist der vorläufige Verwaltungsakt im Gesetz nicht genannt; er basiert auf Richterrecht und wurde vom BVerwG in seiner Entscheidung vom 14.4.1984 geprägt.[416] Sein Erlass wird insbesondere dann in Betracht gezogen, wenn Leistungen (etwa Subventionen) schnell erbracht werden müssen, um ihren Zweck erfüllen zu können. Da diese Rechtsfigur vor einer abschließenden Sachverhaltsermittlung und unter Vorbehalt späterer Nachprüfung (etwa „vorbehaltlich des Ergebnisses der noch durchzuführenden Betriebsprüfung") sowie endgültiger Entscheidung ergeht, kann sie auch als Verwaltungsakt mit zeitlich beschränktem Regelungsgehalt bezeichnet werden. Der endgültige Verwaltungsakt (EndVA) erledigt den vorläufigen, dieser muss daher nicht zurückgenommen werden.

Der Erlass eines vorläufigen Verwaltungsakts bietet sich wegen des Beschleunigungsvorteils an, birgt aber ein erhöhtes Unternehmerrisiko in sich, weil der Antragsteller die Beweislast trägt, keinen Vertrauensschutz (vgl. die Ausführungen zu §§ 48 II und 49 VI VwVfG bei Rn 682 ff.) genießt und sich nicht auf den Wegfall der Bereicherung (§ 818 III BGB) berufen kann, falls die Behörde später doch anders entscheidet. Jedenfalls entlastet er die Verwaltung von einem Fristrisiko.[417]

---

[414] Vgl. auch BVerwG NVwZ 2010, 643, 644 f.

[415] Zwar spricht das Gesetz in § 16 VIII HandwO nicht von „vorläufigem Verwaltungsakt", sondern nur von „vorläufiger Untersagung". Allerdings ist damit eine vorläufige Regelung und der Sache nach ein vorläufiger Verwaltungsakt gemeint.

[416] BVerwGE 67, 99, 101 ff.; bestätigt in BVerwGE 74, 357, 365 und in BVerwG NVwZ 2010, 643, 644.

[417] Vgl. *Peine*, AllgVerwR, § 7 Rn 145; *Bull/Mehde*, AllgVerwR, § 10 Rn 529; *Maurer*, AllgVerwR, § 9 Rn 63b.

377 Hinsichtlich der **Zulässigkeit** (Rechtmäßigkeit) des vorläufigen Verwaltungsakts ist zwischen belastenden und begünstigenden Verwaltungsakten zu unterscheiden:

Beispiel: Zur Bekämpfung der Vogelgrippe stellt der Landtag des Landes X im Haushaltsplan Fördermittel bereit. Die Landesregierung erarbeitet sog. Vergaberichtlinien (= Verwaltungsvorschriften), die die Voraussetzungen der Mittelvergabe im Einzelnen regeln. S betreibt eine Enten- und Gänsezucht. Er beantragt am 30.1.2014 Fördermittel i.H.v. 10.000,- €. Am 20.2.2014 erlässt die Behörde einen Bescheid mit dem Inhalt, dass dem Antrag des S vorläufig stattgegeben werde. Der Betrag werde ausgezahlt unter dem Vorbehalt des Ergebnisses der bei ihm noch anstehenden Betriebsprüfung. Diese solle zeigen, ob S auch tatsächlich die in den Vergaberichtlinien beschriebenen Förderungsvoraussetzungen erfülle.

Als sich bei der späteren Betriebsprüfung herausstellt, dass S die Förderungsvoraussetzungen nicht erfüllt, erlässt die Behörde gegenüber S einen Ablehnungsbescheid und fordert S auf, das Geld zurückzuzahlen. S weigert sich, dieser Aufforderung nachzukommen. Mit Recht?

Lösungsgesichtspunkte: Zunächst ist fraglich, ob die Behörde den Bescheid vom 20.2.2014 überhaupt vorläufig erlassen durfte.

⇨ Bei **belastenden** Verwaltungsakten ist der vorläufige Verwaltungsakt außer in gesetzlich geregelten Fällen **unzulässig,** weil die Behörde in die Rechte des Betroffenen erst dann eingreifen darf, wenn alle tatbestandlichen Voraussetzungen des belastenden Verwaltungsakts geklärt sind.[418]

⇨ Bei **begünstigenden** Regelungen ist die Frage nach der Zulässigkeit vorläufiger Regelungen umstritten. Während die h.M. die vorläufige begünstigende Regelung grundsätzlich für zulässig hält[419], steht die Gegenauffassung auf dem Standpunkt, dass die Regelungen über Nebenbestimmungen in § 36 VwVfG für vorläufige Regelungen abschließend seien. Außerdem würden durch den vorläufigen begünstigenden Verwaltungsakt die engen Voraussetzungen der §§ 48, 49 VwVfG unterlaufen. Dies dürfe auch nicht mit Einwilligung des Bürgers geschehen.[420]

Stellungnahme: Die Gegenauffassung verkennt den Umstand, dass bei begünstigenden Verwaltungsakten vor allem dann ein unabweisbares Bedürfnis für vorläufige Regelungen besteht, wenn der entscheidungserhebliche Sachverhalt noch nicht ermittelt worden ist, eine Entscheidung aber getroffen werden muss. Das Institut der Nebenbestimmung i.S.d. § 36 VwVfG ist hier nicht immer ausreichend. Bedenken an der Zulässigkeit vorläufiger begünstigender Regelungen bestehen auch nicht mit Blick auf den Grundsatz vom Vorbehalt des Gesetzes, da der Bürger durch den vorläufigen Verwaltungsakt gerade nicht freiheitsverkürzend belastet wird, sondern zunächst *mehr* erhält, als ihm gesetzlich in diesem Zeitpunkt zusteht. Denn wenn noch nicht alle Tatbestandsmerkmale als erfüllt festgestellt werden können, hätte er an sich noch keinen Anspruch auf die Begünstigung.

Folgt man dieser Auffassung, durfte der Bescheid vom 20.2.2014 vorläufig ergehen. Insoweit besteht für S kein Behaltensgrund. Denn aus der inhaltlichen Vorläufigkeit der ersten Bewilligung folgt, dass sich der vorläufige Bescheid mit dem Erlass des Endbescheids erledigt hat (§ 43 II VwVfG). Sobald also der endgültige Verwaltungsakt vorliegt, ist der vorläufige Verwaltungsakt gegenstandslos und begünstigt bzw. beschwert den Betroffenen nicht mehr. Der Betroffene kann daher nach Erlass des Endbescheids mangels Rechtsschutzbedürfnisses keine Rechtsbehelfe mehr gegen den vorläufigen Verwaltungsakt erheben. Aus diesem Grunde bedarf es bei der endgültigen Ablehnung

---

[418] Insoweit klarstellend BVerwG NVwZ 2010, 643, 644 f.

[419] BVerwGE 67, 99, 101 ff.; 74, 357, 365; BVerwG DVBl 1983, 851, 852; NVwZ 2010, 643, 644 f.; OVG Münster NWVBl 1992, 279, 280; DVBl 1991, 1365; *Knack/Henneke*, VwVfG, § 35 Rn 119; *Maurer*, AllgVerwR, § 9 Rn 63b; *Losch*, NVwZ 1995, 235, 238.

[420] Vgl. *Henke*, DVBl 1983, 1247; *Kopp*, DVBl 1989, 238 ff.; *Ehlers*, DVBl 1986, 912, 918.

des Zuschusses auch keiner Aufhebung des vorläufigen Verwaltungsakts nach §§ 48, 49 VwVfG. Die erhaltenen Zahlungen sind zu erstatten, da der Rechtsgrund für das Behaltendürfen automatisch durch Erlass des endgültigen Ablehnungsbescheids entfallen ist.[421]

S kann somit nur noch versuchen, gegen den Endbescheid zu klagen. Zwar kommt eine Anfechtungsklage in Betracht, damit ist dem Begehren des S aber noch nicht notwendigerweise abgeholfen. Denn würde sich die Behörde auch nach Urteilsverkündung weigern, dem ursprünglichen Antrag stattzugeben, erhielte S keinen Rechtsgrund für das Behaltendürfen des Geldes. Dem Begehren des S wird daher nur eine auf Erlass eines (positiven) Bewilligungsbescheids gerichtete **Verpflichtungsklage** gerecht. Innerhalb der Begründetheit würden dann die Voraussetzungen für die Gewährung eines Zuschusses geprüft, wobei inzident auch über die Rückzahlungsverpflichtung mitzuentscheiden wäre.[422]

Auch der Begriff des **vorsorglichen Verwaltungsakts** wird vom Gesetz nicht verwendet. Die Rechtsprechung misst dem vorsorglichen Verwaltungsakt – anders als dem vorläufigen Verwaltungsakt – zwar eine abschließende Regelung bei, jedoch unter dem Vorbehalt, dass eine ihrer rechtlichen Zulässigkeitsvoraussetzungen von einer anderen, hierfür zuständigen Behörde festgestellt wird. Erfolgt diese Feststellung nicht, wird der vorsorgliche Verwaltungsakt gegenstandslos.[423] In Prüfungsarbeiten ist der vorsorgliche Verwaltungsakt kaum ein Thema.

378

10. Wiederholende Verfügung und Zweitbescheid

Wiederholt die Behörde lediglich den Inhalt eines früher erlassenen Verwaltungsakts, **ohne eine erneute Sachprüfung** vorgenommen zu haben, wird in aller Regel keine neue „Regelung" getroffen. In diesem Fall liegt **kein neuer Verwaltungsakt** vor. Das gilt selbst dann, wenn der Betroffene zuvor *erneut* einen Antrag auf inhaltliche Prüfung (d.h. auf Aufhebung des ursprünglichen Verwaltungsakts bzw. auf Erlass eines neuen, begünstigenden Verwaltungsakts) gestellt hatte.[424]

379

Trifft die Behörde jedoch eine **neue Sachentscheidung** (sei es, dass der Betroffene einen schlichten Antrag, oder sei es, dass er einen Antrag auf Wiederaufgreifen des Verfahrens stellt), liegt (weil zum zweiten Mal in der Sache entschieden wird) ein **Zweitbescheid** und damit ein **Verwaltungsakt** vor.[425] Der Zweitbescheid eröffnet deshalb einen eigenen Rechtsweg, kann selbstständig angefochten werden.

Zu einem Zweitbescheid kommt es vor allem, wenn nach Bestandskraft eines Verwaltungsaktes der Betroffene beispielsweise einwendet, die Voraussetzungen für den Erlass seien im Nachhinein weggefallen. Prüft die Behörde (nach Wiederaufnahme des Verfahrens) den Verwaltungsakt erneut und erlässt einen Verwaltungsakt mit gleichem Inhalt, handelt es sich um einen Zweitbescheid. Dabei kann sie durchaus andere als die bisherigen Gründe anführen; entscheidend ist, dass die Verfügung gleichlautend ist.

Ein Verwaltungsakt liegt auch dann vor, wenn zwar keine erneute Sachprüfung vorgenommen wurde, die wiederholende Verfügung aber mit einer **Rechtsbehelfsbelehrung** versehen ist. Denn damit gibt die Behörde selbst zu erkennen, dass sie von einer (erneuten) Regelungswirkung ausgeht. Schließlich ist von einer Regelungswirkung auszugehen, wenn die Behörde einen Antrag des Betroffenen **ablehnt**, das Verfahren **wiederaufzugreifen** (§ 51 VwVfG). Hier liegt trotz des Umstands, dass

---

[421] Vgl. BVerwG DVBl 1983, 851, 853; DÖV 1989, 819, 821; *Dickersbach*, NVwZ 1993, 846, 850.
[422] Vgl. BVerwG DVBl 1983, 851, 853. Vgl. auch insgesamt dazu *Beaucamp*, JA 2010, 247 ff.
[423] BVerwGE 81, 84, 94.
[424] Vgl. BVerwG NVwZ 2002, 482, 483.
[425] BVerwG NVwZ 2002, 482, 483.

die Behörde inhaltlich lediglich auf die frühere Verfügung verweist und daher keine neue Sachentscheidung trifft, ein **Verwaltungsakt** vor. Denn durch die Ablehnung des Antrags auf Wiederaufgreifen des Verfahrens wird zumindest eine **verfahrensrechtliche Regelung** getroffen.[426] Vgl. dazu insgesamt nebst Beispielen die Ausführungen zum **Wiederaufgreifen des Verfahrens** bei Rn 710 ff.

11. Fiktiver Verwaltungsakt/Genehmigungsfiktion

379a In bestimmten Fällen hat der Gesetzgeber geregelt, dass eine beantragte Genehmigung als erteilt gilt, wenn die Behörde nicht innerhalb einer bestimmten Frist den Antrag ablehnt. Die Genehmigung (= begünstigender Verwaltungsakt) wird also fingiert, wenn die Behörde untätig bleibt.

> **Beispiele:** Genehmigungsfiktionen finden sich in verschiedenen bundes- und landesrechtlichen Vorschriften, auf Bundesebene etwa in § 81 III, IV S. 1 AufenthG (Erteilung eines Aufenthaltstitels), § 12 V GentechnikG (Zustimmung zur Errichtung und zum Betrieb einer gentechnischen Anlage der Sicherheitsstufe 2), § 15 II S. 2 BImSchG (Zustimmung zu Änderungen einer genehmigungsbedürftigen Anlage), § 15 I S. 5 PBefG (Genehmigung zum Personentransport), § 22 V BauGB (Genehmigung zur Begründung oder Teilung von Wohnungseigentum zur Sicherung des Fremdenverkehrs).

379b Ziel der gesetzlichen Genehmigungsfiktion ist, die Behörden zu einer raschen Entscheidung zu bewegen und dem Antragsteller somit einen verlässlichen Zeitrahmen zu geben, innerhalb dessen er mit einer abschließenden Entscheidung zu rechnen hat.[427]

379c Oblag die Einrichtung von Genehmigungsfiktionen bislang dem nationalen Gesetzgeber, besteht nunmehr aufgrund der EU-Dienstleistungsrichtlinie (Richtlinie 2006/123 EG) für die Mitgliedstaaten der Europäischen Union die Verpflichtung, für bestimmte Verwaltungsleistungen Genehmigungsfiktionen vorzusehen. Mit dem 4. VwVfÄndG v. 11.12.2008 hat der Bundesgesetzgeber die Vorgaben der Richtlinie umgesetzt und mit § 42a VwVfG eine Vorschrift geschaffen, die allgemeine Regelungen über die Voraussetzungen einer Genehmigungsfiktion enthält, ohne jedoch festzulegen, bei welchen Genehmigungsverfahren eine entsprechende Fiktion angenommen werden soll. Mithin gilt eine Genehmigungsfiktion nur dann, wenn dies durch Rechtsvorschrift des besonderen Verwaltungsrechts angeordnet worden ist (vgl. § 42a I S. 1 VwVfG).[428]

379d Damit eine beantragte Genehmigung nach Ablauf einer festgelegten Entscheidungsfrist als erteilt gilt, ist zunächst ein vollständiger und hinreichend bestimmter Antrag erforderlich (§ 42a I S. 1 Hs. 1 VwVfG). Die sodann zu laufen beginnende Entscheidungsfrist[429] der Behörde beträgt regelmäßig drei Monate (§ 42a II S. 1 VwVfG), es sei denn, das Fachrecht bestimmt eine andere (kürzere oder längere) Frist. Unter bestimmten Voraussetzungen kann die Frist einmal angemessen verlängert werden (§ 42a II S. 3 VwVfG). Nach Ablauf der Frist tritt dann die Genehmigungsfiktion ein. Aus Gründen der Rechtssicherheit und Beweisbarkeit der Genehmigungsfiktion ist auf

---

[426] BVerwG NVwZ 2002, 482, 483; BVerwGE 44, 333, 335 (anders noch BVerwGE 13, 99, 101 ff.: lediglich wiederholende Verfügung und damit kein Verwaltungsakt – diese Auffassung jedoch ausdrücklich aufgegeben in BVerwG NVwZ 2002, 482 f.); vgl. auch *Kahl*, Jura 2001, 505, 510; *Seiler*, JuS 2001, 263, 267.

[427] *Weidemann/Barthel*, JA 2011, 221, 222.

[428] Vgl. näher *Kluth*, JuS 2011, 1078 ff.

[429] Die Frist beginnt also erst dann zu laufen, wenn die vollständigen Unterlagen bei der zuständigen Behörde eingegangen sind. Welche Unterlagen im Einzelfall vorzulegen sind, hängt von den Vorgaben des jeweiligen Fachrechts ab. Abweichend hiervon bestimmt § 71b II S. 1 VwVfG für das Verfahren bei der sog. „einheitlichen Stelle" (BT-Drs. 16/10493, S. 16), dass Unterlagen mit dem dritten Tage nach Eingang bei der einheitlichen Stelle bei der zuständigen Behörde als eingegangen gelten (*Weidemann/Barthel*, JA 2011, 221, 223).

Verlangen des Antragstellers diesem eine (deklaratorische) schriftliche Bescheinigung des Eintritts der Genehmigungsfiktion zu erteilen (§ 42a III VwVfG). Zu beachten ist jedoch, dass stets eine fachgesetzliche Regelung bestehen muss, welche die Genehmigungsfiktion vorsieht. Dabei kann die fachgesetzliche Regelung spezielle Regelungen (etwa hinsichtlich der Entscheidungsfrist, s.o.) treffen oder ganz oder teilweise auf § 42a VwVfG verweisen.

Voraussetzungen für eine Genehmigungsfiktion sind demnach:

379e

- Genehmigungsbedürftigkeit des Vorhabens
- fachgesetzliche Anordnung einer Genehmigungsfiktion
- vollständiger und hinreichend bestimmter Genehmigungsantrag bei der zuständigen Behörde
- Ablauf der Entscheidungsfrist (regelmäßig drei Monate, es sei denn, das Fachgesetz ordnet eine andere Frist an oder es besteht eine Fristverlängerungsanordnung)
- Ausbleiben der Behördenentscheidung

Obwohl durch die Genehmigungsfiktion das Vorliegen einer Genehmigung fingiert wird, stellt sie **keinen Verwaltungsakt** i.S.d. § 35 S. 1 VwVfG dar.[430] Denn es liegen nicht alle für einen Verwaltungsakt konstitutiven Merkmale vor (zu diesen vgl. Rn 380 ff.). Zwar könnte man noch eine „Maßnahme" herleiten mit dem Argument, dass eine gesetzliche Anordnung der Fiktion einer Genehmigung besteht, jedenfalls fehlt es bei einer Fiktion aber an dem Merkmal der „Regelung". Denn die Behörde hat durch ihr Nichtstun gerade keine einseitig verbindliche Rechtsfolgenanordnung getroffen (vgl. dazu Rn 384 ff.). Insbesondere liegt darin keine konkludente Regelungsanordnung i.S.d. § 37 II S. 1 VwVfG („auf andere Weise"). Schweigen hat hier keine Erklärungswirkung.

379f

Gleichwohl sind zahlreiche den Verwaltungsakt betreffende verwaltungsverfahrensrechtliche Vorschriften (analog) anwendbar, etwa die Vorschriften über die Erledigung (§ 43 II VwVfG), die Nichtigkeit (§§ 43 III, 44 VwVfG) und die Aufhebbarkeit (§§ 48 ff. VwVfG). Die für die Wirksamkeit von Verwaltungsakten konstitutiv wirkende Bekanntgabe (§ 43 I VwVfG) gilt dagegen naturgemäß nicht für die gesetzliche Genehmigungsfiktion, da ja gerade kein Verwaltungsakt erlassen wird. Der Fristablauf ersetzt die sonst erforderliche Bekanntgabe.[431]

379g

Die Genehmigungsfiktion hat auch **Nachteile**: So ist es für Drittbetroffene (Nachbar, Konkurrent etc.) oft nicht absehbar, welche Auswirkungen die Genehmigungsfiktion für sie hat, da ja gerade kein schriftlicher Verwaltungsakt erlassen wurde, der die Regelungsanordnung formuliert. Zudem wird die Genehmigungsfiktion (anders als ein Verwaltungsakt) auch nicht bekannt gegeben. Daher können auch keine Anfechtungsfristen (§§ 70 I, II, 58 VwGO in Bezug auf einen Widerspruch; §§ 74, 58 VwGO in Bezug auf eine Klage) in Gang gesetzt werden. Rechtsbehelfe sind daher grundsätzlich unbefristet möglich, wobei aber auch hier der Verwirkungsgedanke greift, der sich an der Jahresfrist des § 58 II VwGO orientiert. Fristbeginn ist die Kenntnisnahme bzw. Kenntnisnahmemöglichkeit der Begünstigung. Wird aber eine Bescheinigung nach § 42a III VwVfG erteilt und diese dem Antragsteller und Drittbetroffenen bekannt gegeben, greifen die regelmäßigen Rechtsbehelfsfristen.[432]

379h

---

[430] So im Ergebnis auch *Weidemann/Barthel*, JA 2011, 221, 223.
[431] *Schmitz/Prell*, NVwZ 2009, 1, 7.
[432] *Weidemann/Barthel*, JA 2011, 221, 225. Vgl. auch *Eisenmenger*, NVwZ 2010, 337 ff.

III. Definitionsmerkmale eines Verwaltungsakts/Problembereiche

380 Die (reine) Definition des Verwaltungsakts ist § 35 S. 1 VwVfG zu entnehmen; die unter Umständen auftretenden Probleme der Auslegung der einzelnen Tatbestandsmerkmale sollen im Folgenden erörtert werden.

Merkmale des Verwaltungsakts und deren Problembereiche

1. Hoheitliche Maßnahme
⇒ öffentlich-rechtliches und einseitig diktierendes Handeln (grds. nur aktives Tun); Problembereich: Abgrenzung zum privatrechtlichen Handeln der Behörde und zu Verwaltungsverträgen

2. Einer Behörde
⇒ jede Stelle, die Aufgaben der öffentlichen Verwaltung wahrnimmt
    ⇒ Unmittelbare Staatsverwaltung (staatseigene Behörden)
    ⇒ Mittelbare Staatsverwaltung: Behörden der Körperschaften, Anstalten, Stiftungen und Beliehene

3. Zur Regelung
⇒ Die Maßnahme muss darauf gerichtet sein, eine Rechtsfolge unmittelbar herbeizuführen; Problembereiche:
    ⇒ Abgrenzung zum Verwaltungsvertrag, zum Realakt oder zu vorbereitenden Maßnahmen bzw. Verfahrenshandlungen (die allesamt keine Verwaltungsakte darstellen)
    ⇒ Demgegenüber können Auskunft, Vorbereitungsakt, Vorbescheid, Teilgenehmigung, vorläufiger Verwaltungsakt, Zusage, Zusicherung, Nebenbestimmungen wie Befristung, Bedingung, Widerrufsvorbehalt, Auflage, Auflagenvorbehalt und modifizierende Auflage als jeweils eigenständige Verwaltungsakte zu qualifizieren sein

4. Eines Einzelfalls
⇒ Im Grundsatz ist eine konkret-individuelle Regelung erforderlich; ggf. genügt aber auch nur eine konkrete Regelung (daher auch Allgemeinverfügung i.S.v. § 35 S. 2 VwVfG); Problem: Abgrenzung zu abstrakt-generellen Regelungen (also zu Normen)

5. Auf dem Gebiet des öffentlichen Rechts
⇒ im Begriff der hoheitlichen Maßnahme (oben 1.) enthalten

6. Unmittelbare Rechtswirkung nach außen
⇒ Nach der Rspr. des BVerwG muss die Maßnahme nach dem Willen der Behörde nach außen gerichtet sein, d.h. den verwaltungsinternen Bereich verlassen und in die persönlichen Rechte des Bürgers eingreifen. Problembereiche: innerdienstliche Weisungen, mehrstufige Verwaltungsakte, Maßnahmen der Kommunalaufsicht, Organisationsakte und Sonderrechtsverhältnisse/Sonderstatusverhältnisse

---

1. Hoheitliche Maßnahme

381 Eine **Maßnahme** ist jedes zweckgerichtete Verwaltungshandeln mit Erklärungsgehalt. Sie kann ausdrücklich, konkludent oder durch automatische Einrichtungen ergehen, vgl. §§ 37 V, 39 II Nr. 3 VwVfG. Eine Unterlassung ist nur kraft ausdrücklicher gesetzlicher Vorschrift als „Maßnahme" i.S.d. § 35 VwVfG zu qualifizieren.

382 **Hoheitlich** ist eine Maßnahme, wenn sie unmittelbar zur Erfüllung der Aufgaben auf dem Gebiet des **öffentlichen Rechts** erfolgt. Da vorliegend nicht das Verfassungsrecht, sondern nur das Verwaltungsrecht zu behandeln ist, kann zur Definition des Begriffs „öffentliches Recht" uneingeschränkt auf das bei Rn 23 ff. Gesagte verwiesen werden. Im Mittelpunkt steht stets die Abgrenzung zum Privatrecht.

2. Einer Behörde

Eine Behörde i.S.d. Verwaltungsverfahrensrechts ist jede staatliche Stelle, die Aufgaben der öffentlichen Verwaltung wahrnimmt (vgl. § 1 IV BundesVwVfG). Da der Behördenbegriff bereits ausführlich bei Rn 23 ff. dargestellt wurde, wird insoweit auf die dortigen Ausführungen verwiesen.

383

3. Zur Regelung

Drittes in § 35 S. 1 VwVfG genanntes Merkmal ist die „Regelung". Es meint, dass das behördliche Handeln – um als Verwaltungsakt qualifiziert zu werden – darauf gerichtet sein muss, eine **einseitig verbindliche Rechtsfolge** zu setzen, d.h. unmittelbar Rechte oder Pflichten des Betroffenen zu begründen, zu ändern, aufzuheben, festzustellen oder zu verneinen.[433]

384

Beispiele:

(1) Genehmigungen etwa zum Bau eines Hauses, zum Betrieb einer Gaststätte oder einer Spielbank enthalten die Begründung zuvor nicht bestehender Rechte (= rechtsgestaltende begünstigende Verwaltungsakte, die das Recht begründen, die genehmigten Vorhaben durchzuführen).

(2) Ein polizeilicher Platzverweis enthält die Pflicht, sich vom gegenwärtigen Aufenthaltsort zu entfernen (= rechtsgestaltender befehlender Verwaltungsakt, der die genannte Entfernungspflicht begründet).

(3) Der Bescheid an einen Schwerbehinderten, dass der Grad der Behinderung von 70% auf 80% angehoben werde, enthält eine Änderung in Bezug auf den bereits festgestellten Status *Schwerbehinderter* (= feststellender Verwaltungsakt).

(4) Die Beamtenernennung begründet den Status des Beamten (= rechtsgestaltender Verwaltungsakt).

(5) Die Mitteilung, dass ein Grundstück bebaubar bzw. nicht bebaubar sei, enthält die Feststellung über die Bebaubarkeit des Grundstücks (= feststellender Verwaltungsakt, da er nichts über die Zulässigkeit des konkreten Bauvorhabens aussagt). Dagegen stellt die Baugenehmigung einen rechtsgestaltenden Verwaltungsakt dar.

(6) Die Erklärung der Gemeinde, sie mache von ihrem gemeindlichen Vorkaufsrecht gem. § 24 BauGB Gebrauch, ist ein Verwaltungsakt, auch wenn die Rechtsfolge in dem Zustandekommen eines privatrechtlichen Kaufvertrags zwischen der Gemeinde und dem Verkäufer des Grundstücks besteht (vgl. § 28 II S. 2 BauGB i.V.m. §§ 463, 464 II, 465-468, 471 BGB). Es handelt sich um einen sog. privatrechtsgestaltenden Verwaltungsakt.

> **Hinweis für die Fallbearbeitung:** In einer Prüfungsarbeit ist es i.d.R. nicht erforderlich, terminologisch zwischen Begründung, Änderung, Aufhebung, Feststellung und Versagung eines Rechts oder Status zu unterscheiden, zumal auch Mischformen vorliegen können. Vielmehr sollte es genügen, wenn die Abgrenzung zu solchen Maßnahmen der Verwaltung, die keinen Regelungscharakter aufweisen und damit keine Verwaltungsakte darstellen, erfolgt. Auf diese Abgrenzung bezieht sich die nachfolgende Darstellung.

„**Einseitig**" bedeutet einseitig anordnend im Über- bzw. Unterordnungsverhältnis. Damit scheiden als Verwaltungsakte solche Maßnahmen aus, die begrifflich voraussetzen, dass sich Behörde und Bürger einigen. Das betrifft namentlich den **Verwaltungsvertrag**, d.h. den öffentlich-rechtlichen Vertrag, der eine *zweiseitige* Regelung auf dem Gebiet des Verwaltungsrechts darstellt, vgl. §§ 54 ff. VwVfG und die Ausfüh-

385

---

[433] BVerwGE 55, 280, 285; 77, 268, 271. Zur Klassifizierung des Verwaltungsakts vgl. bereits Rn 351 ff.

rungen bei Rn 861 ff. Allerdings kann es im Einzelfall schwierig sein, Verwaltungsakt und Verwaltungsvertrag voneinander abzugrenzen. Beide stellen verwaltungsrechtliche Regelungen eines Einzelfalls mit Außenwirkung dar. Auch muss eine etwaige Bezeichnung „vereinbaren" im Sachverhalt nicht notwendigerweise auf einen Verwaltungsvertrag hindeuten, denn auch bei mit Auflagen verbundenen Verwaltungsakten werden Details nicht selten vorab mit dem Betroffenen abgeklärt, vgl. auch § 28 VwVfG. Darüber hinaus gibt es auch „mitwirkungsbedürftige" und „zustimmungsbedürftige" Verwaltungsakte (z.B. die Beamtenernennung nach §§ 10 ff. BBG bzw. nach §§ 8 ff. BeamtStG, vgl. dazu Rn 365 ff.). Es ist also durch genaue Sachverhaltsauslegung zu ermitteln, ob eine einseitige Regelung (dann Verwaltungsakt) oder eine zweiseitige Regelung (dann Verwaltungsvertrag) vorliegt. Zum Verwaltungsvertrag vgl. eingehend Rn 924 ff.

386 **Keinen Regelungscharakter** besitzen **Realakte**, den Verwaltungsakt **vorbereitende** oder **unterstützende** Maßnahmen, **Teilakte** und Maßnahmen, die zwar rechtserheblich sind, aber **keine Rechtsfolge** anordnen, wie etwa eine Genehmigungsfiktion (Rn 379a) oder der schlichte Hinweis auf eine bestehende Gesetzeslage. Fiktionen bzw. **schlicht-hoheitliche Maßnahmen** müssen regelmäßig mit Hilfe des Kriteriums „zur Regelung" vom Verwaltungsakt abgegrenzt werden.

> **Hinweis für die Fallbearbeitung:** Die Abgrenzung zwischen Verwaltungsakt und Realakt ist für die Bestimmung der statthaften Klageart und des damit verbundenen Rechtsschutzes unerlässlich: Nur bei Vorliegen einer Regelung und somit eines Verwaltungsakts ist entweder die **Anfechtungsklage** oder die **Verpflichtungsklage** statthaft, je nachdem, ob der Verwaltungsakt abgewehrt oder ein solcher begehrt wird. Liegt demgegenüber (lediglich) ein schlicht-hoheitliches Handeln vor, ist die **allgemeine Leistungsklage** statthaft. Das ist je nachdem, ob ein schlichtes Verwaltungshandeln abgewehrt oder ein solches begehrt wird, die Leistungsabwehrklage (bzw. Unterlassungsklage) oder die Leistungsvornahmeklage. Unter Umständen ist auch die allgemeine **Feststellungsklage** statthaft.
>
> Diese Erkenntnis ist insbesondere dann wichtig, wenn die strengen Voraussetzungen der Anfechtungs- und Verpflichtungsklage (Vorverfahren gem. § 68 VwGO, Frist gem. §§ 70, 74 VwGO) nicht vorliegen. Ein Rechtsschutz ist in diesem Fall nur noch möglich, wenn in der fraglichen Maßnahme ein schlicht-hoheitliches Handeln gesehen wird (von dem Sonderfall des § 126 II BBG bzw. des § 54 II BeamtStG einmal abgesehen[434]). Da die **Abgrenzung zwischen Verwaltungsakt und Realakt** ausführlich bei *R. Schmidt*, VerwProzR, Rn 355 ff. und 768 ff. vorgenommen wird, wird insoweit auch auf die dortigen Ausführungen verwiesen. Gleiches gilt hinsichtlich der **Titelfunktion** eines Verwaltungsakts. Diese ist bei *R. Schmidt*, VerwProzR, Rn 855 ff. dargestellt. Vorliegend sollen lediglich die Grundzüge der Abgrenzung zwischen Verwaltungsakt und Realakt, die Bedeutung der Regelungsfunktion und die Abgrenzung zu vorbereitenden Maßnahmen und zu Verfahrenshandlungen behandelt werden.

a. Abgrenzung zu Realakten

387 Ein **Realakt** liegt vor, wenn nicht die Herbeiführung eines rechtlichen, sondern eines **tatsächlichen Erfolgs** bezweckt wird.[435]

Beispiele:

(1) Bei einem Unfall während einer **Dienstfahrt**, einer **Geruchsbelästigung** durch eine Kläranlage, einer **Lärmbelästigung** durch Benutzer/Besucher einer ge-

---

[434] Vgl. dazu eingehend *R. Schmidt*, VerwProzR, Rn 231, 232.
[435] Zur Handlungsform „Realakt" vgl. eingehend Rn 824 ff.

meindlichen Einrichtung (Dorfbolzplatz, Grillplatz etc.), einer **Ladung zu einer staatlichen Prüfung** oder bei einer **behördlichen Warnung** vor gesundheitsschädlichen Lebensmitteln oder jugendgefährdenden Sekten wird lediglich die Herbeiführung tatsächlicher Erfolge bezweckt.

(2) Bei der **Erteilung einer Auskunft bzw. Information** (etwa nach § 2 I VIG[436]) oder der **Gewährung von Akteneinsicht** ist nach der hier vertretenen Auffassung zu unterscheiden: Während die Auskunfts- und Informationserteilung oder die Gewährung von Akteneinsicht selbst lediglich als schlichtes hoheitliches Handeln anzusehen sind, sollte die nach außen kundgetane Entscheidung der Behörde darüber, ob sie dem Antrag stattgibt und die gewünschte Information oder die Akteneinsicht erteilt, als Verwaltungsakt eingestuft werden. Denn in der Regel wird die Behörde vor der Entscheidung zu prüfen haben, ob Ausschlussgründe bestehen, die der begehrten Auskunft oder Akteneinsicht entgegenstehen. Es findet also ein Verwaltungsverfahren statt. Die Entscheidung über die Erteilung/Nichterteilung der Auskunft/Information bzw. Akteneinsicht ist dann das nach außen sichtbare, auf Herbeiführung einer Rechtsfolge gerichtete Ergebnis dieses Verfahrens und daher ein **Verwaltungsakt**. Davon geht z.B. auch § 5 VIG aus, indem er ein Verwaltungsverfahren vorschreibt und zudem in Abs. 4 S. 1 anordnet, dass Widerspruch und Anfechtungsklage keine aufschiebende Wirkung haben. Statthafte Klageart ist mithin die Verpflichtungsklage, sofern der Kläger die Erteilung einer Auskunft begehrt.[437] Demgegenüber wäre die Anfechtungsklage (bzw. ein Eilantrag nach § 80 V VwGO) statthaft, wenn ein Dritter (bzw. der Betroffene) die Erteilung einer Auskunft verhindern möchte.

> **Hinweis für die Fallbearbeitung:** Mitunter ist die Qualifizierung, ob es sich bei der Entscheidung über die Auskunftserteilung um einen Verwaltungsakt oder lediglich um einen Realakt handelt, von ergebnisrelevanter Bedeutung, etwa wenn ein Vorverfahren nicht durchgeführt oder die Widerspruchs-, bzw. Klagefrist nicht eingehalten wurden. Eine Verpflichtungsklage wäre – im Gegensatz zur allgemeinen Leistungsklage – nicht zulässig. In einer Prüfungsarbeit ist in Fällen, in denen es um die Erteilung einer Auskunft geht, zu empfehlen, zunächst von dem Grundsatz auszugehen, dass es sich bei der Auskunft selbst um einen Realakt handelt, dessen Begehrung an sich mit der allgemeinen Leistungsklage zu verfolgen ist. Ist die Auskunft aber das Ergebnis eines nach außen kundgetanen Entscheidungsprozesses, handelt es sich bei der Entscheidung über die Auskunftserteilung um eine der Auskunftserteilung vorgelagerte, den Einzelfall regelnde Verwaltungsentscheidung mit Außenwirkung, mithin um einen Verwaltungsakt. Argumentativ kann diese Vorgehensweise mit dem Gedanken aus § 9 VwVfG untermauert werden.
>
> Zur **Begründetheit** der Klage: Ob ein Anspruch auf Auskunftserteilung besteht, ist eine Frage des materiellen Rechts: Zunächst ist nach einer Anspruchsgrundlage zu suchen. Diese kann sich beispielsweise aus § 29 VwVfG ergeben. Dort ist zwar nur von Akteneinsicht die Rede, wenn aber ein Beteiligter Einsicht in die Behördenakten verlangen kann, muss ihm grundsätzlich auch – als eine geringere Leistung – ein Anspruch auf Auskunft aus den Akten aufgrund dieser Norm zustehen („argumentum a maiore ad minus" – Erst-recht-Schluss). Allerdings ist zu beachten, dass § 29 VwVfG im Zusammenhang mit den §§ 9 ff. VwVfG gesehen werden muss. Ein Anspruch auf Auskunftserteilung kann also nur während des *laufenden* Verwaltungsverfahrens bestehen. Sollte dieses bereits abgeschlos-

388

---

[436] Vgl. auch §§ 25 I S. 2, II S. 2, 29 I, 71c VwVfG, § 19 BDSG, § 3 I UIG, § 1 IFG. Zum Recht der Verbraucherinformation vgl. auch *Schoch*, NVwZ 2012, 1497 ff.
[437] *Zilkens*, JuS 2001, 368, 369.

sen sein, ist nach einer anderen Anspruchsgrundlage (etwa aus dem jeweiligen Datenschutzgesetz) zu suchen.[438]

(3) Schwierig ist auch die rechtliche Qualifikation der **Räumung einer Wohnung** nach einer zeitlich abgelaufenen Obdachloseneinweisung (**Exmittierung**). Wenn man auf das tatsächliche Element der Ausweisung abstellt, fehlt die *unmittelbare Rechtsregelung*, wodurch man zur Annahme eines Realakts kommt, der mit der allgemeinen Leistungsvornahmeklage erzwungen werden müsste. Soweit man der Ausweisung jedoch eine Regelungswirkung zumisst, kommt man nicht umhin, sie als Verwaltungsakt einzustufen. Hier käme dann ausschließlich eine Verpflichtungsklage in Betracht. Teilweise wird die Ausweisung als Realakt angesehen.[439] Nach der hier vertretenen Auffassung ist der Ausweisung die Qualität eines **Verwaltungsakts** beizumessen: In ihrer Finalität ist sie nicht auf die Herbeiführung eines schlichten tatsächlichen Erfolgs gerichtet, sondern gerade darauf, eine einseitig verbindliche Rechtsfolge zu setzen, nämlich die Anordnung, die Räumlichkeiten zu verlassen.[440] Statthafte Klageart ist die Verpflichtungsklage.[441] Vgl. dazu ausführlich *R. Schmidt*, Fälle zum POR, Fall 11.

389   Liegt in der Vornahme einer Handlung auch eine **konkludente Duldungsanordnung**, ist insgesamt von einem **Verwaltungsakt** auszugehen. Ausgangspunkt der Überlegung ist, dass manche Tatmaßnahmen Verwaltungsakte darstellen, weil sie zugleich die konkludente Anordnung enthalten, die Maßnahme als rechtmäßig zu dulden. Das betrifft namentlich das Polizei- und Ordnungsrecht.

Beispiele:

(1) Nach zutreffender Auffassung ist die **polizeiliche Ingewahrsamnahme** zum einen ein **Realakt**, weil sie ein tatsächliches Moment aufweist. Zum anderen ist sie ein **Verwaltungsakt**, da sie nicht nur das tatsächliche Element in sich schließt, sondern auch zugleich den Betroffenen verpflichtet, den tatsächlichen Vorgang zu dulden (konkludente Duldungsverfügung).[442] Maßgeblich für den Rechtsschutz ist also die dem Betroffenen gegenüber getroffene Regelung. Statthaft sind daher die **Anfechtungsklage** bzw. der Antrag gem. § 80 V VwGO. Hat sich die Ingewahrsamnahme bereits erledigt, ist die **Fortsetzungsfeststellungsklage** (§ 113 I S. 4 VwGO analog) statthaft.

(2) Die Anwendung von **Zwangsmitteln** im **gestreckten Verwaltungsvollstreckungsverfahren** ist nach wohl h.M. ein **Realakt**, weil sie lediglich ein tatsächliches Moment aufweise.[443] Nach regelmäßig erfolgtem Vollzug („Erledigung") wäre insofern ein in einer **allgemeinen Leistungsklage** eingebetteter Folgenbeseitigungsanspruch zu prüfen. Geht man dagegen davon aus, dass mit der Anwendung des Zwangsmittels zugleich die konkludente Verfügung, das Zwangsmittel zu dulden, einhergeht[444], sind die **Anfechtungsklage** bzw. die **Fortsetzungsfeststellungsklage** statthaft. Vgl. dazu *R. Schmidt*, POR, Rn 624 ff.

(3) Schwierig ist schließlich die Beurteilung der Rechtsnatur von Zwangsmitteln im **Sofortvollzug**. Während sie bisher überwiegend als **Verwaltungsakte** angese-

---

[438] Vgl. dazu *Bohl*, NVwZ 2005, 133 ff.; *Zilkens*, JuS 2001, 368 ff.
[439] So *Schmitt Glaeser/Horn*, VerwProzR, Rn 381.
[440] Vgl. auch *Kopp/Schenke*, VwGO, § 42 Rn 10; *Erichsen/Biermann*, Jura 1998, 371, 380.
[441] Sollte dem Eigentümer ein Abwarten auf die Entscheidung in der Hauptsache nicht zugemutet werden können, wird seinem Interesse regelmäßig nur der Erlass einer vorläufigen Regelung gerecht, die über einen Antrag gemäß § 123 I S. 2 VwGO zu verfolgen wäre.
[442] Wie hier OVG Bremen Nord ÖR 2003, 457, 458; *Schenke*, POR, Rn 115; *Kopp/Schenke*, VwGO, Anh § 42 Rn 35; *Frenz*, JA 2011, 433, 435. Anders *Schwabe*, NJW 1983, 369 ff.; *Finger*, JuS 2005, 116, 117 f.: ausschließlich Realakte.
[443] *Kopp/Schenke*, VwGO, Anh § 42 Rn 33; *Kopp/Ramsauer*, VwVfG, § 35 Rn 67; *Schenke*, POR, Rn 294; *Erichsen/Rauschenberg*, Jura 1998, 31, 40; *Schoch*, JuS 1995, 307, 311; unklar, aber wohl ebenfalls von einem Realakt ausgehend *Knemeyer*, POR, Rn 364.
[444] So BVerwGE 26, 161, 164; *Hufen*, VerwProzR, § 14 Rn 23.

hen wurden, stellen sie nach einer im Vordringen befindlichen Auffassung (wie die Zwangsmittel im gestreckten Verfahren) **Realakte** dar. Eine Entscheidung kann aber letztlich aufgrund der Regelung des § 18 II BundesVwVG (der als allgemeiner Rechtsgedanke auch auf Landesebene zu beachten ist) dahinstehen. Diese Vorschrift bestimmt nämlich, dass gegen Zwangsmittel, die ohne vorausgehenden Verwaltungsakt, also im Sofortvollzug, angewendet werden, *die* Rechtsmittel zulässig sind, die gegen Verwaltungsakte allgemein gegeben sind.[445] Zwangsmittel im Sofortvollzug müssen daher grundsätzlich mit **Anfechtungswiderspruch** oder **Anfechtungsklage** angegriffen werden. Ist jedoch bereits eine Erledigung i.S.d. § 113 I S. 4 VwGO eingetreten, ist die **Anfechtungsfortsetzungsfeststellungsklage** analog § 113 I S. 4 VwGO i.V.m. dem Annexantrag gemäß § 113 I S. 2 VwGO einschlägig. Vgl. dazu im Einzelnen *R. Schmidt*, POR, 952 ff.

b. Abgrenzung zu vorbereitenden Maßnahmen und Teilakten

390 Um das Tatbestandsmerkmal „zur Regelung" im Sinne von „verbindlicher Regelung" bejahen zu können, muss eine **endgültige** Maßnahme vorliegen. Problematisch kann daher im Einzelfall die Abgrenzung nicht nur zu einem verwaltungsrechtlichen Vertrag oder zu einem Realakt (schlicht-hoheitliches Handeln) werden (s.o.), sondern auch zu einer **vorbereitenden Maßnahme**. Das Gleiche gilt hinsichtlich **Teilakten**, also Akten, die noch keine abschließende Regelung treffen.

391 **Vorbereitungsakte** dienen nur der Vorbereitung eines später zu erlassenden Verwaltungsakts oder stellen erst zusammen mit anderen Maßnahmen eine Regelung dar. Sie haben somit keinen eigenen Regelungsgehalt, sind daher nur schlicht-hoheitliches Handeln. Sie gehören der Gruppe der unselbstständigen Vorbereitungs- und Teilakte an, die keine eigenen Handlungspflichten begründen, sondern i.d.R. lediglich die allgemeine Mitwirkungspflicht zum Zwecke der vorbereitenden Sachverhaltsaufklärung statuieren.[446] Im Verwaltungsprozess werden unselbstständige Vorbereitungsakte als **Verfahrenshandlungen** bezeichnet (vgl. § 44a VwGO). In jedem Fall müssen sie von einem Verwaltungsakt abgegrenzt werden. In Rechtsprechung und Literatur werden allgemein folgende Beispiele von Vorbereitungs- bzw. Teilakten und Verfahrenshandlungen genannt:

Beispiele:
(1) Bewertung einzelner Klausuren, die den späteren Verwaltungsakt der Nichtversetzung in die nächsthöhere Klasse oder des Nichtbestehens des Examens nur vorbereiten.[447] Generell sollen Bewertungen einzelner Prüfungen und Einzelnoten, die dem Prüfling im Laufe des Prüfungsverfahrens mitgeteilt werden, regelmäßig keine selbstständige rechtliche Bedeutung haben, sondern lediglich als Grundlage der behördlichen Entscheidung über das Bestehen oder Nichtbestehen der Prüfung sowie über die erzielte Gesamtnote dienen.[448] Allerdings kann etwas anderes gelten, wenn sich aus der Prüfungsordnung (durch Auslegung) ergibt, dass Bewertungen einzelner Prüfungsleistungen Regelungsqualität i.S.d. § 35 S. 1 VwVfG haben.[449] Dann sind sie selbstständig justiziabel, allerdings nicht in Form einer An-

---

[445] Anders *Pietzner*, VerwArch 84, 261, 284 f., dem zufolge § 18 II BundesVwVG nicht angewendet werden darf, da die Norm durch die erst später in Kraft getretene VwGO „außer Kraft gesetzt" worden sei. Zur Begründung wird im Wesentlichen angeführt, dass die VwGO abschließend die Sachentscheidungsvoraussetzungen regele. Die Anwendung des § 18 II BundesVwVG würde aber die Anfechtungsklage auf Akte ausdehnen, die keine Verwaltungsakte seien. Daher mache sie ein Vorverfahren erforderlich, wo nach der VwGO keines erforderlich sei. Dies sei mit dem abschließenden Charakter der VwGO nicht zu vereinbaren. Diese Argumentation ist jedoch nicht haltbar. Denn sie übersieht, dass sich der angegriffene Akt regelmäßig vor Einlegung des Rechtsbehelfs erledigt hat und die h.M. für diesen Fall der Anfechtungsfortsetzungssituation ohnehin kein Vorverfahren fordert. Es ist also kein Vorverfahren erforderlich, wo die VwGO keines erfordert.
[446] Vgl. OVG Bautzen NVwZ 2006, 715 f.; BVerwG NJW 2002, 78, 79; OVG Münster NWVBl 2001, 478, 480.
[447] Vgl. BVerwGE 96, 126, 128; BVerwG DVBl 1994, 1356; DÖV 2003, 727 f.
[448] BVerwG NVwZ 2003, 871; VGH München BayVBl 2009, 603 f.; *Zimmerling/Brehm*, NVwZ 2009, 358, 365.
[449] BVerwG NVwZ 2012, 2901 f. Vgl. dazu auch *Morgenroth*, NVwZ 2014, 32 ff.

fechtungsklage (diese würde dem Kläger nicht helfen, weil er durch sie weder das Bestehen der Prüfung noch eine Wiederholung erreichen kann), sondern in Form einer Verpflichtungsklage, die auf eine Neubescheidung („Zulassung zu einer erneuten Prüfung") gerichtet ist – sog. Bescheidungsklage.[450]

(2) Anordnung bzw. Aufforderung der Beibringung eines ärztlichen Attests für den Fall, dass sich der Prüfungskandidat für prüfungsunfähig erklärt[451]

(3) Ladung zum Klausurtermin oder zur mündlichen Prüfung im Rahmen der juristischen Staatsprüfung

(4) Ankündigung, einen Verwaltungsakt zu erlassen; allerdings ist die mündliche Bekanntgabe des Gesamtergebnisses nach der mündlichen Examensprüfung ein Verwaltungsakt (die Übersendung des Prüfungszeugnisses ist lediglich die Bestätigung dieses Verwaltungsakts)[452]

(5) Anordnung oder Aufforderung der Beibringung eines medizinisch-psychologischen Gutachtens (MPU) nach §§ 3, 11 III, VIII, 46 I, III FeV[453] (dessen Ergebnis für die Entscheidung über die Entziehung der Fahrerlaubnis nach § 3 I StVG i.V.m. einem der Tatbestände der §§ 3, 11 III, VIII FeV bzw. für die Entscheidung, erlaubnisfreie Fahrzeuge zu führen herangezogen werden soll)

(6) Anhörung des Bürgers im Vorfeld einer Straf- oder Bußgeldsache etc.

(7) Einzelnoten in Zwischen- bzw. Jahrgangszeugnissen. Strittig ist, ob Einzelnoten in Abschlusszeugnissen lediglich unselbstständige vorbereitende Maßnahmen bzw. Teilakte darstellen oder ob sie als eigenständige Verwaltungsakte zu qualifizieren oder zumindest selbstständig justiziabel sind. In der Literatur wird mit Blick auf § 113 I S. 1 VwGO, der aufgrund der Formulierung „soweit" von der Möglichkeit einer teilweisen Rechtswidrigkeitserklärung des Gerichts ausgeht, vertreten, dass jedenfalls solche Einzelnoten in Abschlusszeugnissen, denen eine herausragende Stellung bei einer späteren Bewerbung zukomme, selbstständig justiziable Teile des Verwaltungsakts *Abschlusszeugnis* seien.[454] Die Rspr. geht teilweise sogar noch weiter und qualifiziert solche Einzelnoten sogar als selbstständige Verwaltungsakte. Zur Begründung wird angeführt, dass die einzelne Zeugnisnote eine verbindliche und abschließende Bewertung der Leistung in dem betreffenden Fach sei.[455] Der Streit fällt aber in sich zusammen, wenn die Behörde selbst von einem Verwaltungsakt ausgeht, etwa indem sie der Verkündung der Note eine Rechtsbehelfsbelehrung beifügt. Bei Modulprüfungen des Bachelorstudiums wird man eindeutig von Verwaltungsakten ausgehen müssen, weil das Bestehen der Modulprüfungen konstitutiv für das Modul (und die Fortsetzung des Studiums) ist.

(8) Bei einer Anordnung oder Aufforderung gegenüber einem Beamten, der aus gesundheitlichen Gründen in den (vorzeitigen) Ruhestand versetzt werden soll, ein (amts-)ärztliches Attest beizubringen bzw. die behandelnden Privatärzte von ihrer Schweigepflicht zu entbinden und den Befund den Amtsärzten zu übermitteln[456], besteht zwar eine Rechtsfolgeanordnung, nämlich die Verpflichtung, der Anordnung nachzukommen, davon zu unterschieden ist allerdings die Frage nach der Außenwirkung, dem 6. Definitionsmerkmal eines Verwaltungsakts (dazu Rn 465a).

Hinweis für die Fallbearbeitung: Ein Vorbereitungsakt bzw. eine Verfahrenshandlung gehen der eigentlichen Verwaltungsentscheidung voraus und bereiten diese lediglich vor, ohne jedoch selbst eine Regelung i.S.d. § 35 S. 1 VwVfG zu tref-

---

[450] Vgl. dazu *R. Schmidt*, VerwProzR, Rn 751 ff.

[451] BVerwG NVwZ-RR 1993, 252.

[452] Vgl. OVG Münster NVwZ 2001, 212; VGH München BayVBl 2009, 603 f.; *Zimmerling/Brehm*, NVwZ 2009, 358, 365.

[453] Vgl. BVerwG NJW 2002, 78, 79; OVG Koblenz NJW 2010, 457; VG Frankfurt/M NJW 2002, 80, 81; VGH München NJW 2002, 82; OVG Münster NWVBl 2001, 478, 480 f.; *Laub/Brenner-Hartmann*, NZV 2001, 16 ff. (zur Begutachtungsstelle für Fahreignung gem. § 11 FeV); BVerwGE 34, 248 ff.; BVerwG NVwZ 1983, 345 f. (zu § 15b II Nr. 2 StVZO a.F.).

[454] Vgl. z.B. *Peine*, AllgVerwR, Rn 121; *Maurer*, AllgVerwR, § 9 Rn 9.

[455] OVG Düsseldorf DVBl 2001, 823 f.; VG Braunschweig NVwZ-RR 2004, 576.

[456] OVG Bautzen NVwZ 2006, 715 ff.

> fen. Daher leuchtet es ein, dass die vorbereitende Maßnahme nicht selbstständig, sondern nur in Verbindung mit der das Verfahren abschließenden Entscheidung überprüft werden kann. Von dieser Auffassung geht auch **§ 44a VwGO** aus. Demnach ist selbst die allgemeine Leistungsklage ausgeschlossen.

Zu den **Teilgenehmigungen**, **vorläufigen Verwaltungsakten**, **Vorbescheiden**, **wiederholenden Verfügungen**, **Zweitbescheiden** und **Genehmigungsfiktionen** wurde bereits Stellung genommen, vgl. in der gegebenen Reihenfolge Rn 373, 375, 371, 379 und 379a.

392

c. Abgrenzung bei Formenwahlfreiheit

Da die öffentliche Verwaltung im Bereich der Daseinsvorsorge grundsätzlich die Formenwahl besitzt, sie also hinsichtlich der Ausgestaltung sowohl öffentlich-rechtlich als auch privatrechtlich handeln kann (vgl. dazu bereits Rn 48-50), kann im Einzelfall problematisch sein, ob ein bestimmtes Handeln als Verwaltungsakt oder als sonstiges Handeln zu klassifizieren ist.

392a

> **Beispiel**[457]: Die Stadtwerke GmbH ist ein Unternehmen der Gemeinde X in Baden-Württemberg. Zwischen ihr und den Bürgern ist das Leistungsverhältnis hinsichtlich Frischwasser, Gas und Strom privatrechtlich ausgestaltet. In Bezug auf Abwasser und Abfall besteht hingegen ein öffentlich-rechtliches Benutzungsverhältnis zwischen ihr und den Bürgern in X. Die Stadtwerke GmbH berechnet insoweit gem. § 2 III S. 1 des baden-württembergischen Kommunalabgabengesetzes (KAG BaWü) im Auftrag der Gemeinde die städtischen Gebühren für die Entwässerung, fertigt Abgabenbescheide aus, versendet sie und führt dann die Abgaben an die Gemeinde ab.
>
> Mit Schreiben vom 19.3. macht die Stadtwerke GmbH gegenüber K eine Nachforderung für die Abwasserentsorgung geltend. Das Schreiben enthält u.a. den Hinweis, dass K als Eigentümer Schuldner der öffentlich-rechtlichen Entwässerungsgebühren sei. Daneben bestehe ein Wasserentsorgungsvertrag direkt mit der Stadtwerke GmbH. Dem Schreiben ist ein als „Rechnung" überschriebenes Schriftstück beigefügt, das im Briefkopf die Stadtwerke GmbH ausweist und die Zahlung eines Gesamtbetrags von 4.552,53 € fordert, der sich sowohl aus Frischwasser- als auch aus Entwässerungskosten zusammensetzt. Auf Seite 3 der Rechnung befindet sich eine Rechtsbehelfsbelehrung, die (nur) für die Entwässerungsgebühren gelten soll.
>
> Am 12.4. beantragt K festzustellen, dass es sich bei der „Rechnung" nicht um einen Verwaltungsakt handele. Die Gemeinde X ist indes der Ansicht, es sei mittlerweile Bestandskraft eingetreten.
>
> Die Frage, ob ein behördliches Schreiben als Verwaltungsakt zu qualifizieren ist, ist in Anlehnung an die zivilrechtliche Regelung nach §§ 133, 157, 242 BGB nach Maßgabe **eines objektiven Empfängerhorizonts unter Berücksichtigung von Treu und Glauben** zu beurteilen. Im vorliegenden Fall spricht die Bezeichnung „Rechnung" statt „Gebührenbescheid" für ein privatrechtliches Handeln. Auf der anderen Seite enthält das Schreiben eine „Rechtsbehelfsbelehrung". Rechtsbehelfsbelehrungen werden einem Verwaltungsakt, nicht aber einem dem Privatrecht zuzuordnenden Schreiben beigefügt (vgl. § 58 VwGO). Das Schreiben der Stadtwerke GmbH ist insoweit also unklar. Der VGH Mannheim hat entschieden, dass ein als „Rechnung" bezeichnetes Schreiben einer Stadtwerke GmbH, die nach § 2 III S. 1 KAG BaWü beauftragt ist, die Gebührenbescheide für die Abwasserbeseitigung zu erlassen, *nicht* als Verwaltungsakt zu qualifizieren sei, wenn sich ein Hinweis auf das Auftragsverhältnis und die Rechtsmittelbelehrung lediglich an „versteckter" Stelle befänden und deshalb für den Empfänger des Schreibens die hoheitliche Handlungsform nicht erkennbar sei.[458]

---

[457] In Anlehnung an VGH Mannheim DVBl 2010, 196.
[458] VGH Mannheim DVBl 2010, 196, 197.

Dieses Urteil überzeugt. Es tritt der in der öffentlichen Verwaltung zu beobachtenden Tendenz entgegen, das zwischen dem hoheitlich handelnden Staat und dem Bürger bestehende und den Staat zur zwangsweisen Durchsetzung von Verfügungen ermächtigende Über- bzw. Unterordnungsverhältnis zu verharmlosen, indem etwa von „Kunden" statt von „Bürgern" gesprochen wird. Dementsprechend ist es auch „unredlich", von „Rechnung" statt von „Gebührenbescheid" zu sprechen. Möchte die Verwaltung dem Bürger mit dem Instrument des Verwaltungsakts gegenübertreten, muss sie angesichts der einschneidenden Konsequenzen (insbesondere aufgrund der Befugnis zur Selbstvollstreckung) gewährleisten, dass sich der Charakter ihres Handelns eindeutig erschließen lässt.

d. Informales Verwaltungshandeln

393 Informales (oder informelles) Verwaltungshandeln (neuerdings auch „Public Private Partnership" genannt) liegt vor bei Absprachen oder sonstigen Kontakten zwischen der Verwaltung und dem Bürger *vor Erlass* oder *anstelle* einer behördlichen Entscheidung. Diese Art des Vorgehens bietet sich für die Verwaltung vor allem deswegen an, um Kosten und Zeit zu sparen, denn sie entlastet damit das eigentliche Verwaltungsverfahren. Darüber hinaus geht die Verwaltung auf diese Weise vor, wenn sie zweifelt, ob ihre Rechtsauffassung einer gerichtlichen Prüfung standhalten würde. Auf der anderen Seite sind der Mangel an Transparenz und das Sich-Bewegen in einem „rechtsfreien Raum" nicht zu übersehen. Daher ist die Zulässigkeit von informalem Handeln nicht ohne weiteres zu unterstellen. Da dieser Problematik ein eigener Abschnitt gewidmet ist, wird insoweit auf die Ausführungen bei Rn 913 ff. verwiesen.

e. Behördliche Äußerungen

aa. Zusage

394 Die Zusage ist nicht im VwVfG geregelt. Sie wird aber als eine einseitige, objektiv zu wertende, verbindliche Willenserklärung einer Behörde verstanden, in Zukunft eine bestimmte Handlung vorzunehmen oder diese zu unterlassen.[459] Somit ist sie von der schlichten Auskunft abzugrenzen, die einen reinen Informationscharakter aufweist. Die Abgrenzung zwischen diesen beiden Arten von Erklärungen hat, da beide Willenserklärungen darstellen und auch im öffentlichen Recht die Auslegungsregeln der §§ 133, 157 BGB entsprechend anwendbar sind, durch Auslegung zu erfolgen. Maßgeblich ist dabei nicht der innere, sondern der erklärte Wille, wie ihn der Erklärungsempfänger bei objektiver Würdigung aller maßgeblichen Begleitumstände und des Zwecks der Äußerung verstehen konnte (sog. objektivierter Empfängerhorizont).[460] Liegt danach ein rechtlicher Bindungswille vor, ist eine Zusage anzunehmen, im anderen Fall lediglich eine Auskunft.

395 Fraglich ist, ob der Zusage die Qualität eines Verwaltungsakts beigemessen werden kann. Die Beantwortung dieser Frage ist nicht nur dogmatischer Natur, sondern hat vor allem praktische Auswirkungen, da nur bei einer Qualifikation als Verwaltungsakt dessen fehlerunabhängige Bindungswirkung vorliegen kann. Zweck der Zusage ist die Gewährung einer gewissen Rechtssicherheit, um Planungen und Dispositionen vornehmen zu können, weshalb der Zusage auch eine gewisse Verbindlichkeit zukommt. Deshalb sollte zumindest von einer analogen Anwendung der Vorschriften über den Verwaltungsakt (insbesondere § 38 II VwVfG) ausgegangen werden.[461] Das BVerwG hat die Frage zwar nicht abschließend entschieden, aber einen Schritt in Richtung

---

[459] BVerwGE 26, 31, 36; VGH Mannheim NVwZ 2000, 1304, 1305; *Neumann*, NVwZ 2000, 1244, 1248.
[460] VGH Mannheim NVwZ 2000, 1304, 1305.
[461] So *Neumann*, NVwZ 2000, 1244, 1248; für Verwaltungsakt *Kopp/Schenke*, VwGO, Anh § 42 Rn 39.

Anwendbarkeit des § 38 VwVfG auf schlichte Zusagen unternommen.[462] Folgt man dieser Auffassung, ist die rechtswidrige Zusage rechtswirksam und verbindlich, sofern kein Nichtigkeitsgrund (§ 44 VwVfG) vorliegt. Sie kann aber nach den Rücknahme- und Widerrufsregelungen (§§ 48 ff. VwVfG) aufgehoben werden. Des Weiteren ergibt sich daraus, dass gegen die Zusage dieselben Rechtsschutzmöglichkeiten offenstehen wie gegen den Verwaltungsakt.

Folgt man dieser Auffassung nicht, tritt die fehlerunabhängige Bindungswirkung nicht ein. Die rechtswidrige Zusage wäre nach der Nichtigkeitstheorie, wonach jedes rechtswidrige staatliche Handeln nichtig und damit unbeachtlich ist, wenn keine formal-gesetzliche Ausnahmeregelung greift, also nichtig. Allerdings können gemäß den überkommenen Grundsätzen des Verwaltungsrechts auch rechtswidrige Zusagen verbindlich sein, wenn der Adressat in tatsächlicher Hinsicht auf die Wirksamkeit der Zusage vertraut hat und sein Vertrauen unter Abwägung aller Belange schutzwürdig ist. Die Schutzwürdigkeit des Vertrauens wird jedoch in den überwiegenden Fällen zu verneinen sein, weil das Vertrauen in rechtswidrige Staatsakte grds. geringer wiegt als das öffentliche Interesse an einem rechtmäßigen Verwaltungsverfahren. Lediglich, wenn der Bürger im Vertrauen auf die Gültigkeit der Zusage Dispositionen getroffen hat, die nicht mehr oder nur unter unzumutbaren Voraussetzungen rückgängig gemacht werden können, wird man der rechtswidrigen Zusage eine Bindungswirkung zukommen lassen müssen.

bb. Zusicherung

Die Zusicherung ist in § 38 I VwVfG geregelt und stellt nach der dortigen Legaldefinition eine Zusage dar, einen **bestimmten Verwaltungsakt später zu erlassen oder zu unterlassen**. Der Unterschied zur Zusage besteht also darin, dass bei dieser ein bestimmtes Handeln bzw. Unterlassen versprochen wird, während die Zusicherung ein (künftiges) Handeln ausschließlich durch Verwaltungsakt erfasst.

396

> **Beispiele zur Abgrenzung Zusage/Zusicherung:**
> (1) Erklärung, dass ein bestimmtes Gebäude errichtet oder dass der Straßengraben ausgehoben werde, damit das Regenwasser nicht mehr auf angrenzende Grundstücke fließt (jeweils *Zusage*)
> (2) Erklärung, mit dem späteren Anspruchsteller einen öffentlich-rechtlichen Vertrag zu schließen (*Zusage*)[463]
> (3) Erklärung, dass eine Baugenehmigung erteilt werde (*Zusicherung*)
> (4) Erklärung, dass eine Allgemeinverfügung erlassen, insbesondere ein Verkehrszeichen errichtet werde (*Zusicherung*).[464] Zwar stellen verkehrsregelnde Maßnahmen Reaktionen auf spezifische, sich möglicherweise rasch ändernde Verkehrslagen dar. Dies steht aber nicht der Annahme einer Zusicherung entgegen, eine Allgemeinverfügung in Form eines Verkehrszeichens zu erlassen. Dem Gesetz lässt sich gerade nicht entnehmen, dass nur solche Verwaltungsakte zusicherungsfähig sein sollten, die typischerweise auf lange Zeit unverändert Bestand haben.[465]

Auch die Rechtsnatur der Zusicherung ist umstritten. Da nach § 38 II VwVfG die meisten Regelungen über Verwaltungsakte *entsprechend* anzuwenden sind, könnte man annehmen, dass die Zusicherung *keinen* Verwaltungsakt darstellt, sondern lediglich eine Willenserklärung, die einen eigenen Anspruch auf Erlass eines Verwaltungsakts begründet. Gleichwohl geht die h.M. von dem Vorliegen eines **Verwaltungsakts**

397

---

[462] BVerwGE 97, 323, 331.
[463] Vgl. VGH Mannheim NVwZ 2000, 1304, 1305.
[464] BVerwGE 97, 323, 326.
[465] *Neumann*, NVwZ 2000, 1244, 1247.

aus.[466] Eine spezielle **Rechtsgrundlage** für den Erlass einer Zusicherung existiert nicht. Vielmehr greift die für den Erlass des zugesicherten Verwaltungsakts anwendbare Rechtsgrundlage auch für den Erlass der Zusicherung.

398 Fraglich ist die **Bindungswirkung** einer Zusicherung. Das BVerfG[467] sieht in § 38 III VwVfG einen spezialgesetzlich geregelten Fall der Störung der Geschäftsgrundlage (§ 313 BGB). Die Regelung geht den Widerrufsgründen des § 49 II S. 1 Nr. 3 u. 4 VwVfG vor. Sie beruht auf einer Abwägung zwischen dem Interesse des Betroffenen an dem Bestand der Zusicherung und dem öffentlichen Interesse an der Berücksichtigung nachträglich eingetretener Änderungen der Sach- und Rechtslage. § 38 III VwVfG räumt diesem öffentlichen Interesse den Vorrang ein. Einer Aufhebungsentscheidung seitens der Behörde bedarf es hierzu nicht. Die Bindungswirkung der Zusicherung entfällt vielmehr bereits mit der objektiven Änderung der Sach- und Rechtslage.[468]

399 Im Gegensatz zur Zusage haben bei der Zusicherung, um als solche wirksam zu sein, **Schriftform** bzw. **elektronische Form** (z.B. E-Mail) vorzuliegen (vgl. §§ 38 I S. 1, 3a II VwVfG). Die Schriftform verlangt neben der Verkörperung der Erklärung in einem Schriftstück die Unterschrift oder Namenswiedergabe des Bediensteten, der die Zusicherung erteilt. Wird die elektronische Form verwendet, muss – um die Authentizität zu gewährleisten – die Zusicherung mit einer **Signatur** nach dem Signaturgesetz versehen sein, und sie muss auch das der Signatur zugrunde liegende Zertifikat oder ein zugehöriges qualifiziertes Attributzertifikat die erlassende Behörde erkennen lassen.[469] § 37 III VwVfG ist insoweit entsprechend anzuwenden.[470]

Materielle Rechtmäßigkeitsvoraussetzung der Zusicherung ist zunächst die Rechtmäßigkeit des zugesicherten Verwaltungsakts. Denn ist dieser rechtswidrig, ist auch die Zusicherung rechtswidrig, weil der Staat nur rechtmäßiges Handeln zusichern darf. Darüber hinaus ist die Zusicherung nur rechtmäßig, wenn auch die allgemeinen Rechtmäßigkeitsvoraussetzungen vorliegen, insbesondere die rechtsfehlerfreie Ausübung des Ermessens und die Beachtung des Grundsatzes der Verhältnismäßigkeit.

> **Hinweis für die Fallbearbeitung:** Die statthafte Klageart bestimmt sich bei einer Klage, die auf die Einhaltung einer Zusage oder Zusicherung gerichtet ist, nach dem geltend gemachten Anspruch. So ist die vorbeugende Unterlassungsklage gegen Verwaltungsakte (vgl. *R. Schmidt*, VerwProzR, Rn 387) statthaft, wenn die Behörde beispielsweise eine Abrissverfügung (= belastender Verwaltungsakt) ankündigt. Sichert sie indes den Bau einer Abwasserleitung (= Begünstigung) zu, kann sie dazu aufgrund dieser Äußerung mit Hilfe einer Verpflichtungsklage zum Erlass eines begünstigenden Verwaltungsakts gezwungen werden (*R. Schmidt*, VerwProzR, Rn 325 ff.) bzw. durch eine allgemeine Leistungsklage zur schlichten Vornahme der gebotenen Handlung (*R. Schmidt*, VerwProzR, Rn 365 ff.). Bevor in der Fallbearbeitung also der Anspruch aus der eigentlichen materiell-rechtlichen Grundlage geprüft wird, kann zu untersuchen sein, ob er sich nicht schon aus § 38 VwVfG ergibt.[471]

---

[466] *Kopp/Schenke*, VwGO, Anh § 42 Rn 39; *Bull/Mehde*, AllgVerwR, § 11 Rn 615 f.; *Kopp/Ramsauer*, VwVfG, § 38 Rn 2; zurückhaltend BVerwGE 97, 323, 330 f.; a.A. BSGE 44, 114, 120; BFH 126, 359 ff.
[467] Vgl. BVerwGE 97, 323, 327.
[468] *Neumann*, NVwZ 2000, 1244, 1247.
[469] Zum Signaturgesetz vgl. *R. Schmidt*, VerwProzR, Rn 254, 261.
[470] BVerwGE 97, 323 ff.; *Neumann*, NVwZ 2000, 1244, 1247 (jeweils zur Schriftform).
[471] Zu beachten ist aber, dass kein Fall des § 38 III VwVfG vorliegen, die Zusicherung nicht nach § 44 VwVfG nichtig oder gem. §§ 48, 49 VwVfG aufgehoben sein darf.

f. Nebenbestimmungen zum Verwaltungsakt, § 36 VwVfG

Wie bereits bei Rn 360 ausgeführt, kommt einem Verwaltungsakt eine Doppelwirkung i.S.e. **Mischwirkung** zu, wenn er für *dieselbe Person* einerseits begünstigend, andererseits zugleich aber auch belastend wirkt („gemischter Verwaltungsakt"). Eine solche Wirkung ist insbesondere dann anzunehmen, wenn der Verwaltungsakt mit einer belastenden Nebenbestimmung versehen ist. **400**

Unter **Nebenbestimmungen** sind Anordnungen zu verstehen, welche die Behörde einem Verwaltungsakt beifügt, um ihn inhaltlich oder zeitlich zu beschränken. **401**

Da damit für den Empfänger eine Rechtsbeeinträchtigung verbunden ist, hat er i.d.R. ein Interesse daran, dass diese Beschränkung beseitigt wird, ohne dass der begünstigende Teil des Verwaltungsakts geschmälert wird. Folglich werden dadurch vor allem zwei Fragestellungen relevant: **402**

- Unter dem **materiell-rechtlichen** Aspekt stellt sich die Frage, unter welchen Voraussetzungen die Behörde einen Verwaltungsakt mit Nebenbestimmungen versehen kann.

- Bei **prozessualer** Betrachtung ist problematisch, ob ein isoliertes Vorgehen gegen sie statthaft ist. Als Alternativen kommen stets entweder eine Anfechtungsklage gegen den gesamten Verwaltungsakt oder eine Verpflichtungsklage auf Erlass eines Verwaltungsakts ohne Zusätze in Betracht.

Der Rechtsschutz gegen Nebenbestimmungen gehört zu den kompliziertesten und unüberschaubarsten Bereichen des Verwaltungsrechts. Allein die Vielgestaltigkeit der Begriffe erschwert bereits eine klare Beschreibung oder gar Einordnung in den richtigen rechtlichen Kontext. Darüber hinaus werden in Rechtsprechung und Literatur nahezu alle denkbaren und zum Teil widersprüchlichen Auffassungen vertreten. Da aber zur Beurteilung dieses Komplexes Kenntnisse über den Grundverwaltungsakt erforderlich sind, sei auf die entsprechenden Ausführungen bei Rn 784 ff. verwiesen. **403**

g. Maßnahmen in der Verwaltungsvollstreckung

Sehr prüfungsrelevant sind auch Maßnahmen in der bereits bei Rn 389 angesprochenen Verwaltungsvollstreckung, weil sie sich mit vielen Kernproblemen des Besonderen Verwaltungsrechts, insbesondere mit dem besonderen Gefahrenabwehrrecht und dem allgemeinen Polizei- und Ordnungsrecht verbinden lassen. Für das allgemeine Verwaltungsrecht und das Verwaltungsprozessrecht sind insbesondere die Bestimmung der statthaften Klageart und damit die Frage, ob der jeweiligen Maßnahme die Qualität eines Verwaltungsakts zukommt, von entscheidender Bedeutung. **404**
Wegen des eigenen und sehr komplexen Regelungsgebiets wird an dieser Stelle auf die zusammengefassten Ausführungen bei *R. Schmidt*, VerwProzR, Rn 877 ff. und bei *R. Schmidt*, POR, Rn 902 ff. verwiesen.

h. Gesetzeskonkretisierender bzw. -wiederholender Verwaltungsakt

Handelt es sich bei einer hoheitlichen Maßnahme bloß um eine Wiederholung des Gesetzeswortlauts (**deklaratorischer Hinweis auf eine gesetzliche Regelung**), liegen keine Regelung und somit kein Verwaltungsakt vor. Bezweckt die Erklärung darüber hinaus auch die verbindliche Klärung und Durchsetzung der gesetzlichen Rechtslage, liegt ein Verwaltungsakt vor. **405**

> **Beispiel:** Dem Veranstalter einer Versammlung wird behördlich mitgeteilt, dass es bei der geplanten Versammlung verboten sei, Uniformen zu tragen.

Hier liegt kein Verwaltungsakt vor, da lediglich auf ein Verbot, das bereits gesetzlich besteht (vgl. § 3 VersG), hingewiesen wird. Die gesetzliche Regelung wird sozusagen lediglich wiederholt, ohne dass in der behördlichen Mitteilung eine eigenständige Regelung getroffen wird. Es fehlt daher am Verwaltungsakt-Merkmal der Regelung.

Anders hätte der Fall gelegen, wenn der Inhalt gelautet hätte: „Das Tragen von Bomberjacken und Springerstiefeln ist untersagt". In diesem Fall wäre nicht lediglich eine gesetzliche Regelung wiederholt worden, sondern es hätte eine eigenständige Regelung vorgelegen.

4. Eines Einzelfalls

406 Das vierte Tatbestandsmerkmal eines Verwaltungsakts ist die Einzelfallregelung. Dieses Begriffsmerkmal dient der **Abgrenzung zur Rechtsnorm**, die eine unbestimmte Zahl von Fällen und eine unbestimmte Zahl von Personen betrifft, also einen abstrakt-generellen Charakter hat. Ein Einzelfall ist demgegenüber eine zumindest konkrete Regelung. Es lassen sich folgende Begriffspaare und Kombinationen unterscheiden:

a. Begriffspaare *abstrakt/konkret* und *generell/individuell*

407 Das Begriffspaar *abstrakt/konkret* bezeichnet die Zahl der Fälle, den **Regelungskreis**.

- Eine *abstrakte* Regelung umfasst eine Vielzahl von Fällen oder möglichen Sachverhalten.
- Eine *konkrete* Maßnahme hingegen bezieht sich auf den Einzelfall.

408 Das Begriffspaar *generell/individuell* bezeichnet die Zahl der betroffenen Personen, den **Adressatenkreis**.

- Eine *generelle* Regelung bezieht sich auf eine unbestimmte Adressatenzahl.
- Eine *individuelle* Regelung bezieht sich auf eine bestimmte (oder zumindest bestimmbare) Adressatenzahl.

b. Begriffliche Kombinationen

	Generell (unbestimmter Adressatenkreis)	**Individuell** (bestimmter Adressat oder bestimmbarer Adressatenkreis)
Abstrakt (Vielzahl von Fällen)	Keine Verwaltungsakte, sondern formelle Gesetze, Rechtsverordnungen, Satzungen (also **Normen**)	Diese Kombination erfasst eigentlich keine abstrakte Regelung. Dem Betroffenen wird vielmehr eine ganz konkrete Handlungspflicht auferlegt, also nur ein einziger Sachverhalt geregelt. Daher stellt sie nach h.M. einen **Verwaltungsakt** dar.[472] Beispiel: Ein bestimmter Kühlturmbetreiber wird verpflichtet, immer wenn die Außentemperatur unter 5° C fällt, wegen des gefrierenden Wasserdampfes auf der Straße zu streuen.
Konkret (Einzelfall)	Problematisch ist es, wenn der Kreis der Adressaten nicht bestimmbar ist, wenn die Regelung also einen konkret-generellen Charakter hat. Vgl. dazu sogleich. Die h.M. geht aber von einer Allgemeinverfügung als Form des VA aus, auch wenn der Kreis der Adressaten nicht bestimmbar ist, da Konkretheit im Vordergrund steht.	„Klassischer" **Verwaltungsakt**, vgl. § 35 S. 1 VwVfG (Beispiele sind Polizeianweisungen, Gewerbeerlaubnisse/-verbote, Subventionsbewilligungen gegenüber einzelnen Personen). Darüber hinaus gehören **Allgemeinverfügungen** als Form des Verwaltungsakts hierzu, da Konkretheit im Vordergrund steht und der Kreis der Adressaten zumindest bestimmbar ist, somit als individuell gilt, vgl. § 35 S. 2 Var. 1-3 VwVfG sowie die folgenden Erläuterungen. Keine Verwaltungsakte trotz konkret-individueller Regelung sind nur-formelle Gesetze (Beispiel: Haushaltsplan nach Art. 110 GG), Einzelfall- und Maßnahmegesetze oder die Zustimmung zu bestimmten völkerrechtlichen Verträgen (Art. 59 II GG).

c. Sonderfall Allgemeinverfügungen

aa. Unbestimmter, aber bestimmbarer Adressatenkreis

Weil der Gesetzgeber aufgrund der Formulierung „eines Einzelfalls" in § 35 S. 1 VwVfG die Konkretheit des Sachverhalts in den Vordergrund stellt und für den Adressatenkreis abgeschwächte Anforderungen genügen lässt[473], ist auch dann von einem **Verwaltungsakt** auszugehen, wenn die Regelung zwar einen bestimmten Sachverhalt betrifft, sich aber nicht an eine bestimmte Person, sondern nur an einen unbestimmten, aber **bestimmbaren Adressatenkreis** richtet. Allgemeinverfügungen müssen daher grds. alle Tatbestandsvoraussetzungen erfüllen, die der „normale" Verwaltungsakt nach § 35 S. 1 VwVfG erfüllen muss. Dennoch sind sie von den „normalen" Verwaltungsakten abzugrenzen, weil der Gesetzgeber Sonderregelungen nur für die Allgemeinverfügungen erlassen hat. Diese sind:

- § 28 II Nr. 4 VwVfG (vorherige Anhörung kann unterbleiben),
- § 41 III S. 2 VwVfG (öffentliche Bekanntgabe von Allgemeinverfügungen = äußere Wirksamkeit bspw. des Verkehrsschildes)
- und § 39 II Nr. 5 VwVfG (keine Begründung erforderlich bei öffentlicher Bekanntgabe).

---

[472] Vgl. dazu auch *Heyle*, NVwZ 2008, 390 ff.
[473] Wie hier OVG Saarlouis NVwZ 2011, 190; *Kopp/Ramsauer*, VwVfG, § 35 Rn 68 f.; *Maurer*, AllgVerwR, § 9 Rn 18.

411 Ist mindestens eine dieser Regelungen betroffen, darf eine Abgrenzung regelmäßig nicht dahinstehen. Denn gerade wegen der nur für die Allgemeinverfügung geltenden besonderen Vorschriften der §§ 28 II Nr. 4, 41 III S. 2 und 39 II Nr. 5 VwVfG ist die Annahme einer Allgemeinverfügung für den betroffenen Bürger ungünstiger.

bb. Arten von Allgemeinverfügungen

412 Nach der in § 35 S. 2 VwVfG enthaltenen Regelung bestehen drei Arten von Allgemeinverfügungen[474]:

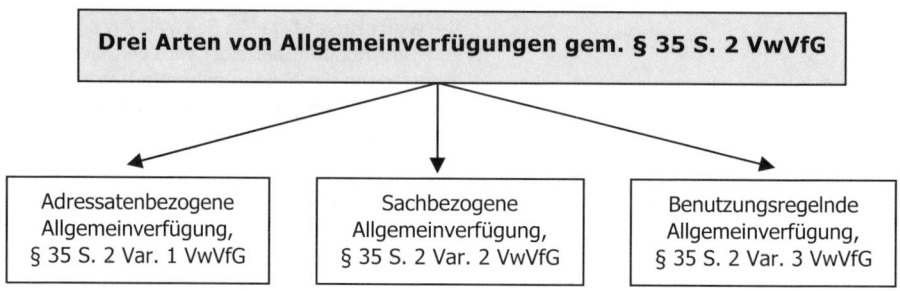

a.) Adressatenbezogene Allgemeinverfügung, § 35 S. 2 Var. 1 VwVfG

413 Liegt die Regelung eines konkreten Sachverhalts vor und ist der Adressatenkreis bestimmt oder zumindest bestimmbar, handelt es sich um eine **adressatenbezoge-ne Allgemeinverfügung** gem. § 35 S. 2 Var. 1 VwVfG.

Beispiele:

(1) Verbot an alle Gastwirte eines bestimmten Bezirks, Alkohol auszuschenken (§ 19 GastG)

(2) Verbot an alle Gemüsehändler benachbarter Landkreise, deren Einwohner von Typhus befallen sind, Endiviensalat zu verkaufen[475]

(3) Verbot einer geplanten bzw. Auflösung einer bestehenden Versammlung

(4) Polizeiliche Aufforderung per Megaphon an alle Personen, die sich in einem Gebäude befinden, den Bereich zu verlassen

In diesen Fällen bezieht sich die Regelung zwar auf einen konkreten Sachverhalt, ist aber generell, da der betroffene Personenkreis (noch) nicht feststeht. So ist z.B. noch ungewiss, welche Gastwirte von dem Verbot betroffen sind, welche Bewohner der Landkreise von Typhus befallen sind oder wer an der geplanten Demonstration teilnehmen wird. Hier einen Verwaltungsakt anzunehmen stößt auf Bedenken, denn die Offenheit des Adressatenkreises führt zwangsläufig zu einer zukunftsorientierten Regelung und damit zu einer (noch) unbestimmten Zahl gedachter Fälle.[476] Gleichwohl geht aber § 35 VwVfG davon aus, dass die Konkretheit im Vordergrund steht. Das ergibt sich zum einen aus der Legaldefinition des Verwaltungsakts, in der nur vom Einzelfall, nicht auch von der individuellen Regelung die Rede ist, und zum anderen aus der Regelung des § 35 S. 2 VwVfG, der unzweifelhaft einen Verwaltungsakt beschreibt und dabei überhaupt keine Person als Adressaten voraussetzt. Auch bei einer konkret-generellen Regelung ist somit von einem **Verwaltungsakt** i.S.d. § 35 S. 2 VwVfG auszugehen.

---

[474] Vgl. dazu (und zu den angegebenen Beispielen) *Bull/Mehde*, AllgVerwR, § 10 Rn 536; *Maurer*, AllgVerwR, § 9 Rn 17; *Peine*, AllgVerwR, § 7 Rn 123 f., 131 ff.; *Kopp/Ramsauer*, VwVfG, § 35 Rn 102 ff.; VGH München NVwZ-RR 2012, 754.
[475] Vgl. BVerwGE 12, 87 ff. Das Verbot hatte den Hintergrund, dass der dringende Verdacht bestand, Endiviensalat sei mit Typhus-Erregern versetzt gewesen.
[476] *Maurer*, AllgVerwR, § 9 Rn 17; *Bull/Mehde*, AllgVerwR, § 10 Rn 536.

Von der soeben behandelten Fallgruppe der adressatenbezogenen Allgemeinverfügung zu unterscheiden ist der **Sammelverwaltungsakt**. Bei diesem handelt es sich um eine Vielzahl von gleichlautenden und jeweils selbstständigen Einzelverwaltungsakten gem. § 35 S. 1 VwVfG, die lediglich aus Gründen der Effizienz zusammen ergehen. Jedoch ist jeder Einzelverwaltungsakt an einen anderen Adressaten gerichtet.

414

> **Beispiel:** Bei der Mitteilung der Gemeinde an alle Anwohner einer Straße mit individualisiertem Adressfeld auf den Schreiben, dass sie (demnächst) zu den Kosten der Straßensanierung herangezogen werden, handelt es sich um einen Sammelverwaltungsakt (sofern man die für einen Verwaltungsakt erforderliche Regelungswirkung bejaht). Würde indes der jeweilige individuelle Adressat fehlen (ergingen also gleichlautende Bescheide mit jeweils gleichlautendem Adressfeld wie „An alle Anwohner der Lüneburger Straße"), handelte es sich um eine Allgemeinverfügung.[477]

Grundsätzlich hat die Verwaltung die Wahlfreiheit, ob sie eine adressatenbezogene Allgemeinverfügung oder mehrere gleichlautende Einzelverwaltungsakte (also einen sog. Sammelverwaltungsakt) erlässt. Beiden gemeinsam ist der unbestimmte, aber bestimmbare Adressatenkreis. Das kann eine Abgrenzung im Einzelfall schwierig machen.

415

Berücksichtigt man den Umstand, dass die Annahme einer Allgemeinverfügung wegen der für sie geltenden besonderen Vorschriften der §§ 28 II Nr. 4, 41 III S. 2 und 39 II Nr. 5 VwVfG für den betroffenen Bürger ungünstiger ist als die Annahme von Einzelverwaltungsakten, muss der Grundsatz gelten, dass Unklarheiten behördlichen Handelns zulasten der Behörde gehen. Ergeht also nicht ausdrücklich eine Allgemeinverfügung oder sprechen die äußeren Umstände des behördlichen Handelns nicht erkennbar für eine Allgemeinverfügung, ist im Zweifel von mehreren Einzelverwaltungsakten nach § 35 S. 1 VwVfG auszugehen.[478] Bestehen Zweifel an der Einzelfallregelung, ist von einer Rechtsnorm auszugehen, die aber i.d.R. (da die Voraussetzungen nicht vorliegen) rechtswidrig sein wird.[479]

416

Für das Vorliegen einer Allgemeinverfügung spricht insbesondere, wenn eine **öffentliche Bekanntgabe** einer behördlichen Anordnung stattgefunden hat, die öffentliche Bekanntgabe jedoch nicht in besonderen Rechtsvorschriften i.S.v. § 41 III S. 1 VwVfG zugelassen ist. Denn Einzelverwaltungsakte dürfen unter den Voraussetzungen des § 41 III S. 1 VwVfG öffentlich bekannt gegeben werden, wohingegen Allgemeinverfügungen auch ohne entsprechende Ermächtigung in einer Rechtsvorschrift bekannt gegeben werden dürfen (§ 41 III S. 2 VwVfG). Jedoch ist zu beachten, dass der Wortlaut des § 41 III S. 2 VwVfG es gerade zulässt, dass umgekehrt auch Allgemeinverfügungen individuell bekannt gegeben werden. Daraus ergibt sich:

417

- Ist die öffentliche Bekanntgabe durch eine besondere Rechtsvorschrift (etwa nach § 69 III S. 2 VwVfG, § 10 VIII BImSchG, § 50 BauGB oder den Regelungen zur öffentlichen Bekanntgabe der Widmung in den Straßen- und Wegegesetzen) zugelassen, ist im Zweifel vom Vorliegen eines Sammelverwaltungsakts auszugehen.

- Ist demgegenüber die öffentliche Bekanntgabe *nicht* durch eine besondere Rechtsvorschrift zugelassen, ist im Zweifel vom Vorliegen einer Allgemeinverfügung auszugehen.

- Eine individuelle Bekanntgabe liefert hingegen kein taugliches Abgrenzungskriterium, da sowohl die Allgemeinverfügung als auch der Sammelverwaltungsakt individuell bekannt gegeben werden dürfen.

---

[477] Vgl. *Stelkens*, in: Stelkens/Bonk/Sachs, § 35 Rn 279, herangezogen auch von *Detterbeck*, AllgVerwR, Rn 469.
[478] *Stelkens*, in: Stelkens/Bonk/Sachs, VwVfG, § 35 Rn 206.
[479] OVG Saarlouis NVwZ 2011, 190.

b.) Sachbezogene Allgemeinverfügung, § 35 S. 2 Var. 2 VwVfG

418 Steht die Regelung der öffentlich-rechtlichen Eigenschaft einer Sache im Vordergrund, handelt es sich um eine **sachbezogene Allgemeinverfügung**, § 35 S. 2 Var. 2 VwVfG. In den meisten Fällen ergeht sie gerade aufgrund der Sachbezogenheit **adressatenlos** (was Auswirkungen auf die Bekanntgabe hat, vgl. § 41 III S. 2 VwVfG).

Beispiele:

(1) Durch Widmung erhält eine Sache, die der Privatrechtsordnung unterfällt, die Eigenschaft einer öffentlichen Sache (vgl. etwa die straßenrechtliche Widmung nach § 2 I FStrG). Durch die Widmung zur öffentlichen Sache kann diese von jedermann im Rahmen des Widmungszwecks (sog. Gemeingebrauch) ohne besondere Zulassung benutzt werden. Die Widmung ist – jedenfalls sofern sie förmlich erfolgt – daher der typische Fall einer sachbezogenen Allgemeinverfügung. Somit sind auch die Straßenumbenennung[480], die Widmung eines gemeindlichen Grundstücks als Marktplatz und die Widmung einer Halle als „Stadthalle" zur Abhaltung von bspw. Parteitagen etc. sachbezogene Allgemeinverfügungen (= dingliche Verwaltungsakte).

(2) Merkblätter für Straßenmusikanten, Anwohner etc.

(3) Verkaufsverbote zum Schutz der Gesundheit (§ 5 LFGB)

c.) Benutzungsregelnde Allgemeinverfügung, § 35 S. 2 Var. 3 VwVfG

419 Schließlich kann durch eine **benutzungsregelnde Allgemeinverfügung** die Benutzung einer Sache durch die Allgemeinheit (d.h. durch eine unbestimmte Zahl von Personen) geregelt werden, § 35 S. 2 Var. 3 VwVfG.

Beispiele:

(1) Die Benutzungsregeln der Fachbereichsbibliothek Rechtswissenschaften der Freien Universität Berlin gelten auch für die Studierenden der Humboldt-Universität und der Universität Potsdam.

(2) Allgemeinverfügungen i.S.v. § 35 S. 2 Var. 3 VwVfG sind auch Benutzungsregeln für Museen oder Schwimmbäder.

(3) Auch Sicht- und Verkehrszeichen gehören hierher.[481]

420

> **Zusammenfassung:** Auch Allgemeinverfügungen sind Verwaltungsakte, weil der Gesetzgeber die Konkretheit des Sachverhalts in den Vordergrund gestellt hat. Sie müssen daher grds. alle Tatbestandsvoraussetzungen erfüllen, die „normale" Verwaltungsakte nach § 35 S. 1 VwVfG erfüllen müssen. Jedoch gelten für sie die besonderen Vorschriften der §§ 28 II Nr. 4, 41 III S. 2 und 39 II Nr. 5 VwVfG, sodass die Frage, ob es sich bei der zu prüfenden Maßnahme um einen „normalen" Verwaltungsakt oder um eine Allgemeinverfügung handelt, i.d.R. nicht offenbleiben kann.

> **Hinweis für die Fallbearbeitung:** Da auch die Allgemeinverfügung einen Verwaltungsakt darstellt, kann sie ebenfalls mit der **Anfechtungsklage** (unter Beachtung einer grundsätzlich erforderlichen vorherigen Durchführung eines Widerspruchsverfahrens, § 68 VwGO) angegriffen werden. Dann entfalten diese Rechtsbehelfe grundsätzlich auch aufschiebende Wirkung, § 80 I VwGO, womit die Anordnung vorläufig außer Kraft gesetzt wird (bei den Verkehrsschildern gilt allerdings die Legalausnahme gemäß § 80 II S. 1 Nr. 2 VwGO analog). Bei der Prüfung der formellen Rechtmäßigkeit müssen allerdings die o.g. Besonderheiten in Bezug auf Anhörung, Bekanntmachung und Begründung beachtet werden.

---

[480] Vgl. dazu OVG Münster NVwZ-RR 2008, 487 f.; VG Berlin 9.5.2007 – VG 1 A 76.06.
[481] Vgl. BVerwG NJW 2011, 246; NVwZ 2007, 340 f.; BVerwGE 102, 316, 318; 92, 32, 34; 59, 221, 224; OVG Hamburg Nord ÖR 2000, 330. Zur Rechtsnatur von Verkehrszeichen vgl. sogleich Rn 421 ff.; zur Bekanntgabe vgl. Rn 469 ff.

cc. Zur Rechtsnatur von Verkehrsschildern

Verkehrsschilder könnten, wenn man ihnen einen generell-abstrakten Charakter bei- **421**
mäße, als **Rechtsverordnungen** angesehen werden. Bei unbefangener Betrachtung
mag dies sicherlich zutreffen, denn sie regeln nicht wie die Widmung die rechtliche
Eigenschaft eines Straßenabschnitts wie etwa die Benutzung oder Benutzbarkeit eines
bestimmten Straßenabschnitts oder die konkrete örtliche Verkehrssituation, sondern
das Verkehrsverhalten einer unbestimmten Zahl von Personen in einer unbestimmten
Zahl von Fällen in Gestalt von Geboten und Verboten (vgl. § 41 I StVO).

Dennoch ist es heute nahezu einhellige Auffassung, dass es sich bei den Verkehrszei- **422**
chen um **Allgemeinverfügungen** i.S.v. § 35 S. 2 Var. 3 VwVfG handelt.[482] Der
Grund für die Qualifizierung liegt wohl daran, dass in Verkehrszeichen ein Ersatz für
entsprechende Verkehrsregelungen durch Ordnungskräfte gesehen wird.[483]

Der Befund, dass es sich bei den Verkehrszeichen um Allgemeinverfügungen und **423**
nicht um Rechtsverordnungen handelt, hat nicht nur rechtsdogmatische und terminologische, sondern vor allem praktische Bedeutung:

- Unterschiede bestehen zunächst bezüglich der formell-rechtlichen **Voraussetzungen**:
  Für Verwaltungsakte gilt das VwVfG, für Rechtsverordnungen u.a. Art. 80 I GG.
- Bezüglich der **Rechtsfolgen** der Rechtswidrigkeit gilt: Rechtswidrige Verwaltungsakte
  sind aufgrund ihrer grundsätzlichen Wirksamkeit (vgl. §§ 43 II, III, 44 VwVfG) anfecht-
  bar und aufhebbar (vgl. § 113 I S. 1 VwGO), rechtswidrige Rechtsverordnungen sind
  von vornherein nichtig.
- Schließlich gilt bezüglich der **verfassungsrechtlichen Zulässigkeit** (Art. 80 I S. 4
  GG): Ordnete man die Verkehrszeichen als Rechtsverordnung ein, wären sie rechtswidrig und nichtig, weil das formell-materielle StVG keine Ermächtigung zum Erlass von
  Unterermächtigungen vorgesehen hat.

Zu den Problemen der Bekanntgabe von Verkehrszeichen vgl. Rn 497 ff.

d. Weitere Kriterien zur Bestimmung des Einzelfalls

In problematischen Fällen darf nicht nur auf die oben dargestellten Begriffspaare **424**
zurückgegriffen werden, sondern es müssen noch weitere Gesichtspunkte einbezogen
werden. So bildet die *Geltungsdauer der Regelung* ebenfalls ein Kriterium für die
rechtliche Qualifizierung der Regelung: Erschöpft sich die Regelung in einem einmaligen Gebot oder Verbot, kann es sich nur um einen Verwaltungsakt (oder eine Allgemeinverfügung) handeln. Erstreckt sich die Regelung demgegenüber auf einen längeren Zeitraum, greift die konditionale Fassung von Rechtsnormen („wenn ..., dann
...“). In diesen Fällen kann auch eine Rechtsnorm vorliegen.

Beispiel: Der Bürgermeister einer kleinen dörflichen Gemeinde, die hauptsächlich vom
Fremdenverkehr lebt, ordnet an, dass in der Saison keine Schweinegülle mehr auf die
im Gemeindegebiet befindlichen Felder verbracht werden dürfe.

Ob mit dieser Anordnung ein Verwaltungsakt oder eine Rechtsnorm vorliegt, lässt sich
mit den oben vorgestellten Begriffspaaren nicht eindeutig bestimmen. Wenn man davon ausgeht, dass es sich um eine einmalige Aktion handelt, liegt ein Verwaltungsakt
vor, da der Kreis der schweinezüchtenden Landwirte zumindest feststellbar ist. Handelt

---

[482] BVerwG NJW 2011, 246; NJW 2004, 698 f.; BVerwGE 102, 316, 318; OVG Hamburg NordÖR 2002, 469, 470; vgl.
auch *Beaucamp*, JA 2008, 612; *Brenner/Seifarth*, JuS 2009, 231, 233.
[483] BVerwG NVwZ 2007, 340 f.; *Peine*, AllgVerwR, § 7 Rn 135; *Maurer*, AllgVerwR, § 9 Rn 36; *Bull/Mehde*, AllgVerwR, §
10 Rn 538.

es sich demgegenüber um eine längerfristige Regelung, ist von einer Rechtsnorm (Satzung) auszugehen.

425 Weitere Gesichtspunkte, die bei der rechtlichen Qualifizierung Verwaltungsakt/Rechtsnorm Eingang finden können, sind der räumliche Geltungsbereich, der Grad der inhaltlichen Differenziertheit und Komplexität, die Vollzugsfähigkeit und Vollzugsbedürftigkeit der Regelung usw.

- Räumlicher Geltungsbereich: Je größer der räumliche Geltungsbereich ist, desto eher ist von einer Rechtsnorm auszugehen.
- Grad der inhaltlichen Differenziertheit und Komplexität: Je differenzierter und komplexer die Regelung ist, desto eher ist eine Rechtsnorm anzunehmen.
- Vollzugsfähigkeit und Vollzugsbedürftigkeit der Regelung: Ist der Inhalt der Regelung darauf ausgelegt, dass er bei Nichtbefolgung vollstreckt werden soll, ist eher von einem Verwaltungsakt auszugehen.

426 **Kein** Kriterium der Abgrenzung darf die Frage sein, ob die Behörde die gewählte Handlungsform auch wählen durfte. Denn bei der rechtlichen Qualifikation einer Handlungsform kommt es ausschließlich auf den objektiven **Inhalt** an, nicht auf die von der Behörde gewollte bzw. von ihr deklarierte Handlungsform.

> **Beispiel:** Möchte die Behörde eine abstrakt-generelle Regelung treffen, darf sie dies nicht durch Verwaltungsakt (und auch nicht durch Allgemeinverfügung). Trifft sie dennoch eine abstrakt-generelle Regelung in der Handlungsform des Verwaltungsakts, führt dies nicht etwa dazu, dass der Verwaltungsakt in eine Rechtsverordnung oder Satzung umgedeutet werden kann; vielmehr bleibt es beim Vorliegen eines Verwaltungsakts. Dieser ist jedoch rechtswidrig (i.d.R. sogar nichtig). Etwas anderes kann freilich dann vorliegen, wenn die Behörde die Voraussetzungen, die an die Rechtsverordnung bzw. Satzung gestellt sind, beachtet hat. Dies wird jedoch gerade angesichts der Tatsache, dass sie die Handlungsform des Verwaltungsakts gewählt hat, i.d.R. nicht anzunehmen sein.

e. Einordnung von modernen Rechtsakten

427 Verschiedene Rechtsakte, die sich erst in jüngerer Zeit herausgebildet haben, können nicht zweifelsfrei mit Hilfe der klassischen Abgrenzungsmethode (konkret-individuell oder abstrakt-generell) klassifiziert werden. Zu diesen Rechtsakten gehören die *rechtsverbindlichen (Regional- und Flächennutzungs-)Pläne*, die *Allgemeinverbindlichkeitserklärung von Tarifverträgen* gem. § 5 TVG[484], die *Typengenehmigungen* (z.B. nach § 20 StVZO), *Bauartzulassungen* (z.B. nach § 33e GewO) und die *Genehmigung von Satzungen* durch die Aufsichtsbehörde (z.B. nach § 10 II BauGB). Es liegt nahe, sie als Rechtssätze eigener Art (*sui generis*) zu qualifizieren.[485] Dennoch ist zu beachten, dass das geschriebene Recht nur die Einordnung als Verwaltungsakt oder als Rechtsnorm kennt. Eine Ausweitung kann daher nur unter zwingenden Gründen erfolgen. Denn jede zusätzliche Anerkennung eines Rechtssatzes eigener Art bedeutet eine Durchbrechung des ausdrücklich verfassungsrechtlich vorgesehenen Normensystems und letztlich eine Aufweichung des Gewaltenteilungs- und damit des Rechtsstaatsprinzips. Gleichwohl bestehen keine Bedenken, wenn die Qualifizierung als Rechtssatz eigener Art nur dann erfolgt, sofern eine Subsumtion entweder unter den Begriff des Verwaltungsakts oder unter eine Rechtsnorm unmöglich ist.

---

[484] Vgl. BVerfG NJW 1981, 215, 216; zust. *Stern*, Staatsrecht I, § 20 IV 4.
[485] *Maurer*, AllgVerwR, § 9 Rn 21.

> **Fazit und Hinweis für die Fallbearbeitung:** Verwaltungsakte und Rechtsnormen sind unterschiedlichen Rechtsregeln unterworfen:
>
> - So bestehen zunächst Unterschiede bei den *formellen Anforderungen*: Es gibt nur bei Rechtsnormen eine Ausfertigungs- und Verkündungspflicht; Art. 80 GG ist nur bei Rechtsverordnungen zu beachten.
> - Des Weiteren bestehen Unterschiede bei den *Rechtsfolgen der Rechtswidrigkeit*: Formell und/oder materiell rechtswidrige Normen sind grundsätzlich nichtig; formell rechtswidrige Verwaltungsakte sind grundsätzlich heilbar bzw. Fehler sind unbeachtlich (§§ 45, 46 VwVfG); materiell (und formell) rechtswidrige Verwaltungsakte sind grundsätzlich wirksam, aber anfechtbar und aufhebbar (vgl. §§ 43 II, 44 VwVfG).
> - Schließlich bestehen erhebliche Unterschiede bei dem *gerichtlichen Rechtsschutz*: So sind bei Verwaltungsakten die **Anfechtungs**- bzw. **Verpflichtungsklage** statthaft. Von der Exekutive erlassene Rechtsnormen (Satzungen, Rechtsverordnungen oder Rechtssätze *sui generis*) sind demgegenüber **inzident** (z.B. innerhalb einer Feststellungsklage) oder **prinzipal** (z.B. mit einer Normenkontrolle gem. § 47 VwGO) zu überprüfen.
>
> Daher kann und darf in der Fallbearbeitung eine Einordnung nicht offenbleiben.

428

5. Auf dem Gebiet des öffentlichen Rechts

Eine Maßnahme auf dem Gebiet des öffentlichen Rechts liegt vor, wenn entweder eine öffentlich-rechtliche Rechtsgrundlage oder eine eindeutig hoheitliche Handlungsform gegeben ist.

429

> **Hinweis für die Fallbearbeitung:** Da die hiermit verbundene Problematik in der Fallbearbeitung – sofern ein Rechtsbehelf zu prüfen ist – im Prüfungspunkt „Verwaltungsrechtsweg" geprüft werden muss, sei auf die Ausführungen bei *R. Schmidt*, VerwProzR, Rn 25 ff. verwiesen. Im Rahmen der statthaften Klageart, bei deren Feststellung es darum geht, ob in dem fraglichen Verwaltungshandeln ein Verwaltungsakt gesehen werden kann, genügt dann bestenfalls die Feststellung, dass die Maßnahme auf dem Gebiet des öffentlichen Rechts ergangen sei, verbunden mit einem Hinweis auf den Verwaltungsrechtsweg. Regelmäßig sollte auf diesen Punkt aber überhaupt nicht eingegangen werden.

6. Unmittelbare Rechtswirkung nach außen

a. Allgemeines

Die in § 35 S. 1 VwVfG genannte Legaldefinition setzt eine Außenwirkung der Regelung voraus. Daher kann eine Maßnahme nur dann einen Verwaltungsakt darstellen, wenn der Inhalt der Regelung über den verwaltungsinternen Bereich hinausgeht, d.h. wenn sie persönliche Pflichten oder Rechte für den Bürger oder sonstige außenstehende Rechtspersönlichkeiten (z.B. GmbH, AG) begründet. Damit wird an die bereits dargestellte Unterscheidung zwischen Innenrecht und Außenrecht angeknüpft. Ob im zu untersuchenden Fall eine Außenwirkung vorliegt, muss durch Auslegung ermittelt werden. Dabei ist nach Auffassung des BVerwG nicht die tatsächliche Wirkung entscheidend, sondern der Wille der Behörde, da die Maßnahme gem. § 35 S. 1 VwVfG ihrem „objektiven Sinngehalt" nach auf Außenwirkung *gerichtet* sein müsse.[486]

430

---

[486] Vgl. dazu BVerwGE 125, 85 ff.; OVG Bautzen NVwZ 2006, 715 ff. unter Bezugnahme auf BVerwGE 111, 246 ff.; VG Wiesbaden NVwZ-RR 2007, 528 (mit Bespr. v. *Waldhoff*, JuS 2008, 168).

431 Im Normalfall ist der Wille der Behörde dem Sachverhalt zu entnehmen. Schwierigkeiten können sich also dort ergeben, wo der Wille der Behörde nicht erkennbar ist oder wo sich die Maßnahme nur rein faktisch nach außen auswirkt. In diesen Fällen muss regelmäßig die Maßnahme zu rein innerbehördlichen (= verwaltungsinternen) Angelegenheiten abgegrenzt werden, da diesbezüglich eine Rechtsverletzung nicht stets möglich ist.

> **Beispiel**[487]: P ist Bundespolizeibeamter. Bisher trug er sein schulterlanges Haar in Form eines Pferdeschwanzes ("Lagerfeld-Zopf"). Nachdem jedoch der Bundesinnenminister als oberste Dienstbehörde Bestimmungen über das Erscheinungsbild der Bundespolizei und das Tragen der Uniform erlassen hat, erteilt der unmittelbare Dienstvorgesetzte des P, D, diesem die Einzelanweisung, der Haar- und Barttracht nachzukommen und die Haare zu kürzen. P sieht darin einen Verstoß gegen Art. 2 I GG (allgemeine Handlungsfreiheit) sowie gegen Art. 2 II S. 1 GG (körperliche Unversehrtheit) und erhebt nach erfolglos durchgeführtem Widerspruchsverfahren Klage.
>
> Welche Klageart statthaft ist, richtet sich nach dem Klagebegehren, welches sich wiederum an der Rechtsnatur der angegriffenen Maßnahme orientiert. Handelt es sich bei der Weisung des D um einen den P belastenden Verwaltungsakt, ist die Anfechtungsklage statthaft. Fehlt es an einem der den Verwaltungsakt kennzeichnenden Merkmale, sind die allgemeine Leistungsklage bzw. die allgemeine Feststellungsklage statthaft.
>
> Zweifel an dem Vorliegen eines Verwaltungsakts knüpfen vorliegend allein an das Merkmal „nach außen gerichtet" an. Denn D ging es unter Berufung auf die (innerdienstliche) Weisung des Innenministers offenbar um die Funktionsfähigkeit des Amtes und nicht um das Grundverhältnis des betroffenen Beamten zu seinem Dienstherrn.[488] Andererseits ist die tatsächliche Belastung des P im Außenrechtsverhältnis offenkundig, denn der Haarschnitt ist auch in der Freizeit sichtbar.
>
> Das BVerwG hat entschieden, dass es bei der Frage nach der Außenwirkung allein auf den Willen der Behörde ankomme. Daher handele es sich bei Maßnahmen, die Beamten ein bestimmtes Erscheinungsbild im Dienst vorschreiben, auch dann nicht um Verwaltungsakte, wenn sie – wie Vorgaben über die Gestaltung der Haar- und Barttracht – in der privaten, und damit subjektiven Lebenssphäre fortwirkten. Denn ihr Regelungszweck bestehe darin, die Modalitäten der Dienstausübung festzulegen.[489]
>
> Demnach ist die Anordnung des D gegenüber P, dieser habe die Bestimmungen des Innenministers hinsichtlich der Haar- und Barttracht einzuhalten, kein Verwaltungsakt, sondern schlicht-hoheitliches Handeln (also ein Realakt). Insbesondere hat die grundrechtsbeeinträchtigende Wirkung einer Maßnahme keinen Einfluss auf die Frage, ob ein Verwaltungsakt vorliegt. Statthaft sind daher die allgemeine Leistungs- bzw. Feststellungsklage. Zur Begründetheit vgl. Rn 432 (Beispiel 2).
>
> **Weiterführender Hinweis:** Die Anordnung wurde auch nicht dadurch zum Verwaltungsakt, dass über sie durch Widerspruchsbescheid entschieden worden ist oder dass sie von der Widerspruchsbehörde als solcher bezeichnet wurde. Denn gem. § 126 II BBG ist auch vor der Erhebung von Leistungs- und Feststellungsklagen das Widerspruchsverfahren durchzuführen.[490]

> **Merke:** Nach Auffassung des BVerwG liegt Außenwirkung i.S.v. § 35 S. 1 VwVfG nicht bereits dann vor, wenn die Maßnahme **tatsächlich** den verwaltungsinternen Bereich überschreitet und subjektive Rechte des betroffenen Bürgers beeinträchtigt, sondern auch nur dann, wenn die Außenrechtswirkung auch **von der Behörde beabsichtigt**

---

[487] Vgl. BVerwGE 125, 85 ff.
[488] Zum beamtenrechtlichen Grundverhältnis, das Statusrechte des Beamten kennzeichnet und damit das Anwendungsfeld des Verwaltungsakts eröffnet, vgl. Rn 457 ff.
[489] BVerwGE 125, 85 ff.
[490] Bei Landesbeamtenverhältnissen kann ein Landesgesetz (Beamtengesetz; Ausführungsgesetz zur VwGO) die Durchführung des Vorverfahrens ausschließen, § 54 II S. 3 BeamtStG.

ist. Die **Grundrechtsbetroffenheit** ist hingegen **kein** Kriterium für die Annahme eines Verwaltungsakts. Anderenfalls würden rein begünstigende Maßnahmen keine Verwaltungsakte darstellen, was mit dem Wortlaut des § 35 S. 1 VwVfG nicht vereinbar ist (vgl. dazu bereits Rn 356). Im Übrigen hat das vorstehende Beispiel verdeutlicht, warum die Abgrenzung zwischen Verwaltungsakt und Realakt nicht nur theoretischer Natur ist, denn von der Qualifikation der Maßnahme hängt die Statthaftigkeit der Klage ab (vgl. dazu bereits Rn 388).

Hinweis für die Fallbearbeitung: In der Fallbearbeitung kommen hinsichtlich des Kriteriums der Außenwirkung einer Maßnahme insbesondere folgende Problemkreise in Betracht:

- Es besteht eine **innerdienstliche Weisung**, die den Adressaten allenfalls mittelbar, nicht aber gezielt in seinen Rechten beeinträchtigt.
- Es besteht ein **mehrstufiger Verwaltungsakt**, bei dem in der Regel nur die untere Stufe Außenwirkung entfaltet.
- Es besteht eine Maßnahme der **Staatsaufsicht** (z.B. eine solche der Kommunalaufsicht).
- Es besteht eine Maßnahme im „**Sonderstatusverhältnis**" (z.B. im Beamtenverhältnis, wobei Überschneidungen zu den innerdienstlichen Weisungen bestehen).

Diese Problemkreise sollen im Folgenden nacheinander näher erläutert werden.

---

b. Innerdienstliche Weisungen

432

Aufgrund der Verwaltungshierarchie und der Organisationsgewalt ist der Dienstvorgesetzte befugt, den ihm nachgeordneten Behörden und Amtswaltern Weisungen hinsichtlich ihrer dienstlichen Stellung und Tätigkeit zu geben. Bei diesen innerdienstlichen Weisungen – zu denen auch i.w.S. die Verwaltungsvorschriften[491] gehören – besteht zwar eine Regelungsfunktion, nicht aber eine unmittelbare Außenwirkung. Damit scheidet ein Verwaltungsakt aus (vgl. auch schon das Beispiel bei Rn 431). Will der Adressat einer innerdienstlichen Weisung gegen diese vorgehen, stehen ihm allenfalls die **Feststellungs-** bzw. die **allgemeine Leistungsklage** (sowie der einstweilige Rechtsschutz nach § 123 VwGO) zur Verfügung. Ein solcher Rechtsbehelf wird aber nur dann erfolgreich sein, wenn eine (faktische) Rechtsverletzung vorliegt. Eine solche wird jedoch gerade aufgrund der intendierten Beschränkung der Maßnahme auf den Binnenbereich der Verwaltung i.d.R. kaum darzulegen sein, es sei denn, die Maßnahme beeinträchtigt den Amtswalter faktisch-mittelbar in seinen persönlichen Rechten.

Beispiele:

(1) Beamter A wird von Behördenleiter L angewiesen, den Bauantrag des X abzulehnen.

Diese Anweisung stützt sich auf § 62 I S. 2 BBG bzw. § 35 S. 2 BeamtStG (bzw. auf die vergleichbaren Landesregelungen), die das Recht des Vorgesetzten implizieren, den ihm unterstellten Beamten Anweisungen für die Erledigung der Arbeit zu erteilen. Bei einer derartigen Anweisung handelt es sich trotz der mit ihr verbundenen Regelung um eine rein innerdienstliche Weisung. Eine Verletzung subjektiver Rechte des A ist nicht ersichtlich. X wird die Weisung daher nicht erfolgreich angreifen können. Davon zu unterscheiden ist aber das Recht des X, Verpflichtungsklage gegen die von A erlassene Ablehnung des Bauantrags zu erheben, denn der Ablehnungsbescheid stellt einen belastenden Verwaltungsakt dar. Zu den beamtenrechtlichen Streitigkeiten vgl. weiterhin Rn 457 ff.

---

[491] Zu den Verwaltungsvorschriften vgl. ausführlich Rn 142 ff. und 864 ff.

(2) Im Beispiel von Rn 431 liegt zwar auch nur eine innerdienstliche Weisung vor, jedoch ist bei dieser Maßnahme – anders als im soeben genannten Beispiel – eine Rechtsbetroffenheit des P offensichtlich. Denn Regelungen über die Gestaltung der Haar- und Barttracht beeinflussen zwangsläufig die private Lebensführung. Der Zwang zu einem unerwünschten, vielleicht sogar innerlich abgelehnten Aussehen kann das psychische und soziale Wohlbefinden beeinträchtigen. Daher liegt – obwohl es sich bei der Anordnung, P habe die Regelungen der Haar- und Barttracht einzuhalten, um eine rein innerdienstliche Weisung ohne Außenwirkung handelt – eine Rechtbeeinträchtigung vor, sodass P mit der allgemeinen Leistungs- bzw. Feststellungsklage vorgehen kann.[492]

(3) Der Wirtschaftsminister des Landes X erlässt eine Vergaberichtlinie (= Verwaltungsvorschrift), welche die Vergabe von durch den Haushaltsplan des Landtags bereitgestellten öffentlichen Mitteln an wirtschaftlich angeschlagene Unternehmen regelt. Im Übrigen bestehen weder eine gesetzliche Grundlage noch ein Rahmenplan für eine Subventionierung. Die im Gebiet des Landes X ansässigen A-Automobilwerke befinden sich in wirtschaftlichen Schwierigkeiten. Um die Arbeitsplätze in der Region zu sichern, gewährt ihnen die zuständige Behörde eine entsprechende Beihilfe. Die ebenfalls in X ansässigen und sich in einer ähnlichen Situation befindenden B-Automobilwerke wollen aus Gründen der Gleichbehandlung ebenfalls subventioniert werden.

Existieren keine gesetzlich normierte Anspruchsgrundlage und auch kein Rahmenplan, sondern lediglich ein Haushaltsplan bzw. eine Verwaltungsvorschrift, besteht grundsätzlich *kein* Anspruch auf Gewährung oder auf ermessensfehlerfreie Entscheidung, da weder der Haushaltsplan noch die Verwaltungsvorschrift eine Außenwirkung entfalten und staatliche Leistungsvergabe stets nur unter Kapazitätsvorbehalt erfolgen kann. Zudem bestünde die Gefahr eines schwerwiegenden Eingriffs in das Haushaltsrecht der Legislative. Daraus folgt, dass – auch wenn nach seinem Zweck objektiv eine Gewährung anzunehmen wäre – grundsätzlich kein subjektives Recht abgeleitet werden kann.[493] Allerdings ist auch in diesem Fall über Art. 3 I GG ein Anspruch auf Gleichbehandlung möglich, wenn ein bereits vergleichbarer Fall vorliegt, bei dem die Gewährung erteilt wurde. Ein solcher Anspruch auf Gleichbehandlung kann sich bei gegebener Sachlage im Einzelfall sogar *faktisch* zu einem Anspruch auf Gewährung konkretisieren. Dies kommt insbesondere dann in Betracht, wenn die bislang erfolgte Subventionsvergabe über Vergaberichtlinien (= Verwaltungsvorschriften) abgewickelt wurde. **Anspruchsgrundlage** des Antragstellers ist dann **Art. 3 I GG i.V.m. den Vergaberichtlinien,** die zwar streng nach der Rechtsquellenlehre Innenrecht der Verwaltung darstellen, mittelbar (d.h. über Art. 3 I GG) aber **nach außen** wirken. Ob im konkreten Fall der Anspruch auch realisierbar ist, hängt von der Verfügbarkeit der Mittel ab.

c. Mehrstufige Verwaltungsakte

433 Wie bereits eingehend bei Rn 367 ff. beschrieben, dürfen einige Verwaltungsakte gegenüber dem Bürger erst dann erlassen werden, wenn die den Verwaltungsakt erlassende Behörde zuvor eine andere Behörde beteiligt hat (vgl. nur § 35 IV GewO, § 36 I BauGB oder § 5 IV S. 4 FStrG). Die Beteiligung anderer Behörden soll gewährleisten, dass der Verwaltungsakt nicht dadurch rechtswidrig ist, dass er gegen eine Rechtsmaterie verstößt, die sich außerhalb des Zuständigkeitsbereichs der Ausgangs-

---

[492] Im Originalfall war der Rechtsbehelf sogar begründet, weil sich nach Auffassung des BVerwG ein gesellschaftlicher Wandel vollzogen hat und die Gestaltung der Haare keine Rückschlüsse auf die gesellschaftliche Haltung des betroffenen Beamten zulasse. Es sei rechtsfehlerhaft, wenn der Dienstherr lange Haare als inkorrekt und unseriös bewerte (BVerwGE 125, 85 ff.). Die Entscheidung des BVerwG überrascht insofern, als das Gericht ansonsten eher konservativ entscheidet. Inwieweit das Urteil Auswirkungen auf die Haar- und Barttracht bei der Bundeswehr ausübt, bei der das BVerwG genau entgegengesetzt argumentiert hat, bleibt vorerst abzuwarten.

[493] VGH Mannheim NVwZ 2001, 1428.

behörde befindet. Ob Beteiligungsakte (Genehmigungs- oder Zustimmungsakte) von Drittbehörden, die dem Bürger nicht handelnd gegenübertreten, selbstständig anfechtbare Verwaltungsakte darstellen oder ob es ihnen an der Außenwirkung fehlt, sodass gegen diese Mitwirkungs- bzw. Zustimmungsakte allenfalls die Feststellungsklage oder die allgemeine Leistungsklage in Betracht kommen, soll Gegenstand der folgenden Untersuchung sein. Es muss folgendermaßen differenziert werden:

Schreibt ein Gesetz vor, dass die dem Bürger gegenübertretende Behörde den Verwaltungsakt im **Benehmen** mit oder z.B. nach Anhörung einer anderen Behörde zu erlassen hat, hat sie zwar vor Erlass des Verwaltungsakts deren Stellungnahme einzuholen. Sie ist an diese Stellungnahme aber rechtlich nicht gebunden. Aus dieser **Unverbindlichkeit** folgt zum einen, dass es sich bei dem Mitwirkungsakt **nicht um einen Verwaltungsakt** handeln kann, und zum anderen, dass ein rechtliches Vorgehen des Bürgers gegen den Mitwirkungsakt mangels rechtlicher Beschwer (Klagebefugnis) aussichtslos ist.

434

> **Beispiel:** Gem. § 5 IV S. 4 FStrG hat die Festsetzung der Ortsdurchfahrt einer Bundesstraße durch die oberste Landesstraßenbaubehörde im *Benehmen* mit der höheren Verwaltungsbehörde zu erfolgen.
>
> Verweigert die höhere Verwaltungsbehörde (bspw. die Bezirksregierung) ihre Mitwirkung, ist das für den Bürger unbeachtlich, da der Mitwirkungsakt nicht rechtsverbindlich ist. Schon gar nicht stellt der Mitwirkungsakt einen Verwaltungsakt dar. Der Bürger kann nur Verpflichtungsklage gegen die Entscheidungsbehörde erheben, wird allerdings bei der Klagebefugnis scheitern, da die Festsetzung einer Ortsdurchfahrt im öffentlichen Interesse und nicht im Interesse einzelner Bürger steht (es fehlt also an dem für die Klagebefugnis erforderlichen subjektiven Recht).

Sieht eine gesetzliche Regelung dagegen das **Einvernehmen**, die **Zustimmung** oder die **Genehmigung** einer anderen Behörde vor, darf die dem Bürger gegenübertretende Behörde den Verwaltungsakt nur dann erlassen, wenn der erforderliche Mitwirkungsakt der anderen Behörde vorliegt.

435

> **Beispiele**[494]:
> **(1)** § 36 I S. 1 BauGB statuiert die Notwendigkeit des gemeindlichen Einvernehmens bei der Erteilung von Baugenehmigungen in bestimmten Fällen (d.h. in den Fällen der §§ 31, 33-35 BauGB, sofern nicht die Gemeinde selbst die Baugenehmigungsbehörde ist).
> **(2)** § 9 II FStrG statuiert die Notwendigkeit der Zustimmung der obersten Landesstraßenbaubehörde bei der Erteilung von Baugenehmigungen in bestimmten Fällen.
> **(3)** § 10 II BauGB statuiert die Pflicht der Gemeinde, Bebauungspläne nach § 8 II S. 2, III S. 2 und IV BauGB von der höheren Verwaltungsbehörde (z.B. Bezirksregierung) genehmigen zu lassen.

In derartigen Fällen ist die Rechtsnatur des jeweiligen Mitwirkungsakts problematisch. Von einer außenwirksamen Regelung und damit von einem Verwaltungsakt ist nur dann auszugehen, wenn der entsprechende Konsensakt gegenüber dem Bürger einen eigenständigen Regelungsgehalt besitzt. Davon ist immer dann auszugehen, wenn der mitwirkungsberechtigten Behörde die *alleinige oder überwiegende Entscheidungsbefugnis* zugewiesen ist.[495] Hat die mitwirkungsberechtigte Behörde hingegen lediglich *dieselben* Gesichtspunkte zu prüfen wie die Entscheidungsbehörde, kann bei dem Mitwirkungsakt nicht von einem Verwaltungsakt ausgegangen werden.

436

---

[494] Vgl. *Peine*, AllgVerwR, § 7 Rn 127; *Maurer*, AllgVerwR, § 9 Rn 30.
[495] BVerwGE 26, 31, 39; *Peine*, AllgVerwR, § 9 Rn 127.

Für das **Beispiel 1** von Rn 435 ergibt sich somit Folgendes: In der Regel sind Baugenehmigungsbehörde und Gemeinde nicht identisch. Vielmehr geht § 36 I S. 1 BauGB davon aus, dass die Baugenehmigung von der unteren staatlichen Verwaltungsbehörde (i.d.R. der Landkreis in seiner Funktion als Staatsbehörde) erteilt wird. Diese erlässt also eine an den Bauherrn adressierte Baugenehmigung. Die Baugenehmigung stellt einen begünstigenden Verwaltungsakt dar, der gleichzeitig die Gemeinde bindet, d.h. mitverpflichtet. Diese Mitverpflichtung ist für die Gemeinde aber auch unschädlich, sofern sie zuvor einen qualifizierten Bebauungsplan (§ 30 I BauGB) erlassen hat und sich das Bauvorhaben im Geltungsbereich dieses Plans befindet. Dann nämlich sind die Interessen der Gemeinde gewahrt. Befindet sich das Bauvorhaben aber außerhalb eines qualifizierten Bebauungsplans bzw. dort, wo die Gemeinde überhaupt noch nicht geplant hat (also in den Fällen der §§ 30 III, 34 und 35 BauGB), oder weicht das Bauvorhaben von der gemeindlichen Planung ab (etwa im Fall des § 31 II BauGB), wären die Interessen der Gemeinde nicht gewahrt, könnte die staatliche Baugenehmigungsbehörde ohne die Mitwirkung der Gemeinde über die Baugenehmigung entscheiden.

Damit in solchen Fällen die durch Art. 28 II S. 1 GG garantierte Planungshoheit der Gemeinde gesichert ist, sieht § 36 I S. 1 BauGB die grundsätzliche Mitwirkung der Gemeinde an der Beurteilung der bauplanungsrechtlichen Zulässigkeit von Vorhaben vor. Allerdings hat nach der Rspr. des BVerwG[496] auch in solchen Fällen die Gemeinde nur dieselben Gesichtspunkte zu prüfen wie die Entscheidungsbehörde. Das überzeugt, denn dadurch, dass die Gemeinde ihre Zustimmung grundsätzlich nur aus den sich aus §§ 31, 33-35 BauGB ergebenden Gründen versagen kann und nicht etwa, weil das Vorhaben ihren planerischen Vorstellungen widerspricht (vgl. § 36 II S. 1 BauGB), sind keine Gesichtspunkte ersichtlich, die nicht auch schon von der Genehmigungsbehörde zu prüfen wären.[497] Daraus folgt, dass es sich bei dem Mitwirkungsakt der Gemeinde nicht um einen Verwaltungsakt handelt. Dabei fehlt es nicht nur an der Außenwirkung, sondern wohl auch an der Regelungswirkung. Der Bauherr, dem von der staatlichen Baugenehmigungsbehörde die beantragte Baugenehmigung mit der Begründung versagt wird, die Gemeinde habe ihr Einvernehmen verweigert, muss also Verpflichtungsklage bzw. Verpflichtungswiderspruch gegen die Entscheidungsbehörde erheben. Sollte diesem Begehren stattgegeben werden, wird die Entscheidungsbehörde zum Erlass der gewünschten Baugenehmigung verpflichtet. Das Urteil ersetzt den Mitwirkungsakt der Gemeinde.

437 Auch für den Fall, dass die Genehmigungsbehörde und die Behörde, die das Einvernehmen erklären muss (also die mitwirkungsberechtigte Behörde), **identisch** sind, darf die Genehmigungsbehörde den begehrten begünstigenden Verwaltungsakt nicht mit der Begründung versagen, das Einvernehmen sei (von einem mitwirkungsberechtigten Organ der Gemeinde) verweigert worden. Auch in diesem Fall muss die Entscheidungsbehörde so entscheiden, als habe das Einvernehmen vorgelegen.[498]

Entsprechend entscheidet das BVerwG (E 16, 116, 118) hinsichtlich der Zustimmung der obersten Landesstraßenbaubehörde nach § 9 II S. 1 FStrG (**Beispiel 2** v. Rn 435).

In **Beispiel 3** von Rn 435 besteht die Besonderheit, dass die höhere Verwaltungsbehörde lediglich Rechtsaufsicht über die Gemeinden ausübt. Maßnahmen der Rechtsaufsicht sind stets Verwaltungsakte (vgl. Rn 89/93/441 ff.). Das gilt auch bzgl. der Genehmigung bestimmter Bebauungspläne.

---

[496] BVerwGE 28, 145, 147; BVerwG NVwZ 1986, 556, 557 zu § 36 BauGB. Vgl. auch BVerwG NVwZ 2005, 213.
[497] Vgl. BVerwG NVwZ 2000, 1169, 1170; *Ortloff*, NVwZ 2000, 750, 753; *Gaentzsch*, NVwZ 2000, 993, 1000.
[498] BVerwG NVwZ 2005, 83 f.

> **Hinweis für die Fallbearbeitung:** In einer Klausur wird nach dem Klagebegehren folgendermaßen unterschieden, wobei für die Verpflichtungssituation Entsprechendes gilt:
>
> ■ Begehrt der Kläger die Aufhebung der Entscheidung oder die Mitwirkung *der anderen (d.h. mitwirkungsberechtigten) Behörde*, muss geprüft werden, ob bezüglich dieses Vorgangs eine Außenwirkung vorliegt. Sollte diese ausnahmsweise vorliegen, ist diese andere Behörde Anfechtungs- bzw. Verpflichtungsgegner. Liegt indes keine Außenwirkung vor, müssen eine allgemeine Feststellungs- bzw. Leistungsklage in Betracht gezogen, diese aber regelmäßig wegen fehlender Klagebefugnis bzw. fehlenden Rechtsschutzbedürfnisses abgelehnt werden, da eine Mitwirkungshandlung ohne Außenwirkung wohl kein subjektives Recht i.S.d. § 42 II VwGO begründet. Anschließend sind die Anfechtung des ablehnenden Bescheids bzw. die Verpflichtung auf Erlass eines Bescheids der erlassenden Behörde (Entscheidungsbehörde) in Betracht zu ziehen (ggf. Klageumstellung nach § 86 I/III VwGO) und die Aufhebung eines Verwaltungsakts bzw. die Verpflichtung der Behörde zum Erlass eines solchen zu prüfen. Das Gericht (und somit der Klausurbearbeiter) prüft dann im Rahmen dieser Klage (inzident) die Rechtmäßigkeit der Zustimmungsverweigerung. Kommt das Gericht bspw. in einer Verpflichtungssituation zu dem Ergebnis, dass die Erteilung der Zustimmung zu Unrecht abgelehnt worden ist, gibt es – wenn auch die übrigen Anspruchsvoraussetzungen erfüllt sind – der Klage statt. Das stattgebende Urteil ersetzt dann die zu Unrecht verweigerte Zustimmung (§§ 65 II, 121 Nr. 1 VwGO, § 173 VwGO i.V.m. § 894 ZPO).
>
> ■ Begehrt der Kläger von vornherein nur die Aufhebung des ihn unmittelbar belastenden Verwaltungsakts der Entscheidungsbehörde, wird eine Anfechtungsklage gegen diesen Verwaltungsakt geprüft, wobei dann inzident auf die Entscheidung der anderen Behörde eingegangen werden muss: zum einen nach der Prüfung der Sachentscheidungsvoraussetzungen (bei der notwendigen Beiladung) und zum anderen innerhalb der materiellen Rechtmäßigkeit.

438

d. Maßnahmen der Staatsaufsicht (hier: Kommunalaufsicht)

Problematisch ist, ob auf Rechts- oder Fachaufsicht basierende Aufsichtsmaßnahmen der Kommunalaufsichtsbehörde **Außenwirkung** haben und welcher **Rechtsschutz** in Betracht kommt. Darüber hinaus ist die **Klagebefugnis** fraglich.

439

aa. Rechtsaufsicht – Fachaufsicht

Ausgangspunkt der Überlegung ist, dass juristische Personen des öffentlichen Rechts, soweit sie in der mittelbaren Staatsverwaltung öffentliche Verwaltungsaufgaben wahrnehmen, der staatlichen Aufsicht unterstehen. Das hat zum einen den Hintergrund, dass nur das Parlament unmittelbar demokratisch legitimiert ist und dass jede abgeleitete hoheitliche Gewalt auf das Parlament zurückzuführen sein muss (Demokratieprinzip).[499] Zum anderen sind die in die mittelbare Staatsverwaltung eingebundenen juristischen Personen trotz eigenverantwortlicher Aufgabenerfüllung an das Gesetz gebunden (sog. Prinzip vom Vorrang des Gesetzes). Die Einhaltung dieser Gesetzesbindung wird durch die staatliche Aufsicht gewährleistet und erforderlichenfalls durchgesetzt. Ist die juristische Person des öffentlichen Rechts in Selbstverwaltungsangelegenheiten (also im **eigenen Wirkungskreis**) und somit als selbstständiges Rechtssubjekt betroffen, beschränkt sich die Staatsaufsicht (des Bundeslandes) auf die Gesetzmäßigkeit der Verwaltungstätigkeit. Man spricht hier von ***Rechtsaufsicht***. In Auftragsangelegenheiten (**übertragener Wirkungskreis**) erstreckt sie sich *auch* auf die Handhabung des Ermessens, die Zweckmäßigkeit (sog. ***Fachauf-***

440

---

[499] Vgl. dazu BVerfGE 95, 1, 16 (Südumfahrung Stendal).

sicht), da die handelnde Körperschaft hier nur als verlängerter Arm des Staates tätig wird.

bb. Aufsichtsmittel der Staatsaufsicht am Beispiel der Kommunen

441 *Allgemeine Aufsichtsbehörden* sind die nach dem allgemeinen Staatsorganisationsrecht zuständigen staatlichen Instanzen, so z.B. das Landratsamt bzw. der Landrat in seiner Funktion als Staatsbehörde (untere staatliche Verwaltungsbehörde). Lediglich in Niedersachsen und Sachsen, wo die staatliche Aufsicht kommunalisiert ist, obliegt sie dem Landratsamt bzw. Landrat in seiner Funktion als Kommunalbehörde.[500] Für den Bereich des repressiven Aufsichtsmittels *Bestellung eines Staatskommissars* (s.u.) sind wegen der besonders einschneidenden Bedeutung i.d.R. die oberen Kommunalaufsichtsbehörden (der Regierungspräsident oder der Innenminister) zuständig.

442 Bei der **Rechtsaufsicht** über die Kommunen sind die dem Staat zur Verfügung stehenden Aufsichtsmittel gesetzlich geregelt und beschränkt. Dazu gehören sowohl präventive als auch repressive Aufsichtsmittel:

a.) Präventive Aufsichtsmittel

443 Die präventiven Aufsichtsmittel dienen zum einen der Vorwegkontrolle, um rechtswidrige Akte zu verhindern (sog. Genehmigungsvorbehalt), und zum anderen der Sofortkontrolle, um also eine sofortige Kontrolle zu ermöglichen (sog. Anzeigenvorbehalt).[501]

> **Beispiel zum Genehmigungsvorbehalt:** Gemäß § 36 I S. 4 BauGB kann die Landesregierung in den Fällen des § 35 II u. IV BauGB durch Rechtsverordnung festlegen, dass die Zustimmung der höheren Verwaltungsbehörde bezüglich der Zulässigkeit von Bauvorhaben erforderlich ist. Durch den Genehmigungsvorbehalt soll gewährleistet werden, dass die sich aus den §§ 31, 33, 34 und 35 BauGB ergebenden Voraussetzungen an das Vorhaben eingehalten werden.

> **Beispiel zum Anzeigenvorbehalt:** Die Gemeindeordnung sieht vor, dass bestimmte Beschlüsse oder Vorhaben der Aufsichtsbehörde angezeigt werden müssen, damit diese im Fall der Rechtswidrigkeit des Beschlusses bzw. des Vorhabens mit den repressiven Aufsichtsmitteln einschreiten kann.

444 Zum **Rechtsschutz der Gemeinde**: Versagt die Aufsichtsbehörde die beantragte Genehmigung, richtet sich der Rechtsschutz nach der Rechtsnatur der Genehmigung. Handelt es sich bei der Genehmigung um einen Verwaltungsakt (wovon im Rahmen der Rechtsaufsicht auszugehen ist), ist die **Verpflichtungsklage** in Form der Versagungsgegenklage statthaft. Bei rechtmäßigem Handeln der Gemeinde steht dieser ein Recht auf Erteilung der Genehmigung zu. Nur wenn das Vorhaben der Gemeinde eines staatlichen Mitwirkungsakts bedarf, steht der Gemeinde gegenüber der Aufsichtsbehörde lediglich ein Anspruch auf fehlerfreien Ermessensgebrauch zu.[502]

b.) Repressive Aufsichtsmittel

445 Neben den präventiven Aufsichtsmitteln stehen der Rechtsaufsichtsbehörde auch repressive Aufsichtsmittel zur Verfügung. Sie dienen der Beseitigung von Rechtsverletzungen.

---

[500] *Knemeyer*, JuS 2000, 521, 523. Vgl. auch *Welti*, JA 2006, 871 ff. Zur Staatsaufsicht anderer übergeordneter Behörden („Sonderaufsicht") vgl. *Zilkens*, JuS 2001, 785 ff.
[501] Vgl. dazu *Knemeyer*, JuS 2000, 521, 522 f. und nun auch *Rennert*, JuS 2008, 119, 121.
[502] *Knemeyer*, JuS 2000, 521, 523.

- Dazu gehört zunächst die **Information**: Die Aufsichtsbehörde hat das Recht, sich jederzeit über die aufsichtsrelevanten Angelegenheiten der Gemeinde zu informieren. Selbstverständlich beinhaltet die Information auch das Recht, Empfehlungen auszusprechen (die Information kann auch Vorstufe der präventiven Aufsichtsmittel sein).

- Mit der **Anordnung** bzw. **Aufforderung zur Änderung** kann die Rechtsaufsichtsbehörde die Erfüllung der der Gemeinde obliegenden Aufgaben innerhalb einer angemessenen Frist verlangen.

- Durch das Institut der **Beanstandung** kann die Rechtsaufsichtsbehörde rechtswidrige Beschlüsse der Gemeinde aufheben bzw. durch die Gemeinde aufheben lassen.

- Die **Ersatzvornahme** dient dazu, dass die Rechtsaufsichtsbehörde die an sich der Gemeinde obliegenden Aufgaben anstelle und auf Kosten der Gemeinde selbst vornehmen oder durch einen Dritten vornehmen lassen kann.

- Schließlich besteht als Ultima Ratio die Möglichkeit der **Bestellung eines Staatskommissars**, der die an sich der Gemeinde obliegenden Aufgaben anstelle des zuständigen Gemeindeorgans und auf Kosten der Gemeinde wahrnehmen kann.

Die dargestellte Reihenfolge entspricht dem **Grundsatz der Verhältnismäßigkeit**. So muss die Aufsichtsbehörde zunächst im Wege der *Information* vorgehen, um dann von den Instituten *Beanstandung* und *Aufforderung zur Änderung* Gebrauch machen zu können. Auf der dritten und vierten Stufe können dann die *Ersatzvornahme* bzw. die *Bestellung eines Staatskommissars* erfolgen. **446**

Die Bestellung eines Staatskommissars ist als Ultima-Ratio-Maßnahme nur in sehr engen Grenzen zulässig. Sie setzt voraus, dass rechtmäßige Verhältnisse auf andere Weise nicht mehr hergestellt werden können. Wie bereits erwähnt, sind wegen der besonders einschneidenden Bedeutung i.d.R. die oberen Kommunalaufsichtsbehörden zuständig.

Zum Rechtsschutz der Kommunen vgl. weiterhin Rn 450 ff.

cc. Ermessen im Bereich der Staatsaufsicht

Fraglich ist, ob die Aufsichtsmittel im Ermessen der Rechtsaufsichtsbehörde stehen. **447**

- Nach h.M.[503] sind die Aufsichtsbehörden nicht zum Einschreiten verpflichtet, weil grds. das Opportunitätsprinzip gelte.[504] Das Einschreitermessen ergebe sich aus dem Wortlaut der maßgeblichen Vorschriften der Gemeindeordnungen („kann"), ferner aus dem Wesen der kommunalen Selbstverwaltung und aus dem von ihr geprägten Verhältnis von Rechtsaufsichtsbehörde und Gemeinde. Bei ermessensfehlerfreier Handhabung bestünden daher in rechtsstaatlicher Hinsicht keine Bedenken.

- Die Gegenauffassung[505] erblickt in den Kann-Vorschriften über die Aufsichtsmittel ein bloßes *Kompetenz-Kann*, nicht jedoch ein *Ermessens-Kann*; die Rechtsbindung nach Art. 1 III, 20 III GG verlange von den staatlichen Behörden auch beim Aufsichtsgebaren eine unbedingte Rechtsverwirklichung. Daher sei bei einem Rechtsverstoß das „Ob" eines aufsichtlichen Einschreitens vorgegeben; lediglich für die Frage des „Wie" bestehe ein begrenztes Auswahlermessen.

- Stellungnahme: Der zuletzt genannten Auffassung ist entgegenzuhalten, dass sich der Zweck der Staatsaufsicht nicht darin erschöpfen kann, lückenlos und automatisch jeden Rechtsverstoß zu verfolgen. Zum einen würde eine solche Annahme zu einem „Vollzugsdefizit" der Aufsichtsbehörden führen und zum anderen wäre die grundgesetzlich garantierte kommunale Selbstverwaltung in ihrer Funktionalität beeinträchtigt. Vielmehr ist daher unter Beachtung des Einzelfalls zu berücksichtigen, inwieweit ein Inte-

---

[503] *Stober*, KommunalR, § 9 III 1d; *Maurer*, AllgVerwR, § 23 Rn 20; vgl. auch *Knemeyer*, JuS 2000, 521, 522.
[504] Zum Opportunitätsprinzip der Kommunalaufsicht vgl. BVerfGE 6, 104 ff.; BayVerfGH BayVBl 1989, 237.
[505] *Borchert*, DÖV 1978, 721, 723.

resse der Allgemeinheit an der Beseitigung der Rechtsverletzung besteht. Dieses Allgemeininteresse lässt sich hinreichend im Rahmen des Ermessens berücksichtigen.

dd. Besonderheiten bei der Fachaufsicht

448 Im Bereich des *übertragenen Wirkungskreises* (Auftragsangelegenheit) unterliegt das zuständige Organ der Gemeinde der Fachaufsicht. Im Gegensatz zu der Rechtsaufsicht beschränkt sich die Fachaufsicht nicht auf die Kontrolle der Rechtmäßigkeit, sondern bezieht sich auch auf die Kontrolle der Zweckmäßigkeit des Verwaltungshandelns. Es besteht also ein Weisungsrecht. Das hat den Hintergrund, dass die Gemeinde gerade nicht in ihrem Selbstverwaltungsrecht berührt ist, sondern Staatsaufgaben erfüllt und in den hierarchischen Staatsaufbau integriert ist. Entsprechend findet die Fachaufsicht durch die Erteilung von innerdienstlichen *Weisungen* statt. Das hat Konsequenzen für den Rechtsschutz.

ee. Rechtsschutz bei Aufsichtsmaßnahmen der Kommunalaufsicht

449 Problematisch ist, ob auf Rechts- oder Fachaufsicht basierende Aufsichtsmaßnahmen der Kommunalaufsichtsbehörde **Verwaltungsakte** sind und welcher Rechtsschutz in Betracht kommt. Darüber hinaus ist die **Klagebefugnis** fraglich. Es muss wie folgt differenziert werden:

a.) Rechtswirkungen gegenüber der Gemeinde

450 Bei der nunmehr entscheidenden Frage, ob Aufsichtsmaßnahmen gegenüber der betroffenen Gemeinde eine **Außenwirkung** zukommt, muss wiederum zwischen Maßnahmen der Rechtsaufsicht und Maßnahmen der Fachaufsicht unterschieden werden:

aa.) Maßnahmen der Rechtsaufsicht

451 Die ganz h.M.[506] misst Maßnahmen der Rechtsaufsichtsbehörde (Kommunalaufsichtsbehörde des Landes) mit Ausnahme der Information Regelungs- und Außenwirkung zu und qualifiziert sie somit als **Verwaltungsakte**, da die Gemeinde als juristische Person des öffentlichen Rechts in ihrem sog. **eigenen Wirkungskreis** (Selbstverwaltungsrecht gem. Art. 28 II S. 1 GG) und daher als selbstständiges Rechtssubjekt betroffen sei. Verwaltungsgerichtlicher Rechtsschutz der Gemeinde kann dann in Form der **Anfechtungs**- und **Verpflichtungsklage** geltend gemacht werden.

> **Beispiel:** § 10 II BauGB statuiert die Pflicht der Gemeinde, Bebauungspläne (= Satzungen) nach § 8 II S. 2, III S. 2 und IV BauGB von der höheren Verwaltungsbehörde (z.B. Bezirksregierung) genehmigen zu lassen (sog. Genehmigungsvorbehalt, vgl. *R. Schmidt*, BauR, Rn 50 ff.). Die Genehmigung einer Satzung ist ein Verwaltungsakt. Wenn der Antrag auf Genehmigung abgelehnt wird, kann die Gemeinde also (nach vorheriger Durchführung eines Widerspruchsverfahrens) Verpflichtungsklage erheben.

bb.) Maßnahmen der Fachaufsicht

452 Bei staatlichen Weisungen gegenüber Gemeinden in Bezug auf **übertragene** Angelegenheiten ist strittig, ob eine Weisung Außenwirkung entfaltet. Zwar ist auch hier die Gemeinde juristisch ein eigenständiger Verwaltungsträger, im übertragenen Wirkungskreis ist sie aber organisatorischer (nicht rechtlicher!) Teil des hierarchischen Staatsaufbaus. Es könnte somit nur eine innerdienstliche Weisung vorliegen:

---

[506] Vgl. nur BVerwG NVwZ 2005, 213 f.; BVerwGE 19, 121 ff.; *Kopp/Schenke*, VwGO, Anh § 42 Rn 80; *Maurer*, Allg-VerwR, § 23 Rn 23; *Halbig*, JuS 1999, 468, 470; *Waldhoff*, JuS 2008, 168, 159.

- Nach einer Auffassung[507] liegen grundsätzlich keine Außenwirkung und damit kein Verwaltungsakt vor, da sich die Fachaufsicht nicht an die Gemeinde als Selbstverwaltungskörperschaft richte, sondern an die Gemeinde bzw. ihre Organe als Teil der Staatsorganisation, entsprechend einer innerdienstlichen Weisung an Beamte und Behörden. Eine Außenwirkung liege aber dann vor, wenn das gemeindliche Selbstverwaltungsrecht berührt sei. Das gemeindliche Selbstverwaltungsrecht sei berührt, wenn eine Maßnahme den Rahmen der Fachaufsicht überschreite. Mache demnach die Gemeinde diese (vermeintliche) Überschreitung geltend, sei gegen die Weisung eine Anfechtungsklage zulässig.

- Die Gegenauffassung qualifiziert Aufsichtsmaßnahmen – unabhängig von deren Rechtsnatur – stets als Verwaltungsakte, da sie die Gemeinden als selbstständige Körperschaften und damit als Träger eigener, dem Außenrechtsbereich zuzuordnender Rechte und Pflichten beträfen.[508]

- Schließlich wird vertreten, dass es nicht darauf ankomme, ob eine Maßnahme tatsächlich Außenwirkung habe, sondern - streng nach dem Wortlaut des § 35 S. 1 VwVfG - ob sie auf Außenwirkung gerichtet sei (Finalität des Verwaltungshandelns).[509] Diese Außenwirkung wird von der Fachaufsichtsbehörde i.d.R. nie beabsichtigt sein, sodass dann keine Außenwirkung, sondern nur eine verwaltungsinterne Weisung vorliegt.

- Stellungnahme: Für die zuletzt genannte Auffassung spricht, dass sie auf die Sicht der Aufsichtsbehörde abstellt und sich somit streng an den Gesetzeswortlaut (§ 35 S. 1 VwVfG: „... gerichtet") hält. Je nach Fallgestaltung sind dann eine allgemeine Leistungsklage, Feststellungsklage oder eine Unterlassungsklage der Gemeinde statthaft; damit zusammenhängend ist der vorläufige Rechtsschutz nicht über § 80 VwGO, sondern über § 123 VwGO in Betracht zu ziehen. Letztlich überzeugender ist aber die zuerst genannte Auffassung. Sie verkennt nicht, dass Gemeinden, auch wenn sie Aufgaben im übertragenen Wirkungskreis wahrnehmen, stets eine eigenständige Rechtsqualität (vgl. Art. 28 II S. 1 GG) behalten. Macht die Gemeinde die Überschreitung der Fachaufsicht geltend, ist in der Hauptsache die Anfechtungsklage statthaft (vgl. § 88 VwGO, wonach auf das geltend gemachte Klagebegehren abzustellen ist). Beim einstweiligen Rechtsschutz ist der Eilantrag gem. § 80 V VwGO statthaft. Bei der Klage- bzw. Antragsbefugnis ist dann zu prüfen, ob ein Eingriff in den Bereich der kommunalen Selbstverwaltung möglich ist.

b.) Rechtswirkungen gegenüber den Bürgern

aa.) Maßnahmen der Rechtsaufsicht

Bei Maßnahmen der Rechtsaufsicht (Kommunalaufsicht) sind – da es sich bei diesen Maßnahmen gegenüber der Gemeinde um Verwaltungsakte handelt, s.o. – eine Anfechtungs- bzw. Verpflichtungsklage in Betracht zu ziehen. Da aber nicht der Bürger, sondern die Kommune Adressat der Maßnahme ist, kommt in einer Anfechtungssituation überhaupt nur eine (Dritt-)Anfechtungsklage in Betracht. Dazu müsste es sich bei der Rechtsaufsichtsmaßnahme um einen „Verwaltungsakt mit Doppelwirkung i.S.e. Drittwirkung" handeln.[510] Dies wird jedoch zu verneinen sein, da die Rechtsaufsicht nur im öffentlichen Interesse liegt und sich rechtlich nicht auf das Verhältnis zum Bürger auswirkt. Eine Drittanfechtungsklage wäre schon deshalb unzulässig. Unterstellt man indes die Drittwirkung, wird die Klage jedenfalls an der Klagebefugnis scheitern: Nach allgemeiner Auffassung genügt für die Bejahung der Klagebefugnis,

453

---

[507] BVerwG DVBl 1995, 745 im Anschluss an BVerwG DVBl 1994, 1194; *Maurer*, AllgVerwR, § 23 Rn 23; im Grundsatz zustimmend *Kopp/Schenke*, VwGO, Anh § 42 Rn 77.
[508] *Knemeyer*, JuS 2000, 521, 534 f.; *Kahl*, Jura 2001, 505, 512.
[509] *Schwerdtfeger/Schwerdtfeger*, Rn 765; *Pietzcker*, in: Schoch/Schneider/Bier, VwGO, § 42 Abs. 1 Rn 57; *Kopp/Schenke*, VwGO, Anh. § 42 Rn 90.
[510] Vgl. dazu Rn 360 ff.

wenn sich aus dem Klägervortrag zumindest die Möglichkeit einer eigenen Rechtsverletzung ergibt. In einer Anfechtungssituation darf nicht offensichtlich ausgeschlossen sein, dass der Kläger durch den ihn betreffenden Verwaltungsakt in seinen Rechten verletzt ist. Da Kommunalaufsichtsmaßnahmen aber ausschließlich die Rechtsbeziehungen zwischen Staat und Gemeinde regeln und diese rechtsstaatlich motivierte, auf objektive Rechtmäßigkeit gerichtete Kontrolle somit dem Gesetzmäßigkeitsprinzip (**„objektive Rechtskontrolle"**) und nicht dem subjektiven Rechtsschutz dient[511], wäre eine Anfechtungsklage spätestens hier unzulässig.

454   Liegt indes eine Verpflichtungssituation vor (der Bürger begehrt ein rechtsaufsichtliches Einschreiten der Kommunalaufsichtsbehörde gegen die Gemeinde), darf dagegen nicht von vornherein ausgeschlossen sein, dass dem Kläger der geltend gemachte Anspruch zusteht. Fraglich ist, ob der Bürger ein mögliches subjektives Recht auf entsprechendes Einschreiten der Kommunalaufsichtsbehörde hat. Wie bereits gesagt, regeln Kommunalaufsichtsmaßnahmen ausschließlich die Rechtsbeziehungen zwischen Staat und Gemeinde und dienen dem Gesetzmäßigkeitsprinzip. Ein tatsächliches Einschreiten erfolgt somit nicht aufgrund einer geltend gemachten subjektiven Rechtsposition; es entfaltet **bloße Reflexwirkung**. Die Unterlassung verletzt deshalb keine eigenen Rechte des Bürgers. Die Klagebefugnis ist daher nicht gegeben. Der Bürger kann also die Kommunalaufsichtsbehörde rechtlich nicht verpflichten, gegen die fragliche Maßnahme der Gemeinde einzuschreiten. Eine Klage gegen die Kommunalaufsichtsbehörde ist somit unzulässig. Möglich, aber ohne einen bestimmten Bescheidungsanspruch, sondern nur mit dem Anspruch auf informatorischen Bescheid wäre eine **Aufsichtsbeschwerde**, gerichtet an die der Kommunalaufsichtsbehörde übergeordnete Behörde.[512]

bb.) Maßnahmen der Fachaufsicht

455   Bei *fachaufsichtlichen* Maßnahmen liegt weder gegenüber der Gemeinde noch gegenüber dem Bürger eine Außenwirkung vor. Diese Maßnahmen richten sich nicht an die Gemeinde in ihrer Funktion als Selbstverwaltungskörperschaft, sondern als Teil des organisatorischen (hierarchischen) Staatsaufbaus. Es handelt sich somit um reines Binnenrecht der Verwaltung (s.o.). Bezüglich des Rechtsschutzes des Bürgers wäre hier allenfalls an eine **allgemeine Leistungsklage** oder an eine **Feststellungsklage** zu denken, wobei die Klagebefugnis bzw. das Feststellungsinteresse kaum herzuleiten wären. Zum Komplex der Fach- und Rechtsaufsicht über die Kommunalbehörden vgl. auch *R. Schmidt*, VerwProzR, Rn 301 ff. („Klagegegner").

e. Organisationsakte

456   Organisationsakte sind alle Maßnahmen, durch die Aufbau, Struktur oder Kompetenz von juristischen Personen des öffentlichen Rechts und ihrer Organe gestaltet werden wie die Schaffung oder Schließung einer öffentlichen Schule oder einer kommunalen Anstalt, die Leistungen an den Bürger erbringt. Ob unmittelbare Außenwirkung und somit ein Verwaltungsakt vorliegen, hängt davon ab, ob der Adressat nach dem objektiven Sinngehalt der Maßnahme in seinem eigenen Wirkungskreis betroffen ist oder ob der Organisationsakt den Rechtskreis eines anderen betrifft. Dann liegen für ihn keine Außenwirkung und kein Verwaltungsakt vor. In Betracht kommen dann allenfalls die **allgemeine Leistungsklage** bzw. die **Feststellungsklage**. Aufgrund der Parallelproblematik zur Fachaufsicht sei ergänzend auf diese Ausführungen verwiesen.

---

[511] Ganz h.M., vgl. nur *Maurer*, AllgVerwR, § 23 Rn 22. *Rennert* (JuS 2008, 119, 121) verneint zwar auch die Klagebefugnis, lässt jedoch das Problem der Drittwirkung unerwähnt. In einer Klausur muss dieses aber stets diskutiert werden.
[512] Zum formlosen Rechtsbehelf „Aufsichtsbeschwerde" vgl. *R. Schmidt*, VerwProzR, Rn 6.

Zu intra- und interorganisationsrechtlichen Streitigkeiten vgl. *R. Schmidt*, VerwProzR, Rn 582 ff.

f. Maßnahmen im „Sonderstatusverhältnis"

aa. Frühere Annahme eines besonderen Gewaltverhältnisses

Im Anschluss an die konstitutionelle Staats- und Verwaltungsrechtslehre des ausgehenden 19. Jahrhunderts wurde insbesondere von *Otto Mayer*[513] die Lehre vom besonderen Gewaltverhältnis[514] entwickelt. Danach bestand eine enge Beziehung zwischen dem Staat und solchen Bürgern, die aufgrund von Soldaten-, Beamten-, Strafgefangenen-, Schul- oder sonstigen Anstaltsverhältnissen in einem Unterordnungsverhältnis zum Staat standen. Entsprechend den Vorstellungen der Begründer dieser Lehre wurde der in einem Sonderrechtsverhältnis stehende Bürger gleichsam in den Staatsapparat einbezogen mit der Folge, dass die Grundrechte und der Gesetzesvorbehalt – die nur das allgemeine Bürger-Staat-Verhältnis bestimmen – nicht zur Geltung kamen. Es blieb der Verwaltung überlassen, die Beziehungen innerhalb dieser Verhältnisse durch Verwaltungsvorschriften (bzw. Anstaltsordnungen) zu regeln. Eine gesetzliche Rechtsgrundlage war dementsprechend nicht erforderlich.

457

Das „besondere Gewaltverhältnis" galt lange Zeit unangefochten und wurde sogar noch nach Inkrafttreten des Grundgesetzes vertreten. Eine Ablehnung erfuhr es erst mit der Strafgefangenenentscheidung des BVerfG aus dem Jahre 1972.[515] Das Gericht betonte zunächst, dass die Grundrechte des Grundgesetzes auch für Amtsträger, Strafgefangene, Schüler etc. gelten. Angehörige dieses Personenkreises sind also Grundrechtsadressaten wie alle anderen Menschen auch. Zudem hat das BVerfG das besondere Gewaltverhältnis als rechtfertigende Grundlage für Eingriffe in die Rechtssphäre der Betroffenen abgelehnt.[516] Greift also ein Träger öffentlicher Gewalt in die (Grund-)Rechtssphäre z.B. eines Beamten, Richters, Soldaten, Schülers oder Strafgefangenen ein, bedarf er dazu einer gesetzlichen Rechtsgrundlage.[517] Damit steht fest: Die grundrechtlichen Vorbehaltsklauseln sowie die allgemeinen Schranken-Schranken (insbesondere der Grundsatz der Verhältnismäßigkeit) gelten auch für das „Sonderstatusverhältnis". Daher kann die Figur des Sonderstatusverhältnisses nur noch als Schlagwort für eine Rechtslage aus längst vergangener Zeit verstanden werden. Unter der Geltung des Grundgesetzes kann es folgerichtig nur noch um die Klärung der Frage gehen, unter welchen Voraussetzungen ein Grundrechtseingriff anzunehmen ist und wie der Rechtsschutz ausgestaltet ist. Terminologisch sollte diesbezüglich daher der Begriff des **Eingliederungsverhältnisses** verwendet werden.[518]

458

bb. Situation im Beamtenrecht

Speziell im Beamtenrecht wurde zunächst nach dem Ansatz von *Ule*[519] formal zwischen *Betriebsverhältnis* und *Grundverhältnis* unterschieden:

459

Ule beschrieb das Betriebsverhältnis mit rein innerbetrieblichen und innerorganisatorischen Abläufen. Danach konnte eine Maßnahme den Beamten nur als Funktionsmit-

---

[513] Vgl. *Otto Mayer*, Deutsches Verwaltungsrecht, Bd. 1, 3. Aufl. 1924, S. 101 f.
[514] Auch Sonderstatusverhältnis oder Sonderrechtsverhältnis genannt.
[515] BVerfGE 33, 1 ff.; vgl. auch BVerfGE 41, 251 ff. und zuletzt BVerfG NJW 2006, 2093 ff.
[516] BVerfGE 33, 1 ff.; vgl. auch VG Lüneburg NJW 2001, 767 ff. mit Bespr. von *Böckenförde*, NJW 2001, 723 ff.; vgl. auch die zusammenfassende Darstellung von *Kielmannsegg*, JA 2012, 881 ff.
[517] Heute ganz selbstverständlich BVerfG NJW 2013, 3291.
[518] Vgl. *Kielmannsegg*, JA 2012, 881 ff. mit Verweis u.a. auf *Loschelder*, HdbStR Bd. 9, 3. Aufl. 2011, § 202; *Stern*, Staatsrecht Bd. III/1, 1988, S. 1376 ff.; *Peine*, in: Merten/Papier, Hdb der Grundrechte, Bd. 3, § 65; *Schmidt-Aßmann*, HdbStR Bd. 2, 3. Aufl. 2004, § 26 Rn 23 Fn 80.
[519] *Ule*, Das besondere Gewaltverhältnis, in: VVDStRL 15 (1957), 133 ff.; 151 ff.

glied der Organisation betreffen, nicht als Bürger außerhalb der Verwaltung. Daher war eine Verletzung von persönlichen Rechten ausgeschlossen. Es kam zur **Injustiziabilität** solcher Maßnahmen.

Ules Ansatz anerkannte aber auch, dass der Beamte auch Bürger ist. Anordnungen, die über den innerdienstlichen Bereich hinausgingen, sich sozusagen auf das allgemeine Staat-Bürger-Verhältnis bezögen, wirkten nach außen und beeinträchtigten dadurch den Beamten in seinen persönlichen Rechten. Dieses sog. Grundverhältnis war anzunehmen, wenn das Rechtsverhältnis **begründet**, **beendet** oder **wesentlich berührt** wurde (etwa bei Ernennung, Entlassung oder Versetzung eines Beamten). Mit der Bejahung der Außenwirkung ging auch die Möglichkeit des Rechtsschutzes einher (die allgemeine Leistungsklage war zur Zeit der Begründung dieser Lehre noch nicht anerkannt). Umfassender gerichtlicher Rechtsschutz war dann über eine **Anfechtungs- oder Verpflichtungsklage** gewährleistet.

cc. Heutige Lösung

460 Die Unterscheidung zwischen Betriebsverhältnis und Grundverhältnis war wesentlich durch Rechtsschutzgesichtspunkte bestimmt. Denn der Weg zu den Verwaltungsgerichten war nur durch die Annahme einer Außenrechtsbeziehung und somit eines Verwaltungsakts eröffnet (die allgemeine Leistungsklage als Rechtsschutzmittel gegenüber schlicht-hoheitlichem Handeln, wozu auch Maßnahmen des Betriebsverhältnisses zählen, war – wie bereits ausgeführt – damals noch nicht anerkannt). Sollte also eine Maßnahme justiziabel sein, kam man nicht umhin, sie als Verwaltungsakt zu qualifizieren. Als sich dann später (aufgrund der Strafgefangenenentscheidung des BVerfG) die Erkenntnis durchsetzte, dass (wegen Art. 19 IV S. 1 GG) auch schlicht-hoheitliches Handeln justiziabel sein müsse, und dies zur Anerkennung der allgemeinen Leistungsklage führte, wurde die Unterscheidung zwischen Betriebsverhältnis und Grundverhältnis fraglich. Die Lehre von *Ule* wird daher überwiegend als überholt angesehen.[520] Vielmehr wird heute ausschließlich danach gefragt, ob eine bestimmte Maßnahme (unabhängig von ihrer Rechtsnatur) den Beamten in seinen **persönlichen Rechten beeinträchtigt**.[521] Nur wenn das der Fall sei, stehe dem Betroffenen der Rechtsweg offen.

dd. Bewertung

461 Die Unterscheidung zwischen Betriebsverhältnis und Grundverhältnis könnte im Hinblick auf die heutige Anerkennung der allgemeinen Leistungsklage in der Tat nicht mehr erforderlich sein. Gleichwohl bestehen zwischen in die persönliche Rechtssphäre des Beamten eingreifenden innerdienstlichen Maßnahmen und Maßnahmen mit Außenwirkung nicht nur Unterschiede in Bezug auf die statthafte Klageart (Anfechtungsklage/Verpflichtungsklage oder allg. Leistungsklage/Feststellungsklage[522]), sondern es bestehen oftmals auch unterschiedliche Anforderungen an die Rechtsgrundlage bzw. die verfassungsrechtliche Rechtfertigung von Grundrechtseingriffen. So können in

---

[520] Vgl. nur BVerwGE 125, 85 ff.; 60, 144, 146 f.; *Maurer*, AllgVerwR, § 9 Rn 27-29; *Peine*, AllgVerwR, § 7 Rn 126; *Bull/Mehde*, AllgVerwR, Rn 276 ff.; *Kopp/Schenke*, VwGO, Anh § 42 Rn 67 ff.; *Böckenförde*, NJW 2001, 723 ff.

[521] So z.B. BVerfG NVwZ 2003, 200; BVerfGE 125, 85 ff.; VGH München NVwZ 2000, 222 f.; OVG Koblenz NVwZ-RR 2000, 371; VG Lüneburg NJW 2001, 767 ff.; *Battis*, NJW 2001, 1101, 1106.

[522] Eine Unterscheidung wäre aber auch hier letztlich bedeutungslos, wenn auch vor Erhebung einer allgemeinen Leistungsklage oder Feststellungsklage ein Widerspruchsverfahren durchzuführen (und somit auf jeden Fall die Monatsfrist des § 74 I VwGO einzuhalten) wäre. Das Widerspruchsverfahren ist bei Bundesbeamtenverhältnissen Pflicht (vgl. § 126 II BBG). Bei Landesbeamtenverhältnissen kann ein Landesgesetz (Beamtengesetz; Ausführungsgesetz zur VwGO) die Durchführung des Vorverfahrens ausschließen, § 54 II S. 3 BeamtStG. Für die Anwendung des § 74 I VwGO auch auf allgemeine Leistungs- und Feststellungsklagen aus dem Beamtenverhältnis vgl. *Kopp/Schenke*, VwGO, § 74 Rn 1 und *Rennert*, in: Eyermann, VwGO, § 68 Rn 6. Lediglich wenn man die Auffassung vertritt, dass für Leistungs- und Feststellungswidersprüche die Monatsfrist des § 70 VwGO nicht gelte, können sich Unterschiede mit Blick auf die Zulässigkeit des Rechtsbehelfs ergeben.

persönliche Rechte des Beamten eingreifende innerdienstliche Maßnahmen durchweg auf bestimmte beamtenrechtliche Pflichten (etwa die Gesunderhaltungspflicht, Pflicht zur politischen Mäßigung und Zurückhaltung) oder Blankettvorschriften (etwa § 62 I S. 2 BBG, § 35 S. 2 BeamtStG – beamtenrechtliche Gehorsamspflicht) gestützt werden. Diese Pflichten bzw. Blankettvorschriften können aber nicht ohne weiteres als Rechtsgrundlagen für belastende Maßnahmen im Außenrechtsverhältnis herangezogen werden. Vgl. dazu auch schon das Beispiel bei Rn 431. Daher kommt der Unterscheidung zwischen Betriebsverhältnis und Grundverhältnis doch (noch) eine gewisse Bedeutung zu (vgl. dazu im Einzelnen auch die nachfolgenden Fallgruppen). Hinsichtlich der Geltung der grundrechtlichen Vorbehaltklauseln ist indes zu beachten, dass speziell für das (Berufs-)Beamtentum Art. 33 IV und V GG Regelungen trifft, die an das Treueverhältnis des Beamten zu seinem Dienstherrn anknüpfen und den Besonderheiten der institutionellen Funktionsfähigkeit des Staates Rechnung tragen. Eingriffe in die (Grund-)Rechtssphäre der Beamten sind also stets vor diesem Hintergrund zu beurteilen. Namentlich geht es um die Frage, wie detailliert die gesetzliche Eingriffsermächtigung formuliert sein muss; zudem ist nach dem Maßstab bei der Rechtfertigung von (Grund-)Rechtseingriffen zu fragen. Hier kann die bereits angesprochene institutionelle Funktionsfähigkeit des Staates und seiner Einrichtungen als verfassungsimmanente Schranke der Grundrechtsausübung wirken. Voraussetzung ist aber, dass die Funktionsfähigkeit nur solcher staatlicher Einrichtungen mit den betroffenen Grundrechten des Beamten abgewogen werden kann, die (insbesondere durch Nennung im Grundgesetz) Verfassungsrang genießen.[523]

Beispiele: Beamte sind ebenso Grundrechtsträger wie alle anderen natürlichen Personen. Geht es um Eingriffe des Dienstherrn in die Grundrechte, gilt daher der Vorbehalt des Gesetzes uneingeschränkt. Der Dienstherr bedarf daher einer Rechtsgrundlage zur Rechtfertigung von Grundrechtseingriffen. Eine andere Frage ist es, ob Grundrechtseingriffe mit Blick auf die Notwendigkeit der Erhaltung der Funktionsfähigkeit des Staates und der Einrichtung, in der der Beamte seinen Dienst verrichtet, leichter zu rechtfertigen sind. Hier ist unter Zugrundelegung des beamtenrechtlichen Treueverhältnisses (Art. 33 IV GG) sowie der hergebrachten Grundsätze des Berufsbeamtentums (Art. 33 V GG) im Rahmen der Angemessenheitsprüfung eine Abwägung der widerstreitenden Verfassungsgüter vorzunehmen.

In Strafgefangenenverhältnissen dürfte die Funktionsfähigkeit des Staates und seiner Einrichtungen (hier: die Justizvollzugsanstalten) als verfassungsimmanente Schranke der Freiheitsrechte noch deutlicher zum Vorschein kommen.

Aber auch die für Hochschullehrer geltende verfassungstextlich vorbehaltlos gewährleistete Wissenschaftsfreiheit aus Art. 5 III GG findet ihre Grenze in kollidierendem Verfassungsrecht. Dazu kann auch die Funktionsfähigkeit des Staates und seiner Einrichtungen (hier: die Hochschulen) gehören.

ee. Fallgruppen

Innerdienstliche Maßnahmen *ohne* Beeinträchtigung persönlicher Rechte: 462
Nach der heute herrschenden Auffassung haben dienstliche Anweisungen, die die Erledigung einer Amtshandlung zum Gegenstand haben und den Beamten *ausschließlich in seiner Eigenschaft als Amtsträger und Glied der Verwaltung* betreffen, keine rechtsbeeinträchtigende Wirkung und keine Außenwirkung. Hier ist zwar die allgemeine Leistungsklage (bzw. subsidiär die Feststellungsklage) statthaft. Diese scheitert i.d.R. aber bereits an der Klagebefugnis bzw. am Feststellungsinteresse, zumindest aber an der Begründetheit.

---

[523] Zur institutionellen Funktionsfähigkeit als verfassungsimmanente Schranke vgl. ausführlich *Kielmannsegg*, JA 2012, 881, 883 f.

Beispiel[524]**:** Beamtin B wird von ihrem Dienstvorgesetzten angewiesen, die neuen Rechtschreibregeln anzuwenden.

Hier ist die Rechtsbetroffenheit fraglich. Es könnte angenommen werden, dass B nicht nur in ihrer Verwaltungstätigkeit, sondern auch in ihrem allgemeinen Persönlichkeitsrecht aus Art. 2 I GG betroffen ist, da sie die neuen Rechtschreibregeln anwenden muss.[525] Dann stünde B außerhalb des Verwaltungsbereichs und die Anordnung wäre als Eingriff in die persönliche Rechtssphäre zu qualifizieren. Dem ist allerdings entgegenzuhalten, dass die dienstliche Anweisung sich nicht auf den privaten Bereich der B erstrecken kann. Dort ist B in ihrem Handeln völlig frei. Daher kann B nicht in ihrem Persönlichkeitsrecht aus Art. 2 I GG betroffen sein. Es liegt nur eine innerdienstliche Weisung, und diese auch ohne persönliche Rechtsbeeinträchtigung, vor.[526] Eine von B erhobene allgemeine Leistungsklage in Form der Abwehr- bzw. Unterlassungsklage bzw. eine Feststellungsklage würden daher bereits an der Klagebefugnis scheitern. B muss eine Änderung der Schreibweise im Rahmen ihres Amtes im statusrechtlichen und abstrakt-funktionalen Sinn hinnehmen. Nach der Lehre von Ule käme es zur Injustiziabilität dieser Anweisung, da auch hier das Grundverhältnis nicht berührt wird.

463 **Innerdienstliche Maßnahmen *mit möglicher* Beeinträchtigung persönlicher Rechte (Einzelfallbetrachtung):** Des Weiteren sind Maßnahmen denkbar, die zwar nicht auf Außenwirkung gerichtet sind, dennoch eine rechtsbeeinträchtigende Wirkung zeigen können. Das betrifft zunächst die bei Rn 431 behandelte Konstellation der Haar- und Barttracht, aber auch die gesetzlich nicht geregelte Umsetzung. Eine Umsetzung liegt vor, wenn dem Beamten ein anderer Aufgabenbereich (ein anderes Amt) innerhalb derselben Behörde zugewiesen wird, wobei sein statusrechtliches Amt und das funktionale Amt im abstrakten Sinne unberührt bleiben.[527] Die Umsetzung betrifft also lediglich das Amt im konkret-funktionalen Sinne (den Dienstposten). Der Arbeitsplatz muss nicht notwendig am selben Ort sein.

Beispiel: Dem Dezernatsleiter L, der eine Planstelle der Besoldungsgruppe A 16 innehat, wird die Leitung eines anderen Dezernats in derselben Behörde, der ebenfalls eine Planstelle der Besoldungsgruppe A 16 zugewiesen ist, übertragen.

Früher wurde die Umsetzung zumindest im Grundsatz als verwaltungsinterner Akt qualifiziert. Um dem betroffenen Beamten aber eine Rechtsschutzmöglichkeit zu eröffnen, wurde die Umsetzung dann als Verwaltungsakt qualifiziert, wenn sie den Beamten *auch* als „eine dem Dienstherrn mit selbstständigen Rechten gegenüberstehende Rechtsperson betraf".[528] Die Qualifizierung der Umsetzung als Verwaltungsakt ist heute aufgrund der bereits beschriebenen Anerkennung der allgemeinen Leistungsklage zur Eröffnung einer Rechtsschutzmöglichkeit nicht mehr erforderlich. Bei Bundesbeamtenverhältnissen ist darüber hinaus gem. § 126 II BBG stets ein Widerspruchsverfahren durchzuführen, also gleichgültig, ob man in der Umsetzung einen Verwaltungsakt oder eine innerdienstliche Maßnahme ohne Außenwirkung sieht.[529] Schließlich ist bei einer anschließenden Klage stets die Klagefrist des § 74 I VwGO einzuhalten. Daher ist der Weg frei für eine unbefangene Einordnung. Wenn man berücksichtigt, dass die Umsetzung bestimmungsgemäß den Beamten in seiner Eigenschaft als Amtswalter, also als Teil der Verwaltungsorganisation und nicht als Privatperson, berührt, sollte man sie als **inner-**

---

[524] Vgl. auch schon das Beispiel bei Rn 432 (Anweisung des L an A, den Bauantrag des X abzulehnen).
[525] Zur Verfassungsmäßigkeit der Rechtschreibreform vgl. BVerfGE 98, 218. Nach BVerwG NJW 1999, 3503 stellen die Schulgesetze eine ausreichende Grundlage für die Einführung der Rechtschreibreform dar. Einer besonderen gesetzlichen Grundlage bedürfe es, wie das BVerfG a.a.O. entschieden habe, nicht.
[526] Vgl. dazu BVerwG NVwZ 2002, 610.
[527] BVerwG NVwZ 2012, 1481, 1482; NVwZ-RR 2008, 547, 548; BVerwGE 69, 303, 307; OVG Hamburg NVwZ-RR 2005, 125 f.
[528] Vgl. BVerwGE 14, 84, 85; so auch noch OVG Lüneburg DÖV 1981, 107, 108.
[529] Bei Landesbeamtenverhältnissen kann ein Landesgesetz (Beamtengesetz; Ausführungsgesetz zur VwGO) die Durchführung des Vorverfahrens ausschließen, § 54 II S. 3 BeamtStG.

dienstliche Weisung qualifizieren.[530] Sollte die Umsetzung den Beamten aber in seinen persönlichen Rechten beeinträchtigen, kann er (nach erfolglos durchgeführtem Widerspruchsverfahren und Einhaltung der Klagefrist) eine allgemeine Leistungsklage mit dem Ziel der Rückgängigmachung der Umsetzung erheben.[531] Hierbei ist zunächst zu beachten, dass es keiner speziellen Rechtsgrundlage bedarf, um die Umsetzung zu rechtfertigen. Vielmehr genügt die allgemeine Begründet ist der Rechtsbehelf etwa, wenn dem Beamten ein anderer Aufgabenbereich zugewiesen wird, der sich **nicht** mehr als **amtsangemessen** darstellt oder sich **diskriminierend** für den Beamten auswirkt.[532] Ansonsten ist die Umsetzung rechtmäßig, wenn der Dienstherr das dienstliche Interesse an der Umsetzung mit den entgegenstehenden Interessen des Beamten ermessensfehlerfrei abgewogen hat. Ist mit der Umsetzung ein Ortswechsel verbunden, müssen die dienstlichen Belange indes gewichtiger sein.[533]

Rechtsbeeinträchtigende Maßnahmen mit Außenwirkung: Unabhängig davon, ob man an der Unterscheidung zwischen Betriebsverhältnis und Grundverhältnis festhält, liegt eine Maßnahme mit Außenwirkung vor, wenn das Beamtenverhältnis **begründet**, **beendet** oder **wesentlich berührt** wird. Damit liegt gleichzeitig ein **Verwaltungsakt** vor, der – sofern er belastend wirkt – einer gesetzlichen Rechtsgrundlage bedarf, die in den Beamtengesetzen zu finden ist. In der Hauptsache statthaft ist die Anfechtungsklage (bzw. bei Erledigung der Maßnahme die Fortsetzungsfeststellungsklage) und im einstweiligen Rechtsschutz der Eilantrag nach § 80 V VwGO. Diese Klagen bzw. Anträge scheitern auch nicht an der Klage- bzw. Antragsbefugnis, weil eine Verletzung persönlicher Rechte gerade aufgrund der Außenwirkung nicht ausgeschlossen werden kann.

464

Beispiele:

465

Ernennung: Die Ernennung ist die Begründung eines Beamtenverhältnisses und die Festlegung seiner Art. Des Weiteren bewirkt sie die Aufgabenzuweisung. Mit der Ernennung wird dem Beamten ein „Amt" im statusrechtlichen Sinne übertragen, d.h. eine Aufgabe, für die eine Laufbahngruppe und besoldungsrechtlich eine Amtsbezeichnung festgelegt sind. Beispiel: Nach bestandenem Zweiten Juristischen Staatsexamen wird A bei einer Behörde der Stadt S als Regierungsrätin eingestellt.

Entlassung: Die Entlassung ist die Entfernung eines Beamten aus dem Beamtenverhältnis. Zu unterscheiden ist die *obligatorische* Entlassung von der *fakultativen*. Der Beamte *ist* zu entlassen bzw. *ist* entlassen, wenn mindestens ein in §§ 31-33 oder 35 BBG (bzw. §§ 22, 23 BeamtStG in der landesrechtlichen Regelung) genannter Entlassungsgrund vorliegt (Beispiel: Regierungsdirektor R erhält ein lukratives Angebot aus der Wirtschaft und möchte dorthin wechseln. Er kann daher schriftlich verlangen, dass der Dienstherr ihn entlässt, § 33 I S. 1 BBG). Dagegen *kann* der Beamte unter den Voraussetzungen der §§ 32 II, 34 BBG (bzw. des § 23 II-III BeamtStG und der entsprechenden landesrechtlichen Regelung) entlassen werden (Beispiel: Ein Beamter auf Probe, dessen Aufgabengebiet bei einer Behörde wegen deren Auflösung wegfällt, kann – muss aber nicht – entlassen werden, vgl. § 34 I Nr. 4 BBG bzw. § 23 III Nr. 3 BeamtStG und die entsprechende landesrechtliche Regelung).

Beförderung: Eine Beförderung ist die Verleihung eines anderen Amtes mit einem höheren Endgrundgehalt und einer anderen Amtsbezeichnung. Sie ist in § 22 BBG bzw. in den Landesbeamtengesetzen geregelt. Beispiel: Der Richter am Amtsgericht R mit der Besoldungsgruppe R 1 wird zum Richter am Oberlandesgericht mit der Besoldungsgruppe R 2 ernannt.

---

[530] So auch BVerwG NVwZ 2012, 1481, 1482; VGH München NVwZ 2000, 222, 223.

[531] Zur Rückgängigmachung einer fehlerhaften Umsetzung vgl. BVerwGE 75, 138 ff. (dem Beamten muss zunächst der frühere Dienstposten wieder eingeräumt werden, was jedoch nicht ausschließt, dass er anschließend erneut – diesmal rechtsfehlerfrei – umgesetzt wird).

[532] Vgl. dazu BVerwGE 60, 144 ff.; 89, 199 ff.; OVG Hamburg NVwZ-RR 2005, 125 f.

[533] BVerwG NVwZ 2012, 1481, 1482.

Versetzung: Eine Versetzung ist eine auf Dauer angelegte Übertragung eines anderen Amtes im abstrakt-funktionalen Sinn bei einer anderen Behörde bei demselben oder einem anderen Dienstherrn (§ 28 BBG). Bei Landesbeamten bezieht sich die Versetzung auch auf die Zuweisung zu einem Dienstherrn eines anderen Landes oder des Bundes (§ 15 BeamtStG). Beispiel: Die an einer gymnasialen Oberstufe des Landes Bremen tätige Oberstudienrätin O wird dauerhaft an die gymnasialen Oberstufe der Stadt Oldenburg (Niedersachsen) versetzt, um dort ihren Dienst zu verrichten.

Abordnung: In Bezug auf Bundesbeamte ist eine Abordnung die vorübergehende Übertragung einer dem Amt des Beamten entsprechenden Tätigkeit bei einer anderen Dienststelle desselben oder eines anderen Dienstherrn unter Beibehaltung der Zugehörigkeit zur bisherigen Dienststelle (§ 27 I S. 1 BBG). Landesbeamte können aus dienstlichen Gründen vorübergehend ganz oder teilweise auch zu einer dem übertragenen Amt entsprechenden Tätigkeit in den Bereich eines Dienstherrn eines anderen Landes oder des Bundes abgeordnet werden (§ 14 I BeamtStG spricht zwar nur von „Bereich eines Dienstherrn eines anderen Landes oder des Bundes", jedoch ist nach den meisten Landesbeamtengesetzen eine Abordnung auch innerhalb des Landes möglich). Dabei ist eine Abordnung auch zu einer nicht dem bisherigen Amt entsprechenden Tätigkeit möglich, wenn die Wahrnehmung der neuen Tätigkeit aufgrund der Vorbildung oder Berufsausbildung zumutbar ist. Zulässig ist selbst die Abordnung zu einer Tätigkeit, die nicht einem Amt mit demselben Grundgehalt entspricht (§ 14 II S. 2 BeamtStG). Beispiel: Die Oberstudienrätin O des letzten Beispiels wird angewiesen, lediglich vorübergehend ihren Dienst bei der gymnasialen Oberstufe der Stadt Oldenburg zu verrichten. Dabei soll sie die Aufgaben wahrnehmen, die sonst von Lehren der Besoldungsgruppe A 11/A12 wahrgenommen werden.

Versetzung in den einstweiligen Ruhestand: Die Versetzung in den einstweiligen Ruhestand kann sowohl auf Antrag des Beamten als auch gegen seinen Willen erfolgen. Sie ist auf Bundesebene in den §§ 54-58 BBG (vgl. auch § 50 I SoldatenG) und auf Landesebene in den §§ 30-31 BeamtStG i.V.m. dem Landesrecht geregelt und betrifft insbesondere die sog. *politischen Beamten*. Das sind die Inhaber der in § 54 I BBG bzw. gem. § 30 BeamtStG in den Beamtengesetzen der Länder aufgeführten hohen Ämter (Beispiel: Legationsrat). Zur Versetzung in den einstweiligen Ruhestand bei **Behördenumorganisation** vgl. § 55 BBG, § 31 BeamtStG i.V.m. den entsprechenden Bestimmungen der Landesbeamtengesetze.

466 Sonderproblem **vorbereitende Maßnahmen**: Fraglich ist, ob Entscheidungen des Dienstherrn, die die soeben genannten Maßnahmen vorbereiten, ebenfalls Verwaltungsakte oder lediglich Maßnahmen ohne Außenwirkung darstellen.

Beispiel: Beamter B soll aus gesundheitlichen Gründen in den vorzeitigen Ruhestand versetzt werden. Dazu ordnet der Dienstherr an, B habe die behandelnden Privatärzte gegenüber den Amtsärzten von der ärztlichen Schweigepflicht zu entbinden, damit eine umfassende Beurteilung des Gesundheitszustands ermöglicht werde.

Die Versetzung in den vorzeitigen Ruhestand ist unstreitig ein Verwaltungsakt, da die Entscheidung hierüber eine Statusänderung zur Folge hat (s.o.). Sowohl die Regelungswirkung als auch die Außenwirkung liegen vor.

Problematisch ist aber die rechtliche Beurteilung der Anordnung des Dienstherrn gegenüber dem Beamten, die behandelnden Ärzte von ihrer ärztlichen Schweigepflicht zu entbinden.

Es ist zu differenzieren: Während die Regelungswirkung wohl bejaht werden kann[534], ist dies bei der Außenwirkung fraglich. Stellt man sich auf den Standpunkt, dass die Anordnung den Beamten im Schwerpunkt als Grundrechtsträger betreffe und gegebenenfalls selbstständig disziplinarrechtlich verfolgbar sei, kann die Außenwirkung ohne

---

[534] Vgl. dazu Rn 391.

weiteres bejaht werden.[535] Letztlich wird man aber darauf abstellen müssen, ob die Anordnung – unabhängig von ihrer tatsächlichen Wirkung – ihrem objektiven Sinngehalt nach dazu bestimmt ist, Außenwirkung zu entfalten. Hinsichtlich der Anordnung gem. § 44 VI BBG hat das BVerwG entschieden, dass die Weisung, sich **ärztlich untersuchen** zu lassen, eine interne Maßnahme sei, die ihrem objektiven Sinngehalt nach in der Regel nicht dazu bestimmt sei, den Beamten als Person zu verpflichten. Sie sei regelmäßig an ihn allein in seiner Eigenschaft als Beamter gerichtet und ergehe daher im Rahmen des Beamtenverhältnisses, sodass sie **keine Außenwirkung** erzeuge.[536] Überträgt man diese Rspr. auf den vorliegenden Fall, lässt sich die im Zusammenhang mit der Untersuchungsanordnung ergehende Weisung, behandelnde Privatärzte gegenüber dem Amtsarzt von der Schweigepflicht zu entbinden, wenn dies aus dessen Sicht zusätzlich zur persönlichen Untersuchung zum Zweck der Erstellung des Gutachtens erforderlich ist, ebenfalls als verwaltungsinterne Maßnahme ohne Außenwirkung qualifizieren. Der Umstand, dass die unberechtigte Weigerung des aktiven Beamten, der Weisung Folge zu leisten (vgl. § 77 I S. 1 BBG und die entsprechenden Bestimmungen der Landesbeamtengesetze), mit Disziplinarmaßnahmen geahndet werden kann, rechtfertigt keine andere Beurteilung. Denn die Erzwingbarkeit mit Mitteln des Disziplinarrechts betrifft allenfalls den Regelungscharakter der Weisung, nicht aber deren Außenwirkung.[537]

In Ermangelung eines Verwaltungsakts ist daher lediglich die allgemeine Leistungsklage bzw. Feststellungsklage statthaft. Im Rahmen des einstweiligen Rechtsschutzes ist der Antrag gem. § 123 VwGO einschlägig. Jedoch werden diese Rechtsbehelfe in Ermangelung einer Klage- bzw. Antragsbefugnis unzulässig sein, weil eine Verletzung persönlicher Rechte gerade aufgrund der fehlenden Außenwirkung ausgeschlossen werden kann. Denn aufgrund der gesetzlichen Verpflichtung zur Mitwirkung an einer verwaltungsinternen Entscheidung ist die subjektive Rechtsbetroffenheit zu verneinen (a.A. vertretbar).

467

Vor einiger Zeit hatte das BVerwG auch über die Frage zu entscheiden, ob das (beabsichtigte) Tragen eines **Kopftuches im Unterricht** durch eine muslimische Lehrerin einen Eignungsmangel darstellt, der es dem Dienstherrn ermöglicht, von der Einstellung abzusehen. Der *Zweite Senat* des BVerfG hat entschieden, dass ein Verbot für Lehrkräfte, in der Schule und im Unterricht ein Kopftuch zu tragen, im geltenden Recht des Landes Baden-Württemberg keine hinreichend bestimmte gesetzliche Grundlage finde. Der mit zunehmender religiöser Pluralität verbundene gesellschaftliche Wandel könne für den Gesetzgeber Anlass zu einer Neubestimmung des zulässigen Ausmaßes religiöser Bezüge in der Schule sein. Das Urteil des BVerwG wurde aufgehoben und die Sache dorthin zurückverwiesen. Die Entscheidung ist mit fünf gegen drei Stimmen ergangen. Mittlerweile haben einige Länder ihre Beamten- bzw. Schulgesetze geändert und entsprechende Bestimmungen aufgenommen.

ff. Das Schulwesen

468

Die Strafgefangenenentscheidung war auch der Anlass für die Aufhebung des Sonderstatusverhältnisses im Schulwesen. Hier ist darauf abzustellen, ob die jeweilige Maßnahme (nur) den laufenden Schulbetrieb intern regelt oder sich (auch) als Eingriff in die *persönliche* Stellung des Schülers darstellt. Beispiele sind die **Nichtversetzung** in die nächsthöhere Klasse, die **Nichtzulassung** zur Reifeprüfung und der **Schulausschluss**.

---

[535] So OVG Lüneburg NVwZ 1990, 1194; OVG Berlin NVwZ-RR 2002, 762.
[536] BVerwGE 111, 246, 248 ff. Vgl. auch BVerwG NVwZ 2012, 1483 f. (Anordnung einer ärztlichen Untersuchung ggü Beamten kein Verwaltungsakt).
[537] So auch OVG Bautzen NVwZ 2006, 715, 716.

Beispiel 1: Die Schulbehörde ordnet infolge der rückläufigen Schülerzahl die Zusammenlegung zweier gymnasialer Oberstufen an.

Sofern sich die beiden bisherigen Oberstufen in demselben Schulkomplex befanden, sind die betroffenen Schüler nicht in ihrer persönlichen Rechtsstellung betroffen. Es liegt nur ein schulverwaltungsinterner Organisationsakt vor.

Beispiel 2: Schüler S wird (1.) nicht in die nächsthöhere Klasse versetzt, (2.) nicht zur Reifeprüfung zugelassen, (3.) von der Schule ausgeschlossen.

Alle Maßnahmen gehören nicht dem rein innerorganisatorischen Bereich an. S wird in seiner persönlichen Rechtsstellung (Art. 12 I bzw. subsidiär Art. 2 I GG) betroffen. Die Maßnahmen sind daher justiziabel. Etwas anderes würde nur gelten, wenn es um die Bewertung einer Klassenarbeit ginge. Denn dabei handelt es sich lediglich um *Vorbereitungsakte* im Hinblick auf das Abschlusszeugnis. Fraglich ist bei allen Maßnahmen das Erfordernis einer Rechtsgrundlage. Die Nichtversetzung ist zwar grundrechtsrelevant, ob sie aber so grundrechtsrelevant ist, dass es einer ausdrücklichen formell-gesetzlichen Rechtsgrundlage bedurft hätte, ist fraglich. Dagegen stellen die Nichtzulassung zur Reifeprüfung und der Ausschluss von der Schule in jedem Fall so einschneidende Maßnahmen dar, dass diese vom parlamentarischen Gesetzgeber selbst zu regeln sind. Das entsprechende Schulgesetz muss also Regelungen enthalten, die diese Maßnahmen vorsehen. Verweist es dagegen lediglich auf eine Rechtsverordnung, die diese Frage regelt, genügt dies dem Vorbehalt des Gesetzes nicht. Bei der Frage nach dem verwaltungsgerichtlichen Rechtsschutz ist zu differenzieren. In den Fällen (1.) und (2.) wäre in der Hauptsache aufgrund des Verwaltungsaktcharakters der jeweiligen Maßnahme eine Verpflichtungsklage statthaft mit dem Ziel, die Schule zur Vornahme der gewünschten Handlung zu verpflichten. Allerdings ist zu beachten, dass ein ordentlicher Rechtsbehelf (Verpflichtungsklage) regelmäßig zu spät zur Entscheidung käme. Daher ist einstweiliger Rechtsschutz (nach § 123 VwGO) statthaft, der - weil er grundsätzlich die Hauptsacheentscheidung nicht vorweg nehmen darf - darauf gerichtet ist, bei (1.) *zunächst* die nächsthöhere Klasse zu besuchen. Bei (2.) dagegen erginge die einstweilige Anordnung auf Zulassung zur Reifeprüfung. Damit wird zwar die Hauptsacheentscheidung vorweggenommen, effektiver Rechtsschutz lässt sich aber anders nicht erreichen. In Fall (3.) ist eine Anfechtungsklage statthaft bzw. – soweit die Anordnung für sofort vollziehbar erklärt wurde – der Antrag auf Wiederherstellung der aufschiebenden Wirkung (§ 80 V S. 1 Var. 2 VwGO).

IV. Bekanntgabe des Verwaltungsakts

1. Bedeutung der Bekanntgabe

In einem Rechtsstaat ist es selbstverständlich, dass ein Verwaltungsakt, der dem Adressaten nicht bekannt gegeben worden ist, für diesen keine Rechtswirkungen entfalten kann.[538] Grundvoraussetzung für die Wirksamkeit eines Verwaltungsakts ist daher dessen Bekanntgabe. **469**

> **Hinweis für die Fallbearbeitung:** Obwohl die Bekanntgabe eine konstitutive Voraussetzung für die Wirksamkeit eines Verwaltungsakts darstellt, darf in Prüfungsarbeiten nur dann (näher) auf die Bekanntgabe eingegangen werden, wenn der Sachverhalt entsprechende Probleme aufwirft. Diese werden im Folgenden untersucht.

Wie aus §§ 41, 43 I VwVfG hervorgeht, bedeutet Bekanntgabe, dass der Verwaltungsakt erst mit ihr die rechtliche Existenz erlangt. Die Bekanntgabe ist also nicht nur Rechtmäßigkeitsvoraussetzung, sondern **Wirksamkeits-** bzw. **Existenzvoraussetzung**. **470**

Begrifflich ist zwischen **rechtlicher Existenz, äußerer** und **innerer Wirksamkeit** des Verwaltungsakts zu unterscheiden.[539] **471**

- *Rechtlich existent* wird der Verwaltungsakt, wenn er auch nur einer Person gegenüber bekannt gegeben wird, wobei allerdings zu fordern ist, dass es sich um einen Hauptbeteiligten handelt.

- *Äußere* Wirksamkeit bedeutet, dass der Verwaltungsakt als solcher für den Betroffenen maßgeblich ist: Sie tritt mit der **jeweiligen** Bekanntgabe gegenüber demjenigen, für den er bestimmt ist oder der von ihm betroffen wird, ein (§ 43 I VwVfG).[540]

- Bei der *inneren* Wirksamkeit geht es um die Frage, von welchem Zeitpunkt an die im Verwaltungsakt gesetzte Rechtsfolge gelten soll. Dies ist in der Regel der Zeitpunkt der Bekanntgabe, doch es sind durchaus andere Regelungen denkbar.

  Beispiel: Dem K wird am 14.1.2014 der Bewilligungsbescheid bezüglich einer von ihm zuvor beantragten Gaststättenerlaubnis bekannt gegeben (= *äußere* Wirksamkeit). Dieser Bewilligungsbescheid enthält die Regelung, dass K mit Wirkung zum 1.2.2014 eine Gaststättenerlaubnis erhält (= *innere* Wirksamkeit).

Für die Anfechtung (Widerspruch bzw. Anfechtungsklage) kommt es (ebenso wie für die Zulässigkeit von Widerruf und Rücknahme eines Verwaltungsakts) auf den Zeitpunkt der äußeren Wirksamkeit an. **472**

2. Voraussetzungen der Bekanntgabe

a. Bekanntgabe im Rechtssinne

Der Begriff der Bekanntgabe ist gesetzlich nicht definiert. Die bereits erwähnten §§ 41, 43 I VwVfG regeln zwar die Bekanntgabe und die Wirksamkeit eines Verwaltungsakts, definieren den Begriff der Bekanntgabe aber nicht. Die Definition ist daher Rechtsprechung und Literatur überlassen. Anerkannt ist folgende Definition: **473**

---

[538] Zu den Besonderheiten bzgl. Verkehrszeichen und bestimmten polizeilichen Maßnahmen, bei denen gegenüber dem Störer sofort gehandelt werden muss, vgl. Rn 497 und 502.
[539] Vgl. *Maurer*, AllgVerwR, § 9 Rn 66.
[540] Vgl. OVG Magdeburg NVwZ 2000, 208, 209.

474   **Bekanntgabe** ist die Eröffnung des Verwaltungsakts, d.h. die Tatsache des Ergehens und des Inhalts des Verwaltungsakts, mit Wissen und Wollen der für die Bekanntgabe zuständigen Behörde.[541]

475   Analysiert man diese Definition, müssen folgende Voraussetzungen kumulativ vorliegen:

- Der Verwaltungsakt muss <u>eröffnet</u> (also physisch mitgeteilt) werden,
- die Behörde muss für die Bekanntgabe <u>sachlich zuständig</u> sein,
- der Amtswalter muss den Verwaltungsakt in seiner <u>amtlichen Eigenschaft</u> eröffnen,
- der Verwaltungsakt muss von der sachlich zuständigen Behörde <u>wissentlich und willentlich</u> eröffnet werden
- und der <u>Inhalt</u> des Verwaltungsakts muss eröffnet werden.

476   **Fehlt** es an mindestens einer dieser Voraussetzungen, liegen grds. **keine Bekanntgabe** im Rechtssinne und damit **kein wirksamer Verwaltungsakt** vor. Man muss sogar sagen, es liege grds. überhaupt kein Verwaltungsakt (ein Nicht-Verwaltungsakt) vor. Im Einzelnen gilt:

- Bedenken an der <u>Eröffnung</u> des Verwaltungsakts bestehen insbesondere dann, wenn der Adressat minderjährig ist. In diesem Fall ist der Verwaltungsakt grds. an den gesetzlichen Vertreter bekannt zu geben; anderenfalls ist die Bekanngabe nicht erfolgt.[542] Soweit Minderjährige gem. § 12 Nr. 2 VwVfG verfahrenshandlungsfähig sind, kann auch die Bekanntgabe an sie selbst erfolgen. Problematisch sind indes Maßnahmen gegenüber Verfahrenshandlungsunfähigen, etwa der Vollzugspolizei zur Gefahrenabwehr beim Vorgehen gegen minderjährige Störer in Fällen unmittelbar bevorstehender Gefahr. Hier wird z.T. die Bekanntgabe an den Minderjährigen trotz fehlender Handlungsfähigkeit angenommen.[543] Nach der hier vertretenen Auffassung wird in diesen Fällen im Wege der unmittelbaren Ausführung bzw. des Sofortvollzugs vorzugehen sein.[544] Vgl. dazu *R. Schmidt*, POR, Rn 952. Auch bei den Straßenverkehrszeichen bestehen Bedenken bei der Bekanntgabe (vgl. dazu näher Rn 497 und 502). Liegt jedoch ein sog. adressatenloser Verwaltungsakt (z.B. die Umbenennung einer Straße in Form einer sachbezogenen Allgemeinverfügung i.s.v. § 35 S. 2 Var. 2 VwVfG) vor, bedarf es selbstverständlich keiner Eröffnung. Auch im Fall einer Genehmigungsfiktion (vgl. § 42a VwVfG und oben Rn 379a) ersetzt deren Eintritt die Bekanntgabe.

- Ist die eröffnende Behörde örtlich unzuständig, stellt dies zwar einen Fehler dar, dieser Fehler ist i.d.R. jedoch gem. § 46 VwVfG unbeachtlich bzw. führt gem. § 44 III Nr. 1 VwVfG nicht zur Nichtigkeit. Daraus folgt im Umkehrschluss, dass Verstöße gegen die <u>sachliche</u> Zuständigkeit nicht unbeachtlich sein können. So liegt eine Bekanntgabe nicht vor, wenn eine sachlich unzuständige Behörde eine von der sachlich zuständigen Behörde getroffene Entscheidung ohne deren Wissen und Wollen an den Adressaten weitergibt.

  Beispiel: Die für die Erteilung von Gaststättenerlaubnissen zuständige Behörde erstellt eine Gaststättenerlaubnis und übermittelt diese an die zuständige Bauordnungsbehörde zur Prüfung. Danach entdeckt sie eine Unrichtigkeit, sodass sie die Gaststättengenehmigung dem Adressaten nicht zustellt. Diesem wird die Genehmigung jedoch von der Bauordnungsbehörde zugeschickt.

---

[541] *Kopp/Ramsauer*, VwVfG, § 41 Rn 7; *Maurer*, AllgVerwR, § 9 Rn 68; *Peine*, AllgVerwR, § 7 Rn 177. Vgl. auch *Schoch*, Jura 2011, 23 ff.
[542] BVerwGE 23, 15, 17; 111, 246, 248 ff.; *Kopp/Ramsauer*, VwVfG, § 41 Rn 31.
[543] VGH München DOV 1984, 433.
[544] Wie hier auch *Schenke*, POR, Rn 412; *Kopp/Ramsauer*, VwVfG, § 41 Rn 31.

- „In seiner amtlichen Eigenschaft" bedeutet, dass die bloße Kenntnisgabe durch eine private Mitteilung eines Bediensteten der Behörde (Beispiel: Gespräch auf dem Dorffest) den Anforderungen an eine Bekanntgabe im Rechtssinne nicht genügt.

- Das Kriterium der <u>wissentlichen und willentlichen</u> Eröffnung will verhindern, dass durch Mitteilung einer sachlich unzuständigen Behörde[545] oder einer Privatperson ein wirksamer Verwaltungsakt ergeht.

  Beispiele:
  (1) Die beiden Nachbarn X und Y beantragen jeweils ALG II. X erfährt auf dem Sozialamt, dass nicht nur sein Antrag, sondern auch der des Y abgelehnt worden sei. Zu Hause angekommen, berichtet er dies dem Y.

  (2) Nachbar N, der sich bei der Behörde über das geplante Vorhaben des Bauherrn B beschwert und dabei in Erfahrung bringt, dass die Baugenehmigung erteilt worden sei, erzählt B davon.

  In beiden Fällen fehlt der Bekanntgabewille; eine Bekanntgabe liegt daher nicht vor.

- Dass schließlich der <u>Inhalt</u> des Verwaltungsakts eröffnet werden muss, ist eine Selbstverständlichkeit. Anderenfalls wäre der Adressat kaum in der Lage, der mit dem Erlass des Verwaltungsakts beabsichtigten Regelung nachzukommen. Außerdem liegen in einem solchen Fall ein Verstoß gegen den Bestimmtheitsgrundsatz und damit eine materielle Rechtswidrigkeit vor.

b. Ordnungsgemäßheit (d.h. Form) der Bekanntgabe

Von der soeben genannten Bekanntgabe als solche („Bekanntgabe im Rechtssinne") zu unterscheiden ist die **Ordnungsgemäßheit (d.h. die Form) der Bekanntgabe**. Die Unterscheidung ist deshalb wichtig, weil nur die fehlende oder fehlerhafte Bekanntgabe im Rechtssinne zur Unwirksamkeit des Verwaltungsakts bzw. zum Vorliegen eines Nicht-Verwaltungsakts führt. Demgegenüber können – wie noch zu sehen sein wird – Fehler bei der Form der Bekanntgabe heilbar bzw. unbeachtlich sein. Dementsprechend sollte auch in Prüfungsarbeiten diesbezüglich von „**ordnungsgemäßer Bekanntgabe**" gesprochen werden, um den Unterschied zur „Bekanntgabe im Rechtssinne" zu verdeutlichen. Die Anforderungen an eine ordnungsgemäße Bekanntgabe richten sich nach § 41 VwVfG. Darüber hinaus sind die Formvorschriften des § 37 II-IV VwVfG sowie etliche Spezialvorschriften zu beachten. **477**

Soweit ein Verwaltungsakt schriftlich ergeht und beim Betroffenen eintrifft, stellt die Bekanntgabe kein Problem dar. Auch die Bekanntgabe per **Telefax** ist heute zumindest bei Verwaltungsakten, die nicht förmlich zugestellt werden müssen, grundsätzlich möglich.[546] Ist streitig, ob der durch Telefax übermittelte Verwaltungsakt zugegangen ist, stellt sich die Frage, ob die allgemeinen Beweisregeln nach § 41 II VwVfG greifen. Jedenfalls reicht nach der hier vertretenen Auffassung der Sendebericht als Beweis für den Zugang nicht aus, auch wenn dort ein „OK" abgedruckt ist. Denn es ist nicht ausgeschlossen, dass statt der beschrifteten Seiten infolge einer fehlerhaften Bedienung des sendenden Geräts die unbeschrifteten Rückseiten übermittelt wurden.[547] **478**

Ein Verwaltungsakt, der schriftlich erlassen werden muss, für den aber keine besonderen Formvorschriften bestehen, kann gem. § 3a BundesVwVfG auch **elektronisch** (via **Internet: E-Mail**; **Dateianhang**) bekannt gegeben werden. Denn eine durch Rechtsvorschrift angeordnete Schriftform kann, soweit nicht durch Rechtsvorschrift etwas anderes bestimmt ist, durch die elektronische Form ersetzt werden (§ 3a II S. 1 **479**

---

[545] Hier ergibt sich eine Überschneidung mit dem zuerst genannten Kriterium.
[546] Vgl. auch BFH NVwZ 1999, 220, 221; *Neumann*, NVwZ 2000, 1244, 1248.
[547] So auch *Neumann*, NVwZ 2000, 1244, 1249.

BundesVwVfG). Gemäß § 3a II S. 4 Nr. 1 BundesVwVfG[548] kann die Schriftform auch durch unmittelbare Abgabe der Erklärung in einem elektronischen Formular, das von der Behörde in einem Eingabegerät oder über öffentlich zugängliche Netze zur Verfügung gestellt wird, ersetzt werden. Ersetzt werden kann die Schriftform auch durch sonstige sichere Verfahren, die durch Bundesrechtsverordnung festgelegt werden, welche den Datenübermittler (Absender der Daten) authentifizieren und die Integrität des elektronisch übermittelten Datensatzes sowie die Barrierefreiheit gewährleisten (§ 3a II S. 4 Nr. 4 BundesVwVfG). Voraussetzung ist nur, dass der Empfänger hierfür einen **Zugang eröffnet** (§ 3a I VwVfG) und – um die Authentizität zu sichern – der Absender das elektronische Dokument mit einer qualifizierten elektronischen Signatur nach dem **Signaturgesetz** versieht (§ 3a II S. 2 VwVfG). Das De-Mail-Verfahren gem. § 3a II S. 4 Nrn. 2 und 3 BundesVwVfG soll – zusammen mit einer Ergänzung des § 371a ZPO – ab 1.7.2014 gelten. Zum **Signaturgesetz** und zum **„virtuellen Rathaus"** vgl. *R. Schmidt*, VerwProzR, Rn 251 f./261.

480 In bestimmten Fällen kommt auch eine **öffentliche Bekanntgabe** in Betracht, die – wie schon die Bezeichnung erkennen lässt – nicht individuell, sondern etwa durch Publikation in einem Amtsblatt oder in einer Tageszeitung oder durch Aushang im Rathaus bewirkt wird (§ 41 IV VwVfG). Sie ist zulässig, wenn eine Rechtsvorschrift dies erlaubt (§ 41 III S. 1 VwVfG), bei Allgemeinverfügungen (§ 41 III S. 2 i.V.m. § 35 S. 2 VwVfG), bei Entscheidungen in förmlichen Verwaltungsverfahren und in Planfeststellungsverfahren, die an mehr als 50 Personen zuzustellen wären.[549] In diesen Fällen kommt es auf die tatsächliche Kenntnisnahme durch den einzelnen Betroffenen nicht an; es reicht insoweit die Kenntnisnahmemöglichkeit, um die Bekanntgabe zu bejahen.

3. Fiktion der Bekanntgabe

481 Bei der Übermittlung durch **einfachen Brief** oder bei **elektronischer** Übermittlung bspw. via Internet bzw. E-Mail (jedenfalls nicht durch förmliche Zustellung wie etwa durch Einschreiben, siehe die VwZGe sowie die Ausführungen sogleich) ist vor allem die **Fiktion** des **§ 41 II VwVfG** zu beachten, wonach der schriftliche Verwaltungsakt *am dritten Tag* nach der Aufgabe bei der Post[550] bzw. der elektronische Verwaltungsakt *am dritten Tag* nach der Absendung als bekannt gegeben gilt, auch wenn er beim Adressaten tatsächlich früher, nicht aber wenn er tatsächlich später eingeht (im zuletzt genannten Fall gilt der tatsächliche Zugang). Hier muss allerdings eine Besonderheit beachtet werden: Fällt der dritte Tag auf einen **Samstag, Sonntag oder Feiertag**, gilt dieser Tag, **nicht analog § 31 III VwVfG** i.V.m. § 193 BGB erst der darauffolgende Werktag, da es sich um eine gesetzliche Fiktion handelt und § 31 III VwVfG, der sich auf das Frist*ende* und nicht auf den Frist*beginn* bezieht, für diesen Fall unanwendbar ist[551]. Insoweit gilt dasselbe wie bei **§ 4 VwZG**, der in seinem Anwendungsbereich (Zustellung durch die Post mittels Einschreiben) die Abs. 2-4 des § 41 VwVfG verdrängt, vgl. § 41 V VwVfG. Die Widerspruchsfrist fängt also am vierten

---

[548] Vgl. das „E-Government-Gesetz" des Bundes v. 26.7.2013 (BGBl I, S. 2749). Zum Geltungsbereich vgl. § 1 EGovG.

[549] Vgl. §§ 67 I, 69 II, 73 VI, 74 V VwVfG. Die bislang bestehenden Sonderregelungen, etwa im FStrG, sind im Zuge der Vereinheitlichung des Verwaltungsverfahrensrechts weitgehend zugunsten des VwVfG beseitigt worden; vgl. aber z.B. noch § 10 VIII BImSchG. § 3 II S. 5 BauGB sieht ebenfalls eine vereinfachte öffentliche Bekanntmachung bei 50 Personen vor. Die Regelungen über die öffentliche Bekanntmachung sollen nach BVerwGE 67, 206, 209 ff. verfassungsgemäß sein.

[550] Der Begriff der Post ist hier funktional zu verstehen. Daher kann davon ausgegangen werden, dass mit dem Wegfall der befristeten Exklusivlizenz der Deutschen Post nach § 51 PostG „Post" auch die entsprechenden Dienstleistungen anderer Unternehmen gem. § 4 Nr. 1 PostG umfassen wird. Soweit der Begriff „Post" in Vorschriften der VwZGe verwandt wird, ist jedoch zu beachten, dass es hier einer Übertragung von hoheitlichen Befugnissen im Wege der Beleihung bedarf.

[551] Wie hier BFH NJW 2006, 1615 f. hinsichtlich der gleichen Regelung in der AO (anders aber die Vorinstanz FG Brandenburg); OVG Münster NVwZ 2001, 1171 ff.; *Kopp/Ramsauer*, VwVfG, § 41 Rn 53.

Tag (es sei denn, dass der Verwaltungsakt tatsächlich später zugeht) um 0 Uhr an zu laufen (vgl. § 187 I BGB) und endet demgemäß grundsätzlich einen Tag früher im nächsten Monat um 24 Uhr (vgl. § 188 II BGB).[552]

> **Beispiel:** K erhält via Internet von der zuständigen Bauordnungsbehörde die Aufforderung, er solle binnen 3 Monaten seinen nicht genehmigungsfähigen Schwarzbau beseitigen. Absendedatum des Bescheids war der 26.3.2014 (Mittwoch). Tatsächlich zugegangen ist er dem K einen Tag später, also am 27.3.2014.
>
> Gemäß § 41 II VwVfG *gilt* der elektronisch übermittelte Bescheid mit dem 3. Tag nach der Absendung als bekannt gegeben, es sei denn, dass er tatsächlich später zugeht. Demnach gilt vorliegend der Ablehnungsbescheid als am 29.3.2014 (Samstag) dem K als bekannt gegeben, sodass die Widerspruchsfrist am 30.3.2014 (Sonntag) um 0 Uhr zu laufen beginnt. Dass der dritte Tag (der 29.3.2014) auf einen Samstag fiel, spielt wegen der Unanwendbarkeit des § 31 III VwVfG auf gesetzliche Fiktionen beim Frist-*beginn* keine Rolle. K müsste seinen Widerspruch daher gem. § 188 II BGB bis zum 29.4.2014 (Dienstag) um 24 Uhr bei der Behörde einreichen.
>
> Sollte das Ende der Widerspruchsfrist aber auf einen Samstag, Sonn- oder Feiertag fallen, liefe die Frist gem. § 31 III, I VwVfG i.V.m. § 193 BGB erst am nächsten Werktag um 24 Uhr ab, da es sich hier wiederum um das Ende einer Frist und nicht um eine Fiktion handelt, § 31 III, I VwVfG also anwendbar ist.

4. Öffentliche Bekanntgabe

482

Es gibt Situationen, in denen das Erfordernis einer individuellen Bekanntgabe die Durchführung eines behördlichen Vorhabens unmöglich machen oder so erschweren würde, dass das Vorhaben nicht sinnvoll realisiert werden könnte. Daher erlaubt **§ 41 III S. 1 VwVfG** die öffentliche Bekanntgabe, wenn dies durch Rechtsvorschrift zugelassen ist. Nun wäre es aber verfehlt, wenn der Gesetzgeber herginge und zahlreiche Rechtsvorschriften erließe, die eine öffentliche Bekanntgabe zuließen. Denn dann würde er den Grundsatz der individuellen Bekanntgabe, der gerade dazu dient, den Menschen nicht zum Objekt staatlichen Handelns zu degradieren, sondern ihn über seine Verhaltenspflichten zu informieren, unterlaufen. Der Gesetzgeber ist daher nur dann befugt, eine öffentliche Bakanntmachung vorzusehen, wenn hierfür besondere Rechtfertigungsgründe vorliegen. Solche liegen i.d.R. lediglich in **Massenverfahren** vor, wenn die Einzelbekanntgabe mit einem erheblichen Verwaltungsaufwand verbunden wäre und die Adressaten zudem zu einer bestimmten Zeit mit dem Erlass des Verwaltungsakts rechnen können, ferner bei besonders eiligen Bekanntgaben. Rechtsvorschriften, in denen die öffentliche Bekanntgabe vorgesehen ist, sind z.B. §§ 69 III S. 2, 74 V VwVfG; § 10 VIII BImSchG; § 50 BauGB sowie die Regelungen zur öffentlichen Bekanntgabe der Widmung in den Straßen- und Wegegesetzen. Wird demnach ein Verwaltungsakt öffentlich bekannt gegeben, gilt die Bekanntgabe gegenüber jedermann, der von der Regelung betroffen ist. Zur öffentlichen Bekanntgabe von Allgemeinverfügungen (§ 41 III S. 2 VwVfG) vgl. Rn 496.

5. Folgen einer fehlerhaften Bekanntgabe

483

Sofern eine fehlende oder fehlerhafte Bekanntgabe im Rechtssinne vorliegt, führt das zur Unwirksamkeit des Verwaltungsakts bzw. zum Vorliegen eines Nicht-Verwaltungsakts (s.o.). Fraglich kann daher nur sein, wie zu entscheiden ist, wenn ein Verwaltungsakt zwar im Rechtssinne bekannt gegeben wurde, jedoch unter Verstoß gegen zwingende Vorschriften über die Bekanntgabe, wenn also keine ordnungsgemäße Bekanntgabe vorliegt.

---

[552] Zur Fristberechnung vgl. auch BFH NJW 2006, 1615 f.; OVG Münster NVwZ 2001, 1171 ff.; OVG Lüneburg NVwZ 2007, 78.

- Teilweise wird vertreten, dass ein Verstoß gegen die Vorschriften über die Bekanntgabe zur **Unwirksamkeit** des Verwaltungsakts führe.[553]

- Dem hält die Gegenauffassung unter Einschluss der Rechtsprechung entgegen, dass sich die Wirksamkeit eines Verwaltungsakts allein nach § 43 VwVfG richte. Solange nicht ein Nichtigkeitsgrund nach § 44 VwVfG vorliege, sei ein Verwaltungsakt **wirksam**.[554]

484 Folgt man der zutreffenden Gegenauffassung, die die Bedeutung der §§ 43, 44 VwVfG nicht verkennt, hat das folgende Konsequenzen:

- Wurde ein Verwaltungsakt physisch nicht bekannt gegeben (liegt also keine Bekanntgabe im Rechtssinne vor), ist der Verwaltungsakt unwirksam bzw. nicht existent (s.o.).

- Verstößt die Behörde bei der Bekanntgabe des Verwaltungsakts gegen Vorschriften, die speziell die Bekanntgabe regeln, ist der Verwaltungsakt gem. § 43 III VwVfG nur unwirksam, wenn ein Nichtigkeitsgrund nach § 44 I oder II VwVfG vorliegt.

- Führt der Verstoß gegen Bestimmungen über die Bekanntgabe nicht zur Nichtigkeit des Verwaltungsakts, kann er geheilt werden (z.B. nach § 8 VwZG) oder der Fehler ist unbeachtlich (z.B. nach § 46 VwVfG). Allerdings werden in solchen Fällen die Rechtsbehelfsfristen nicht in Gang gesetzt. Denn ein nicht in der erforderlichen Form oder nicht von der zuständigen Behörde mitgeteilter oder ein nur zufällig zur Kenntnis gelangter Verwaltungsakt kann nicht die Anforderungen einer ordnungsgemäßen Bekanntgabe erfüllen und daher grundsätzlich auch keine **Fristen** in Gang setzen. Nicht einmal die Jahresfrist des § 58 II VwGO beginnt (trotz § 70 II VwGO) zu laufen, da auch diese Vorschrift wenigstens „die Zustellung, Eröffnung oder Verkündung", also die Bekanntgabe, voraussetzt.

485 Daraus folgt, dass die bloße Kenntnisnahme[555]

- durch private Mitteilung eines Bediensteten der Behörde,
- durch Mitteilung einer Privatperson,
- durch Mitteilung einer unzuständigen Behörde
- oder durch Übersendung durch die zwar zuständige Behörde, aber unter Verletzung der vorgeschriebenen Form (Beispiel: Zusendung eines Widerspruchsbescheids als Einwurfeinschreiben, obwohl dieser gem. § 73 III VwGO i.V.m. §§ 2 ff. VwZG hätte förmlich zugestellt werden müssen[556]),

den Anforderungen an eine ordnungsgemäße Bekanntgabe i.d.R. nicht genügt.[557] In den drei zuerst aufgelisteten Punkten liegt sogar keine Bekanntgabe im Rechtssinne vor. Ob eine *Bekanntgabe im Rechtssinne* fehlt oder ob es lediglich an einer *ordnungsgemäßen Bekanntgabe* vorliegt, wird praktisch v.a. bei **Verwaltungsakten mit Doppelwirkung i.S. einer Drittwirkung** relevant, sei es, dass die Behörde die Drittwirkung ihrer Maßnahme nicht erkennt, oder sei es, dass sie eine Bekanntgabe des Verwaltungsakts an den Dritten irrtümlich nicht für erforderlich hält.

Beispiel: Bauherr B bekommt die Genehmigung zur Errichtung eines 5-stöckigen Mietshauses erteilt, wodurch dem Nachbarn N die Besonnung versperrt wird. Da nach dem Bebauungsplan nur 3 Geschosse zulässig sind, hatte die Behörde einen Dispens

---

[553] *Kopp/Ramsauer*, VwVfG, § 41 Rn 27; Peine, AllgVerwR, Rn 554; *Sproll*, AllgVerwR I, 1997, § 9 Rn 94.

[554] BVerwGE 112, 78, 79 f.; BVerwG NVwZ 1989, 1173; *Allesch*, BayVBl 2000, 362; *Kopp/Schenke*, VwGO, § 73 Rn 22 f.

[555] Zu den folgenden Fallgruppen vgl. *Kopp/Ramsauer*, VwVfG, § 41 Rn 7; *Maurer*, AllgVerwR, § 9 Rn 68; *Peine*, AllgVerwR, § 7 Rn 177.

[556] Vgl. BVerwG NJW 2001, 458: Einwurfeinschreiben der Post (= Einschreiben, das nicht übergeben, sondern mit der normalen Post in den Briefkasten geworfen oder in das Postfach eingelegt wird) erfüllt nicht die Anforderungen an die förmliche Zustellung nach dem VwZG. Vgl. dazu Rn 488 ff.

[557] *Kopp/Ramsauer*, VwVfG, § 41 Rn 7.

nach § 31 II Nr. 3 BauGB erteilt, weil nur so eine sinnvolle wirtschaftliche Nutzung des Grundstücks gewährleistet sei. N, der im Übrigen nicht über die Baugenehmigung unterrichtet wurde, fühlt sich in seinem Eigentumsrecht (Art. 14 GG) verletzt und strebt eine (Dritt-)Anfechtung der Baugenehmigung an.

Sofern (in solchen Fällen) die fehlerhafte Bekanntgabe nicht schon zur Unwirksamkeit des Verwaltungsakts bzw. zum Vorliegen eines Nicht-Verwaltungsakts führt, ist stets zu prüfen, ob nicht eine **Heilung** (z.B. nach § 8 VwZG) oder eine **Unbeachtlichkeit** (z.B. nach § 46 VwVfG) in Betracht kommt. Ist das nicht der Fall, führt der Verstoß zur **formellen Rechtswidrigkeit des Verwaltungsakts**. Dieser ist jedoch wirksam.[558]

486

Die Bekanntgabe an den Adressaten setzt jedenfalls nicht zugleich die Rechtsbehelfsfristen auch für den beteiligten Nichtadressaten (Dritten) in Lauf.[559] Auch hier ist noch nicht einmal die Jahresfrist des § 58 II VwGO einschlägig, da sich diese Vorschrift auf die fehlende Rechtsbehelfsbelehrung bezieht, also von einer wirksamen Bekanntgabe ausgeht. Allerdings kann der Dritte sein Widerspruchsrecht **verwirken**. Für die Sonderfälle **baurechtlicher Nachbarklagen** versagt das BVerwG[560] dem Nachbarn nach Treu und Glauben die Berufung auf die fehlende amtliche Bekanntmachung dann, wenn er auf andere Weise sichere Kenntnis von der Baugenehmigung erlangt hat oder hätte erlangen müssen. In diesem Fall soll die Widerspruchsfrist in Anlehnung an § 70 i.V.m. § 58 II VwGO so laufen, als sei ihm die Baugenehmigung in dem Zeitpunkt amtlich bekannt gegeben worden, in dem er von ihr sichere Kenntnis erlangt hat oder hätte erlangen können oder müssen. Die Gegenauffassung[561] lehnt in solchen Fällen zwar die (analoge) Anwendung des § 58 II VwGO ausdrücklich ab, kommt aber bei der Anwendung des Grundsatzes *Treu und Glauben* zum gleichen Ergebnis.

Beispiel[562]: Dem Bauherrn C wurde die Bauerlaubnis erteilt und am 2.1.2014 bekannt gegeben. Dem Nachbarn A wurde sie am 7.1.2014 bekannt gegeben und dem Nachbarn B überhaupt nicht. Von der Existenz der Bauerlaubnis hatte B nur dadurch erfahren, dass C sie ihm gezeigt hatte. A legt am 6.2.2014 Widerspruch ein, B am 27.2. 2014. Sind die Widersprüche rechtzeitig erhoben worden?

Zu A: Für A fängt die Widerspruchsfrist am 8.1.2014 um 00:00 Uhr an zu laufen und endet am 7.2.2014 um 24:00 Uhr (§§ 70, 58 I VwGO, §§ 79, 31 I VwVfG i.V.m. §§ 187 I, 188 II BGB). A hat demnach rechtzeitig Widerspruch erhoben.

Zu B: Für B läuft mangels Bekanntgabe an sich überhaupt keine Ausschlussfrist, auch nicht die Jahresfrist gem. § 58 II VwGO, da diese zumindest die Bekanntgabe voraussetzt. Würde man aber annehmen, dass die Frist des § 70 I VwGO ohne Bekanntgabe an den Beschwerdeführer überhaupt nicht zu laufen beginnt, würde ein drittwirkender Verwaltungsakt praktisch nie Bestandskraft erlangen. Ein Drittbetroffener könnte daher auch nach geraumer Zeit die Regelung zu Fall bringen. Das schutzwürdige Interesse des Begünstigten würde nicht hinreichend gewahrt. Daher muss der Drittbelastete – im Baurecht aus Rücksicht auf das nachbarschaftliche Gemeinschaftsverhältnis – nach der Rechtsprechung des BVerwG in analoger Anwendung des § 58 II VwGO von dem Zeitpunkt an, von dem er von dem Verwaltungsakt (z.B. Baugenehmigung) sichere Kenntnis erlangt hat oder hätte erlangen können, sich so behandeln lassen, als sei ihm die Regelung bekannt gegeben worden (vorliegend durch das Zeigen durch C). Dies hat zur Folge, dass er – aufgrund fehlender Rechtsbehelfsbelehrung – nach der Fristberechnung der §§ 70, 58 II VwGO innerhalb eines Jahres Widerspruch erheben muss.

---

[558] Zu den Begriffen Wirksamkeit, Unwirksamkeit, Rechtswidrigkeit und Nichtigkeit vgl. Rn 347 ff.
[559] BVerwGE 44, 294 ff. mit Anm. v. *Mittenzwei*, NJW 1974, 1884 f. Für den Bereich einer immissionsschutzrechtlichen Genehmigung vgl. VGH Mannheim DVBl 2012, 1181 (dazu *Schübel-Pfister*, JuS 2013, 417, 419).
[560] BVerwG NJW 1988, 839; BVerwGE 44, 294, 299 ff.; vgl. auch BVerwGE 78, 85, 89.
[561] *Redeker/v. Oertzen*, VwGO, § 70 Rn 2b; *Kopp/Schenke*, VwGO, § 70 Rn 8.
[562] Vgl. *Maurer*, AllgVerwR, § 9 Rn 66.

Die Gegenauffassung orientiert sich nicht an den §§ 70, 58 II VwGO, sondern stellt darauf ab, dass mangels einer Bekanntgabe die Rechtsbehelfsfrist überhaupt nicht zu laufen beginnt, sodass der Drittwiderspruch (bzw. die Drittanfechtungsklage) grundsätzlich fristungebunden möglich ist. Allerdings kann der Anspruch auf Aufhebung des Verwaltungsakts auch hier durch Verwirkung ausgeschlossen sein. Im Ergebnis kann eine Entscheidung aber regelmäßig dahinstehen, da die Gegenauffassung auch die vom BVerwG zugrunde gelegte Jahresfrist als Indiz für die Verwirkung wertet. Allerdings ist trotz Jahresfrist eine Verwirkung schon zeitlich früher möglich, wenn der Nachbar unnötig lange gewartet, sich also rechtsmissbräuchlich verhalten hat.[563] Bei B ist weder die Jahresfrist abgelaufen noch hat er sich rechtsmissbräuchlich verhalten. Auch er hat damit die Widerspruchsfrist eingehalten.

486a Wurde der Verwaltungsakt dem belasteten Dritten jedoch bekannt gegeben, wird die Monatsfrist des § 70 I VwGO auch dann ausgelöst, wenn ihm lediglich eine abstrakte Rechtsbehelfsbelehrung beigefügt war. Diese bezieht sich ohne weiteres auch auf einen potenziell Drittbetroffenen.[564] Dem Verwaltungsakt muss daher nicht zusätzlich ein Begleitschreiben beigefügt werden, das die Geltung der Rechtsbehelfsbelehrung speziell dem Drittbetroffenen gegenüber anordnet.

487

> **Zusammenfassung:** Die Folgen einer fehlerhaften Bekanntgabe sind gesetzlich nicht geregelt und daher naturgemäß umstritten. Klar ist zunächst, dass ein Verwaltungsakt, der (physisch) nicht bekannt gegeben wurde, auch keine Wirksamkeit entfalten kann. Fraglich kann daher nur sein, wie zu entscheiden ist, wenn ein Verwaltungsakt zwar im Rechtssinne bekannt gegeben wurde, die Behörde jedoch die Anforderungen an eine ordnungsgemäße Bekanntgabe missachtet. Während eine Mindermeinung auch in diesem Fall die **Unwirksamkeit** des Verwaltungsakts annimmt, vertritt die zutreffende h.M., dass sich die Wirksamkeit eines Verwaltungsakts allein nach § 43 VwVfG richte. Solange nicht ein Nichtigkeitsgrund nach § 44 VwVfG vorliege, sei ein Verwaltungsakt **wirksam**, auch wenn eine **formelle Rechtswidrigkeit** vorliege. Freilich eine andere Frage ist es, ob dieser Fehler geheilt werden kann oder ob er unbeachtlich ist. Auch ist zu beachten, dass ein Verstoß gegen zwingendes Verfahrensrecht (von dem Verwirkungsgedanken einmal abgesehen) keine Rechtsbehelfsfristen in Gang setzen kann.

6. Förmliche Zustellung

488 Sieht das Gesetz eine **förmliche Zustellung** vor (vgl. insbesondere § 73 III S. 2 VwGO hinsichtlich des **Widerspruchsbescheids**) oder wählt die Behörde von sich aus diese Zustellungsart, richtet sich die Bekanntgabe nach dem **Verwaltungszustellungsgesetz**, und zwar bei Bundesbehörden nach dem BundesVwZG, bei Landesbehörden nach dem jeweiligen Landeszustellungsgesetz, auch wenn dort wiederum auf das BundesVwZG verwiesen wird.

489 Verweist ein Gesetz auf ein anderes in der jeweils gültigen Fassung, spricht man von einem *Verweisungsgesetz mit dynamischer Anwendungserklärung*. In Bezug auf das Verwaltungszustellungsrecht ist diese Kenntnis wichtig, weil der Verband Bund weder das Verwaltungsverfahren noch die Verwaltungszustellung der Länder regeln darf (vgl. Art. 30, 70, 83, 86 GG). Etwas anderes gilt für die Zustellung von **Widerspruchsbescheiden**. Dort ist gem. § 73 III S. 2 VwGO das BundesVwZG unmittelbar anwendbar, weil mit der Zustellung des Widerspruchsbescheids die Klagefrist des § 74 VwGO zu laufen beginnt. Prozessrecht ist Bundesrecht. Für die Zustellung im **verwaltungsgerichtlichen Verfahren** gelten dagegen gem. § 56 II VwGO nicht die Vorschriften des VwZG, sondern die §§ 166 ff. ZPO.

---

[563] *Hufen*, VerwProzR, § 6 Rn 29; *Kopp/Schenke*, VwGO, § 70 Rn 8.
[564] BVerwG NJW 2010, 1686.

Die **förmliche Zustellung** besteht in der Bekanntgabe eines schriftlichen oder elek- **490**
tronischen Verwaltungsakts in der im VwZG bestimmten Form (so die Legaldefinition
in der seit dem 1.2.2006 geltenden Fassung des § 2 I VwZG). Zugestellt wird gem.
§ 2 II VwZG durch die **Post** oder durch die **Behörde**. Dabei stellt das Gesetz klar,
dass „Post" nicht eng im Sinne von „Deutsche Post AG", sondern weit im Sinne von
„Erbringer von Postdienstleistungen" zu verstehen ist. Des Weiteren existieren Son-
derarten der Zustellung, §§ 9 und 10 VwZG (Zustellung im Ausland; öffentliche Zustellung). Vorliegend soll aber nur auf die prüfungsrelevanten §§ 3 und 4 VwZG eingegangen werden.

Die Zustellung durch die Post erfolgt durch **Postzustellungsurkunde** (§ 3 VwZG) oder **491**
mittels **Einschreiben** (§ 4 VwZG).

■ Erfolgt die förmliche Zustellung per Postzustellungsurkunde, stellt gem. § 3 II S. 1 **492**
VwZG der Postbedienstete das Dokument (das **Schriftstück** oder das **elektronische**
Medium wie Diskette, CD etc.) zu und beurkundet die Zustellung. Für die Ausführung
und Zustellung gelten die §§ 177-182 ZPO.

Beispiel: Autofahrer A ist im Besitz einer Fahrerlaubnis auf Probe (§ 2a StVG). Da er
sich im Straßenverkehr äußerst rüpelhaft verhalten und nun auch noch bei Rot über eine Kreuzung gefahren ist, ordnet die Straßenverkehrsbehörde durch Postzustellungsurkunde binnen 2 Monaten die Teilnahme an einem Aufbauseminar an (§ 2a II S. 1 Nr. 1
StVG). Da der Postzusteller A jedoch nicht antrifft, wirft er das Schreiben in den Briefkasten. Nachdem die Behörde von A keinerlei Reaktion erfährt, entzieht sie ihm nach
2½ Monaten die Fahrerlaubnis. Gegen diese Maßnahme erhebt A Widerspruch mit der
Begründung, er habe niemals eine Aufforderung zur Teilnahme an einem Aufbauseminar erhalten. Ist der Widerspruch erfolgreich?

In materieller Hinsicht bestehen keine Zweifel an der Rechtmäßigkeit des Entzugs der
Fahrerlaubnis. Denn § 2a III StVG schreibt vor, dass die Fahrerlaubnis auf Probe zu
entziehen ist, wenn ihr Inhaber einer vollziehbaren Anordnung zur Teilnahme an einem
Aufbauseminar nach § 2a II S. 1 Nr. 1 StVG in der festgesetzten Frist nicht nachkommt. Dies ist vorliegend geschehen. Fraglich ist jedoch, ob die Anordnung zur Teilnahme an einem Aufbauseminar überhaupt formwirksam zugestellt worden ist. Vorliegend hat die Behörde das Postzustellverfahren gem. § 3 VwZG gewählt. Danach genügt es, wenn sie das Dokument in einem verschlossenen Umschlag dem Postdienst-
leister übergibt und dieser es dem Empfänger zustellt (§ 3 II VwZG). Die Zustellung
beim Empfänger richtet sich gem. § 3 III VwZG nach den §§ 177-182 ZPO. Nach § 180
ZPO kann das Dokument durch **Einwurf** in den Briefkasten wirksam zugestellt werden,
sofern eine Zustellung nach § 178 I Nr. 1 oder 2 ZPO nicht möglich ist. Mit dem Einwurf in den Briefkasten (§ 180 S. 2 ZPO) und der Anfertigung einer Postzustellungsurkunde (§ 3 II S. 3 VwZG) gilt das Schriftstück dann als zugestellt. Der Gegenbeweis ist
zwar zulässig, aber erst dann erbracht, wenn ein Sachverhalt bewiesen ist, der zur
Überzeugung des Gerichts jede Möglichkeit der Richtigkeit der beurkundeten Tatsache
ausschließt.[565] Diesen Gegenbeweis hat A nicht erbracht.

Damit lag eine wirksame Anordnung nach § 2a II S. 1 Nr. 1 StVG vor. Nach Ablauf der
Widerspruchsfrist ist diese bestandskräftig und damit vollziehbar (vgl. zudem § 2a VI
StVG). Da A dieser Anordnung nicht fristgerecht nachgekommen ist, war die Fahrerlaubnis gem. § 2a III StVG zu entziehen. Die behördliche Anordnung ist damit auch
formell rechtmäßig. Der Widerspruch des A ist erfolglos.

■ Bei der Zustellung mittels **Einschreiben** kann das Dokument (also das Schriftstück **493**
oder das elektronische Medium) entweder als Übergabeeinschreiben oder als Einschreiben mit Rückschein zugestellt werden (§ 4 I VwZG). Das *Übergabeeinschreiben*
gilt gem. § 4 II S. 2 VwZG mit dem 3. Tag nach der Aufgabe zur Post als zugestellt, es

---

[565] Vgl. BVerfG NJW 1992, 225; OLG Frankfurt NJW 1996, 3159; BFH NJW 1997, 3264.

sei denn, dass der zuzustellende Bescheid nicht oder zu einem späteren Zeitpunkt zugegangen ist. Im Zweifel hat die Behörde den Zugang und dessen Zeitpunkt zu beweisen. Es gelten hier also dieselben Grundsätze wie bei der formlosen Bekanntgabe nach § 41 II VwVfG (s.o.). Zu beachten ist allerdings, dass der Begriff „Einschreiben" nur das körperlich **übergebene** Dokument erfasst. **Einwurfeinschreiben** der Post (= Einschreiben, das nicht übergeben, sondern mit der normalen Post in den Briefkasten eingeworfen oder in das Postfach eingelegt wird) erfüllen **nicht** die Anforderungen an die förmliche Zustellung nach dem VwZG.[566] Beim *Einschreiben mit Rückschein* gilt der Rückschein als Zustellungsbeweis, sodass für die Drei-Tages-Fiktion kein Raum ist.[567]

493a Möglich ist auch die **elektronische** Zustellung von elektronischen Dokumenten. Die Voraussetzungen (elektronische Signatur nach dem Signaturgesetz; Zugangseröffnung durch den Empfänger) sind in § 5 V VwZG geregelt. Vgl. dazu ausführlich *R. Schmidt*, VerwProzR, Rn 271b.

7. Adressaten einer Zustellung

494 Zugestellt wird an den **Adressaten** (§ 5 VwZG), seinen **gesetzlichen Vertreter** (§ 6 VwZG) oder **Bevollmächtigten** (§ 7 VwZG). Die Behörde hat grundsätzlich ein Wahlrecht, ob sie an den Adressaten oder den Bevollmächtigten (z.B. Rechtsanwalt) zustellt (vgl. § 7 I S. 1 VwZG: „können"). Hat der Bevollmächtigte jedoch eine **schriftliche Vollmacht** vorgelegt, *muss* die Behörde an ihn zustellen (§ 7 I S. 2 VwZG). Eine Zustellung an den Adressaten (den Betroffenen) ist daher fehlerhaft. Welche Folgen mit einer solchen fehlerhaften Zustellung verbunden sind, beantwortet **§ 8 VwZG**: Lässt sich die formgerechte Zustellung eines Dokuments nicht nachweisen oder ist das Dokument unter Verletzung zwingender Zustellungsvorschriften zugegangen, gilt es als in dem Zeitpunkt zugestellt, in dem es dem Empfangsberechtigten tatsächlich (d.h. nachweislich) zugegangen ist. Der Fehler ist dann **geheilt**.[568]

495 **Beispiel:** Weil Gastronom G angeblich unzuverlässig i.S.d. § 4 I S. 1 Nr. 1 GastG ist, widerruft die zuständige Behörde die Gaststättenerlaubnis gem. § 15 II GastG. G schaltet sofort Rechtsanwalt R ein. Dieser erhebt form- und fristgerecht Widerspruch und legt bei der Widerspruchsbehörde gleichzeitig eine schriftliche Vollmacht seines Mandanten vor. Die Widerspruchsbehörde bestätigt die Rechtsauffassung der Ausgangsbehörde und erlässt am 4.4.2014 einen Widerspruchsbescheid nebst ordnungsgemäßer Rechtsbehelfsbelehrung. Den Bescheid stellt sie einen Tag später zu, allerdings an G persönlich. G leitet das Schreiben erst am 5.5.2014 an R weiter. Dieser erhebt am 9.5.2014 Klage. Fristgerecht?

Nach § 74 I VwGO muss die Klage innerhalb eines Monats nach Zustellung des Widerspruchsbescheids erhoben werden. Vorliegend wurde der Widerspruchsbescheid am 5.4.2014 zugestellt. Daher könnte die am 9.5.2014 erhobene Klage verfristet sein. Fraglich ist allerdings, wie es sich auswirkt, dass der Widerspruch unter Verletzung zwingender Zustellungsvorschriften zugestellt worden ist, denn „Empfangsberechtigter" i.S.d. § 8 VwZG ist bei Vorlage einer schriftlichen Vollmacht wegen § 7 I S. 2 VwZG **nur** der **Bevollmächtigte**, nicht der Adressat selbst. Für diesen Fall sieht § 8 VwZG vor, dass das betreffende Dokument (vorliegend der Widerspruchsbescheid) in dem Zeitpunkt als zugestellt gilt, in dem es der Empfangsberechtigte (vorliegend R) nach-

---

[566] BVerwG NJW 2001, 458. Daran hat auch die am 1.2.2006 in Kraft getretene Novellierung des VwZG nichts geändert.
[567] Vgl. bereits die 9. Aufl. 2005; wie hier nun auch *Kremer*, NJW 2006, 332, 333 und *Tegethoff*, JA 2007, 131, 132. Zu den Folgen einer fehlerhaften Angabe des Fristbeginns in der Rechtsbehelfsbelehrung vgl. *R. Schmidt*, VerwProzR, Rn 276.
[568] Es können auch Zustellungsfehler beim Widerspruchsbescheid geheilt werden (dazu *Kremer*, NJW 2002, 2615, 2616). Dies gilt gem. dem Anwendungsbereich des VwZG jedenfalls auf Bundesebene und damit für Zustellungen von Ausgangsbescheiden durch Bundesbehörden und über § 73 III S. 2 VwGO für die Zustellung von Widerspruchsbescheiden (durch Bundes- *oder* Landesbehörden, s.o.). Bei Zustellungen von Ausgangsbescheiden durch Landesbehörden entscheidet das betreffende LandesVwZG. Jedoch wird i.d.R. ohnehin das BundesVwZG in der jeweils gültigen Fassung für anwendbar erklärt.

weislich erhalten hat. R hat den Widerspruchsbescheid am 5.5.2014 erhalten. Die von ihm am 9.5.2014 erhobene Klage ist daher nicht verfristet.

Hinweis: Etwas anderes gilt für die formlose Bekanntgabe eines nicht förmlich bekannt zu gebenden bzw. zuzustellenden Verwaltungsakts. Nach § 41 I S. 2 VwVfG „kann" die Bekanntgabe gegenüber dem Bevollmächtigten vorgenommen werden. Eine mit § 8 I S. 2 VwVG vergleichbare Muss-Bestimmung enthält die Vorschrift nicht. Daher laufen auch bei Bekanntgabe an den Adressaten die Rechtsbehelfsfristen nach §§ 70, 74 I S. 2 VwGO selbst dann, wenn dieser bspw. einen Rechtsanwalt (empfangs-)bevollmächtigt hat.[569]

8. Sonderfall Allgemeinverfügungen

Zur Möglichkeit der öffentlichen Bekanntgabe von (Einzel-)Verwaltungsakten gem. § 41 III S. 1 VwVfG wurde bereits Stellung genommen. **§ 41 III S. 2 VwVfG** lässt die Möglichkeit der öffentlichen Bekanntgabe auch bei Allgemeinverfügungen zu. Voraussetzung ist, dass die individuelle Bekanntgabe an die Beteiligten unmöglich oder untunlich ist. **Unmöglich** ist die individuelle Bekanntgabe z.B. bei adressenlosen Allgemeinverfügungen (Beispiel: Umbenennung einer Straße als Form der sachbezogenen Allgemeinverfügung i.S.v. § 35 S. 2 Var. 2 VwVfG). **Untunlich** bedeutet, dass die individuelle Bekanntgabe wegen der Natur des in Frage stehenden Verwaltungsakts nicht möglich oder jedenfalls mit erheblichen Schwierigkeiten verbunden wäre[570], etwa weil nicht mit Sicherheit feststellbar ist, wer betroffen ist, oder weil die Anschrift Betroffener nicht bekannt ist und nicht leicht ermittelt werden kann, usw.[571] Der Umstand allein, dass die Bekanntgabe an eine große Zahl Beteiligter bzw. Betroffener einen erheblichen Verwaltungsaufwand verursachen würde, reicht nicht aus.[572]

496

9. Insbesondere: Verkehrszeichen

Problematisch ist das Erlangen der Wirksamkeit bei den **Verkehrszeichen**. Diese werden als benutzungsregelnde Allgemeinverfügungen i.S.v. § 35 S. 2 Var. 3 VwVfG qualifiziert (siehe Rn 421 ff.), müssen also wie alle Verwaltungsakte zu ihrer Wirksamkeit dem Betroffenen bekannt gegeben werden. Nach den dargestellten allgemeinen Regeln wird ein Verwaltungsakt gegenüber dem Betroffenen in dem Zeitpunkt wirksam, in dem er ihm bekannt gegeben wird (§ 43 I VwVfG). Die Bekanntgabe beurteilt sich wiederum nach § 41 VwVfG. Die in § 41 III S. 1 VwVfG vorgesehene *öffentliche* Bekanntgabe, bei der es nur auf die abstrakte Kenntnisnahmemöglichkeit ankommt, greift bei Verkehrszeichen jedoch nicht, da Verkehrszeichen keine Einzelverwaltungsakte darstellen und im Übrigen auch keine Rechtsvorschrift existiert, die diese Form der Bekanntgabe zulassen könnte. Zwar kommt dann noch die Ausnahmevorschrift des § 41 III S. 2 VwVfG in Betracht, der zufolge eine öffentliche Bekanntgabe von Allgemeinverfügungen möglich ist, wenn eine individuelle Bekanntgabe untunlich ist, jedoch hat das BVerwG diese Frage ausdrücklich offengelassen. Es hat entschieden, dass die Bekanntgabe von Verkehrszeichen allein nach den bundesrechtlichen Vorschriften der Straßenverkehrsordnung **durch Aufstellen des Verkehrszeichens** erfolge.[573] Seien Verkehrszeichen so aufgestellt oder angebracht, dass sie ein durchschnittlicher Kraftfahrer bei Einhaltung der nach § 1 StVO erforderlichen Sorgfalt schon „mit einem raschen und beiläufigen Blick" erfassen könne, äußerten sie ihre Rechtswirkung gegenüber jedem von der Regelung betroffenen Verkehrsteilneh-

497

---

[569] BVerwG NJW 1998, 1292, 1293.
[570] VGH Mannheim NVwZ 1989, 980.
[571] *Stelkens*, in: Stelkens/Bonk/Sachs, VwVfG, § 41 Rn 78; *Kopp/Ramsauer*, VwVfG, § 41 Rn 48.
[572] *Stelkens*, in: Stelkens/Bonk/Sachs, VwVfG, § 41 Rn 80; *Kopp/Ramsauer*, VwVfG, § 41 Rn 48.
[573] Vgl. insbesondere §§ 39, 45 IV StVO.

mer, gleichgültig, ob er das Verkehrszeichen tatsächlich wahrnehme oder nicht. Es komme allein auf die **theoretische Möglichkeit der Kenntnisnahme** an.[574]

498   Damit gelten Verkehrszeichen also allein durch ihr **Aufstellen** als **bekannt gegeben**. Von praktischer Bedeutung ist dies vor allem für diejenigen Personen, die z.B. Jahre nach der Aufstellung des Verkehrszeichens zum ersten Mal mit ihm konfrontiert werden (dazu sogleich), und für diejenigen, die als Halter eines Kfz eine Zustandsverantwortlichkeit trifft und die daher auch für den Fall, dass ihnen die Kenntnisnahme gar nicht möglich war, weil sie das Kfz gar nicht geführt hatten (Fahrer und Halter können ja personenverschieden sein), gleichwohl als Adressaten und damit als Pflichtige für eine etwaige Verwaltungsvollstreckung angesehen werden.

499   Aufgrund ihrer Qualifikation als Allgemeinverfügungen und damit als Verwaltungsakte unterliegen Verkehrszeichen der Möglichkeit der **Anfechtung** mittels Widerspruchs und Anfechtungsklage (§§ 68 I S. 1 und 42 I Var. 1 VwGO). Gemäß § 70 I S. 1 VwGO **beginnt die Widerspruchsfrist** mit der Bekanntgabe. Bei Verkehrszeichen müsste man daher annehmen, dass die Widerspruchsfrist in konsequenter Fortführung der o.g. Rspr. des BVerwG **mit der Aufstellung** zu laufen beginne.[575] Wegen fehlender Rechtsbehelfsbelehrung würde jedenfalls nicht die Monatsfrist gem. §§ 70, 74 I VwGO, sondern grundsätzlich die **Jahresfrist** (vgl. § 58 II VwGO) gelten. Konsequenzen hat diese (folgerichtige) Auffassung für solche Verkehrsteilnehmer, die das Verkehrszeichen erst später als ein Jahr nach seiner Aufstellung zur Kenntnis nehmen können, z.B. weil sie zuvor die Straße zu keinem Zeitpunkt befahren hatten. Diese könnten das Verkehrsschild also nicht mehr anfechten, weil die – mangels Rechtsmittelbelehrung maßgebliche – Jahresfrist für den Widerspruch gegen das Verkehrsschild verstrichen ist.[576] Eine Wiedereinsetzung in den vorigen Stand gem. § 60 VwGO würde jedenfalls an § 60 III VwGO scheitern. Den Betroffenen bliebe im Falle der Rechtswidrigkeit des Schildes nur die Möglichkeit, eine Rücknahme zu beantragen (§ 48 I VwVfG). Dies änderte jedoch nichts daran, aus dem rechtswidrigen Straßenverkehrsschild zunächst in Anspruch genommen zu werden.

499a   Aufgrund dieser (vermeintlichen) Rechtsschutzverkürzung war es nur eine Frage der Zeit, bis das BVerwG erneut angerufen werden würde. In seiner Entscheidung vom 23.9.2010[577] hat das Gericht zunächst noch einmal klargestellt, dass die Bekanntgabe eines Verkehrszeichens mit seiner Aufstellung erfolge. Sodann hat es festgestellt, dass mit diesem Zeitpunkt nicht notwendigerweise auch die Rechtsbehelfsfrist zu laufen beginne. Diese Frist werde vielmehr erst dann ausgelöst, wenn sich der betreffende Verkehrsteilnehmer erstmals der Regelung des Verkehrszeichens gegenübersehe. Jedes andere Verständnis geriete in Konflikt mit der Rechtsweggarantie des Art. 19 IV GG, die es verbiete, den Rechtsschutz in unzumutbarer, durch Sachgründe nicht mehr zu rechtfertigender Weise zu erschweren. Liefe die Anfechtungsfrist für jedermann schon mit dem Aufstellen des Verkehrsschilds, könne ein Verkehrsteilnehmer, der mehr als ein Jahr später erstmals mit dem Verkehrszeichen konfrontiert werde, keinen Rechtsschutz erlangen; denn bis zu diesem Zeitpunkt sei er an der Einlegung eines Rechtsbehelfs mangels individueller Betroffenheit (§ 42 II VwGO) gehindert, danach würde ihm der Ablauf der einjährigen Anfechtungsfrist entgegengehalten. Dieses Rechtsschutzdefizit werde auch durch die Möglichkeit, ein Wiederaufgreifen des Verfahrens zu beantragen, nicht in der verfassungsrechtlich gebotenen Weise ausgeglichen, dies schon wegen der besonderen Voraussetzungen, die § 51 VwVfG an einen solchen Rechtsbehelf stelle.[578] Schließlich sei zu beachten, dass die gem. § 58 II VwGO maßgebliche einjährige Rechtsbehelfsfrist nicht erneut zu laufen beginne, wenn sich derselbe Verkehrsteilnehmer demselben Verkehrszeichen ein weiteres Mal gegenübersehe. Der Inhalt des Verkehrszeichens, das dem Verkehrsteilnehmer bei seinem erstmaligen

---

[574] BVerwGE 102, 316, 318 f.; bestätigt in BVerwG NJW 2011, 246, 247.
[575] So etwa VGH Mannheim JZ 2009, 738 f.
[576] VGH Mannheim JZ 2009, 738 f.; a.A. *Bitter/Goos*, JZ 2009, 740; *Beaucamp*, JA 2008, 612, 615.
[577] BVerwG NJW 2011, 246 ff.
[578] BVerwG NJW 2011, 246, 247.

Herannahen bekannt gemacht wurde, gelte ihm gegenüber fort, solange seine Anordnung und Bekanntgabe aufrechterhalten blieben. Komme der Verkehrsteilnehmer erneut an diese Stelle, habe das Verkehrszeichen für ihn nur eine erinnernde Funktion.[579]

Diese Rechtsprechung ist mit Blick auf den klaren Wortlaut des § 70 VwGO, wonach die **500** Frist zur Einlegung eines Rechtsbehelfs mit Bekanntgabe des Verwaltungsakts zu laufen beginnt, nicht ganz unproblematisch. Da das BVerwG aber zugunsten des Rechtsschutzsuchenden von der gesetzlichen Regelung abweicht, kann ihr im Ergebnis durchaus gefolgt werden. Damit lässt sich nun folgender gesicherter Befund aufstellen:

- Die **Bekanntgabe** eines als Allgemeinverfügung zu qualifizierenden Verkehrszeichens erfolgt durch sein Aufstellen.
- Ob ein Widerspruch statthaft ist, richtet sich nach § 68 I S. 2 VwGO und den Vorschriften der landesrechtlichen Ausführungsgesetze. Sollte ein Widerspruchsverfahren ausgeschlossen sein, ist sofort die Anfechtungsklage statthaft. In jedem Fall beträgt die **Rechtsbehelfsfrist** wegen fehlender Rechtsbehelfsbelehrung ein Jahr (§§ 70 II, 58 II VwGO). Eine mit Widerspruch bzw. Anfechtungsklage grds. verbundene aufschiebende Wirkung (§ 80 I S. 1 VwGO) entfällt gem. § 80 II Nr. 2 VwGO analog, weil bei Gewährung von aufschiebender Wirkung sonst ein Verkehrschaos entstünde.[580]
- Die Rechtsbehelfsfrist beginnt nicht etwa mit Bekanntgabe zu laufen, sondern erst dann, wenn sich der Straßenverkehrsteilnehmer **erstmalig mit der Regelung konfrontiert** sieht. Bei nochmaliger Konfrontation mit dem Verkehrsschild beginnt die Frist daher nicht erneut zu laufen.

Danach wird beispielsweise auch ein **nachträglich aufgestelltes Halteverbot** im Zeit- **501** punkt der Aufstellung auch demjenigen gegenüber wirksam, der sein Fahrzeug zuvor erlaubtermaßen dort abgestellt hatte. Denn obwohl der Betroffene sich nicht persönlich vor Ort befunden hat, ist er nach Auffassung des BVerwG Verkehrsteilnehmer und somit Adressat der durch das Verkehrszeichen getroffenen Anordnung. Verkehrsteilnehmer sei nämlich nicht nur derjenige, der sich im Straßenverkehr bewege, sondern auch der Halter eines am Straßenrand geparkten Fahrzeugs, solange er - wie regelmäßig - Inhaber der tatsächlichen Gewalt über das Fahrzeug sei.[581] Sowohl die Bekanntgabe als auch der Beginn der Rechtsbehelfsfrist erfolgen somit regelmäßig in dem Zeitpunkt der Aufstellung des Verkehrszeichens. Zur prüfungsrelevanten Abschlepproblematik vgl. *R. Schmidt*, Fälle zum POR, Fall 12.

Die Wirksamkeit eines Verkehrsschildes **endet** spätestens, wenn ein entsprechender actus **502** contrarius ergeht, wenn das Schild also aufgrund entsprechender Anordnung der zuständigen Straßenverkehrsbehörde **abgebaut** wird. Fraglich ist indes, ob die Wirksamkeit zumindest vorübergehend suspendiert werden muss, wenn das Verkehrsschild infolge von Umwelteinflüssen (durch Schneefall bedeckt oder durch Sturm um 90 oder 180 Grad gedreht), von Beschädigung oder anderen Umständen (unbefugte Beseitigung o.ä.) nicht erkennbar ist. Streng genommen besteht in diesen Fällen noch nicht einmal die von der Rspr. des BVerwG für ausreichend erachtete abstrakte Möglichkeit der Kenntnisnahme. Aber auch wenn man diese bejahte, dürfen dem Bürger keine rechtlichen Nachteile erwachsen. Die Fiktion der Bekanntgabe an sämtliche Verkehrsteilnehmer würde überzogen und wäre mit dem Rechtsstaatsprinzip nicht vereinbar, wenn man die Verkehrsteilnehmer auch für verpflichtet halten wollte, sich an Verkehrsschildern zu orientieren, die mit zumutbaren Mitteln nicht (mehr) wahrnehmbar sind.

---

[579] BVerwG NJW 2011, 246, 247.
[580] H.M., vgl. nur BVerwGE 102, 316 ff.; OVG Münster NJW 1998, 329; *Kopp/Schenke*, VwGO, § 80 Rn 64 - dazu *R. Schmidt*, VerwProzR, Rn 908.
[581] BVerwGE 102, 316, 319.

V. Die Rechtswidrigkeit eines Verwaltungsakts und deren Rechtsfolgen

1. Einführung

503 Grundsätzlich gilt, dass rechtswidrige Staatsakte nichtig, d.h. rechtsunwirksam sind und von den Bürgern nicht beachtet werden müssen. Das ist vor dem Hintergrund der Grundrechte sowie des Rechtsstaats- und Demokratieprinzips (Art. 20 I, III GG) selbstverständlich. Dieser Grundsatz gilt aber nicht uneingeschränkt. So hat der parlamentarische Gesetzgeber entschieden, dass ein rechtswidriger Verwaltungsakt nur dann nichtig ist, wenn er an einem besonders schwerwiegenden Fehler leidet und dies bei verständiger Würdigung aller in Betracht kommenden Umstände offensichtlich ist (§ 44 VwVfG). Im Übrigen hat er den rechtswidrigen Verwaltungsakt grds. für wirksam erklärt (vgl. § 43 II VwVfG sowie den Umkehrschluss aus § 43 III VwVfG). Um aber eine Kollision mit den o.g. Verfassungsprinzipien zu vermeiden, muss ein rechtswidriger (aber wirksamer) Verwaltungsakt angefochten und aufgehoben werden können. Dies garantiert § 113 I S. 1 VwGO. Aufgabe des angerufenen Verwaltungsgerichts ist es dann, den fraglichen Verwaltungsakt auf seine Rechtmäßigkeit hin zu überprüfen. Sollte sich die Rechtswidrigkeit des Verwaltungsakts herausstellen, hebt das Gericht ihn auf. Zentrales Element der Anfechtungsklage ist somit die **Rechtswidrigkeit des Verwaltungsakts**. Da aber – wie noch zu sehen sein wird – nicht alle Fehler eines Verwaltungsakts zu dessen Rechtswidrigkeit führen, sind die differenzierten **Fehlerfolgen** zu beachten.[582]

504 Der Verwaltungsakt kann mit *formellem* und *materiellem* Recht kollidieren. *Formell* fehlerhaft ist der Verwaltungsakt, wenn er nicht von der örtlich, sachlich und instanziell zuständigen Behörde erlassen wurde sowie Verfahrens- und Formvorschriften nicht eingehalten wurden bzw. Verstöße hiergegen nicht der Heilung zugänglich sind (§ 45 VwVfG). Demgegenüber ist der Verwaltungsakt *materiell* fehlerhaft, wenn er gegen Rechtsnormen verstößt, die ein Verhalten von Rechtssubjekten gebieten, verbieten oder erlauben.

505 **Unbeachtlich** bzw. **heilbar** sind nur bestimmte **formelle Fehler**. Denn das formelle Recht besitzt in der deutschen Rechtsordnung nicht die gleiche Relevanz wie beispielsweise im US-amerikanischen Recht, wo ein ordnungsgemäßes Verfahren („due process") die sachliche Richtigkeit einer Entscheidung indiziert. Der grundsätzlich in § 113 I S. 1 VwGO vorgesehene Aufhebungsanspruch wird daher durch die §§ 46 und 45 VwVfG bei solchen Verwaltungsakten ausgeschlossen, die an (lediglich) bestimmten Verfahrens- und Formfehlern bzw. an Mängeln der örtlichen Zuständigkeit leiden.[583]

506 Systematisch kann § 46 VwVfG zwar keine unmittelbare Einschränkung des § 113 I S. 1 VwGO bewirken, weil das Verwaltungsverfahrensrecht nicht das Verwaltungsprozessrecht bestimmen kann. Dies ändert aber nichts daran, dass das Gericht bei Anwendbarkeit des § 46 VwVfG den Aufhebungsanspruch zu verneinen hat. Daraus folgt, dass fehlerhafte Verwaltungsakte im Anwendungsbereich des § 46 VwVfG rechtswidrig bleiben, jedoch die Fehlerfolge modifiziert ist.

507 **Zusammenfassend** lässt sich sagen, dass ein Verwaltungsakt fehlerhaft ist, wenn er mit der Rechtsordnung kollidiert. Die Fehlerhaftigkeit führt - wie sich aus §§ 44, 43 III VwVfG ergibt - in der Regel aber nicht zur Nichtigkeit, sondern nur zur Rechtswidrig-

---

[582] Vgl. hierzu auch *Schnapp/Cordewener*, JuS 1999, 39, 40 f.
[583] Davon zu unterscheiden ist die Heilungsmöglichkeit nach § 45 VwVfG. Tritt eine solche ein, wird der formelle Fehler „geheilt", d.h. die Rechtswidrigkeit beseitigt. Demgegenüber bleibt es im Fall des § 46 VwVfG bei der Rechtswidrigkeit; lediglich der Aufhebungsanspruch entfällt. Zur Heilungsmöglichkeit formell fehlerhafter Verwaltungsakte und zur Unbeachtlichkeit siehe Rn 549, 584, 564 und 585.

keit, die durch die Möglichkeit der Anfechtbarkeit und Aufhebbarkeit gekennzeichnet ist. Der fehlerhafte Verwaltungsakt ist also wirksam, wenn er nicht nichtig ist. Ob ein (formell) fehlerhafter Verwaltungsakt zur Aufhebung durch das Verwaltungsgericht führt, hängt zunächst von der Unbeachtlichkeitsregel des § 46 VwVfG ab. Danach bleibt es zwar bei der (formellen) Rechtswidrigkeit des Verwaltungsakts, jedoch ist diese unbeachtlich; es entfällt der gerichtliche Aufhebungsanspruch gemäß § 113 I S. 1 VwGO. Ist der Fehler beachtlich, ist des Weiteren zu prüfen, ob Heilungsvorschriften wie beispielsweise § 45 VwVfG greifen. Ist ein Verwaltungsakt geheilt, entfällt dessen Rechtswidrigkeit. Es besteht auch hier kein Aufhebungsanspruch. Eine **materielle Rechtswidrigkeit** ist dagegen nicht der Unbeachtlichkeit bzw. der Heilung zugänglich.

Der Aufhebungsanspruch gem. § 113 I S. 1 VwGO besteht allerdings grds. nur dann, wenn der rechtswidrige Verwaltungsakt den Kläger auch in *seinen* Rechten verletzt.

2. Prüfung eines Verwaltungsakts

Ist in einer Prüfungsarbeit nach der Rechtmäßigkeit eines Verwaltungsakts gefragt, empfiehlt sich folgendes Prüfungsschema:

508

Prüfung eines Verwaltungsakts

Möglicher Obersatz:

Der Verwaltungsakt ist rechtmäßig, wenn er in formeller und materieller Hinsicht in rechtsfehlerfreier Anwendung einer rechtmäßigen Rechtsgrundlage erfolgte.

I. Rechtsgrundlage (RGL) für den Erlass eines Verwaltungsakts

Rechtsgrundlage für den Erlass eines Verwaltungsakts können ein **Parlamentsgesetz**, eine **Rechtsverordnung** oder eine **Satzung** sein.

An dieser Stelle des Gutachtens muss die Rechtsgrundlage deshalb benannt werden, weil von ihr die formelle und materielle Rechtmäßigkeit der Maßnahme abhängt. Freilich allein eine Frage der materiellen Rechtmäßigkeit der Einzelmaßnahme ist es, ob auch die Voraussetzungen der RGL vorliegen.

II. Formelle Rechtmäßigkeit des Verwaltungsakts

1. **Zuständigkeit** der handelnden Behörde (örtlich, sachlich, instanziell)
2. Beachtung der maßgeblichen **Verfahren**svorschriften (wie z.B. Anhörung, keine Befangenheit, Begründung etc.; neben Spezialnormen sind i.d.R. auch §§ 21 ff. VwVfG anwendbar). Bei Fehlern: §§ 45, 46 VwVfG.
3. Einhaltung der **Form**vorschriften (wie z.B. Schriftform, Zustellung etc.; sofern keine Spezialnormen greifen, ist § 37 II-V VwVfG zu beachten)

III. Materielle Rechtmäßigkeit des Verwaltungsakts

1. Rechtmäßigkeit der Rechtsgrundlage (nur ggf. zu prüfen!)

   (a) Vereinbarkeit der RGL mit EU-Recht
   (b) Vereinbarkeit der RGL mit nationalem Verfassungsrecht
   → Vereinbarkeit mit Grundrechten
   → Vereinbarkeit mit sonstigen Verfassungsprinzipien

2. Vereinbarkeit des Verwaltungsakts mit der Rechtsgrundlage

   (a) Unbestimmte Rechtsbegriffe
   (b) Beurteilungsspielräume
   (c) Planerische Abwägungsentscheidungen

3. Ermessen und Verhältnismäßigkeit (Der Grundsatz der Verhältnismäßigkeit wird nach der hier vertretenen Auffassung innerhalb der Ermessensüberschreitung geprüft. Denn überschreitet die Behörde das ihr eingeräumte Ermessen, verstößt sie auch gegen den Grundsatz der Verhältnismäßigkeit. Für eine separate Verhältnismäßigkeitsprüfung ist somit kein Raum. Bei gebundenen Verwaltungsakten ist der Grundsatz der Verhältnismäßigkeit bei der Auslegung der unbestimmten Rechtsbegriffe zu berück-

---

> sichtigen).
>
> **4.** Kein Verstoß gegen sonstiges Recht und den Bestimmtheitsgrundsatz
>
> **IV. Maßgeblicher Zeitpunkt** für die Beurteilung der Rechtmäßigkeit
>
> **1.** Noch nicht vollzogener Verwaltungsakt
> **2.** Dauerverwaltungsakte
> **3.** Nachschieben von Gründen
>
> **V. Rechtsverletzung beim Kläger**

a. Rechtsgrundlage für den Erlass eines Verwaltungsakts

509 Dadurch, dass ein **Eingriff** (seitens der Exekutive) in die Rechtssphäre des Klägers nur dann gerechtfertigt ist, wenn er im ordnungsgemäßen Vollzug eines rechtmäßigen Gesetzes erfolgt, ist erste Voraussetzung für die Rechtmäßigkeit eines belastenden Verwaltungsakts das Vorliegen einer gesetzlichen **Rechtsgrundlage** für dessen Erlass.[584] Das ergibt sich aus dem Prinzip der **Gesetzmäßigkeit der Verwaltung** (Vorrang und Vorbehalt des Gesetzes): Das Verhältnis der Exekutive zur Legislative bestimmt sich nach den Art. 1 III, 20 III, 83 und 86 GG, wonach die Verwaltung die Gesetze ausführt und dabei an Recht und Gesetz gebunden ist. Die Verwaltung darf also die Voraussetzungen ihres Eingreifens nicht selbst festlegen. Das darf aufgrund des Demokratieprinzips nur die unmittelbar demokratisch legitimierte Legislative.

Beispiel: G betreibt in der Innenstadt von S eine Kneipe und lässt dort den Handel mit Drogen zu. Nachdem ihn die Behörde bereits mehrmals aufgefordert hatte, dies zu unterbinden, entzieht sie ihm wegen Unzuverlässigkeit die Gaststättenerlaubnis.

Der Entzug der Gaststättenerlaubnis ist ein belastender Verwaltungsakt und Instrument der Eingriffsverwaltung. Die Behörde bedarf somit einer Rechtsgrundlage. Eine solche stellt § 15 II GastG[585] i.V.m. § 4 I S. 1 Nr. 1 GastG dar. Erfüllt G die dort normierten Voraussetzungen, ist der Widerruf der Erlaubnis gerechtfertigt.

510 **Hinweis für die Fallbearbeitung:** Die Rechtsgrundlage gleich zu Anfang der Begründetheitsprüfung zu benennen, hat den Vorteil der klaren Strukturierung, weil sich aus dem Normengefüge, dem die konkrete Rechtsgrundlage entstammt, regelmäßig die (später bei der formellen Rechtmäßigkeit zu prüfende) Zuständigkeit der Behörde ableitet (Entsprechendes gilt ggf. hinsichtlich sonstiger formeller Gesichtspunkte, insbesondere Verfahrensvorschriften). Auf diese Weise werden Inzident-Prüfungen vermieden.[586]

Beispiel: § 35 I GewO dient als Rechtsgrundlage für die Gewerbeuntersagung wegen Unzuverlässigkeit. Bei der Frage nach der formellen Rechtmäßigkeit einer entsprechenden Verfügung ist § 35 IV GewO zu beachten, wonach zuvor grundsätzlich die Aufsichtsbehörde, die IHK und die Handelskammer gehört werden sollen. Zur formellen Rechtmäßigkeit der Untersagungsverfügung kann in diesem Fall also nur dann Stellung genommen werden, wenn zuvor die Eingriffsnorm bestimmt wurde.

In *Ausnahmefällen*, bspw. wenn eine gesetzliche Rechtsgrundlage nicht vorliegt, kann zunächst die Prüfung der Rechtsbeeinträchtigung (Eingriff in den Schutzbereich eines Grundrechts) erfolgen, um festzustellen, ob es überhaupt einer Rechtsgrundlage bedurft hätte. Denn ist der Eingriff mit keiner Rechtsbeeinträchtigung verbunden, ist das Fehlen einer Rechtsgrundlage unschädlich. Liegt umgekehrt je-

---

[584] Die Terminologie ist uneinheitlich. Verbreitet wird der Begriff „Ermächtigungsgrundlage" verwendet, obwohl dieser Begriff bereits durch das formell-gesetzliche Ermächtigungsverfahren, namentlich eine oberste Bundes- oder Landesbehörde zum Erlass von (abstrakt-generellen) Rechtsverordnungen zu ermächtigen (Art. 80 I GG), besetzt ist. Es empfiehlt sich deshalb, den neutralen Begriff „Rechtsgrundlage" zu verwenden. Bei Maßnahmen der Eingriffsverwaltung kann auch der Begriff „Eingriffsermächtigung" verwendet werden.
[585] Zum GastG nach der Föderalismusreform 2006 vgl. bereits Fußnote 15.
[586] So auch *Schenke*, VerwProzR, Rn 731; *Jahn*, JuS 2001, 173, 175.

doch eine Rechtsbeeinträchtigung vor (hätte also eine Rechtsgrundlage vorliegen müssen), ist der Eingriff wegen Verstoßes gegen den Grundsatz vom Vorbehalt des Gesetzes (siehe sogleich) rechtswidrig. Wird ein derartiger Rechtsverstoß festgestellt, kann der rechtswidrige Zustand für eine Übergangzeit hinzunehmen sein, bis der Gesetzgeber die Anpassung an das gewandelte Verfassungsverständnis vollzogen hat. Aufgrund der Kompetenzverteilung kann eine solche Feststellung allerdings nur von dem Verfassungsgericht des jeweiligen Verbandes (Bund, Land) getroffen werden (sog. **Appellentscheidung**). Dazu setzt das Gericht dem Gesetzgeber eine Frist (beispielsweise bis zum Ablauf der Legislaturperiode). In der Übergangzeit gilt aber nicht ohne weiteres der alte Rechtszustand uneingeschränkt fort. Vielmehr erfolgt eine Reduzierung der Maßnahmen auf das, was im konkreten Fall für die geordnete Weiterführung der Maßnahmen des Betriebes unerlässlich ist (Aufrechterhaltung der Funktionstüchtigkeit unter Beachtung des Grundsatzes der Verhältnismäßigkeit). Hierfür genügen dann allerdings auch Verwaltungsvorschriften.

Liegt ein solcher Ausnahmefall jedoch nicht vor, bleibt es bei der hier vorgeschlagenen Aufbaufolge, dass an dieser Stelle des Gutachtens lediglich das Vorliegen der Rechtsgrundlage geprüft wird. Die *Rechtmäßigkeit* der Rechtsgrundlage ist indes eine Frage der materiellen Rechtmäßigkeit der Einzelmaßnahme (dazu später). Das hat den Hintergrund, dass eine Einzelfallmaßnahme keinesfalls rechtmäßig sein kann, wenn bereits die Rechtsgrundlage rechtswidrig ist (Vorbehalt des Gesetzes, s.o.). Erst wenn feststeht, dass das zugrunde liegende Gesetz (die Rechtsgrundlage) verfassungs- und unionsrechtmäßig ist, kann die angegriffene Maßnahme selbst auf einen Anwendungsfehler hin überprüft werden (Vereinbarkeit des Verwaltungsakts mit der Rechtsgrundlage). An dortiger Stelle der Fallbearbeitung ist dann festzustellen, ob die abstrakt-generelle Wertung des Gesetzgebers durch den Rechtsanwender (d.h. die den Verwaltungsakt erlassende Behörde) in verfassungs- und unionsrechtskonformer Weise auf den konkret-individuellen Fall übertragen wurde.

In der **Leistungsverwaltung** besteht die Besonderheit, dass die Verwaltung grds. nicht freiheitsverkürzend in die Rechtssphäre des Bürgers eingreift, sondern ihm gegenüber gewährend, also die Rechtssphäre erweiternd, auftritt. Daher sind an die Rechtsgrundlage abgeschwächte Anforderungen zu stellen (vgl. dazu eingehend Rn 206 ff.). Sofern keine Rechtsbeeinträchtigung (z.B. auf Seiten von Dritten) vorliegt, genügt i.d.R. eine Bereitstellung von Mitteln im **Haushaltsplan** (Etatlegitimation) i.V.m. **Vergaberichtlinien** (Verwaltungsvorschriften). 511

Beispiel: Im Haushaltsplan des Landes X sind Mittel zur Bekämpfung der BSE-Krise und zur Förderung der ökologischen Milch- und Viehwirtschaft bereitgestellt. Ein entsprechender ministerieller Runderlass (= Verwaltungsvorschrift) beschreibt die näheren Voraussetzungen, unter denen die Gelder vergeben werden.

Hier ist die Förderung der Landwirte mit keiner Rechtsbeeinträchtigung verbunden, sodass die Bereitstellung von Mitteln im Haushaltsplan i.V.m. dem Runderlass genügt.

Hinweis für die Fallbearbeitung: In einer Anfechtungssituation wird die Problematik des Gesetzesvorbehalts in der Leistungsverwaltung regelmäßig in zwei Konstellationen relevant: 512

Zum einen ist es möglich, dass die Behörde eine zuvor gewährte Leistung zurückfordert, weil angeblich die Voraussetzungen der Mittelvergabe nicht (mehr) vorliegen. Die Rückforderung der Mittel beinhaltet zugleich regelmäßig die Aufhebung des ursprünglichen Bewilligungsbescheids. Dieser Aufhebungsakt stellt einen belastenden Verwaltungsakt dar, der einer gesetzlichen Rechtsgrundlage bedarf. Soweit keine spezielle Rechtsgrundlage besteht, kommen die §§ 48 f. VwVfG in Betracht. Bei der Frage, ob nun § 48 VwVfG oder § 49 VwVfG einschlägig ist, kommt es darauf an, ob der ursprüngliche Bewilligungsbescheid rechtmäßig (dann § 49 VwVfG) oder rechtswidrig (dann § 48 VwVfG) war. Bei der Prüfung der Rechtmäßigkeit des ursprünglichen Bewilligungsbescheids ist dann auf das (nicht vorhandene) Erfordernis der Rechtsgrundlage einzugehen. Sollte sich auch aus keinem sonstigen Grund die Rechtswidrigkeit des Bewilligungsbescheids ergeben, ist für den Aufhebungsakt § 49 VwVfG einschlägig.

Die Problematik des Gesetzesvorbehalts in der Leistungsverwaltung wird auch immer dann relevant, wenn eine Leistung an einen Konkurrenten des Klägers vergeben wurde und der Kläger diese Begünstigung angreift („**Konkurrentenabwehrklage**"). Hier macht der Kläger regelmäßig geltend, die Leistungsvergabe an den Konkurrenten sei rechtswidrig, weil sie ohne erforderliche Rechtsgrundlage erfolgte. Der Klausurbearbeiter muss dann darlegen, dass im Rahmen der Leistungsgewährung grundsätzlich von dem abgeschwächten Gesetzesvorbehalt (bei Subventionen von einer Etatlegitimierung) auszugehen ist und nur in Ausnahmefällen (gezielter Eingriff in Grundrechte Dritter; grobe Wettbewerbsverzerrung) über die Etatlegitimierung hinaus ein formell-materielles Gesetz zu fordern ist. Liegt kein solcher Ausnahmefall vor, ist die Konkurrentenabwehrklage erfolglos.

aa. Einzelne Rechtsgrundlagen

513 Bei der Frage nach der Rechtsgrundlage ist der Grundsatz zu beachten, dass die speziellen Rechtsgrundlagen den allgemeinen vorgehen. Denn spezielle Rechtsgrundlagen sind oft tatbestandlich enger gefasst und stellen höhere Anforderungen an die Rechtmäßigkeit des Eingriffs. Dieser Grundsatz würde missachtet, wenn man im Anwendungsbereich einer speziellen Rechtsgrundlage auf eine allgemeine Rechtsgrundlage zurückgreifen dürfte. Daher sind spezielle Rechtsgrundlagen in ihrem Anwendungsbereich grundsätzlich abschließend. Liegen deren Voraussetzungen vor, darf grundsätzlich nicht auf die allgemeinen Rechtsgrundlagen zurückgegriffen werden.

a.) Spezielle Rechtsgrundlagen

514 Einschlägige spezielle Rechtsgrundlagen für den Erlass eines Verwaltungsakts sind i.d.R. dem Fachgesetz zu entnehmen. Insbesondere das VersG, das VereinsG, das WaffG, das GastG, die GewO, die Beamtengesetze etc. enthalten eine Vielzahl prüfungsrelevanter Rechtsgrundlagen.

> **Beispiele:** Die Untersagung der Ausübung eines Gewerbes wegen Unzuverlässigkeit lässt sich auf § 35 I GewO stützen; die Erlaubnis zum Betrieb einer Gaststätte kann wegen Fehlens der Zuverlässigkeit gem. § 15 I GastG zurückgenommen werden.

515 Aufgrund der Regelungsdichte des öffentlichen Rechts ist davon abzuraten, möglichst viele Rechts- oder Anspruchsgrundlagen auswendig zu lernen. Entscheidend ist, eine Rechtsgrundlage an dem jeweiligen Modalverb „muss", „darf", „kann" oder „ist befugt", das der Behörde eine entsprechende Befugnis erteilt, erkennen zu können.

516 Insbesondere im Polizei- und Ordnungsrecht kann auch eine **Rechtsverordnung,** die aufgrund einer Ermächtigung im Landespolizeigesetz erlassen wurde, als Rechtsgrundlage für den Erlass von Verfügungen (Verwaltungsakte) fungieren. Sollte sich in einem solchen Fall herausstellen, dass die Rechtsverordnung rechtswidrig und somit nichtig ist, ist auch der darauf basierende Verwaltungsakt (mangels wirksamer Rechtsgrundlage) rechtswidrig (und wohl auch nichtig). Außerhalb des Polizei- und Ordnungsrechts kommen verordnungsbasierte Rechtsgrundlagen zum Erlass belastender Maßnahmen v.a. im Straßenverkehrsrecht vor.

Beispiel: Das Verbot des Führens eines Kfz wegen Ungeeignetheit kann auf § 3 I FeV gestützt werden.

Auch eine **Satzung** kann eine Rechtsgrundlage für den Erlass von Verwaltungsakten bilden. Auch hier gilt (wie bei der Rechtsverordnung) die Folge: Ist die Satzung rechtswidrig und nichtig, ist auch der darauf basierende Verwaltungsakt rechtswidrig (und ggf. nichtig) (Vorbehalt des Gesetzes). Zu beachten sind aber Heilungsmöglichkeiten bzw. Unbeachtlichkeitsregelungen in Bezug auf Satzungen (vgl. etwa §§ 214, 215 BauGB hinsichtlich Bebauungspläne). **517**

b.) Allgemeine Rechtsgrundlagen

In Ermangelung einer spezialgesetzlichen Rechtsgrundlage ist bei der Fallbearbeitung auf die allgemeinen Rechtsgrundlagen zurückzugreifen. Dabei muss beachtet werden, dass eine spezialgesetzliche Rechtsgrundlage in ihrem Anwendungsbereich nicht einschlägig sein darf. Grundsätzlich ist es untersagt, bei bloßem Nichtvorliegen ihrer Tatbestandsvoraussetzungen auf die allgemeinen Institute zurückzugreifen. Dies zu tun wäre nicht nur systemwidrig, sondern würde vielmehr die Gefahr der Umgehung der engeren Tatbestandsvoraussetzungen der Spezialgesetze in sich bergen, die in ihrem engeren Anwendungsbereich grundsätzlich eine abschließende Regelung darstellen (s.o.). Nur wenn nach entsprechender Auslegung das einschlägige Spezialgesetz den Sachverhalt nicht abschließend regelt, kann subsidiär auf die allgemeinen Institute zurückgegriffen werden. **518**

Beispiele:

(1) Im Polizei- und Ordnungsrecht greifen z.B. bei fehlender Anwendbarkeit des VersG die Rechtsinstitute des Landespolizeigesetzes. In Betracht kommen dort zunächst die normierten Standardmaßnahmen und schließlich – wenn der Sachverhalt nicht in deren Regelungsbereich fällt oder sie den Sachverhalt nicht abschließend regeln – die Befugnisgeneralklausel.

(2) Im Bereich der Rücknahme und des Widerrufs von (begünstigenden) Verwaltungsakten ist darauf zu achten, dass spezielle Rechtsgrundlagen oft in dem einschlägigen Spezialgesetz vorhanden sind. Das trifft etwa auf das Gaststättenrecht (§ 15 GastG: Rücknahme/Widerruf der Gaststättenerlaubnis) und das Immissionsrecht (§ 21 BImSchG: Widerruf einer Anlagengenehmigung) zu. Weitere abschließende Sondervorschriften sind etwa § 10 BtMG für die Rücknahme und den Widerruf betäubungsmittelrechtlicher Genehmigungen, § 45 WaffG für die Rücknahme und den Widerruf waffenrechtlicher Erlaubnisse oder Zulassungen, § 3 I StVG für die Entziehung der Fahrerlaubnis und § 14 BBG, § 12 BeamtStG hinsichtlich der Rücknahme beamtenrechtlicher Ernennungen. Ein Rückgriff auf die allgemeinen Verwaltungsverfahrensgesetze (vgl. §§ 48, 49 VwVfG) ist nur dann zulässig, wenn der jeweilige Sachverhalt nicht unter die in Betracht kommende Spezialregelung subsumierbar ist.[587]

Hinweis für die Fallbearbeitung: In der Fallbearbeitung könnte die Prüfung wie folgt eingeleitet werden: „Die ... (konkrete Einzelmaßnahme) ordnet an, dass ... (deren Inhalt). Es handelt sich somit um einen belastenden Verwaltungsakt. Dieser ist ein Instrument der Eingriffsverwaltung. Eingriffe in Freiheit und Eigentum bedürfen wegen der rechtsstaatlichen Bindung der Verwaltung einer gesetzlichen Grundlage. Es gilt der sog. Vorbehalt des Gesetzes, Art. 20 III GG. Die ... (konkrete Maßnahme) bedarf daher einer Rechtsgrundlage. In Betracht kommt § ...". **519**

---

[587] Vgl. dazu näher *R. Schmidt*, AllgVerwR, Rn 644 ff.

> Gedanklich muss sodann die Normenhierarchie[588] rezipiert werden: EU-Recht (siehe sogleich), Bundesverfassungsrecht, allgemeine Regeln des Völkerrechts, Bundesparlamentsgesetze, Bundesadministrativrecht (untergesetzliches staatliches Recht wie Rechtsverordnungen oder nichtstaatliches, autonomes Recht wie Satzungen), Landesverfassungsrecht, Landesparlamentsgesetze, sonstiges untergesetzliches Landesrecht.[589]

bb. Einfluss des EU-Rechts

520 Aufgrund der zunehmenden Europäisierung des Verwaltungsrechts[590] und des Anwendungsvorrangs des unmittelbar anwendbaren EU-Rechts vor nationalem Recht[591] muss bei der Frage nach der Vereinbarkeit der Rechtsgrundlage mit höherrangigem Recht immer häufiger auf Rechtsakte der Europäischen Union eingegangen werden. Das führt zwar zu einer Unübersichtlichkeit im Prüfungsaufbau und damit möglicherweise zu einer Störung des Leseflusses der vorliegenden Darstellung[592]; eine weniger differenzierte Darstellung würde jedoch den Anforderungen, die an eine Prüfungsarbeit gestellt werden, nicht gerecht.

521 So kann zunächst zu untersuchen sein, ob eine unmittelbar anwendbare Norm des EU-Rechts[593] eine Rechtsgrundlage für das Eingreifen deutscher Behörden in die Rechte der Bürger darstellen kann. Nach der Rechtsprechung des BVerfG[594] ist das der Fall, soweit sie vom deutschen Zustimmungsgesetz in Bezug auf das betreffende EU-Primärrecht gedeckt sind. Prüfungsmaßstab ist aber das EU-Recht (dazu Rn 165 ff.). Daher ist das EU-Recht als möglicher Prüfungsmaßstab heranzuziehen, wenn die streitentscheidende Norm selbst dem EU-Recht entstammt. Gleiches gilt aber auch, wenn die als Rechtsgrundlage in Betracht kommende Norm nicht direkt dem EU-Recht entstammt, sondern in seinem Vollzug von der Bundesrepublik erlassen wurde. Des Weiteren gilt dies für einen Rechtsstreit, der zumindest vordergründig mittels eines nationalen Rechtssatzes entschieden wird, aber mit höherrangigem EU-Recht kollidieren kann.[595]

522 Zu beachten ist aber, dass Rechtsakte der EU von keinem nationalen Gericht verworfen werden können (vgl. Art. 267 AEUV). Im Rahmen der deutschen Verwaltungsgerichtsbarkeit wäre für eine Prinzipalkontrolle auch schon der Verwaltungsrechtsweg nicht eröffnet.[596] Im Rahmen einer Inzidentkontrolle muss das Gericht bei *Zweifel*[597] über die Recht-

---

[588] Zur Normenhierarchie vgl. Rn 149 ff.

[589] Verwaltungsvorschriften (vgl. Rn 142 ff./864 ff.) genügen dem Gesetzesvorbehalt nicht, weil sie – streng der Rechtsquellenlehre folgend – grundsätzlich nur Innenrecht darstellen und sich im Grundsatz ausschließlich an nachgeordnete Behörden und Beamte richten. Im Bereich des eingeschränkten Gesetzesvorbehalts (Leistungsverwaltung) können sie jedoch bei der Subventionsvergabe eine Rolle spielen.

[590] Vgl. Rn 165 ff., 250, 691, 1348.

[591] Vgl. EuGH NVwZ 2000, 497 ff.; EuGH NVwZ 2000, 497 ff. *Anwendungsvorrang* bedeutet, dass das untergeordnete Recht weiterhin seine Gültigkeit behält, es bei einer Kollision mit dem höherrangigem Recht nur nicht zur Anwendung gelangt. Im Gegensatz dazu steht der *Geltungsvorrang* (bspw. des Bundesrechts gegenüber entgegenstehendem Landesrecht, vgl. Art. 31 GG): In diesem Fall verliert das untergeordnete Recht auch seine Gültigkeit.

[592] Immerhin sind bis zu 7 Rechtskreise zu beachten: Völkerrecht, EU-Recht, Bundesverfassungsrecht, einfaches Bundesrecht, Landesverfassungsrecht, einfaches Landesrecht, Kommunalrecht.

[593] Unmittelbar anwendbar ist zunächst das Primärrecht wie der EUV und der AEUV. Auch bestimmtes Sekundärrecht wie die Verordnung ist unmittelbar anwendbar. Zur unmittelbar anwendbaren Richtlinie sowie zur Rechtsquellenlehre vgl. Rn 170 ff. bzw. 125 ff.

[594] BVerfGE 89, 155, 175 (Maastricht) bestätigt in BVerfGE 102, 147, 161 ff. (Bananenmarktordnung).

[595] Diese Fallgruppe wird vor allem dann relevant, wenn auf der Grundlage von § 48 VwVfG rechtswidrige Subventionsverhältnisse (rück-)abgewickelt werden. Vgl. dazu die ausführliche Darstellung auf der Internetseite des Verlags. Zur Prüfung der Vereinbarkeit des nationalen Gesetzes mit höherrangigem EU-Recht vgl. *R. Schmidt*, VerwProzR, Rn 660 ff.

[596] Vgl. *R. Schmidt*, VerwProzR, Rn 25 ff.

[597] Vgl. den Unterschied zum deutschen Verfassungsrecht (Art. 100 I GG), wonach Zweifel nicht genügen. Vielmehr muss dort das vorlegende Gericht von der Verfassungswidrigkeit überzeugt sein. Halten dagegen ein nationales Gericht oder sogar eine nationale Behörde ein Gesetz für mit EU-Recht unvereinbar, bedarf es einer Vorlage gem. Art. 267 AEUV nicht. Das Gesetz darf nach der Rechtsprechung des Gerichtshofs der EU schlicht nicht angewendet werden.

mäßigkeit der betreffenden Norm des Sekundärrechts den Fall nach Maßgabe des Art. 267 AEUV dem Gerichtshof der EU vorlegen.

b. Formelle Rechtmäßigkeit eines Verwaltungsakts

Wie bereits erläutert, kann der Verwaltungsakt in formeller und materieller Hinsicht mit der Rechtsordnung kollidieren. Stellt sich nach dessen Prüfung die Fehlerhaftigkeit des zu untersuchenden Verwaltungsakts heraus, sind die differenzierten Rechtsfolgen (**Fehlerfolgen**) zu behandeln, die sich im Zusammenhang mit der Fehlerhaftigkeit ergeben. Der rechtswidrige, aber nicht nichtige Verwaltungsakt ist wirksam. Er ist aber anfechtbar und aufhebbar (vgl. § 113 I S. 1 VwGO, § 43 II/III und § 44 VwVfG). Das eröffnet den Anwendungsbereich der Anfechtungsklage.

523

Formell fehlerhaft ist der Verwaltungsakt, wenn er nicht von der örtlich, sachlich und instanziell **zuständigen Behörde** erlassen wurde. Gleiches gilt, wenn **Verfahrens**- oder **Form**vorschriften missachtet wurden bzw. Verstöße hiergegen nicht der Heilung zugänglich (§ 45 VwVfG) sind.[598]

524

> **Hinweis für die Fallbearbeitung:** Die einzelnen Voraussetzungen der formellen Rechtmäßigkeit sind nur zu prüfen, wenn der Sachverhalt entsprechende Hinweise und Angaben enthält. Ansonsten gilt es lediglich festzustellen, dass der Sachverhalt in *formeller* Hinsicht keine Anhaltspunkte für eine Rechtmäßigkeitsprüfung bietet. Sagt also der Sachverhalt z.B. nichts hinsichtlich einer vorherigen Anhörung (§ 28 I VwVfG) ist diese als gegeben zu unterstellen.
>
> Dieser Grundsatz gilt insbesondere für das examensrelevante allgemeine **Polizei- und Ordnungsrecht** (vgl. *R. Schmidt*, POR, Rn 1 ff.).
>
> - Die **sachliche Zuständigkeit** ist eine Frage der Eilfallkompetenz und bei Vorliegen einer (unterstellten) Gefahr für die öffentliche Sicherheit gegeben.
> - Die **örtliche Zuständigkeit** ist i.d.R. unerheblich, weil die Vollzugsbeamten der Polizei im gesamten Gebiet des jeweiligen Bundeslandes befugt sind (über das Gebiet hinaus nur aufgrund eines entsprechenden Staatsvertrags bzw. aufgrund einer „Freigabeerteilung" in dem Polizeigesetz des anderen Bundeslandes).
> - Auch **Verfahren** und **Form** bereiten i.d.R. keine Schwierigkeiten: Die **Anhörung** des Betroffenen ist wegen regelmäßig vorliegender Gefahr im Verzug, jedenfalls aber wegen Vorliegens eines öffentlichen Interesses, entbehrlich (vgl. § 13 I Nr. 2 i.V.m. § 28 II Nr. 1 VwVfG). Polizeiliche Verwaltungsakte können **mündlich** oder in anderer Weise erlassen werden (vgl. § 37 II S. 1 VwVfG) und bedürfen **keiner Begründung** (vgl. § 39 I S. 1 VwVfG). Ist in diesem Zusammenhang die **Rechtsbehelfsbelehrung** unterblieben oder fehlerhaft (etwa weil diese entgegen § 58 I VwGO nicht schriftlich erfolgt ist), hat dies nur die Verlängerung der Rechtsbehelfsfrist auf **ein Jahr** zur Folge (§ 58 II VwGO).
>
> Aus diesen Überlegungen folgt, dass längere Ausführungen zur formellen Rechtmäßigkeit einer Gefahrenabwehrverfügung meist fehl am Platz sind und daher unterbleiben sollten. Vielmehr genügt i.d.R. eine kurze Darstellung der obigen Ausführungen.
>
> Außerhalb des Polizei- und Ordnungsrechts liegt das Erfordernis, die Zuständigkeit der handelnden Behörde und die ordnungsgemäße Einhaltung von Verfahrens- und Formvorschriften zu prüfen, unter der oben genannten Voraussetzung näher:

525

aa. Zuständigkeit der Behörde

Gibt der Sachverhalt entsprechenden Anlass, ist die sachliche, örtliche und instanzielle Zuständigkeit der handelnden Behörde zu prüfen. Klausurrelevant ist oft nur die *sach-*

526

---

[598] § 46 VwVfG betrifft hingegen nur den Aufhebungsanspruch, lässt die formelle Rechtswidrigkeit aber unberührt.

liche Zuständigkeit, da die örtliche und instanzielle Zuständigkeit eine Angelegenheit der (in einer Klausur regelmäßig nicht bekannten) Verwaltungsorganisation ist. Ausgangspunkt ist, dass die *Durchführung* der (Bundes-)Gesetze, d.h. die Regelung der Verwaltung, grundsätzlich eine Angelegenheit der Länder ist (vgl. Art. 83 ff. GG). Dann ist es auch Aufgabe der Länder, die Behördeneinrichtung zu regeln (vgl. bereits Rn 66 ff.). Soweit erforderlich, muss die entsprechende Zuweisungsnorm in den Ausführungsgesetzen zu den Bundesgesetzen gefunden werden. Die *Landesgesetze* enthalten i.d.R. selbst Bestimmungen über die Behördenzuständigkeit.

Beispiel: Gemäß § 3 II HambSOG ist die Vollzugspolizei zuständig, unaufschiebbare Maßnahmen der Gefahrenabwehr zu treffen.

a.) Örtliche Zuständigkeit

527 Gemeint ist der **räumliche Tätigkeitsbereich** der handelnden Behörde. Sofern spezialgesetzliche Regelungen fehlen, bestimmen die Verwaltungsverfahrensgesetze der Länder (bzw. § 3 VwVfG des Bundes) die örtliche Zuständigkeit. Ein Verstoß gegen § 3 I Nr. 1 VwVfG führt nach § 44 II Nr. 3 VwVfG immer zur Nichtigkeit. §§ 45, 46 VwVfG sind nicht anwendbar.

b.) Sachliche/funktionell-instanzielle Zuständigkeit

528 Welche Behörde sachlich (z.B. Gewerbeordnungsbehörde oder IHK) oder funktionell-instanziell (z.B. Gewerbebehörde, Gewerbeaufsichtsbehörde, Handwerkskammer oder Handwerksinnung, untere oder mittlere Verwaltungsbehörde) zuständig ist, entscheidet sich nach den Vorschriften des der Rechtsgrundlage zugrunde liegenden Normengefüges.

Beispiel: Nach § 71 I S. 1 AufenthG sind die Ausländerbehörden sachlich zuständig. Wer Ausländerbehörde ist, bestimmt sich nach den landesrechtlichen Ausführungsgesetzen zum AufenthG. In den meisten Fällen sind Ausländerbehörden die Kreisverwaltungsbehörden.

529
> **Hinweis für die Fallbearbeitung:** An dieser Stelle wird noch einmal deutlich, wie sinnvoll es ist, bei der Prüfung der Rechtmäßigkeit eines Verwaltungsakts zunächst dessen Rechtsgrundlage zu benennen, da sich die Zuständigkeit der Behörde nicht selten aus der Rechtsgrundlage ergibt. Im Rahmen der Prüfung der sachlich/funktionell-instanziellen Zuständigkeit ist dann zunächst die **Verbandskompetenz** zu klären, d.h. die Frage zu beantworten, welchem Verband (Bund, Land, Gemeinde) die Verwaltungsaufgabe zugewiesen ist. Ausgangspunkt ist die bereits erwähnte Regelung der Art. 83 ff. GG, wonach grundsätzlich die *Länder* auch die (Bundes-)Gesetze (als eigene Angelegenheiten) ausführen. In den Bundesgesetzen ist daher regelmäßig nur die Funktionsbezeichnung der zuständigen Behörde enthalten. Die Länder regeln dann die Einrichtung(en) der Behörden (Art. 84 I GG). Sie bestimmen, welche Behörde im Verwaltungsaufbau tatsächlich zuständig ist.
> Ist die Verbandskompetenz geklärt, muss die **Organkompetenz** untersucht, d.h. es muss festgestellt werden, welcher Behörde des Verbands die Aufgabe zugewiesen ist. Diese Frage beantwortet das jeweilige Landesrecht (bei der Ausführung eines Bundesgesetzes i.d.R. das Ausführungsgesetz zu diesem Bundesgesetz).

530 **Verstöße** gegen die sachliche/funktionell-instanzielle Zuständigkeit führen grundsätzlich zur (formellen) Rechtswidrigkeit. Auch hier ist § 45 VwVfG nicht anwendbar. Eine Unbeachtlichkeit nach § 46 VwVfG kann nicht erfolgen, da dessen Wortlaut sich ausdrücklich *nicht* auf „sachlich" bezieht. Ob im Einzelfall sogar eine Nichtigkeit nach § 44 I VwVfG vorliegt, ist im Rahmen der Auslegung dieser Vorschrift zu ermitteln.

Problematisch ist es, wenn eine sachlich unzuständige Behörde einen Verwaltungsakt erlassen hat und dieser Verwaltungsakt wegen Rechtswidrigkeit gem. § 48 VwVfG zurückgenommen werden soll. In diesem Fall richtet sich die Zuständigkeit der den Rücknahmebescheid erlassenden Behörde nach dem jeweils anzuwendenden Fachrecht. Fehlen derartige Regelungen, ist nach allgemeinen verwaltungsverfahrensrechtlichen Grundsätzen die Behörde zuständig, die zum Zeitpunkt der Rücknahmeentscheidung für den Erlass des aufzuhebenden Verwaltungsakts sachlich zuständig wäre.[599]

531

> **Beispiel**[600]**:** Zur Regelung offener Vermögensfragen nach dem VermG ist die jeweilige untere Landesbehörde (Amt zur Regelung offener Vermögensfragen) sachlich zuständig. Trifft aber eine sachlich unzuständige Behörde (etwa das Landratsamt) eine bestimmte, später wegen Rechtswidrigkeit aufzuhebende Regelung, ist nicht etwa das Landratsamt, sondern das Amt zur Regelung offener Vermögensfragen für den Erlass des Rücknahmebescheids zuständig. Anderenfalls würde eine Perpetuierung der Unzuständigkeit stattfinden.

Ein besonderes Problem bereitet die ***reformatio in peius***: Unter einer *reformatio in peius* (Verböserung) im Widerspruchsverfahren versteht man das Abändern der Entscheidung der Erstbehörde durch die Widerspruchsbehörde *zuungunsten* des Widerspruchsführers. Problematisch ist nicht nur die *Zulässigkeit* einer *reformatio in peius* im Widerspruchsverfahren, sondern auch, dass selbst wenn man von deren Zulässigkeit ausgeht, sich die Frage nach der instanziellen Zuständigkeit der Widerspruchsbehörde stellt. Da die Problematik der *reformatio in peius* die gesamte Klausurprüfung durchzieht, ist eine sinnvolle Darstellung nur im inhaltlichen Kontext gewährleistet. Daher wird auf die Ausführungen bei *R. Schmidt*, VerwProzR, 845 ff. verwiesen.

532

bb. Einhaltung von Verfahrensvorschriften

Zur formellen Rechtmäßigkeit eines Verwaltungsakts gehört weiterhin die Einhaltung von Verfahrensvorschriften. Welche Verfahrensvorschriften zu beachten sind, richtet sich nach dem konkreten Verwaltungsverfahren.

533

a.) Verhältnis von VwVfG, AO, SGB und sonstigem Verfahrensrecht

Verwaltungsverfahren werden nicht nur im VwVfG, sondern – für den Bereich der Finanzverwaltung – auch in der **Abgabenordnung** (**AO**) und – für den Bereich der Sozialverwaltung – im **Sozialgesetzbuch** (**SGB**) geregelt. Das führt ggf. zur Notwendigkeit der Abgrenzung des VwVfG zur AO bzw. zum SGB I und X. Da diese Abgrenzung jedoch bereits bei Rn 216 ff. vorgenommen wurde, wird insoweit darauf verwiesen.

534

b.) Begriff und Arten des Verwaltungsverfahrens

Zwar werden im Regelfall Verwaltungsakte im nichtförmlichen Verwaltungsverfahren gem. §§ 9 ff. VwVfG erlassen, jedoch enthält das VwVfG für einige besondere Verfahrensarten besondere Vorschriften, nämlich für das **Planfeststellungsverfahren** die §§ 72 ff. VwVfG und für das **förmliche Verwaltungsverfahren** die §§ 63 ff. VwVfG.

535

- Für das **Planfeststellungsverfahren** (§§ 72 ff. VwVfG) wesentlich sind die Regelungen über das Anhörungsverfahren (§ 73 VwVfG) und den Planfeststellungsbeschluss (§ 74 VwVfG) als besondere Art des Verwaltungsakts.

536

---

[599] BVerwGE 110, 226, 230 ff.
[600] Nach BVerwGE 110, 226 ff.

Beispiele: Planfeststellungsverfahren finden sich vor allem im Verkehrsrecht (z.B. in § 17 FStrG, §§ 14 ff. WaStrG, §§ 8 ff. LuftVG) und im Umweltrecht (z.B. in § 35 II KrWG, § 9b I S. 1 AtomG). Die §§ 72 ff. VwVfG gelten nur insoweit, als in den Spezialgesetzen keine abweichenden Sonderregelungen enthalten sind.

537 ■ Das in §§ 63 ff. VwVfG geregelte **förmliche Verwaltungsverfahren** findet nur statt, wenn es durch Rechtsvorschrift angeordnet ist (§ 63 I VwVfG).

Beispiele: § 11 WHG, §§ 36, 105, 160 IV BBergG, §§ 10 ff. BImSchG

Auch im förmlichen Verfahren sind grds. die allgemeinen Vorschriften der §§ 9 ff. VwVfG anwendbar, sofern sich in den §§ 64 bis 71 VwVfG keine abweichenden Regelungen finden. Kennzeichnend für das förmliche Verfahren ist, dass die Behörde vor der Entscheidung eine **mündliche Verhandlung** durchzuführen hat, deren Ablauf in § 68 VwVfG im Einzelnen geregelt ist. Gemäß § 65 VwVfG sind Zeugen zur Aussage sowie Sachverständige zur Erstattung von Gutachten verpflichtet.

538 ■ Liegt keine der genannten besonderen Verfahrensarten vor, richten sich die Anforderungen an das Verfahren nach den allgemeinen Vorschriften über das **nichtförmliche Verfahren** nach den §§ 9 ff. VwVfG. Danach ist das Verfahren an bestimmte Formen nicht gebunden, außer wenn Rechtsvorschriften eine besondere Form vorschreiben. Verfahrens- und Mitwirkungsvorschriften im Rahmen des nichtförmlichen Verfahrens stellen z.B. dar:

⇨ Beteiligung von Beteiligten und Drittbetroffenen (§§ 13 ff. VwVfG, § 10 BImSchG)
⇨ Beteiligung der Öffentlichkeit (§ 10 BImSchG)
⇨ Pflicht zur Untersuchung des Sachverhalts (§ 24 VwVfG)
⇨ vorherige Anhörung der Beteiligten (§ 28 VwVfG, § 14 PBefG)
⇨ keine Befangenheit des handelnden Amtswalters (§ 21 VwVfG)
⇨ Mitwirkung von EU-Stellen (Art. 107 ff. AEUV, § 16 III GentechnikG)
⇨ Umweltverträglichkeitsprüfung (nach dem UVPG und der IVU-Richtlinie)
⇨ Abmahnung vor Untersagung (§ 25 I S. 2 PBefG)

c.) Einzelne Verfahrenshandlungen /-bestimmungen

539 Von Prüfungsrelevanz sind v.a. die **Anhörung** Beteiligter (§ 28 VwVfG), die Besorgnis der **Befangenheit** (§ 21 VwVfG) und der **Untersuchungsgrundsatz** (§ 24 VwVfG). Ferner können das Beteiligungsrecht (§ 13 VwVfG) und das Recht auf Akteneinsicht (§ 29 VwVfG) ein Thema sein.

aa.) Vorherige Anhörung des Betroffenen, § 28 VwVfG

(a.) Grundsätzliche Pflicht zur vorherigen Anhörung, § 28 I VwVfG

540 Jedenfalls vor Erlass eines **belastenden** Verwaltungsakts muss die Behörde dem Betroffenen (sofern er Verfahrensbeteiligter nach § 13 VwVfG ist) gem. § 28 I VwVfG Gelegenheit geben, sich zu den entscheidungserheblichen Tatsachen zu äußern (sog. Anhörung). Sinn der Anhörung sind die Parteiöffentlichkeit des Verfahrens und das Vertrauensverhältnis zwischen Bürger und Behörde. Darüber hinaus ist die Anhörung eine Folge des Rechtsstaatsprinzips und der Menschenwürde, die es verbietet, den Menschen zu einem Objekt staatlichen Handelns zu machen. Sie ist aber auch ein wichtiges Mittel zur Aufklärung des Sachverhalts gem. § 24 VwVfG. Dies gilt insbesondere für Ermessensentscheidungen, da eine ordnungsgemäße Ermessensausübung die Kenntnis aller relevanten Umstände erfordert. Eine nicht oder nicht ordnungsgemäß durchgeführte, nach § 28 I VwVfG aber erforderliche Anhörung führt somit nicht nur zur grundsätzlichen formellen Rechtswidrigkeit, sondern kann auch

wegen eines Ermessensfehlers zur materiellen Rechtswidrigkeit des Verwaltungsakts führen.

Zu einer ordnungsgemäßen Anhörung gehört es, dass dem Betroffenen für seine Äußerung **ausreichend Zeit eingeräumt wird**. Wie lang die Äußerungsfrist zu bemessen ist, richtet sich nach der Schwierigkeit und Komplexität der Sache, über die entschieden werden soll. Muss sich der Betroffene etwa fachlich oder juristisch beraten lassen, bevor er sich in qualifizierter Weise gegenüber der Behörde äußern kann, ist ihm eine längere Äußerungsfrist einzuräumen, als dies bei einfach gelagerten Sachverhalten der Fall ist.

> **Beispiel:** Zum vergleichbaren § 24 I SGB X hat die Rspr. eine Äußerungsfrist von 2 Wochen angenommen, wenn der Betroffene auch zu medizinischen Fragen anzuhören ist.[601]

541

Hat die Behörde die Frist zur Äußerung unangemessen kurz bemessen, ist der Verwaltungsakt grds. **rechtswidrig**, wenn sich der Betroffene zu dessen Erlass nicht geäußert hat.[602] Es bleibt aber die Möglichkeit der Heilung bzw. Unbeachtlichkeit. Denn wenn eine Heilung oder eine Unbeachtlichkeit bei unterbliebener Anhörung möglich sind, muss dies erst recht gelten, wenn eine Anhörungsmöglichkeit geschaffen wurde, aber lediglich die Anhörungsfrist zu kurz bemessen war.

542

Fraglich ist, ob eine Anhörung gem. § 28 I VwVfG auch dann erforderlich ist, wenn der Antrag auf Erlass eines **begünstigenden** Verwaltungsakts **abgelehnt** werden soll.

543

> **Beispiel:** G beantragt eine Gaststättenerlaubnis (vgl. § 2 I GastG). Die Behörde ist der Meinung, dass G nicht die erforderliche Zuverlässigkeit besitze (vgl. § 4 I S. 1 Nr. 1 GastG), und beabsichtigt, den Antrag abzulehnen. Muss G zuvor angehört werden?

⇨ Nach der Rspr. des BVerwG[603], die sich streng am Wortlaut des § 28 VwVfG orientiert, muss der Betroffene nicht angehört werden, wenn der Erlass eines ihn begünstigenden Verwaltungsakts abgelehnt wird. Das gelte auch dann, wenn der beantragte Verwaltungsakt zwar erlassen, aber mit einer belastenden Nebenbestimmung versehen werden solle.

⇨ Demgegenüber steht die h.L.[604] auf dem Standpunkt, dass auch eine ablehnende Entscheidung für den Betroffenen eine Belastung darstelle. Alle belastenden, in eine rechtlich geschützte Position eines Beteiligten eingreifenden Verwaltungsakte einschließlich belastender Nebenbestimmungen im Rahmen eines im Übrigen begünstigenden Verwaltungsakts bedürften daher einer vorherigen Anhörung.

⇨ Stellungnahme: Die Rspr. ist dem methodischen Einwand ausgesetzt, dass der Antragsteller im Zeitpunkt der Antragstellung nicht alle erdenklichen (späteren) Entscheidungsgründe der Behörde in Betracht ziehen kann, sein Antrag sich also nicht entsprechend auf alle Entscheidungsgründe beziehen kann. Daher muss ihm für den Fall, dass sich die Begründung der Behörde auf andere Tatsachen stützt, als er in seinem ursprünglichen Antrag genannt hat, die Gelegenheit eingeräumt werden, eine entsprechende Stellungnahme in Form einer Anhörung abgeben zu können.

Folgt man daher der h.L., muss G angehört werden. Unterlässt die Behörde dies, liegt es nahe, an die formelle Rechtswidrigkeit des Ablehnungsbescheids zu denken. Allerdings ist die Heilungsmöglichkeit nach § 45 I Nr. 3, II VwVfG (Nachholung der Anhö-

---

[601] BSG NJW 1993, 1614, 1615.
[602] *Neumann*, NVwZ 2000, 1244, 1246.
[603] BVerwGE 66, 184, 186; vgl. auch VGH Mannheim NVwZ 1994, 919.
[604] Vgl. nur *Maurer*, AllgVerwR, § 10 Rn 20; *Badura*, in: Erichsen/Ehlers, AllgVerwR, § 37 Rn 15; *Ehlers*, Jura 1991, 208, 213; *ders.*, Jura 1996, 617, 618; *Kopp/Ramsauer*, VwVfG, § 28 Rn 26 m.w.N.

rung bis zum Abschluss der letzten Tatsacheninstanz eines gerichtlichen Verfahrens) zu beachten.

Problematisch wird es, wenn es sich bei dem beantragten Verwaltungsakt um einen **Ermessensverwaltungsakt** handelt. Nach der Rspr. des BVerwG[605] ist auch bei Ermessensverwaltungsakten eine Heilung des ursprünglichen Verfahrensmangels nach § 45 I Nr. 3 VwVfG durch Nachholung der Anhörung zulässig. Nach der Gegenauffassung ist eine Heilung durch Nachholung der Verfahrenshandlung nur dann möglich, wenn das Nachholverfahren geeignet ist, eine Änderung des fraglichen Verwaltungsakts herbeizuführen. Daher könne z.B. bei Ermessensverwaltungsakten eine Heilung der Verletzung der Anhörungspflicht im Widerspruchsverfahren nicht erfolgen, wenn die Widerspruchsbehörde den Verwaltungsakt nur im Hinblick auf die Rechtmäßigkeit, nicht aber auf die Zweckmäßigkeit hin überprüfen könne.[606] Das ist immer dann der Fall, wenn die Widerspruchsbehörde lediglich eine Rechtsaufsicht gegenüber der Ausgangsbehörde hat. Ist die Widerspruchsbehörde dagegen identisch mit der Ausgangsbehörde, kann auf jeden Fall eine Heilung stattfinden.

(b.) Entfall oder Unterbleiben der Anhörung nach § 28 II, III VwVfG

544 Nach § 28 II VwVfG *kann* (dazu sogleich bei Rn 545) von der Anhörung abgesehen werden, wenn sie nach den Umständen des Einzelfalls nicht geboten ist. Zur Konkretisierung nennt § 28 II VwVfG fünf Nummern, die freilich nicht abschließend sind (vgl. „insbesondere"). **Prüfungsrelevant** sind vor allem folgende Fälle:

- Nach § 28 II **Nr. 1** VwVfG kann von der Anhörung abgesehen werden, wenn eine sofortige Entscheidung wegen **Gefahr im Verzug** oder im öffentlichen Interesse notwendig erscheint. Hierunter fallen vor allem **Eilentscheidungen** auf dem Gebiet des Polizei- und Ordnungsrechts. Gefahr im Verzug ist dann anzunehmen, wenn eine vorherige, selbst telefonische Anhörung die notwendigen Maßnahmen in unvertretbarem Maße verzögern würde, insbesondere weil der mit der Maßnahme verfolgte Zweck **vereitelt oder wesentlich erschwert** würde.
Beim Verzicht auf die Anhörung ist der Grundsatz der Verhältnismäßigkeit zu beachten. So kann es im Einzelfall angebracht sein, zur sofortigen Abwehr einer Gefahr ohne Anhörung zunächst nur vorläufige Maßnahmen zu ergreifen und erst nach Anhörung die endgültige Regelung zu treffen.[607]

- Nach § 28 II **Nr. 4** VwVfG kann von der Anhörung abgesehen werden, wenn die Behörde eine **Allgemeinverfügung** (vgl. § 35 S. 2 VwVfG) oder gleichartige Verwaltungsakte in größerer Zahl oder Verwaltungsakte mit Hilfe automatischer Einrichtungen erlassen will. Als Allgemeinverfügungen kommen insbesondere **Verkehrszeichen** in Betracht.
Diese Regelung trägt vor allem verwaltungspraktischen Gesichtspunkten Rechnung. Voraussetzung für die Anwendbarkeit der Vorschrift ist jedoch, dass die Verwaltungsakte einen Sachverhalt betreffen, bei dem das rechtliche Gehör keine allzu große Bedeutung hat. So ist § 28 II Nr. 4 VwVfG z.B. **nicht anwendbar,** wenn durch eine Allgemeinverfügung einzelne Bürger in **besonderer Weise** betroffen werden.

  Beispiel: Bei der Widmung einer Straße ist die Anhörung der Anlieger nicht nach § 28 II Nr. 4 VwVfG entbehrlich.

- Nach § 28 II **Nr. 5** VwVfG kann von der Anhörung abgesehen werden, wenn eine Maßnahme in der **Verwaltungsvollstreckung** getroffen werden soll. Dazu zählen vor allem die Androhung, Festsetzung und Anwendung von Zwangsmitteln, auch Maßnahmen im Wege des Sofortvollzugs (§ 6 II VwVG) und der unmittelbaren Ausführung.

---

[605] BVerwG NVwZ 1984, 578, 579.
[606] *Kopp/Ramsauer*, VwVfG, § 45 Rn 41.
[607] Vgl. VG Berlin NJW 2002, 1063, 1064; OVG Weimar DVBl 1996, 1446, 1447.

Nicht unter Nr. 5 fällt dagegen ein **Kostenbescheid,** durch den nach der Vollstreckung die Kosten derselben vom Pflichtigen angefordert werden. Hier handelt es sich nicht mehr um eine Maßnahme in der Verwaltungsvollstreckung, sondern um eine Maßnahme nach Abschluss der Vollstreckung. Eine Anhörung ist daher grundsätzlich erforderlich. Sinn der Ausnahme ist nämlich die Verhinderung einer Vollstreckungsvereitelung. Diese Gefahr besteht nach Abschluss der Vollstreckung bei Erlass eines Kostenbescheids gerade nicht mehr.[608]

Aufgrund der Formulierung „kann" ist klar, dass allein das Vorliegen der Voraussetzungen des § 28 II VwVfG die Anhörung **nicht automatisch** entbehrlich macht. Vielmehr steht der Verzicht auf die Anhörung im **Ermessen** der Behörde. Die Behörde muss also unter Abwägung aller Umstände eine ermessensfehlerfreie Entscheidung treffen. Sie muss insbesondere prüfen, ob nicht gleichwohl besondere Umstände des Einzelfalls die Anhörung gebieten. Übt die Behörde dieses Ermessen nicht aus, ist die Anhörung trotz Vorliegens der Voraussetzungen des § 28 II VwVfG nicht entbehrlich und der gleichwohl ergangene Verwaltungsakt grds. rechtswidrig.[609]

545

Fraglich ist, ob die Behörde darüber hinaus verpflichtet ist, die Entscheidung über den Verzicht auf die Anhörung besonders zu **begründen.**

546

- Teilweise wird diese Frage verneint mit dem Argument, die Begründungspflicht gelte nur für das materielle Recht, nicht aber für das Verfahrensrecht.[610]

- Demgegenüber geht die h.M. von einem Begründungserfordernis aus. Zwar handele es sich bei der Entscheidung, von der Anhörung abzusehen, nicht um einen Verwaltungsakt, sondern um eine bloße verfahrensleitende Entscheidung, die nicht unmittelbar dem Begründungszwang nach § 39 VwVfG unterliege, dennoch müsse die Behörde im Hinblick auf Art. 19 IV GG die Gründe für ihre Entscheidung offenlegen. Dieser Befund sei auch sachgerecht, weil nur dann der Bürger die Möglichkeit habe zu überprüfen, ob das Absehen von der Anhörung ermessensfehlerfrei erfolgt sei.[611]

Ist die Anhörung des Betroffenen erforderlich, muss diesem gem. § 28 I VwVfG **Gelegenheit** gegeben werden, sich zu den für die Entscheidung erheblichen **Tatsachen** zu äußern; Gelegenheit zu Rechtsausführungen (Rechtsgespräch) kann dagegen nicht beansprucht werden.[612]

547

Die Beantwortung der Frage, welche Tatsachen **entscheidungserheblich** sind, bestimmt sich nach der rechtlichen Einschätzung der anhörenden Behörde. Diese braucht die Anhörung also nur auf solche Tatsachen zu erstrecken, auf die es für ihre Entscheidung nach ihrer rechtlichen Beurteilung ankommt.[613]

Beispiel: Kommt es nach Auffassung der Behörde für den Erlass einer Gewerbeuntersagung (vgl. § 35 GewO) allein auf die Nichtabführung von Sozialversicherungsbeiträgen an, muss dem Gewerbetreibenden nur bezüglich dieses Sachverhalts Gelegenheit zur Stellungnahme gewährt werden. Wird eine Anhörung zu anderen Tatsachen (etwa Steuerstraftaten) nicht durchgeführt, ist § 28 VwVfG nicht verletzt. Etwas anderes gilt

[608] OVG Koblenz DVBl 1999, 216.
[609] Vgl. BVerwG NVwZ 1984, 577; VGH Kassel NVwZ-RR 1989, 113, 114; *Kopp/Ramsauer*, VwVfG, § 28 Rn 45; *Ehlers*, Jura 1996, 617, 620.
[610] VGH Mannheim DÖV 1981, 971, 973. Nach BVerwG DVBl 1983, 999 muss die Behörde jedenfalls in der mündlichen Verhandlung die Gründe offenlegen.
[611] OVG Münster NJW 1978, 1765; NVwZ 1982, 326; OVG Bremen DÖV 1980, 180; *Ehlers*, Jura 1996, 617, 620; *Kopp/Ramsauer*, VwVfG, § 28 Rn 45.
[612] *Kopp/Ramsauer*, VwVfG § 28 Rn 42; *Ehlers*, Jura 1996, 617, 619; differenzierend *Stelkens/Bonk/Sachs*, VwVfG, § 28 Rn 39, wonach zwischen Rechtsgrundlagen und Rechtsgespräch zu unterscheiden sei. Zu den entscheidungserheblichen Tatsachen i.S.d. § 28 VwVfG gehörten auch die maßgeblichen Rechtsgrundlagen, auf die die Behörde deshalb hinzuweisen habe.
[613] BVerwG DVBl 1983, 271, 273; *Ehlers*, Jura 1996, 617, 620; a.A. *Kopp/Ramsauer*, VwVfG § 28 Rn 33.

nur dann, wenn sich die spätere Untersagungsverfügung (auch) auf diese anderen Tatsachen stützt.

548

> **Hinweis für die Fallbearbeitung:** Enthält der Sachverhalt keine Angaben darüber, ob eine Anhörung stattgefunden hat, ist eine ordnungsgemäße Anhörung zu unterstellen. Lediglich bei Maßnahmen der Vollzugspolizei darf bei Fehlen entsprechender Sachverhaltsinformation u.U. das Fehlen einer erforderlichen Anhörung unterstellt werden. Legt der Sachverhalt das Fehlen einer erforderlichen Anhörung nahe, sollte wie folgt vorgegangen werden:
>
> Ist die Anhörung eines Beteiligten (§ 13 VwVfG) unterblieben, ist in einer Prüfungsarbeit zunächst zu untersuchen, ob die Anhörung nicht nach § 28 II VwVfG entfallen konnte bzw. nach § 28 III VwVfG zu unterbleiben hatte. Bei der Prüfung der Ausnahmetatbestände des § 28 II Nr. 2-5 VwVfG sind enge Maßstäbe anzulegen, da der Anspruch auf rechtliches Gehör zu den Grundsätzen eines Rechtsstaates zählt (s.o.). Erst wenn die Voraussetzungen nicht vorliegen, kommt eine Prüfung der Heilungsvorschrift des § 45 I Nr. 3 VwVfG und der Unbeachtlichkeitsregel des § 46 VwVfG in Betracht, da nur das Fehlen einer „erforderlichen" Anhörung zu einem Verfahrensfehler führt.

(c.) Heilung der unterbliebenen Anhörung gemäß § 45 I Nr. 3 VwVfG

549 Die Fehlerfolge des unter Verletzung von zwingenden Verfahrensvorschriften zustande gekommenen Verwaltungsakts ist stets die formelle **Rechtswidrigkeit**.[614] Das kann auch aus § 59 II Nr. 2 VwVfG geschlossen werden, der die Formulierung enthält: „... wenn ein Verwaltungsakt mit entsprechendem Inhalt nicht nur wegen eines Verfahrens- oder Formfehlers ... rechtswidrig wäre". Zu beachten ist aber die Regelung des § 45 I, II VwVfG, wonach **bestimmte formelle Fehler** des Verwaltungsakts durch **Nachholung** der versäumten Handlung **geheilt** werden können.

550 **Heilung** bedeutet, dass die Rechtswidrigkeit entfällt; d.h. der formell rechtswidrige Verwaltungsakt wird **formell rechtmäßig**.

551 Ist die gem. § 28 I VwVfG erforderliche *Anhörung* unterblieben und kein Grund ersichtlich, dass sie gem. § 28 II, III VwVfG entbehrlich war bzw. zu unterbleiben hatte, kann der Fehler nach § 45 I Nr. 3 VwVfG dadurch geheilt werden, dass die Anhörung während des **Vorverfahrens** oder sogar noch während des **verwaltungsgerichtlichen Verfahrens** (§ 45 II VwVfG, siehe sogleich) erfolgt. Der Grund hierfür besteht darin, dass durch die Begründung des Ausgangsverwaltungsakts dem Betroffenen die maßgeblichen Tatsachen bekannt sind und ihm durch die Rechtsbehelfsbelehrung eine Äußerungsmöglichkeit gegeben wurde. Allerdings tritt die Heilung im Falle des Widerspruchsverfahrens nicht mit der bloßen Einlegung des Widerspruchs ein, da dieser nicht begründet werden muss, sondern erst dann, wenn der **Sinn der Anhörung**, nämlich eine Entscheidung unter Berücksichtigung der Äußerung der Beteiligten, noch **in vollem Maße** erreicht werden kann. Das ist dann der Fall, wenn die nachgeholte Anhörung zu der unterlassenen qualitativ gleichwertig ist, d.h. wenn sie den Entscheidungsprozess der Behörde uneingeschränkt erreicht.[615]

552 Legt der Rechtsschutzsuchende Widerspruch ein, bezieht sich dabei auf die Begründung des belastenden Verwaltungsakts und nimmt dazu Stellung, ist die fehlende Anhörung geheilt. Andererseits ist die nachträgliche Anhörung zu der unterlassenen qualitativ nicht gleichwertig, wenn der Verwaltungsakt schon **vollzogen** ist bzw. sich **erledigt** hat. Hier kann der Zweck der Anhörung nicht mehr erfüllt werden. Im Verlauf einer Fortsetzungs-

---

[614] In Extremfällen kann sogar die Nichtigkeit gem. § 44 VwVfG vorliegen. Im Normalfall ist der Verwaltungsakt wegen Verstoßes gegen eine Verfahrens- oder Formvorschrift aber nur rechtswidrig und aufhebbar (§ 43 VwVfG).
[615] VGH Kassel NVwZ-RR 2012, 163 f.

feststellungsklage kann ein Verfahrensfehler also nicht mehr geheilt werden.[616] Des Weiteren ist die nachträgliche Anhörung nicht gleichwertig, wenn das Gesetz sie zwingend **vor Erlass des Verwaltungsakts** vorschreibt und bei Nachholung der Schutzzweck der Verfahrensnorm unterlaufen würde. Gleiches gilt bei **Abwägungsentscheidungen**, wenn die gerechte Abwägung die Einbringung von Belangen während des Abwägungsvorgangs fordert oder wenn die Behörde einen **Beurteilungsspielraum** hat. Hier liegen der Verwaltungsentscheidung Umstände zugrunde, die gerade zum Zeitpunkt der Entscheidung vorliegen müssen und nachträglich nicht reproduziert werden können.[617] In diesem Sinne muss auch § 75 Ia VwVfG ausgelegt werden. Nach dieser Vorschrift führen Abwägungsfehler dann zur Aufhebung des Planfeststellungsbeschlusses oder der Plangenehmigung, wenn „sie nicht durch Planergänzung oder durch ein ergänzendes Verfahren behoben werden können". Behoben werden können Abwägungsfehler aber nur dann, wenn die Entscheidung noch nicht feststeht und der nachgeholten Verfahrenshandlung (Anhörung) noch ein Gewicht zukommt. Zuletzt ist eine heilend wirkende nachträgliche Anhörung nicht möglich, wenn die **Entscheidungskompetenz** der Widerspruchsbehörde hinter derjenigen der Ausgangsbehörde zurückbleibt (z.B. dann, wenn die Widerspruchsbehörde nur Rechtsaufsicht gegenüber der Ausgangsbehörde hat).

Die Heilungsvorschrift des § 45 I VwVfG hat auch eine **zeitliche Dimension**: Gemäß § 45 II VwVfG können bestimmte Verfahrenshandlungen (z.B. die Anhörung eines Beteiligten oder die Mitwirkung einer anderen Behörde), die unter Verletzung von Verfahrens- oder Formvorschriften unterblieben sind, noch **bis zum Abschluss der letzten Tatsacheninstanz eines Verwaltungsgerichtsverfahrens** (also nicht im Revisionsverfahren) mit heilender Wirkung nachgeholt werden (s.o.).   **553**

Selbstverständlich ist die genannte Zeitgrenze eine Obergrenze. Verfahrensfehler sind so früh wie möglich auszuräumen. Deshalb ist die Heilung bereits im Widerspruchsverfahren vorzunehmen. Da bis zum Abschluss des Abhilfeverfahrens (§ 72 VwGO) die Ausgangsbehörde zuständig ist, ist zunächst diese verpflichtet, den Verfahrensfehler auszuräumen. Hilft die Ausgangsbehörde dem Widerspruch nicht ab, gibt sie den Vorgang somit an die nächsthöhere Behörde (Widerspruchsbehörde) ab, muss diese den Verfahrensfehler ausräumen. Die Heilung durch die Widerspruchsbehörde kommt allerdings nur dann in Frage, wenn diese zur vollen Überprüfung der Recht- und Zweckmäßigkeit befugt ist. Ist das – etwa im Rahmen der Rechtsaufsicht – nicht der Fall, kann eine Heilung zunächst nur im Abhilfeverfahren der Ausgangsbehörde erfolgen. Stellt die Widerspruchsbehörde einen Verfahrensfehler fest, setzt sie die Entscheidung aus und gibt den ganzen Vorgang zurück an die Ausgangsbehörde. Wurde der Verfahrensfehler während des Widerspruchsverfahrens geheilt, entfällt die (formelle) Rechtswidrigkeit. Der Verwaltungsakt darf wegen dieses geheilten Fehlers nicht mehr aufgehoben werden.   **554**

Kommt es zum Verwaltungsgerichtsverfahren, ist zu beachten, dass die Heilung keinesfalls durch das Verwaltungsgericht erfolgt, sondern *durch die Behörde während des Gerichtsverfahrens*. Eine Heilung von Verwaltungsverfahrensfehlern durch das Gericht wäre auch schon mit dem Gewaltenteilungsprinzip nicht vereinbar. Außerdem kommen in den überwiegenden Fällen die Verwaltungsverfahrensgesetze der Länder zur Anwendung. Der Bundesgesetzgeber (die VwGO ist ein Bundesgesetz) ist nicht befugt, Heilungsvorschriften über das Landesverfahrensrecht zu erlassen. Die Nachholung der Verfahrenshandlung während des Gerichtsverfahrens soll durch § 45 II VwGO daher lediglich „bis zum Abschluss der letzten Tatsacheninstanz eines gerichtlichen Verfahrens" ermöglicht werden. Selbstverständlich kommen wie im Verwaltungsverfahren nur Heilungsgründe des § 45 I VwVfG in Betracht. Der dort enumerativ genannte Katalog ist abschließend.   **555**

---

[616] Wie hier nun auch *Guckelberger*, JuS 2011, 577, 582.
[617] Vgl. dazu BVerfG NVwZ 2002, 1358 f.

Auch bei der Heilung während des Verwaltungsprozesses ist zu beachten, dass nur die Behörde tätig werden kann, die die volle Entscheidungskompetenz über die betreffende Frage des Streitgegenstands hat. So kann bei Ermessensverwaltungsakten in Selbstverwaltungsangelegenheiten der Ausgangsbehörde nur diese – und nicht die Widerspruchsbehörde – den betreffenden Verfahrensfehler heilen, da die Überprüfungsfunktion der Widerspruchsbehörde hinter der der Ausgangsbehörde zurückbleibt, da sie hier nur Rechtsaufsicht, keine Fachaufsicht hat.

556 Fehlt einem Verwaltungsakt die erforderliche **Begründung** oder ist die erforderliche **Anhörung** eines Beteiligten vor Erlass des Verwaltungsakts unterblieben und ist dadurch die rechtzeitige Anfechtung des Verwaltungsakts versäumt worden, gilt die Versäumung der Rechtsbehelfsfrist als nicht verschuldet. Hier findet eine **Wiedereinsetzung in den vorigen Stand** statt (§§ 45 III, 32 VwVfG). Allerdings muss ein Ursachenzusammenhang zwischen der unterbliebenen erforderlichen Anhörung und der Versäumung der rechtzeitigen Anfechtung schlüssig dargelegt und glaubhaft gemacht werden.[618]

bb.) Besorgnis der Befangenheit, § 21 VwVfG

557 § 21 VwVfG will verhindern, dass an der Behördenentscheidung ein befangener Amtswalter mitwirkt. Der Verwaltungsakt ist daher nur dann formell rechtmäßig, wenn der handelnde Amtswalter bei der Entscheidung über den Verwaltungsakt nicht befangen war.[619]

558 **Befangenheit** liegt vor, wenn der Amtswalter nicht unparteiisch sachlich, also mit der gebotenen Distanz, Unbefangenheit und Objektivität entscheidet, sondern sich von persönlichen Vorurteilen oder sonstigen sachfremden Erwägungen leiten lässt.[620] **Besorgnis** der Befangenheit bedeutet, dass ein Grund vorliegt, der geeignet ist, „Misstrauen gegen eine unparteiische Amtsausübung" hervorzurufen.[621]

> **Beispiel:** Wenn persönliche Animositäten zwischen dem Amtswalter und dem Bürger, dem gegenüber ein belastender Verwaltungsakt erlassen wurde, bestehen, liegt die Besorgnis der Befangenheit vor. Der Verwaltungsakt ist **formell rechtswidrig**. Eine **Heilung** nach § 45 VwVfG kommt **nicht** in Betracht, da ein Verstoß gegen § 21 VwVfG nicht vom Katalog des § 45 VwVfG umfasst ist. Ob der Fehler nach § 46 VwVfG **unbeachtlich** ist, hängt davon ab, ob in der Sache keine andere Entscheidung ergehen konnte (tatsächliche Alternativlosigkeit). Dies kann erst nach entsprechender Prüfung der materiellen Rechtmäßigkeit des Verwaltungsakts beantwortet werden.
> Von einer Nichtigkeit nach § 44 VwVfG kann dagegen wohl nicht ausgegangen werden, da die Befangenheit i.d.R. nicht so offensichtlich bzw. gravierend ist, dass von einem besonders schwerwiegenden Fehler i.S.d. § 44 I VwVfG gesprochen werden müsste.

559 Zu beachten ist aber, dass nach h.M. die Besorgnis der Befangenheit von einem Verfahrensbeteiligten **geltend gemacht werden muss**. Kennt der Beteiligte den Befangenheitsgrund, muss er ihn vor Erlass des Verwaltungsakts oder zumindest unmittelbar nach Bekanntwerden bei der Behörde geltend machen.[622] Anderenfalls verwirkt er nicht nur seine Befugnis, den Befangenheitsgrund noch im laufenden Verwaltungsverfahren geltend zu machen, sondern auch sein Recht, den Mangel des

---

[618] BGH NJW 2001, 233. Zu § 45 III VwVfG vgl. *Allesch*, NVwZ 2003, 444 ff.
[619] VGH Mannheim NVwZ 2002, 235; *Kopp/Ramsauer*, VwVfG, § 21 Rn 13.
[620] VGH Mannheim NVwZ 2002, 235; *Kopp/Ramsauer*, VwVfG, § 21 Rn 5.
[621] *Kopp/Ramsauer*, VwVfG, § 21 Rn 5.
[622] *Neumann*, NVwZ 2000, 1244, 1245; *Bonk*, in: Stelkens/Bonk/Sachs, VwVfG, § 21 Rn 15.

Verfahrens später (etwa im Widerspruchsverfahren oder im Verwaltungsprozess) geltend zu machen.[623]

560

Wird dem Verfahrensbeteiligten der Befangenheitsgrund dagegen erst nach Erlass des Verwaltungsakts bekannt, muss er ihn ebenfalls unverzüglich, spätestens mit dem Widerspruch gegen den Verwaltungsakt, rügen. Wird die Rüge erst im späteren Verwaltungsprozess vorgebracht, ist sie verspätet.[624]

> **Hinweis für die Fallbearbeitung:** Geht aus dem Sachverhalt hervor, dass der den Verwaltungsakt erlassende Amtswalter bei der Entscheidung befangen war, führt das i.d.R. zwar zur Rechtswidrigkeit des Verwaltungsakts, der Befangenheitsgrund muss aber vom Betroffenen unverzüglich geltend gemacht werden. Enthält der Sachverhalt hierzu keine Angaben, ist die Rüge nach der hier vertretenen Auffassung zu unterstellen. Folgt man dieser Auffassung nicht, ist zu unterstellen, dass eine Rüge nicht erfolgt ist, was dazu führt, dass der Verwaltungsakt (zumindest aus diesem Grund) nicht aufgehoben werden kann.

cc.) Verstoß gegen den Untersuchungsgrundsatz nach § 24 VwVfG

Gemäß § 24 VwVfG hat die Behörde den Sachverhalt **umfassend** zu ermitteln. Dieser sog. Untersuchungsgrundsatz (Amtsermittlungsgrundsatz) bestimmt, dass die Behörde den für die Sachentscheidung maßgeblichen Sachverhalt ermitteln und feststellen muss. Dabei hat sie Art und Umfang der Ermittlungen **pflichtgemäß** festzulegen.

561

Zwar folgt aus der systematischen Stellung des § 24 VwVfG, dass sich der Untersuchungsgrundsatz lediglich auf das Verwaltungsverfahren gem. §§ 9 ff. VwVfG bezieht, also auf ein Verfahren, dem entweder der Erlass eines Verwaltungsakts oder das Zustandekommen eines verwaltungsrechtlichen Vertrags folgen. Gleichwohl ist der Vorschrift ein allgemeiner Rechtsgedanke zu entnehmen, sodass der Untersuchungsgrundsatz grundsätzlich auch auf Verfahren zum Erlass von Rechtsverordnungen und Satzungen sowie auf verwaltungsprivatrechtliche Handlungen der Verwaltung zur Erfüllung öffentlicher Aufgaben anwendbar ist.[625]

562

Unterlässt die Behörde eine sachlich notwendige Aufklärung des Sachverhalts, liegt ein Verfahrensfehler vor. Eine **Heilung** dieses Fehlers nach § 45 VwVfG kommt **nicht** in Betracht, da der Untersuchungsgrundsatz nicht im Katalog des § 45 VwVfG aufgeführt ist. In Betracht kommt aber eine **Unbeachtlichkeit** des Fehlers nach § 46 VwVfG. Dazu muss aber offensichtlich sein, dass sich der Fehler nicht auf das Ergebnis der Entscheidung ausgewirkt hat. Dies wird i.d.R. aber anzunehmen sein, wenn der Behörde bei ihrer fehlerhaften Entscheidung Spielräume eingeräumt waren (Ermessen, Beurteilungsspielraum, planerische Abwägungsentscheidung), die sie in materiell-rechtlicher Sicht falsch gehandhabt hat und/oder wenn die Entscheidung aufgrund mangelnder Sachverhaltsaufklärung auf einer unrichtigen oder unvollständigen Grundlage getroffen wurde.[626] Dann besteht ein **Aufhebungsanspruch** gem. § 113 I S. 1 VwGO.

563

dd.) Unbeachtlichkeit von Verfahrensfehlern, § 46 VwVfG

§ 46 VwVfG betrifft den Aufhebungsanspruch eines nicht nach § 45 VwVfG geheilten oder heilbaren Verfahrens- oder Formfehlers.

564

---

[623] *Neumann*, NVwZ 2000, 1244, 1246; *Bonk*, in: Stelkens/Bonk/Sachs, VwVfG, § 21 Rn 16.
[624] OVG Koblenz DVBl 1999, 1597.
[625] *Kopp/Ramsauer*, VwVfG, § 24 Rn 4.
[626] *Kopp/Ramsauer*, VwVfG, § 24 Rn 38. Vgl. nun auch *Beaucamp*, JA 2007, 117, 119.

565 Gemäß § 46 VwVfG bleibt es zwar bei der formellen Rechtswidrigkeit des Verwaltungsakts, jedoch **entfällt** der **Aufhebungsanspruch**, d.h. Widerspruch oder Anfechtungsklage sind zwar zulässig, aber unbegründet, wenn der betreffende Verfahrens- oder Formfehler bei objektiver Betrachtungsweise die Entscheidung in der Sache tatsächlich nicht beeinflusst hat (*tatsächliche Alternativlosigkeit*).

566 § 46 VwVfG dient damit der Prozessökonomie: Materiell rechtmäßige Verwaltungsentscheidungen sollen nicht wegen eines formellen Fehlers aufgehoben werden. Denn hier könnte die Behörde unter Beachtung von Form, Verfahren und örtlicher Zuständigkeit sofort einen neuen Verwaltungsakt gleichen Inhalts erlassen. Dabei kommt es nicht darauf an, ob es sich um eine gebundene Verwaltungsentscheidung oder um eine Ermessensentscheidung handelt, sondern auf den konkreten Einfluss des Fehlers auf die Entscheidung in der Sache (dazu Rn 568).

567 Die in § 46 VwVfG geforderte „**Offensichtlichkeit**" liegt vor, wenn die fehlende Kausalität klar erkennbar ist, gleichsam „ins Auge springt". Besteht dagegen die Möglichkeit, dass ohne den Fehler die Entscheidung in der Sache anders ausgefallen wäre, führt der Verfahrensfehler auch nach der Neufassung des Verwaltungsakts zu dessen Aufhebung.[627]

568 Anders als in § 75 I a VwVfG[628] bezieht sich die Offensichtlichkeit in § 46 VwVfG nicht auf das Vorliegen eines Mangels bei dem Entscheidungsfindungsprozess der Behörde, sondern auf die **Kausalität** des Fehlers für die Sachentscheidung. Bei rechtlich gebundenen Verwaltungsakten ist die „Offensichtlichkeit" der Einflusslosigkeit des Fehlers daher unproblematisch. Im Rahmen von Ermessensentscheidungen bedarf es in der Regel einer gesonderten Prüfung. Tiefgründige und u.U. zeitintensive Untersuchungen, ob ein Verfahrens- oder Formfehler die Ermessensentscheidung der Behörde beeinflusst hat, kommen dabei zwar nicht in Betracht. Allerdings reicht mit Blick auf die Gesetzmäßigkeit der Verwaltung (Art. 20 III GG) und die Rechtsschutzgarantie (Art. 19 IV GG) die bloße – einer objektiven Betrachtung entgegenstehende – **Behauptung** der Behörde, sie habe in jedem Fall wie geschehen entschieden, **nicht** aus, um die Aufhebung des Verwaltungsakts abzuwenden. Vielmehr muss das Gericht – und damit der Klausurbearbeiter – diese Frage an **objektiven Maßstäben** prüfen und zu dem Ergebnis kommen, dass der Fehler das Entscheidungsergebnis **tatsächlich** beeinflusst bzw. nicht beeinflusst hat.[629]

569
> **Fazit:** Tatsächliche Alternativlosigkeit liegt nur vor, wenn das Gericht zu dem Ergebnis kommt, dass sich ein Fehler schon „rechnerisch" nicht auf das Ergebnis ausgewirkt haben könne. Bei offener Entscheidung kann die fehlende Kausalität demnach kaum „offensichtlich" sein. Die Beweislast für die Offensichtlichkeit trägt auf jeden Fall die Behörde. Werden bspw. durch den Verfahrensverstoß Grundrechtspositionen verletzt, *muss* dies in Ermangelung einer tatsächlichen Alternative zur Aufhebung des Verwaltungsakts führen. Die Behörde wird den Gegenbeweis nicht erbringen können.

570 Konnte in der Sache keine andere Entscheidung ergehen, hängt der Erfolg der Klage maßgeblich von der **Anwendbarkeit** des § 46 VwVfG ab. Diese Vorschrift steht gemäß § 1 VwVfG unter dem bereits erläuterten Anwendungsvorbehalt „inhaltsgleicher oder entgegenstehender" Bestimmungen in anderen bundesrechtlichen Rechtsvorschriften (vgl. dazu Rn 216 ff.). So gehen dem § 46 VwVfG Rechtsvorschriften vor, die ausdrücklich oder nach ihrer *Ratio* die **Fehlerfolgen abschließend regeln** und in diesem Sinne **weitere Unerheblichkeitsgründe** vorsehen oder umgekehrt **ab-**

---

[627] Vgl. VG Berlin NJW 2002, 1063, 1064; *Kopp/Ramsauer*, VwVfG, § 46 Rn 27.
[628] Danach sind Mängel erheblich, wenn „sie offensichtlich und auf das Abwägungsergebnis von Einfluss gewesen sind".
[629] Vgl. *Bonk*, NVwZ 2001, 636, 641; *Sodan*, DVBl 1999, 729, 738; *Hufen*, JuS 1999, 313, 318.

solute Aufhebungsgründe anerkennen. § 46 VwVfG findet also keine Anwendung, wenn eine spezialgesetzliche absolute Verfahrensvorschrift (wie bspw. eine des BNatSchG) greift.[630] Darüber hinaus ist die Anwendung von § 46 VwVfG bei Vorschriften ausgeschlossen, die – wie die §§ 13 II S. 2, 67 f., 72 und 73 VwVfG und entsprechende Bestimmungen anderer Gesetze – nach ihrem offensichtlichen Sinn und Zweck für ein rechtsstaatlich geordnetes Verfahren wesentlich sind. Nicht anwendbar ist § 46 VwVfG auch bei personenbezogenen Entscheidungen sowie bei komplexen Abwägungs-, Beurteilungs- und Ermessensentscheidungen (s.o.), weil hier die „Offensichtlichkeit" des Ergebnisses gerade nicht vorliegt. Im Gegenteil muss widerlegbar davon ausgegangen werden, dass ein Fehler im Verfahren die Entscheidung beeinflusst hat.

Absolute Wirkung i.S. eines Ausschlusses von § 46 VwVfG haben wegen des Erfordernisses effektiver, einheitlicher Wirkung des EU-Rechts in allen Mitgliedstaaten (*effet utile*) auch die **Verfahrensvorschriften nach EU-Recht** (bspw. Art. 108 AEUV) und die entsprechenden deutschen Vorschriften, soweit sie der **Umsetzung von EU-Recht**, insbesondere von Richtlinien, dienen und insoweit an die Vorgaben des EU-Rechts gebunden sind.   **571**

Zusammenfassung: Nach dem bisher Gesagten bleibt die **Rechtswidrigkeit** des Verwaltungsakts durch die Regelung des § 46 VwVfG **unberührt**. Lediglich die Folgen des Verfahrens- oder Formfehlers werden modifiziert: Es **entfällt** der in § 113 I S. 1 VwGO formulierte **Aufhebungsanspruch**. Die Klage ist in einem solchen Fall unbegründet. Als Form- und Verfahrensfehler, die nach § 46 VwVfG unbeachtlich sein können, kommen insbesondere in Betracht: **572**

- fehlende örtliche (nicht aber sachliche, vgl. den Umkehrschluss aus § 44 III Nr. 1 VwVfG) Zuständigkeit der handelnden Behörde mit Ausnahme des (klausurunbedeutenden) § 44 III Nr. 1 i.V.m. § 44 II Nr. 3 i.V.m. § 3 I Nr. 1 VwVfG.

- unterbliebene Mitwirkung Dritter, § 13 VwVfG. Nicht anwendbar ist § 46 VwVfG aber bei unterbliebener *notwendiger* Beteiligung, z.B. eines Hauptbeteiligten, und bei unterbliebener Hinzuziehung im Falle der Notwendigkeit nach § 13 II VwVfG, da dies nicht nur ein Verfahrens- oder Formfehler ist, sondern die Wirksamkeit des Verwaltungsakts betrifft.[631]

- fehlende (aber erforderliche) Anhörung eines Beteiligten, § 28 I VwVfG

- Vorliegen der Besorgnis der Befangenheit des handelnden Amtswalters, § 21 VwVfG

- unzulängliche Ermittlung des maßgeblichen Sachverhalts gem. §§ 24, 26 VwVfG

- Fehlen einer erforderlichen Begründung des Verwaltungsakts gem. § 39 VwVfG

- Verletzung von Formvorschriften, etwa von Formvorschriften über die Protokollführung zu Beweiszwecken. Hat der Formfehler aber die Nichtigkeit der Entscheidung zur Folge (etwa wenn die Schriftform zwingend vorgeschrieben ist und eine Verletzung dieser Vorschrift die Nichtigkeit vorschreibt), ist § 46 VwVfG unanwendbar.

Hinweis für die Fallbearbeitung: Liegt ein Verfahrensfehler vor, ist stets an eine Heilung nach § 45 VwVfG zu denken. Ob aber ein formeller Fehler heilbar ist, kann dahinstehen, wenn gem. § 46 VwVfG „offensichtlich" ist, dass die Verletzung des Verfahrensrechts die Entscheidung in der Sache tatsächlich nicht beeinflusst hat. Denn ist offensichtlich, dass der formelle Fehler die Verwaltungsentscheidung nicht beeinflusst hat, ist der Fehler eben unbeachtlich gem. § 46 VwVfG. Eine Heilung nach § 45 VwVfG ist nicht erforderlich. Dogmatisch korrekt geht deshalb **die Prüfung des § 46 VwVfG der des § 45 VwVfG vor!** Prüft man dementsprechend   **573**

---

[630] *Kopp/Ramsauer*, VwVfG, § 46 Rn 7.
[631] *Kopp/Ramsauer*, VwVfG, § 46 Rn 19.

die Voraussetzungen des § 46 VwVfG, müsste an dieser Stelle der Fallbearbeitung an sich die vollständige materielle Begründetheitsprüfung des Verwaltungsakts, wie sie auch im Übrigen durchzuführen wäre (Vereinbarkeit mit der Rechtsgrundlage, Beachtung der Verhältnismäßigkeit, fehlerfreie Ermessensbetätigung), erfolgen. Nur wenn nach entsprechender Prüfung die Voraussetzungen des § 46 VwVfG nicht vorlägen, wäre § 45 VwVfG zu prüfen. Da aber selbst in amtlichen Musterlösungen zu Examensklausuren zunächst § 45 VwVfG geprüft wird (in solchen „Musterlösungen" wird übrigens auch der Verwaltungsrechtsweg als Zulässigkeitsvoraussetzung einer Klage geprüft, obwohl dies der klaren Regelung des § 17a II GVG widerspricht), wird auch vorliegend diesem „bewährten" Aufbau gefolgt. Bei der Prüfung der formellen Rechtmäßigkeit/Rechtswidrigkeit des Verwaltungsakts sollte daher zunächst nur die Heilungsvorschrift des § 45 VwVfG behandelt werden.[632] Wird diese Prüfung mit dem Ergebnis abgeschlossen, dass der Verwaltungsakt wegen eines Verfahrensfehlers **rechtswidrig** ist, sollte im Anschluss daran folgender Hinweis auf § 46 VwVfG erfolgen:

„Ob der Fehler nach § 46 VwVfG unbeachtlich ist und den Aufhebungsanspruch des Klägers ausschließt, hängt davon ab, ob in der Sache keine andere Entscheidung ergehen konnte (tatsächliche Alternativlosigkeit). Dies kann erst nach entsprechender Prüfung der materiellen Rechtmäßigkeit des Verwaltungsakts beantwortet werden".

Anschließend wird die materielle Rechtmäßigkeit/Rechtswidrigkeit des Verwaltungsakts geprüft. Ergibt sich bei dieser Prüfung, dass der Verwaltungsakt materiell rechtmäßig ist, kann daran bspw. folgende Formulierung angehängt werden:

„Mit Blick auf den festgestellten Verstoß gegen ... (bspw. gegen § 21 VwVfG) ist nun auf die Unbeachtlichkeitsregelung des § 46 VwVfG einzugehen, wonach ein Aufhebungsanspruch ausgeschlossen ist, wenn in der Sache keine andere Entscheidung hätte ergehen können (tatsächliche Alternativlosigkeit). Das ... (bspw. das Ordnungsamt) müsste also bei fehlerfreiem Vorgehen in der gleichen Weise entschieden haben. Der ... (bspw. der Widerruf der Gaststättenerlaubnis) ist eine gebundene Entscheidung, d.h. die Behörde ist bei Vorliegen der Tatbestandsvoraussetzungen verpflichtet, die ... (Gaststättenerlaubnis) aufzuheben. Die Ermittlungen der Behörde haben ergeben, dass die Voraussetzungen des ... (§ 15 II GastG) vorliegen. Das ... (Ordnungsamt) hätte also auch bei Einhaltung der Verfahrensvorschrift des ... (§ 21 VwVfG) in der Sache die gleiche Entscheidung treffen müssen. Der Fehler im Verwaltungsverfahren war daher unbeachtlich."[633]

Schließlich ist zu beachten, dass die §§ 45, 46 VwVfG nur für Fehler im Verwaltungsverfahren nach §§ 9 ff. VwVfG angewendet werden dürfen. Für Fehler im Normsetzungsverfahren (Rechtsverordnungen, Satzungen) sind sie unanwendbar. Hier gilt grundsätzlich, dass auch ein formeller Fehler zur Nichtigkeit und damit zur Begründetheit der Klage/des Normenkontrollverfahrens (§ 47 VwGO) führt. Allerdings sind auch hier besondere Heilungs-/Unbeachtlichkeitsvorschriften zu beachten. So sind bei einer bauplanungsrechtlichen Satzung (Bebauungsplan) die §§ 214, 215 BauGB zu beachten. Vgl. dazu ausführlich *R. Schmidt*, BauR, Rn 18 ff.

ee.) Recht auf Akteneinsicht, § 29 VwVfG

573a § 29 I VwVfG gewährt den Beteiligten (§ 13 VwVfG) eines laufenden Verwaltungsverfahrens ein Recht auf Akteneinsicht. Dieses Recht ist allerdings auf solche Akten beschränkt, deren Kenntnis zur Geltendmachung oder Verteidigung von rechtlichen Interessen des Beteiligten erforderlich ist (§ 29 I S. 1 VwVfG). Ausnahmen vom Akteneinsichtsrecht sind in § 29 II VwVfG geregelt.

---

[632] Vgl. auch *Beaucamp*, JA 2007, 117, 120.
[633] Vgl. auch den Abschlussfall bei Rn 587.

Gewährt § 29 I VwVfG nur Verfahrensbeteiligten ein Akteneinsichtsrecht, folgt daraus, dass Nichtverfahrensbeteiligten ein solches Recht nicht zusteht. Freilich schießt dies nicht aus, dass die Behörde Akteneinsicht gewähren kann (Ermessensentscheidung). Ein Anspruch auf Ausübung dieses behördlichen Ermessens besteht aber grds. nicht. Lediglich im Fall eines berechtigten Interesses an der Einsichtnahme nimmt die Rspr. ein subjektives Recht auf Betätigung dieses Ermessens an.[634]

573b

Zu beachten ist, dass die Regelung des § 29 VwVfG durch Spezialregelungen verdrängt sein kann. Das betrifft z.B. das **Informationsfreiheitsgesetz** (IFG – dazu Rn 232 und 387), das **Umweltinformationsgesetz** (UIG – dazu Rn 254 und 387) und das **Verbraucherinformationsgesetz** (VIG – dazu Rn 387).

573c

ff.) Beteiligung, § 13 VwVfG

§ 13 I VwVfG sagt, wer Beteiligter eines Verwaltungsverfahrens ist. So sind insbesondere Antragsteller und Antragsgegner kraft Gesetzes Beteiligte (§ 13 I Nr. 1 VwVfG). Dritte werden durch Hinzuziehung Beteiligte (§ 13 II VwVfG). Gemäß § 13 II S. 1 VwVfG kann die Behörde von Amts wegen oder auf Antrag diejenigen, deren rechtliche Interessen durch den Ausgang des Verfahrens berührt werden können, als Beteiligte hinzuziehen (einfache Hinzuziehung). Hat der Ausgang des Verfahrens rechtsgestaltende Wirkung für einen Dritten, ist dieser gem. § 13 II S. 2 VwVfG auf Antrag als Beteiligter zu dem Verfahren hinzuzuziehen (notwendige Hinzuziehung). Ob eine einfache oder notwendige Hinzuziehung vorliegt, beantwortet das jeweilige Fachgesetz. Am anschaulichsten stellt sich die Rechtslage bei der Erteilung einer Ausnahme von einer nicht zwingenden bauordnungsrechtlichen Vorschrift dar. Nach den diesbezüglichen Bestimmungen der Landesbauordnungen[635] sind die Eigentümer benachbarter Grundstücke vor Erteilung einer Befreiung zu beteiligen, soweit sie nicht die Lagepläne und Bauzeichnungen des Vorhabens unterschrieben oder der Erteilung der Befreiung schriftlich zugestimmt haben. Mit der notwendigen Hinzuziehung soll gewährleistet werden, dass die Nachbarinteressen gewahrt werden. Dementsprechend liegt ein besonders schwerer Fehler i.S.d. § 44 I VwVfG vor, wenn die Behörde die notwendige Beteiligung unterlässt und die Fehlerhaftigkeit der Unterlassung offensichtlich ist. Anderenfalls liegt nur eine formelle Rechtswidrigkeit vor, wobei jedoch eine Heilung nach § 45 VwVfG mangels Einschlägigkeit dieser Norm nicht in Betracht kommt. In Betracht kommt aber eine Unbeachtlichkeit nach § 46 VwVfG.

573d

Umgekehrt liegt ein Verfahrensfehler auch vor, wenn eine Person beteiligt wurde, die nicht hätte beteiligt werden dürfen. Das betrifft insbesondere den in § 20 VwVfG genannten Personenkreis und die Amtsträger, gegen die die Besorgnis der Befangenheit besteht (§ 21 VwVfG). So kann etwa eine Person, die Beteiligter im konkreten Verwaltungsverfahren ist, nicht für die Behörde tätig sein (§ 20 I S. 1 Nr. 1 VwVfG). Ist sie gleichwohl für die Behörde tätig und erlässt einen Verwaltungsakt, ist dieser wegen § 44 I, III Nr. 2 VwVfG nichtig.

573e

Beispiel: G ist Sachwalter in der Ordnungsbehörde und für die Erteilung von Gaststättenerlaubnissen nach §§ 2 ff. GastG zuständig. Da er selbst nebenberuflich an den Wochenenden eine Bierkneipe betreiben möchte, erteilt er sich selbst die dafür erforderliche Genehmigung.

---

[634] BVerwGE 61, 15, 22 f.
[635] Vgl. BaWü: § 55 LBO; Bay: Art. 66 LBO; Brand: § 64 LBO; Brem: § 70 LBO; Hamb: § 71 LBO; Hess: § 62 LBO; MV: § 70 LBO; Nds: § 72 LBO; NRW: § 74 LBO; RhlPfl: § 68 LBO; Saar: § 71 LBO; Sachs: § 70 LBO; SchlHolst: § 72 LBO; Thür: § 68 LBO.

Eine sich selbst erteilte Genehmigung muss selbstverständlich nichtig sein. Alles andere wäre mit dem Rechtsstaatsprinzip schlechterdings unvereinbar. § 44 I VwVfG i.V.m. dem Umkehrschluss aus § 44 III Nr. 2 VwVfG, wo nur auf § 20 I S. 1 Nr. 2-6, nicht auch auf Nr. 1 VwVfG Bezug genommen wird, stellt dies klar. G ist Beteiligter des Verwaltungsverfahrens (§ 13 I Nr. 1 VwVfG) und fällt daher unter § 20 I S. 1 Nr. 1 VwVfG. Somit durfte er nicht über die Gaststättenerlaubnis entscheiden, die er selbst beantragt hatte. Die gleichwohl erteilte Erlaubnis ist gem. § 44 I, III Nr. 2 VwVfG nichtig.

573f Besteht indes lediglich die Besorgnis der Befangenheit, führt dies nicht zur Nichtigkeit, sondern nur zur Rechtswidrigkeit mit den bei Rn 557 ff. genannten Rechtsfolgen.

cc. Einhaltung von Formvorschriften

a.) Form i.e.S.

574 Für das nichtförmliche Verwaltungsverfahren gilt der allgemeine Grundsatz der **Formfreiheit**, §§ 10, 37 II VwVfG, wonach ein Verwaltungsakt schriftlich, elektronisch (also via Internet, CD, DVD, Diskette etc.), mündlich oder in anderer Weise erlassen werden kann. Daher sind Formfehler relativ selten. Zu beachten sind jedoch spezialgesetzliche Regelungen – v.a. außerhalb des VwVfG – wie etwa das **Schriftformerfordernis**.

> **Beispiele:** Erteilung einer Baugenehmigung nach der Landesbauordnung (z.B. § 72 II BremLBO) oder einer immissionsrechtlichen Anlagengenehmigung (z.B. § 10 VII BImSchG); Erlaubnisurkunde gem. § 3 GastG; Ernennungsurkunde nach § 10 II BBG bzw. § 8 II BeamtStG. Vgl. ferner § 16 S. 1 StAG, § 38 BBG, § 5 PBefG, §§ 33 IV, 36 I S. 2 VermG, § 4 II FeV und auch § 37 I, III und IV VwVfG selbst.

575 Sofern jedoch keine besonderen Formvorschriften bestehen, die ausschließlich die Schriftform anordnen oder die elektronische Form ausdrücklich ausschließen, ist die Übermittlung von Verwaltungsakten via **Internet** (E-Mail, Dateianhang) unproblematisch. Denn eine durch Rechtsvorschrift angeordnete Schriftform kann, soweit nicht durch Rechtsvorschrift etwas anderes bestimmt ist (vgl. z.B. § 10 II BBG, der zur Ernennung eines Beamten die Aushändigung der Ernennungsurkunde verlangt und damit die Unzulässigkeit der elektronischen Form impliziert), durch die elektronische Form ersetzt werden (§ 3a II S. 1 VwVfG).[636] Voraussetzung ist nur, dass der Empfänger hierfür einen **Zugang eröffnet** (§ 3a I VwVfG) und – um die Authentizität zu sichern – der Absender das elektronische Dokument mit einer qualifizierten elektronischen Signatur nach dem **Signaturgesetz** versieht (§ 3a II S. 2 VwVfG).[637]

576 Zur unmittelbaren Wirkung des § 3a VwVfG: § 3a II VwVfG modifiziert den Begriff der Schriftform innerhalb des gesamten Bundesverwaltungsrechts, also auch in Bundesgesetzen, deren Verfahren gem. § 1 III VwVfG grundsätzlich durch die Verwaltungsverfahrensgesetze der Länder geregelt wird.

> **Beispiel:** Gemäß § 3a II BundesVwVfG kann eine durch Rechtsvorschrift angeordnete Schriftform, soweit nicht durch Rechtsvorschrift etwas anderes bestimmt ist, durch die elektronische Form ersetzt werden. Nach § 10 I S. 1 BImSchG setzt das Genehmigungsverfahren einen schriftlichen Antrag voraus. Von der Möglichkeit einer elektronischen Form ist nicht die Rede. Wegen der unmittelbaren Geltung des § 3a II BundesVwVfG und des nicht vorhandenen Ausschlusses der elektronischen Form im BImSchG ist jedoch auch ein elektronischer Antrag zulässig. Durch die Bestimmungen der §§ 3a II

---

[636] Die Möglichkeit der elektronischen Form wurde durch das im Wesentlichen am 1.2.2003 in Kraft getretene Dritte Gesetz zur Änderung verwaltungsverfahrensrechtlicher Vorschriften eröffnet. Gleichlautende Vorschriften finden sich z.B. in § 87a AO und § 36a I-III SGB I.

[637] Zum Begriff „Zugang" und zum Signaturgesetz vgl. *R. Schmidt*, VerwProzR, Rn 254, 261.

BundesVwVfG, 10 I S. 1 BImSchG wird also klargestellt, dass das in § 10 I S. 1 BImSchG genannte Schriftformerfordernis einer abweichenden Regelung durch den Landesgesetzgeber nicht mehr zugänglich ist. Damit fällt die Regelungskompetenz insoweit wieder dem Bundesgesetz zu.[638] Bestünde also eine landesrechtliche Verfahrensregelung, die für den Antrag nach § 10 I S. 1 BImSchG die elektronische Form ausschlösse, wäre sie gem. Art. 31 GG unwirksam.

Im Übrigen ist § 3a VwVfG – wie seine Stellung im VwVfG vor den §§ 9 ff. VwVfG zeigt – auch für sonstige öffentlich-rechtliche Verwaltungstätigkeit anwendbar. Gleiches gilt für die Schriftlichkeit der Rechtsbehelfsbelehrung gem. § 58 I VwGO.

Hinsichtlich der **Bekanntgabe** eines Verwaltungsakts gem. § 41 VwVfG, der ein ordnungsgemäßes Verfahren vorschreibt, vgl. Rn 469 ff.   **577**

Formfehler sind nicht gem. § 45 VwVfG heilbar, weil diese Art formeller Defizite in der Vorschrift nicht genannt ist. In Betracht kommt aber eine **Unbeachtlichkeit** gem. § 46 VwVfG. Allerdings sind Formverstöße nur dann unbeachtlich, wenn sie nicht zur Nichtigkeit des Verwaltungsakts nach § 44 VwVfG führen. Das ist z.B. der Fall, wenn die Aushändigung einer **Urkunde** erforderlich gewesen wäre (vgl. § 44 II Nr. 2 VwVfG) oder wenn die Ersetzung der Schriftform durch die elektronische Form zwingend ausgeschlossen ist (s.o.). Zur tatsächlichen Alternativlosigkeit vgl. Rn 624.   **578**

b.) Begründungserfordernis

§ 39 I S. 1 VwVfG bestimmt, dass ein schriftlicher oder elektronischer sowie schriftlich oder elektronisch bestätigter Verwaltungsakt mit einer Begründung zu versehen ist.[639]   **579**

Begründung bedeutet, dass die wesentlichen tatsächlichen und rechtlichen Gründe, welche die Behörde zu ihrer Entscheidung bewogen haben, im Bescheid mitzuteilen sind.[640]   **580**

Wie die vorherige Anhörung ist auch die Begründung insbesondere eines belastenden Verwaltungsakts in einem Rechtsstaat eine Selbstverständlichkeit. Denn oft versetzt nur sie den Adressaten in die Lage, die Verwaltungsentscheidung nachzuvollziehen und die Erfolgsaussichten eines etwaigen Rechtsbehelfs einzuschätzen. Daher verlangt das Begründungserfordernis, dass der ermittelte **Sachverhalt** und dessen **rechtliche Bewertung** beschrieben werden. Die Begründung von **Ermessensentscheidungen** soll außerdem die Gesichtspunkte erkennen lassen, von denen die Behörde bei der Ausübung des Ermessens ausgegangen ist (§ 39 I S. 3 VwVfG).[641] Eine bloße Angabe der **Rechtsgrundlage** für das fragliche Verwaltungshandeln genügt dem Begründungserfordernis dagegen **nicht**. In diesem Fall ist von einem Fehlen der Begründung auszugehen. Ebenso wenig darf sich die Begründung in formelhaften, allgemeinen, nichtssagenden Darlegungen erschöpfen. Auch genügt es nicht, wenn der bloße Gesetzeswortlaut oder der Sachverhalt wiedergegeben werden. Die Begründung muss so ausführlich sein, dass sie dem Bürger die Möglichkeit gibt, sich inhaltlich mit ihr auseinanderzusetzen.   **581**

> **Beispiel:** G betreibt in der Innenstadt eine Kneipe. Nachdem die Polizei wegen diverser gemeldeter Drogengeschäfte bereits mehrmals Razzien durchgeführt hat und dabei auch Unterlagen sichergestellt hat, die die Unzuverlässigkeit des G zum Betreiben einer Gaststätte belegen, entzieht die zuständige Gaststättenbehörde dem G mit schriftli-

---

[638] Vgl. *Roßnagel*, NJW 2003, 469 ff.; *Schlatmann*, DVBl 2002, 1005 ff.; *Yildirim*, DVBl 2002, 241 ff.
[639] Andere Verwaltungsakte müssen also nicht begründet werden.
[640] *Kopp/Ramsauer*, VwVfG, § 39 Rn 18.
[641] Vgl. dazu BVerwG NJW 1998, 2233, 2234.

chem Bescheid die Konzession. In der Begründung heißt es: „Die Erlaubnis zum Betrieb der Gaststätte wird wegen festgestellter Unzuverlässigkeit widerrufen".

Rechtsgrundlage für den Widerruf ist § 15 II i.V.m. § 4 I S. 1 Nr. 1 GastG. Auch, wenn danach der Widerruf der Gaststättenerlaubnis materiell gerechtfertigt ist, verlangt § 39 I VwVfG in formeller Hinsicht eine Begründung, in der die wesentlichen tatsächlichen und rechtlichen Gründe, welche die Behörde zu ihrer Entscheidung bewogen haben, im Bescheid neben der Nennung der Rechtsgrundlage mitzuteilen sind. Daran fehlt es vorliegend. Die lapidare Aussage, die Unzuverlässigkeit sei festgestellt worden, genügt den Anforderungen, die an eine Begründung zu stellen sind, nicht.

582 **Nicht** entscheidend ist es, ob die Begründung **inhaltlich richtig** ist. Die Richtigkeit der Begründung (insbesondere der Umstand, dass die Behörde bei einer Ermessensentscheidung wesentliche Gründe außer Acht gelassen hat) ist eine Frage der materiellen Rechtmäßigkeit (und bei Ermessensentscheidungen gemäß den Anforderungen des § 40 VwVfG im Rahmen der materiellen Rechtmäßigkeit zu prüfen; zum Ermessen vgl. Rn 295 ff.). Aus formeller Sicht kommt es lediglich darauf an, *dass* eine Begründung mitgeteilt worden ist.[642]

583 Unter bestimmten Voraussetzungen ist die gesetzlich angeordnete Begründung jedoch **entbehrlich**. Das betrifft die in § 39 II VwVfG abschließend genannten Fälle. Typischer Klausurfall ist das Vorliegen der Voraussetzung des § 39 II Nr. 5 VwVfG (öffentliche Bekanntgabe einer Allgemeinverfügung). Liegt aber eine Entbehrlichkeit nicht vor und **fehlt** die erforderliche Begründung, liegt ein Formfehler vor, der grds. die **formelle Rechtswidrigkeit** des zu begründenden Verwaltungsakts zur Folge hat. Soweit die Begründung den Rechtsschutzsuchenden in seinen Rechten verletzt, besteht insoweit ein **Aufhebungsanspruch** (vgl. § 113 I S. 1 VwGO). Allerdings ist stets danach zu fragen, ob die Behörde eine fehlende, aber erforderliche Begründung nachholen kann, bzw., ob sie auch ergänzende Gründe nachreichen darf. Während der zuerst genannte Fall als **„Nachholen der Begründung"** bezeichnet wird, ist der zweite als **„Nachschieben von Gründen"** bekannt.

c.) Heilung der fehlenden Begründung nach § 45 I Nr. 2 VwVfG

584 Die zur Heilung von Anhörungsfehlern gemachten Ausführungen gelten entsprechend auch für die Begründungsfehler. Insoweit wird auf die obigen Ausführungen (Rn 549) verwiesen. Im Folgenden wird daher nur noch auf die begründungsspezifischen Besonderheiten eingegangen: Das betrifft konkret die Frage, ob die Behörde eine unterbliebene, aber erforderliche (also nicht gem. § 39 II VwVfG entbehrliche) Begründung nachträglich abgeben, d.h. nachholen kann. Diese Frage bejaht § 45 I Nr. 2 VwVfG. Nach h.M. kann die Begründung sowohl von der Ausgangsbehörde als auch von der Widerspruchsbehörde nachgeholt werden. Das Nachholen einer Begründung führt – wie das Nachholen einer Anhörung – zu einer Heilung des Fehlers und kann – ebenfalls wie die Anhörung – bis zum Abschluss der letzten Tatsacheninstanz eines Verwaltungsgerichtsverfahrens (also nicht im Revisionsverfahren) erfolgen (§ 45 II VwVfG). Die Heilung nach § 45 I Nr. 2 VwVfG beschränkt sich aber auf *formelle* Begründungsfehler. Daher sind ein **Auswechseln** oder ein **Ändern der Begründung** eines zunächst anders begründeten Verwaltungsakts **nicht möglich**.[643]

Im **Beispiel** von Rn 581 wäre eine Nachholung der erforderlichen Begründung möglich (§ 45 I Nr. 2 VwVfG). Dies könnte etwa dadurch geschehen, dass der Widerspruchsbescheid, der infolge eines von G eingelegten Widerspruchs ergeht, die erforderliche Begründung enthält. Auch könnte die Behörde im Rahmen eines Verwaltungsgerichtsver-

---

[642] Vgl. *Kopp/Ramsauer*, VwVfG, § 39 Rn 2.
[643] *Kopp/Ramsauer*, VwVfG, § 45 Rn 19.

fahrens (Tatsacheninstanz) die Begründung für ihre Entscheidung nachholen (§ 45 II VwVfG). Dies hätte eine Heilung des formellen Fehlers zur Folge.

> **Hinweis für die Fallbearbeitung:** Von der soeben beschriebenen Nachholung einer Begründung gem. § 45 I Nr. 2 VwVfG abzugrenzen ist das bereits erwähnte **Nachschieben von Gründen**. Dort geht es um die Frage, ob die Behörde im späteren Verwaltungsgerichtsverfahren *weitere* Gründe für die Rechtmäßigkeit des Verwaltungsakts nachschieben darf, weil sie befürchtet, die bisherigen genügten nicht, um den Prozess zu gewinnen. Dies ist richtigerweise ein Problem der materiellen Rechtmäßigkeit, darf also nicht in der formellen Rechtmäßigkeit geprüft werden. Vgl. dazu die Ausführungen bei *R. Schmidt*, VerwProzR, Rn 739 f. Allerdings kann in Prüfungsarbeiten ein kurzer Hinweis auf die erkannte Problematik angemessen sein: „Bei der Frage der Zulässigkeit des Nachschiebens von Gründen handelt es sich um ein Problem der materiellen Rechtmäßigkeit".

Fazit: § 39 VwVfG betrifft gemäß seiner Rechtsnatur als reine Formvorschrift lediglich das Fehlen einer erforderlichen Begründung. Prüfungsstandort ist daher die formelle Rechtmäßigkeit des Verwaltungsakts. Das Fehlen einer erforderlichen Begründung kann gem. § 45 I Nr. 2, II VwVfG mit heilender Wirkung nachgeholt werden. Zu beachten ist, dass §§ 39, 45 I Nr. 2, II VwVfG lediglich darauf abstellen, dass überhaupt eine Begründung vorliegt bzw. nachgeholt wird. Ob die Begründung inhaltlich dem materiellen Recht entspricht, ist – bei Ermessensverwaltungsakten unter Zugrundelegung des § 40 VwVfG – eine Frage der materiellen Rechtmäßigkeit.

d.) Unbeachtlichkeit von Formfehlern nach § 46 VwVfG

585

Die obigen Ausführungen zur Unbeachtlichkeit einer fehlenden Anhörung gelten sinngemäß auch für Formfehler. Daher muss insbesondere bei Fehlen einer erforderlichen Begründung immer die Unbeachtlichkeitsregel des § 46 VwVfG berücksichtigt werden.

> **Hinweis für die Fallbearbeitung:** Insgesamt ist zu beachten, dass im Hinblick auf § 44 VwVfG nur weniger schwerwiegende Verfahrens- oder Formfehler über § 46 VwVfG zur Unbeachtlichkeit führen können. Da § 46 VwVfG von einer materiellen Rechtmäßigkeit des Verwaltungsakts ausgeht und diese noch nicht geprüft wurde, ist der Prüfungsstandort der Vorschrift unklar. Könnte ein Fall des § 46 VwVfG vorliegen, sollte dies an dieser Stelle der Fallbearbeitung festgestellt und sodann die materielle Rechtmäßigkeitsprüfung durchgeführt werden, um die Offensichtlichkeit des Formfehlers festzustellen. Gegebenenfalls ist der Fehler beachtlich und die Klage demzufolge begründet! Zu beachten ist aber, dass es nur verhältnismäßig wenige Prüfungsarbeiten gibt, in denen die formellen und verfahrensmäßigen Voraussetzungen des Verwaltungsakts wirklich erheblich werden. Demgemäß sollten (wie bereits dargelegt) die Darstellungen über Form und Verfahren - von Ausnahmefällen abgesehen - kurz gehalten werden.

dd. Keine Rechtmäßigkeitsvoraussetzung: Rechtsbehelfsbelehrung

586

Auch wenn einige Rechtsvorschriften vorschreiben, dass bestimmte Verwaltungsakte eine Rechtsbehelfsbelehrung enthalten müssen (vgl. etwa § 59 VwGO oder § 73 III S. 1 VwGO), übt eine fehlende oder fehlerhafte Rechtsbehelfsbelehrung keinen Einfluss auf die Rechtmäßigkeit des Verwaltungsakts aus, sondern lediglich auf die Anfechtungsfrist (grundsätzlich ein Jahr statt einen Monat, vgl. §§ 58 II, 70 I, 74 I VwGO). Vgl. dazu ausführlich *R. Schmidt*, VerwProzR, Rn 274, 293.

> **Hinweis für die Fallbearbeitung:** In Prüfungsarbeiten wird oftmals übersehen, dass bei <u>mündlichen</u> Verwaltungsakten die Widerspruchsfrist regelmäßig ein Jahr

> (und nicht einen Monat) beträgt, weil § 58 I VwGO eine <u>schriftliche</u> (bzw. bei elektronischen Verwaltungsakten die elektronische) Rechtsbehelfsbelehrung verlangt und es an dieser bei mündlichen Verwaltungsakten gerade fehlt.

ee. Abschlussfall zur formellen Rechtswidrigkeit eines Verwaltungsakts

587   G betreibt die Gaststätte *ZUM ROSTIGEN ANKER* in Cuxhaven. Zu seinen ständigen Gästen zählt auch eine Gruppe von Jugendlichen, denen er neben Bier auch andere alkoholische Getränke ausschenkt. In der näheren Umgebung kommt es häufig zu nächtlichen Störungen und Schlägereien angetrunkener Jugendlicher.

Obwohl G bereits mehrfach von empörten Nachbarn zur Rede gestellt wurde, ändert er sein Verhalten gegenüber den Jugendlichen nicht.

Nachdem es erneut zu einer nächtlichen Störung durch alkoholisierte Jugendliche gekommen ist, wendet sich die aufgebrachte Nachbarin N mit der Bitte um Hilfe an das zuständige Ordnungsamt. Dabei schildert sie dem zuständigen Sachbearbeiter S ihre Beobachtungen. S ist hocherfreut, denn er kennt G und möchte es diesem mal so richtig „heimzahlen". Der Sohn des S wird nämlich ständig vom Sohn des G drangsaliert. S verspricht der N daher gerne, sich der Sache persönlich anzunehmen. So geschieht es. S erlässt umgehend einen an G adressierten Bescheid mit folgendem Inhalt:

> *„Ihre Erlaubnis für den Betrieb der Gaststätte ZUM ROSTIGEN ANKER in Cuxhaven wird gemäß § 15 II GastG widerrufen, da bei Ihnen die Voraussetzungen des § 4 I S. 1 Nr. 1 GastG, insbesondere ein Verstoß gegen die Vorschriften des Jugendschutzes, vorliegen. Sie haben Ihren Gaststättenbetrieb umgehend einzustellen."*

Eine Rechtsbehelfsbelehrung ist dem Bescheid nicht beigefügt. G legt gleich nach Erhalt dieses Bescheids schriftlich Widerspruch ein. Dabei erläutert er, wie sich der Sachverhalt für ihn darstellt.

Die zuständige Widerspruchsbehörde, der Bürgermeister der Stadt Cuxhaven, prüft den Fall eingehend und kommt nach Gesprächen mit Nachbarn, dem örtlichen Polizeirevier und mit G zu dem Ergebnis, dass die materiellen Voraussetzungen des § 15 II i.V.m § 4 I S. 1 Nr. 1 GastG erfüllt sind. Ist der Widerspruch des G begründet?

Die im Gutachtenstil ausformulierte Lösung steht auf der Internetseite des Verlags zum kostenlosen Download bereit.

c. Die materielle Rechtmäßigkeit eines Verwaltungsakts

588   Der (belastende) Verwaltungsakt ist nur dann materiell rechtmäßig, wenn er sich auf eine **gesetzliche Rechtsgrundlage**, die ihrerseits rechtmäßig ist, stützen lässt. Stützen lässt sich der Verwaltungsakt auf seine Rechtsgrundlage, wenn er die in ihr normierten Voraussetzungen erfüllt. Des Weiteren muss die den Verwaltungsakt erlassende Behörde das Ermessen fehlerfrei ausgeübt haben bzw. sie darf nicht gegen den Grundsatz der Verhältnismäßigkeit verstoßen und sie muss den Bestimmtheitsgrundsatz beachtet haben. Das diesbezügliche Prüfungsschema wurde bereits bei Rn 508 dargestellt.

aa. Rechtmäßigkeit der Rechtsgrundlage

589   Um als Gesetz im Sinne des Vorbehalts des Gesetzes zu fungieren, muss die Rechtsgrundlage ihrerseits rechtmäßig, d.h. mit höherrangigem Recht vereinbar sein. Ist sie das nicht, kann folgerichtig auch der Verwaltungsakt nicht rechtmäßig sein.

> **Hinweis für die Fallbearbeitung:** In der Fallbearbeitung genügt es daher nicht, lediglich die Vereinbarkeit des Verwaltungsakts mit seiner Rechtsgrundlage zu prüfen. Dem Vorbehalt des Gesetzes ist nur dann Genüge getan, wenn auch die

Rechtsgrundlage rechtmäßig ist. Im Zweifel ist auch *deren* Rechtmäßigkeit zu prüfen. Da die Prüfung der Vereinbarkeit der Rechtsgrundlage mit höherrangigem Recht (EU-Recht, deutsches Verfassungsrecht) ausführlich bei *R. Schmidt*, VerwProzR, Rn 627 ff. behandelt wird, wird insoweit darauf verwiesen.

bb. Verwaltungsaktbefugnis

Es leuchtet ein, dass ein Verwaltungsakt nur dann rechtmäßig sein kann, wenn die Behörde zur Wahl der Handlungsform *Verwaltungsakt* auch befugt ist. Die Frage kann zudem deshalb nicht dahinstehen, weil nur ein Verwaltungsakt von der Behörde für sofort vollziehbar erklärt (vgl. § 80 II S. 1 Nr. 4 VwGO) und mit Mitteln des Verwaltungszwangs durchgesetzt werden kann, ohne dass es eines gerichtlichen Vollstreckungstitels bedarf.[644] Daher hat der Bürger ein berechtigtes Interesse daran, dass die Behörde nur dann durch Verwaltungsakt handelt, wenn sie diese Handlungsform auch wählen darf. Ob dies der Fall ist, beantwortet das materielle Recht. **590**

Unproblematisch liegt eine Verwaltungsaktbefugnis vor, wenn das Gesetz diese Handlungsform ausdrücklich vorschreibt. Das ist z.B. bei § 49a I S. 2 VwVfG der Fall. Hier muss man sogar von einem **Verwaltungsaktvorbehalt** sprechen. Das Gleiche gilt, wenn das Gesetz die Behörde zu einer Änderung oder Aufhebung eines zuvor erlassenen Verwaltungsakts ermächtigt (vgl. z.B. §§ 48, 49 VwVfG). Insbesondere die Aufhebung eines Verwaltungsakts stellt den actus contrarius zum ursprünglich erlassenen Verwaltungsakt dar und hat daher grundsätzlich in derselben Handlungsform zu erfolgen. Daraus folgt, dass eine zur Änderung oder Aufhebung eines Verwaltungsakts ermächtigende Rechtsnorm gleichzeitig eine entsprechende Verwaltungsaktbefugnis enthält. **591**

Auch liegt eine Verwaltungsaktbefugnis vor, wenn das Gesetz zwar nicht den Terminus *Verwaltungsakt* enthält, jedoch zu Maßnahmen ermächtigt, die nach der Begriffsdefinition des § 35 VwVfG Verwaltungsakte darstellen und die mit **Rechtseingriffen** verbunden sind. Das ist insbesondere im Polizei- und Ordnungsrecht der Fall, etwa wenn die Polizei einen Platzverweis erteilt, eine Person vorlädt oder Maßnahmen auf der Grundlage der Befugnisgeneralklausel ergreift. **592**

Im Übrigen ist jeweils durch Auslegung der gesetzlichen Rechtsgrundlage zu ermitteln, ob die Behörde eine Verwaltungsaktbefugnis besitzt. Im Zweifel ist von einer solchen Befugnis auszugehen, wenn der Gesetzgeber das Verhältnis zwischen der Behörde und den Bürgern **subordinationsrechtlich** (also einseitig anordnend) ausgestaltet hat.[645] **593**

Umgekehrt ist eine Verwaltungsaktbefugnis immer dann **abzulehnen**, wenn sich die Behörde **koordinationsrechtlich** „auf eine Stufe der Gleichordnung" mit dem Bürger gestellt hat. Das ist insbesondere bei öffentlich-rechtlichen Verträgen (§§ 54 ff. VwVfG) der Fall: Schließt die Behörde mit dem Bürger einen öffentlich-rechtlichen Vertrag, darf sie, wenn Probleme bei der Vertragsdurchführung auftreten, ihre Ansprüche nicht einfach mit Hilfe eines Verwaltungsakts durchsetzen (zur Erinnerung: ein Verwaltungsakt darf mit Mitteln des Zwangs durchgesetzt werden, ohne dass es **594**

---

[644] Zum Grundsatz der Selbstvollstreckung vgl. *R. Schmidt*, VerwProzR, Rn 877 ff.

[645] So auch die Rspr., vgl. nur BVerwGE 18, 283, 285 f.; 21, 270, 272 f. Die in der Lit. teilweise vertretene Auffassung, die Behörde brauche allein schon für den Gebrauch der Handlungsform *Verwaltungsakt* eine gesetzliche Rechtsgrundlage (so *Ruffert*, in: Erichsen/Ehlers, AllgVerwR, § 13 Rn 27 ff.), hat sich zu Recht nicht durchgesetzt. Denn diese Auffassung verkennt, dass die Behörde nur in Grundrechte eingreifend, ohnehin wegen des Vorbehalts des Gesetzes (Art. 20 III GG) einer gesetzlichen Rechtsgrundlage bedarf. Es bliebe also nur der Fall offen, in dem die Behörde eine ausschließlich begünstigende Regelung trifft. Da in diesem Fall aber kein Grundrechtseingriff vorliegt, ist die Forderung nach einer gesetzlichen Grundlage für die Wahl der Handlungsform *Verwaltungsakt* nicht schlüssig.

eines gerichtlichen Vollstreckungstitels bedarf); sie hat ihre Verwaltungsaktbefugnis verloren.[646]

> **Hinweis für die Fallbearbeitung:** Erlässt die Behörde einen Verwaltungsakt, obwohl sie keine Verwaltungsaktbefugnis hat, ist der Verwaltungsakt schon allein deshalb rechtswidrig (aber nicht nichtig)[647] und kann vom betroffenen Bürger erfolgreich angefochten werden. Auf die Frage, ob der Verwaltungsakt auch inhaltlich rechtswidrig ist, kommt es streng genommen dann zwar nicht mehr an, gleichwohl muss die (übrige) materielle Prüfung – gegebenenfalls hilfsgutachtlich – fortgeführt werden. Denn anders als ein Gericht darf der Verfasser eines Rechtsgutachtens grds. die Prüfung nicht abbrechen, wenn er eine Rechtsverletzung des Betroffenen festgestellt hat. Vielmehr muss er den Sachverhalt unter allen rechtlichen Gesichtspunkten prüfen, sofern die Fallfrage nicht ein anderes bestimmt. Schließlich ist zu beachten, dass in Prüfungsarbeiten der Schwerpunkt nur selten in der Verwaltungsaktbefugnis liegen dürfte und dass daher nur selten auf sie eingegangen zu werden braucht. Existiert eine gesetzliche Vorschrift, die die Behörde zu Rechtseingriffen ermächtigt, kann stillschweigend auf die Befugnis der Behörde, die gesetzliche Ermächtigung in der Handlungsform des Verwaltungsakts umzusetzen, geschlossen werden.

cc. Vereinbarkeit des Verwaltungsakts mit der Rechtsgrundlage

595 Der Verwaltungsakt ist mit der Rechtsgrundlage vereinbar, wenn – soweit vorhanden – unbestimmte Rechtsbegriffe richtig ausgelegt und Beurteilungsspielräume sowie planerische Abwägungsentscheidungen eingehalten bzw. fehlerfrei ausgeübt wurden. Schließlich müssen Ermessensspielräume eingehalten, der Grundsatz der Verhältnismäßigkeit und der Bestimmtheitsgrundsatz beachtet werden.

a.) Unbestimmte Rechtsbegriffe

596 Wie bereits eingehend bei Rn 259 ff. dargelegt, kann der Gesetzgeber nicht alle erdenklichen Lebenssachverhalte antizipiert in den Normen aufnehmen. Dafür bietet die Rechtswirklichkeit zu viele Besonderheiten und Verschiedenartigkeiten. Daher muss der Wortlaut einer Norm – freilich unter Beachtung des Bestimmtheitsgrundsatzes – ein bestimmtes Maß an Abstraktheit aufweisen. Darüber hinaus muss es der Verwaltung möglich sein, auch auf atypische, unvorhersehbare Situationen zu reagieren. Aus diesem Grund enthalten Normen nicht selten generalklauselartige Formulierungen, sog. unbestimmte Rechtsbegriffe.

597 **Unbestimmte Rechtsbegriffe** sind Gesetzesbegriffe, die auf der Tatbestandsseite einer Norm stehen und bei der Rechtsanwendung des einschlägigen Tatbestands im Einzelfall einer Auslegung bedürfen.

> **Beispiele:** *Unzuverlässigkeit* in § 35 I GewO oder in § 4 I S. 1 Nr. 1 GastG; *Ungeeignetheit* in § 3 I StVG i.V.m. §§ 3 I, 11 III FeV; *öffentliche Sicherheit* z.B. in §§ 3 I HambSOG, 11 HessSOG oder 11 NdsSOG (polizeiliche Befugnisgeneralklausel); *öffentliches Interesse* in § 80 II S. 1 Nr. 4 VwGO; *Gemeinwohl* in Art. 14 III S. 1 GG; *Einfügen* in § 34 BauGB; *öffentliche Belange* in § 35 II/III BauGB etc.

598 Die Auslegung unbestimmter Rechtsbegriffe ist grundsätzlich **gerichtlich voll überprüfbar**, da es sich um Rechtsanwendung handelt und derartige Akte wegen der Rechtsschutzgarantie des Art. 19 IV S. 1 GG einer gerichtlichen Kontrolle zugänglich sein müssen. Außerdem kann es keine Bandbreite möglicher Entscheidungen geben:

---

[646] Insoweit lediglich klarstellend BVerwGE 50, 171, 173 ff.; 59, 60, 62 ff.
[647] Zur Unterscheidung zwischen Rechtswidrigkeit und Nichtigkeit vgl. Rn 503 und 633 ff.

Entweder ist z.B. der Straßenverkehrsteilnehmer gem. § 3 I StVG i.V.m. §§ 3 I, 11 III FeV ungeeignet oder er ist es nicht. Daraus folgt die gerichtliche Überprüfbarkeit im konkreten Fall. Vgl. dazu die ausführlichen Erläuterungen bei Rn 259 ff.

b.) Beurteilungsspielräume

Zwar fordert das Rechtsstaatsprinzip grundsätzlich die volle richterliche Kontrolle von Hoheitsakten (s.o.), eine Ausnahme von diesem Postulat ist aber dort zu machen, wo die richterliche Kontrolle aufgrund atypischer Sachumstände **außergewöhnlichen Schwierigkeiten** begegnet und einem **besonders prädestinierten Entscheidungsträger** eine **spezifische Sachkompetenz** zukommt. Besondere Bedeutung haben dabei sog. **„prognostische Entscheidungen"**. Das sind Entscheidungen, bei denen die Subsumtion unter einen unbestimmten Rechtsbegriff von zukunftsgerichteten **komplexen Wertungen** und/oder von **komplexen Diagnosen** abhängt. Voraussetzung für die Anerkennung eines solchen gerichtlich nicht weiter überprüfbaren Beurteilungsspielraums ist aber eine entsprechende **gesetzliche Ermächtigung**, d.h. die Verwendung von unbestimmten Rechtsbegriffen, die durch **Auslegung** zu einem Beurteilungsspielraum führen, der gerichtlich (und damit vom Bearbeiter einer Klausur oder Hausarbeit) nur dahingehend **überprüfbar** ist, ob der gesetzliche **Rahmen**, der dem Gesetzesanwender eingeräumt wurde, **überschritten wurde**, ob also **Beurteilungsfehler** gemacht wurden. Da der Beurteilungsspielraum jedoch bereits ausführlich bei Rn 283 ff. dargestellt ist, kann darauf verwiesen werden.

599

c.) Planerische Abwägungsentscheidungen

Da auch die planerischen Abwägungsentscheidungen ausführlich bei Rn 292 und 995 ff. sowie bei *R. Schmidt*, BauR, Rn 18 ff. dargestellt sind, kann darauf verwiesen werden.

600

d.) Einhaltung von Ermessensspielräumen; kein Verstoß gegen den Grundsatz der Verhältnismäßigkeit

aa.) Ermessen

Um der Vielgestaltigkeit und Dynamik der Lebenssachverhalte gerecht zu werden, räumt der Gesetzgeber der Verwaltung Handlungsspielräume nicht nur auf der Tatbestandsseite ein (unbestimmte Rechtsbegriffe, planerische Abwägungsentscheidungen), sondern auch auf der Rechtsfolgeseite. Hier handelt es sich um Verwaltungsermessen.

601

Ermessen ist ein der Verwaltung auf der Rechtsfolgeseite einer Norm hinsichtlich des „Ob" (Entschließungsermessen) und/oder des „Wie" (Auswahlermessen) eingeräumter Entscheidungsspielraum, der gerichtlich beschränkt (im Rahmen des § 114 VwGO) überprüfbar ist.

602

Die *Ratio* des Ermessens liegt in der Freistellung der Wahl der Rechtsfolge eines gesetzlichen Tatbestands, um die Verwaltung in die Lage zu versetzen, von **unnötigen Eingriffen abzusehen** und somit dem **Übermaßverbot Rechnung zu tragen.** Das Ermessen stellt somit die **Verknüpfung von Tatbestand und Rechtsfolge** dar.

603

Beachtet die Behörde die Ermessensbindung nicht, ist der Verwaltungsakt ermessensfehlerhaft und rechtswidrig. Zum Ermessen vgl. Rn 295 ff.

604

bb.) Grundsatz der Verhältnismäßigkeit

605 Der Grundsatz der Verhältnismäßigkeit genießt **Verfassungsrang** und gilt für **alle staatlichen Maßnahmen**. Daher ist es unschädlich, wenn er nur gelegentlich positivrechtlich normiert ist. Er besagt, dass die Freiheit des Einzelnen nur so weit eingeschränkt werden darf, wie es im Interesse des Gemeinwohls unabdingbar ist. Es gilt somit das Gebot des geringstmöglichen Eingriffs („nicht mit Kanonen auf Spatzen schießen"). Die Maßnahme muss einen legitimen Zweck verfolgen, geeignet, erforderlich und angemessen sein. Da auch der Grundsatz der Verhältnismäßigkeit aufgrund seiner Bedeutung für sämtliches Handeln der Verwaltung bereits in einem eigenen Abschnitt dargestellt wurde, wird auch diesbezüglich verwiesen, vgl. Rn 316 ff.

cc.) Bedeutung der Verhältnismäßigkeit für gebundene Verwaltungsakte

606 Bei den rechtlich gebundenen Verwaltungsakten, also bei solchen, bei denen der Gesetzgeber der Verwaltung kein Ermessen eingeräumt hat, kann eine Vereinbarkeit mit Grundrechten rechtslogisch auch nicht im Rahmen einer Ermessensprüfung geprüft werden. Aus diesem Grund sind die unbestimmten Rechtsbegriffe so auszulegen, dass den betroffenen Grundrechten eine maximale Geltung verschafft werden kann. Dabei kann es vorkommen, dass die Norm nur mit **einer bestimmten Auslegung** verfassungsrechtlich unbedenklich ist. Jede andere Auslegung und damit jedes andere Ergebnis würden zur Verfassungswidrigkeit führen (**verfassungskonforme Auslegung**).

> **Beispiel:** Gemäß § 15 II GastG[648] *ist* (kein Ermessen!) die Erlaubnis zum Betrieb einer Gaststätte zu widerrufen, wenn nachträglich Tatsachen eintreten, die die Versagung der Gaststättenerlaubnis nach § 4 I S. 1 Nr. 1 („Unzuverlässigkeit") GastG rechtfertigen würden.
>
> In diesem Fall kann die Bedeutung des Grundrechts aus Art. 12 I GG nicht im Rahmen des Ermessens Berücksichtigung finden. Daher muss der unbestimmte Rechtsbegriff der „Unzuverlässigkeit" grundrechtskonform ausgelegt werden, d.h. die Gaststättenerlaubnis darf nicht schon bei einmaligem Verstoß gegen die in § 4 I S. 1 Nr. 1 GastG aufgelisteten Anlasstatbestände angenommen werden, sondern erst dann, wenn der Staat keine andere Möglichkeit mehr sieht, als durch Versagung der Konzession die Allgemeinheit vor dem Gastronomen zu schützen.[649]

e.) Hinreichende Bestimmtheit

607 Ein Verstoß gegen den verfassungsrechtlichen Bestimmtheitsgrundsatz, der für den Bereich des Verwaltungsakts seinen einfachgesetzlichen Niederschlag in § 37 I VwVfG gefunden hat, ist nicht nur ein bloßer Formfehler, sondern macht den Verwaltungsakt auch **materiell rechtswidrig**, wenn nicht sogar **nichtig** (so bei einem Verstoß gegen § 37 III VwVfG i.V.m. § 44 I, II VwVfG, etwa wenn der Verwaltungsakt völlig unverständlich und undurchführbar ist oder wenn er nicht zu erkennen gibt, wer aus ihm verpflichtet werden soll oder wenn pauschal etwas gewährt wird, was im Antrag nicht hinreichend beschrieben war). Zur Nichtigkeit vgl. Rn 633 ff. Wie auch sonst gilt, dass im Zweifel Unklarheiten zulasten der Behörde gehen. Die an den Bestimmtheitsgrundsatz zu stellenden Anforderungen lassen sich folgendermaßen gliedern[650]:

---

[648] Zum GastG nach der Föderalismusreform 2006 vgl. bereits Fußnote 15.
[649] Anders wohl die (m.E.) antiquierte Rspr. des BVerwG, vgl. dazu *R. Schmidt*, POR, Kap 2.
[650] Gliederung nach *Kopp/Ramsauer*, VwVfG, § 37 Rn 9 ff.

- Bestimmtheit in Bezug auf die **handelnde Behörde** (§ 37 III VwVfG i.V.m. § 44 II Nr. 1 VwVfG) **608**

  Beispiel: Enthält eine Bauerlaubnis, die nach den entsprechenden Bestimmungen der Bauordnungen schriftlich oder elektronisch[651] zu erteilen ist (vgl. § 3a VwVfG), keine Angaben und dementsprechend keine Unterschrift des Behördenleiters bzw. seines Vertreters oder Beauftragten, ist sie gem. § 37 III VwVfG rechtswidrig. Würde darüber hinaus die erlassende Behörde nicht erkennbar sein, wäre die Bauerlaubnis gem. § 44 II Nr. 1 VwVfG sogar **nichtig**. Dasselbe gilt, wenn sie elektronisch erlassen wurde und nicht das der elektronischen Signatur nach dem Signaturgesetz zugrunde liegende Zertifikat oder ein zugehöriges qualifiziertes Attributzertifikat nicht die erlassende Behörde erkennen lässt (§ 37 III VwVfG).

- Bestimmtheit in Bezug auf den **Betroffenen** (hier ist aber zu beachten, dass an Allgemeinverfügungen geringere Anforderungen zu stellen sind) **609**

  Beispiel: Die an die Teilnehmer eines Carsharings gerichtete Aufforderung, den abgemeldeten Wagen nicht mehr am Straßenrand abzustellen, genügt dem Bestimmtheitsgrundsatz nicht, wenn als Adressat lediglich „Herr A und Partner" angegeben ist. Vielmehr müssen in einem schriftlich erlassenen Verwaltungsakt sämtliche Betroffene mit Namen, Adresse, in Zweifelsfällen auch mit Geburtsdatum und ggf. weiteren Angaben genannt werden. Wird aber ein Verwaltungsakt, der an die einzelnen Gesellschafter einer GbR zu richten ist, an die GbR als solche gerichtet, führt dies nicht zur Unbestimmtheit des Verwaltungsakts, wenn sich aus den gesamten Umständen ersehen lässt, wer von dem Bescheid betroffen sein soll.[652] Ist dagegen die GbR selbst Adressat der Verfügung[653], kommt ein diesbezüglicher Bestimmtheitsmangel nicht in Betracht.

- Bestimmtheit in Bezug auf den **Verwaltungsaktcharakter** **610**

  Beispiel: Um den Verwaltungsaktcharakter eines Schreibens bejahen zu können, ist nicht erforderlich, dass das Schreiben die Bezeichnung „Bescheid", „Anordnung", „Verfügung" oder gar „Verwaltungsakt" trägt. Vielmehr kann auch ein Schreiben in höflicher Briefform genügen. Voraussetzung ist aber, dass aus dem Schreiben eindeutig hervorgeht, dass der Betroffene zu einem bestimmten Verhalten aufgefordert wird. Geht es etwa um die Verpflichtung zur Entrichtung eines Geldbetrags, muss aus dem Schreiben klar hervorgehen, dass es sich nicht nur um eine bloße Zahlungsaufforderung handelt, sondern um die Verpflichtung zur Leistung.

- Bestimmtheit in Bezug auf den **Regelungsgehalt**[654] (wichtigster Fall) **611**

  Beispiel: Die in einem Verwaltungsakt getroffene Regelung muss hinreichend klar, verständlich und widerspruchsfrei sein. Der Betroffene **muss erkennen können**, was **von ihm verlangt wird**. Sofern der Verwaltungsakt Grundlage einer späteren Vollstreckung sein soll, muss in ihm auch diese Möglichkeit zum Ausdruck kommen. Diesem Erfordernis wird etwa ein bauordnungsrechtlicher Verwaltungsakt mit dem Inhalt, „geeignete Maßnahmen zu ergreifen, damit der Nachbar nicht in seinen nachbarschützenden Rechten verletzt wird", nicht gerecht. Gut vertretbar ist es auch, hier sogar eine Nichtigkeit anzunehmen. Ein Verstoß gegen den Bestimmtheitsgrundsatz kann auch bei begünstigenden Verwaltungsakten vorliegen, etwa wenn die Behörde pauschal etwas erlaubt, was im Antrag nicht genau bezeichnet war.[655]

---

[651] Zum elektronischen Verwaltungsakt vgl. Rn 479, 481.
[652] VG Gera NVwZ 1999, 100, 101.
[653] Nach dem Grundsatzurteil BGHZ 146, 341 ff. sind die GbR und der nichtrechtsfähige Verein rechts- und parteifähig (bestätigt von BGH NJW 2002, 1207; vgl. auch BVerfG NJW 2002, 3533).
[654] Zur Regelungsfunktion eines Verwaltungsakts vgl. bereits Rn 384 ff.
[655] *Beaucamp*, JA 2014, 119, 122 (Klausurfall).

3. Kein Verstoß gegen sonstiges höherrangiges Recht

612

Der Verwaltungsakt muss nicht nur mit seiner Rechtsgrundlage vereinbar, verhältnismäßig und ermessensfehlerfrei sein, sondern er darf auch nicht gegen sonstiges (höherrangiges) Recht verstoßen.

> **Beispiel:** B erhält die Zulassung (= begünstigender Verwaltungsakt), auf dem Wochenmarkt der Gemeinde G einen Gemüsestand zu betreiben. Der Verwaltungsakt ist inhaltlich lediglich auf Gemüse (aller Art) beschränkt. Nach der Gemeindesatzung ist aber der Verkauf von genetisch verändertem Gemüse verboten. Gemüsehändler K, ein Konkurrent des B, regt an, die Behörde solle den in seinen Augen wegen Verstoßes gegen die Satzungsbestimmung rechtswidrigen Verwaltungsakt zurücknehmen (§ 48 VwVfG).
>
> Hier stellt sich die Frage, ob der Verwaltungsakt tatsächlich rechtswidrig ist. Denn er reicht inhaltlich weiter als die Satzungsbestimmung der Gemeinde, indem er letztlich die Erlaubnis impliziert, auch gentechnisch verändertes Gemüse verkaufen zu dürfen. Andererseits kann man sich auf den Standpunkt stellen, dass der Inhaber der Erlaubnis ohnehin geltendes Recht, und damit auch die Gemeindesatzung, beachten muss. Demzufolge verstößt der Verwaltungsakt nicht gegen höheres Recht.

4. Maßgeblicher Zeitpunkt für die Beurteilung der Rechtmäßigkeit

613-621

Zu den umstrittensten (und wohl nur in Fortgeschrittenenübungen bzw. im Examen relevant werdenden) Problemen im Bereich des Verwaltungsrechts gehört die Frage nach dem maßgeblichen Zeitpunkt für die Beurteilung der Rechtmäßigkeit von Verwaltungsakten. Da die Problematik jedoch in den überwiegenden Fällen im Bereich des Widerspruchs bzw. des Prozessrechts relevant wird, sei auf die Darstellung bei *R. Schmidt*, VerwProzR, Rn 729 ff. verwiesen.

5. Rechtsfolge der Rechtswidrigkeit eines Verwaltungsakts

622

In einem Rechtsstaat wie der Bundesrepublik Deutschland ist im Zweifel anzunehmen, dass ein rechtswidriger Staatsakt nichtig, d.h. rechtsunwirksam ist. Dies trifft insbesondere für formelle Gesetze und Rechtsverordnungen zu. Allerdings kann der formelle Gesetzgeber auch Ausnahmen zulassen. So hat er bei bestimmten rechtswidrigen baurechtlichen Satzungen (d.h. bei Bebauungsplänen gem. § 10 BauGB) eine differenzierte Fehlerfolge festgelegt. Bestimmte (in erster Linie formelle) Fehler sind der Heilung zugänglich bzw. unbeachtlich, vgl. §§ 214, 215 BauGB. Eine vergleichbare differenzierte Fehlerfolge besteht auch bei den Verwaltungsakten. Aus § 43 I, III VwVfG ergibt sich, dass ein rechtswidriger Verwaltungsakt im Interesse der Rechtssicherheit grundsätzlich wirksam ist. Auch bestimmt § 45 VwVfG, dass bestimmte formelle Fehler heilbar sind. Nach § 46 VwVfG sind bestimmte formelle Fehler unbeachtlich. Der rechtswidrige Verwaltungsakt entfaltet also grundsätzlich Rechtswirkungen und ist von jedermann zu beachten. Dieser rechtswidrige Zustand muss aber nicht geduldet werden. Der Verwaltungsakt kann angefochten werden, und zwar durch Einlegung eines Widerspruchs bzw. Erhebung einer Anfechtungsklage. Diese Rechtsbehelfe haben grundsätzlich zur Folge, dass der Verwaltungsakt vorerst nicht vollzogen werden darf (sog. aufschiebende Wirkung, vgl. § 80 I VwGO). Es besteht eine grundsätzliche Vollzugshemmung, bis der Verwaltungsakt entweder von der Verwaltung oder von dem Verwaltungsgericht (§ 113 I S. 1 VwGO) aufgehoben bzw. als rechtmäßig bestätigt wird. Leidet der Verwaltungsakt jedoch an einem offensichtlichen und besonders schwerwiegenden Fehler, ist er gem. § 44 VwVfG von Anfang an nichtig, d.h. rechtsunwirksam.

Zwar ist ein fehlerhafter, aber nicht nichtiger und damit zunächst wirksamer Verwaltungsakt aufhebbar (s.o.). Ein Anspruch auf Aufhebung eines fehlerhaften Verwaltungsaktes ist aber dann ausgeschlossen, wenn die Voraussetzungen einer **Umdeutung** nach § 47 I VwVfG vorliegen. Umdeutung ist die Modifizierung einer Regelung eines rechtswidrigen (nach h.M. auch nichtigen) Verwaltungsakts dadurch, dass dieser als Verwaltungsakt mit gleichwertiger, aber rechtmäßiger Regelung aufrechterhalten bleibt.[656] Eine Umdeutung ist allerdings nur zulässig, wenn die Voraussetzungen für den Erlass eines (anderen) fehlerfreien Verwaltungsakts vorgelegen haben und auch alle verfahrensmäßigen Anforderungen dafür eingehalten worden sind (vgl. zu den Voraussetzungen im Einzelnen § 47 VwVfG).

> **Beispiel:** Umgedeutet werden kann eine fehlerhafte Verfügung, mit der dem Fahrerlaubnisinhaber das Recht aberkannt wird, von seiner EU-Fahrerlaubnis im Bundesgebiet Gebrauch zu machen, in einen feststellenden Verwaltungsakt des Inhalts, dass diese Fahrerlaubnis den Inhaber nicht zum Führen von Kraftfahrzeugen im Bundesgebiet berechtigt.[657]

623

Ausgeschlossen ist eine Umdeutung nicht nur aus den in § 47 II VwVfG genannten Gründen, sondern auch dann, wenn sich für den Betroffenen eine ungünstigere Rechtsfolge ergibt, als dies bei dem ursprünglichen Verwaltungsakt der Fall war.[658]

624

625

Zusammenfassung: Insgesamt ergeben sich folgende **Grundsätze**:

- Der offensichtlich und schwerwiegend rechtswidrige Verwaltungsakt ist nichtig (§ 44 VwVfG). Er entfaltet keinerlei Rechtswirkungen.

- Im Übrigen ist der rechtswidrige Verwaltungsakt wirksam (§ 43 I, III VwVfG). Er ist aber anfechtbar und aufhebbar.

- Bestimmte Verfahrensfehler sind heilbar (§ 45 VwVfG). Ist eine Heilung erfolgt, ist die Verletzung von Verfahrens- oder Formvorschriften, die nicht den Verwaltungsakt nach § 44 VwVfG nichtig machen, „rückgängig" gemacht.

- Bestimmte Verfahrensfehler sind unbeachtlich, wenn der betreffende Verfahrensfehler offensichtlich die Entscheidung in der Sache nicht beeinflusst hat (§ 46 VwVfG).

- Ein rechtswidriger Verwaltungsakt kann unter bestimmten Voraussetzungen zurückgenommen werden (§ 48 VwVfG).

- Ein rechtswidriger (und auch nichtiger) Verwaltungsakt kann ggf. in einen rechtmäßigen Verwaltungsakt umgedeutet werden (§ 47 VwVfG).

- Ein offenbar unrichtiger Verwaltungsakt kann jederzeit und ohne weiteres berichtigt werden (§ 42 VwVfG).

- Dagegen berührt eine fehlende oder unrichtige Rechtsbehelfsbelehrung die Rechtmäßigkeit des Verwaltungsakts nicht. Sie führt aber zur Verlängerung der Rechtsbehelfsfrist von einem Monat (§§ 70, 74, 58 I VwGO) auf ein Jahr (§ 58 II VwGO).

VI. Die Anfechtbarkeit von Verwaltungsakten

1. Anwendbares Recht

Rechtswidrige Verwaltungsakte sind grundsätzlich wirksam und müssen von jedermann beachtet werden (s.o.). Sie sind aber anfechtbar und aufhebbar. Die Anfechtung von rechtswidrigen Verwaltungsakten ist in verschiedenen Gesetzen geregelt.

626

---

[656] *Kopp/Ramsauer*, VwVfG, § 47 Rn 6.
[657] OVG Saarbrücken DAR 2010, 416.
[658] *Ehlers*, in: Erichsen, AllgVerwR, § 38 Rn 43; *Kopp/Ramsauer*, VwVfG, § 47 Rn 6.

Die wichtigsten und klausurrelevantesten Vorschriften sind die §§ 68 ff. und § 113 I S. 1 VwGO. Darauf beschränken sich die nachfolgenden Ausführungen.

Weitere, in ihren Regelungsbereichen speziellere Vorschriften sind die §§ 347 ff. AO, §§ 33 ff. FGO für den Bereich der Finanzverwaltung, §§ 78 ff., §§ 51 ff. SGG für den Bereich der Sozialversicherung/Sozialhilfe und §§ 23 ff. EGGVG für die sog. Justizverwaltungsakte[659].

2. Der Widerspruch

a. Allgemeines

627   Die Erhebung der Anfechtungsklage gegen einen Verwaltungsakt setzt grundsätzlich voraus, dass zuvor *Rechtmäßigkeit* und *Zweckmäßigkeit* des Verwaltungsakts in einem Vorverfahren nachgeprüft worden sind, § 68 I S. 1 VwGO.[660] Dieses Verfahren wird nach dem vom betroffenen Bürger einzulegenden Rechtsbehelf „Widerspruch" als **Widerspruchsverfahren** bezeichnet. Die Einlegung des Widerspruchs muss binnen eines Monats (bei fehlender Rechtsbehelfsbelehrung binnen eines Jahres) nach Bekanntgabe des Verwaltungsakts erfolgen, vgl. § 70 I, II i.V.m. § 58 II VwGO.

628   Nach seiner Rechtsnatur ist das Widerspruchsverfahren ein Verwaltungsverfahren. Bei seiner *Durchführung* handelt es sich indes um eine besondere Sachentscheidungsvoraussetzung für die Verwaltungsakt-Klagen (Anfechtungs- und Verpflichtungsklage). Daher befindet sich im Bereich des Widerspruchsverfahrens auch der eigentliche Schnittpunkt zwischen der VwGO und dem VwVfG. Die Vorschriften des VwVfG dürfen nur ergänzend, also nur insofern herangezogen werden, als die VwGO (§§ 68 ff.) keine abschließenden Regelungen trifft (vgl. § 79 VwVfG). Nicht zuletzt wegen der komplizierten Subsidiaritätsklausel des VwVfG (vor allem dessen §§ 1 und 2) ist die Harmonisierung der beiden Gesetze zum Teil mit großen Schwierigkeiten verbunden.

629   Hat der betroffene Bürger einen statthaften Widerspruch eingelegt, verläuft die Überprüfung der Rechtmäßigkeit und Zweckmäßigkeit des Verwaltungsakts in der Regel in zwei Phasen:

- Zunächst muss die Behörde, die den Verwaltungsakt erlassen hat (sog. Erlass- oder Ausgangsbehörde), diesen selbst überprüfen. Hilft sie der Beschwer ab, erlässt sie einen **Abhilfebescheid**, durch den der ursprüngliche Verwaltungsakt aufgehoben oder abgeändert wird (§ 72 VwGO). Hilft sie der Beschwer nicht ab, übergibt sie den ganzen Vorgang an die nächsthöhere Behörde (die sog. Widerspruchsbehörde, vgl. § 73 VwGO – sog. Devolutiveffekt), damit diese entscheidet.

- Die Widerspruchsbehörde hat nun den Ausgangsverwaltungsakt unter denselben Gesichtspunkten zu prüfen wie die Ausgangsbehörde. Auch sie kann den ursprünglichen Verwaltungsakt aufheben oder abändern. Sie kann ihn aber auch bestätigen. In beiden Fällen ergeht ein **Widerspruchsbescheid**. Bestätigt dieser Widerspruchsbescheid den ursprünglichen Verwaltungsakt oder vergrößert gar die Beschwer (sog. Verbösserung), kann der Rechtsschutzsuchende entweder den ursprünglichen Verwaltungsakt in der Gestalt, den er durch den Widerspruchsbescheid gefunden hat, anfechten (§ 79 I Nr. 1 VwGO) oder sein Anfechtungsbegehren auf die isolierte Aufhebung des Widerspruchsbescheids konzentrieren (§ 79 II S. 1 VwGO).

---

[659] Vgl. dazu ausführlich *R. Schmidt*, POR, Rn 85 ff.
[660] Zu den (mittlerweile sehr häufigen) Fällen, in denen die Einlegung des Widerspruchs entbehrlich bzw. nicht statthaft ist, vgl. ausführlich *R. Schmidt*, VerwProzR, Rn 223 ff.

b. Aufbau einer Widerspruchsklausur

Die Prüfung eines Widerspruchs kann in zwei Konstellationen auftreten:

630

- In der ersten Konstellation ist noch kein Widerspruchsbescheid ergangen, sei es, dass der Bürger noch keinen Widerspruch eingelegt hat, oder sei es, dass über einen eingelegten Widerspruch noch nicht entschieden ist. In diesem Fall handelt es sich bei der Fallgestaltung um die Prüfung eines Widerspruchsverfahrens in der Gestalt eines *Verwaltungs*verfahrens, bei dem sowohl Rechtmäßigkeit als auch Zweckmäßigkeit des Verwaltungsakts zu prüfen sind.

- In der zweiten Konstellation ist bereits ein Widerspruchsbescheid ergangen, der gerichtlich (lediglich) auf seine Rechtmäßigkeit hin überprüft werden kann. Die Zweckmäßigkeitsprüfung entfällt deshalb, weil das Gericht aufgrund des der Verwaltung eingeräumten Ermessens, in einer dem Zweck der gesetzlichen Ermächtigung entsprechenden Weise Gebrauch zu machen, nur eine Überprüfung der Nichteinhaltung der Ermessensgrenzen, also eine Überprüfung in rechtlicher Hinsicht, vornehmen darf (vgl. § 114 S. 1 VwGO). Handelt es sich um eine gebundene Verwaltungsentscheidung, entfällt schon aus diesem Grund die Zweckmäßigkeitsprüfung.

Steht fest, dass der Widerspruch in der ersten Konstellation zu prüfen ist, geht es ausschließlich darum, **Zulässigkeit und Begründetheit eines Widerspruchs** zu prüfen. Hierzu wird auf *R. Schmidt*, VerwProzR, Rn 1063 ff. nebst Prüfungsschemata verwiesen.

631

3. Die Anfechtungsklage

Wird der Widerspruch zurückgewiesen – oder war die Durchführung des Widerspruchsverfahrens entbehrlich bzw. unstatthaft –, kann der Betroffene binnen eines Monats (bei fehlender – oder nicht schriftlicher – Rechtsbehelfsbelehrung binnen eines Jahres, vgl. §§ 74, 58 VwGO) Anfechtungsklage beim zuständigen Verwaltungsgericht erheben. Im Gegensatz zur Widerspruchsbehörde darf das Verwaltungsgericht lediglich die Rechtmäßigkeit, nicht auch die Zweckmäßigkeit des Verwaltungsakts überprüfen. Kommt es zu dem Ergebnis, dass der Verwaltungsakt rechtswidrig ist und den Kläger in seinen Rechten verletzt, hebt es diesen auf, § 113 I S. 1 VwGO.

632

Ist ein Verwaltungsakt aus materiellen Gründen vom Verwaltungsgericht als rechtswidrig aufgehoben worden, verbietet es die materielle Rechtskraft der gerichtlichen Entscheidung (§ 121 VwGO), den gleichen Verwaltungsakt (aufgrund einer anderen Rechtsgrundlage) erneut zu erlassen.[661]

Die Sachentscheidungsvoraussetzungen und die Voraussetzungen für die Durchführung des Gerichtsverfahrens sind in der VwGO geregelt. Auf Einzelheiten kann im Rahmen dieser Darstellung nicht eingegangen werden. Insoweit wird auf die ausführlichen Erläuterungen bei *R. Schmidt*, VerwProzR, Rn 25 ff. nebst Aufbauschemata verwiesen.

---

[661] Vgl. OVG Koblenz NVwZ 2010, 1109.

VII. Die Nichtigkeit von Verwaltungsakten

1. Einführung

633 Im Abschnitt V dieses Kapitels wurde aufgezeigt, dass auch ein rechtswidriger Verwaltungsakt grundsätzlich wirksam und von jedermann zu beachten ist, solange er nicht durch die Behörde oder das Verwaltungsgericht aufgehoben wird (vgl. § 43 II VwVfG). Leidet der rechtswidrige Verwaltungsakt aber an einem **besonders schwerwiegenden Fehler** und ist dies bei verständiger Würdigung aller in Betracht kommenden Umstände **offensichtlich**, kann die Möglichkeit der Anfechtbarkeit und Aufhebbarkeit dem Rechtsstaatsprinzip nicht genügen. Für diesen Fall sieht das Gesetz (vgl. Spezialgesetze wie § 13 BBG, § 11 BeamtStG oder die allgemeinen Vorschriften der §§ 43 III, 44 VwVfG) die **Unwirksamkeit** (d.h. **Nichtigkeit**) des Verwaltungsakts vor. Dieser entfaltet also keinerlei Rechtswirkungen. Das bedeutet: Der Bürger braucht ihn nicht zu befolgen, die Behörde darf ihn nicht vollziehen bzw. durchsetzen. Eine Heilung ist ausgeschlossen.

2. Nichtigkeitsgründe

634 Nach der Legaldefinition des § 44 I VwVfG ist ein Verwaltungsakt nichtig, wenn er an einem besonders schwerwiegenden Fehler leidet und dies bei verständiger Würdigung aller in Betracht kommenden Umstände offensichtlich ist (s.o.). Maßstab für die Beurteilung der Nichtigkeit ist die Betrachtung eines aufmerksamen und verständigen Durchschnittsmenschen. Da durchaus Zweifel bestehen können, ob ein Verwaltungsakt im konkreten Fall an einem zur Nichtigkeit führenden Fehler leidet, nennt § 44 II VwVfG einige Rechtsverstöße, die stets zur Nichtigkeit des Verwaltungsakts führen (absolute Nichtigkeitsgründe), und § 44 III VwVfG einige Rechtsverstöße, die für sich gesehen nie die Nichtigkeit auslösen. Schließlich enthält § 44 I VwVfG eine Generalklausel. Für die Prüfung des § 44 VwVfG bietet sich daher folgendes Schema an[662]:

635

Nichtigkeit eines Verwaltungsakts
(1) Positivkatalog des § 44 II VwVfG (absolute Nichtigkeitsgründe)
(2) Negativkatalog des § 44 III VwVfG (Gründe, die nicht zur Nichtigkeit führen)
(3) Nur wenn diese Regelungen keine Klärung bringen, werden die allgemeinen Voraussetzungen des § 44 I VwVfG (relative Nichtigkeitsgründe; „Generalklausel") geprüft: a) Liegt ein Fehler vor? b) Ist er schwerwiegend? c) Ist er offensichtlich (d.h. auch für Laien erkennbar)? Denn nur dann ist der Verwaltungsakt nichtig.
(4) Sind nur einzelne Teile eines Verwaltungsakts nichtig („**Teilnichtigkeit**"), führt dies zur Gesamtnichtigkeit, wenn der nichtige Teil so wesentlich ist, dass die Behörde den Verwaltungsakt ohne den nichtigen Teil nicht oder nicht so erlassen hätte (§ 44 IV VwVfG).

a. Absolute Nichtigkeitsgründe des § 44 II VwVfG

636 § 44 II VwVfG nennt einige Rechtsverstöße, die *stets* zur Nichtigkeit des Verwaltungsakts führen (absolute Nichtigkeitsgründe). Ein Verwaltungsakt ist demnach nichtig, wenn er

---

[662] Vgl. auch *Beaucamp*, JA 2007, 704, 705.

(1) **schriftlich oder elektronisch**[663] erlassen worden ist, die **erlassende Behörde aber nicht erkennen lässt**, § 44 II Nr. 1 VwVfG.

Der Grund für die hier angeordnete absolute Nichtigkeit liegt darin, dass der betroffene Bürger nicht weiß, von welcher Behörde der Verwaltungsakt stammt, und er ihn daher auch nicht anfechten kann. Dann soll der Verwaltungsakt auch keinerlei Rechtswirkung entfalten. Ob dieselbe Rechtsfolge gilt, wenn der Amtswalter, der den schriftlichen (oder elektronischen) Verwaltungsakt erlässt, vergisst, das Schriftstück zu unterschreiben und mit seiner Amtsbezeichnung zu versehen, ist unklar.

Beispiel: Der stellvertretende Leiter der Ordnungsbehörde S verschickt an den Gewerbetreibenden G einen Verwaltungsakt mit dem Inhalt, dass G die Gewerbeausübung untersagt wird. Aus Unachtsamkeit vergisst er jedoch, den Brief zu unterschreiben.

Hier hat S die Formvorschrift des § 37 III VwVfG missachtet. Da die fehlende Unterschrift und die fehlende Amtsbezeichnung aber nicht in § 44 II Nr. 1 VwVfG genannt sind, führt dies nicht zur Nichtigkeit des Verwaltungsakts. Der Verwaltungsakt ist aber formell rechtswidrig. Allerdings besteht kein Aufhebungsanspruch, da der Fehler die Sachentscheidung nicht beeinflusst hat (§ 46 VwVfG).

Handeln Bedienstete einer Behörde im Namen einer anderen Behörde, muss aus dem Bescheid hervorgehen, dass die Bediensteten der beauftragten Behörde im Namen der beauftragenden Behörde tätig werden. Allerdings soll nach der Rspr. kein Fall des § 44 VwVfG, sondern nur eine Rechtswidrigkeit vorliegen.[664]

(2) nach einer Rechtsvorschrift nur durch die **Aushändigung einer Urkunde** erlassen werden kann, dieser Form jedoch **nicht** genügt, § 44 II Nr. 2 VwVfG.

Beispiel: So ist dem zum Beamten ernannten Bewerber die Ernennungsurkunde auszuhändigen. Fehlt die Aushändigung dieser Urkunde, ist die Ernennung nichtig (§§ 10 II, 13 I Nr. 1 BBG[665], §§ 8 II, 11 I Nr. 1 BeamtStG, § 44 II Nr. 2 VwVfG). Entsprechendes gilt für die Einbürgerung eines Ausländers (§ 16 StAG).

(3) von einer **örtlich unzuständigen Behörde** (vgl. § 3 I Nr. 1 VwVfG) erlassen worden ist und keine anderweitige Ermächtigung vorliegt, § 44 II Nr. 3 VwVfG.

Beispiel: So ist eine Baugenehmigung, die von einer Gemeinde erteilt wird, wegen Verstoßes gegen die örtliche Zuständigkeit nichtig, wenn sie ein Bauvorhaben betrifft, das sich auf einem Grundstück der Nachbargemeinde befindet.

Zu beachten ist jedoch, dass ein Fehler in der örtlichen Zuständigkeit außerhalb des Regelungsbereichs des § 3 I Nr. 1 VwVfG nicht von der Nichtigkeitsregelung des § 44 II Nr. 3 VwVfG erfasst ist. Auch reicht er allein nicht aus, die Nichtigkeit nach § 44 III Nr. 1 VwVfG zu begründen. Kommen jedoch andere Gründe hinzu (vgl. § 44 III VwVfG: „nicht schon deshalb ..."), kann eine Nichtigkeit nach § 44 I VwVfG vorliegen. Dagegen sind Verstöße gegen die **sachliche** Zuständigkeit von vornherein nach § 44 I VwVfG zu prüfen.

(4) aus **tatsächlichen Gründen von niemandem ausgeführt werden kann**, § 44 II Nr. 4 VwVfG.

Beispiele: So kann eine Bauabrissverfügung, die ein bereits abgerissenes Bauwerk betrifft, aus tatsächlichen Gründen von niemandem ausgeführt werden. Gleiches gilt hinsichtlich des Baus einer durch Planfeststellung vorgeschriebenen Talbrücke, wenn sich im betroffenen Bereich gar kein Tal befindet. Solche Anordnungen sind nach § 44 II Nr. 4 VwVfG nichtig.

---

[663] Zum elektronischen Verwaltungsakt vgl. Rn 479, 481.
[664] OVG Lüneburg NVwZ 2009, 670.
[665] Ausnahme: § 13 II Nr. 1 BBG.

Zu beachten ist, dass die **rechtliche** Unmöglichkeit **nicht** von § 44 II VwVfG erfasst ist. Eine Nichtigkeit kann hier nur unter den Voraussetzungen des **§ 44 I VwVfG** angenommen werden.[666] Dazu muss ein **besonders schwerwiegender Fehler** feststellbar und dieser Fehler muss **offensichtlich** sein. Vgl. dazu die Ausführungen zu § 44 I VwVfG sogleich.

(5) die Begehung einer **Straftat oder Ordnungswidrigkeit** verlangt, § 44 II Nr. 5 VwVfG.

> **Beispiel:** Führt das Befolgen der Aufforderung eines Beamten der Ordnungsbehörde, entgegen dem (vermeintlichen) Willen des Wohnungsinhabers in dessen Wohnung einzudringen, zum Tatbestand des § 123 StGB (= Straftat), ist die Aufforderung nach § 44 II Nr. 5 VwVfG nichtig. Indes ist der umgekehrte Fall (Behörde erlaubt ein gesetzlich verbotenes Verhalten) nicht von § 44 II Nr. 5 VwVfG erfasst. Zur Frage, ob dann § 44 I VwVfG greift, vgl. Rn 639.

(6) **gegen die guten Sitten verstößt**, § 44 II Nr. 6 VwVfG.

> **Beispiel:** So verstößt die Erteilung einer Erlaubnis zum Betreiben einer Live-Peepshow nach der (antiquierten) Rspr. des BVerwG (E 84, 314) nicht nur gegen § 33a II Nr. 2 GewO mit der Folge der Rechtswidrigkeit, sondern ist sogar nach § 44 II Nr. 6 VwVfG nichtig. Da die Erlaubnis somit wirkungslos sei, brauche sie von der Behörde nicht gesondert zurückgenommen zu werden. Vielmehr könne die Behörde die Fortsetzung des Betriebs unmittelbar nach § 15 II GewO untersagen, weil die Live-Peepshow ohne die nach § 33a GewO erforderliche Erlaubnis betrieben werde.
>
> Ob diese Rechtsprechung mit Blick auf den gesellschaftlichen Wandel und das am 1.1.2002 in Kraft getretene Prostitutionsgesetz, wonach die Prostitution nicht mehr sittenwidrig ist, noch Geltung beanspruchen kann, darf bezweifelt werden.

b. Ausschlusstatbestände des § 44 III VwVfG

637 Anders als die in § 44 II VwVfG genannten Gründe reichen die in § 44 III VwVfG aufgeführten Fehler **allein** nicht zur Annahme der Nichtigkeit aus. Das folgt aus der Formulierung „nicht schon deshalb nichtig, weil ...". Kommen jedoch andere Gesichtspunkte hinzu, kann eine Nichtigkeit nach § 44 I VwVfG vorliegen.

c. Generalklausel des § 44 I VwVfG

638 Aus den vorstehenden Erläuterungen folgt, dass die **Generalklausel** des § 44 I VwVfG nur bei solchen Fehlern anwendbar ist, die nicht in § 44 II VwVfG ausdrücklich erwähnt sind. Nach § 44 I VwVfG ist ein Verwaltungsakt nichtig, wenn er an einem **besonders schwerwiegenden Fehler** leidet und dies **offensichtlich** ist.

639 Ein Verwaltungsakt leidet an einem **besonders schwerwiegenden Fehler**, wenn er gegen tragende Verfassungsprinzipien verstößt oder den der Rechtsordnung immanenten Wertvorstellungen so sehr widerspricht, dass es unerträglich wäre, wenn er die mit ihm bezweckten Rechtswirkungen hätte.[667]

> **Beispiele/Gegenbeispiele:** Besonders schwerwiegend (und offensichtlich) sind das Fehlen der Verbandskompetenz (statt des Landes erteilt die Gemeinde eine Genehmigung zum Betrieb einer Spielbank) und ein Verstoß gegen zwingende gesetzliche Verbote. Eine Missachtung von Formvorschriften (etwa die Schriftform) führt nur dann zur Nichtigkeit, wenn das Formerfordernis zwingend vorgeschrieben ist und den materiellen Gehalt des Verwaltungsakts absichern soll. Dient die Formvorschrift lediglich Ord-

---

[666] So nun auch *Peine*, AL 2013, 271, 277.
[667] Vgl. BVerwG DVBl 1992, 568, 569; NVwZ 1998, 1061, 1062; NVwZ 2000, 1039 f.; VGH Mannheim NVwZ-RR 2005, 137, 138; OVG Koblenz NVwZ 1999, 198 f.; *Kopp/Ramsauer*, VwVfG, § 44 Rn 8; *Beaucamp*, JA 2007, 704, 706.

nungs- oder Beweiszwecken, ist die Nichtigkeitsfolge abzulehnen. Nicht nichtig, sondern bloß formell rechtswidrig ist auch ein Verwaltungsakt, wenn lediglich die Unterschrift und die Amtsbezeichnung fehlen, denn ansonsten würde der Fehler, der nicht unter § 44 II Nr. 1 VwVfG subsumiert werden kann, doch noch von der Nichtigkeitsfolge erfasst (str.). Auch eine fehlende Begründung macht den Verwaltungsakt nicht nichtig. Überhaupt führen Fehler, die gem. § 45 VwVfG geheilt werden können, oder die gem. § 46 VwVfG unbeachtlich sind, nicht zur Nichtigkeit. Nichtig ist aber ein Verwaltungsakt, der inhaltlich zu unbestimmt ist (dazu den Anwendungsfall sogleich). Auch wenn der Verwaltungsakt eine widersprüchliche Regelung enthält, ist er nach § 44 I VwVfG nichtig. Dagegen führt ein Verstoß gegen EU-Recht nicht automatisch zur Nichtigkeit nach § 44 I VwVfG.[668]

Offensichtlich ist der Fehler, wenn er für einen mit den Gesamtumständen vertrauten, verständigen Beobachter ohne weiteres ersichtlich ist, d.h. sich geradezu aufdrängt.[669] **640**

> **Beispiel/Gegenbeispiel:** Offensichtlich ist der Fehler, wenn er sich von einem verständigen Beobachter ohne juristische und sonstige Fachkenntnisse feststellen lässt (dem Verwaltungsakt muss der Fehler **„auf der Stirn" geschrieben stehen**). Dagegen liegt i.d.R. keine Offensichtlichkeit vor, wenn zur Feststellung der Rechtswidrigkeit des Verwaltungsakts genauere Prüfungen erforderlich sind.

Anwendungsfall: G ist Inhaber einer Gaststätte. Nachdem beim zuständigen Ordnungsamt einige Beschwerden von erbosten Nachbarn über zugeparkte Grundstückseinfahrten eingegangen sind, erlässt dieses gegenüber G einen Bescheid mit dem Inhalt, er habe Vorsorge zu treffen, dass von seinen Gästen auf der Verkehrsfläche unmittelbar vor der Gaststätte keine Fahrzeuge verkehrswidrig abgestellt werden. G ist der Ansicht, bei dieser Aufforderung könne es sich nur um einen schlechten Scherz handeln. Zudem solle die Behörde schon konkret sagen, was sie von ihm wolle. So jedenfalls fühle er sich nicht gehalten, irgendetwas zu unternehmen. **640a**

In Betracht kommt eine **Nichtigkeit** der Verfügung nach **§ 44 I VwVfG**. Danach ist ein Verwaltungsakt nichtig, wenn er an einem besonders schwerwiegenden Fehler leidet und dies offensichtlich ist. Fraglich ist, ob die an G gerichtete Aufforderung diese Voraussetzungen erfüllt.

Ein Verwaltungsakt leidet an einem **besonders schwerwiegenden Fehler**, wenn er gegen tragende Verfassungsprinzipien verstößt oder den der Rechtsordnung immanenten Wertvorstellungen so sehr widerspricht, dass es unerträglich wäre, wenn er die mit ihm bezweckten Rechtswirkungen hätte.

Der fragliche Bescheid legt dem G keine exakte Handlungspflicht auf. Vielmehr habe er „Vorsorge zu treffen, dass ...". Durch diese Formulierung wird nicht deutlich, ob G überhaupt einen Erfolg herbeiführen soll oder ob das schlichte Bemühen um den Erfolg genügt. Selbst wenn man in der Formulierung die Verpflichtung zur Herbeiführung eines Erfolgs sieht, ist nicht erkennbar, auf welche Weise und mit welchen Mitteln G den Erfolg herbeiführen soll. So ist bspw. fraglich, ob das Anbringen von Hinweisschildern genügt oder ob die Schaffung eines eigenen Parkplatzes erforderlich ist. Die Behörde darf – will sie nicht gegen den verfassungsrechtlich garantierten Bestimmtheitsgrundsatz verstoßen – solche Fragen nicht offenlassen.

Indem also das Ordnungsamt den Bescheid zu unbestimmt formuliert hat, hat es gegen den Bestimmtheitsgrundsatz und damit gegen ein tragendes Verfassungsprinzip verstoßen. Der Fehler ist daher besonders schwerwiegend i.S.d. § 44 I VwVfG. Da er im Übrigen auch für einen mit den Gesamtumständen vertrauten, verständigen Beobachter ohne weiteres ersichtlich ist, d.h. sich geradezu aufdrängt, ist er auch **offensichtlich**. Somit ist im Er-

---

[668] BVerwGE 104, 289, 295; BVerwG NVwZ 2000, 1039 f.
[669] Vgl. BVerwG NJW 1985, 2658; *Kopp/Ramsauer*, VwVfG, § 44 Rn 12/13; *Schiedeck*, JA 1994, 483, 484; weitergehend OVG Münster NVwZ 1986, 580, 581.

gebnis eine Nichtigkeit nach § 44 I VwVfG anzunehmen. G braucht die Anordnung nicht zu befolgen. Um jedoch Zwangsmaßnahmen zu verhindern, ist ihm zu empfehlen, vorsorglich Anfechtungswiderspruch einzulegen, da dieser im vorliegenden Fall aufschiebende Wirkung entfaltet (dazu sogleich).

> **Hinweis für die Fallbearbeitung:** Bei der Nichtigkeitsprüfung im Rahmen des § 44 I VwVfG bietet sich die Vergleichsfalltechnik an: Der gefundene Fehler wird mit den in § 44 II und III aufgelisteten Fehlern verglichen und es wird abgewogen, ob er die erforderliche Schwere aufweist. Wenn dies nicht angenommen werden kann, ist er schon nicht offensichtlich und die Schwere des Fehlers kann auch offengelassen werden.

d. Teilnichtigkeit nach § 44 IV VwVfG

641 Sind nur einzelne Teile eines Verwaltungsakts nichtig („**Teilnichtigkeit**"), führt dies zur Gesamtnichtigkeit, wenn der nichtige Teil so wesentlich ist, dass die Behörde den Verwaltungsakt ohne den nichtigen Teil nicht oder nicht so erlassen hätte (§ 44 IV VwVfG). Umgekehrt bedeutet dies, dass der Verwaltungsakt im Übrigen wirksam bleibt, wenn der nichtige Teil nicht so wesentlich ist, dass die Behörde den Verwaltungsakt ohne den nichtigen Teil nicht oder nicht so erlassen hätte. Das setzt freilich voraus, dass die Nichtigkeit überhaupt nur einen materiell abtrennbaren Teil des Verwaltungsakts erfasst; es muss also ein **teilbarer Verwaltungsakt** vorliegen.

Beispiele: Ist ein Verwaltungsakt (etwa eine Baugenehmigung oder ein Subventionsbescheid) mit einer Nebenbestimmung in Form einer Auflage versehen, gilt im Grundsatz, dass Verwaltungsakt und Nebenbestimmung voneinander trennbar sind (weshalb auch eine isolierte Anfechtung oder Feststellung der Nichtigkeit der Auflage möglich ist, vgl. Rn 816 ff.). Ob der Verwaltungsakt nach erfolgter isolierter Anfechtung bzw. Nichtigkeitsfeststellung der Auflage wirksam bleibt, hängt davon ab, ob die Regelung sinnvoller- und rechtmäßigerweise bestehen bleiben kann (vgl. Rn 825).

Dasselbe gilt hinsichtlich einer Ordnungsverfügung, die z.B. drei Gebote enthält, von denen eins nichtig ist. Auch hier bleiben die verbleibenden Gebote wirksam, sofern sie ohne das nichtige Gebot sinnvoller- und rechtmäßigerweise bestehen bleiben können.

Gegenbeispiele: Ist eine Genehmigung unwirksam, kann eine an sich wirksame Nebenbestimmung (in Form einer Auflage, Bedingung oder Befristung) selbstverständlich nicht bestehen bleiben, weil ihr Bezugspunkt fehlt. Ist umgekehrt eine Nebenbestimmung in Form einer Bedingung oder Befristung unwirksam, hilft es nicht, wenn der Verwaltungsakt im Übrigen in Ordnung wäre, weil Verwaltungsakt und Bedingung bzw. Befristung nicht teilbar sind.

> **Hinweis für die Fallbearbeitung:** Letztlich sind die Fragen nach der Teilbarkeit und der Teilnichtigkeit bzw. Gesamtnichtigkeit stets Fragen des Einzelfalls. Es ist stets danach zu fragen, ob der verbleibende Teil sinnvoller- und rechtmäßigerweise bestehen bleiben kann, was anhand der Sachverhaltsangaben zu ermitteln ist.

3. Nichtigkeitsfeststellungsklage

642 Der nichtige Verwaltungsakt ist – wie bereits gesagt – unwirksam. Er entfaltet keinerlei Rechtswirkungen und braucht von niemandem beachtet zu werden. Die Behörde darf ihn nicht vollstrecken, der betroffene Bürger braucht ihn nicht anzufechten. Allerdings ist zu beachten, dass speziell im Fall des § 44 I VwVfG zwischen der Behörde, dem Gericht und dem Betroffenen Meinungsverschiedenheiten über die Nichtigkeit eines Verwaltungsakts bestehen können. So muss ein Bürger, der im Gegensatz zur Behörde der Auffassung ist, dass der ihn belastende Verwaltungsakt nichtig sei, Nichtigkeitsfeststellungsklage beim Verwaltungsgericht erheben (vgl. § 43 I Var. 2 VwGO). Die Nichtigkeitsfeststellungsklage hat im Vergleich zur Anfechtungsklage auch zwei Vorteile: Sie erfordert nicht die Durchführung eines Vorverfahrens (Widerspruchsverfahrens) und ist – bis auf den Verwirkungsgedanken – nicht an eine Klagefrist gebunden. Die Nichtigkeitsfeststellungsklage hat gegenüber der Anfechtungsklage aber auch zwei Nachteile: Zum einen weist das Verwaltungsgericht die Klage ab, wenn der Verwaltungsakt nicht nichtig, sondern „nur" rechtswidrig ist[670] (aus dem Umkehrschluss aus § 43 III VwVfG ergibt sich, dass der schlichte rechtswidrige Verwaltungsakt wirksam ist und daher nicht Gegenstand einer Nichtigkeitsfeststellungsklage sein kann). Zum anderen hat die Nichtigkeitsfeststellungsklage den Nachteil, dass mit ihr keine aufschiebende Wirkung verbunden ist. Die Behörde kann also den nach ihrer Meinung rechtmäßigen Verwaltungsakt nach wie vor vollziehen bzw. vollstrecken. Einstweiligen Rechtsschutz bieten daher nur die fristgerechte Einlegung eines Widerspruchs bzw. Erhebung der Anfechtungsklage, die gem. § 80 I VwGO aufschiebende Wirkung entfalten.

643 Erhebt ein Bürger nach Ablauf der Anfechtungsfrist Nichtigkeitsfeststellungsklage und kommt das Gericht zu dem Ergebnis, dass der Verwaltungsakt zwar rechtswidrig, aber nicht nichtig sei, weist das Gericht die Klage nicht nur ab, sondern der Verwaltungsakt ist auch zur (formellen) Bestandskraft erwachsen und unterliegt keiner Anfechtung mehr. Daher ist es zweckmäßig, dass der betroffene Bürger den **vermeintlich nichtigen Verwaltungsakt vorsorglich fristgemäß anficht**.

---

[670] Dies ist besonderes misslich, wenn zu diesem Zeitpunkt die Anfechtungsfrist der §§ 70, 74 VwGO (Monatsfrist) abgelaufen ist und der Betroffene daher keine Möglichkeit mehr hat, Widerspruch oder Anfechtungsklage zu erheben. Vgl. dazu auch die bei Rn 643 dargestellte Konstellation, dass bereits im Zeitpunkt der Erhebung der Nichtigkeitsfeststellungsklage die Anfechtungsfrist verstrichen ist.

VIII. Rücknahme und Widerruf von Verwaltungsakten

1. Allgemeines

a. Grund für die Aufhebung von Verwaltungsakten

644 Im Grundsatz gilt, dass Verwaltungsakte nach Eintritt der Bestandskraft, die insbesondere nach Ablauf der Anfechtungsfrist vorliegen kann, nicht mehr in Frage gestellt werden sollen. Unter bestimmten Voraussetzungen hat der Gesetzgeber der Verwaltung jedoch die Möglichkeit eingeräumt, solche Verwaltungsakte, die insbesondere unter Verstoß gegen die Rechtsordnung erlassen worden sind, auch dann noch aufzuheben, wenn Bestandskraft eingetreten ist, die Verwaltungsakte also eigentlich nicht mehr (gerichtlich) aufgehoben werden könnten. Das betrifft sowohl belastende als auch begünstigende Verwaltungsakte und dient dem Prinzip der **Gesetzmäßigkeit der Verwaltung**. Da auf der anderen Seite jedoch auch **Rechtssicherheit** und **Vertrauensschutz** der betroffenen Bürger in den Bestand von Staatsakten von Verfassungsrang sind, hat der Gesetzgeber insgesamt differenzierte Regelungen geschaffen, die den genannten Aspekten Rechnung tragen (sollen).

645 Begrifflich bildet die **Aufhebung** den Oberbegriff. Sie ist jede Beseitigung der Wirksamkeit eines Verwaltungsakts durch einen bestimmten *actus contrarius* (= Gegenakt). Bezieht sich die Aufhebung auf einen **rechtswidrigen** Verwaltungsakt, spricht das Gesetz in § 48 VwVfG (zu den Spezialregelungen vgl. sogleich) von **Rücknahme**. Soll demgegenüber ein **rechtmäßiger** Verwaltungsakt aufgehoben werden, ist der in § 49 VwVfG (und den Spezialregelungen) genannte Begriff des **Widerrufs** zugrunde zu legen.

> **Beispiel:** A wird unter Missachtung der in Art. 107 f. AEUV normierten Notifikationspflicht eine Subvention gewährt. Die Subventionierung ist daher rechtswidrig. Hier kann die Behörde den Bewilligungsbescheid gem. § 48 I, II-IV VwVfG *zurücknehmen*. Handelt es sich demgegenüber um eine nicht gegen geltendes Recht verstoßende Subvention, die mit einer bestimmten Auflage verbunden war, und erfüllt A diese Auflage nicht, kann die Behörde den Bewilligungsbescheid gem. § 49 II Nr. 2 VwVfG *widerrufen*.

646
> **Achtung:** Der hier verwendete Begriff der Aufhebung darf nicht mit demjenigen verwechselt bzw. gleichgestellt werden, der im Rahmen des § 113 I S. 1 VwGO verwendet wird. Dort geht es um die Aufhebung eines rechtswidrigen Verwaltungsakts
>
> 1. durch ein Gericht, das
> 2. über einen noch nicht bestandskräftigen Verwaltungsakt entscheidet.
>
> Vorliegend geht es um die Aufhebung von Verwaltungsakten durch die Behörden. Es handelt sich also um völlig verschiedene Rechtsinstitute.

b. Vorrang von Spezialregelungen

647 Rücknahme und Widerruf werden in den §§ 48 f. VwVfG sowie in etlichen Spezialgesetzen geregelt. Bevor daher als Rechtsgrundlage für die Aufhebung eines Verwaltungsakts die §§ 48 ff. VwVfG (bzw. die Vorschriften der Landesverwaltungsverfahrensgesetze) herangezogen werden, ist stets zu bedenken, dass wegen der grundsätzlichen Subsidiarität der VwVfGe **Spezialregelungen** in anderen Gesetzen auch in diesem Bereich **vorgehen**.[671]

---

[671] Vgl. BVerwG NJW 2000, 1512; VGH München NVwZ 2001, 931; *Neumann*, NVwZ 2000, 1244, 1250.

- Eine Spezialregelung findet sich beispielsweise in § 15 I GastG[672] (Rücknahme der Gaststättenerlaubnis, wenn bereits bei Erteilung der Erlaubnis Versagungsgründe nach § 4 I S. 1 Nr. 1 GastG vorlagen). Liegen dessen Voraussetzungen vor, *muss* die Behörde die Gaststättenerlaubnis zurücknehmen. Die Ermessensvorschrift des § 48 VwVfG tritt zurück. Ist die Erlaubnis dagegen aus anderen Gründen rechtswidrig, steht die Rücknahme nach § 48 VwVfG im Ermessen der Behörde.

- § 15 II, III GastG (Widerruf der Gaststättenerlaubnis, wenn nachträglich Tatsachen eintreten, die die Versagung der Erlaubnis nach § 4 I S. 1 Nr. 1 GastG rechtfertigen würden bzw. wenn eine der in § 15 III GastG genannten Nrn. einschlägig ist) ist dagegen stets abschließend und verdrängt § 49 VwVfG vollständig[673].

- Darüber hinaus stellt § 21 BImSchG (Widerruf einer Anlagengenehmigung) eine § 49 VwVfG insoweit völlig verdrängende Spezialvorschrift dar.

- Weitere abschließende Sondervorschriften sind § 17 II, III AtomG für die Rücknahme und den Widerruf atomrechtlicher Genehmigungen, § 10 BtMG für die Rücknahme und den Widerruf betäubungsmittelrechtlicher Genehmigungen, § 45 WaffG für die Rücknahme und den Widerruf waffenrechtlicher Erlaubnisse oder Zulassungen, § 3 I StVG für die Entziehung der Fahrerlaubnis und § 14 BBG, § 12 BeamtStG hinsichtlich der Rücknahme beamtenrechtlicher Ernennungen. Auch richtet sich die Aufhebung von Steuerverwaltungsakten nach den §§ 130-132, 172-177 AO (die bereits nach § 2 II Nr. 1 VwVfG dem VwVfG vorgehen). Die Aufhebung von Verwaltungsakten des Sozialrechts ist in den §§ 44-50 SGB X geregelt (auch hier gilt die Subsidiarität des VwVfG, allerdings gem. § 2 II Nr. 4 VwVfG). Hinsichtlich des Asylverfahrens gilt § 73 AsylVfG, allerdings nicht abschließend, sodass ergänzend (etwa bzgl. der Frist) auf §§ 48, 49 VwVfG zurückgegriffen werden kann.[674] Hingegen sind die Aufhebungsvorschriften der Landesbauordnungen fast durchweg gestrichen worden, sodass in diesem Bereich die §§ 48 ff. VwVfG wieder greifen.

- Für den Bereich des EU-Rechts gilt, dass die Rücknahme unionsrechtswidriger Verwaltungsakte wegen des Fehlens entsprechender unionsrechtlicher Vorschriften im Grundsatz (noch) nach nationalem Recht zu beurteilen ist.[675] Sollte es zu einer Harmonisierung der Rücknahme unionsrechtswidriger Verwaltungsakte kommen, würden die entsprechenden Vorschriften des EU-Rechts die Anwendung der nationalen Rücknahmevorschriften sperren (sog. Anwendungsvorrang des EU-Rechts).

648

Rücknahme und Widerruf können den Verwaltungsakt ganz erfassen oder sich nur auf einen Teil beziehen. Im zweiten Fall spricht man von **Teilaufhebung**.

Beispiel: B wird eine Subvention in Höhe von 500.000,- € gewährt. Nach Auszahlung stellt die Behörde fest, dass die EU-Kommission nur Subventionen in Höhe von 400.000,- € genehmigt hatte. Hier kann (und muss) die Behörde den Bewilligungsbescheid bezüglich des Teilbetrags in Höhe von 100.000,- € zurücknehmen.

649

Zusammenfassend lässt sich feststellen: Kommt ersichtlich keine Sonderregelung in Betracht oder regelt diese den Sachverhalt nicht abschließend, muss subsidiär (insbesondere im Bereich des Ermessens, der Fristen und des Vertrauensschutzes) auf die §§ 48 ff. VwVfG zurückgegriffen werden. § 48 VwVfG regelt die Aufhebung eines rechtswidrigen Verwaltungsakts, § 49 VwVfG die eines rechtmäßigen Verwaltungsakts.

650

Hinweis für die Fallbearbeitung: In einer Prüfungsarbeit empfiehlt es sich, dass zunächst *gedanklich* geklärt wird, ob ein *rechtmäßiger* oder ein *rechtswidriger* Ver-

---

[672] Zum GastG nach der Föderalismusreform 2006 vgl. bereits Fußnote 15.
[673] Vgl. bereits die 1. Aufl. 1997; wie hier nun auch *Schoberth*, JuS 2011, 730, 731.
[674] Vgl. dazu BVerwG NVwZ 2006, 707 ff. sowie *Kopp/Ramsauer*, VwVfG, § 48 Rn 40.
[675] Vgl. EuGH NVwZ 2004, 459; BVerwGE 74, 357, 360.

waltungsakt aufgehoben wird, bevor eine einschlägige spezialgesetzliche Rechtsgrundlage für die Aufhebung gesucht wird, da diese nur entweder § 48 *oder* § 49 VwVfG, nicht jedoch beide verdrängen kann. Sodann wird die im Ergebnis einschlägige Vorschrift als Rechtsgrundlage herangezogen und die Rechtmäßigkeit oder Rechtswidrigkeit des aufzuhebenden Verwaltungsakts dann im Rahmen der Tatbestandsvoraussetzungen der Aufhebungsnorm - also inzident - geprüft. Bei dieser inzidenten Prüfung des ursprünglichen Verwaltungsakts sind dessen sämtliche formellen und materiellen Rechtmäßigkeitsvoraussetzungen, insbesondere der in der Leistungsverwaltung problematische eingeschränkte Gesetzesvorbehalt, zu prüfen.

In einem weiteren Schritt sind die übrigen (der Aufhebungsnorm und subsidiär den allgemeinen Vorschriften der §§ 48 ff. VwVfG zu entnehmenden) Rücknahme-/Widerrufsvoraussetzungen zu prüfen. Die Frage, ob und wieweit eine spezialgesetzliche Aufhebungsvorschrift einen Rückgriff auf die §§ 48 ff. VwVfG (bzw. Teile derselben) zulässt, muss methodisch durch Auslegung gelöst werden, indem untersucht wird, ob das einschlägige Spezialgesetz eine *erschöpfende* Regelung einer bestimmten Materie darstellt. Regelt das Spezialgesetz ausdrücklich nur Teile des Sachgebiets und ist dieses Spezialgesetz gegenüber dem VwVfG früher erlassen worden, wird ein Rückgriff auf die §§ 48 ff. VwVfG bezüglich offener Teilfragen regelmäßig zulässig sein. Diese offenen Teilfragen sind insbesondere Ermessen, Fristen und Vertrauensschutz (siehe die nachfolgenden Ausführungen). Schließlich sind der Vertrauensschutz und das Aufhebungsermessen zu prüfen.

c. Widerruf eines rechtswidrigen Verwaltungsakts?

651 Oben wurde gesagt, dass die Aufhebung den Oberbegriff darstelle und dass es sich terminologisch bei der Aufhebung eines rechtswidrigen Verwaltungsakts um eine Rücknahme (§ 48 VwVfG) und bei der Aufhebung eines rechtmäßigen Verwaltungsakts um einen Widerruf (§ 49 VwVfG) handele. Jedoch setzt § 49 VwVfG nicht zwingend voraus, dass es sich bei dem aufzuhebenden Verwaltungsakt um einen rechtmäßigen Verwaltungsakt handelt. Auch ein rechtswidriger Verwaltungsakt kann gem. § 49 VwVfG aufgehoben werden. Das ist folgerichtig, wenn man bedenkt, dass die Aufhebung eines rechtswidrigen Verwaltungsakts unter weiteren, in § 48 VwVfG genannten Voraussetzungen zulässig ist. § 48 VwVfG stellt also lediglich eine weiter gefasste Möglichkeit der Aufhebung dar. Es besteht ein Erst-recht-Schluss: Wenn schon rechtmäßige Verwaltungsakte unter den Voraussetzungen des § 49 II VwVfG aufgehoben werden können, dann gilt dies erst recht für rechtswidrige Verwaltungsakte.[676]

Beispiel: Die Stadt B erteilt der Eiskrem GmbH die Sondernutzungserlaubnis, im stadteigenen Park Eiskrem zu verkaufen. Mit der Erlaubnis verbindet sie die Auflage, dass in der näheren Umgebung eine angemessene Zahl von Abfallbehältern aufgestellt werden müsse. Kommt die Eiskrem GmbH dieser Auflage nicht nach, kann B die Sondernutzungserlaubnis gem. § 49 II Nr. 2 VwVfG aufheben, auch wenn die Sondernutzungserlaubnis rechtswidrig sein sollte. Mit dieser Möglichkeit kann die oft schwierige Prüfung, ob tatsächlich eine Rechtswidrigkeit gegeben ist und ob die strengen Rücknahmevoraussetzungen des § 48 VwVfG vorliegen, dahinstehen.

d. Verwaltungsakte mit Doppelwirkung

652 Problematisch ist die Aufhebbarkeit eines Verwaltungsakts, der für **dieselbe** Person **zugleich belastend und begünstigend** wirkt (= Verwaltungsakt mit Doppelwirkung i.S.e. Mischwirkung[677]). Nur wenn belastender und begünstigender Teil vonei-

---

[676] Vgl. nunmehr auch *Kiefer*, NVwZ 2013, 1258, 1260.
[677] Vgl. dazu Rn 360.

nander trennbar sind[678], kommt eine isolierte Aufhebung nach den jeweiligen Regeln für belastende (§ 48 I S. 1 VwVfG) und begünstigende (§ 48 I S. 1, S. 2, II-IV VwVfG) Verwaltungsakte in Betracht. Ist der Verwaltungsakt dagegen unteilbar, ist er insgesamt nur nach den Regeln für begünstigende Verwaltungsakte aufhebbar.[679]

Auf den ersten Blick schwierig gestaltet sich auch die rechtliche Behandlung der Aufhebbarkeit eines Verwaltungsakts, der für eine Person **belastend** und für eine andere **begünstigend** wirkt (= Verwaltungsakt mit Doppelwirkung i.S.e. Drittwirkung[680]). Es sind zwei Konstellationen voneinander zu unterscheiden: **653**

- Der aufzuhebende Verwaltungsakt **begünstigt den Adressaten** und **belastet** (faktisch) **einen Dritten** (= begünstigender Verwaltungsakt mit belastender Drittwirkung).

  Beispiel: Bauherrn B wird eine Baugenehmigung zum Bau einer Grenzgarage erteilt. Diese Baugenehmigung begünstigt B und belastet den Nachbarn, der die Grenzgarage nach Fertigstellung dulden muss. Die Behörde möchte nun die Baugenehmigung aufheben, weil sie meint, diese verstoße gegen nachbarschützende Vorschriften und sei deswegen rechtswidrig.

- Der aufzuhebende Verwaltungsakt **belastet den Adressaten** und **begünstigt** (faktisch) **einen Dritten** (= belastender Verwaltungsakt mit begünstigender Drittwirkung).

  Beispiel: Bauherrn B wird eine Verfügung zugestellt mit dem Inhalt, er habe die von ihm ohne Genehmigung errichtete Grenzgarage zu beseitigen. Diese sog. Bauabrissverfügung belastet B und begünstigt den Nachbarn, der nach erfolgtem Abriss nicht mehr die Grenzgarage dulden muss. Die Behörde möchte nun die Abrissverfügung aufheben, weil sie meint, die Garage sei genehmigungsfähig und B könne durch Stellen eines Bauantrags den illegalen Zustand beseitigen.

Betrachtet man den **Empfängerhorizont** als maßgeblich, entscheidet die Sicht des Adressaten des Aufhebungsbescheids. Wirkt der Aufhebungsbescheid für diesen belastend (weil der Aufhebungsbescheid einen begünstigenden Verwaltungsakt aufhebt), richtet sich die Zulässigkeit der Aufhebung nach den Vorschriften über die Aufhebung begünstigender Verwaltungsakte. Wirkt der Aufhebungsbescheid für ihn indes begünstigend (weil der Aufhebungsbescheid einen belastenden Verwaltungsakt aufhebt), richtet sich die Zulässigkeit der Aufhebung nach den Vorschriften über die Aufhebung belastender Verwaltungsakte. **654**

In den beiden **Beispielen** ist jeweils B Adressat des Aufhebungsbescheids. Im ersten Fall wirkt die Aufhebung für ihn belastend, sodass die Aufhebung nur unter den Voraussetzungen des § 48 I S. 1, S. 2, II-IV VwVfG zulässig ist. Im zweiten Fall gilt das Gegenteil, sodass sich die Zulässigkeit der Aufhebung nach § 48 S. 1 VwVfG richtet.

e. Aufhebung, um eine noch größere Belastung herbeizuführen

Wird ein fehlerhafter belastender Verwaltungsakt deshalb aufgehoben, weil die Behörde einen neuen, **den Betroffenen noch stärker belastenden Verwaltungsakt erlassen möchte**, könnte sich die Aufhebung nach den Regeln über die Aufhebung begünstigender Verwaltungsakte richten, da der aufzuhebende Verwaltungsakt im Vergleich zum neuen Verwaltungsakt für den Betroffenen „begünstigend" wirkt. Dies wird von der Rechtsprechung des BVerwG zumindest dann angenommen, wenn der Betroffene darauf vertrauen durfte, es würde bei dieser (geringeren) Belastung **655**

---

[678] Bei der Frage der Teilbarkeit kann auf die Grundsätze zu den Nebenbestimmungen zurückgegriffen werden, vgl. Rn 401/784 ff.
[679] *Kopp/Ramsauer*, VwVfG, § 48 Rn 68.
[680] Vgl. dazu Rn 360.

bleiben.[681] Nur wenn dies nicht der Fall ist, richtet sich die Aufhebung nach den Regeln über die Aufhebung belastender Verwaltungsakte. Hebt die Behörde umgekehrt einen begünstigenden Verwaltungsakt auf, um einen neuen Verwaltungsakt zu erlassen, der für den Betroffenen noch günstiger ist, richtet sich die Zulässigkeit folgerichtig nach den Vorschriften über die Aufhebung belastender Verwaltungsakte.[682]

f. Aufhebung bei unwirksamer Rechtsgrundlage?

656 Fraglich ist schließlich, wie zu verfahren ist, wenn die **gesetzliche Rechtsgrundlage**, auf deren Grundlage der aufzuhebende Verwaltungsakt erging, von einem dafür zuständigen Gericht (BVerfG oder einem Landesverfassungsgericht bei formellem Gesetz; einem OVG bei einer landesrechtlichen Rechtsverordnung oder Satzung) für **nichtig** bzw. **ungültig** erklärt wurde. Die Frage geht dahin, ob der Verwaltungsakt überhaupt noch aufgehoben werden kann oder ob er wegen Fehlens einer Rechtsgrundlage nicht bereits nichtig ist. Berücksichtigt man den Umstand, dass rechtswidrige Normen von sich heraus nichtig sind, wird klar, dass gerichtliche Entscheidungen, die diese Rechtswidrigkeit feststellen, lediglich deklaratorisch wirken. Sie stellen lediglich das fest, was ohnehin gilt: die Rechtswidrigkeit und damit Nichtigkeit des Gesetzes von Anfang an. Das heißt jedoch noch nicht, dass auch der auf dem rechtswidrigen und damit nichtigen Gesetz beruhende Verwaltungsakt ebenfalls bereits im Zeitpunkt seines Erlasses nichtig wäre. Denn wie sich aus §§ 79 II BVerfGG, 183 VwGO, 47 V S. 3 i.V.m. 183 VwGO ergibt, ist ein Verwaltungsakt, der auf keiner bzw. keiner rechtswirksamen gesetzlichen Grundlage basiert, nicht nichtig, sondern (lediglich) rechtswidrig und damit aufhebbar. Er kann daher auch nach § 48 VwVfG zurückgenommen werden.[683] Wird der Verwaltungsakt also nicht zurückgenommen, bleibt er wirksam. Gleichwohl darf er – wie sich ebenfalls aus §§ 79 II BVerfGG, 47 V S. 3 VwGO ergibt – nicht mit Mitteln des Zwangs durchgesetzt werden.

g. Ermessensentscheidung der Behörde

657 Rücknahme und Widerruf stehen, wie sich aus der Formulierung „kann" in §§ 48 und 49 VwVfG ergibt, im **Ermessen** der Behörde. Der Bürger hat daher auch dann keinen Anspruch auf Rücknahme oder Widerruf eines (ihn belastenden) Verwaltungsakts, wenn die Tatbestandsvoraussetzungen der jeweiligen Vorschrift vorliegen. Er kann aber von der Behörde verlangen, dass diese ihr Ermessen rechtsfehlerfrei ausübt. Es besteht ein **Anspruch auf ermessensfehlerfreie Entscheidung** (vgl. näher Rn 659 und 746).

2. Die Rücknahme nach § 48 VwVfG

658 § 48 VwVfG unterscheidet zwischen der Rücknahme von „begünstigenden" und „nicht begünstigenden", also belastenden Verwaltungsakten. Während die Entscheidung über die Rücknahme belastender Verwaltungsakte gem. § 48 I S. 1 VwVfG grundsätzlich und ohne weiteres möglich ist, unterliegt die Behörde bei der Entscheidung über die Rücknahme von begünstigenden Verwaltungsakten gem. § 48 I S. 2 VwVfG den Einschränkungen des § 48 II-IV VwVfG.

---

[681] BVerwGE 109, 283, 285 ff.; 67, 129, 134; vgl. auch *Sachs*, in: Stelkens/Bonk/Sachs, VwVfG, § 48 Rn 131; *Kopp/Ramsauer*, VwVfG, § 48 Rn 67.
[682] BVerwGE 71, 220, 226.
[683] Vgl. nun auch BVerwG NVwZ 2007, 709 (mit Bespr. v. *Waldhoff*, JuS 2008, 266).

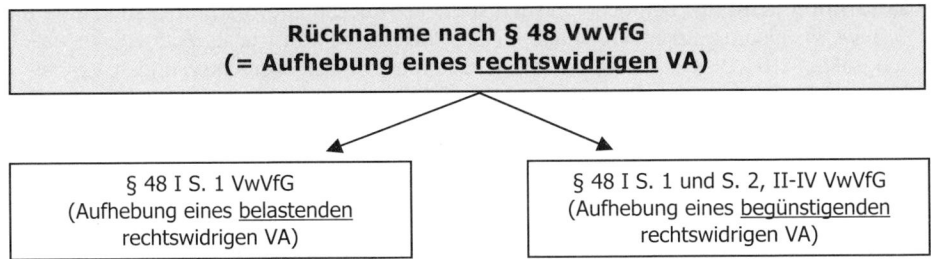

a. Belastende rechtswidrige Verwaltungsakte, § 48 I S. 1 VwVfG

Belastende rechtswidrige Verwaltungsakte[684] können auch nach Eintritt der Bestandskraft grundsätzlich und ohne weiteres zurückgenommen werden, § 48 I S. 1 VwVfG. Das erklärt sich schon allein daraus, dass gerade wegen der Beseitigung eines belastenden und zudem rechtswidrigen Verwaltungsakts rechtsstaatliche Gesichtspunkte wie etwa Vertrauensschutz oder Fristen keine Rolle spielen können. Ob und inwieweit die Behörde einen rechtswidrigen belastenden Verwaltungsakt zurücknimmt, liegt in ihrem Ermessen. Allein die Rechtswidrigkeit des Verwaltungsakts reduziert das Ermessen nicht, weil anderenfalls stets eine Rücknahmepflicht bestünde. Außerdem hatte es der Betroffene ja in der Hand, den Verwaltungsakt anzufechten, bevor er bestandskräftig wurde. Eine Ermessenreduzierung muss aber dann angenommen werden, wenn die Aufrechterhaltung „schlechthin unerträglich" wäre, was von den Umständen des Einzelfalls und einer Gewichtung der Aspekte abhängt.[685] In derartigen Fällen kann die Behörde nicht schlicht auf die Bestandskraft des Verwaltungsakts verweisen.

659

Fraglich ist, ob ein rechtswidriger, den Bürger belastender Verwaltungsakt, dessen Rechtswidrigkeit sich wegen Verstoßes gegen eine Bestimmung des **EU-Rechts** ergeben hat, nach § 48 I S. 1 VwVfG aufgehoben werden kann oder ob das Verfahren nach § 51 VwVfG einschlägig ist. Da die Beantwortung dieser Frage den Rahmen dieses Buches sprengen würde, sei insoweit auf die Internetseite des Verlags verwiesen (kostenloser Download).

659a

Fraglich ist weiter, ob § 48 I S. 1 VwVfG auch bei rechtsunwirksamen, also **nichtigen** Verwaltungsakten anwendbar ist, da auch diese letztlich rechtswidrige Verwaltungsakte darstellen. Man könnte sich auf folgenden Standpunkt stellen: Wird bei der Prüfung des zurückzunehmenden Verwaltungsakts festgestellt, dass dieser nicht nur rechtswidrig, sondern sogar nichtig ist, ist der Rücknahmebescheid nicht etwa gegenstandslos oder gar selbst nichtig. Denn auch gegen einen nichtigen Verwaltungsakt ist die Anfechtungsklage zulässig, um den Rechtsschein der Wirksamkeit zu beseitigen. Nichts anderes könnte für die Aufhebung eines nichtigen Verwaltungsakts gelten.[686] Dem ist aber nicht zu folgen. Nach § 44 I und II VwVfG nichtige Verwaltungsakte sind gem. § 43 III VwVfG rechtsunwirksam. Rechtsunwirksame Verwaltungsakte sind rechtlich nicht existent und können daher schon rechtslogisch nicht nach § 48 VwVfG aufgehoben werden. Da sie der Nichtigkeitsfeststellungsklage nach § 43 I Var. 2 VwGO unterliegen, kommt auch eine analoge Anwendung mangels Regelungslücke nicht in Betracht.[687]

660

---

[684] Eine isolierte Rücknahme eines Widerspruchsbescheids durch die Ausgangsbehörde scheidet aus. Diese kann jedoch den Ausgangsbescheid in Gestalt des Widerspruchsbescheids zurücknehmen, sofern sie die Entscheidung auf neue rechtliche oder tatsächliche Gesichtspunkte stützen kann, die bislang noch nicht berücksichtigt worden sind (vgl. BVerwG NVwZ 2002, 1251 ff. mit Bespr. v. *Meister*, JA 2002, 851 ff.).

[685] BVerwG NVwZ 2007, 709, 710; BVerwGE 121, 226, 229 ff.

[686] So BFHE 147, 113 ff.; VGH München BayVBl 1994, 52; *Kopp/Ramsauer*, VwVfG, § 48 Rn 18.

[687] Wie hier VGH Mannheim NVwZ 1985, 349; *Maurer*, AllgVerwR, § 11 Rn 16; *Meyer*, in: Knack/Henneke, VwVfG, § 48 Rn 30. Vgl. auch BVerwG NJW 2006, 536 f., wo es zwar um den Rückforderungsanspruch gem. § 49a VwVfG geht, dem Urteil jedoch die gleiche Wertung zugrunde liegt.

661

> **Zusammenfassung:** Bei Nichtvorliegen spezieller Rücknahmevorschriften stellt § 48 I S. 1 VwVfG also die Rechtsgrundlage für die Rücknahme von (rechtswidrigen) Verwaltungsakten dar. Dies gilt auch für die Rücknahme von unionsrechtswidrigen Verwaltungsakten, die von den Behörden der Mitgliedstaaten erlassen worden sind, soweit nicht das EU-Recht[688] oder das nationale Recht[689] spezielle Regelungen treffen. Schließlich ist zu beachten, dass § 48 VwVfG sich nicht auf nichtige Verwaltungsakte bezieht. Der Aufhebung zugänglich sind nur wirksame Verwaltungsakte.

b. Begünstigende rechtswidrige Verwaltungsakte, § 48 I S. 1, S. 2, II-IV VwVfG

662

Bei *begünstigenden* rechtswidrigen Verwaltungsakten ist die Befugnis der Behörde zur Rücknahme eingeschränkt, da § 48 I S. 2, II-IV VwVfG Rücknahmeschranken formuliert. Hinsichtlich der Rücknamevoraussetzungen ist zwischen zurückzunehmenden leistungsgewährenden Bescheiden (**Leistungsbescheiden**), § 48 II VwVfG, und **sonstigen begünstigenden Bescheiden**, § 48 III VwVfG, zu unterscheiden.

663

> **Hinweis für die Fallbearbeitung:** Zunächst einmal wird deutlich, dass § 48 I S. 1 VwVfG auch für *begünstigende* rechtswidrige Verwaltungsakte gilt. § 48 I S. 2 VwVfG zeigt lediglich Rücknahmeschranken auf. Daher ist als Rechtsgrundlage für die Rücknahme rechtswidriger begünstigender Verwaltungsakte § 48 I S. 1, S. 2, II-IV (je nachdem, was vorliegt) VwVfG zu nennen. Die Unterscheidung zwischen Leistungsbescheiden (Abs. II) und sonstigen begünstigenden Bescheiden (Abs. III) ist sodann für die weitere Fallbearbeitung wesentlich. So kann ein Leistungsbescheid nach § 48 II VwVfG (Rn 664 ff.) nicht zurückgenommen werden, wenn der Betroffene auf den Bestand des Verwaltungsakts vertraute und auch vertrauen durfte (Schutzwürdigkeit des Vertrauens). Insoweit besteht also **Bestandsschutz**. Anders verhält es sich bei den sonstigen begünstigenden Verwaltungsakten (Rn 675 ff.). Diese können trotz schutzwürdigen Vertrauens zurückgenommen werden. Dann ist aber eine Entschädigung zu leisten, soweit der Betroffene auf den Bestand des Verwaltungsakts vertraut hat und sein Vertrauen schutzwürdig ist (**Vermögensschutz**, vgl. § 48 III S. 1 VwVfG).
>
> Mithin lässt sich sagen:
>
> - § 48 II VwVfG enthält ein Rücknahmeverbot (⇨ **Bestandsschutz**), sofern der Betroffene auf den Bestand des Verwaltungsakts vertraute und auch vertrauen durfte (Schutzwürdigkeit des Vertrauens).
>
> - § 48 III VwVfG lässt demgegenüber die Rücknahme trotz schutzwürdigen Vertrauens zu, enthält aber ein Entschädigungsgebot (⇨ **Vermögensschutz**).
>
> Zu den Einzelheiten siehe die nachfolgenden Ausführungen und die Übersicht bei Rn 690.
>
> Gelegentlich kommt es vor, dass ein Verwaltungsakt sowohl einen belastenden als auch einen begünstigenden Teil enthält (Verwaltungsakt mit **Mischcharakter**). Als Beispiel sei die Erteilung einer Gaststättengenehmigung genannt, die jedoch die Auflage enthält, dass drei Feuerlöscher zu installieren seien. Ob sich die Rücknahme eines solchen Verwaltungsakts nach § 48 I S. 1 VwVfG oder nach § 48 I S. 2 VwVfG richtet, sollte davon abhängig gemacht werden, ob der belastende Teil vom begünstigenden (Haupt-)Teil materiell abtrennbar ist. Ist das der Fall, gilt für den begünstigenden (Haupt-)Teil § 48 I S. 2 VwVfG und für den belastenden Teil § 48 I S. 1 VwVfG. Sind die beiden Teile dagegen untrennbar miteinander verbunden,

---

[688] Z.B. Art. 27 ff. VO 952/2013 des Parlaments und des Rates vom 9.10.2013, ABl. 2013 Nr. L 269.
[689] Z.B. § 10 des Gesetzes zur Durchführung einer gemeinsamen Marktorganisation (MOG), aber auch § 51 VwVfG.

> sollten ausschließlich die strengeren Regelungen über begünstigende Verwaltungsakte angewendet werden, damit die darin liegende Wertung nicht unterlaufen wird.

aa. Leistungsbescheide, § 48 II VwVfG

a.) Vorliegen eines leistungsgewährenden Bescheids

Das Gesetz spricht in § 48 II VwVfG von Verwaltungsakten, die eine einmalige oder laufende **Geldleistung** oder eine **teilbare Sachleistung** gewähren oder hierfür Voraussetzung sind.

664

- Ein Verwaltungsakt **gewährt** eine Leistung, wenn er eine Anordnung trifft, die das Vermögen des Begünstigten unmittelbar vermehrt. Die Leistung kann auch in dem Verzicht einer bestehenden Forderung bestehen (sog. Erlass).

- Eine **Geldleistung** ist eine Leistung, die bezifferbar ist.[690]

- Der Geldleistung gleichgestellt ist die **teilbare Sachleistung**. Der Begriff der Sachleistung nimmt Bezug auf § 90 BGB. Gegenstand einer Sachleistung kann die Übereignung eines körperlichen Gegenstands oder dessen sonstige Überlassung zum Gebrauch sein.

  Beispiele: Lieferung von Gütern; Überlassung von Wohnräumen oder einer Dienstwohnung; Zulassung zur Benutzung einer öffentlichen Einrichtung; Gewährung von Krankenhaus- oder Kuraufenthalten; Lieferung von Heizmaterial, Bekleidung oder ähnlichen Dingen/Sachen, die aufgrund einer Bewilligung gewährt werden

  Gegenbeispiele: Demnach sind weder die Gewährung immaterieller Vorteile noch die Erteilung von Erlaubnissen (Jagdschein o.ä.) oder die Bewilligung von Dienstleistungen (Unterricht, Beratung o.ä.) vom Begriff der Sachleistung umfasst. Sie können aber sonstige begünstigende Verwaltungsakte i.S.d. § 48 III VwVfG sein.

  Schließlich muss die Sachleistung teilbar sein. **Teilbar** ist die Sachleistung, wenn es sich um eine vertretbare Sache (§ 91 BGB) handelt.

b.) Vertrauensschutz

Bei der Rücknahme von Leistungsbescheiden gilt, dass eine Rücknahme **ausscheidet**, wenn der Begünstigte (aa.) auf den Bestand des Verwaltungsakts **vertraut hat** und (bb.) sein Vertrauen unter Abwägung mit dem öffentlichen Interesse an einer Rücknahme **schutzwürdig** ist, § 48 II S. 1 VwVfG (**Bestandsschutz**).[691]

665

> **Hinweis für die Fallbearbeitung:** In der Fallbearbeitung gilt es daher, zunächst den Vertrauenstatbestand (= tatsächliche Komponente) zu prüfen und dann zu untersuchen, ob das Vertrauen auch schutzwürdig ist (= rechtliche Komponente).

aa.) Vertrauenstatbestand (tatsächliches Element)

Der Leistungsempfänger muss zunächst auf den Bestand des leistungsgewährenden Verwaltungsakts vertraut haben. Dies ist eine Tatfrage und der Fall, wenn der Leistungsempfänger fest damit rechnet, dass der Verwaltungsakt nicht aufgehoben wird. Dabei genügt es, dass das Vertrauen tatsächlich vorhanden ist.[692]

666

> **Hinweis für die Fallbearbeitung:** Sofern der Sachverhalt keine gegenteiligen Angaben enthält, ist davon auszugehen, dass der Betroffene auf den Bestand des

[690] Vgl. dazu VGH München NVwZ 2001, 931, 932.
[691] Vgl. OVG Magdeburg LKV 2000, 545.
[692] Zu beachten ist, dass der Vertrauensschutz von vornherein nicht für Behörden gilt. Daher kann sich eine Behörde bei einem an sie adressierten Rücknahmebescheid nicht auf § 48 II VwVfG berufen. Denn der Vertrauensschutz, der an das Institut des § 242 BGB angelehnt ist, soll das Vertrauen des Staatsbürgers in den Bestand von begünstigenden Maßnahmen der Verwaltung schützen (OVG Lüneburg NVwZ-RR 2013, 584 - mit Bespr. v. *Waldhoff*, JuS 2014, 93).

Verwaltungsakts vertraut hat. Sollte dies ausnahmsweise nicht der Fall sein, darf (muss aber nicht!) die Behörde den Verwaltungsakt zurücknehmen. Eine Rücknahme wäre in diesem Fall nicht zu beanstanden; eine gutachterliche Prüfung an dieser Stelle zu Ende (ein Hilfsgutachten bzgl. der folgenden Prüfungspunkte machte dann keinen Sinn). Soweit **Vertrauen jedoch zu bejahen ist**, muss in jedem Fall weitergeprüft und untersucht werden, ob das Vertrauen auch **schutzwürdig** ist. Hierzu sind – entgegen der gesetzlichen Reihenfolge – zunächst der Negativtatbestand des § 48 II S. 3 VwVfG, dann die Regelfälle der Schutzwürdigkeit des § 48 II S. 2 VwVfG und schließlich (sofern der Sachverhalt noch nicht abschließend gewürdigt werden konnte) die allgemeine Abwägungsregel des § 48 II S. 1 VwVfG zu prüfen.

bb.) Schutzwürdigkeit (wertendes Element)

667 Das tatsächlich vorhandene Vertrauen muss unter Abwägung mit dem öffentlichen Interesse schutzwürdig sein. Das ist eine Wertungsfrage und anhand der folgenden Kriterien zu bestimmen.

(a.) Ausschluss der Schutzwürdigkeit gem. § 48 II S. 3 VwVfG

668 § 48 II S. 3 VwVfG nennt drei Tatbestände, bei deren jeweiligem Vorliegen die Schutzwürdigkeit des Vertrauens **ausgeschlossen** ist, mit der Folge, dass **eine Rücknahme nicht nur möglich, sondern sogar geboten ist**.

(1) Gemäß § 48 II S. 3 **Nr. 1** VwVfG ist die Schutzwürdigkeit des Vertrauens **ausgeschlossen**, wenn der Leistungsempfänger den Verwaltungsakt durch **arglistige Täuschung**, **Drohung** oder **Bestechung** erwirkt hat. Den Tatbestandsmerkmalen kommt die gleiche Bedeutung wie im Straf- und Zivilrecht zu. Vgl. dazu die §§ 123 BGB, 240 und 334 StGB. „**Erwirkt**" hat der Leistungsempfänger den Verwaltungsakt, wenn sein vorheriges Verhalten (Vorgespräch, Antrag) **entscheidungserheblich** für den **Erlass** des begünstigenden Verwaltungsakts und **kausal** für dessen **Fehlerhaftigkeit** (nicht für dessen Erlass) war.[693]

(2) Gem. § 48 II S. 3 **Nr. 2** VwVfG ist die Schutzwürdigkeit des Vertrauens weiterhin ausgeschlossen, wenn der Leistungsempfänger den Verwaltungsakt durch Angaben erwirkt hat, die in **wesentlicher Beziehung unrichtig oder unvollständig** waren. „Angaben" müssen sich auf die objektiven Tatsachen beziehen. „Unrichtig" sind die Angaben, wenn die Tatsachen nicht der Wirklichkeit entsprechen, „unvollständig", wenn der Leistungsempfänger Tatsachen verschwiegen hat, von deren Nichtvorliegen die Behörde erkennbar ausging oder zu deren Übermittlung er rechtlich verpflichtet war oder behördlich aufgefordert wurde.[694] Zum Tatbestandsmerkmal „erwirken" vgl. oben, Nr. 1. In „wesentlicher" Beziehung unrichtig oder unvollständig sind die Angaben, wenn sie für die Entscheidungsfindung der Behörde erforderlich sind. Unerheblich ist, ob die Unrichtigkeit oder Unvollständigkeit der Angaben dem Begünstigten bekannt waren (objektives Tatbestandsmerkmal!).[695] Zu beachten ist jedoch: Verursacht die Behörde die Falschangaben mit, etwa durch die Verwendung von irreführenden Antragsformularen oder Fragebögen, kann die objektive Zurechnung der Falschangaben entfallen.

(3) Schließlich kann sich der Leistungsempfänger gem. § 48 II S. 3 **Nr. 3** VwVfG nicht auf Vertrauensschutz berufen, wenn er die **Rechtswidrigkeit** des Verwaltungsakts **kannte** oder **infolge grober Fahrlässigkeit nicht kannte**.[696] Der Leistungsempfänger hat Kenntnis von der Rechtswidrigkeit, wenn ihm bewusst ist, dass ihm die

---

[693] Vgl. VGH München NVwZ 2001, 931, 932; *Kopp/Ramsauer*, VwVfG, § 48 Rn 101.

[694] OVG Münster NVwZ-RR 1997, 585, 587; VGH München NVwZ 2001, 931, 932.

[695] BVerwGE 74, 357, 364; 78, 139, 142.

[696] Vgl. dazu BSG NVwZ 2002, 1544 (zu § 45 SGB X); BVerwG NVwZ 2000, 1512, 1514.

gewährte Leistung materiell nicht zusteht. Grob fahrlässige Unkenntnis der Rechtswidrigkeit liegt vor, wenn sie sich dem Leistungsempfänger im Rahmen der Parallelwertung in der Laiensphäre geradezu hätte aufdrängen müssen.[697] Dabei sind die persönlichen Kenntnisse und Fähigkeiten des Leistungsempfängers zu berücksichtigen. Der Ausschlusstatbestand des § 48 II S. 3 Nr. 3 VwVfG gewinnt vor allem bei der Rückforderung von **unionsrechtswidrig gewährten Subventionen** an Bedeutung, vgl. hierzu unten S. 691 ff.

Hinweis für die Fallbearbeitung: Bereits das Vorliegen *einer* dieser Fallgruppen genügt, damit die Behörde in ermessensfehlerfreier Weise den Verwaltungsakt zurücknehmen kann. In der Regel *muss* sie den Verwaltungsakt sogar zurücknehmen, weil § 48 II S. 3 VwVfG die Schutzwürdigkeit des Betroffenen in unmissverständlicher Weise ausschließt. Das nach § 48 I S. 1 VwVfG bestehende Rücknahmeermessen ist zumindest stark eingeschränkt und die Rücknahme erfolgt in der Regel sogar mit Wirkung für die Vergangenheit (ex tunc, vgl. § 48 II S. 4 VwVfG). Nur bei Vorliegen besonderer Umstände (geringes Verschulden des Betroffenen; Handeln in einer Notlage etc.) kommt eine Rücknahme nur mit Wirkung für die Zukunft (ex nunc) in Betracht oder die Behörde kann sogar ganz von einer Rücknahme absehen. Liegt keine der oben genannten drei Fallgruppen vor, muss weitergeprüft und untersucht werden, ob die Vermutensregel des § 48 II S. 2 VwVfG greift.

(b.) Regelfälle der Schutzwürdigkeit gem. § 48 II S. 2 VwVfG

Zwar ist im Rahmen des § 48 II S. 2 VwVfG der Fortbestand der Regelung (die Schutzwürdigkeit) gegen das öffentliche Interesse an der Rücknahme **abzuwägen**, jedoch ist die Schutzwürdigkeit des Vertrauens durch Vorliegen eines der Regelbeispiele des § 48 II S. 2 VwVfG indiziert („in der Regel"). Die Behörde muss also schon gewichtige Gründe anführen, warum sie das vom Betroffenen getätigte Vertrauen in den Bestand des Verwaltungsakts nicht für schutzwürdig erachtet. Vor allem trägt sie aber die Beweislast.

669

§ 48 II S. 2 VwVfG enthält zwei Regelbeispiele der Schutzwürdigkeit: den **Verbrauch der Leistung** und die nicht oder nur unzumutbar rückgängig zu machende **Vermögensdisposition**.

670

Verbrauch bedeutet die Minderung des Erhaltenen und jede Abnutzung oder sonstige Form einer Entwertung. Hat also ein Unternehmer eine Subvention erhalten und diese in Form von Preissenkungen an seine Kunden (Verbraucher) weitergegeben, liegt ebenso ein Verbrauch der Leistung vor, als wenn er das Geld zur Erhöhung des Lebensstandards (z.B. Urlaubsreisen, Restaurantbesuche, teure Leasingwagen etc.) verwendet hätte. Letztlich besteht eine Parallele zum Begriff der Entreicherung gem. § 818 III BGB. Deshalb können die dort entwickelten Grundsätze (insbesondere die Saldotheorie) auch hier herangezogen werden. **Kein Verbrauch** liegt daher vor, wenn sich die gewährte Leistung bei wirtschaftlicher (nicht rechtlicher!) Betrachtungsweise noch im Vermögen des Empfängers befindet, was z.B. anzunehmen ist, wenn dieser den erhaltenen Geldbetrag zur Schuldentilgung[698] oder zum Kauf eines neuen Dienstwagens eingesetzt hat, sofern er den Kauf in der näheren Zukunft auch ohne die erhaltene Leistung getätigt hätte.

671

Vermögensdispositionen liegen in jedem Verhalten, das in ursächlichem Zusammenhang mit dem begünstigenden Verwaltungsakt steht und Auswirkungen auf die Vermögenssituation des Betroffenen hat. Aber auch hier gilt das Prinzip des § 818 III BGB. Hat der Leistungsempfänger also einen Vertrag über den Kauf neuer Produktionsmittel im

672

---

[697] Vgl. dazu BSG NVwZ 2002, 1544 (zu § 45 SGB X).
[698] BVerwG DVBl 1993, 947.

Vertrauen auf eine bewilligte, aber noch nicht ausbezahlte Subvention geschlossen, handelt es sich um eine wirtschaftlich sinnvolle Investition (also nicht um eine Luxusanschaffung, die nach § 818 III BGB zu einer Entreicherung geführt hätte). Ist der Subventionsempfänger also nicht entreichert, greift die Regelvermutung des § 48 II S. 2 VwVfG selbst dann nicht ein, wenn der Kaufvertrag nicht oder nur unter unzumutbaren Nachteilen rückgängig gemacht werden könnte. Denn der Begünstigte darf in diesem Fall nicht besser gestellt werden als jemand, der die Subvention für die Anschaffung der Maschine bereits ausgegeben hat, aber die gewährte Leistung deshalb nicht im Sinne von § 48 II S. 2 VwVfG „verbraucht" hat, weil sie sich bei wirtschaftlicher Betrachtungsweise noch in seinem Vermögen befindet.[699] Der Betroffene kann sich also nicht auf den Regeltatbestand der Schutzwürdigkeit berufen. Eine Rücknahmeentscheidung der Behörde wäre wohl rechtmäßig.

(c.) Allgemeine Abwägungsregel des § 48 II S. 1 VwVfG

673 In der Regel greift entweder der Ausschlusstatbestand des § 48 II S. 3 VwVfG oder aber die Regelvermutung des § 48 II S. 2 VwVfG, sodass für die allgemeine Abwägung nach § 48 II S. 1 VwVfG kaum Raum verbleibt.

> **Zusammenfassung und Hinweis für die Fallbearbeitung:** Der Vertrauenstatbestand ist immer dann anzunehmen, wenn dem Sachverhalt keine Angaben dahingehend zu entnehmen sind, dass das Vertrauen gem. § 48 II S. 3 VwVfG ausgeschlossen ist. In der Fallbearbeitung sollte so vorgegangen werden, dass *gedanklich* zunächst der Negativkatalog des § 48 II S. 3 VwVfG geprüft wird, da bei Vorliegen eines dieser Ausschlusstatbestände die Abwägung bei der Bestimmung der Schutzwürdigkeit des Vertrauens (§ 48 II S. 2 VwVfG) entfällt. Liegt keiner dieser Fälle vor, ist die Schutzwürdigkeit des Vertrauens anhand einer umfassenden Abwägung des Bestandsinteresses seitens des Empfängers mit dem öffentlichen Interesse an einer Rücknahme zu bestimmen (§ 48 II S. 1 VwVfG).

c.) Ermessensentscheidung der Behörde

674 Sind die Tatbestandsvoraussetzungen *Nichtvorliegen des Vertrauens* oder *Nichtvorliegen der Schutzwürdigkeit des Vertrauens* erfüllt, entscheidet die Behörde über die Rücknahme nach ihrem Ermessen, § 48 I S. 1 VwVfG. Eine Ermessensreduzierung mit dem Argument, dass ein rechtswidriger Verwaltungsakt allein wegen seiner Rechtswidrigkeit zurückgenommen gehöre, kommt nicht in Betracht, weil die Rechtswidrigkeit des Verwaltungsakts bereits die Tatbestandsseite bestimmt und nicht doppeltes Gewicht dadurch bekommen darf, dass sie auf der Rechtsfolgeseite erneut berücksichtigt wird und das Rücknahmeermessen reduziert. Eine Ermessensreduzierung kommt aber aus anderen Gründen in Betracht, nämlich je nachdem, ob ein Fall des § 48 II S. 2 VwVfG oder des § 48 II S. 3 VwVfG vorliegt, zugunsten oder zulasten des Betroffenen. Im Fall des § 48 II S. 2 VwVfG spricht die Vermutensregel für ein Absehen von der Rücknahme, weil anderenfalls das vom Gesetz als schutzwürdig angesehene Vertrauen des Betroffenen unterlaufen würde. Umgekehrt ist in den Fällen des § 48 II S. 3 VwVfG das Rücknahmeermessen zulasten des Betroffenen reduziert. Zwar ist es unzulässig, eine Ermessensreduzierung aus § 48 II S. 4 VwVfG herzuleiten, weil sich diese Vorschrift auf eine bereits ausgeübte Ermessensentscheidung bezieht und lediglich die Ex-tunc-Wirkung der Rücknahme anordnet. Jedoch sind bei Vorliegen des Ausschlusstatbestands des § 48 II S. 3 VwVfG i.d.R. kaum Gründe ersichtlich, die gegen eine Rücknahmeentscheidung sprechen, was jedoch eine Frage des Einzelfalls ist. Unabhängig davon, ob ein Fall des § 48 II S. 2 oder S. 3 VwVfG vorliegt, steht der Behörde in Folge des Anwendungsvorrangs des EU-Rechts kein Ermessen zu, wenn es

---

[699] Vgl. *Kopp/Ramsauer*, VwVfG, § 48 Rn 109.

– bei entsprechender Entscheidung der EU-Kommission – um die Rücknahme von unionsrechtswidrigen Beihilfebescheiden geht. Vgl. dazu Rn 691 ff.

bb. Sonstige begünstigende Verwaltungsakte, § 48 III VwVfG

Auch die Rücknahme von anderen als geld- oder sachleistungsgewährenden Verwaltungsakten (§ 48 III VwVfG) erfolgt nach § 48 I S. 1 VwVfG. Bei diesen lässt das Gesetz die Rücknahme sogar trotz Vorliegens eines schutzwürdigen Vertrauens zu. Das hat seinen Grund darin, dass auch solche Interessen der Rechtsordnung gewahrt werden sollen, die über reine Vermögensinteressen hinausgehen.[700]

675

Demnach hindert auf Tatbestandsseite ein Vertrauen des Bürgers also auch dann nicht die Rücknahme, wenn es schutzwürdig ist. Allerdings gewährt der Gesetzgeber einen Vermögensausgleich. Im Gegensatz zu dem einen Bestandsschutz gewährleistenden § 48 II VwVfG ist eine Rücknahme eines sonstigen begünstigenden Verwaltungsakts somit bei Vorliegen von Vertrauensschutz unter Vermögensausgleich des Vertrauensinteresses des Betroffenen grundsätzlich möglich. Man kann also sagen, dass bei § 48 III VwVfG der Vertrauensschutz in erster Linie durch **Vermögensschutz** erfolgt.

> Ein sonstiger begünstigender Verwaltungsakt i.S.v. § 48 III VwVfG ist beispielsweise eine **Baugenehmigung**: Diese gewährt keine Geld- oder teilbare Sachleistung und ist auch nicht Voraussetzung hierfür, sondern begründet das Recht zur Errichtung eines Bauvorhabens.
>
> Darüber hinaus werden die einen Unterfall zu den Subventionen darstellenden staatlichen **Bürgschaften** (dazu Rn 1017 ff.) hierunter zu subsumieren sein, da die gesetzliche Terminologie in § 48 II S. 1 VwVfG die mit einer Bürgschaft verbundene Sicherheitsleistung nicht erfasst.
>
> Auch die Rücknahme einer **Einbürgerung** fällt unter § 48 III VwVfG.[701]

Die Rücknahme richtet sich in diesen Fällen nach § 48 I S. 1 u. 2, **III** VwVfG, und steht, ohne dass weitere Voraussetzungen vorliegen müssten, im **Ermessen** der Behörde (zu beachten ist, dass § 48 III S. 2 VwVfG lediglich hinsichtlich des Ausgleichs von Vermögensinteressen auf § 48 II S. 3 VwVfG verweist, also nicht hinsichtlich der Frage nach dem „ob" der Rücknahme). Im Rahmen der Ermessensentscheidung (§ 40 VwVfG) unter Beachtung des Grundsatzes der Verhältnismäßigkeit sind dann sämtliche Aspekte, die für und gegen die Rücknahme sprechen, gegen- und untereinander abzuwägen (dazu Rn 677/688 ff.). Die Frist des § 48 IV VwVfG ist auch bei § 48 III VwVfG zu beachten, vgl. § 48 I S. 2 VwVfG.

Wird ein rechtswidriger begünstigender Verwaltungsakt, der nicht unter § 48 II VwVfG fällt, zurückgenommen, hat die Behörde dem Betroffenen auf Antrag den Vermögensnachteil auszugleichen, § 48 III S. 1 VwVfG. Erstattungspflichtig sind **Vertrauensschäden**, also diejenigen Schäden, die der Betroffene dadurch erlitten hat, dass er auf die Wirksamkeit der ursprünglichen Bewilligung vertraute und dieses Vertrauen unter Abwägung mit dem öffentlichen Interesse schutzwürdig ist. Gemeint ist das negative Interesse. Dazu zählen sämtliche aus dem Zivilrecht bekannten Schadenspositionen, also auch der **entgangene Gewinn**. Die Obergrenze bildet auch hier das positive Interesse. Ein Vermögensausgleich findet aber nicht statt, wenn der Rücknahmeentscheidung ein Verhalten vorausgeht, das den Kriterien des § 48 II S. 3 VwVfG entspricht (vgl. § 48 III S. 2 VwVfG, der auf § 48 II S. 3 VwVfG verweist).

676

---

[700] Vgl. etwa BVerfG NVwZ 2006, 807, 809 f.
[701] BVerfG NVwZ 2006, 807, 809 ff.; OVG Hamburg NVwZ 2002, 885, 886; OVG Münster NWVBl 1997, 71, 72; *Kokott*, in: Sachs, GG, Art. 16 Rn 25; a.A. *Lübbe-Wolff*, Jura 1996, 57, 62; offengelassen von BVerwG NVwZ-RR 1990, 220 f. Vgl. näher zur Rücknahme einer Einbürgerung Rn 689a (nebst Beispielsfall).

677 Problematisch ist es, wenn ein finanzieller Ausgleich nicht stattfinden kann, weil sich das investierte Vertrauen in den Bestand des Verwaltungsakts nicht in Geld beziffern lässt. In derartigen Fällen könnte man also annehmen, es fände im Ergebnis kein Vertrauensschutz statt. Da der Vertrauensschutz aber Verfassungsrang genießt, würde sein Ausschluss verfassungsrechtlichen Bedenken begegnen. Daher wird man jedenfalls in Fällen, in denen ein finanzieller Ausgleich nicht stattfinden kann, das Rücknahmeermessen reduzieren und im Ergebnis **von der Rücknahme absehen** müssen, wenn anderenfalls schutzwürdiges Vertrauen in den Bestand des Verwaltungsakts verletzt würde.[702] Bei der Frage nach der Schutzwürdigkeit des Vertrauens wäre dann das Interesse des Betroffenen an dem Bestand des Verwaltungsakts mit dem öffentlichen Interesse an der Rücknahme abzuwägen. Dabei wäre eine Orientierung an den Kriterien des § 48 II VwVfG grundsätzlich nicht zu beanstanden, auch wenn § 48 III S. 2 VwVfG lediglich hinsichtlich des Ausgleichs von Vermögensinteressen auf § 48 II S. 3 VwVfG verweist. Da es – anders als bei § 48 II VwVfG – bei § 48 III VwVfG in der Konsequenz aber nicht um die Rückzahlung von zu Unrecht erhaltenen Geld- oder Sachleistungen geht (§ 49a VwVfG), sondern mitunter auch um den Verlust von elementar wichtigen Statusrechten (wie z.B. Staatsangehörigkeit oder Beamtenstellung), die weit über Vermögensinteressen hinausgehen, kommt freilich dem Grundsatz der Verhältnismäßigkeit besondere Bedeutung zu.

678 Schließlich ist zu beachten, dass ein darüber hinausgehender **Anspruchsausschluss- oder Anspruchsminderungsgrund** vorliegen kann. Zunächst ist der Antrag innerhalb eines Jahres zu stellen, § 48 III S. 5 VwVfG. Zu denken ist weiterhin an die Regelung des § 839 III BGB, wonach ein Anspruch ausgeschlossen ist, wenn der Anspruchsberechtigte den Schaden in vorwerfbarer Weise nicht durch den Gebrauch eines Rechtsmittels abgewendet hat (**Rechtsmittelversäumnis**). Da es sich im Gegensatz zu § 839 BGB bei dem Ausgleich i.S.d. § 48 III VwVfG aber nicht um eine Kompensation staatlichen Unrechts handelt, sondern um eine Gewährleistung des Vertrauens- und Vermögensschutzes, findet die Regelung des § 839 BGB keine (analoge) Anwendung. Ein Anspruchsausschluss oder eine -minderung kommen insoweit nicht in Betracht.

679 Etwas anderes könnte sich jedoch aus der Heranziehung des Rechtsgedankens aus § 254 BGB unter dem Aspekt der **Schadensabwendungspflicht** ergeben. Handelt es sich bei einem staatlichen Akt um eine vermeintlich rechtswidrige Maßnahme, steht dem betroffenen Bürger der Rechtsweg offen, Art. 19 IV S. 1 GG. Er muss das Unrecht durch den Richterspruch abwehren und kann den rechtswidrigen Eingriff in seine Rechte nicht einfach dulden und den Schaden liquidieren. Nur ausnahmsweise, d.h. wenn bereits irreparable Schäden eingetreten sind oder die Abwehr des rechtswidrigen Handelns unzumutbar ist, kann er im Nachhinein Entschädigung verlangen (**Vorrang des Primärrechtsschutzes**). Entscheidend ist also, ob es sich bei dem Rücknahmebescheid i.S.d. § 48 VwVfG (nicht bei dem aufzuhebenden Verwaltungsakt!) um eine rechtswidrige oder eine rechtmäßige Maßnahme handelt. Die Rechtswidrigkeit des Rücknahmebescheids ist dann anzunehmen, wenn die Behörde bereits gegen formelle Rechtmäßigkeitsvoraussetzungen verstoßen hat wie etwa gegen geltende Zuständigkeitsbestimmungen (vgl. § 48 V i.V.m. § 3 VwVfG) oder ihre Rücknahmeentscheidung ermessensfehlerhaft gewesen ist.

Hinweis für die Fallbearbeitung: Geht die Fallgestaltung dahin, dass der Antragsteller Schadensausgleich fordert, erfolgt der Einstieg in die Prüfung nicht (wie üblich) über die Anfechtung des Rücknahmebescheids, sondern über die **An-**

---

[702] Vgl. dazu BVerwG NVwZ-RR 2001, 198, 199; VGH Mannheim NWVBl 1985, 425, 426; *Achterberg*, AllgVerwR, 2. Aufl. 1986, § 23 Rn 71; *Wendt*, JA 1980, 85, 90; *Kopp/Ramsauer*, VwVfG, § 48 Rn 137; *Martini*, JA 2013, 442, 444.

spruchsgrundlage des § 48 III VwVfG (bzw. bei zu *widerrufenden* Verwaltungsakten über § 49 VI VwVfG). Sodann ist inzident zu prüfen, ob es sich bei dem aufzuhebenden Verwaltungsakt um einen *rechtmäßigen* oder *rechtswidrigen* Verwaltungsakt handelt. Nur bei dessen *Rechtswidrigkeit* ist § 48 III VwVfG anwendbar (anderenfalls § 49 VI VwVfG). Schließlich sind die übrigen Rücknahmevoraussetzungen sowie die Ermessensausübung (siehe sogleich) und ein eventuelles Rechtsmittelversäumnis zu prüfen.

cc. Anwendung des § 49 II VwVfG auf § 48 II, III VwVfG

Schon im Rahmen der Prüfung des § 48 VwVfG kann eine Rücknahme jedenfalls dann in Betracht kommen, wenn die Voraussetzungen des § 49 II VwVfG vorliegen, denn kann ein (begünstigender *rechtmäßiger*) Verwaltungsakt unter den dort genannten Voraussetzungen aufgehoben werden, muss dies erst recht (*argumentum a maiore ad minus*) für einen begünstigenden *rechtswidrigen* Verwaltungsakt gelten.[703] Liegt also mindestens einer der Widerrufsgründe des § 49 II S. 1 Nr. 1-5 VwVfG vor, kann die komplizierte Prüfung der Voraussetzungen des § 48 II, III VwVfG unterbleiben, und mit dem Erst-recht-Schluss aus § 49 II VwVfG die Rücknehmbarkeit bejaht werden.

680

dd. Rücknahmefrist des § 48 IV VwVfG

§ 48 IV S. 1 VwVfG lässt die Rücknahme eines (rechtswidrigen) Verwaltungsakts **innerhalb eines Jahres** zu, nachdem die Behörde Kenntnis von den Tatsachen erhalten hat, welche die Rücknahme eines Verwaltungsakts rechtfertigen. Jedoch ergibt sich aus dem Verweis in § 48 I S. 2 VwVfG, dass die Fristbestimmung des § 48 IV VwVfG nur für begünstigende Verwaltungsakte gilt. Für die Rücknahme belastender Verwaltungsakte gelten also keine Fristen. Diese Unterscheidung liegt auch im Interesse des Bürgers und ist deshalb nicht zu beanstanden. Aber auch für begünstigende Verwaltungsakte gilt die genannte zeitliche Grenze nicht, wenn der Verwaltungsakt durch Täuschung, Drohung oder Bestechung erwirkt worden ist (§ 48 IV S. 2 i.V.m. § 48 II S. 3 Nr. 1 VwVfG). Es kann aber der Gedanke der Verwirkung (§ 242 BGB) greifen.

681

Aus dieser Gesetzesformulierung geht zunächst hervor, dass die für die Rücknahme zuständige Behörde die maßgeblichen tatsächlichen Umstände **positiv kennen** muss. Grob fahrlässige Unkenntnis genügt also nicht.[704] Problematisch sind der Anwendungsbereich dieser Vorschrift, der Fristbeginn und der Behördenbegriff.

a.) Anwendungsbereich des § 48 IV VwVfG und Fristbeginn

Nach dem bereits genannten Wortlaut des § 48 IV S. 1 VwVfG beginnt die Jahresfrist in dem Zeitpunkt, in dem die Behörde von Tatsachen Kenntnis erlangt, welche die Rechtswidrigkeit anzeigen (enge Auslegung: Beschränkung auf nachträgliche Kenntnis von **Tatsachen**, also von Umständen, deren Vorliegen die Rechtswidrigkeit des Verwaltungsakts begründen). Nach der Entscheidung des *Großen Senats*[705] greift die Regelung des § 48 IV VwVfG jedoch auch dann ein, wenn die Behörde zwar bei Erlass des Verwaltungsakts vom zutreffenden Sachverhalt ausgegangen ist, später aber

682

---

[703] Vgl. *Bodanowitz*, JuS 1999, 674, 577.

[704] BVerwG DVBl 2001, 1221, 1223; VGH Mannheim NWZ 1998, 87, 89; *Kopp/Ramsauer*, VwVfG, § 48 Rn 137; a.A. *Stadie*, DÖV 1992, 247, 251, wonach Kennenmüssen genügt. Diese Auffassung ist jedoch mit dem klaren Wortlaut des § 48 IV VwVfG nicht vereinbar.

[705] BVerwGE 70, 356, 362 ff.; fortgeführt von BVerwGE 100, 199, 232 (zu § 45 IV S. 2 SGB X, aber auf § 48 IV S. 1 VwGO übertragbar); BVerwGE 110, 226, 233, und BVerwG NJW 2001, 1440 (für den Fall eines Widerrufs wegen Auflagenverstoßes – mit Bespr. v. *Broderson*, JuS 2001, 825). Vgl. auch BVerwG NVwZ-RR 2001, 198; VGH Mannheim NVwZ 1998, 87, 89; OVG Magdeburg NVwZ 1999, 1120; VGH München NVwZ 2001, 931, 932 (mit krit. Bespr. v. *Erbguth*, JuS 2002, 333); VGH München NVwZ 2001, 931, 932 sowie *Oldiges*, NVwZ 2001, 626, 629 und BVerwG NVwZ 2002, 485.

erkennt, dass sie das Recht falsch ausgelegt oder angewendet hat und der Verwaltungsakt deshalb rechtswidrig ist (weite Auslegung: Ausweitung auch auf **Rechtsanwendungsfehler** wie Subsumtionsfehler und Ermessensfehler). Folgt man dieser weiten Auslegung, beginnt die Jahresfrist des § 48 IV S. 1 VwVfG nicht schon in dem Zeitpunkt, in dem die Behörde **alle für die Rücknahmeentscheidung relevanten Tatsachen** kennt, sondern erst dann, wenn sie die **Rechtswidrigkeit** des Verwaltungsakts **erkennt** und **vor der Entscheidung über die Rücknahme** steht (sog. Entscheidungsreife). Demzufolge ist die Jahresfrist keine *Bearbeitungs-* bzw. *Ermittlungsfrist*, sondern eine *Entscheidungsfrist*.

683 Stellungnahme: Für die weite Auslegung spricht zwar, dass der Bürger auch bei Rechtsanwendungsfehlern der Behörde nicht weniger schutzwürdig ist als nur bei Tatsachenerlangung, gegen sie spricht jedoch – wenn nicht schon der Wortlaut des § 48 IV S. 1 VwVfG – zumindest der Sinn der Fristbestimmung: Sie soll dem Schutz des Bürgers dienen und die Rücknahmemöglichkeit zeitlich begrenzen. Der Schutz des Bürgers und die zeitliche Begrenzung sind nahezu ausgehöhlt, wenn die Behörde jederzeit durch neue Ermittlungen die Entscheidungsreife und damit die Fristberechnung hinausschieben kann. Mit der Gegenauffassung[706] ist daher als Fristbeginn *der* Zeitpunkt festzusetzen, in dem die Behörde **erkennen musste**, dass der Verwaltungsakt aus **tatsächlichen oder rechtlichen Gründen rechtswidrig ist**.[707] Somit ist die Jahresfrist des § 48 IV VwVfG keine *Entscheidungs-*, sondern eine *Bearbeitungs-* bzw. *Ermittlungsfrist*.

684 Unbeschadet der Jahresfrist des § 48 IV VwVfG kann die Rücknahmebefugnis auch von der Behörde **verwirkt** werden. Dies gilt allerdings nur in besonderen Ausnahmefällen, wenn die Behörde z.B. bereits zuvor mehrfach signalisiert hat, dass sie den Bescheid nicht zurücknehmen werde.[708]

b.) Behördenbegriff

685 Fraglich ist auch, was unter dem Begriff der „Behörde" in § 48 IV VwVfG zu verstehen ist. Nach h.M. muss die für die Rücknahme **zuständige Stelle innerhalb der zuständigen Behörde** Kenntnis haben. Die Kenntnis irgendeines Beamten der zuständigen (und erst recht einer unzuständigen) Behörde reiche ebenso wenig aus wie die Tatsache, dass die Umstände aktenkundig seien.[709] Die Gegenauffassung stellt abstrakt auf die Kenntnis irgendeiner Stelle der zuständigen Behörde ab. Sie argumentiert, dass auch im Rahmen des § 48 IV VwVfG die Legaldefinition des § 1 IV VwVfG gelte, die nicht auf den einzelnen Amtswalter abstelle. Überdies stehe dem Bürger die Behörde als Einheit gegenüber und müsse sich auch so behandeln lassen.[710] Dagegen spricht jedoch, dass eine „Behörde" als solche keiner Kenntnis fähig ist, sondern diese nur durch menschliche Kenntnis vermittelt werden kann. In Anlehnung an den Rechtsgedanken des § 166 BGB (Wissenszurechnung im Rahmen der Stellvertretung) kann die Zurechnung aber nur im Rahmen des dem „Wissensvertreter" zugewiesenen **Aufgabenkreises** erfolgen. Kenntnis setzt nach dem Zweck der Norm voraus, dass aufgrund des bei der Behörde vorhandenen Wissens ein rechtmäßiger Rücknahmebe-

---

[706] *Erbguth*, JuS 2002, 333, 334; *Maurer*, AllgVerwR, § 11 Rn 35; vgl. auch schon *Kopp*, DVBl 1985, 525, 526; *ders*, GewArch 1986, 177, 185; *Dickersbach*, NVwZ 1993, 846, 863; *Weides*, DÖV 1985, 431, 435; *Schoch*, NVwZ 1985, 880, 884.
[707] Davon unabhängig gilt: Wurde die Rücknahme eines Verwaltungsakts wegen eines Ermessensfehlers gem. § 113 I S. 1 VwGO aufgehoben, beginnt die Jahresfrist für die erneute Rücknahme erst mit Rechtskraft des Urteils zu laufen (vgl. VGH Mannheim NVwZ-RR 2001, 6).
[708] BVerwG NJW 2000, 1512, 1514; *Brodersen*, JuS 2000, 823, 824.
[709] BVerwGE 110, 226, 230 ff.; VGH München NVwZ 2001, 931, 932; VGH Mannheim NVwZ 1998, 87, 89.
[710] OVG Berlin DVBl 1983, 354, 355; *Pieroth*, NVWZ 1984, 681, 684; *Schoch*, NVwZ 1985, 880, 884 f.; *Maurer*, AllgVerwR, § 11 Rn 35.

scheid erlassen werden kann. Diese Möglichkeit besteht nur, wenn der **zuständige Sachbearbeiter** hinreichend sichere Kenntnis hat.

Beispiele:

(1) Landwirt L hat am 11.1.2013 vom Land einen Zuschuss für die Anschaffung einer leistungsfähigeren Melkanlage erhalten. Bei einer verwaltungsinternen Revisionsprüfung am 24.1.2014 stellen Regierungsbeamte fest, dass die Mittel zweckwidrig verwendet wurden. Kann sich L auf die Jahresfrist gem. § 48 IV VwVfG berufen?

Folgt man der h.M., kommt es für den Lauf der Frist nicht auf die Kenntnis der Prüfbeamten an, sondern auf die des Sachbearbeiters der Behörde, die den Zuschuss gewährt hat. Die bloße Aktenkundigkeit der Tatsachen reicht nicht aus, da dies sonst auf ein Kennenmüssen hinauslaufen würde. Demnach ist vorliegend die Jahresfrist des § 48 IV VwVfG verstrichen. L kann den Zuschuss behalten.

(2) Zur Regelung offener Vermögensfragen nach dem VermG ist die jeweilige untere Landesbehörde (Amt zur Regelung offener Vermögensfragen) sachlich zuständig. Trifft aber eine sachlich unzuständige Behörde (etwa das Landratsamt) eine bestimmte, später wegen Rechtswidrigkeit aufzuhebende Regelung, so ist nicht etwa das Landratsamt, sondern das Amt zur Regelung offener Vermögensfragen für den Erlass des Rücknahmebescheids zuständig. Anderenfalls würde eine Perpetuierung der Unzuständigkeit stattfinden.

Überträgt man diese Überlegungen auf den Fristbeginn, kommt es auf die Kenntnis der für die Rücknahme zuständigen Behörde an, nicht jedoch auf die der (sachlich unzuständigen) Behörde, die den rechtswidrigen Verwaltungsakt erlassen hat.[711]

Bei einem **Wechsel der Behördenzuständigkeit** muss sich die nunmehr zuständige Behörde die Kenntnis der bisher zuständigen Behörde zurechnen lassen.[712]

686

ee. Rücknahme gegenüber dem richtigen Adressaten

Ungeschriebene (jedoch selbstverständliche) Tatbestandsvoraussetzung des § 48 VwVfG ist, dass die Rücknahme gegenüber dem **richtigen Adressaten** erfolgt. Im Regelfall ist dies der **Adressat des ursprünglichen Verwaltungsakts**.[713] Anerkannt ist auch, dass neben dem Adressaten auch dessen **Gesamtrechtsnachfolger** Adressat des Aufhebungsbescheids sein kann.[714] Schließlich kann auch ein **Dritter** Adressat eines Rücknahmebescheids sein, sofern dieser als „**Begünstigter**" anzusehen ist. Dies ist nach Auffassung des BVerwG jedenfalls dann der Fall, wenn der unmittelbare Zuwendungsempfänger durch den Bescheid verpflichtet wird, die Zuwendung an einen Dritten weiterzugeben.[715]

687

ff. Richtige Ausübung des Aufhebungsermessens, § 48 I S. 1, S. 2 VwVfG

Liegen die Voraussetzungen für eine Rücknahme vor, steht es grds. im **Ermessen** der Behörde (vgl. „kann" in § 48 I S. 1 VwVfG und „darf" in § 48 I S. 2 VwVfG), ob, in

688

---

[711] Vgl. BVerwGE 110, 226, 234 f.

[712] Wie hier *Kopp/Ramsauer*, VwVfG, § 48 Rn 159; offengelassen von BVerwG NJW 1990, 727.

[713] BVerwG DVBl 2000, 907, 909; OVG Magdeburg NVwZ 2001, 214; VGH Mannheim NVwZ 1998, 87, 88; *Erichsen/Brügge*, Jura 1999, 155, 157; *Oldiges*, NVwZ 2001, 626, 627.

[714] BVerwG ZBR 1983, 206, 207; *Geron*, JA 2002, 229, 230. Vgl. aber auch VG Magdeburg NJW 2001, 2418, 2419, wonach die Erben eines Gesellschafters einer GbR ohne eine entsprechende Nachfolgeklausel im Gesellschaftsvertrag nicht gem. § 1922 BGB in das zwischen der Behörde und der GbR bestehende Subventionsverhältnis eintreten. Sie sind daher nicht richtiger Adressat eines Aufhebungsbescheids.

[715] BVerwG DVBl 2000, 907, 909; VGH Mannheim NVwZ 1998, 87, 88; *Oldiges*, NVwZ 2001, 626, 627. Das gilt auch hinsichtlich der Voraussetzungen, unter denen EU-rechtswidrige Subventionen von Drittunternehmen zurückgefordert werden können. Zu den Konsequenzen einer Abtretung des Subventionsanspruchs für den Widerruf und die Rechtsschutzmöglichkeiten hiergegen vgl. OVG Magdeburg NVwZ 2001, 214; *Rozek*, Jura 2001, 39 ff.

welchem Umfang und mit welcher zeitlichen Wirkung der Verwaltungsakt zurückgenommen wird. Im Rahmen der Ermessensentscheidung (§ 40 VwVfG) hat die Behörde daher unter Beachtung des **Grundsatzes der Verhältnismäßigkeit** sämtliche Aspekte, die für und gegen die Rücknahme sprechen, gegen- und untereinander abzuwägen mit dem Ziel, allen beteiligten Gesichtspunkten so weit wie möglich Rechnung zu tragen.[716] Dieses Rücknahmeermessen (§ 40 VwVfG) ist für das Gericht im Rahmen des § 114 VwGO auf eventuelle Ermessensfehler hin nachprüfbar.

688a Da es sich um eine Ermessensentscheidung handelt, sind auch ermessensreduzierende Umstände zu beachten. Ermessensreduzierend zulasten des Betroffenen kann sich etwa § 48 II S. 3 VwVfG auswirken. Ermessensreduzierend zugunsten des Betroffenen kann sich das Vorliegen von schutzwürdigem Vertrauen auswirken sowie das Vorliegen eines langen Zeitraums zwischen dem Erlass des ursprünglichen begünstigenden Verwaltungsakts und der Rücknahmeentscheidung.

> **Beispiel**[717]: K erhielt vor 52 Jahren eine Beihilfe nach dem Häftlingshilfegesetz. Nunmehr stellt sich heraus, dass die damalige Beihilfe durch Angaben erwirkt wurde, die in wesentlicher Beziehung unrichtig oder unvollständig waren (§ 48 II S. 3 Nr. 2 VwVfG). Die Behörde nimmt den Bewilligungsbescheid zurück.
>
> Die Rücknahmeentscheidung richtet sich nach § 48 I S. 1, S. 2, II S. 3 Nr. 2 VwVfG. Tatbestandlich ist demnach die Rücknahme im vorliegenden Fall zulässig. Allerdings ist die Rücknahme nicht zwingend. Vielmehr hat der Gesetzgeber der Verwaltung ein Ermessen eingeräumt. Im Rahmen der Ermessensentscheidung (§ 40 VwVfG) hat die Behörde unter Beachtung des Grundsatzes der Verhältnismäßigkeit sämtliche Aspekte, die für und gegen die Rücknahme sprechen, gegen- und untereinander abzuwägen mit dem Ziel, allen beteiligten Gesichtspunkten so weit wie möglich Rechnung zu tragen (s.o.). Im vorliegenden Fall spricht der lange Zeitraum zwischen dem Erlass des ursprünglichen begünstigenden Verwaltungsakts und der Rücknahmeentscheidung gegen eine Rücknahme. Zwar hat der Gesetzgeber bewusst keine absolute Ausschlussfrist in die Norm aufgenommen (vgl. BT-Drs. 7/910, S. 71)[718], dennoch aber können Vertrauensgesichtspunkte bzw. der in § 242 BGB fußende Verwirkungsgedanke, der als allgemeiner Rechtsgrundsatz auch im öffentlichen Recht gilt, gegen eine Rücknahme sprechen.

688b Bedeutung hat das Rücknahmeermessen auch bei Leistungsbescheiden mit **Dauerwirkung**. Hier kann es der Vertrauensschutz erforderlich machen, dass bereits erbrachte Leistungen nicht zurückgefordert werden dürfen und dass auch für eine Übergangszeit weiterhin Leistungen zu gewähren sind. Und bei begünstigenden Verwaltungsakten mit **belastender Drittwirkung** ergibt sich die Besonderheit, dass zwar auch in diesem Fall keine grundsätzliche Rücknahme*pflicht* der Behörde besteht, dieser Dritte aber einen materiell-rechtlichen Anspruch auf ermessensfehlerfreie Entscheidung hat, der sich bei einer formell-rechtlich zu bewertenden Ermessensreduzierung auf Null zu einem Rücknahmeanspruch konkretisiert.

> **Beispiel:** Nachbar N hat gegen die dem Bauherrn B erteilte Baugenehmigung (= begünstigender Verwaltungsakt mit belastender Drittwirkung) erfolgreich Widerspruch eingelegt. Die Widerspruchsbehörde weist die Genehmigungsbehörde an, die Baugenehmigung aufzuheben, da sie gegen nachbarschützende Vorschriften verstoße.
>
> Hier hat der Nachbar einen Anspruch auf Aufhebung des Verwaltungsakts, weil er durch ihn in seinen Rechten verletzt ist. Das an sich bestehende behördliche Ermessen

---

[716] Vgl. auch OVG Düsseldorf NVwZ-RR 2013, 250, 251 f. (mit Bespr. v. *Hebeler*, JA 2013, 557).

[717] Nach OVG Düsseldorf NVwZ-RR 2013, 250 (mit Bespr. v. *Hebeler*, JA 2013, 557).

[718] § 48 IV VwVfG betrifft nur die Frist zwischen dem Zeitpunkt der Kenntnisnahme von den Voraussetzungen, die eine Rücknahme rechtfertigen, und der Rücknahmeentscheidung.

bei der Rücknahmeentscheidung ist daher auf Null reduziert, weil jede andere Entscheidung ermessenfehlerhaft wäre.[719]

gg. Rechtsfolge: Rücknahme des Verwaltungsakts durch die Behörde und Rückgewähr der erhaltenen Leistung durch den Betroffenen

Liegen die tatbestandlichen Voraussetzungen des § 48 II VwVfG vor, kann die Behörde den ursprünglichen Verwaltungsakt zurücknehmen. Zu den Kriterien vgl. Rn 674. Die Rückgewähr der erhaltenen Leistungen erfolgt dann durch den in § 49a VwVfG spezialgesetzlich geregelten öffentlich-rechtlichen Erstattungsanspruch (vgl. dazu Rn 741 ff. sowie 1321 ff.).

689

Im Fall des § 48 III VwVfG ist das Rücknahmeermessen reduziert, wenn ein Vermögensausgleich nicht möglich ist bzw. wenn anderenfalls der Vertrauensschutz und der Grundsatz der Verhältnismäßigkeit missachtet würden (Rn 675 ff.).

hh. Prüfungsschema zu § 48 I S. 1, S. 2, II-IV VwVfG

690

Rücknahme eines Verwaltungsakts gem. § 48 I S. 1, S. 2, II-IV VwVfG

- Zuständigkeits-, Verfahrens- und Formvorschriften des Rücknahmebescheids: Die örtliche Zuständigkeit der Rücknahmebehörde bestimmt sich nach § 48 V i.V.m. § 3 VwVfG. Hinsichtlich der sachlichen Zuständigkeit gilt, dass für die Rücknahme eines Verwaltungsakts diejenige Behörde zuständig ist, die für dessen Erlass zuständig wäre. Im Übrigen gelten die allgemeinen Regeln.

- Rechtsgrundlage: § 48 I S. 1 VwVfG (sofern nicht spezialgesetzlich geregelt)

- Rechtswidrigkeit des zurückzunehmenden begünstigenden Verwaltungsakts (d.h. inzidente Prüfung der formellen und materiellen Rechtmäßigkeit des zurückgenommenen Verwaltungsakts)

- Bei Geld- und Sachleistungen (§ 48 II VwVfG):
    - Tatsächliches Vertrauen auf den Bestand der Begünstigung
    - Schutzwürdigkeit des Vertrauens:
        - Kein Ausschluss des Vertrauensschutzes (§ 48 II S. 3 Nr. 1-3 VwVfG)
        - Indizien für den Vertrauensschutz, § 48 II S. 2 VwVfG
        - Abwägung zwischen Vertrauensinteresse und Rücknahmeinteresse, § 48 II S. 1 VwVfG[720]
        - Ggf. Anwendung des § 49 II VwVfG auf § 48 II, III VwVfG

- Bei sonstigen begünstigenden Verwaltungsakten (§ 48 III VwVfG): Rücknahme nach § 48 I VwVfG. Die Schutzwürdigkeit des Vertrauens bei der Frage nach dem Vermögensausgleich bemisst sich nach der Abwägung mit dem öffentlichen Interesse gem. § 48 III S. 1 VwVfG und (wegen des Verweises in § 48 III S. 2 VwVfG) nach § 48 II S. 3 Nr. 1-3 VwVfG.

- Frist, § 48 IV VwVfG (nur für Aufhebung begünstigender rechtswidriger Verwaltungsakte)

- Rücknahme gegenüber dem richtigen Adressaten (i.d.R. der Adressat des ursprünglichen Verwaltungsakts. Anerkannt ist auch, dass neben dem Adressaten auch dessen Gesamtrechtsnachfolger Adressat des Aufhebungsbescheids sein kann. Schließlich kann auch ein Dritter Adressat eines Rücknahmebescheids sein, sofern dieser als „Begünstigter" anzusehen ist).

---

[719] BVerwG NVwZ 2002, 730, 733.
[720] Zur Wiederholung sei darauf hingewiesen, dass diese Prüfungsreihenfolge zwar nicht der des Regel-Ausnahme-Verhältnisses des § 48 II VwVfG entspricht, sie bietet sich aber deswegen an, weil nach Feststellung des Ausschlusstatbestandes des § 48 II S. 3 VwVfG die Abwägung zwischen Vertrauensinteresse und Rücknahmeinteresse (§ 48 II S. 1 VwVfG) entfallen kann.

- Rechtsfolge: Rücknahme bei fehlerfreier Ermessensausübung und Rückgewähr der erbrachten Leistungen. Bei § 48 III VwVfG Ausgleich des Vermögensnachteils, wobei ggf. Minderung oder Ausschluss zu beachten ist.

c. Rückabwicklung unionsrechtswidriger Subventionen

691-720 Relevant ist auch die Rücknahme deutscher Subventionsbescheide, die gegen das EU-Recht verstoßen. Um jedoch den Umfang dieses Buches nicht noch weiter auszuweiten, hat sich der Verfasser entschlossen, das Subventionsrecht ausführlich und einschließlich der europarechtlichen Bezüge auf der Internetseite des Verlags zum kostenlosen Download bereitzustellen. Daher sei darauf verwiesen.

3. Der Widerruf nach § 49 VwVfG

721 Widerruf ist die **Aufhebung eines *rechtmäßigen* Verwaltungsakts**. Die Behörde wird einen Widerruf in Erwägung ziehen, wenn die Sach- und Rechtslage sich so verändert hat, dass der Verwaltungsakt jetzt nicht mehr erlassen werden dürfte, der Verwaltungsakt aber dennoch rechtmäßig ist, weil es bei der Beurteilung der Sach- und Rechtslage auf den Zeitpunkt des Erlasses des Verwaltungsakts ankommt.

> **Beispiel:** Weil der gewerbetreibende G in illegale Glücksspiele verwickelt war, hatte ihm die Behörde die weitere Ausübung des Gewerbes untersagt (vgl. § 35 I GewO). Da sich G seitdem jedoch gewandelt und nunmehr rechtstreu geworden ist, widerruft die Behörde die Untersagungsverfügung gem. § 49 I VwVfG.

> **Weiterführender Hinweis:** Zwar könnte G jederzeit einen Antrag auf Wiedergestattung der Ausübung des Gewerbes stellen, allerdings darf die Behörde die Wiedergestattung grds. erst nach Ablauf eines Jahres nach Durchführung der Untersagungsverfügung (§ 35 VI GewO) erteilen. Daher ist der Widerruf der Untersagungsverfügung gem. § 49 VwVfG, der eine „Wartefrist" nicht kennt, der schnellere und einfachere Weg.

722 § 49 VwVfG und entsprechende Spezialvorschriften wie z.B. § 15 GastG unterscheiden rechtmäßige *belastende* und rechtmäßige *begünstigende* Verwaltungsakte.

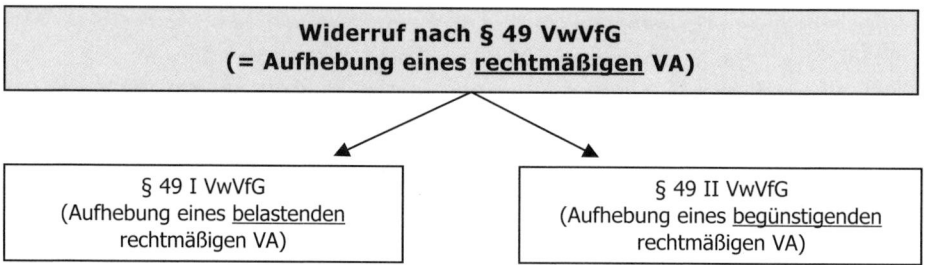

a. Rechtmäßige belastende Verwaltungsakte, § 49 I VwVfG

723 Bei rechtmäßigen belastenden Verwaltungsakten ist die Aufhebung auch nach Bestandskraft problemlos möglich, § 49 I S. 1 Hs. 1 VwVfG. Hierbei kann das Ermessen sogar so weit schrumpfen, dass die Behörde, um ermessensfehlerfrei zu handeln, den Verwaltungsakt widerrufen *muss*. Zu beachten ist aber der Ausschlussgrund des § 49 I S. 1 Hs. 2 VwVfG, wonach der Widerruf ausgeschlossen ist, wenn

- ein Verwaltungsakt gleichen Inhalts erneut erlassen werden müsste (Gedanke der Ökonomie; außerdem hätte der Bürger von dem Widerruf auch keinen Nutzen)

- oder ein Widerruf aus anderen Gründen unzulässig ist (wenn z.B. spezielle Rechtsvorschriften den Widerruf nur unter besonderen Voraussetzungen zulassen, die bei § 49 VwVfG nicht erfüllt sind).

b. Rechtmäßige begünstigende Verwaltungsakte, § 49 II VwVfG

Für den ebenfalls im Ermessen der Behörde stehenden Widerruf eines rechtmäßigen begünstigenden Verwaltungsakts (zur Definition des begünstigenden Verwaltungsakts kann auf die Ausführungen zu § 48 VwVfG verwiesen werden) ist zunächst ein in § 49 II S. 1 Nr. 1-5 VwVfG genannter Widerrufsgrund erforderlich: **724**

aa. Durch Rechtsvorschrift zugelassen oder im Verwaltungsakt vorbehalten, § 49 II S. 1 Nr. 1 VwVfG

Die Behörde wird sich den Widerruf **vorbehalten**, wenn für sie absehbar ist, dass sich die Sach- und Rechtslage ändern wird.[721] Problematisch ist es aber, wenn der Widerrufsvorbehalt rechtswidrig ist.   **725**

> **Beispiel:** Gastronom G beantragt eine Gaststättenerlaubnis. Der in der Behörde zuständige Amtswalter A, der den G kennt und der mit diesem noch eine persönliche Sache offen hat, sieht zwar ein, dass eine Versagung der Gaststättenerlaubnis nicht möglich wäre, er versieht die Erlaubnis aber mit einem Widerrufsvorbehalt, um später – sofern sich doch noch ein Versagungsgrund finden lässt – die Erlaubnis widerrufen zu können.
>
> In diesem Fall ist der Widerrufsvorbehalt selbstverständlich rechtswidrig, weil für A nicht absehbar war, ob sich die Sach- und Rechtslage ändern würde. A hat allein persönliche Interessen verfolgt.

Auch ein rechtswidriger Widerrufsvorbehalt steht dem Widerruf durch die Behörde nicht entgegen, wenn er mit dem Verwaltungsakt bestandskräftig geworden ist. Der Begünstigte hat es ja in der Hand, gegen den Widerrufsvorbehalt (isoliert) vorzugehen. Allerdings handelt die Behörde, die von einem solchen Widerrufsvorbehalt Gebrauch macht, jedenfalls i.d.R. dann ermessensfehlerhaft, wenn die Rechtswidrigkeit des Vorbehalts offensichtlich ist.   **726**

Durch **Rechtsvorschrift zugelassen** ist der Widerrufsvorbehalt beispielsweise gemäß § 8 II FStrG. Eine solche spezialgesetzliche Regelung wird jedoch ohnehin die allgemeine Regelung des § 49 VwVfG in ihrer Anwendbarkeit sperren.   **727**

bb. Nichterfüllung einer Auflage, § 49 II Nr. 2 VwVfG

Auch bei Nichterfüllung einer Auflage, wobei auch schwere Verstöße gegen diese umfasst sind, kann die Behörde widerrufen. Nr. 2 ist analog auch auf die Nichterfüllung sonstiger mit einem Verwaltungsakt verbundener wesentlicher Pflichten anzuwenden.   **728**

Der Widerruf nach Nr. 2 ist wegen des Grundsatzes der Verhältnismäßigkeit nur als *Ultima Ratio* zulässig, d.h. die Behörde muss zunächst versuchen, die Erfüllung der Auflage durchzusetzen (durch Mahnung, Fristsetzung o.ä.). Ob dazu auch der Verwaltungszwang gehört, ist zwar strittig[722], kann aber hier nicht weiter erläutert werden.

Für rechtswidrige Auflagen gilt das zum Widerrufsvorbehalt Gesagte entsprechend.

---

[721] Vgl. dazu OVG Bautzen NJW 2000, 1057, 1058.
[722] Vgl. dazu *Kopp/Ramsauer*, VwVfG, § 49 Rn 39.

cc. Neue Tatsachen und Änderung der Rechtslage, § 49 II Nr. 3 u. 4 VwVfG

729 Hinsichtlich § 49 II Nr. 3 u. 4 VwVfG ist zu beachten, dass sie jeweils zwei *kumulativ* zu erfüllende Voraussetzungen enthalten. Da beide Nummern im Übrigen ohne weiteres unter den Prüfungssachverhalt subsumierbar wären und ihnen auch keine allzu große Prüfungsrelevanz zukommt, wird an dieser Stelle auf eine nähere Auseinandersetzung mit ihnen verzichtet[723].

dd. Schwere Nachteile für das Gemeinwohl, § 49 II Nr. 5 VwVfG

730 Ein Widerruf auf Grundlage der Generalklausel der Nr. 5 ist nicht nur bei einer Gefährdung wichtiger allgemeiner Gemeinschaftsgüter möglich, sondern auch bei ernsthafter Gefährdung oder Beeinträchtigung des Lebens und der Gesundheit Einzelner. Auch bei dem Widerruf nach Nr. 5 ist der Grundsatz der Verhältnismäßigkeit zu beachten, d.h. die Beeinträchtigung für das Gemeinwohl darf nicht auf andere, mildere Weise als durch Widerruf wirksam beseitigt werden können. Der Widerruf nach Nr. 5 ist also wie Nr. 2 nur als *Ultima Ratio* zulässig und daher eng auszulegen.

ee. Befristung

731 Für die Befristung gilt § 48 IV VwVfG (s.o.) entsprechend, § 49 II S. 2 VwVfG.

c. Einmalige oder laufende Geldleistungen oder teilbare Sachleistungen, § 49 III VwVfG, sowie Erstattung und Verzinsung, § 49a VwVfG

732 Weitaus prüfungsrelevanter ist die Widerrufsmöglichkeit nach § 49 III VwVfG, was eine dezidierte Auseinandersetzung mit ihr erforderlich macht.

aa. Einführung

733-734 § 49 III VwVfG ermöglicht den Widerruf eines rechtmäßigen Verwaltungsakts, der einmalige oder fortlaufende Geldleistungen oder teilbare Leistungen gewährt oder hierfür Voraussetzung ist, bei Vorliegen bestimmter Voraussetzungen (Nr. 1 u. 2), und – im Gegensatz zu § 49 II VwVfG a.F. – auch für die Vergangenheit. § 49a VwVfG knüpft an diese Regelung an und enthält zusammenfassend alle Regelungen über die Erstattungs- und Verzinsungspflicht des Begünstigten bei rückwirkender Unwirksamkeit eines Verwaltungsakts, der Leistungen gewährt hat oder Voraussetzung hierfür war.

bb. Widerrufsgründe

735 § 49 III Nr. 1 VwVfG enthält verschiedene Widerrufsgründe. Der Verstoß gegen Auflagen ist von § 49 III Nr. 2 VwVfG erfasst.

736 Von § 49 III S. 1 **Nr. 1** VwVfG werden solche Leistungsverwaltungsakte erfasst, mit denen die Behörde nicht nur einen bestimmten Zweck verfolgt, sondern **der Leistungsempfänger darüber hinaus mit der Leistung einen bestimmten Zweck erfüllen *muss*.** Schon der Wortlaut deutet eine solche Interpretation an, da das Merkmal „zur Erfüllung" sonst nicht verständlich wäre. Anderenfalls hätte es heißen müssen (ohne *Erfüllung*): „Zu einem bestimmten Zweck". Die hier vorgenommene Auslegung wird vor allem auch durch § 49 III S. 1 Nr. 1 VwVfG gestützt, der die Zweckbestimmung der Leistung nochmals aufgreift und einen Widerruf zulässt, „wenn die Leistung nicht (...) für den in dem Verwaltungsakt bestimmten Zweck verwendet

---

[723] Vgl. bei Bedarf etwa *Kühling*, NWVBl 2002, 322 ff.

wird".[724] Bei diesem Zweck muss es sich folglich um einen **„Leistungsverwendungszweck"** handeln. Dieser Verwendungszweck muss sich in allen Fällen des § 49 III VwVfG aus dem Verwaltungsakt selbst ergeben. Zwar sind keine ausdrücklich formulierten Angaben zum Verwendungszweck zu fordern, der Verwaltungsakt muss diesen aber eindeutig erkennen lassen. Dazu kann im Einzelfall auch ein eindeutiger Hinweis im Verwaltungsakt auf eine Rechtsgrundlage ausreichen, wenn die Vorschrift den zu erfüllenden Zweck eindeutig angibt.[725]

> **Hinweis für die Fallbearbeitung:** In einer Prüfungsarbeit ist zunächst festzustellen, dass von § 49 III VwVfG solche Leistungsverwaltungsakte erfasst sind, mit denen die Behörde nicht nur einen bestimmten Zweck verfolgt, sondern der Leistungsempfänger darüber hinaus mit der Leistung einen bestimmten Zweck erfüllen *muss*. Anschließend ist zu prüfen, ob der Zuwendungsbescheid *expressis verbis* den Zuwendungsempfänger verpflichtet, einen bestimmten Zweck zu erfüllen. Ist dies nicht der Fall, muss sich dies aus den genannten Umständen ergeben. Aus den Überlegungen zum Anwendungsbereich des § 49 III VwVfG folgt auch, dass das Verhältnis zu § 49 II VwVfG nicht dem des zwischen § 48 II und III VwVfG bestehenden entspricht. Während sich § 48 II und III VwVfG ausschließen (vgl. den Wortlaut des § 48 III S. 1 VwVfG am Anfang), schließt § 49 III VwVfG von seinem Tatbestand her die Anwendbarkeit des § 49 II VwVfG nicht aus. **Das bedeutet, dass bei einem Verwaltungsakt, der eine verwendungsgebundene Leistung gewährt und damit grundsätzlich von § 49 III VwVfG erfasst wird, auch geprüft werden muss, ob eine der Widerrufsmöglichkeiten des § 49 II VwVfG gegeben ist!**
>
> **Beispiel:** Bei Nichterfüllung einer Auflage kann daher der Widerruf mit Wirkung für die Vergangenheit nur auf § 49 III S. 1 **Nr. 2** VwVfG, der Widerruf mit Wirkung nur für die Zukunft wahlweise auf § 49 II S. 1 Nr. 2 oder § 49 III S. 1 Nr. 2 VwVfG (vgl. „auch") gestützt werden.[726]

737

Die Einführung der Widerrufsmöglichkeit mit Wirkung für die Vergangenheit bewirkt nicht nur, dass erbrachte Leistungen zurückverlangt werden können, sondern auch, dass die Herausgabe von Nutzungen (§ 100 BGB) gefordert werden kann.

738

Auf der **Rechtsfolgeseite** des § 49 III VwVfG („Widerruf der Begünstigung") steht der Verwaltung ein **Ermessen** zu. Sie *kann* die Begünstigung widerrufen, *muss* es aber nicht. Bezüglich dieser Ermessensentscheidung hat das BVerwG inzwischen entschieden, den haushaltsrechtlichen Grundsätzen der Wirtschaftlichkeit und Sparsamkeit komme bei Widerruf einer Subventionsbewilligung wegen Zweckverfehlung eine ermessenslenkende Bedeutung zu.[727] Wird also der mit der Gewährung von öffentlichen Zuschüssen verfolgte Zweck verfehlt, kann im Regelfall das Ermessen nur durch eine Entscheidung zugunsten des Widerrufs fehlerfrei ausgeübt werden („intendiertes Ermessen"). Die haushaltsrechtlichen Grundsätze der Wirtschaftlichkeit und Sparsamkeit überwiegen demnach im Allgemeinen das Interesse des Begünstigten, den Zuschuss behalten zu dürfen.[728]

739

---

[724] Vgl. auch OVG Münster NVwZ-RR 2003, 803, das – unter Aufgabe seiner bisherigen Rspr. – § 49 III VwVfG auch auf rechtswidrige Verwaltungsakte anwendet. Zwar stehe dem der eindeutige Wortlaut der Norm entgegen, für eine Erstreckung der Widerrufsmöglichkeit auf rechtswidrige Verwaltungsakte spreche aber das praktische Bedürfnis.

[725] Vgl. *Baumeister*, NVwZ 1997, 19, 20; *Erichsen/Brügge*, Jura 1999, 496, 500; *Suerbaum*, VerwArch 1999, 361, 375. Zur Auslegung des Tatbestandsmerkmals „alsbald" vgl. BVerwG NVwZ 2003, 221, 222.

[726] Vgl. *Oldiges*, NVwZ 2001, 626, 628.

[727] BVerwGE 105, 55, 57.

[728] *Neumann*, NVwZ 2000, 1244, 1251 f.

cc. Widerrufsfrist

740 § 49 III S. 2 VwVfG unterwirft den Widerruf nach § 49 III S. 1 VwVfG der Jahresfrist des § 48 IV VwVfG.

dd. Der Regelungsgehalt des § 49a VwVfG

a.) Erstattung zu Unrecht erbrachter Leistungen

741 § 49a VwVfG regelt als spezielle Ausprägung des allgemeinen öffentlich-rechtlichen Erstattungsanspruchs in Abs. 1 die Erstattung bereits erbrachter Leistungen, die mit Wirkung für die Vergangenheit zurückgenommen (§ 48 VwVfG) oder widerrufen (§ 49 VwVfG) oder infolge einer auflösenden Bedingung unwirksam geworden sind.[729] Nach § 49a I S. 1 VwVfG *sind* die bereits erbrachten Leistungen zu erstatten, nach § 49a I S. 2 VwVfG *ist* die zu erstattende Leistung durch schriftlichen (oder elektronischen, vgl. § 3a II VwVfG[730]) Verwaltungsakt festzusetzen.[731] Aus dieser Formulierung folgt zunächst, dass die Behörde durch die Rechtsform *Verwaltungsakt* vorgehen muss, die Rückforderung also selbst vollstrecken kann und nicht auf eine gerichtliche Durchsetzung angewiesen ist. Für eine Leistungsklage vor dem Verwaltungsgericht würde ihr wegen dieses einfacheren und effektiveren Wegs schon das Rechtsschutzbedürfnis fehlen. Des Weiteren bedeutet die gesetzliche Formulierung aber auch, dass die Handlungsform „Verwaltungsakt" als formelle Rechtmäßigkeitsvoraussetzung für Rückforderungen *zwingend angeordnet* (sog. **Verwaltungsaktvorbehalt**) und die Behörde *verpflichtet* ist, den Rückerstattungsanspruch überhaupt geltend zu machen.

Nicht direkt dem Wortlaut des § 49a VwVfG, aber aus dessen Sinn und Zweck zu entnehmen ist das Erfordernis, dass die zu erstattenden Leistungen auf der Grundlage eines *wirksamen* Verwaltungsakts erbracht worden sind. Ist also der ursprüngliche Verwaltungsakt, auf dessen Grundlage die Leistungsgewährung erfolgte, nichtig, kann die Behörde die erbrachten Leistungen nicht über § 49a VwVfG zurückverlangen.[732] Das gilt auch dann, wenn die ursprüngliche Leistung gemäß der Zwei-Stufen-Theorie im Rahmen eines privatrechtlich ausgestalteten Abwicklungsverhältnisses (etwa durch Darlehensvertrag) ausgezahlt wurde. Denn während sich aus dem Bewilligungsbescheid nur ein Anspruch auf Abschluss des Darlehensvertrags ergibt, folgt der Anspruch auf die Auszahlung der Darlehenssumme allein aus dem Darlehensvertrag. Da die Rückforderung das Gegenstück (*actus contrarius*) zur Auszahlung ist, teilt sie deren Rechtscharakter. Sie ist daher ebenfalls dem bürgerlichen Recht zuzuordnen.[733]

Daraus folgt insgesamt: Leistungen, die auf einem anderen Rechtsgrund als Verwaltungsakt beruhen, namentlich auf einem öffentlich-rechtlichen Vertrag, können nicht nach § 49a I VwVfG zurückgefordert werden, sondern müssen vor den Verwaltungsgerichten eingeklagt werden (vgl. § 40 II S. 1 VwGO – näher Rn 984 i.V.m. 987).

Dieser Befund hat auch Auswirkungen auf das Prozessrecht: Die Behörde kann im Anwendungsbereich des § 49a VwVfG keine allgemeine Leistungsklage gegen den verpflichteten Bürger erheben.[734] Wegen des Verwaltungsaktvorbehalts und des Grundsatzes der Selbstvollstreckung würde ihr für eine Klage das Rechtsschutzbedürfnis fehlen. Für eine allgemeine Leistungsklage, mit deren Hilfe der allgemeine öffentlich-rechtliche Erstattungsanspruch durchgesetzt werden kann, ist aber Raum, wenn es um Rückforderungen von Leistungen geht, die ursprünglich durch Verwal-

---

[729] Ähnliche (spezielle) Vorschriften finden sich etwa in § 50 SGB X, § 37 II AO und in § 12 II BBG.
[730] Zum elektronischen Verwaltungsakt vgl. ausführlich Rn 479, 481.
[731] Einen solchen Verwaltungsakt nennt man „**Leistungsbescheid**".
[732] BVerwG NJW 2006, 536 f.
[733] Vgl. nunmehr auch BVerwG NJW 2006, 536 f.; OVG Berlin-Brandenburg NVwZ 2006, 104 f.; *Vögler*, NVwZ 2007, 294, 298. Zur Zwei-Stufen-Theorie im Subventionsverhältnis vgl. Rn 1015.
[734] Vgl. *Schenke*, VerwProzR, Rn 353, 592.

tungsvertrag gewährt worden sind. Ist aber § 49a VwVfG anwendbar, kann davon ausgegangen werden, dass die **Geltendmachung eines Erstattungsanspruchs (§ 49a VwVfG) gleichzeitig eine konkludente Aufhebung des begünstigenden Verwaltungsakts** darstellt. Fehlt es also bei einer Festsetzung des Erstattungsanspruchs durch schriftlichen Verwaltungsakt an einer vorausgehenden ausdrücklichen Aufhebung des begünstigenden Verwaltungsakts, kann der Festsetzung nach § 49a I S. 2 VwVfG eine konkludente Aufhebung des ursprünglichen Verwaltungsakts entnommen werden.

b.) Umfang der Erstattung

Für den Umfang der Erstattung mit Ausnahme der Verzinsung gelten die §§ 812 ff. BGB im Sinne einer Rechtsfolgenverweisung entsprechend, § 49a II S. 1 VwVfG. Allerdings wird die bereicherungsrechtliche Einrede der Entreicherung (§ 818 III BGB) durch § 49a II S. 2 VwVfG für den Fall der positiven Kenntnis und der grob fahrlässigen Unkenntnis des Begünstigten von den Umständen, die zur Unwirksamkeit des Verwaltungsakts geführt haben, ausgeschlossen.[735] Eine solche Bösgläubigkeit dürfte insbesondere regelmäßig im Falle einer zweckwidrigen Verwendung der Leistung vorliegen.[736]

742

c.) Verzinsung bei Erstattung

Nach § 49a III S. 1 VwVfG ist der zu erstattende Betrag vom Eintritt der Unwirksamkeit des Verwaltungsakts an i.H.v. 5 % über dem Basiszinssatz zu verzinsen. Von dieser Verzinsungspflicht kann die Behörde unter pflichtgemäßer Ermessensausübung absehen, was insbesondere dann der Fall ist, wenn der Begünstigte die Umstände, die zur Unwirksamkeit des Verwaltungsakts geführt haben, nicht zu vertreten hat und den zu erstattenden Betrag innerhalb der von der Behörde festgelegten Frist begleicht.

743

d.) Verzinsung bei Zweckverzögerung

Verwendet der Begünstigte die Leistung nicht „alsbald" nach der Auszahlung für den bestimmten Zweck, kann die Behörde gemäß § 49a IV S. 1 VwVfG **Zwischenzinsen** erheben. Entsprechendes gilt bei verfrühter Inanspruchnahme der Begünstigung (§ 49a IV S. 2 VwVfG). Durch diese Regelung wird zum einen der Handlungsspielraum der Behörde erweitert, denn sie kann, statt den Verwaltungsakt zu widerrufen (§ 49 III Nr. 1 VwVfG), was nicht immer zweckmäßig erscheint, auch verhindern, dass der Begünstigte aus der Zweckverzögerung bzw. verfrühten Inanspruchnahme auch noch Vorteile zieht (Abschöpfung). Zum anderen wird es dem Grundsatz der Verhältnismäßigkeit eher entsprechen, wenn statt des Erlasses eines Widerrufs nur Zwischenzinsen erhoben werden.

744

Als sachgerechte Konkretisierung des Begriffs „alsbald" hat das OVG Weimar einen Zeitraum von zwei Monaten angesehen.[737] Des Weiteren erlaubt das Gericht (zu Recht) der Behörde, durch Auflage zu dem Bewilligungsbescheid den Zeitraum festzulegen, innerhalb dessen ausgezahlte Beträge zweckentsprechend zu verwenden sind.[738] Jedenfalls wird der Verzinsungsanspruch mit Erlass des Feststellungsbescheids (oder dem darin genannten Zeitpunkt) fällig.[739]

---

[735] Vgl. dazu BVerwGE 105, 354, 362.
[736] *Sachs/Wermeckes*, NVwZ 1996, 1185, 1187.
[737] OVG Weimar NVwZ-RR 1999, 435.
[738] Vgl. auch *Neumann*, NVwZ 2000, 1244, 1252.
[739] BVerwG NVwZ 2005, 964.

745 Die Klarstellung des § 49a IV S. 3 VwVfG, dass trotz der Erhebung von Zwischenzinsen der Bewilligungsbescheid nach Maßgabe des § 49 III S. 1 Nr. 1 VwVfG widerrufen werden kann, hat die Funktion als zusätzliches Druckmittel gegenüber säumigen Leistungsempfängern und gewinnt für den Grundsatz der Verhältnismäßigkeit ebenfalls an Bedeutung.

4. Rechtsschutzgesichtspunkte

a. Anfechtung trotz Bestandskraft

746 Für die erfolgreiche Fallbearbeitung ganz wesentlich sind Kenntnisse des Rechtsschutzes. Ausgangspunkt der Überlegung ist, dass sich der Bürger gegen den ursprünglichen Verwaltungsakt mit Widerspruch und Anfechtungsklage wehren muss. Hierbei muss er die jeweilige Monatsfrist (vgl. §§ 70, 74 I VwGO) beachten. Lässt er die Rechtsbehelfsfristen verstreichen, tritt Bestandskraft ein. Bestandskraft bedeutet, dass der Verwaltungsakt mit ordentlichen Rechtsbehelfen grundsätzlich nicht mehr in Frage gestellt werden soll (sog. Unanfechtbarkeit). Lediglich in Ausnahmefällen, wenn die Berufung auf die Bestandskraft unbillig wäre, hat der Gesetzgeber Möglichkeiten der Aufhebung trotz Bestandskraft vorgesehen. Allerdings hat er dem betroffenen Bürger keinen strikten Rechtsanspruch auf Aufhebung des ihn unbillig belastenden, bestandskräftig gewordenen, Verwaltungsakts eingeräumt. Anderenfalls würde er die mit der Bestandskraft eingetretene grundsätzliche Unanfechtbarkeit nivellieren. Daher hat er die Entscheidung hinsichtlich der Aufhebung gem. §§ 48, 49 VwVfG in das Ermessen der Behörde gestellt. Immerhin hat der Bürger einen Anspruch darauf, dass die Behörde rechtsfehlerfrei ihr Ermessen betätigt und prüft, ob der Verwaltungsakt anhand der Tatbestandsvoraussetzungen der §§ 48, 49 VwVfG aufgehoben werden kann bzw. muss.

747 Gerade aber wegen des mit der Bestandskraft verfolgten Ziels des Rechtsfriedens und der Rechtssicherheit ist trotz des Anspruchs auf ermessensfehlerfreie Entscheidung die Entscheidung der Behörde, von einer Aufhebung abzusehen, i.d.R. nicht ermessensfehlerhaft. Würde man anderes annehmen, stellte man auch in diesem Zusammenhang die Rechtsbehelfsfristen in Frage, die der Gesetzgeber mit gutem Grund festgelegt hat. Etwas anderes gilt nur, wenn die Aufrechterhaltung des Verwaltungsakts zu untragbaren Ergebnissen führen würde. Das ist z.B. der Fall, wenn der Verwaltungsakt zwar nicht nichtig, aber schwerwiegend rechtswidrig ist, oder wenn ein belastender Verwaltungsakt im Zeitpunkt seines Erlasses rechtmäßig war, sich dann aber die rechtlichen oder tatsächlichen Verhältnisse derart geändert haben, dass die Berufung auf die Bestandskraft schlicht untragbar wäre. In einem solchen Fall ist das behördliche Ermessen auf Null reduziert.

b. Rechtsschutz im Zweipersonenverhältnis

748 Fraglich sind die prozessualen Mittel, mit deren Hilfe der Betroffene die Aufhebung bestandskräftiger Verwaltungsakte erwirken kann. Ausgangspunkt der Überlegung ist, dass auch die behördliche Aufhebung eines Verwaltungsakts selbst ein Verwaltungsakt ist. Deshalb muss der Bürger, dessen Antrag auf Aufhebung des bestandskräftig gewordenen Verwaltungsakts gem. § 48 oder § 49 VwVfG abgelehnt worden ist, Verpflichtungswiderspruch und (bei dessen Ablehnung) Verpflichtungsklage gem. § 42 I Var. 2 VwGO erheben. Das Gericht prüft dann, ob die Ablehnung des Antrags auf Aufhebung des ursprünglichen Verwaltungsakts ermessensfehlerhaft und damit rechtswidrig war. Ist dies der Fall, hebt das Gericht nicht – wie im Fall der Anfechtungsklage – den Ablehnungsbescheid auf, sondern es verurteilt die Behörde zum Erlass eines Aufhebungsbescheids, da insoweit auch die Spruchreife gegeben ist

(= Vornahmeurteil gem. § 113 V S. 1 VwGO). Doch gerade aufgrund des Umstands, dass das behördliche Ermessen kaum auf Null reduziert und damit die Ermessensentscheidung der Behörde kaum fehlerhaft ist, dürfte dies aber nur sehr selten der Fall sein. Daher ist der Bürger im Regelfall gut beraten, eine Verpflichtungsklage mit Bescheidungsantrag (= Bescheidungsklage) zu erheben. In diesem Fall verurteilt das Gericht die Behörde zur (nochmaligen) Bescheidung des Bürgers unter Beachtung der Rechtsauffassung des Gerichts (= Bescheidungsurteil, § 113 V S. 2 VwGO). Vgl. dazu näher *R. Schmidt*, VerwProzR, Rn 627 ff.

Bei erfolgreicher Anfechtung des Aufhebungsbescheids lebt der ursprüngliche Verwaltungsakt wieder auf.   **749**

c. Rechtsschutz im Dreipersonenverhältnis

Schwieriger gestaltet sich die rechtliche Behandlung der Aufhebung eines Verwaltungsakts im Dreipersonenverhältnis. In der Regel geht es um die (klausurrelevante) Frage, ob ein Dritter gegen einen Subventionsbescheid vorgehen kann, der einen anderen begünstigt.   **750**

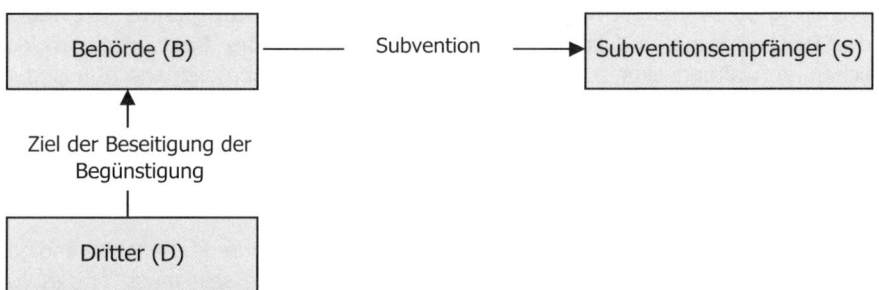

In dem Fall, dass der Rechtsschutzsuchende die dem Konkurrenten eingeräumte Vergünstigung (z.B. Subvention, Taxikonzession oder gaststättenrechtliche Sperrzeitenverlängerung[740]) schlicht abwehren möchte, ist (nach erfolglos durchgeführtem Widerspruchsverfahren) die defensive Konkurrentenklage (auch negative Konkurrentenklage, **Begünstigungs-** oder **Konkurrentenabwehrklage** genannt) einschlägig. Verwaltungsprozessual ist – soweit die Vergünstigung durch Verwaltungsakt gewährt wurde – die **Anfechtungsklage** gemäß § 42 I Var. 1 VwGO statthaft (vgl. dazu im Einzelnen *R. Schmidt*, VerwProzR, Rn 120 ff.). An dieser Stelle sollen zwei darauf aufbauende Problemkreise erörtert werden: **751**

▪ Zum einen ist der Frage nachzugehen, ob die Behörde **während des laufenden Rechtsbehelfsverfahrens** (also während des laufenden Widerspruchs bzw. der anhängigen Klage) den Verwaltungsakt gem. §§ 48, 49 VwVfG aufheben kann.

▪ Zum anderen ist die Frage zu beantworten, welche Rechtsschutzmöglichkeiten für den Dritten bestehen, wenn der Subventionsbescheid bereits **bestandskräftig** ist, Widerspruch und Anfechtungsklage („Drittanfechtung") also nicht mehr in Betracht kommen.

aa. Aufhebung im Rechtsbehelfsverfahren (§ 50 VwVfG)

In der Regel legt der Rechtsschutzsuchende (vorliegend D) zunächst **Widerspruch** gem. § 68 I VwGO gegen den Subventionsbescheid ein. Gelangt die Ausgangsbehörde zu dem Ergebnis, dass tatsächlich eine Rechtsverletzung vorliegt, hilft sie dem Widerspruch ab und erlässt einen Abhilfebescheid (§ 72 VwGO). Ob der Subventions-   **752**

[740] Vgl. OVG Bremen NVwZ 2002, 873; *Schmitz*, NVwZ 2002, 822.

empfänger (vorliegend S) schutzwürdiges Vertrauen in Anspruch genommen hat, spielt dabei keine Rolle, weil es darauf nicht ankommt. Denn im Widerspruchsverfahren richtet sich die Aufhebung nicht nach § 48 VwVfG, sondern nach §§ 68 ff. VwGO. Entsprechendes gilt, wenn nicht die Ausgangsbehörde, sondern die Widerspruchsbehörde gem. § 73 VwGO entscheidet und einen Widerspruchsbescheid erlässt.

753 Wird der angegriffene Subventionsbescheid nicht im Widerspruchsverfahren aufgehoben, kann der Rechtsschutzsuchende **Anfechtungsklage** gem. § 42 I Var. 1 VwGO erheben. Auch in diesem Verfahren ist es irrelevant, ob S Vertrauen in den Bestand der Subvention gesetzt hat und sein Vertrauen schutzwürdig ist, weil sich die Aufhebung eines Verwaltungsakts im Rahmen einer Anfechtungsklage ebenfalls nicht nach § 48 VwVfG, sondern nach § 113 I S. 1 VwGO richtet. Es genügt ebenfalls allein die subjektive Rechtsverletzung auf Seiten des Klägers. Verletzt also die Subventionsvergabe zugunsten des S die Rechte des D, muss das Gericht den Subventionsbescheid gem. § 113 I S. 1 VwGO aufheben.

754 An die vorstehenden Erläuterungen knüpft nunmehr die Frage nach der **Rücknahme und dem Widerruf** eines Verwaltungsakts **im Rechtsbehelfsverfahren** gem. **§ 50 VwVfG** an. § 50 VwVfG gilt nur für **begünstigende Verwaltungsakte mit belastender Drittwirkung** und kommt auch nur **vor Eintritt der Bestandskraft** des fraglichen Verwaltungsakts zu Anwendung. Beides geht unproblematisch aus dem Wortlaut der Norm hervor. Insbesondere das Erfordernis des Nichtvorliegens der Bestandskraft ergibt sich daraus, dass § 50 VwVfG ein anhängiges Widerspruchs- oder Klageverfahren voraussetzt; nach Abschluss eines Widerspruchs- und Klageverfahrens ist § 50 VwVfG nicht mehr anwendbar.

755 Der Sinn des § 50 VwVfG besteht darin, dass die Behörde während eines anhängigen Widerspruchs- oder Klageverfahrens, das mindestens zulässig sein muss[741], den von einem Dritten angefochtenen begünstigenden Verwaltungsakt nach § 48 VwVfG zurücknehmen oder nach § 49 VwVfG widerrufen kann, um dadurch einem Widerspruch abzuhelfen. Die Behörde wird immer dann von der Möglichkeit des § 50 VwVfG Gebrauch machen, wenn sie den Verwaltungsakt zunächst nicht nach § 72 VwGO aufgehoben hat, sich dann aber eines Besseren besinnt und der Aufhebung des Verwaltungsakts durch die Widerspruchsbehörde oder durch das Gericht zuvorkommen möchte. Konsequenterweise erklärt § 50 VwVfG solche Bestandteile der §§ 48, 49 VwVfG für **unanwendbar**, die den **Vertrauensschutz** betreffen. Denn im laufenden Widerspruchs- oder Anfechtungsverfahren spielen Vertrauensschutzgesichtspunkte keine Rolle. Dann ist es aber nur konsequent, wenn dies im parallel laufenden behördlichen Aufhebungsverfahren nach §§ 48, 49 VwVfG ebenso ist. Die Behörde kann den Verwaltungsakt deshalb nach § 48 I S. 1 VwVfG aufheben. Freilich muss hinzukommen, dass der Verwaltungsakt subjektive Rechte des Rechtsschutzsuchenden verletzt, weil der von einem Dritten angefochtene Verwaltungsakt im Widerspruchs- oder Anfechtungsverfahren ebenfalls nur dann aufgehoben werden darf, wenn er rechtswidrig ist und Rechte des Widerspruchführers/Klägers verletzt.

756 > **Fazit:** Eine Aufhebung des Verwaltungsakts nach § 50 VwVfG i.V.m. § 48 I S. 1 VwVfG oder § 49 I S. 1 VwVfG setzt voraus, dass der laufende Widerspruch oder die laufende Anfechtungsklage des Dritten gegen den Verwaltungsakt jedenfalls zulässig ist. Ist dies nicht der Fall, darf die Behörde den Verwaltungsakt gleichwohl gem. §§ 48, 49 VwVfG aufheben, ist dann aber uneingeschränkt an die Vertrauensschutzbestimmungen dieser Vorschriften gebunden.

---

[741] Vgl. BVerwGE 105, 354, 360.

bb. Aufhebung nach Eintritt der Bestandskraft

Möchte der Rechtsschutzsuchende einen bestandskräftigen Verwaltungsakt nicht **757** hinnehmen, kommt ein **Aufhebungsantrag bei der Behörde** in Betracht. D kann – weil er die Subventionsvergabe an S für rechtswidrig hält – daher bei der Behörde den Antrag stellen, sie möge den an S gerichteten Subventionsbescheid aufheben. Freilich muss D (i.S.d. § 42 II VwGO analog) antragsbefugt sein und die Verletzung subjektiver Rechte genauso geltend machen wie er es bei Einlegung eines ordentlichen Rechtsbehelfs (Widerspruch, Anfechtungsklage) müsste. Anderenfalls würde er besser stehen wie er stünde, wenn er die Rechtsbehelfsfristen nicht versäumt und einen ordentlichen Rechtsbehelf eingelegt hätte.

D muss also die Verletzung drittschützender Rechte geltend machen. Dies ist der Fall, wenn die Behörde (durch einseitige Parteinahme) derart schwerwiegend in die bestehenden **Wettbewerbsverhältnisse** eingegriffen hat, dass D in seiner Wettbewerbsfähigkeit **empfindlich** beeinträchtigt, d.h. in seiner wirtschaftlichen Existenz bedroht ist. Hier kann ein subjektives Recht i.S.d. § 42 II VwGO analog vorliegen. Demnach ist D im Hinblick auf Art. 14 I GG klagebefugt, wenn die Begünstigung des S für ihn praktisch eine Entwertung seines aufgebauten Bestandes bedeutete, im Hinblick auf Art. 12 I bzw. Art. 2 I GG, wenn dadurch ein faktischer Ausschluss vom Wettbewerb bewirkt würde.

Unabhängig von der Frage, ob dies der Fall ist, hat D keinen Rechtsanspruch auf Aufhebung, weil er ja gerade die Rechtsbehelfsfristen hat verstreichen lassen. Er hat aber einen Anspruch auf rechtsfehlerfreie Betätigung des behördlichen Aufhebungsermessens. Kommt die Behörde nach entsprechender Prüfung zu dem Ergebnis, dass die Subventionierung des S zu Unrecht erfolgte, kann sie den ursprünglichen Subventionsbescheid unter den Voraussetzungen des § 48 I S. 2, II-IV VwVfG aufheben (§ 48 I S. 1 VwVfG ist nicht einschlägig, da es bei der Beurteilung begünstigend/belastend auf die Sicht des Empfängers – vorliegend also S – ankommt). Jedoch sind die Hürden einer Aufhebung hoch, soweit S auf den Bestand der Subvention vertraut hat und sein Vertrauen bei einer Abwägung mit den öffentlichen Interessen schutzwürdig ist.

IX. Wiederaufgreifen des Verfahrens, § 51 VwVfG

1. Problemstellung

758   Wie sich aus dem zur Aufhebung von Verwaltungsakten Gesagten ergibt, betreffen die Vorschriften der §§ 48, 49 VwVfG die **materiell-rechtlichen** Voraussetzungen, unter denen ein (auch *unanfechtbarer*, d.h. durch Verstreichen der Anfechtungsfristen bestandskräftig gewordener) Verwaltungsakt zurückgenommen bzw. widerrufen werden kann (ggf. auch muss). In (nicht zweifelsfreier) Abgrenzung dazu behandelt § 51 VwVfG die **verfahrensrechtliche** Frage, unter welchen Voraussetzungen die Behörde berechtigt und verpflichtet ist, einen *unanfechtbaren* Verwaltungsakt im Rahmen einer Sachprüfung erneut auf seine Rechtmäßigkeit hin zu überprüfen und ggf. zurückzunehmen.

> **Fall 1:** U führt ein mittelständisches Industrieunternehmen. Am 15.1.2014 erhält er wegen angeblichen Überschreitens der zulässigen Immissionsgrenzwerte einen mit ordnungsgemäßer Rechtsbehelfsbelehrung versehenen Kostenbescheid, der ihn verpflichtet, die der Behörde entstandenen Kosten für die notwendigen Messungen zu erstatten. U erkennt sofort, dass die Behörde ein falsches Messverfahren angewendet hat und dass sie bei Anwendung des korrekten Verfahrens zu dem Ergebnis gekommen wäre, er hätte die zulässigen Grenzwerte nicht überschritten. U ist der Meinung, gegen einen solchen „unsinnigen" Kostenbescheid kein Rechtsmittel einlegen zu müssen. Als die Behörde dann am 19.2.2014 die Festsetzung eines Zwangsgelds androht, wird ihm klar, dass die Behörde es ernst meint. U sucht sofort einen Rechtsanwalt auf und fragt nach der Rechtslage.
>
> Da U die Monatsfrist des § 70 VwGO verstreichen ließ, wäre ein Widerspruch unzulässig. Unzulässig wäre auch eine Anfechtungsklage, weil diese gem. § 68 I S. 1 VwGO ein ordnungsgemäß durchgeführtes Vorverfahren voraussetzt und es an einem solchen gerade fehlt. Der Kostenbescheid ist damit unanfechtbar. Der Eintritt der Unanfechtbarkeit hat zur Folge, dass der Bescheid bestandskräftig geworden ist. Das Verwaltungsverfahren in Bezug auf diesen Bescheid ist somit abgeschlossen. Gründe, die für die Nichtigkeit sprechen (vgl. § 44 VwVfG), sind nicht ersichtlich. Möglicherweise helfen dem U aber ein Antrag auf Wiederaufgreifen des Verfahrens gem. § 51 VwVfG oder ein Antrag auf Aufhebung des Kostenbescheids gem. § 48 VwVfG weiter.

In der Literatur wird das Wiederaufgreifen des Verfahrens regelmäßig wie folgt definiert:

759   **Wiederaufgreifen des Verfahrens** bedeutet, dass die Behörde ein bereits mit unanfechtbarem Verwaltungsakt abgeschlossenes Verfahren neu eröffnet, um die Sache inhaltlich noch einmal zu prüfen und ggf. auch abweichend, d.h. unter Aufhebung des unanfechtbaren Verwaltungsakts, neu zu entscheiden.[742]

760   Ein Wiederaufgreifen des Verfahrens dient somit der **Überwindung** der durch Unanfechtbarkeit ausgelösten **Bestandskraft** des Verwaltungsakts.[743] Da die Behörde aber auch gem. § 48 I S. 1 VwVfG einen rechtswidrigen belastenden bestandskräftigen Verwaltungsakt aufheben kann, ist fraglich, ob sich der Betroffene an die Behörde mit einem Antrag auf Ausübung des Aufhebungsermessens nach § 48 I S. 1 VwVfG oder mit einem Antrag auf Wiederaufgreifen des Verfahrens nach § 51 VwVfG wenden muss oder ob er beide Anträge parallel stellen darf.

---

[742] *Kopp/Ramsauer*, VwVfG, § 51 Rn 8.
[743] Vgl. auch BVerfG NVwZ 2008, 550; *Ludwigs*, JZ 2008, 466; *Waldhoff*, JuS 2008, 266 f.

2. Abgrenzung zur Aufhebung nach §§ 48, 49 VwVfG

Wenn man bedenkt, dass § 51 VwVfG der Behörde die Pflicht auferlegt, bei gegebe- **761** nen Voraussetzungen das Verfahren trotz Bestandskraft des Verwaltungsakts wieder aufzugreifen und den Verwaltungsakt zu überprüfen, folgt daraus die Pflicht, den als rechtswidrig anerkannten Verwaltungsakt aufheben. Demgegenüber folgt aus § 48 VwVfG (dessen Anwendbarkeit neben § 51 VwVfG nicht ausgeschlossen ist, vgl. § 51 V VwVfG) lediglich die Pflicht der Behörde zur ermessensfehlerfreien Entscheidung, auch wenn hier die Behörde aufgrund des Rechtsstaatsprinzips zur Wiederherstellung rechtmäßiger Zustände in ihrem Ermessen eingeschränkt ist. Daher scheint ein Antrag nach § 51 VwVfG das rechtsschutzintensivere Verfahren zu bieten und damit Vorrang vor einem Antrag nach § 48 VwVfG zu haben.

Fall 2[744]**:** Der deutsche Hersteller von Geflügelprodukten, die G-GmbH, exportierte Ende der 90er Jahre als Hähnchenschenkel deklarierte Geflügelerzeugnisse in sog. Drittländer, also in Staaten, die nicht der EU angehören. Bei der zuständigen deutschen Behörde beantragte und erhielt sie dafür entsprechende „Ausfuhrerstattungen". Damit werden landwirtschaftliche Erzeugnisse aus der EU gefördert, indem die Differenz zwischen den Preisen in der EU und den (niedrigeren) Weltmarktpreisen bei der Ausfuhr erstattet wird. Später überprüfte die Behörde den Vorgang und kam zu dem Ergebnis, dass das ausgeführte Geflügelerzeugnis nach dem einschlägigen europäischen Zolltarif zu Unrecht als Hühnerschenkel klassifiziert wurde, da noch ein Teil des Rückens an den Schenkeln gehangen habe. Sie verlangte daher von G die Rückzahlung eines Betrags von umgerechnet ca. 350.000,- €. Der Widerspruch und die Klage gegen diesen Bescheid wurden 2001 abgewiesen, ohne dass die streitige Klassifizierung zum Gegenstand eines Vorlageverfahrens an den EuGH gemacht wurde, denn das Gericht sah keine Zweifel an der Vereinbarkeit der Rechtsauffassung mit EU-Recht.[745] G zahlte den genannten Betrag an die Behörde.
Im Jahre 2004 urteilte der EuGH in einem anderen Verfahren über die Klassifizierung von Geflügelteilen. Der EuGH kam dabei zu einem Ergebnis, welches die Rechtsansicht der G nachträglich bestätigte, dass also ein Hähnchenschenkel, an dem noch ein Teil des Rückens hängt, ein Hähnchenschenkel i.S.e. bestimmten Position des Gemeinsamen Zolltarifs der EU ist.
Nunmehr beantragte G die Zahlung der 2001 zu Unrecht zurückgeforderten Ausfuhrerstattungen. Die Behörde weigerte sich mit der Begründung, dass die Entscheidung aus dem Jahre 2001 bestandskräftig sei, das Verfahren wiederaufzugreifen.

Ist die Behörde unter den genannten Umständen gemeinschaftsrechtlich verpflichtet, das Verwaltungsverfahren wiederaufzugreifen und den bestandskräftigen Bescheid zurückzunehmen?

<u>Vorbemerkung:</u> Der vorliegende Rechtsstreit behandelt den Fall, dass eine nationale Behörde EU-Recht zulasten eines Unternehmens falsch angewendet hat. Der Rechtsanwendungsfehler wurde aber von den zur Kontrolle der Verwaltung berufenen nationalen Gerichten nicht aufgedeckt. Auch der EuGH konnte keine Abhilfe schaffen, da er nicht angerufen wurde. Erst später, im Rahmen eines anderen Verfahrens, kam die Rechtsfrage doch noch zum EuGH, die dieser im Sinne der G entschied. Das eigentliche Problem besteht nun darin, dass die behördliche Entscheidung, mit der die an G gezahlte Beihilfe zu Unrecht zurückgefordert wurde, nach nationalem Recht bestandskräftig geworden ist. Die Frage lautet also, ob das Gebot der Durchsetzung des EU-Rechts, wonach der G die Gelder materiell-rechtlich zustehen, Vorrang vor der Rechtssicherheit (der Fall ist längst nach nationalem Recht rechtskräftig entschieden worden) haben kann.

---

[744] In Anlehnung an EuGH NVwZ 2004, 459 ff. (Datumsangaben geändert); vgl. auch *Doerfert*, JA 2004, 715 f.; *Britz/Richter*, JuS 2005, 198 ff.
[745] Zum Vorlageverfahren (Vorabentscheidungsverfahren) vgl. *R. Schmidt*, Staatsorganisationsrecht, Rn 366.

<u>Lösungsgesichtspunkte:</u> Die Pflicht der nationalen Behörde, auch nach Eintritt der Bestandskraft europarechtskonforme Zustände herzustellen, könnte sich aus Art. 4 III EUV ergeben, wonach die Mitgliedstaaten alle geeigneten Maßnahmen treffen, um die Verpflichtungen, die sich aus dem EU-Recht ergeben, zu erfüllen. Ob sich daraus jedoch für den vorliegenden Fall eine Rücknahmepflicht bzw. eine Pflicht zum Wiederaufgreifen des Verfahrens ergibt, ist fraglich, da auch das EU-Recht die Institute der Bestandskraft und damit der Rechtssicherheit kennt.

So hat auch der EuGH entschieden, dass die Rechtssicherheit zu den im EU-Recht anerkannten allgemeinen Rechtsgrundsätzen gehöre. Die Bestandskraft einer Verwaltungsentscheidung, die nach Ablauf angemessener Klagefristen oder Erschöpfung des Rechtswegs eingetreten sei, trage zur Rechtssicherheit bei. Daher verlange das EU-Recht nicht, dass eine Verwaltungsbehörde grds. verpflichtet sei, eine bestandskräftige Verwaltungsentscheidung zurückzunehmen. Wenn aber die Behörde nach dem einschlägigen nationalen Verwaltungsverfahrensrecht

⇨ die Möglichkeit habe, auch bestandskräftige Entscheidungen zurückzunehmen,
⇨ die behördliche Entscheidung Bestandskraft erst durch das nicht mehr mit Rechtsmitteln anfechtbare Urteil eines nationalen Gerichts erlangt habe,
⇨ dieses Urteil auf einer unrichtigen Auslegung des EU-Rechts beruhe, ohne dass trotz Vorliegens der Voraussetzungen des Art. 267 III AEUV der EuGH angerufen worden sei
⇨ und sich der Rechtsschutzsuchende unmittelbar nach Kenntnis des für ihn günstigen (nach Eintritt der nationalen Bestandskraft ergangenen) EuGH Urteils an die Verwaltungsbehörde gewandt habe,

sei die nationale Verwaltungsbehörde nach dem in Art. 4 III EUV verankerten Grundsatz der Zusammenarbeit verpflichtet, ihre (bestandskräftig gewordene) Entscheidung zu überprüfen, um der mittlerweile vom EuGH vorgenommenen Auslegung der einschlägigen Bestimmung des EU-Rechts Rechnung zu tragen.[746]

Ist die nationale Behörde demnach verpflichtet, erneut über eine mittlerweile bestandskräftig gewordene Sache zu entscheiden, ist in Ermangelung eines einheitlichen EU-Verwaltungsverfahrensrechts das nationale Verwaltungsverfahrensrecht anwendbar. So richtet sich die Rücknahme unionsrechtswidriger Verwaltungsakte deutscher Behörden entweder nach **§ 48 VwVfG** (vgl. auch Art. 14 III der VO (EG) Nr. 659/1999 des Rates)[747] oder nach **§ 51 VwVfG**.

Im vorliegenden Fall könnte das Verfahren nach § 51 VwVfG einschlägig sein. Da die Behörde aber auch gem. § 48 I S. 1 VwVfG einen rechtswidrigen belastenden bestandskräftigen Verwaltungsakt aufheben kann, ist fraglich, ob sich der Betroffene an die Behörde mit einem Antrag auf Ausübung des Aufhebungsermessens nach § 48 I S. 1 VwVfG oder mit einem Antrag auf Wiederaufgreifen des Verfahrens nach § 51 VwVfG wenden muss oder ob er beide Anträge parallel stellen darf.

Wenn man bedenkt, dass § 51 VwVfG der Behörde die Pflicht auferlegt, bei gegebenen Voraussetzungen das Verfahren trotz Bestandskraft des Verwaltungsakts wieder aufzugreifen und den Verwaltungsakt zu überprüfen, folgt daraus die Pflicht, den als rechtswidrig anerkannten Verwaltungsakt aufzuheben. Demgegenüber folgt aus § 48 VwVfG lediglich die Pflicht auf ermessensfehlerfreie Entscheidung, auch wenn hier die Behörde aufgrund des Rechtsstaatsprinzips zur Wiederherstellung rechtmäßiger Zustände in ihrem Ermessen eingeschränkt ist. Daher scheint ein Antrag nach § 51 VwVfG das rechtsschutzintensivere Verfahren zu bieten und damit Vorrang vor einem Antrag nach § 48 VwVfG zu haben. Gleichwohl stellt § 51 V VwVfG klar, dass Ansprüche nach

---

[746] EuGH NVwZ 2004, 459, 460. Vgl. nunmehr auch EuGH EuZW 2008, 148.
[747] Vgl. EuGH NVwZ 1998, 45, 46, Tz. 24; BVerwG NJW 1998, 3728, 3729; *Fischer*, JuS 1999, 749, 750; *Epiney*, NVwZ 2000, 36; *Koenig/Kühling*, NJW 2000, 1065, 1073; *Schwarze*, NVwZ 2000, 241, 244 sowie *Oldiges*, NVwZ 2001, 626, 631.

§§ 48, 49 VwVfG durch § 51 VwVfG nicht ausgeschlossen werden. **Die Rechte aus § 51 VwVfG und aus §§ 48, 49 VwVfG stehen also selbstständig nebeneinander.** Freilich ändert die parallele Anwendbarkeit nichts an der Tatsache, dass § 51 VwVfG rechtsschutzintensiver und daher vorrangig zu prüfen ist (zum hier prozessual relevant werdenden Verhältnis zwischen Hauptantrag und Hilfsantrag vgl. Rn 783).

Nach deutschem Recht wäre somit die Frage, ob die Behörde zu einem Wiederaufgreifen des Verfahrens verpflichtet ist, vorrangig an **§ 51 VwVfG** zu messen. Die Frage, ob die Behörde danach zum Wiederaufgreifen des Verfahrens verpflichtet ist, soll im Anschluss an die nachfolgenden Ausführungen beantwortet werden.

Fazit zur Abgrenzung zwischen § 51 VwVfG und §§ 48, 49 VwVfG: **762**

- Bei **§ 51 VwVfG** hat der Bürger einen **Rechtsanspruch** auf Wiederaufgreifen des Verfahrens, bei den **§§ 48, 49 VwVfG** hat er hingegen nur einen **Anspruch auf ermessensfehlerfreie Entscheidung** darüber, ob sich die Behörde überhaupt mit dem Antrag befasst.

- **§ 51 VwVfG** bezieht sich nur auf **unanfechtbare** (also auf bestandskräftige) Verwaltungsakte, wohingegen die **§§ 48, 49 VwVfG** eine Aufhebung auch **vor Unanfechtbarkeit** zulassen.

- Anders als §§ 48, 49 VwVfG regelt **§ 51 VwVfG nicht**, unter welchen Voraussetzungen der Verwaltungsakt aufgehoben wird; vielmehr regelt die Vorschrift nur, **unter welchen Voraussetzungen sich die Behörde mit dem in Rede stehenden Verwaltungsakt nochmalig in der Sache beschäftigen muss**.

Gerade wegen des Rechtsanspruchs auf Wiederaufgreifen des Verfahrens ist in einer Prüfungsarbeit **§ 51 VwVfG vorrangig vor den §§ 48, 49 VwVfG** zu prüfen, auch wenn die Rechte aus § 51 VwVfG und aus §§ 48, 49 VwVfG selbstständig nebeneinander stehen.

Unbeschadet des Konkurrenzverhältnisses kann aber auch der Antrag auf Wiederaufgreifen des Verfahrens nach § 51 VwVfG (wie der auf Aufhebung nach §§ 48 f. VwVfG) nur in **Ausnahmefällen** zulässig sein. Denn die Anfechtungsfristen sollen gerade gewährleisten, dass Zweifel an der Rechtmäßigkeit alsbald einer Klärung zugeführt werden und dass nach Ablauf der Anfechtungsfristen ein Rechtsfriede einkehrt. Da sich aber auch nach Ablauf der Anfechtungsfristen Änderungen der Sach- und Rechtslage ergeben können, welche die Aufrechterhaltung des Verwaltungsakts für mit dem Rechtsstaatsprinzip unvereinbar erscheinen lassen, ist heute allgemein anerkannt, *dass* ein Antrag auf Wiederaufgreifen des Verfahrens (freilich unter engen, im Folgenden noch zu klärenden) Voraussetzungen zulässig sein muss.[748] Doch bevor zu den Voraussetzungen des Wiederaufgreifens des Verfahrens Stellung genommen werden kann, muss zunächst eine Abgrenzung zur wiederholenden Verfügung und zum Zweitbescheid vorgenommen werden.   **763**

3. Abgrenzung zur wiederholenden Verfügung und zum Zweitbescheid

Wiederholt die Behörde lediglich den Inhalt eines früher erlassenen Verwaltungsakts, **ohne eine erneute Sachprüfung** vorgenommen zu haben, wird in aller Regel keine neue „Regelung" getroffen. In diesem Fall liegt **kein neuer Verwaltungsakt** vor. Das gilt selbst dann, wenn der Betroffene zuvor *erneut* einen Antrag auf inhaltliche Prüfung (d.h. auf Aufhebung des ursprünglichen Verwaltungsakts bzw. auf Erlass eines neuen, begünstigenden Verwaltungsakts) gestellt hat.[749]   **764**

---

[748] Vgl. nur OVG Münster NVwZ 2000, 89.
[749] Vgl. BVerwG NVwZ 2002, 482, 483.

Beispiel 1: Mit Bescheid vom 8.1.2014 wurde der Antrag des G zum Betreiben einer Gaststätte abgelehnt mit der Begründung, dass er nicht die erforderliche Zuverlässigkeit besitze (vgl. § 4 I S. 1 Nr. 1 GastG). Am 18.2.2014 (und damit nach Eintritt der Bestandskraft des Ablehnungsbescheids) stellt er bei der Behörde einen Antrag, die Sachlage erneut zu überprüfen. Die Behörde lehnt dies mit Schreiben vom 28.2.2014 ab, verbunden mit einer Wiederholung des früheren Verwaltungsakts vom 8.1.2014 und unter Hinweis auf dessen Unanfechtbarkeit. Eine Rechtsbehelfsbelehrung hat sie nicht beigefügt.

Auch die Ablehnung eines begünstigenden Verwaltungsakts kann bestandskräftig und damit unanfechtbar werden mit der Folge, dass dagegen gerichtete Rechtsbehelfe unzulässig sind. Diese Unanfechtbarkeit kann auch nicht durch das Stellen eines neuen, inhaltsgleichen Antrags außer Kraft gesetzt werden. Anderenfalls würden die Rechtsbehelfsfristen, die der Gesetzgeber in den §§ 70 und 74 VwGO normiert hat, ausgehebelt.[750] Lehnt also die Behörde den lediglich wiederholten Antrag ab, ohne erneut eine Sachprüfung vorgenommen zu haben, handelt es sich bei der Ablehnung weder um eine materiell-rechtliche noch um eine verfahrensrechtliche Entscheidung, sondern lediglich um die Wiederholung des ersten Verwaltungsakts ohne eigenständige Regelungswirkung. Diese sog. **wiederholende Verfügung** ist, da die Behörde weder eine neue Sachprüfung vorgenommen noch eine Verfahrensregelung getroffen hat, in Ermangelung einer Verwaltungsaktqualität **nicht anfechtbar**.

765 Anders kann zu entscheiden sein, wenn die Behörde einen Antrag des Betroffenen **ablehnt**, das Verfahren **wiederaufzugreifen** (§ 51 VwVfG). Hier ist die Regel umgekehrt, nämlich dass trotz des Umstands, dass die Behörde inhaltlich lediglich auf die frühere Verfügung verweist und daher keine neue Sachentscheidung trifft, ein **Verwaltungsakt** vorliegt. Denn durch die Ablehnung des Antrags auf Wiederaufgreifen des Verfahrens wird zumindest eine **verfahrensrechtliche Regelung** getroffen.[751]

Beispiel 2: G des obigen Beispiels 1 stellt am 18.2.2014 bei der Behörde einen Antrag auf **Wiederaufgreifen des Verfahrens**, weil neue Beweismittel vorlägen, die zu einer anderen Entscheidung führen würden (vgl. § 51 I Nr. 2 VwVfG). Die Behörde lehnt – ohne sich mit der Sache erneut zu beschäftigen – mit Schreiben vom 28.2.2014 ein Wiederaufgreifen des Verfahrens ab.

Hier hat die Behörde schlicht das Wiederaufgreifen des Verfahrens abgelehnt, ohne sich mit der Sache überhaupt zu beschäftigen. Damit hat sie zwar keine materiell-rechtliche Regelung, sondern nur eine verfahrensrechtliche Entscheidung getroffen, dies genügt aber zur Annahme eines **Verwaltungsakts**. G kann diesen daher selbstständig anfechten. Es wird eine neue Anfechtungsfrist in Gang gesetzt.

766 Wieder anders liegt der Fall, in dem die Behörde eine **neue Sachentscheidung** trifft (sei es, dass der Betroffene einen schlichten Antrag, oder sei es, dass er einen Antrag auf Wiederaufgreifen des Verfahrens stellt). Hier liegen (weil zum zweiten Mal in der Sache entschieden wird) ein **Zweitbescheid** und damit ein **Verwaltungsakt** vor.[752]

Beispiel 3 (schlichter Antrag auf neue Sachentscheidung): Nach Bestandskraft des Ablehnungsbescheids vom 8.1.2014 macht G geltend, die Voraussetzungen der Ab-

---

[750] BVerwG NVwZ 2002, 482, 483. Etwas anderes gilt nach Auffassung des BVerwG (NJW 1976, 340, 341) für die Ablehnung eines Bauantrags: Da der Versagungsbescheid sich nur auf den konkreten Bauantrag beziehe und keine verbindliche Feststellung der materiellen Illegalität des Bauvorhabens enthalte, entfalte die Ablehnung eines Baugesuchs mit Rücksicht auf Art. 14 GG keine Bestandskraft; über jeden (auch inhaltsgleichen) Antrag sei erneut sachlich zu entscheiden. Dieser Umstand erklärt, warum es sich bei dem vorliegenden Beispiel nicht um die Ablehnung eines Baugesuchs handeln könnte.

[751] BVerwG NVwZ 2002, 482, 483; BVerwGE 44, 333, 335 (anders noch BVerwGE 13, 99, 101 ff.: lediglich wiederholende Verfügung und damit kein Verwaltungsakt – diese Auffassung jedoch ausdrücklich aufgegeben in BVerwG NVwZ 2002, 482 f.); *Kahl*, Jura 2001, 505, 510; *Seiler*, JuS 2001, 263, 267.

[752] BVerwG NVwZ 2002, 482, 483.

lehnungsentscheidung seien im Nachhinein entfallen. Daraufhin überprüft die Behörde zwar die ursprüngliche Ablehnungsentscheidung, kommt jedoch zu dem Ergebnis, dass diese weiterhin – aus anderen Gründen – gerechtfertigt sei. Dieses Ergebnis teilt sie dem G in Form eines Bescheids mit.

Hier liegen aufgrund der erneut vorgenommenen Sachprüfung ein Zweitbescheid und damit ein erneuter **Verwaltungsakt** vor. G kann den Zweitbescheid daher selbstständig anfechten. Es wird eine neue Anfechtungsfrist in Gang gesetzt.

Beispiel 4 (Ablehnung eines Antrags auf Wiederaufgreifen des Verfahrens):
G stellt am 18.2.2014 bei der Behörde einen Antrag auf **Wiederaufgreifen des Verfahrens**, weil neue Beweismittel vorlägen, die zu einer anderen Entscheidung führen würden (vgl. § 51 I Nr. 2 VwVfG). Die Behörde

(1) greift das Verfahren zwar wieder auf, entscheidet in der Sache aber erneut ablehnend mit der Begründung, die genannten Beweismittel seien keine wirklichen Beweismittel und würden die erforderliche Zuverlässigkeit nicht begründen. Es bleibe bei der Entscheidung vom 8.1.2014.

(2) greift das Verfahren wieder auf und entscheidet in der Sache nun positiv, d.h. dem Antrag entsprechend.

In beiden Konstellationen liegt ein **Zweitbescheid** und damit ein **Verwaltungsakt** vor. Denn selbst in der Konstellation (1) hat die Behörde trotz des Verweises auf den ursprünglichen Ablehnungsbescheid eine (erneute) Sachprüfung vorgenommen. G kann in beiden Konstellationen den Zweitbescheid daher selbstständig anfechten (bzw. in Konstellation (1) eine Verpflichtungsklage erheben). Es wird eine neue Anfechtungsfrist (bzw. Rechtsbehelfsfrist) in Gang gesetzt.

767

> **Hinweis für die Fallbearbeitung:** Da ein Verwaltungsakt und damit eine erneute Anfechtungsmöglichkeit nur dann gegeben sind, wenn in der wiederholenden Verfügung eine materiell-rechtliche oder zumindest eine verfahrensrechtliche Regelung getroffen wurden bzw. wenn sogar ein Zweitbescheid vorliegt, darf die Frage nicht offenbleiben. Ist der Sachverhalt nur vage beschrieben, muss in Anlehnung an §§ 133, 157 BGB auf den objektivierten Empfängerhorizont abgestellt werden. Für die Annahme einer wiederholenden Verfügung ohne Regelungswirkung spricht vor allem der bloße Verweis auf den Inhalt der früheren Regelung, während von einem Zweitbescheid auszugehen ist, wenn der Bescheid eine neue Sachentscheidung enthält oder wenn er sich mit neuen rechtlichen oder tatsächlichen Gesichtspunkten auseinandersetzt.[753] Sollten dann immer noch Zweifel bestehen, kann als Indiz das Vorliegen/Nichtvorliegen einer Rechtsbehelfsbelehrung herangezogen werden. Zwar übt die Rechtsbehelfsbelehrung nur Einfluss auf die Anfechtungsfrist (vgl. § 58 II VwGO – Jahresfrist statt Monatsfrist), nicht auch auf die Rechtmäßigkeit des Verwaltungsakts aus, vorliegend geht es aber auch nicht um die Beurteilung der Rechtmäßigkeit des Schreibens, sondern nur um die Frage nach der Qualifikation als Verwaltungsakt. Fügt die Behörde also eine Rechtsbehelfsbelehrung bei, kann dies als starkes Indiz für das Vorliegen eines Verwaltungsakts gewertet werden. Fehlt indes die Rechtsbehelfsbelehrung, kann man nicht ohne weiteres auf das Nichtvorliegen eines Verwaltungsakts schließen. Denn es besteht die Gefahr, dass die Behörde – um einen Rechtsstreit zu vermeiden – die Verwaltungsaktqualität des fraglichen Schreibens mit dem Argument verneint, dass sie eine Rechtsbehelfsbelehrung beigefügt hätte, wenn sie einen Verwaltungsakt hätte erlassen wollen. In einer Klausur kann also nur das *Vorhandensein* einer Rechtsbehelfsbelehrung als Indiz für das Vorliegen eines Verwaltungsakts herangezogen werden, wohingegen das *Fehlen* einer solchen nicht als Indiz für die Verneinung der Verwaltungsaktqualität gewertet werden kann.

---

[753] Vgl. BVerwGE 13, 99, 101; 17, 256, 258; *Seiler*, JuS 2001, 263, 267.

4. Das Wiederaufgreifen nach § 51 VwVfG

768 Die vorstehenden Ausführungen sollten verdeutlicht haben, dass regelmäßig zwei verschiedene Begehren zu unterscheiden sind, wenn der Bürger die Rücknahme eines Verwaltungsakts begehrt:

(1) Zum einen wird das Wiederaufgreifen des Verfahrens im engeren Sinne angestrebt, d.h. die Behörde soll den ursprünglichen Verwaltungsakt erneut überprüfen. Hierauf hat der Antragsteller unter den Voraussetzungen des § 51 I VwVfG einen Anspruch.

(2) Zum anderen wird die Rücknahme des ursprünglichen Verwaltungsakts begehrt.[754]

769 Dementsprechend sind auch unterschiedliche Entscheidungen der Behörde möglich. Die Behörde

(1) lehnt – ohne sich mit der Sache erneut zu beschäftigen – ein Wiederaufgreifen des Verfahrens ab (oben Beispiel 2),

(2) greift das Verfahren zwar wieder auf, entscheidet in der Sache aber erneut ablehnend (oben Beispiel 4 in der 1. Konstellation)

(3) oder greift das Verfahren wieder auf und entscheidet in der Sache nun positiv, d.h. dem Antrag entsprechend (oben Beispiel 4 in der 2. Konstellation).

770 **Hinweis für die Fallbearbeitung:** Weigert sich die Behörde, das Verfahren wiederaufzugreifen, ist aus prozessualer Sicht fraglich, wie der Rechtsschutzsuchende seine Klageziele durchzusetzen vermag. Es könnte angenommen werden, dass er zunächst eine (isolierte) Verpflichtungsklage auf Wiederaufgreifen erheben muss. Erst wenn die Behörde ablehnend entschiede, käme dann eine weitere Verpflichtungsklage auf Erlass einer begünstigenden Sachentscheidung (und Aufhebung des ursprünglichen Verwaltungsakts) in Betracht. Richtiger dürfte jedoch der Gedanke sein, dass das Rechtsschutzbegehren letztlich auf eine neue Sachentscheidung gerichtet ist. Das Wiederaufgreifen stellt demnach nur eine Vorfrage für die neue Sachentscheidung dar. Folgt man diesem Gedanken, ist lediglich *eine* Verpflichtungsklage (in Form der Versagungsgegenklage), gerichtet auf Erlass des begünstigenden Verwaltungsakts (unter Aufhebung des ursprünglichen Verwaltungsakts), statthafte Klageart. Die Voraussetzungen des § 51 VwVfG wären demnach lediglich besondere Voraussetzung für eine neue Sachentscheidung. Für diese Vorgehensweise spricht, dass ein einheitlicher Vorgang nicht in zwei prozessuale Einzelmaßnahmen gesplittet wird. Darüber hinaus spricht auch die Prozessökonomie dafür, zumal das Gericht bereits im Rahmen des § 51 VwVfG die materielle Rechtslage umfassend prüfen muss. Der Kläger kann daher sein gesamtes Rechtsschutzbegehren mit nur *einer* **Verpflichtungsklage** geltend machen. Die Frage, unter welchen Voraussetzungen das Wiederaufgreifen des Verfahrens zu erfolgen hat, ist bei der Begründetheit der Klage zu prüfen. Dort ist zunächst ein Obersatz zu bilden:

„Die Verpflichtungsklage ist begründet, wenn der Kläger einen Anspruch auf Wiederaufgreifen des Verfahrens hat und er durch den ursprünglichen Verwaltungsakt (bspw. der ursprüngliche Ablehnungsbescheid) in seinen Rechten verletzt wurde, vgl. § 113 V VwGO, er also einen Anspruch auf eine neue (begünstigende) Sachentscheidung hat."

Sodann sind Zulässigkeit und Begründetheit des Antrags auf Wiederaufgreifen des Verfahrens zu prüfen sowie die Begründetheit hinsichtlich des Anspruchs auf Erlass eines begünstigenden Verwaltungsakts.[755]

---

[754] Vgl. dazu BVerwGE 121, 226, 229 ff.; BVerwG NVwZ 2010, 656, 657; NVwZ 2007, 709, 710 f.; DVBl 2001, 726, 729; OVG Münster DVBl 2002, 855; *Seiler*, JuS 2001, 263, 267. Da auch eine Nebenbestimmung – soweit sie vom Hauptverwaltungsakt materiell teilbar ist – isoliert angefochten und aufgehoben werden kann, kann sich der Antrag auf Wiederaufgreifen des Verfahrens auch auf die Beseitigung einer solchen Nebenbestimmung beziehen (dazu OVG Münster NVwZ 2000, 89).
[755] Die zuletzt genannte „zweite" Begründetheitsprüfung ist notwendig, weil die Begründetheit des Antrags auf Wiederaufgreifen je nur zum Wiederaufgreifen führt, nicht aber zum Erlass des gewünschten Verwaltungsakts.

a. Zulässigkeit des Antrags auf Wiederaufgreifen des Verfahrens

Zulässig ist ein Antrag auf Wiederaufgreifen, wenn[756]

771

(1) der Antragsteller einen **entsprechenden Antrag** gestellt hat, aus dem sich die Möglichkeit ergibt, dass sich die Sach- oder Rechtslage nachträglich zu seinen Gunsten geändert hat oder dass neue Beweismittel vorliegen, die eine für ihn günstigere Entscheidung herbeiführen werden (§ 51 I VwVfG).

> **Hinweise für die Fallbearbeitung:** An dieser Stelle der Prüfungsarbeit ist lediglich zu untersuchen, ob die *Möglichkeit* eines Wiederaufgreifensgrundes besteht. Ob tatsächlich ein solcher besteht, ist eine Frage der Begründetheit.

(2) der **ursprüngliche Verwaltungsakt unanfechtbar** geworden ist (§ 51 I VwVfG).

(3) der Antragsteller **antragsbefugt** ist, d.h. geltend machen kann, dass er durch den Verwaltungsakt, dessen Aufhebung bzw. Änderung er begehrt, in seinen Rechten verletzt ist, und diese geltend gemachte Rechtsverletzung in Anlehnung an die Klagebefugnis gem. § 42 II VwGO zumindest möglich erscheint.

(4) der Antragsteller **ohne grobes Verschulden** außerstande war, den Wiederaufgreifensgrund in einem früheren Verfahren, insbesondere durch einen Rechtsbehelf, geltend zu machen (§ 51 II VwVfG).

Grobes Verschulden liegt vor, wenn die im Verkehr erforderliche Sorgfalt in besonders schwerwiegender Weise außer Acht gelassen wird. Das ist neben dem vorwerfbaren Nichteinlegen eines Rechtsmittels etwa auch dann der Fall, wenn der Betroffene Urkunden, Rechnungen oder andere beweiserhebliche Schriftstücke verlegt und dadurch erst nach Ablauf der Anfechtungsfrist des ursprünglichen Verwaltungsakts Kenntnis erlangt hat, sie also nicht in einem früheren Verfahren einbringen konnte.

In **Fall 1** hat U grob fahrlässig verkannt, dass er – um die Bestandskraft zu verhindern – gegen einen ihn belastenden Verwaltungsakt fristgerecht Rechtsmittel einlegen muss. Es muss daher wohl schon von einer Unzulässigkeit des Antrags auf Wiederaufgreifen des Verfahrens ausgegangen werden.

(5) und der Antragsteller den Antrag **innerhalb von drei Monaten** nach Kenntnis vom Wiederaufgreifensgrund gestellt hat (§ 51 III VwVfG).

In **Fall 2** ist vom Vorliegen aller Zulässigkeitsvoraussetzungen auszugehen.

b. Begründetheit des Antrags auf Wiederaufgreifen des Verfahrens

aa. Wiederaufgreifensgründe nach § 51 VwVfG

Begründet ist der Antrag auf Wiederaufgreifen des Verfahrens, wenn ein Wiederaufgreifensgrund vorliegt. § 51 I VwVfG enthält **drei Wiederaufgreifensgründe**[757]:

772

(1) **Nachträgliche Änderung der Sach- oder Rechtslage zugunsten des Betroffenen**

773

Dieser Wiederaufgreifensgrund kommt in Betracht, wenn nach Erlass des ursprünglichen Verwaltungsakts, dessen ursprüngliche Rechtmäßigkeit nicht bestritten wird, die Sach- oder Rechtslage sich geändert hat und deshalb der Verwaltungsakt nunmehr nicht mit dem geltenden Recht zu vereinbaren ist.

Eine Änderung der Rechtslage liegt vor, wenn eine nachträglich ergangene Rechtsvorschrift die für den Erlass des Verwaltungsakts maßgeblichen Rechtsnormen mit

---

[756] Vgl. zu den Voraussetzungen auch BVerwG NVwZ 2007, 709, 710 f.; BVerwG DVBl 1985, 527, 528; NVwZ 1988, 738; NVwZ 1990, 360; DVBl 1997, 956, 957; *Maurer*, AllgVerwR, § 11 Rn 57; *Erichsen/Ebber*, Jura 1997, 424, 425; *Waldhoff*, JuS 2008, 266 f.
[757] Vgl. zu den folgenden Ausführungen *Kopp/Ramsauer*, VwVfG, § 51 Rn 25 ff.

Wirkung für den erlassenen Verwaltungsakt, also dessen entscheidungserhebliche Voraussetzungen betreffend, ändert. Das ist – wenn die ändernde Vorschrift nicht rückwirkend in Kraft tritt – in der Regel der Fall, wenn sie einen Sachverhalt betrifft, der in einem **Verwaltungsakt mit Dauerwirkung** geregelt worden ist.[758]

Beispiel: Eine *Änderung der Rechtslage* ist anzunehmen, wenn eine Verbotsnorm, auf die ein belastender Verwaltungsakt gestützt wurde, mittlerweile aufgehoben wurde. Eine *Änderung der Sachlage* ist anzunehmen, wenn persönliche Verhältnisse des Betroffenen, deren Vorliegen ursprünglich zu einer Versagung oder zu einer weniger großen Begünstigung geführt haben, sich zwischenzeitlich geändert haben.

Zu beachten ist, dass eine *Änderung der* höchstrichterlichen Rechtsprechung oder eine Änderung der Verwaltungspraxis grundsätzlich **keine** Änderung der Rechtslage i.S.d. § 51 I Nr. 1 VwVfG darstellen und ihr auch nicht gleichzusetzen sind.[759] Das gilt erst recht, wenn ein vergleichbarer Sachverhalt höchstrichterlich anders ausgelegt wurde, denn dann geht es lediglich um eine *Klärung* der Rechtslage, nicht um eine Änderung.

In **Fall 2** („Hähnchenschenkel") wäre daher ein auf § 51 I Nr. 1 VwVfG gestützter Wiederaufgreifensgrund abzulehnen.

774

(2) **Vorliegen von neuen, den Antragsteller begünstigenden Beweismitteln**

Unter **neuen** Beweismitteln sind nicht nur solche zu verstehen, die erst nach Abschluss des ursprünglichen Verfahrens entstehen, sondern auch solche, die während des Verfahrens zwar schon vorhanden waren, aber ohne Verschulden des Betroffenen nicht oder nicht rechtzeitig beigebracht werden konnten. Als neue Beweismittel in Betracht kommen alle in § 26 VwVfG genannten Beweismittel, insbesondere Auskunft, Zeugenvernehmung, Sachverständigengutachten[760], Urkunden und Augenschein.

Das neue Beweismittel muss den Antragsteller **begünstigen**. Während nach einem Teil der Literatur[761] bereits die Möglichkeit genügt, dass die ursprüngliche behördliche Entscheidung – hätte das Beweismittel zu diesem Zeitpunkt schon vorgelegen – für den Betroffenen günstiger ausgefallen wäre, verlangt die Rechtsprechung[762], dass das Beweismittel tatsächlich zu einer günstigeren Entscheidung geführt hätte.

Die neuen Beweismittel indizieren die Rechtswidrigkeit des ursprünglichen Verwaltungsakts. Daher geht es hier um ein *Rücknahmeverfahren*.

775

(3) **Wiederaufnahmegründe entsprechend § 580 ZPO**

§ 51 I Nr. 3 VwVfG verweist für weitere Gründe, die ein Wiederaufgreifen des Verfahrens rechtfertigen, auf die Wiederaufnahmegründe der sog. Restitutionsklage gem. § 580 ZPO, die für entsprechend anwendbar erklärt wird. In der Praxis und in der Klausur sind insbesondere die in § 580 Nr. 1-3 ZPO genannten Gründe relevant. So besteht ein Wiederaufnahmegrund, wenn der ursprüngliche **Verwaltungsakt auf falscher Beweisgrundlage** erlassen wurde. Das wiederum ist der Fall, wenn der Verwaltungsakt auf einer vorsätzlich oder fahrlässig **falschen Aussage eines Beteiligten** im Rahmen der Beteiligtenvernehmung (vgl. § 26 I Nr. 2 VwVfG), einer unrichtigen oder unvollständigen Angabe, einer **falschen Urkunde** (vgl. § 26 I Nr. 3 Var. 1 VwVfG) oder einer **wahrheitswidrigen Zeugenaussage** (vgl. § 26 I Nr. 2 VwVfG), einer **falschen Auskunft** (vgl. § 26 I Nr. 1 VwVfG) oder einem unter Verletzung der Wahrheitspflicht erstatteten **Gutachten** beruht, d.h. wenn nicht

---

[758] OVG Münster NVwZ 2000, 89.
[759] BVerwGE 95, 86, 89 f. Zu den Ausnahmen siehe Rn 781.
[760] Zu diesem Beweismittel i.S.d. § 51 I Nr. 2 VwVfG vgl. BayVGH BauR 2009, 1891, 1892 ff.
[761] *Kopp/Ramsauer*, VwVfG, § 51 Rn 13/34; *Erichsen/Ebber*, Jura 1997, 424, 428.
[762] BVerwG DVBl 1985, 527, 528; BVerwG DVBl 2001, 305 f.

auszuschließen ist, dass die Entscheidung der Behörde sonst anders ausgefallen wäre. Darüber hinaus besteht entsprechend § 580 Nr. 4 ZPO ein Wiederaufgreifensgrund, wenn der Verwaltungsakt durch eine **strafbare Handlung** (insb. durch Täuschung, Drohung, Bestechung, Nötigung und Erpressung) herbeigeführt wurde. Relevant ist schließlich der Wiederaufgreifensgrund nach § 580 Nr. 5 ZPO, wenn im Verfahren also ein Amtsträger mitgewirkt hat, der sich hinsichtlich des Verfahrens einer mit Strafe bedrohten **Verletzung seiner Amtspflichten** gegenüber dem Betroffenen schuldig gemacht hat.

bb. Rechtsfolge bei Vorliegen eines Wiederaufgreifensgrundes

Liegt ein Wiederaufgreifensgrund vor, ist der Antrag zwar im engeren Sinne begründet, jedoch ist dem Anliegen des Bürgers noch nicht abgeholfen. Vielmehr muss weiterhin geprüft werden, ob der Antrag nach der materiellen Rechtslage zu einer günstigeren Entscheidung für den Betroffenen führt. Nur dann ist der Antrag auf Wiederaufgreifen des Verfahrens im weiteren Sinne (also letztlich im Ergebnis) begründet. Ist der Antrag begründet, ist die Behörde zum Wiederaufgreifen des Verfahrens verpflichtet. Das heißt jedoch noch nicht, dass der Verwaltungsakt auch aufgehoben werden muss. Denn wie gesagt, hat der Antragsteller lediglich einen Anspruch auf erneute Prüfung des Verwaltungsakts. Ob die Behörde in der ursprünglichen Sache tatsächlich anders entscheidet, muss sie im Rahmen eben dieser erneuten Sachprüfung entscheiden. Das ist insoweit unstreitig. Umstritten ist aber der Prüfungsmaßstab.

776

- Teilweise wird vertreten, dass sämtliche für den Erlass des Verwaltungsakts einschlägigen Rechtsvorschriften maßgeblich seien.[763] Folge dieser Auffassung ist, dass der Verwaltungsakt am Maßstab des gesamten höherrangigen Rechts überprüft werden muss.

- Andere sehen als Prüfungsmaßstab allein die §§ 48, 49 VwVfG als maßgeblich an.[764] Danach liegt die Aufhebung des Verwaltungsakts auch dann grds. im Ermessen der Behörde, wenn sich dieser nunmehr als rechtswidrig erweist. Immerhin räumen die Vertreter dieser Auffassung ein, dass es in der Regel ermessensfehlerhaft sei, wenn die Aufhebung eines rechtswidrigen Verwaltungsakts abgelehnt werde.

- Schließlich wird vertreten, dass die Behörde an die Wiederaufgreifensgründe des § 51 I VwVfG gebunden sei.[765] Demnach muss der Verwaltungsakt (nur) dann aufgehoben werden, wenn er in Ansehung gerade des vorliegenden Wiederaufgreifensgrundes rechtswidrig ist bzw. rechtswidrig geworden ist. Maßgeblich ist demnach das **aktuelle materielle Recht im Zeitpunkt der nunmehr zu treffenden Entscheidung**. Diese Auffassung überzeugt, weil die strikte Bindung an die Wiederaufgreifensgründe und das Abstellen auf die nunmehr geltende materielle Rechtslage dem Zweck des Wiederaufgreifensverfahrens entsprechen.

In **Fall 1** liegt ein Wiederaufgreifensgrund nach § 51 I Nr. 3 VwVfG i.V.m. § 580 ZPO vor, weil der ursprüngliche **Verwaltungsakt auf falscher Beweisgrundlage** (falsches Messverfahren) erlassen wurde. Ein Antrag des U auf Wiederaufgreifen des Verfahrens wäre demnach nicht nur begründet, sondern die Behörde müsste auch in der Sache am Maßstab des aktuellen materiellen Rechts entscheiden. Allerdings wurde bereits festgestellt, dass der Antrag unzulässig sei.

---

[763] *Erichsen*, in: Erichsen/Ehlers, AllgVerwR, § 20 Rn 5.
[764] *Maurer*, AllgVerwR, § 11 Rn 61; *Burgi*, JuS 1991, L 81.
[765] BVerwG NJW 1982, 2205; 1985, 280; *Kopp/Ramsauer*, VwVfG, § 51 Rn 19; *Sachs*, in: Stelkens/Bonk/Sachs, VwVfG, § 51 Rn 36.

cc. Wiederaufgreifensgründe außerhalb von § 51 VwVfG ?

777 Schon vor Erlass des VwVfG 1976 war anerkannt, dass die Behörde trotz Bestandskraft des Verwaltungsakts das Verwaltungsverfahren wiederaufgreifen kann, wenn sich der Rechtszustand als unbillig erweist.[766] An dieser Möglichkeit hat der Gesetzgeber mit Erlass des § 51 VwVfG nichts ändern wollen; vielmehr soll diese Vorschrift einige Tatbestände benennen, bei deren Vorliegen der Betroffene einen **Anspruch auf Wiederaufgreifen** hat.[767] Daraus folgt im Umkehrschluss, dass ein Wiederaufgreifen des Verfahrens auch **außerhalb der Wiederaufgreifensgründe** des § 51 VwVfG möglich ist, freilich **unter Beachtung der Zulässigkeitsvoraussetzungen** des Wiederaufgreifensantrags, **ohne dass jedoch ein Rechtsanspruch** des Betroffenen auf Wiederaufgreifen besteht. Der Betroffene hat lediglich einen (ggf. im Rahmen einer Verpflichtungsklage zu prüfenden) **Anspruch auf ermessensfehlerfreie Entscheidung** über seinen Wiederaufgreifensantrag.[768]

778 Wenn aber außerhalb der in § 51 VwVfG genannten Gründe kein Anspruch auf Wiederaufgreifen besteht, sondern lediglich ein Anspruch auf ermessensfehlerfreie Entscheidung, ergibt sich auf materiell-rechtlicher Seite kein Unterschied zu §§ 48 I, 49 I VwVfG.[769] Daraus folgt:

779 Liegt **kein Wiederaufgreifensgrund** gem. § 51 VwVfG vor, hat der Betroffene lediglich **einen Anspruch auf ermessensfehlerfreie Entscheidung**, die Behörde möge prüfen, ob das Verfahren wiederaufgegriffen und der bestandskräftige Verwaltungsakt nach § 48 I oder § 49 I VwVfG aufgehoben werden können.

780 Im Rahmen der Ermessensentscheidung ist zu beachten, dass die mit der Bestandskraft des Verwaltungsakts beabsichtigte Rechtssicherheit ins Gewicht fällt, die dafür spricht, das Verfahren **nicht wiederaufzugreifen** bzw. den bestandskräftigen Verwaltungsakt **nicht aufzuheben**. Dieser Gedanke schlägt v.a. dann durch, wenn der Betroffene schlicht die Rechtswidrigkeit des Verwaltungsakts geltend macht oder Einwendungen vorbringt, die bereits im Rahmen des Rechtsbehelfsverfahrens oder eines früheren Wiederaufgreifensantrags zurückgewiesen wurden. In solchen Fällen kann die Behörde ermessensfehlerfrei auf die Bestandskraft des (wenn auch rechtswidrigen) Verwaltungsakts verweisen. Wenn aber der Betroffene **tatsächliche** oder **rechtliche Gesichtspunkte** vorträgt, die bislang **nicht oder nicht hinreichend beachtet** wurden, muss die Behörde eine echte **Ermessensentscheidung** herbeiführen.[770] Es kann sogar eine **Ermessensreduzierung auf Null** gegeben sein, wenn die Behörde in **gleich gelagerten Fällen** das Verfahren wiederaufgegriffen hat.[771] Dann muss die Behörde unter dem Gesichtspunkt der Selbstbindung der Verwaltung auch im nunmehr zu entscheidenden Fall das Verfahren wiederaufgreifen. Eine Ermessensreduzierung auf Null besteht auch dann, wenn die Aufrechterhaltung des Verwaltungsakts „unerträglich" wäre[772] oder wenn Umstände ersichtlich sind, die die Berufung der Behörde auf die Unanfechtbarkeit des fraglichen Verwaltungsakts als **Verstoß gegen die guten Sitten** oder gegen den Grundsatz von **Treu und Glauben** erscheinen lassen.[773]

---

[766] Vgl. BVerwGE 27, 297, 305 ff.; 44, 333.
[767] Es sei an dieser Stelle noch einmal betont, dass sich der Anspruch nur auf das Wiederaufgreifen bezieht. Eine andere Sache ist es, ob die Behörde im Rahmen des Wiederaufgreifens in der Sache anders entscheidet und den belastenden Verwaltungsakt zugunsten eines neuen aufhebt. Dies ist stets eine Ermessensfrage.
[768] Vgl. BVerwG DVBl 2001, 726, 729; OVG Münster DVBl 2002, 855; *Seiler*, JuS 2001, 263, 267.
[769] Das verkennt *Doerfert*, JA 2004, 715, 716.
[770] *Maurer*, AllgVerwR, § 11 Rn 64.
[771] Vgl. BVerwGE 26, 153, 155.
[772] BVerfGE 28, 122, 127 f.
[773] BVerfGE 44, 333, 336; *Maurer*, AllgVerwR, § 11 Rn 65.

Ob eine **Änderung der höchstrichterlichen Rechtsprechung**, die nach Erlass bzw. Bestandskraft des fraglichen Verwaltungsakts ergangen ist, einen Wiederaufgreifensgrund darstellt, ist zweifelhaft. Dagegen spricht schon der Umstand, dass maßgeblicher Zeitpunkt für die Beurteilung der Rechtslage der Zeitpunkt der letzten behördlichen Entscheidung ist. Würde man nachträgliche Änderungen der höchstrichterlichen Rechtsprechung stets berücksichtigen und einen Wiederaufgreifensgrund bejahen, käme es praktisch nie zu einem Rechtsfrieden. Auf der anderen Seite indiziert die Änderung der Rechtsprechung die Rechtswidrigkeit der auf der Grundlage der bisherigen Rechtsprechung erlassenen Verwaltungsakte, da diese – auf der Grundlage der geänderten Rechtsprechung – an einem Rechtsanwendungsfehler leiden und ein Wiederaufgreifen des Verfahrens erforderlich machen. Nähme man dies an, lägen sogar ein obligatorischer Wiederaufgreifensgrund nach § 51 I Nr. 1 VwVfG und damit ein Anspruch des Betroffenen auf Wiederaufgreifen des Verfahrens vor. Da hinsichtlich § 51 I Nr. 1 VwVfG jedoch allgemein angenommen wird, dass eine Änderung der höchstrichterlichen Rechtsprechung keine Änderung der Sach- oder Rechtslage i.S.v. § 51 I Nr. 1 VwVfG darstellt, wird die Änderung der höchstrichterlichen Rechtsprechung nur außerhalb des § 51 VwVfG, und zwar im Rahmen der **Ermessensentscheidung** über das Wiederaufgreifen des Verfahrens, zu berücksichtigen sein. Hierbei gewinnt die neue Rechtsprechung aber besonderes Gewicht, wenn sie die Rechtswidrigkeit des auf der Grundlage der bisherigen Rechtsprechung ergangenen Verwaltungsakts eindeutig aufdeckt und wenn durch das Wiederaufgreifen keine Rechte Dritter, die sich auf die Bestandskraft des in Rede stehenden Verwaltungsakts verlassen haben, beeinträchtigt werden.[774]

In **Fall 2** („Hähnchenschenkel") wäre – da ein auf § 51 I Nr. 1 VwVfG gestützter Wiederaufgreifensgrund abzulehnen ist – zunächst die Frage zu beantworten, ob es (generell) ein Wiederaufgreifen des Verfahrens außerhalb der in § 51 VwVfG genannten Gründe gibt. Diese Frage wird – wie gesehen – bejaht, allerdings liegt das Wiederaufgreifen dann im Ermessen der Behörde, während sie bei Vorliegen der Voraussetzungen des § 51 VwVfG dazu verpflichtet ist. Im vorliegenden Fall dürfte das Ermessen sogar reduziert sein, da zum einen die nationale Rechtsprechung und Verwaltungspraxis durch den EuGH korrigiert werden und zum anderen keine Betroffenheit Dritter vorliegt.[775]

Ergebnis: Das grundsätzlich bestehende Ermessen verdichtet sich zu einer Verpflichtung und damit zum Wiederaufgreifen und anschließender Aufhebung des Verwaltungsakts. G kann die zurückgezahlte Beihilfe herausverlangen.

5. Rückgriff auf §§ 48, 49 VwVfG

Ist der Antrag auf Wiederaufgreifen des Verfahrens gem. § 51 VwVfG **unzulässig** und/oder **unbegründet**, kommt nur noch ein direkter Antrag/bzw. eine direkte Verpflichtungsklage auf Aufhebung des ursprünglichen Verwaltungsakts gem. **§§ 48, 49 VwVfG** in Betracht. Diese Normen stehen zwar primär im öffentlichen Interesse, räumen auf ihrer Rechtsfolgeseite der Verwaltung aber ein Ermessen ein. Der Einzelne hat ein subjektives öffentliches Recht auf ermessensfehlerfreie Entscheidung.

> **Hinweis für die Fallbearbeitung:** In der Regel stellt der Rechtsschutzsuchende einen **Hauptantrag**, der auf Wiederaufgreifen des Verfahrens gerichtet ist, und – für den Fall des Scheiterns dieses Hauptantrags – einen **Hilfsantrag**, der auf Aufhebung gem. §§ 48 f. VwVfG gerichtet ist. Ist der (zwingend zuerst zu prüfende) Hauptantrag auf Wiederaufgreifen des Verfahrens unzulässig und/oder unbegrün-

---

[774] Vgl. BVerwG NJW 1981, 2595; NVwZ 1988, 143; 1995, 1097.
[775] Diese Aspekte verkennen *Britz/Richter*, JuS 2006, 198, 200.

det, ist im Rahmen des Hilfsantrags, der im **Eventualklageverhältnis** zum Hauptantrag steht[776], eine Klage auf Aufhebung des bestandskräftigen Verwaltungsakts gem. §§ 48, 49 VwVfG zu prüfen. §§ 48, 49 VwVfG sind neben § 51 VwVfG anwendbar (auch wenn § 51 VwVfG wegen des Rechtsanspruchs auf Wiederaufgreifen, den er dem Bürger gewährt, in der Fallbearbeitung vorrangig zu prüfen ist). Die parallele Anwendbarkeit der §§ 48, 49 VwVfG stellt § 51 V VwVfG klar. Der Aufhebungsanspruch (vgl. § 113 V S. 1 VwGO) kann sich dann entweder aus § 48 oder § 49 VwVfG ergeben, je nachdem, ob der ursprüngliche Verwaltungsakt rechtswidrig oder rechtmäßig ist. Voraussetzung ist nur, dass das Aufhebungsermessen der Behörde auf Null reduziert ist. Anderenfalls steht die Aufhebung im Ermessen der Behörde; es ergeht lediglich ein Bescheidungsurteil (vgl. § 113 V S. 2 VwGO).

In **Fall 1** muss daher zunächst geklärt werden, ob der ursprüngliche Kostenbescheid rechtswidrig oder rechtmäßig ist. Von der formellen Rechtmäßigkeit kann ausgegangen werden. Fraglich ist aber die materiell-rechtliche Seite. Wenn man davon ausgeht, dass die Anwendung des richtigen Messverfahrens zu dem Ergebnis geführt hätte, dass U die zulässigen Grenzwerte eingehalten hat, war der Kostenbescheid rechtswidrig. Die Aufhebung richtet sich daher nach § 48 VwVfG. Da der Kostenbescheid für U im Übrigen belastend wirkt, richtet sich die Rücknahme konkret nach § 48 I S. 1 VwVfG und steht im pflichtgemäßen Ermessen der Behörde. Das erklärt sich schon allein daraus, dass gerade wegen der Beseitigung eines belastenden und zudem rechtswidrigen Verwaltungsakts rechtsstaatliche Gesichtspunkte wie etwa Vertrauensschutz oder Fristen keine Rolle spielen können. Im Gegenteil ist die Rücknahme geradezu geboten. Die Behörde muss im Rahmen ihrer Ermessensentscheidung schon gewichtige Gründe vorbringen, will sie von einer Rücknahme absehen.

---

[776] Vgl. dazu *R. Schmidt*, VerwProzR, Rn 625.

X. Nebenbestimmungen zum Verwaltungsakt, § 36 VwVfG

1. Problemstellung

Wie bereits bei Rn 360 ausgeführt, kommt einem Verwaltungsakt eine Doppelwirkung **784** i.S.e. **Mischwirkung** zu, wenn er für *dieselbe Person* einerseits begünstigend, anderseits zugleich aber auch belastend wirkt („gemischter Verwaltungsakt"). Eine solche Wirkung ist insbesondere dann anzunehmen, wenn der Verwaltungsakt mit einer belastenden Nebenbestimmung versehen ist.

Unter **Nebenbestimmungen** sind Zusätze zu verstehen, welche die Behörde einem **785** begünstigenden Verwaltungsakt beifügt, um ihn inhaltlich oder zeitlich zu beschränken.

Da mit der Anfügung einer Beschränkung für den Empfänger eine Rechtsbeeinträchti- **786** gung verbunden ist, hat er i.d.R. ein Interesse daran, dass diese Beschränkung beseitigt wird, ohne dass der begünstigende Teil des Verwaltungsakts geschmälert wird. Folglich werden dadurch vor allem zwei Fragestellungen relevant:

- Unter dem **materiell-rechtlichen** Aspekt stellt sich die Frage, unter welchen Voraussetzungen die Behörde einen Verwaltungsakt mit Nebenbestimmungen versehen kann.

- Bei **prozessualer** Betrachtung ist problematisch, ob ein isoliertes Vorgehen gegen Nebenbestimmungen statthaft ist. Als Alternative kommen stets entweder eine Anfechtungsklage gegen den gesamten Verwaltungsakt oder eine Verpflichtungsklage auf Erlass eines Verwaltungsakts ohne Zusätze in Betracht.

Der Rechtsschutz gegen Nebenbestimmungen gehört zu den kompliziertesten und **787** unüberschaubarsten Bereichen des Verwaltungsrechts. Alleine die Vielgestaltigkeit der Begriffe erschwert bereits eine klare Beschreibung oder gar Einordnung in den richtigen rechtlichen Kontext. Darüber hinaus werden in Rechtsprechung und Literatur nahezu alle denkbaren und zum Teil widersprüchlichen Auffassungen vertreten.

> **Hinweis für die Fallbearbeitung:** Wegen der Komplexität empfiehlt es sich, in einer Prüfungsarbeit zunächst den neutralen Begriff „Zusatz" zu verwenden, bis geklärt ist, ob überhaupt eine Nebenbestimmung vorliegt, und wenn ja, um welche Art von Nebenbestimmung es sich handelt.
> In Bezug auf die statthafte Klageart und daraus resultierend für den gesamten weiterführenden Klausurverlauf kommt es demnach entscheidend darauf an, welche Einordnung der betreffende Zusatz erfahren hat. Im Vorgriff auf die folgenden Ausführungen sei aber darauf hingewiesen, dass in einer Klausur, soweit sie überhaupt Nebenbestimmungen zum Gegenstand hat, der fragliche Verwaltungsakt i.d.R. lediglich mit einer Auflage (§ 36 II Nr. 4 VwVfG) versehen sein wird. Daraus folgt, dass sich die Konzentration beim Erlernen vor allem auf diese Art der Nebenbestimmung beschränken sollte.

2. Keine Nebenbestimmung im Rechtssinne („unechte" Nebenbestimmung)

Handelt es sich bei dem im Sachverhalt erwähnten Zusatz nicht um eine Nebenbe- **788** stimmung im Rechtssinne, kommt eine isolierte Anfechtung dieses Zusatzes erst gar nicht in Betracht. Dem Begehren des Klägers entsprechen nur eine *Anfechtungsklage* gegen den ganzen Verwaltungsakt oder eine *Verpflichtungsklage* auf Erlass eines Verwaltungsakts in der von ihm gewünschten Form. Keine Nebenbestimmungen im Rechtssinne liegen in Fällen vor, in denen

789 ■ ein Verwaltungsakt **von einem Gesetz** oder **durch eine Behörde** mit der durch § 36 VwVfG für Nebenbestimmungen besetzten Terminologie **bezeichnet** wird.

Beispiel: Nach § 15 I VersG[777] kann eine Versammlung unter freiem Himmel von bestimmten „Auflagen" abhängig gemacht werden.

Da Versammlungen unter freiem Himmel aber nicht genehmigungs-, sondern nur anmeldungspflichtig sind, ergeht daher kein gestattender Verwaltungsakt, der mit einer Auflage verbunden werden könnte. Mit „Auflagen" i.S.d. § 15 I VersG sind daher keine Nebenbestimmungen i.S.d. § 36 VwVfG, sondern Verwaltungsakte gemeint. Diese können mit der Anfechtungsklage angegriffen werden.

Auch wenn eine Gaststättenbehörde einem Diskothekenbetreiber auf der Grundlage des § 5 I Nr. 1 GastG verbietet, sog. „Flatrate-Partys" („zahle einen Preis, nimm´, was geht") zu veranstalten[778], liegt nicht etwa eine Auflage i.S.d. § 36 II Nr. 4 VwVfG vor, sondern eine Verbotsverfügung, die die Merkmale des § 35 S. 1 VwVfG erfüllt.

Entscheidend ist also nicht die vom Gesetzgeber oder von der Behörde in der Verfügung benutzte Terminologie, sondern vielmehr der objektivierte Wille der Behörde, der aus den jeweiligen Umständen zu ermitteln ist.

790 ■ nur auf eine **bestehende Rechtslage hingewiesen** wird.

Beispiel: Ein Jagdschein wird mit dem Zusatz erteilt, dass die Gültigkeit nach 3 Jahren erlischt.

In diesem Fall wird nur festgestellt, was nach § 15 II BJagdG ohnehin bindendes Recht ist. Der Zusatz „3 Jahre" hat keinen Regelungsgehalt und ist somit keine Nebenbestimmung i.S.d. § 36 VwVfG.

791 ■ eine **bloße Inhaltsbestimmung** vorliegt. Hier wird nur die Reichweite des Verwaltungsakts erläutert.

Beispiel: Eine Baugenehmigung enthält die Angabe, welche Grenzabstände einzuhalten sind.

Eine Missachtung des Bauherrn dieser Angabe ist etwa kein Verstoß gegen eine Nebenbestimmung, sondern ein Verstoß gegen die Baugenehmigung selbst, weil diese Angabe nur den Inhalt der Baugenehmigung bestimmt. Der Bauherr baut ohne Baugenehmigung. Eine isolierte Anfechtung dieser „Auflage" ist unzulässig, weil der Grundverwaltungsakt sonst zu unbestimmt würde und somit nicht aufrechterhalten werden könnte. Hier ist richtige Klageart die Verpflichtungsklage gerichtet auf Erteilung einer Baugenehmigung, welche die wunschgemäßen Grenzabstände bestimmt.

792 ■ eine **Teilgenehmigung** erteilt wird.

Beispiel: Bauherr B beantragt die Genehmigung zum Bau eines Freizeitparks. Da hinsichtlich eines Teilkomplexes noch Gutachten eingeholt werden müssen, B aber bereits mit dem Bau unproblematischer Komplexe beginnen möchte, erteilt die Baugenehmigungsbehörde zunächst nur eine Baugenehmigung hinsichtlich dieser Komplexe (sog. Teilbaugenehmigung).

Eine Anfechtungsklage ist hier unzulässig, vielmehr ist eine Verpflichtungsklage auf Erlass eines Verwaltungsakts mit dem gewünschten Gesamtinhalt zu erheben.

---

[777] Zum VersG nach der Föderalismusreform 2006 vgl. bereits Fußnote 15.
[778] Vgl. dazu VG Hannover GewArch 2007, 388; VGH München GewArch 2007, 428; VG Berlin 16.11.2007 – VG 4 A 364.07; VG Leipzig 12.12.2007 – 5 K 1095/07.

- eine **Teilablehnung eines beantragten Verwaltungsakts** vorliegt. Bei dieser   **793** handelt es sich um ein *minus* des ursprünglich gewünschten Inhalts.

  Beispiel: Gastwirt G beantragt die Konzession, während der Sommermonate Außengastronomie (Tische und Stühle auf dem Marktplatz vor dem Lokal) täglich bis 24 Uhr zu betreiben, bekommt aber nur eine Erlaubnis bis 23 Uhr.

  Eine Anfechtungsklage ist hier ebenfalls unzulässig, vielmehr ist auch hier eine Verpflichtungsklage auf Erlass eines Verwaltungsakts mit dem gewünschten Inhalt zu erheben.

- eine **modifizierende Genehmigung** („Genehmigung mit modifizierender Aufla-   **794** ge") vorliegt.

  Es kommt vor, dass ein Bürger einen begünstigenden Verwaltungsakt (Baugenehmigung, immissionsschutzrechtliche Genehmigung etc.) beantragt, die Behörde jedoch nicht antragsgemäß entscheidet, sondern eine Genehmigung erteilt, die inhaltlich vom Antrag abweicht. Hier spricht man von modifizierender Genehmigung[779] bzw. von „Genehmigung mit modifizierender Auflage"[780].

  Eine **modifizierende Genehmigung** bzw. **Genehmigung mit modifizieren- der Auflage** liegt vor, wenn ein Verwaltungsakt mit anderem („modifiziertem") Inhalt ergeht als beantragt, wenn also kein minus, sondern ein aliud vorliegt.[781]

  Beispiele:
  (1) Bauherr A beantragt die Genehmigung zum Bau eines 5-stöckigen Mietshauses, bekommt aber nur 3 Stockwerke genehmigt.
  (2) Bauherr B beantragt den Bau einer Lagerhalle. Die Behörde genehmigt den Bau, allerdings mit der „Auflage", eine Rauchabzugsanlage mit einzubauen.
  (3) Bauherr C beantragt die Genehmigung zum Bau eines Hauses mit einem Satteldach, bekommt aber nur die Genehmigung zum Bau eines Hauses mit Flachdach erteilt.
  (4) Bauherr D beantragt die Genehmigung zum Bau eines Hauses mit Fenster zum Nachbarhaus, bekommt aber die Einschränkung, die Fenster statt mit Fensterglas mit undurchsichtigem Glas („Milchglas" o.a.) zu versehen.

  Kennzeichen der modifizierenden Genehmigung ist, dass sie – in Abweichung zu der überkommenen Auffassung zur „echten" Auflage (dazu unten Rn 803) – nicht als eigenständige Sachentscheidung zum Hauptverwaltungsakt hinzukommt, sondern – wie die Bedingung (dazu unten Rn 799) – einen wesentlichen Bestandteil seines Inhalts bildet. Richtigerweise ist sie daher nicht als Nebenbestimmung i.S.d. § 36 VwVfG, sondern als Inhaltsbestimmung zu qualifizieren. Folge dieser Sichtweise ist, dass der modifizierende Teil der Genehmigung auf der einen Seite **nicht selbstständig durchsetzbar** (vollstreckbar) und auf der anderen Seite **nicht selbstständig anfechtbar** ist.[782]

  Beispiel: Bauherr B beantragt die Genehmigung zum Bau einer Transportbetonanlage. Die zuständige Behörde erteilt die Genehmigung mit der „Auflage", eine entsprechende Lärmschutzeinrichtung zu installieren.

---

[779] So etwa *Maurer*, AllgVerwR, § 12 Rn 16; *Peine*, AllgVerwR, Rn 534.
[780] So etwa *Kopp/Ramsauer*, VwVfG, § 36 Rn 35. Im Übrigen ist zu beachten, dass die Darstellungen in den Lehrbüchern und Kommentaren sehr inhomogen und keiner einheitlichen Terminologie unterworfen sind.
[781] Vgl. BVerwGE 69, 37, 39. Vgl. dazu auch *Koehl*, JuS 2004, 234 ff. Ganz ähnlich nunmehr auch *Frenz*, JA 2011, 433, 437.
[782] Vgl. nur *Kopp/Ramsauer*, § 36 Rn 35; *Heitsch*, DÖV 2003, 367, 368 f.

Geht man davon aus, dass die Verpflichtung zur Errichtung einer Lärmschutzeinrichtung (anders als bei der Auflage) nicht als eigenständige Sachentscheidung zum Hauptverwaltungsakt hinzukommt, sondern (wie bei der Bedingung) lediglich dessen Inhalt bestimmt, ist statt von einer Auflage i.S.d. § 36 II Nr. 4 VwVfG von einer modifizierenden Genehmigung auszugehen. Hält sich B nicht an die modifizierende Genehmigung, baut er ohne Baugenehmigung, da er den Inhalt der Genehmigung nicht beachtet. Die Behörde hat daher die herkömmlichen Eingriffsbefugnisse gegen Schwarzbauten (Baueinstellungsverfügung, Bauabrissverfügung, Nutzungsuntersagung)[783] zur Verfügung. Sie kann aber nicht wie bei der „echten" Auflage deren isolierte Vollstreckung betreiben, im vorliegenden Fall also z.B. den Einbau der lärmdämpfenden Einrichtung nicht im Wege der Ersatzvornahme androhen und durchführen lassen. Möchte sie auf diese Weise vorgehen, muss sie eine besondere (vollstreckbare) Verfügung erlassen.

795 Die modifizierende Gewährung ist grundsätzlich rechtswidrig, wenn die Behörde den Antragsteller nicht gem. § 25 S. 1 VwVfG auf die Umstellung seines Antrags hinweist, sondern der Einfachheit halber davon ausgeht, dass diesem auch mit der modifizierten Genehmigung gedient ist. Die grundsätzliche Rechtswidrigkeit folgt daraus, dass der zu deren Erteilung erforderliche Antrag fehlt (§ 22 Nr. 2 VwVfG). Dieser Formfehler wird aber nach § 45 I Nr. 1 VwVfG geheilt, wenn der erforderliche Antrag nachträglich gestellt wird. Die nachträgliche Antragstellung kann auch konkludent durch Gebrauch der Genehmigung erfolgen. Will der Antragsteller indes die Änderung nicht akzeptieren, also an dem Inhalt seines ursprünglichen Antrags festhalten, ist die **Verpflichtungsklage** auf ungeteilte bzw. unveränderte Genehmigung die richtige Klageart.[784]

795a Zusammenfassung: Während die „echte" Auflage i.S.d. § 36 II Nr. 4 VwVfG eine *eigenständige*, aber akzessorische Sachentscheidung zum Hauptverwaltungsakt darstellt, kommt die modifizierende Auflage als *unselbstständige* Sachentscheidung hinzu. Das hat zur Konsequenz, dass nur die „echte" Auflage isoliert angefochten werden kann. Die modifizierende Auflage kann demgegenüber nur beseitigt werden, wenn der Betroffene eine **Verpflichtungsklage** erhebt, die auf den Erlass einer Genehmigung ohne einschränkende Zusätze bzw. ohne Inhaltsänderung gerichtet ist.

3. Echte Nebenbestimmung

796 Eine echte Nebenbestimmung liegt vor, wenn der betreffende Zusatz unter § 36 II VwVfG zu subsumieren ist. Dabei unterscheidet § 36 II VwVfG zwischen unselbstständigen (vgl. § 36 II Nr. 1 bis 3 VwVfG: „erlassen werden mit") und selbstständigen Nebenbestimmungen (vgl. § 36 II Nr. 4 und 5 VwVfG: „verbunden werden mit"). Die Gruppe der unselbstständigen Nebenbestimmungen besteht aus Befristung, Bedingung und Widerrufsvorbehalt und die Gruppe der selbstständigen Nebenbestimmungen setzt sich aus Auflage und Auflagenvorbehalt zusammen.

a. Befristung

797 Unter einer **Befristung** i.S.d. § 36 II Nr. 1 VwVfG versteht man eine Vergünstigung oder eine Belastung, die zu einem späteren Zeitpunkt beginnt, endet oder für einen bestimmten Zeitraum gilt.

Beispiel: Eine Aufenthaltsbewilligung wird „bis" zum Ablauf des Jahres erteilt, vgl. § 4 I S. 2 Nr. 2, §§ 7, 8 AufenthG.

---

[783] Vgl. dazu ausführlich *R. Schmidt*, BauR, Rn 408/504 ff.
[784] Vgl. auch VGH Mannheim NVwZ-RR 1999, 317; *Koehl*, JuS 2004, 234, 235; *Förster/Sander*, JuS 1999, 892, 893; *Frenz*, JA 2011, 433, 437.

Hält sich der Betroffene nicht an die Befristung, d.h. macht er von der Genehmigung auch noch nach Ablauf der Zeitspanne Gebrauch, handelt er ohne Genehmigung und damit rechtswidrig. Die Behörde kann entsprechende Maßnahmen ergreifen (z.B. eine Untersagungsverfügung erlassen und diese ggf. vollstrecken). Zum Rechtsschutz gegen Befristungen vgl. Rn 816 ff. **798**

b. Bedingung

Eine **Bedingung** nach § 36 II Nr. 2 VwVfG ist eine Bestimmung, nach der eine Begünstigung oder Belastung bei Eintritt eines zukünftigen, noch ungewissen Ereignisses beginnt (aufschiebend) oder endet (auflösend). **799**

Beispiele:
(1) Eine Aufenthaltsgenehmigung wird erteilt, „wenn" der Antragsteller bei einem bestimmten Arbeitgeber beschäftigt wird, vgl. §§ 5, 12 I AufenthG.
(2) Eine nationale Verwaltungsbehörde verspricht (d.h. gewährt) eine staatliche Beihilfe „unter dem Vorbehalt der Genehmigung durch die Kommission der EU".[785]

Die Bedingung enthält also keine eigene Sachregelung, sondern begrenzt (wie die Befristung) lediglich die Hauptregelung; sie ist damit ebenfalls ein integrierter oder unselbstständiger Bestandteil des (Haupt-)Verwaltungsakts. Daher kann sie nach traditioneller Auffassung nur zusammen mit diesem vollstreckt und angefochten werden. Demzufolge muss sie der Antragsteller entweder akzeptieren oder eine Verpflichtungsklage auf unbedingte Genehmigung erheben.[786] Nach neuerer Rechtsprechung ist diese Auffassung insofern zu modifizieren, als ein Verwaltungsakt – und damit auch eine Bedingung als wesentlicher Bestandteil – auch nur teilweise angefochten werden kann (vgl. § 113 I S. 1 VwGO: „soweit er rechtswidrig ist"), soweit er objektiv teilbar ist, d.h. der verbleibende rechtmäßige Teil noch seinen Sinn behält und nicht in seinem Regelungsgehalt geändert wird.[787] **800**

c. Widerrufsvorbehalt

Der **Widerrufsvorbehalt** i.S.d. § 36 II Nr. 3 VwVfG ist eine Befugnis der Behörde, durch eine zukünftige Erklärung die Wirksamkeit eines rechtmäßigen Verwaltungsakts ganz oder teilweise mit Wirkung für die Zukunft zu beenden, vgl. § 49 II Nr. 1 VwVfG. **801**

Beispiel: Ein Subventionsbescheid enthält die Bestimmung, dass der Bescheid im Fall zweckwidriger Verwendung der Leistung widerrufen (vgl. § 49 VwVfG) werde.[788]

Ein (begünstigender) Verwaltungsakt wird i.d.R. mit einem Widerrufsvorbehalt versehen, wenn dem Antragsteller trotz unsicherer Sach- oder Rechtslage eine Gewährung erteilt wird und die Möglichkeit der erleichterten späteren Aufhebung bestehen soll. Darüber hinaus wird dem Bürger die Möglichkeit eingeschränkt, sich bei dem Widerruf auf Vertrauen zu berufen (vgl. § 49 VI i.V.m. § 48 III S. 3-5 VwVfG). **802**
Ein Widerrufsvorbehalt ist allerdings unzulässig, wenn er nicht aufgrund vertretbarer Ermessenserwägungen entsprechend dem Ziel des Gesetzes der Lösung möglicher Konflikte dient, sondern nur beigefügt wird, um der Behörde allgemein freiere Hand zu geben oder sie für den Fall der Rechtswidrigkeit des Verwaltungsakts abzusichern. Weiterhin ist er unzulässig, wenn er seinen Grund in einer weniger sorgfältigen Prü-

---

[785] Vgl. dazu näher *Koenig/Pickartz*, NVwZ 2002, 151 ff.
[786] Vgl. BVerwGE 29, 261, 265; 35, 145, 154.
[787] BVerwGE 55, 136; 78, 114; 81, 185.
[788] Vgl. dazu *Vierhaus*, NVwZ 2000, 734, 735.

fung des Falles durch die Behörde hat, vor deren Folgen die Behörde sich dadurch schützen will.[789]

d. Auflage

Von den selbstständigen Nebenbestimmungen ist zunächst die Auflage zu nennen.

803 Eine **Auflage** i.S.d. § 36 II Nr. 4 VwVfG ist eine Bestimmung, durch die dem Begünstigten ein Tun, Dulden oder Unterlassen vorgeschrieben wird, wobei das vorgeschriebene Verhalten mit dem Grundverwaltungsakt in Zusammenhang stehen muss.

804 Aufgrund dieser (Legal-)Definition wird deutlich, warum es sich bei der Auflage um eine **selbstständige**, wenn auch akzessorische **Sachentscheidung** zum Hauptverwaltungsakt handelt: Sie erfüllt alle Merkmale eines Verwaltungsakts. Folge ist, dass sie selbstständig anfechtbar und aufhebbar ist.

> **Beispiele:**
> **(1)** B wird eine Subvention gewährt. Damit dieser dem Subventionszweck nachkommt, legt die Behörde in dem Bewilligungsbescheid den Zeitraum fest, innerhalb dessen ausgezahlte Beträge zweckentsprechend zu verwenden sind.[790] Hier kann B die Auflage isoliert mit der Anfechtungsklage angreifen.
> **(2)** Auf Antrag des A erhält dieser zwar die gewünschte Gaststättengenehmigung, muss aber drei Feuerlöscher installieren.[791] Hier kann A die Auflage isoliert mit der Anfechtungsklage angreifen (siehe sogleich Rn 816 ff.).

805 Wird die Auflage nicht befolgt, kann die Behörde den mit der Auflage versehenen Verwaltungsakt widerrufen, § 49 II Nr. 2, III Nr. 2 VwVfG. Und weil es sich bei der Auflage zudem um eine selbstständige Sachentscheidung handelt, kann die Behörde auch das in der Auflage enthaltene Gebot im Wege der Verwaltungsvollstreckung durchsetzen.

e. Auflagenvorbehalt

806 Der **Auflagenvorbehalt** i.S.d. § 36 II Nr. 5 VwVfG verleiht der Behörde die Befugnis, nachträgliche Auflagen zu machen bzw. Änderungen oder Ergänzungen von Auflagen vorzunehmen.

807 Diese Befugnis ist vor allem in Fällen von Bedeutung, in denen sich die Auswirkungen eines Vorhabens usw. im Zeitpunkt der behördlichen Entscheidung noch nicht vollständig absehen lassen.

> **Beispiel:** A erhält zwar die gewünschte Gaststättengenehmigung, allerdings mit dem Zusatz, dass die Installation von drei zusätzlichen Feuerlöschern angeordnet werden kann, wenn A von seiner Option Gebrauch macht, auch die beiden hinteren Räume des Gebäudes zur Bewirtung von Gästen zu nutzen.

808-810 Da die nachträgliche Anordnung weiterer Auflagen usw. sich sachlich immer als teilweiser Widerruf des ursprünglichen Verwaltungsakts darstellt und daher die Behörde denselben Zweck immer auch durch einen entsprechenden Widerrufsvorbehalt gem. § 36 II Nr. 3 VwVfG erreichen kann, ist § 36 II Nr. 5 VwVfG (Auflagenvorbehalt) eigentlich überflüssig. Die nachträgliche Anordnung, Änderung oder Ergänzung einer

---

[789] *Kopp/Ramsauer*, VwVfG, § 36 Rn 28.
[790] Vgl. dazu OVG Weimar NVwZ-RR 1999, 435; *Neumann*, NVwZ 2000, 1244, 1252.
[791] Vgl. § 5 GastG. Bei der gaststättenrechtlichen Erlaubnis handelt es sich um ein präventives Verbot mit Erlaubnisvorbehalt (§ 2 I GastG: „bedarf der Erlaubnis", § 4 GastG: „ist zu versagen, wenn ...").

Auflage stellt einen neuen Verwaltungsakt dar, der selbstständig mit entsprechenden Rechtsbehelfen angegriffen werden kann.

4. Zulässigkeit von Nebenbestimmungen

Sofern ein Spezialgesetz (etwa das GastG oder das AufenthG) den Sachverhalt erfasst und Nebenbestimmungen zulässt, sind die diesbezüglichen Vorschriften zu beachten. Im Übrigen ist bei der Frage nach der Zulässigkeit von Nebenbestimmungen zwischen Verwaltungsakten, auf deren Erlass ein Anspruch besteht (§ 36 I VwVfG), und Verwaltungsakten, auf deren Erlass kein Anspruch besteht (§ 36 II VwVfG), zu unterscheiden: **811**

a. Verwaltungsakte, auf deren Erlass ein Anspruch besteht

Bei Verwaltungsakten, auf deren Erlass ein Anspruch besteht, ist die Beifügung von Nebenbestimmungen **grundsätzlich unzulässig** (§ 36 I VwVfG). Hiervon sind jedoch zwei **Ausnahmen** zu machen: **812**

- Die Nebenbestimmung ist zulässig, wenn dies durch **besondere Rechtsvorschrift** bestimmt ist.

- Die Nebenbestimmung ist zulässig, um zu gewährleisten, dass die **gesetzlichen Voraussetzungen** für den Erlass des Verwaltungsakts **erfüllt** werden.

  Beispiel: Es wird eine Baugenehmigung (= gebundener Verwaltungsakt, vgl. nur § 75 I BauO NRW) mit der Auflage erteilt, zwei bestimmte Wohnräume des Gebäudes mit einer feuerbeständigen Trennwand zu versehen.

  Diese Auflage dient der Sicherung einer gesetzlichen Voraussetzung (vgl. § 17 I BauO NRW) für den Erlass der Baugenehmigung, weil das Gebäude ohne diese Auflage den bauordnungsrechtlichen Vorschriften nicht genügen würde.

b. Verwaltungsakte, auf deren Erlass kein Anspruch besteht

Verwaltungsakte, auf deren Erlass kein Anspruch besteht, sind zum einen solche, bei denen die Behörde einen Ermessens- oder Beurteilungsspielraum hat[792], zum anderen aber auch solche, die ausschließlich belastend wirken[793]. Bei allen diesen Verwaltungsakten ist die Beifügung von Nebenbestimmungen **grundsätzlich zulässig** (§ 36 II VwVfG). Diese Regelung ist nur konsequent, denn wenn der Behörde bei dem Erlass des Verwaltungsakts ein Ermessen eingeräumt ist, sie diesen also nicht erlassen *muss*, dann muss es ihr auch grundsätzlich freistehen, ihn mit sachlichen oder zeitlichen Einschränkungen zu versehen. Eine Ausnahme besteht für nebenbestimmungsfeindliche Ermessensverwaltungsakte (z.B. eine Einbürgerung nach §§ 8 ff. StAG). Bei ausschließlich belastenden Verwaltungsakten ist die Beifügung von Nebenbestimmungen schon deshalb zulässig, weil sie die Belastung zwingend logisch einschränken (anderenfalls wären sie keine Nebenbestimmungen, sondern Umschreibungen des belastenden Regelungsgehalts). **813**

c. Keine Zweckwidrigkeit der Nebenbestimmung

§ 36 III VwVfG bestimmt, dass eine Nebenbestimmung nicht dem Zweck des Verwaltungsakts zuwiderlaufen darf. Das ist immer dann anzunehmen, wenn sie nicht in einem sachlichen Zusammenhang mit der Hauptregelung steht. **814**

---

[792] So *Kopp/Ramsauer*, VwVfG, § 36 Rn 47; *Stelkens*, in: Stelkens/Bonk/Sachs, VwVfG, § 36 Rn 74.
[793] So *Ule/Laubinger*, Verwaltungsverfahrensrecht, 4. Aufl. 1995, § 50 Rn 22.

Beispiel: Die Abrissverfügung eines nicht im Einklang mit bauordnungsrechtlichen Vorschriften errichteten Baus (vgl. etwa § 61 BauO NRW) wird unter der auflösenden Bedingung aufgehoben (§§ 48 f. VwVfG), dass der Betroffene die seit längerer Zeit fälligen Kanalanschlussgebühren endlich entrichtet.

Hier ist die Nebenbestimmung wegen des nicht zu erkennenden Sachzusammenhangs mit der Hauptregelung unzulässig.[794]

815 Schließlich muss die Nebenbestimmung den allgemeinen Rechtmäßigkeitsanforderungen wie Bestimmtheitsgebot, Verhältnismäßigkeitsgrundsatz und Ermessensfehlerfreiheit entsprechen.

5. Rechtsschutz gegen Nebenbestimmungen

816 Der Rechtsschutz gegen Nebenbestimmungen war lange Zeit ein heftig diskutiertes Thema.[795]

> **Hinweis für die Fallbearbeitung:** Wird in der Klausur festgestellt, dass eine *echte* Nebenbestimmung vorliegt, stellt sich im Rahmen der Prüfung der „Statthaftigkeit der Klage" die Frage, ob diese Nebenbestimmung isoliert angegriffen werden kann oder ob die Verpflichtungsklage auf Erlass eines uneingeschränkten Verwaltungsakts die richtige Klageart ist. In einer Klausur zeigt der Bearbeiter prozessuales Verständnis, wenn er von der Interessenlage des Klägers aus argumentiert: Die isolierte Anfechtungsklage gegen die belastende Nebenbestimmung ist für den Kläger die günstigere Klageart, weil er sie dadurch suspendiert. Die Begünstigung des Hauptverwaltungsakts kann er unterdessen bereits verwerten. Darüber hinaus wäre bei Zulässigkeit einer Anfechtungsklage das Rechtsschutzbedürfnis einer Verpflichtungsklage nicht gegeben (einfacherer Weg). Erst im Rahmen der Begründetheit muss dann untersucht werden, ob ein isoliertes Vorgehen gegen die Nebenbestimmung (materiell) möglich ist.

817 ▪ Nach der früheren Rechtsprechung des BVerwG[796] war ein isoliertes Vorgehen gegen Nebenbestimmungen nicht möglich, weil sich das Begehren des Klägers aus materieller Sicht auf eine Ausdehnung seiner Rechtsposition erstrecke. Er müsse daher generell eine Verpflichtungsklage auf Erlass eines uneingeschränkten Verwaltungsakts erheben.

Diese Meinung genießt den Vorzug der Einfachheit. Eine Abgrenzung in der Zulässigkeitsprüfung zwischen den einzelnen Arten der Nebenbestimmungen und auch zu der modifizierenden Genehmigung ist danach entbehrlich.

818 ▪ Allerdings ist dieser Auffassung entgegenzuhalten, dass sie die teilweise eigenständigen Regelungen der Nebenbestimmungen, insbesondere die der Auflage, übersieht, und dass diese aufgrund ihrer eigenständigen Regelungen grundsätzlich selbstständig angreifbar sein müssen. Darüber hinaus beschränkt die VwGO die Rechtswirkungen der Anfechtungsklage nicht derart, sondern lässt durch den Wortlaut des § 113 I S. 1 VwGO („*soweit* er rechtswidrig ist") eine Teilanfechtung und Teilaufhebbarkeit sogar ausdrücklich zu.[797]

Ist demnach eine isolierte Anfechtung grundsätzlich möglich, ist zu klären, in welchen Fällen eine Teilanfechtung zulässig ist. Denn eine Teilanfechtung setzt eine entspre-

---

[794] Vgl. BVerwGE 36, 145 ff.: „Unzulässige Koppelung mit einem baurechtsfremden Zweck".
[795] Vgl. etwa *Tietzsch*, NVwZ 2002, 435 ff.; *Neumann*, NVwZ 2000, 1244, 1251; *Czybulka/Biermann*, JuS 2000, 353 ff.; *Sieckmann*, DÖV 1998, 525 ff.; *Brenner*, JuS 1996, 281 ff.; *Störmer*, DVBl 1996, 81 ff.
[796] So noch BVerwGE 29, 261, 265 (Bedingung); BVerwG DÖV 1974, 380 (modifizierende Auflage).
[797] *Sieckmann*, DÖV 1998, 525, 526 f.; *Brenner*, JuS 1996, 281, 286; *Maurer*, AllgVerwR, § 12 Rn 25; *Schwerdtfeger/Schwerdtfeger*, Rn 173; *Kopp/Schenke*, VwGO, § 42 Rn 22.

chende (materielle) Teilbarkeit des Verwaltungsakts voraus. Dabei muss zwischen *unechten* und *echten* Nebenbestimmungen unterschieden werden:

a. Unechte Nebenbestimmungen

Bei den unechten Nebenbestimmungen liegt nur *eine* Regelung und damit *keine* Teilbarkeit vor. Richtiges Vorgehen gegen unechte Nebenbestimmungen ist daher die **Verpflichtungsklage** auf Erlass des gewünschten Verwaltungsakts (s.o.). **819**

b. Echte Nebenbestimmungen (i.S.d. § 36 II VwVfG)

Bei den *echten* Nebenbestimmungen muss differenziert werden: Sie sind nur dann isoliert anfechtbar, wenn eine (materielle) Teilbarkeit des Verwaltungsakts in Betracht kommt. Eine materielle Teilbarkeit liegt vor, wenn der verbleibende Teil nicht sinnlos und/oder rechtswidrig wird. Zwar ist die (materielle) Teilbarkeit grundsätzlich eine Frage der Begründetheit und nicht – da sich die statthafte Klageart ausschließlich aus dem geltend gemachten Klägerbegehren ergibt – der statthaften Klageart. Da aber bei der Auslegung des Klägerbegehrens sämtliche Umstände, somit auch die Frage, wie dem Klägerbegehren am besten abgeholfen werden kann, heranzuziehen sind (§ 86 I/III VwGO), kommt der (materiellen) Teilbarkeit auch bei der **Bestimmung der statthaften Klageart** eine erhebliche Bedeutung zu. Unter welchen Voraussetzungen eine solche Teilbarkeit anzunehmen ist, ist umstritten. **820**

- Nach der früher herrschenden und auch heute teilweise noch vertretenen Ansicht wird nach der **Art der Nebenbestimmung unterschieden**. *Befristung*, *Bedingung* und *Widerrufsvorbehalt* seien untrennbare Teile des Verwaltungsakts, weil sie unmittelbaren Einfluss auf dessen Wirkung hätten. Werde gegen eine dieser unselbstständigen Nebenbestimmungen oder gegen den Verwaltungsakt selbst vorgegangen, so werde auch der andere Teil unwirksam (er wird „suspendiert"). Deshalb sei der gesamte Verwaltungsakt rechtswidrig oder auch nichtig, wenn eine Befristung bzw. Bedingung rechtswidrig oder nichtig sei (entsprechend § 44 IV VwVfG). Richtige Klageart gegen die unselbstständigen Nebenbestimmungen sei die **Verpflichtungsklage** auf Erlass eines uneingeschränkten Verwaltungsakts.[798] **821**

  Auflage und *Auflagenvorbehalt* hätten dagegen keinen Einfluss auf die Wirksamkeit des Hauptverwaltungsakts. Sie seien wie **selbstständige Verwaltungsakte** zu behandeln. Die Behörde könne daher die Rechtswirkung des Hauptverwaltungsakts nur mittelbar, d.h. nur durch Widerruf nach § 49 II Nr. 2 VwVfG, beseitigen. Dadurch, dass Auflage und Auflagenvorbehalt nur in Zusammenhang mit begünstigenden Verwaltungsakten erlassen werden könnten und dementsprechend ihr Inhalt stets den Charakter eines befehlenden Verwaltungsakts aufweise, seien sie auch isoliert durchsetzbar bzw. vollstreckbar und erlaubten ein isoliertes Vorgehen gegen sie. Aus diesem Grund sei die **Anfechtungsklage**, gerichtet auf Aufhebung dieser beiden Bestimmungen, die richtige Klageart.[799]

  Die Unterscheidung, ob im konkreten Einzelfall eine Bedingung oder eine Auflage vorliegt, ist nach diesen Erläuterungen mithin von ergebnisrelevanter Bedeutung. Aus diesem Grund muss bei Befolgung dieser Auffassung eine Unterscheidung sorgfältig vorgenommen werden. Dabei ist auf den Willen der Behörde abzustellen: Soll nach ihrem Willen der Verwaltungsakt auch ohne Einhaltung einer Nebenbestimmung durch den Bürger Geltung erhalten, liegt eine Auflage oder ein Auflagenvorbehalt vor. Soll dagegen aus der Sicht der Verwaltung der Verwaltungsakt nur dann Geltung erhalten, wenn die Nebenbestimmung eingehalten wird, liegt eine Bedingung vor. Anhaltspunkt bei der Abgrenzung kann die Bezeichnung sein. Entscheidend sind jedoch das Gesamtbild der Umstände und die unterschiedlichen Rechtswirkungen von Bedingungen und Auflagen.

---

[798] *Pietzcker*, NVwZ 1995, 15, 20.
[799] BVerwGE 36, 145, 153; 41, 178, 181; 51, 15, 20 f.; *Pietzcker*, NVwZ 1995, 15, 20; *Störmer*, DVBl 1996, 81 ff.

Die Auflage ist, weil sie die Wirksamkeit des Hauptverwaltungsakts nicht beeinflusst, für den Betroffenen günstiger. Aber auch für die Behörde bietet sie den Vorteil der isolierten Durchsetzbarkeit. Verbleiben nach der Auslegung immer noch Zweifel über die Rechtsnatur der Nebenbestimmung, ist daher von einer Auflage auszugehen.

Bewertung: Gegen diese Auffassung spricht der Wortlaut der §§ 113 I S. 1 VwGO, 48 I S. 1 VwVfG, die offensichtlich von der Möglichkeit der Teilaufhebbarkeit eines Verwaltungsakts ausgehen, ohne zwischen der Art der Nebenbestimmung zu unterscheiden.

822 ▪ Nach heutiger **herrschender Ansicht der Literatur**[800] sind **sämtliche** Nebenbestimmungen entweder isoliert anfechtbar und aufhebbar oder der Verwaltungsakt teilanfechtbar, soweit es um die Nebenbestimmung geht.

823 ▪ Eine weitere Auffassung in der Literatur[801] **unterscheidet** (insbesondere bei den klausurrelevanten **Auflagen**) danach, ob es sich bei dem Hauptverwaltungsakt um einen **Ermessensverwaltungsakt** oder einen **rechtlich gebundenen Verwaltungsakt** handelt: Bei den **Ermessensverwaltungsakten** sei eine erfolgreiche (separate) Anfechtung einer Auflage insofern bedenklich, als es geschehen könne, dass dann einer Behörde ein Verwaltungsakt aufgezwungen werde, den sie in dieser Form gar nicht habe erlassen wollen. Zwar bestehe für die Behörde dann die Möglichkeit, den verbleibenden Verwaltungsakt aufzuheben, aber nur unter den strengen Voraussetzungen des § 49 VwVfG bzw. spezialgesetzlicher Regelungen. Hier könne es demnach zu verfassungsrechtlich bedenklichen Kompetenzverlagerungen von der Exekutive auf die Judikative kommen (vgl. Art. 20 II S. 2 GG).

824 ▪ Diese Bedenken hat das **BVerwG**[802] eine Zeit lang geteilt und die Auffassung vertreten, dass eine isolierte Anfechtung der Auflage abzulehnen sei, wenn Hauptregelung und Auflage auf einer einheitlichen untrennbaren *Ermessensentscheidung* beruhten.

825 ▪ Spätestens aber mit seiner Entscheidung BVerwGE 81, 185 hat das Gericht diese Auffassung aufgegeben und klargestellt, dass die Anfechtung von Nebenbestimmungen **auch bei Ermessensentscheidungen** jedenfalls dann möglich sei, wenn Verwaltungsakt und Nebenbestimmung voneinander trennbar seien und nach erfolgreicher Anfechtung die Regelung **sinnvoller- und rechtmäßigerweise bestehen bleiben könne**.

Bewertung: Die Auffassung des BVerwG ist nicht nur von der gesetzlichen Formulierung in § 113 I S. 1 VwGO gedeckt, sondern mit Blick auf die bereits geäußerten Vorteile einer isolierten Anfechtung von Nebenbestimmungen auch begrüßenswert. Letzte Unklarheiten bestehen hiernach lediglich in der Frage, ob die Formel: „ (...) sinnvoller- und rechtmäßigerweise bestehen kann" die Zulässigkeit betrifft oder ein Problem der Begründetheit darstellt.

826 ▪ Aber auch diese Unklarheiten hat das BVerwG nun in seiner wegweisenden Entscheidung v. 22.11.2000 beseitigt.[803] Bereits im ersten Leitsatz betont das Gericht, dass gegen belastende Nebenbestimmungen eines Verwaltungsakts die Anfechtungsklage gegeben sei. Ob diese zur isolierten Aufhebung der Nebenbestimmung führen könne, sei eine Frage der Begründetheit und nicht der Zulässigkeit des Anfechtungsbegehrens, sofern nicht eine isolierte Aufhebbarkeit offenkundig von vornherein ausscheide.

Bewertung: Mit dieser Entscheidung dürfte (zumindest für die Praxis) endgültig geklärt sein, dass auch bei Ermessens- und Abwägungsentscheidungen der Grundsatz der isolierten Anfechtbarkeit von Nebenbestimmungen unabhängig von deren Rechtsnatur und dem Einfluss der Nebenbestimmung auf die Ermessensentscheidung gilt. Etwas

---

[800] Vgl. *Kopp/Schenke*, VwGO, § 42 Rn 22; *Schenke*, VerwProzR, Rn 294; *Sieckmann*, DÖV 1998, 525, 526 f.; *Brenner*, JuS 1996, 281, 286; *Labrenz*, NVwZ 2007, 164 f.; *Hufen*, VerwProzR, § 14 Rn 49.
[801] *Maurer*, AllgVerwR, § 12 Rn 25 ff.; *Jahndorf*, JA 1999, 676 ff.
[802] BVerwGE 55, 135, 137; 56, 254, 256.
[803] BVerwGE 112, 221, 224 ff.; dem folgend OVG Berlin NVwZ 2001, 1059, 1060; OVG Münster NVwZ 2004, 1384; OVG Lüneburg NVwZ-RR 2005, 394 f.

anderes gilt nur dann, wenn eine isolierte Aufhebbarkeit offenkundig von vornherein ausscheidet. In diesem Fall wird man von einer Anfechtungsklage gegen den Gesamtverwaltungsakt oder von einer Verpflichtungsklage, gerichtet auf den Erlass eines begünstigenden Verwaltungsakts ohne Nebenbestimmung, ausgehen müssen. Im Übrigen ist aber zu beachten, dass das BVerwG auf der Ebene der Begründetheit den Rechtsbehelf *Anfechtungsklage* wie eine *Verpflichtungsklage* behandelt. Das ist inkonsequent. Besser wäre es, wenn das Gericht auch bei der Begründetheitsprüfung ausschließlich auf § 113 I S. 1 VwGO abstellte und die durch die Nebenbestimmung herbeigeführte Beschwer isoliert überprüfte.[804]

827

Zusammenfassend ist festzustellen, dass bei **unechten Nebenbestimmungen** (= keine Nebenbestimmungen im Rechtssinne) nur die **Verpflichtungsklage** auf Erlass eines uneingeschränkten Verwaltungsakts in Betracht kommt. Das hat den Grund, dass der Verwaltungsakt untrennbar mit den unechten Nebenbestimmungen verbunden, also nicht objektiv teilbar ist. Eine (isolierte) Anfechtung würde dem Hauptverwaltungsakt einen völlig neuen Regelungscharakter verleihen und ist deshalb unzulässig.

Gegen (belastende) **echte Nebenbestimmungen** begünstigender Verwaltungsakte ist grundsätzlich die **Anfechtungsklage** gerichtet auf die Beseitigung dieser Nebenbestimmungen statthaft. Nur für den Fall, dass der verbleibende rechtmäßige Teil offenkundig seinen Sinn verändert und in seinem Regelungscharakter geändert wird, ist die isolierte Anfechtung unstatthaft.

Nachgeschobene Nebenbestimmungen sind gleich welcher Art (Befristung, Bedingung) isoliert anfechtbar. Schließlich ist für die **Vollstreckung** zu prüfen, ob eine Auflage oder eine Bedingung bzw. eine inhaltliche Einschränkung gewollt war. Die Auflage ist stets selbstständig vollstreckbar; die Bedingung und inhaltliche Begrenzung des Hauptverwaltungsakts sind es dagegen nie.

828

Hinweis für die Fallbearbeitung: Da die Frage nach der isolierten Anfechtbarkeit von Nebenbestimmungen bereits bei der Zulässigkeit der Klage im Rahmen der statthaften Klageart beantwortet werden muss, bietet sich für die Fallbearbeitung folgende Vorgehensweise an:

(1) Statthafte Klageart

⇨ Zunächst muss im Obersatz formuliert werden, dass gegen Verwaltungsakte mit Zusätzen sowohl eine isolierte Anfechtungsklage gegen den Zusatz als auch eine Verpflichtungsklage, gerichtet auf einen Bescheid ohne Zusätze, in Betracht kommen.

⇨ Sodann muss geklärt werden, ob es sich bei dem Zusatz um eine *unechte* oder *echte* Nebenbestimmung handelt.

    ⇨ Handelt es sich um eine *unechte* Nebenbestimmung (wie Inhaltsbestimmung, Teilgenehmigung oder modifizierende Genehmigung), ist die Verpflichtungsklage, gerichtet auf Erlass eines uneingeschränkten Verwaltungsakts, statthaft.

    ⇨ Liegt indes eine *echte* Nebenbestimmung vor, muss festgestellt werden, dass bei der Frage nach der isolierten Anfechtbarkeit teilweise nach der Art der Nebenbestimmung unterschieden wird, diese Auffassung von der h.L. und dem BVerwG aber nicht geteilt wird, sodass **gegen sämtliche Nebenbestimmungen (auch gegen solche bei Ermessensverwaltungsakten) grundsätzlich die isolierte Anfechtbarkeit gegeben sei**. Ob eine diesbezüglich erhobene Anfechtungsklage auch zur (isolierten) Aufhebung der Nebenbestimmung durch das Verwaltungsgericht führen kann, ist indes grundsätzlich eine Frage der Klagebefugnis und der Begründetheit.

    ⇨ Nur für den Fall, dass der Hauptverwaltungsakt ohne die Nebenbestimmung **offensichtlich** keinen Bestand haben kann - er also evident unteilbar ist -, kann

---

[804] Kritisch auch *Labrenz*, NVwZ 2007, 161 ff., der allerdings umgekehrt eine Verpflichtungsklage für wünschenswert erachtet (S. 165). Zur Teilnichtigkeit von Verwaltungsakten vgl. auch Rn 641.

> schon an dieser Stelle unter Hinweis auf §§ 86 III, 88 VwGO der Klageantrag auf eine Verpflichtungsklage umgestellt werden.[805]
>
> ⇨ Kommt eine Genehmigung mit modifizierender Auflage (Rn 794) in Betracht, ist sie zwingend von der „echten" Auflage abzugrenzen, wenn davon die richtige Klageart, d.h. Verpflichtungs- oder Anfechtungsklage, abhängt.
>
> **(2) Begründetheit**
>
> ⇨ Zunächst ist ein Obersatz zu bilden: „Begründet ist die (isolierte) Anfechtungsklage gegen eine Nebenbestimmung, wenn der Verwaltungsakt materiell teilbar, die Nebenbestimmung rechtswidrig ist und den Kläger in seinen Rechten verletzt, § 113 I S. 1 VwGO."
>
> ⇨ Sodann ist die materielle Teilbarkeit des Verwaltungsakts festzustellen. Ist der Hauptverwaltungsakt (z.B. bei einer Auflage) materiell teilbar[806], ist des Weiteren die formelle und materielle Rechtmäßigkeit der Nebenbestimmung zu prüfen. Dabei kann auf das bekannte Schema der Anfechtungsklage zurückgegriffen werden.

829 Trotz rechtlicher Zulässigkeit der isolierten Anfechtung von Nebenbestimmungen ist die Statthaftigkeit einer **Verpflichtungsklage** aber nicht ausgeschlossen, wenn diese dem Kläger einen im Vergleich zum Anfechtungsantrag **weitergehenden Rechtsschutz** verschafft.

6. Abschlussfall zu den Nebenbestimmungen

830 Ein Übungsfall zu den Nebenbestimmungen steht auf der Internetseite des Verlags zum kostenlosen Download zur Verfügung.

---

[805] Entgegen der hier vorgeschlagenen Vorgehensweise ist es aber auch vertretbar, dass man sich nicht auf eine Evidenzprüfung beschränkt, sondern bereits an dieser Stelle umfassend die materielle Teilbarkeit von Hauptverwaltungsakt und Nebenbestimmung prüft, ggf. die Unteilbarkeit feststellt und dann über § 86 III VwGO auf die Verpflichtungsklage umstellt. Dieser Aufbau genießt zwar den Vorzug der Einfachheit, ist aber dogmatisch unsauber, da ein Teil der Begründetheitsprüfung vorweggenommen wird („Kopflastigkeit des Gutachtens"). In der Praxis lassen sich diese Schwierigkeiten ausräumen, indem der Kläger primär Anfechtungsklage und hilfsweise Verpflichtungsklage erhebt (vgl. dazu *R. Schmidt*, VerwProzR, Rn 625) oder wenn nach Feststellung der evidenten Unteilbarkeit die ursprüngliche Anfechtungsklage auf eine Verpflichtungsklage umgestellt wird. Das Gericht hat ggf. gem. § 86 III VwGO einen entsprechenden Hinweis zu geben.

[806] Falls der Verwaltungsakt offenkundig nicht materiell teilbar ist, wurde dies bereits bei der statthaften Klageart festgestellt und eine Verpflichtungsklage angenommen. Die Begründetheitsproblematik einer isolierten Anfechtung stellt sich dann erst gar nicht.

B. Die Rechtsverordnung

I. Die Rechtsverordnung als eine von der Exekutive erlassene Norm

Die Verwaltung kann im Außenrechtsverhältnis nicht nur durch die Handlungsform *Verwaltungsakt*, sondern auch durch die *Rechtsverordnung* handeln. Wie bereits im Rahmen der Rechtsquellenlehre erläutert, ist die Rechtsverordnung eine von einem Exekutivorgan erlassene Rechtsnorm, ein nur-materielles Gesetz. Der Erlass einer Rechtsverordnung bietet sich immer dann an, wenn eine Vielzahl von Fällen geregelt werden soll und eine unbestimmte Zahl von Personen betroffen ist. Für die Rechtsverordnung ist daher typisch, dass sie einen abstrakt-generellen Inhalt hat. **831**

Rechtsverordnungen sind (nur-materielle) Rechtsnormen, die von der Exekutive, d.h. von einer Regierung, von Ministern oder von Verwaltungsbehörden, erlassen wurden. **832**

Die Rechtsverordnung unterscheidet sich von den formell-materiellen Normen also nur in Bezug auf den Normgeber. **833**

II. Die Voraussetzungen der Rechtsverordnung

1. Art. 80 I GG als Ausgangsbasis für den Erlass von Rechtsverordnungen

Zu den Kategorien von Rechtsverordnungen und zu den verfassungsrechtlichen Anforderungen, die an den Erlass von Rechtsverordnungen zu stellen sind (Bestimmtheitsgrundsatz; Wesentlichkeitsrechtsprechung des BVerfG), wurde bereits einführend Stellung genommen (vgl. Rn 131 ff., 137). An dieser Stelle ist aber noch herauszuarbeiten, dass sich Art. 80 I S. 2 GG nur auf **Bundesgesetze** bezieht. Ermächtigt ein förmliches Landesgesetz zum Erlass von Landesrechtsverordnungen, ist Art. 80 I GG nicht unmittelbar anwendbar. Die Vorschrift ist keine Normativbestimmung für das Landesrecht. Nicht alle Landesverfassungen enthalten Art. 80 GG entsprechende Vorschriften. Die Forderung der Bestimmung bezüglich des Inhalts, Zwecks und Ausmaßes ergibt sich aber aus dem Rechtsstaatsprinzip und auch aus Art. 80 GG. Da Satz 2 dieser Vorschrift eine Konkretisierung des Rechtsstaatsprinzips darstellt, gelten die Grundsätze der Gesetzmäßigkeit der Verwaltung und des Vorbehaltes und Vorrangs des Gesetzes auch für die Landesgesetzgebung, und zwar entweder unmittelbar kraft des **Art. 20 III GG oder mindestens über Art. 28 I S. 1 GG** (Homogenitätsklausel).[807] Landesgesetze, die Landesbehörden zur Verordnungsgebung ermächtigen, müssen also Inhalt, Zweck und Ausmaß in gleicher Weise bestimmen wie ermächtigende Bundesparlamentsgesetze, auch wenn ein entsprechender Verfassungsgrundsatz in den Landesverfassungen nicht explizit aufgeführt ist.[808] Die folgenden Ausführungen beziehen sich auf das Bundesrecht. Für das Landesrecht gilt aber im Wesentlichen dasselbe. **834**

2. Ermächtigungsgrundlage

Aufgrund des Gewaltenteilungs- und Rechtsstaatsprinzips darf die Exekutive die Voraussetzungen ihres Einschreitens nicht selbst festlegen. Dies darf nur der unmittelbar demokratisch legitimierte parlamentarische Gesetzgeber. Die Rechtsverordnung be- **835**

---

[807] So auch BVerwGE 41, 251, 266; 58, 257, 277; 73, 388, 400; BVerwG NVwZ 2003, 95, 96.
[808] Vgl. aber folgende Verfassungen, die dem Standard des Art. 80 I S. 2 GG entsprechen: Art. 61 I BaWü; Art. 80 Brand; Art. 53 Hamb; Art. 57 MeckVor; Art. 43 Nds; Art. 70 NRW; Art. 110 RhlPfl; Art. 104 Saar; Art. 75 Sachs; Art. 79 SachsAnh; Art. 38 SchlHolst.

darf daher einer **formell-gesetzlichen Ermächtigungsgrundlage**. Dabei genügt nicht irgendeine Ermächtigungsgrundlage; vielmehr muss sie den Erfordernissen des Art. 80 I S. 2 GG genügen. Sie muss also insbesondere Inhalt, Zweck und Ausmaß der Ermächtigung bestimmen. Zwar müssen keine Einzelheiten der durch die Rechtsverordnung zu treffenden Regelungen bestimmt sein, denn sonst bedürfte es keiner Delegierung. Sie muss jedoch zum Ausdruck bringen,

(1) was geregelt werden soll,
(2) innerhalb welchen Rahmens sich die Regelung bewegen muss, ob also die Ermächtigungsnorm so bestimmt ist, dass vorausgesehen werden kann, in welchen Fällen und mit welcher Tendenz von ihr Gebrauch gemacht wird,
(3) und welchem Ziel die Regelung dienen soll.[809]

836 Bestimmtheit bedeutet, dass sich die Grenzen der Ermächtigung auch aus dem Grundgesetz selbst, insbesondere aus den Freiheitsgrundrechten, dem Grundsatz der Verhältnismäßigkeit und dem Gleichheitssatz (Art. 3 I GG) ergeben können. Welche Anforderungen an die Bestimmtheit der Ermächtigungsnormen im konkreten Fall zu stellen sind, hängt von den Besonderheiten des jeweiligen Regelungsgegenstands sowie der Intensität der Maßnahme, namentlich der Grundrechtsrelevanz der Regelung ab.[810] Man kann sagen: Je schwerwiegender die Auswirkungen sind, desto höhere Anforderungen sind an die Bestimmtheit der Ermächtigung zu stellen.

837 Soweit sondergesetzliche Rechtsgrundlagen (z.B. Gewerbe-, Immissionsschutz- oder Wasserrecht) nicht bestehen oder eingreifen, kann die Verordnung ggf. auf die **polizeigesetzliche Ermächtigung** zum Erlass von Polizeiverordnungen gestützt werden. Hier bestehen nach (zweifelhafter) Auffassung der Bundesgerichte keine verfassungsrechtlichen Bedenken, da ihr normativer Gehalt – ähnlich wie bei der Befugnisgeneralklausel für den Erlass von Verfügungen – durch Rechtsprechung und Literatur hinreichend präzisiert sei.[811] Etwas anderes kann sich nur aus der **Wesentlichkeitsrechtsprechung** des BVerfG ergeben, wonach die wesentlichen Aspekte der Grundrechtsausübung und Grundrechtsschranken allein der parlamentarische Gesetzgeber regeln könne und die damit verbundenen Fragen nicht der Exekutive überlassen dürfe. Als Beispiel seien die **Kampfhundeverordnungen** genannt, die in Ermangelung spezieller Ermächtigungsgrundlagen auf Grundlage der Verordnungsermächtigung des jeweiligen Polizeigesetzes ergingen (s.o.), wegen Verstoßes gegen die Wesentlichkeitsrechtsprechung des BVerfG von den Gerichten jedoch zumeist für nichtig erklärt wurden. Die Landesgesetzgeber haben darauf reagiert und nunmehr sog. Kampfhundegesetze erlassen.

838 Die Ermächtigung zum Erlass von Rechtsverordnungen hat auch eine **zeitliche Dimension**. So muss das ermächtigende Gesetz im Zeitpunkt des Erlasses der Rechtsverordnung bereits in Kraft getreten sein. Der nachträgliche Erlass einer Ermächtigungsgrundlage heilt den Fehler nicht. Strittig ist dagegen die Rechtslage, wenn das ermächtigende Gesetz im Nachhinein außer Kraft tritt. Nach einer Mindermeinung[812] wird die Rechtsverordnung unwirksam und damit nichtig, wenn das ermächtigende Gesetz außer Kraft tritt. Demgegenüber berühren nach der h.L. die spätere Aufhebung oder Änderung der Ermächtigungsgrundlage die Fortgeltung der darauf gestützten Rechtsverordnung nicht mehr. Diese bleibt wirksam.[813]

---

[809] Vgl. BVerwG NJW 2001, 1592; *Maunz*, in: Maunz/Dürig, GG, Art. 80 Rn 27; *Schlacke*, JA 2001, 933, 934 f.
[810] Vgl. BVerwG NVwZ 2003, 95, 96.
[811] Vgl. BVerwG NVwZ 2003, 95, 96.
[812] *Maurer*, AllgVerwR, § 13 Rn 7.
[813] Im Sinne der h.L. BVerfGE 9, 3, 12 und 31, 357, 362 f. allerdings in Bezug auf vorkonstitutionelle Ermächtigungsgrundlagen, die gem. Art. 123 ff. GG ohnehin fortgelten. Vgl. auch BVerfGE 51, 1, 17; 78, 179, 198.

Beispiele:

(1) § 18 GastG a.F. ermächtigte (und verpflichtete) zum Erlass von Polizeistunden- bzw. Sperrstundenverordnungen. Von dieser Ermächtigung (und Verpflichtung) haben die Bundesländer seinerzeit Gebrauch gemacht bzw. sind der Verpflichtung nachgekommen. Die Regelung des § 18 GastG a.F. ist mit Wirkung zum 1.7.2005 aufgehoben worden. Gäbe es keine derzeit gültige Norm, die eine entsprechende Ermächtigung enthielte, wäre dies nach der h.M. dennoch unschädlich, da im Zeitpunkt des Erlasses der Rechtsverordnungen eine gültige Ermächtigungsgrundlage bestand. Nach der Mindermeinung wären die Rechtsverordnungen dagegen nichtig geworden. Im konkreten Fall kann der Streit aber dahinstehen, da die fragliche Ermächtigung nun in § 18 GastG n.F. erneut geregelt ist (es wurde lediglich die *Verpflichtung* zum Erlass von Sperrzeitenverordnungen gestrichen).

(2) Mit Inkrafttreten des Kreislaufwirtschafts- und Abfallgesetzes (KrW-/AbfG)[814] vom 27.9.1994 verloren die auf das frühere Abfallgesetz vom 27.8.1986 gestützten Durch- und Ausführungsverordnungen (z.B. VerpackungsVO vom 12.6.1991; VO über die Entsorgung gebrauchter halogenierter Lösemittel vom 23.10.1989; KlärschlammVO vom 15.4.1992) ihre Ermächtigungsgrundlage.

Fraglich ist, welcher Auffassung zu folgen ist. Zwar ist der Mindermeinung zuzugeben, dass eine belastende staatliche Einzelmaßnahme grundsätzlich auf einer (im Zeitpunkt des Eingriffs) gültigen Rechtsgrundlage ergehen muss. Bei Rechtsverordnungen gilt aber die Besonderheit, dass die Exekutive zu (späteren) Grundrechtseingriffen ermächtigt wird und die Voraussetzungen für diese (späteren) Grundrechtseingriffe vom parlamentarischen Gesetzgeber im Zeitpunkt der Ermächtigung näher festgelegt werden. Der Exekutive werden sozusagen die Voraussetzungen, unter denen sie Rechtseingriffe vornehmen darf, „mit auf den Weg gegeben". Nach der hier vertretenen Auffassung fordert Art. 80 GG keine fortwährende gesetzliche Legitimation; es genügt, wenn diese zum Zeitpunkt des Erlasses der Rechtsverordnung besteht. Daher ist es nach der hier vertretenen Auffassung für die Gültigkeit von Rechtsverordnungen unschädlich, wenn ihre Ermächtigungsgrundlage später wegfällt.[815]

839

3. Formelle Rechtmäßigkeitsvoraussetzungen

Wie jeder Staatsakt muss auch die Rechtsverordnung bestimmten formellen Rechtmäßigkeitsanforderungen entsprechen. So muss zunächst das erlassende Exekutivorgan zuständig sein. Darüber hinaus müssen Verfahrens- und Formvorschriften eingehalten werden. Zuletzt muss die Rechtsverordnung verkündet werden.

840

a. Zuständigkeit (richtiger Adressat der Verordnungsermächtigung)

Das zum Erlass der Rechtsverordnung zuständige Exekutivorgan wird durch die Ermächtigungsnorm bestimmt. Allerdings wird dieser Adressatenkreis auf Bundesebene durch Art. 80 I S. 1 GG beschränkt: Es kommen nur die **Bundesregierung**, ein **Bundesminister** oder die **Landesregierungen** (sog. Delegatare) in Betracht. Zu beachten ist aber die Regelung des Art. 80 I S. 4 GG, wonach eine Weiterermächtigung (= Subdelegation) möglich ist. Diese Subdelegation muss aber zum einen durch das ermächtigende Gesetz zugelassen sein und zum anderen muss sie durch die Rechtsverordnung selbst erfolgen.

841

Beispiel: § 18 I GastG ermächtigt die Landesregierungen, Rechtsverordnungen über die Sperrzeitenregelung (sog. Polizeistunde) für Schank- und Speisewirtschaften zu erlassen. Die Vorschrift bestimmt aber auch, dass die Landesregierungen (die primären Delegatare) befugt sind, durch Rechtsverordnung die Ermächtigung auf andere Exeku-

---

[814] Seit dem 1.6.2012 gilt das KrWG.
[815] Anders *Kotulla*, NVwZ 2000, 1263 ff. mit allerdings zirkulärer Argumentation auf S. 1265.

tivstellen (die Subdelegatare) zu übertragen. Je nach Bundesland haben die Landesregierungen von dieser Unterermächtigung Gebrauch gemacht und die Sperrzeitenregelung auf verschiedene Stellen wie beispielsweise die Gemeinden, die Landratsämter oder die Regierungspräsidenten weiter übertragen.

Gegenbeispiel: § 6 StVG ermächtigt den Bundesverkehrsminister, über die in dieser Vorschrift näher gekennzeichneten Gegenstände mit Zustimmung des Bundesrates Rechtsverordnungen zu erlassen. Hiervon hat der Bundesverkehrsminister mit Erlass der StVO, der FeV und der StVZO Gebrauch gemacht (s.o.). Würde man bei den Verkehrsschildern wegen ihres unbestimmten Adressatenkreises Rechtsverordnungen annehmen, müsste man in § 6 StVG die Möglichkeit der Subdelegation finden. Das ist nicht der Fall. Verkehrsschilder wären daher, wenn man sie als Rechtsverordnungen qualifizierte, (formell) rechtswidrig und nichtig.

842 Auf Landesebene stellt sich die Rechtslage anders dar. Dort besteht in den Verfassungen keine Begrenzung der primären Delegatare. Der formelle Gesetzgeber kann dort also jede Exekutivstelle unmittelbar zum Erlass von Rechtsverordnungen ermächtigen. Eine Subdelegation ist also nicht erforderlich.

b. Verfahren

843 Des Weiteren sind Verfahrensbestimmungen einzuhalten. So bedürfen bestimmte Rechtsverordnungen der Zustimmung des Bundesrates, vgl. Art. 80 II GG. Ferner ist in einigen Gesetzen die Anhörung außerstaatlicher Verbände, unabhängiger Sachverständiger oder „der beteiligten Kreise" (vgl. § 51 BImSchG) vor Erlass der Rechtsverordnung vorgeschrieben. Mit der Anhörungspflicht soll der Sachverstand dieser Gruppen in die Entscheidung des Rechtsverordnungsgebers einfließen. Eine Beteiligung in Form einer Mitwirkung ist aber nicht vorgesehen (sie wäre auch schon aufgrund des Demokratieprinzips verfassungsrechtlich nicht zu rechtfertigen). Eine unterbliebene Anhörung macht die Rechtsverordnung nicht rechtswidrig. Allerdings können die nicht angehörten Kreise einen gerichtlich durchsetzbaren Anspruch auf Anhörung haben.

c. Form

844 Die Rechtsverordnung ist auch an eine bestimmte Form gebunden. So ist sie **schriftlich** zu erlassen (Art. 82 I S. 2 GG). Darüber hinaus hat der Behördenleiter oder dessen Stellvertreter die Rechtsverordnung zu unterzeichnen (sog. Ausfertigung). Schließlich muss gem. Art. 80 I S. 3 GG in der Rechtsverordnung das ermächtigende Gesetz angeführt werden (sog. **Zitiergebot**). Das Zitiergebot soll gewährleisten, dass für jedermann die formelle Ermächtigungsgrundlage erkennbar ist, sodass eine Prüfung am Maßstab dieser Ermächtigungsgrundlage ermöglicht wird. Eine Rechtsverordnung, die auf mehreren Ermächtigungsgrundlagen beruht, muss diese vollständig zitieren. Eine Missachtung des Zitiergebots führt zur Nichtigkeit der Rechtsverordnung.[816]

d. Verkündung

845 Schließlich muss die Rechtsverordnung **verkündet** werden. Verkündung bedeutet öffentliche Bekanntgabe. Auf Bundesebene erfolgt sie im Bundesgesetzblatt oder im Bundesanzeiger, vgl. dazu Art. 82 GG und das Gesetz über die Verkündung von Rechtsverordnungen (Sartorius Nr. 70), das als „anderweitige gesetzliche Regelung" gilt.

---

[816] BVerfGE 101, 1, 32 ff. (Käfighaltung von Legehennen).

e. Verfahren bei Aufhebung einer Rechtsverordnung

Die Aufhebung einer Rechtsverordnung erfolgt durch einen entsprechenden actus **846** contrarius, also durch eine **Aufhebungsverordnung**, die als Rechtsverordnung ebenfalls die allgemein geltenden Anforderungen, die an Rechtsverordnungen zu stellen sind, erfüllen muss. Selbstverständlich kann die Aufhebung auch durch einen höherrangigen Akt, etwa durch ein Parlamentsgesetz, erfolgen, nicht aber durch einen rangniedrigeren Akt. Ein behördlicher Aufhebungsbeschluss würde also nicht genügen.

4. Materielle Rechtmäßigkeitsvoraussetzungen

Eine Rechtsverordnung kann zunächst nur dann materiell rechtmäßig sein, wenn auch **847** die ihr zugrunde liegende Ermächtigungsgrundlage rechtmäßig ist. Das führt in Prüfungsarbeiten ggf. zu der Notwendigkeit, im Rahmen einer Inzidentprüfung die formelle und materielle **Rechtmäßigkeit der Ermächtigungsgrundlage** zu prüfen. Die diesbezüglichen Vorgaben sind eingehend bei *R. Schmidt*, Staatsorganisationsrecht, Rn 207 ff. dargestellt. Auch gehört die Beachtung des Art. 80 I S. 2 GG (bzw. von dessen materiellem Gehalt) hierher.

Des Weiteren ist eine Rechtsverordnung nur dann rechtmäßig, wenn sie (inhaltlich) **848** **mit ihrer Ermächtigungsgrundlage vereinbar** ist. Im Übrigen muss sich die Rechtsverordnung an die an ein Parlamentsgesetz zu stellenden Rechtmäßigkeitsvoraussetzungen halten. Insbesondere sind das EU-Recht[817], die **Grundrechte**, die **Verhältnismäßigkeit** und die **allgemeinen Verfassungsprinzipien** zu beachten.[818] Im Gegensatz zum formellen Gesetz darf die Rechtmäßigkeit einer Rechtsverordnung niemals unterstellt werden.

5. Ermessen

Schon der Wortlaut „*Ermächtigungs*norm" lässt darauf schließen, dass dem Verord- **849** nungsgeber bei der Frage, <u>ob</u> er von der Ermächtigung Gebrauch machen möchte, grundsätzlich ein Ermessen eingeräumt wurde. Eine Pflicht zum Erlass der Rechtsverordnung besteht nur dann, wenn das formelle Gesetz dies bestimmt oder wenn sich die Pflicht aus dem Gesamtzusammenhang ergibt, etwa wenn das formelle Gesetz ohne die ergänzende Rechtsverordnung nicht anwendbar ist.[819]

III. Die Rechtswidrigkeit der Rechtsverordnung und ihre Folgen

Liegt mindestens eine der o.g. Rechtmäßigkeitsvoraussetzungen nicht vor, ist die **850** Rechtsverordnung rechtswidrig. Eine Heilung von formellen wie materiellen Fehlern kommt nur in Betracht, wenn entsprechende Heilungsvorschriften bestehen. Die zu § 28 I VwVfG entwickelten Grundsätze, dass eine unterlassene Anhörung durch die spätere Möglichkeit der Stellungnahme geheilt werden kann, sind nicht anwendbar, denn § 28 I VwVfG gilt nur in Verwaltungsverfahren nach § 9 VwVfG, nicht aber im Verfahren, das auf den Erlass einer Rechtsverordnung gerichtet ist. Heilungs- bzw. Unbeachtlichkeitsvorschriften wie z.B. § 214 BauGB bestehen ebenfalls nicht, sodass damit im Ergebnis bei einer festgestellten Rechtswidrigkeit letztlich nur die Folge der **Nichtigkeit** der entsprechenden Rechtsverordnung angenommen werden kann.[820] Das folgt aus dem Rechtsstaatsprinzip, wonach nur solche Staatsakte verbindlich sind,

---

[817] Die Auffassung, Prüfungsmaßstab einer Rechtsverordnung sei allein das GG, nicht auch das EU-Recht (so *Reimer*, JuS 2004, 44; *Voßkuhle*, in: v. Mangoldt/Klein/Starck, GG, Art. 93 Rn 126), ist mit dem Grundsatz des Anwendungsvorrangs des EU-Rechts und der st. Rspr. des EuGH und des BVerfG unvereinbar.
[818] Vgl. zur Prüfung auch BVerwGE 125, 384, 386; 70, 318, 335.
[819] Vgl. BVerwG NVwZ 2002, 1505, 1506.
[820] Wie hier *Bohl*, NVwZ 2001, 764, 765; *Aulehner*, JA 2001, 291 ff.

die mit dem höherrangigen Recht und letztlich dem Demokratieprinzip vereinbar sind. Ist von einem Gericht die Rechtswidrigkeit einer Rechtsverordnung festgestellt worden, darf die Verwaltung sie nicht anwenden; der Bürger muss sie nicht beachten.

851 Eine Ausnahme von dem Grundsatz der Nichtigkeit macht das BVerfG in dem Fall, dass die Rechtsverordnung durch einen Verfahrensverstoß zustande gekommen ist, der evident und völlig unbedeutend ist. Das Gericht hatte den Fall zu entscheiden, in dem es um eine Rechtsverordnung ging, die in einem verfassungswidrigen Umlaufverfahren beschlossen wurde. Durch die langjährige Staatspraxis, in der dieses Verfahren von niemandem beanstandet wurde, sei der Verfahrensfehler im Interesse der Rechtssicherheit und des Vertrauensschutzes unbeachtlich.[821] Diese Auffassung mag zwar kritisiert werden, sie stellt jedoch klar, dass jedenfalls alle anderen formellen Fehler zur Nichtigkeit führen.

IV. Rechtsschutz gegen rechtswidrige Rechtsverordnungen

1. Bundesebene

852 Der direkte, d.h. prinzipale Rechtsschutz gegen **Rechtsverordnungen des Bundes** war lange Zeit teilweise sehr unzulänglich. Insbesondere gegen solche Bundesrechtsverordnungen, denen eine unmittelbare Wirkung zukommt, die zu ihrer Wirkung also keines weiteren Vollzugsakts bedürfen (sog. selbstvollziehende Verordnungen, auch „Self-executing-Verordnungen" genannt[822]), war kein verwaltungsgerichtlicher Rechtsschutz gegeben. Deshalb konnten solche Rechtsverordnungen des Bundes nur mit der **Individualverfassungsbeschwerde** (Art. 93 I Nr. 4a GG, § 13 Nr. 8a, 90 ff. BVerfGG) angegriffen werden.[823]

853 Da die Zulässigkeitshürden einer Verfassungsbeschwerde nicht nur allgemein, sondern insbesondere im Hinblick auf selbstvollziehende Gesetze sehr hoch sind, wurde in der Literatur schon seit langem gefordert, zumindest gegen Bundesrechtsverordnungen als verwaltungsgerichtlichen Rechtsschutz die Feststellungsklage nach § 43 VwGO zuzulassen. Diese Forderung hat das BVerfG[824] 1997 aufgegriffen und eine grundlegende Wende im Rechtsschutz eingeleitet. Der Rechtsschutz durch die Verwaltungsgerichte gegen eine Rechtsverordnung des Bundes dürfe nicht mit der Erwägung abgeschnitten werden, Rechtsschutz gegen verfassungswidrige Rechtsverordnungen werde durch die Verfassungsbeschwerde gewährleistet. Vielmehr sei eine **verwaltungsgerichtliche** Inzidentkontrolle durchzuführen. Komme das Verwaltungsgericht zu dem Ergebnis, dass die Rechtsverordnung rechtswidrig sei, dürfe es diese nicht anwenden. Diese Rechtsprechung wurde dann auch vom BVerwG für die Klage eines lärmbetroffenen Grundstückseigentümers gegen eine Flugroutenverordnung nach § 27a II S. 1 LuftVO zum Flughafen Köln/Bonn bestätigt.[825] Auch das BVerfG hat vor einiger Zeit noch einmal bestätigt, dass Bundesrechtsverordnungen primär mit Hilfe der verwaltungsgerichtlichen Inzidentkontrolle anzugreifen seien, namentlich mit der **Feststellungsklage**.[826]

---

[821] BVerfGE 91, 148, 175 f. (Umlaufverfahren).

[822] Beispiele von selbstvollziehenden Gesetzen sind bei *R. Schmidt*, Staatsorganisationsrecht, Rn 718 genannt.

[823] Insbesondere kam eine konkrete Normenkontrolle gem. Art. 100 I GG nicht in Betracht, weil nur ein formelles Gesetz tauglicher Vorlagegegenstand sein kann. Bei der Verfassungsbeschwerde kann auch eine Rechtsverordnung angegriffen werden. Vgl. dazu ausführlich *R. Schmidt*, Staatsorganisationsrecht, Rn 661 ff. Etwas anderes gilt hinsichtlich der Bundesregierung, einer Landesregierung oder eines Viertels der Mitglieder des Bundestags. Diese sind antragsbefugt in einer abstrakten Normenkontrolle (Art. 93 I Nr. 2 GG, §§ 13 Nr. 6, 76 ff. BVerfGG). Insb. kann eine Rechtsverordnung (Bund oder Land) tauglicher Prüfungsgegenstand sein.

[824] BVerfG NVwZ 1998, 169, 170 (Lärmbelästigung durch Abflugstrecke eines Flughafens).

[825] Vgl. BVerwG NJW 2000, 3584 mit Bespr. v. *Geulen/Klinger*, NJW 2001, 1038; *Kukk*, NVwZ 2001, 408 und *Aulehner*, JA 2001, 291 ff. Vgl. auch *Rupp*, NVwZ 2002, 286 ff.

[826] BVerfG NVwZ 2006, 922 f. mit Bespr. v. *Muckel*, JA 2007, 76 ff.

Insbesondere entfaltet § 47 VwGO hier keine Sperrwirkung. Die Feststellungsklage bietet sich deswegen an, weil sie nicht zur Nichtigkeitserklärung der Norm zwingt. Die Statthaftigkeit dieser Klageart führt allerdings zur folgenden denkwürdigen Sachlage: Während hinsichtlich der „kleinen" Landesrechtsverordnungen regelmäßig die prinzipale Normenkontrolle gem. § 47 VwGO statthaft und dann stets das für das betreffende Bundesland einheitlich urteilende Oberverwaltungsgericht zuständig ist, ist bei einer Feststellungsklage hinsichtlich einer „großen" Bundesrechtsverordnung regelmäßig das Verwaltungsgericht zuständig. Dadurch kann es in der Folge zu unterschiedlichen Urteilen über die Rechtmäßigkeit der Auswirkung ein und derselben Bundesrechtsnorm kommen. Um diese vermeintliche Ungereimtheit zu vermeiden, wird teilweise gefordert, den Anwendungsbereich des § 47 VwGO auch auf Bundesrechtsverordnungen auszudehnen, sofern diese den Kläger unmittelbar belasten.[827] Diese Auffassung genießt zwar den Vorzug der Rechtsklarheit und Einheitlichkeit, ist mit Blick auf den klaren Wortlaut des § 47 VwGO aber abzulehnen. Hätte der Bundesgesetzgeber die Überprüfung von Bundesrechtsverordnungen in den Anwendungsbereich des § 47 VwGO stellen wollen, hätte er diese in den Wortlaut der Norm aufgenommen. Im Übrigen besteht auch kein prozessuales Bedürfnis, entgegen dem eindeutigen Wortlaut des § 47 VwGO die Überprüfung einer Bundesrechtsverordnung im Rahmen des § 47 VwGO zuzulassen. Denn sollte die fragliche Rechtsnorm unmittelbare Wirkung gegenüber dem Rechtsschutzsuchenden entfalten, steht diesem – wie bereits dargestellt – die Feststellungsklage gem. § 43 VwGO zur Verfügung. Sollte die Rechtsnorm keine unmittelbare Wirkung entfalten, sondern lediglich Grundlage für den Erlass eines Einzelakts sein, ist der Betroffene auch hier nicht schutzlos: Er kann den Einzelakt angreifen. Einen Sonderfall stellt das **Rettungsgesetz** des Bundes dar (vgl. dazu Rn 1162a). Dieses erlaubt eine Enteignung durch Bundesrechtsverordnung und sieht – wegen seiner Bedeutung – eine prinzipale Normenkontrolle vor dem BVerwG vor.

854

Fazit: Von dem Sonderfall des RettungsG einmal abgesehen, kann eine Bundesrechtsverordnung **prinzipal** im Wege einer Verfassungsbeschwerde vor dem BVerfG angegriffen werden. Sie kann aber auch von einem Verwaltungsgericht **inzident** auf ihre Rechtmäßigkeit hin überprüft werden, etwa im Rahmen einer Anfechtungs- oder Feststellungsklage, die sich gegen den auf der Grundlage der Rechtsverordnung erlassenen Einzelakt richtet. Gelangt das Verwaltungsgericht hierbei zu der Überzeugung, dass die Rechtsverordnung rechtswidrig sei, hat es die Befugnis, diese nicht anzuwenden. Diese Nichtanwendungsbefugnis wird als **Verwerfungskompetenz** bezeichnet. Das bedeutet jedoch nicht die Kompetenz zur Nichtigkeitserklärung, sondern lediglich die Kompetenz zur Nichtanwendung der Rechtsverordnung im Einzelfall: Die Rechtsverordnung gilt zwar noch allgemein, nur nicht im Verhältnis zwischen den Prozessparteien. Man spricht insoweit von Wirkung „inter partes" der Gerichtsentscheidung.

854a

2. Landesebene

Hinsichtlich des prinzipalen Rechtsschutzes gegen Landesrechtsverordnungen[828] gilt im Prinzip dasselbe wie für Bundesrechtsverordnungen. Auch hier ist die Individualverfassungsbeschwerde vor dem BVerfG unter den o.g. Voraussetzungen denkbar. Allerdings ist die vorrangige Möglichkeit der prinzipalen verwaltungsgerichtlichen Normenkontrolle gem. § 47 VwGO zu beachten. Aufgrund der Regelung des § 47 VwGO kann jeder mit der Behauptung, durch die Landesrechtsverordnung in seinen Rechten verletzt zu sein oder in absehbarer Zeit verletzt zu werden, beim Oberverwaltungsgericht seines Landes eine Normenkontrolle beantragen. Einschränkend gilt jedoch, dass die verwaltungsgerichtliche Normenkontrolle nur dann statthaft ist, wenn

855

---

[827] So *Hufen*, JuS 2001, 406, 408.
[828] Auch Rechtsverordnungen einer Landesregierung, die auf einer bundesgesetzlichen Ermächtigung gem. Art. 80 I S. 1 GG beruhen, ist Landesrecht (vgl. Rn 133 sowie BVerfGE 18, 407, 418). Denn die Landesregierungen üben auch bei Gebrauchmachen von einer bundesgesetzlichen Ermächtigung nur Landesgewalt aus und können deshalb nur Landesrecht setzen.

das Landesrecht dies bestimmt[829] (sog. *landesrechtliches Ergänzungsrecht*), vgl. § 47 I Nr. 2 VwGO.[830] Fehlt eine solche Bestimmung, ist der Betroffene darauf verwiesen, die Gültigkeit der Landesrechtsverordnung von den Gerichten inzident überprüfen zu lassen, wenn er sich gegen Einzelakte wendet, die aufgrund der Rechtsverordnung ergangen sind.[831] Als ein solcher inzidenter Rechtsschutz kommen die Anfechtungsklage gem. § 42 I Var. 1 VwGO und die Feststellungsklage gem. § 43 VwGO in Betracht. Da dem Beschwerdeführer aber nicht zugemutet werden kann, sich zunächst bestimmten Sanktionen auszusetzen, die mit der Nichtbeachtung der in der Rechtsverordnung niedergelegten Pflichten verbunden sind (um sodann den Rechtsweg zu den ordentlichen Gerichten zu beschreiten), kann – bei fehlender Möglichkeit der Normenkontrolle nach § 47 VwGO – sofort Verfassungsbeschwerde erhoben werden.[832]

855a

> **Fazit:** Eine Landesrechtsverordnung kann **prinzipal** im Wege einer verwaltungsgerichtlichen Normenkontrolle angegriffen werden. Die Entscheidung des Gerichts gilt dann allgemein („inter omnes"), § 47 V S. 2 VwGO. Lediglich, wenn das Bundesland eine Normenkontrolle nach § 47 VwGO nicht vorgesehen hat, kommt eine prinzipale Überprüfung in Form einer Verfassungsbeschwerde vor dem BVerfG in Betracht. Jedoch ist vorrangig die Möglichkeit einer verwaltungsgerichtlichen Inzidentkontrolle in Betracht zu ziehen (s.o.). Ist ein Bürger bereits durch einen Einzelakt, der seine Grundlage in einer Landesrechtsverordnung hat, beschwert, muss er die Einzelmaßnahme angreifen. Das Verwaltungsgericht (des Landes) überprüft dann **inzident** die Landesrechtsverordnung auf ihre Rechtmäßigkeit hin. Gelangt es hierbei zu der Überzeugung, dass die Rechtsverordnung rechtswidrig sei, hat es die gleiche **Verwerfungskompetenz** wie bei Bundesrechtsverordnungen. Selbstverständlich gilt auch hier die Entscheidung nur „inter partes".

3. Prüfungsschema

856

Das im Folgenden dargestellte Prüfungsschema basiert auf dem systematischen Zusammenhang zwischen Ermächtigungsgrundlage und Rechtsverordnung. Es kann durchaus sein, dass der Bearbeiter hinsichtlich der Rechtmäßigkeit der Ermächtigungsgrundlage über die Rechtsverordnung (oder sogar über den Einzelakt, der auf der Grundlage der Rechtsverordnung erlassen wurde) in die Prüfung einsteigen muss. Dann wäre – entgegen dem folgenden Schema – die Rechtmäßigkeit der Ermächtigungsgrundlage im Rahmen der materiellen Rechtmäßigkeit der Rechtsverordnung zu prüfen. Vgl. für diesen Fall das Prüfschema bei *R. Schmidt*, VerwProzR, Rn 636.

---

[829] Die Normenkontrolle eingeführt haben: BW: § 4 AGVwGO, Bay: Art. 5 AGVwGO, Brand: § 4 I VwGG, Brem: Art. 7 AGVwGO, Hess: § 15 AGVwGO, MeckVor: § 13 AGGerStrG, Nds: § 7 AGVwGO, RhlPfl: in beschränktem Umfang (§ 4 AGVwGO), Saar: § 18 AGVwGO, Sachs: § 24 I SächsJG, SachsAnh: § 10 AGVwGO, SchlHolst: § 5 AGVwGO, Thür: § 4 AGVwGO. Keine Regelungen bezüglich einer verwaltungsgerichtlichen Normenkontrolle nach § 47 I Nr. 2 VwGO haben bislang Berlin, Hamburg und Nordrhein-Westfalen getroffen.
[830] Vgl. dazu VGH Mannheim NVwZ-RR 2010, 55.
[831] Vgl. dazu BVerfG NVwZ 1998, 169 f.
[832] Zur Überprüfung von Rechtsverordnungen durch das BVerfG vgl. auch *Müller-Terpitz*, DVBl 2000, 232 ff. (zu BVerfGE 101, 1 ff.); zur Anwendung des Art. 19 IV GG auf Rechtsverordnungen vgl. BVerfGE 115, 81 ff.

Prüfung einer Rechtsverordnung am Maßstab ihrer Ermächtigungsgrundlage

I. Rechtmäßigkeit der Ermächtigungsgrundlage
1. Formelle Rechtmäßigkeit
⇨ Gesetzgebungskompetenz, Gesetzgebungsverfahren, Ausfertigung und Verkündung

2. Materielle Rechtmäßigkeit
a. Anforderungen des Art. 80 I GG (bzw. der entsprechenden Vorschriften der Länder)

aa. Richtiger Ermächtigungsadressat (Art. 80 I S. 1 GG)

Ermächtigt werden können die Bundesregierung, ein Bundesminister oder die Landesregierungen. Einzelne Landesminister können dagegen nicht ermächtigt werden. Dadurch kommt jenes kennzeichnende Prinzip der bundesstaatlichen Ordnung des Grundgesetzes zum Ausdruck, das den Bund am unmittelbaren Eingriff in die Verwaltungsorganisation der Länder hindert. Die Landesregierung kann jedoch zur Subdelegation der Verordnungsbefugnis ermächtigt (nicht jedoch verpflichtet) werden. Daraufhin erlassene Rechtsverordnungen stellen Rechtsvorschriften des Landesrechts dar. Dies ist von prozessualer Bedeutung: Es sind die gegen untergesetzliches Regelwerk zur Verfügung stehenden Rechtsbehelfe statthaft (etwa die prinzipale Normenkontrolle nach § 47 VwGO oder die inzidente Normenkontrolle eines beliebigen verwaltungsgerichtlichen Verfahrens).

bb. Bestimmtheit der Ermächtigung bzgl. Inhalt, Zweck und Ausmaß (Art. 80 I S. 2 GG)

Bestimmtheit bedeutet, dass sich die Grenzen der Ermächtigung auch aus dem Grundgesetz selbst, insbesondere aus den Freiheitsgrundrechten, dem Grundsatz der Verhältnismäßigkeit und dem Gleichheitssatz (Art. 3 I GG) ergeben können. Verlangt wird insoweit lediglich eine **hinreichende**, nicht größtmögliche Bestimmtheit. Auf jeden Fall muss die Vorhersehbarkeit des konkreten Inhalts vorliegen.

b. Kein Verstoß gegen sonstiges höherrangiges Recht

Insb. muss geprüft werden, ob ein Verstoß gegen höherrangiges EU-Recht oder gegen nationale Grundrechte vorliegt oder allgemeine Verfassungsprinzipien missachtet wurden.

II. Rechtmäßigkeit der Rechtsverordnung
1. Formelle Rechtmäßigkeit

Die Rechtsverordnung ist *formell* rechtswidrig, wenn die in der Ermächtigungsgrundlage enthaltenen Zuständigkeitsvorschriften (so dürfen nur die Bundesregierung als Kollegialorgan, ein einzelner Bundesminister oder eine Landesregierung als Kollegialorgan, nicht aber ein einzelner Landesminister tätig werden) nicht eingehalten wurden. Des Weiteren sind Verfahrensvorschriften (z.B. Zustimmung des Bundesrats, Art. 80 II GG, oder Zustimmung des Bundestags laut Ermächtigungsgrundlage[833]) sowie die in Art. 80 I GG, 19 I S. 2 GG normierten Formvorschriften (z.B. das Zitiergebot, Art. 80 I S. 3 GG bei bundesgesetzlicher Ermächtigung, bei landesgesetzlicher Ermächtigung bestehen unterschiedliche Bestimmungen) einzuhalten. Schließlich muss die Rechtsverordnung ausgefertigt und verkündet werden, Art. 82 I S. 2 GG.

2. Materielle Rechtmäßigkeit

Die Rechtsverordnung ist *materiell* rechtswidrig, wenn sie nicht mit ihrer Ermächtigungsgrundlage vereinbar ist. Im Übrigen muss sich die Rechtsverordnung an die an ein Parlamentsgesetz zu stellenden Rechtmäßigkeitsvoraussetzungen halten. Insbesondere sind das unmittelbar anwendbare EU-Recht, die Grundrechte des GG, die Verhältnismäßigkeit und die allgemeinen Verfassungsprinzipien zu beachten. Im Gegensatz zum formellen Gesetz darf die Rechtmäßigkeit einer Rechtsverordnung niemals unterstellt werden!

III. Rechtsfolge bei Rechtswidrigkeit

Ist die Rechtsverordnung rechtswidrig, ist sie nichtig. Die Nichtigkeit kann prinzipal durch eine Normenkontrolle gem. § 47 VwGO oder inzident bspw. durch eine Anfechtungsklage oder eine Feststellungsklage festgestellt werden. Auch ist ein Verfahren vor dem (Bundes- oder Landes-)Verfassungsgericht möglich.

---

[833] Beispiele finden sich in § 3 I S. 4 UVPG oder in § 48 I S. 3 WHG. Verfassungsrechtlich bestehen gegen das Zustimmungserfordernis keine Bedenken, vgl. BVerfGE 8, 274, 319 ff.; *Kotulla*, NVwZ 2010, 943.

857 **Zusammenfassung und Hinweis für die Fallbearbeitung:** Die Prüfung einer Rechtsverordnung kann in der Klausur auf mannigfache Weise erfolgen. So kann durch die Anfechtung eines Verwaltungsakts inzident die Rechtmäßigkeit der dem Verwaltungsakt zugrunde liegenden Rechtsverordnung zu prüfen sein. Auch kann eine prinzipale Überprüfung einer Rechtsverordnung (Normenkontrolle gem. § 47 VwGO) Gegenstand einer Prüfung sein. Aber auch in jedem anderen Verfahren hat das Gericht dann, wenn es Zweifel an der Rechtmäßigkeit einer Rechtsverordnung hat, diesen Zweifeln nachzugehen und die Verordnung inzident zu überprüfen. Gelangt es zu dem Ergebnis, dass die Rechtsverordnung rechtswidrig, also nichtig ist, hat es diese nicht anzuwenden. Das Gericht hat hier also nicht nur eine Prüfungs-, sondern auch eine Nichtanwendungskompetenz: Es erklärt die Rechtsverordnung zwar nicht für nichtig, wendet die Rechtsverordnung aber schlicht nicht an. Die Entscheidung des Gerichts gilt dann nur zwischen den Parteien. Man spricht von einer Wirkung *inter partes*. Demgegenüber führt die Prinzipalkontrolle gem. § 47 VwGO – ebenso wie jedes verfassungsgerichtliche Verfahren – zur Nichtigkeitserklärung, die dann gegenüber jedermann wirkt (Wirkung *inter omnes*). Hier besteht dann eine Verwerfungskompetenz.

858 Ein **Übungsfall** zur Rechtsverordnung steht auf der Internetseite des Verlags Rubrik Falllösungen und Ergänzungen zum kostenlosen Download zur Verfügung.

C. Die Satzung

Auch die Satzung wurde bereits im Rahmen der Rechtsquellenlehre erläutert (siehe Rn 135 ff.), sodass an dieser Stelle lediglich Fragen der Rechtswidrigkeit beantwortet werden müssen. **859**

Rechtswidrig ist die Satzung, wenn sie formelle oder materielle Fehler aufweist. **860** **Formelle Fehler** liegen insbesondere vor, wenn

- die erforderliche Mehrheit beim Satzungsbeschluss fehlt,
- keine hinreichende Begründung vorhanden ist (z.B. § 9 VIII BauGB)
- oder Mitwirkung bestimmter Gremien, Protokollierung des Satzungsbeschlusses[834], Genehmigung der Aufsichtsbehörde, ordnungsgemäße Verkündung[835] fehlerhaft sind. Zu beachten ist aber das eventuelle Bestehen einer Heilungsmöglichkeit.[836]

Materielle Fehler liegen vor, wenn sich die Satzung nicht im Rahmen der verliehenen Autonomie bewegt[837] bzw. wenn ein Verstoß gegen die Rechtsgrundlage vorliegt oder diese ihrerseits rechtswidrig ist. Gleiches gilt, wenn keine Rechtsgrundlage besteht, eine solche aber aufgrund des Parlamentsvorbehalts und der Wesentlichkeitstheorie erforderlich gewesen wäre. Werden durch die Rechtsformenwahl der Satzung **planerische Abwägungsentscheidungen** getroffen (bei Bebauungsplänen primär das Abwägungsgebot nach § 2 III bzw. § 1 VII BauGB), erfordert das Abwägungsgebot eine sachgerechte Abwägung gegensätzlicher Belange, die sich sowohl auf den *Abwägungsvorgang* als auch auf das *Abwägungsergebnis* bezieht.[838] Zuletzt darf kein Verstoß gegen (sonstiges) höherrangiges Recht, insbesondere gegen **Grundrechte**, den **Bestimmtheitsgrundsatz** und den Grundsatz der **Verhältnismäßigkeit** vorliegen. Zur Rechtsnatur von Planungsentscheidungen und zu den in Betracht kommenden **Abwägungsfehlern** (Abwägungsausfall, Abwägungsdefizit und Abwägungsfehleinschätzung/Abwägungsdisproportionalität) vgl. Rn 292 und 995 ff. **861**

> **Hinweis für die Fallbearbeitung:** Sofern eine Satzung die Verwaltung zum Erlass von Verwaltungsakten ermächtigt, muss die betreffende Satzungsbestimmung ihrerseits mit höherrangigem Recht vereinbar sein. Insoweit gilt dasselbe wie bei einem Parlamentsgesetz und einer Rechtsverordnung. Greift also ein Bürger einen ihn belastenden Verwaltungsakt an, der seine Rechtsgrundlage in einer Satzung findet, muss bei der Überprüfung der Rechtmäßigkeit des Verwaltungsakts inzident die Rechtmäßigkeit der betreffenden Satzungsbestimmung überprüft werden. So kann bspw. durch die Anfechtung einer Baugenehmigung durch einen Nachbarn inzident die Rechtmäßigkeit des der Baugenehmigung zugrunde liegenden Bebauungsplans zu prüfen sein. In der Fallbearbeitung bietet sich die **Prüfung** einer Satzung demnach wie folgt an, wobei das im Folgenden dargestellte Prüfungsschema auf dem systematischen Zusammenhang zwischen Rechtsgrundlage und Satzung basiert. In Übereinstimmung mit dem bei Rn 856 Gesagten kann es auch hier durchaus sein, dass der Bearbeiter hinsichtlich der Rechtmäßigkeit der Rechtsgrundlage über die Satzung (oder sogar über den Einzelakt, der auf der Grundlage der Satzung erlassen wurde) in die Prüfung einsteigen muss. Dann wäre – entgegen dem folgenden Schema – die Rechtmäßigkeit der Rechtsgrundlage im Rahmen der materiellen Rechtmäßigkeit der Satzung zu prüfen. Vgl. für diesen Fall das Prüfschema bei *R. Schmidt*, VerwProzR, Rn 636. **862**

---

[834] Vgl. dazu VG Potsdam LKV 2001, 236.
[835] Vgl. nur §§ 3, 4, 6 und 10 BauGB.
[836] Vgl. nur § 214 BauGB.
[837] So darf eine Gemeindesatzung nur „eigene Angelegenheiten" der Gemeinde regeln.
[838] Vgl. BVerwGE 107, 215, 220 ff.; BVerwG NVwZ 2000, 1187; VGH Mannheim NVwZ 2000, 1187. Vgl. dazu auch *Kuhla*, NVwZ 2002, 542, 544; *Muckel*, NVwZ 1999, 963; *Schmidt-Preuß*, DVBl 1999, 193; *Schütz*, NVwZ 1999, 929.

863

Prüfung einer Satzung am Maßstab ihrer Ermächtigungsgrundlage

I. Rechtsgrundlage

Grundsätzlich ist die gesetzliche Verleihung der Satzungsautonomie, beispielsweise durch kommunalrechtliche Generalklauseln, ausreichend; Grenze: BVerfGE 33, 125 (Facharzt): Sofern mit der Satzung Grundrechte der Betroffenen berührt werden, ist eine förmliche Rechtsgrundlage (ein Parlamentsgesetz) erforderlich, die den Bestimmtheitsgrundsatz und die Wesentlichkeitstheorie beachtet. Diese Rechtsgrundlage muss ihrerseits mit höherrangigem Recht vereinbar sein. Anderenfalls ist die Satzung schon deshalb rechtswidrig und nichtig, weil ihre Rechtsgrundlage rechtswidrig und nichtig ist. Das führt ggf. zu einer Inzident-Prüfung der Rechtsgrundlage. Zudem darf die förmliche Rechtsgrundlage nicht zulassen, dass die satzungsgebende Körperschaft durch Satzungsbeschluss die Partizipation der Verbandsmitglieder ausschließt.

II. Formelle Rechtmäßigkeit (Normsetzungsverfahren)

1. Erforderliche Mehrheit beim Satzungsbeschluss
2. Hinreichende Begründung (z.B. § 9 VIII BauGB)
3. Ferner Mitwirkung, Genehmigung der Aufsichtsbehörde, ordnungsgemäße Verkündung. Aber: Heilung/Unbeachtlichkeit möglich (z.B. nach §§ 214, 215 BauGB)

III. Materielle Rechtmäßigkeit

Die Satzung muss sich im Rahmen der verliehenen Autonomie bewegen bzw. es darf kein Verstoß gegen die Rechtsgrundlage vorliegen:

1. Sachliche Beschränkung: Es dürfen nur *eigene* Angelegenheiten des satzungsgebenden Verwaltungsträgers geregelt werden.
2. Persönliche Beschränkungen: Die Regelung muss sich auf Mitglieder (bei Körperschaften) bzw. Benutzer (bei Anstalten) beschränken.
3. Bei Plänen mit Abwägungserfordernissen (z.B. Bebauungsplan gem. § 1 VII BauGB): Fehlerfreie Abwägungsentscheidung: Die Behörde muss sich an dem Zweck der Ermächtigungsgrundlage orientieren. Im Bauplanungsrecht muss die Gemeinde das Abwägungsgebot beachten: Für eine fehlerfreie Abwägung ist es zunächst erforderlich, dass eine sachgerechte Abwägung überhaupt stattfindet. Darüber hinaus ist es notwendig, dass in die Abwägung alle Aspekte einfließen, die nach Lage der Dinge berücksichtigt werden müssen. Schließlich ist Rechtmäßigkeitsvoraussetzung, dass die Bedeutung der abwägungserheblichen Belange nicht verkannt und der Ausgleich zwischen ihnen in einer Weise vorgenommen wird, die zur objektiven Gewichtigkeit nicht außer Verhältnis steht. Als **Abwägungsfehler** (Fehler im Abwägungsvorgang nach § 1 VII BauGB) kommen demnach in Betracht:

   ⇨ **Abwägungsausfall** (liegt vor, wenn überhaupt keine oder keine sachgerechte Abwägung stattfindet)

   ⇨ **Abwägungsdefizit** (liegt vor, wenn ein Belang nicht in die Abwägung eingeflossen ist, der nach Lage der Dinge zu berücksichtigen war = Unvollständigkeit der Erwägungen)

   ⇨ **Abwägungsfehleinschätzung** (liegt vor, wenn die Belange zwar ordnungsgemäß ermittelt und in die Abwägung eingeflossen sind, jedoch die *Bedeutung* eines öffentlichen oder privaten Belangs verkannt wird)

   ⇨ **Abwägungsdisproportionalität** (liegt vor bei Verkennen des relativen *Gewichts* von Belangen beim Ausgleich zwischen öffentlichen und privaten Belangen = sachfremde Erwägungen)

   Abwägungsfehler führen grundsätzlich zur Nichtigkeit der Satzung. Im Bereich des Bebauungsplans ist aber die **(Un-)Beachtlichkeitsregelung des § 214 BauGB** zu beachten. Vgl. dazu ausführlich *R. Schmidt*, BauR, Rn 18 ff.

4. Kein Verstoß gegen (sonstiges) höherrangiges Recht, insbesondere gegen unmittelbar anwendbares EU-Recht, gegen Grundrechte des GG, den Bestimmtheitsgrundsatz und den Grundsatz der Verhältnismäßigkeit[839]

---

[839] Zwei Übungsfalle zur Rechtsverordnung stehen auf der Internetseite des Verlags zum kostenlosen Download zur Verfügung.

D. Verwaltungsvorschriften

I. Wesen und Bedeutung der Verwaltungsvorschriften

Wie bereits im Rahmen der Rechtsquellenlehre grundlegend erläutert, stellen Verwaltungsvorschriften **abstrakt-generelle Regelungen** dar, die sich lediglich (staats-) intern i.d.R. an nachgeordnete Behörden und Amtswalter richten und daher (grundsätzlich) **nur Innenwirkung** entfalten (siehe Rn 142 ff.). Die Verbindlichkeit gegenüber nachfolgenden Behörden hat den Hintergrund, dass im parlamentarischen Regierungssystem des Grundgesetzes die Exekutive über die Regierung zum Parlament rückgekoppelt ist (vgl. Art. 65 GG). Die Verantwortung der Regierung gegenüber dem Parlament macht es erforderlich, dass ihre an die unteren Stellen gerichteten administrativen Anweisungen, zu denen gerade die Verwaltungsvorschriften gehören, für den Adressatenkreis verbindlich sind. Nur über die Weisungshierarchie kann die Exekutivspitze ihre Verantwortung gegenüber dem Parlament und letztlich dem Volk wahrnehmen.

864

II. Erscheinungsformen der Verwaltungsvorschriften

Weil Verwaltungsvorschriften sämtliche Tätigkeiten und Funktionen der Verwaltung betreffen können, sind die Erscheinungsformen vielfältig und die Terminologie ist uneinheitlich. Regeln Verwaltungsvorschriften die Organisation und den Dienstbetrieb der Verwaltung (Steuerung der organisatorischen Zuständigkeit), spricht man allgemein von **organisatorischen Verwaltungsvorschriften**. Oftmals werden derartige Verwaltungsvorschriften auch als „allgemeine Dienstanweisungen" oder „Geschäftsordnungen"[840] bezeichnet. Daher ist in jedem Fall auf den Gegenstand (den Inhalt) der Regelung zu schauen, nicht auf die gewählte Bezeichnung.

865

Verwaltungsvorschriften dienen aber auch der **Auslegung, Interpretation und Konkretisierung von Gesetzen**. Denn Gesetze haben einen abstrakt-generellen Charakter; sie gelten für eine unbestimmte Zahl von Menschen und für eine unbestimmte Zahl von Sachverhalten. Um diesen Charakter zu unterstreichen, sind sie in aller Regel mit unbestimmten Rechtsbegriffen und in den meisten Fällen auch mit einer Ermessensermächtigung versehen. Ein Gesetz muss daher, um im Einzelfall angewendet werden zu können, ausgelegt, d.h. konkretisiert werden. Da aber die Ausführung der Gesetze von einer Vielzahl von Behörden und Sachwaltern vorgenommen wird, wären eine einheitliche Rechtsanwendung und damit eine Rechtssicherheit und Gleichbehandlung nicht möglich, wenn die auszuführenden Gesetze nicht von Auslegungs-, Interpretations- oder Ermessensrichtlinien (Verwaltungsvorschriften) begleitet wären. Legen Verwaltungsvorschriften **unbestimmte Rechtsbegriffe ohne Beurteilungsspielraum** aus, spricht man von **gesetzesauslegenden** bzw. **norminterpretierenden** Verwaltungsvorschriften (teilweise auch als **Auslegungsrichtlinien** bezeichnet). Denn dann geben sie den nachgeordneten Behörden (verbindliche) Hilfestellungen gerade bei der Auslegung von unbestimmten Rechtsbegriffen. Bezieht sich ihr Regelungsgehalt demgegenüber auf die Ausübung des der Verwaltung eingeräumten Ermessens, spricht man von **ermessenslenkenden** Verwaltungsvorschriften („durch Verwaltungsvorschrift antizipiertes Ermessen"). Ermessenslenkende Verwaltungsvorschriften sind am typischen Einzelfall orientiert und binden die Verwaltung beim Vollzug. Nur in besonders gelagerten atypischen Fällen kann und muss die Behörde eine Einzelfallwürdigung vornehmen.[841]

866

---

[840] Nicht zu verwechseln mit dem parlamentarischen Begriff der Geschäftsordnung (etwa die des Bundestages oder Bundesrates), die Satzungen darstellen. Vgl. dazu *R. Schmidt*, Staatsorganisationsrecht, Rn 462, 865.
[841] VGH München 3.11.2011 – 8 ZB 11.1457.

867 Hiervon zu unterscheiden sind wiederum die sog. **normkonkretisierenden** Verwaltungsvorschriften. Darunter sind solche Verwaltungsvorschriften zu verstehen, die **unbestimmte Rechtsbegriffe mit Beurteilungsspielraum** konkretisieren. Verwaltungsvorschriften dieser Art finden sich vor allem im Umwelt- und Technikrecht, weil die Verwaltung im Bereich des Sicherheitsrechts technische Standards und Sicherheitskriterien konketisieren und festlegen möchte.

Als **Beispiele** für normkonkretisierende Verwaltungsvorschriften seien die jeweils auf der Grundlage des § 48 BImSchG ergangenen **TA-Luft** (Technische Anleitung zur Reinhaltung der Luft) und die **TA-Lärm** (Technische Anleitung zum Schutz gegen Lärm) genannt. Diese Verwaltungsvorschriften legen bestimmte Grenzwerte fest, die unter Berücksichtigung des Stands der Technik eingehalten werden können und einzuhalten sind. Teilweise wird ihnen – soweit man sie überhaupt anerkennt – eine beschränkte Außenwirkung beigemessen. Zu deren Rechtsnatur und Bindungswirkung sowie zu der damit verbundenen verfassungsrechtlichen Problematik vgl. die zusammenhängende Darstellung bei Rn 877 ff.

868 Schließlich sind die **gesetzesvertretenden Verwaltungsvorschriften** zu nennen, die, wie der Begriff bereits vermuten lässt, anstelle eines Gesetzes treten. Dementsprechend trifft man diese Art von Verwaltungsvorschriften im Bereich der gesetzesfreien Verwaltung an, wenn die Verwaltung ohne materiell-rechtliche gesetzliche Grundlage handelt. Am bekanntesten sind die bereits genannten Subventionsrichtlinien. Sie regeln die Vergabe von Subventionen, die nur im Haushaltsplan ausgewiesen sind und nicht aufgrund eines materiell-rechtlichen Gesetzes vergeben werden. Vgl. dazu Rn 142 ff.

III. Intra- und intersubjektive Verwaltungsvorschriften

869 Wenden sich Verwaltungsvorschriften (staats-)*intern* an andere (i.d.R. nachgeordnete) Behörden und Amtswalter *desselben* Verwaltungsträgers, spricht man von **intrasubjektiven Verwaltungsvorschriften**. Die Befugnis (d.h. die Rechtsgrundlage) zum Erlass derartiger Verwaltungsvorschriften ergibt sich aus der Befugnis zur Leitung des Geschäftsbereichs[842], d.h. der Direktionsgewalt über nachgeordnete Behörden und Amtswalter. Eine gesetzliche Ermächtigungsnorm ist nicht erforderlich.

870 Fraglich sind die Grenzen der Bindungswirkung intrasubjektiver Verwaltungsvorschriften. Sie ergeben sich zunächst aus dem Aussagegehalt der betreffenden Verwaltungsvorschrift, denn die Bindungswirkung kann nur so weit gehen, wie der Inhalt der Verwaltungsvorschrift reicht. Des Weiteren ergeben sich die Grenzen aus den einschlägigen Rechtsvorschriften: Verwaltungsvorschriften müssen wie jedes andere staatliche Handeln den Vorrang des Gesetzes (Art. 20 III GG) beachten. Verstoßen sie gegen Gesetze, sind sie rechtswidrig mit der Fehlerfolge der Unwirksamkeit, d.h. der Nichtigkeit. Eine Heilungsbzw. Unbeachtlichkeitsvorschrift wie z.B. § 214 BauGB in Bezug auf (formell) rechtswidrige Bebauungspläne existiert regelmäßig nicht.

871 Fraglich ist auch, ob und inwieweit ein Amtswalter eine in seinen Augen rechtswidrige Verwaltungsvorschrift anwenden muss. Da diese Fragestellung jedoch bereits bei Rn 142 ff. behandelt wurde, wird darauf verwiesen.

872 **Hinweis für die Fallbearbeitung:** Die gutachtliche Überprüfung von intrasubjektiven Verwaltungsvorschriften kommt aufgrund der fehlenden Außenwirkung gegenüber den Bürgern regelmäßig nur bei einem verwaltungsinternen Rechtsstreit in Betracht. Es gibt jedoch auch Fallkonstellationen, in denen sich ein Bürger auf die

---

[842] Vgl. näher *Bock*, JA 2000, 390, 391; *Jarass*, JuS 1999, 105, 106; *Otting*, DVBl 2001, 1792 ff.; *Ossenbühl*, HdbStR III, § 65 Rn 64.

Einhaltung einer bestimmten Verwaltungsvorschrift beruft. Umgekehrt ist es möglich, dass sich die Verwaltung bei einer Entscheidung auf eine Verwaltungsvorschrift stützt (siehe dazu den nächsten Klausurhinweis).

Die **Ermächtigung** zum Erlass von intrasubjektiven Verwaltungsvorschriften ergibt sich aus der Befugnis zur Leitung des Geschäftsbereichs (s.o.). Demnach ist keine spezielle Rechtsgrundlage erforderlich. Auch ist der Erlass von Verwaltungsvorschriften **formfrei**, sofern keine (in Gesetzen oder Rechtsverordnungen enthaltenen) besonderen Formvorschriften bestehen, an denen sich auch die Verwaltungsvorschriften zu orientieren haben. Damit Verwaltungsvorschriften schnell und unbürokratisch erlassen werden können, ist auch die Einhaltung von **Verfahrensvorschriften** grundsätzlich nicht erforderlich. Ausnahmen können sich nur dort ergeben, wo bestimmte Mitwirkungsrechte von Organen, Gremien (wie Personalrat) oder sonstigen Organisationen (z.B. Gewerkschaften) bestehen. Die Mitwirkung kann in einer bloßen Anhörung bestehen, aber auch bis hin zur Zustimmung reichen. Des Weiteren brauchen Verwaltungsvorschriften grds. **nicht** (wie Rechtsverordnungen) im Gesetz-, Verordnungs- oder Amtsblatt **veröffentlicht** zu werden. Etwas anderes gilt, wenn gesetzlich angeordnet ist, dass Verwaltungsvorschriften entsprechend zu verkünden sind. Auch bei den sogleich bei Rn 877 ff. behandelten Verwaltungsvorschriften mit (umstrittener) unmittelbarer Außenwirkung (normkonkretisierende Verwaltungsvorschriften wie z.B. die TA-Luft gem. § 48 BImSchG) ist zu fordern, dass sie bekannt gemacht werden. Das ist folgerichtig, wenn man bedenkt, dass sie eine gewisse Außenwirkung entfalten und der Bürger sie nur dann beachten kann, wenn er von der Existenz auch erfahren kann. Die Veröffentlichung wird nunmehr auch vom BVerwG aus rechtsstaatlichen Gesichtspunkten gefordert, wobei das Gericht ausdrücklich offenlässt, in welchem Publikationsorgan die Veröffentlichung erfolgt.[843]

Von den intrasubjektiven Verwaltungsvorschriften sind die **intersubjektiven Verwaltungsvorschriften** zu unterscheiden. Damit sind Verwaltungsvorschriften gemeint, die auch Bindungswirkungen gegenüber Behörden und Amtswaltern *anderer* Verwaltungsträger entfalten. Wichtigstes Beispiel sind die Verwaltungsvorschriften der Bundesregierung als Kollegialorgan im Bereich der Ausführung der Bundesgesetze durch die Länder (vgl. Art. 84 II GG).[844] Bei den intersubjektiven Verwaltungsvorschriften genügt als Rechtsgrundlage für deren Erlass die Befugnis zur Leitung des Geschäftsbereichs nicht, sondern es ist – da die Rechte und Pflichten bzw. die Kompetenzen zwischen verschiedenen Rechtssubjekten (bei Art. 84 II GG zwischen Bund und Ländern) geregelt werden – ein Außenrechtssatz erforderlich. Einen solchen Außenrechtssatz stellt Art. 84 II GG dar. Zur Anwendung verpflichtet werden aber nicht nur die Länder, sondern auch die Gemeinden, soweit ihnen die Ausführung der Gesetze übertragen worden ist. Zu beachten ist allerdings, dass die Innenwirkung der (intersubjektiven) Verwaltungsvorschriften überschritten wird, wenn die betreffenden öffentlichen Stellen wie Private in Anspruch genommen werden. Insoweit gelten die Regeln der Außenwirkung (Rechtsgrundlage, Einhaltung von Verfahrens- und Formvorschriften etc.).

873

Beispiele: Art. 84 II GG ermächtigt die Bundesregierung, mit Zustimmung des Bundesrates allgemeine Verwaltungsvorschriften über materielle, organisatorische und verfahrensrechtliche Fragen bei der Behördeneinrichtung zu erlassen. § 48 BImSchG ermächtigt die Bundesregierung, allgemeine Verwaltungsvorschriften im Bereich des Immissionsschutzrechts zu erlassen (siehe dazu Technische Anleitung zur Reinhaltung der Luft und Technische Anleitung zum Schutz gegen Lärm). Vgl. ferner auch Art. 85 II, 86 S. 1 GG; § 10 I KrWG.

---

[843] Vgl. BVerwG NVwZ 2005, 602, 603 und im Einzelnen *Maurer*, AllgVerwR, § 24 Rn 25 f.; *Kiefer*, LKRZ 2007, 215 f.
[844] Vgl. dazu BVerfG NVwZ 1999, 977 für die Auftragsverwaltung und BVerfG JuS 2000, 601.

IV. Rechtswirkung gegenüber Bürgern

874   Aufgrund der grundsätzlichen Beschränkung der Bindungswirkung von Verwaltungsvorschriften auf (i.d.R. nachgeordnete) Behörden und der fehlenden demokratischen Legitimation einer Verbindlichkeit im Außenverhältnis können sie für den Bürger rechtsdogmatisch **keine unmittelbaren Rechte und Pflichten** begründen. Gleichwohl ist anerkannt, dass eine **mittelbare** Bindungswirkung über eine stehende (durch Verwaltungsvorschrift vereinheitlichte) Verwaltungspraxis ggf. i.V.m. Art. 3 I GG („Selbstbindung der Verwaltung") bestehen kann. So kann sich ein Anspruch gegenüber der Verwaltung auf ermessensfehlerfreie Entscheidung faktisch zu einem konkreten Leistungsanspruch verdichten, wenn (1) die Verwaltung gleichartige Fälle bislang i.S.d. Anspruchstellers entschieden hat und (2) kein sachlicher Grund für eine andere Entscheidung vorliegt.[845] Wichtig ist aber, dass der Bürger seinen Anspruch nicht unmittelbar auf die Verwaltungsvorschrift stützt (diese ist ja gerade nicht außenrechtsverbindlich), sondern auf **Art. 3 I GG**, der im Rahmen der konkreten Einzelfallentscheidung missachtet worden sein könnte.

> **Beispiel:** Die Gemeinde G vermietet ihre Stadthalle seit Jahren an politische Parteien zwecks Abhaltung von Parteitagen. Als die rechtsextreme, aber nicht verbotene P-Partei die Stadthalle zum o.g. Zweck anmieten möchte, versagt ihr G den Zugang mit der Begründung, dass bereits eine Demonstration von links angemeldet worden sei und dass Ausschreitungen befürchtet würden. Gegen diesen Versagungsbescheid legt P Rechtsmittel ein mit der Begründung, dass sich G aufgrund der bisherigen Vergabepraxis selbst gebunden habe und dass kein sachlicher Grund vorliege für eine entgegenstehende Entscheidung zulasten von P.
>
> Hier ist G aufgrund der langen und gleichmäßigen Übung grundsätzlich verpflichtet, die P-Partei gleich zu behandeln (vgl. Art. 3 I und 21 GG, § 5 I PartG sowie die gemeinderechtlichen Anspruchsgrundlagen auf Zulassung zu den öffentlichen Einrichtungen). Der Gleichbehandlungsanspruch würde somit faktisch zu einem Zulassungsanspruch führen. Ein sachlicher Grund für eine Versagung der Zulassung könnte aber in den befürchteten Ausschreitungen gesehen werden. Dies ist eine Sachverhaltsfrage und hängt davon ab, ob die P-Partei als Nichtstörer in Anspruch genommen werden könnte. Vgl. hierzu ausführlich *R. Schmidt*, POR, Rn 826 ff.

875   > **Zusammenfassung:** Normadressat von Verwaltungsvorschriften ist grundsätzlich immer die Verwaltung (i.d.R. die untergeordneten Behörden), nicht der einzelne Bürger. Es handelt sich somit um Binnenrecht der Verwaltung. Daraus folgt, dass sie – streng der Rechtsquellenlehre folgend – weder für den Bürger noch für das Verwaltungsgericht maßgeblich sein können. Es besteht danach also **keine normative Geltung außerhalb der Verwaltung**.[846] Da sie aber maßgeblichen Einfluss auf die Entscheidungspraxis der Behörden ausüben, liegt zwar keine rechtliche, wohl aber eine faktische (d.h. mittelbare) Außenwirkung vor. Fraglich ist die rechtliche Handhabung einer solchen mittelbaren Außenwirkung. Im Bereich der Leistungsverwaltung kann über Art. 3 I GG eine Bindungswirkung bestehen (Selbstbindung der Verwaltung durch gleichartige Verwaltungsübung).[847]

---

[845] Vgl. Rn 332.
[846] BVerwGE 55, 250, 251 f. (Voerde). Vgl. auch *Bock*, JA 2000, 390, 391 f. Zur anerkannten Ausnahme bei sog. normkonkretisierenden Verwaltungsvorschriften siehe sogleich. Für Außenwirkung auch von Ermessensrichtlinien vgl. *Leisner*, JZ 2002, 219, 227.
[847] Vgl. Rn 332.

876

> **Hinweis für die Fallbearbeitung:** Im Grundsatz gilt daher: Die fehlende Bindungswirkung im Außenverhältnis hat zur Folge, dass Verwaltungsvorschriften auch in einem gerichtlichen Verfahren (und somit in der Fallbearbeitung) zwar Gegenstand, nicht aber Maßstab richterlicher Kontrolle sind.[848] **Prüfungsmaßstab ist das Außenrecht** (Rechtsverordnungen, Satzungen, einfache Gesetze, Grundgesetz, EU-Recht). Prüfungsrelevant sind drei Konstellationen:
>
> **1.** Erlässt die Behörde einen belastenden Verwaltungsakt und fordert vom Adressaten eine größere Leistung als durch Verwaltungsvorschrift vorgesehen, kann sich der Bürger nicht auf die (für ihn günstigere) Verwaltungsvorschrift berufen. Denn diese soll ja nicht über den verwaltungsinternen Bereich hinaus wirken und unmittelbar Ansprüche gewähren. Der Bürger muss die Verletzung eines Außenrechtssatzes (etwa Art. 3 I GG oder ein Freiheitsgrundrecht) geltend machen. Prozessual ist die **Anfechtungsklage** einschlägig, gerichtet gegen den Verwaltungsakt. Im Rahmen der Begründetheit ist zu prüfen, ob die Behörde deshalb rechtswidrig gehandelt und gegen Rechte des Bürgers verstoßen hat, weil sie die Verwaltungsvorschrift in seinem Fall nicht oder nicht richtig angewendet hat.
>
> **2.** Erlässt die Behörde einen belastenden Verwaltungsakt und beruft sich dabei auf eine Verwaltungsvorschrift, kann sich der Bürger ebenfalls nicht unmittelbar gegen die Verwaltungsvorschrift wenden. Vielmehr muss er **Anfechtungsklage** gegen den Verwaltungsakt erheben. Dabei kann sich die Behörde vor Gericht nicht darauf berufen, sie habe lediglich die Verwaltungsvorschrift angewendet, denn die Verwaltungsvorschrift soll ja gerade keine Bindungswirkung im Außenverhältnis entfalten.
>
> **3.** Schließlich ist denkbar, dass die Behörde umgekehrt unterlässt, einen vom Kläger beantragten, diesen begünstigenden Verwaltungsakt zu erlassen, obwohl sie zum Erlass aufgrund einer Verwaltungsvorschrift verpflichtet wäre. Auch in diesem Fall hat der Bürger nicht etwa einen Anspruch aus der Verwaltungsvorschrift, sondern nur aus Art. 3 I GG oder einem Freiheitsgrundrecht. Der Bürger kann diesen Anspruch mit der **Verpflichtungsklage** geltend machen. Begründet ist die Klage, wenn die Behörde deshalb rechtswidrig gehandelt und gegen Rechte des Bürgers verstoßen hat, weil sie die den Bürger begünstigende Verwaltungsvorschrift in seinem Fall nicht oder nicht richtig angewendet hat, wenn also dem Kläger der Anspruch, wie er in der Verwaltungsvorschrift formuliert ist, zusteht.
>
> **Fazit:** Insgesamt sollte deutlich geworden sein, dass auch das Gericht in seiner Urteilsfindung an die Rechtsquellenlehre gebunden ist. So kann es seine Entscheidung ausschließlich mit einem Außenrechtssatz, nicht mit einer Verwaltungsvorschrift begründen. Dasselbe gilt für den Klausurbearbeiter.

V. Sonderproblem normkonkretisierende Verwaltungsvorschriften

877

Wenn bisher von der *grundsätzlichen* Wirkung von Verwaltungsvorschriften ausschließlich im Innenverhältnis gesprochen wurde, lässt diese Formulierung auf das Bestehen einer Ausnahme schließen. So wird z.B. die Beschränkung der auf §§ 48, 51 BImSchG basierenden **Technischen Anleitungen** TA-Luft[849] und TA-Lärm[850] auf den Innenbereich der Verwaltung weithin für unangemessen gehalten. Denn wenn die Bundesregierung mit Zustimmung des Bundesrates und unter vorheriger Beteiligung der betroffenen Kreise (insbesondere Vertreter der Wissenschaft, der betroffenen Bürger und der Landesbehörden)[851] derartige Verwaltungsvorschriften erlässt, sind ein geordnetes rechtsstaatliches Verfahren erkennbar und ein großes Maß an

---

[848] Vgl. BVerfGE 78, 214, 227; *Bock*, JA 2000, 390, 393.
[849] Vgl. dazu *Hansmann*, NVwZ 2002, 1208 f.
[850] Vgl. dazu *Müggenborg*, NVwZ 2003, 1025 ff. sowie BVerwG NVwZ 2008, 76 ff.
[851] Vgl. § 68 KrWG, §§ 48, 51 BImSchG.

Sachverstand repräsentiert. Daher werden zu Recht Zweifel erhoben[852], ob die Beschränkung auf den Innenbereich der Verwaltung nicht zu eng ist. Unabhängig davon, ob man sich diesem Gedanken anschließt, muss beachtet werden, dass den (**normkonkretisierenden**) Verwaltungsvorschriften jedenfalls nicht die Bindungswirkung von Rechtsverordnungen zukommen darf, da beim Erlass von Verwaltungsvorschriften die für Rechtsverordnungen geltenden Vorgaben des Grundgesetzes (Art. 80 I GG) gerade nicht beachtet werden müssen.[853] Fraglich sind daher Zulässigkeit und Reichweite von normkonkretisierenden Verwaltungsvorschriften.

878 Zunächst hatte sich das BVerwG[854] auf den Standpunkt gestellt, dass aus dem Fehlen einer normativen Geltung und der an diese anknüpfenden fehlenden rechtlichen Bindung im Außenverhältnis noch nicht folge, dass die in den Verwaltungsvorschriften (z.B. die TA-Luft und TA-Lärm) festgelegten Regelungen (z.B. Immissionswerte) im Rahmen der gerichtlichen Kontrolle der Entscheidung der Behörde bedeutungslos wären. Sie seien zu beachten, weil sie auf dezentral – durch die zuständige übergeordnete Behörde (z.B. nach § 48 BImSchG die Bundesregierung) – ermittelten Erkenntnissen und Erfahrungen von Fachleuten verschiedener Fachgebiete beruhten und deswegen als schon die Entscheidung der Genehmigungsbehörde prägendes und insofern „**antizipiertes" Sachverständigengutachten**[855] wegen ihres naturwissenschaftlich fundierten fachlichen Aussagegehaltes auch für das kontrollierende Gericht bedeutsam seien.

879 Nach dieser Rechtsprechung stellen normkonkretisierende Verwaltungsvorschriften **nichtförmliche Beweismittel** dar, die dafür sprechen, dass die festgelegten Grenzwerte und Technikregeln dem jeweiligen vom Gesetzgeber normierten technischen Standard (allgemein anerkannte Regeln der Technik, Stand der Technik, Stand von Wissenschaft und Technik[856]) entsprechen. Hält sich die Behörde bei dem Erlass eines Verwaltungsakts an die in den Verwaltungsvorschriften festgelegten Grenzwerte und Technikregeln, spricht vieles dafür, dass die behördliche Entscheidung den gesetzlichen Vorgaben entspricht.

880 Jedoch ist die Vermutung, dass die in den normkonkretisierenden Verwaltungsvorschriften enthaltenen Immissionsgrenzwerte dem neuesten Stand naturwissenschaftlicher und technischer Erkenntnis entsprechen, **widerlegbar**. Damit bleibt die Möglichkeit, in jedem neuen gerichtlichen Verfahren mit Hilfe anderer Sachverständigengutachten, die das Gericht im Rahmen eines **förmlichen Sachverständigenbeweises** einholt, erfolgreich darauf hinzuweisen, dass aufgrund neuerer naturwissenschaftlicher oder technischer Erkenntnisse andere Immissionsgrenzwerte als z.B. die in der TA-Luft oder TA-Lärm genannten verbindlich sein müssten.

881 In einem späteren Urteil spricht das BVerwG[857] von der möglichen normkonkretisierenden Funktion von Verwaltungsvorschriften, die innerhalb der von der Norm gesetzten Grenzen für die Verwaltungsgerichte **verbindlich** seien. Den Gerichten oblägen lediglich eine Willkürkontrolle und die Feststellung abweichender Einzelfälle. Die die Verwaltungsvorschriften erlassende Behörde (hier: die Bundesregierung nach § 48 BImSchG) solle Standards setzen, die der Vereinheitlichung der Verwaltung dienen. Es handele sich somit um eine **administrative (exekutivische) Standardisierungs-**

---

[852] Vgl. BVerwG NVwZ 2000, 440; *Diehl/Geßner*, NVwZ 2001, 985, 988; *Jarass*, JuS 1999, 105, 108.

[853] *Jarass*, JuS 1999, 105, 108. Vgl. auch *Otting*, DVBl 2001, 1792 ff.

[854] BVerwGE 55, 250 ff. (Voerde).

[855] *Breuer*, Die rechtliche Bedeutung der Verwaltungsvorschriften nach § 48 BImSchG im Genehmigungsverfahren, in: DVBl 1978, 28, 34 ff.

[856] Vgl. § 7 II Nr. 3 AtomG.

[857] BVerwGE 72, 300, 320 ff. (Whyl); bestätigt von BVerwGE 107, 338, 341 und 110, 216, 218.

befugnis. Würden solche Standards gesetzt, sollten diese auch eine **unmittelbare rechtliche Außenwirkung** nach sich ziehen.

Mit dieser (späteren) Anerkennung einer **normkonkretisierenden Funktion** und einer **administrativen Standardisierungsbefugnis** findet ein Bruch mit der Rechtsquellenlehre statt, wonach exekutivisches Binnenrecht gerade keine Außenwirkung entfalten soll (vgl. Rn 125 ff.). Dennoch wird die Entscheidung auch von Teilen der Literatur gestützt.[858] Dabei ist die Rechtsprechung des BVerwG in rechtsdogmatischer Hinsicht kaum haltbar, weil sie die Grenzen zwischen Innenrecht und Außenrecht verwischt. Dass sie letztlich aber anzuerkennen ist, liegt daran, dass in einem Rechtsstaat auch die (unmittelbare) gerichtliche Überprüfung von Verwaltungsvorschriften geboten ist. Und dies kann rechtstechnisch nur dadurch geschehen, dass man ihnen eine Außenrechtsverbindlichkeit beimisst.

882

Dementsprechend wird auch in der jüngeren Rechtsprechung des BVerwG die Außenwirkung von Verwaltungsvorschriften wie der TA-Luft angenommen. Die TA-Luft konkretisiere unbestimmte Rechtsbegriffe des Gesetzes durch generelle, dem gleichmäßigen und berechenbaren Gesetzesvollzug dienenden Standards, die in hohem Maße wissenschaftlich-technischen Sachverstand verkörperten.[859] Solche Standards seien auch die Emissionswerte, die das Maß der gesetzlichen Vorsorge gegen schädliche Umwelteinwirkungen konkretisierten. Daher verstehe es sich von selbst, dass die Emissionswerte der TA-Luft im gerichtlichen Verfahren beachtlich seien. In einem späteren Urteil hat das BVerwG die von ihm anerkannte Außenwirkung nochmals bestätigt und darüber hinaus gefordert, dass Verwaltungsvorschriften mit unmittelbarer Außenwirkung gegenüber Dritten **bekannt zu machen seien**.[860] Bezüglich der TA Lärm hat das BVerwG seine Rspr. zur TA Luft fortgeführt und ebenfalls eine von den Gerichten zu beachtende Außenwirkung anerkannt.[861]

883

Insgesamt wird normkonkretisierenden Verwaltungsvorschriften wie der TA-Luft und der TA-Lärm also eine weit reichende Außenwirkung zuerkannt. Der Begriff der Normkonkretisierung lässt damit deutlich werden, dass es sich um eine rechtliche, nicht nur um eine tatsächliche oder mittelbare Außenwirkung handelt.

884

Das BVerfG hat hinsichtlich der Beurteilung dieser Problematik noch nicht eindeutig Stellung bezogen. Bezüglich der bundesverwaltungsgerichtlichen Entscheidung zu den normkonkretisierenden Verwaltungsvorschriften spricht es von einem „Sonderfall"[862] und lässt die Frage nach der Verfassungskonformität ausdrücklich offen[863].

885

Stellungnahme: Die bisherigen Darstellungen haben gezeigt, dass die Verwaltungsvorschriften ein effektives Mittel zur Konkretisierung unbestimmter Rechtsbegriffe darstellen. Problematisch ist indes die Vereinbarkeit mit der Rechtsquellenlehre und letztlich dem Gewaltenteilungs- und Demokratieprinzip. Da immer komplexer werdende Sachverhalte vornehmlich im Planungs- und Umweltrecht jedoch den förmlichen Gesetzgeber seiner Steuerungsmöglichkeiten gegenüber der Verwaltung berauben, ist es grundsätzlich begrüßenswert, die Verwaltung mit der Normkonkretisierung zu betrauen. Wenn aber den normkonkretisierenden Verwaltungsvorschriften eine Außenwirkung zugesprochen wird und damit Grundrechtseingriffe verbunden sind, muss der Umfang dieser Eingriffsmöglichkeit unter Zugrundelegung des **Parlamentsvor-**

886

---

[858] Vgl. nur *Diehr/Geßner*, NVwZ 2001, 985, 988; *Hill*, NVwZ 1989, 401 ff.; *v. Danwitz*, VerwArch 84 (1993), 73 ff.
[859] BVerwGE 110, 216, 218.
[860] BVerwG NVwZ 2005, 602, 603.
[861] BVerwG NVwZ 2008, 76 ff. (mit Bespr. v. *Murswiek*, JuS 2008, 1022 ff.).
[862] BVerfGE 78, 214, 217.
[863] BVerfGE 80, 257, 265.

behalts und der **Wesentlichkeitstheorie** auch durch den förmlichen Gesetzgeber selbst festgelegt werden. **Normkonkretisierende Verwaltungsvorschriften sind daher nur mit Einschränkungen zulässig**:

- Es müssen dem Gesetz Anhaltspunkte zu entnehmen sein, dass die Konkretisierung eines unbestimmten Rechtsbegriffs nur begrenzt kontrollierbar der Exekutive zugewiesen wird.

  Zwar enthalten z.B. §§ 48 und 51 BImSchG keine entsprechende explizite Aussage. Es ist aber durch Auslegung erkennbar, dass der Gesetzgeber die Notwendigkeit von Verwaltungsvorschriften für einen bestimmten Bereich ausdrücklich vorsieht.

- Das Gesetz muss ein hohes Maß an technisch-wissenschaftlichem Sachverstand voraussetzen.

  Der Gesetzgeber ist nicht selbst in der Lage, hoch komplexe Sachverhalte antizipiert in einer Norm aufzunehmen. Dafür bieten die Lebenssachverhalte gerade im Umwelt- und Planungsrecht zu viele Besonderheiten und Verschiedenartigkeiten. Hier kann die Verwaltung mit ihrem administrativen Unterbau und der Hinzuziehung von Fachleuten Standards setzen, denen eine gewisse Verbindlichkeit beigemessen werden kann.

- Zuständigkeit und Verfahren des Erlasses der Verwaltungsvorschrift müssen in einer Art und Weise geregelt sein, die für eine besondere Richtigkeitsgewähr sorgen und daher die Rücknahme der gerichtlichen Kontrolldichte rechtfertigen.

  So ist z.B. die TA-Lärm unter Anhörung der beteiligten Kreise aufgrund des § 51 i.V.m. § 48 BImSchG erlassen worden und im GMBl (1998, 508) veröffentlicht worden.[864]

- Die Verwaltungsvorschriften dürfen nicht durch Erkenntnisfortschritte in Wissenschaft und Technik überholt sein.

  Liegen neuere wissenschaftliche und/oder technische Erkenntnisse vor, die die durch Verwaltungsvorschrift gesetzten Standards widerlegen, entfallen die Bindungswirkung und die Außenwirkung. Das überprüfende Gericht ist in seiner Entscheidung frei, d.h. nicht an die Verwaltungsvorschrift gebunden.[865]

- Atypische Sachverhalte müssen ausgeklammert sein.

  Die sachverständige Aussage, die in jeder normkonkretisierenden Verwaltungsvorschrift enthalten ist, verliert ihr Gewicht, wenn völlig atypische, nicht vorhersehbare Sachverhalte vorliegen, die in der Verwaltungsvorschrift nicht bedacht wurden.

887 Erkennt man unter diesen Voraussetzungen die rechtliche Zulässigkeit von normkonkretisierenden Verwaltungsvorschriften an, muss nicht nur dem Anspruchsteller oder dem Adressaten eines ihn belastenden Verwaltungsakts ein subjektives öffentliches Recht, sondern auch dem Drittbetroffenen das Recht zuerkannt werden, die Einhaltung **drittschützender Vorschriften** der TA-Luft einklagen zu können.[866] Dieser hat ein Recht darauf, dass alle Vorschriften eingehalten werden, die seine Rechte zu schützen bestimmt sind. Das ist konsequent, wenn man den normkonkretisierenden Vorschriften eine Außenwirkung beimisst. Dann sind sie nicht anders zu behandeln als Rechtsnormen.[867]

---

[864] Vgl. OVG Münster NVwZ 2003, 756 ff.; *Kutscheidt*, NVwZ 1999, 577 ff.

[865] Zu den besten verfügbaren Techniken und zum Stand der Technik vgl. *Feldhaus*, NVwZ 2001, 1 ff.

[866] So das BVerwG NuR 1996, 522, 523 für den Drittschutz.

[867] Erfreulicherweise nun auch BVerwG NVwZ 2005, 602, 603.

888

> **Hinweis für die Fallbearbeitung:** Wie bereits mehrfach erörtert, besteht gegen Verwaltungsvorschriften, die ihre Rechtswirkung lediglich innerhalb der Verwaltung entfalten, grundsätzlich keine Rechtsschutzmöglichkeit seitens betroffener Bürger. Angreifbar ist ausschließlich die konkrete Verwaltungsentscheidung. Lediglich, wenn Verwaltungsvorschriften mittelbar über eine stehende Verwaltungspraxis i.V.m. Art. 3 I GG eine Außenwirkung entfalten, kommt ein Rechtsschutz unmittelbar in Betracht. Anders verhält es sich bei normkonkretisierenden Verwaltungsvorschriften: Wenn man ihnen eine Außenwirkung zuspricht, sind sie prozessual wie materielle Gesetze zu behandeln. Daher ist dann eine Normenkontrolle nach § 47 VwGO statthaft.[868]

Die diskutierte Außenverbindlichkeit von normkonkretisierenden Verwaltungsvorschriften hat schließlich auch für die Umsetzung von **EU-Richtlinien**[869] Bedeutung: Nach der Rechtsprechung des EuGH[870] ist nicht nachgewiesen, dass die Umsetzung von EU-Richtlinien durch innerstaatliche Verwaltungsvorschriften mit unbestreitbarer Verbindlichkeit und mit Konkretheit, Bestimmtheit und Klarheit erfolgt. Dies sei aber notwendig, um dem Erfordernis der Rechtssicherheit und der effektiven Durchsetzung des EU-Rechts zu genügen. **Die Umsetzung von EU-Richtlinien durch Verwaltungsvorschriften ist also unzulässig.**

889

Diese Rechtsprechung hat Auswirkungen auf alle Regelungsbereiche, in denen – wie zunehmend – technisch-naturwissenschaftliche Standards im sekundären Europarecht verankert sind, welche im nationalen Recht aus Gründen der Flexibilität in der Form von Verwaltungsvorschriften gefasst werden. Betroffen sind insbesondere das Immissionsschutzrecht[871], das Gewässerschutzrecht[872] das Abfallrecht[873] (vgl. nunmehr: Kreislaufwirtschaftsrecht) und wohl auch das Gentechnikrecht[874]. Der EuGH hat es bislang allerdings vermieden, ein generelles Urteil über die Rechtsform der Verwaltungsvorschrift zu sprechen.

890

---

[868] Vgl. *Bock*, JA 2000, 390, 393. Nicht überzeugend das BVerwG (NVwZ 2007, 708), das insofern die Normenkontrolle mit dem Argument ablehnt, Verwaltungsvorschriften (auch normkonkretisierende) hätten keine Rechtssatzqualität. Das steht im Widerspruch zur Anerkennung der Außenwirkung.

[869] Zur Umsetzung von EU-Richtlinien vgl. ausführlich Rn 181 ff.

[870] EuGH Slg I 1991, 2567, 2596; Slg I 1991, 2607, 2626 – jeweils zur TA-Luft; EuGH Slg I 1991, 826, 881 – Grundwasser; EuGH Slg I 1995, 2311, 2318 – Vergaberichtlinien. Vgl. dazu *Gerhold*, NVwZ 2000, 1138, 1140. Der deutsche Gesetzgeber hat darauf inzwischen reagiert und die Form der Rechtsverordnung vorgesehen, soweit es um die „Erfüllung von verbindlichen Beschlüssen der Europäischen Union" geht (§ 48a BImSchG). Die genannte Rspr. des EuGH wurde in EuGH NVwZ 1998, 721 bestätigt (anfängliche Umsetzung der FFH-Richtlinie nur durch Verwaltungsvorschrift, vgl. aber jetzt das (förmliche) Zweite Gesetz zur Änderung des Bundesimmissionsschutzgesetzes, BGBl I, 1998, 823). Zur Staatshaftung wegen verspäteter Umsetzung einer Richtlinie vgl. EuGH NJW 1997, 2585 sowie die Ausführungen bei Rn 1348 ff.

[871] Vgl. dazu *Gerhard*, NVwZ 2000, 1138 ff.

[872] Vgl. dazu im Hinblick auf diese Problematik *Breuer*, WiVerw 1990, 79 ff.

[873] Vgl. EuGH NVwZ 2000, 1156 ff.

[874] Zum Gentechnikrecht vgl. OVG Münster NVwZ 2001, 110 (mit Bespr. von *Müller-Terpitz*, NVwZ 2001, 46 ff.).

E. Der Realakt

I. Begriff und Bedeutung des Realakts

891 Im Gegensatz zu den Verwaltungsakten, die auf die Herbeiführung einer bestimmten Rechtsfolge gerichtet sind, sind Realakte (auch schlichtes Verwaltungshandeln oder schlicht-hoheitliches Handeln genannt) Handlungen der Exekutive, die lediglich auf die **Herbeiführung eines tatsächlichen Erfolgs** gerichtet sind.[875] Unter den Begriff des Realakts fallen sehr unterschiedliche Handlungen, z.B. rein tatsächliche Handlungen wie die Errichtung von Dienstgebäuden oder Straßen. Aber auch Willensäußerungen wie Auskünfte[876] und Warnungen, etwa vor bestimmten Nahrungs- oder Genussmitteln[877] oder vor bestimmten (Jugend-)Sekten[878], fallen unter den Begriff. Realakte bedürfen grundsätzlich keiner ausdrücklichen gesetzlichen Rechtsgrundlage, müssen sich aber im Rahmen der Rechtsordnung halten, insbesondere den Grundsatz vom Vorrang des Gesetzes und allgemeine Rechtsgrundsätze beachten. Greifen sie allerdings in Grundrechte ein, gilt wiederum der Grundsatz vom Vorbehalt des Gesetzes, sodass in diesem Fall eine gesetzliche Rechtsgrundlage erforderlich ist.[879] Fehlt diese, ist der betreffende Realakt rechtswidrig. Es besteht ein Unterlassungs- bzw. Folgenbeseitigungsanspruch.

> **Hinweis für die Fallbearbeitung:** Da der Realakt mangels Rechtsfolgenbegründung keinen Verwaltungsakt darstellt, kann er vor den Verwaltungsgerichten nicht mit der Anfechtungsklage angegriffen werden. Die Behörde muss aber die durch den Realakt entstandenen rechtswidrigen Folgen beseitigen, soweit dies möglich und zumutbar ist. Der dadurch entstehende **Folgenbeseitigungsanspruch** kann verwaltungsprozessual mit der **allgemeinen Leistungsklage** auf Unterlassen weiteren Handelns i.V.m. einer Vornahme der Beseitigung der Folgen durchgesetzt werden (vgl. dazu ausführlich *R. Schmidt*, VerwProzR, Rn 790 ff.). Für den Fall, dass die allgemeine Leistungsklage nicht greift, ist die **Feststellungsklage** gem. § 43 I VwGO in Betracht zu ziehen. Sowohl für die allgemeine Leistungsklage als auch für die Feststellungsklage gilt jedenfalls, dass diese Klagearten grds. nicht an die strengen Sachentscheidungsvoraussetzungen der Verwaltungsakt-Klagen (Vorverfahren gem. § 68 VwGO und Frist gem. § 74 VwGO) gebunden sind. Wurden diese Voraussetzungen vom Rechtsschutzsuchenden nicht beachtet, gewinnt also die Abgrenzung Verwaltungsakt-Realakt in der Fallbearbeitung eine erhebliche Bedeutung.

892 Im Folgenden sollen aufgrund ihrer zunehmenden Bedeutung die **öffentlichen Warnungen**, die **Immissionen** und das **Public Private Partnership** (**informales Verwaltungshandeln**) näher untersucht werden.

---

[875] Zur Abgrenzung Verwaltungsakt-Realakt vgl. ausführlich Rn 387 ff.
[876] Vgl. BVerfG 2002, 3458 ff. (Scientology). Zu beachten ist aber, dass Auskünfte Verwaltungsakte darstellen, wenn die Behörde eine Sachprüfung vornehmen muss (näher Rn 387).
[877] Vgl. BVerfGE 105, 252 ff. (Warnung vor glykolhaltigem Wein).
[878] Vgl. BVerfGE 105, 279 ff. (Warnung vor Jugendsekte).
[879] Anders das BVerfG hinsichtlich staatlicher Warnungen, dazu sogleich.

II. Öffentliche Warnungen

1. Begriff der behördlichen Warnung

Unter einer **öffentlichen (d.h. behördlichen) Warnung** versteht man Erklärungen von Behörden oder Regierungsorganen, die an die Bevölkerung gerichtet sind und diese vor bestimmten gewerblichen oder landwirtschaftlichen Produkten, aber auch vor bestimmten Institutionen warnen.

893

2. Rechtliche Zulässigkeit von behördlichen Warnungen

Es kommt wiederholt vor, dass der Staat Sachverhalte lenken möchte, ohne sich dabei des Mittels des förmlichen Gesetzes bedienen zu müssen. Das betrifft namentlich die regierungsamtliche Öffentlichkeitsarbeit, insbesondere Aufklärung, Warnung, Empfehlung und Kritik in Bezug auf angeblich umwelt- bzw. gesundheitsschädliche Wirkungen bestimmter Produkte.

894

> **Beispiele:** Warnung vor Jugendsekten oder anderen Glaubensgemeinschaften[880], Veröffentlichung von Arzneimitteltransparenzlisten[881], Veröffentlichung von Warentests durch Behörden[882], Empfehlung, in Karton verpackte Getränke zu meiden[883], Hinweis eines Landrats auf verunreinigtes Trinkwasser[884], Veröffentlichung einer Liste glykolhaltiger und damit gesundheitsschädlicher Weine[885], Warnung vor angeblich verdorbenen Teigwaren[886], „Warnung" vor E-Zigaretten[887] etc.

Kontrovers diskutiert wurden und werden insbesondere Warnungen vor (angeblich) **gesundheitsschädlichen Produkten** und vor **Organisationen**, die sich zu Recht oder zu Unrecht auf die **Religions- bzw. Weltanschauungsfreiheit** berufen und denen beispielsweise vorgeworfen wird, sie beuteten ihre Mitglieder aus, brächten diese in totale psychische Abhängigkeit oder verfolgten (insbesondere im Streit um Scientology) gegen den demokratischen Verfassungsstaat gerichtete Ziele. Das Gleiche gilt hinsichtlich Warnungen vor so genannten **Jugendsekten**, denen vorgeworfen wird, sie seien „destruktiv" und „pseudoreligiös", sie manipulierten ihre Anhänger unter Ausschluss der Öffentlichkeit und übten negativen Einfluss auf Jugendliche aus.

895

Es liegt auf der Hand, dass Warnungen vor bestimmten Produkten oder Institutionen für die Betroffenen zum Teil erhebliche Nachteile wie z.B. Imageverlust oder Umsatzeinbußen nach sich ziehen. Denn wenn z.B. eine Warnung vor bestimmten Lebensmitteln ausgesprochen und von der Bevölkerung ernst genommen wird, dann wird das Produkt eben nicht mehr gekauft. Darüber hinaus ist es möglich, dass die Verbraucher dann das ganze Sortiment des Herstellers meiden, weil man sich ja nie sicher sein kann, ob nicht auch andere Produkte mangelhaft sind.

896

Fraglich ist, ob regierungsamtliche Warnungen Grundrechtseingriffe darstellen. Dagegen spricht, dass der Staat nicht gezielt die Grundrechte derjenigen beeinträchtigt, die durch die Warnungen negativ betroffen sind. Vielmehr ist die *Bevölkerung* Adressat der Warnungen, weil es dem Staat primär bzw. ausschließlich um den Schutz der Bevölkerung geht. Dass *diese* es letztlich ist, die durch ihr späteres Verhalten (Mei-

897

---

[880] Vgl. BVerfGE 105, 279 ff.; BVerwGE 90, 112, 116; 82, 60, 76; BVerfG NJW 1989, 3269; OVG Hamburg NVwZ 1995, 498; VGH München NVwZ 1995, 793; OVG Münster NJW 1996, 2114; OVG Münster NJW 1996, 2115; BVerwG NVwZ 1994, 162, 163.
[881] BVerwGE 71, 183.
[882] BVerwG DVBl 1996, 807 (Warentests von Futtermitteln).
[883] VGH Kassel NVwZ 1995, 611.
[884] LG Göttingen NVwZ 1992, 98.
[885] BVerfGE 105, 252 ff.; BVerwGE 87, 37; OVG Münster NJW 1986, 2783; OVG Münster GewArch 1988, 11.
[886] OLG Stuttgart NJW 1990, 2690 („Birkel").
[887] VG Düsseldorf PhamR 2012, 154 ff.

dung der betroffenen Produkte oder Institutionen) die negativen Folgen wie Umsatzeinbußen oder Imageverlust herbeiführt, ändert jedoch nichts an der Tatsache, dass diese Folgen – wenn auch unbeabsichtigt und nur mittelbar – von der jeweiligen behördlichen Warnung ausgelöst werden. Legte man den allgemein anerkannten weiten Eingriffsbegriff zugrunde, dem zufolge auch ungewollte und mittelbar verursachte Grundrechtsbeeinträchtigungen Grundrechtseingriffe darstellen, sofern sie den Betroffenen nur schwer genug belasten[888], gelangte man zu dem Ergebnis, dass behördliche Warnungen, die faktisch-mittelbar und in schwerwiegender Weise die Grundrechte der betroffenen Unternehmer oder Institutionen beeinträchtigen, **Grundrechtseingriffe** darstellten.

898   Dann aber müsste man die Frage nach einer **gesetzlichen Rechtsgrundlage** beantworten. Denn der Vorbehalt des Gesetzes (Art. 20 III GG) fordert bei Grundrechtseingriffen stets ein parlamentarisches Gesetz, das den Grundrechtseingriff legitimiert. Insbesondere bei Warnungen vor bestimmten Produkten oder Institutionen durch die **Bundesregierung** fehlt eine solche aber.[889] Zur Rechtfertigung ihres Handelns auch ohne gesetzliche Grundlage nennt die Bundesregierung allgemein das Bedürfnis der Bevölkerung nach Informationen über markt- und wettbewerbsrelevante Faktoren.[890] Erst die vollständige Informiertheit der Bevölkerung ermögliche eine an den eigenen Interessen – und nicht an den Interessen der Unternehmer – orientierte Entscheidung über die Bedingungen der Marktteilhabe. Das BVerfG hat das beschriebene Regierungshandeln weitgehend gebilligt. Nach seiner Auffassung darf die Bundesregierung Parlament und Öffentlichkeit über glykolhaltige Weine, aber auch über die Osho-Bewegung, die ihr angehörenden Gruppierungen sowie deren Ziele und Aktivitäten informieren (und auch vor ihnen warnen), weil sie sich auf ihre verfassungsunmittelbare Aufgabe der Staatsleitung stützen könne, ohne dass es einer zusätzlichen gesetzlichen Ermächtigung bedürfe.[891] Aber auch das BVerfG wäre wohl nicht umhin gekommen, eine parlamentarische Rechtsgrundlage zu fordern für den Fall, dass es einen Grundrechtseingriff angenommen hätte. Damit das Gericht jedoch schon terminologisch nicht in die Nähe eines Grundrechtseingriffs kam, gebrauchte es den Begriff der faktisch-mittelbaren „Grundrechtsbeeinträchtigung", statt von faktisch-mittelbaren „Grundrechtseingriffen" zu sprechen. Diese terminologische Unterscheidung ermöglichte es dem Gericht, das Fehlen einer Rechtsgrundlage zu billigen. Es ist der Auffassung, dass faktisch-mittelbare Wirkungen, die von regierungsamtlichen Warnungen ausgehen, sich typischerweise einer Normierung entzögen, weil sie sich aufgrund der Komplexität des Geschehensablaufs nicht sinnvoll gesetzlich regeln ließen. Im Einzelnen hat das Gericht wie folgt entschieden:

899   ■ Im **Glykolwein-Fall**[892], bei dem es um die Rechtmäßigkeit regierungsamtlicher Warnungen vor diethylenglykolhaltigem Wein ging, hat das BVerfG zunächst einhergebracht den Schutzbereich des Art. 12 I GG bejaht. Doch dann ist es bei der Frage nach der Eingriffsqualität der Äußerungen von dem üblichen Dogma abgewichen: Es hat einen Eingriff in Art. 12 I GG verneint. Zwar habe die Bundesregierung das Grundrecht beeinträchtigt, jedoch liege kein Eingriff vor, weil sie die rechtlichen Grenzen für Infor-

---

[888] Vgl. BVerfGE 105, 252 ff. (Glykolwein); 105, 279 ff. (Osho); BVerfGE 76, 1, 42 ff. (Ehegattennachzug); BVerwGE 71, 183 ff. (Transparenzlisten); 82, 76 ff. (Transzendentale Meditation); 87, 37 ff. (Glykolwein); 90, 112, 119 f. (Förderung eines privaten Vereins, der Sekten kritisch hinterfragt – Osho II); VGH München NVwZ 2003, 998 ff. (Scientology). Vgl. auch *R. Schmidt*, Grundrechte, Rn 151; *v. Münch*, in: v. Münch/Kunig, GG, Vorb. Art. 1-19 Rn 51a; *Jeand´Heur/ Cremer*, JuS 2000, 991, 995; *Murswiek*, NVwZ 2003, 1 ff.; *Cremer*, JuS 2003, 747, 749. Allesamt (wenn teilweise auch nicht explizit) zurückgehend auf *Gallwas*, Faktische Beeinträchtigungen, 1970, S. 58 ff.
[889] Bei Warnungen, die von der Bundesregierung ausgehen, kommen auch nicht die Befugnisgeneralklauseln der Landespolizeigesetze in Betracht.
[890] Vgl. Verbraucherministerium, www.verbraucherministerium.de, Download am 18.1.2005.
[891] BVerfGE 105, 252 ff.; 105, 279 ff.
[892] BVerfGE 105, 252 ff.

mationshandeln beachtet, also rechtmäßig gehandelt, insbesondere die Kompetenzordnung des Grundgesetzes und den Grundsatz der Verhältnismäßigkeit beachtet habe.

- Im **Osho-Fall**[893], bei dem es um die Rechtmäßigkeit regierungsamtlicher Warnungen vor der Osho-Bewegung ging, ist das Gericht bereits auf Schutzbereichsebene von der üblichen Dreiteilung in Schutzbereich, Eingriff und Rechtfertigung des Eingriffs abgewichen. Es hat für den Fall, dass die Bundesregierung rechtmäßig gehandelt, insbesondere die Kompetenzordnung des Grundgesetzes, das staatliche Neutralitätsgebot und den Grundsatz der Verhältnismäßigkeit beachtet hat, <u>bereits die Eröffnung des Schutzbereichs des Art. 4 I und II GG verneint</u>. Der Schutzbereich sei lediglich dann berührt (d.h. eröffnet), wenn die Äußerungen diskriminierend bzw. diskreditierend oder aus anderen Gründen rechtswidrig gewesen seien. Dieser Ansatz setzt sich auf Eingriffsebene fort. Dort hat das Gericht konstatiert, dass faktisch-mittelbar wirkendes Informationshandeln kein rechtsförmliches Handeln[894] darstelle, der Begriff des „Grundrechtseingriffs" aber an rechtsförmliches Handeln gebunden sei. Beeinträchtigungen, die der Osho-Bewegung dadurch entstünden, dass aufgrund diskreditierender staatlicher Äußerungen Mitglieder austräten oder Interessenten abgeschreckt würden, seien daher keine „Eingriffe im herkömmlichen Sinne". Gleichwohl schütze Art. 4 I und II GG auch vor solchen Beeinträchtigungen. Denn das Grundgesetz habe den Schutz vor Grundrechtsbeeinträchtigungen nicht an den Begriff des Eingriffs gebunden oder diesen inhaltlich vorgegeben. Der Grundrechtsschutz sei unter der Geltung des Grundgesetzes nicht auf „Eingriffe im herkömmlichen Sinne" begrenzt, sondern auf faktische und mittelbare Beeinträchtigungen ausgedehnt worden.

  Das BVerfG macht im Osho-Fall die Eröffnung des Schutzbereichs des Art. 4 I und II GG also davon abhängig, dass die Bundesregierung pflichtwidrig gehandelt, d.h. das Sachlichkeitsgebot, den Grundsatz der Verhältnismäßigkeit und die Kompetenzordnung des Grundgesetzes missachtet hat. Gleichzeitig verneint es jedoch – trotz des diskriminierenden Inhalts der Äußerung – einen Grundrechtseingriff und nimmt lediglich eine Grundrechtsbeeinträchtigung an, für die der Grundsatz vom Vorbehalt des Gesetzes keine gesetzliche Rechtsgrundlage erfordere.

Den beiden Entscheidungen lassen sich somit zwei Kernaussagen entnehmen:

- Im Glykolwein-Fall **verneint** das BVerfG einen **Eingriff** in Art. 12 I GG für den Fall, dass die Bundesregierung rechtmäßig gehandelt hat.

- Im Osho-Fall **verneint** das Gericht bereits den **Schutzbereich** des Art. 4 I und II GG für den Fall, dass die Bundesregierung rechtmäßig gehandelt hat.

Zur Rechtmäßigkeit bedarf es nach Auffassung des BVerfG in beiden Fällen jedenfalls **keiner materiellen gesetzlichen Rechtsgrundlage**. Vielmehr genüge als Rechtsgrundlage für **Warnungen der Bundesregierung** die Kompetenznorm aus Art. 65 GG. Die **ureigensten verfassungsrechtlichen Aufgaben** der Regierung (**Kompetenztitel**: Art. 65 S. 2 GG; Gewaltenteilung) zur Information und Aufklärung (Öffentlichkeitsarbeit) i.V.m. der **Wahrnehmung von Schutzpflichten** - insbesondere aus Art. 2 II S. 1 GG[895] - schlössen das Recht zu öffentlichen Warnungen ein. Voraussetzung sei nur, dass ein hinreichend gewichtiger, dem Inhalt und der Bedeutung des berührten Grundrechts entsprechender Anlass bestehe und dass die mitgeteilten Tatsachen zuträfen und negative Werturteile nicht unsachlich seien, sondern auf

900

901

902

---

[893] BVerfGE 105, 279 ff.
[894] Darunter ist Handeln durch Gesetz oder Verwaltungsakt zu verstehen.
[895] Bei Sektenwarnungen können sich Schutzpflichten des Staates auch aus Art. 6 I GG ergeben. Zu beachten ist jedoch, dass die aus Art. 2 II S. 1, Art. 6 I GG hergeleitete staatliche Schutzpflicht isoliert keine Eingriffsbefugnis darstellt. Ebenso wenig stellen Schutzpflichten eine Anspruchsgrundlage eines Bürgers dar, die Behörde zu „verpflichten", dem begehrten Handeln nachzukommen und etwa gegen einen Dritten einzuschreiten.

einem im Wesentlichen zutreffenden oder zumindest sachgerecht und vertretbar gewürdigten Tatsachenkern beruhten.[896]

903 Damit argumentiert das BVerfG also auf der Ebene des Eingriffs (im Glykolwein-Fall) bzw. des Schutzbereichs (im Osho-Fall) mit Kriterien, die nach herrschender Grundrechtsdogmatik die verfassungsrechtliche Rechtfertigung bestimmen. Eine Unterscheidung zwischen Schutzbereich, Eingriff und Eingriffsrechtfertigung wird somit nicht vorgenommen. Folge dieses Ansatzes ist, dass keiner gesetzlichen Rechtsgrundlage bedarf, die ja nach traditionellem Verständnis Minimalvoraussetzung für die verfassungsrechtliche Rechtfertigung ist. Diese Konstruktion war notwendig, weil – wie gesehen – in den zu entscheidenden Fällen eine Rechtsgrundlage gerade fehlte, wegen des in Art. 20 III GG zum Ausdruck kommenden Rechtsstaats- und Demokratieprinzips bei Bejahung der Eingriffsqualität der Maßnahme aber erforderlich gewesen wäre.[897]

904 Grundrechtsdogmatisch allein korrekt wäre es gewesen, bei Feststellung auch nur einer Grundrechtsbeeinträchtigung von einem Eingriff auszugehen und eine parlamentarische Rechtsgrundlage zu fordern. Denn auch sonst vertritt das BVerfG für grundrechtssensible Bereiche die **Wesentlichkeitstheorie**.[898] Warum das BVerfG diese nicht auch bei nicht minder grundrechtssensiblen behördlichen Warnungen anwendet, ist wohl der Herbeiführung einer ergebnisorientierten Entscheidung geschuldet. Freilich eine andere Frage wäre es gewesen, bereits den Schutzbereich der betroffenen Grundrechte zu verneinen. Dass nämlich extrem sozialschädliches Verhalten in grundrechtsdogmatisch zulässiger Weise bereits aus dem Schutzbereich eines Grundrechts herausdefiniert werden kann, ist anerkannt und wird meist als **verfassungsimmanente Grundrechtsbegrenzung** bezeichnet.[899] Diese Überlegung geht von der Prämisse aus, dass bestimmte missbilligenswerte Verhaltensweisen auch dann nicht vom Schutzbereich eines Grundrechts erfasst sein sollen, wenn der Verfassungstext des einschlägigen Grundrechts eine Schutzbereichsbegrenzung nicht vornimmt.[900]

905 Unter Zugrundelegung dieser Methode kann daher einer Organisation, die sich nur nach ihrem bekundeten Selbstverständnis als **Religions- oder Weltanschauungsgemeinschaft** sieht, in Wirklichkeit aber ausschließlich **wirtschaftliche** oder andere **religionsfremde** Ziele verfolgt, der Schutzbereich des Art. 4 I und II GG versagt werden. Folge ist, dass von einer staatlichen Stelle ausgehende öffentliche Warnungen vor einer solchen Organisation sich nicht am strengen Maßstab des Art. 4 I und II GG, sondern lediglich am Maßstab des Art. 2 I GG messen lassen müssen. Und dafür genügen als Rechtsgrundlage die oben beschriebenen ureigensten verfassungsrechtlichen Aufgaben der Regierung zur Information und Aufklärung (Öffentlichkeitsarbeit) i.V.m. der Wahrnehmung von Schutzpflichten. Entsprechendes gilt hinsichtlich der Warnung vor **gesundheitsschädlichen**

---

[896] BVerfGE 105, 279, 292 ff.; BVerwGE 82, 78, 82.

[897] Vgl. *Murswiek*, NVwZ 2003, 1, 5 ff.; *Mager*, in: v. Münch/Kunig, GG, Art. 4 Rn 52; *Jarass*, in: Jarass/Pieroth, GG, Art. 4 Rn 35; *Gusy*, NJW 2000, 977, 982 ff.; *Jeand´Heur/Cremer*, JuS 2000, 991, 995; *Wehr*, JuS 1997, 419, 421. Zu beachten ist aber, dass der Gesetzgeber noch vor der Glykolwein-Entscheidung des BVerfG reagiert und aufgrund einer EG-Richtlinie über die allgemeine Produktsicherheit das Gesetz zur Regelung der Sicherheitsanforderungen an Produkte und zum Schutz der CE-Kennzeichnung („Produktsicherheitsgesetz") erlassen hat. Dieses Gesetz wurde 2004 durch das Geräte- und Produktsicherheitsgesetz (GPSG) abgelöst, welches wiederum 2011 durch das neue Produktsicherheitsgesetz (ProdSG) ersetzt wurde (dazu *Kapoor/Klindt*, NVwZ 2012, 719 ff. und *Tremml/Luber*, NJW 2013, 262 ff.). Auf der Grundlage dieser gesetzlichen Regelung darf die zuständige Behörde nach dem Inverkehrbringen (von nicht sicheren Produkten) anordnen, dass die Öffentlichkeit vor den Risiken gewarnt wird, die mit einem auf dem Markt bereitgestellten Produkt verbunden sind; die Marktüberwachungsbehörde kann selbst die Öffentlichkeit warnen, wenn der Wirtschaftsakteur nicht oder nicht rechtzeitig warnt oder eine andere ebenso wirksame Maßnahme nicht oder nicht rechtzeitig trifft (§ 26 II S. 2 Nr. 9 ProdSG).

[898] Vgl. dazu Rn 200b ff.

[899] Vgl. z.B. *Isensee*, in: HdbStR V, § 111 Rn 56; *Dreier*, in: Dreier, GG, Bd. 1, Vorb. Rn 88 ff.; *Muckel*, Begrenzung grundrechtlicher Schutzbereiche, Festschrift für Hartmut Schiedermair, 2001, S. 347.

[900] Vgl. dazu näher *R. Schmidt*, Grundrechte, Rn 126 ff.

Produkten. Auch hier ist es möglich, das Inverkehrbringen gesundheitsschädlicher Produkte aus dem Schutzbereich des Art. 12 I GG herauszuhalten.

3. Rechtsschutz in Bezug auf behördliche Äußerungen

In der Regel begehrt der Betroffene den **Widerruf von amtlichen Äußerungen** wie beispielsweise von Warnungen vor (Jugend-)Sekten, Lebensmitteln oder sonstigen gesundheitsbeeinträchtigenden Stoffen und Geräten oder den Widerruf von amtlichen Äußerungen ehrverletzender oder berufsschädigender Art (z.B. die Veröffentlichung von Warentests). Das Begehren auf Widerruf der Äußerungen richtet sich auf die Rückgängigmachung der Folgen des belastenden schlichten Verwaltungshandelns. Es geht um die Wiederherstellung des ursprünglichen Zustands. Da diese Wiederherstellung nicht durch Verwaltungsakt erfolgt, steht dem Rechtsschutzsuchenden für dieses Klagebegehren die **allgemeine Leistungsklage** vor dem zuständigen Verwaltungsgericht zur Verfügung.

> **Beispiel:** Im Rahmen der Beantwortung einer Kleinen Anfrage im Bundestag wirft der Vertreter des Bundesministers der Verteidigung V dem Vertreter von Rüstungsfirmen A Bestechung vor. A verlangt nun von der Bundesrepublik Deutschland, die ihn betreffenden Behauptungen zu widerrufen, weil sie bewusst unrichtig seien, seine Ehre verletzten und seine berufliche Stellung fortdauernd schädigten.
> Die „Widerrufsklage" betrifft keinen Verwaltungsakt, weil die Äußerung des V nicht auf eine Regelung mit unmittelbarer Rechtswirkung abzielte. Die Äußerung und ihr eventueller Widerruf (*actus contrarius*) stellen sich, da sie auf einen tatsächlichen Erfolg gerichtet sind, als Verwaltungs**real**akte dar, sodass nur die allgemeine Leistungsklage - hier in der Form der Leistungsvornahmeklage - in Betracht kommt. Die Klage ist begründet, wenn A einen Anspruch auf Folgenbeseitigung, d.h. auf Widerruf hat.

Im Rahmen der **Begründetheit der Klage** ist zunächst die Anspruchsgrundlage für den begehrten Widerruf zu benennen. In Ermangelung einer spezialgesetzlichen Anspruchsgrundlage ist der allgemeine öffentlich-rechtliche **Folgenbeseitigungsanspruch** einschlägig. Dieser ist begründet, wenn für den Betroffenen keine Duldungspflicht besteht. Eine solche Duldungspflicht besteht aber dann, wenn die fragliche Maßnahme (d.h. die Warnung) formell und materiell rechtmäßig ist. Die formelle und materielle Rechtmäßigkeitsprüfung der Maßnahme gestalten sich wie folgt:

- In **formeller Hinsicht** wird insbesondere die Notwendigkeit einer vorherigen *Anhörung* (§ 28 VwVfG analog) des Betroffenen genannt.[901] Da diese regelmäßig unterbleibt, ist an eine Heilung gem. § 45 I Nr. 3 VwVfG analog bzw. an eine Unbeachtlichkeit gem. § 46 VwVfG analog zu denken.[902] Die Anhörung ist aber entbehrlich, wenn mit der Warnung die Beseitigung einer Gefahr verbunden ist (§ 28 II Nr. 1 VwVfG).

- In **materieller Hinsicht** sind

  (1) die vorstehenden Erläuterungen zur *Schutzbereichseröffnung* und zur *Rechtsgrundlage* zu beachten.

  (2) Darüber hinaus ist ein *besonderer Anlass* für die Warnung erforderlich: Soweit keine spezialgesetzliche Grundlage existiert, welche den erforderlichen Anlass beschreibt, ist in Anlehnung an das allgemeine Polizei- und Ordnungsrecht das Vorliegen einer Gefahr oder zumindest eines Gefahrenverdachts zu fordern.

  (3) Des Weiteren muss die Warnung sachlich *richtig* sein. Sofern sie eine Tatsachenbehauptung darstellt, muss sie der Wahrheit entsprechen. Stellt die Warnung dagegen ein Werturteil dar, entzieht sie sich als (subjektive) Meinung dem Wahr-

---

[901] BVerwGE 82, 76, 96; VG Köln NVwZ 1999, 912.
[902] BVerwGE a.a.O.

heitsbeweis. Als öffentlich-rechtliche Äußerung unterliegt sie jedoch den Anforderungen des Rechtsstaatsprinzips und damit dem Grundsatz der Verhältnismäßigkeit. In der Fallbearbeitung muss die Äußerung demnach als Tatsachenbehauptung oder als Werturteil qualifiziert werden. In Grenzfällen ist die Unterscheidung anhand des Schwerpunkts der Äußerungen zu treffen. Zu beachten ist aber, dass die Äußerung teilweise eine Tatsachenbehauptung und teilweise ein Werturteil darstellen kann. In diesem Fall muss differenziert werden: Soweit die zu untersuchende Äußerung als Werturteil qualifiziert wird, darf sie also nicht unsachlich sein und muss auf einem vertretbar gewürdigten Tatsachenkern beruhen.[903]

(4) Weiterhin sind das staatliche *Neutralitätsgebot* und der Grundsatz der *Verhältnismäßigkeit* (Geeignetheit, Erforderlichkeit und Angemessenheit) zu beachten. Die fragliche Warnung darf nicht außer Verhältnis zu dem mit ihr verbundenen Schaden stehen.

(5) Schließlich ist die Warnung nur dann rechtmäßig, wenn sie nicht willkürlich erfolgt. Sie darf also nicht ohne sachlichen Grund lediglich zulasten Einzelner ausgesprochen werden.

910 Stellt sich heraus, dass die fragliche Maßnahme rechtmäßig war, ist der Folgenbeseitigungsanspruch unbegründet. Die Klage bleibt erfolglos.

911

> **Hinweis für die Fallbearbeitung:** Eine typische Klausurkonstellation ist die Verbindung des **allgemeinen Folgenbeseitigungsanspruchs** mit dem **allgemeinen öffentlich-rechtlichen Unterlassungsanspruch**. So ist die öffentliche Warnung z.B. vor einer Religions- oder Weltanschauungsgemeinschaft einerseits mit Hilfe einer Leistungsunterlassungsklage, gerichtet auf die Unterlassung weiterer Warnungen, Auskünfte oder Empfehlungen anzugreifen, andererseits ist mit Hilfe des FBA der Widerruf durchzusetzen. Prozessual stellt sich eine derartige Verbindung als kumulative **Klagenhäufung** nach § 44 VwGO dar. Das bedeutet, dass eine gemeinsame Zulässigkeitsprüfung erfolgen kann, bei der Begründetheit jedoch hinreichend nach den beiden Klagebegehren zu differenzieren ist. Der Widerruf ist mit Hilfe des FBA durchzusetzen. Für die künftige Unterlassung ist der allgemeine öffentlich-rechtliche Unterlassungsanspruch einschlägig.

---

[903] Vgl. dazu auch aus der jüngeren Rspr. VG Düsseldorf MPR 2012, 67 ff.

III. Öffentlich-rechtliche Immissionen

In den sog. Immissionsfällen (Mülldeponie, Kinder- und Behindertenspielplatz, Kläranlage, Grillplatz, Altglascontainer[904], Sportplatzanlage[905], Skater-Anlage[906], Bahnanlage[907] usw.), in denen die Emissionen/Immissionen[908] von Lärm, Geruch oder gesundheitsschädlichen Stoffen Streitgegenstand sind, ist zunächst fraglich, ob ein entsprechender Abwehr- oder Unterlassungsanspruch vor dem Verwaltungsgericht oder dem Zivilgericht geltend zu machen ist. Die Zuordnung bestimmt sich nach der Rechtsnatur des Eingriffs: Stehen die Emissionen in einem engen **Planungs- und Funktionszusammenhang** mit der Wahrnehmung **hoheitlicher Aufgaben**, oder ist die emittierende Einrichtung der **öffentlichen Daseinsvorsorge** zuzuordnen, ist die Streitigkeit vor dem **Verwaltungsgericht** auszutragen.[909] Statthaft ist regelmäßig die allgemeine Leistungsklage. Nur wenn das Handeln eindeutig im Bereich der privatrechtlichen Eigentümerbefugnis und außerhalb des öffentlichen Zwecks liegt, kann eine privatrechtliche Streitigkeit angenommen werden.

912

> **Beispiel:** Die Gemeinde G betreibt auf einem als Wohngebiet ausgewiesenen gemeindeeigenen Grundstück einen **öffentlichen Grillplatz**. Nachbar N, dessen Wohnhaus unmittelbar an den Grillplatz grenzt, fühlt sich durch die ständige Lärm- und Geruchsbelästigung in den Abendstunden in seinen Rechten verletzt. Welcher Rechtsweg ist eröffnet?
>
> Der Verwaltungsrechtsweg ist eröffnet, wenn es sich um eine öffentlich-rechtliche Streitigkeit nichtverfassungsrechtlicher Art handelt, § 40 I VwGO. Öffentlich-rechtlich ist die Streitigkeit, wenn die streitentscheidenden Normen dem öffentlichen Recht zuzuordnen sind. Vorliegend könnte sich der Streit nach Maßgabe der §§ 823, 1004 BGB entscheiden. Dann wäre gem. § 13 GVG der Zivilrechtsweg eröffnet. Der Streit könnte sich aber auch nach dem öffentlichen Recht entscheiden, denn das Betreiben eines gemeindlichen Grillplatzes kann durchaus der Daseinsvorsorge zugerechnet werden. Die Daseinsvorsorge ist – zumindest was die Frage des „Ob" betrifft – öffentlich-rechtlicher Natur. Es muss daher auf den Sachzusammenhang abgestellt werden. Wegen des Sachzusammenhangs mit der Erfüllung von Aufgaben der Daseinsvorsorge wurzelt der Unterlassungsanspruch des N im öffentlichen Recht. Es besteht ein **öffentlich-rechtlicher Unterlassungsanspruch**, für den der Verwaltungsrechtsweg eröffnet ist. Statthaft ist die allgemeine Leistungs(unterlassungs)-klage. Vgl. dazu ausführlich *R. Schmidt*, VerwProzR, Rn 365 ff. und 790 ff.

---

[904] VG Osnabrück, NVwZ 2003, 1010.
[905] VG Arnsberg NVwZ 1999, 450.
[906] OVG Koblenz NVwZ 2000, 1190.
[907] Vgl. dazu *Roth*, NVwZ 2001, 34 ff.
[908] Der Unterschied zwischen Immissionen und Emissionen liegt darin, dass Emissionen von einem bestimmten Verursacher (einer Anlage) ausgehen, während der Begriff der Immissionen die Einwirkung von Umwelteinflüssen auf bestimmte Rechtsgüter (z.B. Pflanzen) erfasst.
[909] OVG Koblenz NVwZ 2000, 1190; VG Arnsberg NVwZ 1999, 450.

IV. Public Private Partnership (informales Verwaltungshandeln)

913 Zwar ist der Verwaltungsakt nach wie vor ein taugliches Mittel zur rechtmäßigen und sachrichtigen Erledigung von Verwaltungsaufgaben. In einem modernen Staat sollte das Verwaltungsrecht aber nicht mehr durch ein preußisches Obrigkeitsdenken bestimmt werden, wie das unter dem Einfluss von Otto Mayer propagiert wurde, sondern rechtliche Instrumente zur Verfügung gestellt bekommen, die in der Lage sind, Kooperation, Konsens und Akzeptanz zu fördern. Ein solches Instrument stellt zunächst der Verwaltungsvertrag nach §§ 54 ff. VwVfG dar. Aber auch außerhalb eines Vertrags sollte es der Verwaltung möglich sein (freilich unter Beachtung des in Art. 20 III GG niedergelegten Grundsatzes der Gesetzmäßigkeit der Verwaltung), flexibel auf die unterschiedlichsten Sachverhalte einzugehen. Dafür die rechtlichen Rahmenbedingungen zu schaffen ist Gegenstand eines Leitprojekts mit dem Namen „Public Private Partnership". Dieser Begriff steht für unterschiedliche Kooperationsmodelle zwischen Hoheitsträgern und Privaten (zu denen auch der Eigenbetrieb gehören kann[910]) bei der Gewährleistung, Finanzierung und Durchführung öffentlicher Dienstleistungen. Da sie außerhalb der gesetzlich geregelten förmlichen Handlungsformen der Verwaltung stehen, werden sie „informales Verwaltungshandeln" genannt[911] und sind – da sie *vor Erlass* oder *anstelle* einer behördlichen Entscheidung (Verwaltungsakt) treten – rechtlich nicht verbindlich und somit dem – ohnehin sehr weiten und diffusen – Bereich der **Realakte** zuzurechnen.

> **Beispiel:** Die zuständige Behörde teilt dem Inhaber einer Fabrik (A) mit, dass die Filteranlage seines Betriebs inzwischen technisch überholt sei und ersetzt werden müsse. Sie beabsichtige, eine entsprechende nachträgliche Verfügung gemäß § 17 BImSchG zu erlassen. Nach einigen Verhandlungen sagt A zu, erhebliche Verbesserungen an seiner Anlage vorzunehmen. Die Behörde verzichtet daraufhin auf den Erlass der beabsichtigten Verfügung.

> In diesem Fall will sich die Behörde rechtlich nicht binden. Es liegen also weder ein Verwaltungsvertrag noch ein Vorbescheid noch eine Zusage vor, sondern nur eine unverbindliche Absprache, ein *Gentlemen´s Agreement*.

914-
915 Diese Art des Vorgehens bietet sich für die Verwaltung vor allem deswegen an, um Kosten und Zeit zu sparen, denn sie entlastet damit das eigentliche Verwaltungsverfahren. Darüber hinaus geht die Verwaltung auf diese Weise vor, wenn sie zweifelt, ob ihre Rechtsauffassung einer gerichtlichen Prüfung standhalten würde. Auf der anderen Seite sind der Mangel an Transparenz und das Sich-Bewegen in einem „rechtsfreien Raum" nicht zu übersehen. Das wirft die Frage nach der Vereinbarkeit mit der Gesetzmäßigkeit der Verwaltung (Vorbehalt und Vorrang des Gesetzes) auf, die bekanntermaßen nicht zur Disposition der Verwaltung steht So dürfen etwa die sich aus dem Untersuchungsgrundsatz (§ 24 VwVfG) ergebende Pflicht zur umfassenden Sachverhaltsaufklärung nicht verkürzt oder die Anhörungs- und Beteiligungsrechte Dritter nicht unterlaufen werden. Beachtet die Behörde jedoch diese Grenzen, ergeben sich aus rechtsstaatlicher Sicht keine Bedenken gegen die Zulässigkeit von informalem Verwaltungshandeln. Mit Blick auf die zunehmende Komplexität der zu entscheidenden Sachverhalte wird diese Art des Verwaltungshandelns an Bedeutung gewinnen. Aufgabe des Gesetzgebers wird daher sein, einen Ordnungsrahmen zu schaffen, der es der Verwaltung ermöglicht, unter Verzicht auf das schneidige Schwert des Befehls und Zwangs flexibel auf atypische Sachverhalte einzugehen.

---

[910] Vgl. Vergabekammer Düsseldorf NZBauR 2001, 46 mit Stellungnahme von *Jaeger*, NZBauR 2001, 6.
[911] Vgl. dazu *Schmitz*, NVwZ 2000, 1238, 1241.

F. Die „Abmahnung" im Verwaltungsrecht

Konstitutives Element des Rechtsstaatsprinzips ist der **Grundsatz der Verhältnismäßigkeit**: Die Verwaltung darf nur insoweit belastend für den Bürger tätig werden, als die betreffende Maßnahme einen legitimen Zweck erfüllt, geeignet, erforderlich und angemessen ist. Insbesondere darf kein anderes Mittel zur Verfügung stehen, das den gleichen Effekt erzeugt, aber weniger einschneidend für den betroffenen Bürger wirkt. Bei Ermessensentscheidungen kann dem Grundsatz der Verhältnismäßigkeit durch die flexible Rechtsfolgeanordnung Rechnung getragen werden.

916

> **Beispiel 1:** Die Gaststättenerlaubnis *kann* (muss also nicht!) widerrufen werden, wenn der Gewerbetreibende nicht zugelassene Getränke ausschenkt, § 15 III Nr. 1 GastG[912]. Entsprechendes gilt für die allgemeine Vorschrift des § 49 VwVfG.

Bei gebundenen Verwaltungsentscheidungen ist das nicht möglich. Dort *ist* die Rechtsfolge anzuordnen, wenn der Betreffende die Tatbestandsvoraussetzungen erfüllt. Dem Grundsatz der Verhältnismäßigkeit kann aber dann dadurch Rechnung getragen werden, dass die unbestimmten Rechtsbegriffe in einer Weise ausgelegt werden, die den Grundrechten des Betroffenen maximale Geltung verschafft.

917

> **Beispiel 2:** Die Ausübung eines (genehmigungsfreien, aber anzeigepflichtigen) Gewerbes *ist* von der zuständigen Behörde ganz oder teilweise zu untersagen, wenn Tatsachen vorliegen, welche die *Unzuverlässigkeit* des Gewerbetreibenden dartun, sofern die Untersagung zum Schutze der Allgemeinheit oder der im Betrieb Beschäftigten *erforderlich* ist, § 35 I GewO. Hier sind bei der Entscheidung über die Untersagung der weiteren Ausübung des Gewerbes die unbestimmten Rechtsbegriffe „Unzuverlässigkeit" und „erforderlich" so auszulegen, dass die Untersagungsverfügung nur dann erfolgt, wenn bei einer Abwägung die Rechte der Allgemeinheit bzw. der im Betrieb Beschäftigten die Rechte und Interessen des Gewerbetreibenden überwiegen.

Fraglich ist, wie in Fällen zu verfahren ist, in denen die Auslegung von unbestimmten Rechtsbegriffen bereits durch den Gesetzgeber konkretisiert ist. Hier ist es möglich, dass durch die gesetzliche Prädetermination und die damit verbundene beschränkte Auslegungsfähigkeit letztlich doch eine Rechtsfolge gesetzt werden muss, die dem Grundsatz der Verhältnismäßigkeit widerspricht.

918

> **Beispiel 3:** G betreibt ein Lokal in der Innenstadt von S. Als die zuständige Behörde von einigen Nachbarn des G erfährt, dass dieser alkoholische Getränke an Jugendliche ausschenke, erlässt sie einen an G adressierten Bescheid mit dem Inhalt, dass diesem hiermit die Gaststättenerlaubnis gem. § 15 II GastG entzogen werde. Er habe die Voraussetzungen des § 4 I S. 1 Nr. 1 GastG erfüllt, insbesondere weil er gegen die Vorschriften des Jugendschutzes verstoßen habe. G fühlt sich in seinem Grundrecht aus Art. 12 I GG verletzt und erhebt nach erfolglos durchgeführtem Widerspruchsverfahren Anfechtungsklage gegen den Widerruf. Mit Erfolg?
>
> Gemäß § 15 II GastG *ist* die Erlaubnis zu widerrufen, wenn nachträglich Tatsachen eintreten, die die Versagung der Erlaubnis nach § 4 I S. 1 Nr. 1 GastG rechtfertigen würden. In § 4 I S. 1 Nr. 1 GastG ist von „Nichtbesitzen der *erforderlichen Zuverlässigkeit*" die Rede. Die erforderliche Zuverlässigkeit soll nach dem Gesetzgeber insbesondere dann nicht vorliegen, wenn der Betroffene beispielsweise dem Trunke ergeben ist oder wenn zu befürchten ist, dass er die Vorschriften des Jugendschutzes nicht einhält. Damit präjudiziert der Gesetzgeber die Auslegung des unbestimmten Rechtsbegriffs *erforderliche Zuverlässigkeit* und ordnet u.U. eine Rechtsfolge an, die gegen den Grundsatz der Verhältnismäßigkeit verstößt.

---

[912] Zum GastG nach der Föderalismusreform 2006 vgl. bereits Fußnote 15.

919 Das BVerwG hält in Fällen, in denen der Gesetzgeber unbestimmte Rechtsbegriffe konkretisiert, die **Untersagung einer Tätigkeit** (etwa die Ausübung eines zulassungsfreien Gewerbes) oder den **Widerruf einer Erlaubnis** (etwa eine zuvor erteilte Gaststättenerlaubnis) für unzulässig, wenn eine „**Abmahnung**" zur Zweckerreichung ebenso geeignet ist.[913]

920 Das Rechtsinstitut der „Abmahnung" ist aus dem Arbeitsrecht bekannt. Dort stellt sie die Ausübung eines vertraglichen Rügerechts dar. Mit der Abmahnung wird der Arbeitnehmer durch den Arbeitgeber auf die Verletzung seiner vertraglichen Pflichten aufmerksam gemacht und unter Androhung individualrechtlicher Konsequenzen (insbesondere Kündigung) zu einem künftigen vertragsgetreuen Verhalten aufgefordert.[914] Auch dem Verwaltungsrecht ist das Rechtsinstitut der „Abmahnung" nicht fremd. So ist nach § 25 I S. 2 PBefG die für ein Verkehrsunternehmen erforderliche Zuverlässigkeit insbesondere dann nicht mehr gegeben, wenn den anwendbaren Rechtsnormen trotz „schriftlicher Mahnung" zuwidergehandelt wird.

921 Fraglich ist nun, unter welchen Voraussetzungen in Bereichen des Verwaltungsrechts, die *keine* Abmahnung vorsehen, gleichwohl eine solche ergehen kann. Dazu ist zunächst die Rechtsnatur der „Abmahnung" im Verwaltungsrecht zu bestimmen.

922 ▪ Beschränkt sich die Behörde auf Hinweise zur allgemeinen Rechtslage, kann eine verbindliche Feststellung konkreter Rechtsverstöße nicht eintreten. Es besteht dann weder eine Belastung durch Realakt noch (mangels Regelungswirkung) durch Verwaltungsakt. Die Abmahnung wäre ohne weiteres zulässig.

923 ▪ Anders wäre es jedoch, wenn die Behörde den Inhalt der Abmahnung so abfasst, dass neben der allgemeinen Rechtsbelehrung auch konkrete Rechtsverstöße des Adressaten aufgeführt wären. In diesem Fall beansprucht die Behörde, durch die Abmahnung einen konkreten Rechtsverstoß festzustellen. Das hätte zur Folge, dass die Abmahnung als feststellender Verwaltungsakt einzuordnen wäre.[915] In diesem Fall wäre wegen des Grundsatzes vom Vorbehalt des Gesetzes eine Rechtsgrundlage erforderlich. In der GewO und im GastG sowie beim Widerruf nach § 49 VwVfG fehlt aber eine ausdrückliche Rechtsgrundlage für eine Abmahnung mit Feststellungswirkung.[916] Zu fragen wäre dann, ob nicht wenigstens die jeweilige Untersagungs- oder Widerrufsvorschrift (z.B. § 35 I GewO oder § 15 II GastG) als Rechtsgrundlage fungieren kann. Das kann durchaus mit dem Argument bejaht werden, die Abmahnung sei als „Minusmaßnahme" zur Untersagungs- oder Widerrufsverfügung anzusehen, und daher erst recht auf die Untersagungs- oder Widerrufsvorschrift zu stützen. Dann wäre die Abmahnung rechtmäßig und käme insbesondere als milderes Mittel gegenüber der Untersagungs- oder Widerrufsverfügung in Betracht. Das hätte wiederum zur Folge, dass bei Unterlassung einer „Abmahnung" dann die entsprechende Untersagungs- oder Widerrufsverfügung nicht dem Grundsatz der Verhältnismäßigkeit entsprechen würde. Sieht man in den Untersagungs- oder Widerrufsvorschriften jedoch keine Rechtsgrundlage für „Abmahnungen" mit Feststellungswirkung, so wäre die Abmahnung wegen fehlender Rechtsgrundlage rechtswidrig. Insbesondere würde sie dann kein milderes Mittel gegenüber der Untersagungs- oder Widerrufsverfügung darstellen. Dann würde sich allerdings die Frage nach der Verfassungsmäßigkeit der entsprechenden Untersagungs- oder Widerrufsvorschrift stellen. Hier bliebe dann zu überlegen, ob man nicht – in Anlehnung an die Abschleppfälle[917] – von der starren Rechtsfolge der Untersagungs- oder Widerrufsvor-

---

[913] Vgl. BVerwGE 49, 160, 168 f.; in diese Richtung auch OVG Hamburg GewArch 1996, 425 sowie aus dem Schrifttum *Michel/Kienzle*, GastG, 14. Aufl. 2003, § 15 Rn 13.

[914] Vgl. *Schaub*, Arbeitsrechts-Handbuch, § 61 Rn 28; *Rädler*, NVwZ 2000, 1260.

[915] *Rädler*, NVwZ 2000, 1260, 1272.

[916] Auch § 25 PBefG stellt keine ausdrückliche Rechtsgrundlage dar.

[917] Grundsätzlich erfolgt das Abschleppen eines eine Gefahr für die öffentliche Sicherheit und Ordnung darstellenden Kfz auf Kosten des Pflichtigen (vgl. dazu die Vorschriften über die Kosten einer Ersatzvornahme). Die Kostenpflicht des Verantwortlichen kann aber unverhältnismäßig sein, wenn die durch das Abstellen des Fahrzeugs verursachte Störung

schriften absieht und der Behörde ein Ermessen einräumt. Freilich verstößt diese Vorgehensweise gegen den Wortlaut der einschlägigen Untersagungs- oder Widerrufsvorschrift. *Verfassungsrechtlich* bestehen dennoch keine Bedenken, da hier zugunsten einer mit einem Ermessen verbundenen Zumutbarkeitsprüfung der Untersagungs- oder Widerrufsentscheidung vom Wortlaut der einschlägigen Norm abgewichen wird. Teilt man auch diese Auffassung nicht, so bliebe konsequenterweise nur der Gang zum Bundesverfassungsgericht (entweder über Art. 100 I GG oder über Art. 93 I Nr. 4a GG), damit dieses die Verfassungsmäßigkeit der Untersagungs- oder Widerrufsvorschrift überprüft. Teilte es die verfassungsrechtlichen Bedenken, könnte es dem Gesetzgeber auftragen, eine Formulierung zu finden, die in jedem Fall dem Grundsatz der Verhältnismäßigkeit entspricht. Im Falle des § 15 II GastG könnte der Gesetzgeber dann einen Satz 2 einfügen, der bestimmt, dass die Behörde den Gastwirt zuvor auffordert, den beanstandeten Missbrauch abzustellen.

Für das **Beispiel 3** ergibt sich daher: Der Widerruf der Gaststättenerlaubnis ist unverhältnismäßig, wenn die Behörde zuvor eine „Abmahnung" hätte erlassen können und diese „Abmahnung" zur Zweckerreichung ebenso geeignet gewesen wäre.

Da ein Rechtsverstoß bereits eingetreten ist (G hat bereits Alkohol an Jugendliche ausgeschenkt), wäre ein allgemeiner Hinweis auf die bestehende Rechtslage, für den keine Rechtsgrundlage erforderlich ist, nicht in Betracht gekommen. Vielmehr hätte die Behörde auf die begangenen Rechtsverstöße konkret aufmerksam und – für den Fall der weiteren Zuwiderhandlung – auf die behördliche Pflicht zum Widerruf der Gaststättenerlaubnis hinweisen müssen. Dann aber wäre in der „Abmahnung" ein belastender Verwaltungsakt zu sehen gewesen, der sich auf eine Rechtsgrundlage hätte stützen lassen müssen. In Betracht wäre hier § 15 II GastG gekommen. Voraussetzung wäre nur gewesen, dass diese Vorschrift sozusagen als „Minusmaßnahmen" auch „Abmahnungen" zulässt. Teilt man diese Auffassung, hätte die Behörde vorliegend zunächst eine „Abmahnung" erlassen müssen. Da sie dies nicht getan hat, käme man dann zur Unverhältnismäßigkeit des Widerrufs. Die Klage des G wäre dann erfolgreich.

Sieht man in den Vorschriften über die Untersagung oder den Widerruf eines Gewerbes dagegen keine Rechtsgrundlage für eine „Abmahnung", hätte die Behörde vorliegend eine solche auch nicht erlassen dürfen. Dann wäre aber danach zu fragen gewesen, ob – um dem Grundsatz der Verhältnismäßigkeit Rechnung zu tragen – in die Vorschriften über die Untersagung oder den Widerruf eines Gewerbes im Wege der verfassungskonformen Auslegung ein Ermessen hineininterpretiert werden kann. Bejaht man dies, ist § 15 II GastG verfassungsgemäß. Lehnt man dies unter Hinweis auf den klaren Wortlaut der Vorschrift ab, muss eine Klärung durch das BVerfG herbeigeführt werden. Dies kann dadurch geschehen, dass das Verwaltungsgericht die Vorschrift gem. Art. 100 I GG vorlegt oder G Verfassungsbeschwerde gegen das letztinstanzliche Urteil erhebt.

---

für den Verantwortlichen unvorhersehbar war. Zur Wahrung des Grundsatzes der Verhältnismäßigkeit hält die Rechtsprechung es daher für erforderlich, von der starren Rechtsfolge der Vorschriften über die Kostentragung (vgl. nur § 19 III BremVwVG: „so *setzt* die Behörde fest") abzusehen und der Behörde ein Ermessen einzuräumen.

G. Der öffentlich-rechtliche Vertrag (Verwaltungsvertrag)

924 Zwar ist der Verwaltungsakt nach wie vor ein sehr wichtiges Mittel zur Erledigung von Verwaltungsaufgaben. In einem modernen und komplexen Staatsgebilde sollte das Verwaltungsrecht aber nicht mehr von einem preußischen Obrigkeitsdenken bestimmt werden, wie das unter dem Einfluss von Otto Mayer propagiert wurde, sondern rechtliche Instrumente zur Verfügung gestellt bekommen, die in der Lage sind, Kooperation, Konsens und Akzeptanz zu fördern. Ein solches Instrument stellt neben dem sog. „Public Private Partnership" (nach dem herkömmlichen Sprachgebrauch auch informales Verwaltungshandeln genannt, vgl. dazu ausführlich Rn 913 ff.) insbesondere der Verwaltungsvertrag dar. Denn die Handlungsform des Vertrags ist nicht dem Privatrecht vorbehalten. Auch das öffentliche Recht kennt die Möglichkeit des Vertrags. Für den Bereich des Verwaltungsverfahrensrechts ist diese Handlungsform gem. §§ 9 ff. und 54 ff. VwVfG ausdrücklich zugelassen.[918]

925 Der Abschluss eines Verwaltungsvertrags als ein gegenüber dem Verwaltungsakt flexibleres Instrument bietet sich umso eher an, je komplexer ein Sachverhalt und je vielfältiger und größer die damit verbundenen Unsicherheiten sind.[919] Freilich ist nicht zu übersehen, dass flexible Instrumente mit dem Grundsatz der Gesetzmäßigkeit, der ja bekanntermaßen alle Staatsgewalt bindet, kollidieren können. Es ist daher stets darauf zu achten, dass rechtsstaatliche Grundsätze beachtet werden. Einen Ausgleich zwischen einer flexiblen Handlungsform und der Bindung an Recht und Gesetz zu finden ist Aufgabe der §§ 54 ff. VwVfG.

926 Unter einem **öffentlich-rechtlichen Vertrag** i.S.d. §§ 54 ff. VwVfG versteht man einen verwaltungsrechtlichen Vertrag, durch den ein Rechtsverhältnis auf dem Gebiet des öffentlichen Rechts begründet, geändert oder aufgehoben wird.

927 Der öffentlich-rechtliche Vertrag unterscheidet sich von dem Verwaltungsakt dadurch, dass nicht eine einseitig verbindliche Rechtsfolge begründet wird, sondern sich die Verwaltung mit dem Bürger auf eine Stufe der Gleichordnung stellt. Der öffentlich-rechtliche Vertrag ist also eine flexible Handlungsform der Verwaltung, die es ihr ermöglicht, komplexe Sachverhalte in einem Kooperationsverhältnis mit dem Bürger zu regeln.[920]

928 Die Handlungsform *Verwaltungsvertrag* ist **zulässig**, wenn ihm keine öffentlich-rechtlichen Vorschriften entgegenstehen (§ 54 S. 1 VwVfG). Zum Vertragsformverbot vgl. Rn 955 f.

929

> In der **Fallbearbeitung** können sich v.a. drei Konstellationen stellen:
>
> - In der **ersten Konstellation** ist schlicht nach der Rechtmäßigkeit des öffentlich-rechtlichen Vertrags gefragt. Hier ist eine umfassende Rechtmäßigkeitskontrolle (formell, materiell) durchzuführen. Diese materiell-rechtliche Prüfung ist an keine spezielle Klage- und Verfahrensart gebunden.
>
> - In der **zweiten Konstellation** haben die Parteien einen öffentlich-rechtlichen Vertrag i.S.d. § 54 VwVfG geschlossen, wobei eine Partei nun die andere Partei

---

[918] Auf die ebenfalls öffentlich-rechtliche Verträge darstellenden völkerrechtlichen und verfassungsrechtlichen Verträge, Verwaltungsabkommen und Staatskirchenverträge soll an dieser Stelle nicht weiter eingegangen werden.

[919] Das betrifft in einem nicht unerheblichen Maß die Altlastensanierung nach dem BBodSchG. Denn der Verwaltungsakt als Instrument zur Sanierung von Altlasten war von jeher nur bedingt geeignet. Das liegt in erster Linie an den schwer überschaubaren Sachverhalten, die den Altlastenfällen regelmäßig zugrunde liegen und die zuständige Behörde bei dem Versuch, eine rechtmäßige Sanierungsanordnung zu erlassen, oft vor Probleme stellen (vgl. ausführlich *Frenz/Heßler*, NVwZ 2001, 13 ff.).

[920] Wie hier nun auch *Schlemminger*, NVwZ 2009, 223.

dazu bringen möchte, dem geltend gemachten Leistungsanspruch aus dem Vertrag nachzukommen.[921] In einem solchen Fall ist **nicht** die umfassende formelle und materielle Rechtmäßigkeit des Vertrags zu prüfen, sondern lediglich, ob der Vertrag wirksam zustande gekommen ist und kein Nichtigkeitsgrund greift. Das hat den Hintergrund, dass auch rechtswidrige verwaltungsrechtliche Verträge grundsätzlich wirksam sind (vgl. §§ 57, 58, 59 VwVfG) und dadurch Vertragsansprüche begründen. Auf die (Nur-)Rechtswidrigkeit kommt es also nicht an. Da sich dieses Prüfungsmodell von dem der ersten Konstellation aber nur in einem Punkt (materielle Rechtmäßigkeit) unterscheidet, sollte generell von dem bei Rn 991 dargestellten Prüfungsschema ausgegangen werden. Bei Nichtvorliegen einer erforderlichen Zustimmung (§ 58 VwVfG) kann es wegen der damit verbundenen (schwebenden) Unwirksamkeit erforderlich sein, eine Rechtsverletzung des zustimmungsberechtigten Dritten (inzident) zu prüfen. Prüfungsmaßstab ist dann die Vereinbarkeit des Eingriffs mit höherrangigem Recht, ob also bei dem Vertragsschluss die Gesetzmäßigkeit der Verwaltung und die (Grund-)Rechte des Dritten beachtet wurden. Kommt man zu dem Ergebnis, dass eine Rechtsverletzung nicht vorliegt, sind eine eventuell fehlende schriftliche Zustimmung unbeachtlich und der Vertragsanspruch begründet. Aber auch bei einer festgestellten Rechtsverletzung ist mit einem Hilfsgutachten fortzufahren, da nicht auszuschließen ist, dass der Dritte nachträglich zustimmt. Statthafte Klageart in dieser Konstellation ist regelmäßig die **allgemeine Leistungsklage** auf Vornahme der Leistung aus dem Vertrag. Strittig ist die Rechtswegfrage, wenn es um die Geltendmachung von Ersatzansprüchen bei Leistungsstörungen geht. BVerwG und BGH, die den Vorbehalt des § 40 II VwGO bezüglich öffentlich-rechtlicher Verträge eng auslegen, sind der Auffassung, dass **Schadensersatzansprüche** wegen **Verschuldens bei Vertragsverhandlung** (c.i.c., vgl. nun §§ 311 II, III, 241 II i.V.m. § 280 I BGB) vor den **Zivilgerichten** geltend zu machen sind.[922] Die Gegenauffassung nimmt auch hier den **Verwaltungsrechtsweg** an.[923] Zur prozessualen Prüfung vgl. insgesamt auch *R. Schmidt*, VerwProzR, Rn 790 ff.

■ In der **dritten Konstellation** geht es um die Frage, ob ein Dritter, der nach § 58 VwVfG zustimmungsberechtigt ist, diese Rechtsverletzung geltend machen kann. In diesem Fall ist grds. innerhalb einer **(Dritt-)Feststellungsklage** die Rechtsverletzung des Betroffenen zu prüfen (vgl. aber auch den Abschlussfall bei Rn 992). Ist eine (Dritt-)Feststellungsklage einschlägig, ist der Vertrag auf seine formelle und materielle Vereinbarkeit mit denjenigen Rechten zu prüfen, die dem klagenden Dritten zur Seite stehen. Greift der Vertrag in die Rechte des Dritten ein, ist die Feststellungsklage begründet. Zur prozessualen Prüfung vgl. *R. Schmidt*, VerwProzR, Rn 365 ff. und 462 ff.

I. Vorliegen eines verwaltungsrechtlichen Vertrags

Ein öffentlich-rechtlicher Vertrag in der Form des verwaltungsrechtlichen Vertrags bestimmt sich nach den §§ 54 ff. VwVfG. Er kommt zustande, wenn **zwei übereinstimmende, mit Bezug aufeinander abgegebene Willenserklärungen** vorliegen (§ 62 S. 2 VwVfG i.V.m. §§ 145 ff. BGB).

930

> **Beispiel:** Die Baubehörde bespricht mit dem Bauherrn B durch informales Verwaltungshandeln die nähere Ausgestaltung eines Baudispensvertrags. Tags darauf schickt der Behördenleiter einen Kurier zu B, durch den er dem B einen vorgefertigten, aber

---

[921] Vgl. dazu OVG Lüneburg NordÖR 2002, 307.
[922] BVerwG NJW 2002, 2894; BGH NJW 1986, 1109: Zivilrechtsweg deswegen, weil Grundlage für den c.i.c.-Anspruch nicht der öffentlich-rechtliche Vertrag, sondern ein gesetzliches Schuldverhältnis sei.
[923] OVG Koblenz NJW 2002, 3724; OVG Weimar NJW 2002, 386; *Dötsch*, NWVBl 2002, 140, 142; *Kopp/Schenke*, VwGO, § 42 Rn 72; *Maurer*, AllgVerwR, § 14 Rn 57.

noch nicht unterzeichneten Vertragstext vorlegt. B unterzeichnet den Vertragstext und gibt dem Kurier diesen wieder mit. In der Behörde unterzeichnet nun auch der Behördenleiter und legt das Schriftstück, ohne dem B ein Duplikat zuzusenden, zu den Akten. Fünf Jahre später klagt die Behörde die Leistung (hier: den Geldbetrag) ein (allgemeine Leistungsklage). Liegt ein wirksam zustande gekommener Vertrag vor, aus dem die Behörde ihren Anspruch herleiten kann? Zur Lösung dieser Frage sind die zivilrechtlichen Grundsätze über das Zustandekommen von Verträgen heranzuziehen (§ 62 S. 2 VwVfG i.V.m. §§ 145 ff. BGB). Die Zusendung des Vertragsformulars kann in Ermangelung der Unterschrift noch nicht als Vertragsofferte gesehen werden. Vielmehr liegt eine *invitatio ad offerendum* vor. Ein Angebot liegt aber seitens des B vor, indem er das Schriftstück unterzeichnete und es dem Kurier mitgab. Dieses Angebot hat die Behörde durch die Unterschrift des Behördenleiters auch angenommen. Die Annahmeerklärung ist dem B aber nicht rechtzeitig zugegangen, da dieser nach einem Zeitraum von fünf Jahren wohl nicht mehr mit der Annahme rechnen durfte (vgl. § 147 II BGB). Demnach ist kein wirksamer Vertrag zustande gekommen. Es besteht kein Leistungsanspruch seitens der Behörde.

931 Die pauschale Verweisung des § 62 S. 2 VwVfG auf die Vorschriften des BGB hat zur Folge, dass auch das AGB-Recht nach §§ 305 ff. BGB und die Verbraucherschutzvorschriften nach §§ 312 ff. BGB auf einen Verwaltungsvertrag Anwendung finden. So sind bspw. Verwaltungsverträge, denen **Allgemeine Geschäftsbedingungen** zugrunde liegen (etwa standardisierte Stellplatzablöseverträge), der **Klauselkontrolle** zugänglich. Dagegen dürften die Verbraucherschutzvorschriften der §§ 312 ff. BGB für öffentlich-rechtliche Verträge kaum eine Rolle spielen.[924]

932 Durch die zwei übereinstimmenden, mit Bezug aufeinander abgegebenen Willenserklärungen unterscheidet sich der verwaltungsrechtliche Vertrag einerseits von einem *zustimmungsbedürftigen Verwaltungsakt bzw. von einem Verwaltungsakt mit Nebenbestimmungen*, die trotz der notwendigen Zustimmung bzw. des Zusatzes eine einseitige Regelung darstellen, andererseits aber auch von der Zusicherung (§ 38 VwVfG). Dort handelt es sich um eine einseitige Verpflichtung der Behörde, einen bestimmten Verwaltungsakt zu erlassen.

1. Arten des verwaltungsrechtlichen Vertrags

933 § 54 S. 1 VwVfG bezieht sich auf alle verwaltungsrechtlichen Verträge, wegen der Regelung des § 54 S. 2 VwVfG also sowohl auf **subordinationsrechtliche Verträge** als auch auf **koordinationsrechtliche Verträge**. Letztere sind Verträge, die zwischen rechtlich selbstständigen, auf dem Boden der Gleichordnung stehenden Verwaltungsträgern geschlossen werden können (Beispiel: Zwei Gemeinden einigen sich über die Bebauungsplanung an der Gemarkungsgrenze), während § 54 S. 2 VwVfG Verträge beschreibt, die zwischen einer Behörde und einer ihr gegenüber im Unterordnungsverhältnis stehenden natürlichen Person oder juristischen Person des öffentlichen Rechts oder des Privatrechts anstelle des Erlasses eines Verwaltungsakts geschlossen werden können (sog. **subordinationsrechtliche Verträge**).

> **Hinweis für die Fallbearbeitung:** Die Unterscheidung zwischen koordinationsrechtlichen und subordinationsrechtlichen Verträgen ist deshalb von Bedeutung, weil § 59 II VwVfG einen Katalog ausschließlich für die Nichtigkeit eines subordinationsrechtlichen Vertrags enthält, während § 59 I VwVfG beide Vertragsarten umfasst. Darüber hinaus beziehen sich die §§ 55, 56 VwVfG ausschließlich auf die Rechtmäßigkeit zweier Unterarten des subordinationsrechtlichen Vertrags, den Ver-

---

[924] Vgl. *Geis*, NVwZ 2002, 385, 386; *Grziwotz*, NVwZ 2002, 391, 392 f.

> gleichsvertrag und den Austauschvertrag. Was unter diesen Vertragsarten zu verstehen ist, kann dem Wortlaut der §§ 55, 56 VwVfG entnommen werden.[925]

Zu beachten ist, dass diese beiden Vertragsarten nicht in einem Ausschließlichkeitsverhältnis zueinander stehen. So kann ein subordinationsrechtlicher Vertrag sowohl ein Vergleichs- als auch ein Austauschvertrag sein. Ferner ist zwischen Verpflichtungs- und Verfügungsverträgen zu unterscheiden. Hierzu gelten die Grundsätze des Zivilrechts entsprechend. **934**

2. Abgrenzung von verwaltungsrechtlichen und privatrechtlichen Verträgen

Wie bei *R. Schmidt*, VerwProzR, Rn 25 ff. erläutert, ist in einer prozessual aufgebauten Prüfungsarbeit für die Bestimmung des Verwaltungsrechtswegs darzulegen, dass der Hoheitsträger einen verwaltungsrechtlichen und nicht einen privatrechtlichen Vertrag geschlossen hat. Maßgeblich sind grundsätzlich die objektive Bestimmung, der Inhalt und vor allem der Gegenstand des Vertrags, d.h. die im Vertrag geregelten Rechte und Pflichten (sog. **Gegenstandstheorie**). Prägt das öffentliche Recht den Vertragsgegenstand, handelt es sich um einen verwaltungsrechtlichen, anderenfalls um einen privatrechtlichen Vertrag.[926] **Die Vorstellungen der Parteien sind grds. unerheblich.**[927] **935**

> **Beispiel**[928]: Die A-GmbH möchte im Zentrum der Stadt B ein Geschäftsgebäude errichten und beantragt bei der Baubehörde eine entsprechende Baugenehmigung. Da sie aber nicht in der Lage ist, die in der Landesbauordnung und im Bebauungsplan festgeschriebene erforderliche Zahl von Einstellplätzen für Kfz zu errichten, beantragt sie bei der Baubehörde ferner die Erteilung einer Ausnahmebewilligung (sog. Dispens, vgl. dazu *R. Schmidt*, BauR, Rn 134, 168 und 342). B ist bereit, den Dispens zu erteilen, wenn A sich finanziell an dem Bau eines ganz in der Nähe geplanten Parkhauses beteiligt. Diesbezüglich schließen A und B einen Vertrag, durch den A verpflichtet wird, sich finanziell an dem Bau des Parkhauses zu beteiligen, und B, den gewünschten Dispens zu erteilen. Es handelt sich um einen sog. **Baudispensvertrag**. Dieser Vertrag ist öffentlich-rechtlicher Natur, da er das öffentliche Baurecht betrifft. Es liegt ein verwaltungsrechtlicher Vertrag vor.

Die Gegenstandstheorie versagt allerdings dann, wenn der Behörde eine Wahlfreiheit bezüglich der Rechtsnatur ihres Handelns eingeräumt ist, insbesondere im Subventionswesen und bei den Anstaltsbenutzungsverhältnissen. Hier kann **ausnahmsweise der Wille der Vertragsparteien** maßgebend sein.[929] **936**

Die Abgrenzung zwischen verwaltungsrechtlichem und privatrechtlichem Vertrag gestaltet sich allerdings schwierig, wenn der Vertrag sowohl öffentlich-rechtliche als auch privatrechtliche Elemente aufweist (**Mischverträge**). Die frühere Rechtsprechung des BGH hat auf den Schwerpunkt des Vertrags abgestellt: Lag der Schwerpunkt auf dem öffentlich-rechtlichen Gebiet, war der gesamte Vertrag öffentlich-rechtlich. Ließ sich ein Schwerpunkt nicht ermitteln, fand eine Spaltung des Vertrags in einen öffentlich-rechtlichen und in einen privatrechtlichen Teil statt, wobei jeder **937**

---

[925] Bei dem Vergleichsvertrag ist insbesondere zu beachten, dass sich die Ungewissheit und das Nachgeben auf denselben Punkt beziehen müssen (BVerwGE 49, 359, 364 f.).
[926] Vgl. BVerwGE 94, 202, 204; BVerwG DVBl 2002, 843; BGH NJW 2012, 3654; NVwZ 2004, 253, 254; BGHZ 97, 312, 313 f.; 119, 93, 96 f.; OLG Naumburg NVwZ 2001, 354; OLG Rostock NVwZ 2000, 234; *Kahl/Röder*, JuS 2001, 24, 25; *Gurlit*, Jura 2001, 659, 661. Dem sich anschließend *Voßkuhle/Kaiser*, JuS 2013, 667, 688.
[927] Anders *Renck*, JuS 2000, 1001, 1002, der bei der Charakterisierung des Vertrags auf den Willen der Behörde abstellt und damit die sog. Willenstheorie vertritt.
[928] Vgl. *Maurer*, AllgVerwR, § 14 Rn 11.
[929] Vgl. *Kopp/Ramsauer*, VwVfG, § 54 Rn 27; *Höfling/Krings*, JuS 2000, 625, 626.

Teil vor dem dafür zuständigen Gericht verhandelt wurde (Rechtswegspaltung). Diese Rechtsprechung stieß auf Kritik[930] und ist jetzt durch § 17a II S. 1 GVG überholt. Danach werden auch die zivilrechtlichen Anspruchsgrundlagen vor dem Verwaltungsgericht mitverhandelt und umgekehrt.[931]

938   **Beispiele für verwaltungsrechtliche Verträge**[932]**:**

(1) Besteht ein Vertrag zwischen der Behörde und einem Sanierungspflichtigen nach dem Bundes-Bodenschutzgesetz (BBodSchG) über die Bodensanierungsverpflichtung des Verantwortlichen, besteht ein **Sanierungsvertrag**. In diesem Vertrag können insbesondere Vereinbarungen über die Pflicht und den Umfang von Gefährdungsabschätzungen und Sanierungsuntersuchungen getroffen werden (vgl. § 13 IV BBodSchG).

(2) Besteht ein Vertrag zwischen einer Gemeinde, die eine Wohnsiedlung errichten möchte, und einem privaten Bauträger, der die Kosten der Erschließung (Bau von Strom-, Gas- und Wasserleitungen, Zufahrtsstraßen, Kanalisationsanlage usw.) übernimmt, liegt ein **Erschließungsvertrag** vor (vgl. § 124 I BauGB).

(3) Besteht ein Vertrag zwischen einer Gemeinde, die eine Wohnsiedlung errichten möchte, und einem privaten Bauträger, der die Folgekosten der Erschließung (etwa erhöhter Bedarf an Schulen, Kindergärten, Sportplätzen, Krankenhausbetten usw.) übernimmt, liegt ein **Folgekostenvertrag** vor (vgl. § 11 I S. 2 Nr. 3 BauGB).

(4) Bei einem Vertrag, durch den sich der Bauherr gegen Befreiung von der öffentlich-rechtlichen (d.h. bauordnungsrechtlichen) Pflicht, Stellplätze oder Garagen zu schaffen, zur Zahlung eines Ablösungsbetrages verpflichtet, den die Behörde zur Herstellung öffentlichen Parkraums zu verwenden hat[933], handelt es sich um einen **Ablösungsvertrag**.

(5) Auch ein Vertrag, in dem sich die Bauordnungsbehörde gegenüber dem Bauherrn verpflichtet, von einer Baubeseitigungsverfügung abzusehen, wenn dieser an dem illegal errichteten Gebäude bestimmte Rückbaumaßnahmen vornimmt und das Gebäude lediglich als Wochenendhaus nutzt, ist ein verwaltungsrechtlicher Vertrag.[934] Vgl. näher Rn 992.

(6) Bei einem Vertrag, der im Rahmen eines Enteignungsverfahrens geschlossen wird, um die förmliche Enteignung abzuwenden, handelt es sich um einen **Enteignungsabwendungsvertrag** (vgl. § 110 II S. 1 BauGB und sogleich).

(7) Eine Vereinbarung zwischen einem öffentlich-rechtlichen Sozialhilfeträger und einem Träger der freien Wohlfahrtspflege betreffend die Übernahme von Pflegekosten nach § 75 III SGB XII ist eine **Pflegesatzvereinbarung**.

(8) Ein Vertrag zwischen dem Dienstherrn und einem Beamten über die Rückzahlung von Ausbildungskosten bei vorzeitigem Ausscheiden aus dem Dienst ist ein **Ausbildungsrückzahlungsvertrag**.

(9) Ein Vertrag, in dem sich der Hoheitsträger zur Übernahme von Ausbildungskosten verpflichtet, während der Begünstigte verspricht, nach erfolgter Ausbildung über

---

[930] Sie sei unpraktikabel und das Schwerpunktkriterium sei zu unbestimmt. Darüber hinaus dürfe kein Entzug der strengen öffentlichen Bindungen (Grundrechte, Gesetzmäßigkeit) durch Abschluss eines Mischvertrags stattfinden. Daher müsse ein Mischvertrag insgesamt als öffentlich-rechtlich bewertet werden.

[931] Vgl. dazu OVG Lüneburg NordÖR 2002, 307; *Kahl/Röder*, JuS 2001, 24, 25; *Renck*, JuS 2000, 1001, 1002; BVerwGE 92, 56, 58 f.; VGH München NVwZ 1999, 1008, 1010, 1013.

[932] Vgl. *Grziwotz*, NVwZ 2002, 391 ff.; *Frenz/Heßler*, NVwZ 2001, 13 ff.; *Stern/Blanke*, VerwProzR in der Klausur, Rn 93; *Bull/Mehde*, AllgVerwR, Rn 672; *Maurer*, AllgVerwR, § 14 Rn 4, 11 und 12; *Kopp/Ramsauer*, VwVfG, § 54 Rn 36; *Kopp/Schenke*, VwGO, § 40 Rn 23.

[933] Der Ausgleichsbetrag ist nicht etwa eine unzulässige Sonderabgabe; auch im Übrigen ist er verfassungsgemäß (BVerwG NVwZ 2005, 215 f.).

[934] Vgl. dazu VGH München NVwZ-RR 2005, 56.

einen bestimmten Zeitraum bei dem betreffenden Hoheitsträger tätig zu sein, ist ein **Ausbildungsförderungsvertrag**.

(10) Ein Vertrag, in dem sich ein Hoheitsträger verpflichtet, dem Vertragspartner eine Beihilfe zu gewähren, ist ein **Subventionsvertrag**.

(11) Bei einem Vertrag zur Sicherung und Durchführung von Maßnahmen zum Ausgleich von Eingriffen in Natur und Landschaft (vgl. § 3 II BNatSchG) handelt es sich um einen **Landschafts- und Naturschutzvertrag**.[935]

3. Abgrenzung von verwaltungsrechtlichem Vertrag und Verwaltungsakt

Mitunter kann die Abgrenzung eines verwaltungsrechtlichen Vertrags insbesondere zu einem mitwirkungsbedürftigen oder zu einem mit Zusätzen versehenen Verwaltungsakt schwierig werden. Bei Zweifeln über das Vorliegen des einen oder des anderen ist entscheidend, was die Beteiligten intendiert haben. **939**

> **Beispiel:** Die Erlaubnis zum Betrieb einer Gaststätte ist zu erteilen, wenn keine in § 4 GastG genannten Gründe vorliegen (sog. präventives Verbot mit Erlaubnisvorbehalt). Darüber hinaus kann die Behörde gem. § 5 GastG, § 36 II Nr. 4 VwVfG u.a. aus Gründen der Gefahrenabwehr bestimmte Auflagen erteilen (so z.B. das Versehen mit Lärmschutzeinrichtungen). Derartige Auflagen stellen Nebenbestimmungen zur Erteilung der Gaststättenerlaubnis (= Verwaltungsakt) gem. § 36 VwVfG dar. Die Behörde kann aber auch, statt einen Verwaltungsakt mit Nebenbestimmungen zu erlassen, einen Vertrag mit dem Gastwirt abschließen, durch den sich dieser verpflichtet, als Gegenleistung zu der Gaststättenerlaubnis den Inhalt der Auflage zu beachten bzw. auszuführen.

Ein (mitwirkungsbedürftiger) Verwaltungsakt liegt vor, wenn die Behörde nach ihrem Willen (Auslegung) eine einseitig verbindliche Rechtsfolge treffen wollte, auch wenn der Bürger konstitutiv mitwirken muss. **940**

> **Beispiele:** Beamtenernennung gem. §§ 10 ff. BBG, 8 ff. BeamtStG, Immatrikulation, Gaststättenerlaubnis (§§ 2 ff. GastG). Die Zustimmung ist deshalb von Bedeutung, da mit diesen begünstigenden Verwaltungsakten belastende Nebenbestimmungen verbunden sein können.

Dagegen kann ein öffentlich-rechtlicher Vertrag angenommen werden, wenn der Bürger *mitentscheidend* in den Regelungsvorgang einbezogen wird. Da allerdings auch bei hoch komplexen Verwaltungsverfahren, die auf den Erlass eines Verwaltungsakts gerichtet sind, regelmäßig der Antragsteller im Rahmen von Kompromissen und Ausgleichslösungen in den Entscheidungsprozess eingebunden wird („kooperatives und informales Verwaltungshandeln"), ist der Grad der Einbindung letztlich nicht entscheidend. Vielmehr müssen begleitende Indizien herangezogen werden. Wäre das zu untersuchende Handeln sowohl als verwaltungsrechtlicher Vertrag als auch in der Form eines Verwaltungsakts denkbar, ist jedoch nur eine Handlungsform rechtlich zulässig, spricht eine Vermutung dafür, dass die Beteiligten sich der zulässigen Handlungsform bedienen wollten. Des Weiteren dient die *Bezeichnung* des Handelns als Indiz. Sind beispielsweise die Bezeichnung „Verfügung" oder „Bescheid" oder gar eine Rechtsbehelfsbelehrung abgedruckt, deutet dies sehr stark auf einen Verwaltungsakt hin. Dagegen spricht die Bezeichnung „Vereinbarung" für einen Vertrag. Wichtigstes Indiz für einen Vertrag ist das Vorliegen eines beiderseitig unterschriebenen Schriftstücks. **941**

---

[935] Vgl. dazu BVerwG NVwZ-RR 1999, 426; *Gaentzsch*, NVwZ 2000, 993, 997.

4. Verwaltungsrechtlicher Vertrag zwischen Privaten bzw. privatrechtlicher Vertrag zwischen Verwaltungsträgern

942 Fraglich ist, ob verwaltungsrechtliche Verträge auch dann zwischen Privatrechtssubjekten geschlossen werden können, wenn diese nicht Beliehene sind. Nach h.M. ist dies möglich. Allerdings fallen solche Verträge nicht unter die Verwaltungsverfahrensgesetze, da diese lediglich für die *öffentlich-rechtliche Verwaltungstätigkeit der Behörden* gelten (vgl. § 1 I VwVfG). Ob § 57 VwVfG (Schriftformerfordernis) analog erforderlich ist, hat das BVerwG bisher offengelassen.[936]

> **Beispiel für einen verwaltungsrechtlichen Vertrag zwischen Privaten:** Das in der Nähe des Airbus-Werkes in Finkenwerder gelegene Wiesen- und Waldgrundstück („Mühlenberger Loch") des A soll zugunsten der Erweiterung des Airbus-Werkes enteignet werden (vgl. § 28 I LuftVG). Die Voraussetzungen für eine förmliche Enteignung (§§ 85 ff. BauGB) liegen vor, da auch zugunsten eines Privaten enteignet werden kann, wenn dies übergeordnete öffentliche Interessen (hier: Technologiestandort Deutschland; Schaffung vieler neuer Arbeitsplätze) erfordern.[937] Anstelle eines förmlichen Enteignungsverfahrens sieht § 110 BauGB auch die Möglichkeit der Einigung zwischen dem zu enteignenden privaten Grundstücksalteigentümer und der begünstigten Privatperson vor. Schließen die Beteiligten einen entsprechenden Vertrag, handelt es sich um einen Enteignungsabwendungsvertrag.

Möglich ist es auch, dass zwei Verwaltungsträger einen privatrechtlichen Vertrag schließen, etwa einen Grundstückskaufvertrag. Bei Streitigkeiten aus einem solchen Vertrag sind folgerichtig die ordentlichen Gerichte (§ 13 GVG) zuständig.[938]

5. Verwaltungsvertrag und Grundsatz der Gesetzmäßigkeit

943 Das Problematische an einem verwaltungsrechtlichen Vertrag ist neben dem Vertragsformverbot vor allem die Vereinbarkeit mit dem verfassungsrechtlich garantierten Grundsatz der Gesetzmäßigkeit (Art. 20 III GG). Dieser Grundsatz besteht aus dem Vorrang und dem Vorbehalt des Gesetzes: Während das Prinzip vom „Vorrang des Gesetzes" ausnahmslos, d.h. für jegliche Verwaltungstätigkeit, gilt und - negativ wirkend - jeden Verstoß gegen bestehende Gesetze verbietet, besagt der aus den Grundrechten, dem Rechtsstaatsprinzip und dem Demokratieprinzip abgeleitete - positiv wirkende - Vorbehalt des Gesetzes, dass den Bürger belastende Verwaltungsmaßnahmen nur auf einer gesetzlichen Grundlage ergehen dürfen. Unter Berücksichtigung dieser verfassungsrechtlichen Vorgaben versteht sich die bestehende Verrechtlichung bei der Auslegung von unbestimmten Rechtsbegriffen und der Handhabung des Verwaltungsermessens. Das rechtliche Netz der Verwaltung ist also eng geknüpft. Daher wird deutlich, dass die Verwaltung sich nicht durch eine flexiblere Rechtsformenwahl, etwa durch einen verwaltungsrechtlichen Vertrag, der engen Gesetzesbindung entledigen darf. Auf der anderen Seite muss der Verwaltung aber durch die Wahl des Verwaltungsvertrags eine flexiblere Handlungsform eingeräumt werden, denn anderenfalls würde die gesetzlich eingeräumte grundsätzliche Möglichkeit des Verwaltungsvertrags keinen Sinn machen. Es geht also zum einen um die Frage, ob die Verwaltung durch die Handlungsform Verwaltungsvertrag Regelungen treffen darf, die beispielsweise durch Verwaltungsakt nicht getroffen werden dürften, und zum anderen um die Frage, ob und wieweit rechtswidrige Verträge Verpflichtungen begründen können oder ob sie generell nichtig sind. Diese Fragen sollen Gegenstand der folgenden Untersuchung sein.

---

[936] BVerwG DVBl 1992, 1295.
[937] Vgl. dazu (allerdings unter dem Aspekt des Naturschutzes) OVG Hamburg 20.2.2001 – 2 Bs 17/01. Vgl. auch OVG Hamburg NVwZ 2005, 105, 107.
[938] Vgl. BGH NJW 2012, 3654.

II. Rechtliche Voraussetzungen des verwaltungsrechtlichen Vertrags

1. Formelle Rechtmäßigkeit

a. Zuständigkeit der vertragschließenden Behörde

Die **Zuständigkeit** der vertragschließenden Behörde bestimmt sich nach den allgemeinen Grundsätzen. Ist einer der Vertragspartner eine Körperschaft des öffentlichen Rechts (oder auch der andere eine Handelsgesellschaft oder eine juristische Person des Privatrechts), muss in der Fallbearbeitung kurz auf die Vertretungsmacht eingegangen werden (vgl. *R. Schmidt*, VerwProzR, Rn 310 ff.). Allerdings stellen Mängel in der Vertretungsmacht des jeweiligen Unterzeichners grundsätzlich *keine* Formfehler (i.S.d. § 57 VwVfG) dar, die die Nichtigkeit des Vertrags zur Folge haben.[939]

944

b. Einhaltung von Verfahrensvorschriften, insbesondere des § 58 VwVfG

Gemäß § 58 I VwVfG ist ein öffentlich-rechtlicher Vertrag, der in die Rechte eines Dritten eingreift, **nur dann wirksam**, wenn der Dritte **zustimmt**.[940] Rechte Dritter i.S.d. § 58 I VwVfG können sich aus einfachgesetzlichen Vorschriften (bspw. aus dem Baurecht in Bezug auf den Nachbarn) oder aus Grundrechten ergeben. Rechte von mitwirkungsberechtigten Behörden i.S.d. § 58 II VwVfG sind den einfachgesetzlichen sowie den staatsorganisationsrechtlichen Bestimmungen zu entnehmen.

945

Ein Eingriff in Rechte Dritter liegt jedenfalls immer dann vor, wenn es sich um einen sog. **Verfügungsvertrag** handelt, der unmittelbar selbst eine drittbelastende Regelung enthält.

> **Beispiel:** Die Baubehörde und der Bauherr schließen einen verwaltungsrechtlichen Vertrag, in dem ein Dispens (= eine Befreiung) von nachbarschützenden Vorschriften nach § 31 II BauGB[941] erteilt wird.

> In diesem Fall werden unmittelbar durch den Vertrag Rechte der Nachbarn beeinträchtigt. Der Vertrag wird gem. § 58 I VwVfG daher erst dann wirksam, wenn die betroffenen Nachbarn schriftlich zustimmen. Bis dahin ist der Vertrag schwebend unwirksam.

Schwierig zu beantworten ist die Frage, ob das Zustimmungserfordernis auch für **Verpflichtungsverträge** gilt. Kennzeichen eines Verpflichtungsvertrags ist, dass er – im Gegensatz zum Verfügungsvertrag – nicht unmittelbar Rechte und Pflichten gestaltet, sondern lediglich das Kausalgeschäft (= den Rechtsgrund) für einen späteren rechtsgestaltenden Akt darstellt.

946

> **Beispiel:** Die Baubehörde und der Bauherr schließen einen verwaltungsrechtlichen Vertrag, in dem sich die Behörde verpflichtet, gegenüber dem Bauherrn eine in die Rechte des Nachbarn N eingreifende Baugenehmigung zu erlassen.

> In diesem Fall werden *nicht* unmittelbar durch den Vertrag Rechte des N beeinträchtigt. Eine unmittelbare Rechtsbeeinträchtigung findet erst dann statt, wenn die Behörde die Baugenehmigung (= Verwaltungsakt) erlässt. Der Vertrag ist also nur dann schwebend unwirksam, wenn man bereits die vertragliche Verpflichtung als Rechtseingriff i.S.d. § 58 I VwVfG ansieht.

---

[939] *Kopp/Ramsauer*, VwVfG, § 57 Rn 12.

[940] Dieser Regelung kommt insofern nur ein deklaratorischer Charakter zu, da Verträge, die – jedenfalls unmittelbar – einen Dritten belasten, ohne dessen Zustimmung ohnehin grds. nicht wirksam sein können.

[941] Vgl. dazu ausführlich *R. Schmidt*, BauR, Rn 169 ff.

Teilweise wird darauf abgestellt, dass in einem bloßen Verpflichtungsvertrag kein Eingriff liege, gegen den sich der Dritte später nicht mehr wehren könne. Insbesondere stehe ihm die Anfechtungsklage gegen einen belastenden Verwaltungsakt zur Verfügung. Daher würden durch einen Verpflichtungsvertrag allenfalls mittelbar Rechte Dritter beeinträchtigt. Außerdem lasse bereits der Wortlaut des § 58 II VwVfG, wo von „anstatt eines Verwaltungsakts" die Rede ist, vermuten, dass die Vorschrift (wie auch die des § 58 I VwVfG) nur auf Verfügungsverträge anwendbar sei, da durch einen Verwaltungsakt „verfügt" werde.[942]

Dennoch wendet die h.M.[943] § 58 I VwVfG - zumindest analog - auch auf Verpflichtungsverträge an, da nicht erst die Erfüllungshandlung einen Eingriff bewirke, sondern schon die Verpflichtung zu einer solchen. § 58 Abs. I VwVfG sei Ausdruck des Verbots eines Vertrags zulasten Dritter. Zudem diene § 58 I VwVfG dem Schutz der Verwaltung vor Verpflichtungen, die sie später wegen der drittbelastenden Wirkung nicht erfüllen könne.

Eine dritte Ansicht[944] differenziert: Die Ausweitung der Regelung auch auf Verpflichtungsverträge sei dann – aber auch nur dann – zu bejahen, wenn die Verwaltung aufgrund des Verpflichtungsvertrags in die Rechte Dritter eingreifen müsse oder wenn die Erfüllung des Verpflichtungsvertrags durch die Verwaltung zu Eingriffen in die Rechte Dritter führe, die dieser nicht mehr abwehren könne. Dem ist angesichts des Normzwecks, der sich auf den Schutz der gesetzlichen Kompetenzordnung richtet, zuzustimmen. Außerdem bedürften sonst alle Verpflichtungsverträge, die den Erlass eines begünstigenden Verwaltungsakts mit belastender Drittwirkung zum Inhalt haben, stets der Zustimmung des belasteten Dritten bereits bei Vertragsschluss. Das würde zu einem unpraktikablen Ergebnis führen. In der Regel führen die beiden zuletzt genannten Auffassungen aber zu demselben Ergebnis.

> **Beispiel:** Hat die im vorherigen Beispiel genannte Bauordnungsbehörde mit dem Bauherrn den Vertrag ohne Zustimmung des N geschlossen, ist der Vertrag nach der zuerst genannten Auffassung voll wirksam, da N die Belastung durch Anfechtung der Baugenehmigung beseitigen kann. Der h.M. zufolge ist der Vertrag indes schwebend unwirksam; der Vertrag entfaltet demnach bis zur schriftlichen Zustimmung keine Rechtswirkungen. Auch nach der dritten Ansicht ist der Vertrag (schwebend) unwirksam, weil die Bauordnungsbehörde, wenn sie der Verpflichtung aus dem Vertrag nachkommen will, in nachbarschützende Rechte des N eingreifen muss.

947 Die Einhaltung der Voraussetzungen des § 58 VwVfG ist also nicht nur eine Rechtmäßigkeits-, sondern bereits eine **Wirksamkeitsvoraussetzung**. Unwirksamkeit bedeutet, dass die Vertragsparteien nicht an die vertraglichen Vereinbarungen gebunden sind. Der unwirksame Vertrag kommt somit einer **Nichtigkeit** gleich.

c. Einhaltung von Formvorschriften, insbesondere Schriftform (§ 57 VwVfG)

948 Weitere **Wirksamkeitsvoraussetzung** ist die Einhaltung der richtigen **Form**. Dies ist grundsätzlich die **Schriftform**, § 57 VwVfG. Wurde der Vertrag nicht schriftlich (und auch nicht in elektronischer Form, dazu sogleich bei Rn 950) geschlossen, ist er **nichtig**. Diese Rechtsfolge ergibt sich aus § 59 I VwVfG i.V.m. § 62 S. 2 VwVfG i.V.m.

---

[942] So *Ule/Laubinger*, Verwaltungsverfahrensrecht, § 69 Rn 19; dem sich anschließend *Hellriegel*, DVBl 2007, 1211 ff.
[943] Vgl. nur BVerwG NJW 1988, 662, 663; OVG Münster NVwZ 1988, 370, 371; *Kopp/Ramsauer*, VwVfG, § 58 Rn 7; *Gurlit*, Jura 2001, 731 f.
[944] *Maurer*, AllgVerwR, § 14 Rn 30.

§§ 125 ff. BGB.[945] Eine noch strengere Form kann sich aus einer anderen Rechtsvorschrift ergeben, so z.B. für Grundstücksübertragungen. In diesem Fall gilt § 57 Hs. 2 i.V.m. § 62 S. 2 VwVfG i.V.m. §§ 311b, 873 BGB.

Nach wie vor nicht abschließend geklärt ist die Frage, ob über § 62 S. 2 VwVfG für das Schriftformerfordernis § 126 II BGB (wonach die Unterschriften auf **derselben Urkunde** geleistet werden müssen, sog. Grundsatz der **Urkundeneinheit**) gilt oder ob es ausreicht, dass einander entsprechende schriftlich fixierte Willenserklärungen (Angebot und Annahme) einen formgültigen Vertrag zustande bringen können.[946] Insbesondere das BVerwG hat diese Frage bisher offengelassen.[947] Das OVG Lüneburg verlangt die Urkundeneinheit: Gehe man von dem Wortlaut der betreffenden Vorschriften (§ 59 I VwVfG i.V.m. § 62 S. 2 VwVfG i.V.m. § 126 BGB) aus, sei die Rechtslage eindeutig. Denn gem. § 126 II S. 1 BGB müsse bei einem Vertrag die Unterzeichnung der Parteien auf derselben Urkunde erfolgen. Nur wenn über den Vertrag mehrere gleichlautende Urkunden aufgenommen würden, genüge es, wenn jede Partei die für die andere Partei bestimmte Urkunde unterzeichne, § 126 II S. 2 BGB. Diese Auslegung werde auch von dem Zweck des § 57 VwVfG – Warn- und Beweisfunktion – gestützt. Ein **bloßer Schriftwechsel** zwischen den Beteiligten werde dem **nicht** gerecht; das Erfordernis der Schriftform sei nur dann gewahrt, wenn die Voraussetzungen des § 126 II BGB vorlägen.[948]

949

Eine Klärung der Rechtsfrage könnte das im Wesentlichen am 1.2.2003 in Kraft getretene Dritte Gesetz zur Änderung verwaltungsverfahrensrechtlicher Vorschriften herbeigeführt haben, wonach nunmehr die **elektronische Kommunikation** (insbesondere via **Internet**) zwischen Behörde und Bürger ermöglicht wird (vgl. dazu bereits Rn 479 und 481). Hinsichtlich der elektronischen Form kommt jedenfalls gem. § 62 S. 1 VwVfG die neue Regelung des § 3a VwVfG zur Geltung, sodass insoweit für eine ergänzende Anwendung der BGB-Vorschriften über § 62 S. 2 VwVfG kein Raum mehr bleibt.[949] Damit ist klargestellt, dass jedenfalls bei Verwendung der elektronischen Form **weder Urkundeneinheit** noch der **alternative Austausch gleichlautender Urkunden oder Dokumente** gem. §§ 126, 126a II BGB **erforderlich** sind. Zu diesem Ergebnis kommt man auch für den Fall, dass man hinsichtlich des Schriftformerfordernisses beim öffentlich-rechtlichen Vertrag entgegen der bisherigen Rspr. des OVG Lüneburg keine Urkundeneinheit verlangt.[950]

950

In diesem Zusammenhang nicht anwendbar ist die Vorschrift des § 37 VwVfG über die Form des Verwaltungsakts. Damit wird jedoch nicht ausgeschlossen, dass der Fachgesetzgeber für bestimmte öffentlich-rechtliche Verträge zusätzliche Anforderungen an die elektronische Signatur stellt, die der von § 37 III und IV VwVfG entspricht und über die allgemeine Regelung des § 3a VwVfG hinausgeht. So könnte zur langfristigen Sicherung der Beweiskraft z.B. für die elektronische Form bei städtebaulichen Verträgen eine dauerhaft überprüfbare Signatur verlangt werden. Eine entsprechende Bestimmung im Baugesetzbuch würde sich dann als Spezialregelung i.S.v. § 1 I VwVfG darstellen.[951] Zur Anwendung des § 37 II bis IV VwVfG im Bereich der Nichtigkeitsregelung des § 59 II Nr. 1 VwVfG siehe dort.

951

---

[945] Eine Heilungsmöglichkeit, wie sie vereinzelt vertreten wird (so von *Schlemminger*, NVwZ 2009, 223 ff.) ist mit Blick auf den öffentlich-rechtlichen Charakter des Vertrags abzulehnen.
[946] Zum Streitstand vgl. *Neumann*, NVwZ 2000, 1244, 1254.
[947] Vgl. BVerwGE 96, 326, 332 (Urkundeneinheit jedenfalls bei einseitig verpflichtenden Verträgen entbehrlich); ebenso offengelassen von OVG Saarlouis NJW 1993, 1612, 1613 und OVG Frankfurt/O LKV 1996, 377, 378.
[948] OVG Lüneburg NJW 1998, 2921; im Ergebnis ebenso *Kopp/Ramsauer*, VwVfG, § 57 Rn 9.
[949] Wie hier *Roßnagel*, NJW 2003, 469, 474.
[950] *Schmitz/Schlatmann*, NVwZ 2002, 1281, 1289 f.
[951] *Schmitz/Schlatmann*, NVwZ 2002, 1281, 1290.

2. Materielle Rechtmäßigkeit

a. Keine Nichtigkeit des verwaltungsrechtlichen Vertrags

952 Zunächst ist zu prüfen, ob ein Nichtigkeitsgrund vorliegt. Denn wie bereits erwähnt, ist auch der rechtswidrige Verwaltungsvertrag wirksam und nur dann rechtsunwirksam, wenn ein Nichtigkeitsgrund greift (vgl. §§ 57-59 VwVfG). Das folgt aus einem Kompromiss zwischen dem Grundsatz vom Vorrang des Gesetzes und dem Grundsatz des *pacta sunt servanda* (Verträge sind einzuhalten).

> **Hinweis für die Fallbearbeitung:** Nachdem in der Fallbearbeitung das wirksame Zustandekommen des Vertrags und die formelle Rechtmäßigkeit, insbesondere das Schriftform- und das Zustimmungserfordernis (§§ 57 und 58 VwVfG), geprüft wurden, muss nun zunächst untersucht werden, ob nicht ein Nichtigkeitsgrund vorliegt. Denn ist der Vertrag nicht nichtig, ist er rechtswirksam und Grundlage für Vertragsansprüche. Auf eine (allgemeine) Rechtswidrigkeit kommt es dann nicht mehr an. Vgl. dazu näher die folgenden Ausführungen.

953
> Die **Nichtigkeitsprüfung** eines verwaltungsrechtlichen Vertrags verläuft in drei Schritten:
>
> 1. **Vorliegen eines wirksamen Vertragsschlusses**
> 2. **Zulässigkeit der Handlungsform Vertrag (kein Vertragsformverbot)**
> 3. **Zulässigkeit des Vertragsinhaltes (keine sonstige Nichtigkeit)**

aa. Wirksamer Vertragsschluss

954 Ob ein verwaltungsrechtlicher Vertrag wirksam in Bezug auf den Vertragsschluss selbst ist, richtet sich nach den allgemeinen Regeln über das Zustandekommen von Rechtsgeschäften, § 62 S. 2 VwVfG i.V.m. den §§ 145 ff. BGB. Dieser Prüfungspunkt ist allerdings bei entsprechender Prüfung der Schriftform regelmäßig nicht mehr anzusprechen.

bb. Kein Vertragsformverbot

955 Die Handlungsform „verwaltungsrechtlicher Vertrag" kann von der Behörde gewählt werden, soweit Rechtsvorschriften dem nicht entgegenstehen, § 54 S. 1 VwVfG. Das ist etwa der Fall, wenn die Handlungsform „Verwaltungsakt" zwingend vorgeschrieben ist (sog. **Verwaltungsaktvorbehalt**). Da aus § 54 VwVfG der Grundsatz zu entnehmen ist, dass die Behörde generell den Vertrag als Handlungsform wählen kann, folgt daraus zwingend, dass sich eine klare Regelung oder eine eindeutige Gesetzesauslegung finden lassen muss, wenn die Vertragsform verboten sein soll. Dabei wird sich ein ausdrückliches Vertragsformverbot selten finden lassen, insbesondere reicht es nicht aus, dass das Gesetz die Handlungsform „Verwaltungsakt" *ermöglicht* (sog. Verwaltungsaktbefugnis). Eindeutige **Vertragsformverbote** ergeben sich beispielsweise

- aus dem **Abgabenrecht** (wegen Steuergerechtigkeit Pflicht zur Steuerfestsetzung durch Verwaltungsakt, vgl. § 155 I AO).[952] Entsprechendes gilt für die Festsetzung anderer Abgaben wie Gemeindesteuern, Beiträge und Gebühren.
- bei **Prüfungsentscheidungen** (Leistungs-, Eignungs- und ähnlichen Prüfungen). Das Vertragsformverbot ergibt sich aus § 2 III Nr. 2 VwVfG.
- in weiten Teilen des **Baurechts** (zu einer Aufstellung oder einer Änderung eines Bebauungsplans darf die Gemeinde sich nicht durch Vertrag verpflichten, soweit sie

---

[952] Zur neueren Tendenz, das Vertragsformverbot im Abgabenrecht entgegen dem Wortlaut des § 155 I AO einzuschränken, vgl. *Budach/Johlen*, JuS 2002, 371, 373.

dadurch in ihrer Planungshoheit eingeschränkt wird. Die Verfahrensregelungen ergeben sich streng aus den §§ 1 ff., 10 BauGB und sind nicht durch Vertrag disponibel).[953]

- teilweise im **Sozialrecht** (nach § 53 II SGB X darf über Sozialleistungen, auf die ein Anspruch besteht, kein Vertrag geschlossen werden, sofern es sich nicht um Austausch- oder Vergleichsverträge handelt). Im Übrigen enthält das Sozialgesetzbuch für das Sozialleistungsrecht jedoch Regelungen, die mit den §§ 54 ff. VwVfG vollständig übereinstimmen, vgl. §§ 53-61 SGB X (die §§ 54 ff. VwVfG sind dagegen nicht anwendbar, § 2 II Nr. 4 VwVfG).

- ferner bei der **Einbürgerung**. Auch diese hat durch Verwaltungsakt zu erfolgen (vgl. §§ 16, 35 StAG). Auch die **Rückforderung von zu Unrecht geleisteten Subventionen** ist durch Verwaltungsakt festzusetzen (§ 49a I S. 2 VwVfG).

- Dagegen besteht im **Beamtenrecht** zwar kein grundsätzliches Vertragsformverbot, allerdings sind etliche beamtenrechtliche Maßnahmen wie Beamtenernennungen und -entlassungen streng formgebunden. So haben Beamtenernennung und -entlassung durch Verwaltungsakt zu erfolgen (vgl. § 8 II BeamtStG und § 23 BeamtStG). Die Begründung (und Aufhebung) eines Beamtenverhältnisses durch Vertrag ist also ausgeschlossen. Weniger klar ist dagegen die Frage, ob sich die Behörde durch Vertrag verpflichten kann, später eine Beamtenernennung durch Verwaltungsakt vorzunehmen.

Die Besonderheit der vorstehenden Beispiele besteht darin, dass der Verwaltungsakt durch die *vertragliche* Erklärung nicht ersetzt werden darf (es besteht also ein Verbot bezüglich eines **Verfügungsvertrags**). Hiervon ist der Fall zu unterscheiden, dass sich die Behörde *vertraglich* verpflichtet, einen der erwähnten Verwaltungsakte (Beamtenernennung, Einbürgerung etc.) zu erlassen (**Verpflichtungsvertrag**). Inwieweit diese Handlungsform zulässig ist, ist (von § 1 III S. 2 Hs. 2 BauGB) einmal abgesehen) keine Frage der Vertragsform, sondern des Vertragsinhalts (dazu sogleich). 956

Zusammenfassung: Lässt sich ein Verbot nicht zwingend dem gesetzlichen Kontext entnehmen, ist auf den konkreten Inhalt des Vertrags abzustellen. Ein Vertragsformverbot sollte aber nur im Extremfall angenommen werden. Liegt ein Vertragsformverbot vor, ist der geschlossene Vertrag nichtig, sei es über § 134 BGB oder sei es über § 125 BGB analog, vgl. § 59 I VwVfG 957

---

cc. Zulässigkeit des Vertragsinhalts

a.) Nichtigkeit des Vertrags

Auch wenn die Behörde die Handlungsform des verwaltungsrechtlichen Vertrags wählt, ist sie weiterhin als Träger öffentlicher Gewalt an die Beachtung des höherrangigen Rechts gebunden. Der verwaltungsrechtliche Vertrag darf also dem geltenden Recht nicht widersprechen (**Vorrang des Gesetzes**, s.o.). Gegebenenfalls ist zu untersuchen, ob der Vertragsinhalt gegen Regelungen des Besonderen Verwaltungsrechts oder des Verfassungsrechts verstößt. Ist der Behörde bei der Handlungsform ein Ermessen eingeräumt, ist der Vertrag rechtmäßig, wenn sein Abschluss auf pflichtgemäßem Ermessen beruht und nicht gegen den Grundsatz der **Verhältnismäßigkeit** verstößt. Allerdings wäre es mit dem Wesen eines Vertrags unvereinbar, wenn dessen gesamter Inhalt sich aus dem Gesetz ergeben müsste. Daher gilt der **Vorbehalt des Gesetzes nicht**. 958

In diesem Zusammenhang sind insbesondere die §§ 55, 56 VwVfG zu beachten, die als Vergleichs- bzw. als Austauschvertrag jeweils eine Unterart des subordinationsrechtlichen Vertrags darstellen, und deren Voraussetzungen, die dem Wortlaut der

---

[953] Vgl. aber die begrenzten Möglichkeiten im Bereich der §§ 11 und 110 BauGB.

jeweiligen Norm zu entnehmen sind, für die Bejahung der Rechtmäßigkeit vorliegen müssen.

Wichtig ist insbesondere: Soll es sich um einen Vergleichsvertrag handeln, müssen sich die Ungewissheit und das gegenseitige Nachgeben auf dieselben Probleme beziehen.[954] Leistung und Gegenleistung müssen also im Zusammenhang stehen. Fehlt es daran, liegt kein Vergleichsvertrag vor, sondern bei Vorliegen von dessen Voraussetzungen allenfalls ein Austauschvertrag nach § 56 VwVfG.

Eine ggf. festgestellte Rechtswidrigkeit des verwaltungsrechtlichen Vertrags führt noch nicht zu dessen Unwirksamkeit bzw. zur Nichtigkeit. Nichtig ist ein verwaltungsrechtlicher Vertrag nur unter den Voraussetzungen der §§ 57, 58 und 59 VwVfG (zu § 59 VwVfG siehe sogleich), da das VwVfG als Fehlerfolge nur die Wirksamkeit und die Nichtigkeit kennt. **Das bedeutet, dass es verwaltungsrechtliche Verträge geben kann, die zwar rechtswidrig, aber rechtswirksam sind**. Da Leistungsansprüche nur entfallen, wenn der Vertrag nichtig bzw. unwirksam ist, bleiben Leistungsansprüche bei bloßer Rechtswidrigkeit also erhalten.

Dieser Umstand spielt insbesondere dann eine Rolle, wenn ein Vertragspartner die Rückgewähr bereits erbrachter Leistungen verlangt, wenn also ein öffentlich-rechtlicher Erstattungsanspruch geltend gemacht wird. Dieser ist nur dann begründet, wenn der Vertrag nichtig oder unwirksam ist, die Leistung also ohne Rechtsgrund erfolgte. Ist der Vertrag indes (nur) rechtswidrig, bildet er weiterhin den Rechtsgrund für die erbrachte Leistung, sodass eine Rückgewähr nicht in Betracht kommt. Es ist also von entscheidender Bedeutung, ob

- Unwirksamkeit (bspw. fehlende Zustimmung des in seinen Rechten verletzten Dritten oder einer zustimmungsberechtigten Behörde gem. § 58 VwVfG oder nicht erfülltes Schriftformerfordernis gem. § 57 VwVfG),
- Nichtigkeit (nach § 59 VwVfG)
- oder (nur) Rechtswidrigkeit (Verstoß gegen sonstiges formelles und materielles Recht) vorliegt.

959

> **Zusammenfassung:** Nichtigkeit liegt also nicht nur vor, wenn die Voraussetzungen der §§ 57 und 58 VwVfG nicht vorliegen, sondern auch dann, wenn mindestens einer der Gründe des § 59 VwVfG vorliegt. Wie bereits erläutert, beruht die Nichtigkeitsregelung des § 59 VwVfG auf dem Gedanken eines Kompromisses zwischen dem Grundsatz, dass Verträge aufgrund des Erfordernisses der in einem Rechtsstaat geltenden Rechtssicherheit einzuhalten sind (*pacta sunt servanda*) und auf dem ebenfalls im Rechtsstaatsprinzip verankerten Prinzip der Gesetzmäßigkeit der Verwaltung (Art. 20 III GG), insbesondere dem Vorrang des Gesetzes. Ist der Vertrag **nichtig**, können Leistungsansprüche nicht aus der vertraglichen Verpflichtung hergeleitet werden. In diesem Fall ist Anspruchsgrundlage für den geltend gemachten Anspruch in aller Regel der allgemeine **öffentlich-rechtliche Erstattungsanspruch**.[955] Vgl. dazu Rn 1321 ff.

b.) Die speziellen Nichtigkeitsgründe des § 59 II VwVfG

960

Da § 59 II VwVfG sich im Gegensatz zu § 59 I VwVfG, der für alle verwaltungsrechtlichen Verträge gilt, nur auf subordinationsrechtliche Verträge bezieht und daher für diese Art von Verträgen die speziellere Regelung darstellt, ist bei Vorliegen eines solchen subordinationsrechtlichen Vertrags mit der Prüfung nach § 59 II VwVfG zu beginnen.[956] Die Voraussetzungen, unter denen ein subordinationsrechtlicher Vertrag nichtig ist, lassen sich den Nummern 1-4 entnehmen.

---

[954] BVerwGE 49, 359, 364.
[955] Vgl. dazu OVG Lüneburg NordÖR 2002, 307.
[956] So nun auch *Voßkuhle/Kaiser*, JuS 2013, 667, 688.

aa.) § 59 II Nr. 1 VwVfG

Nach dieser Vorschrift ist ein Verwaltungsvertrag nichtig, wenn ein Verwaltungsakt mit entsprechendem Inhalt nichtig wäre. Die Vorschrift stellt eine Parallele zum nichtigen Verwaltungsakt nach § 44 VwVfG dar und will eklatante (offensichtliche) Rechtsverstöße sanktionieren.[957] **Nichtig** sind demnach z.B. schriftlich geschlossene Verträge, die die **vertragschließende Behörde nicht erkennen lassen** (§ 44 II Nr. 1 VwVfG), oder Verträge, die von einer **offensichtlich sachlich unzuständigen Behörde** geschlossen wurden. Auch **elektronisch** geschlossene Verträge müssen die vertragschließende Behörde erkennen lassen (§ 37 III VwVfG). Zwar bezieht sich § 37 VwVfG unmittelbar nur auf Verwaltungsakte und ist dementsprechend auf Verwaltungsverträge nicht anwendbar[958], lässt man jedoch auch bei Verwaltungsverträgen die elektronische Form zu, müssen – um die Authentizität der Vertragschließenden zu wahren – auch die Voraussetzungen, die an einen elektronischen Verwaltungsakt gestellt werden, für Verwaltungsverträge gelten.[959]

961

> **Hinweis für die Fallbearbeitung:** Aus dem Umkehrschluss des § 59 II Nr. 1 VwVfG folgt, dass Verwaltungsverträge, die nicht eine mit § 44 VwVfG vergleichbare Nichtigkeitsschwelle erreichen, zwar rechtswidrig sein können, aber wirksam sind. Daher bestehen gegen diese Regelung verfassungsrechtliche Bedenken (aus der Sicht des Bürgers wegen Art. 19 IV S. 1 GG, aus der Sicht der Verwaltung wegen Art. 20 III GG). Denn anders als bei einem rechtswidrigen Verwaltungsakt haben Verwaltung und Bürger keine Möglichkeit der Anfechtung oder Rücknahme eines nur rechtswidrigen verwaltungsrechtlichen Vertrags (abgesehen von der engen Möglichkeit der Kündigung nach § 60 I S. 1 und 2 VwVfG). Die Wirksamkeit eines (nur) rechtswidrigen verwaltungsrechtlichen Vertrags bleibt also bestehen. Das Rechtsstaatsprinzip könnte es somit erforderlich machen, dass auch (nur) rechtswidrige verwaltungsrechtliche Verträge nichtig sind. In einer Klausur kann das Problem der Verfassungsmäßigkeit aber übergangen werden, wenn der Fall eine Vielzahl von anderen Problemen enthält. Denn dann wird eine Auseinandersetzung damit nicht erwartet. Anderenfalls muss das Verfahren (und somit die Klausurprüfung) ausgesetzt und der Vorgang gem. Art. 100 I GG dem BVerfG vorgelegt werden.

962

bb.) § 59 II Nr. 2 VwVfG

Nach dieser Vorschrift ist ein Verwaltungsvertrag nichtig, wenn ein Verwaltungsakt mit entsprechendem Inhalt rechtswidrig wäre, die Rechtswidrigkeit aber nicht auf einem Verfahrensfehler i.S.d. § 46 VwVfG beruht und *beide* Vertragspartner die Rechtswidrigkeit kannten. Durch diese Vorschrift soll ein kollusives Zusammenwirken (= einvernehmliches Zusammenwirken mehrerer Personen, um eine andere Person zu schädigen) von Behörde und Bürger, die bewusst und gewollt das Recht verletzen, vermieden werden.

963

cc.) § 59 II Nr. 3 VwVfG

Nach Nr. 3 ist ein Verwaltungsvertrag nichtig, wenn bei einem Vergleichsvertrag dessen spezifischen Voraussetzungen (vgl. § 55 VwVfG) nicht vorlagen und ein Verwaltungsakt mit entsprechendem Inhalt nicht nur wegen eines Verfahrens- oder Formfehlers i.S.d. § 46 VwVfG rechtswidrig wäre.[960] Der Hintergrund dieser Vorschrift ist folgender: § 55 VwVfG birgt die Gefahr des Missbrauchs in sich, da bei Vergleichsverträgen in Kauf genommen wird, dass deren Inhalt letztlich mit der Rechtslage nicht

964

---

[957] Vgl. OVG Lüneburg NordÖR 2002, 307, 308.
[958] So *Schmitz/Schlatmann*, NVwZ 2002, 1281, 1289 f.
[959] Diesen entscheidenden Aspekt übersehen *Roßnagel*, NJW 2003, 469, 474 und *Schmitz/Schlatmann*, NVwZ 2002, 1281, 1289 f.
[960] Vgl. dazu auch *Budach/Johlen*, JuS 2002, 371, 373; *Gurlit*, Jura 2001, 731, 735; *Höfling/Krings*, JuS 2000, 625, 630.

übereinstimmt. Die Behörde könnte durch die ihr geschaffene Möglichkeit des Vergleichsvertrags bei Rechtsunsicherheit Vereinbarungen treffen, die mit dem geltenden Recht nicht zu vereinbaren sind. Vergleichsverträge sind deshalb nichtig, wenn ein Verwaltungsakt entsprechenden Inhalts rechtswidrig wäre und bei diesem eine Unbeachtlichkeit nach § 46 VwVfG nicht in Betracht käme.

dd.) § 59 II Nr. 4 VwVfG

965   Von Klausurrelevanz ist insbesondere die Nr. 4, die den Verstoß eines **Austauschvertrags** gegen die Angemessenheit der Gegenleistung (vgl. § 56 I S. 2 VwVfG), also die Unzulässigkeit der Gegenleistung (**Koppelungsverbot**) sanktioniert. Dieser Nichtigkeitsgrund greift bei allen Austauschverträgen **subordinationsrechtlicher** Art, denen es an einer der in § 56 I oder II VwVfG geregelten Zulässigkeitsvoraussetzungen mangelt.[961] Unter Koppelung ist zu verstehen, dass die Behörde die von ihr durch Austauschvertrag versprochene Leistung von einer unzulässigen Gegenleistung abhängig macht, sie die Leistung also an diese „koppelt".[962] Durch das Koppelungsverbot soll der „Verkauf von Hoheitsrechten"[963] verhindert werden.

966   **Beispiele für einen Verstoß gegen das Koppelungsverbot:**

(1) Wenn sich die Behörde für die Erlaubnis, in der Fußgängerzone ein Kinderkarussell betreiben zu dürfen, das öffentliche Verkehrsnetz (teil-)finanzieren lässt, liegt eine unzulässige Gegenleistung vor.

(2) Das BVerwG[964] hat (entgegen der Vorinstanz) auch eine unangemessene Gegenleistung in dem Fall angenommen, in dem eine Stadt den noch unbebauten Teil eines im Außenbereich befindlichen Grundstücks auf Wunsch des Eigentümers nachträglich in den Geltungsbereich eines Bebauungsplans aufgenommen hat und der Eigentümer als Gegenleistung einen Geldbetrag in Höhe der üblichen Erschließungskosten (deren Erhebung war nicht mehr möglich) für die Unterhaltung städtischer Kinderspielplätze zu leisten hatte. Da sich dieser städtebauliche Vertrag nicht unter § 6 III BauGBMaßnG (jetzt: § 11 I S. 2 Nr. 3 BauGB) subsumieren ließ, war er als Austauschvertrag nach § 56 VwVfG zu beurteilen. Das BVerwG hat ihn für nichtig erklärt. Die Gegenleistung zum besagten Verwendungszweck stehe nicht in einem sachlichen Zusammenhang mit der Änderung des Bebauungsplans. Denn ein sachlicher Zusammenhang zwischen Leistung und Gegenleistung könne auch dann entfallen, wenn die vom Bürger zu erbringende Leistung einem anderen öffentlichen Interesse zu dienen bestimmt sei als die von der Behörde zu erbringende oder von ihr in Aussicht gestellte Leistung. Der Vertrag hätte nur dann nicht gegen das Koppelungsverbot verstoßen, wenn das betreffende Grundstück von vornherein in das (inzwischen erschließungsbeitragsrechtlich abgerechnete) Wohngebiet einbezogen und folglich mit einem Erschließungsbeitrag belastet worden wäre und ein derartiger „Vorteilsausgleich" zur nachträglichen Minderung der Beitragsbelastung der übrigen Grundstücke des (erweiterten) Wohngebiets hätte verwendet werden sollen.[965] Diese Rechtsauffassung ist wenig befriedigend und ruft nach einer anderen gesetzgeberischen Lösung, welche die stringente Rechtsfolge der Nichtigkeit vermeidet.[966]

967   Die Vorschrift des § 59 II Nr. 4 VwVfG bezieht sich nicht nur auf den Austauschvertrag im engeren Sinne, bei dem die vertraglichen Leistungen ausdrücklich zum Vertragsgegenstand im Sinne von Leistung und Gegenleistung gemacht werden, sondern

---

[961] Vgl. BVerwG NVwZ 2000, 1285 ff. *Gurlit*, Jura 2001, 659, 662; *Brohm*, JZ 2000, 321, 326.
[962] Vgl. dazu *Gaentzsch*, NVwZ 2000, 993, 997.
[963] *Kopp/Ramsauer*, VwVfG, § 59 Rn 28.
[964] BVerwG NVwZ 2000, 1285 ff.
[965] *Gaentzsch*, NVwZ 2000, 993, 997.
[966] Vgl. *Schmitz*, NVwZ 2000, 1238, 1241.

ferner auch auf den sog. **„hinkenden"** Austauschvertrag, der dadurch gekennzeichnet ist, dass er ausdrücklich nur die Leistungsverpflichtung des Bürgers regelt, die behördliche Leistung also nicht erwähnt, diese aber von den Vertragschließenden (stillschweigend) vorausgesetzt wird, weil sie durch die Leistung des Bürgers erst ermöglicht werden soll.[967]

Beispiel[968]**:** B erwirbt von der Gemeinde G zum Zwecke der Erweiterung seines Gewerbebetriebs durch notariellen Kaufvertrag eine Teilfläche einer durch Bebauungsplan ausgewiesenen Landwirtschaftsfläche. Kurze Zeit später beabsichtigt B abweichend die Errichtung eines kombinierten Wohn- und Geschäftshauses. G teilt B nun mit, dass sie wegen der bauplanungsrechtlichen Vorgaben Bedenken an der Zulässigkeit des nunmehr geänderten Bauvorhabens habe und die Zustimmung der Bauaufsichtsbehörde eingeholt werden müsse (vgl. § 36 I S. 4, II BauGB). Daraufhin handelt sie mit B eine ergänzende Kaufpreiszahlung aus. Die Entscheidung der Bauaufsichtsbehörde fällt zugunsten des geplanten Vorhabens aus. Daraufhin erteilt G ihr Einvernehmen und die erforderliche Baugenehmigung wird erteilt. B weigert sich nun, den zusätzlichen Kaufpreis zu zahlen. Kann G diesen verlangen? Von der Zulässigkeit der allgemeinen Leistungsklage ist auszugehen.

968

Die Leistungsklage der G ist begründet, wenn ihr der geltend gemachte Anspruch aus dem Vertrag zusteht. Dazu müsste der Vertrag wirksam sein. Daran fehlt es, wenn ein Nichtigkeitsgrund greift. In Betracht kommt § 59 II Nr. 4 VwVfG. Danach ist der Vertrag nichtig, wenn sich die Behörde eine nach § 56 VwVfG unzulässige Gegenleistung versprechen lässt. Die Unzulässigkeit der Gegenleistung liegt in erster Linie dann vor, wenn diese in keinem sachlichen Zusammenhang mit der vertraglichen Leistung der Behörde steht. Durch das Erfordernis des sachlichen Zusammenhangs soll insbesondere der Verkauf von Hoheitsrechten ausgeschlossen werden (s.o.). So beruht die Beteiligung der Gemeinde am Baugenehmigungsverfahren zwar auf deren Planungshoheit, diese räumt ihr jedoch nur insoweit ein Ermessen ein, als dies ausdrücklich in einer Ausnahmevorschrift begründet ist. Ein weitergehender Entscheidungsspielraum ist nicht gegeben. Das Einvernehmen der Gemeinde darf nur aus den sich aus § 36 BauGB ergebenden Gründen versagt werden.

Indem G die Weiterleitung des Bauantrags an die Bauaufsichtsbehörde mit der Erteilung des gemeindlichen Einvernehmens nach § 36 I BauGB zu einer Ausnahmeregelung nach § 8 III Nr. 1 BauNVO, § 31 I BauGB, wonach Wohnungen für Aufsichts- und Bereitschaftspersonen sowie für Betriebsinhaber und Betriebsleiter ausnahmsweise zugelassen werden können, von der Zahlung eines „nachgebesserten" Kaufpreises abhängig machte, verstieß diese Koppelung von außervertraglicher Leistung und Gegenleistung gegen § 56 I S. 2 VwVfG mit der Folge, dass der Vertrag nach § 59 II Nr. 4 VwVfG nichtig ist. Ein Zahlungsanspruch der G gegen B besteht somit nicht. Die Klage ist unbegründet.

> **Weiterführender Hinweis:** Von der Nichtigkeit des o.g. verwaltungsrechtlichen (städtebaulichen) Vertrags muss die Frage nach der Wirksamkeit der dem B erteilten Baugenehmigung (Verwaltungsakt) unterschieden werden. Zwar hätte die Baugenehmigungsbehörde die Baugenehmigung nicht oder nicht so erlassen, wenn sie um die Nichtigkeit des Vertrags gewusst hätte. Die Nichtigkeit von Verwaltungsakten bestimmt sich aber ausschließlich nach § 44 VwVfG, sofern sich nicht für bestimmte Bereiche Ausnahmebestimmungen finden lassen.[969] Die dem B erteilte Baugenehmigung ist also wirksam.

969

---

[967] Vgl. BVerwG NVwZ 2000, 1285 ff.; BVerwGE 42, 331, 333; *Gurlit*, Jura 2001, 731, 734; *Reidt*, NVwZ 1999, 149, 150; *Kemmler*, JA 2003, 136, 139.
[968] Nach VG Darmstadt NJW 1998, 2073 ff.
[969] Z.B. § 13 I BBG; BVerwGE 81, 282, 284.

970 **Zulässig** ist die Gegenleistung allerdings, wenn sie den Sachverhalt betrifft, in dem auch die Behörde handelt.

> **Beispiele für die Zulässigkeit der Gegenleistung** sind die bereits genannten Folgekostenverträge, die Ausbildungsförderungsverträge, die Ablösungsverträge, die Enteignungsabwendungsverträge sowie die Pflegesatzvereinbarungen (nach § 75 III SGB XII[970]).

c.) Die allgemeine Nichtigkeitsvorschrift des § 59 I VwVfG

971 Kann im Fall des subordinationsrechtlichen Vertrags eine Nichtigkeit nach § 59 II VwVfG nicht festgestellt werden oder liegt gar ein koordinationsrechtlicher Vertrag vor, muss geprüft werden, ob der Vertrag nicht nach § 59 I VwVfG nichtig ist.[971]

Nach dieser Vorschrift ist der Vertrag nichtig, wenn sich die Nichtigkeit aus entsprechenden Vorschriften des BGB ergibt, beispielsweise aus §§ 105, 105a (Geschäftsunfähigkeit), §§ 116-118 (Mentalreservation, Scheingeschäft, mangelnde Ernstlichkeit), § 142 I (Anfechtung wegen §§ 119, 120, 123), § 138 (Sittenwidrigkeit), § 177 (fehlende oder fehlerhafte Vertretungsmacht), § 311b I (fehlende notarielle Beurkundung).

Da der öffentlich-rechtliche Vertrag der Schriftform bedarf, ist ein Vertrag, bei dem das Schriftformerfordernis nicht beachtet wird, nach § 57 i.V.m. § 62 S. 2 VwVfG i.V.m. § 125 BGB **nichtig**. Gleiches gilt für Verstöße gegen das Vertragsformverbot.

972 Näherer Betrachtung bedarf die Nichtigkeitsvorschrift des **§ 134 BGB**. Danach ist ein Vertrag nichtig, wenn er gegen ein gesetzliches Verbot verstößt.

- Bei konsequenter Anwendung des § 134 BGB wären damit *alle* rechtswidrigen Verträge nichtig, da die Verwaltung die Gesetze beachten muss, ihr also ein gesetzwidriges Verhalten verboten ist (Grundsatz der Gesetzmäßigkeit der Verwaltung). Damit würde aber die gesetzgeberische Wertung des § 59 II VwVfG, dass nicht jede Rechtswidrigkeit zur Nichtigkeit führen soll, unterlaufen werden, diesem also kein Anwendungsbereich verbleiben.

- Andererseits kann die Anwendbarkeit des § 134 BGB nicht völlig ausgeschlossen werden, da anderenfalls auch schwerste Gesetzesverstöße unsanktioniert blieben.[972]

- Ein Verstoß gegen eine Verbotsnorm i.S.d. § 134 BGB[973] (mit der Folge der Nichtigkeit des Vertrags) liegt jedenfalls dann vor, wenn und soweit der **spezifische Sinn und Zweck** der Verbotsnorm die Nichtigkeit der Regelung fordert, was eine Auslegungsfrage ist.[974] Will die verletzte Norm dagegen lediglich **Form- oder Verfahrensfehler** sanktionieren, hat dies im Zweifel nicht die Nichtigkeit des Vertrags zur Folge.

- Jedenfalls soll nach überwiegender Auffassung[975] der Verstoß gegen das **Vertragsformverbot** des § 54 S. 2 VwVfG zur Nichtigkeit führen (vgl. Rn 955). Die Rechtsprechung hat sich zwar noch nicht grundsätzlich mit der Anwendbarkeit des § 134 BGB befasst, § 134 BGB jedoch auf verwaltungsrechtliche Verträge angewendet.[976] Aller-

---

[970] BGHZ 116, 339; BVerwGE 94, 202 (jeweils zu § 93 II BSHG a.F.).

[971] Teilweise wird vertreten, dass der Rückgriff auf § 59 I VwVfG nicht ausgeschlossen ist, wenn der Vertrag nach § 59 II VwVfG nichtig ist (so *Kopp/Ramsauer*, VwVfG, § 59 Rn 18; *Henneke*, in: Knack/Henneke, VwVfG, § 59 Rn 5; *Bonk*, in: Stelkens/Bonk/Sachs, VwVfG, § 50 Rn 14). Danach kann sich die Nichtigkeit außer aus § 59 II VwVfG also auch aus § 59 I VwVfG ergeben. Das ist mit Blick auf den Lex-specialis-Grundsatz jedoch abzulehnen.

[972] So aber wohl die Auffassung des Gesetzgebers, vgl. BT-Drs. 7/910, S. 81 f.

[973] Worunter nicht nur formelle Gesetze, Rechtsverordnungen und Satzungen fallen, sondern auch die Vorschriften des EU-Rechts, siehe sogleich.

[974] Vgl. dazu auch BVerwG NVwZ 2003, 993, 994 (Verstoß gegen § 233 S. 2 AO); OVG Lüneburg NordÖR 2002, 307, 308 (Verstoß gegen Art. 33 II GG); *Kopp/Ramsauer*, VwVfG, § 59 Rn 10; *Odendahl*, Jura 2002, 563, 567; *Gurlit*, Jura 2001, 731, 735; *Höfling/Krings*, JuS 2000, 625, 631.

[975] Vgl. *Maurer*, AllgVerwR, § 14 Rn 42b m.w.N.

[976] Vgl. BVerwGE 98, 58 ff.

dings führt auch nach der Rechtsprechung bei verwaltungsrechtlichen Verträgen nicht jeder Rechtsverstoß, sondern nur ein **qualifizierter Fall der Rechtswidrigkeit** zur Nichtigkeit.[977]

Zu den Verbotsgesetzen i.S.d. §§ 59 I, 62 S. 2 VwVfG i.V.m. § 134 BGB gehört auch das **EU-Recht**. Allerdings ist wegen des Prinzips der effektiven Durchsetzung des EU-Rechts (*effet utile*) für die Frage nach dem spezifischen Sinn und Zweck der Verbotsnorm grundsätzlich kein Raum. Dies gilt insbesondere bei der Vergabe einer unionsrechtswidrigen Subvention durch Verwaltungsvertrag, welche die Wettbewerbsordnung beeinträchtigen würde. Die effektive Durchsetzung des EU-Rechts muss zur **Nichtigkeit unionsrechtswidriger Verträge** führen.[978]

973 -977

Damit wird die Parallele zu dem auf Null reduzierten Rücknahmeermessen bei der unionsrechtswidrigen Subventionsvergabe durch Verwaltungsakt sichtbar. Der EuGH hat diesbezüglich entschieden, dass die nationale Behörde die mit Art. 107 f. AEUV nicht zu vereinbarende Beihilfe zurücknehmen müsse. Die nationalen Vorschriften über das Rücknahmeermessen seien lediglich als Rechtsgrundlage für die Rückforderung der Beihilfe zu sehen.[979]

b. Folgen eines nichtigen Vertrags

Ein nichtiger Vertrag entfaltet **keine Rechtswirkungen** und damit **keine Rechtsfolgen**. Die bereits ausgetauschten Leistungen können zurückgefordert werden (**öffentlich-rechtlicher Erstattungsanspruch**[980], vgl. Rn 1321 ff.). Ein Anspruch auf Rückgewährung von erbrachten Leistungen ist aber ausgeschlossen, wenn dies einen Rechtsmissbrauch darstellen würde. Das ist etwa dann der Fall, wenn die Leistung nicht mehr zurückerstattet oder nicht mehr ausgeglichen werden kann.[981]

978

> **Beispiel**[982]**:** Der Eigentümer einer großen landwirtschaftlichen Nutzfläche E schließt mit der Gemeinde G einen verwaltungsrechtlichen Vertrag mit dem Inhalt, der Gemeinde G unentgeltlich ein für diese infrastrukturell wichtiges Grundstück zu übertragen. Als Gegenleistung verspricht G, große Teile der landwirtschaftlichen Fläche des E durch Bebauungsplan als Bauland auszuweisen. Die Leistungen werden von beiden Seiten erbracht. Nachdem E die im Bebauungsplan als Bauland ausgewiesenen Flächen an verschiedene Bauherren veräußert, die daraufhin dort ihre Einfamilienhäuser errichtet haben, fordert er nunmehr von G die Rückübertragung des Grundstücks mit der Begründung, dass der verwaltungsrechtliche Verpflichtungsvertrag unwirksam (d.h. nichtig) sei.
>
> Zwar ist der Vertrag tatsächlich nichtig, da eine Gemeinde sich nicht verpflichten darf, einen Bebauungsplan bestimmten Inhalts zu erlassen,[983] der geltend gemachte Rückübereignungsanspruch des E ist aber rechtsmissbräuchlich und daher ausgeschlossen.

Die **Teilnichtigkeitsregelung** in § 59 III VwVfG entspricht der des § 139 BGB. Wenn also die Nichtigkeit nur einen Teil des Vertrags betrifft, ist der Vertrag insgesamt nichtig, sofern nicht anzunehmen ist, dass er auch ohne den nichtigen Teil abgeschlossen worden wäre. Dabei kommt es weniger auf den Willen der Vertragsparteien an als auf die Teilbarkeit des Vertrags und den **offensichtlichen Zweck** des Vertrags.[984]

979

---

[977] BVerwGE 98, 58, 63.
[978] Vgl. auch *Oldiges*, NVwZ 2001, 626, 635.
[979] EuGH NVwZ 1998, 45, 46; diese Rechtsprechung billigend BVerwG NJW 1998, 3728.
[980] Vgl. dazu OVG Lüneburg NordÖR 2002, 307, 308.
[981] Vgl. *Maurer*, AllgVerwR, § 14 Rn 46. Zur Frage, ob §§ 817 S. 2 und 814 BGB zum Ausschluss des Anspruchs führen, vgl. BVerwG NVwZ 2003, 993, 994.
[982] Nach BVerwGE 55, 337 ff. (als Beispiel auch ausgewählt von *Kopp/Ramsauer*, VwVfG, § 59 Rn 32 und *Maurer*, AllgVerwR, § 14 Rn 46).
[983] Vgl. §§ 1 III S. 2 Hs. 2 und 11 I S. 2 Nr. 1 a.E. BauGB - dazu BVerwG DVBl 1980, 686, 688; DÖV 1981, 878.
[984] *Kopp/Ramsauer*, VwVfG, § 59 Rn 30.

Beispiel: Die Eheleute M und F schließen mit der Gemeinde einen öffentlich-rechtlichen Vertrag über einen Kindergartenplatz ab. Der Vertrag sieht eine einkommensabhängige Kostentragung vor, was grundsätzlich nicht zu beanstanden ist. Entgegen der Gesetzeslage pauschaliert aber die Gemeinde der Einfachheit halber die Kosten in Abhängigkeit vom Bruttoeinkommen der Familie. Später stellen M und F fest, dass sie nach der Gesetzeslage tatsächlich einen geringeren Beitrag hätten zahlen müssen, da die gesetzliche Berechnungsmethode vom Nettoeinkommen ausgeht und so einen niedrigeren Beitragssatz ergeben hätte. Sie halten den Vertrag für insgesamt nichtig und fordern die bisher geleisteten Beiträge zurück. Zu Recht?

Klar ist, dass der Vertrag gegen die bestehende Gesetzeslage verstößt und damit zumindest hinsichtlich des Mehrbetrags nichtig ist. Ob der Vertrag auch im Ganzen nichtig ist, ist zweifelhaft. Wenn man auf den offensichtlichen Zweck des Vertrags abstellt, geht es primär um die vertragliche Einräumung des Kindergartenplatzes zu dem gesetzlich vorgesehenen Beitragssatz. Hinsichtlich dieses Teils des Vertrags sind M und F aus Treu und Glauben gebunden. Es wird daher anzunehmen sein, dass der Vertrag nur hinsichtlich des zu viel bezahlten Beitrags nichtig ist. Der Vertrag bleibt im Übrigen gültig. M und F können nur den zu viel gezahlten Beitrag zurückfordern.

III. Rechtsfolgen

980 Liegt keine Nichtigkeit des verwaltungsrechtlichen Vertrags vor, ist der Vertragsanspruch von beiden Vertragspartnern ordentlich zu gewähren. Da das VwVfG hierzu keine Regelungen enthält, sind gem. § 62 VwVfG die Vorschriften des **BGB** (Verzug; Unmöglichkeit; pVV nach §§ 241 II i.V.m. 280 I ggf. i.V.m. 281, 282 BGB; c.i.c. nach §§ 311 II, III, 241 II i.V.m. § 280 I BGB) entsprechend und unter Berücksichtigung der Eigenarten des verwaltungsrechtlichen Vertrags anzuwenden (s.o.). Beide Seiten müssen ihre Ansprüche nötigenfalls vor dem Verwaltungsgericht durchsetzen.

981 In besonderen Fällen sind **Anpassung und Kündigung** des öffentlich-rechtlichen Vertrags möglich (§ 60 VwVfG). Diese Regelung entspricht den Instituten der **Störung der Geschäftsgrundlage** nach § 313 BGB und der **Kündigung von Dauerschuldverhältnissen aus wichtigem Grund** nach § 314 BGB. Bei **Leistungsstörungen** wie Verzug, Unmöglichkeit, pVV (§§ 241 II i.V.m. 280 I ggf. i.V.m. 281, 282 BGB) und c.i.c. (§§ 311 II, III, 241 II i.V.m. § 280 I BGB) gelten die zivilrechtlichen Vorschriften und Grundsätze entsprechend. Die **Rückabwicklung** eines gescheiterten öffentlich-rechtlichen Vertrags erfolgt im Fall eines vertraglichen oder gesetzlichen Rücktrittsrechts nach den §§ 346 ff. BGB.

982 Das **Rücktrittsrecht** (§ 62 S. 2 VwVfG i.V.m. § 346 BGB) ist selbst dann nicht ausgeschlossen, wenn der Rücktrittsberechtigte den Untergang oder die erhebliche Beschädigung des empfangenen Gegenstands verschuldet hat (§ 346 II, III BGB). Auch die Herausgabe von Nutzungen bestimmt sich nach § 62 S. 2 VwVfG i.V.m. §§ 346, 347 BGB. Die Haftung richtet sich nach den allgemeinen Vorschriften über die vertraglichen Pflichtverletzungen (§ 346 IV BGB). Nach § 346 I BGB haften die Rückgewährschuldner auf Herausgabe der gezogenen Nutzungen. Beim vertraglich eingeräumten Rücktrittsrecht sind nach § 347 S. 1 BGB auch die nicht gezogenen, aber bei ordnungsgemäßer Nutzung ziehbaren Nutzungen zu ersetzen. Im gesetzlichen Rücktrittsrecht gilt für den Rücktrittsberechtigten die Haftungsbeschränkung gem. § 277 BGB.

983 Denkbar ist auch die Geltendmachung von **Schadensersatz wegen Pflichtverletzung** (§ 62 S. 2 VwVfG i.V.m. § 280 BGB). Soweit sich die Pflichten aus dem öffentlich-rechtlichen Vertrag ergeben, ist die Verletzung einer solchen Pflicht relativ einfach zu bestimmen. Schwierigkeiten bestehen aber hinsichtlich der Frage, wie sich die Verletzung von gesetzlichen Pflichten auswirkt. Da die Behörde an Recht und Gesetz gebunden ist (Art. 20 III GG), stellt eine (objektive) Rechtsverletzung zugleich eine Pflichtverletzung des öffentlich-rechtlichen Vertrags dar. Eine Schadensersatzpflicht kann indes nur dann angenom-

men werden, wenn ein Verstoß gegen eine Rechtsvorschrift vorliegt, die gerade dem Schutz des Vertragspartners dient; insoweit gilt der Gedanke der Schutznormtheorie.

Weigert sich die Behörde, dem vertraglichen Anspruch überhaupt nachzukommen, kann sie – sofern eine Leistung begehrt wird, die nicht in dem Erlass eines Verwaltungsakts liegt – mit Hilfe der **allgemeinen Leistungsklage** in Anspruch genommen werden. Verpflichtet sich die Behörde hingegen durch einen Verwaltungsvertrag zum Erlass eines begünstigenden Verwaltungsakts, ist die **Verpflichtungsklage** statthaft. Aber auch im umgekehrten Verhältnis gilt eine Besonderheit: Dadurch, dass die Behörde – statt einen Verwaltungsakt zu erlassen – die Handlungsform Verwaltungsvertrag gewählt hat, hat sie sich mit dem Bürger auf eine Stufe der Gleichordnung begeben. Nach bisher herrschendem Dogma hat sie ihre **Verwaltungsaktbefugnis verloren**[985] und muss **allgemeine Leistungsklage** vor dem Verwaltungsgericht erheben, um ihre Ansprüche durchzusetzen.

984

> **Beispiel:** Durch einen Verwaltungsvertrag verpflichtet sich die Baubehörde, dem Bauherrn B eine Baugenehmigung (= Verwaltungsakt) zu erteilen. Im Gegenzug verpflichtet sich B, die Erschließungskosten mit zu tragen. Weigert sich die Behörde, die vertraglich zugesagte Baugenehmigung zu erteilen, muss B Verpflichtungsklage auf Erteilung der Baugenehmigung erheben, da er den Erlass eines ihn begünstigenden Verwaltungsakts begehrt. Anspruchsgrundlage wäre dann der Anspruch aus dem Vertrag. Weigert sich B, die Erschließungskosten mit zu tragen, kann die Behörde keinen Festsetzungsbescheid erlassen und diesen selbst vollstrecken. Sie ist vielmehr aufgrund ihrer verlorenen Verwaltungsaktbefugnis auf eine allgemeine Leistungsklage vor dem Verwaltungsgericht angewiesen.

Etwas anderes gilt nach der Rechtsprechung des OVG Berlin-Brandenburg[986] für den Bereich der **europarechtswidrigen Subventionsvergabe**. Danach kann die nationale Behörde auch dann durch *Verwaltungsakt* unionsrechtswidrig vergebene Subventionen zurückfordern, wenn die Subventionsvergabe zuvor mit der Handlungsform *öffentlich-rechtlicher Vertrag* erfolgt ist. Diese Entscheidung stellt das bis dato vorherrschende, o.g. Dogma, dass eine Behörde, die einen öffentlich-rechtlichen Vertrag schließt, ihre Verwaltungsaktbefugnis verliert, auf den Kopf. Sie ist auch nicht zwingend, weil unionsrechtswidrig vergebene Subventionen durchaus mit dem Mittel der allgemeinen Leistungsklage zurückgefordert werden können. Zwar besteht nach der Rechtsprechung des EuGH und nach § 14 der europäischen Beihilfevergabeverordnung eine Rückforderungspflicht des betreffenden Mitgliedstaates, diese Pflicht ist aber auch von den deutschen Verwaltungsgerichten, die über die Begründetheit einer behördlichen Rückforderungsklage zu entscheiden haben, zu beachten. Die Notwendigkeit einer Durchbrechung des Dogmas von der verlorenen Verwaltungsaktbefugnis besteht also nicht. Die Entscheidung des OVG Berlin-Brandenburg kann nur so interpretiert werden, dass es dem Gericht darum ging, die neue Verwaltungspraxis zu stärken und die mit dem Erlass eines Verwaltungsakts verbundene Selbstvollstreckungsbefugnis der Behörde zu ermöglichen.[987] Auf jeden Fall sollte die Entscheidung des OVG Berlin-Brandenburg nicht verallgemeinert und über den Bereich der europarechtswidrigen Subventionsvergabe hinaus beachtet werden.

984a

Zu beachten ist allerdings die Möglichkeit der **Unterwerfung unter die sofortige Vollstreckung**, § 61 VwVfG: Jede Vertragspartei kann sich der sofortigen Vollstreckung aus einem subordinationsrechtlichen Vertrag unterwerfen.

985

▪ Die Unterwerfung durch den Bürger hat zur Folge, dass es seitens der Behörde keines gerichtlichen Vollstreckungstitels bedarf. Die Durchsetzung der Vertragsansprüche kann genauso erfolgen wie die Durchsetzung eines Verwaltungsakts, nämlich durch die **Verwaltungsvollstreckung**. Kommt es zur Vollstreckung, kann der Bürger aber die-

---

[985] Vgl. auch BVerwG NJW 1990, 2700, 2702; *Odendahl*, Jura 2002, 563, 565.
[986] NVwZ 2006, 104 ff.
[987] Diesen Aspekt übersehen *Hildebrandt/Castillon*, NVwZ 2006, 298 ff.

jenigen Rechtsbehelfe einlegen, die er auch sonst gegen Verwaltungsvollstreckungs-maßnahmen einlegen kann.[988] Diese Rechtsbehelfe helfen allerdings nur eingeschränkt, da mit ihnen regelmäßig keine aufschiebende Wirkung verbunden ist (vgl. nur § 80 II S. 2 VwGO). Die Behörde darf also i.d.R. weiterhin vollstrecken. Der Bürger kann allerdings noch geltend machen, dass der Verwaltungsvertrag nichtig sei und so keine ausreichende Grundlage für die Verwaltungsvollstreckung bilde. An dieser Stelle wird noch einmal deutlich, welche Relevanz die Nichtigkeitsregelung haben kann.

■ Es ist zwar ungewöhnlich, aber dennoch denkbar, dass auch die Behörde sich der sofortigen Vollstreckung unterwirft. Unterwirft sich eine Behörde, die nicht oberste Bundes- oder Landesbehörde ist, der sofortigen Vollstreckung, ist zu beachten, dass der bisherige, in § 61 I S. 3 und 4 VwVfG normierte Genehmigungsvorbehalt, zugunsten der zuständigen Aufsichtsbehörde mit Wirkung zum 1.2.2003 weggefallen ist.

986 Für **Primäransprüche** aus dem Vertrag ist der **Verwaltungsrechtsweg** gegeben. Das gilt auch für Schlechtleistung und Verzug. Demgegenüber sollen nach der Rechtsprechung des BVerwG und des BGH, die den Vorbehalt des § 40 II VwGO bezüglich öffentlich-rechtlicher Verträge eng auslegen, **Schadensersatzansprüche** wegen **Verschuldens bei Vertragsverhandlung** (c.i.c., §§ 311 II, III, 241 II i.V.m. § 280 I BGB) vor den **Zivilgerichten** geltend gemacht werden.[989] Die Gegenauffassung nimmt auch hier (jedenfalls dann, wenn der Sekundäranspruch neben dem Primäranspruch geltend gemacht wird) den **Verwaltungsrechtsweg** an.[990] Die Kontroverse ist aber unergiebig, wenn man davon ausgeht, dass mit der c.i.c. auch Amtspflichten verletzt wurden. Dann kommen neben der c.i.c.-Haftung auch Schadensersatzansprüche wegen Amtspflichtverletzung in Betracht. Für diese Ansprüche steht jedenfalls gem. § 839 BGB, Art. 34 GG der ordentliche Rechtsweg zur Verfügung. Aufgrund der Regelung des § 17 II S. 1 GVG können die Zivilgerichte dann auch über c.i.c.-Ansprüche mitentscheiden.

> **Beispiel**[991]**:** Die Gemeinde G schließt mit dem Unternehmer U einen Subventionsvertrag, durch den U einen Zuschuss i.H.v. 500.000,- € erhalten soll. Durch verwaltungsinterne Zuständigkeits- und Genehmigungsprobleme verzögert sich aber die Auszahlung. Dadurch sind dem U mehrere Aufträge entgangen. Er macht Schadensersatz einerseits wegen Verzugs, andererseits wegen Amtspflichtverletzung geltend.
>
> Möchte U einen Amtshaftungsprozess führen, muss er aufgrund des Art. 34 GG die Amtshaftungskammer des zuständigen Landgerichts anrufen (§ 71 GVG). Da das Gericht wegen § 17 II S. 1 GVG dann den Rechtsstreit unter allen in Betracht kommenden rechtlichen Gesichtspunkten zu entscheiden hat, muss es auch über den Anspruch wegen Verzugs mitentscheiden. Möchte U dagegen den Verwaltungsrechtsweg bestreiten, kann er das allenfalls im Hinblick auf den Anspruch wegen Verzugs, da das Verwaltungsgericht nicht über Amtshaftungsansprüche entscheiden darf (Art. 34 GG, § 17 II S. 2 GVG). Erhebt er also Klage vor dem Verwaltungsgericht, kann dieses nach der o.g. Gegenauffassung zwar über den Schadensersatzanspruch wegen Verzugs entscheiden, wegen Unzuständigkeit nicht aber über den Amtshaftungsanspruch. Diesbezüglich darf es den Rechtsstreit nicht als unzulässig abweisen, sondern muss ihn gem. § 17a II S. 1 GVG an das zuständige Landgericht verweisen.

---

[988] Vgl. ausführlich *R. Schmidt*, POR, Rn 902 ff.

[989] BVerwG NJW 2002, 2894; BGH NJW 1986, 1109: Zivilrechtsweg deswegen, weil Grundlage für den c.i.c.-Anspruch nicht der öffentlich-rechtliche Vertrag, sondern ein gesetzliches Schuldverhältnis sei.

[990] OVG Koblenz NJW 2002, 3724; OVG Weimar NJW 2002, 386; *Dötsch*, NWVBl 2002, 140, 142; *Kopp/Schenke*, VwGO, § 42 Rn 72; *Maurer*, AllgVerwR, § 14 Rn 57.

[991] Vgl. *Maurer*, AllgVerwR, § 14 Rn 57.

IV. Hinweise für Prüfungsarbeiten

Am Anfang der Darstellung zum verwaltungsrechtlichen Vertrag wurden die drei denkbaren **987** Klausurkonstellationen dargestellt. Im Streitfall wird es zumeist um die zweite Konstellation gehen, nämlich um diejenige, dass ein Vertragspartner die Erfüllung der vom anderen Vertragspartner übernommenen vertraglichen Verpflichtungen verlangt, dieser aber mit Hinweis auf die Nichtigkeit des Vertrags die Leistung verweigert. Hier muss der Rechtsschutzsuchende sein Begehren (Erfüllungsanspruch) mit der **allgemeinen Leistungsklage** durchzusetzen versuchen (ausführlich *R. Schmidt*, VerwProzR, Rn 365 ff.).

Auch ist es möglich, dass der Vertrag drittbelastend wirkt und der Dritte die Unwirksamkeit **988** des Vertrags geltend macht (vgl. dazu den Abschlussfall bei Rn 992).

Drittens ist es denkbar, dass der Vertrag zunächst von beiden Seiten erfüllt wurde, eine **989** Partei sich aber im Nachhinein auf die Nichtigkeit des Vertrags beruft und die bereits erbrachten Leistungen zurückfordert. In diesem Fall ist der **allgemeine öffentlich-rechtliche Erstattungsanspruch** einschlägig, der ebenfalls mit der **allgemeinen Leistungsklage** durchgesetzt werden muss (dazu Rn 1321 sowie *R. Schmidt*, VerwProzR, Rn 365 ff.). Ausgangspunkt für die Fallbearbeitung ist also die Frage, ob der Kläger einen Erfüllungsanspruch bzw. einen Erstattungsanspruch hat.[992]

Schließlich kann es vorkommen, dass sich die Verhältnisse, die für die Festsetzung des **990** Vertragsinhalts maßgebend waren, seit Abschluss des Vertrags so wesentlich geändert haben, dass einer Vertragspartei das Festhalten an der ursprünglichen Vereinbarung nicht mehr zuzumuten ist (**Störung der Geschäftsgrundlage**). In diesem Fall kann diese Vertragspartei nach § 60 I S. 1 VwVfG eine **Anpassung des Vertragsinhalts an die geänderten Verhältnisse** verlangen (ein Rückgriff auf § 313 BGB ist insoweit also nicht erforderlich). Diese Anpassung ist mit Hilfe einer **allgemeinen Leistungsklage** durchzusetzen, die auf diese Anpassung gerichtet ist.[993] Demgegenüber kann nicht unmittelbar auf die infolge der Anpassung geschuldete Leistung geklagt werden. Allerdings kann die Klage auf Anpassung des Vertrags mit der Klage auf die Leistung verbunden werden, die aus dem angepassten Vertrag geschuldet wird.[994] Das ist ein Fall des § 44 VwGO. Zum **Schadensersatz** aus c.i.c. vgl. Rn 980 ff.

991

Prüfung eines öffentlich-rechtlichen Vertrags i.S.d. §§ 54 ff. VwVfG

I. Bestehen eines Leistungs- bzw. Erstattungsanspruchs

1. Vorliegen eines verwaltungsrechtlichen Vertrags
   a. Abgrenzung von verwaltungsrechtlichen und privatrechtlichen Verträgen
   b. Abgrenzung von verwaltungsrechtlichem Vertrag und Verwaltungsakt
   c. Verwaltungsrechtlicher Vertrag auch zwischen Privaten
2. Wirksames Zustandekommen des verwaltungsrechtlichen Vertrags

   a. Zuständigkeit der vertragschließenden Behörde
   b. Wirksamer Vertragsschluss (vgl. § 62 S. 2 VwVfG i.V.m. §§ 145 ff. BGB)
   c. Einhaltung von Verfahrensvorschriften, insbesondere des Zustimmungserfordernisses nach § 58 VwVfG
   d. Einhaltung von Formvorschriften, insbesondere der Schriftform nach § 57 VwVfG (ggf. auch § 62 S. 2 VwVfG i.V.m. § 311b BGB)
3. Keine Nichtigkeit des verwaltungsrechtlichen Vertrags
   a. Kein Vertragsformverbot (§ 54 S. 1 Hs. 2 VwVfG)
   b. Keine sonstige Nichtigkeit des Vertrags

---

[992] So auch im Fall OVG Lüneburg NordÖR 2002, 307 ff.
[993] Vgl. BVerwGE 97, 331 ff.
[994] *Neumann*, NVwZ 2000, 1244, 1255.

aa. Zulässigkeit des Vertragsinhalts
bb. Keine Nichtigkeit des Vertrags
    a.) Spezielle Nichtigkeitsgründe nach § 59 II VwVfG
    b.) Allgemeine Nichtigkeitsgründe nach § 59 I VwVfG
cc. Teilnichtigkeit des Vertrags
4. Keine rechtsmissbräuchliche Geltendmachung des Anspruchs

II. Rechtsfolge: Gewährung des Leistungs- bzw. Erstattungsanspruchs

III. Durchsetzung des Anspruchs
Für Leistungsansprüche aus dem Vertrag und Erstattungsansprüche sind die Verwaltungsgerichte zuständig. Für Sekundäransprüche gilt die dargestellte Besonderheit.

V. Übungsfall

992

Sachverhalt[995]: B ist Eigentümer eines im niedersächsischen Teufelsmoor gelegenen Grundstücks. Bauplanungsrechtlich liegt das Grundstück im Außenbereich der Gemeinde G und grenzt an ein Landschaftsschutzgebiet. Das Grundstück diente früher ca. 100 Jahre lang einem landwirtschaftlichen Nebenerwerbsbetrieb. Seit 10 Jahren dient das auf dem Grundstück befindliche Gebäude B – dem Sohn der bäuerlichen Familie – jedoch „nur" noch als Wohnung. Da das Gebäude mit Schwamm befallen war, führte B mit dem Landkreis L als Träger der Bauaufsicht Verhandlungen darüber, ob das schwammbefallene Gebäude abgerissen werden kann und an seine Stelle ein Neubau treten darf. Der Kreis wollte bauliche Maßnahmen mit Rücksicht auf den Bestandsschutz dulden, machte aber zur Voraussetzung, dass 2/3 der Bausubstanz erhalten bleibt. Bei einer Besichtigung wurde jedoch festgestellt, dass bereits 70% der Wände neu errichtet worden waren. Es kam erneut zu Verhandlungen, bei denen B darauf hinwies, dass erst im Verlauf des Umbaus weitere Schäden am Altbau sichtbar geworden seien, denen durch eine umfangreiche Sanierung zu begegnen gewesen sei. In einem schriftlichen Vertrag einigten sich L und B dahingehend, dass L von einer Abrissverfügung absieht und B sich verpflichtet, bestimmte Rückbaumaßnahmen vorzunehmen und das Gebäude ausschließlich als Wochenendhaus zu nutzen.

Von diesem Vorgang erfuhr G zufällig kurze Zeit später. Der Bürgermeister war der Meinung, dass der Vertrag mangels Zustimmung der G ungültig sei. Als vertretungsberechtigtes Organ stellte er daher bei L den Antrag, die Beseitigung des Baus zu verfügen. Der Antrag wurde abgelehnt. Nach erfolgloser Durchführung des Widerspruchsverfahrens beantragt G nunmehr vor dem Verwaltungsgericht, L zu verurteilen, die Beseitigung des Gebäudes zu verfügen. Beurteilen Sie die Erfolgsaussichten!

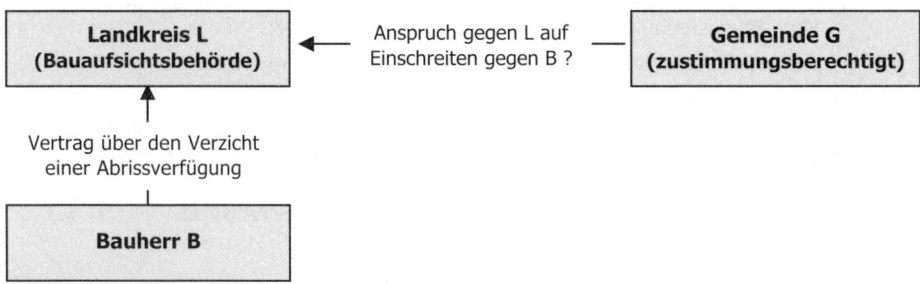

---

[995] In Anlehnung an VGH München NVwZ-RR 2005, 56. Die Lösung, deren Darstellung den Rahmen dieses Buches sprengen würde, steht auf der Internetseite des Verlags zum kostenlosen Download zur Verfügung.

H. Plan und Planung

I. Rechtsnatur und Bedeutung eines Plans

Die Planung ist ein Instrument, um komplexe Sachverhalte zu regeln, in denen sich die Rechtsbeziehungen nicht auf das Verhältnis zwischen dem Staat und einem Bürger beschränken, sondern sich auf eine Vielzahl von Personen erstrecken (sog. **polygonale Rechtsverhältnisse**). Dies geschieht in einem streng formalisierten Verfahren, bei dem die beteiligten Kreise angehört werden und Stellungnahmen abgeben können. **993**

> **Beispiele:** Bauleitplanung mit den Unterformen Flächennutzungsplan und Bebauungsplan (§§ 1 ff. BauGB); Landschaftsplanung (§§ 8 ff. BNatSchG i.V.m. den Landesnaturschutzgesetzen); Regionalplanung (§ 8 III ROG i.V.m. den Landesplanungsgesetzen); Ausweisung von Schutzgebieten nach der FFH-Richtlinie (§ 32 BNatSchG); Luftreinhalteplan (§ 47 BImSchG); Lärmminderungsplanung (§§ 47a ff. BImSchG); Festsetzung von Wasserschutzgebieten (§ 51 WHG); wasserwirtschaftliche Planung (§§ 82, 83 WHG); Kreislaufwirtschaftsplanung (§§ 30 ff. KrWG); diverse Fachplanungen in den Bereichen Eisenbahn-, Fernstraßen-, Luftverkehrs- und Wasserstraßenrecht; planungsähnliche Abwägungskriterien enthält § 21 TKG[996]

Derartige Vorhaben dürfen nur in Angriff genommen werden, wenn der Plan vorher festgestellt ist, sog. **Planfeststellungsbeschluss** (vgl. z.B. § 17 FStrG oder § 68 WHG). Das in zahlreichen Einzelgesetzen (WaStrG, LuftVG, FStrG, FlurbereinigungsG, KrWG, AtomG) vorgesehene Planfeststellungsverfahren ist nunmehr in den §§ 72-78 VwVfG allgemein geregelt. Hiernach hat der Träger eines Vorhabens den Plan bei der Behörde einzureichen, die für das Anhörungsverfahren zuständig ist. Diese holt die Stellungnahmen der Beteiligten (insbesondere der beteiligten Gemeinden und Behörden) ein, veranlasst die Auslegung des Plans und erörtert die erhobenen Einwände (sog. Anhörungsverfahren: § 73 VwVfG). Die Planfeststellungsbehörde setzt dann den Plan durch Beschluss fest (sog. Planfeststellungsbeschluss, s.o.) und stellt ihn den Beteiligten zu (zu beachten ist aber die Möglichkeit der öffentlichen Bekanntmachung nach § 74 V VwVfG). Der Planfeststellungsbeschluss ist ein **Verwaltungsakt**. Jeder Bürger, dessen Belange durch das Vorhaben berührt werden (z.B. durch Lärm), kann Einwendungen gegen den Plan erheben, die zu erörtern sind. Lässt er die Einwendungsfrist verstreichen, sind die Ansprüche auf Unterlassen des Vorhabens, auf Beseitigung oder Änderung der Anlagen oder auf Unterlassung der Benutzung ausgeschlossen (formelle Präklusion, § 75 II S. 1 VwVfG). **994**

II. Abwägung/Abwägungsfehler eines Plans

1. Planerisches Abwägungsgebot

Wesentliches Merkmal der Planung ist das planerische Abwägungsgebot. Alle den Plan betreffenden öffentlichen und privaten Belange müssen gerecht gegeneinander abgewogen werden. Der Betroffene hat ein **subjektives öffentliches Recht** auf gerechte Abwägung der eigenen Belange.[997] Die Ebene der gerichtlichen Überprüfbarkeit von planerischen Abwägungsentscheidungen bestimmt sich nach der Rechtsnatur dieser Normstruktur. Da es weniger um Ermessensgesichtspunkte als um eine Optimierung und Konfliktbewältigung zwischen privaten und öffentlichen Belangen geht, handelt es sich bei den planerischen Abwägungsnormen rechtsdogmatisch um **unbe-** **995**

---

[996] Vgl. dazu *Mayen*, NVwZ 2008, 835 ff.
[997] Vgl. BVerwGE 107, 215, 220; VGH Mannheim NVwZ 2000, 1187. Vgl. dazu auch *Muckel*, NVwZ 1999, 963; *Schmidt-Preuß*, DVBl 1999, 193; *Schütz*, NVwZ 1999, 929; OVG Lüneburg NVwZ-RR 2001, 11; OVG Münster NVwZ-RR 2001, 14; VGH Mannheim NVwZ-RR 2001, 13 und *Dageförde*, NVwZ-Beilage II/2001, 19, 20.

stimmte Rechtsbegriffe. Daher bleibt es bei der grundsätzlich vollen Überprüfbarkeit durch die Verwaltungsgerichte. Zu beachten ist jedoch: Würde das Gericht einzelne Belange herausheben und isoliert überprüfen, würde das gesamte aufeinander abgestimmte System ausformulierter Ziele und Belange im Nachhinein in Frage gestellt werden. Aus diesem Grund konzentriert sich die gerichtliche Kontrolle auf bestimmte Fehlertypen: Zunächst ist zu prüfen, ob das geplante Vorhaben überhaupt erforderlich ist. Der Sache nach geht es um eine **Planrechtfertigung**. Sodann sind Planungsentscheidungen auf mögliche **Abwägungsfehler** sowohl im engeren als auch im weiteren Sinn hin zu untersuchen. Hierzu hat sich eine bestimmte **Fehlertypik** entwickelt. Als Abwägungsfehler (am Beispiel des Abwägungsvorgangs nach § 2 III bzw. § 1 VII BauGB) kommen in Betracht:

996   ▪   **Abwägungsausfall** (es findet überhaupt keine Abwägung statt)

Von einem Abwägungsausfall ist regelmäßig auszugehen, wenn die Gemeinde sich bereits *vor* Durchführung des Planungsverfahrens auf ein bestimmtes Planungsergebnis festgelegt hat, sog. **Vorabbindung**. Denn die eigene Verantwortlichkeit der Gemeinde für die Bauleitplanung (§ 2 I S. 1 BauGB als baurechtliche Konkretisierung der Planungshoheit gem. Art. 28 II GG) fordert, dass die Gemeinde die nach § 2 III BauGB erforderliche Ermittlung und Bewertung der abwägungserheblichen Belange selbst und im Zeitpunkt der Planaufstellung vornimmt. Davon kann aber nicht mehr gesprochen werden, wenn z.B. für alle Beteiligten schon vorher feststand, dass eine bestimmte Industriezone an einem bestimmten Platz errichtet werden soll. Denn dann wurden das Für und Wider der Abwägungsvorschriften (siehe nur §§ 1 VII, 1a BauGB, 50 BImSchG, Nr. 18.5 der Anlage 1 zum UVPG) offenbar nicht (zumindest nicht im Zeitpunkt der Planaufstellung) gegeneinander abgewogen. Deshalb spricht man von einer „Vorabbindung" (= Abwägungsausfall) der Gemeinde.

Allerdings verstößt nicht jede Vorabbindung der Gemeinde gegen § 2 III BauGB. Denn häufig sind dem Planverfahren Besprechungen, Abstimmungen, Zusagen etc. zwischen der Gemeinde und Privaten vorgeschaltet. Das gilt insbesondere für sog. **vorhabenbezogene Bebauungspläne** (vgl. dazu *R. Schmidt*, BauR, Rn 127, 166). Solche „informalen" Absprachen können sogar unerlässlich sein, damit die Gemeinde überhaupt sachgerecht planen kann. Deshalb kann nicht jede Vorabbindung indifferent als rechtswidrig angesehen werden. Daher sind Vorabbindungen zulässig, wenn sie die planungsrechtliche Zuständigkeitsordnung wahren und inhaltlich nicht zu beanstanden sind, d.h. dem Abwägungsgebot genügen.[998] Ob im Einzelfall eine zulässige oder unzulässige Vorabbindung vorliegt, ist durch **Auslegung** des § 2 III BauGB zu ermitteln. Es ist danach zu fragen, ob und in welchem Umfang § 2 III BauGB eine Vorabbindung und damit die Ermittlung und Bewertung der abwägungserheblichen Belange im Vorfeld des Planaufstellungsbeschlusses zulässt.

Beispiel: Im Rahmen eines vorhabenbezogenen Bebauungsplans verlangt § 12 I S. 1 BauGB ausdrücklich eine Abstimmung zwischen dem Vorhabenträger und der Gemeinde vor Durchführung des Planverfahrens: Der Vorhabenträger tritt mit einem Plan zur Durchführung der Vorhaben und der Erschließungsmaßnahmen (Vorhaben- und Erschließungsplan) an die Gemeinde heran und stimmt diesen Plan mit ihr ab. In diesem Zusammenhang verpflichtet er sich zur Durchführung des Vorhabens und der Erschließungsmaßnahmen (Durchführungsvertrag). Von einer unzulässigen Vorabbindung kann erst dann gesprochen werden, wenn die Gemeinde den Plan des Vorhabenträgers abwägungslos übernimmt. Denn dann wäre der Plan gerade nicht „von der Gemeinde in eigener Verantwortung" aufgestellt i.S.v. § 2 I S. 1 BauGB und die Belange wären von ihr nicht ausreichend ermittelt und bewertet i.S.v. § 2 III BauGB.

---

[998] Vgl. BVerwGE 34, 309, 321.

Berücksichtigt man also die Zusammenschau von § 2 III BauGB und § 12 I S. 1 BauGB, liegt jedenfalls dann keine rechtswidrige Vorabbindung vor, wenn im Bereich eines vorhabenbezogenen Bebauungsplans die Voraussetzungen des § 12 I S. 1 BauGB eingehalten wurden. Ein Abwägungsausfall liegt in diesem Fall nicht vor.

- **Abwägungsdefizit** (eine Abwägung findet zwar statt, aber nicht alle Belange werden einbezogen, die nach Lage der Dinge einbezogen werden müssten)   997

  Wenn eine Gemeinde beispielsweise auf dem Gebiet eines ehemaligen Kokswerkes ein Wohngebiet ausweist und dabei die mögliche Kontaminierung des Bodens nicht berücksichtigt, hat sie einen entscheidenden Punkt (§ 1 VI Nr. 7, § 1a BauGB) in ihre Abwägung nicht einbezogen, der nach Lage der Dinge hätte einbezogen werden müssen. Im Übrigen ist hier die Umweltverträglichkeit maßgeblich.

- **Abwägungsfehleinschätzung** (die Belange werden zwar ordnungsgemäß ermittelt und in die Abwägung eingebracht, jedoch wird die *Bedeutung* eines öffentlichen oder privaten Belangs verkannt)   998

  Wenn die Gemeinde beispielsweise im obigen Gebiet eines ehemaligen Kokswerkes ein Wohngebiet ausweist und dabei zwar die mögliche Kontaminierung des Bodens berücksichtigt, jedoch die Bedeutung dieser Kontamination für die Gesundheit der Siedler verkennt, liegt eine Abwägungsfehleinschätzung vor. Das Gleiche gilt, wenn die Gemeinde die Bedeutung der Umweltverträglichkeit verkennt.

- **Abwägungsdisproportionalität** (falsche *Gewichtung* der Belange; Disproportionalität in der Abwägung)[999]   999

  Die gerichtliche Überprüfung dieses Gesichtspunktes bereitet außerordentlich große Schwierigkeiten. Die juristischen Möglichkeiten, Fehleinschätzungen und falsche Gewichtungen bei der planerischen Abwägung zu erfassen, setzen ein geschultes Judiz voraus. In Anlehnung an das zu den Beurteilungsspielräumen Gesagte (Rn 283 ff., 599 ff.) ist bei der gerichtlichen Überprüfung des Abwägungsergebnisses die Einschätzungsprärogative des Planaufstellers zu beachten. Sofern es aber um die Umweltverträglichkeit von Bauvorhaben geht, ist aufgrund der von § 1 VI Nr. 7 und § 1a BauGB ausgehenden präjudizierenden Wirkung von einem eingeschränkten Gestaltungsspielraum und von einer erhöhten richterlichen Kontrolldichte auszugehen.

Zu beachten ist jedoch die sog. **Fehlerkausalität**: Abwägungsfehler sind nur dann beachtlich (und gerichtlich zu beanstanden), wenn sie sich auf das Ergebnis ausgewirkt haben.[1000] Beachtliche Fehler führen zur Nichtigkeit des Plans. Insbesondere bei **Bebauungsplänen** sind gesetzliche (Un-)Beachtlichkeitsregelungen zu beachten: 1000

2. (Un-)Beachtlichkeit nach § 214 BauGB

Klausurrelevant ist insbesondere die Überprüfung eines Bebauungsplans. Zwar führen auch hier Abwägungsfehler grundsätzlich zur Nichtigkeit des Bebauungsplans. Zu beachten ist aber die **(Un-)Beachtlichkeitsregelung des § 214 I-III** BauGB. Nach **§ 214 III S. 2 Hs. 2** BauGB ist ein festgestellter Verstoß gegen das **Abwägungsgebot** nur dann beachtlich, wenn er *offensichtlich* ist und sich *auf das Abwägungsergebnis ausgewirkt* hat.[1001]   1001

---

[999] Aufgrund der fehlenden Trennschärfe der Abgrenzung ist es auch vertretbar, die Abwägungsfehleinschätzung und die Abwägungsdisproportionalität in einem Prüfungspunkt zusammenzufassen.
[1000] VGH Kassel NVwZ 2003, 875, 880; *Ronellenfitsch*, NVwZ 1999, 583, 589.
[1001] Vgl. dazu *Kuhla*, NVwZ 2002, 542, 544 zur bisherigen Rechtslage.

1002 Ein *offensichtlicher Mangel im Abwägungsvorgang* i.S.v. § 214 III S. 2 Hs. 2 BauGB liegt vor, wenn konkrete Umstände positiv und klar auf einen Abwägungsmangel hindeuten.[1002] Ein offensichtlicher Mangel im Abwägungsvorgang hat *Einfluss auf das Abwägungsergebnis*, wenn nach den Umständen des jeweiligen Falls die konkrete Möglichkeit besteht, dass ohne den Mangel im Planungsvorgang die Planung anders ausgefallen wäre. Mängel im Abwägungsergebnis sind stets beachtlich, ohne dass es auf die Offensichtlichkeit des Mangels ankäme. Zu beachten ist aber die in § 215 I BauGB genannte Rügefrist. Danach müssen Abwägungsfehler innerhalb einer Frist von 1 Jahr seit Bekanntgabe des Plans gerügt werden.

3. Ergänzendes Verfahren nach § 214 IV BauGB

1003 Zum ergänzenden Verfahren (§ 214 IV BauGB) gilt das bei *R. Schmidt*, BauR, Rn 61 ff. und 106 (Form- und Verfahrensfehler) Gesagte entsprechend. In materieller Hinsicht ist insbesondere die grundsätzliche Anwendbarkeit des § 214 IV BauGB auf beachtliche **Abwägungsmängel** von Bedeutung.[1003] Die Möglichkeit des ergänzenden Verfahrens nach § 214 IV BauGB scheidet aber aus, wenn der Abwägungsmangel von solcher Art und Schwere ist, dass er die Grundzüge der Planung berührt bzw. den Kern der Abwägungsentscheidung betrifft.[1004]

1004 Die Unzulässigkeit des ergänzenden Verfahrens in Bezug auf besonders schwere Abwägungsmängel hat zum Hintergrund, dass die Abwägung nicht nur einen nicht nachvollziehbaren Prozess der vergleichenden Bewertung gegenläufiger Belange mit dem Ziel einer zweckgerichteten, auf Erzielung eines Kompromisses gerichteten Entscheidung, sondern auch einen einheitlichen und unteilbaren Prozess darstellt. Eine nachträgliche Korrektur einzelner Belange würde das Abwägungsergebnis in Frage stellen. Daher scheidet die Möglichkeit des ergänzenden Verfahrens nach § 214 IV BauGB aus, wenn „der Abwägungsmangel von solcher Art und Schwere ist, dass er die Grundzüge der Planung berührt" bzw. „den Kern der Abwägungsentscheidung betrifft". Das ergänzende Verfahren kann somit nur zulässig sein, wenn es um punktuelle Nachbesserung bei ansonsten intakter Gesamtplanung geht.[1005]

> **Beispiele**[1006]**:** Nach der Rechtsprechung kommt eine Planerhaltung nicht in Betracht
>
> ⇨ bei der Inanspruchnahme privater Grundstücke für öffentliche Zwecke, ohne dass rechtfertigende gewichtige öffentliche Belange vorliegen,
>
> ⇨ bei Nichtberücksichtigung von Betriebserweiterungsabsichten eines Landwirts bei der Ausweisung nicht überbaubarer Grundstücksflächen
>
> ⇨ oder bei fehlender Realisierungsmöglichkeit einer Planung.

1005 Nach der Neuregelung des § 1 VI Nr. 7 und des § 1a BauGB ist auch der naturschutzrechtliche Aspekt ein gewichtiger Gegenstand der Abwägung und nicht mehr – wie seinerzeit vom BVerwG angenommen[1007] – lediglich eine gewichtige Randfrage, deren Änderung und Ergänzung die planerische Konzeption der Gemeinde nicht in Frage stellt.

1006 Wird die Möglichkeit des ergänzenden Verfahrens bejaht, bleibt die Satzung gleichwohl (dauerhaft) unwirksam, wenn die Gemeinde von der Möglichkeit der Fehlerbehebung keinen Gebrauch macht.

[1002] Vgl. *Ronellenfitsch*, NVwZ 1999, 583, 589.
[1003] Vgl. BVerwG NVwZ 2000, 1053 f.; *Schmidt*, NVwZ 2000, 977, 981; *Dolde*, NVwZ 2001, 976, 978.
[1004] BVerwG NVwZ 2000, 1053; BVerwG NVwZ 1999, 414 u. 420; *Dolde/Menke*, NJW 1999, 1070, 1081; *Gaentzsch*, NVwZ 2000, 993, 997; *Dolde*, NVwZ 2001, 976, 979 f.; *Kintz*, JuS 2000, 1099, 1104.
[1005] Vgl. *J. Schmidt*, NVwZ 2000, 977, 981; *Dolde*, NVwZ 2001, 976, 980 f.
[1006] Vgl. *J. Schmidt*, NVwZ 2000, 977, 981; *Dolde*, NVwZ 2001, 976, 979 f.
[1007] BVerwG NVwZ 2000, 1053; vgl. auch *J. Schmidt*, NVwZ 2000, 977, 981.

4. Kein Verstoß gegen sonstiges höherrangiges Recht

Schließlich ist zu beachten, dass der Bebauungsplan nicht gegen sonstiges höherrangiges Recht verstoßen darf, wie insbesondere gegen Art. 14 GG oder die Entschädigungsregelung bei einem Enteignungsverfahren (§§ 39-44 BauGB). Des Weiteren führt eine Missachtung von Planungsleitsätzen wie

1007

- dem bereits genannten Umweltschutzgebot (§ 1 VI Nr. 7, § 1a BauGB)
- dem Trennungsgebot (§§ 41, 50 BImSchG)
- dem Abstimmungsgebot zugunsten benachbarter Gemeinden (§ 2 II BauGB)
- der Umweltverträglichkeit (§ 2 I UVPG)
- den generellen und konkreten Planungsleitlinien (§ 1 V-VII BauGB)

zur Nichtigkeit des Bebauungsplans, sofern nicht eine Unbeachtlichkeit gem. § 214 BauGB angenommen werden kann.

> **Hinweis für die Fallbearbeitung:** Die gutachtentechnische Verortung der Überprüfung von unbestimmten Rechtsbegriffen, von Beurteilungsspielräumen und planerischen Abwägungsentscheidungen erfolgt bei der Begründetheit, und zwar im Rahmen der Überprüfung der Vereinbarkeit der zu untersuchenden Maßnahme mit der Rechtsgrundlage.
>
> Darüber hinaus kann ein Plan, der als Satzung ergeht (vgl. nur den Bebauungsplan gem. § 10 BauGB), entweder inzident überprüft werden, wenn z.B. ein Bauherr gegen die Versagung einer Baugenehmigung klagt, oder prinzipal, wenn der Bauherr von vornherein die Überprüfung des Bebauungsplans anstrebt. Im ersten Fall ist eine Individualklage (Anfechtungsklage, Verpflichtungsklage, Feststellungsklage oder allgemeine Leistungsklage) statthaft, im zweiten Fall ein Normenkontrollverfahren gem. § 47 VwGO.

Zur Überprüfung eines (Bebauungs-)Plans vgl. insbesondere die ausführliche Darstellung zum Normenkontrollverfahren bei *R. Schmidt*, VerwProzR, Rn 831 ff., und zum Baurecht *R. Schmidt*, BauR, Rn 18 ff.

I. Privatrechtliches Handeln der Verwaltung

1008 Grundsätzlich ist es der Verwaltung nicht verwehrt, im Bereich der Leistungsverwaltung privatrechtlich zu handeln. Hier hat sie grundsätzlich ein Wahlrecht, ob sie öffentlich-rechtlich oder privatrechtlich handelt.[1008] Da aber eine Behörde wegen Art. 1 III, 20 III GG niemals das Recht zur Beliebigkeit haben kann, muss der Frage nachgegangen werden, wo die Grenzen der privatrechtlichen Tätigkeit liegen und welchen öffentlich-rechtlichen Bindungen die öffentliche Verwaltung bei ihrer privatrechtlichen Tätigkeit unterliegt. Zur Beantwortung dieser Frage muss zwischen dem Verwaltungsprivatrecht (siehe sogleich) und der Fiskalverwaltung (siehe Rn 1041 ff.) unterschieden werden.

I. Verwaltungsprivatrecht

1009 **Verwaltungsprivatrecht** liegt vor, wenn ein öffentlich-rechtlicher Verwaltungsträger Verwaltungsaufgaben in privatrechtlicher Form erfüllt.

1010 Die klausurrelevantesten Probleme in dieser Beziehung ergeben sich bei der Vergabe von **Subventionen**, bei der Zulassung zur Benutzung von **öffentlichen Einrichtungen** und bei der **Versorgungs- und Entsorgungstätigkeit** des Staates oder der Gemeinden. Ferner sei der **öffentliche Personennahverkehr** genannt. Zur Grundrechtsbindung vgl. Rn 1039 ff.

1. Subventionen und Bürgschaften

a. Subventionen

1011 Subventionen i.e.S. (**Direktsubventionen**) sind vermögenswerte Zuwendungen, die der Staat oder ein anderer Träger öffentlicher Verwaltung unmittelbar oder durch Dritte an Privatpersonen zur Förderung eines im öffentlichen Interesse liegenden **Zwecks** leistet.

> **Beispiel:** Der Staat fördert Landwirte, die eine ökologische Tierhaltung betreiben, **(a)** durch zinsgünstige Darlehen und **(b)** durch nicht zurückzuzahlende (also „verlorene") Zuschüsse, um der Maul- und Klauenseuche entgegenzutreten.

1012 Entsprechend der o.g. Einführung müssen verschiedene Problemkreise unterschieden werden. Grundsätzlicher Natur ist die Frage, unter welchen Voraussetzungen Subventionen überhaupt vergeben werden dürfen, ob also z.B. eine formell-materielle Rechtsgrundlage erforderlich ist oder ob ein Haushaltsplan i.V.m. Subventionsrichtlinien genügt. Sodann geht es um die Frage, ob und unter welchen Voraussetzungen die Subventionsvergabe in der Form des Privatrechts erfolgen darf und welchen öffentlich-rechtlichen Bindungen die Behörde dabei unterliegt.

1013 **Merke:** Geht es um Subventionsvergabe und möchte sich der Hoheitsträger des Mittels des Privatrechts bedienen, müssen folgende Problemkreise unterschieden werden:

(1) Bedarf es einer speziellen Rechtsgrundlage (etwa in Form eines Subventionsgesetzes) oder genügt ein Haushaltsgesetz i.V.m. Subventionsrichtlinien?

(2) Darf die Behörde im Rahmen der Subventionsgewährung privatrechtlich tätig sein?

(3) Wenn ja, welchen öffentlich-rechtlichen Bindungen unterliegt sie dabei?

[1008] BVerwGE 92, 56, 64; 94, 229, 231; 96, 71, 73 f.

Zu (1): Die Frage, unter welchen Voraussetzungen Subventionen überhaupt verge- **1014**
ben werden dürfen, wurde bereits bei Rn 206 ff. behandelt. Da bei Subventionen
i.d.R. jedoch keine besondere gesetzliche Form vorgeschrieben ist, greift hier die
besagte Wahlfreiheit.

Zu (2): Die Wahlfreiheit ändert jedoch nichts daran, dass die Entscheidung, ob eine **1015**
Subvention vergeben wird, öffentlich-rechtlich ist. Denn die Behörde entscheidet nun
einmal aufgrund ihrer hoheitlichen Befugnis über die Leistungsvergabe. Das schließt
wiederum nicht aus, dass die **spätere Abwicklung privatrechtlich** erfolgen kann.
An diesen Umstand knüpft die hierzu entwickelte **Zwei-Stufen-Theorie**[1009] an:
Vollzieht sich die Subventionierung nicht in einem Akt, sondern erstreckt sich wie in
Variante **(a)** des obigen Beispiels auf einen längeren Zeitraum (Subvention in Form
eines **Darlehens** oder einer **Bürgschaft**), tritt zu der Bewilligung häufig ein privatrechtliches Rechtsverhältnis in Form eines Darlehens- oder Bürgschaftsvertrags (vgl.
§§ 488 ff., §§ 765 ff. BGB) hinzu. Bei dieser Handlungsform entscheidet zunächst die
Behörde über die Gewährung (die Bewilligung) oder Versagung beispielsweise des
beantragten Darlehens (**1. Stufe**). Diese Entscheidung über das „Ob" der Gewährung
der Subvention (oder der Benutzung einer öffentlichen Sache) ist stets eine Frage der
öffentlich-rechtlichen Zweckbestimmung und somit *unmittelbare Folge des öffentlichen Rechts.*[1010] Zur Durchführung der Subventionierung, das „Wie", wird sodann ein
privatrechtlicher (Darlehens-)Vertrag zwischen Subventionsgeber und Subventionsempfänger abgeschlossen (**2. Stufe**).

Übersicht: Subventionsdarlehen

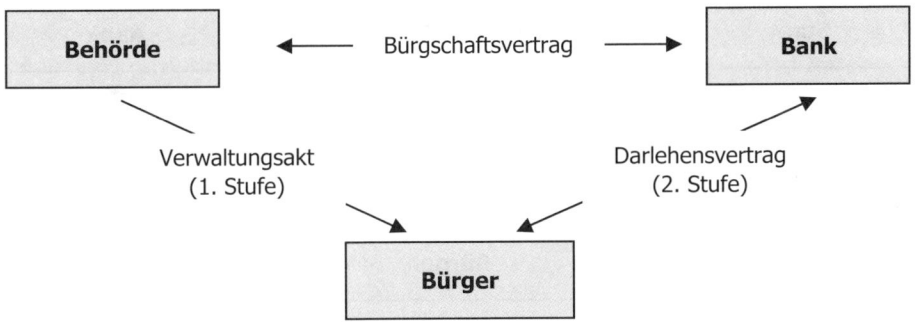

Hinweis für die Fallbearbeitung: Die Unterscheidung zwischen der 1. Stufe und **1016**
der 2. Stufe ist vor allem für die Bestimmung des **zulässigen Rechtswegs** von
Bedeutung. In der Fallbearbeitung, bei der es um die Erfolgsaussichten einer gerichtlichen Klage geht, muss demnach festgestellt werden, dass die Entscheidung
bezüglich des „Ob" der Subventionsvergabe stets eine *unmittelbare Folge des öffentlichen Rechts* ist und für diesbezügliche Streitigkeiten der **Verwaltungsrechtsweg** gem. § 40 I S. 1 VwGO offensteht. Für die **statthafte Klageart** gilt Folgendes: Begehrt jemand eine Subvention, ist die **Verpflichtungsklage** statthaft, da
die Entscheidung über das „Ob" der Gewährung aufgrund der mit ihr verbundenen
Regelungswirkung einen Verwaltungsakt darstellt. Möchte hingegen ein Dritter die
Subvention angreifen (Fall der Konkurrentenabwehrklage), ist die **Anfechtungsklage** statthaft. Geht es dem Dritten dagegen darum, ebenfalls in den Genuss einer

---

[1009] BVerwGE 1, 308, 310; 7, 180, 187; 13, 47, 54; 13, 307, 309 ff.; 45, 13, 14; BVerwG DVBl 2006, 118 ff.; BGHZ 40,
206, 210; 52, 155, 160; 61, 296, 299; *Kühling/el-Barudi*, Jura 2006, 675 ff.
[1010] Das gilt auch für die Rücknahmeentscheidung (vgl. OVG Magdeburg NVwZ 2002, 108).

> Begünstigung zu kommen, ist jedenfalls die **Verpflichtungsklage** statthaft (Fall der Konkurrentengleichstellungsklage).
>
> Kann der Dritte die Begünstigung nur dann erhalten, wenn er den Begünstigten aus dessen Position entfernt (etwa weil das Kontingent bereits erschöpft ist), muss er nach h.M. in kumulativer Klagenhäufung (§ 44 VwGO) zusätzlich eine Anfechtungsklage erheben (Fall der Konkurrentenverdrängungsklage). Vgl. dazu die Ausführungen zu den betreffenden Klagearten dargestellt bei *R. Schmidt*, VerwProzR.
>
> Ob der geltend gemachte Anspruch in tatsächlicher Hinsicht besteht, ist eine Frage der Begründetheit der Klage.

b. Subventionsbürgschaft

1017 Bei einer **Subventionsbürgschaft** übernimmt der Staat (= Subventionsgeber) eine Bürgschaft gegenüber einem privaten Kreditinstitut zugunsten eines privaten Kreditnehmers (= Subventionsempfänger).

1017a Die **Zwei-Stufen-Theorie** findet hier selbst von denen Zustimmung, die ihr sonst ablehnend gegenüberstehen: Auf der **1. Stufe** erklärt sich der Staat durch den Erlass eines Verwaltungsakts gegenüber dem Subventionsempfänger bereit, für dessen Verpflichtungen zu bürgen. Auf der **2. Stufe** schließt der Staat mit dem Gläubiger (der Bank) einen privatrechtlichen Bürgschaftsvertrag (§ 765 BGB). Die Bank wiederum schließt mit dem Subventionsempfänger einen Darlehensvertrag (§ 488 BGB).

Übersicht: Darlehensbürgschaft

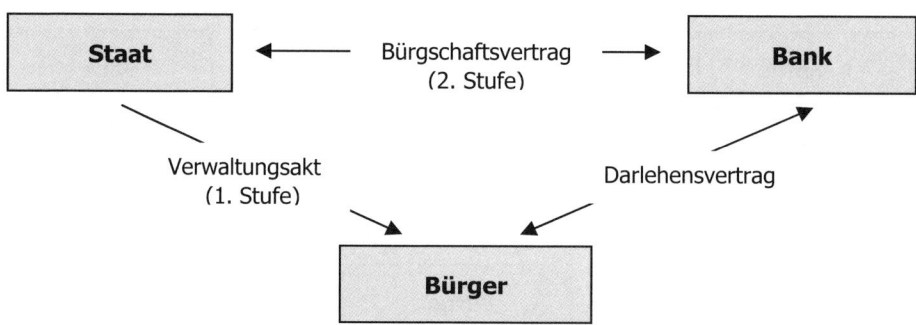

1017b Zu beachten ist, dass der grundsätzlich im Bereich der Leistungsverwaltung eingeschränkte Gesetzesvorbehalt nicht gilt, wenn eine ausdrückliche Rechtsgrundlage gefordert wird. So ist gem. § 39 I BHO für die Übernahme von Bürgschaften, die zu Ausgaben in künftigen Haushaltsjahren führen können (was bei mittel- und langfristigen Bürgschaftsverträgen stets anzunehmen sein wird), eine Ermächtigung durch förmliches Bundesgesetz erforderlich. Zu den Schwierigkeiten, die bei der Lösung von Konfliktfällen entstehen, in denen beispielsweise der Bewilligungsbescheid nichtig ist, zurückgenommen oder widerrufen wird, vgl. oben. Im Übrigen sei auf die Ausführungen zum Subventionsdarlehen verwiesen.

1017c Gleiches gilt hinsichtlich der sog. **Hermes-Bürgschaften**. Darunter sind staatliche Ausfuhrgewährleistungen zu verstehen, die durch die von der Bundesregierung hierfür mandatierte Euler Hermes Kreditversicherung AG übernommen werden. Hermes-Bürgschaften geben deutschen Unternehmen die Möglichkeit, sich bei der Lieferung in schwierige und risikoreiche Märkte sowohl gegen wirtschaftliche (Kundenrisiken) als auch politische Risiken (Länderrisiken) abzusichern. Sie sind im Rahmen der Exportkreditversicherung ein bedeutender Bestandteil der deutschen Ausfuhrförderungspolitik. Die Absicherung ist allerdings nicht kostenfrei. Der Staat vergibt Bürgschaften nur gegen Entgelte und zwar in Abhängigkeit von Art, Umfang und Laufzeit eines Geschäfts sowie der Risikoeinstufung des Importlandes. Für den Schadensfall ist eine Selbstbeteiligung des Exporteurs vorgesehen, die je nach Absicherungsform im Regelfall zwischen 5 % und 15 % liegt.[1011]

Übersicht: Hermes-Bürgschaft

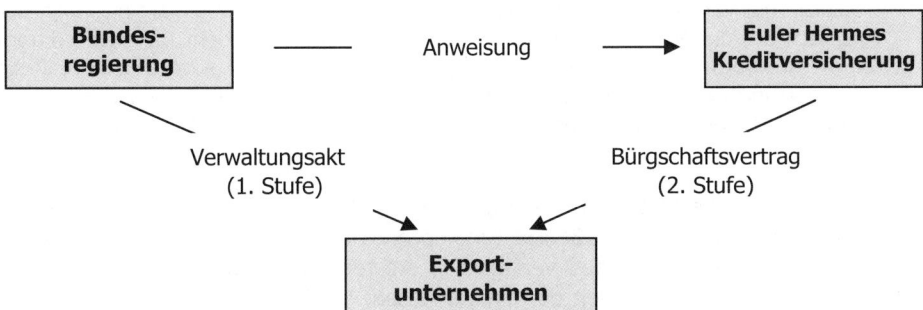

Unter Anwendung der Zwei-Stufen-Theorie ist die Entscheidung, *ob* die Hermes-Bürgschaft erteilt wird, öffentlich-rechtlich (1. Stufe). Demgegenüber ist der Vertrag zwischen der Bundesrepublik Deutschland, vertreten durch die Kreditversicherungs-AG, und dem deutschen (Export-)Unternehmer entweder ein Gewährleistungsvertrag gem. § 311 I BGB oder ein Sicherungsvertrag und damit der 2. Stufe zuzuordnen.[1012]

Der **Vorteil** der Zwei-Stufen-Theorie besteht zweifellos in dem mit ihr verbundenen Grundrechtsschutz (Gleichheitssatz) und in der verwaltungsgerichtlichen Kontrollmöglichkeit bei der Entscheidung über die Bewilligung. Darüber hinaus streitet die privatwirtschaftliche Effizienz (praktikable Rechtsformen) bei der Durchführung des Vorhabens für diese Theorie. Die Zwei-Stufen-Theorie ist allerdings einiger **Kritik** ausgesetzt: So wird ein einheitliches Lebensverhältnis nicht nur in zwei Rechtsverhältnisse getrennt, sondern diese Rechtsverhältnisse werden auch noch verschiedenen Rechtsbereichen und damit verschiedenen Rechtswegen zugeordnet (Rechtswegspaltung).[1013] Darüber hinaus können Abgrenzungsschwierigkeiten zwischen der ersten und der zweiten Stufe auftreten: Das „Ob" kann nicht rein abstrakt erfolgen, sondern muss in einem Mindestmaß substantiiert werden und enthält daher inhaltliche Aussagen (Modalitäten), die auch im Darlehens- oder Bürgschaftsvertrag festgelegt werden können.[1014]

1018

Fraglich ist weiter das Verhältnis der beiden Stufen zueinander. So ist unklar, wie zu entscheiden ist, wenn beispielsweise der Bewilligungsbescheid nichtig ist, zurückgenommen oder widerrufen wird. Eine Auswirkung auf den an sich rechtlich selbstständig zu beurteilenden Darlehens- oder Bürgschaftsvertrag ist in diesen Fällen unvermeidbar.

1019

[1011] Zu § 39 I BHO vgl. bereits Rn 1017b.
[1012] Vgl. dazu BGH ZIP 1996, 2125.
[1013] *Maurer*, AllgVerwR, § 17 Rn 14 ff.; *Ehlers*, in: Schoch/Schneider/Bier, VwGO, § 40 Rn 255 ff.
[1014] *Maurer*, AllgVerwR, § 17 Rn 16.

Höchstrichterlich entschieden worden ist lediglich, dass § 49a VwVfG (dazu Rn 741) nicht anwendbar ist, wenn die zu erstattenden Leistungen auf der Grundlage eines *unwirksamen* Verwaltungsakts erbracht worden sind.[1015] Ist also der ursprüngliche Verwaltungsakt, auf dessen Grundlage die Subventionsgewährung erfolgte, nichtig, kann die Behörde die erbrachten Leistungen nicht über § 49a VwVfG zurückverlangen. Das gilt auch dann, wenn die ursprüngliche Leistung gemäß der Zwei-Stufen-Theorie im Rahmen eines privatrechtlich ausgestalteten Abwicklungsverhältnisses (etwa durch Darlehensvertrag) ausgezahlt wurde. Denn während sich aus dem Bewilligungsbescheid nur ein Anspruch auf Abschluss des Darlehensvertrags ergibt, folgt der Anspruch auf die Auszahlung der Darlehenssumme allein aus dem Darlehensvertrag. Da die Rückforderung das Gegenstück (*actus contrarius*) zur Auszahlung ist, teilt sie deren Rechtscharakter. Sie ist daher ebenfalls dem bürgerlichen Recht zuzuordnen und muss vor den ordentlichen Gerichten mit Hilfe einer Leistungsklage geltend gemacht werden.[1016]

1020 Daher werden einige Alternativen zur Zwei-Stufen-Theorie diskutiert, deren Darstellung aber den Rahmen dieser Bearbeitung sprengen würde, zumal das Subventionsrecht auf der Internetseite des Verlags zum kostenlosen Download zur Verfügung gestellt ist. Daher wird insoweit dorthin verwiesen. Dort findet sich auch eine detaillierte Darstellung zum **Konkurrenzschutz**.

1021 Zu (3): Zu der Frage, welchen öffentlich-rechtlichen Bindungen die Behörde bei der privatrechtlich ausgestalteten Subventionsvergabe unterliegt, vgl. Rn 1039.

2. Öffentliche Sachen und öffentliche Einrichtungen

a. Öffentliche Sachen

1022 **Öffentliche Sachen** sind alle Sachen, die der öffentlichen Verwaltung zur Erfüllung ihrer Aufgaben dienen (Straßen, Wasser, Verwaltungsgebäude etc.).

1023 Öffentliche Sachen entstehen durch **Widmung**, d.h. sie erhalten eine öffentliche Zweckbestimmung, wobei der jeweilige Widmungsakt durch Gesetz, Verordnung, Satzung, Verwaltungsakt[1017], aber auch durch schlicht-hoheitliches Handeln (tatsächliches Zur-Verfügung-Stellen) oder Gewohnheitsrecht bzw. langjährige Übung und (tatsächlich) durch die Indienststellung erfolgen kann. Auch Mischformen sind denkbar.

Beispiele: Die Stadt B sperrt in einer Geschäftsstraße den Durchgangsverkehr und erklärt die Straße mittels Allgemeinverfügung zur Fußgängerzone. In einer Satzung legt die Stadt fest, welche Tätigkeiten zulassungsfrei erlaubt sind und welche einer besonderen Zulassung bedürfen.

1024 Werden durch einen Bebauungsplan öffentliche Verkehrsflächen festgesetzt, ist die Gemeinde verpflichtet, die zu den Verkehrsflächen gehörenden Straßen (durch Allgemeinverfügung) zu widmen, damit die Festsetzungen realisiert werden.

1025 Umgekehrt erfolgt die Rückgängigmachung der Widmung (Entwidmung oder Teilentwidmung bspw. nach den entsprechenden Vorschriften der Landesstraßengesetze, siehe sogleich) i.d.R. durch einen entsprechenden *actus contrarius*, wobei dann bei der Frage nach dessen Voraussetzungen – beispielsweise bei der Rechtswegeröffnung – auf den ursprünglichen Akt abzustellen ist.

[1015] BVerwG NJW 2006, 536 f.
[1016] Vgl. nunmehr auch BVerwG NJW 2006, 536 f.
[1017] Insbesondere die Widmung von öffentlichen Straßen (vgl. etwa § 2 I FStrG, § 5 BremLStrG) erfolgt i.d.R. durch Verwaltungsakt, meist in Form der Allgemeinverfügung i.S.d. § 35 S. 2 VwVfG.

Bei den öffentlichen Straßen spricht man insoweit von **„Einziehung"**. Denkbar ist auch, dass der *Umfang* der bisherigen Widmung eingeschränkt werden soll. Bei den öffentlichen Straßen spricht man daher von **„Teileinziehung"**.[1018] Im Bereich des Straßenrechts sei noch auf das Institut der *Umstufung* hingewiesen: Die öffentlichen Straßen sind nach ihrer Verkehrsbedeutung in verschiedene Straßengruppen eingeteilt (vgl. z.B. § 1 II FStrG: Bundesautobahnen, Bundesstraßen oder auf Landesebene z.B. § 3 I BrandStrG: Landstraßen, Kreisstraßen, Gemeindestraßen). Bei Veränderung der jeweiligen Verkehrsbedeutung ist die jeweilige Zuordnung zu ändern (*Abstufung, Aufstufung*, vgl. z.B. § 2 III a, IV FStrG; § 6 BremLStrG).

1026

Bezüglich der Benutzung von öffentlichen Sachen ist zwischen dem Gemeingebrauch und der Sondernutzung zu unterscheiden. **Gemeingebrauch** liegt vor, wenn die öffentliche Sache „jedermann" ohne besondere Zulassung zur Benutzung im Rahmen ihrer öffentlichen Zweckbestimmung, also der Widmung, offensteht. Der Betreffende hat also grundsätzlich einen Anspruch auf Nutzung der öffentlichen Sache im Rahmen ihrer Widmung.

1027

Beispiele:
(1) A stellt seinen zugelassenen Lkw über Nacht und am Wochenende auf einer öffentlichen Straße (im Gewerbegebiet) ab. ⇨ Das darf er zulassungsfrei, weil der ruhende Verkehr vom Begriff des Gemeingebrauchs umfasst ist, soweit das betreffende Fahrzeug zum Straßenverkehr zugelassen ist.
(2) B betreibt ein Straßencafé und verkauft Eis von einem Fenster zur Straße hin. ⇨ Auch hier liegt Gemeingebrauch vor, weil B für das Anbieten der Ware keinen Straßenraum beansprucht, der der Allgemeinheit vorenthalten werden könnte.
(3) C spricht in der Fußgängerzone während der Wahlkampfphase Passanten an und wirbt dabei für die politische Partei, in der er Mitglied ist. ⇨ Das darf er zulassungsfrei, weil der Begriff des Gemeingebrauchs vor dem Hintergrund der Art. 5 I, III und 21 GG weit auszulegen ist.

Demgegenüber spricht man von **Sondernutzung**, wenn eine öffentliche Sache über ihren Widmungszweck hinaus benutzt wird. Bei den *öffentlichen Straßen* liegt eine Sondernutzung grundsätzlich dann vor, wenn sie nicht primär zu Verkehrszwecken benutzt werden.[1019]

1028

Beispiele:
(1) D spricht in der Fußgängerzone Passanten an und betreibt dabei kommerzielle Werbung. ⇨ Da gewerbliche Werbung den Gemeingebrauch übersteigt, liegt eine Sondernutzung vor.
(2) E versieht sein Fahrzeug mit einer Reklameaufschrift und stellt es am Straßenrand in der Innenstadt ab. ⇨ Das Abstellen von Kfz zu gewerblichen Zwecken stellt eine Sondernutzung dar, da der öffentliche Straßenraum insoweit lediglich als Ausstellungsraum gebraucht wird[1020] (anders wäre es, wenn E sein zugelassenes und betriebsbereites Kfz nur mit einer Verkaufsofferte versehen hätte; dann wäre ein Verkehrsinteresse nach wie vor gegeben).[1021]
(3) Gleiches gilt für den Straßenverkauf von Zeitungen, auch wenn dadurch die Pressefreiheit (Art. 5 I S. 2 GG) tangiert wird (str.)[1022], sowie für reine Werbefahrten im Straßenverkehr (str.).[1023] Auch soll die Benutzung eines sog. Partybikes („Bierbikes", d.h. eines mit Rädern und Pedale versehenen Tresens) eine straßenrechtli-

---

[1018] Zum diesbezüglichen Rechtsschutz vgl. BVerfG NVwZ 2009, 1426; *Selmer*, JuS 2010, 662 ff.
[1019] Vgl. dazu BVerfG NVwZ 2007, 1306 ff.; OVG Münster NVwZ 2002, 218; OVG Münster DÖV 2012, 287 f.
[1020] OVG Hamburg NVwZ-RR 2010, 34 ff.
[1021] Vgl. auch OVG Münster NVwZ 2002, 218, 219.
[1022] Vgl. BVerfG NVwZ 2007, 1306 ff. zum Verkauf von Sonntagszeitungen.
[1023] *Stern/Blanke*, VerwProzR in der Klausur, Rn 103.

che Sondernutzung darstellen, weil die Zweckbestimmung der Verkehrsvorgänge mit dem Partybike verkehrsfremd sei. Der Hauptzweck bestehe nicht in einer Ortsveränderung zum Personentransport, sondern darin, Partys, Feiern oder ähnliche Veranstaltungen auf der Straße durchzuführen[1024] (a.A. mit entsprechender Argumentation, dass die Fortbewegung nicht ganz in den Hintergrund trete, vertretbar).

(4) Fraglich ist auch, ob das Abstellen von Wohnmobilen am Straßenrand zwecks Ausübung der Prostitution als Gemeingebrauch oder als Sondernutzung anzusehen ist. Das VG Hamburg hat entschieden, dass – auch wenn die Wohnmobile nur vorübergehend abgestellt und damit formal „geparkt" würden – aufgrund der primär verfolgten gewerblichen Tätigkeit ein straßenverkehrsrechtlicher Zusammenhang nicht gegeben sei. Beim Abstellen von Wohnmobilen oder anderen Fahrzeugen, um in diesen Fahrzeugen die Prostitution auszuüben, handele es sich nicht mehr um eine Teilnahme am Straßenverkehr, sondern um eine straßenverkehrsfremde Nutzung des öffentlichen Straßenraums. In der Rechtsprechung sei anerkannt, dass die gewerbliche Nutzung des öffentlichen Straßenraums eine Sondernutzung darstelle.[1025] Diese Auffassung vermag nicht gänzlich zu überzeugen. Denn begründet man die Verneinung des Gemeingebrauchs des öffentlichen Verkehrsraums allein mit der gewerblichen Nutzung, müsste man auch jeden Güterkraftverkehr und jede geschäftlich veranlasste Benutzung des Straßenraums als (zulassungspflichtige) Sondernutzung ansehen. Daher kann man die Verneinung des Gemeingebrauchs nicht mit der „gewerblichen Nutzung" begründen, sondern ausschließlich mit dem fehlenden straßenverkehrsrechtlichen Bezug.

1029 Gerade aufgrund der Nutzung über den Widmungszweck hinaus ist eine besondere Zulassung erforderlich. Streitigkeiten über Sondernutzungserlaubnisse sind öffentlich-rechtlicher Natur und vor den **Verwaltungsgerichten** auszutragen. Gleiches gilt, wenn gerade in Frage steht, ob ein bestimmtes Verhalten vom Begriff des Gemeingebrauchs umfasst ist oder einer Sondernutzungserlaubnis bedarf. Bezüglich der statthaften Klageart gilt Folgendes: Weiß der Kläger, dass er einer Sondernutzungserlaubnis bedarf und weigert sich die Behörde, eine solche zu erteilen, ist die Verpflichtungsklage statthaft. Ist dagegen strittig, ob der Kläger für sein Vorhaben überhaupt einer Sondernutzungserlaubnis bedarf, ist regelmäßig die Feststellungsklage statthaft, mit deren Hilfe die Genehmigungsfreiheit geklärt werden soll.[1026] Möchte schließlich ein Dritter die dem Begünstigten erteilte Sondernutzungserlaubnis abwehren, kann er Anfechtungsklage erheben.

1030 Vgl. hinsichtlich öffentlicher Sachen auch die Darstellung auf der Internetseite des Verlags. Daher wird auch diesbezüglich insoweit (insbesondere hinsichtlich der „**Fußgängerzonenfälle**" und der „**Zeitungsverkaufsfälle**") auf die dortigen weiterführenden Ausführungen verwiesen.

b. Öffentliche Einrichtungen

Zwar unterfallen auch öffentliche Einrichtungen dem (weitergehenden) Begriff der öffentlichen Sachen. Aufgrund der bestehenden Besonderheiten sollen sie jedoch in einem eigenen Abschnitt dargestellt werden.

1031 **Öffentliche Einrichtungen** wie beispielsweise Schwimmbäder, Museen, Bibliotheken, Theater, Stadthallen, Wasserschleusen etc. sind *bestimmten öffentlichen Zwe-*

[1024] OVG Münster DÖV 2012, 287 f. (mit Bespr. v. *Hebeler*, JA 2012, 717); bestätigt von BVerwG NVwZ 2012, 1623, 1624 f. Siehe auch den Klausurfall v. *Meyer*, JA 2013, 137 ff.
[1025] VG Hamburg NVwZ-RR 2010, 370 ff.; vgl. auch *Kerst*, JA 2011, 935, 942 f.
[1026] Vgl. nunmehr auch BVerfG NVwZ 2007, 1306.

cken gewidmete Leistungseinrichtungen im Bereich staatlicher Daseinsvorsorge (Vorsorgeverwaltung), die der Bürger auch im Rahmen der öffentlichen Zweckbestimmung nur nach besonderer Zulassung nutzen kann.[1027]

> **Beispiel:** Die Stadt S hat ihre Stadthalle bereits mehrfach politischen Parteien für die Durchführung von Veranstaltungen zur Verfügung gestellt. Betrieben wird die Stadthalle (a) durch einen Regie- oder Eigenbetrieb der Stadt oder (b) durch eine Betreiber-GmbH („Stadthallen-GmbH"), deren Geschäftsanteile sich im Eigentum der Stadt befinden. In beiden Fällen werden mit den Nutzern privatrechtliche Mietverträge gemäß §§ 535 ff. BGB geschlossen. Möchte nun beispielsweise eine umstrittene politische Partei einen Parteitag abhalten und sollte sich die Betreiber-Gesellschaft weigern, die Stadthalle diesbezüglich zur Verfügung zu stellen, stellt sich die Frage nach dem Zulassungsanspruch.

Auch hinsichtlich der Benutzung kommunaler oder städtischer öffentlicher Einrichtungen gilt, dass die Entscheidung über die Zulassung zur Benutzung stets öffentlich-rechtlich durch Verwaltungsakt erfolgt (**1. Stufe**). Das Benutzungsverhältnis, bei dem es um die Modalitäten der Nutzung geht (Dauer der Nutzung, Höhe des Entgelts, Verhaltenspflichten etc.) ist der **2. Stufe** zuzuordnen. Anders als bei den Subventionen ist diese 2. Stufe jedoch nicht stets dem Privatrecht zuzuordnen. Es ist zu unterscheiden: **1032**

aa. Betreiber-Gesellschaft ist ein Eigen- oder Regiebetrieb

Betreibt die öffentliche Hand die Einrichtung in Eigenregie bzw. durch einen Eigenbetrieb (Konstellation a), hat sie die Formenwahlfreiheit: Sie ist frei in ihrer Entscheidung, ob sie das Benutzungsverhältnis öffentlich-rechtlich *oder* privatrechtlich ausgestaltet. Gestaltet sie das Benutzungsverhältnis **öffentlich-rechtlich** aus (Indizien dafür sind: Benutzungssatzung, Benutzungsgebühr oder Hinweis auf öffentlich-rechtliche Rechtsbehelfe), sind Streitigkeiten auch hinsichtlich der Benutzungsmodalitäten **öffentlich-rechtlich** und daher vor den Verwaltungsgerichten auszutragen. Die Zwei-Stufen-Theorie ist hier überflüssig. Handelt es sich indes um eine privatrechtliche Ausformung des Benutzungsverhältnisses (was i.d.R. anzunehmen ist, wenn die Benutzungsregeln durch AGB statt durch Satzung festgelegt werden oder wenn von einem Benutzungsentgelt statt von einer Benutzungsgebühr die Rede ist), entscheiden hinsichtlich der Zulassung (**1. Stufe**) die Verwaltungsgerichte und hinsichtlich der Benutzungsmodalitäten (**2. Stufe**) die Zivilgerichte. Kann nicht zweifelsfrei festgestellt werden, ob das Benutzungsverhältnis öffentlich-rechtlich oder privatrechtlich ausgestaltet ist, spricht die Vermutung für ein öffentlich-rechtliches Handeln. In diesem Fall ist eine Unterscheidung zwischen den beiden Stufen überflüssig, da sowohl hinsichtlich des Zulassungsanspruchs als auch hinsichtlich des Benutzungsverhältnisses die Verwaltungsgerichte entscheiden. **1033**

bb. Betreiber-Gesellschaft ist eine juristische Person des Privatrechts

Zwar ist es den Gemeinden nicht verwehrt, auch auf dem Gebiet der öffentlichen Daseinsvorsorge juristische Personen des Privatrechts (insbesondere GmbH, AG) zu gründen oder sich an ihnen zu beteiligen, um diese mit dem Betrieb einer öffentlichen Einrichtung zu betrauen. Da aber eine staatliche Stelle wegen Art. 1 III, 20 III GG niemals das Recht zur Beliebigkeit haben kann, darf das Betreiben einer öffentlichen Einrichtung durch eine juristische Person des Privatrechts nicht zur Folge haben, dass sich der Träger der öffentlichen Gewalt seiner öffentlich-rechtlichen Bindung entledigt **1034**

[1027] Vgl. *Bull/Mehde*, AllgVerwR, § 16 Rn 822; OVG Bautzen NVwZ 2002, 615 (Parteitag in Stadthalle). Zur grundsätzlichen Problematik der Privatisierung vgl. bereits Rn 118 ff.

(„**keine Flucht ins Privatrecht**"). Daher muss eine hinreichende Einflussmöglichkeit gewährleistet sein. Die Gemeinde muss also entweder sämtliche Anteile an der juristischen Person des Privatrechts halten (Ein-Mann-GmbH, Gemeinde als Alleinaktionär) oder einen bestimmenden Einfluss ausüben (z.B. als Mehrheitsaktionär oder aufgrund vertraglicher Regelung; zu den Einzelheiten siehe sogleich).[1028] Diese Mehrheitsverhältnisse ändern jedoch nichts an der Tatsache, dass es sich bei der Betreiber-Gesellschaft um eine juristische Person des Privatrechts handelt. Daher kann auch das Benutzungsverhältnis ausschließlich privatrechtlich ausgestaltet sein. Das führt zu einer Zweigleisigkeit des Rechtswegs. Im Einzelnen gilt:

▪ Derjenige, der den Zugang zu der öffentlichen Einrichtung begehrt, kann zunächst die Betreiber-Gesellschaft **zivilgerichtlich** auf Abschluss eines Mietvertrags (§ 535 BGB) verklagen. Denn aufgrund der Eigenschaft der Betreiber-Gesellschaft als juristische Person des Privatrechts ist diese rechtsfähig (vgl. § 13 I GmbHG, § 1 I S. 1 AktG) und auch vor Gericht passivlegitimiert. Jedoch wird eine solche Klage kaum Aussicht auf Erfolg haben, da grundsätzlich kein Kontrahierungszwang besteht. Etwas anderes gilt ausnahmsweise nur dann, wenn eine gesetzliche Bestimmung existiert, die einen Vertragsschluss vorschreibt (das ist etwa im Personenbeförderungs- und im Wettbewerbsrecht der Fall) oder wenn die Ablehnung eine vorsätzliche sittenwidrige Schädigung i.S.v. § 826 BGB bedeuten würde. Jedenfalls ist die Wahl des Zivilrechtswegs unschädlich, da auch die Zivilgerichte die verbleibende öffentlich-rechtliche Bindung gem. § 17 II S. 1 GVG beachten müssen.[1029] Die **Zwei-Stufen-Theorie** macht hier **keinen Sinn**.

▪ Fraglich ist, ob eine Klage vor dem **Verwaltungsgericht** mehr Erfolg verspricht. Als Klagegegner kommt der hinter der GmbH oder AG stehende Träger der öffentlichen Gewalt in Betracht. Denn wie gesagt, darf das Betreiben einer öffentlichen Einrichtung durch eine Privatperson nicht zur Folge haben, dass sich der Träger der öffentlichen Gewalt seiner öffentlich-rechtlichen Bindung entledigt. Würde also die Stadt (bzw. die Gemeinde) die öffentliche Einrichtung selbst betreiben und bestünden etwa aufgrund der bisherigen Vergabepraxis über Art. 3 I GG eine Selbstbindung der Verwaltung und daher ein Zulassungsanspruch, kann nichts anderes gelten, wenn sich die Stadt (oder die Gemeinde) zur Erfüllung ihrer ihr obliegenden Aufgaben einer Privatperson bedient. Daher hat der Bürger auch unmittelbar gegen die Stadt (oder die Gemeinde) einen öffentlich-rechtlichen Zulassungsanspruch. Fraglich ist lediglich, wie sich dieser Anspruch rechtstechnisch darstellt. Ein Anspruch gegen die Stadt (oder die Gemeinde) auf Erlass eines „Zulassungsverwaltungsakts" kommt nicht in Betracht. Denn dadurch, dass die Stadt (oder die Gemeinde) eine juristische Person des Privatrechts eingesetzt hat, ist allein *diese* befugt, über die Zulassung zur Nutzung zu entscheiden. Etwas anderes wäre gesellschaftsrechtlich unzulässig, weil gem. § 76 I AktG allein der Vorstand und gem. § 35 I GmbHG allein der Geschäftsführer entscheidet. Das heißt jedoch nicht, dass der Anteilseigner keinerlei Einflussmöglichkeiten hätte. Soweit eine GmbH unmittelbare Trägerin der Einrichtung ist, muss § 53 GmbHG beachtet werden.

Die Einflussmöglichkeit auf die Geschäftsführung wird maßgeblich durch die dort genannten Mehrheitsverhältnisse bestimmt. Bei einer AG müssen §§ 76, 77, 78 und 111 AktG beachtet werden, wonach der Vorstand zwar weisungsunabhängig ist, jedoch die Einflussmöglichkeit der Stadt oder der Gemeinde in Form eines Beherrschungsvertrags gemäß §§ 291 I S. 1, 308 AktG besteht. Sofern sich die Geschäftsanteile ausschließlich oder weit überwiegend in der Hand der Stadt (oder der Gemeinde) befinden, ist also eine Einwirkungsmöglichkeit gegeben. Klagt der Abgewiesene somit verwaltungsgerichtlich gegen die Stadt (oder die Gemeinde) auf Zulassung, stellt dieser geltend

---

[1028] Vgl. auch OVG Bautzen SächsVBl 2005, 15 f.; SächsVBl 2003, 147.
[1029] Vgl. dazu im Einzelnen BVerwG NVwZ 1991, 59; 1990, 754; VG Hannover NdsVBl 2003, 305; BGH NVwZ 2003, 506; DVBl 2000, 557; *Rennert*, in: Eyermann, VwGO, § 40 Rn 56 u. 58; *Kopp/Schenke*, VwGO, § 40 Rn 16; *Ehlers*, in: Schoch/Schneider/Bier, VwGO, § 40 Rn 296 f.

gemachte Zulassungsanspruch nach der Terminologie der Zwei-Stufen-Theorie die **1. Stufe** dar. Ist der Anspruch begründet, muss die Stadt (bzw. die Gemeinde) dann ihren Einfluss auf die privatrechtlich organisierte Betreiber-Gesellschaft dahingehend ausüben, dass diese die öffentliche Einrichtung zur Verfügung stellt. Seitens des Klägers besteht ein öffentlich-rechtlicher Verschaffungsanspruch (Einwirkungsanspruch) gegenüber der Stadt (bzw. der Gemeinde). Dieser Verschaffungsanspruch ist ein umgewandelter Zulassungsanspruch und ist letztlich Folge des in den Gemeindeordnungen oder Kommunalgesetzen geregelten Zulassungsanspruchs, der immer dann besteht, wenn die beantragte Nutzung im Rahmen der öffentlichen Zweckbestimmung liegt und kein Versagungsgrund vorliegt.[1030] Wird der Verschaffungsanspruch klageweise geltend gemacht, handelt es sich um eine öffentlich-rechtliche Streitigkeit, für die der Verwaltungsrechtsweg gem. § 40 I S. 1 VwGO eröffnet ist. Streitigkeiten hinsichtlich der Benutzungsmodalitäten betreffen das privatrechtlich ausgestaltete Nutzungsverhältnis, stellen daher die **2. Stufe** dar. Diesbezügliche Ansprüche des Bürgers sind gegen den privaten Betreiber zu richten. Hier handelt es sich um privatrechtliche Streitigkeiten, die gem. § 13 GVG in die Zuständigkeit der Zivilgerichte fallen.

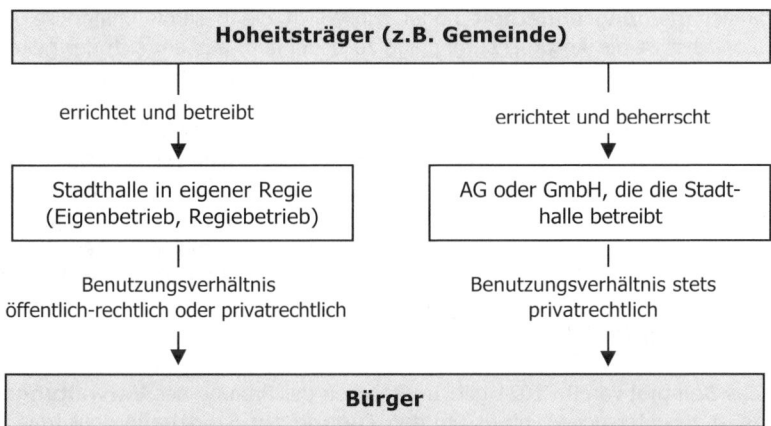

Zusammenfassung und Hinweis für die Fallbearbeitung: Soweit über den <u>Zulassungsanspruch</u> (also das „Ob" der Benutzung) in Bezug auf die Nutzung einer privatrechtlich betriebenen öffentlichen Einrichtung gestritten wird, ist bei einer prozessual eingekleideten Prüfungsarbeit zwischen prozessualen und materiellen Aspekten zu unterscheiden:

Hinsichtlich der Prüfung des **Verwaltungsrechtswegs** bieten sich zwei Vorgehensweisen an: Zum einen ist es zulässig, die Eröffnung des Verwaltungsrechtswegs schlicht mit der **Zwei-Stufen-Theorie** zu begründen. Danach ist der Verwaltungsrechtsweg allein deshalb eröffnet, weil sich die Entscheidung über die Zulassung als unmittelbare Folge der öffentlichen Zweckbestimmung darstellt. Zum anderen kann bereits abschließend geklärt werden, ob eine öffentliche Einrichtung vorliegt. Denn dadurch wird die Prüfung der wahren Natur des behaupteten Anspruchs ermöglicht und die Rechtswegfrage nicht durch den Klägervortrag bestimmt. Folge dieser Vorgehensweise wäre aber, dass dann die in Betracht kommende Anspruchsgrundlage (beispielsweise eine Vorschrift der Gemeindeordnung oder § 5 I PartG i.V.m. Art. 3 I GG auf Gleichbehandlung) untersucht werden müsste. Insbesondere wäre zu prüfen, ob eine (öffentliche) Einrichtung vorliegt, wodurch die Prüfung eines erforderlichen Widmungsakts angezeigt wäre. Insgesamt müsste man nahezu die vollständige Begründetheitsprüfung im Rahmen der Eröffnung des Verwaltungsrechtswegs vorziehen. Diese Vorgehensweise kann zu einer extremen „Kopflastigkeit" des Gutachtens führen.

1035

[1030] Vgl. z.B. § 10 II BaWüGO; Art. 57 I BayGO; § 20 I HessGO; § 8 II NRWGO.

Daher scheint es angebracht, die Rechtswegfrage schlicht über die Zwei-Stufen-Theorie zu klären.

Unter dieser Prämisse gilt für die **statthafte Klageart** Folgendes:

⇨ Handelt es sich bei der öffentlichen Einrichtung um einen Eigen- oder Regiebetrieb, ist eine gegen den Rechtsträger des Eigenbetriebs erhobene Verpflichtungsklage statthaft, die darauf gerichtet ist, den Eigen- oder Regiebetrieb gemäß einer hierarchischen Weisung zu verpflichten, die gewünschte Zulassung vorzunehmen (direkte Verurteilung des Verwaltungsträgers zur Zulassung).

⇨ Ist die öffentliche Einrichtung als GmbH oder AG organisiert, kommt wegen der Rechtsfähigkeit einer solchen Gesellschaft eine direkte Verurteilung des Verwaltungsträgers zur Zulassung der Benutzung nicht in Betracht. Erwirkt werden kann aber auch hier die Verurteilung, die Stadt (bzw. die Gemeinde) habe auf das von ihr beherrschte Privatrechtssubjekt derart einzuwirken, dass dem Antragsteller Zugang gewährt wird (sog. **Einwirkungs- oder Verschaffungsanspruch**). Hier wäre die allgemeine Leistungsklage statthaft. Im einstweiligen Rechtsschutz ist dagegen stets der Antrag auf Erlass einer einstweiligen Anordnung gem. § 123 VwGO statthaft.

Im Rahmen der **Begründetheit** findet schließlich die gesamte materielle Prüfung statt: Zunächst ist die Anspruchsgrundlage zu benennen, aus der sich der geltend gemachte Zulassungsanspruch herleiten lassen könnte. Sodann sind deren Tatbestandsvoraussetzungen zu prüfen. Liegen diese vor, besteht grundsätzlich ein Zulassungsanspruch. Etwas anderes gilt nur dann, wenn übergeordnete Belange dagegen sprechen, etwa wenn – im Fall der Vermietung einer Stadthalle an eine rechtsradikale politische Partei und angekündigten Demonstrationen von links – die Polizei die Parteimitglieder als sog. Nichtstörer in Anspruch nehmen müsste. Besteht aber ein Zulassungsanspruch, ergeht die gerichtliche Verurteilung der Stadt (bzw. der Gemeinde), diese habe ihren Einfluss auf die privatrechtlich organisierte Betreiber-Gesellschaft dahingehend auszuüben, dass diese die öffentliche Einrichtung zur Verfügung stellt (sog. Einwirkungs- oder Verschaffungsanspruch).

Für das **Beispiel** von Rn 1031 gilt: Im Rahmen der Prüfung des **Verwaltungsrechtswegs** ist zu untersuchen, ob es um den **Zugang zur Stadthalle** geht (das „Ob" der Benutzung) oder ob die **Art und Weise der Benutzung** (das „Wie" der Benutzung) Gegenstand der Auseinandersetzung ist. Ist bei dieser zweistufigen Betrachtungsweise die **Zulassung** zur öffentlichen Einrichtung zu untersuchen, ist *Anspruchsgegner* unabhängig von der Organisationsform die öffentliche Hand, vorliegend die Stadt. Der Verwaltungsrechtsweg ist eröffnet. Statthaft ist die allgemeine Leistungsklage gerichtet auf Verschaffung der Zulassung zur Nutzung. Ob dieses Ergebnis in Anbetracht der aktuellen Rspr. des BVerfG zu den gemischtwirtschaftlichen Unternehmen (*R. Schmidt*, Grundrechte, Rn 80) noch uneingeschränkt Geltung beanspruchen kann (vgl. Rn 1039), bleibt abzuwarten.

3. Weitere Bereiche des Verwaltungsprivatrechts

1036 Trotz zunehmender (materieller) Privatisierung vieler Bereiche der öffentlichen Verwaltung besitzt die öffentliche Hand nach wie vor die Verantwortung für einige wichtige Gebiete der Daseinsvorsorge. Das betrifft neben der bereits behandelten Subventionsvergabe, der Zur-Verfügung-Stellung von öffentlichen Sachen (insbesondere die Bereitstellung von öffentlichen Einrichtungen) auch die **Versorgungs- und Entsorgungstätigkeit** des Staates oder der Gemeinden. Ferner sei der **öffentliche Personennahverkehr**, aber auch der **Flugverkehr**, genannt.

Beispiele:

(1) Die Gemeinde versorgt ihre Einwohner mit Wasser und Strom (Versorgungsenergien) **(a)** über ihre öffentlich-rechtlich organisierten Eigen- oder Regiebetriebe oder **(b)** über die von ihr beherrschten privatrechtlich organisierten Energieversorgungsunternehmen (AG oder GmbH). In beiden Konstellationen werden mit den Einwohnern privatrechtliche Energielieferungsverträge geschlossen.

(2) Die Gemeinde nimmt den öffentlichen Personennahverkehr durch eine AG wahr, deren Aktien sich ausschließlich oder überwiegend in ihrer Hand befinden. Mit den Fahrgästen werden privatrechtliche Beförderungsverträge geschlossen.[1031]

(3) Der Bund und mehrere Länder haben sich am Frankfurter Flughafen, d.h. an der Fraport-AG, beteiligt; deren Aktien befinden sich zu 52% im Eigentum der öffentlichen Hand.[1032]

Hinsichtlich der Frage nach der Rechtsnatur von Maßnahmen der Verwaltung in diesen Bereichen (jedenfalls bei Beispielen 1 und 2) ist hier ebenfalls auf die oben behandelte **Zwei-Stufen-Theorie** einzugehen: | **1037**

Zu den Beispielen:

(1) Geht es um den Anschluss an das öffentliche Versorgungs- oder Entsorgungsnetz, steht die Frage des „Ob" im Mittelpunkt. Hier ist der Verwaltungsrechtsweg eröffnet. Streiten sich die Parteien dagegen etwa über die Höhe der Versorgungskosten (das „Wie"), ist zu differenzieren:

In Beispiel (1a) kann die Verwaltung das Benutzungsverhältnis sowohl hoheitlich als auch privatrechtlich ausgestalten. Hier ist je nach Ausgestaltung der Fallfrage der Verwaltungsrechtsweg oder der Zivilrechtsweg eröffnet. In Beispiel (1b) kann über die Frage des „Wie" nur das Zivilgericht entscheiden.

(2) Auch hier entscheidet über den Zulassungsanspruch das Verwaltungsgericht. Würde es demgegenüber um Fragen der Benutzung gehen, etwa um den Erlass eines Rauchverbots auf den Bahnsteigen oder in der Bahn selbst, wäre eine Klage vor den ordentlichen Gerichten zu erheben, da die Beförderungsverträge privatrechtlich ausgestaltet sind.

(3) Zu Beispiel (3) vgl. Rn 1039.

4. Zur Grundrechtsbindung im Bereich des Verwaltungsprivatrechts

Erfüllt die Verwaltung – auch wenn sie in Privatrechtsform auftritt – *öffentliche* Aufgaben, ist es selbstverständlich, dass sie an die **Grundrechte**, insbesondere an den allgemeinen Gleichheitssatz und an die allgemeinen **Grundsätze rechtsstaatlichen Handelns** (Art. 1 III, 20 III GG, Grundsatz der Verhältnismäßigkeit) gebunden ist.[1033] Den Verwaltungsbehörden ist es somit bei der Erfüllung von (Wirtschafts-)Verwaltungsaufgaben in Privatrechtsform anstelle von öffentlich-rechtlichen Formen untersagt, sich den grundrechtlichen Bindungen zu entziehen (**„keine Flucht ins Privatrecht"**). Wegen des Anwendungsvorrangs des EU-Rechts kann sie sich darüber hinaus auch nicht durch die Wahl der Privatrechtsform den unionsrechtlichen Bindungen entziehen.[1034] | **1038**

Hinsichtlich (sonstiger) gemischtwirtschaftlicher Unternehmen, also solcher Unternehmen, bei denen neben dem Staat auch Private Anteile halten (Beispiel: Fraport AG), hat das BVerfG entschieden, dass diese wegen Art. 1 III GG unmittelbar an die | **1039**

[1031] Vgl. dazu auch *Kämmerer*, NVwZ 2004, 28 ff.
[1032] Vgl. dazu BVerfG NJW 2011, 1201 ff.
[1033] BGH NVwZ 2010, 531, 532 ff.; BGHZ 52, 325, 327 ff.; BGH DVBl 2003, 942; NJW 1992, 171, 173; *Peine*, Allg-VerwR, § 11 Rn 315.
[1034] EuGH NJW 1991, 3086 ff.

Grundrechte gebunden seien, wenn sie von den öffentlichen Anteilseignern beherrscht würden. Dies sei in der Regel der Fall, wenn mehr als die Hälfte der Anteile im Eigentum der öffentlichen Hand stünden. In diesem Fall sei das Unternehmen wegen seiner Beherrschung durch öffentliche Anteilseigner genau wie ein Unternehmen, das im Alleineigentum des Staates stehe, als Träger hoheitlicher Gewalt zu qualifizieren. Der Staat solle sich durch die Wahl der Privatrechtsform im Rahmen seines Handelns nicht der Grundrechtsbindung entziehen, das heißt ins Privatrecht fliehen können. Daher sei die Fraport-AG, deren Geschäftsanteile sich zu 52% in öffentlicher Hand befänden, **unmittelbar an die Grundrechte** gebunden.[1035]

Daraus folgt, dass Bürger unmittelbar gegen das Unternehmen vorgehen können, wenn es um die Ausübung von Grundrechten, etwa um eine Demonstration auf dem öffentlich zugänglichen Flughafengelände geht.[1036] Umgekehrt kann sich das vom Staat beherrschte Unternehmen nicht auf Grundrechte berufen.[1037]

Bezüglich des einzuschlagenden **Rechtswegs** befürwortet das BVerfG auch, wenn es um den unmittelbaren Zulassungsanspruch geht, den Zivilrechtsweg. Das ist wegen § 17 II S. 1 GVG, wonach das Zivilgericht den Streit unter allen rechtlichen Gesichtspunkten (und damit auch bezüglich der Grundrechtsbindung) entscheiden muss, keine Rechtsschutzverkürzung. Ist demnach auch die Frage nach dem Zulassungsanspruch (also dem „Ob" der Benutzung) gegenüber gemischtwirtschaftlichen Unternehmen vor dem Zivilgericht auszutragen, könnte dies eine **Abkehr von der Zwei-Stufen-Theorie** einläuten. Hier bleibt die weitere Entwicklung abzuwarten.

Zu beachten ist, dass es sich bei der Frage der Grundrechtsbindung von gemischtwirtschaftlichen Unternehmen **nicht um einen Fall der sog. mittelbaren Drittwirkung** bzw. der horizontalen Wirkung der Grundrechte (dazu Rn 124) handelt. Denn während sich die Drittwirkungsfrage nur stellt, wenn sich tatsächlich zwei Private gegenüberstehen, gelten die Grundrechte unmittelbar, wenn der Staat beherrschend an einem wie auch immer organisierten Unternehmen beteiligt ist.[1038]

1040 Schwieriger ist die Frage nach der Grundrechtsbindung der öffentlichen Hand im Bereich der **Fiskalverwaltung** zu beantworten:

[1035] BVerfG NJW 2011, 1201, 1202. Vgl. auch *Sachs*, JuS 2011, 665 ff.; *Muckel*, JA 2011, 557 ff.; *Enders*, JZ 2011, 577 ff.; *Kramer*, JA 2011, 810 ff.; *R. Schmidt*, Grundrechte, Rn 80.
[1036] BVerfG NJW 2011, 1201, 1205.
[1037] BVerfG NJW 2011, 1201, 1202; *R. Schmidt*, Grundrechte, Rn 80.
[1038] So ausdrücklich BVerfG NJW 2011, 1201, 1203 f.

II. Rein fiskalisches Handeln

Fiskalverwaltung liegt vor, wenn die öffentliche Verwaltung Geschäfte zur Bedarfsdeckung (fiskalische Hilfsgeschäfte) tätigt, sich erwerbswirtschaftlich betätigt oder ihre Vermögensgegenstände verwaltet.   **1041**

Bei der eigentlichen Fiskalverwaltung tritt die Verwaltung als Privatrechtssubjekt auf und nimmt wie jeder andere am Wirtschaftsleben teil. Das Verhältnis zwischen ihr und dem Bürger kann in diesem Bereich also **ausschließlich privatrechtlich** sein und der Regelung des § 13 GVG unterfallen. Die teilweise noch verbleibende Grundrechtsbindung wird von den **ordentlichen Gerichten** beachtet (§ 17 II S. 1 GVG).[1039]   **1042**

Es sind verschiedene Arten der Fiskalverwaltung zu unterscheiden: die **fiskalischen Hilfsgeschäfte**, die **erwerbswirtschaftliche Betätigung** und die **Verwaltung eigener Vermögensgegenstände**.   **1043**

Fiskalische Hilfsgeschäfte: Darunter sind zum einen das Beschaffungswesen bzw. Veräußerungswesen und zum anderen das öffentliche Auftragswesen zu verstehen. Beispiele finden sich bei Rn 42 ff.   **1044**

Zur Grundrechtsbindung der Verwaltung in diesem Bereich gilt folgende Überlegung: Da hier die Verwaltung – im Gegensatz zum Verwaltungsprivatrecht – lediglich wie jeder andere Private privatrechtlich am Wirtschaftsleben teilnimmt, ist eine umfassende Grundrechtsbindung nicht sachgerecht.[1040] Allerdings darf nicht verkannt werden, dass dem Träger öffentlicher Gewalt gerade im Bereich des Beschaffungswesens ein erheblicher Steuerungsmechanismus gegenüber der Wirtschaft zur Verfügung steht. Daher besteht stets die Gefahr, etwa in der Auftragsvergabe, dass ein vorgeschriebenes förmliches Ausschreibungsverfahren nur dem Schein nach oder überhaupt nicht durchgeführt und so der Gleichheitssatz aus politischen oder anderen Gründen nicht beachtet wird. Aus diesem Grund scheint es sachgerecht, im Bereich der fiskalischen Hilfsgeschäfte zwar nicht die volle Grundrechtsbindung anzunehmen[1041], zumindest aber den allgemeinen **Gleichheitssatz** und das **Willkürverbot** (Art. 3 I GG) uneingeschränkt anzuwenden.   **1045**

> **Beispiel:** Die Verwaltung der Gemeinde G kauft ihre Büromaterialien (= fiskalisches Hilfsgeschäft zur Bedarfsdeckung) nur deshalb nicht von einem bestimmten Büroausstatter, weil dieser eine andere politische Meinung vertritt.
>
> Dieses Verhalten verstößt gegen den Gleichheitssatz und das Willkürverbot.

Zur Anwendung der **Zwei-Stufen-Theorie** auf die fiskalischen Hilfsgeschäfte vgl. Rn 51.

Erwerbswirtschaftliche Betätigung: Der Hoheitsträger wird erwerbswirtschaftlich tätig, wenn er in unternehmerischer Weise am Wirtschaftsverkehr teilnimmt bzw. sich an einem privaten Unternehmen (Handelsgesellschaft oder juristische Person des Privatrechts) beteiligt. Beispiele finden sich bei Rn 44.   **1046**

Bei der Frage nach der Grundrechtsbindung in diesem Bereich muss zunächst geklärt werden, inwieweit die öffentliche Hand hier überhaupt privatrechtlich tätig werden und wie jedes Wirtschaftsunternehmen Gewinne erzielen darf. Verfassungsrechtlich ist es m.E. schwierig, den damit verbundenen Eingriff in die Wettbewerbsfreiheit, d.h. in die individu-   **1047**

[1039] Vgl. BGH NVwZ 2002, 1141 ff.; *Meyer*, NVwZ 2002, 1075 ff.; *Renck*, JuS 2000, 1001.
[1040] Der BGH (BGHZ 36, 91, 95; 97, 312, 316; 154, 146, 150) verneint in diesem Bereich die Geltung der Grundrechte mit dem Argument, dass insb. Art. 3 I GG durch die Wahl des Geschäftspartners nicht eingeschränkt sein soll.
[1041] So aber ein Teil der Lit., vgl. etwa *Höfling*, in: Sachs, GG, Art. 1 Rn 95; *Jarass*, in: Jarass/Pieroth, GG, Art. 1 Rn 28; *Cremer*, DÖV 2003, 923 ff.

ellen Interessen privater Wettbewerber zu legitimieren.[1042] Das EU-Recht und das GATT stehen einer erwerbswirtschaftlichen Betätigung der öffentlichen Hand jedenfalls nicht entgegen.[1043] Das Grundgesetz und die Landesverfassungen enthalten keine klare Aussage für oder gegen die Zulässigkeit erwerbswirtschaftlicher Betätigung. Insbesondere besteht kein ausdrückliches Verbot. Art. 87f I GG enthält zwar den verfassungsrechtlichen Auftrag der Privatisierung des Post- und Telekommunikationssektors, beschränkt sich aber gleichzeitig auf dieses Segment. Auch die Finanzverfassung, die durch die Festlegung eines Abgabenmonopols seitens der Hoheitsträger offensichtlich davon ausgeht, dass die öffentliche Hand ihre Einnahmen lediglich durch die Erhebung von Abgaben erzielen soll, steht einer erwerbswirtschaftlichen Betätigung nicht mit letzter Bestimmtheit entgegen. Ein verfassungsrechtliches Verbot kann sich daher nur noch aus den Grundrechten ergeben. Insbesondere die Rechtsprechung macht geltend, dass die wirtschaftlichen Grundrechte der Art. 12 I und 14 I GG eine Wertentscheidung gerade zugunsten des freien Wettbewerbs träfen, also nicht vor Auftreten eines neuen Konkurrenten schützten.[1044] Jedenfalls sei die erwerbswirtschaftliche Betätigung der öffentlichen Hand verfassungsrechtlich nicht grundsätzlich verboten.[1045]

1048   Virulent wird dies insbesondere auf **kommunaler Ebene**. Aufgrund der prekären Finanzlage der Kommunen ist es nachvollziehbar, dass die erwerbswirtschaftliche Betätigung von Gemeinden in den letzten Jahren extrem zugenommen hat. Die Frage nach der rechtlichen Zulässigkeit ist vermeintlich durch die Gemeindeordnungen geregelt.[1046] So dürfen die meisten Kommunen wirtschaftliche Unternehmen (nur) errichten, wenn

- ein öffentlicher bzw. ein dringender **öffentlicher Zweck** das Unternehmen fordert[1047],
- das Unternehmen nach Art und Umfang in einem angemessenen Verhältnis zur **Leistungsfähigkeit** der Gemeinde und zum voraussichtlichen Bedarf steht[1048] und
- wenn der öffentliche Zweck nicht ebenso gut und wirtschaftlich oder besser und wirtschaftlicher durch einen privaten Unternehmer erfüllt werden kann (Grundsatz der **Subsidiarität**)[1049]

Allgemein ist die **Grenze wirtschaftlicher Tätigkeit** von Kommunen angesichts der Vielzahl von öffentlichen Zwecken schwierig zu bestimmen. Die Bestimmung der Grenze zur Unzulässigkeit gewinnt in erster Linie in einer Anfechtungssituation, bzw. bei Nichtvorliegen eines Verwaltungsakts, auch bei einem Unterlassungsbegehren an Bedeutung. Hier ist nach der Rechtsgrundlage zu suchen, die dem betroffenen Bürger einen Unterlassungsanspruch einräumt. Das Grundrecht der Berufsfreiheit (Art. 12 I GG) schützt grundsätzlich nicht vor Konkurrenz durch die öffentliche Hand (s.o.). Sein Schutzbereich ist nach der Rspr. lediglich bei einer **Monopolstellung** oder einem **Verdrängungswettbewerb** der öffentlichen Hand berührt.[1050] Diese Auffassung greift zu eng. Denn sie übersieht, dass die freien Unternehmer, die von der Kommune Konkurrenz bekommen, nicht lediglich Umsatz-

---

[1042] Vgl. dazu auch OVG Magdeburg NVwZ-RR 2009, 347; OVG Münster NVwZ 2008, 1031; 2003, 1520; OLG Düsseldorf NVwZ 2002, 248, 249; OLG Karlsruhe NVwZ 2001, 712 ff.; LG Offenburg NVwZ 2000, 717 f.; sowie weitergehend *Ehlers*, Jura 1999, 212 ff.; *Stehlin*, NVwZ 2001, 645 ff.; *Horn*, NVwZ 2001, 647 ff.; *Henneke*, VBlBW 2000, 337 ff.
[1043] Vgl. *Ehlers*, Jura 1999, 212 f.
[1044] BVerfGE 24, 236, 251; BVerwG DÖV 1978, 851, 852; OLG Karlsruhe NVwZ 2001, 712 ff.
[1045] BGHZ 150, 343 ff.; BGH NVwZ 2003, 246; OLG Düsseldorf NVwZ 2002, 248, 249; OLG Karlsruhe NVwZ 2001, 712 ff.; LG Offenburg NVwZ 2000, 717; *David*, NVwZ 2000, 738 ff.; *Antweiler*, NVwZ 2003, 1466 ff.
[1046] Vgl. z.B. § 102 BaWüGO; Art. 87 BayGemO; § 136 NdsKommunalverfassungsG; § 107 NRWGO; § 121 HessGO; § 68 MVKommVerf; § 85 RhlPfGO; § 97 SächsGO; §§ 101, 102 SchlHGO; vgl. auch BVerwGE 39, 329 (kommunales Bestattungsunternehmen); OVG Lüneburg NVwZ 2009, 258 ff. und OVG Münster NVwZ 1986, 1045 (jeweils kommunale Saunaanlage); OLG Düsseldorf NVwZ 2002, 248, 249; OLG Karlsruhe NVwZ 2001, 712 ff.; LG Offenburg NVwZ 2000, 717 f.; RhlPflVerfGH NVwZ 2000, 801 ff.; *Schink*, NVwZ 2002, 129, 130.
[1047] Zum öffentlichen Zweck vgl. OLG Düsseldorf NVwZ 2002, 248, 249.
[1048] Mit dieser Regelung soll gewährleistet werden, dass die Gemeinde sich mit der erwerbswirtschaftlichen Betätigung nicht übernimmt und Verluste im erwerbswirtschaftlichen Bereich nicht durch Zuschüsse aus dem öffentlichen Haushalt ausgleicht.
[1049] Vgl. dazu BGHZ 150, 343 ff.; BGH NVwZ 2003, 246; *Antweiler*, NVwZ 2003, 1466 ff.; OLG Karlsruhe NVwZ 2001, 712 ff.; LG Offenburg NVwZ 2000, 717 f.; OLG Düsseldorf NVwZ 2000, 111 f. (mit Bespr. v. *Müller*, NVwZ 2000, 769 ff.); OLG Düsseldorf NVwZ 2000, 714 ff.; RhlPflVerfGH NVwZ 2000, 801 ff. (Subsidiaritätsklausel verstößt nicht gegen die kommunale Selbstverwaltung).
[1050] Vgl. OLG Karlsruhe NVwZ 2001, 712 ff. (Aufhebung von LG Offenburg NVwZ 2000, 717 f.).

einbußen erleiden, sondern dass die kommunalen Unternehmen auf Steuergelderbasis Geräte anschaffen und eine Logistik aufbauen konnten und damit überhaupt erst in die Lage versetzt wurden, am Markt aufzutreten. Das ist bereits eine Wettbewerbsverzerrung, die nicht zu rechtfertigen ist.

Sehr bedenklich ist auch die Auffassung des OVG Münster, das über die Abfallentsorgungstätigkeit eines kommunalen Entsorgungsbetriebs zu entscheiden hatte, der über das Gemeindegebiet hinaus tätig war und in Konkurrenz zu privaten Entsorgungsbetrieben trat. Anlass der Streitigkeit war, dass der kommunale Entsorgungsbetrieb seine Dienste zu Preisen anbot, die von keinem seriös kalkulierenden Privatunternehmen erreicht werden konnten. Dies konnte er, weil die Betriebsausstattung von Steuereinnahmen finanziert wurde. Um die Frage nach der Wettbewerbswidrigkeit erst gar nicht aufkommen zu lassen, hat das OVG das fragliche Verhalten schlicht als nichtwirtschaftliche Betätigung der Gemeinde eingestuft (vgl. § 107 II GO NRW). Der kommunale Entsorgungsbetrieb sei auf dem Gebiet der Daseinsvorsorge tätig gewesen, die eine öffentliche Aufgabe (und keine erwerbswirtschaftliche Betätigung) darstelle. Auf diesem Gebiet könne kein Privatunternehmen erwarten, dass der Staat nicht seiner Verpflichtung nachkomme.[1051]

Diese Sichtweise ist unhaltbar. Zum einen duldet es die Rechtsprechung, wenn sich der Staat des Mittels des Privatrechts bedient, um sich aus den Zwängen des öffentlichen Rechts zu lösen, dann aber sollen die Regeln des Wettbewerbs nicht gelten, wenn sich der Staat wettbewerbswidrig verhält und auf Unterlassen verklagt wird.[1052]

Von dem soeben beschriebenen Fall abgesehen, lässt sich vereinfacht sagen, dass die Grenzen wirtschaftlicher Betätigung der Kommunen jedenfalls dort zu ziehen sind, wo die öffentliche Hand ihre Machtstellung dazu missbraucht, einen **Auszehrungs- oder Verdrängungswettbewerb** zu betreiben. Als Bewertungsgrundlage können die §§ 138, 242, 315, 826 BGB, §§ 3 UWG und 1 GWB herangezogen werden. Sind deren Voraussetzungen erfüllt, besteht (i.V.m. Art. 12 I, 14 I GG, die über die Figur der „Drittwirkung der Grundrechte" zur Anwendung gelangen[1053]) ein zivilrechtlicher Abwehranspruch gegen die erwerbswirtschaftliche Betätigung der öffentlichen Hand. Ein entsprechender **Abwehr- bzw. Unterlassungsanspruch** kann aber auch vor den Verwaltungsgerichten geltend gemacht werden, soweit er auf die Verletzung von Grundrechten gestützt wird oder man den genannten gemeinderechtlichen Bestimmungen **Drittschutz** beimisst.[1054]

1049

Hinweis für die Fallbearbeitung: Ist nach dem **Rechtsschutz privater Unternehmer gegen kommunale wirtschaftliche Betätigung** gefragt, muss zunächst die **Rechtswegfrage** geklärt werden. Der BGH erklärt die Zivilgerichte für zuständig. Der Abwehr- bzw. Schadensersatzanspruch müsse – soweit er auf die Normen des BGB, des UWG oder des GWB gestützt werde – vor den ordentlichen Gerichten geltend gemacht werden.[1055] Das BVerwG beantwortet die Frage differenziert: Gehe es unbeschadet der gewählten Organisationsform um die Zulässigkeit der wirtschaftlichen Betätigung der Gemeinde als solche, also um die Frage des „Ob", handele es sich um eine öffentlich-rechtliche Streitigkeit, für die der Verwaltungsrechtsweg eröffnet sei. Gehe es demgegenüber um die Frage, wie sich die wirtschaftliche Betätigung auswirke, also um eine wettbewerbsrechtliche Frage i.S.d. „Wie", seien für einen auf Verletzung der zivilrechtlichen Normen gestützten Unterlassungsanspruch die Zivilgerichte zuständig, weil hier die Berechtigung der

---

[1051] OVG Münster NVwZ 2008, 1031, 1032; NVwZ 2005, 1211, 1212.

[1052] Diesen Aspekt gänzlich unerwähnt gelassen von BGHZ 150, 343 ff. und *Scharpf*, NVwZ 2005, 148 ff.; praxisfern auch *Meyer*, NVwZ 2002, 1075 ff.

[1053] Zur Drittwirkung der Grundrechte vgl. BGHZ 97, 312, 316 und *R. Schmidt*, Grundrechte, Rn 23, 105.

[1054] Vgl. dazu OVG Magdeburg NVwZ-RR 2009, 347 f.; OVG Lüneburg NVwZ 2009, 258, 259 f.; OVG Koblenz GewArch 2006, 288 ff.; OVG Münster NVwZ 2003, 1520 ff.; 2005, 1211, 1212; *Brüning*, NVwZ 2012, 671 ff.; *Roling*, NVwZ 2009, 226 ff.; *Rennert*, JuS 2008, 211, 214 ff.; *Jungkamp*, NVwZ 2010, 546 ff.

[1055] BGHZ 150, 343 ff.; BGH NVwZ 2003, 246; BGHZ 82, 375 ff.; vgl. auch OLG Karlsruhe NVwZ 2001, 712 ff.; LG Offenburg NVwZ 2000, 717 f.; vgl. auch *Antweiler*, NVwZ 2003, 1466 ff.; *Thiel/Garcia-Scholz*, JA 2001, 957, 958 und kritisch *Schink*, NVwZ 2002, 129, 138 f. Vgl. auch *Schlacke*, JA 2002, 48 ff.

verwendeten Wettbewerbsmethode im Mittelpunkt stehe.[1056] Überzeugend scheint es zu sein, eine öffentlich-rechtliche Tätigkeit anzunehmen. Denn in gewisser Weise dienen die Vorschriften des Gemeindewirtschaftsrechts dazu, die Gemeinden vor waghalsigen und u.U verlustreichen Geschäften abzuhalten, deren Folgen dann der Steuerzahler zu tragen hat. Hinzu kommt, dass die Gemeinden keine wettbewerbs-politischen, sondern genuin kommunalpolitische Ziele verfolgen. Geht man daher richtigerweise von der Eröffnung des Verwaltungsrechtswegs aus, ist in Ermange-lung eines Verwaltungsakts die allgemeine Leistungsklage in Form der Unterlas-sungsklage **statthafte Klageart** (auch vor den Zivilgerichten wäre die Unterlas-sungsklage statthaft).[1057]

Zur Bejahung der **Klagebefugnis** muss der Kläger gem. § 42 II VwGO geltend machen, in seinen Rechten verletzt zu sein. Fraglich ist, ob sich ein subjektives öf-fentliches Recht auf Unterlassung aus den entsprechenden kommunalrechtlichen Bestimmungen über die wirtschaftliche Betätigung ergeben kann. Dies ist nicht der Fall, wenn es sich dabei nur um objektivrechtliche Bestimmungen handelt, die den Betroffenen lediglich reflexartig tangieren. Die Frage ist umstritten.[1058] Hilfsweise kann auf die unternehmerischen Grundrechte (Art. 14 I, 12 I, 2 I, 3 I GG) zurück-gegriffen werden. Allerdings ist zu beachten, dass die grundrechtserhebliche Ein-griffsschwelle nach der Auffassung der Verwaltungsgerichte kaum überschritten wird. Denn in einem marktwirtschaftlich ausgeformten System wie dem der Bun-desrepublik Deutschland treffen die unternehmerischen Grundrechte eine Wertung gerade zugunsten des freien Wettbewerbs, schützen also nicht vor Konkurrenz, auch nicht vor Konkurrenz der öffentlichen Hand. Dementsprechend weisen die Verwaltungsgerichte Unterlassungsklagen überwiegend als unzulässig ab. Etwas anderes kann demnach nur dann gelten, wenn die wirtschaftliche Betätigung einen Auszehrungs- und Verdrängungswettbewerb zur Folge hat bzw. es zu einem ge-setzlich nicht abgesicherten Monopol kommt. Nur dann sind die Klagebefugnis und der Unterlassungsanspruch wohl zu bejahen. Da nach der Rechtsprechung des OVG Münster die Bestimmungen der (nordrhein-westfälischen) Gemeindeordnung über die wirtschaftliche Betätigung der Gemeinde dem örtlichen Wirtschaftsteilnehmer jedoch ein subjektives Recht auf Einhaltung der rechtlichen Grenzen gewähren[1059], braucht – bei Befolgung dieser Auffassung – nicht auf den übergeordneten Verfas-sungskreis zurückgegriffen zu werden. Zu beachten ist aber, dass das OVG Münster schlicht eine nichtwirtschaftliche Tätigkeit der öffentlichen Daseinsvorsorge an-nimmt, um eine Unterlassungsklage gegen ein wettbewerbswidriges Verhalten ei-nes kommunalen Entsorgungsbetriebs abzuweisen.[1060]

Das OVG Lüneburg hat sich entgegen Wortlaut und Telos des § 108 NdsGO (jetzt: § 136 NdsKommVerfG) geweigert, dieser Vorschrift drittschützenden Charakter zu-zubilligen; und da kein Verdrängungswettbewerb vorlag, konnte es auch die Klage-befugnis aus Art. 12 I und 14 I GG verneinen.[1061]

[1056] BVerwGE 39, 329, 336 f.; vgl. nun aber OVG Münster NVwZ 2003, 1520 ff.

[1057] Wie hier nun auch *Rennert*, JuS 2008, 211, 214 f.

[1058] Den Drittschutz (hinsichtlich § 108 NdsGO a.F. - jetzt § 136 NdsKommunalverfassungsG) verneinend OVG Lüneburg NVwZ 2009, 258, 259 f. Den Drittschutz bejahend OVG Münster NVwZ 2003, 1520 ff.; 2005, 1211, 1212 (bzgl. § 107 I GO NRW); OVG Koblenz GewArch 2006, 288 ff. Vgl. auch *Roling*, NVwZ 2009, 226 ff.

[1059] OVG Münster NVwZ 2003, 1520 ff.; 2005, 1211 ff.

[1060] Vgl. OVG Münster NVwZ 2008, 1031 f. Auch was die gerichtliche Prüfungsdichte betrifft, hat sich das OVG Münster geäußert und dabei für die beiden unbestimmten Rechtsbegriffe des „dringenden öffentlichen Zwecks" und den „Er-forderns" eine differenzierende Entscheidung getroffen: Ob ein dringender öffentlicher Zweck vorliege, unterliege als Tatbestandsmerkmal der uneingeschränkten gerichtlichen Kontrolle. Grundsätzlich seien die Gerichte verpflichtet, Verwaltungsentscheidungen in rechtlicher oder tatsächlicher Hinsicht vollständig nachzuprüfen, ohne an die im Verwaltungsverfahren getroffenen Feststellungen und Wertungen gebunden zu sein. Dies folge aus der Rechtsweg-garantie des Art. 19 IV GG, die dem Einzelnen, der sich durch die öffentliche Gewalt in eigenen Rechten verletzt glaube, nicht nur den Zugang zu den Gerichten, sondern darüber hinaus auch die Wirksamkeit des Rechtsschutzes gewährleiste. Nur ausnahmsweise und bei Vorliegen besonderer Voraussetzungen sei es gerechtfertigt, der Verwal-tungsbehörde einen eigenen, gerichtlich nur beschränkt zugänglichen Beurteilungsspielraum einzuräumen. Das treffe auf das Merkmal des „Erforderns" zu (OVG Münster NVwZ 2008, 1031, 1032).

[1061] OVG Lüneburg NVwZ 2009, 258, 259 f. Vgl. auch *Roling*, NVwZ 2009, 226 ff.

Auch wenn in der Vergangenheit die privaten Unternehmer die öffentliche Hand **zivilge-richtlich** wegen Verstoßes gegen § 3 I UWG auf Unterlassung bzw. Schadensersatz in Anspruch genommen haben, wurden entsprechende Klagen ebenfalls zumeist abgewiesen. So haben für das Bundesland Baden-Württemberg das OLG Karlsruhe und das LG Offen-burg entschieden, dass öffentliche Unternehmen grundsätzlich in Konkurrenz zu privaten Unternehmen auftreten dürften (vgl. § 28 II GG); die Grenze liege lediglich dort, wo sie gegen die „guten Sitten" i.S.d. § 1 UWG a.F. (vgl. jetzt: „Lauterkeit" i.S.d. § 3 I UWG n.F.) verstießen.[1062] Doch ein Sittenverstoß (bzw. eine Unlauterkeit) wurde nie angenommen. Im Prinzip dasselbe haben das OLG München hinsichtlich der bayerischen und das OLG Düs-seldorf hinsichtlich der nordrhein-westfälischen Gemeindeordnung entschieden.[1063] Die Entscheidungen stehen als Klausurfälle nebst Lösungsgesichtspunkten zum kostenlosen Download auf der Internetseite des Verlags zur Verfügung.

Verwaltung eigener Vermögensgegenstände: Einen Unterfall der erwerbswirtschaftli-chen Betätigung stellt die Verwaltung eigener Vermögensgegenstände dar. Die Träger öffentlicher Verwaltung sind auch privatrechtliche Eigentümer von Vermögensgegenstän-den (Fahrzeugen, Grundstücken etc.). Soweit die Gegenstände nicht der Erfüllung hoheitli-cher Aufgaben dienen (etwa weil sie nicht durch Widmungsakt dem öffentlichen Recht unterstellt werden - modifiziertes Privateigentum), kommt eine privatwirtschaftliche Nut-zung in Betracht. Beispiele finden sich bei Rn 46. Zur **öffentlichen Auftragsvergabe** vgl. Rn 47.

1050

[1062] OLG Karlsruhe NVwZ 2001, 712 ff.; LG Offenburg NVwZ 2000, 717 f.; vgl. auch *David*, NVwZ 2000, 738, 739, und *Schink*, NVwZ 2002, 129, 138 f.
[1063] OLG München NVwZ 2000, 835 ff. (aufgehoben von BGHZ 150, 343 ff.); OLG Düsseldorf NVwZ 2002, 248, 249.

11. Kapitel

Die Verwaltungsvollstreckung

1051 Bei der Verwaltungsvollstreckung (auch Verwaltungszwang genannt) geht es zum einen um die Vollstreckung wegen Geldforderungen und zum anderen um die zwangsweise Durchsetzung von Verwaltungsakten, die zur Vornahme einer Handlung, Duldung oder Unterlassung verpflichten (vgl. § 6 I VwVG). Zwangsmittel der zuletzt genannten Vollstreckungsart sind

- das Zwangsgeld und die Zwangshaft,
- die Ersatzvornahme
- und der unmittelbare Zwang.

Der Verwaltungszwang ist ein wichtiges Mittel zur Durchsetzung des materiellen Rechts. Denn wird eine Verfügung vom Adressaten nicht befolgt, würde die reale Geltung des Rechts in Frage gestellt, wenn die Verfügung nicht durchgesetzt werden könnte. Dabei darf die Verwaltungsbehörde den von ihr erlassenen Verwaltungsakt selbst durchsetzen (Grundsatz der **Selbstvollstreckung**). Sie braucht also nicht – wie die Parteien in einem Zivilrechtsstreit – einen gerichtlichen Vollstreckungstitel. Dieser ist vielmehr im Verwaltungsakt vorhanden. Man spricht insoweit von einem **Selbsttitulierungsrecht** der Verwaltung.[1064] Voraussetzung ist lediglich die Befugnis, Verwaltungsakte zu erlassen.[1065]

Die Verwaltungsvollstreckung hat mithin eine **dienende Funktion**. Sie zielt auf die Durchsetzung des materiellen Rechts ab und kann als „**Fortsetzung des Verwaltungsverfahrens**" bezeichnet werden. Dabei geht es nicht um Strafe oder Repression, sondern es handelt sich um eine Beugefunktion. Allgemein wird die Verwaltungsvollstreckung daher wie folgt definiert:

1052 **Verwaltungsvollstreckung** ist die zwangsweise Durchsetzung verwaltungsrechtlicher Verfügungen durch die Verwaltung.

1053 Die Verwaltungsvollstreckung zur Durchsetzung von *(vollzugs-)polizeilicher Verfügungen* unterscheidet sich nach der neuesten Rechtsprechung des BVerfG[1066] grundsätzlich nicht von derjenigen zur Durchsetzung von Verfügungen des *Allgemeinen Verwaltungs- und Ordnungsrechts*. Hier wie dort können **wirksame** Verwaltungsakte Grundlage einer Vollstreckungsmaßnahme sein.

1054 Da auch rechtswidrige (aber nicht nichtige, vgl. §§ 43 II, III, 44 VwVfG) Verwaltungsakte wirksam sind und sowohl nach dem Wortlaut der einschlägigen Gesetze als auch nach der Rechtsprechung des BVerfG nur die Wirksamkeit der Grundverfügung Voraussetzung für eine anschließende Vollstreckung ist, kann die (bloße) Rechtswidrigkeit der Primärmaßnahme (des Grundverwaltungsakts) weder ein Vollstreckungshindernis noch Voraussetzung für die Rechtmäßigkeit des Zwangsmittels sein. Es besteht insoweit **keine Konnexität (kein Rechtmäßigkeitszusammenhang)** zwischen der Primärmaßnahme und dem Zwangsmittel.[1067] Die Rechtmäßigkeit des Zwangsmittels beurteilt sich hier nach eigenen Gesichtspunkten (Bestehen einer Rechtsgrundlage für das Zwangsmittel, Einhaltung des Verhältnismäßigkeitsgrundsatzes, vorherige Androhung).

Etwas anderes gilt freilich, wenn die Primärmaßnahme z.B. (gem. § 113 I S. 1 VwGO) aufgehoben worden ist. Ein aufgehobener Verwaltungsakt ist nicht (mehr) wirksam. In

---

[1064] Zur Titelfunktion und zu anderen Funktionen des Verwaltungsakts vgl. Rn 346 ff.
[1065] Zur Verwaltungsaktbefugnis vgl. Rn 590 ff.
[1066] BVerfG NVwZ 1999, 290, 292.
[1067] Anders *Jahn*, JA 2000, 79, 86 und *Knemeyer*, POR, Rn 358, deren Auffassung jedoch im Gesetz keine Stütze findet.

diesem Fall fehlt der Zwangsmaßnahme die Grundverfügung. Die Zwangsmaßnahme ist somit schon deshalb rechtswidrig, vgl. dazu *R. Schmidt*, POR, Rn 902 ff. Zum Sofortvollzug vgl. aber ebd. Rn 928 ff.

Hinsichtlich der **Rechtsgrundlagen** gilt, dass – im Gegensatz zur Realisierung *privatrechtlicher* Ansprüche, bei denen es eines gerichtlichen Verfahrens bedarf, um einen vollstreckbaren Titel zu erlangen – sich die Behörde mit dem Erlass der Verfügung selbst einen Vollstreckungstitel verschafft, der mit eigenen behördlichen Vollzugsorganen durchgesetzt werden kann (**Grundsatz der Selbsttitulierung und Selbstvollstreckung**, s.o.). Daher gewinnt der Rechtsschutz des Betroffenen hier besondere Bedeutung. Zu fragen ist demnach zunächst nach einer Rechtsgrundlage. Die zu vollstreckende Verfügung allein dient noch nicht als hinreichende Rechtsgrundlage für die Anwendung von Verwaltungszwang. Dieser unterliegt ebenfalls dem **Vorbehalt des Gesetzes** und verlangt eine – neben der Ermächtigung für den Erlass der zu vollziehenden Verfügung stehende – besondere gesetzliche Grundlage. Daher sind sowohl das „Ob" als auch das „Wie" (das Vollstreckungsverfahren, d.h. die Durchführung der Zwangsmaßnahme) durch ein **Parlamentsgesetz** festzulegen. | 1055

Auf Bundesebene stehen den Vollstreckungsbehörden das **VwVG**, das **UZwG** und das **UZwGBw** zur Verfügung. Auf Landesebene trifft man auf verschiedene Konstellationen: In Nordrhein-Westfalen beispielsweise stehen den Vollzugsbehörden insbesondere die §§ 50 ff. PolG und §§ 1 ff., 55 ff. VwVG zur Verfügung. Auch in der *Freien Hansestadt Bremen* differenziert das Gefahrenabwehrrecht nach Zwangsmitteln und bestimmt, dass Zwangsgeld (sowie Zwangshaft) und Ersatzvornahme nach dem BremVwVG anzuwenden sind, während für den unmittelbaren Zwang durch den *Polizeivollzugsdienst* das Polizeigesetz gilt (§ 40 II BremPolG). Ähnliches gilt für Rheinland-Pfalz. Vollstreckt dort die Polizei eine Verfügung, gelten gem. § 57 POG die §§ 2-6 I und die §§ 10, 14-16, 61-67 und 83-85 des LVwVG. Lediglich der unmittelbare Zwang richtet sich nach §§ 57 II i.V.m. §§ 58-66 POG. Vgl. dazu insgesamt den Regelungsgehalt der Landesgesetze.[1068] | 1056

Die (weiteren) **Voraussetzungen der Verwaltungsvollstreckung** sind in dem jeweils anzuwendenden Verwaltungsvollstreckungsgesetz normiert. Nach dem Aussagegehalt des § 6 I BundesVwVG (die Landesgesetze sind nahezu inhaltsgleich) setzt die Vollstreckung einer Verfügung (§ 35 VwVfG) voraus, dass diese entweder (1) unanfechtbar ist, (2) ihr sofortiger Vollzug angeordnet ist *oder* (3) ein gegen sie eingelegter Rechtsbehelf kraft Gesetzes keine aufschiebende Wirkung entfaltet. Auf der anderen Seite darf sich der Verwaltungsakt noch nicht erledigt haben. Das ergibt sich aus der Regelung des § 43 II VwVfG, der besagt, dass der Verwaltungsakt u.a. so lange wirksam bleibt, bis er noch nicht erledigt ist. Daraus folgt: Ein erledigter Verwaltungsakt ist nicht (mehr) wirksam. Die Wirksamkeit ist aber Vollstreckungsvoraussetzung (s.o.). | 1057

[1068] Vgl. §§ 28 ff. MEPolG; Bund: §§ 6 ff. VwVG, §§ 1 ff. UZwG; BW: §§ 1 ff. VwVG; §§ 49 ff. PolG; Bay: Art. 53 ff. PAG; Berl: §§ 1 ff. VwVG; §§ 1 ff. UZwG; Brand: §§ 53 ff. PolG; Brem: §§ 40 ff. PolG; §§ 11 ff. VwVG; Hamb: §§ 17 ff. SOG; §§ 1 ff., 15 ff. VwVG; Hess: §§ 47 ff. SOG; MeckVor: §§ 79 ff. SOG; Nds: §§ 64 ff. SOG; NRW: §§ 50 ff. PolG; RhlPfl: §§ 61 ff. LVwVG; Saarl: §§ 44 ff. PolG; Sachs: §§ 30 ff. PolG; §§ 1 ff. VwVG; SachsAnh: §§ 53 ff. SOG; SchlHolst: §§ 228 ff. LVwG; Thür: §§ 51 ff. PAG.

Alternative Voraussetzungen der Verwaltungsvollstreckung

Die Grundverfügung ist unanfechtbar	Der sofortige Vollzug wurde angeordnet	Ein gegen die Grundverfügung eingelegter Rechtsbehelf entfaltet kraft Gesetzes keine aufschieb. Wirkung
Unanfechtbar (also bestandskräftig) wird der Verwaltungsakt durch • Nichteinlegung eines Rechtsbehelfs (i.d.R. Widerspruch) innerhalb der gesetzlichen Frist (vgl. §§ 70 I, 74 I VwGO) oder durch • rechtskräftiges klageabweisendes Urteil.	Die Anordnung der sofortigen Vollziehung bestimmt sich nach § 80 II S. 1 Nr. 4 VwGO und setzt ein überwiegendes öffentliches Interesse oder ein überwiegendes Interesse eines Beteiligten voraus (vgl. ausführlich *R. Schmidt*, VerwProzR, Rn 918 ff.).	Ein solcher Fall liegt hauptsächlich vor • bei unaufschiebbaren Anordnungen und Maßnahmen von Polizeivollzugsbeamten (§ 80 II S. 1 Nr. 2 VwGO), • in anderen durch Bundesgesetz oder für Landesrecht durch Landesgesetz vorgesehenen Fällen (§ 80 II S. 1 Nr. 3 VwGO).

1058 Da die Verwaltungsvollstreckung in erster Linie der Durchsetzung von Verfügungen des Besonderen Verwaltungsrechts (insbesondere des **Baurechts**, des **Gewerberechts** und des **allgemeinen Polizei- und Ordnungsrechts**) dient, wird das Verwaltungsvollstreckungsrecht ausführlich bei *R. Schmidt*, POR, Rn 902 ff. behandelt. Daher kann auf die diesbezüglichen Darstellungen verwiesen werden. Um aber einen Eindruck über die praktische Relevanz der Verwaltungsvollstreckung zu gewinnen, sei an dieser Stelle jedenfalls ein Beispiel gegeben.

Sachverhalt:

1059 Der nahezu mittellose A betreibt eine Diskothek (Konzession nach § 2 I GastG) und lässt dort den Handel mit Drogen zu. Nachdem ihn die Behörde mehrmals erfolglos aufgefordert hat, den Drogenhandel in seiner Diskothek zu unterbinden, entzieht sie ihm die Erlaubnis gem. §§ 15 II i.V.m. 4 I S. 1 Nr. 1 GastG. Gleichwohl führt A seinen Diskothekenbetrieb weiter. Daraufhin erlässt die Behörde eine auf § 31 GastG i.V.m. § 15 II GewO gestützte Stilllegungsverfügung (Schließungsverfügung) und erklärt diese für sofort vollziehbar (vgl. § 80 II S. 1 Nr. 4 VwGO). Gleichzeitig droht sie für den Fall der Zuwiderhandlung die Versiegelung der Diskothek innerhalb einer Woche an. Als A auch der Schließungsverfügung nicht nachkommt, setzt die Behörde nach Ablauf der Woche unmittelbaren Zwang fest und versiegelt am nächsten Morgen die Diskothek. War die Versiegelung rechtmäßig?

Lösungsgesichtspunkte:

1. Als **Rechtsgrundlage** für die Versiegelung kommt die verwaltungsvollstreckungsrechtliche Vorschrift über den unmittelbaren Zwang in Betracht.

2. An der **Zuständigkeit** der handelnden Behörde bestehen keine Bedenken. Insbesondere ist *die* Behörde für den Verwaltungszwang zuständig, die den Grundverwaltungsakt erlassen hat (Grundsatz der Selbstvollstreckung). Auch wurde der Zwang **angedroht**. Sollte A nicht **angehört** worden sein, ist dies unschädlich, da die Anhörung – unabhängig von der Frage, ob eine Zwangsmaßnahme Verwaltungsaktcharakter hat – gem. § 28 II Nr. 5 VwVfG unterbleiben konnte.

3. Die Versiegelung müsste aber auch **materiell rechtmäßig** sein. Das ist zunächst der Fall, wenn die vier **allgemeinen Vollstreckungsvoraussetzungen** erfüllt sind.

a. Materielle Vollstreckbarkeit: Der zu vollstreckende Verwaltungsakt muss einen vollstreckbaren Titel haben. Das ist bei einer Schließungsverfügung unproblematisch der Fall.

b. Formelle Vollstreckbarkeit: Die Grundverfügung muss entweder **unanfechtbar** sein, der sofortige Vollzug muss angeordnet sein oder ein noch nicht rechtskräftig beschiedener Rechtsbehelf darf **keine aufschiebende Wirkung** haben. Vorliegend ist die Schließungsverfügung noch nicht bestandskräftig, also noch anfechtbar. Allerdings hätte ein gegen die Schließungsverfügung gerichteter Rechtsbehelf keine aufschiebende Wirkung, da die Behörde den sofortigen Vollzug angeordnet hat (§ 80 II S. 1 Nr. 4 VwGO). Somit liegt die formelle Vollstreckbarkeit vor.

c. Wirksamkeit der Grundverfügung: Die Schließungsverfügung muss **wirksam** sein. Wirksam ist ein Verwaltungsakt, solange er nicht *nichtig* ist, nicht *zurückgenommen*, *widerrufen* oder *anderweitig aufgehoben* wurde oder sich *durch Zeitablauf oder auf andere Weise erledigt* hat (vgl. §§ 43 II, III, 44 VwVfG). Vorliegend sind diese Kriterien nicht erfüllt, sodass die Stilllegungsverfügung wirksam ist. Insbesondere kommt es nach der neuesten Rechtsprechung des BVerfG nicht auf die Rechtmäßigkeit eines noch nicht bestandskräftigen Verwaltungsakts an, sodass vorliegend die Rechtmäßigkeit der Stilllegungsverfügung nicht geprüft werden muss.

d. Fehlen von Vollstreckungshindernissen: Etwaige privatrechtliche Hinderungsgründe (z.B. Eigentumsübertragung, Miteigentum, Vermietung), die der Ausführung der angeordneten Maßnahme entgegenstehen könnten, sind nicht ersichtlich.

4. Des Weiteren müsste auch das **konkrete Vollstreckungsverfahren rechtmäßig** sein. Das ist zunächst der Fall, wenn die Behörde das richtige Zwangsmittel gewählt hat. Vorliegend hat sich die Behörde für die Versiegelung zur Durchsetzung der Schließungsverfügung entschieden. Die zwangsweise Vollstreckung dieser Verfügung[1069] könnte sowohl als unmittelbarer Zwang als auch als Ersatzvornahme zu werten sein. **Unmittelbarer Zwang** ist die Einwirkung auf Personen oder Sachen durch körperliche Gewalt, ihre Hilfsmittel und durch Waffen. Demgegenüber liegt eine **Ersatzvornahme** vor, wenn eine dem Verantwortlichen obliegende, *vertretbare* Handlung von einem anderen, nicht notwendigerweise der Polizei selbst, auf Kosten des Verantwortlichen erbracht wird. Die Vollzugsbehörde hat durch die Versiegelung der Diskothek keine vertretbare Handlung des A vorgenommen. Die Schließung bzw. Stilllegung der Diskothek ist vielmehr höchstpersönlicher Natur, mithin eine *unvertretbare* Handlung.[1070] Für die Vollstreckung unvertretbarer Handlungen kommt eine Ersatzvornahme nicht in Betracht. Auch das Zwangsmittel Zwangsgeld kam aufgrund der Mittellosigkeit des A nicht in Betracht. Die Auswahl des Zwangsmittels unmittelbarer Zwang war somit nicht fehlerhaft. Dieser wurde auch ordnungsgemäß **angedroht** und **festgesetzt** (insbesondere kann die Androhung zusammen mit der Grundverfügung ergehen, vgl. z.B. § 13 II BundesVwVG).

5. Schließlich durfte die Versiegelung nur dann ergehen, wenn die Behörde den **Grundsatz der Verhältnismäßigkeit** beachtet hat. Sicherlich ist die Versiegelung der Diskothek geeignet, die Schließungsverfügung abzusichern. Auch ist kein anderes Mittel ersichtlich, den gleichen Erfolg mit gleicher Sicherheit, aber mit weniger einschneidender Wirkung für A herbeizuführen. Insbesondere kommt nicht das Zwangsmittel Zwangsgeld in Betracht. Schließlich bestehen an der Angemessenheit keine Zweifel, da die Versiegelung nicht außer Verhältnis zu dem mit ihr angestrebten Erfolg – Schließung der Diskothek – steht.

Weiterführender Hinweis: Da es nach der Rechtsprechung des BVerfG nicht auf die Rechtmäßigkeit eines noch nicht bestandskräftigen, aber wirksamen Verwaltungsakts ankommt, musste vorliegend auch nicht die Rechtmäßigkeit der Stilllegungsverfügung

1060

[1069] Verfehlt wäre es, auf die Versiegelung abzustellen, denn die Zwangsmaßnahme muss sich auf die zu vollstreckende Verfügung beziehen.
[1070] Vgl. *Werner*, JA 2000, 902, 904.

geprüft werden. Die Versiegelung war dementsprechend nur rein vollstreckungsrechtlich zu prüfen. Der Kläger wird daher regelmäßig versuchen, die Wirksamkeit der Grundverfügung zu beseitigen. Das kann er nur, indem er gleichzeitig Anfechtungsklage erhebt bzw. einen Antrag nach § 80 V VwGO stellt. Kommt das Gericht hierbei zu dem Ergebnis, dass die Grundverfügung rechtswidrig ist, hebt es diese gem. § 113 I S. 1 VwGO auf, wodurch deren Wirksamkeit entfällt (§ 43 II VwVfG), bzw. ordnet die aufschiebende Wirkung an. In der Klausur muss also stets genau das Klagebegehren untersucht werden. Kommt der Kläger nur über die Aufhebung der Grundverfügung zu seinem Ziel, wird anzunehmen sein, dass er Anfechtungsklage gegen die Grundverfügung erheben will. In diesem Fall wären in kumulativer Klagehäufung (§ 44 VwGO) sowohl die Grundverfügung als auch die Zwangsmaßnahme zu prüfen.

12. Kapitel

Staatshaftungsrecht

Werden durch staatliches Verhalten Rechte eines Bürgers beeinträchtigt, stellt sich die **1061** Frage, ob sich daraus Schadensersatz-, Ausgleichs-, Wiederherstellungs- und/oder Unterlassungsansprüche ergeben. Diese Frage beantwortet das sog. Staatshaftungsrecht (auch als Recht der staatlichen Ersatzleistungen bezeichnet). Zu beachten ist jedoch, dass das Staatshaftungsrecht kein in sich geschlossenes Regelungsgebiet darstellt. Das hat historische Gründe, insbesondere wegen anfänglichen Fehlens einer Gesetzgebungskompetenz des Bundes für das Staatshaftungsrecht.[1071] Daher verwundert es nicht, wenn sich das Staatshaftungsrecht aus sehr unterschiedlichen gesetzesrechtlichen, richterrechtlichen und gewohnheitsrechtlichen Regeln und Grundsätzen zusammensetzt.[1072]

Die verfassungsrechtliche Begründung der Staatshaftung ergibt sich aus dem Rechtsstaatsprinzip, das sich in dem Prinzip der Gesetzmäßigkeit der Verwaltung konkretisiert und in den Art. 1 III und 20 III GG positivrechtlich zum Ausdruck kommt. Eine umfassende unmittelbare Staatsunrechtshaftung wird von Verfassungs wegen allerdings nicht gefordert.[1073] So ist jedenfalls Schadensersatz nur im Rahmen der herkömmlichen, von Art. 34 S. 1 GG garantierten Amtshaftung zu gewähren. Im Folgenden werden die einzelnen Institute ausführlich dargestellt.

- Zunächst wird auf den im Ersatzleistungsrecht einen Schwerpunkt bildenden **Amtshaftungsanspruch** für rechtswidriges schuldhaftes Verhalten eines in Ausübung seines Amtes hoheitlich tätigen öffentlichen Bediensteten eingegangen (Rn 1062 ff.).

- Sodann wird die nicht minder wichtige Entschädigung für rechtmäßige gezielte Eingriffe in das Eigentum (**Enteignung**) dargestellt (Rn 1127 ff.).

- Im Anschluss daran wird die Entschädigung für besondere Belastungen im Rahmen der Inhalts- und Schrankenbestimmung des Art. 14 I S. 2 GG (sog. **ausgleichspflichtige Inhalts- und Schrankenbestimmung**) behandelt (Rn 1148 ff.).

- Die Entschädigung für rechtswidrige Beeinträchtigungen des Eigentums (sog. **enteignungsgleicher Eingriff**) wird bei Rn 1204 ff. dargestellt.

- Die Entschädigung für enteignend wirkende Nebenfolgen rechtmäßigen Verwaltungshandelns (sog. **enteignender Eingriff**) ist Gegenstand der Ausführungen bei Rn 1235 ff.

- Des Weiteren wird auf den auf Entschädigung für Eingriffe in immaterielle Rechte gerichteten **Aufopferungsanspruch i.e.S.** eingegangen (Rn 1250 ff.).

- Der erst in der Nachkriegszeit entwickelte allgemeine öffentlich-rechtliche **Folgenbeseitigungsanspruch**, der nach der wohl noch h.M. nicht auf Schadensersatz oder Entschädigung in Geld gerichtet ist, sondern auf die Beseitigung eines rechtswidrigen, wenn auch ursprünglich durch rechtmäßiges Verwaltungshandeln hervorgerufenen Zustands und die Wiederherstellung des ursprünglichen Zustands, des *status quo ante in natura*, ausgelegt ist, wird bei Rn 1274 ff. behandelt.

- Schließlich werden der **öffentlich-rechtliche Unterlassungsanspruch** und der **öffentlich-rechtliche Erstattungsanspruch** erläutert (Rn 1314 ff. und 1321 ff.).

[1071] Erst seit 1994 hat der Bund die Gesetzgebungskompetenz gem. Art. 74 I Nr. 25 GG.
[1072] *Maurer*, AllgVerwR, § 25 Rn 1; *Brüning*, JuS 2003, 2; *Brugger*, JuS 1999, 625, 626; *Sandkühler*, JA 2001, 149 ff. Vgl. auch *Sauer*, JuS 2012, 695 ff.
[1073] BVerfG NVwZ 1998, 271, 272; BGH NJW 1998, 142.

A. Amtshaftung, § 839 BGB i.V.m. Art. 34 GG

1062 Ausgangspunkt der Amtshaftung ist § 839 BGB, wonach Schadensersatz zu gewähren ist, wenn ein Beamter schuldhaft die ihm einem Dritten gegenüber obliegende Amtspflicht verletzt und daraus ein Schaden entstanden ist. Diese Vorschrift erfasst ihrem Wortlaut nach nur die Amtspflichtverletzung eines Beamten i.S.d. Beamtenrechts, d.h. im staats- bzw. statusrechtlichen Sinn. Demgegenüber erweitert Art. 34 S. 1 GG den Anwendungsbereich der einfachgesetzlichen Amtshaftung auf alle Fälle der Ausübung öffentlicher Gewalt. Im staatshaftungsrechtlichen Sinn ist demnach Beamter „jeder", der ein ihm anvertrautes öffentlichen Amt ausübt. Darunter fallen alle Bedienstete, die der Bund, ein Land oder eine andere öffentlich-rechtliche Körperschaft mit öffentlicher Gewalt ausgestattet hat.[1074] Auf die staatsrechtliche Beamteneigenschaft kommt es nicht an. Beamte i.S.d. Staatshaftungsrechts können danach auch Private oder private Unternehmer sein, wenn sie von einem Verwaltungsträger im Wege der Beleihung mit hoheitlichen Aufgaben betraut worden sind[1075]; selbst bloße Hilfstätigkeiten im Rahmen öffentlicher Verwaltung (was auf Verwaltungshelfer zutrifft) können im Einzelfall Ansprüche wegen Amtshaftung auslösen.[1076] Soweit also Private von der öffentlichen Hand durch freie Dienst- oder Werkverträge oder ähnliche Vertragsverhältnisse als Verwaltungshelfer herangezogen werden, ist bei der Frage nach einem Amtshaftungsanspruch stets zu prüfen, inwieweit das schadensbegründende Verhalten im Zusammenhang mit der Ausübung einer hoheitlichen Tätigkeit steht.

Somit lässt sich sagen, dass **§ 839 BGB und Art. 34 GG** hinsichtlich Anspruchsgrundlage und Haftungsvoraussetzungen ein organisches Ganzes bilden und **zusammen geprüft** werden müssen.[1077] Es bietet sich folgender Prüfungsaufbau an:

1063

Anspruchsvoraussetzungen und Rechtsfolge der Amtshaftung
Vorprüfung: Anwendbarkeit des § 839 BGB i.V.m. Art. 34 GG **1. Tatbestandsvoraussetzungen** **a. Jemand in Ausübung eines öffentlichen Amtes** ⇨ Nach dem weiten Beamtenbegriff ist „Jemand" zunächst ein *Beamter*, ein *Angestellter* oder *sonstiger Bediensteter* im öffentlichen Dienst, darüber hinaus ein *Richter*, ein *Soldat* oder eine (sonstige) Person, die in einem besonderen öffentlich-rechtlichen Amtsverhältnis steht. Auch **Private**, die hoheitlich tätig sind bzw. eine hoheitliche Funktion wahrnehmen, können Beamte im haftungsrechtlichen Sinne sein (Beispiele: **Beliehene bzw. beliehene Unternehmer** sowie **Verwaltungshelfer**). Dasselbe gilt für privatrechtlich beauftragte **Prüfingenieure** (für Baustatik) und **Werk- oder Dienstunternehmer**, sofern sie als „**Werkzeug**" oder „**Erfüllungsgehilfe**" der Behörde gelten. ⇨ Die Pflichtverletzung muss im **Funktionszusammenhang mit der Amtsausübung** (dem hoheitlichen Handeln) stehen. Das ist nicht der Fall, wenn die Behörde *privatrechtlich* tätig ist oder der Amtswalter die fragliche Handlung nur *anlässlich* seiner hoheitlichen Tätigkeit begeht. **b. Verletzung der Amtspflicht** Der Begriff der **Amtspflicht** ist umfassend zu verstehen und umfasst sowohl das Innenrecht (innerdienstliche Weisungen, Erlasse, Rundverfügungen, Verwaltungsvorschriften) als auch das Außenrecht (Rechtsverordnungen, Satzungen, Verwaltungsakte). Beispiele sind: Pflicht zu zuständigkeits- und verfahrensgemäßem Handeln; Pflicht zu sorgfältiger Sachver-

---

[1074] BGH NJW 2005, 286, 287; NVwZ 2006, 966.
[1075] Vgl. dazu jüngst BVerwG NVwZ 2011, 368 ff. sowie BGH NVwZ 2012, 381 ff.
[1076] BGH NJW 2005, 286, 287; nunmehr auch *Schlick*, NJW 2013, 3349.
[1077] Vgl. auch BVerfGE 61, 149, 198; BGHZ 161, 6 ff.; BGH NJW 2002, 3172, 3173; NVwZ 2002, 1276, 1277; *Rinne/Schlick*, NJW 2005, 3541 ff.; *Papier*, in: HdbStR VIII, § 180 Rn 22; *Dagtoglou*, in: Bonner Kommentar zum GG, Art. 34 Rn 5; *Bryde*, in: v. Münch/Kunig, GG, Art. 34 Rn 11.

haltsermittlung; Pflicht zur richtigen, unmissverständlichen und vollständigen Auskunftserteilung; Pflicht zur fehlerfreien Ermessensausübung, insbesondere zur Beachtung des Verhältnismäßigkeitsgrundsatzes; Pflicht, absolut geschützte Rechte der Bürger zu beachten (körperliche Unversehrtheit, Eigentum); Pflicht zur sachlichen, zügigen und unvoreingenommenen Entscheidung; Pflicht zu konsequentem Verhalten; Pflicht zur Beachtung (nicht unbedingt zur Befolgung, wenn keine Bindungswirkung) höchstrichterlicher Rechtsprechung; Pflicht der Baugenehmigungsbehörde, nur rechtmäßige Baugenehmigungen zu erteilen; Pflicht, im Rahmen der Beamtenernennung/Besetzung einer ausgeschriebenen Stelle sich an den durch Art. 33 II GG vorgegebenen Kriterien von Eignung, Befähigung und Leistung zu orientieren; Pflicht eines von einer staatlichen Hochschule (z.B. Universität) beauftragten Prüfers, eine Prüfungsarbeit (Diplom, Staatsexamen) fehlerfrei zu korrigieren und zu bewerten. Weitere anschauliche Beispiele für das Vorliegen von Amtspflichten bieten die Regelungen über den Straßenverkehr sowie die allgemeine Verkehrssicherungspflicht.

c. Drittbezug der Amtspflicht

Eine umfassende und uneingeschränkte Amtspflicht würde zu einer uferlosen Ausweitung der Staatshaftung führen. Um dies zu vermeiden, muss der handelnde Amtswalter eine Amtspflicht verletzt haben, die ihm **einem Dritten gegenüber obliegt** (Drittbezug der Amtspflichtverletzung). Drittbezug bedeutet, dass der Amtswalter seine Pflicht nicht nur im Interesse der Allgemeinheit, sondern auch im Interesse des Dritten zu beachten hat. Damit wird eine Parallele zu § 42 II VwGO erkennbar. Maßgebend für die Drittrichtung ist aber, **ob und inwieweit der Schutz des Geschädigten bezweckt** ist. Dies ist durch Auslegung im konkreten Fall festzustellen.

d. Verschulden

Die Amtspflichtverletzung muss durch den handelnden Amtswalter **verschuldet** worden sein. In Ermangelung einer entgegenstehenden Vorschrift ist der objektivierte Verschuldensmaßstab des § 276 I S. 1 BGB (Vorsatz und Fahrlässigkeit) zugrunde zu legen („pflichtgetreuer Durchschnittsbeamter des jeweiligen Amtes"), wobei eine Amtspflichtverletzung ein Verschulden indiziert.

2. Schaden, haftungsausfüllende Kausalität und Beweislast

Schadensersatz i.S.d. Amtshaftung ist der Ersatz des durch die Amtspflichtverletzung adäquat verursachten und zurechenbaren Schadens. Gemeint ist jeder **Vermögensschaden**, der eine adäquate Folge der Verletzungshandlung darstellt und vom Schutzzweck der Amtspflicht erfasst ist. Dieser Schadensersatzanspruch ist grundsätzlich auf **Geld** gerichtet. Der dem Geschädigten zu leistende Geldersatz ist nach dem Betrag festzulegen, der erforderlich ist, um den gleichen wirtschaftlichen Erfolg herzustellen, der ohne das schädigende Ereignis bestehen würde. Der Umfang des Schadensersatzes bemisst sich nach den §§ 249 ff. BGB.

3. Haftungsausschluss/Verjährung

Unter bestimmten Voraussetzungen ist der Amtshaftungsanspruch ausgeschlossen: Dazu zählen die Subsidiaritätsklausel gem. § 839 I S. 2 BGB, das Spruchprivileg gem. § 839 II BGB, das Rechtsmittelversäumnis gem. § 839 III BGB sowie die gesetzlichen Beschränkungen der Amtshaftung. Zur Verjährung vgl. Rn 1111.

4. Haftungskörperschaft (Anspruchsgegner)

Nach der herrschenden Anvertrauenstheorie (Amtsübertragungstheorie) haftet die Behörde, die dem Amtsträger die Aufgaben, bei deren Wahrnehmung die Amtspflichtverletzung begangen wurde, „anvertraut" bzw. „übertragen" hat. Das wird im Regelfall die Körperschaft sein, die diesen Amtsträger angestellt (Anstellungskörperschaft) und ihm damit die Möglichkeit zur Amtsausübung eröffnet hat.

5. Rechtsweg

Für die Durchsetzbarkeit von Amtshaftungsansprüchen stehen gem. Art. 34 S. 3 GG, § 40 II VwGO die ordentlichen Gerichte zur Verfügung, und zwar streitwertunabhängig die **Landgerichte** in erster Instanz, vgl. § 71 II Nr. 2 GVG (Amtshaftungskammern).

I. Anwendbarkeit des § 839 BGB i.V.m. Art. 34 GG/Konkurrenzen

1064 Wie bei allen Rechtsinstituten muss zunächst die Anwendbarkeit feststehen. Amtshaftungsansprüche nach § 839 BGB i.V.m. Art 34 GG können durch Spezialregelungen wie bspw. § 19 BNotO ausgeschlossen sein. Ein solcher Ausschluss der Anwendbarkeit ist aber selten. Auf der anderen Seite schließt § 839 BGB als Spezialregelung eine Haftung aus anderen verschuldensabhängigen Tatbeständen (etwa §§ 823, 826 BGB, § 18 I StVG) aus. Daraus folgt, dass der hoheitlich handelnde Beamte nicht, auch nicht neben dem Staat, aus einem Verschuldenstatbestand haftet.[1078] Der Staat haftet umgekehrt nicht aus § 831 BGB. Zu allen anderen Schadensersatz- und Entschädigungsansprüchen besteht Anspruchskonkurrenz.[1079] Insbesondere können der *enteignungsgleiche Eingriff*, der Entschädigungsanspruch wegen *Aufopferung*, Schadensersatzansprüche aus *verwaltungsrechtlichen Schuldverhältnissen*[1080], Ansprüche aus *Gefährdungshaftung*[1081], Ausgleichsansprüche bei der *Aufhebung eines Verwaltungsakts* gem. §§ 48 III, 49 VI VwVfG oder der allgemeine *Folgenbeseitigungsanspruch* neben dem Amtshaftungsanspruch geltend gemacht werden.

> **Beispiel:** Verursacht Beamter B bei einer Dienstfahrt mit dem Dienstfahrzeug einen Unfall, haftet der Staat nach § 7 I StVG (verschuldensunabhängige Halterhaftung) und – sofern B den Unfall schuldhaft verursacht hat – auch nach § 839 BGB i.V.m. Art. 34 GG. B haftet wegen der in Art. 34 GG angeordneten Haftungsüberleitung nicht persönlich, weder nach § 823 BGB noch nach der verschuldensabhängigen Fahrerhaftung des § 18 I StVG.[1082] Denn § 18 I StVG beruht auf vermutetem Verschulden. Daher wird § 18 I StVG (anders als § 7 I StVG) von § 839 BGB i.V.m. Art. 34 GG verdrängt.[1083]
>
> Anders hätte der Fall gelegen, wenn B seinen eigenen Pkw benutzt hätte. Dann hätte – bei Verschulden des B – der Staat nach § 839 BGB i.V.m. Art. 34 GG gehaftet. B hätte – unabhängig von seinem Verschulden – nach § 7 I StVG gehaftet.[1084]

1065 Bei der Abgrenzung zum **EU-Recht** gilt, dass das Amtshaftungsinstitut nach § 839 BGB, Art. 34 GG nicht auf Tätigkeiten von EU-Organen anwendbar ist. Insoweit besteht aber die vergleichbare Regelung des Art. 340 II AEUV. Verstoßen aber *nationale* Stellen gegen EU-Recht, ergibt sich aus dem primären EU-Recht die Verpflichtung, unter bestimmten Voraussetzungen betroffenen Bürgern Schadensersatz zu leisten.[1085] § 839 BGB, Art. 34 GG sind dann unionsrechtskonform auszulegen.

II. Tatbestandsvoraussetzungen

1. Jemand in Ausübung eines ihm anvertrauten öffentlichen Amtes

a. Handlungssubjekt „Jemand"

1066 Wie in der Einführung erwähnt, ist der Beamtenbegriff des § 839 BGB in Anlehnung an Art. 34 GG weit (also im **haftungsrechtlichen** Sinn) auszulegen. Danach kann „Jemand" zunächst ein **Beamter** (im statusrechtlichen Sinn), ein **Angestellter** oder **sonstiger Bediensteter** im **öffentlichen Dienst** sein, darüber hinaus ein **Richter**,

---

[1078] Vgl. dazu BGH NJW 2002, 3172, 3173 (Mobbing durch Vorgesetzte).

[1079] Vgl. BGH NJW 2007, 830, 833.

[1080] Das betrifft insb. den Fall, dass ein Kfz abgeschleppt und dabei vom von der Polizei beauftragten Abschleppunternehmer beschädigt wird; vgl. dazu *R. Schmidt*, Fälle zum POR, Fall 12 Rn 36a.

[1081] Wie hier nun auch BGH NVwZ-RR 2005, 381 und OLG Saarbrücken NJW-RR 2006, 748. Im Übrigen gilt wegen der Garantiehaftung das Enumerationsprinzip, vgl. § 7 StVG, § 25 AtomG, § 22 WHG, § 1 HaftpflG, § 33 LuftVG, § 1 UmwHaftG, § 833 BGB (für Luxustiere), § 1 ProdHaftG (Verursacherhaftung). Vgl. dazu *R. Schmidt*, SchuldR BT II, 8. Aufl. 2013, Rn 953 ff.

[1082] Zur Haftung nach §§ 7, 18 I StVG vgl. ausführlich *R. Schmidt*, SchuldR BT II, 8. Aufl. 2013, Rn 973 ff.

[1083] Vgl. BGHZ 121, 161, 167 f.; OLG Nürnberg NVwZ 2001, 1324; *Maurer*, AllgVerwR, § 26 Rn 45.

[1084] Vgl. zu den Konkurrenzen auch BVerfG NJW 2002, 3172, 3173.

[1085] Vgl. dazu ausführlich Rn 1348 ff.

ein **Soldat** oder eine (sonstige) Person, die in einem **besonderen öffentlich-rechtlichen Amtsverhältnis steht**. Beamter im haftungsrechtlichen Sinn ist demnach jeder, den der Bund, ein Land oder eine andere öffentlich-rechtliche Körperschaft mit öffentlicher Gewalt ausgestattet hat, ohne Rücksicht darauf, ob ihm eine statusrechtliche Beamteneigenschaft zukommt.[1086]

> **Beispiele** für Personen in einem besonderen öffentlich-rechtlichen Amtsverhältnis: Minister[1087]; Feuerwehrleute[1088]; Bürgermeister und sonstige Mitglieder eines Gemeinderats[1089] oder Kreistags[1090]; Parlamentsabgeordnete (generell Normgeber)[1091]

Auch **Private**, die hoheitlich tätig sind bzw. eine hoheitliche Funktion wahrnehmen, können Beamte im haftungsrechtlichen Sinne sein.[1092]   **1067**

> **Beispiele von Privaten, die Beamte im haftungsrechtlichen Sinn darstellen:**
>
> **(1) Beliehene bzw. beliehene Unternehmer:** Das sind natürliche Personen oder juristische Personen des Privatrechts, die durch Gesetz oder aufgrund eines Gesetzes einzelne hoheitliche Aufgaben im eigenen Namen wahrnehmen.[1093] Sinn der Beleihung ist, dass sich der Staat die besondere Fachkunde solcher Personen zunutze macht und gleichzeitig den Verwaltungsapparat entlastet. Vgl. dazu (und zum möglichen Personenkreis) näher Rn 112. Zur Frage des Regresses im Innenverhältnis vgl. Rn 1110a.
>
> **(2)** Zu den Beamten im haftungsrechtlichen Sinn können im Einzelfall auch die **Verwaltungshelfer** zählen.[1094] Bei diesen handelt es sich nicht wie bei den Beliehenen um Personen, die auf der Grundlage eines förmlichen Beleihungsakts handeln, sondern um Personen, die lediglich den Staat bei der Erfüllung seiner Aufgaben unterstützen. Sie handeln im Auftrag und/oder nach Weisung der sie einsetzenden Behörde. Wegen ihres geringen Entscheidungsspielraums und ihrer Weisungsgebundenheit erscheinen sie als „verlängerter Arm" der öffentlichen Verwaltung.
>
> **(3)** Auch hat der BGH entschieden, dass als **Verifizierer** nach dem TEHG tätige Sachverständige Beamte im haftungsrechtlichen Sinne seien.[1095]

Umstritten ist, ob das Handeln von Verwaltungshelfern oder anderen Erfüllungsgehilfen eine Amtshaftung begründen kann. Das betrifft insbesondere von einer Behörde privatrechtlich beauftragte **Prüfingenieure (für Baustatik), Werk- oder Dienstunternehmer** (z.B. ein Bau- oder Abschleppunternehmer[1096]), ferner aber auch **Fachärzte**, zu denen ein Patient von einem Amtsarzt überwiesen worden ist[1097]. Im Kern lässt sich sagen: Je stärker der hoheitliche Charakter der Aufgabe in den Vordergrund tritt, je enger der Private in die hoheitliche Tätigkeit der Behörde eingebunden ist und je begrenzter der Entscheidungsspielraum des Privaten ist, desto eher ist von einem öffentlichen Amt auszugehen.[1098] Der Private handelt dann als „**Werkzeug**" oder „**Erfüllungsgehilfe**" der Behörde (sog. Ingerenztheorie).   **1068**

[1086] Vgl. BGH NJW 2005, 286, 287; NVwZ 2006, 966; NVwZ 2012, 381 ff.
[1087] BGHZ 14, 319, 321; 63, 319, 322.
[1088] BGHZ 63, 167, 170. Das gilt auch für die Freiwillige Feuerwehr, obwohl diese privatrechtlich organisiert ist. Denn auch diese nimmt eine öffentliche Aufgabe wahr (vgl. dazu v. Lewinski/Deye, JA 2011, 351, 353).
[1089] BGH NVwZ 2002, 373, 374; NJW 1998, 1944; BGHZ 84, 292, 298 f.; 106, 323, 330.
[1090] BGHZ 11, 192, 197 f.
[1091] OLG Hamburg DÖV 1971, 238, 239; Jarass, in: Jarass/Pieroth, GG, Art. 34 Rn 6.
[1092] Vgl. BGHZ 118, 304, 308; 121, 161, 165; BVerwG NVwZ 2011, 368 ff.; LG Kassel NVwZ 2002, 126.
[1093] Vgl. BGHZ 161, 6, 8 ff.; BVerwG NVwZ 2011, 368 ff.
[1094] OLG Köln NJW 1986: Schülerlotse; LG Rottweil NJW 1970, 474: Ordnungsschüler; Detterbeck, JuS 2000, 574, 575: Abschleppunternehmer. Vgl. auch Schlick, NJW 2011, 3341.
[1095] BGH NVwZ 2012, 381 ff.
[1096] Vgl. R. Schmidt, Fälle zum POR, Fall 13.
[1097] LG Kassel NVwZ 2002, 126.
[1098] So wörtlich OLG Hamm NJW 2001, 375, 376; BGHZ 121, 161, 165 f.; Jarass, in: Jarass/Pieroth, GG, Art. 34 Rn 6; Sprau, in: Palandt, § 839 Rn 25. Vgl. auch Sandkühler, JA 2001, 149, 151.

Beispiele[1099]**:**

(1) Juraprofessor P möchte ein extravagantes Glaskuppeldach auf seinem Landhaus, über das gelegentlich Jets der Bundeswehr fliegen, errichten. Der mit der Durchführung der Planung beauftragte Architekt A stellt die Konstruktionsunterlagen her und reicht sie zusammen mit dem Bauantrag bei der zuständigen Baugenehmigungsbehörde B ein. Diese beauftragt in rechtmäßiger Weise den amtlich anerkannten Prüfingenieur für Baustatik Schludrig (S), die statischen Berechnungen des A zu überprüfen. S kommt zu dem Ergebnis, dass kein Planungsfehler vorliege, woraufhin die Behörde dem P die Baugenehmigung erteilt. Als der erste Jet vorbeifliegt, stürzt das Glasdach ein, weil die statischen Berechnungen des A fehlerhaft waren. P erleidet einen schweren Gesundheitsschaden und macht unter Hinweis auf § 839 BGB, Art. 34 GG gegenüber dem Rechtsträger von B die Erstattung seiner Heilbehandlungskosten geltend.

Da die Baugenehmigungsbehörde selbst nicht fehlerhaft gehandelt hat, kommt ein Amtshaftungsanspruch nur dann in Betracht, wenn ihr das Verhalten des S zugerechnet werden kann. Geht man davon aus, dass Prüfingenieure für Baustatik auch im Falle ihrer amtlichen Anerkennung keine Beliehenen[1100] und aufgrund der selbstständigen, insbesondere weisungsfreien Wahrnehmung der Prüfung auch nicht als Verwaltungshelfer zu qualifizieren sind, kommt eine Zurechnung nur dann in Betracht, wenn sie gleichsam als „Werkzeuge" oder „Erfüllungsgehilfen" der Behörde handeln. Der BGH bejaht dies. Durch den konkreten Prüfungsauftrag der Baugenehmigungsbehörde werde der Prüfingenieur für Baustatik in die hoheitliche Verwaltung (Prüfung der Baugenehmigungsunterlagen) einbezogen und übe deren öffentliche Gewalt aus.[1101]

(2) Ausgangsfall: Staranwalt Dr. A stellt seinen Porsche 911 Turbo im absoluten Halteverbot ab und verlässt den Bereich, um in einer nahe gelegenen Boutique nach einer Joop!-Tasche für seine Frau zu schauen. Der Polizeibeamte P lässt daraufhin den Wagen von dem privaten Abschleppunternehmer Schlampig (S) abschleppen. Dabei wird der Wagen aufgrund eines fahrlässigen Verhaltens des S beschädigt. Variante: Der Wagen wird erst später auf dem Verwahrungsplatz des S durch dessen Angestellten beschädigt.

Im Ausgangsfall gilt im Prinzip dasselbe wie in Beispiel (1). Das Abschleppen von rechtswidrig geparkten Fahrzeugen stellt eine Verwaltungsvollstreckungsmaßnahme in Form einer Ersatzvornahme dar, wenn diese von der Polizei selbst durchgeführt wird. Aber auch bei Einschaltung eines privaten Dritten, der weder Beliehener noch Verwaltungshelfer ist, kann sich daran nichts ändern, da dieser jedenfalls als Erfüllungsgehilfe der Polizei tätig wird.[1102] Entsteht der Schaden aber erst später, d.h. im Zeitraum der Verwahrung (wie in der Variante), haben die Mitarbeiter des Abschleppunternehmers nicht (mehr) als Werkzeug der Behörde gehandelt. Während

---

[1099] Zu Beispiel (1) vgl. BGHZ 39, 358 ff., zu Beispiel (2) im Ausgangsfall vgl. BGHZ 121, 161 und zur Variante des Beispiels (2) OLG Hamm NVwZ 2001, 375.

[1100] So *Peine*, AllgVerwR, § 17 Rn 403; anders *Maurer*, AllgVerwR, § 23 Rn 56 und BVerwGE 57, 55, 58, die den Prüfingenieur als Beliehenen qualifizieren.

[1101] So BGHZ 39, 358, 361 ff.; *Peine* AllgVerwR, § 17 Rn 403. Freilich zu demselben Ergebnis gelangt man, wenn man den Prüfingenieur für Baustatik als Beliehenen qualifiziert. Fraglich ist aber der Drittbezug der Amtspflichtverletzung. Kommt ein von der Baugenehmigungsbehörde beauftragter amtlich anerkannter Prüfingenieur für Baustatik zu dem fehlerhaften Ergebnis, das zu genehmigende Bauwerk sei sicher, und erfolgt hierauf die Baugenehmigung, soll im Falle des Einsturzes eine Amtshaftung ausscheiden. Der Schutz der Amtspflicht gehe nicht dahin, den Bauherrn vor wirtschaftlichen Schäden zu bewahren, die durch mangelnde Standfestigkeit am Bauwerk selbst entstehen (BGHZ 39, 358, 363 ff.; BGH BayVBl 1998, 220). Etwas anderes gelte aber dann, wenn es auch zu Personenschäden komme.

[1102] So OLG Hamm NJW 2001, 375, 376; BGHZ 121, 161, 165 f.; *Peine*, AllgVerwR, § 17 Rn 403. Es spielt aber ohnehin keine Rolle, ob man die privaten Abschleppunternehmer als bloße Erfüllungsgehilfen oder als Verwaltungshelfer qualifiziert. Denn im Ergebnis ergibt sich kein Unterschied. Bezüglich des Abschleppunternehmers ist noch anzumerken, dass es sich bei diesem trotz des privatrechtlichen Vertrags mit der Behörde lediglich um einen Beauftragten oder Bevollmächtigten der Vollzugsbehörde handelt. Es liegt also kein privatrechtliches Rechtsverhältnis zwischen dem Abschleppunternehmer und dem Anspruchsteller vor, sondern ein öffentlich-rechtliches zwischen diesem und der Behörde. Auch liegt aufgrund der Sperrwirkung des § 839 BGB i.V.m. Art. 34 GG kein gesetzliches Schuldverhältnis vor, sodass ein Anspruch des Geschädigten gegen den Abschleppunternehmer aus § 823 BGB nicht in Betracht kommt. Vgl. dazu *R. Schmidt*, Fälle zum POR, Fall 12.

dieser Zeit haben die Beamten der Behörde nämlich keinen Einfluss mehr auf die Verwahrung. Regelmäßig wird auch nicht davon auszugehen sein, dass die Beamten pflichtwidrig keinen Einfluss auf das Geschehen ausgeübt haben. Denn sie trifft keine Verpflichtung, Aufsicht über die bei einem beauftragten Abschleppunternehmer abgestellten Fahrzeuge zu führen.[1103]

> **Wiederholung und Hinweis für die Fallbearbeitung:** Handeln Bedienstete einer Behörde selbst, ist das Kriterium „Jemand" unstreitig erfüllt. Gleiches gilt, wenn Beliehene oder Verwaltungshelfer den anspruchsbegründenden Tatbestand herbeiführen. Bedient sich die Behörde sonstiger Privater zur Erfüllung ihrer Aufgaben, ist eine Zurechnung gegeben, wenn das fragliche Handeln einen hoheitlichen Charakter aufweist und der beauftragte Private eng in die hoheitliche Tätigkeit der Behörde eingebunden ist, er gleichsam als „Werkzeug" oder „Erfüllungsgehilfe" der Behörde handelt.[1104]

1069

b. In Ausübung eines öffentlichen Amtes

Die Pflichtverletzung muss in einem engen **Funktionszusammenhang mit der Amtsausübung** (dem hoheitlichen Handeln) stehen. Das ist **nicht** der Fall, wenn die Behörde **privatrechtlich** tätig ist oder der Amtswalter die fragliche Handlung nur **anlässlich** seiner hoheitlichen Tätigkeit begeht.[1105]

1070

Bezüglich der Frage, ob das anspruchsbegründende Verhalten **dem öffentlichen Recht oder dem Privatrecht** zuzurechnen ist, sei auf die Ausführungen zum Verwaltungsrechtsweg bei *R. Schmidt*, VerwProzR, Rn 25 ff. verwiesen. Besondere Schwierigkeiten bei der Abgrenzung bestehen, wenn der Schaden nicht durch Verwaltungsakt, sondern durch schlichtes Verwaltungshandeln verursacht wird. Hier muss danach gefragt werden, ob das fragliche Handeln in einem engen Funktionszusammenhang mit der Ausübung hoheitlicher Tätigkeit steht.[1106] Für den Fall, dass die Behörde privatrechtlich tätig ist, kann Anspruchsgrundlage neben der Eigenhaftung des Amtswalters nur § 823 (i.V.m. §§ 31, 39), § 831; §§ 311 II, III, 241 II i.V.m. § 280 I BGB, §§ 241 II i.V.m. 280 I ggf. i.V.m. 281, 282 BGB i.V.m. § 278 BGB sein (dazu später).

1071

Beispiele für die Annahme eines hoheitlichen oder privatrechtlichen Handelns:

(1) Erteilung einer behördlichen **Genehmigung** oder **Bearbeitung von Anträgen**, die auf den Erlass einer behördlichen Entscheidung zielen (= hoheitlich)

(2) Maßnahmen in der **Straßenbauverwaltung** (= hoheitlich)

(3) **Öffentliche Warnungen** bspw. vor Sekten oder Produkten[1107] (= hoheitlich)

(4) Teilnahme am öffentlichen Straßenverkehr, etwa durch „**Dienstfahrt**" (= hoheitlich, sofern die Teilnahme mit hoheitlicher Zielsetzung erfolgt; privatrechtlich, sofern sie zu privaten (auch fiskalischen) Zwecken unternommen wurde)

(5) **Führen eines Rettungswagens** durch einen Zivildienstleistenden[1108] (= hoheitlich)

[1103] So OLG Hamm NJW 2001, 375, 376.
[1104] Vgl. dazu auch *Detterbeck*, JuS 2000, 574, 575 f.
[1105] Vgl. BGH NJW 2002, 3172, 3173; OLG Naumburg NVwZ-RR 2007, 122; *Detterbeck*, JuS 2000, 574, 576; *Bull/Mehde*, AllgVerwR, § 21 Rn 1027.
[1106] BGHZ 118, 304, 305; 146, 169, 171; BGH NJW 2002, 3172, 3173. Vgl. auch BGH NVwZ 2011, 556; NVwZ-RR 2010, 2010, 502; NVwZ-RR 2010, 485; NVwZ-RR 2011, 119 L; VersR 2011, 348.
[1107] Zu den öffentlichen Warnungen vgl. zuletzt BVerfGE 105, 252 ff. (Glykolwein), 105, 279 ff. (Sekte); BVerfG NJW 2002, 3458 ff. (Offenlegung einer Scientology-Mitgliedschaft).
[1108] Vgl. BGH NJW 1997, 2109 f. Das gilt auch dann, wenn die anerkannte Beschäftigungsstelle (§ 4 ZDG), in deren Dienst der Schädiger tätig geworden ist, privatrechtlich organisiert ist und – von ihrer Rechtsstellung als hoheitlich beliehene Einrichtung abgesehen – privatrechtliche Aufgaben wahrnimmt (vgl. etwa den Malteser-Hilfsdienst); vgl. dazu BGH NVwZ 2001, 835.

(6) Mitnachhausenahme einer **Dienstwaffe** durch einen Polizeibeamten mit Billigung seines Dienstherrn[1109] (= hoheitlich)

(7) **Mobbing durch Vorgesetzte** während der Dienstausübung (= hoheitlich)[1110]

(8) **Abschluss eines Kaufvertrags** (= privatrechtlich, da Verwaltungsprivatrecht oder Fiskalverwaltung)

(9) Problematisch ist die Abgrenzung bei sog. **neutralen Handlungen**, d.h. bei Handlungen, die von außen nicht erkennbar entweder hoheitlich oder privatrechtlich erfolgen. So können beispielsweise ärztliche Untersuchungen sowohl in hoheitlichem Auftrag (amtsärztlich) oder auch privatrechtlich durchgeführt werden. Hier muss darauf abgestellt werden, in welchem **Sachzusammenhang** die Maßnahme erfolgt ist. Im Zweifel ist anzunehmen, dass sich der Staat öffentlich-rechtlicher Strukturen bedient.[1111]

1072 Mit der Formulierung „anlässlich einer hoheitlichen Tätigkeit" (Rn 1070) ist gemeint, dass das anspruchsbegründende Verhalten **nicht nur bei Gelegenheit der Amtsausübung** begangen worden sein darf.[1112] So können Handlungen, die persönlich motiviert sind, i.d.R. nicht zu einem Amtshaftungsanspruch führen.

Beispiele:

(1) Polizeibeamter P schießt während eines dienstlichen Kontrollgangs aus privaten bzw. persönlichen Motiven auf einen Menschen.[1113]

(2) Bundeswehrsoldat S will seiner Freundin imponieren und fährt mit seinem Panzer durch einen Vorgarten.

(3) Gerichtsvollzieher G pfändet im Haus des S einige Kunstgegenstände und steckt dabei eine wertvolle Brosche in seine Hosentasche mit der Absicht, sich diese zuzueignen.

1073 Anders verhält es sich, wenn das Fehlverhalten des Amtswalters trotz des persönlichen Motivs dienstlichen Bezug hat.

Beispiel[1114]: T war, bevor sie sich das Leben nahm, als Polizeibeamtin in einer Polizeiinspektion tätig, wo sie von ihrem Dienstgruppenleiter B während des Dienstes ständig schikaniert, in ihren dienstlichen Leistungen herabgewürdigt und in obszöner Weise beleidigt wurde. T hatte ihren Eltern immer wieder davon erzählt, dass B seine persönliche Freude daran habe, Frauen zu erniedrigen und sie in der beschriebenen Art herabzusetzen. In ihrem Abschiedsbrief schrieb T, ihr Freitod beruhe ausschließlich auf dem von B ausgehenden unerträglichen Psychoterror. Zugleich vermachte sie ihren Eltern ihr gesamtes Vermögen.

Der Vater V klagt vor dem Landgericht gegen den Dienstherrn des B auf Zahlung von Schmerzensgeld und Erstattung der Beerdigungskosten.

Lösungsgesichtspunkte: Als Anspruchsgrundlage kommen Art. 34 GG, § 839 BGB i.V.m. § 844 I BGB (Beerdigungskosten) sowie Art. 34 GG, §§ 839, 1922 BGB i.V.m. § 253 II BGB (Schmerzensgeld) in Betracht.

§ 839 BGB ist anwendbar und zugleich in seinen Voraussetzungen erfüllt, wenn ein Amtsträger in Ausübung des ihm anvertrauten Amtes eine einem Dritten gegenüber obliegende Amtspflicht schuldhaft verletzt hat. Anspruchsgegner ist dann nicht der Amtsträger, sondern die öffentliche Hand (i.d.R. die Anstellungskörperschaft). Hat ein Beamter aber nur „bei Gelegenheit" eines Amtes deliktisch gehandelt, haftet er persönlich aus § 823 I BGB (bzw. aus § 823 II BGB i.V.m. einem Schutzgesetz – bspw. einem

---

[1109] Vgl. dazu BGH NVwZ 2000, 467.
[1110] Vgl. BGH NJW 2002, 3172, 3173 und das Beispiel bei Rn 1073.
[1111] *Bull/Mehde*, AllgVerwR, § 21 Rn 1023.
[1112] Vgl. BGH NJW 2002, 3172, 3173; vgl. auch *Rinne/Schlick*, NJW 2004, 1918 f.
[1113] Vgl. BGHZ 11, 181, 185 ff.
[1114] In Anlehnung an BGH NJW 2002, 3172 ff. (Mobbing durch Vorgesetzte).

Straftatbestand). Vorliegend ist zweifelhaft, ob das beanstandete Verhalten, das offenbar ohne konkreten dienstlichen Anlass allein aufgrund der frauenfeindlichen Grundhaltung des B erfolgte, noch **zur Ausübung seines Amtes** gezählt werden kann. Nach Auffassung des BGH schließt auch ein Missbrauch des Amtes zu eigennützigen, schikanösen oder strafbaren Zwecken den für das Handeln in Ausübung des Amtes maßgeblichen inneren Zusammenhang zwischen Amtsausübung und schädigendem Verhalten nicht von vornherein aus. Insbesondere sei ein Tätigwerden in Ausübung des übertragenen Amtes selbst dann nicht ausgeschlossen, wenn der Beamte gerade das tue, was er habe verhindern sollen. Darüber hinaus sei zu beachten, dass der gesamte Tätigkeitsbereich, der sich auf die Erfüllung einer bestimmten öffentlichen Aufgabe beziehe, als Einheit beurteilt werden müsse und es nicht angehe, die einheitliche Aufgabe in Einzelakte – teils hoheitlicher, teils persönlicher und bürgerlich-rechtlicher Art – aufzuspalten und einer gesonderten Beurteilung zu unterziehen.[1115]

B hatte mit T ausschließlich im Rahmen der gemeinsamen Dienstausübung Kontakt. Sein Verhalten hatte daher dienstlichen Bezug. B hat seine Amtsstellung als Vorgesetzter missbräuchlich genutzt und deshalb in Ausübung seines Amtes gehandelt.

Zu den Amtspflichten gehört neben der besonderen beamtenrechtlichen Fürsorgepflicht jedes Vorgesetzten die allgemeine Sorgfaltspflicht hinsichtlich der Schutzgüter des BGB. Sie wurden von B rechtswidrig und schuldhaft verletzt.

Somit sind auch die Voraussetzungen des § 839 BGB i.V.m. Art. 34 GG erfüllt. Dies hat zur Folge, dass vorliegend allein das Land als Dienstherr des B passivlegitimiert ist. Eine persönliche Haftung des B gegenüber V scheidet aus.

Ergebnis: Damit ist ein Anspruch des V gegen den Dienstherrn des B gegeben. Die Klage ist begründet.

Fazit: Für Schäden, die dadurch entstehen, dass ein Beamter im Rahmen der gemeinsamen Dienstausübung durch seinen Vorgesetzten systematisch und fortgesetzt beleidigt und schikaniert wird (Mobbing), haftet der Dienstherr des Schädigers dem geschädigten Beamten nach Amtshaftungsgrundsätzen gem. § 839 BGB i.V.m. Art. 34 GG. Das bedeutet jedoch nicht, dass der Schädiger von der Haftung frei wird. Denn beruht die Amtspflichtverletzung auf Vorsatz oder grober Fahrlässigkeit, haftet er im Innenverhältnis seinem Dienstherrn nach § 75 BBG bzw. § 48 BeamtStG auf Regress. Wird also der Staat aus § 839 BGB i.V.m. Art. 34 GG in Anspruch genommen, kann (und muss) er den Schädiger in Regress nehmen und diesen vor dem Zivilgericht einklagen (Art. 34 S. 3 Fall 2 GG).

1074

2. Verletzung der (einem Dritten gegenüber obliegenden) Amtspflicht

a. Begriff der Amtspflicht

Die Amtspflicht ergibt sich aus dem Grundsatz der Gesetzmäßigkeit der Verwaltung (Art. 20 III GG), der für Beamte einfachgesetzlich in den §§ 63 I BBG, 36 I BeamtStG konkretisiert ist. Daraus folgt, dass der Begriff der Amtspflicht **weit** zu verstehen ist und sowohl das Innenrecht (innerdienstliche Weisungen, Erlasse, Rundverfügungen, Verwaltungsvorschriften) als auch das Außenrecht (Rechtsverordnungen, Satzungen, Verwaltungsakte, Realakte wie bspw. Auskünfte, Gerichtsurteile) umfasst.[1116] Dem Grunde nach lässt sich sagen, dass sämtliche persönliche Verhaltenspflichten des Amtswalters, die sich aus Rechtsakten ergeben, Amtspflichten darstellen. Im Laufe der Zeit hat die Rechtsprechung einige Fallgruppen entwickelt, von denen die über-

1075

[1115] BGH NJW 2002, 3172, 3173.
[1116] Zu diesem weiten Verständnis der Amtspflicht vgl. BGH NJW 2001, 3054 ff.; OLG Celle VersR 2001, 1288; *Sandkühler*, JA 2001, 414.

wiegende Zahl mittlerweile in den Gesetzen positivrechtlich normiert ist und die allesamt an die **Rechtmäßigkeit des Handels** anknüpfen. Beispielhaft sind zu nennen:

- Pflicht zu **zuständigkeits- und verfahrensgemäßem Handeln**: Ein behördliches Handeln ist nur dann rechtmäßig, wenn es neben den materiellen auch den formellen Anforderungen entspricht. So ist von dem Amtswalter zunächst die örtliche und sachliche Zuständigkeit seiner Behörde zu klären (zur örtlichen Zuständigkeit vgl. § 3 VwVfG). Ein Einschreiten trotz Unzuständigkeit begründet eine Amtspflichtverletzung, da die staatliche Zuständigkeit auch das Interesse des in seinen Grundrechten betroffenen Bürgers schützt, in derselben Angelegenheit nur von *einer* staatlichen Stelle mit der für ihn nachteiligen Regelung überzogen zu werden. Die Zuständigkeit der handelnden Behörde ergibt sich in aller Regel aus dem anzuwendenden materiellen Recht, im Übrigen aus dem Organisationsrecht. Zur formellen Rechtmäßigkeit gehört weiterhin die Anhörung des Betroffenen (vgl. § 28 I VwVfG), soweit diese nicht entbehrlich bzw. ausgeschlossen ist (vgl. § 28 II und III VwVfG). Eine Nichtbeachtung dieser Pflicht führt zu einem Amtshaftungsanspruch.[1117]

- Pflicht zu **sorgfältiger Sachverhaltsermittlung** (vgl. § 24 VwVfG).

- Pflicht zur **richtigen, unmissverständlichen und vollständigen Auskunftserteilung** (vgl. § 25 VwVfG): Eine behördliche Auskunft muss vollständig, richtig und unmissverständlich sein, damit der Empfänger zuverlässig disponieren kann. Für die Frage, ob die Auskunft den zu stellenden Anforderungen genügt, kommt es entscheidend darauf an, wie sie vom Empfänger aufgefasst wird und werden kann und welche Vorstellungen zu erwecken sie geeignet ist. Dabei hängt der Umfang der Auskunftspflicht auch vom Inhalt der Frage ab, die der Auskunftssuchende an die Behörde richtet.[1118] Bei Erteilung einer Rechtsauskunft besteht für den Amtswalter eine erhöhte Sorgfaltspflicht, wenn für ihn erkennbar ist, dass die Rechtsauskunft für den Rat suchenden Bürger von erheblicher Bedeutung und wirtschaftlicher Tragweite ist.[1119] Erkennt der Beamte, dass der Bürger einem Schadensrisiko ausgesetzt ist, muss er diesem durch einen entsprechenden Hinweis begegnen.[1120] Im Zweifel muss er auf die Grenzen seiner Rechtskenntnisse hinweisen und den Bürger an einen sach- und rechtskundigen Beamten oder einen Rechtsanwalt verweisen.[1121]

- Pflicht zur **fehlerfreien Ermessensausübung**, insbesondere zur Beachtung des **Verhältnismäßigkeitsgrundsatzes** (vgl. nur § 40 VwVfG)[1122]: Ein zur Ermessensausübung verpflichteter Beamter handelt amtspflichtwidrig, wenn er sein Ermessen überhaupt nicht ausübt (*Ermessensunterschreitung*), die gesetzlichen Grenzen des Ermessens überschreitet (*Ermessensüberschreitung*) oder von dem Ermessen in einer dem Zweck der gesetzlichen Ermächtigung nicht entsprechenden Weise Gebrauch macht (*Ermessensfehlgebrauch*). Eine Amtspflichtverletzung liegt demnach vor, wenn der Amtswalter die Ermessensschranken und -bindungen verletzt oder wenn er verkennt, dass sein Ermessen reduziert oder sogar auf eine bestimmte Verhaltensweise festgelegt ist, wie z.B. bei der Ermessensreduzierung auf Null oder bei (zulässiger) Selbstbindung der Verwaltung, von der er ohne zureichenden sachlichen Grund nicht abweichen darf (arg.: Art. 3 I GG).

[1117] Vgl. auch BGH NVwZ 2001, 1193 f.
[1118] BGH DVBl 2004, 43; NVwZ 2002, 373, 374; *Hebeler*, JA 2004, 360 f.
[1119] Vgl. BGH NVwZ 2002, 1276, 1277; OLG Zweibrücken NVwZ-RR 2001, 79 ff.
[1120] BGH ZfBR 2005, 469.
[1121] OLG Zweibrücken NVwZ-RR 2001, 79; *Sandkühler*, JA 2001, 414.
[1122] Vgl. BGH NJW 2001, 1067, 1068; *Peine*, AllgVerwR, § 17 Rn 410; *Sandkühler*, JA 2001, 414. Vgl. auch *Tremml/Luber*, NJW 2013, 262 ff. (bzgl. Amtspflichten nach dem ProdSG).

Übrige, von der Rechtsprechung entwickelte Amtspflichten sind: **1076**

- Pflicht, **absolut geschützte Rechte** der Bürger zu beachten (körperliche Unversehrtheit, Eigentum). Diese dürfen nicht verletzt werden, d.h. es dürfen **keine unerlaubten Handlungen** i.S.d. § 823 BGB begangen werden.[1123]

- Pflicht zur **sachlichen, zügigen und unvoreingenommenen Entscheidung**[1124]: Die Behörde hat nicht nur die Pflicht zur ordnungsgemäßen, sondern auch zur rechtzeitigen Bearbeitung eines Antrags. Bei der Bemessung der der Behörde zuzubilligenden „angemessenen" Bearbeitungszeit ist immer auf die Umstände des Einzelfalls abzustellen. Ein Hinweis aus der Regelung des § 75 VwGO (3 Monate für die Erhebung einer Untätigkeitsklage) lässt sich allerdings nicht entnehmen.[1125] Richtern obliegt die Amtspflicht, trotz der richterlichen Unabhängigkeit (Art. 97 I GG) das Gerichtsverfahren zügig voranzutreiben.[1126]

- Pflicht zu **konsequentem Verhalten**: Die handelnde Behörde ist verpflichtet, eine in bestimmter Weise geplante und begonnene Maßnahme auch entsprechend auszuführen. Sie darf sich ohne sachlichen Grund nicht zu dem eigenen früheren Verhalten in Widerspruch setzen.[1127]

- Pflicht zur Beachtung (nicht unbedingt zur Befolgung, wenn keine Bindungswirkung) **höchstrichterlicher Rechtsprechung**.[1128]

- Pflicht der Planungsbehörde, bei der Aufstellung von **Bauleitplänen** (Flächennutzungsplänen, Bebauungsplänen) die Regelungen des Baurechts zu beachten[1129]; Pflicht der Baugenehmigungsbehörde, nur rechtmäßige **Baugenehmigungen** zu erteilen[1130] oder eine Baugenehmigung (zur Nutzungsänderung eines Grundstücks) nur dann zu erteilen, wenn die Zuwegung zu dem Baugrundstück öffentlich-rechtlich (durch Baulast bzgl. einer Grunddienstbarkeit) gesichert ist. Allerdings besteht kein Amtshaftungsanspruch, wenn die Zuwegung durch ein Nachbargrundstück führt und der betreffende Nachbar die Bewilligung der Baulast deshalb verweigern kann, weil die bestehende Grunddienstbarkeit die beabsichtigte Erweiterung der Nutzung nicht abdeckt.[1131] Auch obliegen der Gemeinde bei der Weigerung des gemeindlichen Einvernehmens nach § 36 I BauGB keine Amtspflichten, wenn die Genehmigungsbehörde nach § 36 II S. 3 BauGB i.V.m. landesrechtlichen Vorschriften das rechtwidrig verweigerte Einvernehmen der Gemeinde ersetzen kann.[1132]

- Pflicht, sich im Rahmen der **Beamtenernennung/Besetzung** einer ausgeschriebenen Stelle an den durch Art. 33 II GG vorgegebenen Kriterien von Eignung, Befähigung und Leistung zu orientieren. Dazu gehört auch die Pflicht, den abgelehnten Bewerber über das Ergebnis des Auswahlverfahrens zu informieren (um Gelegenheit zur Einholung von Rechtsschutz zu geben).

- Pflicht, als Polizeibeamter die mit nach Hause genommene **Dienstwaffe sorgfältig aufzubewahren**.[1133]

- Pflicht eines von einer staatlichen Hochschule (z.B. Universität) beauftragten Prüfers, eine Prüfungsarbeit (Bachelor, Staatsexamen) **fehlerfrei zu korrigieren und zu**

[1123] BGHZ 69, 128, 138; *Detterbeck*, JuS 2000, 574, 576.
[1124] BGH NJW 2007, 830, 831; NVwZ 2002, 124, 125; BGH NVwZ 2001, 1074; BGHZ 30, 19, 26. Vgl. auch *Shirvani*, Jura 2009, 66 ff.
[1125] BGH NVwZ 1993, 299.
[1126] Vgl. dazu etwa BGH NJW 2011, 1072 ff. sowie die Anm. v. *Brüning*, NJW 2011, 1977.
[1127] Vgl. BGHZ 117, 240, 247; *Sandkühler*, JA 2001, 414, 416.
[1128] Vgl. dazu *Lochte-Handjery*, JuS 2001, 1186 ff. und das „Echo" von *Ludwig*, JuS 2002, 624.
[1129] Vgl. dazu BGH NVwZ 2011, 251; NVwZ 2010, 1561; *Schlick*, NJW 2011, 3341, 3343
[1130] BGH NVwZ 2002, 122; BGH NVwZ 2008, 926.
[1131] Vgl. BGH NJW 2000, 2996.
[1132] BGHZ 187, 51 ff. (mit Bespr. v. *Muckel*, JA 2011, 158).
[1133] BGH NVwZ 2000, 467.

bewerten.[1134] Überhaupt ist die Pflicht zur **Beachtung anerkannter Prüfungs-maßstäbe** bei der Bewertung von Prüfungsleistungen eine Amtspflicht.[1135]

▪ Pflicht, vor Gefahren, die von (Natur-)Katastrophen oder dem Verhalten Dritter ausgehen, zu warnen. Diese Pflicht ergibt sich insbesondere aus der objektiv-rechtlichen Dimension des Art. 2 II S. 1 GG, die als **staatliche Schutzpflicht** für Leib, Leben und Gesundheit ausgestaltet ist. Diese Schutzpflicht gebietet es dem Staat und seinen Organen, sich schützend und fördernd vor Leib, Leben und Gesundheit jedes Einzelnen zu stellen, d.h. vor allem, es auch vor rechtswidrigen An- und Eingriffen von Seiten Dritter zu bewahren.[1136]

▪ Ein weiteres anschauliches Beispiel für das Vorliegen von Amtspflichten bieten die **Regelungen über den Straßenverkehr.** Aus den §§ 44 I, 45 III u. IV StVO ergibt sich die Pflicht der Straßenverkehrsbehörden, für die Sicherheit und Leichtigkeit des Straßenverkehrs (vgl. § 45 I S. 1 StVO) zu sorgen. Sie müssen den Straßenverkehr durch Verkehrszeichen und Verkehrseinrichtungen so regeln, dass der Verkehr erleichtert wird und Unfälle vermieden werden.[1137] Zu diesen (drittbezogenen) Amtspflichten gehören insbesondere Hinweispflichten, etwa wenn an einer unfallträchtigen Stelle eine Änderung der bisherigen Verkehrsregelung durchgeführt wurde.[1138]

▪ Von den Pflichten hinsichtlich der Regelung des Straßenverkehrs ist die allgemeine **Verkehrssicherungspflicht** (VSP) zu unterscheiden.

Verkehrssicherungspflicht bedeutet: Wer Gefahren für andere schafft oder unterhält, ist verpflichtet, alle erforderlichen und zumutbaren Maßnahmen zu treffen, um Schäden von der Allgemeinheit abzuwenden.[1139]

Verkehrssicherungspflichten können auf ein positives Tun (z.B. Streupflicht im Winter, Absperrung von Baustellen, Beseitigung von Löchern in Fahrbahnen oder Entfernung von nicht standsicheren Straßenbäumen), aber auch auf ein Unterlassen (z.B. kein Inverkehrbringen von gesundheitsschädlichen Lebensmitteln) gerichtet sein und dementsprechend durch Tun oder Unterlassen verletzt werden. Die schuldhafte Verletzung der Verkehrssicherungspflicht löst auch für öffentliche Körperschaften, insbesondere für Staat und Gemeinden, privatrechtliche Schadensersatzansprüche nach den §§ 823 ff. BGB aus. Ist die Verkehrssicherungspflicht (durch Gesetz) zu einer öffentlich-rechtlichen Amtspflicht erklärt worden, greift nicht das Haftungsinstitut nach § 823 BGB, sondern die Amtshaftung nach § 839 BGB i.V.m. Art. 34 GG.[1140]

▪ Insbesondere **Winterdienst**: Die behördliche (Straßen-)Verkehrssicherungspflicht umfasst grundsätzlich auch die winterliche Räum- und Streupflicht auf den öffentlichen Straßen. Bezüglich des Inhalts und des Umfangs der winterlichen Räum- und Streupflicht ist aber ebenfalls stets auf den Einzelfall abzustellen. So besteht eine Räum- und Streupflicht innerhalb geschlossener Ortschaften nur an verkehrswichtigen und gefährlichen[1141] Straßenstellen, wobei die Streupflicht stets eine *allgemeine* Straßenglätte voraussetzt. Weitere Kriterien sind Tageszeit, Wichtigkeit und Benutzungshäufigkeit der betreffenden Straßen (Stichwort: Zumutbarkeit).[1142] Eine Amtshaftung kommt aber i.d.R. nicht in Betracht, wenn unter rechtsfehlerfreier Abwägung zugunsten des Naturschutzes auf das Streuen von Salz o.ä. verzichtet wurde.[1143] Auch wenn sich der Ge-

---

[1134] Vgl. LG Münster NJW 2001, 1072.
[1135] OLG München NJW 2007, 1005 f.
[1136] BVerfGE 39, 1, 42; 46, 160, 164; 56, 54, 73; 115, 118 1, 152.
[1137] Vgl. BGH NVwZ 2000, 1209; *Rinne*, NVwZ 2003, 9 und die ältere Judikatur BGH NJW 1966, 1456 ff.; NJW 1971, 2220 ff.; JZ 1987, 822; NVwZ 1990, 898 f.
[1138] BGH NVwZ 2000, 1209 f.
[1139] Vgl. *Rinne/Schlick*, NJW 2004, 1918 f.; *Rinne*, NVwZ 2003, 9; LG Coburg NVwZ 2003, 248. Vgl. auch OLG Saarbrücken NJW 2010, 3104 f.
[1140] Vgl. LG Coburg NVwZ 2003, 248. Vgl. auch OLG Saarbrücken NJW 2010, 3104 f.
[1141] Eine gefährliche Straßenstelle liegt grds. nur dort vor, wo unvermutete Gefahren auftreten können, die auch bei einer den winterlichen Bedingungen angepassten Fahrweise nicht beherrschbar sind (OLG Jena NZV 2001, 87).
[1142] Vgl. dazu insgesamt *Rinne*, NVwZ 2003, 9 ff.; OLG Jena NZV 2001, 87.
[1143] Vgl. dazu näher BGH NVwZ-RR 1998, 334; *Schlick/Rinne*, NVwZ 1997, 1065, 1070.

schädigte in vorwerfbarer Weise nicht auf die winterlichen Verhältnisse eingestellt hat, kann eine Pflichtverletzung der öffentlichen Hand ausscheiden. In derartigen Fällen ist stets an eine Anspruchskürzung gem. § 254 BGB zu denken. Die Amtspflichten im Bereich der Straßenverkehrsregelung und Verkehrssicherung sind i.d.R. auch drittgerichtet.[1144]

■ **Öffentliche Spielplätze:** Bei Spielplätzen ist die Verkehrspflicht dem besonderen Risiko der Benutzung durch junge Personen anzupassen. Dabei ist auch der Gefahr durch möglichen Missbrauch entgegenzuwirken. So ist z.B. ein Ballspielplatz für Kinder so zu sichern, dass in der Nähe liegende Gebäude nicht durch Bälle beschädigt werden und auch das Zurückholen der Bälle durch Kinder keinen Schaden hervorruft. Jedoch ist eine gewisse Gefahr in Kauf zu nehmen, besonders bei einem Abenteuerspielplatz.[1145]

b. Verletzung der Amtspflicht

aa. Allgemeines

Aufgrund der umfassenden Bindung der Verwaltung an Recht und Gesetz indiziert die Rechtswidrigkeit einer Amtshandlung in der Regel die Amtspflichtverletzung. | **1077**

> **Beispiel:** A ist Dezernent in der Baugenehmigungsbehörde und bearbeitet den Bauantrag des B. Ohne nähere Prüfung lehnt er den Antrag ab, obwohl die Voraussetzungen für die Genehmigungserteilung vorliegen. Im Rahmen einer späteren Überprüfung durch die Widerspruchsbehörde stellt sich heraus, dass A mit B in der jüngeren Vergangenheit einige heftige private Auseinandersetzungen hatte und nur deshalb den Antrag ablehnte.
>
> Hier hat A aus unsachlichen, unvertretbaren Gründen den Bauantrag des B abgelehnt und damit nicht nur rechtswidrig, sondern auch amtspflichtwidrig gehandelt.

Eine Ausnahme von dieser Regel besteht dort, wo die Pflicht des Amtswalters zu rechtmäßigem Handeln mit seiner Gehorsamspflicht/Weisungsgebundenheit kollidiert.[1146] Hier geht die Gehorsamspflicht grundsätzlich vor mit der Folge, dass es bei rechtswidrigem, aber weisungsgemäßem Verhalten des handelnden Amtswalters an der Amtspflichtverletzung fehlt. Die Amtspflichtverletzung ist dann in der rechtswidrigen Weisung zu sehen. | **1078**

> **Beispiel:** Der Bürgermeister der Gemeinde G erlässt auf Weisung des staatlich übergeordneten Landrats (bzw. Oberkreisdirektors) ein rechtswidriges Versammlungsverbot.
>
> Hier handelt der Bürgermeister zwar rechtswidrig, aber weisungsgemäß und daher amtspflichtgemäß. Dagegen hat der Landrat eine Amtspflicht verletzt, weil er dem Bürgermeister eine rechtswidrige Weisung erteilte. Diese Unterscheidung hat auch praktische Konsequenzen, da Haftungskörperschaft für Amtspflichtverletzungen eines Bürgermeisters dessen Gemeinde ist und für den Landrat aufgrund dessen Doppelstellung entweder der Landkreis oder das Land haftet. Die Amtshaftungsklage wäre in diesem Fall gegen den Landkreis bzw. das Land zu richten, die gegen das Versammlungsverbot gerichtete Anfechtungs- bzw. Fortsetzungsfeststellungsklage gegen die Gemeinde, deren Organ *Bürgermeister* das rechtswidrige Verbot erlassen hat.

Zusammenfassend lässt sich sagen, dass Anknüpfungspunkt für einen Amtshaftungsanspruch nicht eine Pflicht des Staates gegenüber dem Bürger, sondern eine | **1079**

[1144] BGH NZV 2003, 570; vgl. auch *Rautenkranz*, JA 2004, 267.
[1145] Vgl. dazu BGHZ 103, 38; OLG Köln OLG Report 2001, 150.
[1146] Die Gehorsamspflicht/Weisungsgebundenheit für Beamte folgt aus § 35 S. 2 BeamtStG (sowie den Beamtengesetzen), für andere öffentliche Bedienstete aus dem Arbeitsvertrag.

Pflicht des Amtsträgers gegenüber seinem Dienstherrn ist. Daher kann eine **Amtspflichtverletzung** nur dann vorliegen, wenn der Amtswalter die sich aus seinem amtlichen Verhältnis zum Staat (Dienstherrn) ergebenden Pflichten (= Amtspflichten) verletzt. Amtswalter im amtshaftungsrechtlichen Sinne kann zum einen der nach außen hin Handelnde sein, aber auch derjenige, der diesem eine verbindliche innerdienstliche Weisung erteilt.

1080

Hinweis für die Fallbearbeitung: Wenn in die gutachtliche Falllösung über den Amtshaftungsanspruch eingestiegen wird (Fallfrage: Ist der Amtshaftungsanspruch begründet?), muss an dieser Stelle der Klausur inzident die Verletzung der Amtspflicht durch eine vollständige Rechtmäßigkeitsprüfung (d.h. formell und materiell) der Maßnahme festgestellt werden. Ist nach der Fallgestaltung jedoch zunächst die Rechtmäßigkeit der Primärmaßnahme zu prüfen, genügt an dieser Stelle i.d.R. ein kurzer Verweis auf die im Gutachten zuvor festgestellte Rechtswidrigkeit des staatlichen Handelns.

bb. Insbesondere: Baurecht

1081 Im **Baurecht** muss in Bezug auf die Haftungstatbestände zwischen dem Bauplanungsrecht und dem Bauordnungsrecht unterschieden werden. Bei der bauplanungsrechtlichen Amtspflichtverletzung geht es primär um Amtspflichtverletzungen bei der Aufstellung von Bebauungsplänen. Im Bauordnungsrecht sind i.d.R. Entscheidungen über Baugesuche (Bauvorbescheide, Bauerlaubnisse) Gegenstand von Amtshaftungsprozessen.

a.) Bauplanungsrecht

1082 In der Spruchpraxis des BGH spielt die Haftung einer Gemeinde wegen fehlerhafter Aufstellung von Bauleitplänen (vgl. §§ 1 ff. BauGB – oben Rn 1076) vor allem in den **Altlastenfällen**[1147] eine entscheidende Rolle. Nach ständiger Rechtsprechung des Senats für Amtshaftung besteht die Amtspflicht, bei der Aufstellung von Bebauungsplänen Gesundheitsgefahren zu verhindern, die den zukünftigen Bewohnern des Plangebiets aus dessen Bodenbeschaffenheit drohen.[1148] Eine „Gefährdungshaftung" für unerkennbare Schadstoffbelastungen ist allerdings nicht zu fordern. Eine uferlose Überprüfung des zu beplanenden Gebietes ohne konkrete Anhaltspunkte für eine mögliche Kontaminierung ist daher nicht zu einer Amtspflicht zu erheben. Der Amtswalter einer Gemeinde handelt aber pflichtwidrig, wenn im Zeitpunkt der Beschlussfassung erkennbar ist, dass in einer auf einem Plangebiet liegenden ehemaligen Fabrik in erheblichem Umfang hochgiftige Substanzen verarbeitet wurden.[1149] Weiterhin ist die Gemeinde verpflichtet, bei der **Erschließung eines Baugebiets** zumindest vorläufige Sicherungsmaßnahmen gegen die Überschwemmung angrenzender Grundstücke durch Niederschlagswasser zu treffen.[1150]

1083 Da das Bestehen von (drittgerichteten) Amtspflichten als weitere Anspruchsvoraussetzung nicht von Art. 34 GG *geregelt*, sondern *vorausgesetzt* wird, kann der einfache Gesetzgeber bestimmen, ob überhaupt eine bestimmte Amtspflicht besteht, wem gegenüber sie besteht[1151] und welche Interessen sie erfasst. Daraus folgt, dass der Landesgesetzgeber bundesgesetzlich fundierte Amtspflichten nicht einschränken kann. Erst recht können daher Gemeinden etc. gesetzliche Amtspflichten durch Satzung u.a. nicht einschränken und

---

[1147] Vgl. dazu und zum Bundesbodenschutzgesetz *R. Schmidt*, POR, Rn 801, 814, 824, 891 ff.
[1148] BGH VIZ 1999, 608 zu Gefahren von Tagesbrüchen wegen Bergschäden.
[1149] BGHZ 123, 191; bestätigt in BGH NVwZ 1998, 318, 319.
[1150] BGH NVwZ 2002, 1143, 1144. Vgl. auch *Rinne/Schlick*, NJW 2004, 1918 f.
[1151] Vgl. BGH DVBl 1996, 1129; *Papier*, in: Maunz/Dürig, GG, Art. 34 Rn 167; Art 19 Rn 21-23.

müssen selbst beim Satzungserlass evtl. Amtspflichten beachten, etwa beim Erlass eines Bebauungsplans.[1152]

b.) Bauordnungsrecht

Im Bereich des Bauordnungsrechts besteht zunächst die Amtspflicht, eine den ein-schlägigen baurechtlichen Vorschriften (BauGB, BauNVO, LBO) entsprechende Bauer-laubnis zu erteilen bzw. ein diesen Vorschriften widersprechendes Baugesuch abzu-lehnen.[1153] Die Amtspflicht schließt die Pflicht zur Prüfung der maßgeblichen baupla-nungsrechtlichen Vorgaben im Genehmigungsverfahren mit ein.[1154] So ist eine Amts-pflichtverletzung zu bejahen, wenn die Sachbearbeiter der Baugenehmigungsbehörde einen Bebauungsplan in Annahme bzw. Kenntnis seiner Nichtigkeit zur Grundlage ihrer Entscheidung machen. Wenden sie einen (vermeintlich) unwirksamen Bebau-ungsplan an, statt die Bauwilligen auf ihre Bedenken gegen dessen Wirksamkeit hin-zuweisen, handeln sie amtspflichtwidrig. Dasselbe gilt für den Fall, dass sie Anlass gehabt hätten, die Wirksamkeit des Bebauungsplans zu überprüfen bzw. durch die Gemeinde oder das OVG/den VGH überprüfen zu lassen, und dass sie bei sachgerech-ter Vorgehensweise die Unwirksamkeit hätten feststellen müssen.[1155] Ein Schadenser-satzanspruch des Bauherrn scheidet jedoch aus, wenn er die Rechtswidrigkeit der ihm erteilten Baugenehmigung kannte oder infolge grober Fahrlässigkeit nicht kannte.[1156]

1084

In **polygonalen Rechtsverhältnissen**, die typischerweise im Bauplanungs- und Immissionsschutzrecht bestehen, sind Nutzungskonflikte, die beispielsweise durch das Heranrücken der Wohnbebauung an emissionsintensive Anlagen entstehen, in aller Regel mit planerischen Mitteln zu bewältigen (siehe § 1 VI und VII BauGB). Trifft aber der Bebauungsplan zulässigerweise weniger konkrete Festsetzungen, überlässt er also dem von der Planung Betroffenen ein hohes Maß an Gestaltungsmöglichkeiten, kann und muss der Interessenausgleich im Rahmen des Baugenehmigungsverfahrens gefunden werden. Besondere Bedeutung erlangt dabei das das gesamte Baurecht durchziehende Gebot der gegenseitigen Rücksichtnahme. Je offener der Bebauungs-plan für eine Konfliktlösung ist, desto größer ist der Spielraum für die Anwendung des § 15 BauNVO.

1085

Für die **Altlastenfälle** bedeuten diese Grundsätze, dass, soweit die Gemeinde auch Baugenehmigungsbehörde ist, neben einer bauplanungsrechtlichen Amtshaftung wegen der planerischen Ausweisung der kontaminierten Grundfläche als Wohngebiet auch eine bauordnungsrechtliche Haftung wegen Erteilung der Bauerlaubnis auf einem belasteten Grundstück in Betracht kommt. Zu beachten ist aber auch hier, dass die zum Bauplanungsrecht entwickelten Haftungsbeschränkungen auch für das Bau-ordnungsrecht gelten.

1086

3. Drittbezug der Amtspflicht

Eine umfassende und uneingeschränkte Amtspflicht würde zu einer uferlosen Auswei-tung der Staatshaftung führen. Um dies zu vermeiden, muss der handelnde Amtswal-ter eine Amtspflicht verletzt haben, die ihm **einem Dritten gegenüber obliegt** (Drittbezug der Amtspflichtverletzung).

1087

[1152] BGHZ 61, 7; *Jarass*, in: Jarass/Pieroth, GG, Art. 34 Rn 8.
[1153] BGH NVwZ 2004, 638; NJW 2001, 3054. Vgl. auch *Rinne/Schlick*, NJW 2005, 3541, 3545.
[1154] Vgl. BGH NJW 2002, 432, 433.
[1155] BGH NVwZ 1995, 198 L mit Anm. *Schwabe*, JZ 1994, 1119. Zur Überprüfbarkeit von Bebauungsplänen und zur Verwerfungskompetenz vgl. *R. Schmidt*, VerwProzR, Rn 512 ff. und 831 ff.
[1156] BGH NJW 2002, 432, 433.

1088 **Drittbezug** bedeutet, dass der Amtswalter seine Pflicht nicht nur im Interesse der Allgemeinheit, sondern auch im Interesse des Geschädigten zu beachten hat.[1157]

1089 Damit wird eine Parallele zu § 42 II VwGO erkennbar.[1158] Maßgebend für die Drittrichtung ist aber, **ob und inwieweit die Amtspflicht den Schutz des Geschädigten bezweckt**.[1159]

Beispiele für Drittbezug/nicht vorhandenen Drittbezug:

(1) Die Pflicht eines von einer staatlichen Hochschule (z.B. Universität) beauftragten Prüfers, eine Prüfungsarbeit (Diplom, Staatsexamen) **fehlerfrei zu korrigieren und zu bewerten**, steht im Interesse des Prüflings.[1160]

(2) Die Amtspflichten im Bereich der **Verkehrssicherung** und **Straßenverkehrsregelung** sind in aller Regel drittgerichtet. Geschützt werden alle Personen, die sich in der Gefahrenzone befinden.[1161]

(3) Die Amtspflicht, Notare im Rahmen der **Staatsaufsicht** zu beaufsichtigen, besteht im Interesse des durch den Notar Geschädigten, wenn für die Aufsichtsbehörde Anlass besteht, dass ein Notar Dritte bei seiner Amtstätigkeit schädigt.[1162]

(4) Unterlässt die vorgesetzte Dienststelle (d.h. letztlich das Landesjustizministerium) die hinreichende **personelle Ausstattung der Justizbehörden** und können dadurch etwa Grundbucheintragungen nur mit erheblichen Verzögerungen vorgenommen werden, liegt ein Organisationsverschulden vor, das sich als Verletzung einer drittgerichteten Amtspflicht erweist.[1163]

(5) Auch die **Bankenaufsicht** besteht nicht nur im öffentlichen Interesse, sondern auch im Interesse der Geldanleger. Das Bundesaufsichtsamt hat zum Schutz der Gläubiger (Sparer, Einleger und sonstige Geschäftspartner) nach pflichtgemäßem Ermessen Aufsichtsmaßnahmen zu ergreifen, wenn z.B. ein Kreditinstitut in großem Ausmaß riskante oder ungewöhnliche Geschäfte betreibt.[1164] Entsteht dem Betroffenen durch eine ungenügende Bankenaufsicht ein Schaden, führt das regelmäßig zu einem Amtshaftungsanspruch. Dagegen wird der Drittbezug im Bereich der Versicherungsaufsicht eher verneint. Die Pflicht, Belange des Versicherten zu wahren, diene primär dem öffentlichen Interesse an einem funktionierenden Versicherungswesen, nicht jedoch dem Schutz des Geschädigten.[1165] Freilich ist der Unterschied zur Bankenaufsicht nicht ohne Bedenken.

(6) Die Amtspflicht, im **Beamtenernennungsverfahren** den unterlegenen Bewerber rechtzeitig über die Auswahlentscheidung zu informieren, damit dieser Rechtsschutzmöglichkeiten erwägen kann, besteht gerade in dessen Interesse.

(7) Im **Bauplanungsrecht** besteht die grundsätzliche Pflicht aus § 8 II S. 1 BauGB, den Bebauungsplan aus dem Flächennutzungsplan zu entwickeln, sicherlich nur im öffentlichen Interesse.[1166] Gleiches gilt für die Pflicht, im Bebauungsplan nach § 9 V Nr. 1 BauGB *die* Flächen zu kennzeichnen, bei deren Bebauung bauliche Vorkehrungen gegen äußere Einwirkungen erforderlich sind.[1167] Dagegen besitzt das in § 1 VII BauGB verankerte Abwägungsgebot insoweit (auch für den Bereich des Amtshaftungsanspruchs!) drittschützenden Charakter, da auch private Interessen

---

[1157] BGHZ 162, 49, 55; 140, 380, 382; 134, 268, 276; 110, 1, 8 f.; BGH NVwZ 2010, 467 f.; *Karpenstein/Kohann*, NVwZ 2010, 3405; *Schlick*, NJW 2011, 3341, 3343.
[1158] Vgl. ausführlich *R. Schmidt*, VerwProzR, Rn 347 ff.
[1159] BGHZ 108, 224, 228; 117, 363; BGH NVwZ 1998, 318, 319.
[1160] Vgl. LG Münster NJW 2001, 1072. Vgl. auch OLG München NJW 2007, 1005 f.
[1161] Vgl. dazu *Rinne*, NVwZ 2003, 9 ff.
[1162] BGHZ 135, 354 ff.; *Bull/Mehde*, AllgVerwR, § 21 Rn 1037.
[1163] BGH NJW 2007, 830, 832 (teilweise Abweichung von BGHZ 111, 272 ff.).
[1164] BGHZ 75, 120 ff.; *Bull/Mehde*, AllgVerwR, § 21 Rn 1037. Vgl. jetzt aber § 6 III KWG.
[1165] Vgl. BGHZ 58, 96 ff.; *Bull/Mehde*, AllgVerwR, § 21 Rn 1078.
[1166] BGHZ 84, 292, 301 f.; vgl. aber § 8 II S. 2 BauGB.
[1167] BGHZ 113, 367, 370 f.

in die Abwägung miteinzubeziehen sind.[1168] Die Drittgerichtetheit einer Amtspflichtverletzung besteht also etwa dann, wenn die Gemeinde ein ehemaliges Deponiegelände zu Wohnzwecken „überplant", obwohl die betroffenen Grundstücke wegen der von dem Deponiegut ausgehenden Gesundheitsgefahren unbebaubar und unbewohnbar sind.[1169]

(8) Die Amtspflicht der Amtswalter der **Kfz-Zulassungsstelle**, nur zutreffende Angaben in die Zulassungsbescheinigungen II einzutragen, dient ausschließlich dem öffentlichen Interesse. Erleidet ein Fahrzeughalter durch eine Falscheintragung einen Schaden etwa dadurch, dass er nach dem Verkauf seines Kfz den Kaufvertrag später rückgängig machen muss, kann er keinen Amtshaftungsanspruch geltend machen.[1170]

(9) **Verneint** wird der Drittbezug auch in dem Fall, in dem ein von der Baugenehmigungsbehörde beauftragter amtlich anerkannter **Prüfingenieur für Baustatik** zu dem fehlerhaften Ergebnis kommt, das zu genehmigende Bauwerk sei sicher. Erfolgt hierauf die Baugenehmigung und stürzt das Bauwerk später ein, soll eine Amtshaftung ausscheiden. Der Schutz der Amtspflicht gehe nicht dahin, den Bauherrn vor wirtschaftlichen Schäden zu bewahren, die durch mangelnde Standfestigkeit am Bauwerk selbst entstünden.[1171] Etwas anderes gelte aber dann, wenn es auch zu Personenschäden komme.

(10) Ebenfalls verneint wurde der Drittbezug bei einer fehlerhaften **meteorologischen Warnung vor einem Unwetter** durch Mitarbeiter des Deutschen Wetterdienstes. Gerät ein Flugzeugführer aufgrund der Falschmeldung in einen Sturm und stürzt mit seiner Maschine ab, besteht nach Auffassung des BGH kein Amtshaftungsanspruch. Der Beitrag des Wetterdienstes zur meteorologischen Sicherung des Flugverkehrs beschränke sich, jedenfalls soweit es um allgemeine Warnungen, nicht um individuelle Beratungen gehe, auf die „Rahmenbedingungen für eine ordnungsgemäße Funktionsfähigkeit der Luftfahrt" und schütze nicht „Wohl und Wehe der Flugbeteiligten".[1172]

(11) Schwierig ist die Frage nach dem Drittbezug zu beantworten, wenn es um die Amtspflicht geht, nur rechtmäßige **Verwaltungsvorschriften, Rechtsverordnungen oder Satzungen** zu erlassen. Grundsätzlich ergehen solche Vorschriften ausschließlich im Interesse der Allgemeinheit, nicht im Interesse des Betroffenen.[1173] Ausnahmsweise ist ein Drittbezug zu bejahen, wenn der Personenkreis, den die betreffende Vorschrift erfasst, individualisierbar ist. Das gilt potentiell für Maßnahme- und Einzelfallgesetze.[1174] Zum legislativen bzw. normativen Unrecht vgl. Rn 1118.

Hinweis für die Fallbearbeitung: Wie die vorstehenden Beispiele gezeigt haben, ist die Judikatur des BGH zum Drittbezug der Amtspflicht nicht immer einheitlich und nicht immer einsichtig. Der BGH befürchtet wohl, durch eine großzügige Annahme des Drittbezugs die Haftung des Staates auf eine nicht eingrenzbare Zahl von Personen auszudehnen. Für die Fallbearbeitung empfiehlt sich daher, statt des Auswendiglernens von Fallgruppen danach zu fragen, ob und inwieweit der Schutz der Interessen des Geschädigten bezweckt ist. Im konkreten Fall ist daher zu prüfen, ob

1090

[1168] BVerwGE 107, 215, 220 f.; vgl. auch BVerwG NVwZ 2000, 1187; BVerwG NVwZ 2002, 1509 f.
[1169] BGH NVwZ 1998, 318, 319.
[1170] Vgl. BGH NJW 1982, 2188, 2189.
[1171] BGHZ 39, 358, 363 ff.; BGH BayVBl 1998, 220.
[1172] BGH NJW 1995, 1828, 1829.
[1173] BGHZ 56, 40, 46.
[1174] *Peine*, AllgVerwR, § 17 Rn 412.

> **(1)** die Amtspflicht überhaupt Drittwirkung hat,
>
> **(2)** der Anspruchsteller *persönlich* und *sachlich* zum geschützten Personenkreis gehört
>
> **(3)** und ob das konkret betroffene Interesse oder Rechtsgut der in den Schutzbereich einbezogenen Person von der Drittwirkung erfasst wird.[1175]
>
> Ohne weiteres ist das bei der Verletzung eines durch § 823 I BGB geschützten Rechtsguts der Fall, da § 839 BGB aufgrund seiner systematischen Stellung das Recht der unerlaubten Handlungen in sich aufnimmt. So verletzt ein Beamter eine „ihm einem Dritten gegenüber obliegende Amtspflicht" jedenfalls dann, wenn er Dritte in der Weise schädigt, die ohne die Existenz des § 839 BGB tatbestandlich in eine der Vorschriften der §§ 823 ff. BGB fallen würde.

1091   Zur Frage nach dem drittschützenden Charakter der Amtspflichten beim **legislativen Normenerlass** vgl. Rn 1118.

4. Verschulden

1092   Nicht jede Amtspflichtverletzung gegenüber einem Dritten löst eine Amtshaftung aus. Hinzukommen muss gem. § 839 BGB ein **Verschulden** des handelnden Amtswalters. In Ermangelung einer entgegenstehenden Vorschrift ist der objektivierte Verschuldensmaßstab des § 276 I S. 1 BGB (Vorsatz und Fahrlässigkeit) zugrunde zu legen. Es ist auf den sorgfältig und gewissenhaft arbeitenden Durchschnittsbeamten des jeweiligen Amtes abzustellen[1176], wobei eine Amtspflichtverletzung ein Verschulden indiziert[1177].

Das Verschulden im Rahmen des § 839 BGB muss sich nur auf die Verletzung der Amtspflicht beziehen; dass der Beamte den hieraus für einen in den Schutzbereich der Amtspflicht einbezogenen Dritten entstandenen Schaden – oder überhaupt einen Schaden – vorausgesehen hat oder voraussehen konnte, ist nicht erforderlich.[1178]

1093   Jeder Amtsträger muss sich die zur Führung seines Amtes notwendigen Rechts- und Verwaltungskenntnisse verschaffen. Bei der Gesetzesauslegung und -anwendung hat er die Rechtslage unter Zuhilfenahme der ihm zu Gebote stehenden Hilfsmittel sorgfältig und gewissenhaft zu prüfen und sich danach aufgrund vernünftiger Überlegung eine Rechtsmeinung zu bilden.[1179] Allerdings begründet nicht jeder objektive Rechtsirrtum einen Schuldvorwurf. Wenn die nach sorgfältiger Prüfung gewonnene Rechtsansicht des Amtsträgers als **rechtlich vertretbar** angesehen werden kann, kann aus der Missbilligung dieser Rechtsauffassung durch die Gerichte ein Schuldvorwurf nicht hergeleitet werden.[1180] Dies gilt insbesondere in Fällen, in denen die objektiv unrichtige Rechtsanwendung eine Vorschrift betrifft, deren Inhalt – bezogen auf den zu entscheidenden Einzelfall – zweifelhaft sein kann und noch nicht durch eine höchstrichterliche Rechtsprechung klargestellt ist.[1181] Weicht der Amtswalter aber von einer **höchstrichterlichen Entscheidung** oder einer **gefestigten höchstrichterlichen Rechtsprechung** ab, müssen schon gewichtige Gründe vorgebracht werden, um den Schuldvorwurf zu entkräften. Das kann etwa der Fall sein, wenn die Abweichung auf einer sorgfältigen Auseinandersetzung des Amtswalters mit dieser Rechtsprechung beruht und der Amtswalter zu einer gut vertretbaren anderen Auffassung gelangt

---

[1175] BGH NVwZ 2001, 1074 f.; LG Münster NJW 2001, 1072; *Detterbeck*, JuS 2002, 127, 129; *Maurer*, AllgVerwR, § 26 Rn 19.
[1176] BGH NVwZ 2005, 484 f.; 2001, 1193 f.; *Schlick*, NJW 2013, 3349, 3352. Vgl. auch BGH NJW 2013, 3176.
[1177] Daraus folgt, dass in der Fallbearbeitung die haftungsbegründende Kausalität i.d.R. nicht separat geprüft werden muss.
[1178] BGH NJW 1998, 142, 144 f.; *Sandkühler*, JA 2001, 414, 419.
[1179] *Schlick*, NJW 2011, 3341, 3345.
[1180] BGH NJW 2011, 2586 f.
[1181] *Schlick*, NJW 2011, 3341, 3345.

ist.[1182] Des Weiteren kann es an einem Verschulden fehlen, wenn die anzuwendende Gesetzesbestimmung neu ist und die sich ergebenden Auslegungsfragen noch nicht ausgetragen sind. Dies gilt jedoch dann nicht ohne weiteres, wenn in der neuen Vorschrift Begriffe verwendet werden, die in vergleichbaren Bestimmungen in ähnlicher Weise gebraucht werden und durch Rechtsprechung und Literatur hinreichend präzisiert worden sind (Beispiel: „unmittelbar bevorstehende Gefahr" i.S.d. Polizeirechts).[1183]

Ein Verschulden wird auch dann verneint, wenn ein mit mehreren Rechtskundigen besetztes **Kollegialgericht** die konkret in Rede stehende Amtstätigkeit des Amtswalters als rechtmäßig beurteilt hat. Das hat den Hintergrund, dass von einem Amtswalter wohl kaum bessere Rechtskenntnisse erwartet werden können als von einem Kollegialgericht.[1184] Etwas anderes gilt jedoch wiederum, wenn das Kollegialgericht den Rechtsstreit offensichtlich fehlerhaft entschieden hat. Das ist insbesondere der Fall, wenn das Gericht in einem entscheidenden Punkt von einem unzutreffenden Sachverhalt ausgegangen ist.

Als Fazit lässt sich mithin festhalten: Grundsätzlich fahrlässig sind nur **mangelhafte Rechts- und Fachkenntnis** sowie die Herbeiführung **nicht vertretbarer Entscheidungen**.

Kommt es zu Drittschäden infolge behördeninterner **Organisationsmängel** (z.B. durch Unterbesetzung von Dienststellen, ungenügende Vertretungsregeln, mangelhafte Geschäftsverteilungspläne etc.), ist auf das Institut des **Organisationsverschuldens** zurückzugreifen. Ein Amtshaftungsanspruch besteht hier dann, wenn denjenigen ein Verschulden trifft, der für die Organisation verantwortlich ist. **1094**

Beispiele:
(1) Gemeinde G erschließt ein größeres Baugebiet und lockt zahlreiche Bauherren mit günstigen Grundstückspreisen. Gleichzeitig versäumt der Behördenleiter es aber, das Baudezernat mit genügend Personal auszustatten. Als dann eine Fülle von Bauanträgen eingeht, ist die Behörde nicht in der Lage, diese zügig zu bearbeiten. Hier trifft die Verletzung der Amtspflicht, Anträge zügig zu bearbeiten, nicht die einzelnen Amtswalter, sondern den Behördenleiter, da dieser es schuldhaft versäumt hat, rechtzeitig das Personal aufzustocken.

(2) Unterlässt die vorgesetzte Dienststelle (d.h. letztlich das Landesjustizministerium) die hinreichende personelle Ausstattung der Justizbehörden und können dadurch etwa Grundbucheintragungen nur mit erheblichen Verzögerungen vorgenommen werden, liegt ein Organisationsverschulden vor, das gem. Art. 34 GG dem Staat zuzurechnen ist.[1185]

III. Schaden, haftungsausfüllende Kausalität und Beweislast

1. Schaden

Da die Amtshaftung aus der persönlichen Haftung des Beamten abgeleitet ist und durch Art. 34 S. 1 GG lediglich auf den Staat oder auf die sonstige Körperschaft übergeleitet wird, kann der nach § 839 BGB geforderte Schadensersatz nicht in einer Amtshandlung (Naturalrestitution) liegen, sondern ist auf **Geldersatz** beschränkt. **1095**

[1182] *Bull/Mehde*, AllgVerwR, § 21 Rn 1044; *Peine*, AllgVerwR, § 17 Rn 414; *Maurer*, AllgVerwR, § 26 Rn 25.
[1183] BGH NJW 2003, 3693 f.
[1184] Vgl. BGH NVwZ-RR 2005, 152; DVBl 2001, 1619, 1621; BVerwG DVBl 2001, 726, 730; OLG Koblenz NVwZ 2002, 764 f. Vgl. auch BGH ZfBR 2005, 469.
[1185] BGH NJW 2007, 830, 833.

1096 Der durch Geldersatz auszugleichende **Schaden** ist jeder Nachteil, der an den Rechtsgütern einer Person entsteht. Als Rechtsgüter kommen sowohl Vermögensgüter als auch Persönlichkeitsgüter in Betracht.

1097 Dementsprechend umfasst der Schadensbegriff **materielle Schäden** (Vermögensschäden)[1186] und **immaterielle Schäden** (Nichtvermögensschäden).[1187] Art und Umfang der Schadensersatzpflicht richten sich nicht nur nach den §§ 843-845 BGB, sondern vor allem nach den allgemeinen Vorschriften der §§ 249 ff. BGB, insbesondere nach § 252 BGB.[1188] Regelmäßig ist das sog. **negative Interesse** maßgeblich.[1189]

> **Beispiel**[1190]: Gibt ein Bewerber bzgl. einer Beamtenstelle in den neuen Bundesländern (hier: nach C 3 besoldete Professorenstelle an einer Fachhochschule in Sachsen-Anhalt) seine besser dotierte Anstellung in der freien Wirtschaft im Vertrauen auf die (in Wahrheit unrichtige) Auskunft auf, dass er nach Eintritt in das Beamtenverhältnis das volle Gehalt C 3 West und nicht das mit Abschlägen versehene Gehalt C 3 Ost beziehen werde, ist sein etwaiger Vertrauensschaden im Ansatz aus dem Vergleich seiner derzeitigen Einkommenssituation (C 3 Ost) mit dem Einkommen zu ermitteln, das er im Falle des Verbleibs bei seinem früheren Arbeitgeber erzielt hätte, der Höhe nach begrenzt durch die Differenz zwischen der Besoldung C 3 West und C 3 Ost. Bei diesem Vergleich sind aber – nach Maßgabe des § 287 I ZPO – auch die im Regelfall bessere Altersversorgung im öffentlichen Dienst, die Beihilfeansprüche sowie die Sicherheit des Arbeitsplatzes mit zu berücksichtigen. Einem derartigen Schadensersatzanspruch steht im Übrigen nicht entgegen, dass nach § 2 II BBesG Zusicherungen, Vereinbarungen und Vergleiche über eine höhere als die gesetzlich bestimmte Besoldung unwirksam sind.[1191]

1098 Eine Drittschadensliquidation kommt i.d.R. nicht in Betracht, weil die Bestimmung des Kreises der geschützten „Dritten" bereits im Rahmen der Voraussetzung „einem Dritten gegenüber obliegenden Amtspflicht" vorgenommen wurde und „Dritter" nur sein kann, dem gegenüber die schädigende Amtshandlung vorgenommen wurde.

- Entsprechend der Art und des Umfangs des Schadensersatzes spricht man von einem **Vermögensschaden**, wenn der Geschädigte eine in Geld bezifferbare Einbuße an seinen Vermögensgütern erlitten hat (etwa Reparaturkosten bei Beschädigung einer Sache; Heilbehandlungskosten bei Körperverletzung).

- Dagegen liegt ein **Nichtvermögensschaden** vor, wenn der Geschädigte durch die Verletzung seines Körpers oder seiner Psyche bspw. Schmerzen, Aufregung oder Schlaflosigkeit erleiden muss. Werden durch die Art der Verletzungshandlung jedoch weitere Folgen bewirkt (Heilbehandlungskosten, Verdienstausfall etc.), stellen diese wiederum Vermögensschäden dar.

  Die Unterscheidung zwischen Vermögensschäden und Nichtvermögensschäden ist durch die im Zuge des Zweiten Schadensersatzrechtsänderungsgesetzes am 1.8.2002 eingeführte Generalisierung des Anspruchs auf Schmerzensgeld nahezu nivelliert worden. Nunmehr kann gem. **§ 253 II BGB** eine billige Entschädigung in Geld (im Klartext: **Schmerzensgeld**) nicht nur wegen Verletzung des allgemeinen Persönlichkeitsrechts, sondern auch wegen des Nichtvermögensschadens verlangt werden, wenn Er-

---

[1186] BGH NJW-RR 2002, 307, 308 (zu beachten ist, dass zum Zeitpunkt der Entscheidung der seit dem 1.8.2002 in § 253 II BGB generalisierte Schmerzensgeldanspruch noch nicht gesetzlich bestimmt war). Vgl. nunmehr auch BGH NJW 2007, 830 ff.
[1187] Vgl. *Grunsky*, in: MüKo BGB, Vor § 249 Rn 47.
[1188] Beispielsweise für einen Umsatzrückgang.
[1189] Vgl. ausführlich *Sandkühler*, JA 2001, 414, 421 f.
[1190] Vgl. BGH NVwZ 2006, 245, 246 ff.
[1191] *Rinne/Schlick*, NJW 2005, 3541, 3546.

satzansprüche wegen Verletzung des Körpers, der Gesundheit, der Freiheit oder der sexuellen Selbstbestimmung verlangt werden.[1192]

Der Anspruch ist grundsätzlich auf **Geld** gerichtet (s.o.). Der dem Geschädigten zu leistende Geldersatz ist nach dem Betrag festzulegen, der erforderlich ist, um den gleichen wirtschaftlichen Erfolg herzustellen, der ohne das schädigende Ereignis bestehen würde.[1193] 1099

> **Beispiel:** Ein Geschädigter, der eine Gemeinde wegen eines Überschwemmungsschadens auf Schadensersatz in Anspruch nimmt, kann daher nicht die Kosten für eine Höherlegung einer Garage verlangen. Denn hierbei geht es nicht um Ersatz der Kosten für den Wiederaufbau der durch die Überschwemmung zerstörten oder beschädigten Garage, sondern vielmehr um Ersatz der Kosten, die zur Vermeidung weiterer (künftiger) Überschwemmungsschäden aufgewendet worden sind.[1194]

Eine **Naturalrestitution** (Wiederherstellung des *status quo ante in natura*) kommt dagegen **nicht** in Betracht. Dafür steht dem Betroffenen der allgemeine **Folgenbeseitigungsanspruch** zur Verfügung (vgl. dazu Rn 1274 ff.). Würde man eine Naturalrestitution zulassen, würden die ordentlichen Gerichte (die ja gem. Art. 34 S. 3 GG i.V.m. § 40 II VwGO i.V.m. § 71 II Nr. 2 GVG über den Amtshaftungsanspruch entscheiden) mit der Verurteilung zur Aufhebung, Unterlassung bzw. zum Widerruf der schädigenden Handlung in den Zuständigkeitsbereich der Verwaltungsgerichte übergreifen.[1195] 1100

Zum Schaden gehören schließlich alle nicht von Dritten zu erstattenden Kosten, die zur zweckentsprechenden Rechtsverfolgung aufgewendet werden mussten, insbesondere die Kosten eines Vorprozesses gegen einen Dritten, der gem. § 839 I S. 2 BGB (Subsidiaritätsklausel) vorrangig auf Ersatz in Anspruch genommen werden musste.[1196] 1101

2. Haftungsausfüllende Kausalität

Wer Schadensersatz begehrt, hat grundsätzlich Haftungsgrund, Ursächlichkeit und ggf. auch das Verschulden des Schädigers nach den allgemeinen Regeln zu beweisen (**Schadensbeweis**). Der Anspruchsteller eines Amtshaftungsanspruchs hat daher zunächst die schuldhafte Amtspflichtverletzung und den hierdurch entstandenen Schaden zu beweisen.[1197] Wenn aber ein Sachverhalt nach dem gewöhnlichen Verlauf der Dinge und der allgemeinen Lebenserfahrung auf eine bestimmte (typische) Folge hinweist, kann von einer feststehenden Ursache auf einen bestimmten Erfolg oder von einem feststehenden Erfolg auf eine bestimmte Ursache geschlossen und die Behauptung als bewiesen angesehen werden (*prima-facie*-Beweis; Beweis des ersten Anscheins; **Anscheinsbeweis**).[1198] Das gehört zur Beweiswürdigung (vgl. §§ 286, 287 ZPO) und bedeutet keine Beweislastumkehr, sondern (lediglich) eine **Beweislasterleichterung**. Für den *Amtshaftungsanspruch* bedeutet dies: Soweit eine tatsächliche Vermutung oder eine tatsächliche Wahrscheinlichkeit für einen erfahrungsgemäßen Geschehensablauf besteht, kann sich der Geschädigte darauf beschränken, die *Amtspflichtverletzung* und die nachfolgende *Schädigung* zu beweisen. Aufgabe des Beamten ist es dann, die Vermutung des ursächlichen Zusammenhangs seinerseits 1102

[1192] Vgl. dazu *Dötsch*, NVwZ 2003, 185, und *R. Schmidt*, SchuldR BT II, 8. Aufl. 2013, Rn 1120 ff.
[1193] Vgl. OLG Rostock NVwZ 2001, 1075, 1076; *Sprau*, in: Palandt, § 839 Rn 79.
[1194] BGH NVwZ 1999, 689, 690 f.
[1195] BGHZ 34, 99 ff. (*Großer Senat*); BGHZ 123, 367; BGH NVwZ 2001, 1193 f.; *Rinne/Schlick*, NVwZ-Beilage II/2000, S. 22.
[1196] Vgl. BGH ZIP 2002, 1144, 1148.
[1197] BGH NJW 1962, 1768; LG Münster NJW 2001, 1072, 1073.
[1198] St. Rspr., vgl. etwa BGH NJW 2006, 2262 f.

auszuräumen.[1199] Es handelt sich somit um eine Kombination eines Anscheinsbeweises mit einer echten Beweislastumkehr.

IV. Haftungsminderung/Haftungsausschluss

1. Gesetzliche Anordnungen der Haftungsminderung bzw. des Haftungsausschlusses

1103 Als anspruchsmindernd kann sich zunächst ein **Mitverschulden** des Geschädigten auswirken, § 254 BGB.[1200] Darüber hinaus greifen die o.g. Voraussetzungen nur, wenn kein (sonstiger) Haftungsausschluss vorliegt. Ein solcher kann bei folgenden Fallgruppen vorliegen[1201]:

1104 ▪ **Subsidiaritätsklausel des § 839 I S. 2 BGB („Verweisungsprivileg")**

Nach dieser anachronistischen und aufgrund der Haftungsüberleitung nach Art. 34 GG überflüssig erscheinenden und daher eng auszulegenden Vorschrift[1202] besteht kein Amtshaftungsanspruch, wenn der Amtswalter, auf den abzustellen ist, **fahrlässig** handelt und der Geschädigte auf **andere Weise** (d.h. von einem Dritten) in durchsetzbarer Weise Ersatz verlangen kann.[1203]

Beispiel: Gastronom G ist eine Gaststättengenehmigung erteilt worden (vgl. §§ 2-4 GastG[1204]), woraufhin er mit der Einrichtung der Restaurationsräume beginnt. Wenig später stellt sich heraus, dass G von Anfang an wegen einer dauerhaften ansteckenden Erkrankung nicht die erforderliche Zuverlässigkeit besaß (§ 4 I S. 1 Nr. 1 GastG). Diese hatte ihm aber der behandelnde Arzt zuvor aufgrund eines Versehens bescheinigt. Die Behörde nimmt darum die erteilte Genehmigung zurück (§ 15 I GastG).

Die Amtspflichtverletzung des Amtswalters liegt in der den gaststättenrechtlichen Vorschriften widersprechenden Genehmigung, die den G in Gefahr bringt, eine vorschriftswidrige Gaststätte zu errichten und ggf. wieder beseitigen zu müssen. Da G im Vertrauen auf die Genehmigung bereits mit den Bauarbeiten begonnen hatte, die durch die Rücknahmeentscheidung der Behörde nun wertlos geworden sind, hat er einen Schaden erlitten. Ihm steht aber ein vertraglicher Schadensersatzanspruch gegenüber seinem Arzt zu. Dieser vertragliche Schadensersatzanspruch führt dazu, dass der Amtshaftungsanspruch wegen der Subsidiaritätsklausel des § 839 I S. 2 BGB entfällt. G verbleibt aber der öffentlich-rechtliche Anspruch auf Ausgleich des Vermögensnachteils gemäß § 48 III VwVfG. In einer Klausur ist diese Anspruchsgrundlage jedoch nicht zu prüfen, wenn nur nach dem Amtshaftungsanspruch gefragt ist.

Über den Wortlaut des § 839 I S. 2 BGB hinaus fordert die h.M., dass die anderweitige Ersatzmöglichkeit in **angemessener Zeit realisierbar** sein müsse. Daran fehle es bspw., wenn der Anspruchsgegner vermögenslos sei.[1205] Darüber hinaus müsse die Durchsetzung des Anspruchs dem Geschädigten auch **zumutbar** sein.[1206]

1105 ▪ **Ausnahmen von der Subsidiaritätsklausel**

Das sog. Verweisungs- bzw. Fiskusprivileg wird jedoch restriktiv gehandhabt und kommt nach st. Rspr. in folgenden Fällen *nicht* zur Anwendung:

[1199] BGH NJW 1983, 2241; vgl. auch BGH NJW 2002, 432, 433.
[1200] Vgl. dazu BGH NVwZ-RR 2013, 909; NVwZ-RR 2012, 831; NVwZ 2008, 926. Vgl. auch *Hoppe*, JA 2011, 167, 168; *Schlick*, NJW 2013, 3349, 3353.
[1201] Zur Haftung gerichtlich beauftragter Sachverständiger (§ 839a BGB) vgl. Rn 1124 ff.
[1202] Bedeutung hatte § 839 I S. 2 BGB vor allem für die Eigenhaftung des Beamten, um dessen Entschlussfreudigkeit nicht zu sehr einzuschränken. Die Einschränkung der Amtshaftung durch § 839 I S. 2 BGB ist verfassungskonform (d.h. mit Art. 34 GG vereinbar), da der formelle Gesetzgeber befugt ist, Haftungsbeschränkungen zu erlassen. Das folgt aus der Formulierung „grundsätzlich" in Art. 34 GG.
[1203] Vgl. *Rinne/Schlick*, NJW 2005, 3541, 3547; *Sandkühler*, JA 2001, 414, 420.
[1204] Zum GastG nach der Föderalismusreform 2006 vgl. bereits Fußnote 15.
[1205] *Peine*, AllgVerwR, § 17 Rn 416.
[1206] BGH NJW 1998, 142, 145; 1995, 330, 332; *Sandkühler*, JA 2001, 414, 423.

⇨ Der Geschädigte hat andere Anspruchsmöglichkeiten (bspw. Lohnfortzahlungsansprüche oder Versicherungsansprüche) durch Beitragszahlungen **„erkauft"**. Denn es ist nicht deren Zweck, den Fiskus zu entlasten, sondern den Geschädigten abzusichern.[1207]

Beispiele:

(1) Erleidet ein Arbeitnehmer durch eine Verletzung der Straßenverkehrssicherungspflicht seitens der Gemeinde einen Verkehrsunfall und ist für die Folgezeit arbeitsunfähig, kann die Gemeinde den Anspruch aus § 839 BGB, Art. 34 GG nicht mit dem Argument des Lohnfortzahlungsanspruchs ablehnen. § 839 I S. 2 BGB ist in diesem Fall nicht anwendbar.

(2) Erleidet eine Person durch eine Amtspflichtverletzung einen Gesundheitsschaden, kann der Träger des amtspflichtwidrig handelnden Amtswalters den Anspruch aus § 839 BGB, Art. 34 GG nicht mit dem Argument versagen, der Geschädigte habe einen Anspruch gegenüber der Krankenversicherung. Denn nach § 86 VVG ist die Versicherungsleistung an den Geschädigten (§§ 192 ff. VVG) lediglich als „Zwischenfinanzierung" anzusehen. Dem Versicherer soll der Rückgriff auf den Primärschuldner und Schädiger erhalten bleiben. Nach Sinn und Zweck der Regelung soll die Leistung der Versicherung nicht den Schädiger von seiner Verbindlichkeit befreien, sondern ausschließlich den Geschädigten absichern.

(3) Entsprechendes gilt hinsichtlich einer Privathaftpflicht- oder Kfz-Vollkaskoversicherung.

⇨ Der Geschädigte kann Ersatzansprüche **gegen einen anderen Verwaltungsträger** geltend machen. Denn in diesem Fall muss dem Anspruch so oder so von der öffentlichen Hand nachgekommen werden („Einheit der öffentlichen Hand").[1208]

⇨ Ein Amtswalter hat bei einer nach den **allgemeinen Straßenverkehrsvorschriften** zu beurteilenden Dienstfahrt schuldhaft einen Verkehrsunfall verursacht. Hier schließt der Grundsatz der haftungsrechtlichen Gleichbehandlung aller Verkehrsteilnehmer eine Privilegierung des Staates aus.[1209]

⇨ Die als hoheitliche Aufgabe übertragene **Straßenverkehrssicherungspflicht** wurde verletzt.[1210]

Beispiel: K fährt mit dem Fahrrad seiner Freundin F auf der Gemeindestraße von G. Plötzlich sieht er vor sich, dass der Kanaldeckel fehlt, kann aber weder abbremsen noch ausweichen. Er stürzt, wobei das Fahrrad der F schwer beschädigt wird. Diese verlangt nun von G Schadensersatz aus § 839 BGB, Art. 34 GG. G wiederum verweist auf die Schadensersatzansprüche der F gegenüber K. Nach der Rechtsprechung des BGH[1211] kommt die Vorschrift des § 839 I S. 2 BGB nicht bei einer schuldhaften Verletzung der Straßenverkehrssicherungspflicht zur Anwendung. F hat daher einen Amtshaftungsanspruch gegen G.

■ **Spruchrichterprivileg, § 839 II BGB** 1106

Nach § 839 II BGB kommt eine Staatshaftung grds. nur bei einer Straftat, d.h. einer vorsätzlichen Amtspflichtverletzung des Spruchrichters in Betracht. Dieses sog. Spruchrichterprivileg soll nicht primär den Richter, sondern die Aufrechterhaltung von rechts-

---

[1207] Siehe BGHZ 62, 380, 383 f.; 79, 26, 31 ff.; 79, 35, 36 f.; 85, 230, 232 ff.
[1208] BGHZ 13, 88, 101; 50, 271, 273; 62, 394, 396 f.; BGH NJW-RR 2013, 217; *Schlick*, NJW 2013, 3349, 3353.
[1209] OLG Saarbrücken NVwZ 2000, 1211, 1212; BGHZ 68, 217 ff.; *Maurer*, AllgVerwR, § 26 Rn 31; *Peine*, AllgVerwR, § 17 Rn 416. Allerdings greift die Subsidiarität wieder ein bei Sondereinsätzen nach § 35 I und IV StVO, weil der Amtswalter in diesen Situationen gerade nicht wie jeder andere Verkehrsteilnehmer berechtigt und verpflichtet ist. Besteht in dieser Situation also ein anderweitiger und in zumutbarer Weise zu realisierender Anspruch des Geschädigten, entfällt der Amtshaftungsanspruch.
[1210] BGHZ 75, 134, 136; 118, 368 ff.; 123, 102 ff.; *Maurer*, AllgVerwR, § 26 Rn 31.
[1211] BGHZ 75, 134, 136.

kräftigen Urteilen schützen. Denn würde man hier ohne Einschränkungen einen Amtshaftungsprozess zulassen, müsste inzident das Urteil, auf das sich der Schadensersatzanspruch stützen soll, überprüft werden. Dadurch würde die richterliche Unabhängigkeit in Frage gestellt werden.[1212]

Etwas anderes gilt, wenn der Richter mit dem Urteil gegen EU-Recht verstößt. Wegen des Effektivitätsgrundsatzes muss bei der Anwendung des deutschen Staatshaftungsrechts § 839 II BGB außer Betracht bleiben.[1213] Das hat folgende Bewandtnis: Wie gesagt, kommt nach § 839 II BGB eine Staatshaftung grds. nur bei einer Straftat, d.h. einer vorsätzlichen Amtspflichtverletzung in Betracht. Ein hinreichend qualifizierter Rechtsverstoß gegen EU-Recht, der vom EuGH für eine Staatshaftung gefordert wird (dazu Rn 1348 ff.), setzt aber gerade nicht notwendigerweise voraus, dass das nationale Gericht eine Straftat begangen oder vorsätzlich unionsrechtswidrig gehandelt hat. Damit würde § 839 II BGB die Haftungsvoraussetzungen erheblich verschärfen sowie die Geltendmachung des Haftungsanspruchs übermäßig und damit unverhältnismäßig erschweren.[1214]

1107 ■ **Rechtsmittelversäumnis, § 839 III BGB**

Hat der Geschädigte es schuldhaft versäumt, den Schaden durch Einlegung eines Rechtsmittels abzuwenden, entfällt nach § 839 III BGB die Ersatzpflicht (Vorrang des Primärrechtsschutzes[1215]). Rechtsmittel sind alle Rechtsbehelfe im weitesten Sinne, die eine Beseitigung oder Berichtigung der schädigenden Anordnung und zugleich Abwendung des Schadens bezwecken und ermöglichen[1216] (also neben Einspruch, Widerspruch und Klage auch vorläufiger Rechtsschutz, formlose Erinnerungen, Beschwerden, Gegenvorstellungen, Dienstaufsichtsbeschwerden, Beanstandung einer fehlerhaften Klausurbewertung etc.[1217]). Das Rechtsmittelversäumnis führt im Gegensatz zu § 254 BGB nicht zu einer Haftungseinschränkung, sondern zu einem **Haftungsausschluss**. Allerdings müssen seine Einlegung zumutbar und die Nichteinlegung schuldhaft gewesen sein. Schuldhafte Nichteinlegung des Rechtsmittels bedeutet Vorwerfbarkeit i.S.d. § 276 I S. 1 BGB.[1218] Da die Rechtsordnung die Selbstgefährdung und Selbstschädigung nicht verbietet, bedeutet Verschulden i.S.d. § 276 BGB nicht - wie sonst - eine vorwerfbare rechtswidrige Verletzung einer gegenüber einer anderen Person obliegenden Rechtspflicht. Verschulden i.S.d. § 839 III BGB i.V.m. § 276 BGB ist vielmehr der vorwerfbare Verstoß gegen Gebote des eigenen Interesses (Obliegenheiten). Es handelt sich somit um ein Verschulden gegen sich selbst.[1219] Das bedeutet, dass auf Bildungsgrad und Geschäftserfahrenheit des Anspruchstellers Rücksicht zu nehmen ist. Auch kann der Bürger im Allgemeinen auf die Richtigkeit einer amtlichen Belehrung vertrauen. Bei Rechtsunkenntnis muss er allerdings einen Rechtskundigen hinzuziehen.

Beispiel[1220]**:** Hat ein Bewerber um eine Beamtenstelle gegen den seinen Antrag ablehnenden Bescheid Widerspruch eingelegt, kann ihm darüber hinaus die Stellung eines Antrags auf Erlass einer einstweiligen Anordnung gegen die beabsichtigte Ernennung eines Konkurrenten als weiterer Rechtsbehelf jedenfalls solange nicht zugemutet werden, als ihm das Ergebnis seiner eigenen dienstlichen Beurteilung noch nicht vorliegt; denn bis dahin ist er aus seiner Sicht nicht in der Lage, substantiiert darzutun, dass er besser qualifiziert ist als der Mitbewerber.

[1212] Vgl. dazu etwa BGH NJW 2011, 1072 ff.

[1213] BGH NJW 2005, 747 f. unter Hinweis auf EuGH NJW 2003, 3639 ff.

[1214] Vgl. auch *Kremer*, NJW 2004, 480, 482.

[1215] Zum Vorrang des Primärrechtsschutzes vgl. BGH NVwZ 2002, 122, 123; NJW 2001, 1067, 1068; BVerfG NJW 2000, 1402 und LG Münster NJW 2001, 1072, 1073.

[1216] LG Münster NJW 2001, 1072, 1073; *Sprau*, in: Palandt, § 839 Rn 69; *Schlick*, NJW 2011, 3341, 3345 und NJW 2013, 3349, 3353. Vgl. auch BGH NJW 2013, 3237.

[1217] Ob auch eine Verfassungsbeschwerde ein Rechtsmittel i.S.d. § 839 III BGB ist, ist umstritten (dafür *Maurer*, AllgVerwR, § 26 Rn 51; dagegen BGHZ 30, 18, 28).

[1218] Vgl. BGHZ 113, 17, 25; *Sandkühler*, JA 2001, 414, 423. Vgl. auch *Hoppe*, JA 2011, 167, 169 f.

[1219] Vgl. BGH NVwZ 2002, 122, 123.

[1220] Vgl. BGH NVwZ-RR 2005, 152; *Rinne/Schlick*, NJW 2005, 3541, 3548.

Bei der Prüfung, ob der Verletzte es schuldhaft unterlassen hat, ein Rechtsmittel einzulegen, ist unter Berücksichtigung der Umstände des Einzelfalls auf die Verhältnisse des Verkehrskreises, dem der Verletzte angehört, mithin darauf abzustellen, welches Maß an Umsicht und Sorgfalt von Angehörigen dieses Kreises verlangt werden muss. Dabei darf der Bürger auf Belehrungen und Erklärungen eines Beamten ihm gegenüber grundsätzlich vertrauen und es kann ihm in der Regel nicht zum Verschulden gereichen, wenn er nicht klüger ist als der Beamte.[1221]

Beispiel[1222]**:** Eine Klausur der Diplomprüfung des P wird fehlerhaft korrigiert, woraufhin P die Prüfung nicht besteht. P legt im guten Glauben auf die Fehlerfreiheit der Korrektur kein Rechtsmittel ein und wiederholt die Prüfung einige Monate später. Nachdem er die Wiederholungsprüfung bestanden hat, beantragt er Akteneinsicht und erkennt mit Hilfe eines Fachkundigen, dass die Korrektur der o.g. Klausur fehlerhaft war. Bei fehlerfreier Korrektur hätte er die Prüfung bereits beim ersten Mal bestanden.
Hier liegt kein Verschulden des P vor, da dieser keine Kenntnis von der fehlerhaften Korrektur hatte. Er musste auch nicht damit rechnen, dass eine Klausur fehlerhaft korrigiert wurde. Denn dies ist ein ungewöhnlicher Vorgang, den auch ein sorgfältiger Prüfungskandidat nicht bedenken muss.

Schließlich muss die Versäumung des Rechtsmittels für den Schaden nach der Adäquanztheorie **kausal** sein.

Hinweis für die Fallbearbeitung: Wie die vorstehenden Erläuterungen gezeigt haben, ist ein Amtshaftungsanspruch also nicht ausgeschlossen, wenn der Geschädigte es versäumt hat, die Amtshandlung fristgemäß anzufechten. Insbesondere stehen die Bestandskraft und somit die Unanfechtbarkeit eines Verwaltungsakts der Prüfung eines Amtshaftungsanspruchs durch das Zivilgericht nicht entgegen. Den Betroffenen darf nur kein Verschulden hinsichtlich der nicht erfolgten Rechtsbehelfseinlegung treffen. Auf die beliebte Prüfungsfrage, ob der Betroffene einen Amtshaftungsanspruch geltend machen kann, obwohl er verwaltungsgerichtlich die Rechtsbehelfsfrist versäumt habe, ist also mit den aufgezeigten Ausführungen zu antworten.

1108

2. Sondergesetzliche Beschränkungen der Amtshaftung

Auch sondergesetzliche Bestimmungen eines formellen Gesetzgebers können den Amtshaftungsanspruch beschränken oder sogar ausschließen. Die Haftungsbeschränkung wird mit der grundgesetzlichen Formulierung des Art. 34 GG „grundsätzlich", was nach dem juristischen Sprachgebrauch auf die Zulässigkeit von Ausnahmen hindeutet, als zulässig erachtet. So sei etwa § 46 II BeamtVG genannt. Auch gelten nach vereinzelt vertretener Rechtsauffassung die Regelungen des Reichsbeamtenhaftungsgesetzes (RBHG) von 1910 (§ 5 Nr. 1 und § 7) fort. Für die Klausurbearbeitung sind die Regelungen des RBHG aber praktisch bedeutungslos. Soweit jedoch eine solche Haftungsbeschränkung bzw. ein Ausschluss reicht, greift die persönliche Haftung des Beamten ein, es sei denn, dass diese ebenfalls sondergesetzlich begrenzt worden ist. Im Übrigen bedürfen Ausnahmen von der Amtshaftung - nach zutreffender h.M. - einer **formell-gesetzlichen** Regelung, wodurch gleichzeitig die Grenzen der Haftungsbeschränkung aufgezeigt werden:

1109

3. Grenzen der Haftungsbeschränkung

Der Ausschluss der Staatshaftung, ist - sofern man seine Verfassungsmäßigkeit überhaupt bejaht - nach der zutreffenden h.M. nur zulässig, wenn er aus sachlichen Grün-

1110

[1221] Vgl. BGH NVwZ 2001, 709; BGH NJW 1998, 138, 141.
[1222] Vgl. LG Münster NJW 2001, 1072.

den geboten ist *und* auf einem **formellen** Gesetz beruht.[1223] So hat der BGH die Beschränkung der Amtshaftung auf der Grundlage einer gemeindlichen Satzung für unzulässig erklärt, weil die verfassungsrechtlich begründete und in Art. 34 GG vorausgesetzte Staatshaftung außerhalb der Reichweite örtlichen Satzungsrechts liege.[1224] Auch der Haftungsausschluss durch Verwaltungsakt oder Satzung ist unzulässig.[1225]

Abzugrenzen ist diese Unzulässigkeit des Haftungsausschlusses bzw. der Haftungseinschränkung zunächst von der Möglichkeit der Einschränkung aus verwaltungsrechtlichem (= öffentlich-rechtlichem) Schuldverhältnis (wie etwa aus Leistungs- oder Benutzungsverhältnissen). Dort soll nach h.L. die Haftungsbeschränkung durch Satzung möglich sein, wenn sie sachlich gerechtfertigt ist und dem Grundsatz der Verhältnismäßigkeit entspricht. Zu beachten ist aber, dass die Haftungsbeschränkung nicht zum Ausschluss auch der groben Fahrlässigkeit führen darf (vgl. § 309 Nr. 7 BGB, der anwendbar ist, wenn standardisierte Leistungsbedingungen vorliegen, die der AGB-Verwendung vergleichbar sind). Vgl. dazu Rn 1346.

Zum anderen ist es statthaft, die Amtspflicht (etwa die winterliche Räum- und Streupflicht) **durch Satzung auf den Anlieger zu übertragen**. Überträgt der Anlieger dann die ihm durch Satzung übertragene Räum- und Streupflicht durch Vertrag auf einen Dritten, kommt es für die Frage der Zumutbarkeit einzelner Räum- und Streumaßnahmen im Einzelfall auf die Person des Anliegers an.[1226]

4. Rückgriff

1110a   Nach Art. 34 S. 2 GG ist es möglich, dass der Staat im Innenverhältnis beim Amtswalter Rückgriff nimmt, sofern dieser vorsätzlich oder grob fahrlässig den Amtshaftungsanspruch ausgelöst hat. Die Beschränkung auf Vorsatz und grobe Fahrlässigkeit soll die Entschlussfreude des Beamten stärken, der so nicht befürchten muss, schon bei geringfügigen Pflichtverletzungen regresspflichtig zu werden. Zudem ist sie Ausdruck der beamtenrechtlichen Fürsorgepflicht des Dienstherrn.[1227] Zu beachten ist jedoch, dass Art. 34 S. 2 GG keine Rechtsgrundlage für den Staat darstellt, den Amtswalter in Regress zu nehmen, sondern dass diese Vorschrift es dem Gesetzgeber lediglich erlaubt, eine einfachgesetzliche Regelung zu schaffen, die die Regressmöglichkeit regelt.[1228] Das ist bei Beamten etwa durch § 48 BeamtStG geschehen, wonach Beamte, die vorsätzlich oder grob fahrlässig die ihnen obliegenden Pflichten verletzen, dem Dienstherrn, dessen Aufgaben sie wahrgenommen haben, den daraus entstehenden Schaden zu ersetzen haben. Ähnliches gilt für die Arbeitnehmer im öffentlichen Dienst, die gem. § 3 VII Tarifvertrag für den öffentlichen Dienst der Länder (TV-L) in entsprechender Weise wie Beamte haften. Bislang ungeklärt war die Frage, ob auch Beliehene in Regress genommen werden dürfen. Hierzu hat das BVerwG jüngst entschieden, dass Art. 34 S. 2 GG auf Private selbst dann keine Anwendung finde, wenn sie hoheitlich tätig werden. Allerdings sei der Gesetzgeber frei, eine einfachgesetzliche Regelung zu schaffen, die die Regressnahme auch von Beliehenen regele. Dabei könne er auch vorsehen, dass der Beliehene auch für einfache Fahrlässigkeit haften solle.[1229] Für selbstständige Unternehmer, die nicht als Beliehene eingesetzt werden, gilt nach Auffassung des BGH das Haftungsprivileg des Art. 34 S. 2 GG nicht, da sie nicht in die Fürsorgepflicht des Dienstherrn eingebunden seien.[1230]

[1223] OLG Koblenz NJW-RR 2001, 318.
[1224] BGHZ 61, 7, 12; a.A. VGH München DVBl 1985, 903, der die satzungsmäßige Beschränkung gemeindlicher Haftungsübernahme nicht von vornherein für unzulässig erachtet.
[1225] Vgl. dazu OLG Koblenz NJW-RR 2001, 318.
[1226] Vgl. OLG Dresden NZV 2001, 80.
[1227] *Waldhoff*, JuS 2011, 191.
[1228] *Papier*, in: Maunz/Dürig, GG, Art. 34 Rn 38; *Waldhoff*, JuS 2011, 191.
[1229] BVerwG NVwZ 2011, 368 ff. Vgl. dazu auch *Muckel*, JA 2011, 559; *Kiefer*, NVwZ 2011, 1300 f.
[1230] BGHZ 161, 6, 11 ff.

V. Verjährung

Die regelmäßige Verjährungsfrist des Amtshaftungsanspruchs beträgt analog § 195 BGB **3 Jahre**. Der Fristbeginn bestimmt sich nach § 199 I BGB. Dann beginnt die Verjährungsfrist mit dem Ende des Jahres, in dem der Anspruch entstanden ist (d.h. objektiv im Wege der Klage geltend gemacht werden kann) und der Geschädigte Kenntnis von dem Umständen, die den Amtshaftungsanspruch begründen, sowie von der Person des Schädigers erlangt hat oder ohne grobe Fahrlässigkeit hätte erlangen müssen.[1231] Daraus folgt, dass die Dreijahresfrist des § 195 BGB häufig erst sehr viel später als drei Jahre nach Begehung der Amtspflichtverletzung abgelaufen sein wird. Schadensersatzansprüche, die auf der Verletzung des Lebens, des Körpers, der Gesundheit oder der Freiheit[1232] beruhen, verjähren dagegen ohne Rücksicht auf ihre Entstehung und die Kenntnis oder grob fahrlässige Unkenntnis gem. § 199 II BGB in **30 Jahren**. Fristbeginn ist die Begehung der Handlung, die Pflichtverletzung oder das sonstige, den Schaden auslösende Ereignis. Für die meisten Fälle der Amtshaftung werden aber die **10-jährige** Frist des § 199 III S. 1 Nr. 1 BGB (gerechnet von der Anspruchsentstehung und daher mit der Schadensentstehung an) oder die **30-jährige** Frist nach § 199 III S. 1 Nr. 2 BGB (gerechnet von der Amtspflichtverletzung an) in Betracht kommen. Entscheidend ist gem. § 199 III S. 2 BGB die im konkreten Fall früher endende Frist. Andere Ansprüche als Schadensersatzansprüche verjähren ohne Rücksicht auf die Kenntnis oder grob fahrlässige Unkenntnis in **10 Jahren** von ihrer Entstehung an (vgl. § 199 IV BGB).[1233] Die Inanspruchnahme fachgerichtlichen Primärrechtsschutzes unterbricht bzw. hemmt die Verjährung des Amtshaftungsanspruchs analog § 204 I BGB.[1234]

1111

VI. Haftungskörperschaft (Anspruchsgegner)

Nach dem Wortlaut des Art. 34 GG haftet der Verwaltungsträger, in dessen „Dienst" der Amtswalter steht. Damit ist die juristische Person des öffentlichen Rechts gemeint, die dienstherrenfähig ist und die den Amtswalter mit dem betreffenden öffentlichen Amt betraut hat. Dieser Wortlaut führt bei dessen Auslegung aber zu Schwierigkeiten, wenn ein Amtsträger Aufgaben eines anderen Verwaltungsträgers wahrnimmt. Zur Ermittlung der haftenden Körperschaft werden drei Theorien vertreten:

1112

- Nach der **Anstellungstheorie** haftet die Körperschaft, die den Amtswalter angestellt hat.

- In Sonderfällen (Beamte mit gesetzlich vorgesehener Doppelstellung, wie etwa der Landrat, der durch den Landkreis [Kommunalkörperschaft] berufen wird und dessen Organ bildet, zugleich aber auch Leiter der unteren staatlichen Verwaltungsbehörde ist) oder bei einer Abordnung eines Beamten zu einer anderen Körperschaft haftet nach der **Funktionstheorie** die Körperschaft, deren Aufgaben der Amtswalter bei der Pflichtverletzung wahrgenommen hat[1235] (im Falle des Landrats entweder der Landkreis oder das Land, je nachdem, ob der Landrat Aufgaben des Landkreises oder des Landes wahrnimmt; im Falle der Abordnung die Körperschaft, zu der abgeordnet wurde[1236]).

- Nach der (herrschenden) vermittelnden Theorie (**Anvertrauenstheorie** oder **Amtsübertragungstheorie**)[1237] haftet die Behörde, die dem Amtsträger die Aufgaben, bei

---

[1231] Vgl. dazu auch BGH NJW 2012, 447; *Schlick*, NJW 2013, 3349, 3354.
[1232] Mit „Freiheit" ist die Bewegungsfreiheit, nicht die allg. Handlungsfreiheit des Art. 2 I GG gemeint.
[1233] Vgl. dazu *Kellner*, NVwZ 2002, 395, 399.
[1234] BGH NZG 2011, 837 f.
[1235] BGHZ 99, 326, 330 f.; *Bull/Mehde*, AllgVerwR, § 21 Rn 1066.
[1236] Zum beamtenrechtlichen Institut der Abordnung vgl. § 27 BBG und § 14 BeamtStG.
[1237] Vgl. *Brockmeyer*, in: Schmidt-Bleibtreu/Hofmann/Hopfauf, GG, Art. 34 Rn 6; *Schlick/Rinne*, NVwZ 1997, 1065, 1067; BGHZ 53, 217, 218 f.; 99, 326, 330; BGH NVwZ 1994, 823; *Bull/Mehde*, AllgVerwR, § 21 Rn 1066; *Sandkühler*, JA 2001, 414, 425; *Schlick*, NJW 2011, 3341, 3342.

deren Wahrnehmung die Amtspflichtverletzung begangen wurde, „anvertraut" bzw. „übertragen" hat.[1238] Das wird im Regelfall die Körperschaft sein, die diesen Amtsträger angestellt (Anstellungskörperschaft) und ihm damit die Möglichkeit zur Amtsausübung eröffnet hat.[1239]

Beispiel: Polizeibeamte sind Landesbeamte, da das Gefahrenabwehrrecht Landesrecht ist. Erleidet also jemand im Bundesland X durch ein rechtswidriges Handeln der Polizei einen Schaden, ist Gegner eines Amtshaftungsprozesses das Land X, da die Polizeibeamten im Dienst des Landes X stehen.

Lediglich dann, wenn die Anknüpfung an die Anstellung versagt, weil kein Dienstherr[1240] oder mehrere Dienstherren (Beispiele: Doppelstellung des Landrats) vorhanden sind bzw. wenn ein Amtswalter Aufgaben eines anderen Verwaltungsträgers übernimmt, ist darauf abzustellen, wer dem Amtswalter die Aufgabe, bei deren Erfüllung er sich fehlverhalten hat, anvertraut bzw. übertragen hat.[1241]

Mit dieser Vorgehensweise werden unproblematisch auch die Fälle der Doppelstellung berücksichtigt, da der Amtswalter die Aufgaben von dem anderen Verwaltungsträger „anvertraut" bzw. „übertragen" bekommen hat. Da die Anvertrauenstheorie die Schwächen der anderen Theorien vermeidet, sich zwanglos aus dem Wortlaut des Art. 34 GG ergibt und der funktionellen Orientierung des Art. 34 GG entspricht, ist ihr der Vorzug zu geben.

Beispiele:

(1) Leistet das Bundesland X dem Bundesland Y dadurch **Amtshilfe**, dass es Polizeibeamte nach Y schickt, um die dortige Polizei bei einer Demonstration zu unterstützen, ist – sofern keine andere Regelung dem Polizeigesetz zu entnehmen ist – bei einem Fehlverhalten von Polizisten Klagegegner das Land Y, auch wenn die rechtswidrigen Handlungen durch Polizisten des Landes X begangen wurden.

(2) Ordnet die zuständige Wasserbehörde (hier: ein **Landkreis**) die Absperrung eines Entwässerungsgrabens an, trifft die Verantwortlichkeit für diese Entscheidung die Wasserbehörde und nicht die Gemeinde, auch wenn die Wasserbehörde die erforderlichen technischen Vorkehrungen im Wege der Organleihe durch Bedienstete der Gemeinde hat durchführen lassen.[1242]

(3) **Kommunale Körperschaften** (Gemeinden, Kreise) haften für ihre Beschäftigten nach der Anvertrauenstheorie grundsätzlich auch dann, wenn sie eine vom Staat übertragene Aufgabe wahrnehmen, da eine Kommunalbehörde niemals eine staatliche Behörde sein kann. Eine Ausnahme von diesem Grundsatz gilt allerdings dann, wenn eine abweichende sondergesetzliche Regelung besteht (vgl. die Landkreisordnungen der Länder).

(4) Bei echten **Doppelstellungen**, also bei Stellungen, bei denen ein kommunaler Bediensteter, etwa ein Landrat, Selbstverwaltungstätigkeiten *und* staatliche Aufgaben (oder anders gesagt Angelegenheiten des Landkreises *und* Angelegenheiten des Landes) wahrnimmt[1243], haftet nach der Anvertrauenstheorie die Körperschaft, deren Aufgaben bei der Verletzungshandlung wahrgenommen wurden[1244] (also entweder der Landkreis oder das Land).

[1238] BGH NVwZ 2013, 454, 455.

[1239] BGH NVwZ 2013, 454, 455.

[1240] Beispiel: privatrechtlich organisierte Beschäftigungsstellen für Zivildienstleistende i.S.d. § 4 ZDG (etwa der Kreisverband des DRK oder der Malteser-Hilfsdienst bzw. die Johanniter-Unfallhilfe). Beschäftigt demnach eine hoheitlich beliehene Einrichtung Zivildienstleistende gem. § 4 ZDG, ist die Ersatzpflicht für Schäden, die ein Zivildienstleistender in Ausübung des Ersatzdienstes Dritten zugefügt hat, nach Amtshaftungsgrundsätzen zu beurteilen. Haftungsgegner ist die Bundesrepublik Deutschland (vgl. OLG Saarbrücken NVwZ 2000, 1211, 1212).

[1241] BGH NVwZ 2013, 454, 455; *Schlick*, NJW 2013, 3349.

[1242] BGHZ 117, 240 ff.

[1243] So ist der Landrat – wie bereits gesagt – zugleich Organ des Landkreises (= kommunaler Wahlbeamter) und Leiter der unteren staatlichen Verwaltungsbehörde.

[1244] *Peine*, AllgVerwR, § 17 Rn 422.

(5) Bei **Beliehenen** haftet derjenige Verwaltungsträger, der die Befugnisse übertragen hat („beleihende Körperschaft").[1245] So haftet das Land für die Sachverständigen, wenn sie Fahrzeuge nach § 29 StVZO überprüfen.[1246] Gleiches gilt für die entsprechende Prüfung von Luftfahrzeugen durch einen anerkannten luftfahrttechnischen Betrieb.[1247] Es wäre mit dem Rechtsstaats- und Demokratieprinzip unvereinbar, wenn der Geschädigte auf die Zahlungsfähigkeit des Beliehenen angewiesen wäre.

(6) Fügt ein bei einer privatrechtlich organisierten **Beschäftigungsstelle** i.S.d. § 4 ZDG (z.B. der Kreisverband des DRK oder ein sonstiges beliehenes Unternehmen) beschäftigter Zivildienstleistender in Ausübung seiner übertragenen Aufgaben einem Dritten einen Schaden zu, haftet nicht die anerkannte Beschäftigungsstelle, sondern das Land bzw. die Bundesrepublik Deutschland.[1248] Gleiches gilt für eine **Hilfsorganisation** (etwa die Johanniter-Unfallhilfe)[1249] oder für einen **Facharzt**, zu dem ein Patient von einem Amtsarzt überwiesen worden ist[1250].

(7) Beauftragt ein Bundesland einen **Hochschullehrer** (z.B. Universitätsprofessor) zur Korrektur einer Diplomprüfung bzw. einer Klausur der juristischen Staatsprüfung, haftet für in diesem Zusammenhang begangene Amtspflichtverletzungen das Land – und nicht die Universität – , da die Amtsträger der Universität durch das Land in ihre Ämter berufen worden sind.[1251]

> **Zusammenfassend** lässt sich sagen, dass *der* Verwaltungsträger haftet, dessen Aufgaben bei der schädigenden Amtshandlung wahrgenommen wurden. 1. Kriterium ist dabei die *Anstellung*, 2. Kriterium die *Zuordnung* der pflichtwidrig erledigten Aufgabe zu der Körperschaft, die dem Amtswalter die Aufgabe übertragen hat.

1113

VII. Rechtsweg und Prüfungsumfang der Zivilgerichte

Für die Durchsetzbarkeit von Amtshaftungsansprüchen stehen gem. Art. 34 S. 3 GG, § 40 II VwGO die ordentlichen Gerichte zur Verfügung, und zwar streitwertunabhängig die **Landgerichte** in erster Instanz, vgl. § 71 II Nr. 2 GVG (Amtshaftungskammern).

1114

Hinsichtlich des **Prüfungsumfangs** stellt sich die Frage, inwieweit die Amtshaftungskammern an vorherige Entscheidungen der Verwaltung und der Verwaltungs- bzw. Sozialgerichtsbarkeit gebunden sind.

1115

- Ist über das Verwaltungshandeln bereits rechtskräftig durch **gerichtliches Urteil** entschieden, ist die Regelung des § 17 II GVG zu beachten, wonach das für den Rechtsstreit zulässige Gericht diesen unter allen Gesichtspunkten prüft. An ein rechtskräftiges gerichtliches Urteil ist das Zivilgericht somit gebunden.[1252] Daraus folgt: Wurde ein behördliches Verhalten von einem Verwaltungs- oder Sozialgericht rechtskräftig als rechtmäßig erachtet, wird ein Amtshaftungsanspruch vor dem Landgericht schon mangels Rechtsschutzbedürfnisses erfolglos sein.

1116

> **Hinweis für die Fallbearbeitung:** Auch bei einem Amtshaftungsprozess ist der **Vorrang des Primärrechtsschutzes** zu beachten. Hat es der Geschädigte schuldhaft **unterlassen**, den Schaden durch rechtzeitige Einlegung eines Rechtsbehelfs gegen die pflichtwidrige Amtsausübung abzuwenden, liegt darin ein **Mit-**

[1245] BGHZ 122, 85, 87 ff.; OLG Saarbrücken NVwZ 2000, 1211, 1212.
[1246] BGHZ 49, 108, 115; 147, 169, 171.
[1247] BGHZ 147, 169, 173 ff.
[1248] BGHZ 118, 304, 311; 146, 385, 386 f.; OLG Saarbrücken NVwZ 2000, 1211, 1212.
[1249] Vgl. OLG Nürnberg NVwZ 2001, 1324.
[1250] LG Kassel NVwZ 2002, 126.
[1251] LG Münster NJW 2001, 1072.
[1252] BGHZ 113, 17, 20; 134, 268, 273 f.; *Sandkühler*, JA 2001, 414, 416.

verschulden, das nach § 839 III BGB zum Ausschluss des Amtshaftungsanspruchs führt. In der Regel muss der Rechtsschutzsuchende daher zunächst eine verwaltungsgerichtliche Klage (z.B. Anfechtungsklage oder – bei Erledigung des Verwaltungsakts – Fortsetzungsfeststellungsklage) erheben, um die Rechtswidrigkeit des fraglichen Verwaltungshandelns feststellen zu lassen. Erst dann kann er mit Aussicht auf Erfolg eine Amtshaftungsklage vor dem Landgericht erheben.

1117 ⇨ Fraglich ist dagegen, ob die über den Amtshaftungsanspruch entscheidenden Zivilgerichte die Rechtswidrigkeit eines **Verwaltungsakts** überprüfen dürfen, der nicht rechtzeitig angefochten wurde und somit **bestandskräftig** geworden ist. Die Problematik wird dann virulent, wenn ein Bürger den ihn belastenden Verwaltungsakt nicht fristgerecht angreift (und damit bestandskräftig werden lässt) und sodann mit Hilfe der Amtshaftungsklage versucht, Schadensersatz geltend zu machen mit dem Argument, er sei durch den rechtswidrigen Verwaltungsakt geschädigt worden. In diesem Fall stellt sich die Frage, ob die Amtshaftungskammer im Rahmen der Prüfung der Amtspflichtverletzung die Rechtswidrigkeit des Verwaltungsakts feststellen darf oder ob dieser Prüfung die Bestandskraft des rechtwidrigen Verwaltungsakts entgegensteht. Während nach einer in der Literatur vertretenen Auffassung[1253] die Bestandskraft einer Prüfung der Rechtmäßigkeit des Verwaltungsakts entgegensteht, verneint die überwiegende Auffassung dagegen in überzeugender Weise die Bindungswirkung. Zwar sei der rechtswidrige Verwaltungsakt bestandskräftig und damit verbindlich, Gegenstand des Amtshaftungsanspruchs sei aber ein anderer, nämlich nicht die Überprüfung des Verwaltungsakts, sondern die Frage, ob ein Amtswalter, und damit die Behörde, einen rechtswidrigen Verwaltungsakt erlassen, damit eine Amtspflichtverletzung begangen und einen Vermögensschaden verursacht habe. Ferner werde die Regelung des § 839 III BGB, die den Amtshaftungsanspruch nur bei „schuldhafter" Versäumung der Rechtsmittelfrist ausschließt, unterlaufen, wenn der Betroffene auch bei schuldlosem Versäumnis auf die Bestandskraft verwiesen werden könne oder müsse. Daher nimmt die h.M. auch die Kompetenz der Zivilgerichte für die Überprüfung von bereits bestandskräftig gewordenen Verwaltungsakten an.[1254]

VIII. Haftung für legislatives und normatives Unrecht?

1118-
1122 Ob der Staat auch für rechtswidrige Gesetzgebungsakte sowie für die rechtswidrige Unterlassung solcher Gesetzgebungsakte haftet, ist Gegenstand der Darstellung, die auf der Internetseite des Verlags zum kostenlosen Download zur Verfügung gestellt ist.

IX. Haftung für judikatives Unrecht?

1123 Problematisch ist auch die Frage, ob der Staat auch für rechtswidrige Gerichtsurteile haftet. Der EuGH hat sich in jüngerer Zeit mit dieser Frage beschäftigen müssen.[1255] Da er hierbei jedoch auf frühere Entscheidungen Bezug nimmt und diese erst bei Rn 1348 ff. dargestellt werden, soll auch auf die Frage nach der Staatshaftung für judikatives Unrecht erst dort eingegangen werden.

[1253] *Jeromin*, NVwZ 1991, 543 ff.; *Broß*, VerwArch 82 (1991), 595 ff.
[1254] Vgl. BGHZ 113, 17, 18 f.; LG Münster NJW 2001, 1072, 1073; *Sandkühler*, JA 2001, 414, 416.
[1255] EuGH NVwZ 2004, 79 ff. Vgl. auch *Sensburg*, NVwZ 2004, 179 f.; *Kremer*, NJW 2004, 480 ff.

X. Haftung gerichtlicher Sachverständiger, § 839a BGB

Nach der am 1.8.2002 in Kraft getretenen Bestimmung des § 839a BGB haftet ein **1124** vom Gericht ernannter Sachverständiger für ein von ihm vorsätzlich oder grob fahrlässig erstattetes unrichtiges Gutachten. Er ist gem. § 839a I BGB zum Ersatz des Schadens verpflichtet, der einem Verfahrensbeteiligten durch eine „gerichtliche Entscheidung" entsteht, die auf diesem unrichtigen Gutachten beruht.

Mit dieser Neuregelung wurde eine Differenzierung der bisherigen Rechtslage besei- **1125** tigt, die eine Haftung nur aus § 823 II und aus § 826 BGB kannte. Als Schutzgesetz i.S.d. § 823 II BGB wurden die §§ 154, 161 StGB angesehen, sodass es im Bereich der fahrlässig falschen Begutachtung auf den gerichtsindifferenten Umstand der Vereidigung des Sachverständigen ankam. Nunmehr gilt nach § 839a I BGB eine einheitliche Haftung für Vorsatz und grobe Fahrlässigkeit. Die darin liegende Privilegierung (keine Haftung für einfache Fahrlässigkeit) rechtfertigt sich mit der Nähe zum Richter sowie mit der Erwägung, es könne schwierig werden, auf der Grundlage einer vollen Haftung überhaupt noch Personen zu finden, die sich als gerichtliche Sachverständige zur Verfügung stellen. Auch wäre die Gefahr nicht von der Hand zu weisen, dass rechtskräftig abgeschlossene Prozesse in Gestalt eines Verfahrens gegen den Sachverständigen neu aufgerollt würden.[1256]

§ 839a II BGB lässt unter Übernahme von § 839 III BGB die Haftung dann entfallen, **1126** wenn es der Geschädigte vorsätzlich oder fahrlässig unterlassen hat, den Schaden durch Gebrauch eines Rechtsmittels abzuwenden. Dieses kann sich auf die gerichtliche Entscheidung beziehen, die auf der Grundlage des Sachverständigengutachtens ergangen ist, doch ist auch an Rechtsbehelfe zu denken, die sich gegen die Bestellung des Sachverständigen als solche richten. Besteht etwa von vornherein Anlass, an seiner Unparteilichkeit zu zweifeln, muss er nach § 406 ZPO abgelehnt werden.

[1256] Vgl. auch *Däubler*, JuS 2002, 625, 629; *Wagner*, NJW 2002, 2049, 2061.

B. Enteignungsentschädigung

I. Allgemeines/Einstieg in die Fallbearbeitung

1127 Geht aus dem Sachverhalt hervor, dass ein Bürger in seinem Eigentum beeinträchtigt ist und Ansprüche geltend macht, muss für die Klausurbearbeitung zunächst geklärt werden, welches Ziel der Betroffene begehrt.

- Zunächst ist denkbar, dass er die Beeinträchtigung **abstellen** bzw. **verhindern** möchte.

- Ebenso kann das Anspruchsziel dahin gehen, dass er, weil die Beeinträchtigung schon eingetreten ist, Entschädigung in Geld (**Geldersatz**) verlangt.

- Schließlich kann es sein, dass der Betroffene nicht Geldersatz, sondern die **Wiederherstellung** des ehemaligen Zustands der Sache oder des Rechts begehrt.

1128 Je nach Ziel des Betroffenen kommen der Unterlassungsanspruch, die Geldentschädigung aus eigentumsrechtlichen Ansprüchen (Amtshaftung, Enteignungsentschädigung, Entschädigung aus ausgleichspflichtiger Inhalts- und Schrankenbestimmung, aus enteignendem Eingriff oder enteignungsgleichem Eingriff) oder die Rückgängigmachung der Folgen über den Folgenbeseitigungsanspruch in Betracht.

1129 Gelangt man nach entsprechender Prüfung zu dem Ergebnis, dass der Betroffene **Geldersatz** begehrt, ist sodann zu prüfen, ob die Eigentumsbeeinträchtigung rechtmäßig oder rechtswidrig war.

- War die Beeinträchtigung **rechtmäßig**, kommen die Enteignungsentschädigung, der Ausgleich aufgrund einer ausgleichspflichtigen Inhalts- und Schrankenbestimmung oder der enteignende Eingriff in Betracht.

- Bei **rechtswidriger** Beeinträchtigung sind die Amtshaftung oder der enteignungsgleiche Eingriff zu prüfen.

1130 Stets zu beachten ist jedoch, dass sich der geltend gemachte Geldersatz- bzw. Entschädigungsanspruch in den meisten Fällen nicht unmittelbar aus den genannten Instituten ergibt, sondern aus Spezialgesetzen, sofern diese Anspruchsgrundlagen enthalten.

> **Beispiel:** Geht es um die Entschädigung für eine Enteignung, stellt bereits Art. 14 III S. 2 GG klar, dass die Enteignung durch Gesetz erfolgen und dass das enteignende Gesetz auch eine Entschädigungsregel enthalten muss (sog. Junktimklausel: das eine nicht ohne das andere). Aus dieser Entschädigungsregel (und nicht aus Art. 14 III S. 3 GG) folgt dann der Ersatzanspruch. Als Beispiel für eine Entschädigungsklausel, die rechtstechnisch die Anspruchsgrundlage darstellt, seien die §§ 93 ff. BauGB genannt.

1131 | **Fazit: Anspruchsgrundlage** für eine Enteignungsentschädigung ist die Norm aus dem **Enteignungsgesetz**, nicht Art. 14 III S. 2 u. 3 GG. Dieses Prinzip gilt auch für den Anspruch aus der ausgleichspflichtigen Inhalts- und Schrankenbestimmung. Hier muss das Gesetz, das Inhalt und Schranken des Eigentums bestimmt, selbst eine Regel über den Ausgleichsanspruch enthalten.

II. Die Anspruchsprüfung im Einzelnen

1132 Kommt ein **Enteignungsentschädigungsanspruch** in Betracht und hat der Klausurbearbeiter die Anspruchsgrundlage benannt, muss der sodann die Anspruchsvoraussetzungen prüfen. Diese ergeben sich zwar aus der Anspruchsgrundlage, setzen jedoch eine **rechtmäßige Enteignung** voraus, was zu einer Rechtmäßigkeitsprüfung sowohl des Enteignungsgesetzes als auch der eigentumsbeeinträchtigenden Einzelmaßnahme (des Verwaltungsakts) am Maßstab des Art. 14 GG führt.

Hinweis für die Fallbearbeitung: Die Rechtmäßigkeitsprüfung ist erforderlich, weil eine Enteignungsentschädigung schon terminologisch eine rechtmäßige Eigentumsentziehung voraussetzt. Wäre die Eigentumsbeeinträchtigung rechtswidrig, läge zwar ebenfalls eine Enteignung vor, allerdings käme keine Enteignungsentschädigung in Betracht, sondern eine Entschädigung wegen enteignungsgleichen Eingriffs. Prüfungstechnisch findet – wie stets – eine Schachtelprüfung statt: Der Einstieg in die Prüfung erfolgt über die Frage, ob der Ausgleichs- bzw. Entschädigungsanspruch begründet ist. Sodann ist die Anspruchsgrundlage zu benennen und es ist darzulegen, dass deren Voraussetzungen vorliegen müssen. Eine der Voraussetzungen ist die Rechtmäßigkeit der erfolgten Enteignung. Denn ist diese rechtswidrig, kommt von vornherein eine Enteignungsentschädigung nicht in Betracht (einschlägig sind dann entweder die Anfechtung der Enteignungsmaßnahme oder ein Anspruch wegen enteignungsgleichen Eingriffs). Da die Einzelmaßnahme jedoch nur rechtmäßig sein kann, wenn das ihr zugrunde liegende Gesetz rechtmäßig ist, muss nunmehr ggf. die Rechtmäßigkeit des Gesetzes am Maßstab des Art. 14 GG geprüft werden. Erst wenn festgestellt wird, dass das Gesetz rechtmäßig ist, ist die Vereinbarkeit der Einzelmaßnahme mit dem Gesetz zu prüfen.

Hinsichtlich der ggf. notwendigen Rechtmäßigkeitsprüfung des Gesetzes muss also zunächst untersucht werden, ob ein von Art. 14 I GG geschütztes Rechtsgut beeinträchtigt wurde. Das setzt die Bejahung einer durch Art. 14 I GG geschützten Eigentumsposition und eine rechtmäßige Enteignungsmöglichkeit voraus. Es empfiehlt sich folgender Prüfungsaufbau:

1133 -1134

1135

Anspruchsvoraussetzungen u. Rechtsfolge der Enteignungsentschädigung

Anspruchsgrundlage für eine Enteignungsentschädigung ist das einschlägige Enteignungsgesetz, nicht Art. 14 III S. 2 u. 3 GG. Jedoch ist eine *rechtmäßige* Einschränkung des Art. 14 I GG erforderlich, was folgende Prüfung nahelegt:

I. Durch Art. 14 I GG geschützte Eigentumsposition
Bei dem Eigentumsbegriff des Art. 14 GG handelt es sich um einen eigenständigen verfassungsrechtlichen Eigentumsbegriff. Dieser geht davon aus, dass Eigentum nicht als natürliches, der Rechtsordnung vorgegebenes Recht existiert, sondern erst aus einer Schöpfung der Rechtsordnung hervorgeht. Inhalt und Schranken des Eigentums können daher nicht unmittelbar aus Art. 14 I S. 1 GG hergeleitet, sondern müssen gemäß Art. 14 I S. 2 GG konstitutiv durch den einfachen Gesetzgeber bestimmt werden (sog. **normgeprägter Schutzbereich**). Eigentum i.S.d. Art. 14 I S. 1 GG (Bestandsgarantie) ist daher die Summe der vom Gesetzgeber gewährten **vermögenswerten Rechte**. Zum Eigentum i.S.d. Art. 14 GG zählen insbesondere

⇨ das Sacheigentum an beweglichen Sachen und Grundstücken nach dem Bürgerlichen Recht

⇨ alle dinglichen Rechte wie z.B. Hypotheken, Grundschulden oder Pfandrechte

⇨ das Recht am **eingerichteten und ausgeübten Gewerbebetrieb**. Das BVerfG lässt die Einordnung zwar offen, bejaht aber den eigentumsrechtlichen Schutz für den Bestand einzelner Rechte und Güter des Unternehmens (Substanz, Kernbereich des Anliegerrechts) und lässt tatsächliche Gegebenheiten wie bspw. bestehende Geschäftsverbindungen und günstige Umweltbedingungen (Lage) aus dem Schutzbereich herausfallen. Nach der Rspr. des BGH ist das Recht am eingerichteten und ausgeübten Gewerbebetrieb als „sonstiges Recht" i.S.d. § 823 BGB geschützt. Einschränkend soll Art. 14 GG aber nur vor **unmittelbaren betriebsbezogenen Eingriffen** schützen, die zielgerichtet (**final**) den Betrieb zum Erliegen bringen, d.h. in seiner **Existenz bedrohen**.

Die Einbeziehung *künftiger* Rechtspositionen in den Schutzbereich ist ausgeschlossen. Bloße Umsatz- und Gewinnchancen, Hoffnungen, Erwartungen und Aussichten (bspw. bestehende Geschäftsverbindungen, erworbener Kundenstamm oder die Marktstellung, die Nachbarschaft bspw. einer Kaserne, die der Gaststätte die Gäste verschafft, die Parkmöglichkeit auf öffentlicher Straße in der Nähe des Geschäfts oder die Möglichkeit einer Betriebserweiterung) sind daher nicht vom Schutzbereich des Art. 14 GG umfasst.

Als Faustformel gilt: **Art. 14 GG schützt das Erworbene**, das Ergebnis einer Betätigung. Der **Erwerb**, die Betätigung selbst, wird dagegen durch **Art. 12 GG** geschützt.

II. Enteignung

Wegen des normgeprägten Schutzbereichs des Art. 14 I GG sollte in diesem Arbeitsschritt zunächst differenziert werden, ob eine Inhalts- und Schrankenbestimmung oder eine Enteignung vorliegen, da nur eine Enteignung den Enteignungsanspruch auslöst. Das BVerfG stellt seit seiner Kleingarten-Entscheidung bei der Abgrenzung nur auf formale Kriterien ab, und zwar ausschließlich auf Form- und Zweckrichtung des Eingriffs. Es differenziert zwischen beiden Instituten dahingehend, dass immer dann, wenn eine staatliche Regelung abstrakt-generell Rechte und Pflichten des Eigentümers festlegt, eine Inhalts- und Schrankenbestimmung gem. Art. 14 I S. 2 GG vorliegt. Verkürzten gesetzliche Bestimmungen (die *gezielt* eingreifen und das Eigentum vollständig oder teilweise entziehen) die Eigentumsfreiheit dagegen konkret-individuell, dann stellten sie zwar Eingriffe dar, nicht aber Eingriffe durch Inhalts- und Schrankenbestimmungen, sondern durch Enteignung (sog. *enger Enteignungsbegriff*).

Die **Inhaltsbestimmung** bedeutet demnach eine zukunftsorientierte Neudefinition, während die **Enteignung** eine gezielte Entziehung konkreter gegenwärtiger Eigentumspositionen impliziert.

III. Rechtmäßigkeit der Enteignung

Damit die Enteignung rechtmäßig sein kann, ist zunächst eine **formell-gesetzliche** Regelung erforderlich. Dies ergibt sich unmittelbar aus Art. 14 III S. 2 GG, wonach eine Enteignung nur durch Gesetz (Legislativenteignung) oder aufgrund eines Gesetzes (Administrativenteignung) und nur zum Wohl der Allgemeinheit erfolgen darf (**qualifizierter Gesetzesvorbehalt**). Des Weiteren fordert Art. 14 III S. 2 GG nicht nur, dass eine Enteignung entschädigt wird, sondern, dass das Gesetz, das eine Enteignung bewirkt oder zulässt, *selbst* eine Regelung über Art und Ausmaß der Entschädigung enthält (sog. **Junktimklausel**). Zu den Funktionen der Junktimklausel vgl. Rn 1170 ff. Schließlich muss der Grundsatz der **Verhältnismäßigkeit** gewahrt bleiben.

IV. Rechtsfolge: Entschädigung

Ist die Enteignung rechtmäßig erfolgt, ist der Enteignete zu entschädigen. Über die Höhe der Entschädigung entscheiden nach Art. 14 III S. 4 GG die ordentlichen Gerichte.

III. Durch Art. 14 I GG geschützte Rechtsposition

1136 Art. 14 I S. 1 GG bestimmt, dass das Eigentum gewährleistet ist. Gleichzeitig konstatiert Art. 14 I S. 2 GG, dass Inhalt und Schranken des Eigentums (erst) durch den Gesetzgeber festgelegt werden. Das lässt auf den ersten Blick auf ein Paradoxon schließen und führt folgerichtig zu der Frage, wie Art. 14 GG das Eigentum gegenüber dem Gesetzgeber schützen soll, wenn dieser gleichzeitig überhaupt erst Inhalt und Schranken des Eigentums festlegen darf. Doch wenn man davon ausgeht, dass das Eigentum nicht als natürliches, der Rechtsordnung vorgegebenes Recht existiert, sondern erst aus einer Schöpfung der Rechtsordnung hervorgeht, wird klar, dass Inhalt und Schranken des Eigentums (gemäß Art. 14 I S. 2 GG) konstitutiv durch den einfachen Gesetzgeber bestimmt werden müssen. In solchen Fällen spricht man allgemein von einem „**normgeprägten Schutzbereich**".[1257] Aus der Normgeprägt-

---

[1257] Zum Begriff vgl. *R. Schmidt*, Grundrechte, Rn 144, 553 und 555.

heit des Schutzbereichs folgt, dass jedenfalls nicht das Vermögen als solches, also nicht die in der Hand einer Person vereinigte Gesamtheit von Geld oder geldwerten Gütern, sondern nur **einzelne Vermögensrechte** durch Art. 14 GG geschützt sein können.[1258]

1. Schutzgegenstand: Eigentum

Zu den einzelnen Vermögenswerten zählen z.B.

1137

- das Sacheigentum an beweglichen Sachen und Grundstücken nach dem Bürgerlichen Recht (vgl. § 903 BGB)
- alle dinglichen Rechte wie z.B. Hypotheken (§§ 1113 ff. BGB), Grundschulden (§§ 1191 ff. BGB) oder Pfandrechte (§§ 1204 ff. BGB)
- Anteile an Wirtschaftsunternehmen (etwa an solchen des Finanzsektors, aber auch Eigenmittel nach § 10 II KWG und Wertpapier- oder Kreditportfolien)[1259]
- die Baufreiheit (im Rahmen der Gesetze, die insoweit ein präventives Verbot mit Erlaubnisvorbehalt darstellen: Die grundrechtlich geschützte Baufreiheit wird zur Rechtskontrolle präventiv eingeschränkt)
- das Erbrecht. Darunter fällt nicht nur das Recht des Erblassers, sein Vermögen an eine frei von ihm zu bestimmende Person zu vererben (Testierfreiheit), sondern auch das Recht des Erben am geerbten Vermögen bzw. Eigentum.[1260]
- Patent-, Urheber- und Warenzeichenrechte[1261] einschließlich einer Internet-Domain[1262]
- alle Rechte i.S.d. § 823 BGB
- privatrechtliche Forderungen[1263] (also auch relative Rechte), soweit es sich nicht um nichtvermögenswerte Personen- oder Familienrechte handelt
- Jagdausübungsrechte, etwa wenn Jagdbezirke durch den Bau von Fernstraßen verkleinert werden[1264] oder wenn das Jagdrecht unter die Leitung der Jagdgenossenschaft gestellt wird[1265]
- nach der Rechtsprechung[1266] auch Rechtspositionen eines Mieters (bzw. Pächters) aus dem Mietvertrag (bzw. Pachtvertrag), wobei aber zu bedenken ist, dass auch der Vermieter (bzw. Verpächter) durch Art. 14 GG geschützt ist. Der Gesetzgeber muss also die schutzwürdigen Interessen beider Seiten berücksichtigen und in ein ausgewogenes Verhältnis bringen (Herstellung praktischer Konkordanz).[1267]
- das Recht am eingerichteten und ausgeübten Gewerbebetrieb (vgl. Rn 1139), das Anliegerrecht (vgl. Rn 1141) und bestimmte öffentlich-rechtliche Vermögenspositionen (Ansprüche aus der Sozialversicherung, vgl. Rn 1143)

[1258] BVerfG NJW 2002, 2621, 2625; DVBl 1997, 548, 550; BVerfGE 91, 207, 220; 96, 375, 397. Bedeutsam ist dies für die Beantwortung der Frage, ob die Auferlegung staatlicher Geldleistungspflichten, insbesondere von Steuern, an Art. 14 GG zu messen ist; vgl. dazu *R. Schmidt*, Grundrechte, Rn 878a.

[1259] Das betrifft in erster Linie den Fall Hypo Real Estate, vgl. dazu *Wolfers/Rau*, NJW 2009, 1297 ff., *Hofmann*, NVwZ 2009, 673 ff. sowie unten Rn 1162a.

[1260] Vgl. BVerfGE 93, 165, 174; 99, 341, 352; BVerfG NJW 2011, 366.

[1261] Vgl. BVerfG NJW 1999, 2880, 2881; BVerfG NJW 2001, 1784.

[1262] BVerfG NJW 2005, 589.

[1263] BVerfGE 92, 262, 271.

[1264] Vgl. dazu BGH NJW 2000, 3638 ff.; *Kapsa*, NVwZ 2003, 1423, 1427 f.

[1265] BVerfG NVwZ 2007, 808 ff.

[1266] BVerfGE 89, 1, 6 f. (Mietrecht als Eigentum); BVerfG NJW 2000, 2658, 2659. Auch nach der aktuellen Rspr. des BVerwG ist dem Eigentümer gleichzustellen, wer in eigentumsähnlicher Weise an einem Grundstück dinglich berechtigt ist. Hierzu zählen der Inhaber eines Erbbaurechts ebenso wie der Nießbraucher und der im Grundbuch eingetragene Auflassungsvormerkte. Selbst bloße Schuldverhältnisse (Kauf, Miete, Pacht) können nach dieser aktuellen Rspr. zur Antragsbefugnis führen. Vgl. BVerwG NVwZ 2000, 806 für den Pächter, BVerwG NVwZ 2000, 807 und NJW 2000, 2658 für den Mieter. Dagegen ist der Nacherbe nicht antragsbefugt. Vgl. dazu insgesamt auch *Seiler*, JuS 2002, 679 ff.; *Kapsa*, NVwZ 2003, 1423 ff.; *Jochum/Durner*, JuS 2005, 220 f.; ungenügend *Berg*, JuS 2005, 961, 963 f.

[1267] BVerfG NJW 2000, 2658, 2659. Vgl. dazu auch *Sachs*, JuS 2000, 1220 f.

Zusammenfassend lässt sich der Eigentumsbegriff des Art. 14 I GG folgendermaßen beschreiben:

1138 **Eigentum** i.S.d. Art. 14 I S. 1 GG (Bestandsgarantie) ist nicht das Vermögen als solches, sondern die Summe der vom Gesetzgeber gewährten **vermögenswerten Rechte**.[1268]

2. Recht am eingerichteten und ausgeübten Gewerbebetrieb

1139 Als eigentumsfähige Rechtsposition i.S.d. Art. 14 GG ist auch das Recht am eingerichteten und ausgeübten Gewerbebetrieb allgemein anerkannt.[1269] Das BVerfG hat sich diesbezüglich bislang zurückgehalten.[1270] Jedenfalls soll der Schutz des Gewerbebetriebs nicht weiter gehen als der Schutz, den seine wirtschaftliche Grundlage genießt.[1271] Damit bejaht das Gericht zumindest den eigentumsrechtlichen Schutz für den Bestand einzelner Rechte und Güter des Unternehmens (Substanz, Kernbereich des Anliegerrechts) und lässt tatsächliche Gegebenheiten wie beispielsweise bestehende Geschäftsverbindungen und günstige Umweltbedingungen (Lage, Kundenstamm oder Marktstellung, siehe sogleich) aus dem Schutzbereich herausfallen[1272].

Nach der Rechtsprechung des BGH ist das Recht am eingerichteten und ausgeübten Gewerbebetrieb als „sonstiges Recht" i.S.d. § 823 BGB geschützt. Einschränkend soll Art. 14 GG aber nur vor **unmittelbaren betriebsbezogenen Eingriffen** schützen, die zielgerichtet (**final**) den Betrieb zum Erliegen bringen (d.h. in seiner **Existenz bedrohen**).[1273]

Der Begriff der vermögenswerten Rechtsposition zeigt somit am Beispiel des eingerichteten und ausgeübten Gewerbebetriebs, dass die Einbeziehung *künftiger* Rechtspositionen ausgeschlossen ist. Der Schutzbereich des Art. 14 GG ist somit zeitpunktbezogen. Daraus folgt, dass bloße Umsatz- und Gewinnchancen, Hoffnungen, Erwartungen und Aussichten (bspw. bestehende Geschäftsverbindungen, erworbener Kundenstamm oder die Marktstellung, die Nachbarschaft beispielsweise einer Kaserne, die der Gaststätte die Gäste verschafft, die Parkmöglichkeit auf öffentlicher Straße in der Nähe des Geschäfts oder die Möglichkeit einer Betriebserweiterung) **nicht** vom Schutzbereich des Art. 14 GG umfasst sind.

1140 Als Faustformel gilt: **Art. 14 GG schützt das Erworbene**, das Ergebnis einer Betätigung. Der **Erwerb**, die Betätigung selbst, wird dagegen durch **Art. 12 GG** (Berufs- und Gewerbefreiheit) geschützt.[1274]

3. Anliegerrecht

1141 Zum Eigentumsbegriff gehört auch die ungestörte und zulassungsfreie **Nutzung** eines Grundstücks durch den Eigentümer. Der Eigentümer hat grundsätzlich das Recht, über sein Eigentum frei zu verfügen. Dies kann in Form der Benutzung, des Verbrauchs oder der Veräußerung geschehen.

1142 Davon zu unterscheiden sind das sog. **Anliegerrecht** oder die **Lage am Verkehrsweg**. Das ist das Recht des Anliegers, eine Verbindung mit der Straße zu haben oder zu behalten. Zu beachten ist jedoch, dass der Anliegergebrauch keine aus Art. 14 I S.

[1268] Vgl. BVerfGE 105, 252, 265 ff. (Glykolwein); 95, 267, 300; *Brüning*, JuS 2003, 2, 6; *Depenheuer/Grzeszick*, NJW 2000, 385, 387; *Bryde*, in: v. Münch/Kunig, GG, Art. 14 Rn 23 ff.
[1269] BGHZ 92, 34, 37; BVerwGE 62, 224, 226; *Schmidt-Preuß*, NJW 2000, 1524.
[1270] BVerfGE 68, 193, 222 f.; 84, 212, 232; 105, 252, 278.
[1271] BVerfGE 58, 300, 353 (Nassauskiesung); 87, 363 ff. (Nachtbackverbot).
[1272] Vgl. BVerfGE 77, 84, 118.
[1273] BGHZ 111, 349, 355 ff. Vgl. auch *Brüning*, JuS 2003, 2, 6; *Seiler*, JuS 2002, 679, 680.
[1274] Vgl. BVerfGE 105, 252, 265 ff. (Glykolwein); 88, 366, 377.

1 GG ableitbare Rechtsposition vermittelt. Wie weit er gewährleistet ist, richtet sich nach dem einschlägigen Straßenrecht, das insoweit i.S.d. Art. 14 I S. 2 GG Inhalt und Schranken des Eigentums am „Anliegergrundstück" bestimmt.[1275] Da die Straße als öffentliche Einrichtung nicht allein der Erschließung der Anliegergrundstücke, sondern schwergewichtig dem allgemeinen Verkehrsbedürfnis in seinen unterschiedlichen Ausgestaltungen dient, muss der Gesetzgeber einen Ausgleich zwischen einer Vielfalt von Interessen schaffen. Er hat im Rahmen einer Abwägung (vgl. etwa § 8a i.V.m. § 17 S. 2 FStrG[1276]) auf die Belange der Anlieger insofern Rücksicht zu nehmen, als dieser Personenkreis in besonderem Maße auf den Gebrauch der Straße angewiesen ist. Ein Rückgriff auf Art. 14 GG ist aber bezüglich des Kernbereichs des Anliegerrechts gegeben. Dazu gehören insbesondere die *dauerhafte* Zufahrt bzw. der *dauerhafte* Zugang zur Straße. Dieser schafft die Grundvoraussetzungen, derer es bedarf, um überhaupt an der verkehrlichen Kommunikation teilzunehmen.[1277] Eine nur *zeitweilige* Störung der Nutzungsmöglichkeit, etwa durch zeitlich begrenzte Bauarbeiten an der Zugangsstraße, ist daher grundsätzlich zu dulden. Auch kann aus dem Schutzbereich des Art. 14 GG nicht abgeleitet werden, dass der Anlieger einen Anspruch auf Erhalt einer an seinem Grundstück vorbeiführenden Straße in ihrer ursprünglichen baulichen und widmungsgemäßen Gestalt hat. Dem Widmungsträger (Träger der Straßenbaulast, vgl. z.B. §§ 3 und 5 FStrG, §§ 10 und 11 BremLStrG) steht es grundsätzlich frei, durch Veränderung der Verkehrsbedeutung jederzeit den Widmungszweck zu verändern (vgl. etwa § 2 FStrG, §§ 5 bis 7 BremLStrG: Widmung, Aufstufung, Abstufung, Einziehung). Von Art. 14 GG nicht geschützt sind daher besondere Lagevorteile, die dem Anlieger aus der bisherigen Verkehrsbedeutung der Straße erwachsen sind.[1278] Etwas anderes gilt jedoch für **Gewerbetreibende**, wenn diese auf das Bestehen einer am Grundstück vorbeiführenden Straße mit Anhaltemöglichkeit angewiesen sind. Zu beachten ist aber, dass nicht etwa die Zufahrtsmöglichkeit mit Kraftfahrzeugen schlechthin oder gar jeder Anliegerverkehr geschützt sind[1279], sondern ausschließlich das, was aus einer dem Grundstück sowohl nach der Rechtslage als auch nach den tatsächlichen Gegebenheiten entsprechenden Nutzung als Bedürfnis hervorgeht.[1280] Anders als beim allgemeinen Anliegerrecht schützt Art. 14 GG den gewerbetreibenden Grundstückseigentümer auch vor *zeitweiligen* (aber wesentlichen) Zugangs- oder Kontaktbeschränkungen. Voraussetzung ist nur, dass Dauer und Intensität der Beeinträchtigung dazu führen, dass ein Gewerbebetrieb in seiner *Existenz* gefährdet ist.[1281]

Beispiel: G ist Inhaber einer Tankstelle. Aufgrund von Bauarbeiten an der vorbeiführenden Bundesstraße, für die ein Zeitraum von einem Jahr angesetzt ist, wird ein Umsatzrückgang von 70 % zu erwarten sein. In diesem Fall ist von einer wesentlichen Beschränkung des Kundenkontakts auszugehen. Der von G geführte Tankstellenbetrieb ist unter dem Aspekt des Anliegerrechts vom Schutzbereich des Art. 14 GG umfasst. Ob der Schutzbereich auch in Bezug auf den eingerichteten und ausgeübten Gewerbebetrieb eröffnet ist, kann daher dahinstehen. Für G ergibt sich aber kein Anspruch aufgrund einer Enteignung, sondern aufgrund eines enteignenden Eingriffs. Sofern er die Beseitigung der durch die Maßnahme verursachten Folgen anstrebt, ist der in einer allgemeinen Leistungsklage eingebettete Folgenbeseitigungsanspruch einschlägig.

[1275] Insoweit sei auf die Parallele zum Baurecht verwiesen, bei dem das subjektive Recht ebenfalls i.d.R. nicht direkt aus Art. 14 I S. 1 GG abgeleitet wird, sondern einfachgesetzlichen Normen entstammt. Vgl. dazu BVerwG NVwZ 1999, 1341, 1342 und *Ortloff*, NVwZ 2000, 750, 754.

[1276] Vgl. dazu BVerwG NVwZ 2001, 1154 ff.

[1277] Vgl. BVerwG NVwZ 1999, 1341, 1342; VGH München BayVBl 2007, 45.

[1278] BGHZ 70, 212, 218.

[1279] BVerwG NJW 1994, 1080.

[1280] Vgl. BVerwG NJW 1975, 357.

[1281] *Papier*, in: Maunz/Dürig, GG, Art. 14 Rn 711.

4. Öffentlich-rechtliche Vermögenspositionen

1143 Öffentlich-rechtliche Vermögenspositionen (sozialstaatlich motivierte Ansprüche) stehen nicht ohne weiteres unter dem Schutz der Eigentumsgarantie. Vielmehr sind sie nur dann in den Eigentumsbegriff einzubeziehen, wenn sie nicht nur auf bloßer staatlicher Gewährleistung beruhen, sondern als Gegenleistung für eine eigene Leistung des Betroffenen anzusehen sind (**„Äquivalent eigener Leistung"**).[1282]

> **Beispiele**[1283]**:** Anspruch auf Arbeitslosengeld[1284] (dazu sogleich); Anspruch auf Versichertenrente aus der gesetzlichen Rentenversicherung[1285]; Anspruch auf Erstattung zu viel gezahlter Steuern

1144- Demgegenüber fallen solche öffentlich-rechtlichen Rechtspositionen *nicht* unter den
1146 Eigentumsschutz des Art. 14 GG, die **ausschließlich oder überwiegend auf staatlicher Gewährung** beruhen.[1286]

> **Beispiele**[1287]**:** Fürsorgeansprüche[1288]; Subventionen und ähnliche staatliche Zuwendungen[1289]; Wohnungsbauprämien für Bausparer[1290]; Ansprüche auf Hinterbliebenenversorgung aus der gesetzlichen Rentenversicherung[1291]; Sozialhilfe

> Einen Sonderfall bildet das **Arbeitslosengeld II**, das die bisherigen Bezieher von Anschlussarbeitslosenhilfe und die Bezieher von Sozialhilfe zusammenfasst. Bezieher von Anschlussarbeitslosenhilfe sind solche Arbeitslose, die zuvor aufgrund von geleisteten Beiträgen zur gesetzlichen Arbeitslosenversicherung einen Anspruch auf (zeitlich begrenztes) Arbeitslosengeld hatten und nun wegen Zeitablaufs (nur noch) Arbeitslosengeld II (bisher Anschlussarbeitslosenhilfe) bekommen. Hier ist der Schutzbereich des Art. 14 I GG eröffnet. Demgegenüber haben die bisherigen Bezieher von originärer Arbeitslosenhilfe vor dem Leistungsbeginn entweder keinen oder nur einen geringen Bezug zur äquivalenzorientierten Arbeitslosenversicherung geleistet. Daher liegt wohl schon kein Eingriff in Art. 14 I GG vor, wenn der Gesetzgeber die Bezugsdauer von originärer Arbeitslosenhilfe zeitlich begrenzt bzw. solchen Personen von vornherein lediglich das Arbeitslosengeld II gewährt. Zumindest aber ist eine solche Regelung nicht unverhältnismäßig.

IV. Enteignung

1147 Die Frage, ob eine Enteignungsentschädigung in Betracht kommt, kann nur dann beantwortet werden, wenn eine Enteignung (Art. 14 III GG) und nicht eine Inhalts- und Schrankenbestimmung (Art. 14 I S. 2 GG) vorliegt.

1. Abgrenzung Enteignung/Inhalts- und Schrankenbestimmung

a. Materielle Kriterien der Abgrenzung

1148 Der Begriff der Enteignung unterliegt dem Wandel der Zeit. So war er im liberalen 19. Jahrhundert auf die Entziehung des Sacheigentums, insbesondere des Grund und Bodens, gerichtet. Die Enteignung bestand in dem Entzug oder in der dinglichen Belastung des Eigentums und erfolgte rechtstechnisch durch Verwaltungsakt (sog.

[1282] BVerfGE 14, 288, 294; 18, 392, 397; 53, 257, 289; 69, 272, 298 ff.; 70, 101, 110; 72, 9, 18; 76, 256, 203 f.; 94, 241 ff.; BVerfG NJW 1996, 185; *Brüning*, JuS 2003, 2, 6; *Depenheuer/Grzeszick*, NJW 2000, 385, 388; *Maurer*, AllgVerwR, § 27 Rn 44; *Peine*, AllgVerwR, § 17 Rn 442.
[1283] Vgl. *Peine*, AllgVerwR, § 17 Rn 442.
[1284] BVerfGE 72, 8, 18 ff.
[1285] Vgl. BVerfGE 53, 257, 289 ff.; 69, 272, 300 ff.; 76, 256, 203 f.
[1286] BVerfGE 88, 384, 401 ff.; *Schenke*, a.a.O. S. 718 f.; *Maurer*, AllgVerwR, § 27 Rn 44; *Peine*, AllgVerwR, § 17 Rn 442.
[1287] Vgl. *Maurer*, AllgVerwR, § 27 Rn 44.
[1288] BVerfGE 2, 380, 399 ff.
[1289] BVerfGE 72, 175, 193 ff.; 88, 384, 401 f.;
[1290] BVerfGE 48, 403, 412 f.
[1291] BVerfGE 97, 271, 283 ff.

Güterbeschaffung). Durch diese formalen Kriterien war die Enteignung in ihrem Umfang und in ihrer Wirkung klar umrissen. Erst die spätere Wandlung des Staats vom liberalen zum sozialen Rechtsstaat und der damit verbundene verstärkte Rückgriff auf das Privateigentum machten einen erweiterten Eigentumsschutz erforderlich. So hatte bereits das Reichsgericht von dem Verständnis der Enteignung als bloße Güterbeschaffung Abstand genommen und bereits jede Beeinträchtigung des Eigentums (insbesondere das Rechts, mit der Sache gem. § 903 BGB nach Belieben zu verfahren) als Enteignung gewertet. Zudem wurde auch die Möglichkeit der Enteignung durch Gesetz (sog. Legislativenteignung) angenommen.[1292]

■ Der BGH knüpfte an diese Rechtsprechung an und baute den Begriff der Enteignung sogar noch aus. So sei es nicht erforderlich, dass der Staat eine als Eigentum geschützte Rechtsposition i.S. von Art. 14 I S. 1 GG entziehe; vielmehr liege eine Enteignung schon bei einer Eigentumsbeschränkung vor.[1293] Diese „Aufweichung" des Enteignungsbegriffs ist aber problematisch, da gerade die bloße Eigentumsbeschränkung Hauptmerkmal der grundsätzlich entschädigungslos hinzunehmenden Inhalts- und Schrankenbestimmung des Art. 14 I S. 2 GG ist. Der BGH nahm deshalb eine Abgrenzung dergestalt vor, dass er darauf abstellte, ob dem Einzelnen innerhalb seiner Gattung gegenüber den anderen ein Sonderopfer aufgebürdet wird. Dies wiederum liegt vor, wenn er anderen seiner Gattung gegenüber ungleich behandelt wird und sich diese Ungleichbehandlung für ihn als ein Opfer zugunsten der Allgemeinheit darstellt (sog. Sonderopfertheorie). Der Verstoß gegen den Gleichheitssatz kennzeichnete die Enteignung.[1294] Kriterium der Sonderopfertheorie ist also die Gleichheit.

1149

■ Das BVerwG stellte demgegenüber auf die Schwere und Tragweite des Eingriffs ab (sog. Schweretheorie).[1295] Nach dieser Theorie ist eine staatliche Maßnahme eine Enteignung, wenn sie einen Eingriff von besonderer Schwere und Tragweite enthält und dies für den Betroffenen *unzumutbar* ist. Abgrenzungskriterium bei dieser Theorie ist somit die Intensität des Eingriffs.

1150

b. Formale Unterscheidung des BVerfG

Das BVerfG stellt seit seiner Kleingarten-Entscheidung[1296] bei der Abgrenzung zwischen Enteignung und Inhalts- und Schrankenbestimmung nur auf formale Kriterien ab, und zwar ausschließlich auf Form- und Zweckrichtung des Eingriffs.[1297] Es differenziert zwischen beiden Instituten dahingehend, dass immer dann, wenn eine staatliche Maßnahme abstrakt-generell Rechte und Pflichten des Eigentümers festlegt, eine Inhalts- und Schrankenbestimmung gem. Art. 14 I S. 2 GG vorliege.[1298] Verkürzten staatliche Maßnahmen (die **gezielt** eingreifen und das Eigentum **vollständig oder teilweise entziehen**) die Eigentumsfreiheit dagegen konkret-individuell, stellten sie zwar Eingriffe dar, nicht aber Eingriffe durch Inhalts- und Schrankenbestimmungen, sondern durch Enteignung (sog. *enger Enteignungsbegriff*).[1299] Erweist sich Letztere

1151

[1292] RGZ 105, 251, 253; 107, 261, 270; 116, 268, 272; 139, 177, 182.

[1293] BGHZ 6, 270, 280; 15, 268, 271; 23, 30, 32; 30, 338, 341; 60, 145, 147; 80, 111, 114.

[1294] BGHZ 6, 270, 280.

[1295] BVerwGE 5, 143, 145; 7, 297, 299; 11, 68, 75; 15, 1, 2; 19, 94, 98 f.; 36, 248, 251 f.; 41, 58, 66.

[1296] BVerfGE 52, 1, 27 ff., fortgeführt und ausgebaut in der sog. Nassauskiesungsentscheidung (BVerfGE 58, 300 ff.). Unzutreffend *Kemmler*, JA 2005, 156, 157.

[1297] Die Rechtmäßigkeit der Regelung ist kein Abgrenzungskriterium, weil diese ja gerade noch festgestellt werden soll und die Rechtmäßigkeit der Maßnahme nur dann festgestellt werden kann, wenn feststeht, ob eine Enteignung oder eine Inhalts- und Schrankenbestimmung vorliegt. Die unterschiedlichen Einwirkungen auf das Eigentum müssen daher handlungsbezogen und nicht folgeorientiert voneinander abgegrenzt werden.

[1298] Vgl. aus jüngerer Zeit BVerfGE 100, 226, 239 f. (Denkmalschutz); 101, 239, 259; 102, 1, 15; BVerfG NVwZ 2001, 1023; DÖV 2011, 978. Vgl. auch BVerfG NVwZ 2007, 808 ff., wo das BVerfG bei der Frage nach der gesetzlich angeordneten Zwangsmitgliedschaft in der Jagdgenossenschaft und der damit verbundenen Nutzungseinschränkung bzw. Duldungspflicht (Duldung, dass Jagdpächter die Jagd ausüben dürfen) ebenfalls von einer Inhalts- und Schrankenbestimmung ausgeht (dazu Rn 1160 ff.).

[1299] BVerfGE 79, 174, 191 (Erbbaurecht); 100, 226, 239 f. (Denkmalschutz). Zu dieser Abgrenzung vgl. auch *Sellmann*, NVwZ 2003, 1417 ff.; *König*, JA 2001, 345 ff.; *Seiler*, JuS 2002, 679, 680. Realakte und ungewollte Nebenfolgen stellen

als rechtswidrig, muss der Betroffene den hoheitlichen Akt anfechten (kein „dulde und liquidiere"). Sowohl der BGH als auch das BVerwG haben den vom BVerfG vertretenen engen Enteignungsbegriff inzwischen vollständig übernommen.[1300] Zur Kritik der formalen Unterscheidung siehe Rn 1157.

c. Administrativ- und Legislativenteignung

1152 Art. 14 III S. 2 GG bestimmt, dass eine Enteignung „durch Gesetz" oder „aufgrund eines Gesetzes" erfolgen kann. Mit der Formulierung „durch Gesetz" ist die Legislativenteignung, mit der Formulierung „aufgrund eines Gesetzes" die Administrativenteignung gemeint. Die *Administrativenteignung* zeichnet sich dadurch aus, dass sie durch die Exekutive auf der Grundlage einer entsprechenden gesetzlichen Ermächtigung durchgeführt wird. Das kann durch die Handlungsformen Verwaltungsakt, Satzung oder Rechtsverordnung geschehen.[1301] Die zur Administrativenteignung ermächtigende gesetzliche Grundlage stellt im Regelfall dann eine Enteignungsnorm dar, wenn sie die Exekutive ermächtigt, eine vollständige oder teilweise Entziehung konkreter subjektiver Rechtspositionen i.S.d. Art. 14 I S. 1 GG vorzunehmen.

Beispiele: §§ 85 ff. BauGB, Enteignungsgesetze der Länder

1153 Demgegenüber spricht man von einer *Legislativenteignung*, wenn die Enteignung durch die entsprechende gesetzliche Bestimmung selbst vorgenommen wird, ohne dass ein weiterer Vollzugsakt erforderlich wäre.[1302]

Beispiel: Hamburger Deichordnungsgesetz v. 29.4.1964[1303]

1154 Die Legislativenteignung ist nur ausnahmsweise zulässig.[1304] Denn ein Einzelfallgesetz (vgl. Art. 19 I S. 1 GG) ist schon aus verfassungsrechtlichen Gründen nur in eng begrenzten Fällen zulässig, weil es nicht nur in den Kompetenzbereich der Exekutive eingreift, sondern insbesondere auch die Rechtsschutzmöglichkeiten des Bürgers eingrenzt (gegen Gesetze steht der Rechtsweg nicht offen. Dem Betroffenen bleibt nur die Rechtssatzverfassungsbeschwerde, vgl. § 90 II BVerfGG). Darüber hinaus ist stets ein Verstoß gegen Art. 3 I GG immanent. Als Maßnahmegesetz, d.h. als eine Regelung, die an einen konkreten, situationsgebundenen Sachverhalt anknüpft, ist das Einzelfallgesetz jedoch grundsätzlich zulässig. Denn in diesem Fall steht die Regelung in keinem Zusammenhang mit Art. 19 I S. 1 GG; sie findet sachlich und persönlich auf eine unbestimmte Vielzahl von Personen oder Handlungen Anwendung. Darüber hinaus kann die Legislativenteignung durch ein Maßnahmegesetz verhältnismäßig sein, etwa wenn Administrativenteignungen in angemessener Zeit nicht durchgeführt werden können und dadurch der Enteignungszweck beeinträchtigt würde.[1305]

1155 Die Unterscheidung zwischen Administrativ- und Legislativenteignung gewinnt für die Unterscheidung zwischen Enteignung und Inhalts- und Schrankenbestimmung insofern an Bedeutung, als die Eigentumsbeeinträchtigung mittels Verwaltungsakts nach

---

daher ebenfalls keine Enteignung dar. Diese können entschädigungsrechtlich nur als „enteignende" oder „enteignungsgleiche" Eingriffe von Bedeutung sein. Wie sich hier aber die neue Rspr. des BVerfG (E 105, 252 ff.; NJW 2002, 3458 ff.) auswirken wird, wonach faktisch-mittelbare Auswirkungen i.d.R. keine Grundrechte (und damit auch nicht Art. 14 GG) beeinträchtigen, ist noch ungeklärt.

[1300] Vgl. nur BGHZ 99, 24, 28; 100, 136, 145; BVerwGE 84, 361, 367; 94, 1, 4; BVerwG NVwZ 1998, 725, 726; BVerwG NVwZ 2001, 1038 ff.; dazu auch *Jarass*, NJW 2000, 2841, 2842; *Schmidt-Preuß*, NJW 2000, 1524, 1525; *Wilhelm*, JZ 2000, 905, 906; *Külpmann*, JuS 2000, 646, 647; *Stüer/Thorand*, NJW 2000, 3737, 3739; *Roller*, NJW 2001, 1003 ff.; *Hermanns*, JA 2002, 26 ff.; *Seiler*, JuS 2002, 679, 680.

[1301] *Peine*, AllgVerwR, § 17 Rn 443; *Wieland*, in: Dreier, GG Art. 14 Rn 96; *Wendt*, in: Sachs, GG, Art. 14 Rn 158. Legislativenteignung ist also eine Enteignung ausschließlich *durch förmliches Gesetz.*

[1302] BVerfGE 45, 297, 325 f. (Hamburger U-Bahn).

[1303] Vgl. dazu BVerfGE 24, 367 (Hamburger Deich); BVerwG NVwZ 1998, 725, 726.

[1304] Vgl. BVerfGE 24, 367, 401 ff.; 45, 297, 330 ff.; *Peine*, AllgVerwR, § 17 Rn 443.

[1305] BVerfGE 95, 1, 22 (Südumfahrung Stendal).

der formalen Unterscheidung des BVerfG (konkret-individuell) immer nur eine Enteignung darstellen kann. Geht es dagegen um Legislativakte, ist entscheidend, ob die betreffenden gesetzlichen Vorschriften auf die Bündelung bzw. Ersetzung von Administrativenteignungen gerichtet sind (dann Enteignungsnormen) oder ob sie - wie überwiegend - die abstrakt-generelle (Neu-)Ordnung von Eigentumsrechten betreffen (dann Inhalts- und Schrankenbestimmungsnormen).

> **Beispiel:** § 4 III Nr. 2 WHG bestimmt, dass das Grundeigentum nicht zum Ausbau eines oberirdischen Gewässers berechtigt. Dieser Bestimmung ist nicht zu entnehmen, dass die Verwaltung ermächtigt wird, konkrete subjektive Rechtspositionen i.S.d. Art. 14 I S. 1 GG zu entziehen. Sie stellt auch keine Bündelung von Administrativenteignungen dar. Vielmehr liegt eine abstrakt-generelle Ausgestaltung des Art. 14 GG vor, sodass von einer Inhalts- und Schrankenbestimmung auszugehen ist.

Die **Inhaltsbestimmung** bedeutet demnach eine zukunftsorientierte Neudefinition, während die **Enteignung** eine gezielte vollständige oder teilweise Entziehung konkreter gegenwärtiger Eigentumspositionen impliziert.[1306] **1156**

Da aber auch bei abstrakt-generellen Regelungen eine Enteignung vorliegen kann (Legislativenteignung) und auch bei einer Inhalts- und Schrankenbestimmung Ausgleichspflichten gewährt werden können, kann eine Abgrenzung zwischen Enteignung und Inhalts- und Schrankenbestimmung, die sich alleine an der Form- und Zweckrichtung des Eingriffs orientiert, letztlich nicht mit Gewissheit erfolgen. Darüber hinaus kann nach dem engen Enteignungsbegriff eine staatliche Maßnahme nur dann eine Enteignung darstellen, wenn sie gerade auf die Eigentumsentziehung gerichtet, also *final* ist. Umgekehrt würde dies bedeuten, dass eine Maßnahme, die nicht zielgerichtet eigentumsverkürzend wirkt, niemals eine Enteignung darstellen könnte, auch wenn sie von noch so hoher Intensität wäre. Aus diesen Gründen wird teilweise auch Kritik an der formalen Unterscheidung des BVerfG geübt. In Zweifelsfällen ist daher hilfsweise auf die o.g. materiellen Unterscheidungskriterien, d.h. auf die Sonderopfertheorie des BGH und die Schweretheorie des BVerwG, zurückzugreifen. **1157**

> **Hinweis für die Fallbearbeitung:** In einer Klausur sollte eine Abgrenzung zwischen einer Inhalts- und Schrankenbestimmung und einer Enteignung zunächst an den vom BVerfG entwickelten formalen Kriterien festgemacht werden. Ist demnach eine Abgrenzung nicht möglich oder nicht zweifelsfrei, muss subsidiär auf die materiellen Kriterien zurückgegriffen werden.

2. Zusammenfassung

Nach dem engen Enteignungsbegriff ist die Enteignung auf die vollständige oder teilweise Entziehung konkreter subjektiver Rechtspositionen gerichtet. Enteignung bedeutet, dass entweder durch Gesetz einem bestimmten oder bestimmbaren Personenkreis konkrete Eigentumsrechte entzogen werden (*Legislativenteignung*) oder dass aufgrund eines Gesetzes durch administrative Maßnahmen konkretes Eigentum Einzelner entzogen wird (*Administrativenteignung*). Die Enteignung ist nach dem BVerfG durch drei Merkmale von der Inhalts- und Schrankenbestimmung zu unterscheiden: **1158**

(1) Die Enteignung ist *konkret*, wohingegen die ISB Eigentumsrechte *abstrakt* regelt.

(2) Die Enteignung trifft den Adressaten *individuell*; demgegenüber regelt die ISB *generell* Einschränkungen des Eigentumsrechts.

[1306] BVerfGE 100, 226, 240 (Vereinbarkeit denkmalschutzrechtlicher Regelungen mit der Eigentumsgarantie); BVerfG NJW 2000, 413, 414 (Verfassungsmäßigkeit des Restitutionsausschlusses); *Sachs*, JuS 2000, 1219; *Winkler*, JA 2002, 197, 198; *Seiler*, JuS 2002, 679, 680; *Freund/Bary*, NVwZ 2012, 1504, 1505; *Peine*, AllgVerwR, § 17 Rn 443.

(3) Die Enteignung *entzieht* dem Betroffenen das Eigentum ganz oder teilweise; die ISB *beschränkt* lediglich die Eigentümerbefugnisse, *belässt* dem Betroffenen aber das Eigentum.

1159 Es kommen insgesamt fünf Konstellationen in Betracht:

1160 **(1)** Es liegt eine Inhalts- und Schrankenbestimmung durch eine abstrakt-generelle Regelung (ein Gesetz) vor.

> **Beispiele: (a)** Es wird ein Gesetz erlassen, das die zweckentfremdete Nutzung von Wohnraum verbietet. **(b)** § 8 II S. 1 Nr. 2 HbgDeichO trifft durch die Einschränkung der Nutzungsmöglichkeiten für solche Grundstücksflächen, die an einen Deich angrenzen, eine abstrakt-generelle Regelung der Rechte und Pflichten der Eigentümer.[1439] **(c)** Gemäß § 9 I S. 1 BJagdG bilden Eigentümer von Grundflächen, die zu einem gemeinschaftlichen Jagdbezirk gehören, eine Jagdgenossenschaft. Folge ist, dass Eigentümer solcher Grundstücke kraft Gesetzes Mitglieder der Jagdgenossenschaft sind und die Ausübung der Jagd durch Jagdpächter auf ihrem Grundstück dulden müssen. Es findet also eine gesetzliche Nutzungsbeschränkung des Grundstücks statt, was richtigerweise als Inhalts- und Schrankenbestimmung anzusehen ist.[1307]

1161 **(2)** Es liegt eine Inhalts- und Schrankenbestimmung durch eine Einzelmaßnahme auf der Basis eines abstrakt-generellen Gesetzes vor (Anwendungs- und Vollzugsakt). Der Qualifikation der Maßnahme als Inhalts- und Schrankenbestimmung schadet es nicht, dass sie einen Einzelakt darstellt, da hier der faktische Einzelakt lediglich ein Vollzugsakt ist, der die Inhalts- und Schrankenbestimmung umsetzt.

> **Beispiel:** Es besteht ein Gesetz, das es der Denkmalschutzbehörde ermöglicht, bestimmte Gebäude unter Denkmalschutz zu stellen. Damit ist zugleich ein Abrissverbot verbunden. In Anwendung dieses Gesetzes stellt die Behörde eine Kapelle unter Denkmalschutz.

1162 **(3)** Es liegt eine Enteignung durch eine gesetzliche Bündelung bzw. Ersetzung von Administrativenteignungen vor (sog. Legislativenteignung). Zu beachten ist jedoch, dass das Gesetz aufgrund seines konkret-individuellen Charakters nur in Ausnahmefällen (als Maßnahmegesetz) zulässig sein kann.

> **Beispiel:** Es wird ein förmliches Landesgesetz erlassen, das den Bau einer Umgehungsstraße um eine bestimmte Gemeinde herum vorsieht. Das Gesetz beinhaltet die grundsätzliche Entscheidung für den Bau. Weitere Entscheidungen der Behörde, insbesondere Planfeststellungen (Verwaltungsakte i.S.d. § 35 VwVfG, vgl. nur § 17 FStrG[1308]), sollen nicht erforderlich sein.

1162a **(4)** Es liegt eine Enteignung durch eine Rechtsverordnung auf der Basis eines förmlichen Gesetzes vor (sog. Administrativenteignung).

> **Beispiel:** Um eine großflächige Bankenkrise abzuwenden, beschließt der Bundestag neben dem Finanzmarktstabilisierungsgesetz (FMStG) ein Finanzmarktstabilisierungsergänzungsgesetz (FMStErgG)[1309], das dem Bund insbesondere die erleichterte Übernahme von systemrelevanten Unternehmen des Finanzsektors zum Zweck der Stabilisierung des Finanzmarkts ermöglicht. In dieses Paket eingeschlossen ist gem. Art. 3 FMStErgG das sog. Rettungsgesetz[1310], das in seinem § 2 I S. 1 die Option zur Ent-

---

[1439] Vgl. BVerwG NVwZ 1998, 725, 726.
[1307] Vgl. auch BVerfG NVwZ 2007, 808 ff.; anders *Winkler*, JA 2013, 676, 679 (Enteignung).
[1308] Vgl. BVerwG NVwZ 2001, 1154 ff.
[1309] BGBl I 2009, S. 725.
[1310] BGBl I 2009, S. 729.

eignung von Anteilen an privatwirtschaftlich geführten Kreditinstituten vorsieht. Dabei soll die Enteignung durch Rechtsverordnung der Bundesregierung erfolgen.

(5) Es liegt eine Enteignung durch eine Einzelmaßnahme auf der Basis einer abstrakt-generellen Regelung (Gesetz) vor (sog. Administrativenteignung).   **1163**

> **Beispiel:** Es besteht ein Gesetz, welches der Flurbereinigungsbehörde ermöglicht, zur Förderung der Infrastruktur Privatgrundstücke zu enteignen und diese Grundstü-cke wirtschaftlich leistungsfähigen Unternehmen zur Nutzung zuzuweisen. Eine Ent-schädigung ist vorgesehen. Die zuständige Behörde enteignet aufgrund dieses Geset-zes gegen Entschädigung mehrere Grundstücke.

Orientierungspunkte für die Grenzziehung bildet eine umfangreiche Judikatur, deren Darstellung den Rahmen der vorliegenden Darstellung sprengen würde. Genannt werden daher nur 4 Beispiele; weitere können der Internetseite des Verlags Rubrik Falllösungen und Ergänzungen entnommen werden: **1164**

- Denkmalschutzrechtliche Gebote und Pflichten erfüllen nicht den Tatbestand der Ent-eignung, sondern sind in aller Regel als Inhalts- und Schrankenbestimmungen zu ver-stehen (die mit Art. 14 I GG unvereinbar sind, wenn sie unverhältnismäßige Belastun-gen des Eigentümers nicht ausschließen und keinerlei Vorkehrungen zur Vermeidung derartiger Eigentumsbeschränkungen enthalten).[1311]

- Gleiches gilt für naturschutzrechtliche Nutzungsverbote und -beschränkungen[1312] und für Bauverbote in Wasserschutzgebieten.[1313] Auch die Ausweisung eines Naturschutz-gebietes[1314] und der Zusammenschluss von Waldgrundstücken zu einem einheitlichen Jagdbezirk[1315] gehören ebenso hierher wie die bereits bei Rn 1160 genannte Pflicht für Grundstückseigentümer, die Jagd durch den Jagdpächter der örtlichen Jagdgenossen-schaft zu dulden (sog. Jagdduldungszwang, vgl. §§ 8-10 BJagdG)[1316]. Ebenso Festset-zungen in einem Bebauungsplan, mit denen für ein bestimmtes Gebiet Art und Maß der Grundstücksnutzung für die Zukunft neu geordnet werden, sind ISB.[1317]

- Dagegen sollen Eingriffe in Jagdausübungsrechte, etwa wenn Jagdbezirke durch den Bau von Fernstraßen verkleinert werden, Enteignungen darstellen.[1318]

- Schließlich stellt der (rechtmäßige) Entzug rechtskräftiger und unbefristeter Betriebs-genehmigungen von Kernkraftwerken nach strittiger Auffassung eine Enteignung dar.[1319]

V. Rechtmäßigkeit der Enteignung

1. Formell-gesetzliche Grundlage für die Enteignungsentschädigung

Ein Anspruch auf Enteignungsentschädigung setzt eine **einfachgesetzliche** Rege-lung voraus. Dies ergibt sich nicht nur unmittelbar aus Art. 14 III S. 2 GG, wonach eine Enteignung nur durch Gesetz (Legislativenteignung) oder aufgrund eines Geset-zes (Administrativenteignung) und nur zum Wohl der Allgemeinheit erfolgen darf (**qualifizierter Gesetzesvorbehalt**), sondern auch aus dem Parlamentsvorbehalt bezüglich aller wesentlichen, grundrechtsrelevanten Bereiche: Allein dem demokra-   **1165**

[1311] BVerfGE 100, 226, 244 f. (Denkmalschutz).
[1312] BVerwG NJW 1996, 409; BGHZ 126, 379, 281 f.
[1313] BVerwG NVwZ 1997, 887, 889. Vgl. auch *Roller*, NJW 2001, 1003 ff.
[1314] Vgl. BVerwG DVBl 2001, 931 (mit Bespr. v. *Hermanns*, JA 2002, 26 ff.).
[1315] BVerfG NVwZ 2007, 808 ff. (mit Bespr. v. *Muckel*, JA 2007, 394).
[1316] Nach BVerfG NVwZ 2007, 808, 809 sind §§ 8-10 BJagdG mit Art. 14 I GG vereinbar. Der EGMR (NJW 2012, 3629 ff.) hat indes entschieden, dass §§ 8-10 BJagdG mit dem Eigentumsrecht nach Art. 1 des 1. Zusatzprotokolls der EMRK unvereinbar und daher konventionswidrig seien. Zur EMRK vgl. *R. Schmidt*, Grundrechte, Rn 4 ff.
[1317] BVerfG DÖV 2011, 978 (mit Bespr. v. *Muckel*, JA 2012, 314).
[1318] Vgl. dazu BGH NJW 2000, 3638 ff.
[1319] *Wagner*, NVwZ 2001, 1089, 1095; 2000, 1138, 1142; anders wohl *Stüer/Loges*, NVwZ 2000, 9, 13.

tisch legitimierten Gesetzgeber obliegt die Befugnis, die Voraussetzungen für eine Enteignung zu bestimmen.[1320]

1166

> **Hinweis für die Fallbearbeitung:** Daraus folgt, dass eine Enteignung, um rechtmäßig zu sein, sich auf eine verfassungsmäßige formelle Rechtsgrundlage stützen muss. Fehlt eine solche, ist der eigentumsverkürzende Eingriff schon deshalb rechtswidrig. In der Fallbearbeitung ist deshalb ggf. zunächst die Verfassungsmäßigkeit des formellen Gesetzes zu prüfen.[1321]

a. Formelle Rechtmäßigkeit des Gesetzes, insb. Junktimklausel

aa. Zuständigkeit

1167 Die Gesetzgebungszuständigkeit ergibt sich aus dem Grundsatz der Länderzuständigkeit (Art. 30 und 70 I GG), die der Bundeszuständigkeit aus der ausschließlichen (Art. 71 i.V.m. 73 GG) und der konkurrierenden (Art. 72 i.V.m. 74 GG). Darüber hinaus besteht eine ungeschriebene Bundeszuständigkeit kraft *Sachzusammenhangs*, kraft *Natur der Sache* und der *Annexkompetenz*.[1322]

1168 Die Gesetzgebungskompetenz in Enteignungssachen liegt teilweise beim Bund und teilweise bei den Ländern. Der Bund hat gemäß Art. 72 II i.V.m. 74 I Nr. 14 GG das Recht der Enteignung, soweit sie auf den Sachgebieten der Art. 73 und 74 GG in Betracht kommt. Es handelt sich also um eine *verfassungsrechtlich* festgelegte Annexkompetenz. Daher kann der Bund auch im Bereich des Bauplanungsrechts, das nach Art. 74 I Nr. 18 GG in seinen Kompetenzbereich fällt, Enteignungsregelungen erlassen (so z.B. §§ 85 ff. BauGB, die eingehende und abschließende Regelungen enthalten, oder § 19 FStrG, der im Übrigen aber auf die für öffentliche Straßen geltenden Enteignungsvorschriften der Länder verweist, oder § 45 EnWG, der Enteignungen zulässt, soweit sie für Vorhaben zum Zwecke der Energieversorgung erforderlich sind). Finanzmarktstabilisierungsgesetz, Finanzmarktstabilisierungsergänzungsgesetz und Rettungsgesetz (vgl. oben Rn 1162a) lassen sich auf Art. 74 I Nr. 11 und 14 GG stützen. Im Übrigen sind die Länder zuständig. Sie haben vor allem die Befugnis zum Erlass von allgemeinen Enteignungsgesetzen.

bb. Verfahrens- und Formvorschriften

1169 Das Gesetzgebungsverfahren ist den jeweiligen Verbandsvorschriften zu entnehmen. Bei Bundesgesetzen sind die Art. 76 ff. GG maßgeblich, auf Landesebene die Landesverfassungen.

cc. Entschädigungsregel (Junktimklausel)

1170 Art. 14 III S. 2 GG fordert nicht nur, dass eine Enteignung entschädigt wird, sondern auch, dass das Gesetz, das eine Enteignung bewirkt oder zulässt, *selbst* eine Regelung über Art und Ausmaß der Entschädigung enthält (sog. **Junktimklausel**). Die Junktimklausel hat eine dreifache Funktion[1323]:

[1320] Vgl. BVerfGE 56, 249, 261 (Dürkheimer Gondelbahn); 74, 264, 285 (Daimler Benz – Teststrecke).

[1321] Das ist auch die verwaltungsgerichtliche Praxis, vgl. nur BVerwGE 67, 93 (Prüfung eines Landesnaturschutzgesetzes vor der Prüfung einer aufgrund dieses Gesetzes erlassenen Landschaftsschutzverordnung); 68, 143 (Prüfung eines Landesgesetzes über den Wiederaufbau reblausverseuchter Weinbaugebiete); 84, 361 (Prüfung des nordrhein-westfälischen Landschaftsgesetzes); 94, 1, 10 (Prüfung einer Vorschrift des bayerischen Naturschutzgesetzes); 102, 260 (Prüfung des § 19a des rheinland-pfälzischen Denkmalschutz- und -pflegegesetzes); 106, 228, 234 ff. (Prüfung des § 35 II BauGB); 106, 290, 293 (Prüfung einer Norm des Bundesberggesetzes); BVerwG NVwZ 1993, 772 (Prüfung der Verordnungsermächtigung des Hamburgischen Wassergesetzes).

[1322] Vgl. dazu ausführlich die Ausführungen bei *R. Schmidt*, Staatsorganisationsrecht, Rn 791 ff.

[1323] *Maurer*, AllgVerwR, § 27 Rn 62.

- Sie dient dem Schutz des Bürgers, indem sie die Entschädigung zur Voraussetzung der Enteignung macht (**Schutzfunktion**).

- Sie soll dem Gesetzgeber eine **Warnfunktion** sein. Damit lehnt sie sich an das Zitiergebot des Art. 19 I S. 2 GG an, das als *lex generalis* insoweit zurücktritt, da gem. Art. 14 III S. 2 GG das enteignende oder zur Enteignung ermächtigende Gesetz selbst die Entschädigung regeln muss und so dem Gesetzgeber verdeutlicht wird, dass das Gesetz enteignenden Charakter hat und diese Junktimklausel somit die gleiche Funktion wie das Zitiergebot erfüllt.[1324]

- Und sie soll schließlich die Entscheidungskompetenz und das Haushaltsrecht des Parlaments sichern und die Entschädigungsfestsetzung durch die Verwaltung oder die Gerichte ausschließen (**Kompetenzfunktion**).

Das BVerwG[1325] verlangt diesbezüglich, dass der Gesetzgeber selbst die Voraussetzungen näher festlegen muss, unter denen die Verwaltung eine (stets entschädigungspflichtige) Enteignung vornehmen darf. Diesem Erfordernis wird eine **salvatorische Klausel** (Beispiel[1326]: *Soweit aufgrund einer denkmalschutzrechtlichen Maßnahme die wirtschaftliche Nutzbarkeit eines Grundstücks erheblich beschränkt wird oder die Maßnahme enteignende Wirkung hat, ist eine angemessene Entschädigung zu leisten*) **nicht** gerecht.[1327] Der BGH legt die (denkmal- und naturschutzrechtlichen) salvatorischen Klauseln jedoch als Ausgleichsregelungen im Rahmen der Inhalts- und Schrankenbestimmung des Eigentums aus.[1328] BVerwG und BVerfG teilen dem Grunde nach diese Auffassung, erklären aber auch, dass dies nicht in Fällen gelte, in denen für den Eigentümer keinerlei sinnvolle Nutzungsmöglichkeit des Eigentums mehr verbleibe.[1329] Sofern die entsprechende Norm dann auch noch keinerlei Vorkehrungen treffe, um eine solche unzumutbare Belastung auszuschließen (etwa Ausnahmetatbestände, Übergangsregelungen, Härtefallregelungen), sei sie verfassungswidrig.[1330] Im Rahmen der Kompetenzordnung kann daher auf allgemeine Enteignungsgesetze verwiesen werden[1331], so z.B. bei den §§ 35 III BremLStrG, 34 II BremNatG. {1171}

Schließlich ist zu beachten, dass die Junktimklausel **nicht** für **vorkonstitutionelle** Gesetze gilt. Vorkonstitutionelle Gesetze sind Gesetze, die vor dem Inkrafttreten des Grundgesetzes (24. Mai 1949 – vgl. § 145 II GG) verkündet worden sind.[1332] Schließt ein vorkonstitutionelles Gesetz allerdings eine Entschädigung ausdrücklich aus, ist es nichtig. {1172}

Fehlt eine Entschädigungsklausel oder ist sie unzureichend, ist das Gesetz schon aus diesem Grund verfassungswidrig.[1333] Eine darauf erfolgte Enteignung ist rechtswidrig {1173}

[1324] Art. 19 I S. 2 GG ist nach der Rspr. des BVerfG eng auszulegen, um den die verfassungsmäßige Ordnung konkretisierenden Gesetzgeber nicht unnötig zu behindern. Danach ist das Zitiergebot neben Art. 14 III GG nicht anwendbar bei vorbehaltlos gewährten Grundrechten, bei Art. 2 I GG, bei den allgemeinen Gesetzen des Art. 5 II GG als Schranken des Art. 5 I GG, bei Art. 12 I GG, obwohl dessen „Regelungsvorbehalt" die Wirkung eines Gesetzesvorbehalts hat, und bei Art. 14 I GG, der nach seinem S. 2 schon den Inhalt des Eigentums „bestimmt", und nicht erst nach Art. 19 I S. 1 GG „eingeschränkt" werden kann.

[1325] BVerwGE 84, 361, 364 f. (Serriesteich).

[1326] Vgl. § 24 I BWDSchG. Zum (weitgehenden) Abschied von salvatorischen Klauseln im Denkmal- und Naturschutzrecht vgl. BVerfGE 100, 226 ff., *Stüer/Thorand*, NJW 2000, 3737 ff. und dazu auch *Roller*, NJW 2001, 1003, 1006.

[1327] Vgl. dazu BVerwGE 84, 367, 365; Anders BGHZ 99, 24, 27 f.; 105, 15, 17; 126, 379, 381. Durch ein jüngeres Judikat des BVerfG ist der herkömmliche Unterschied, wonach salvatorische Entschädigungsklauseln zwar im Bereich der Inhalts- und Schrankenbestimmungen, nicht aber im Bereich der Enteignung zulässig sind, zweifelhaft geworden, auch wenn sich das Gericht nicht unmittelbar dazu geäußert hat (vgl. BVerfGE 100, 226, 246 f.; *Jarass*, NJW 2000, 2841, 2842). Da der aufgezeigte Unterschied aber nach wie vor herrschend ist, wird auch vorliegend an ihm festgehalten.

[1328] BGH NVwZ 1996, 930; BGHZ 121, 80; 121, 328; 126, 379; 128, 204; BayObLG NVwZ 1999, 1023.

[1329] Vgl. BVerwGE 84, 361 zum nordrhein-westfälischen Landschaftsgesetz; BVerwGE 94, 1 zum bayerischen Naturschutzgesetz (Herrschinger Moos); OVG Münster NWVBl 1996, 386, 487 zum nordrhein-westfälischen Denkmalschutzgesetz. Vgl. dazu insgesamt *Moench/Otting*, NVwZ 2000, 515, 521 f. und *Roller*, NJW 2001, 1003, 1006.

[1330] Vgl. BVerfGE 100, 226, 246 f.

[1331] BVerfGE 56, 249, 264; *Jarass* in: Jarass/Pieroth, GG, Art. 14 Rn 73.

[1332] BVerfGE 4, 229, 237; 46, 268, 288.

[1333] BVerfGE 24, 367, 418 (Hamburger Deich); 46, 268, 287; *Schmidt-Preuß*, NJW 2000, 1524, 1528.

und der Betroffene kann keine Enteignungsentschädigung verlangen. Hier muss der Enteignete wegen des **Vorrangs des Primärrechtsschutzes** zunächst die Rechtswidrigkeit des staatlichen Akts geltend machen. Erfolgt die Enteignungsmaßnahme durch Verwaltungsakt, muss er vor den Verwaltungsgerichten gegen die enteignende Maßnahme vorgehen (i.d.R. mittels einer Anfechtungsklage). Bei Enteignung durch Rechtsverordnung stehen ihm die Rechtsbehelfe zur Verfügung, die auch sonst gegen Rechtsverordnungen statthaft sind. Gegen die Enteignung nach dem Rettungsgesetz (Rn 1162a) ist die verwaltungsgerichtliche Normenkontrolle statthaft (§ 2 RettungsG). Eine solche spezielle Regelung war erforderlich, weil § 47 VwGO selbst nur eine Normenkontrolle von Landesrecht erlaubt und der verwaltungsgerichtliche Rechtsschutz gegen Rechtsverordnungen des Bundes im Wege der Feststellungsklage gem. § 43 VwGO umstritten ist.

Allerdings können die Gerichte eine fehlende oder unzureichende Entschädigungsregelung weder unmittelbar aus Art. 14 III GG noch durch Analogie oder verfassungskonforme Auslegung herleiten, sondern müssen das Gesetz gem. Art. 100 I GG dem BVerfG vorlegen.[1334] Macht der Enteignete von seinem Recht keinen Gebrauch, kann er wegen eines etwaigen, von ihm selbst herbeigeführten Rechtsverlusts nicht anschließend vom Staat Geldersatz verlangen.[1335]

1174 Unter welchen Voraussetzungen er gleichwohl noch einen Entschädigungsanspruch außerhalb des Art. 14 III GG besitzt, wird im Rahmen des enteignungsgleichen Eingriffs erörtert.

> **Hinweis für die Fallbearbeitung:** Aufgrund des Charakters der Junktimklausel als formelle Rechtmäßigkeitsvoraussetzung wird diese bereits an dieser Stelle des Gutachtens geprüft. Stellt sich deren Fehlen oder Fehlerhaftigkeit heraus, muss auf Fragen der materiellen Rechtmäßigkeit dann in Form eines Hilfsgutachtens eingegangen werden.

b. Materielle Rechtmäßigkeit des Gesetzes

aa. Parlamentsvorbehalt/Bestimmtheitsgrundsatz

1175 Obwohl ausschließlich das Parlament unmittelbar demokratisch legitimiert ist, bedeutet das nicht, dass sämtliche staats- und verfassungsrechtlich relevanten Entscheidungen in allen Einzelheiten vom Parlament selbst getroffen werden müssten. Würde man dies annehmen, liefe das auf einen Totalvorbehalt hinaus, der von einem modernen Demokratieverständnis nicht gefordert wird. Darüber hinaus wäre das Parlament stets überfordert und könnte sich nicht seiner eigentlichen Aufgabe (Repräsentation, Integration, Festlegung von Staatszielen, Erlass von abstrakt-generellen Regelungen) widmen. Daher kann das Parlament die nähere Ausgestaltung einer Materie der Exekutive überlassen. Denn auch diese ist – mittelbar (d.h. über die Wahl des Bundeskanzlers) – institutionell, funktionell und personell demokratisch legitimiert. Insbesondere unterliegt sie der parlamentarischen Kontrolle. Dabei gilt: Je grundrechtssensibler und wesentlicher die Regelung für den einzelnen und die Allgemeinheit ist, desto detaillierter muss die Regelung durch das Parlament selbst getroffen werden. Der Parlamentsvorbehalt besagt demnach, dass alle wesentlichen Entscheidungen vom Parlament selbst getroffen werden müssen.[1336]

[1334] BVerfGE 58, 300, 323 (Nassauskiesung): Dadurch werden das parlamentarische Haushaltsrecht der Legislative und das Verwerfungsmonopol der Verfassungsgerichte für nachkonstitutionelle Parlamentsgesetze gewahrt.
[1335] BVerfGE 58, 300, 324.
[1336] Vgl. nur BVerfGE 68, 1, 109 (auswärtige Beziehungen; Mittelstreckenraketen).

bb. Die Verhältnismäßigkeit

a.) Der legitime Zweck (Gemeinwohlerfordernis, Art. 14 III S. 1 GG)

Art. 14 III S. 1 GG bestimmt, dass eine Enteignung **nur zum Wohl der Allgemeinheit** vorgenommen werden darf. Daran fehlt es, wenn die Enteignung *ausschließlich* zugunsten eines Privatinteresses oder des fiskalischen Interesses[1337] eines Trägers öffentlicher Gewalt erfolgt. Eine Enteignung **zugunsten eines Privaten** (etwa zur Verbesserung der Wirtschaftsstruktur oder zur Arbeitsplatzbeschaffung, aber auch zur Rettung des Wirtschafts- und Finanzmarkts) ist jedoch verfassungsrechtlich nicht zu beanstanden, wenn gewährleistet ist, dass das verfolgte Ziel (das Wohl der Allgemeinheit) gleichwohl erreicht wird.[1338]

1176

> **Beispiele:**
> **(1)** Eigentümer von Grundstücken werden enteignet. Die Enteignung erfolgt zugunsten von Unternehmen der Daseinsvorsorge, wie z.B. die der öffentlichen Energieversorgung (§ 45 EnWG). Solche Enteignungen dienen dem Wohl der Allgemeinheit.[1339]
>
> **(2)** Die Flurbereinigungsbehörde wird durch Gesetz ermächtigt, zur Förderung der Infrastruktur Privatgrundstücke zu enteignen und diese Grundstücke wirtschaftlich leistungsfähigen Unternehmen zur Nutzung zuzuweisen. Eine Entschädigung ist vorgesehen. Die zuständige Behörde enteignet aufgrund dieses Gesetzes gegen Entschädigung mehrere Grundstücke.

Allerdings verlangt das BVerfG[1340] vom Gesetzgeber, die entsprechenden strukturpolitischen Gemeinwohlaspekte ausdrücklich und differenziert als **Enteignungszwecke** zu bezeichnen. Hierzu fordert es differenzierte materiell- und verfahrensrechtliche Regelungen, die gewährleisten, dass den Grundsätzen der Verhältnismäßigkeit und der Gleichheit vor dem Gesetz Rechnung getragen und insbesondere die Erforderlichkeit der Enteignung sorgfältig geprüft wird. Das bedeutet, dass der Enteignungstatbestand grundsätzlich alle Enteignungsvoraussetzungen erfüllen muss.

1177

> **Beispiel:** Das bereits bei Rn 1162a dargestellte **Rettungsgesetz** erlaubt eine Enteignung von Unternehmensanteilseignern zur Sicherung der Finanzmarktstabilität (§ 1 RettungsG) durch Rechtsverordnung. Diese den Enteignungstatbestand bildende Rechtsverordnung enthält alle Enteignungsvoraussetzungen.

Der Enteignungstatbestand muss nur dann nicht alle Enteignungsvoraussetzungen erfüllen, wenn bereits durch vorangegangene Entscheidungen der Verwaltung über die Durchführung bestimmter Projekte diese Rechtmäßigkeitsvoraussetzungen erfüllt wurden und die Zulässigkeit der Enteignung verbindlich festgelegt wird. In diesen Fällen der sog. **enteignungsrechtlichen Vorwirkung** müssen die allgemeinen Voraussetzungen der Enteignung bereits im ersten Verfahren geprüft und es muss über deren Vorliegen entschieden werden.[1341]

1177a

> **Beispiele:**
> **(1)** Durch Planfeststellungsbeschluss (Verwaltungsakt) gem. § 17 FStrG[1342], §§ 74, 75 VwVfG wird festgestellt, dass der Bau einer Bundesstraße zwischen zwei bestimmten Ortschaften zulässig sei. Der Planfeststellungsbeschluss ermächtigt die Straßenbaubehörde zum Bau der Bundesstraße, wirkt sich aber nicht unmittelbar auf

---

[1337] Vgl. BVerfG NJW 1999, 1176 (Enteignung eines Grundstücks zum Zwecke der weiteren Nutzung als Sportgelände).

[1338] Vgl. *Peine*, AllgVerwR, § 17 Rn 449; *Jarass*, NJW 2000, 2841, 2845. Vgl. auch *Hofmann*, NVwZ 2009, 673 ff.

[1339] BVerfGE 66, 248, 257 (Enteignung zugunsten Energieversorgung) zu § 11 EnWG a.F.

[1340] BVerfGE 74, 264, 284 (Daimler Benz - Teststrecke - Gemeinde Boxberg).

[1341] *Maurer*, AllgVerwR, § 27 Rn 59; vgl. auch BVerwG NVwZ 1998, 845; OVG Hamburg NVwZ 2005, 105, 107.

[1342] Vgl. dazu BVerwG NVwZ 2001, 1154 ff.

die Rechtsverhältnisse an den Privatgrundstücken aus, die für den Straßenbau benötigt werden. Die Straßenbaubehörde hat vielmehr die nötigen Grundstücke zu beschaffen, zunächst durch privatrechtliche Kaufverträge, und wenn dies nicht zum Ziel führt, durch Enteignungen (abgestuftes Verfahren, das sich an dem Grundsatz der Verhältnismäßigkeit orientiert, vgl. auch § 35 BremLStrG). In dem dafür erforderlichen Enteignungsverfahren ist jedoch der Planfeststellungsbeschluss maßgeblich und verbindlich (§ 19 II FStrG). Der betroffene Grundeigentümer kann sich nicht mehr gegen die Enteignung an sich, sondern nur noch gegen die Modalitäten der Enteignung zur Wehr setzen. Voraussetzung dafür ist aber, dass die grundsätzlichen enteignungsrechtlichen Einwendungen, insbesondere das fehlende Gemeinwohlbedürfnis gem. Art. 14 III S. 1 GG, bereits im Planfeststellungsverfahren vorgebracht werden können und dort geprüft und rechtsfehlerfrei entschieden werden müssen.[1343] Der Bebauungsplan hingegen entfaltet keine entsprechende Bindungswirkung, sodass in diesen Fällen eine enteignungsrechtliche Vorwirkung nicht besteht.[1344]

(2) Ein Planfeststellungsbeschluss sieht eine Airbus-Startbahnverlängerung in Hamburg-Finkenwerder vor, damit der neue Airbus A 380 gebaut werden kann. Weiterhin ermöglicht er eine Enteignung entsprechender Grundstücke. Durch den Bau der Startbahn können 5000 Arbeitsplätze geschaffen werden. Dennoch sind eine Kirchengemeinde und ein Obstbauer nicht bereit, ihre Grundstücke zu veräußern. Daraufhin erlässt die Behörde eine Enteignungsverfügung.

Hier hat das OVG Hamburg entschieden, dass bei einer unmittelbar privatnützigen und nur mittelbar dem Gemeinwohl dienenden Enteignung auch dem objektiven Gewicht der privatnützigen Interessen eine entscheidende Bedeutung zukomme, das vorliegend gewichtiger sei als die wenigen Privatinteressen.[1345]

b.) Die Geeignetheit (zwecktaugliches Mittel)

1178 Entscheidend ist, ob das Gesetz als solches - abstrakt (d.h. unabhängig von der konkreten Einzelmaßnahme) - geeignet (tauglich) ist, das erwünschte Ziel zu erreichen. Dies wird im Regelfall zu bejahen sein.

c.) Die Erforderlichkeit (Gebot des Interventionsminimums)

1179 Die Enteignung ist nicht erforderlich, wenn es ein weniger einschneidendes Mittel als die betreffende Enteignungsmaßnahme gibt, um das angestrebte Ziel zu erreichen.

Beispiele:

(1) Besteht die Möglichkeit, ein Grundstück dinglich zu belasten (etwa durch Bestellung einer Grunddienstbarkeit), ist der Vollentzug des Eigentums mangels Erforderlichkeit unverhältnismäßig.[1346] Ferner wäre es ein milderes Mittel, wenn das fragliche Grundstück zu angemessenen Bedingungen käuflich zu erwerben ist.

(2) Möchte der Gesetzgeber den Ausstieg aus der friedlichen Nutzung der Kernenergie erreichen und ordnet diesbezüglich eine Laufzeitbegrenzung bestehender Atomkraftwerke an, ist zur Erreichung des angestrebten Ziels – die Vermeidung von Risiken für Mensch und Umwelt – kein weniger einschneidendes Mittel ersichtlich.[1347]

(3) Das bei Rn 1162a dargestellte **Rettungsgesetz** setzt für eine Enteignung von Unternehmensanteilseignern zur Sicherung der Finanzmarktstabilität voraus, dass sich die Enteignungsbehörde zuvor ernsthaft um einen rechtsgeschäftlichen Erwerb oder andere mildere Mittel (Kapitalerhöhung etc.) bemüht hat.

[1343] Vgl. zur enteignungsrechtlichen Vorwirkung wegen Straßenbaus BVerwGE 72, 282, 283; wegen städtebaulicher Unternehmensflurbereinigung BVerfGE 74, 264, 282.
[1344] BVerwG NVwZ 1991, 873 (Abwägung in einem Bebauungsplan nach § 1 VII BauGB).
[1345] OVG Hamburg NVwZ 2005, 105, 107.
[1346] *Peine*, AllgVerwR, § 17 Rn 450.
[1347] Vgl. dazu *Schmidt-Preuß*, NJW 2000, 1524, 1527; *Schorkopf*, NVwZ 2000, 1111 ff.; *Wagner*, NVwZ 2000, 1140 ff.

Stellt die zu untersuchende Enteignungsmaßnahme eine Legislativenteignung dar, kann zu diskutieren sein, ob nicht eine Administrativenteignung (z.B. durch Planfeststellungsbeschluss) das mildere Mittel gewesen wäre, weil sie mehr Rechtsschutzmöglichkeiten bietet (Widerspruch und Anfechtungsklage gegen Enteignungsverwaltungsakt mit grundsätzlich aufschiebender Wirkung! Dagegen ist gegen die Legislativenteignung nur die Rechtssatzverfassungsbeschwerde oder die verwaltungsgerichtliche Feststellungsklage[1348], evtl. ergänzt durch einstweiligen Rechtsschutz möglich). Lassen sich keine Gemeinwohlgründe für die Enteignungsform *Legislativenteignung* finden, ist diese mangels Erforderlichkeit rechtswidrig (= Formenmissbrauch). Nur ausnahmsweise ist die Legislativenteignung verhältnismäßig, etwa wenn Einzelenteignungen in angemessener Zeit nicht durchgeführt werden können und dadurch der Enteignungszweck beeinträchtigt würde.[1349]

1180

d.) Die Angemessenheit (Verhältnismäßigkeit im engeren Sinne)

Die Enteignung muss unter **gerechter Abwägung** zwischen dem verfolgten Gemeinwohlziel und dem Eigentumsgrundrecht erfolgen. Dabei muss der Gesetzgeber die Wertentscheidung des Art. 14 GG respektieren. Dieser gewährt nicht nur das Innehaben eines Rechtstitels, sondern – aus materieller Sicht – auch die Nutzungs- und Verfügungsbefugnis über das Eigentum. Die damit indizierte hohe Wertigkeit der Eigentumsfreiheit schlägt sich bei der Abwägung mit dem verfolgten Gemeinwohlinteresse nieder.

1181

Beispiel:

(1) Möchte der Gesetzgeber den Ausstieg aus der friedlichen Nutzung der Kernenergie erreichen und ordnet diesbezüglich eine Laufzeitbegrenzung bestehender Atomkraftwerke an, ist bei der Festlegung des Stilllegungszeitpunkts eine Abwägung zwischen dem Erhaltungsinteresse der Atomkraftwerksbetreiber[1350] und dem Stilllegungsinteresse der Allgemeinheit vorzunehmen.

(2) Enteignungen von Unternehmensanteilen zur Rettung des Finanzmarkts (oben Rn 1137 u. 1162a) sind gerechtfertigt, wenn die Enteignungsoption nachrangig gegenüber anderen Mitteln ist, die zeitgleich beschlossen werden, und nur in Betracht kommt, wenn sie für die Sicherung der Finanzmarktstabilität erforderlich ist und andere rechtlich und wirtschaftlich zumutbare Lösungen nicht mehr zur Verfügung stehen.[1351]

e.) Institutsgarantie

Als Schranken-Schranke setzt die Institutsgarantie des Art. 14 I S. 1 GG den ansonsten verfassungsrechtlich gerechtfertigten Inhalts- und Schrankenbestimmungen sowie der Enteignung letzte Grenzen. Über sie darf sich auch der normgeprägte Schutzbereich des Art. 14 I GG nicht hinwegsetzen. Die Bedeutung der Institutsgarantie ist für die Fallbearbeitung allerdings gering, da das Netz der übrigen Anforderungen einer verfassungsrechtlichen Rechtfertigung eng genug ist.[1352]

1182

[1348] Die Feststellungsklage müsste dann auf die Feststellung gerichtet sein, dass das fragliche Gesetz dem Betroffenen gegenüber keine Rechtswirkung entfaltet, ein Rechtsverhältnis also nicht besteht. Kommt das Verwaltungsgericht bei der inzidenten Prüfung des Gesetzes zur der Überzeugung, das Gesetz sei verfassungswidrig, ist eine Richtervorlage gem. Art. 100 I GG notwendig.
[1349] BVerfGE 95, 1, 22 ff. (Südumfahrung Stendal).
[1350] Immerhin wurden rechtskräftige, regelmäßig unbefristet laufende Betriebsgenehmigungen erteilt.
[1351] Vgl. dazu ausführlich *Hofmann*, NVwZ 2009, 673 ff.
[1352] Vgl. dazu auch BVerfGE 24, 367, 389 (Hamburger Deich).

f.) Enteignungsverfahren

1183 Eine Enteignung darf schließlich auch nur aufgrund eines Verfahrens erfolgen, das gewährleistet, dass alle wesentlichen rechtlichen und sachlichen Gesichtspunkte, insbesondere auch die Interessen des Betroffenen, ausreichend berücksichtigt und gegeneinander abgewogen werden. Dies ist zwar in Art. 14 III GG nicht ausdrücklich geregelt, ergibt sich aber aus der **verfahrensrechtlichen Dimension der Grundrechte** („Grundrechtsschutz durch Organisation und Verfahren"). Diesen verfassungsrechtlichen Vorgaben entsprechend ist das Enteignungsverfahren streng formalisiert. In der Sache handelt es sich dabei um ein förmliches Verfahren der §§ 63 ff. VwVfG. Diese Vorschriften kommen wegen ihrer Subsidiarität zu den spezialgesetzlichen und detaillierten Regelungen der Enteignungsgesetze allerdings nur bei ausdrücklicher Verweisung zur Anwendung (so z.B. § 105 BBergG). Ein besonders wichtiges und spezialgesetzlich geregeltes Enteignungsverfahren ist das der §§ 104 ff. BauGB; die Regelungen über die Entschädigung sind den §§ 93 ff. BauGB zu entnehmen.

g.) Rückübertragung

1184 Eine Folge des Erfordernisses der Verhältnismäßigkeit ist auch, dass der Bürger einen Anspruch auf Rückübertragung (Restitution) hat, wenn das Vorhaben, zu dessen Durchführung er enteignet worden ist, nicht verwirklicht oder – soweit es sich um eine Grundstücksenteignung handelt – das Grundstück dazu (nicht) mehr benötigt wird.[1353] Insofern stellt Art. 14 GG eine Rechtsgrundlage für einen besonderen Folgenbeseitigungsanspruch dar. Der Anspruch besteht aber nur dann, wenn die Enteignung unter der Geltung des GG angeordnet und vollzogen worden ist. Hinsichtlich des in der ehemaligen DDR enteigneten Eigentums gibt es deshalb keinen Rückübertragungsanspruch.[1354] Gleiches gilt für vorkonstitutionelle Enteignungen.[1355]

2. Rechtmäßigkeit des Einzelakts (bei Administrativenteignung)

1185 Da gegen (förmliche) Gesetze der Rechtsweg nicht offensteht (vgl. § 90 II BVerfGG) und die Administrativenteignung somit mehr Rechtsschutzmöglichkeiten bietet, ist die Legislativenteignung schon aus diesem Grund verfassungsrechtlich nur unter den bereits genannten engen Voraussetzungen zulässig. Darüber hinaus stellt die Enteignung eine typische Verwaltungsaufgabe dar, die der Gesetzgeber - schon im Hinblick auf die Gewaltenteilung und das Rechtsstaatsprinzip - nicht an sich ziehen, sondern generell-abstrakt bestimmen soll.[1356] Die Legislativenteignung ist daher auch wegen der Gefahr des Formenmissbrauchs nur eingeschränkt verfassungsrechtlich zulässig.

Bei einer (den Regelfall darstellenden) Enteignung durch eine Einzelmaßnahme aufgrund eines förmlichen Gesetzes muss **neben** der Rechtmäßigkeit dieses Gesetzes auch die Einzelmaßnahme auf ihre Rechtmäßigkeit hin überprüft werden. Die Prüfung erfolgt unter den gleichen Gesichtspunkten wie die des Gesetzes, allerdings mit dem (entscheidenden!) Unterschied, dass die Enteignung nun im konkreten Einzelfall gerechtfertigt sein muss. In der Fallbearbeitung muss also konkret-individuell argumentiert werden! Erfolgt die Enteignung durch Rechtsverordnung (etwa auf Grundlage des Rettungsgesetzes), muss diese überprüft werden.

VI. Rechtsfolge: Entschädigung

1186 Ist die Enteignung in rechtmäßiger Weise erfolgt, ist der Enteignete **angemessen** zu entschädigen. Die Höhe der Entschädigung ist gem. Art. 14 III S. 3 GG unter gerech-

---

[1353] BVerfGE 38, 175, 179 (Rückenteignung); BVerwG NJW 1999, 1272, 1273.
[1354] BVerfGE 97, 89, 96 f. (Eigentumsgarantie bei Enteignungen in der früheren DDR).
[1355] BVerfG NVwZ 2000, 792.
[1356] BVerfGE 24, 367, 401 ff. (Hamburger Deich); 45, 297, 330 ff. (Hamburger U-Bahn).

ter Abwägung der Interessen der Allgemeinheit und der Beteiligten zu bestimmen.[1357] Sie orientiert sich daran, wieweit das enteignete Eigentum dem Äquivalent eigener Arbeit und Leistung und wieweit es staatlichen Vorkehrungen oder einfach Zufällen zu verdanken ist.[1358]

Die nach Art. 14 III S. 3 GG zu erfolgende Abwägung dürfte i.d.R. zum vollen Wertersatz, d.h. zum Ersatz des **Verkehrswertes** führen (so etwa in dem Fall des § 4 III S. 1 Rettungsgesetz[1359]). Eine Entschädigung soll den Betroffenen in die Lage versetzen, eine Sache gleicher Art und Güte zu beschaffen und damit seinen Verlust auszugleichen. In begründeten, freilich eng auszulegenden Ausnahmefällen kann nach unten abgewichen werden. Die Enteignungsgesetze gewähren durchweg volle Entschädigung, vgl. etwa §§ 93 I, 95 I i.Vm. 194 BauGB oder die Landesenteignungsgesetze. **1187**
Darüber hinaus werden die sog. Folgeschäden oder Folgekosten ersetzt. Entschädigungspflichtig sind aber nur die unmittelbaren Folgekosten wie beispielsweise die Wertminderung des Grundstücks bei Teilenteignung, die Umzugskosten, die Kosten für eine Betriebsverlegung, der Verlust eines bestimmten Kundenkreises oder die Aufwendungen für eine notwendige Rechtsberatung, *nicht* aber mittelbare Folgekosten wie z.B. die Kosten eines Maklers, die bei der Beschaffung eines Ersatzobjekts fällig werden.

Eine **Minderung** des Entschädigungsanspruchs ist möglich, wenn der Betroffene im adäquaten Zusammenhang mit der Entschädigung stehende Vorteile erworben hat (Vorteilsausgleich) oder wenn ihn ein Mitverschulden entsprechend § 254 BGB trifft. Entschädigungspflichtig ist derjenige Verwaltungsträger, der durch die Enteignung begünstigt wird, subsidiär die eingreifende Körperschaft oder Anstalt. Wird zugunsten eines Privaten enteignet, ist dieser begünstigt und entschädigungspflichtig. Der Anspruch **verjährt** relativ nach **3 Jahren** bzw. absolut nach **10 Jahren**. (§§ 195, 199 IV BGB analog). **1188**

VII. Rechtsweg

Nach Art. 14 III S. 4 GG entscheiden die ordentlichen Gerichte über die Höhe der Entschädigung. An dieser Stelle sei aber noch einmal darauf hingewiesen, dass **Anspruchsgrundlage** für die Entschädigung **nicht** Art. 14 III GG, sondern nur das **konkrete Enteignungsgesetz** sein kann. Auch aus diesem Grund darf eine Entschädigung nur dann gewährt werden, wenn ein Enteignungsgesetz mit Entschädigungsregelungen vorliegt. Die Zuständigkeit der Zivilgerichte beschränkt sich insoweit auf die Prüfung, ob eine gesetzliche Entschädigungsregelung vorliegt und ob sie im konkreten Fall richtig angewendet worden ist. Liegt eine solche Entschädigungsregelung zwar vor, ist das Gericht aber der Überzeugung (Zweifel genügen nicht!), dass diese Entschädigungsregelung verfassungswidrig sei, muss es das Entschädigungsgesetz - bei Vorliegen der übrigen Voraussetzungen - den Verfassungsgerichten gem. Art. 100 I GG (bzw. vergleichbaren Vorschriften der Landesverfassungen) vorlegen. Davon strikt zu unterscheiden ist die Rechtswegfrage, wenn es von vornherein ausschließlich um die Rechtmäßigkeit der Enteignung bzw. des Enteignungsgesetzes geht (sog. Primärrechtsschutz). Hier sind die Verwaltungsgerichte bzw. das BVerfG zuständig. **1189**

[1357] Vgl. dazu EGMR NVwZ 1999, 1325, 1326.
[1358] Vgl. BGH NJW 1999, 3488: „Ist demnach eine Entschädigung zu leisten, ist die Entschädigung nach der Qualität des Eigentums, d.h. der Gesamtheit der im Enteignungsobjekt liegenden Bewertungsmerkmale zu bemessen, nicht etwa nur nach einem an der ausgeübten bzw. vor der Enteignung zuletzt ausübbaren Nutzung ausgerichteten Ertragswert". Vgl. auch *Brüning*, JuS 2003, 2, 6; BGH NJW 2009, 762 ff.
[1359] Vgl. dazu ausführlich *Wolfers/Rau*, NJW 2009, 1297, 1300 f.

C. Ausgleichspflicht bei einer Inhalts- und Schranken-bestimmung

I. Allgemeine Rechtmäßigkeitsvoraussetzungen

1190 Um verfassungsrechtlich gerechtfertigt zu sein, müssen Inhalts- und Schrankenbe-stimmungen (ISB) zunächst **durch Gesetz** erfolgen (Art. 14 I S. 2 GG). Es genügen Gesetze im **materiellen Sinn**, d.h. neben Gesetzen im formell-materiellen Sinne auch Rechtsverordnungen und Satzungen, die auf formell-gesetzlicher Grundlage beruhen. Gewohnheitsrecht genügt dagegen nicht.[1360]

Selbstverständlich müssen ISB auch dem **Grundsatz der Verhältnismäßigkeit** entsprechen. Die Bindung an den Verhältnismäßigkeitsgrundsatz leitet das BVerfG[1361] bei Art. 14 I S. 2 GG insbesondere aus dem Nebeneinander von Art. 14 I S. 1 und Art. 14 II GG her: Es sieht den Gesetzgeber vor der Aufgabe, ein Sozialmodell zu verwirk-lichen, dessen normative Elemente sich einerseits aus der grundgesetzlichen Aner-kennung des Privateigentums durch Art. 14 I S. 1 GG und andererseits aus dem Sozialgebot des Art. 14 II GG ergeben: Der Gebrauch des Eigentums soll zugleich dem Wohle der Allgemeinheit dienen. Der Gesetzgeber muss also beiden Elementen in gleicher Weise Rechnung tragen, muss sie in einen gerechten Ausgleich und in ein ausgewogenes Verhältnis bringen (**Gebot der gerechten Abwägung**).[1362]

1191 **Kriterien für die Abwägung** sind:

- **Bedeutung des vermögenswerten Guts oder Rechts für den Eigentümer** (so genießt das Eigentumsrecht einen besonders ausgeprägten Schutz, soweit es um die Funktion des Eigentums als Element der Sicherung der persönlichen Freiheit des Einzelnen geht)[1363]
- Eigenart der schutzfähigen Eigentumsposition, d.h. ihre **Nutzbarkeit, Ertragsfä-higkeit** und **Verfügungsfähigkeit** für den Eigentümer
- **Intensität, Schwere** und **Tragweite** der Eigentumsbeeinträchtigung
- Demgegenüber genießt die Eigentumsfreiheit einen schwächeren Schutz, soweit das Eigentum in einem **sozialen Bezug** und einer **sozialen Funktion** steht[1364]

1192 **Beispiele:**

(1) So hat das BVerfG in seinem Mitbestimmungsurteil statuiert, dass die **Mitbe-stimmung der Arbeitnehmer** nach dem Mitbestimmungsgesetz in einen Be-reich falle, „den das Grundgesetz in Art. 14 I S. 2 GG der Gestaltung durch den Gesetzgeber öffnet"[1365].

(2) **Grund und Boden** sind unvermehrbar und unentbehrlich. Es verbietet sich, ihre Nutzung dem unübersehbaren Spiel der freien Kräfte und dem Belieben des Ein-zelnen vollständig zu überlassen.[1366]

(3) **Denkmalschutzrechtliche Regelungen**, die Inhalt und Schranken des Eigen-tums bestimmen, sind mit Art. 14 I GG unvereinbar, wenn sie unverhältnismäßige Belastungen des Eigentümers nicht ausschließen und keinerlei Vorkehrungen zur Vermeidung derartiger Eigentumsbeschränkungen enthalten. Solche Vorkehrungen sind beispielsweise Härteregelungen (siehe dazu sogleich), die den Bestandsschutz garantieren. Dagegen sind Härteregelungen, die, ohne eine Abwägung getroffen

---

[1360] Vgl. *Wieland*, in: Dreier, GG, Art. 14 Rn 78; *P/S/K/P*, Rn 1006; a.A. *Papier*, in: Maunz/Dürig, GG, Art. 14 Rn 332.
[1361] St. Rspr. vgl. nur BVerfGE 50, 290, 340 (Mitbestimmung).
[1362] BVerfGE 100, 226, 244 f. (Denkmalschutz) mit Anm. v. *Ossenbühl*, EuGRZ 1999, 415 und *Sachs*, JuS 2000, 399. Vgl. auch BVerwG NVwZ 2001, 1038 ff.; *Hermanns*, JA 2002, 26 ff.
[1363] BVerfG EuGRZ 1999, 690, 697 (Datschen-Beschluss).
[1364] BVerfG a.a.O.
[1365] BVerfGE 50, 290, 347 (Mitbestimmung).
[1366] BVerfGE 21, 73, 82 (Grundstücksverkehrsgesetz). Vgl. auch BVerfGE 104, 1, 12 (Baulandumlegung); BVerwG NVwZ 2001, 1038 ff.; *Hermanns*, JA 2002, 26 ff.

zu haben, lediglich einen Entschädigungsanspruch statuieren, unzulänglich und mit Art. 14 I GG unvereinbar.[1367] Insbesondere sind salvatorische Klauseln nicht geeignet, verfassungsrechtlich nicht mehr hinnehmbare Inhalts- und Schrankenbestimmungen zu „reparieren", indem sie eine Entschädigung vorsehen.[1368]

(4) Die Pflicht zur Duldung der Nutzung von privaten Grundstücken für die Errichtung, den Betrieb und die Erneuerung von **Telekommunikationslinien** in § 76 I TKG stellt eine ISB dar, die nach dem BVerfG verfassungsmäßig ist, sofern das Grundstück nur unwesentlich beeinträchtigt wird.[1369] Zum Ausgleichsanspruch vgl. § 76 II TKG. Auch die Duldungspflicht des Eigentümers, dass das auf dem Grundstück befindliche Gebäude an das Telekommunikationsnetz angeschlossen wird, stellt eine (verfassungsgemäße) ISB dar.[1370]

Des Weiteren kann es der Grundsatz der Verhältnismäßigkeit (zusammen mit dem Grundsatz des Vertrauensschutzes) erforderlich machen, dass der Gesetzgeber den Eingriff u.U. durch **Härteklauseln** und **Übergangsregelungen** relativiert. Das BVerfG[1371] sieht Übergangsregelungen besonders bei der Neuordnung eines ganzen Rechtsgebietes sowie dann als notwendig an, wenn von einer nach früherem Recht möglichen Nutzungsbefugnis bereits Gebrauch gemacht worden ist und diese entzogen wird. Würden die Übergangsregelungen nicht getroffen, dann könnten die bereits gebrauchten Nutzungsbefugnisse u.U. nur durch Enteignungen entzogen werden. **1193**

Beispiel: Im Zentrum der politischen und rechtlichen Auseinandersetzung mit dem Ausstieg aus der friedlichen Nutzung der Kernenergie standen zum einen die gesetzgeberische Intention, keine neuen Atomenergieanlagen mehr zuzulassen (vgl. § 7 I S. 2 AtomG), und zum anderen die Frage nach dem Schicksal der noch vorhandenen, in Betrieb befindlichen Anlagen. Für diese gelten nun Restlaufzeiten. Damit statuiert der Gesetzgeber zweierlei: Durch die geplante Neuregelung des Atom- und Energierechts bestimmt er zunächst Inhalt und Schranken des Eigentums an Kernenergieanlagen für die Zukunft neu: Es sollen keine neuen Anlagen mehr genehmigt werden. Bezüglich der noch vorhandenen, in Betrieb befindlichen Anlagen will er durch die Festlegung von Restlaufzeiten dem Grundsatz des Vertrauensschutzes gerecht werden.

Hinweis für die Fallbearbeitung: Bei der hier im Mittelpunkt stehenden Zumutbarkeitsprüfung muss vor allem darauf abgestellt werden, dass die Zumutbarkeit der fraglichen Regelung u.U. nur dann gegeben ist, wenn die Neubestimmung des Inhalts und der Schranken mit einer Übergangsregelung eingeführt wird. In Extremfällen kann auch eine Übergangsregelung für sich alleine dem Grundsatz der Verhältnismäßigkeit noch nicht genügen. Zusätzlich kann dann eine Ausnahmeregelung (Härteklausel) erforderlich sein. Beiden Aspekten ist gemeinsam, dass damit der Grundsatz des Vertrauensschutzes gewahrt bleibt. Schließlich kann sogar noch eine Ausgleichspflicht notwendig sein. Hieran wird der fließende Übergang von der Enteignung zur Inhalts- und Schrankenbestimmung deutlich. **1194**

II. Rechtsfolge: Gegebenenfalls Ausgleichspflicht

An sich verfassungsmäßige Inhalts- und Schrankenbestimmungen können sich gleichwohl bei der Anwendung im konkreten Einzelfall als unverhältnismäßig erweisen. In einem solchen Fall kann unter bestimmten Voraussetzungen die Verfassungs- **1195**

[1367] BVerfGE 100, 226, 244 f. (Denkmalschutz).
[1368] Zum (weitgehenden) Abschied von salvatorischen Klauseln im Denkmal- und Naturschutzrecht vgl. BVerwGE 100, 226 ff., *Stüer/Thorand*, NJW 2000, 3737 ff. und *Roller*, NJW 2001, 1003 ff.
[1369] BVerfG NJW 2000, 798, 799 (Benutzung eines Grundstücks durch Telekommunikationsanlagen); *Scherer*, NJW 2000, 772, 784.
[1370] Vgl. *Freund/Bary*, NVwZ 2012, 1504, 1505.
[1371] BVerfGE 58, 300, 338 (Nassauskiesung); 70, 191, 201 (Fischereirechte); 83, 201, 211 (Vorkaufsrecht).

widrigkeit der betreffenden Maßnahme dadurch verhindert werden, dass sie die unzumutbare Eigentumsbeeinträchtigung durch die Gewährung einer Geldentschädigung quasi „abfedert".

> **Beispiel**[1372]: Gemäß einer entsprechenden gesetzlichen Regelung müssen Verleger von jedem publizierten Buch ein unentgeltliches Belegstück (Pflichtexemplar) an eine bestimmte staatliche Bibliothek abgeben. Bei dieser Regelung handelt es sich nicht um eine Enteignung, sondern um eine (grundsätzlich entschädigungslos hinzunehmende) Inhalts- und Schrankenbestimmung des Eigentums. Werden jedoch (i.S.e. Geldwertes) besonders wertvolle Bücher von der Abgabepflicht betroffen, stellt sich diese aber nur dann als verfassungsgemäß heraus, wenn für die besonders wertvollen Exemplare ein Geldausgleich vorgesehen ist. Hingegen führt eine Ausnahmeregelung nicht zum gewünschten Ziel.

1196 Eine ausgleichspflichtige Belastung findet sich in neuerer Zeit insbesondere bei stark immittierenden, hoheitlich betriebenen Anlagen oder Einrichtungen sowie bei unverhältnismäßig belastenden Nutzungsbeschränkungen etwa im Bereich des **Denkmalschutzes**[1373] oder des **Natur-, Landschafts- und Gewässerschutzes**[1374]. Da aber eine Inhalts- und Schrankenbestimmung im Grundsatz schon von sich aus dem Grundsatz der Verhältnismäßigkeit entsprechen muss, kann eine Ausgleichsregelung zur Abfederung von unverhältnismäßigen Maßnahmen immer nur eine Ausnahme darstellen. Das BVerfG hat drei spezifische Anforderungen an die Ausgleichsbestimmungen aufgestellt[1375]:

1197 ▪ **Erfordernis einer gesetzlichen Grundlage**
Die Ausgleichspflicht (nicht die Inhalts- und Schrankenbestimmung selbst!) muss durch den **förmlichen Gesetzgeber** bestimmt werden. Die Gerichte und die Verwaltungsbehörden sind wegen der Grundrechtsrelevanz, des Haushaltsrechts und der Gewaltenteilung nicht befugt, unzumutbare Eigentumsbeeinträchtigungen durch die Gewährung von Geldleistungen zu vermeiden. Fehlt die gesetzliche Bestimmung, ist das inhalts- und schrankenbestimmende Gesetz rechtswidrig und kann nicht Grundlage für Entschädigungsakte sein. Der Betroffene muss einen hierauf gestützten Verwaltungsakt bzw. das Gesetz selbst angreifen, soweit dies möglich und zumutbar ist, kann die Situation also nicht einfach hinnehmen und Entschädigung verlangen, wie dies noch nach der früheren Rechtsprechung des BGH möglich war. Es gilt der **Vorrang des Primärrechtsschutzes**.[1376]
Zu beachten ist allerdings, dass eine im Gesetz geregelte Ausgleichsverpflichtung dann nicht erforderlich ist, wenn es sich um atypische und unvorhersehbare Fälle handelt. Hier greift für die Entschädigung das Institut des enteignenden Eingriffs.[1377]

1198 ▪ **Subsidiarität des finanziellen Ausgleichs**
Grundsätzlich sind Beschränkungen aufgrund von Inhalts- und Schrankenbestimmungen – sofern sie rechtmäßig erfolgen – entschädigungslos hinzunehmen. Nur in Ausnahmefällen, d.h., wenn die Belastung trotz Härteklauseln und Übergangsregelungen nicht mehr vertretbar und damit unzumutbar geworden ist, kann diese übermäßige Belastung durch die Gewährung eines finanziellen Ausgleichs aufgefangen und so dem

---

[1372] BVerfGE 58, 137 ff. (Pflichtexemplar); dargestellt auch bei *Peine*, AllgVerwR, § 17 Rn 446.
[1373] BVerfGE 100, 226, 244 f. (Denkmalschutz); BGH BauR 1993, 307, 309; NVwZ 1996, 930. Vgl. dazu auch *Roller*, NJW 2001, 1003, 1006.
[1374] BGH NJW 1993, 2095, 2096; BGHZ 123, 242, 245; BGH NJW 1994, 3283; DVBl 1995, 234, 235; DÖV 1997, 125; BVerwGE 94, 1, 4; BVerwG NVwZ 2001, 1038 ff.; *Hermanns*, JA 2002, 26 ff.
[1375] Dies hatte das BVerfG bereits seiner Feldmühle-Entscheidung (E 14, 263) zugrunde gelegt, allerdings ohne den Begriff „ausgleichspflichtige Inhaltsbestimmung" zu verwenden. Daran anknüpfend erkennt das BVerfG in der Pflichtexemplar-Entscheidung (E 58, 137), die für diesen Bereich als Leitentscheidung gilt, eine Ausgleichspflicht ausdrücklich an. Vgl. dazu auch *Roller*, NJW 2001, 1003, 1006.
[1376] Vgl. nur BVerfG DÖV 2011, 978; *Muckel*, JA 2012, 314.
[1377] Vgl. dazu Rn 1235 ff.

Grundsatz der Verhältnismäßigkeit Rechnung getragen werden (sog. Nachrangigkeit von Geldausgleichsregelungen).

Für den Bereich des **Denkmal- und Naturschutzes** hat das BVerfG die Subsidiarität des finanziellen Ausgleichs konkretisiert und ausgebaut: Ausgleichsregelungen seien nicht zulässig, um verfassungsrechtlich nicht hinnehmbare Inhalts- und Schrankenbestimmungen zu reparieren. Denkmalschutzrechtliche Regelungen, die Inhalt- und Schranken des Eigentums bestimmen, seien danach mit Art. 14 I GG unvereinbar, wenn sie unverhältnismäßige Belastungen des Eigentums nicht ausschließen und keinerlei Vorkehrungen zur Vermeidung derartiger Eigentumsbeeinträchtigungen enthalten. Auch seien Ausgleichsregelungen, die den Grundsatz der Verhältnismäßigkeit in besonderen Härtefällen sichern sollen, unzulänglich, wenn sie sich darauf beschränken, dem Betroffenen einen Entschädigungsanspruch in Geld zuzubilligen.[1378]

■ **Erfordernis einer einheitlichen Regelung**   1199

Schließlich muss die Verwaltung über die Maßnahme, die zu der Eigentumsbeeinträchtigung führt, und den ggf. erforderlichen finanziellen Ausgleich *uno actu*, d.h. gleichzeitig entscheiden.

Fazit zur Entschädigung im Rahmen einer Inhalts- und Schrankenbestimmung: Das Gesetz, das die Inhalts- und Schrankenbestimmung darstellt, muss selbst Regeln enthalten, die zunächst den Bestand des Eigentums sichern, d.h. den Eingriff vermeiden. Solche Regeln sind z.B. im Denkmalschutzrecht Ausnahmen oder Befreiungen. Die unverhältnismäßige Belastung muss so weit als möglich real vermieden werden. Nur wenn dies nicht möglich ist, darf als Ultima Ratio eine Entschädigungsregel vorgesehen und Ersatz in Geld geleistet werden.

Fehlt eine Entschädigungsregel in einer Inhalts- und Schrankenbestimmung, die den Einzelnen unverhältnismäßig belastet und damit ausgleichspflichtig wird, ist das Gesetz verfassungswidrig. Der Betroffene erhält aber keine Entschädigung. Vielmehr muss er wie bei der Enteignung ohne Entschädigungsregel den beeinträchtigenden Hoheitsakt selbst anfechten. Der Sekundäranspruch auf Geldersatz steht dem Primäranspruch auf Abwehr der Maßnahme nach (**Vorrang des Primärrechtsschutzes**).

     1200

Da der im Rahmen einer Ausgleichspflicht zu gewährende eigentumsrechtliche Ausgleichsanspruch keine Billigkeitsentschädigung darstellt, sondern verfassungsrechtlich geboten ist, darf er auch nicht - im Hinblick auf seine Höhe - nach billigem Ermessen festgesetzt werden. Maßgeblich ist die übermäßige Belastung, für die ein Äquivalent geboten werden muss. Im Übrigen gelten die Grundsätze für die Festsetzung und Bemessung der Enteignungsentschädigung entsprechend. Der Anspruch **verjährt** – wie derjenige bei der Enteignung – nach **3** bzw. **10 Jahren** (vgl. Rn 1188).   1201

III. Rechtsweg

Der Ausgleichsanspruch im Rahmen des Art. 14 I S. 2 GG ist **öffentlich-rechtlicher** Natur.[1379] Gemäß § 40 II S. 1 Hs. 2 VwGO ergibt sich, dass Streitigkeiten über das Bestehen und die Höhe eines Ausgleichsanspruchs im Rahmen des Art. 14 I S. 2 GG *ausschließlich* vor den **Verwaltungsgerichten** auszutragen sind.   1202

[1378] BVerfGE 100, 226, 244 f. (Denkmalschutz); mit Anm. v. *Sachs*, JuS 2000, 399 ff. Vgl. dazu auch *Müggenborg*, NVwZ 2001, 171. Zum (weitgehenden) Abschied von salvatorischen Klauseln im Denkmal- und Naturschutzrecht vgl. auch *Stüer/Thorand*, NJW 2000, 3737 ff. und *Roller*, NJW 2001, 1003, 1006. Vgl. auch BVerwG NVwZ 2001, 1038 ff.; *Hermanns*, JA 2002, 26 ff.
[1379] Vgl. nur BVerwGE 94, 1, 2 (Herrschinger Moos); *Stüer/Thorand*, NJW 2000, 3737, 3741; *Maurer*, AllgVerwR, § 27 Rn 115.

1203

> ## Zusammenfassung zur
> ## ausgleichspflichtigen Inhalts- und Schrankenbestimmung
>
> Eine unverhältnismäßige Inhalts- und Schrankenbestimmung ist verfassungswidrig und damit nichtig. Der von ihr betroffene Eigentümer muss die Verfassungswidrigkeit vor den (Verfassungs-)Gerichten geltend machen. Keinesfalls darf er die Maßnahme hinnehmen und Entschädigung verlangen.
>
> Aber auch an sich verfassungsmäßige Inhalts- und Schrankenbestimmungen können sich gleichwohl bei der Anwendung im konkreten Einzelfall als unverhältnismäßig erweisen. In einem solchen Fall kann unter bestimmten Voraussetzungen die Verfassungswidrigkeit der betreffenden Maßnahme dadurch verhindert werden, dass sie die unzumutbare Eigentumsbeeinträchtigung durch die Gewährung einer Geldentschädigung quasi „abfedert". Da aber eine Inhalts- und Schrankenbestimmung schon von sich aus dem Grundsatz der Verhältnismäßigkeit entsprechen muss, kann eine Ausgleichsregelung zur Abfederung von unverhältnismäßigen Maßnahmen immer nur eine Ausnahme darstellen. Das BVerfG hat generell drei spezifische Anforderungen an die Ausgleichsbestimmungen aufgestellt:
>
> - das Erfordernis einer formell-gesetzlichen Grundlage
> - die Nachrangigkeit (Subsidiarität) des finanziellen Ausgleichs
> - das Erfordernis einer einheitlichen Entscheidung
>
> Für den Bereich des **Denkmal- und Naturschutzes** hat das BVerfG die Grenzen eines finanziellen Ausgleichs noch enger gezogen. Denkmalschutzrechtliche Regelungen, die Inhalt und Schranken des Eigentums bestimmen, seien mit Art. 14 I GG unvereinbar, wenn sie unverhältnismäßige Belastungen des Eigentums nicht ausschlössen und keinerlei Vorkehrungen zur Vermeidung derartiger Eigentumsbeeinträchtigungen enthielten. Auch seien Ausgleichsregelungen, die den Grundsatz der Verhältnismäßigkeit in besonderen Härtefällen sichern sollen, unzulänglich, wenn sie sich darauf beschränkten, dem Betroffenen einen Entschädigungsanspruch in Geld zuzubilligen.
>
> Aus der Formulierung des § 40 II S. 1 VwGO n.F. ergibt sich, dass Streitigkeiten über das Bestehen und die Höhe eines Ausgleichsanspruchs im Rahmen des Art. 14 I S. 2 GG vor den **Verwaltungsgerichten** auszutragen sind.

D. Enteignungsgleicher Eingriff

Wie bereits dargelegt, muss eine Enteignung – um verfassungsrechtlich gerechtfertigt zu sein – gem. Art. 14 III S. 2 GG entweder durch formelles Gesetz (Legislativenteignung) oder aufgrund eines formellen Gesetzes (Administrativenteignung) erfolgen, wobei Art und Ausmaß der Entschädigung geregelt sein müssen (sog. Junktimklausel): Ein Enteignungsgesetz ohne Entschädigungsregelung, etwa weil der Gesetzgeber von einer Inhalts- und Schrankenbestimmung ausging, ist verfassungswidrig. Die gem. Art. 14 III S. 4 GG angerufenen Gerichte können eine fehlende Entschädigungsregelung weder direkt aus Art. 14 GG noch im Wege einer Gesetzesanalogie oder einer verfassungskonformen Auslegung herleiten. Vielmehr müssen sie das (nachkonstitutionelle formelle) Gesetz den Verfassungsgerichten vorlegen. Art. 14 III GG gewährleistet also eine Entschädigung, wenn es sich um eine *rechtmäßige* Enteignung handelt. Fehlt die Entschädigungsklausel (oder ist der Eingriff in das Eigentum aus sonst einem Grund rechtswidrig), liegt eine *rechtswidrige* Eigentumsbeeinträchtigung vor, nicht aber eine Enteignung i.S.d. Art. 14 III GG.

1204

Fraglich ist die rechtliche Behandlung rechtswidriger Eigentumsbeeinträchtigungen. Der BGH argumentierte in BGHZ 6, 270, 290 mit der Figur des *argumentum a minore ad maius* (Schluss von dem Schwächeren auf das Stärkere): Er nahm bei einem rechtswidrigen Eingriff in das Eigentum einen enteignungsgleichen Eingriff an, der, wenn er rechtmäßig wäre, zu einem Entschädigungsanspruch führte. Dieser Entschädigungsanspruch müsse dann erst recht auch für einen rechtswidrigen Eingriff gegeben sein. Als Rechtsgrundlage zog der BGH Art. 14 III GG heran.

Die Ableitung der Ansprüche aus dem Eigentumsschutz des Art. 14 GG ist jedoch verschiedenen Bedenken ausgesetzt, die dazu geführt haben, dass seit dem Nassauskiesungsbeschluss des BVerfG der enteignungsgleiche Eingriff nicht mehr auf den „Erst-recht-Schluss" aus Art. 14 III GG gestützt werden kann. Gleichwohl hat sich der BGH für den Fortbestand des enteignungsgleichen Eingriffs entschieden. Das ist mit der Rechtsprechung des BVerfG durchaus zu vereinbaren, da der BGH das Institut des enteignungsgleichen Eingriffs nicht mehr auf Art. 14 III GG (analog) stützt, sondern die Anspruchsgrundlage aus Aufopferungsgewohnheitsrecht herleitet, namentlich aus dem gewohnheitsrechtlich anerkannten Aufopferungsgedanken der §§ 74, 75 der Einleitung des Preußischen Allgemeinen Landrechts (EinlPrALR) vom 5.2.1794 in seiner richterrechtlich geformten Ausprägung.[1380] Inzwischen hat auch das BVerfG den enteignungsgleichen Eingriff ausdrücklich anerkannt.[1381] In der aktuellen Rechtsprechung des BGH wird die Herleitung des enteignungsgleichen Eingriffs nicht einmal mehr erwähnt, sondern die Anerkennung wird schlicht vorausgesetzt.[1382]

[1380] BGHZ 91, 20, 27 f.; 102, 350, 357; 111, 349, 352; 122, 76, 77; BGH JZ 1997, 557; *Peine*, AllgVerwR, § 17 Rn 454; *Brüning*, JuS 2003, 2, 8; *Detterbeck*, JuS 2000, 574, 578; *Bull/Mehde*, AllgVerwR, Rn 1120; *Stüer/Thorand*, NJW 2000, 3737, 3742; *Roth*, NVwZ 2001, 34, 36.

[1381] Vgl. BVerfG NJW 2000, 1402. Vgl. auch *Detterbeck*, JuS 2003, 1003, 1005; *Brüning*, JuS 2003, 2, 8; *Ewer*, NJW 2002, 3497, 3501; *Hager/Kirchberg*, NVwZ 2002, 538, 541; *Müggenborg*, NVwZ 2001, 171; *Detterbeck*, JuS 2000, 574, 578; *Wilhelm*, JZ 2000, 905; *Papier*, DVBl 2000, 1398, 1400; *Ossenbühl*, NJW 2000, 2945, 2950; *Durner*, JuS 2005, 900, 901.

[1382] BGH NJW 2007, 830 ff. (mit Bespr. v. *Waldhoff*, JuS 2008, 645).

Für die **Fallbearbeitung** bietet sich folgender Aufbau an:

1205

Voraussetzungen und Rechtsfolge des enteignungsgleichen Eingriffs

1. Anwendbarkeit

2. Anspruchsgrundlage (§§ 74, 75 EinlPrALR in ihrer richterrechtlichen Ausprägung)

3. Voraussetzungen
- a. Rechtswidriger hoheitlicher Eingriff in eine durch Art. 14 GG geschützte Rechtsposition
    - aa. Eingriff
    - bb. Hoheitlich
    - cc. Rechtswidrigkeit des Eingriffs
- b. Unmittelbarkeit des Eingriffs
- c. Vorrang des Primärrechtsschutzes

4. Rechtsfolge: Entschädigung

5. Mitverschulden, § 254 BGB analog

6. Anspruchsgegner: Begünstigter Hoheitsträger

7. Rechtsweg: Zivilgericht

I. Anwendbarkeit des Haftungsinstituts

1206
Fraglich ist, ob der enteignungsgleiche Eingriff nach dem Nassauskiesungsbeschluss überhaupt noch einen nennenswerten Anwendungsbereich hat. Zwar kann generell der Anwendungsbereich mit den oben dargestellten Argumenten bejaht werden, zumal das Institut des enteignungsgleichen Eingriffs nunmehr auch vom BVerfG anerkannt wird. Wegen des im Nassauskiesungsbeschluss klargestellten Postulats vom Vorrang des Primärrechtsschutzes sind rechtswidrige hoheitliche Akte aber selbst anzugreifen. Der Betroffene kann nicht etwa den rechtswidrigen Zustand hinnehmen und von der öffentlichen Hand Geldersatz verlangen (sog. Sperrwirkung des Primärrechtsschutzes). Diese Sperrwirkung entfällt allerdings dann, wenn die Anfechtung nicht möglich oder nicht zumutbar ist. Der Betroffene erhält zwar in diesen Fällen keine Enteignungsentschädigung nach Art. 14 III GG (denn diese setzt auf der Tatbestandsseite eine *rechtmäßige* Enteignung voraus), aber der Weg für eine Entschädigung nach den Grundsätzen des enteignungsgleichen Eingriffs wird damit frei.[1383] Diese Lösung stellt auch keine Untergrabung des Art. 14 III GG dar. Denn wie gerade aufgezeigt, ist dort nur die rechtmäßige Enteignung geregelt und nicht die Konsequenz einer rechtswidrigen Enteignung.

1207
Weiteres Anwendbarkeitsmerkmal des enteignungsgleichen Eingriffs ist eine Beeinträchtigung eigentumsrechtlich geschützter Positionen. Reine Vermögensschäden sind vom Anwendungsbereich des enteignungsgleichen Eingriffs von vornherein ausgeschlossen. Darüber hinaus ist der Anspruch aus enteignungsgleichem Eingriff durch die spezielleren Vorschriften der **polizei- und ordnungsrechtlichen Rechtswidrigkeitshaftung** ausgeschlossen.[1384]

[1383] Vgl. dazu BVerfG NJW 2000, 1402; BGH NJW 2007, 830 ff.
[1384] Vgl. Bund: §§ 45 ff. MEPolG, §§ 51 ff. BundesPolG; BW: §§ 55 ff. PolG, Bay: Art. 70 ff. PAG, Berl: §§ 59 ff. ASOG, Brand: § 70 PolG; Brem: §§ 56 ff. PolG, Hamb: § 10 III-V SOG, Hess: §§ 64 ff. SOG, MeckVor: §§ 72 ff. SOG, Nds: §§ 80 ff. SOG, NRW: § 67 PolG i.V.m. §§ 39 ff. OBG, RhlPfl: §§ 68 ff. POG, SchlHolst: §§ 221 ff. LVwG, Saar: §§ 68 ff. PolG, Sachs: §§ 52 ff. PolG, SachsAnh: §§ 69 ff. SOG, Thür: §§ 68 ff. PAG.

Zum **Amtshaftungsanspruch** wegen *schuldhafter* Verletzung von Amtspflichten besteht nach der Auffassung des BGH **Anspruchskonkurrenz**, da beide Ansprüche „ganz verschieden gelagerten Rechtskreisen" angehörten und weder im Verhältnis der Spezialität noch der Subsidiarität stünden.[1385]

1208

Da der Anspruch aus enteignungsgleichem Eingriff - im Gegensatz zum Amtshaftungsanspruch - **kein Verschulden** voraussetzt, kann es folgerichtig auch nur bei *schuldhaften* rechtswidrigen Eigentumsbeeinträchtigungen zur Anspruchskonkurrenz kommen. An praktischer Bedeutung gewinnt der Anspruch aus enteignungsgleichem Eingriff daher dann, wenn die schuldhafte Amtspflichtverletzung nicht dargelegt und bewiesen werden kann. Dies ist insbesondere bei rechtswidrigen Produktwarnungen relevant. Vgl. dazu Rn 893 ff. Darüber hinaus können **Verjährung** und **Haftungsbeschränkungen** zum Erfordernis der Abgrenzung führen:

1209

Amtshaftungsanspruch	**Entschädigung wegen enteignungsgleichen Eingriffs**
Voller Schadensersatz (Vermögensschaden, Nichtvermögensschaden, Schmerzensgeld nach Maßgabe des § 253 II BGB)	Gewährung nur eines Ausgleichs für den Vermögensverlust (kein Schmerzensgeld). Das Maß der Entschädigung bestimmt sich wie bei der Enteignung.
Unterliegt bestimmten Haftungsbeschränkungen	Die beim Amtshaftungsanspruch geltenden Beschränkungen gelten nicht.
Regelmäßige Verjährung der Ansprüche nach 3 Jahren (§ 195 BGB). Bei Verletzung von Körper, Gesundheit oder Freiheit 30 Jahre ab der schädigenden Handlung (§ 199 II BGB). Sonst 10 Jahre (§ 199 III S. 1 Nr. 1 und § 199 I, IV BGB) oder 30 Jahre (§ 199 III S. 1 Nr. 2 BGB).	Verjährung richtet sich nach §§ 195, 199 I, IV BGB analog, da die Vorschriften des BGB auch sonst im öffentlichen Recht analog angewendet werden. Daher beträgt die Verjährungsfrist gem. § 195 BGB analog 3 Jahre bzw. gem. § 199 IV BGB analog absolut 10 Jahre
Verschulden*abhängig*	Verschuldens*unabhängig*, daher erleichterte Rechtsverfolgung: Kann die Verschuldensfrage nicht – weder positiv noch negativ – geklärt werden, kann auf „Verurteilung aus wahlweisem Haftungsgrund" geklagt werden, soweit beide Ansprüche kongruent zueinander stehen.[1386]

II. Anspruchsgrundlage

Wie bereits ausgeführt, stützt der BGH das Institut des enteignungsgleichen Eingriffs nicht mehr auf Art. 14 III GG (analog), sondern auf Aufopferungsgewohnheitsrecht, namentlich auf den gewohnheitsrechtlich anerkannten Aufopferungsgedanken der §§ 74, 75 EinlPrALR in seiner richterrechtlich geformten Ausprägung.

1210

Hinweis für die Fallbearbeitung: In der Fallbearbeitung ist eine ausführliche Herleitung der Anspruchsgrundlage, wie sie bei Rn 1204 durchgeführt wurde, i.d.R. nicht erwünscht. Es könnte indes etwa so vorgegangen werden: „Der Anspruch aus enteignendem/enteignungsgleichem Eingriff wurde früher aus Art. 14 III GG hergeleitet. Dem hat das BVerfG zwar widersprochen, da eine Wertegarantie im Rahmen des Art. 14 GG nur nach dessen Abs. 3 in den Fällen der rechtmäßigen Enteignung besteht. Allerdings wird der Anspruch von der Rechtsprechung des BGH nach wie

1211

[1385] BGHZ 13, 88, 93 ff.; BGH NJW 2007, 830, 833. Vgl. auch *Waldhoff*, JuS 2008, 645, 647.
[1386] BGHZ 57, 335, 336.

> vor anerkannt und nun auf Gewohnheitsrecht bzw. auf den allgemeinen Aufopferungsgedanken aus §§ 74, 75 EinlPrALR in seiner richterrechtlich geformten Ausprägung gestützt. Inzwischen hat auch das BVerfG den enteignungsgleichen Eingriff ausdrücklich anerkannt."

III. Voraussetzungen

1. Rechtswidriger hoheitlicher Eingriff in eine von Art. 14 GG geschützte Rechtsposition

a. Eingriff

1212 Der Anspruch aus enteignungsgleichem Eingriff setzt – in Anlehnung an das zu Art. 14 GG Gesagte – einen **Eingriff in ein eigentumsgrundrechtlich geschütztes Rechtsgut** voraus.[1387] Insoweit kann auf die Ausführungen zur Enteignungsentschädigung verwiesen werden. Zu beachten ist jedoch, dass ein Eingriff in eine eigentumsrechtlich geschützte Rechtsposition nur dann vorliegen kann, wenn der **Schutzbereich** des Art. 14 GG eröffnet ist. Sofern eine Handlung des Staates Grundrechte **zielgerichtet** beeinträchtigt, bestehen an der jeweiligen Schutzbereichseröffnung keine Zweifel. Liegen jedoch **faktisch-mittelbare** Auswirkungen vor (etwa wenn die Regierung die Bevölkerung vor angeblich gesundheitsschädlichem Wein[1388] oder vor Jugendsekten[1389] warnt oder die Mitgliedschaft eines Bürgers in der Scientology-Gemeinschaft offenlegt[1390] und dadurch Absatzeinbußen bzw. Beeinträchtigungen des Persönlichkeitsrechts bewirkt), sind nach Auffassung des BVerfG die Schutzbereiche der in den Entscheidungen als einschlägig betrachteten Grundrechte der Art. 12 I, 5 III S. 1, 4 I, 2 I i.V.m. 1 I GG nicht eröffnet. Denn die genannten Grundrechte schützten nicht vor der Verbreitung zutreffender und sachlich gehaltener Informationen durch eine Regierung, auch wenn die Inhalte sich mittelbar für den Betroffenen negativ auswirkten. Ob diese Rechtsprechung auch Einfluss auf faktisch-mittelbare *Eigentums*beeinträchtigungen ausübt mit dem Ergebnis, dass bei faktisch-mittelbaren Auswirkungen auf das Eigentum eine Entschädigung ausscheidet, wenn die Maßnahme sachlich gehalten ist, ist noch völlig ungeklärt. Dies kann aber im Rahmen des enteignungsgleichen Eingriffs dahinstehen, da dieses Rechtsinstitut gerade auf einem *rechtswidrigen* Eingriff aufbaut und ein solcher stets die Eröffnung des grundrechtlichen Schutzbereichs voraussetzt. Im Rahmen des enteignenden Eingriffs ist das anders, vgl. Rn 1235 ff.

1213 > **Hinweis für die Fallbearbeitung:** Da ein Anspruch aus enteignungsgleichem Eingriff – unabhängig von der zuletzt genannten Problematik – i.d.R. im Anschluss an die Prüfung des (nicht gegebenen) Enteignungsentschädigungsanspruchs erfolgt, braucht an dieser Stelle des Gutachtens hinsichtlich der Frage nach der Eigentumsbeeinträchtigung nur nach oben verwiesen zu werden. Nur ausnahmsweise, d.h. bei besonderer Gestaltung der Fallfrage, kann in einer Klausur die Prüfung der Eigentumsbeeinträchtigung an dieser Stelle auch inzident erfolgen.

1214 Das Merkmal des Eingriffs setzt tatbestandlich grundsätzlich ein positives Tun voraus. Bei „einfachem" (schlichtem) **Unterlassen**, wodurch dem Bürger nur etwas vorenthalten wird und durch das kein Eingriff in grundrechtlich geschützte Positionen stattfindet, kommt ein Anspruch aus enteignungsgleichem Eingriff grundsätzlich nicht in Betracht. Allerdings erfüllt nach der Rechtsprechung des BGH[1391] ein Unterlassen das

---

[1387] BGH NJW 2007, 830, 833; *Brüning*, JuS 2003, 2, 8; *Detterbeck*, JuS 2000, 574, 579; *Durner*, JuS 2005, 900, 901.
[1388] BVerfGE 105, 252 ff.
[1389] BVerfGE 105, 279 ff.
[1390] BVerfG NJW 2002, 3458 ff.
[1391] BGHZ 102, 350, 364; 118, 253, 261; 125, 27, 39; BGH NJW 2007, 830, 833.

Merkmal des Eingriffs dann, wenn es sich um ein **„qualifiziertes Unterlassen"** handelt. Dieses nimmt der BGH in all denjenigen Fällen an, in denen eine Erlaubnis an sich erteilt werden müsste, sie dem Antragsteller jedoch förmlich versagt oder faktisch vorenthalten wurde (dem Bürger wird gleichsam etwas genommen).

Das betrifft insbesondere die Bauerlaubnis und die Gewerbeerlaubnis. Hierbei handelt es sich jeweils um ein präventives Verbot mit Erlaubnisvorbehalt (Kontrollerlaubnis): Der grundrechtlich geschützte Anspruch wird lediglich (präventiv) zur Kontrolle der Rechtmäßigkeit eingeschränkt. Erfüllt der Antragsteller diese Anforderungen, so *ist* ihm die Erlaubnis zu erteilen. Jede andere Entscheidung wäre fehlerhaft. Aus diesem Grunde sehen die Vorschriften, bei denen es sich um Kontrollerlaubnisse handelt, i.d.R. eine gebundene Verwaltungsentscheidung vor. Für ein Ermessen ist kein Raum. Die Qualifiziertheit des Unterlassens wird bei Untätigbleiben der Behörde im Rahmen von Kontrollerlaubnissen also indiziert. Zur Kontrollerlaubnis vgl. auch Rn 246, 358.

> **Beispiel:** Die zuständige Behörde versagt dem Gastronom G in rechtswidriger Weise die beantragte Gaststättenerlaubnis (vgl. §§ 2 ff. GastG). Daraufhin erhebt G Verpflichtungsklage vor dem Verwaltungsgericht (VG) auf Erteilung der Gaststättenerlaubnis. Das VG gibt der Klage statt und verpflichtet die Behörde zur Erteilung der Erlaubnis. Zwischenzeitlich sind aber die Beschaffungskosten für das Inventar so sehr gestiegen, dass G nun erheblich mehr Finanzmittel aufwenden muss. G macht nun den Differenzbetrag als Verzögerungsschaden geltend und möchte ihn mit Blick auf den enteignungsgleichen Eingriff ersetzt bekommen. Hier stellt das Vorenthalten der Gaststättenerlaubnis ein qualifiziertes Unterlassen und damit einen Eingriff in das Eigentum des G dar. Dieser hat daher einen Anspruch aus enteignungsgleichem Eingriff. Darüber hinaus ist es eine Tatfrage, ob eine Anspruchskonkurrenz zum Amtshaftungsanspruch vorliegt.

Gleiches gilt nach Auffassung des BGH, wenn der Staat es pflichtwidrig unterlässt, die (Amts-)Gerichte personell so auszustatten, dass diese die anstehenden Verfahren ohne vermeidbare Verzögerung abschließen können (hier: Vornahme von Grundbucheintragungen).[1392] Nach einer Gegenmeinung in der Lit.[1393] ist die BGH-Rechtsprechung zum qualifizierten Unterlassen zu eng. Sie nimmt daher einen Eingriff durch Unterlassen schon dann an, wenn eine Rechtspflicht zum Tätigwerden besteht.

> Im obigen **Beispiel** würde die abweichende Meinung aber zu keinem anderen Ergebnis gelangen, da es sich sowohl bei der Baugenehmigung als auch bei der gewerberechtlichen Genehmigung um gebundene Verwaltungsentscheidungen handelt. Auch im Fall der personellen Unterbesetzung der Gerichte kann man eine Rechtspflicht des Staates aus der Verfassung herleiten: Hat der Staat kraft seiner verfassungsrechtlichen Stellung das ausschließliche Recht, die Rechtsprechung durchzuführen, folgt daraus die verfassungsrechtliche Verpflichtung zur ordnungsgemäßen Justizgewähr. Anderenfalls wäre die Regelung mit dem Rechtsstaats- und Demokratieprinzip nicht vereinbar. Wenn also ausschließlich der Staat das Grundbuchverfahren regeln darf, darf der Bürger auch erwarten, dass der Staat die damit verbundenen Aufgaben ordnungsgemäß erfüllt.[1394]

1215

1216

[1392] BGH NJW 2007, 830, 833.
[1393] *Maurer*, AllgVerwR, § 27 Rn 92.
[1394] BGH NJW 2007, 830, 833.

b. Hoheitlich

1217   Unter einem *hoheitlichen* Eingriff ist eine **öffentlich-rechtliche Rechtsbeeinträchtigung** zu verstehen. Diese kann sowohl in einem Rechtsakt als auch in einem Realakt bestehen.

> **Beispiele für Rechtsakte:** Belastende Verwaltungsakte, die in den Schutzbereich des Art. 14 GG eingreifen; Genehmigungen für Anlagen, durch deren Betrieb die Nachbarn schwer und unerträglich in ihren Eigentumspositionen beeinträchtigt werden. Auch Rechtssätze können eine Entschädigung wegen enteignungsgleichen Eingriffs auslösen. Das trifft zumindest auf Rechtsverordnungen und Satzungen zu, ist jedoch bei formellen Gesetzen fraglich. Siehe dazu unten cc.

> **Beispiele für Realakte:** Schlicht-hoheitliches Betreiben einer Mülldeponie, die Möwen anlockt, die das Saatgut der umliegenden Felder dezimieren, Abschleppen und Verbringen eines Kfz auf das Polizeigelände: Dadurch wird in die Verfügungsgewalt des Eigentümers eingegriffen.

1218   Handeln nicht Bedienstete des Hoheitsträgers selbst, sondern von ihnen beauftragte Privatrechtssubjekte, greift der BGH[1395] auch beim enteignungsgleichen Eingriff auf die bereits erläuterte **Werkzeugtheorie** zurück.

> **Beispiel:** Bauunternehmer U führt im Rahmen eines mit der Stadt geschlossenen zivilrechtlichen Vertrags Kanalisationsarbeiten im Stadtzentrum durch. Infolge unsachgemäß durchgeführter Abstützvorkehrungen entstehen durch Spannungen im Erdreich Risse an den anliegenden Geschäftshäusern. Die Hoheitlichkeit der Arbeiten hängt nach Auffassung des BGH unter Zugrundelegung des zu der Werkzeugtheorie Gesagten davon ab, ob U einen Entscheidungsspielraum bei der Durchführung der Arbeiten hatte oder ob er auf detaillierte Weisung, quasi als Werkzeug der Verwaltung, gehandelt hat. Nur im letzteren Fall war der Eingriff hoheitlich.[1396]

c. Rechtswidrigkeit des Eingriffs

1219   Die eigentumsbeeinträchtigende Maßnahme muss **rechtswidrig** sein.[1397] Mit diesem Kriterium unterscheidet sich der enteignungsgleiche Eingriff grundlegend sowohl von der Enteignungsentschädigung als auch vom enteignenden Eingriff, nicht aber von der Amtshaftung. Das Sonderopfer, das ursprünglich wenigstens der Theorie nach zusätzlich vorliegen und dargetan werden musste, liegt nun in der *Rechtswidrigkeit* des Eingriffs: Das Sonderopfer war dann anzunehmen, wenn der Betroffene im Vergleich zu anderen ungleich behandelt wurde, wenn er also eine anderen nicht zugemutete, die allgemeine Opfergrenze überschreitende besondere Belastung hinnehmen musste. Dabei kam es nicht auf die beeinträchtigende Handlung an, sondern auf die damit verbundenen Folgen (Eingriffswirkung, Beeinträchtigung). Da aber niemand die aus rechtswidrigem Handeln resultierenden Eigentumsschäden hinzunehmen braucht, folgt daraus, dass das Vorliegen eines Sonderopfers beim enteignungsgleichen Eingriff i.d.R. durch die Rechtswidrigkeit der erfolgten Beeinträchtigung indiziert ist.[1398]

> **Beispiel:** Bei einem nicht genehmigten militärischen Übungsschießen irren Geschosse ab, wodurch eine im Wald gelegene Jagdhütte zerstört wird.

[1395] BGH VersR 1973, 417, 418.
[1396] Zu beachten ist aber, dass auch anderenfalls der Bürger nicht schutzlos ist: In Betracht kommt ein Anspruch aus § 831 BGB sowie aus § 634 BGB mit Schutzwirkung zugunsten Dritter (des Geschädigten).
[1397] Vgl. BGH NJW 2007, 830, 833; BGHZ 117, 240, 252; 125, 258, 264; BGH NVwZ 2002, 124; BVerfG NJW 2000, 1402; *Brüning*, JuS 2003, 2, 8.
[1398] Vgl. BGHZ 32, 208, 212; 58, 124, 127; 73, 161, 166, 181; *Peine*, AllgVerwR, § 17 Rn 459.

Wichtig ist, dass das „Erfolgsunrecht" eines Eingriffs die Maßnahme noch nicht unbedingt rechtswidrig macht. Wenn die Folge nicht beabsichtigt und nicht vorhersehbar war, sie also eine atypische Nebenfolge rechtmäßigen Handelns darstellt, liegt ein enteignender Eingriff vor.

1220

> **Beispiel (siehe vorletztes Beispiel):** Die Risse in den Geschäftshäusern sind trotz *ordnungsgemäß* durchgeführter Kanalisationsarbeiten des U entstanden.

Da der hoheitliche Eingriff durch Rechtsakte jeglicher Form erfolgen kann, ist fraglich, ob und inwieweit eine Entschädigung auch für verfassungswidrige formelle Gesetze **(legislatives Unrecht)** in Betracht kommt. Nach der Rechtsprechung des BGH kommt ein Anspruch aus enteignungsgleichem Eingriff im Fall des legislativen Unrechts nicht in Betracht, wohl aber für untergesetzliche Normen, insbesondere für Rechtsverordnungen und Satzungen **(normatives Unrecht)**.[1399] Nach dieser Rechtsprechung gelten für die Entschädigung aus enteignungsgleichem Eingriff folgende Grundsätze:

1221

- Eine Entschädigung für Eigentumsbeeinträchtigungen infolge verfassungswidriger formeller Gesetze scheide aus. Gründe der Gewaltenteilung (Entscheidungsprärogative und Haushaltsrecht des Parlaments) stünden der Anwendung dieses Institutes entgegen.

- Bei Eingriffen durch rechtswidrige untergesetzliche Normen (normatives Unrecht) komme das Institut des enteignungsgleichen Eingriffs nur dann zur Anwendung, wenn die Rechtswidrigkeit der Vorschrift nicht ihrerseits gerade auf der Verfassungswidrigkeit der formell-gesetzlichen Ermächtigungsnorm beruhe. Anderenfalls handele es sich nur um die Ausformung legislativen Unrechts.

- Bei rechtswidrigen Verwaltungsakten sei der enteignungsgleiche Eingriff grundsätzlich anwendbar. Eine Ausnahme bestehe allerdings dort, wo die Rechtswidrigkeit des Einzelakts gerade auf der Verfassungswidrigkeit des zugrunde liegenden formellen Gesetzes beruhe. Anderenfalls handele es sich ebenfalls nur um die Ausformung legislativen Unrechts.

Aus diesen Grundsätzen ergibt sich, dass ein Betroffener keine Entschädigung aus enteignungsgleichem Eingriff verlangen kann, wenn ihm in *korrekter* Anwendung eines Enteignungsgesetzes, das selbst keine Entschädigungsregel enthält, eine subjektive Rechtsposition i.S.d. Art. 14 I S. 1 GG durch die Verwaltung entzogen wird, sofern die Rechtswidrigkeit des Einzelakts *gerade* auf der Verfassungswidrigkeit des zugrunde liegenden formellen Gesetzes beruht. Zwar stellt der Entzug eine Enteignung dar. Die Enteignung ist aber allein deshalb rechtswidrig, weil sie auf einem verfassungswidrigen förmlichen Gesetz beruht. Das Gesetz ist verfassungswidrig, weil es eine Administrativenteignung vorsieht, ohne selbst eine Entschädigungsregelung zu treffen. Der Betroffene hat in diesem Fall ausschließlich die Möglichkeit des Primärrechtsschutzes.

1222

In der Literatur ist der Ausschluss der Haftung für verfassungswidrige Gesetze nicht unbestritten. Insbesondere vermöge der Hinweis auf finanzielle Auswirkungen allgemein nicht zu überzeugen, da es durchaus auch nur-materielle Gesetze, insbesondere Rechtsverordnungen, mit erheblicher Breitenwirkung gebe.[1400]

1223

[1399] BGHZ 100, 136, 145 ff. (Preisgesetz); 102, 350, 359 (Waldsterben); 111, 349, 352 f. (Kakaoverordnung); 125, 27, 39 (Irak-Embargo); BGH DVBl 1993, 718 (Milch-Verordnung); zum legislativen Unrecht vgl. *v. Arnauld*, VerwArch 2002, 394 ff. sowie oben Rn 1118 ff.
[1400] *Maurer*, AllgVerwR, § 27 Rn 91.

1224 Bei Realakten kommen derartige Einschränkungen jedenfalls nicht in Betracht. Damit ist der sog. *faktische Eigentumseingriff* (Beispiel: rechtswidrige **behördliche Warnungen**) der Hauptanwendungsfall des enteignungsgleichen Eingriffs.

2. Unmittelbarkeit des Eingriffs

1225 Wie die obigen Ausführungen und Beispiele gezeigt haben, kann ein Anspruch aus enteignungsgleichem Eingriff auch dann angenommen werden, wenn der rechtswidrige, haftungsbegründende Eingriff nicht zielgerichtet, sondern lediglich faktisch-mittelbar erfolgt. Die Einbeziehung bloß faktisch-mittelbarer Eingriffe in den haftungsbegründenden Tatbestand birgt aber die Gefahr in sich, dass das Haftungsinstitut des enteignungsgleichen Eingriffs ausufert. Um dies zu vermeiden, verlangt der BGH, dass der Eingriff in das Eigentum wenigstens **unmittelbar** erfolgt. Dem Erfordernis der Unmittelbarkeit kommt demnach eine haftungsbegrenzende Funktion zu. Fraglich ist, was unter dem Begriff der Unmittelbarkeit zu verstehen ist. Nach neuerer Rechtsprechung[1401] kommt es auf eine wertende Zurechnung an. Danach ist die Unmittelbarkeit des Eingriffs zu bejahen, wenn der Eingriff zu schädigenden Auswirkungen geführt hat, die für die konkrete Betätigung der Hoheitsgewalt typisch sind und aus der Eigenart der hoheitlichen Maßnahme folgen.[1402]

1226 **Beispiele/Gegenbeispiele**[1403]**:**
(1) Bei einem Übungsschießen der Bundeswehr in der Lüneburger Heide werden Wochenendhäuser, die sich in der Nähe befinden, vernichtet.[1404]
(2) Durch die Inbetriebnahme eines Abwasserkanals wird angrenzenden Grundstücken das Grundwasser entzogen. Dadurch wird die Standfestigkeit einiger Häuser beeinträchtigt.[1405]
(3) Durch den Betrieb einer gemeindlichen Mülldeponie werden Krähen und Möwen angelockt, die einen Großteil der Aussaat vernichten.[1406]
(4) Aufgrund einer unzureichenden personellen Ausstattung des Grundbuchamts werden Grundbucheintragungen verzögert vorgenommen, wodurch Grundstücksveräußerungen zeitweilig verhindert werden.[1407]

Verneint wurde der Anspruch aus enteignungsgleichem Eingriff
(1) bei Wasserschäden auf einem Grundstück infolge eines Rohrbruchs der gemeindlichen Wasserleitung[1408],
(2) in dem Fall, dass die Strafverfolgungsbehörde im Rahmen eines strafrechtlichen Ermittlungsverfahrens ein Motorrad als Beweismittel sicherstellte und dieses Motorrad von unbekannten Dritten beschädigt wurde[1409], sowie
(3) in dem Fall, dass ein rechtmäßig geparktes Auto in rechtswidriger Weise von einem von der Polizei beauftragten Abschleppunternehmer abgeschleppt und auf das Polizeigelände verbracht wird, wo es ordnungsgemäß abgestellt und auch bewacht wird. Wird der Wagen dann in der Nacht von unbekannten Tätern aufgebrochen und beschädigt, kommt zwar prinzipiell ein Anspruch aus enteignungsgleichem Eingriff gegen den Träger der Polizei in Betracht. Dieser an sich mögliche Anspruch scheitert aber an der Unmittelbarkeit: Hier haben sich nicht die typischen, im hoheitlichen Handeln der Polizei angelegten Gefahren realisiert. Viel-

---

[1401] Vgl. BGHZ 102, 350, 358 (Waldschäden). Zur Verfassungsbeschwerde gegen dieses Urteil vgl. BVerfG NJW 1998, 3264 ff. Vgl. auch BGH NJW 2007, 830, 833.
[1402] *Detterbeck*, JuS 2000, 574, 579. Vgl. auch BGH NJW 2007, 830, 833.
[1403] Vgl. *Maurer*, AllgVerwR, § 27 Rn 93; *Peine*, AllgVerwR, § 17 Rn 462; *Detterbeck*, JuS 2000, 574 ff.
[1404] Vgl. BGHZ 37, 44 (im Wald gelagertes Holz wird durch Schießübung vernichtet); *Maurer*, AllgVerwR, § 27 Rn 93.
[1405] BGH NJW 1978, 1051; *Maurer*, AllgVerwR, § 27 Rn 93.
[1406] BGH NJW 1980, 770; *Maurer*, AllgVerwR, § 27 Rn 93.
[1407] BGH NJW 2007, 830, 833.
[1408] BGHZ 55, 229, 231 f.; *Maurer*, AllgVerwR, § 27 Rn 93.
[1409] BGHZ 100, 335, 337 f.; *Maurer*, AllgVerwR, § 27 Rn 93.

mehr hat sich lediglich das allgemeine Lebensrisiko verwirklicht, dem jeder Eigentümer eines Autos ausgesetzt ist.[1410]

> **Hinweis für die Fallbearbeitung:** In einer Klausur muss der Eingriff auf seine Unmittelbarkeit hin untersucht werden. Argumentationsmuster können durchaus vergleichbaren Situationen wie dem Schadensersatz- und Entschädigungsrecht (Schutzzweck der verletzten Norm), dem sicherheitsrechtlichen Störerbegriff oder der Unmittelbarkeit erfolgsqualifizierter Delikte im Strafrecht entnommen werden. Unmittelbarkeit bedeutet jedenfalls mehr als Kausalität, aber weniger als Finalität.

1227

3. Vorrang des Primärrechtsschutzes

Eine der Kernaussagen des Nassauskiesungsbeschlusses ist, dass sich der Betroffene gegen rechtswidriges staatliches Handeln grundsätzlich im Wege des Primärrechtsschutzes zur Wehr setzen muss: Er muss das ihm Mögliche und Zumutbare tun, um durch Anfechtung des eingreifenden Akts oder durch Einlegung eines sonstigen Rechtsmittels den Schaden abzuwenden oder zu mildern, er kann also nicht einfach „dulden und liquidieren".[1411] Nur wenn im konkreten Fall die Anfechtung nicht möglich oder nicht zumutbar sein sollte, entfällt die Sperrwirkung des Primärrechtsschutzes.[1412] Bei der Bestimmung des Begriffs „Zumutbarkeit" sind in erster Linie die jeweils angebrachten Zweifel an der Rechtmäßigkeit des Eingriffs, das mit der Primärklage verbundene Kostenrisiko, die Dauer und die Effizienz des Primärrechtsschutzes zu berücksichtigen.

1228

> **Beispiel:** B erhält die Genehmigung zur Errichtung einer Windenergieanlage im Außenbereich der Gemeinde G (vgl. § 35 I Nr. 5 BauGB). Nachdem die Anlage eine Zeitlang in Betrieb war, gelangt die Genehmigungsbehörde zu der Erkenntnis, dem Betrieb der Anlage stünden öffentliche Belange entgegen und erlässt gegenüber B eine Abrissverfügung. Ohne sich gegen diese Verfügung zur Wehr zu setzen, lässt B die Anlage auf seine Kosten entfernen und verlangt anschließend von G die Erstattung der Abrisskosten mit dem Argument, die Verfügung sei rechtswidrig gewesen und löse einen Anspruch aus enteignungsgleichem Eingriff aus.
>
> Hier muss sich B grundsätzlich vorhalten lassen, er habe es in vorwerfbarer Weise versäumt, ein Rechtsmittel (Widerspruch, Anfechtungsklage) gegen die Abrissverfügung einzulegen. Wäre B gegen die Abrissverfügung vorgegangen, hätte – wenn nicht die Behörde selbst – zumindest das Verwaltungsgericht die Verfügung aufgehoben, sofern diese rechtswidrig gewesen wäre (vgl. § 113 I S. 1 VwGO). Dann wäre dem B kein Schaden entstanden.
>
> Der Vorrang des Primärrechtsschutzes wäre aber nicht zu beachten gewesen, wenn B nicht von der Rechtswidrigkeit der Abrissverfügung überzeugt gewesen wäre, sondern nur den Verdacht der Rechtswidrigkeit gehabt hätte. In diesem Fall wäre es für B nicht zumutbar gewesen, „auf Verdacht" eine Anfechtungsklage zu erheben. Denn es kann nicht Zweck einer verwaltungsgerichtlichen Klage sein, lediglich den späteren Vorwurf auszuräumen, man habe ein mögliches Rechtsmittel versäumt.

Hat es der Betroffene trotz Zumutbarkeit versäumt, den Eingriff durch verwaltungsrechtliche Rechtsbehelfe abzuwehren oder zu mildern, kann eine Entschädigung aus enteignungsgleichem (und auch aus enteignendem) Eingriff ausgeschlossen sein (so der BGH[1413]) oder nur in geminderter Höhe (Teile der Lit.[1414]) zugesprochen werden.

1229

[1410] *Detterbeck*, JuS 2000, 574, 579.
[1411] BGHZ 90, 17, 31 ff. 110, 12, 14 ff.; *Maurer*, AllgVerwR, § 27 Rn 99.
[1412] Zum Vorrang des Primärrechtsschutzes beim enteignungsgleichen Eingriff vgl. BVerfG NJW 2000, 1402. Kritisch *Axer*, DVBl 2001, 1322, 1327 ff.
[1413] BGHZ 90, 17, 31 f.; 91, 20, 24; 92, 34, 50; 110, 12, 14 ff.
[1414] *Maurer*, AllgVerwR, § 27 Rn 99.

Als Rechtsgrundlage für den Ausschluss oder die Minderung wird teilweise § 839 III BGB analog herangezogen. Die überwiegende Auffassung in der Literatur und der BGH greifen aber auf den Rechtsgedanken des § 254 BGB zurück. Im konkreten Fall ist dementsprechend zu prüfen, ob

- überhaupt ein geeigneter Rechtsbehelf zur Verfügung steht,
- die Einlegung des Rechtsbehelfs objektiv zumutbar ist
- und die Nichteinlegung dem Betroffenen subjektiv i.S.d. Verschuldens in eigener Sache (§ 277 BGB analog) vorgeworfen werden kann.

IV. Rechtsfolge: Entschädigung

1230 Bei Vorliegen der Voraussetzungen steht dem Betroffenen ein Anspruch auf Entschädigung zu. Art und Umfang bestimmen sich nach den allgemeinen Grundsätzen über die Enteignungsentschädigung.[1415]

V. Mitverschulden, insbesondere wegen Verletzung einer Obliegenheit

1231 Auch außerhalb des verwaltungsgerichtlichen Primärrechtsschutzes kommt ein Ausschluss bzw. eine Minderung des Anspruchs aus enteignungsgleichem Eingriff gem. § 254 BGB analog in Betracht. Das betrifft insbesondere diejenigen Fälle, in denen eine Schadensabwendungspflicht (Obliegenheit) seitens des Anspruchstellers besteht.

> **Beispiel:** Bemerkt der Eigentümer des Nachbargrundstücks, dass die von einer gemeindlichen Kanalisationsanlage ausgehende Dränagewirkung zur Austrocknung seines Grundstücks führt, unterlässt es aber, auf den bevorstehenden Schaden hinzuweisen (Obliegenheitsverletzung), beurteilt sich sein Fehlverhalten nach § 254 BGB analog.

VI. Verjährung

1232 Die Verjährung des Anspruchs aus enteignungsgleichem Eingriff ist unklar. Würde man § 199 IV BGB analog anwenden, ergäbe sich eine Höchstfrist von 10 Jahren. Man könnte auch erwägen, die Vorschrift des § 54 BundesPolG analog anzuwenden. Die dort vorgesehene relative Verjährungsfrist von 3 Jahren ab Kenntnis von Schaden und Schädiger und die absolute Frist von 30 Jahren ab Eintritt des schädigenden Ereignisses gelten unmittelbar aber nur für die in §§ 51 ff. BundesPolG genannten Entschädigungsfälle. Wegen des Spezialcharakters dieser Norm verbietet sich zudem eine analoge Anwendung. Daher ist eine analoge Anwendung der §§ 195, 199 IV BGB zu befürworten, da die Vorschriften des BGB auch sonst im öffentlichen Recht analog angewendet werden. Damit beträgt die Verjährungsfrist gem. § 195 BGB analog 3 Jahre bzw. gem. § 199 IV BGB analog absolut 10 Jahre.[1416]

VII. Anspruchsgegner

1233 Bei der **Enteignung** muss der **begünstigte Verwaltungsträger bzw. die begünstigte Privatperson** Entschädigung leisten. Da es beim **enteignungsgleichen Eingriff** nicht notwendigerweise einen Begünstigten gibt, stellt sich das Problem der Bestimmung des richtigen Anspruchsgegners. Die h.L. und die Rechtsprechung stellen (wie bei der Enteignung) auf den **begünstigten Verwaltungsträger** ab, sofern es einen solchen gibt. Wenn keine Begünstigung vorliegt, kann *der* Träger hoheitlicher Gewalt in Anspruch genommen werden, dessen Aufgaben wahrgenommen worden

---

[1415] *Maurer*, AllgVerwR, § 27 Rn 100. Vgl. auch BGH NJW 2007, 830, 833.
[1416] Vgl. nunmehr auch BGH DÖV 2007, 386.

sind.[1417] Nach anderer Auffassung ist derjenige Verwaltungsträger entschädigungspflichtig, dessen Organ den Eingriff vorgenommen hat und daher verantwortlich ist.[1418] Da regelmäßig beide Auffassungen zu demselben Anspruchsgegner führen, wird in der Fallbearbeitung eine Entscheidung meist nicht zu treffen sein.

VIII. Rechtsweg

Zwar ergibt sich aus § 40 II S. 1 VwGO, dass Streitigkeiten über das Bestehen und die Höhe eines Ausgleichsanspruchs im Rahmen des Art. 14 I S. 2 GG vor den Verwaltungsgerichten auszutragen sind. Beim enteignungsgleichen Eingriff handelt es sich aber nicht um einen Anspruch wegen ausgleichspflichtiger Inhalts- und Schrankenbestimmung. Vielmehr steht der Aufopferungsgedanke im Vordergrund, sodass gemäß der Regelung des § 40 II S. 1 VwGO („vermögensrechtliche Ansprüche aus Aufopferung für das gemeine Wohl") der **Zivilrechtsweg** einzuschlagen ist.[1419]

1234

[1417] BGHZ 90, 17, 31 ff.; 110, 12, 14 ff.; 134, 316, 321.
[1418] *Maurer*, AllgVerwR, § 27 Rn 101.
[1419] BGHZ 91, 20, 26; *Maurer*, AllgVerwR, § 27 Rn 116; *Bull/Mehde*, AllgVerwR, § 17 Rn 468.

E. Enteignender Eingriff

1235

Anspruchsvoraussetzungen und Rechtsfolge des enteignenden Eingriffs

1. Anwendungsbereich

2. Anspruchsgrundlage (§§ 74, 75 EinlPrALR in ihrer richterrechtlichen Ausprägung)

3. Voraussetzungen

    (a) Eingriff in eine durch Art. 14 I GG geschützte vermögenswerte Rechtsposition

    (b) durch eine unbeabsichtigte atypische und unvorhergesehene Nebenfolge eines an sich *rechtmäßigen* hoheitlichen Handelns

    (c) Unmittelbarkeit der Beeinträchtigung

    (d) Sonderopfer durch die Beeinträchtigung

4. Vorrang des Primärrechtsschutzes

5. Rechtsfolge: Entschädigung

6. Anspruchsgegner: Behörde, der die atypische Nebenfolge zugerechnet wird

7. Rechtsweg: Zivilgericht

I. Anwendungsbereich

1236

Während es bei dem **enteignungsgleichen Eingriff** um einen *rechtswidrigen* hoheitlichen Eingriff in eine durch Art. 14 GG geschützte Rechtsposition und bei der **ausgleichspflichtigen Inhalts- und Schrankenbestimmung** um eine *rechtmäßige* und *absichtliche* Beeinträchtigung des Eigentums geht, steht beim **enteignenden Eingriff** die Entschädigung aufgrund einer *unbeabsichtigten* schädigenden Nebenfolge eines an sich *rechtmäßigen* hoheitlichen Verwaltungshandelns im Vordergrund.[1420]

1237

Hinweis für die Fallbearbeitung: Es geht also um die Unterscheidung zwischen Handlungs- und Erfolgsunrecht. Während beim enteignungsgleichen Eingriff beides zusammenfällt, besteht beim enteignenden Eingriff lediglich Erfolgsunrecht. Ob der enteignende Eingriff als eigenständiges Haftungsinstitut oder (mit Rücksicht auf die Rechtswidrigkeit des behördlichen Handlungserfolgs) als Unterfall des enteignungsgleichen Eingriffs betrachtet wird, ist zwar eine untergeordnete Frage, da auch der BGH häufig davon absieht, der Frage nachzugehen, ob rechtswidriges oder rechtmäßiges Handeln vorliegt, da eine Entschädigung in beiden Fällen gewährt wird. Die Unterscheidung ist aber insofern nicht unbedeutend, als die Rechtswidrigkeit des hoheitlichen Handelns das Sonderopfer indiziert und dieses daher bei enteignungsgleichen Eingriffen keiner besonderen Erörterung bedarf. In einer Klausur ist auf jeden Fall deutlich zu machen, auf welches Haftungsinstitut sich der geltend gemachte Anspruch stützt.

1238

Die Anwendbarkeit des enteignenden Eingriffs ist (wie die Anwendbarkeit des enteignungsgleichen Eingriffs) aber ausgeschlossen, soweit Spezialregelungen greifen, welche die gleiche Zielrichtung verfolgen. Zu nennen wäre neben § 52 BundesPolG insbesondere die rechtmäßige Inanspruchnahme eines Nichtstörers nach den allgemeinen Polizeigesetzen. Lediglich, wenn die Bestimmungen der Polizeisetzte den Sachverhalt nicht (abschließend) regeln, kann auf das Institut des enteignenden Eingriffs abgestellt werden.[1421]

[1420] Vgl. etwa BGH NJW 2011, 3157, 3158 f.
[1421] BGH NJW 2011, 3157, 3158 f.

II. Anspruchsgrundlage

Bei der Bestimmung der **Anspruchsgrundlage** gilt das zum enteignungsgleichen **1239** Eingriff Gesagte entsprechend. Zur möglichen Klausurformulierung sei auf Rn 1211 (Klausurhinweis) verwiesen.

III. Voraussetzungen

1. Eingriff in eine durch Art. 14 I GG geschützte vermögenswerte Rechtsposition

Gegenstand des enteignenden Eingriffs kann, wie beim enteignungsgleichen Eingriff, **1240** jede durch Art. 14 I GG geschützte vermögenswerte Rechtsposition sein.[1422] Insoweit sei auf die Ausführungen zur Enteignung verwiesen. Zu beachten ist jedoch, dass ein Eingriff in eine eigentumsrechtlich geschützte Rechtsposition nur dann vorliegen kann, wenn der **Schutzbereich** des Art. 14 GG eröffnet ist. Sofern eine Handlung des Staates Grundrechte **zielgerichtet** beeinträchtigt, bestehen an der jeweiligen Schutzbereichseröffnung keine Zweifel. Liegen jedoch **faktisch-mittelbare** Auswirkungen vor (etwa wenn die Regierung die Bevölkerung vor angeblich gesundheitsschädlichem Wein[1423] oder vor Jugendsekten[1424] warnt oder die Mitgliedschaft eines Bürgers in der Scientology-Gemeinschaft offenlegt[1425] und dadurch Absatzeinbußen bzw. Beeinträchtigungen des Persönlichkeitsrechts bewirkt), sind nach Auffassung des BVerfG die Schutzbereiche der in den Entscheidungen als einschlägig betrachteten Grundrechte der Art. 12 I, 5 III S. 1, 4 I, 2 I und 2 I i.V.m. 1 I GG nicht eröffnet. Denn die genannten Grundrechte schützten nicht vor der Verbreitung zutreffender und sachlich gehaltener Informationen durch eine Regierung, auch wenn die Inhalte sich mittelbar für den Betroffenen negativ auswirkten. Ob diese Rechtsprechung auch Einfluss auf faktisch-mittelbare *Eigentums*beeinträchtigungen ausübt mit dem Ergebnis, dass bei faktisch-mittelbaren Auswirkungen auf das Eigentum eine Entschädigung ausscheidet, wenn die Maßnahme sachlich gehalten ist, ist noch völlig ungeklärt. Das betrifft zwar weder die **Enteignung** (diese setzt stets rechtmäßige und *zielgerichtete* Maßnahmen voraus) noch den **enteignungsgleichen Eingriff** (dieser erfasst zwar faktisch-mittelbare Auswirkungen, setzt allerdings *rechtswidriges* Verhalten und damit begriffsnotwendig eine Schutzbereichseröffnung voraus), Auswirkungen können sich aber im Rahmen des **enteignenden Eingriffs** ergeben. Bei diesem geht es ja gerade um die Ausgleichpflicht bei einer *unbeabsichtigten* schädigenden Nebenfolge eines an sich *rechtmäßigen* hoheitlichen Verwaltungshandelns, das in eine durch Art. 14 GG geschützte Rechtsposition des Eigentums eingreift. Geht man also davon aus, dass **faktisch-mittelbare Auswirkungen keine Grundrechtsrelevanz** haben, sofern das staatliche Handeln sachlich und willkürfrei erfolgt, kann es das Institut des **enteignenden Eingriffs nicht mehr geben**.[1426] Ob das BVerfG sich dieser Konsequenz bewusst war, als es über die Informationseingriffe entschied, darf bezweifelt werden. Man darf gespannt sein, wie das Gericht entscheiden wird, sollte es sich mit dieser Problematik einmal beschäftigen müssen. An dieser Stelle darf die Prognose gewagt werden, dass das BVerfG – um das Institut des enteignenden Eingriffs zu retten – dem Eigentumsschutz besondere Bedeutung beimessen und zu dem Ergebnis kommen wird, dass die zu den behördlichen Warnungen/Informationen gefundenen Ergebnisse auf Art. 14 I GG nicht übertragbar seien.

[1422] Vgl. BGH NVwZ 2003, 1286 (Lärmeinwirkungen auf Grundstück); OLG Naumburg OLG-NL 1998, 67 zum eingerichteten und ausgeübten Gewerbebetrieb; *Bull/Mehde*, AllgVerwR, Rn 1119 ff.
[1423] BVerfGE 105, 252 ff.
[1424] BVerfGE 105, 279 ff.
[1425] BVerfG NJW 2002, 3458 ff.
[1426] Die gesamte Problematik übersieht *Brüning*, JuS 2003, 2 ff.

2. Durch eine unbeabsichtigte atypische und unvorhergesehene Nebenfolge eines an sich rechtmäßigen hoheitlichen Handelns

1241 Im Unterschied zum enteignungsgleichen Eingriff, bei dem der Eingriff auf einem *rechtswidrigen* hoheitlichen Handeln basiert, stützt sich der enteignende Eingriff auf eine unbeabsichtigte atypische und unvorhergesehene Nebenfolge eines an sich *rechtmäßigen* hoheitlichen Handelns (s.o.). Der entscheidende Unterschied besteht also in der Rechtmäßigkeit des Verwaltungshandelns.

> **Beispiele**[1427]:
>
> **(1)** Das mit einem Mehrfamilienhaus bebaute Grundstück des A befindet sich in der Nachbarschaft einer rechtmäßig errichteten **Windenergieanlage** mit insgesamt 10 Generatoren. Durch die von ihr verursachte Lärmimmission wird das Grundstück des A erheblich in seinem Wert gemindert.
>
> **(2)** Holzhändler H hat von der Landesforstverwaltung im **Wald gelagertes Holz** gekauft und übereignet bekommen. Noch bevor er das Holz abholen kann, wird dieses durch abirrende Geschosse, die auf ein ordnungsgemäß durchgeführtes Übungsschießen der Bundeswehr zurückzuführen sind, in Brand gesetzt und vernichtet. Das Land erstattet den gezahlten Kaufpreis nicht, da die Gefahr des Untergangs bereits übergegangen sei. ⇨ Hier kann H einen Anspruch aus enteignendem Eingriff geltend machen, weil das hoheitliche Handeln nicht nur einen unmittelbaren Eingriff in ein von Art. 14 I GG geschütztes Rechtsgut darstellt, sondern auch an sich rechtmäßig war. Darüber hinaus wird H ein Sonderopfer auferlegt.[1428]
>
> **(3)** Eine ordnungsgemäß genehmigte und betriebene städtische **Mülldeponie** lockt Krähen und Möwen an. Diese vernichten die auf den benachbarten Feldern und Äckern befindliche Aussaat.[1429]
>
> **(4)** E gehört in der Innenstadt eine leer stehende Wohnung. Diese wird von der Ordnungsbehörde beschlagnahmt, um **Obdachlose** einzuweisen. Nach einiger Zeit stellt E fest, dass in der Wohnung erhebliche Schäden aufgetreten sind.[1430]
>
> **(5)** Im Zentrum der Stadt B wird eine **Straßenbahn** gebaut. Dies erfordert die Vollsperrung einer Straße, in der sich auch die Boutique der C befindet. Dadurch wird der Kundenverkehr erheblich eingeschränkt, was dazu führt, dass C nahezu keinen Umsatz mehr zu verzeichnen hat. C fühlt sich in ihrem Recht am eingerichteten und ausgeübten Gewerbebetrieb verletzt. Geht man davon aus, dass der Straßenbahnbau ordnungsgemäß geplant und durchgeführt wird, liegt ein Schaden durch eine an sich rechtmäßige Handlung vor. Das führt zu einem Anspruch aus enteignendem Eingriff.
>
> **(6)** Von der **Kläranlage**, die die Gemeinde G ordnungsgemäß errichtet hat und betreibt, gehen eigentumsbeeinträchtigende Geruchsbelästigungen aus.[1431]

1242 Hinsichtlich der **Immissionsfälle** sei ergänzend angemerkt: Der BGH vertritt den Standpunkt, dass der Eigentümer hoheitliche Einwirkungen auf sein Grundstück insoweit entschädigungslos hinzunehmen (zu dulden) habe, als sie nicht das Maß dessen überschritten, was er von einem privaten Nachbarn nach § 906 BGB ohne Ausgleich hinnehmen müsse. In den Immissionsfällen ist mithin § 906 BGB analog anzuwenden und jeweils die Frage zu stellen, ob der Grundstückseigentümer auch dann eine Entschädigung verlangen könnte, wenn die Einwirkung von einem privaten Nachbarn ausginge. Der Sinn der analogen Anwendung des § 906 BGB besteht darin, dass die Verwaltung bei Immissionsverursachun-

---

[1427] Vgl. *Bull/Mehde*, AllgVerwR, Rn 1078; *Maurer*, AllgVerwR, § 27 Rn 93.
[1428] Vgl. BGHZ 37, 44; *Bull/Mehde*, AllgVerwR, Rn 1078 (Fall 4) i.V.m. Rn 1136.
[1429] BGH NJW 1980, 770; *Maurer*, AllgVerwR, § 27 Rn 93; *Peine*, AllgVerwR, § 17 Rn 441 i.V.m. Rn 468.
[1430] BGHZ 131, 163, 166 f.; *Maurer*, AllgVerwR, § 27 Rn 93.
[1431] BGH DÖV 1985, 115.

gen nicht schlechter gestellt werden soll als immittierende Private. Schließlich sind die zulässigen Grenzwerte nach dem BImSchG i.V.m. dem BImSchVOen zu beachten.

3. Unmittelbarkeit der Beeinträchtigung

Die Nebenfolge muss die Beeinträchtigung unmittelbar herbeigeführt haben. Zum Kriterium der *Unmittelbarkeit* sei auf die Ausführungen zum enteignungsgleichen Eingriff verwiesen.

1243

4. Sonderopfer durch die Beeinträchtigung

Die Beeinträchtigung muss - in Übereinstimmung mit dem enteignungsgleichen Eingriff - eine besondere Belastung und damit ein Sonderopfer darstellen. Da aber im Gegensatz zum enteignungsgleichen Eingriff das Sonderopfer hier in Ermangelung eines rechtswidrigen behördlichen Handelns nicht indiziert sein kann, bedarf es in der Fallbearbeitung einer näheren Prüfung: Ein Sonderopfer ist dann anzunehmen, wenn der Betroffene im Vergleich zu anderen ungleich behandelt wird, wenn er also eine anderen nicht **zugemutete**, die allgemeine **Opfergrenze überschreitende** besondere Belastung hinnehmen muss.[1432] Dabei kommt es nicht auf die beeinträchtigende Handlung an, sondern auf die damit verbundenen Folgen (Eingriffswirkung, Beeinträchtigung). Aus der Formulierung wird deutlich, dass es sich letztlich um eine Verbindung von Sonderopfertheorie (BGH) und Schweretheorie (BVerwG) handelt.

1244

IV. Vorrang des Primärrechtsschutzes

In Fällen, in denen der Folgenbeseitigungsanspruch geltend gemacht werden kann, ist für das Institut des enteignenden Eingriffs kein Raum.

1245

V. Rechtsfolge: Entschädigung

Für die Entschädigung wegen enteignenden Eingriffs gilt dasselbe wie für den enteignungsgleichen Eingriff.

1246

VI. Verjährung

Siehe die Ausführungen zum enteignungsgleichen Eingriff.

1247

VII. Anspruchsgegner

Siehe die Ausführungen zum enteignungsgleichen Eingriff.

1248

VIII. Rechtsweg

Nach der hier vertretenen Auffassung handelt es sich bei dem enteignenden Eingriff gemäß der Formulierung des § 40 II S. 1 VwGO um einen „vermögensrechtlichen Anspruch aus Aufopferung für das gemeine Wohl". Insofern greift der Zusatz in § 40 II S. 1 VwGO, wonach Streitigkeiten über das Bestehen und die Höhe eines Ausgleichsanspruchs im Rahmen des Art. 14 I S. 2 GG vor den Verwaltungsgerichten auszutragen sind, **nicht**. Im Ergebnis ist also der **Zivilrechtsweg** eröffnet.

1249

[1432] Vgl. *Roth*, NVwZ 2001, 34, 36.

F. Aufopferungsanspruch i.e.S.

1250

> ### Anspruchsvoraussetzungen und Rechtsfolge des Aufopferungsanspruchs i.e.S.
>
> **1. Anwendungsbereich**: Kein Ausschluss durch spezialgesetzliche Regelung
>
> **2. Anspruchsgrundlage** (§§ 74, 75 EinlPrALR in ihrer richterrechtlichen Ausprägung)
>
> **3. Voraussetzungen**
> - **(a)** Eingriff in ein nichtvermögenswertes Rechtsgut
> - **(b)** Durch hoheitlichen Eingriff
> - **(c)** Unmittelbarkeit des Eingriffs
> - **(d)** Sonderopfer durch den Eingriff
>
> **4. Vorrang des Primärrechtsschutzes**
>
> **5. Rechtsfolge: Entschädigung**
>
> **6. Anspruchsgegner: Unmittelbar begünstigter Hoheitsträger**
>
> **7. Rechtsweg: Zivilgericht**

I. Anwendungsbereich

1251
Der Grundgedanke des in den §§ 74, 75 EinlPrALR positivrechtlich geregelten Aufopferungsanspruchs ist, dass in dem Konflikt zwischen Allgemeininteresse und einem Individualrecht das Letztere weichen muss. Als Ausgleich dafür wird der Rechtsverlust, wenn dem Berechtigten dadurch ein Sonderopfer abverlangt wird, aber entschädigt. Nachdem der BGH in Abweichung zu der Rechtsprechung des RG den Aufopferungsanspruch auch auf *nichtvermögenswerte* Rechtsgüter ausgeweitet hat, ist der heutige Anwendungsbereich dieses Instituts jedoch nach der Entwicklung des enteignenden und des enteignungsgleichen Eingriffs, die eine Entschädigung für den Verlust oder die Beeinträchtigung *vermögenswerter* Rechtsgüter gewähren, gerade auf **nichtvermögenswerte Rechtsgüter beschränkt**.[1433] Aber selbst dieser dem Aufopferungsanspruch i.e.S. verbleibende Rest- oder Kernbestand ist ausgeschlossen, wenn

- eine Entschädigung aus einer eine besondere Ausprägung des Aufopferungsgedankens darstellenden Enteignungsregelung nach Art. 14 III GG greift
- und der Aufopferungsanspruch durch eine Spezialvorschrift verdrängt wird.

1252
Beispiele von spezialgesetzlich geregelten Aufopferungsfällen:
(1) Gesetze, die der **Versorgung bestimmter Personengruppen** dienen, verweisen bspw. auf die Ausgleichsregelung des Bundesversorgungsgesetzes (vgl. nur § 80 Soldatenversorgungsgesetz; § 47 ZDG (ausgesetzt, vgl. § 83 ZDG), §§ 4-6 Häftlingshilfegesetz). Das Risiko von Beamten, sich während des Dienstes körperlich zu verletzen, ist durch Ansprüche auf Unfallfürsorge abgedeckt (vgl. §§ 30 ff. Beamtenversorgungsgesetz, insb. § 35: Unfallausgleich).[1434]

(2) Nach § 2 I SGB VII sind die dort genannten Personengruppen kraft Gesetzes in der Unfallversicherung versichert (sog. **unechte Unfallversicherung**). Es handelt sich insbesondere um Personen, die bei gemeinnützigen Tätigkeiten zu Schaden kommen. Dabei spielt es keine Rolle, ob sie ehrenamtlich für einen Träger öffentlicher Gewalt tätig sind, bei Unglücksfällen Hilfe leisten, Blut- oder Gewebe spen-

---

[1433] Vgl. auch *Brüning*, JuS 2003, 2, 4 f.
[1434] *Bull/Mehde*, AllgVerwR, Rn 1084.

den oder eine Person verfolgen, die einer Straftat verdächtig ist.[1435] Entsteht ihnen ein Gesundheitsschaden, ist eine Entschädigung zu leisten, § 5 SGB I.

(a) Aufgrund eines Orkans droht an der Nordseeküste ein Deich zu brechen. Um den Deichbruch zu verhindern, beschlagnahmt die Polizei von den umliegenden Landwirten schweres Gerät und verpflichtet die hiesigen Anwohner zur Mitwirkung an der Gefahrenabwehr.

Hier steht den Geschädigten ein Anspruch auf Entschädigung für den Nothilfeeinsatz nach Polizeirecht und nach § 2 I Nr. 11a SGB VII i.V.m. § 5 SGB I zu.[1436]

(b) Ein im Park spazierender Passant beobachtet zufällig, wie ein Mann versucht, eine Frau zu überfallen. Als der Passant zur Hilfeleistung herbeieilt, wird er von dem Mann angegriffen und dabei verletzt. Ihm entstehen Heilbehandlungskosten.

Hier hat der Passant einen Anspruch auf Übernahme der Heilbehandlungskosten aus der gesetzlichen Unfallversicherung (§ 2 I Nr. 13c SGB VII, § 5 SGB I).

(3) Personen, die durch Maßnahmen nach dem **Infektionsschutzgesetz**, insbesondere durch Quarantäne (§ 30) und durch eine Impfung (§§ 20 f.), Schäden erleiden, haben einen spezialgesetzlichen Entschädigungsanspruch.[1437]

(4) Opfer von Gewalttaten haben nach dem **Opferentschädigungsgesetz** einen Anspruch auf Entschädigung entsprechend dem Bundesversorgungsgesetz.[1438]

(5) Schließlich bestehen spezialgesetzliche Entschädigungsansprüche nach dem allgemeinen **Polizei- und Ordnungsrecht**. Das ist bspw. der Fall, wenn der durch einen rechtmäßigen Eingriff im polizeilichen Notstand in Anspruch Genommene ein Sonderopfer erbringt und dadurch einen gesetzlichen Entschädigungsanspruch erlangt. Ein Entschädigungsanspruch des polizeilich Verantwortlichen (Störer) besteht freilich nicht, weil dieser lediglich in die Schranken seines Rechtes verwiesen wird und es sich somit um eine entschädigungslos hinzunehmende Beschränkung von Freiheit und Eigentum handelt (Art. 14 I S. 2 GG). Bei *schuldhaften* rechtswidrigen Eingriffen besteht dagegen ein **Amtshaftungsanspruch** und bei *schuldlosen* rechtswidrigen Eingriffen greift zusätzlich ein (verschuldensunabhängiger) Entschädigungsanspruch (so z.B. gem. § 56 I S. 2 BremPolG). Zum Amtshaftungsanspruch besteht allerdings Anspruchskonkurrenz. Dies mag zwar im Hinblick auf die sonstigen Eingrenzungen erstaunen, entspricht aber dem Verhältnis der Entschädigung wegen enteignungsgleichen Eingriffs zur Amtshaftung.[1439]

Zuletzt ist der Aufopferungsanspruch subsidiär gegenüber Vorschriften, die zwar keine konkrete Ausformung des Aufopferungsgedankens bilden, jedoch - auch unter anderen rechtspolitischen Gesichtspunkten - einen **Schadensersatzanspruch** gewähren. **1253**

Beispiel[1440]**:** B ist Beamter bei der Bundespolizei und befindet sich auf einem nächtlichen Kontrollgang an der Landesgrenze zu Polen. Plötzlich sieht er mit Hilfe seines Nachtsichtgeräts, wie eine Gruppe von Personen versucht, durch das Unterholz von Polen nach Deutschland zu schleichen. B gibt sich als Grenzbeamter zu erkennen und fordert die Personen auf, stehen zu bleiben. Als diese daraufhin die Flucht ergreifen, feuert er vorschriftsmäßig eine Leuchtkugel ab. Aufgrund eines technischen Defekts

---

[1435] *Bull/Mehde*, AllgVerwR, Rn 1085.
[1436] Vgl. *Bull/Mehde*, AllgVerwR, Rn 1078 (Fall 1) i.V.m. Rn 1136.
[1437] Neben dem Anspruch aus §§ 56 ff. InfSchG kommt auch ein Amtshaftungsanspruch aus § 839 BGB, Art. 34 GG in Betracht. Bei dem Anspruch aus den §§ 56 ff. InfSchG ist die Rechtswegaufspaltung nach § 68 InfSchG auf drei verschiedene Gerichtsbarkeiten zu beachten.
[1438] *Bull/Mehde*, AllgVerwR, Rn 1088.
[1439] BGHZ 13, 88, 92; Maurer, *AllgVerwR*, § 28 Rn 7.
[1440] Vgl. *Bull/Mehde*, AllgVerwR, Rn 1078 (Fall 2)/Rn 1136; *Peine*, AllgVerwR, § 17 Rn 424 (Fall 30) i.V.m. Rn 441.

der Leuchtpistole erweist sich die Leuchtkugel aber als Irrläufer und explodiert vor den Füßen des sich auf einer nahe gelegenen Straße befindlichen Passanten P. Dieser trägt Brandverletzungen davon und macht die Erstattung der Heilbehandlungskosten geltend.

Da B die Leuchtpistole ordnungsgemäß eingesetzt hat, scheidet in Ermangelung eines rechtswidrigen Handelns ein Amtshaftungsanspruch aus. Gleiches gilt bezüglich eines Anspruchs aus enteignungsgleichem Eingriff. Ein Anspruch aus enteignendem Eingriff umfasst nur Eingriffe in vermögenswerte Rechtsgüter. Allerdings ist ein Anspruch aus polizeirechtlichen Vorschriften über die rechtmäßige Inanspruchnahme als Unbeteiligter (vgl. nur §§ 51 II Nr. 2, 52 BundesPolG) gegeben.

Weitere **Beispiele:** Private Unfallversicherung zugunsten der Angehörigen der Freiwilligen Feuerwehr[1441]; Schadensersatz für unschuldig erlittene Strafhaft gem. Art. 5 V EMRK[1442] gesetzlich gewährleistet durch das Strafverfolgungsentschädigungsgesetz (StrEG)[1443].

1254 Aufgrund seines kaum verbleibenden (Rest-)Bereichs und seines sehr engen Anwendungsbereichs ist ein Aufopferungsanspruch i.e.S. (nur dann) gegeben, wenn durch einen **vom öffentlichen Interesse motivierten, unmittelbaren hoheitlichen Eingriff** in **nichtvermögenswerte Rechtsgüter** dem Einzelnen ein **Sonderopfer** abverlangt wird, das einen **Vermögensschaden** zur Folge hat.

1255 Jedenfalls ist der Aufopferungsanspruch nicht einschlägig, soweit hoheitliche Einwirkungen zu Beeinträchtigungen noch nicht gesicherter (künftiger) Chancen und Verdienstmöglichkeiten führen.[1444]

II. Anspruchsgrundlage

1256 Wie die Institute des enteignungsgleichen und enteignenden Eingriffs findet auch der Aufopferungsanspruch i.e.S. seine Grundlage im Rechtsgedanken der §§ 74, 75 EinlPrALR in seiner richterrechtlich geformten Ausprägung.[1445]

III. Voraussetzungen

1. Beeinträchtigung eines nichtvermögenswerten Rechtsguts

1257 Als nichtvermögenswerte Rechtsgüter kommen nach der Rechtsprechung insbesondere Leben, Gesundheit (generell Eingriffe in die körperliche Integrität[1446]) und Freiheit i.S.d. Art. 2 II GG in Betracht.[1447] Darüber hinausgehende Rechtsgüter wurden von der Rechtsprechung bisher nicht umfasst.[1448] Die Literatur diskutiert hingegen auch die Einbeziehung von Ansprüchen bei Eingriffen in sonstige immaterielle Rechte (insb. in die Rechte aus Art. 2 I GG) sowie bei Eingriffen in vermögenswerte, nicht Art. 14 I GG unterfallende Rechte.[1449]

Beispiele: Eingriff in das allgemeine Persönlichkeitsrecht, Eingriff in die Berufsfreiheit, Beeinträchtigung des Vermögens als solches

---

[1441] BGH-NJW-RR 1994, 213.

[1442] BGHZ 45, 58, 81.

[1443] Vgl. dazu OLG Frankfurt/M 20.8.2013 – 1 U 69/13.

[1444] BVerfG NVwZ 1998, 271, 272.

[1445] Vgl. dazu aus jüngerer Zeit OLG Frankfurt/M 20.8.2013 – 1 U 69/13.

[1446] So hat das OLG Frankfurt/M (20.8.2013 – 1 U 69/13) einen Aufopferungsanspruch bei Verletzung der körperlichen Integrität bejaht (dazu Rn 1260, 1270).

[1447] BGHZ 65, 196, 205; 66, 118, 119.

[1448] Vgl. BGHZ 83, 180, 195; BVerfG NVwZ 1998, 271, 272; vgl. auch *Peine*, AllgVerwR, § 17 Rn 434.

[1449] Vgl. *Schenke*, NJW 1991, 1777 ff., 1780 ff., 1786 ff.; *Schoch*, Jura 1989, 529 ff.; *Kunig*, Jura 1992, 554 ff., 556 f.; *Peine*, AllgVerwR, § 17 Rn 434; *Kopp/Schenke*, VwGO, § 40 Rn 61.

Als Argument führt die Literatur an, dass – ausgehend vom Rechtsgedanken der §§ 74, 75 EinlPrALR – die Beschränkung des allgemeinen Aufopferungsanspruchs auf bestimmte nichtvermögenswerte Rechte ebenso wenig zwingend sei wie die Ausklammerung von vermögenswerten Rechten, die keine Eigentumsposition i.S.d. Art. 14 I GG darstellten. Das BVerfG hat jedenfalls bei Eingriffen in vermögenswerte Rechte, die nicht dem verfassungsrechtlichen Eigentumsbegriff unterfallen, Entschädigungsansprüche bisher abgelehnt.[1450]

1258

> **Hinweis für die Fallbearbeitung:** In einer Klausur sind grundsätzlich beide Auffassungen vertretbar, allerdings sollte bei Bejahung etwa des allgemeinen Persönlichkeitsrechts eine einschränkende Güterabwägung bzw. eine besonders strenge Prüfung des Sonderopfers vorgenommen werden, um das Aufopferungsinstitut nicht überzustrapazieren.

1259

2. Durch hoheitlichen Eingriff

Hinsichtlich des Erfordernisses des Eingriffs gilt grundsätzlich das zum enteignenden und enteignungsgleichen Eingriff Gesagte. Der allgemeine Aufopferungsanspruch erfasst daher „klassische" Zwangsmittel (Gesetz oder Verwaltungsakt) und nicht vorhersehbare Eingriffe durch Amtsträger. Dabei spielt es keine Rolle, ob der Eingriff rechtmäßig (dann Entschädigung wegen Aufopferung) oder rechtswidrig (Entschädigung wegen aufopferungs*gleichen* Eingriffs) erfolgt ist. Die Annahme eines Eingriffs setzt aber voraus, dass der Betroffene einer gewissen **Zwangseinwirkung** ausgesetzt ist. Unter Zwangseinwirkung ist nicht etwa der rechtliche Zwang durch Gesetz, Urteil oder Verwaltungsakt gemeint, sondern vielmehr, dass der Staat psychisch auf den Betroffenen einwirkt und ihn so zu einem Verhalten veranlasst, das den Schaden unmittelbar herbeiführt.[1451]

1260

> **Beispiele:** Die unverbindliche Aufforderung zur Teilnahme an einer bestimmten Impfung begründet zwar keine Rechtspflicht. Dennoch kann von einem „Gewissenszwang" ausgegangen werden, wenn die Behörden für die Impfkampagne werben.[1452] Dieser Fall ist aber nicht (mehr) über die Figur des Aufopferungsanspruchs zu lösen, sondern mittlerweile spezialgesetzlich in §§ 56 ff. InfSchG geregelt.
>
> Entsprechendes muss im Zusammenhang mit den neuerdings durchgeführten Gentests (z.B. Speichelproben aller Männer zwischen 18 und 35 Jahren) bei der Fahndung nach Sexualstraftätern gelten.
>
> Auch wenn ein Demonstrant durch einen Polizeihund, der zur Sicherung der Demonstration eingesetzt war, eine Bissverletzung erleidet, stellt dies einen hoheitlichen Eingriff auch dann dar, wenn der Hund nur deshalb gebissen hat, weil er unmittelbar davor von einem anderen Demonstranten getreten wurde und sich dabei der Maulkorb gelöst hat.[1453]

Die erforderliche Zwangseinwirkung liegt allerdings nicht vor, wenn sich der Betroffene aus autonomen Gründen selbst einer Gefahr aussetzt. Das ist etwa der Fall, wenn er **freiwillig** der Polizei hilft (wobei er dann allerdings nach den Vorschriften der Polizeigesetze oder nach § 2 I Nr. 11a bzw. Nr. 13a SGB VII Entschädigung erhält, der allg. Aufopferungsanspruch also wegen seiner Subsidiarität zurücktritt).

1261

Teilweise werden die Zwangseinwirkung und damit der Aufopferungsanspruch auch verneint, wenn der Betroffene nicht freiwillig, aber **selbstverschuldet** den Schaden

1262

[1450] BVerfG NVwZ 1998, 271, 272.
[1451] *Peine*, AllgVerwR, § 17 Rn 435.
[1452] Vgl. BGHZ 24, 45, 46 f.; 31, 187, 189 ff.
[1453] Vgl. dazu OLG Frankfurt/M 20.8.2013 – 1 U 69/13.

herbeigeführt hat. Allgemein betrachtet vermag man diese Einschränkung noch einzusehen, nicht aber in der folgenden, vielfach genannten Konstellation.

Beispiel: A ist Strafgefangener und wird von Mithäftlingen körperlich schwer misshandelt. Da diese mittellos sind, hält sich A nun an den Rechtsträger der Justizvollzugsanstalt und macht einen Aufopferungsanspruch geltend. Nach Auffassung des BGH[1454] und eines Teils der Literatur[1455] hat sich A durch sein strafbares Verhalten selbst in zurechenbarer Weise der Freiheitsentziehung und den damit verbundenen Folgen ausgesetzt. Ihm werde nichts abverlangt, dem er sich nicht hätte entziehen können. Diese Rechtsauffassung ist nicht haltbar. Zwar ist richtig, dass ein Strafgefangener die Freiheitsentziehung dulden muss. Das führt jedoch nicht dazu, dass er sich von Mithäftlingen misshandeln lassen muss. Wenn der Staat nicht in der Lage ist, körperliche Übergriffe zu verhindern, muss er wenigstens für die Folgen aufkommen. Ein Ausschluss eines Entschädigungsanspruchs ist aus rechtsstaatlicher Sicht nicht zu vertreten.

Davon unbeschadet kann aber bei einem Mitverschulden eine Anspruchskürzung vorgenommen werden (Gedanke des § 254 BGB).

1263 Problematisch ist auch der Fall, in dem sich der Betroffene zwar freiwillig bereit erklärt, eine Gefahr auf sich zu nehmen, das Sichbegeben in die konkrete Gefahr dann aber doch unfreiwillig erfolgt.

Beispiel: A tritt freiwillig dem Katastrophenschutz bei. In der Beitrittserklärung verpflichtet er sich, an Einsätzen teilzunehmen, auch wenn eine Gefahr für die eigene Gesundheit nicht ausgeschlossen werden kann. Darüber hinaus nimmt er die im Katastrophenschutzgesetz normierte Pflicht, bei einem Einsatz sofort zu erscheinen und den ihm gegebenen Weisungen Folge zu leisten, zur Kenntnis.

Hier unterliegt A nach dem Beitritt einem hoheitlichen Zwang. Sollte A infolge eines Einsatzes zu Schaden kommen, ist ihm ein Aufopferungsanspruch zu gewähren. Zu beachten ist aber, dass der allgemeine Aufopferungsanspruch subsidiär hinter der Regelung des § 2 I SGB VII zurücktritt.

1264 Schließlich ist zu beachten, dass ein Eingriff auch durch **Unterlassen** angenommen werden kann. Vgl. dazu die Parallelproblematik zum enteignungsgleichen Eingriff.

3. Unmittelbarkeit des Eingriffs

1265 Der Eingriff muss, wie beim enteignungsgleichen und enteignenden Eingriff, die Beeinträchtigung unmittelbar herbeigeführt haben. Zum Begriff der *Unmittelbarkeit* vgl. die Ausführungen zum enteignungsgleichen Eingriff.

4. Sonderopfer

1266 Die Beeinträchtigung muss eine besondere Belastung und damit ein Sonderopfer darstellen. Ein Sonderopfer ist dann anzunehmen, wenn der Betroffene im Vergleich zu anderen ungleich behandelt wird, wenn er also eine anderen nicht zugemutete, die **allgemeine Opfergrenze überschreitende besondere Belastung hinnehmen muss**. Dabei kommt es nicht auf die beeinträchtigende Handlung an, sondern auf die damit verbundenen Folgen (Eingriffswirkung, Beeinträchtigung). Sollte der Eingriff rechtswidrig gewesen sein (aufopferungsgleicher Eingriff), ist das Sonderopfer durch die Rechtswidrigkeit des Eingriffs indiziert. Insoweit besteht Übereinstimmung zu dem zum enteignungsgleichen Eingriff Gesagten. Dagegen muss bei rechtmäßigen Eingrif-

---

[1454] BGHZ 17, 172; 60, 302.
[1455] *Maurer*, AllgVerwR, § 28 Rn 10.

fen das Vorliegen eines Sonderopfers positiv festgestellt werden. Indiz für das Vorliegen eines Sonderopfers ist eine gewisse **Schwere der Beeinträchtigung**.[1456]

> **Beispiele:** § 2 Nr. 11 InfSchG verlangt eine „über das übliche Ausmaß einer Impfreaktion hinausgehende gesundheitliche Schädigung durch die Schutzimpfung". Zwar stellt diese Vorschrift einen gesetzlich geregelten Aufopferungsanspruch dar, kann jedoch als Maßstab für die Beurteilung der erforderlichen Schwere der Beeinträchtigung herangezogen werden.
>
> Auch im obigen Polizeihund-Fall (Rn 1260) ist ein Sonderopfer (Schmerzen durch Hundebiss) gegeben.

Das Sonderopfer fehlt, wenn die Verletzung als Verwirklichung des **allgemeinen Lebensrisikos** anzusehen ist.[1457]   **1267**

> **Beispiel**[1458]**:** Schüler S verletzt sich während des Sportunterrichts durch eine Übung, die in dieser oder ähnlicher Form auch beim Spielen außerhalb des Unterrichts häufig vorkommt. Nach Auffassung des BGH trägt S das allgemeine Lebensrisiko, dass er bei einfachen schulischen Übungen eine Gesundheitsverletzung erleidet. Es komme nicht darauf an, ob die Verletzung innerhalb oder außerhalb des schulischen Sportunterrichts eintrete. Allerdings ist für Fälle dieser Art heute eine Entschädigung durch § 2 I Nr. 8b SGB VII gesetzlich gewährleistet.

IV. Primärrechtsschutz

Ist der Eingriff rechtswidrig erfolgt (aufopferungsgleicher Eingriff), entfällt der Aufopferungsanspruch gem. § 254 BGB analog, und zwar nach dem BGH ganz und nicht nur anteilig, wenn der Geschädigte keinen Primärrechtsschutz eingeleitet hat, obwohl es ihm möglich und zumutbar war.[1459] Ist der Eingriff dagegen rechtmäßig erfolgt (Aufopferungsanspruch), kommt ein Primärrechtsschutz nicht in Betracht (für die Anfechtung eines rechtmäßigen Verwaltungshandelns fehlt schon das Rechtsschutzbedürfnis).   **1268**

V. Rechtsfolge: Entschädigung

Durch den hoheitlichen Eingriff in das *nichtvermögenswerte* Rechtsgut muss ein **Vermögensschaden** entstanden sein (so z.B. Arzt- und Krankenhauskosten, Verdienstausfall, etc.). Dabei ist zu berücksichtigen, dass der Aufopferungsanspruch nicht den Eingriff ungeschehen machen kann, sondern lediglich das abverlangte Sonderopfer ersetzen möchte. Daher bleibt eine hypothetische Vermögensentwicklung unberücksichtigt.[1460]   **1269**

> **Beispiel:** A scheiterte in der dritten ärztlichen Prüfung im Multiple-choice-Verfahren an der 60%-Klausel des § 14 VI ApprOÄ. Nachdem das BVerfG diese Regelung für verfassungswidrig erklärt hat (E 80, 1, 26), macht A nun den Ersatz von entgangenen Verdienstmöglichkeiten geltend mit der Begründung, bei einer verfassungsgemäßen Prüfungsregelung hätte sie (bei unterstelltem Bestehen der Prüfung) sogleich im Anschluss an die Prüfung als Ärztin arbeiten und Mehreinnahmen erzielen können. Den Gesamtschaden beziffert sie mit 120.000,- €.

[1456] *Peine*, AllgVerwR, § 17 Rn 437.
[1457] BGHZ 46, 327, 330 f.; *Peine*, AllgVerwR, § 17 Rn 437; *Maurer*, AllgVerwR, § 28 Rn 14.
[1458] Vgl. BGHZ 46, 327 ff. dargestellt bei *Maurer*, AllgVerwR, § 28 Rn 14.
[1459] BGHZ 45, 290, 294 ff.
[1460] BGHZ 57, 359, 368; 59, 250, 258; BVerfG NVwZ 1998, 271, 272.

Hier besteht ein Aufopferungsanspruch nicht, da dieser lediglich das abverlangte Sonderopfer ersetzen möchte; ein solches liegt aber gerade nicht vor. Eine hypothetische Vermögensentwicklung muss unberücksichtigt bleiben.

1270 Nicht umfasst war lange Zeit auch der Ersatz für sonstige immaterielle Schäden wie beispielsweise die Gewährung von **Schmerzensgeld**.[1461] Dies wurde jedoch durch die Einführung des **§ 253 II BGB** im Jahre 2002, der sich auf sämtliche Schadensersatzansprüche bezieht, zunehmend in Frage gestellt. Da aber stets die vorrangigen öffentlich-rechtlichen Sonderregelungen (insb. die polizei- und ordnungsrechtlichen Ausgleichs- und Ersatzansprüche), in denen ein Ersatz für immaterielle Schäden gewährt wird, zu beachten sind[1462], stellt sich die Frage nach einem Entschädigungsanspruch auch nach dem Jahre 2002 lange Zeit offenbar nicht. Im Jahre 2013 entschied aber das OLG Frankfurt/M, dass ein Demonstrant, der durch einen zur Sicherung der Demonstration eingesetzten Polizeihund eine Bissverletzung erlitt, eine Entschädigung nach Aufopferungsgrundsätzen haben könne[1463] (vgl. dazu bereits Rn 1260).

VI. Verjährung

1271 Wie die Entschädigungsansprüche aus enteignungsgleichem und enteignendem Eingriff verjähren diejenigen des Aufopferungsanspruchs gem. § 195 BGB analog 3 Jahre bzw. gem. § 199 IV BGB analog absolut 10 Jahre nach Entstehen.

VII. Anspruchsgegner

1272 Anspruchsgegner des allgemeinen Aufopferungsanspruchs ist nicht der Hoheitsträger, von dem der Eingriff ausging, sondern derjenige, der durch den Eingriff unmittelbar einen Vorteil erlangt hat. Fehlt ein entsprechender Vorteil, ist Anspruchsgegner derjenige Hoheitsträger, dessen Aufgaben wahrgenommen worden sind.[1464]

Beispiel: Der Katastrophenschutz des Landes X, bei dem B seinen Dienst verrichtet, unterstützt das Land Y im Rahmen einer gesetzlich zu leistenden Amtshilfe (vgl. Art. 35 GG) bei der Abwehr einer Hochwasserkatastrophe. Hierbei wird B eine schwere Gesundheitsschädigung zugefügt. Anspruchsgegner eines spezialgesetzlich geregelten Aufopferungsanspruchs (vgl. § 2 I SGB VII) ist zum einen das Land Y, da dieses durch die Amtshilfe einen Vorteil erlangt hat, und zum anderen das Land X, da dessen Aufgaben wahrgenommen worden sind. Y und X haften gesamtschuldnerisch.

VIII. Rechtsweg

1273 In § 40 II S. 1 VwGO ist für den Aufopferungsanspruch der **ordentliche Rechtsweg** ausdrücklich genannt.

[1461] Vgl. BGHZ 20, 61, 68 ff.; 22, 43, 48 f.; 45, 46.
[1462] Vgl. auch *Dötsch*, NVwZ 2003, 185, 186.
[1463] Vgl. dazu OLG Frankfurt/M 20.8.2013 – 1 U 69/13.
[1464] *Peine*, AllgVerwR, § 17 Rn 441.

G. Folgenbeseitigungsanspruch

I. Allgemeines

Der von Bachof entwickelte[1465] öffentlich-rechtliche Folgenbeseitigungsanspruch (im Folgenden: FBA) wird in der überwiegenden Literatur zwar als öffentlich-rechtlicher Abwehranspruch klassifiziert, rechtsdogmatisch ist er aber ein Leistungsanspruch, der prozessual mit Hilfe der **allgemeinen Leistungsvornahmeklage** zu verfolgen ist.

1274

Systematisch lässt sich der FBA in einen Vollzugsfolgenbeseitigungsanspruch (vgl. § 113 I S. 2 VwGO) und in einen allgemeinen Folgenbeseitigungsanspruch unterteilen. Beide sind auf die **Beseitigung rechtswidriger Folgen** hoheitlicher Tätigkeit gerichtet. Es geht um die **Wiederherstellung des ursprünglichen tatsächlichen Zustands**, des *status quo ante in natura*.[1466] Die Verwaltung soll, soweit sie das faktisch und rechtlich kann und ihr die Wiederherstellung zumutbar ist, das Erforderliche tun, um den früheren Zustand oder zumindest einen gleichwertigen Zustand wiederherzustellen. Dagegen kommen eine Entschädigung respektive ein Schadensersatz nicht in Betracht.[1467] Der Unterschied zwischen dem Vollzugsfolgenbeseitigungsanspruch und dem allgemeinen Folgenbeseitigungsanspruch aber liegt darin, dass die zu beseitigenden Folgen einmal durch den Vollzug eines Verwaltungsakts (vgl. nur den Annexantrag zur Anfechtungsklage auf Beseitigung der Vollzugsfolgen nach § 113 I S. 2 VwGO[1468]) und ein anderes Mal durch schlichtes Verwaltungshandeln entstanden sind.

1275

Abzugrenzen sind die Folgenbeseitigungsansprüche zu den Amtshaftungs- und Entschädigungsansprüchen dadurch, dass Letztere ausschließlich auf Geldersatz gerichtet sind.[1469] Darüber hinaus geht es im Gegensatz zum Leistungsunterlassungsanspruch ausschließlich um die Beseitigung rechtswidriger Beeinträchtigungen lediglich aus der Vergangenheit.

1276

II. Typische Klausurkonstellationen

- Der FBA ist (sofern keine gesetzliche Regelung greift) der richtige Anspruch, um etwa die unterbliebene **Rückgabe einer beschlagnahmten Sache** (bspw. die Sache eines Demonstranten) nach Aufhebung der Beschlagnahmeverfügung zu verlangen.[1470]

1277

- Mit Hilfe des FBA kann die **Beseitigung oder Abänderung einer Darstellung** (etwa auf einem Kunstwerk) verlangt werden, sofern die Darstellung den Kläger in seinen Rechten verletzt.[1471]

- Des Weiteren kann mit Hilfe des FBA die **Räumung einer Wohnung** von Personen, die entweder bereits rechtswidrig eingewiesen worden sind oder deren Einweisung

---

[1465] *Bachof*, Die verwaltungsgerichtliche Klage auf Vornahme einer Amtshandlung, 1951, S. 126 ff.

[1466] BVerwGE 69, 366, 370; 80, 178, 179; 82, 76, 95; OVG Münster NVwZ 2000, 217, 218; VG Sigmaringen NJW 2001, 628, 629; *Faber*, NVwZ 2003, 159 ff.; *Bumke*, JuS 2005, 22 ff.

[1467] Vgl. dazu *Erbguth*, JuS 2000, 336, 337.

[1468] § 113 I S. 2 VwGO ermöglicht die Verbindung der Anfechtungsklage auf Aufhebung des belastenden Verwaltungsakts mit dem Antrag auf faktische Wiederherstellung des ursprünglichen Zustands. Der Vorteil dieser Verbindung liegt darin, dass die prozessuale Geltendmachung des Vollzugsfolgenbeseitigungsanspruchs schon vor Rechtskraft des Aufhebungsurteils möglich ist. Zu beachten ist aber, dass § 113 I S. 2 VwGO nur eine Verfahrensvorschrift darstellt, nicht als Rechtsgrundlage bzw. Anspruchsgrundlage für die Beseitigung der rechtswidrigen Folgen fungieren kann. Dafür ist der allgemeine FBA heranzuziehen.

[1469] Aber auch der Folgenbeseitigungsanspruch kann auf Geldersatz gerichtet sein, wenn die rechtswidrigen Folgen in einem Geldverlust bestehen (vgl. BVerwGE 69, 366 ff. - „Bardepotpflicht"). Diese Rechtsprechung ist aber neuerdings etwas relativiert worden. Der VGH München NVwZ 1999, 1237 spricht sich für eine Entschädigung in Geld aus (Folgenentschädigungsanspruch). Vgl. dazu Rn 1304.

[1470] Zur rechtlichen Konstruktion der Klage gegen eine Beschlagnahme und auf Herausgabe der beschlagnahmten Sache (gem. § 113 I S. 2 VwGO) siehe *R. Schmidt*, POR, Rn 592 ff. (Rn 595).

[1471] Vgl. VG Sigmaringen NJW 2001, 628 ff.

mittlerweile rechtswidrig geworden ist, verlangt werden (Exmittierung eines Obdachlosen), siehe unten Rn 1308 ff.

- Auch ist die **Rückgabe eines eingezogenen Führerscheins** (§ 3 I StVG i.V.m. §§ 3, 11 ff. FeV[1472]) nach Aufhebung der Einziehungsverfügung bzw. Aufhebung der Entziehung der Fahrerlaubnis mit einem FBA zu verfolgen.

- Der Anspruch eines Nachbarn auf Beseitigung einer von einer Stadt betriebenen **Skater-Anlage**[1473] oder eines **Altglascontainers**[1474] kann ebenfalls mit Hilfe des FBA geltend gemacht werden.

- Wichtiger Fall des Folgenbeseitigungsanspruchs ist auch der **Widerruf amtlicher Äußerungen** ehrverletzender oder berufsschädigender Art. Dazu zählen beispielsweise die Rückgängigmachung der **Offenlegung einer Scientology-Mitgliedschaft**[1475], der **Warnung vor einer Jugendsekte** oder einer anderen Glaubensgemeinschaft[1476], der Veröffentlichung von Arzneimitteltransparenzlisten[1477], der Veröffentlichung von Warentests durch Behörden[1478], der Empfehlung, in Karton verpackte Getränke zu meiden[1479], der Hinweis eines Landrats auf verunreinigtes Trinkwasser[1480], die Veröffentlichung einer Liste **glykolhaltiger** und damit gesundheitsschädlicher **Weine**[1481] oder die Warnung vor angeblich verdorbenen Teigwaren[1482]. Das Begehren auf Widerruf der Äußerungen richtet sich auf die Rückgängigmachung der Folgen des belastenden schlichten Verwaltungshandelns. Auch hier geht es um die Wiederherstellung des ursprünglichen Zustands.[1483]

1278

> **Hinweis für die Fallbearbeitung:** Eine typische Klausurkonstellation ist die Verbindung des **allgemeinen Folgenbeseitigungsanspruchs** mit dem **allgemeinen öffentlich-rechtlichen Unterlassungsanspruch**. So ist die öffentliche Warnung z.B. vor einer Religions- oder Weltanschauungsgemeinschaft einerseits mit Hilfe einer Leistungsunterlassungsklage, gerichtet auf die Unterlassung weiterer Warnungen, Auskünfte oder Empfehlungen anzugreifen, andererseits ist mit Hilfe des FBA der Widerruf durchzusetzen. Prozessual stellt sich eine derartige Verbindung als kumulative **Klagenhäufung** nach § 44 VwGO dar. Das bedeutet, dass eine gemeinsame Zulässigkeitsprüfung erfolgen kann, bei der Begründetheit jedoch hinreichend nach den beiden Klagebegehren zu differenzieren ist. Der Widerruf ist mit Hilfe des FBA durchzusetzen. Für die künftige Unterlassung ist der öffentlich-rechtliche Unterlassungsanspruch einschlägig (dazu Rn 1314 ff.).

III. Besonderheiten zu den Sachentscheidungsvoraussetzungen einer Klage

1279
Bei der Prüfung des **Verwaltungsrechtswegs** kann vor allem die Abgrenzung zu privatrechtlichen Abwehransprüchen problematisch sein. Beispielsweise sind Äußerungen von Beamten in der Öffentlichkeit oder die Abwehr von Emissionen zu nennen. Stellt sich die Äußerung in einem **engen Funktionszusammenhang** mit der

---

[1472] Vgl. dazu OVG Lüneburg NJW 2001, 459.
[1473] Vgl. dazu OVG Koblenz NVwZ 2000, 1190.
[1474] Vgl. dazu VG Osnabrück NVwZ 2003, 1010 f.
[1475] BVerfG NJW 2002, 3458 ff.
[1476] Vgl. BVerfGE 105, 279 ff.; BVerwGE 90, 112, 116; 82, 60, 76; BVerfG NJW 1989, 3269; OVG Hamburg NVwZ 1995, 498; VGH München NVwZ 1995, 793; OVG Münster NJW 1996, 2114; OVG Münster NJW 1996, 2115; BVerwG NVwZ 1994, 162, 163; *Faber*, NVwZ 2003, 159 ff.; *Beaucamp*, JA 2002, 398 ff. Vgl. auch die Ausführungen zu den öffentlichen Warnungen bei Rn 893 ff.
[1477] BVerwGE 71, 183.
[1478] BVerwG DVBl 1996, 807 (Warentests von Futtermitteln).
[1479] VGH Kassel NVwZ 1995, 611.
[1480] LG Göttingen NVwZ 1992, 98.
[1481] BVerfGE 105, 252 ff.; BVerwGE 87, 37 ff.
[1482] OLG Stuttgart NJW 1990, 2690 („Birkel").
[1483] Vgl. ausführlich Rn 893 ff.

Erfüllung hoheitlicher Aufgaben dar, liegt eine öffentlich-rechtliche Streitigkeit vor.[1484] Für die Immissionen gilt: Stehen sie nicht ausschließlich im Zusammenhang mit der privatrechtlichen Ausübung der Eigentümerfunktion (§ 903 BGB), sind sie wegen der Vermutung, dass der Hoheitsträger grundsätzlich öffentlich-rechtlich tätig ist, Gegenstand eines öffentlich-rechtlichen Streits.

Bei der **statthaften Klageart** kann die Abgrenzung zur Verpflichtungsklage problematisch sein. Zwar stellt die Folgenbeseitigung als solche die Beseitigung eines faktischen Zustands und somit einen Realakt dar, dessen Vornahme mit der **allgemeinen Leistungsklage** durchzusetzen wäre.[1485] Wenn die Folgenbeseitigung allerdings nur durch einen einem Dritten gegenüber zu erlassenden Verwaltungsakt herbeigeführt werden kann, ist die **Verpflichtungsklage** statthaft.[1486]

1280

> **Beispiel:** Ein Obdachloser ist auf der Basis einer Einweisungsverfügung (= Verwaltungsakt) in das Haus des K eingewiesen worden. Die Einweisungsverfügung wird von K erfolgreich angefochten und dementsprechend durch das Gericht gem. § 113 I S. 1 VwGO aufgehoben. Der Obdachlose weigert sich aber, das Haus zu verlassen, worin ein rechtswidriger Eingriff in das Eigentum des K zu sehen ist. Wie kann K die Ausweisung des Obdachlosen erreichen?
>
> Der Verwaltungsrechtsweg ist aufgrund des Charakters der begehrten Maßnahme als öffentlich-rechtlich gegeben, § 40 I S. 1 VwGO. Bei der Frage nach der statthaften Klageart ist auf das Klagebegehren abzustellen, § 88 VwGO. Da vor dem Verwaltungsgericht kein Anwaltszwang besteht (vgl. § 67 VwGO) und der Kläger oftmals nur „Klage erhebt", also die Klageart nicht ausdrücklich benennt, muss sein Klagebegehren durch den Richter ausgelegt werden. Bei der Auslegung des Klagebegehrens kann – um dem geltend gemachten Anspruch maximale Geltung zu verschaffen – die Handlungsform der Behörde, die erforderlich ist, um dem Klagebegehren nachzukommen, berücksichtigt werden. Vorliegend ist daher die Frage zu beantworten, welche Qualität der Ausweisung beizumessen ist. Wenn man auf das tatsächliche Element der Ausweisung abstellt, fehlt die *unmittelbare Rechtsregelung*, wodurch man zur Annahme eines Verwaltungs**real**akts kommt, der mit der allgemeinen Leistungsvornahmeklage erzwungen werden müsste. Soweit man der Ausweisung jedoch eine Regelungswirkung zumisst, kommt man nicht umhin, sie als Verwaltungsakt einzustufen. Hier käme dann ausschließlich eine **Verpflichtungsklage** in Betracht. Teilweise wird die Ausweisung als Realakt angesehen.[1487] Nach der hier vertretenen Auffassung ist der Ausweisung die Qualität eines **Verwaltungsakts** beizumessen: In ihrer Finalität ist sie nicht auf die Herbeiführung eines schlichten tatsächlichen Erfolgs gerichtet, sondern gerade darauf, eine einseitig verbindliche Rechtsfolge zu setzen, nämlich die Anordnung, die Räumlichkeiten zu verlassen.[1488] Statthafte Klageart ist somit die **Verpflichtungsklage.**[1489] **Anspruchsgrundlage** des Klägers ist der allgemeine Folgenbeseitigungsanspruch[1490] (der Vollzugsfolgenbeseitigungsanspruch gem. § 113 I S. 2 VwGO regelt nur die prozessuale Durchsetzung des Folgenbeseitigungsanspruchs und die polizeigesetzliche Befugnisgeneralklausel tritt als Anspruchsgrundlage für ein ordnungspolizeibehördliches Einschreiten gegenüber dem Obdachlosen subsidiär zurück). **Rechtsgrundlage** der Behörde für die Exmittierung ist in jedem Fall die **polizeiliche Befugnisgeneral-**

[1484] Herrschende Akzessorietätstheorie, vgl. *R. Schmidt*, VerwProzR, Rn 64, 369, 802.

[1485] *Kopp/Schenke*, VwGO, Anh § 42 Rn 33; *Erichsen/Rauschenberg*, Jura 1998, 31, 40.

[1486] *Hufen*, VerwProzR, § 17 Rn 6; vgl. dazu auch BVerwGE 39, 236 sowie *Kopp/Schenke*, VwGO, § 42 Rn 10 und *Happ*, in: Eyermann, VwGO, § 42 Rn 62.

[1487] So *Schmitt Glaeser/Horn*, VerwProzR, Rn 381.

[1488] Vgl. auch *Kopp/Schenke*, VwGO, § 42 Rn 10; *Erichsen/Biermann*, Jura 1998, 371, 380.

[1489] Sollte dem Eigentümer ein Abwarten auf die Entscheidung in der Hauptsache nicht zugemutet werden können, wird seinem Interesse regelmäßig nur der Erlass einer vorläufigen Regelung gerecht, die über einen Antrag gemäß § 123 I S. 2 VwGO zu verfolgen wäre.

[1490] Das ist die hier seit der 1. Aufl. 1997 vertretene Auffassung; wie hier nun auch *Durner*, JuS 2005, 900, und *Bumke*, JuS 2005, 22, 25 f.

klausel, die auf ihrer Rechtsfolgeseite mit einer Ermessensreduzierung auf Null verbunden ist (dazu unten Rn 1308 ff.).

Weitere Beispiele für die *Verpflichtungsklage* als statthafte Klageart sind der Anspruch eines Straßenanliegers auf Aufstellung eines Halteverbotszeichens vor seiner Garageneinfahrt, um Dritte am Parken zu hindern[1491], der Anspruch des Nachbarn auf Einschreiten der Polizei gegen einen Störer, der Anspruch des Nachbarn gegenüber der Baubehörde, mit einer Abrissverfügung gegen den Bauherrn eines Schwarzbaus vorzugehen[1492] (unten Rn 1308 ff.) und der Anspruch eines Betroffenen gegenüber der Ordnungsbehörde, gegen einen Gewerbetreibenden gem. § 16 III HandwO einzuschreiten.

1281

> **Zusammenfassend** lässt sich sagen: Nur wenn *kein* Verwaltungsakt im dargelegten Sinn „inmitten" steht, ist nach der hier vertretenen Auffassung die **allgemeine Leistungsklage** statthaft. Sollte die Folgenbeseitigungsmaßnahme in einem Einschreiten gegenüber einem Dritten erfolgen und besteht die dem Dritten gegenüber zu erlassende Maßnahme in einem Verwaltungsakt, ist dagegen die **Verpflichtungsklage** statthaft. Als Anspruchsgrundlage gegenüber der Behörde können in beiden Fällen der FBA oder (subsidiär) die polizeiliche Befugnisgeneralklausel fungieren. Als Rechtsgrundlage für das behördliche Einschreiten gegen den Dritten kommen aber nur eine spezialgesetzliche Vorschrift bzw. die Befugnisgeneralklausel in Betracht.

IV. Begründetheit des Folgenbeseitigungsanspruchs

1282

Für die Begründetheit empfiehlt sich folgendes Schema, das in einer Klausur oder Hausarbeit durchgeprüft werden muss:

1283

> ### Voraussetzungen und Rechtsfolge des Folgenbeseitigungsanspruchs
>
> **a. Rechtsgrundlage/Anspruchsgrundlage**: Art. 20 III GG i.V.m. den im Einzelfall einschlägigen Freiheitsgrundrechten (str., siehe sogleich)
> **b. Voraussetzungen**
>   aa. Hoheitliches Handeln
>   bb. Eingriffsobjekt: Subjektives Recht
>   cc. Schaffung eines andauernden, rechtswidrigen Zustands durch den hoheitlichen Eingriff (Rechtsgrundlage der Behörde für den Eingriff; keine Duldungspflicht des Anspruchstellers)
>   dd. Unmittelbarkeit (Zurechenbarkeit) der Folgen
>   ee. Wiederherstellung ist tatsächlich möglich, rechtlich zulässig und zumutbar
> **c. Rechtsfolge**
>   aa. Wiederherstellung des status quo ante, ggf. Geldersatz
>   bb. ggf. Mitverschulden gem. § 254 BGB analog
>   cc. Verjährung in 10 Jahren absolut (§ 199 IV BGB analog)

1. Rechtsgrundlage/Anspruchsgrundlage

1284

Bei dem FBA handelt es sich um ein gewohnheitsrechtlich anerkanntes, von Rechtsprechung und Literatur entwickeltes Rechtsinstitut, dem der Gedanke zugrunde liegt, dass der Bürger eine Beeinträchtigung seiner Rechte nicht hinzunehmen habe.[1493] Die genaue Rechtsgrundlage ist streitig. Keinesfalls stellt § 113 I S. 2 VwGO eine Rechtsgrundlage dar. Denn diese Vorschrift setzt den FBA voraus und ermöglicht lediglich eine prozessual vereinfachte Geltendmachung des sog. Vollzugsfolgenbeseitigungsanspruchs in Form eines Annexantrags zur Anfechtungsklage (bzw. zur Fortsetzungsfeststellungsklage). Teilweise wird er aus dem **Rechtsstaatsprinzip** (Art. 20 III

[1491] OVG Münster, DVBl 1977, 258.
[1492] OVG Lüneburg OVGE 8, 484; *Kopp/Schenke*, VwGO, § 42 Rn 10.
[1493] Vgl. BVerwGE 69, 366, 370; 94, 100, 103; *Faber*, NVwZ 2003, 159 ff.; *Brugger*, JuS 1999, 625.

GG)[1494] oder unmittelbar aus dem jeweiligen **Freiheitsgrundrecht**[1495] abgeleitet, teilweise aus dem allgemeinen, den **§§ 12, 862, 1004 BGB** zugrunde liegenden Rechtsgedanken, dass der Bürger eine Beeinträchtigung seiner Rechte nicht hinzunehmen habe[1496]. Diese Begründungen schließen sich jedoch nicht aus, sondern ergänzen sich. Eine Entscheidung kann daher im Hinblick auf die unstreitig gegebene Anerkennung des Folgenbeseitigungsanspruchs, und darauf, dass unabhängig von der Rechtsgrundlage der Anspruch den gleichen Voraussetzungen und Rechtsfolgen unterliegt[1497], dahinstehen.

2. Voraussetzungen des Folgenbeseitigungsanspruchs

Nach allgemeiner Auffassung ist ein Anspruch auf Folgenbeseitigung gegeben, wenn durch einen hoheitlichen Eingriff in ein subjektives Recht ein rechtswidriger, noch andauernder Zustand geschaffen wurde, und die Beseitigung dieses Zustands weder tatsächlich noch rechtlich unmöglich und dem Verursacher zumutbar ist.

1285

a. Hoheitliches Handeln

Der Eingriff in ein subjektives Recht muss aufgrund eines hoheitlichen Handelns erfolgt sein.

1286

> **Beispiele:**
> (1) **Staatliche Informationstätigkeiten**, bei denen über angeblich negative Seiten einer **Sekte bzw. Glaubensgemeinschaft** berichtet bzw. gewarnt wird, stellen nicht nur ein hoheitliches Handeln dar, sondern bedeuten auch einen Rechtseingriff (in das allgemeine Persönlichkeitsrecht aus Art. 2 I GG sowie in das Grundrecht auf Religionsfreiheit aus Art. 4 GG), sofern mit der Berichterstattung die Gemeinschaft in schwerwiegender Weise belastet wird.[1498] Dagegen soll nach Auffassung des BVerfG ein Eingriff in die Berufsfreiheit des Art. 12 I GG nicht vorliegen, wenn die Bundesregierung vor **glykolhaltigem Wein** warnt. Hier steht das BVerfG auf dem zweifelhaften Standpunkt, dass das Grundrecht auf Berufsfreiheit nicht vor der Verbreitung zutreffender und sachlich gehaltener Informationen am Markt schütze, die für das wettbewerbliche Verhalten der Marktteilnehmer von Bedeutung sein könnten, selbst wenn die Inhalte sich auf einzelne Wettbewerbspositionen nachteilig auswirkten.[1499] Bereits eine Verneinung des Schutzbereichs des betroffenen Grundrechts aus Art. 4 GG nimmt das Gericht bezüglich der **Offenlegung der Mitgliedschaft in der Scientology-Organisation** an mit der Folge, dass ein Unterlassungs- bzw. Widerrufsanspruch nicht gegeben ist.[1500]
>
> (2) Ein hoheitliches Handeln liegt auch vor bei der **Förderung von Vereinen**, deren Aufgabe darin besteht, bestimmte Religions- oder Weltanschauungsgemeinschaften zu bekämpfen.[1501]
>
> (3) Gibt eine Gemeinde die **Errichtung eines für die Öffentlichkeit bestimmten Kunstwerks** in Auftrag, bei dem eine bestimmte Person abgebildet wird, wie sie jüdische Mitbürger aus der Stadt vertreibt und auf sie einschlägt, ist der hoheitli-

---

[1494] OVG Münster NVwZ 2000, 217, 218; BVerwGE 69, 366, 370.

[1495] BVerwGE 94, 100, 103; *Heselhaus/Kerkmann*, JA 2002, 485, 489. *Schmidt*, in: Eyermann, VwGO, § 113 Rn 28 kombiniert Art. 20 III GG mit den Freiheitsgrundrechten.

[1496] BVerwG DVBl 1974, 239; VGH Kassel NJW 1988, 1683; *Brugger*, JuS 1999, 625, 630, zurückführend auf *Bettermann*, DÖV 1955, 528 ff.

[1497] Vgl. nur BVerwG NVwZ 1994, 275, 276; VGH Kassel NVwZ 1995, 300, 301; VG Sigmaringen NJW 2001, 628, 629; *Detterbeck*, JuS 2000, 574, 578 f.

[1498] Vgl. BVerfGE 105, 279 ff.; BVerwGE 90, 112, 116; 82, 60, 76; BVerfG NJW 1989, 3269; OVG Hamburg NVwZ 1995, 498; VGH München NVwZ 1995, 793; OVG Münster NJW 1996, 2114; OVG Münster NJW 1996, 2115; BVerwG NVwZ 1994, 162 f.; *Faber*, NVwZ 2003, 159 ff.; *Beaucamp*, JA 2002, 398 ff.

[1499] BVerfGE 105, 252, 265 ff. (Glykolwein). Zur staatlichen Informationstätigkeit vgl. auch die Ausführungen zum Realakt oben bei Rn 893 ff.

[1500] BVerfG NJW 2002, 3458 ff.; vgl. dazu Rn 911 (mit Verweis auf die Internetseite des Verlags).

[1501] Vgl. BVerwGE 90, 112, 116.

che Charakter dieses Handelns nicht dadurch ausgeschlossen, dass die Gemeinde einen zivilrechtlichen Werkvertrag mit dem Künstler geschlossen hatte.[1502]

1287 Erfolgt der Eingriff auf privatrechtlicher Basis oder ist er privatrechtlich zu beurteilen (wie das etwa bei Emissionen einer privatrechtlich betriebenen öffentlichen Einrichtung der Fall ist), kommen lediglich privatrechtliche Beseitigungsansprüche (z.B. §§ 862, 1004 BGB) in Betracht.[1503]

b. Eingriffsobjekt: Subjektives Recht

1288 Um einen Folgenbeseitigungsanspruch geltend machen zu können, muss durch das hoheitliche Handeln in eine subjektive Rechtsposition des Klägers, die sich zumeist aus den **Grundrechten** (insbesondere Art. 14 I, 12 I, 4 I, II, 2 I GG) ergibt, eingegriffen worden sein.[1504] Dagegen kann die Verletzung von Normen, die allein dem Allgemeininteresse dienen (etwa Art. 20a GG), nicht mit Hilfe des FBA rückgängig gemacht werden.

1289

> **Hinweis für die Fallbearbeitung:** Dem Leser dürfte aufgefallen sein, dass bei der Frage nach dem hoheitlichen Handeln (Prüfungspunkt aa.) bereits Aspekte des Eingriffs in eine subjektive Rechtsposition (Prüfungspunkt bb.) behandelt wurden. In der Tat sind die beiden Prüfungspunkte in einer Klausur nicht immer trennbar. Auf eine strikte Trennung kommt es auch nicht an. Wichtig ist allein, in der Klausur zu prüfen, ob der Staat hoheitlich gehandelt hat und ob die Norm, die der Kläger als verletzt gerügt hat, ein subjektives Recht begründet. Das ist bei Grundrechten stets der Fall. Liegt ein möglicherweise verletztes Grundrecht vor, muss sodann der Eingriff in den grundrechtlichen Schutzbereich geprüft werden. Die Prüfung der verfassungsrechtlichen Rechtfertigung des Eingriffs erfolgt dann im nachfolgenden Prüfungsschritt unter dem Aspekt des Bestehens einer Duldungspflicht (Prüfungspunkt cc.).

c. Schaffung eines rechtswidrigen, noch andauernden Zustands durch das hoheitliche Handeln (keine Duldungspflicht des Betroffenen)

1290 Das hoheitliche Handeln muss einen *rechtswidrigen*, noch *andauernden* Zustand herbeigeführt haben, da der entscheidende Ansatzpunkt für den FBA nicht das hoheitliche Handeln selbst ist, sondern – da es um *Folgen*beseitigung geht – der daraus resultierende rechtswidrige Zustand.[1505]

Beispiele für einen noch andauernden Zustand: Die Bundesregierung hat

(1) die Öffentlichkeit vor dem angeblich schädlichen Einfluss von **Jugendsekten** auf die Erziehung von Kindern und Jugendlichen gewarnt,

(2) vor **glykolhaltigem Wein** gewarnt oder

(3) die **Mitgliedschaft** eines Bürgers in der **Scientology-Organisation** veröffentlicht.

Der jeweils damit verbundene Zustand (Bestehen der Warnung oder der Offenlegung) dauert noch an.

1291 **Rechtswidrig** ist der Zustand, wenn für den Betroffenen keine **Duldungspflicht** besteht. Ist der Zustand also rechtmäßig, besteht eine Duldungspflicht und der Folgenbeseitigungsanspruch ist unbegründet. Das ist der Fall, wenn schon die Schutzbe-

---

[1502] VG Sigmaringen NJW 2001, 628, 629.
[1503] *Peine*, AllgVerwR, § 16 Rn 388.
[1504] Der *Eingriff* ist nicht zu verwechseln mit der später noch zu prüfenden *Verletzung* subjektiver Rechte. Diese muss nämlich durch die rechtswidrigen *Folgen* eines hoheitlichen Eingriffs verursacht worden sein.
[1505] Vgl. BVerwG DVBl 2001, 726, 732.

reiche der Grundrechte nicht eröffnet sind, kein Grundrechtseingriff vorliegt oder wenn eine verfassungsrechtliche Rechtfertigung für den Grundrechtseingriff besteht. So kann sich eine Duldungspflicht beispielsweise aus den §§ 906 ff. BGB analog oder aus § 22 BImSchG ergeben. Auch ein rechtswidriger Verwaltungsakt kann eine Duldungspflicht begründen, da er grundsätzlich wirksam ist (vgl. §§ 43 II, III, 44 VwVfG).[1506] Eine Duldungspflicht besteht auch dann, wenn ein ursprünglicher Zustand rechtswidrig war, sich aber mittlerweile legalisiert hat, etwa wenn der rechtswidrige und aufgehobene Verwaltungsakt[1507] ausdrücklich oder konkludent durch einen neuen, rechtmäßigen Verwaltungsakt[1508] ersetzt wurde. Entsprechendes gilt für nachträglich erlassene oder geheilte Satzungen (vgl. § 214 IV BauGB).

Beispiel: Eine Windenergieanlage wird ohne erforderliche Planungsgrundlage (etwa einen Bebauungsplan = Satzung, vgl. § 10 BauGB) genehmigt. Nachträglich wird ein entsprechender Plan erlassen.

Ferner kann auch ein Verzicht oder eine Verwirkung („Treu und Glauben") Grundlage einer Duldungspflicht sein. Der Betroffene hat aber keine Duldungspflicht, wenn ein zunächst rechtmäßig geschaffener Zustand - infolge Fristablaufs, Eintritts einer auflösenden Bedingung oder Wegfalls der materiellen Voraussetzungen - rechtswidrig geworden ist.

1292

1293

> **Hinweis für die Fallbearbeitung:** Aus diesen Überlegungen ergibt sich, dass eine **Duldungspflicht** nur dann besteht, wenn der Zustand **verfassungsrechtlich gerechtfertigt**, also **rechtmäßig** ist. In einer Klausur müssen an dieser Stelle dann die formelle und materielle Rechtmäßigkeit je nach Fallgestaltung des hoheitlichen Handelns selbst oder des daraus resultierenden Zustands geprüft werden:
>
> **Formelle Rechtmäßigkeit:** Der noch andauernde Zustand kann zunächst nur dann rechtmäßig sein, wenn die zuständige Behörde gehandelt hat und keine Verfahrensfehler vorliegen, wobei anzumerken ist, dass bei Realakten unter Beachtung des *„fair trial"* grundsätzlich die Anhörung entbehrlich ist. Ferner sind Bekanntgabe und Einhaltung der Formerfordernisse - soweit wegen des tatsächlichen Charakters des Realakts überhaupt erforderlich - zu beachten. Insbesondere die **öffentlichen Warnungen** lösen eine Reihe von Problemen aus. Immanent sind regelmäßig Zuständigkeitsprobleme, v.a. bei Äußerungen der Bundesregierung.
>
> **Materielle Rechtmäßigkeit:** Wegen des Grundsatzes vom Vorbehalt des Gesetzes ist stets fraglich, ob eine **Rechtsgrundlage** für das behördliche Einschreiten bzw. Handeln zu fordern ist. Insbesondere hinsichtlich ehrverletzender oder berufsschädigender Äußerungen sind regelmäßig Grundrechtseingriffe, namentlich Eingriffe in Art. 12 I, 14 I, 4 I, 5 III S. 1 und 2 I GG zu diskutieren. Hier ist jedoch zu beachten, dass nach der Rechtsprechung des BVerfG bei einer sachlich gehaltenen Warnung vor gewerblichen oder landwirtschaftlichen Produkten („Glykolwein" – BVerfGE 105, 252 ff.)[1509] oder bei der Offenlegung einer Mitgliedschaft in der Scientology-Organisation (BVerfG NJW 2002, 3458 ff.) i.d.R. schon die **Schutzbereiche der Grundrechte nicht eröffnet sind**.[1510] Einer gesetzlichen Rechtsgrundlage bedarf es in diesen Fällen also nicht. Das staatliche Handeln ist rechtmäßig. Ist aber der Schutzbereich eröffnet und liegt ein Grundrechtseingriff vor, ist nach der verfassungsrechtlichen Rechtfertigung zu fragen, die als Minimalvoraussetzung jedenfalls

---

[1506] Ist ein Verwaltungsakt rechtswidrig, bedarf es - um die Duldungspflicht entfallen zu lassen - demnach der (erfolgreichen) Anfechtung, denn erst die Aufhebung des Verwaltungsakts macht den Vollzug rechtswidrig (typischer Fall des Vollzugsfolgenbeseitigungsanspruchs nach § 113 I S. 2 VwGO). Ist der Verwaltungsakt indes nichtig (§§ 43 III, 44 VwVfG), besteht mangels Entfaltung von Rechtswirkungen selbstverständlich keine Duldungspflicht.
[1507] Vgl. etwa §§ 15 GastG, 17 AtomG, 45 WaffG, 14 BBG, 20 BAföG und subsidiär §§ 48, 49a VwVfG.
[1508] Bei diesem Verwaltungsakt handelt es sich nicht etwa um einen Abhilfebescheid, sondern um einen Zweitbescheid.
[1509] BVerfGE 105, 252 ff.
[1510] Vgl. BVerfGE 105, 252, 272. Vgl. aber BVerfGE 105, 279 ff. (Sektenwarnung), wo das Gericht trotz lediglich faktisch-mittelbarer Auswirkungen einen Grundrechtseingriff annimmt.

eine Rechtsgrundlage fordert. Wo eine „Gefahr" i.S.d. Polizeirechts vorliegt, genügen (auf Landesebene!) die polizeilichen Befugnisgeneralklauseln dem Gesetzesvorbehalt. Schwierigkeiten bestehen allerdings dort, wo diese nicht greifen, etwa bei Warnungen, Empfehlungen oder Erklärungen, die (aufgrund nicht vorhandener „Gefahr") nicht zur Gefahrenabwehr gehören oder wenn sie durch die **Bundesregierung** oder durch eine (sonstige) Bundesbehörde getätigt werden. Mangels Verwaltungsaktqualität und Finalität (Zielgerichtetheit) des zu untersuchenden staatlichen Handelns bedarf es nach der Rspr. des BVerfG und des BVerwG sowie einiger Obergerichte[1511] grds. keiner spezialgesetzlichen Rechtsgrundlage, da in diesen Fällen dem Vorbehalt des Gesetzes auch eine allgemeine Legitimation gerecht werde bzw. schon kein Eingriff in den Schutzbereich des Grundrechts vorliege (s.o.). So bedürfe es für die Informationstätigkeiten einer Regierung im Rahmen der ihr zugewiesenen Aufgaben der Staatsleitung über die Zuweisung dieser Aufgabe hinaus auch dann keiner besonderen gesetzlichen Ermächtigung, wenn das Informationshandeln zu mittelbar-faktischen Grundrechtsbeeinträchtigungen führe.[1512] Damit schließt die Rspr. von einer Aufgabenzuweisungsnorm auf eine materiell-rechtliche Befugnisnorm. Zur Kritik an dieser Position vgl. ausführlich Rn 893 ff.

d. Unmittelbarkeit (Zurechenbarkeit) der Folgen

1294 Schließlich muss es dem Bürger um die Beseitigung der **unmittelbaren** Folgen staatlichen Handelns gehen. Dieses Kriterium hat haftungsbegrenzende Funktion. Unmittelbar ist eine Folge dann, wenn sie direkter Ausfluss der dem Verwaltungshandeln vorausgehenden Verwaltungsentscheidung ist. Die Folge muss sich als Verwirklichung der im öffentlich-rechtlichen Handeln angelegten spezifischen Gefahren darstellen.

1295 Unmittelbar ist die Folge daher nicht mehr, wenn erst ein eigener „freier" Entschluss eines Dritten die Folgen herbeiführt.[1513] Ob das z.B. in dem Fall anzunehmen ist, in dem die Baubehörde zu Unrecht ein Bauvorhaben genehmigt, der Bau dann errichtet wird und ein Nachbar nunmehr den Abriss des Baus begehrt und sein Begehren auf den FBA stützt, ist fraglich, vgl. dazu Rn 1274 ff.

1296 > **Hinweis für die Fallbearbeitung:** Falls die Unmittelbarkeit nicht gegeben ist, sollte in einer Klausur gleich zu Anfang des zu prüfenden Anspruchs die Frage aufgeworfen werden, ob der Folgenbeseitigungsanspruch überhaupt in Betracht kommt, und dass dies nicht der Fall ist, wenn die Rechtsfolge des Folgenbeseitigungsanspruchs, die Beseitigung unmittelbarer Folgen, nicht greift. So werden unnötige Prüfungsschritte vermieden.

1297 Die Unmittelbarkeit und damit die Zurechenbarkeit werden aber nicht dadurch ausgeschlossen, dass die Folgen von einem privaten Dritten verursacht worden sind, den der Hoheitsträger aufgrund eines zivilrechtlichen Vertrags zur Durchführung einer hoheitlichen Maßnahme eingeschaltet hatte.[1514]

Beispiel: Gemeinde G schließt mit dem Bauunternehmer U einen zivilrechtlichen Vertrag, durch den U verpflichtet wird, die Erschließung eines Neubaugebiets (insb. Errichtung eines Abwasserkanals) durchzuführen. Bei der Verlegung der Kanalrohre verrechnet sich U und verlegt einen Teil des Kanals auf dem Grundstück des E, der sich gera-

---

[1511] BVerfGE 105, 252 ff. (Glykolwein); 105, 279 ff. (Sektenwarnung); BVerfG NJW 2002, 3458 ff. (Offenlegung einer Scientology-Mitgliedschaft); BVerwG NVwZ 1994, 162, 163 (Bhagwan); BVerwGE 82, 76, 83 (Sektenwarnung); BVerwGE 87, 37, 39 (Glykolwein); OVG Münster NJW 1996, 2114 (Universelles Leben) und 2115 (Transzendentale Meditation).

[1512] BVerfGE 105, 252, 268; BVerfG NJW 2002, 3458, 3459.

[1513] So BVerwG DÖV 2001, 733, zurückführend auf BVerwGE 69, 366, 373 f.

[1514] Vgl. OVG Münster NWVBl 1994, 109, 110.

de nichts ahnend im Urlaub befindet. Als er zurückkehrt, sieht er das Unheil und verlangt von G die Rückgängigmachung der Folgen.

Hier sind die rechtswidrigen Folgen (Eigentumsbeeinträchtigung) der G zurechenbar, obwohl sie unmittelbar von den Beschäftigten des Unternehmers U verursacht wurden. Vgl. dazu auch die Parallelproblematik beim Amtshaftungsanspruch („Werkzeugtheorie").

e. Wiederherstellung ist tatsächlich möglich, rechtlich zulässig und zumutbar

Da der Folgenbeseitigungsanspruch herkömmlich auf die Wiederherstellung des *status quo ante* abzielt, scheidet er – folgt man diesem Verständnis des FBA – konsequenterweise aus, wenn die Wiederherstellung aus tatsächlichen Gründen unmöglich ist (**keine tatsächliche Unmöglichkeit**).   **1298**

Beispiele:
(1) Der Wiederaufbau eines (rechtswidrig) abgerissenen Hauses ist tatsächlich unmöglich.

(2) Unter dem Aspekt der tatsächlichen Unmöglichkeit scheidet auch der Anspruch auf Widerruf ehrverletzender **Werturteile** aus. Anders als Tatsachenbehauptungen können Werturteile nur falsch oder richtig, nicht aber wahr oder unwahr sein (als Ausdruck des persönlichen Dafürhaltens sind sie dem Wahrheitsbeweis gerade nicht zugänglich). Daher kann mit dem FBA nur der Widerruf unrichtiger Tatsachenbehauptungen, nicht aber der Widerruf von Werturteilen verlangt werden. Diese können aber Gegenstand eines Unterlassungsanspruchs sein.

Darüber hinaus kann die Folgenbeseitigung nur dann verlangt werden, wenn sie rechtlich zulässig ist (**keine rechtliche Unmöglichkeit**).   **1299**

Beispiel: Ein Wohnungseigentümer, in dessen Wohnung ein Obdachloser eingewiesen wurde, kann auch nach Erledigung der Einweisungsgründe nicht die Ausweisung verlangen, wenn eine entsprechende behördliche Vornahmehandlung gegen den Grundsatz der Verhältnismäßigkeit verstoßen würde (etwa in dem Fall, dass der Obdachlose bei Nachtfrost nicht anderweitig unterkommen könnte).

Zuletzt muss die Wiederherstellung für den Hoheitsträger **zumutbar** sein.[1515] Es ist eine Abwägung vorzunehmen zwischen der Wiederherstellung des rechtmäßigen Zustands (Kosten, Aufwand) einerseits und dem Ausmaß der Rechtswidrigkeit (Grad der Beeinträchtigung) andererseits. Gelangt man zu dem Ergebnis, dass die Wiederherstellung unzumutbar ist, entfällt die Beseitigungslast. In diesem Fall stellen eine Entschädigung bzw. ein Schadensersatz wegen Amtspflichtverletzung oder aus enteignungsgleichem Eingriff die sachgerechteren Lösungen dar.[1516] So kann sich ein Folgenbeseitigungsanspruch in entsprechender Anwendung des § 251 II S. 1 BGB in einen Anspruch auf **Ausgleich in Geld** wandeln[1517], vgl. dazu sogleich.   **1300**

Beispiel: Der Träger der Straßenbaulast lässt durch einen privaten Bauunternehmer eine Straße verbreitern. Aufgrund eines Versehens errichtet dieser den Kantstein 2 cm zu weit nach außen und gerät auf das Grundstück des Anliegers A.

[1515] Das Kriterium der Zumutbarkeit ist rechtsstaatlich bedenklich. Nach der h.M. ist es besonderer Ausdruck des Grundsatzes der Verhältnismäßigkeit, der den einzelnen Bürger vor übermäßiger Beanspruchung durch den Staat schützen soll. Beim FBA geht das Kriterium der Zumutbarkeit aber zulasten des Bürgers, stellt also eine Verkehrung des Verhältnismäßigkeitsgrundsatzes dar (dazu *Faber*, NVwZ 2003, 159 ff.; *Erbguth*, JuS 2000, 336, 337). Gleichwohl geht das BVerwG von der Rechtmäßigkeit dieses Kriteriums aus (BVerwG DVBl 2004, 1493).
[1516] Vgl. nur die Regelung in § 42 BImSchG.
[1517] VGH München NVwZ 1999, 1237.

Hier wäre es für den Träger der Straßenbaulast unzumutbar, die Folgen zu beseitigen (a.A. vertretbar).

1301

> **Hinweis für die Fallbearbeitung:** Die tatsächliche und rechtliche Unmöglichkeit sowie die Unzumutbarkeit der Wiederherstellung des *status quo ante* führen demgemäß zu einem fließenden Übergang zu den Amtshaftungs- bzw. Entschädigungsansprüchen, die in der Fallbearbeitung – je nach Fallgestaltung – im Anschluss an die allgemeine Leistungsklage geprüft werden müssen.

f. Kein Ausschluss wegen Mitverschuldens

1302
Liegt ein Mitverschulden des Betroffenen bei der Entstehung des rechtswidrigen Zustands vor, muss dieser sich an den Wiederherstellungskosten beteiligen.

g. Verjährung

1303
Der FBA (und auch der öffentlich-rechtliche Erstattungsanspruch) verjähren gem. §§ 195, 199 I BGB analog nach 3 Jahren, absolut jedenfalls nach § 199 IV BGB analog in 10 Jahren von ihrer Entstehung an, da beide nicht zu den Schadensersatzansprüchen zählen.[1518]

h. Folgenentschädigungsanspruch

1304
Aus den Ausführungen zur (Un-)Möglichkeit, rechtlichen Zulässigkeit und Zumutbarkeit der Wiederherstellung sowie zum Mitverschulden ist deutlich geworden, dass es Konstellationen geben kann, in denen eine Folgen*beseitigung* nicht möglich ist. Das wirft die Frage auf, ob auch ein Folgen*entschädigungs*anspruch denkbar ist. Dafür spricht der allgemeine Rechtsgedanke, der den öffentlich-rechtlichen Billigkeitsentschädigungen der § 74 II S. 3 sowie § 48 III VwVfG zugrunde liegt. Aus diesem Rechtsgedanken lässt sich allgemein die einheitliche Bewältigung öffentlicher Unrechtslagen herleiten, zumindest aber, dass eine angemessene Geldentschädigung im Falle der Nichterfüllbarkeit der Naturalrestitution erfolgt. Das BVerwG hat in seiner Entscheidung zur Bardepotpflicht einen Entschädigungsanspruch abgelehnt und den FBA lediglich auf die Wiederherstellung beschränkt. Nur so könne die Ausuferung des FBA vermieden werden, die zugleich zu einer Vermischung der Abgrenzung zwischen dem FBA und dem Schadensersatzanspruch aus § 839 I BGB i.V.m. Art. 34 GG führen würde (vgl. insbesondere die unterschiedlichen Verjährungsfristen). Damit hat das Gericht einer im Schrifttum vertretenen Auffassung, nach der bei einer tatsächlichen oder rechtlichen Unmöglichkeit der Wiederherstellung auch ein Folgenentschädigungsanspruch in Betracht kommt, eine klare Absage erteilt. In einer neueren Entscheidung des BVerwG[1519] finden sich allerdings Anhaltspunkte für die Zulässigkeit eines Folgenentschädigungsanspruchs. Es bestünden keine ernsthaften Zweifel daran, dass die Grundsätze des materiellen Rechtsstaates, zu denen auch die Grundrechte zählten, bei rechtswidrigem Handeln eine Sanktion verlangten, die sich nicht nur in der Zahlung einer Geldentschädigung erschöpften.[1520] Damit wird auf die Möglichkeit einer Geldentschädigung beim FBA hingewiesen. Die Notwendigkeit einer höheren Flexibilität auf der Rechtsfolgeseite des FBA wird auch in einer Entscheidung des VGH München[1521] deutlich. Dort wurden die Kosten eines Gutachters im Rahmen des FBA als erstattungsfähig angesehen. Auch nach einer Entscheidung des VGH München kann sich ein Folgenbeseitigungsanspruch in entsprechender Anwendung des § 251 II S. 1 BGB in einen Anspruch auf **Ausgleich in Geld** wandeln, wenn die Folgenbeseiti-

---

[1518] *Kellner*, NVwZ 2002, 395, 399. Vgl. auch *Bumke*, JuS 2005, 22, 25.
[1519] BVerwGE 94, 100 ff.
[1520] BVerwGE 94, 100, 103.
[1521] VGH München DÖV 1996, 82.

gung mit unverhältnismäßigen, vernünftigerweise nicht zumutbaren Aufwendungen verbunden wäre.[1522] Es kann daher eine Prognose gewagt werden, dass sich der FBA von einem reinen Wiederherstellungsanspruch zu einem Geldausgleichsanspruch jedenfalls für die Fallkonstellationen entwickeln wird, in denen die Folgenbeseitigung (tatsächlich oder rechtlich) unmöglich oder unzumutbar ist. Die Rechtsfolge wird dadurch flexibler werden.

Hinweis für die Fallbearbeitung: Folgt man dem herkömmlichen Verständnis des FBA, so bleibt es bei dem dargelegten Grundsatz, dass nur die Wiederherstellung des ursprünglichen Zustands in Betracht kommt. Sollte die Wiederherstellung unmöglich bzw. unzumutbar sein, sind ein Amtshaftungsanspruch bzw. ein enteignungsgleicher Eingriff zu prüfen, der auf dem Zivilrechtsweg zu verfolgen wäre.

Wer der im Vordringen befindlichen Meinung folgt, prüft wie beschrieben die allgemeine Leistungsklage vor dem Verwaltungsgericht. Für einen Folgenentschädigungsanspruch ist zunächst im Rahmen der Prüfung des Verwaltungsrechtswegs die Regelung des § 40 II VwGO bzw. Art. 14 III GG zu beachten, wonach für die anerkannten vermögensrechtlichen Ansprüche aus Amtshaftung, enteignungsgleichem Eingriff bzw. Aufopferung der Zivilrechtsweg eröffnet ist. Der betroffene Bürger müsste hier also eigentlich den Zivilrechtsweg beschreiten. Die Anerkennung des vor dem Verwaltungsgericht geltend zu machenden Folgenentschädigungsanspruchs könnte daher einen Verstoß gegen § 40 II VwGO darstellen. Gleichwohl dürfte die Anerkennung eines Folgenentschädigungsanspruchs aus der Sicht des betroffenen Bürgers nur positiv zu bewerten sein, denn dadurch wird ihm (soweit er bereits das Verwaltungsgericht angerufen hat) ein zusätzliches Verfahren vor den Zivilgerichten erspart (Argument des effektiven Rechtsschutzes sowie der Prozessökonomie). Darüber hinaus ist der Folgenentschädigungsanspruch als ein Bestandteil des Folgenbeseitigungsanspruchs anzusehen. Der Folgenbeseitigungsanspruch fällt anerkanntermaßen nicht unter § 40 II VwGO. Zuletzt ist die Sachkompetenz des angerufenen Gerichts von der Rechtswegfrage mittlerweile durch die Regelung des § 17 II GVG abgekoppelt. Danach entscheidet das angerufene Gericht den Rechtsstreit unter allen rechtlichen Gesichtspunkten. Deshalb kann das den Folgenbeseitigungsanspruch prüfende Verwaltungsgericht bei Nichterfüllbarkeit der Folgenbeseitigung eine Geldentschädigung zusprechen.[1523]

Bei der Begründetheit wäre danach zu fragen, ob ein Folgenentschädigungsanspruch noch von dem Begriff des Folgenbeseitigungsanspruchs umfasst ist. Einwände gegen diese Annahme lassen sich aber überwinden, wenn man auf die beim Folgenbeseitigungsanspruch vom BVerwG herangezogenen §§ 249 ff. BGB verweist, denn diese Vorschriften richten sich nach dem modernen Verständnis mehr auf einen wirtschaftlichen Ausgleich als auf eine strenge Naturalrestitution. Dies zeigt insbesondere § 249 II S. 1 BGB, der nach der Rechtsprechung des BGH Schadensersatz unabhängig davon gewährt, ob der Geschädigte die Wiederherstellung, deren Kosten er fordert, wirklich vornehmen lässt.

1305

Fazit: Ist eine Naturalrestitution unmöglich bzw. unzumutbar, verbleibt dem Betroffenen nach dem herkömmlichen Verständnis des FBA nur der Weg zu den Zivilgerichten zwecks Durchsetzung eines Amtshaftungsanspruchs bzw. eines Entschädigungsanspruchs aus enteignungsgleichem Eingriff oder Aufopferung. Es kann aber auch der im Vordringen befindliche Weg beschritten werden, dass sich der Wiederherstellungsanspruch bei Unmöglichkeit bzw. Unzumutbarkeit der Wiederherstellung zu einem Geldausgleichsanspruch wandelt. In diesem Fall wäre das Verwaltungsgericht anzurufen.

1306

[1522] VGH München NVwZ 1999, 1237, 1238; kritisch *Erbguth*, JuS 2000, 336, 337.
[1523] VGH München NVwZ 1999, 1237, 1238; *Franckenstein*, NVwZ 1999, 158, 159.

1307

Beispiel[1524]**:** E ist Eigentümer eines bebauten Grundstücks. Im Zuge von Straßenbau-maßnahmen wurde zwischen dem Fußgängersteg und dem Grundstück des E eine Randsteinzeile eingebaut, die sich etwa zur Hälfte auf dem Grundstück des E befindet. E erhebt Klage und begehrt, die Randsteine zu entfernen, soweit sie sich auf seinem Grundstück befänden. Der beklagte Hoheitsträger erwidert, die Entfernung der Rand-steine sei unzumutbar, da sich einerseits die Kosten für die Entfernung auf ca. 400,- € beliefen und andererseits die Randsteinzeile lediglich 2 cm in das Grundstück des E hineinrage.

Lösungsgesichtspunkte: Vorliegend handelt es sich bei dem Klägerbegehren um die Beseitigung von Randsteinen. Die Beseitigung von Randsteinen stellt als actus contrar-ius zu deren Errichtung ebenfalls einen Realakt dar und ist mit der allgemeinen Leis-tungsklage durchzusetzen. Anspruchsgrundlage für die begehrte Handlung ist der all-gemeine Folgenbeseitigungsanspruch. Dieser ist nach herkömmlicher Auffassung auf die tatsächliche Wiederherstellung des rechtmäßigen Zustands, mithin auf die Herstel-lung des *status quo ante in natura*, gerichtet. Voraussetzung für den FBA ist zunächst das Vorliegen eines andauernden, rechtswidrigen Zustands durch das hoheitliche Han-deln.

Vorliegend haben die Bediensteten des beklagten Hoheitsträgers ohne entsprechende Rechtsgrundlage einen Teil des Grundstücks des E mit Randsteinen bebaut. Die Be-bauung und deren Folge waren damit rechtswidrig. Rechtsfolge eines derartigen rechtswidrigen Zustands ist der Beseitigungsanspruch des Betroffenen. Der Beseiti-gungsanspruch findet aber seine Grenze u.a. in der Zumutbarkeit. Ist die Wiederher-stellung des rechtmäßigen Zustands für den Hoheitsträger unzumutbar, entfällt nach herkömmlicher Ansicht der Folgenbeseitigungsanspruch. Folgt man der Auffassung des VGH München, ist im vorliegenden Fall die Wiederherstellung des ursprünglichen Zu-stands unzumutbar. E wäre demzufolge auf den Amtshaftungsanspruch bzw. auf den Entschädigungsanspruch wegen enteignungsgleichen Eingriffs angewiesen. Anders ent-scheidet jedoch eine im Vordringen befindliche Auffassung. Im Falle der Unzumutbar-keit der Wiederherstellung des rechtmäßigen Zustands wandele sich der Folgenbeseiti-gungsanspruch – ausnahmsweise – in entsprechender Anwendung des § 251 II S. 1 BGB in einen Anspruch auf Geldentschädigung, nämlich auf Zahlung eines Aus-gleichsbetrags – dessen Höhe in richterlicher Schätzung nach § 173 VwGO i.V.m. § 287 I ZPO festgelegt wird.[1525]

Folgt man der im Vordringen befindlichen Auffassung, steht dem E eine Geldentschädi-gung zu, die anhand des Verkehrswertes der in Anspruch genommenen Teilflächen in richterlicher Schätzung nach § 173 VwGO i.V.m. § 287 I ZPO festgelegt wird. E kann diesen Anspruch auf dem Verwaltungsrechtsweg verfolgen.

i. Sonderfall Drittbeteiligungen

1308-1310

Spätestens im juristischen Staatsexamen, regelmäßig aber auch schon bei der „gro-ßen Übung" werden Folgenbeseitigungsansprüche auch in sog. **dreipoligen Verwal-tungsrechtsverhältnissen** zu prüfen sein. Die Schwierigkeit hierbei besteht darin, dass der FBA zwar eine Anspruchsgrundlage des Berechtigten gegenüber der Behörde auf Einschreiten bieten kann, nicht aber als Eingriffsgrundlage der Behörde konzipiert wurde, gegenüber einem Dritten einzuschreiten.

Beispiel 1 (Baunachbarstreit): Die Baubehörde erteilt Bauherrn B zu Unrecht eine Baugenehmigung. Nachbar N, der sich dadurch in seinen Rechten verletzt sieht, ficht erfolgreich die B erteilte Baugenehmigung an. Da B aber zwischenzeitlich bereits mit der Errichtung des Gebäudes begonnen hatte, verlangt N nunmehr von der Behörde den Erlass einer Abrissverfügung.

[1524] Nach VGH München NVwZ 1999, 1237.
[1525] VGH München NVwZ 1999, 1237, 1238; *Franckenstein*, NVwZ 1999, 158 ff.; trotz Vorbehalte zustimmend *Erbguth*, JuS 2000, 336, 338.

Beispiel 2 (Exmittierung eines Obdachlosen): Obdachloser O wird während der winterlichen Jahreszeit in ein Privathaus, in dem noch eine Wohnung leer steht, eingewiesen. Unterstellt, die Einweisungsverfügung ist rechtswidrig, stellt sich die Frage, ob Eigentümer E von der Behörde verlangen kann, dass diese O dazu bewegt, die Wohnung zu räumen.

Zur Beantwortung der aufgeworfenen Fragen müssen folgende Überlegungen angestellt werden:

1311

■ In einem ersten Schritt muss beim Prüfungspunkt „Unmittelbarkeit der Folgen" (Rn 1294) festgestellt werden, ob die Behörde für das Verhalten des Dritten verantwortlich ist. Denn unmittelbar ist eine Folge nur dann, wenn sie direkter Ausfluss der dem Verwaltungshandeln vorausgehenden Verwaltungsentscheidung ist. Daran fehlt es, wenn die Folge durch einen eigenen „freien" Entschluss eines Dritten herbeigeführt wird. Für die genannten Beispiele ergibt sich Folgendes: Da die **Baugenehmigung** gerade die Erlaubnis zur Errichtung des Baus impliziert, zählt die Ausübung der Genehmigung zu den intendierten Folgen der Verwaltungsmaßnahme. Daher ist die Baugenehmigungsbehörde auch verantwortlich für den rechtswidrig errichteten Bau, obwohl letztlich ein eigener „freier" Entschluss des Bauherrn die Folgen herbeigeführt hat. Begehrt also der Nachbar den Abriss des Baus, kann er sein Begehren auf den FBA stützen. Das ist schon deswegen richtig, weil keine spezialgesetzliche Anspruchsgrundlage besteht, auch nicht aus dem öffentlichen Baurecht, und der Nachbar ohne FBA schutzlos wäre. Hinsichtlich der Exmittierung eines eingewiesenen **Obdachlosen** gilt: In Ermangelung einer gesetzlichen Anspruchsgrundlage kann sich der Eigentümer auch hier auf den allgemeinen FBA stützen und von der Behörde den Erlass einer Räumungsverfügung bzw. die zwangsweise Räumung verlangen.

1312

■ Ist damit also geklärt, dass – in Ermangelung gesetzlicher Anspruchsgrundlagen – der allgemeine FBA als Anspruchsgrundlage des Nachbarn bzw. Eigentümers herangezogen werden kann, ist davon strikt die Frage zu unterscheiden, ob auch das **Einschreiten der verpflichteten Behörde** gegenüber dem Bauherrn bzw. Obdachlosen auf den FBA gestützt werden kann. Nach der hier vertretenen Auffassung ist das nicht der Fall. Denn die Behörde nimmt in beiden Fällen Grundrechtseingriffe vor. Wegen des Grundsatzes vom Vorbehalt des Gesetzes darf sie nur auf der Grundlage eines Gesetzes einschreiten; der allgemeine FBA genügt insofern nicht. Für **baurechtliche** Ordnungsverfügungen enthalten die Bauordnungen entsprechende Rechtsgrundlagen, und die **Exmittierung eines Obdachlosen** lässt sich auf die polizeigesetzliche Generalklausel stützen. Diese Rechtsgrundlagen gewähren der Verwaltung zwar ein Ermessen bei der Frage des Einschreitens, allerdings wird man dieses Ermessen auf Null reduzieren müssen, weil anderenfalls der FBA leerlaufen könnte. Denn besteht der Sinn und Zweck des FBA in der Beseitigung eines rechtswidrigen Zustands und gebietet es die grundrechtliche Schutzstellung des Inhabers des Anspruchs, den ursprünglichen rechtmäßigen Zustand wiederherzustellen, kann man dem nur mit einer Einschreitpflicht nachkommen[1526] (für den Bereich des **Baurechts** vgl. dazu ausführlich *R. Schmidt*, BauR, Rn 501 ff.; hinsichtlich der **Exmittierung eines Obdachlosen** vgl. *R. Schmidt*, Fälle zum POR, Fall 11).

1313

[1526] *Bumke*, JuS 2005, 22, 27.

H. Öffentlich-rechtlicher Unterlassungsanspruch

1314
Die vorstehenden Ausführungen zum Folgenbeseitigungsanspruch haben verdeutlicht, dass dieser Anspruch auf Beseitigung rechtswidriger, noch andauernder Folgen staatlichen Handelns gerichtet ist. Häufig geht es dem Bürger jedoch darum, einen bevorstehenden oder andauernden (angeblich) rechtswidrigen Eingriff des Staates in seine Rechte schlicht **abzuwehren**. Soweit es um die Abwehr **bereits vorgenommener** Handlungen mit Wirkung für die *Zukunft* geht (⇨ der Staat soll es unterlassen, seine Handlung zu wiederholen), ist der öffentlich-rechtliche **Unterlassungsanspruch** unproblematisch zulässig und in Form der **Leistungsunterlassungsklage** geltend zu machen. Anspruchsgrundlage ist – soweit keine spezialgesetzlichen Regelungen greifen – der auf Art. 20 III GG i.V.m. den betroffenen Freiheitsgrundrechten und § 1004 BGB analog gestützte allgemeine öffentlich-rechtliche Unterlassungsanspruch, der immer dann zum Erfolg führt, wenn

- die in Rede stehende schlicht hoheitliche Handlung der Verwaltung **rechtswidrig** ist
- und eine **Wiederholungsgefahr** besteht.

1315
Anwendungsfälle von Unterlassungsansprüchen sind[1527]:

(1) Immissionsfälle: Mülldeponie, Kinder- und Behindertenspielplatz (generell: Gemeinbedarfsfläche[1528]), Bolzplatz, Kläranlage, Grillplatz, Sportanlage[1529], Skater-Anlage[1530], Altglascontainer, Glockengeläut usw. Hier ist Streitgegenstand die Emission/Immission von Lärm, Geruch oder gesundheitsschädlichen Stoffen.

(2) Ehrverletzende und rufschädigende amtliche Äußerungen: Beschimpfungen seitens hoheitlicher Bediensteter; auch Warnungen vor (Jugend-)Sekten oder vor bestimmten, angeblich gesundheitsbeeinträchtigenden Lebensmitteln können ehrverletzende und rufschädigende Wirkungen zeigen (dazu sogleich).

(3) Öffentliche Warnungen/Äußerungen: Unter öffentlichen (d.h. behördlichen) Warnungen/Äußerungen versteht man Erklärungen von Behörden oder Regierungsorganen, die an die Bevölkerung gerichtet sind und diese vor bestimmten gewerblichen oder landwirtschaftlichen Produkten, aber auch vor bestimmten Institutionen warnen bzw. informieren.[1531]

Beispiele: Offenlegung einer Scientology-Mitgliedschaft[1532], Warnung vor (Jugend-)Sekten oder anderen Glaubensgemeinschaften[1533], Veröffentlichung von Arzneimitteltransparenzlisten[1534], Veröffentlichung von Warentests durch Behörden[1535], Empfehlung, in Karton verpackte Getränke zu meiden[1536], Hinweis eines Landrats auf verunreinigtes Trinkwasser[1537], Veröffentlichung einer Liste glykolhaltiger und damit gesundheitsschädlicher Weine[1538], Warnung vor angeblich verdorbenen Teigwaren[1539]; Behauptung im Verfassungsschutzbericht, eine muslimische Organisation gefährde die Sicherheit[1540]

[1527] Diese Fälle kommen auch beim FBA in Betracht.
[1528] OVG Koblenz NVwZ 2012, 1347 ff.
[1529] VG Arnsberg NVwZ 1999, 450.
[1530] OVG Koblenz NVwZ 2000, 1190.
[1531] Vgl. dazu ausführlich BVerfGE 105, 252 ff. (Glykolwein); 105, 279 ff. (Jugendsekte); BVerfG NJW 2002, 3458 ff. (Scientology-Mitgliedschaft).
[1532] Vgl. BVerfG NJW 2002, 3458 ff.
[1533] Vgl. BVerfGE 105, 279 ff.; BVerwGE 90, 112, 116; 82, 60, 76; BVerfG NJW 1989, 3269; OVG Hamburg NVwZ 1995, 498; VGH München NVwZ 1995, 793; OVG Münster NJW 1996, 2114; OVG Münster NJW 1996, 2115; BVerwG NVwZ 1994, 162, 163; *Beaucamp*, JA 2002, 398 ff.
[1534] BVerwGE 71, 183.
[1535] BVerwG DVBl 1996, 807 (Warentests von Futtermitteln).
[1536] VGH Kassel NVwZ 1995, 611.
[1537] LG Göttingen NVwZ 1992, 98.
[1538] BVerfGE 105, 252 ff.; BVerwGE 87, 37 ff.; OVG Münster NJW 1986, 2783; OVG Münster GewArch 1988, 11.
[1539] OLG Stuttgart NJW 1990, 2690 („Birkel").
[1540] BVerwG NVwZ 2008, 1371 ff. (mit Bespr. v. *Sachs*, JuS 2009, 260 ff.).

(4) Überlassung von Schutzerklärungen an Dritte, die diese im Geschäftsverkehr einsetzen und ihre Geschäftspartner zur Auskunft über dessen Beziehungen zu einer Sekte (z.B. Scientology) veranlassen sollen.[1541]

> **Hinweis für die Fallbearbeitung:** Regelmäßig begehrt der Kläger sowohl die Beseitigung der rechtswidrigen Folgen eines solchen schlicht-hoheitlichen Handelns (Folgenbeseitigungsanspruch) als auch das Unterlassen weiterer solcher Handlungen (Unterlassungsanspruch). In diesem Fall ist bei der Begründetheit der allgemeinen Leistungsklage nach den genannten Rechtsinstituten zu differenzieren. Beide Ansprüche sind aus materieller Sicht getrennt voneinander zu prüfen (Fall der kumulativen Klagenhäufung i.S.d. § 44 VwGO).

1316

Ob der geltend gemachte Unterlassungsanspruch begründet ist, hängt von der **Zumutbarkeit** der Belastung ab.[1542]

1317

Als ortsüblich und sozialadäquat hinzunehmende Beeinträchtigung wurden angesehen[1543]**:** Fastnachtsumzug (wegen seiner kurzen Dauer)[1544], Wertstoffcontainer im Wohngebiet[1545], ortsüblicher Schullärm[1546], Lärm von einem Kinderspielplatz[1547]

Dagegen wurden als nicht mehr hinnehmbar angesehen: Sirenengeheule in einer gesundheitsgefährdenden Lautstärke[1548], lautstarkes Schlagen einer Kirchturmuhr[1549], ständiges Hinüberfliegen von Bällen von einem öffentlichen Fußballplatz[1550]. Zur Prüfung in der Fallbearbeitung siehe sogleich.

Soweit der öffentlich-rechtliche Unterlassungsanspruch allerdings auf die Abwehr eines ausschließlich *künftig* zu erwartenden hoheitlichen Handelns abzielt (⇨ es hat noch kein Rechtseingriff stattgefunden; ein solcher wird lediglich erwartet), stellt er **vorbeugenden** Rechtsschutz dar. Da hier das Gericht mit einer Rechtssache beschäftigt werden soll, die erst in der Zukunft zu einer Rechtsverletzung führen könnte, und die VwGO an eine bereits stattgefundene Rechtsverletzung anknüpft (sog. repressiver Rechtsschutz), sind besondere Anforderungen an das Rechtsschutzbedürfnis zu stellen. Daher ist eine vorbeugende Unterlassungsklage nur dann zulässig, wenn die Verweisung auf den repressiven Rechtsschutz für den Kläger zu spät käme und zu irreparablen Schäden führen würde. Zum vorbeugenden Rechtsschutz vgl. auch *R. Schmidt*, VerwProzR, S. 1049 ff.

1318

> ### Voraussetzungen und Rechtsfolge des Unterlassungsanspruchs
>
> **I. Anspruchsgrundlage**
> Art. 20 III GG i.V.m. den im Einzelfall einschlägigen Freiheitsgrundrechten (etwa Art. 2 I i.V.m. 1 I GG, Art. 2 II S. 1 oder Art. 14 I S. 1 GG) i.V.m. § 1004 BGB analog
>
> **II. Voraussetzungen**
> 1. (Drohendes) hoheitliches Handeln (etwa Lärmemissionen, Warnungen vor bestimmten Produkten oder Vereinigungen, ehrverletzende Äußerungen etc.)
> 2. Eingriffsobjekt: Subjektives Recht (zumeist allg. Persönlichkeitsrecht; Recht auf

1319

[1541] BVerwG NJW 2006, 1303 ff. (allerdings in Bezug auf die individuelle Glaubensfreiheit). Vgl. dazu den Beispielsfall, der auf der Internetseite des Verlags zum kostenlosen Download zur Verfügung gestellt ist.
[1542] Vgl. BVerwGE 81, 197 ff.; OVG Koblenz NVwZ 2012, 1347.
[1543] Vgl. *Hufen*, VerwProzR, § 27 Rn 12.
[1544] VG Frankfurt a.M. NJW 1999, 1986.
[1545] VGH Kassel NVwZ 1999, 1204.
[1546] OVG Koblenz NVwZ 1990, 279.
[1547] VGH Mannheim NVwZ 1990, 988. Vgl. nunmehr auch § 22 Ia S. 2 BImSchG, wonach Geräuscheinwirkungen, die von Kindertageseinrichtungen, Kinderspielplätzen und ähnlichen Einrichtungen wie z.B. Ballspielplätzen durch Kinder hervorgerufen werden, im Regelfall keine schädliche Umwelteinwirkung sind. Bei der Beurteilung der Geräuscheinwirkungen dürfen Immissionsgrenz- und -richtwerte nicht herangezogen werden.
[1548] BVerwGE 79, 254, 258.
[1549] OVG Saarlouis NVwZ 1992, 72; BVerwG NJW 1992, 2779.
[1550] OVG Lüneburg NJW 1998, 2921.

körperliche Unversehrtheit; Eigentumsrecht)

a. Schaffung eines andauernden, rechtswidrigen Zustands durch den hoheitlichen Eingriff (Rechtsgrundlage der Behörde für den Eingriff; keine Duldungspflicht des Anspruchstellers)

b. Unmittelbarkeit (Zurechenbarkeit) der Folgen

III. Rechtsfolge

Unterlassen des gerügten Verhaltens für die Zukunft

1320 Hinsichtlich der Voraussetzungen des Unterlassungsanspruchs kann im Wesentlichen auf die Ausführungen zum Folgenbeseitigungsanspruch (Rn 1274 ff.) und zum Realakt (Rn 387 und 891 ff.) verwiesen werden. Sowohl der Folgenbeseitigungs- als auch der Unterlassungsanspruch setzen zunächst ein hoheitliches Handeln voraus, das in subjektive Rechte des Betroffenen eingreift, wobei es beim Unterlassungsanspruch gerade genügt, wenn die Rechtsverletzung droht. Soweit es um behördliche **Warnungen/Informationen/Äußerungen** geht, die den Betroffenen lediglich **faktisch-mittelbar** belasten, ist die Rechtsprechung des BVerfG zu beachten, wonach schon die **Schutzbereiche** der einschlägigen Grundrechte **nicht eröffnet** sind, sofern die Äußerungen zutreffend und sachlich gehalten sind.[1551] Ein Unterlassungsanspruch scheidet demzufolge aus. Im Übrigen bedarf es in solchen Fällen nach Auffassung des BVerfG für die Informationstätigkeit einer Regierung im Rahmen der ihr zugewiesenen Aufgaben der Staatsleitung über die Zuweisung dieser Aufgabe hinaus auch **keiner besonderen gesetzlichen Ermächtigung**.[1552] Vgl. dazu die Abschlussfälle gem. Rn 911 (mit Verweis auf die Internetseite des Verlags).

[1551] BVerfG NJW 2002, 3458 ff. (Offenlegung der Mitgliedschaft in der Scientology-Organisation). Vgl. aber BVerfGE 105, 279 ff. (Sektenwarnung), wo das Gericht der herkömmlichen Grundrechtsdogmatik folgt und einen Eingriff in Art. 4 I GG bejaht.

[1552] BVerfGE 105, 279, 295 (Sektenwarnung). Zum Erfordernis einer materiell-rechtlichen Rechtsgrundlage für Behauptungen im Verfassungsschutzbericht vgl. BVerwG NVwZ 2008, 1371 ff. (mit Bespr. v. *Sachs*, JuS 2009, 260 ff.).

I. Öffentlich-rechtlicher Erstattungsanspruch

Der öffentlich-rechtliche Erstattungsanspruch ist ein Instrument sowohl in der Hand des Bürgers als auch in der der Behörde, rechtsgrundlos geleistete Zahlungen (oder andere erbrachte Leistungen) zurückzuerhalten. Damit entspricht er dem Grunde nach dem zivilrechtlichen Bereicherungsanspruch nach den §§ 812 ff. BGB.[1553]

1321

I. Ansprüche der öffentlichen Hand gegen ein Privatrechtssubjekt

1. Rechtsgrundlage/Anspruchsgrundlage

Wegen des rechtsstaatlich motivierten Grundsatzes vom Vorbehalt des Gesetzes darf sich ein vom Staat gegen den Bürger geltend gemachter Erstattungsanspruch *grundsätzlich* nur auf eine Gesetzesgrundlage stützen. Daran ändert auch die Tatsache nichts, dass die ursprüngliche Begünstigung (wie bspw. die des A im Beispiel sogleich) nur einem eingeschränkten Gesetzesvorbehalt unterlag. In vielen Gebieten des Verwaltungsrechts ist der Erstattungsanspruch daher spezialgesetzlich geregelt. So normiert z.B. § 12 II BBesG[1554] die Rückgewähr zu viel gezahlter Dienstbezüge, § 37 II AO die Rückerstattung zu Unrecht erstatteter Steuern und § 50 SGB X die Erstattung zu Unrecht erbrachter Sozialleistungen. § 49a VwVfG sieht die Rückgewähr erbrachter Leistungen vor, wenn der ursprünglich gewährende Verwaltungsakt von der Behörde nach §§ 48 f. VwVfG aufgehoben wurde. Aber auch diese spezialgesetzlichen Erstattungsansprüche verweisen in ihrer Rechtsfolge regelmäßig auf die §§ 812 ff. BGB.

1322

> **Beispiel:** Der Hersteller von Aluminium A hat unter Verstoß gegen geltendes EU-Recht (Nichtbeachtung der Notifikationspflicht nach Art. 108 III AEUV) vom Bundesland S einen Subventionsbetrag i.H.v. 10.000.000,- € erhalten. Die Kommission fordert S nunmehr auf, den geleisteten Betrag von A zurückzufordern. A beruft sich nach Erhalt eines entsprechenden Leistungsbescheids darauf, er habe im Vertrauen auf die Rechtmäßigkeit der Beihilfe den erhaltenen Betrag bereits in die Erweiterung seiner Produktionsstätten einfließen lassen, wodurch ihm das Geld nicht mehr zur Verfügung stehe. Hier muss die Behörde nach § 49a i.V.m. § 48 I, II, IV VwVfG vorgehen. Da diese spezialgesetzliche Norm - wie auch die übrigen - auf die Vorschriften des BGB über die Herausgabe einer ungerechtfertigten Bereicherung verweist und diese Verweisung aufgrund der in den §§ 48 f. VwVfG bereits beschriebenen Voraussetzungen einer Erstattung eine Rechtsfolgenverweisung darstellt[1555], müssen die Voraussetzungen der §§ 812 ff. BGB nicht geprüft werden. Es kann sofort auf die in § 818 BGB normierte Rechtsfolge abgestellt werden (s.u.).

Die spezialgesetzlichen Erstattungsansprüche sind grundsätzlich mit einem **Leistungsbescheid** (Verwaltungsakt) durchzusetzen. Ist der von der Rückforderung betroffene Bürger bzw. Unternehmer mit dem Leistungsbescheid nicht einverstanden, kann er **Anfechtungsklage** erheben.

1323

> **Hinweis für die Fallbearbeitung:** In der Regel ergeht lediglich ein Rückforderungsbescheid. Da die ursprüngliche Leistungsgewährung aber durch einen Bewilligungsbescheid gewährt wurde und dieser Bewilligungsbescheid nach wie vor den Rechtsgrund für die Leistungsgewährung darstellt, müsste an sich ein separater Aufhebungsbescheid ergehen. Gleichwohl sieht es die h.M. als ausreichend an, wenn lediglich ein Rückforderungsbescheid ergeht. Dieser enthält dann konkludent

1324

[1553] Vgl. BVerwG NVwZ 2008, 212; DÖV 2008, 822; OVG Lüneburg NordÖR 2002, 307 ff. Zum Bereicherungsrecht vgl. ausführlich *R. Schmidt*, SchuldR BT II, 8. Aufl. 2013, Rn 196 ff.

[1554] Vgl. auch die entsprechenden Vorschriften des Landesrechts.

[1555] *Maurer*, AllgVerwR, § 11 Rn 36; *Kopp/Ramsauer*, VwVfG, § 49a Rn 12.

> den Aufhebungsbescheid. In der Fallbearbeitung muss bei der Begründetheitsprüfung der Anfechtungsklage gleichwohl zwischen den beiden Klagebegehren unterschieden werden. Verwaltungsprozessual besteht jedoch ein Fall der kumulativen Klagenhäufung (§ 44 VwGO).

1325 Fehlt allerdings eine ausdrückliche Rechtsgrundlage für den Erstattungsanspruch, kommt der Erlass eines Rückforderungsbescheids nicht in Betracht.[1556] Das gilt wegen des Grundsatzes vom Vorbehalt des Gesetzes (Art. 20 III GG) auch dann, wenn EU-Recht die Rückforderung EU-rechtswidriger Subventionen fordert. Denn der Vorbehalt des Gesetzes ist ein Fundamentalprinzip des deutschen Verfassungsrechts und darf nicht von EU-Interessen unterlaufen werden. In diesem Fall ist der Anwendungsbereich des mit einer **allgemeinen Leistungsklage** durchzusetzenden allgemeinen (ungeschriebenen) öffentlich-rechtlichen Erstattungsanspruchs eröffnet.

Entgegen der früheren h.M., die ihn auf eine analoge Anwendung der §§ 812 ff. BGB stützte, wird er heute überwiegend als ein *eigenständiges öffentlich-rechtliches Rechtsinstitut* angesehen, das sich aus den allgemeinen Grundsätzen des Verwaltungsrechts, insbesondere aus der Gesetzmäßigkeit der Verwaltung (Art. 1 III, 20 III GG), ergibt.[1557] Er ist gegeben, wenn die Behörde in Ermangelung einer Rechtsgrundlage oder wegen Verlustes ihrer Verwaltungsaktbefugnis keinen Rückforderungsbescheid erlassen kann, jedoch die Gerechtigkeit einen Ausgleich für zu Unrecht verschobene Vermögenswerte fordert.[1558]

> **Beispiel:** Die Gemeinde G schließt mit dem Unternehmer U einen verwaltungsrechtlichen Vertrag über eine von G zu gewährende Beihilfe (Subvention) in Form eines verlorenen Zuschusses. Der Betrag wird ausgezahlt. Da die Subvention in den Regelungsbereich der Art. 107 f. AEUV fällt und eine entsprechende Freigabe durch die Kommission nicht eingeholt wurde, ist der Vertrag rechtswidrig. Wenn man davon ausgeht, dass der Vertrag im Übrigen wirksam ist (nicht jede Rechtswidrigkeit führt zur Nichtigkeit), kann die Gemeinde *nicht* über §§ 48 ff. VwVfG vorgehen, da sie durch die Formenwahl *Vertrag* die Verwaltungsaktbefugnis verloren hat. Hier verbleibt ihr nur die Möglichkeit, im Rahmen einer allgemeinen Leistungsklage über den allgemeinen öffentlich-rechtlichen Erstattungsanspruch vorzugehen. Selbst wenn man nicht nur von der Rechtswidrigkeit des Vertrags, sondern wegen § 59 I VwVfG i.V.m. § 134 BGB i.V.m. Art. 107 f. AEUV auch von dessen Nichtigkeit ausginge, entfaltete der Vertrag eine Sperrwirkung gegenüber der Befugnis zum Erlass eines Verwaltungsakts. Die Behörde kann daher auch in diesem Fall keinen Aufhebungs- und/oder Rückforderungsbescheid erlassen, sondern ist auf den Klageweg angewiesen (allgemeine Leistungsklage).

1326 Liegt ein Fall des allgemeinen öffentlich-rechtlichen Erstattungsanspruchs vor, müssen auch die (rechtsfolgenbegründenden) Voraussetzungen der §§ 812 ff. BGB vorliegen.[1559] Diese sind:

2. Unmittelbare Vermögensverschiebung

1327 Die unmittelbare Vermögensverschiebung kann durch Leistung oder in sonstiger Weise erfolgen. Es müssen also eine Entreicherung auf der einen und eine Bereicherung auf der anderen Seite stattgefunden haben.

[1556] Wie hier nun auch OVG Berlin-Brandenburg NVwZ 2006, 104, 105 sowie *Vögler*, NVwZ 2007, 294, 298.
[1557] Zu den Voraussetzungen vgl. auch BVerwG NVwZ 2008, 1369; VG Gießen NVwZ-RR 1998, 453; *Maurer*, AllgVerwR, § 28 Rn 23 ff.
[1558] Vgl. auch hier nunmehr OVG Berlin-Brandenburg NVwZ 2006, 104, 105 sowie *Vögler*, NVwZ 2007, 294, 298 und BVerwG NVwZ 2008, 1369 ff.
[1559] Vgl. BVerwG NVwZ 2008, 212; DÖV 2008, 822.

3. Ohne Rechtsgrund

Die Vermögensverschiebung muss entweder ohne Rechtsgrund erfolgt oder der Rechtsgrund muss später weggefallen sein.

1328

Zu beachten ist insbesondere, dass auch ein rechtswidriger Verwaltungsakt einen Rechtsgrund für die Vermögensverschiebung darstellt. Denn auch ein rechtswidriger - aber nicht nichtiger - Verwaltungsakt ist, wie sich aus §§ 43 II, III, 44 VwVfG ergibt, wirksam. Ist die Vermögensverschiebung in der Erfüllung eines öffentlich-rechtlichen Vertrags erfolgt, erweist sie sich als rechtsgrundlos, wenn der Vertrag unwirksam bzw. nichtig ist.

4. Rechtsfolge: Rückgewährung der geleisteten Vermögenswerte

Liegen die Voraussetzungen für die Rückgewähr der zu Unrecht erfolgten Vermögensverschiebung jedoch vor, sind die empfangenen Leistungen zu erstatten, § 818 I, II BGB.

1329

5. Wegfall der Bereicherung?

Schwierig ist die Frage zu beantworten, ob der zu Unrecht bereicherte Private sich auf den Wegfall der Bereicherung (§ 818 III BGB) berufen kann.

1330

Rein zivilrechtlich betrachtet kann er sich nicht auf den Wegfall der Bereicherung berufen, wenn er den Mangel des rechtlichen Grundes kannte (§ 818 IV, § 819 I BGB). Diese Rechtsfolge wird im öffentlichen Recht durch die Regelung des § 49a II S. 2 VwVfG, dessen Rechtsgedanke auch auf den ungeschriebenen Erstattungsanspruch anwendbar ist, noch verschärft. Danach besteht trotz erfolgter Entreicherung eine volle Rückerstattungspflicht bei **Kenntnis oder grob fahrlässiger Unkenntnis** hinsichtlich der Umstände, welche die Rechtswidrigkeit der Leistungsgewährung begründen. Als grobfahrlässige Unkenntnis ist es jedenfalls anzusehen, wenn die Rechtswidrigkeit der Leistungsgewährung offensichtlich ist oder wenn der Betroffene nach den ihm bekannten Umständen mit einer Rückforderung rechnen musste. Kolli-diert die Leistungsgewährung mit EU-Recht, gelten zusätzliche Einschränkungen. Bei juristischen Personen kommt es auf die Kenntnis einer vertretungsberechtigten Person oder einer für die vorausgegangene Empfangnahme der zu erstattenden Leistung zuständigen Person an.[1560]

1331

Begründetheit der allgemeinen Leistungsklage beim Erstattungsanspruch

I. Rechtsgrundlage/Anspruchsgrundlage
Spezialgesetzlich oder das den Art. 1 III und 20 III GG zugrunde liegende Prinzip der Gesetzmäßigkeit der Verwaltung

II. Voraussetzungen
1. Vermögensverschiebung: Vermögensverschiebung kann durch Leistung oder in sonstiger Weise erfolgen. Es muss eine Entreicherung auf der einen und eine Bereicherung auf der anderen Seite stattgefunden haben.
2. Ohne Rechtsgrund: Leistung ohne Rechtsgrund oder späterer Wegfall des Rechtsgrundes

III. Rechtsfolge
1. Erstattung der zu Unrecht erfolgten Vermögensmehrung
2. Ggf. Wegfall der Bereicherung, aber: Erstattung jedenfalls bei Kenntnis oder grobfahrlässiger Unkenntnis der Umstände, die zur Leistungsgewährung ge-führt haben. Bei Verstoß gegen EU-Recht gelten verschärfte Bedingungen.

[1560] *Kopp/Ramsauer*, VwVfG, § 49a Rn 17.

II. Anspruch eines Privatrechtssubjekts gegen die öffentliche Hand

1. Problemstellung

1332
Erstattungsansprüche sind nicht nur seitens des Staates gegenüber dem Bürger denkbar, sondern auch seitens des Bürgers gegenüber dem Staat. Denn hat ein Bürger aufgrund einer Anordnung oder einer vertraglichen Vereinbarung Leistungen an den Staat erbracht und entfällt die Basis für die Leistungserbringung (etwa wegen **Aufhebung** oder **Änderung des Verwaltungsakts** oder wegen **Nichtigkeit des verwaltungsrechtlichen Vertrags**), entsteht nach allgemeiner Auffassung ein öffentlich-rechtlicher Erstattungsanspruch gegenüber dem Staat.[1561]

> **Beispiel:** Gemeinde G beabsichtigt, den beplanten Innenbereich (§ 30 I BauGB) zu erweitern, damit neue Wohnsiedlungen entstehen können. Um an entsprechende Grundstücke zu kommen, schließt sie mit den bisherigen Grundeigentümern Kaufverträge ab. In diesem Zusammenhang hat der private Investor I auf der Grundlage eines verwaltungsrechtlichen Vertrags an die Gemeinde einen Geldbetrag bezahlt, damit diese die Erschließung der Baugrundstücke vorantreibt. Nachdem sich die Nichtigkeit des Vertrags herausgestellt hat, verlangt I nunmehr die Rückgabe des Geldes.
>
> In diesem Beispiel geht es um die Rückabwicklung eines nichtigen verwaltungsrechtlichen Vertrags. Herrschend wird die Auffassung vertreten, dass wenn ein Privatrechtssubjekt gegenüber einem Verwaltungsträger einen öffentlich-rechtlichen Erstattungsanspruch geltend macht, lediglich der ansonsten subsidiär zur Anwendung gelangende allgemeine öffentlich-rechtliche Erstattungsanspruch in Betracht komme.[1562] Für diesen Anspruch wäre nach dem oben Gesagten ausschließlich die allgemeine Leistungsklage der richtige Rechtsbehelf. Für die Rückabwicklung fehlgeschlagener verwaltungsrechtlicher Verträge ist dieser Auffassung mangels spezieller Anspruchsgrundlage uneingeschränkt zu folgen.
>
> I kann sein Rückforderungsbegehren somit auf den allgemeinen öffentlich-rechtlichen Erstattungsanspruch stützen, der bei Weigerung der Behörde mit der allgemeinen Leistungsklage durchzusetzen wäre.

1333-
1335
Sofern keine spezialgesetzliche Anspruchsgrundlage besteht (vgl. § 37 II AO, der auch für den Steuerpflichtigen gegenüber dem Staat gilt), ist der öffentlich-rechtliche Erstattungsanspruch auch Rechtsgrundlage für die Rückforderung ohne Rechtsgrund erbrachter Leistungen, denen ein Verwaltungsakt zugrunde lag.

> **Beispiel:** Unternehmer U hat seine berufliche Tätigkeit aufgegeben. Damit sind seine Pflichtmitgliedschaft in der Industrie- und Handelskammer (IHK) und die damit verbundene, seinerzeit durch Verwaltungsakt festgesetzte, Beitragspflicht erloschen.[1563] Weil U vergessen hatte, den entsprechenden Dauerauftrag bei seiner Bank zu widerrufen, überweist diese weiterhin die „Mitgliedsbeiträge" an die Kammer. Das Geld wird verbraucht. Später verlangt U es zurück.

[1561] Vgl. statt vieler OVG Lüneburg NordÖR 2002, 307 ff.; *Maurer*, AllgVerwR, § 29 Rn 20. Das gilt auch für unionsrechtswidrig erhobene Abgaben, da das EU-Recht keine Regelung über die Erstattung zu Unrecht erhobener inländischer Abgaben enthält. Hat eine deutsche Behörde in unionsrechtswidriger Weise Abgaben erhoben, steht dem betroffenen Bürger der allgemeine öffentlich-rechtliche Erstattungsanspruch zu (vgl. dazu näher *Lindner*, NVwZ 1999, 1079).

[1562] So OVG Lüneburg NordÖR 2002, 307 ff.; *Maurer*, AllgVerwR, § 29 Rn 29.

[1563] Die IHK ist eine Körperschaft des öffentlichen Rechts und somit Behörde, vgl. § 3 I IHKG. Die Pflichtmitgliedschaft („Verkammerung") besteht u.a. für natürliche Personen, die gewerbesteuerpflichtig sind, § 2 I IHKG. Die Gewerbesteuerpflicht ergibt sich aus § 14 GewStG, § 184 AO. Die Pflichtzugehörigkeit Gewerbetreibender zu den IHKn nach dem IHKG ist nach BVerfGE 10, 89, 102; 15, 235, 241; BVerfG NVwZ 2002, 335; BVerwG NVwZ 2005, 700 f. und VG Darmstadt NVwZ 2002, 1398 auch angesichts der heutigen Wirtschaftsstruktur nach wie vor mit dem GG vereinbar. Nach dem EuGH (NJW 2009, 1325) verstoßen nationale Pflichtmitgliedschaften nicht gegen EU-Recht. Zur Zwangsmitgliedschaft in einer Jagdgenossenschaft vgl. BVerfG NVwZ 2007, 808, 811.

Hier ist Anspruchsgrundlage der allgemeine öffentlich-rechtliche Erstattungsanspruch, der mit der **allgemeinen Leistungsklage** durchzusetzen wäre.

2. Umfang der Erstattung

Der Umfang der Erstattung richtet nach § 818 BGB (der Rechtsgrund besteht bereits **1336** durch die Voraussetzungen des öffentlich-rechtlichen Erstattungsanspruchs). Zu beachten ist dabei, dass sich der Staat oder ein sonstiger Verwaltungsträger nicht auf den Einwand der Entreicherung berufen kann. Das ergibt sich schon aus dem Überordnungsverhältnis sowie der finanziellen Leistungsfähigkeit der öffentlichen Hand, zumindest wenn es um Ansprüche einzelner Bürger geht. Vor allem aber wegen des Grundsatzes der Gesetzmäßigkeit der Verwaltung, der die Wiederherstellung des rechtmäßigen Zustands verlangt, kommt der Einwand der Entreicherung grundsätzlich nicht in Betracht.[1564]

III. Anspruch unter Verwaltungsträgern

Richtet sich der Erstattungsanspruch eines Verwaltungsträgers gegen einen anderen **1337** Verwaltungsträger, ist nicht ausgeschlossen, dass auch hier die Durchsetzung des Anspruchs mittels Verwaltungsakts erfolgt. Für diesen Fall sind je nach Konstellation die Anfechtungsklage oder die Verpflichtungsklage statthaft. Regelmäßig ist aber der mit Hilfe der allgemeinen Leistungsklage geltend zu machende allgemeine öffentlich-rechtliche Erstattungsanspruch einschlägig.[1565]

> **Beispiel:** Die Gemeinde G erhält vom Land aufgrund einer entsprechenden gesetzlichen Bestimmung einen Zuschuss zu den Kosten, die aufgrund der vorzeitigen Pensionierung einiger Kommunalbeamter entstehen. Als sich später herausstellt, dass die gesetzlichen Voraussetzungen für die Gewährung des Zuschusses nicht vorliegen, fordert das Land die Erstattung des Geleisteten. Sofern kein spezialgesetzlicher Erstattungsanspruch greift, kann das Land seinen Anspruch auf den ungeschriebenen allgemeinen öffentlich-rechtlichen Erstattungsanspruch stützen.

IV. Konkurrenzen

Greifen gesetzlich besonders ausgestaltete Erstattungsansprüche ein (vgl. oben), ist **1338** der allgemeine öffentlich-rechtliche Erstattungsanspruch ihnen gegenüber subsidiär. Das betrifft insbesondere § 49a VwVfG, aber auch die besonderen Regelungen des allgemeinen Polizei- und Ordnungsrechts. Dagegen ist der öffentlich-rechtliche Erstattungsanspruch nicht ausgeschlossen, wenn ein Amtshaftungsanspruch besteht. Des Weiteren kann der öffentlich-rechtliche Erstattungsanspruch häufig mit dem Folgenbeseitigungsanspruch konkurrieren. Auch diese beiden Anspruchsgrundlagen bestehen nebeneinander, weil sie verschiedene Rechtsfolgen begründen, auch wenn der Folgenbeseitigungsanspruch im Einzelfall auf Geldersatz abzielt (a.A. vertretbar).

[1564] Wie hier nun auch *Wallrabenstein/Breder*, JuS 2011, 353, 358.
[1565] Vgl. nunmehr auch OVG Münster NWVBl 2007, 16 sowie BVerwG NVwZ 2008, 1369 ff.

J. Ansprüche aus verwaltungsrechtlichen Schuldverhältnissen

1339   Schließt die Verwaltung einen öffentlich-rechtlichen Vertrag, liegt ein gesetzlich geregelter Fall eines öffentlich-rechtlichen Schuldverhältnisses vor. Sofern die Vorschriften der §§ 54 ff. VwVfG keine Regelungen (etwa hinsichtlich der Frage nach dem Zustandekommen des Vertrags oder bei Schlechtleistungen) enthalten, sind die Vorschriften des BGB anwendbar (vgl. § 62 S. 2 VwVfG). Aber auch außerhalb des geschriebenen Rechts existieren öffentlich-rechtliche Schuldverhältnisse. Dazu gehören

- die öffentlich-rechtliche Verwahrung,
- die öffentlich-rechtliche Geschäftsführung ohne Auftrag
- und die öffentlich-rechtlichen Benutzungs- und Leistungsverhältnisse (etwa die Lieferung von Gas-, Wasser- oder Fernwärme).

1340   Sofern hier nicht die öffentlich-rechtlichen Haftungsinstitute und Ausgleichsansprüche (Amtshaftung, Enteignung, enteignender und enteignungsgleicher Eingriff, Folgenbeseitigungsanspruch) greifen, kommen (insbesondere im Verhältnis Staat-Bürger) **die Vorschriften des BGB** (etwa die Verjährungsregelungen gem. §§ 194 ff. BGB, das Mitverschulden gem. § 254 BGB, die Unmöglichkeit gem. § 275 BGB, die Haftung für Erfüllungsgehilfen gem. § 278 BGB und der Schadensersatzanspruch wegen Pflichtverletzung gem. § 280 BGB) zur Anwendung. Der Rechtsweg bestimmt sich nach § 40 II VwGO (**Zivilrechtsweg**).

I. Öffentlich-rechtliche Verwahrung

1341   Von einer öffentlich-rechtlichen Verwahrung spricht man, wenn eine Behörde eine bewegliche Sache kraft öffentlichen Rechts in Besitz nimmt und dadurch den Berechtigten von seinen eigenen Obhuts- und Sicherungsobliegenheiten ausschließt. Die öffentlich-rechtliche Verwahrung kann durch Verwaltungsakt, Realakt (etwa tatsächliches Ansichnehmen) oder öffentlich-rechtlichen Vertrag begründet werden.

> **Beispiele:** Beschlagnahme von Sachen im Strafverfahren; Entgegennahme abgegebener Fundsachen durch die Polizei; Verwahrung von sichergestellten Sachen durch die Polizei

1342   Sofern Vorschriften des öffentlichen Rechts (insbesondere die Polizeigesetze) keine abschließenden Regelungen enthalten, sind §§ 688 ff. BGB entsprechend anwendbar. Zu Haftungsfragen kommt es immer dann, wenn eine verwahrte Sache zerstört oder beschädigt wurde. Dann sind v.a. §§ 275, 278, 280 BGB entsprechend anwendbar.

II. Öffentlich-rechtliche Geschäftsführung ohne Auftrag (GoA)

1343   Bei der GoA geht es darum, dass jemand (der Geschäftsführer) ein Geschäft für einen anderen (den Geschäftsherrn) besorgt, ohne dabei von ihm beauftragt oder sonst ihm gegenüber berechtigt zu sein (vgl. § 677 BGB). Ist die GoA berechtigt, stehen dem Geschäftsführer Ersatz seiner Aufwendungen zu (§ 683 BGB); anderenfalls ist der Geschäftsführer zum Schadensersatz verpflichtet (§ 678 BGB), kann aber Herausgabe desjenigen verlangen, was der Geschäftsherr durch die Geschäftsführung erlangt hat (§ 684 BGB). Berechtigt ist die GoA, wenn sie dem wirklichen oder mutmaßlichen Willen des Geschäftsherrn entspricht oder der Erfüllung einer im öffentlichen Interesse liegenden Pflicht dient (§ 683 BGB).[1566]

[1566] Vgl. dazu ausführlich *R. Schmidt*, SchuldR BT II, 8. Aufl. 2013, Rn 38 ff.

Nach wohl einhelliger Auffassung in der Rechtsprechung sind die Regelungen der GoA auch im öffentlichen Recht anwendbar, sofern keine speziellen Vorschriften des öffentlichen Rechts (wie z.B. § 25 SGB XII, § 8 VwVfG oder die Regelungen über die Erstattung von Kosten und Auslagen nach den Gefahrenabwehrgesetzen) greifen.[1567] Anwendungsbeispiele sind das Bergen von verunglückten oder liegengebliebenen Kfz durch die Polizei (bzw. von privaten Abschleppunternehmern, die von der Polizei beauftragt werden), die Beseitigung umweltschädlicher, aus einem leckgeschlagenen Tank ausgetretener Stoffe durch die Polizei (bzw. durch das von der Polizei beauftragte THW) oder das „Freikaufen" von entführten Geiseln im Ausland durch das Außenministerium. Zu beachten ist allerdings: Handelt der Staat aufgrund gesetzlicher Ermächtigung, ist er dem Bürger „sonst berechtigt" i.S.v. § 677 BGB. Außerdem fehlt in diesem Fall der Fremdgeschäftsführungswille. Eine Anwendung der GoA-Regeln verbietet sich. Ließe man eine öffentlich-rechtliche GoA zu, würde man zudem die gesetzliche Kostenregelung unterlaufen, wendete man §§ 683, 670 BGB entsprechend an.

1344

III. Öffentlich-rechtliche Benutzungs- und Leistungsverhältnisse

Verwaltungsrechtliche Schuldverhältnisse können sich auch bei den öffentlich-rechtlich ausgestalteten Benutzungs- und Leistungsverhältnissen ergeben. Das betrifft in erster Linie die kommunale Wasserversorgung und Abwasserentsorgung, die kommunalen Schlachthöfe und die kommunalen Schwimmbäder.[1568] Indizien für eine öffentlich-rechtliche Ausgestaltung sind das Vorliegen einer Benutzungssatzung, die Erhebung von Benutzungsgebühren und der Hinweis auf öffentlich-rechtliche Rechtsbehelfe. Regelungen hinsichtlich der Benutzung bzw. von Pflichtverletzungen finden sich allerdings nur selten im öffentlichen Recht. Daher werden i.d.R. die Grundsätze des Zivilrechts (insbesondere die §§ 280, 278 BGB) entsprechend angewendet.

1345

> **Beispiel:** Aufgrund menschlichen Versagens gerät kontaminiertes Trinkwasser in das Versorgungsnetz/kontaminiertes Schlachtfleisch in die Regale eines Supermarktes. Einige Bezieher erleiden eine Durchfallerkrankung und machen Schadensersatz gegen die Gemeinde geltend.

Oftmals versuchen die Gemeinden, ihre diesbezügliche **Haftung durch Satzung auszuschließen**. § 276 III BGB scheint es zu ermöglichen, die Haftung für Fahrlässigkeit auszuschließen, da er nur den Ausschluss der Vorsatzhaftung explizit untersagt; nach § 278 S. 2 BGB kann sogar die Haftung für vorsätzliches Verhalten von Hilfspersonen ausgeschlossen werden. Da derartige Haftungsausschlüsse jedoch die Bezieher von kommunalen Leistungen, die i.d.R. auf die Leistung der Gemeinde angewiesen sind, über Gebühr benachteiligen, haben Rspr. und Lit. die Zulässigkeit eines satzungsmäßigen Haftungsausschlusses unter Heranziehung der Vorschriften über die AGB-Kontrolle (§§ 305 ff. BGB) nur unter strengen Voraussetzungen bejaht[1569]:

1346

(1) die Haftung für Vorsatz/grobe Fahrlässigkeit dürfe nicht ausgeschlossen werden,

(2) die Haftungsbeschränkung müsse sachlich gerechtfertigt sein,

(3) die Haftungsbeschränkung müsse erforderlich und verhältnismäßig sein,

(4) und es dürfte kein Widerspruch der Haftungsbeschränkung zu den allgemeinen Aufgaben der kommunalen Daseinsfürsorge bestehen.

Eine satzungsmäßige Haftungsbeschränkung kann sich aber von vornherein nur auf das verwaltungsrechtliche Schuldverhältnis beziehen. Ansprüche wegen Amtshaftung können lediglich durch formelles Gesetz beschränkt werden.[1570]

1347

[1567] Vgl. etwa BVerwGE 80, 170, 172 f.; 48, 279, 285; 18, 429, 436; BVerwG NVwZ 2000, 433; BGHZ 156, 394, 398 ff.; BGH NVwZ 2008, 349 f.; *Wolff*, JA 2008, 669, 670; *Dahm*, NVwZ 2005, 172 ff.
[1568] Vgl. dazu Rn 1022 ff.
[1569] Vgl. BGHZ 61, 7, 12 f.; *Geis*, NVwZ 2002, 385, 386; *Maurer*, AllgVerwR, § 29 Rn 7.
[1570] Vgl. BGHZ 61, 7, 14; *Windthorst*, JuS 1995, 992, 993; *Maurer*, AllgVerwR, § 29 Rn 7.

K. Die Integration der unionsrechtlichen Anforderungen in das deutsche Staatshaftungsrecht

1348 Sehr problematisch und auch noch nicht endgültig geklärt ist der Einfluss des Rechts der Europäischen Union auf das deutsche Staatshaftungsrecht.

Anknüpfungspunkt dieser Problematik ist der - umstrittene - Lehrsatz des deutschen Staatshaftungsrechts „Keine Haftung für legislatives Unrecht"[1571]. Diesen Lehrsatz hat der EuGH in seinem Urteil vom 5.3.1996 (**„Brasserie du Pêcheur"**)[1572] für Verstöße gegen das Unionsrecht außer Kraft gesetzt. Den Ausgangspunkt des Brasserie-Urteils bildet das sog. **Francovich-Urteil**[1573]:

I. Das Francovich-Urteil des EuGH

1349 In diesem Rechtsstreit hatte der Kläger für eine in Vermögensverfall geratene italienische Firma gearbeitet und erfolglos die Beitreibung ausstehender Lohnforderungen im Wege der Zwangsvollstreckung versucht. Daraufhin verklagte er den italienischen Staat auf Übernahme der Schulden des Arbeitgebers, hilfsweise auf Schadensersatz, und berief sich auf die Richtlinie 80/987/EWG[1574], die in Italien trotz Ablaufs der Umsetzungsfrist noch nicht umgesetzt worden war. Diese Richtlinie verpflichtet die Mitgliedstaaten der EU, Arbeitnehmern einen Mindestschutz bei Zahlungsunfähigkeit des Arbeitgebers zu gewähren und hierzu geeignete Garantieeinrichtungen zu schaffen, welche die Befriedigung nicht erfüllter Ansprüche der Arbeitnehmer übernehmen. Das angerufene Gericht legte dem EuGH im Wege des Vorabentscheidungsverfahrens (nunmehr Art. 267 AEUV) die Frage vor, ob ein Mitgliedstaat im Wege der unmittelbaren Anwendung aus der Richtlinie selbst in Anspruch genommen werden könne oder zumindest bei Versäumnis der ordnungsgemäßen Umsetzung auf Schadensersatz hafte.

Damit überhaupt eine Haftung des Mitgliedstaates gegenüber seinen Bürgern aus **unionsrechtlichen Grundsätzen**[1575] in Betracht kommt, muss das Unionsrecht im betreffenden Mitgliedstaat zunächst unmittelbar anwendbar sein.

Für das sog. **Primärrecht**[1576] ist dies unzweifelhaft der Fall. Völkervertragsrecht kann, wenn dies dem objektiven Zweck des Vertrags und der Absicht der vertragschließenden Parteien entspricht, auch Rechte Einzelner begründen. Darauf sind die Unionsverträge sichtbar angelegt.

Schwierig ist die Beurteilung des sog. **Sekundärrechts**. In diesem Bereich wiederum unproblematisch ist die *unmittelbare* Wirkung von **Verordnungen**, deren Wirkung *expressis verbis* in Art. 288 II AEUV angeordnet ist.

Richtlinien dagegen sind in erster Linie an die Mitgliedstaaten adressiert (Art. 288 III AEUV). Sie verpflichten diese, die in ihnen enthaltenen Vorgaben und Ziele innerstaatlich umzusetzen.[1577] Für die Unionsbürger erzeugen sie also – anders als Verordnungen – grundsätzlich **keine** *unmittelbaren* innerstaatlichen Wirkungen.

Gleichwohl entfalten einzelne Bestimmungen einer EU-Richtlinie nach der Rechtsprechung des EuGH unter bestimmten Voraussetzungen unmittelbare innerstaatliche

---

[1571] Vgl. BGHZ 102, 350 ff. („Waldschadenfall").
[1572] EuGH EuGRZ 1996, 144 ff = NJW 1996, 1267 ff.
[1573] EuGH Slg 1991, 5357 ff. = NJW 1992, 165 Tz 35.
[1574] ABlEG Nr. L 283, S. 23.
[1575] Eine Anspruchsgrundlage für eine Haftung des Mitgliedstaates gegenüber dem Bürger ist also nicht aus nationalem Recht, sondern aus EU-Recht herzuleiten.
[1576] Zur Rechtsnatur des EU-Rechts vgl. eingehend Rn 165 ff.
[1577] Den Mitgliedstaaten verbleiben jedoch grundsätzlich die Wahl der Form und die der Mittel zur Erreichung der Vorgaben und Ziele (Ermessen).

Wirkung (**unmittelbare Anwendbarkeit von Richtlinien**).[1578] Eine unmittelbare Wirkung setzt voraus, dass die betreffende Richtlinie

- **nicht ordnungsgemäß** oder **nicht fristgerecht umgesetzt** wurde,

- **»*inhaltlich unbedingt*«** und

- **»*hinreichend genau*«** bestimmt ist und damit ohne weitere Zwischenakte für den Rechtsanwender subsumtionsfähig sein muss.

Vgl. dazu (und zu der Frage, wie die unmittelbare Wirkung *in concreto* aussieht) im Einzelnen Rn 165 ff.

Erst wenn diese Voraussetzungen vorliegen, stellt sich die Frage nach der Haftung des Mitgliedstaates für das Unterbleiben der fristgemäßen Umsetzung einer Richtlinie: Art. 340 AEUV sieht lediglich die vertragliche und außervertragliche Haftung *der Union* vor. Eine Haftung *der Mitgliedstaaten* ist im AEUV nicht geregelt und vom EuGH in der Vergangenheit auch abgelehnt worden.[1579] Im Francovich-Urteil sieht der EuGH sich veranlasst, seine damalige Position »unter Berücksichtigung des allgemeinen Systems und der wesentlichen Grundsätze des Vertrags« zu revidieren und im Wege der Rechtsfortbildung eine unionsrechtliche Haftung der Mitgliedstaaten für Schäden zu begründen, die ihren Angehörigen aus unionsrechtswidrigem Verhalten des Staates entstehen. Er stützt sich dabei wesentlich auf das - auch der Rechtsprechung zur unmittelbaren Anwendung von Richtlinien zugrunde liegende - Gebot des *effet utile* des Unionsrechts, wonach die nationalen Gerichte, die im Rahmen ihrer Zuständigkeit die Bestimmungen des Unionsrechts anzuwenden haben, die volle Wirkung dieser Bestimmungen gewährleisten und die Rechte schützen (müssen), die das Unionsrecht den einzelnen Bürgern verleiht. Die volle Wirksamkeit des Unionsrechts sei beeinträchtigt, wenn die einzelnen Unionsbürger nicht die Möglichkeit hätten, für den Fall eine Entschädigung zu erlangen, dass ihre Rechte durch unionsrechtswidriges Verhalten des Mitgliedstaates verletzt würden. Ferner weist der EuGH auf **Art. 4 III EUV** (vormals Art. 10 EG und davor Art. 5 EGV) hin, der den Mitgliedstaaten die Verpflichtung auferlege, die Folgen eines Verstoßes gegen das Unionsrecht zu beheben. Die Haftung der Mitgliedstaaten wegen unionsrechtswidrigen Verhaltens sei deshalb ein untrennbarer Bestandteil der durch den EUV und AEUV geschaffenen Rechtsordnung.

1350

Geht es um Schäden aufgrund der **unzureichenden Umsetzung einer Richtlinie**, sind die Mitgliedstaaten nach der Rechtsprechung des EuGH[1580] unter drei Voraussetzungen zur Haftung verpflichtet:

1351

- Die Richtlinie muss die Verleihung **subjektiver Rechte** (also Rechte Einzelner) bezwecken.

- Der **Inhalt** dieser Rechte muss auf der Grundlage der Richtlinie **bestimmt** werden können.

- Es muss ein **Kausalzusammenhang** zwischen dem Verstoß gegen die dem Staat auferlegte Verpflichtung und dem dem Geschädigten entstandenen Schaden bestehen.

[1578] Die Rechtsprechung des EuGH reicht von dem grundlegenden Großkrotzenburg-Urteil vom 11.8.1995 (NVwZ 1996, 369 mit Anm. v. *Callies*, NVwZ 1996, 339) bis zu den aus jüngerer Zeit stammenden Urteilen zum Flughafen Bozen vom 16.9.1999 (DVBl 2000, 214), dem sog. „Irland-Urteil" vom 21.9.1999 (EuGH Slg. 1999, 5901 ff.) und der „Olivenöl-Entscheidung" vom 26.9.2000 (EuZW 2001, 153). Das BVerwG und andere deutsche Gerichte haben die Rechtsprechung ausdrücklich bestätigt (BVerwG NVwZ 1999, 528; BVerwG NVwZ 1998, 616; VGH München ZUR 1999, 153). Vgl. dazu auch *Derpa*, JA 2002, 571, 576.
[1579] EuGH Slg. 1976, 1989, 1998 („Rewe").
[1580] EuGH NJW 1994, 2473; EuGH, EuZW 1996, 205 = NJW 1996, 1267; vgl. in diesem Sinn auch die späteren Urteile des EuGH, EuZW 1996, 274; 654 = NJW 1996, 3141 („Pauschalreisen") sowie LG Bonn NJW 2000, 815 mit Bespr. v. *Simon*, JuS 2001, 643, 646 f.

1352 Die Voraussetzungen für die Haftung der Mitgliedstaaten sind damit **unionsrechtlich abschließend** bestimmt. Lediglich für die **Verwirklichung des Ersatzanspruchs** und die **Regelung des Verfahrens** wird mangels unionsrechtlicher Regelungen auf das **nationale Haftungs- und Prozessrecht** verwiesen. Unter diesem Vorbehalt hat der Staat im Rahmen des nationalen Haftungsrechts den Schaden zu beheben, den er durch einen zurechenbaren Verstoß gegen das Unionsrecht verursacht hat. Dieses durch die unionsrechtlichen Voraussetzungen modifizierte nationale Haftungs- und Prozessrecht darf allerdings **nicht ungünstiger ausgestaltet** sein als bei vergleichbaren innerstaatlichen Haftungstatbeständen und darf auch die Verwirklichung des Ersatzanspruchs nicht praktisch unmöglich machen oder übermäßig erschweren. Hierauf aufbauend sind die einschlägige Anspruchsgrundlage, die Höhe des Anspruchs, die Verjährung und eine etwaige Haftungsminderung wegen Mitverschuldens nach nationalem Recht zu bestimmen. In der Bundesrepublik wird insoweit auf die Amtshaftung gem. § 839 BGB i.V.m. Art. 34 GG und – soweit die durch die Richtlinie geregelte Rechtsposition dem Schutz des Eigentums aus Art. 14 GG unterfiele – das Rechtsinstitut des enteignungsgleichen Eingriffs zurückzugreifen sein.

1353

> **Zusammenfassung:** In dem Francovich-Urteil stellt der EuGH fest, dass ein Mitgliedstaat die Schäden zu ersetzen hat, die dem Einzelnen dadurch entstehen, dass die EG-Richtlinie 80/987/EWG nicht umgesetzt worden ist. In den Urteilsgründen wurde diese Feststellung sogar noch generalisiert und der Grundsatz einer Haftung des Staates für Schäden, die dem Einzelnen durch dem Staat zurechenbare Verstöße gegen das Unionsrecht entstehen, festgelegt. Damit ist angedeutet, dass eine Haftung sich *nicht* nur auf falsch oder nicht rechtzeitig umgesetzte Richtlinien beschränkt (zu dieser Konsequenz siehe sogleich).

II. Das Brasserie-Urteil des EuGH

1354 Ausgehend vom Francovich-Urteil stellt sich im **Brasserie-Urteil** des EuGH[1581] die Frage, ob ein Haftungsanspruch auch bei Verstößen gegen das Unionsrecht besteht, die dem **Gesetzgeber unmittelbar zuzurechnen sind** (Haftung für legislatives Unrecht).

Das Brasserie-Urteil basiert auf dem Bier-Urteil des EuGH[1582]. Damals hatte der EuGH entschieden, dass das deutsche Verkehrsverbot für in anderen Mitgliedstaaten nicht nach dem Reinheitsgebot gebraute Biere gegen die durch Art. 30 EGV (danach Art. 28 EG und nunmehr Art. 34 AEUV) geschützte Freiheit des Warenverkehrs verstoße. Es lag also ein Verstoß gegen verbotene gesetzliche Einschränkungen der Niederlassungs- und Warenverkehrsfreiheit vor. Die französische Brauerei Brasserie du Pêcheur verklagte daraufhin die Bundesrepublik Deutschland auf Schadensersatz, da ihr wegen des Einfuhrverbots ein Schaden entstanden sei. Das OLG Köln hatte die Klage abgewiesen, und der BGH legte dem EuGH gemäß Art. 177 III EGV (danach Art. 234 III EG und nunmehr Art. 267 III AEUV) mehrere Fragen bezüglich der von diesem im Francovich-Urteil aufgestellten Grundsätze vor, insbesondere die Frage nach der Haftung für legislatives Unrecht.

Dass eine Haftung für legislatives Unrecht in Betracht kommt, hatte der EuGH bereits im Francovich-Urteil angedeutet (s.o.). Dort stellte der EuGH im Urteilstenor fest, dass nicht nur die Nicht- oder Falschumsetzung von Richtlinien erfasst sei, sondern *jeder* dem Einzelnen einen Schaden zufügende und dem Staat zurechenbare Verstoß gegen das Unionsrecht.[1583]

Der EuGH verweist im Brasserie-Urteil auf den Grundsatz der unmittelbaren Anwendbarkeit des Unionsrechts. Dieser gelte nicht nur im Fall der Nichtumsetzung einer nicht unmittelbar anwendbaren Richtlinie wie im Fall Francovich, sondern auch „im Fall der qualifizierten

---

[1581] EuGH Slg I 1996, 1029 = NJW 1996, 1267 ff.
[1582] EuGH NJW 1987, 1133 ff.
[1583] Siehe den Verweis des EuGH in EuGRZ 1996, 144, 146, Tz. 17 und Punkt 1 des Tenors.

Verletzung eines unmittelbar durch eine Unionsnorm verliehenen Rechts"[1584]. Es stehe fest, dass die Art. 30 und 52 EGV (jetzt: 34 AEUV und 49 AEUV) unmittelbar anwendbar seien und dem Einzelnen Rechte verleihen könnten, die er unmittelbar vor staatlichen Gerichten geltend machen könne.[1585] Aus diesen Vorgaben folgt, dass Verstöße einzelner Mitgliedstaaten gegen geltendes Unionsrecht daher unmittelbar vor den nationalen Gerichten geltend gemacht werden können, wenn

- die Verstöße sich auf die Grundfreiheiten des Binnenmarktes beziehen,
- die die Grundfreiheiten gewährleistenden Vorschriften unmittelbar anwendbar sind
- und wenn der Verstoß hinreichend qualifiziert ist.

III. Die Pauschalreisenrichtlinie

Die im Francovich-Urteil aufgestellten Grundsätze hat der EuGH auch später in einem ähnlich gelagerten Fall bestätigt, bei dem es um die nicht rechtzeitig umgesetzte **Pauschalreisenrichtlinie** (Richtlinie 90/314/EWG) ging.[1586] Der Entscheidung lag folgender Sachverhalt zugrunde:

1355

Als ein deutsches Reiseunternehmen in Konkurs fiel, mussten viele Urlauber auf eigene Kosten zurückfliegen. Die EG-Richtlinie 90/314/EWG, die für solche Fälle einen Versicherungsfond vorsah, war von der Bundesrepublik Deutschland nicht umgesetzt worden. Einige Reisende klagten gegen die Bundesrepublik auf Schadensersatz.

Zweck dieser Richtlinie war es, zu gewährleisten, dass die durch Konkurs des Reiseveranstalters geschädigten Verbraucher die Erstattung gezahlter Beträge und bei bereits angetretener Reise die Rückreise verlangen können. Art. 9 dieser Richtlinie verpflichtete die Mitgliedstaaten zur Umsetzung der Richtlinie bis zum 31.12.1992. Das deutsche Umsetzungsgesetz „zur Durchführung der Richtlinie des Rates v. 13.6.1990 über Pauschalreisen" (BGBl I 1994, S. 1322), das den neuen § 651k in das BGB einfügte, wurde erst am 24.6.1994 erlassen. Hätte der deutsche Gesetzgeber diese Richtlinie rechtzeitig umgesetzt, wäre der neue § 651k BGB also schon am 31.12.1992 in Kraft gewesen, so wäre den Klägern deren Schaden nicht entstanden. Die nicht fristgerechte Umsetzung der Richtlinie war somit jedenfalls kausal für die Schäden.

1356

Die Bundesrepublik Deutschland war der Rechtsauffassung, dass ein bloßer Verstoß gegen eine Umsetzungsfrist für sich allein noch kein qualifizierter, d.h. offenkundiger und schwerwiegender Verstoß gegen das Unionsrecht sei. Insbesondere sei im vorliegenden Fall die Umsetzungsfrist zu kurz gewesen. Der EuGH trägt diese Auffassung nicht, sondern bejaht einen qualifizierten Verstoß.[1587] Weiterhin fügt er an, dass wenn ein Mitgliedstaat der Auffassung sei, die Umsetzungsfrist wäre zu kurz, so müsse er sich bei der Kommission um eine Fristverlängerung bemühen. Aus der Formulierung „bemühen" und auch aus dem klaren Wortlaut des Art. 288 III AEUV („des zu erreichenden Zieles") folge, dass nicht das *Bemühen* um die Umsetzung, sondern der Umsetzungs*erfolg* geschuldet sei. Komme also ein Mitgliedstaat der Umsetzungspflicht in der vorgegebenen Frist nicht nach, so liege ein qualifizierter Vertragsverstoß vor. Nachdem die - auf hier nicht weiter einzugehenden - übrigen Voraussetzungen vorliegen (die Richtlinie ist inhaltlich unbedingt und hinreichend genau bestimmt; sie räumt klar und eindeutig ein subjektives Recht des Reisenden ein; ein Kausalzusammenhang zwischen der Pflichtverletzung des Mitgliedstaates und dem Schaden ist gegeben), ist der Weg frei für die Beantwortung der Frage nach einem Ersatzanspruch (s.o., Francovich-Urteil).

[1584] EuGRZ 1996, 144, Tz. 21 f.
[1585] EuGRZ 1996, 144, Tz. 23.
[1586] EuGH NJW 1996, 3141 ff.
[1587] EuGH NJW 1996, 3141, 3142 f.

IV. Zusammenfassung der Haftungsvoraussetzungen

1357
Während im Francovich-Urteil der nationale Gesetzgeber nur das von einer Richtlinie vorgegebene Ergebnis hat erreichen müssen, ist das Brasserie-Urteil dadurch gekennzeichnet, dass dem nationalen Gesetzgeber ein weiter Ermessensspielraum in der Sache zugestanden wird. Im Fall eines weiten Ermessensspielraums soll der *unionsrechtliche* Haftungsanspruch von drei *kumulativ* zu erfüllenden Voraussetzungen abhängen:

- Die verletzte Norm des Unionsrechts muss dem Einzelnen ein **subjektives Recht** einräumen.
- Der Verstoß gegen diese Rechtsnorm muss **hinreichend qualifiziert** sein, d.h. das Ermessen des handelnden Organs muss „offenkundig und erheblich" überschritten worden sein (Evidenz).[1588]
- Es muss ein **unmittelbarer Kausalzusammenhang** zwischen Verstoß und Schaden des Betroffenen bestehen.[1589]

1358
Ist nach diesen unionsrechtlichen Mindestvoraussetzungen – die Mitgliedstaaten dürfen durchaus großzügiger verfahren – ein Ersatzanspruch zu bejahen, ergeben sich die Haftungsfolgen aus dem nationalen Recht, das aber unionsrechtliche Vorgaben beachten muss.[1590] Daraus folgt, dass das nationale Recht einen Ersatzanspruch wegen legislativen Unrechts nicht generell ausschließen darf und die Haftung des Gesetzgebers – wie in der Bundesrepublik Deutschland – nicht am Kriterium der Drittbezogenheit (der Amtspflicht) scheitern lassen darf, etwa weil angenommen wird, der Gesetzgeber handele beim Erlass von abstrakt-generellen Regelungen grundsätzlich nur im Interesse der Allgemeinheit.

Da aber – wie oben bereits ausgeführt – aus unionsrechtlicher Sicht die Stellung des nationalen Gesetzgebers eher der eines Verordnungsgebers gleicht, besteht im Kontext des Unionsrechts überhaupt kein Grund für die im nationalen deutschen Staatshaftungsrecht entwickelte Einschränkung der Haftung für legislatives Fehlverhalten.

Der EuGH weist in seinem Brasserie-Urteil außerdem darauf hin, dass der Anspruch nicht von einem Verschulden des handelnden Amtswalters abhängig gemacht werden kann, wenn die verschuldensrelevanten Gesichtspunkte des nationalen Rechts über das hinausgehen, was im Rahmen der „hinreichenden Qualifiziertheit" des Verstoßes gegen das Unionsrecht gefordert wird.[1591]

Für das deutsche Recht bedeutet dies, dass im Rahmen des § 839 BGB an dem Verschuldenskriterium insoweit weiterhin festgehalten werden kann, als der anzusetzende Verschuldensmaßstab jedenfalls nicht einschränkender wirkt als die Kriterien des EuGH für die hinreichende Qualifiziertheit des Verstoßes. Zur Nichtanwendbarkeit des § 839 II BGB vgl. Rn 1106.

[1588] Problematisch und in seinen Konturen verwischt ist das Kriterium der hinreichenden Qualifiziertheit des Verstoßes. *Evidenz* liegt jedenfalls dann vor, wenn die Rechtswidrigkeit vom EuGH festgestellt wurde. Darüber hinaus bietet der EuGH weitere Evidenzkriterien an. So können das Maß an Klarheit und Genauigkeit der verletzten Vorschrift, der Umfang des Ermessensspielraums, der den nationalen Behörden verbleibt, die Frage, ob der Verstoß vorsätzlich begangen wurde, die Entschuldbarkeit des Rechtsirrtums und das Vorverhalten von Organen der EU (z.B. Duldung von an sich rechtswidrigem Verhalten) zur hinreichenden Qualifiziertheit führen. Der EuGH hat also für die Begründung der mitgliedstaatlichen Haftung für Verstöße gegen das EU-Recht hohe Anforderungen aufgestellt, zu denen die anerkannten Hürden der nationalen Haftungssysteme noch hinzutreten. Dieses insgesamt sehr hohe haftungsbeschränkende Regulativ wird dazu führen, dass die vornehmlich von Deutschland geäußerten Bedenken einer uferlosen Haftung sich als gegenstandslos erweisen werden.
[1589] Vgl. auch EuGH DVBl 2000, 1272; NVwZ 2000, 303; NVwZ 2004, 79 f.; BGH NVwZ 2001, 465; *Rinne/Schlick*, NJW-Beilage 14/2002, S. 23; *Gratias*, NJW 2000, 786, 787; *Kremer*, Jura 2000, 235 ff.; *Cremer*, JuS 2001, 643, 644 f.
[1590] EuGRZ 1996, 144, 149, Tz. 67.
[1591] EuGRZ 1996, 144, 150, Tz. 77, 78.

V. Haftung auch für judikatives Unrecht?

Problematisch ist auch die Frage, ob der Staat auch für rechtswidrige Gerichtsurteile **1359** haftet. Diesbezüglich hat sich der EuGH ebenfalls geäußert.

> **Fall Köbler**[1592]: K ist seit 10 Jahren Professor an der Universität Innsbruck. Nach österreichischem Recht (§ 50a I Gehaltsgesetz) wird eine Dienstalterszulage für Universitätsprofessoren gewährt, wenn diese eine 15-jährige, ausschließlich an österreichischen Universitäten erworbene, Berufserfahrung nachweisen. Dennoch beantragt K diese Zulage, weil er der Meinung ist, man müsse seine 5-jährige, zuvor in Deutschland gewonnene Universitätserfahrung anrechnen. Nach dem Beitritt Österreichs zur EU stelle die Nichtberücksichtigung von Dienstzeiten an anderen Universitäten innerhalb der EU eine mittelbare Diskriminierung dar. Der Antrag wurde abgewiesen.
>
> Das von K angerufene Verwaltungsgericht initiierte zunächst ein Vorabentscheidungsverfahren vor dem EuGH (Art. 267 III AEUV), zog seinen Antrag dann aber wieder zurück und entschied, dass die besondere Dienstalterszulage für ordentliche Universitätsprofessoren eine Treueprämie darstelle, die eine Abweichung von den unionsrechtlichen Bestimmungen über die Freizügigkeit der Arbeitnehmer sachlich rechtfertige.
>
> K, der sich durch diese Entscheidung in seinen unionsrechtlich garantierten Rechten verletzt sah, verklagte daraufhin den Staat Österreich vor dem für Staatshaftungsfragen zuständigen Zivilgericht. Dieses wiederum setzte das Verfahren aus und legte die Sache dem EuGH zur Vorabentscheidung vor.
>
> Dieser wies in seinem Urteil zunächst darauf hin, dass gem. seiner st. Rspr. die Mitgliedstaaten zum Ersatz von Schäden verpflichtet seien, die dem Einzelnen durch dem Staat zuzurechnende Verstöße gegen das Unionsrecht entstehen. Dies gelte unabhängig davon, welches Staatsorgan den Rechtsverstoß begangen habe.[1593] Dass dies auch auf die Judikative zutreffe, folge schon aus dem Effektivitätsprinzip des Unionsrechts.
>
> Sodann wies der EuGH auf die von ihm entwickelten Haftungsvoraussetzungen hin. Ein Ersatzanspruch stehe nur dann zu, wenn
>
> **(1)** der nationale Gesetzgeber gegen eine unionsrechtliche Norm, die nach ihrer Zweckrichtung dem Geschädigten Rechte verleihe, verstoßen habe,
> **(2)** der Verstoß hinreichend qualifiziert sei
> **(3)** und zwischen dem Verstoß und dem beim Betroffenen entstandenen Schaden ein unmittelbarer Kausalzusammenhang bestehe.
>
> Insbesondere auf das zweite Merkmal ging der EuGH näher ein und führte aus, dass eine Haftung nur dann begründet sei, wenn der Verstoß **offenkundig** ist, wenn im vorliegenden Fall das Gericht, dessen Urteil der K angegriffen habe, das geltende Recht und die einschlägige Rspr. des EuGH offenkundig verkannt habe. Das sei der Fall, wenn das Gericht **objektiv willkürlich** gehandelt habe, wenn der Rechtsverstoß jedem hätte einleuchten müssen.
>
> Im vorliegenden Fall bejahte der EuGH zwar den Rechtsverstoß des nationalen Gerichts, weil es seinen Vorabentscheidungsbeschluss hätte aufrechterhalten müssen, nicht aber die Offenkundigkeit des Rechtsverstoßes.
>
> **Fazit:** Die Kriterien, die zur Offenkundigkeit des Rechtsverstoßes führen, kommen denen des BVerfG zur Verletzung von Art. 101 I S. 2 GG bei Verstößen gegen die Vorlagepflicht sehr nahe. Denn das BVerfG fordert ebenfalls eine objektiv willkürliche Verletzung der Vorlagepflicht.[1594]

[1592] Nach EuGH NVwZ 2004, 79 ff. Vgl. auch *Sensburg*, NVwZ 2004, 179 f.; *Kremer*, NJW 2004, 480 ff.; *Schäfer*, JA 2004, 283 ff.
[1593] Der EuGH verweist hier auf die Urteile *Brasserie du Pecheur* und *Factortame*.
[1594] Vgl. dazu BVerfG NJW 2001, 1267, 1268; *Kube*, JuS 2001, 858, 860.

VI. Rechtsfolge

1360   Bezüglich des Umfangs des Ersatzanspruchs verweist der EuGH auf die nationalen Rechtsordnungen, verlangt aber, dass die Entschädigung dem erlittenen Schaden entsprechen und einen effektiven Schutz des Einzelnen gewährleisten müsse und nicht hinter gleichartigen nationalen Entschädigungsansprüchen zurückbleiben dürfe.[1595] Der Ausschluss eines etwaigen entgangenen Gewinns sei jedenfalls unzulässig, weil die von der EU vorbehaltlos gewährleisteten Grundfreiheiten die wirtschaftliche Betätigung des Einzelnen schützten und ein Verstoß gegen diese Grundfreiheiten im Regelfall zu einem wirtschaftlichen Schaden führe, dessen Geltendmachung sonst praktisch unmöglich würde.[1596]

Steht der Entschädigungsanspruch fest, muss weiterhin die Schadensmilderungs- und Schadensverhinderungspflicht (= Obliegenheit) des Anspruchstellers beachtet werden. Dazu gehört auch, dass alle Rechtsschutzmöglichkeiten (Primärrechtsschutz) ausgeschöpft werden. So wäre ein Schaden beispielsweise dadurch zu verhindern oder zumindest zu mildern, dass durch Primärrechtsschutz im Rahmen eines einstweiligen Rechtsschutzes frühzeitig festgestellt wird, dass die staatliche Regelung rechtswidrig ist.

VII. Die Integration dieser Grundsätze in das deutsche Staatshaftungsrecht

1361   Die Integration der o.g. Grundsätze in das deutsche Staatshaftungssystem lässt sich ohne weiteres im Rahmen eines Amtshaftungsanspruchs darstellen.

1362   Die Haftungsbeschränkungen bei legislativem Unrecht werden durch unionsrechtliche Vorgaben in der Weise überlagert, dass der nationale Gesetzgeber bei **qualifiziertem Verstoß** gegen unionsrechtliche Grundfreiheiten sich nicht auf nationale haftungsrechtliche Einschränkungen berufen kann. Freilich bedeutet das haftungsbeschränkende Korrektiv der hinreichenden Qualifiziertheit lediglich eine Verschiebung der Haftungsbegrenzung, sodass dem Institut der Amtshaftung nur eine andere Qualität zukommt.

In diesem Sinne ist das auf den Vorlagebeschluss hin (s.o.) ergangene Urteil des BGH vom 24.10.1996[1597] zu bewerten. Der BGH verneinte den *unionsrechtlichen* Schadensersatzanspruch der französischen Brauerei Brasserie du Pêcheur mit der Begründung, dass sich ein vom EuGH[1598] geforderter hinreichend qualifizierter Verstoß, der für den geltend gemachten Schaden unmittelbar ursächlich geworden wäre, nicht feststellen lasse. Das entscheidende Kriterium für die Beurteilung der Frage, ob ein Verstoß gegen das Unionsrecht als hinreichend qualifiziert anzusehen sei, bestehe darin, dass ein Mitgliedstaat die Grenzen, die seinem Ermessen gesetzt sind, offenkundig und erheblich überschritten habe. Die Bundesrepublik habe zum einen ein weites Ermessen bei dem Verbot für die Verwendung von Zusatzstoffen in Bieren, und zum anderen sei die geltende deutsche Zusatzstoffregelung für Bier durch das Erfordernis des Gesundheitsschutzes gerechtfertigt und verstoße deshalb nicht gegen den Grundsatz der Verhältnismäßigkeit. Eine offenkundige und erhebliche Überschreitung der dem Ermessen des nationalen Gesetzgebers gezogenen Grenzen könne somit nicht bejaht werden.[1599]

[1595] EuGRZ 1996, 144, 150, Tz. 82, 83.
[1596] EuGRZ 1996, 144, 150, Tz. 87.
[1597] BGH NJW 1997, 123 ff.
[1598] EuGH NJW 1996, 1267.
[1599] BGH NJW 1997, 123, 125.

Sachverzeichnis

Ziffer = Randnummer

Sachverzeichnis